GUMUCHIAN

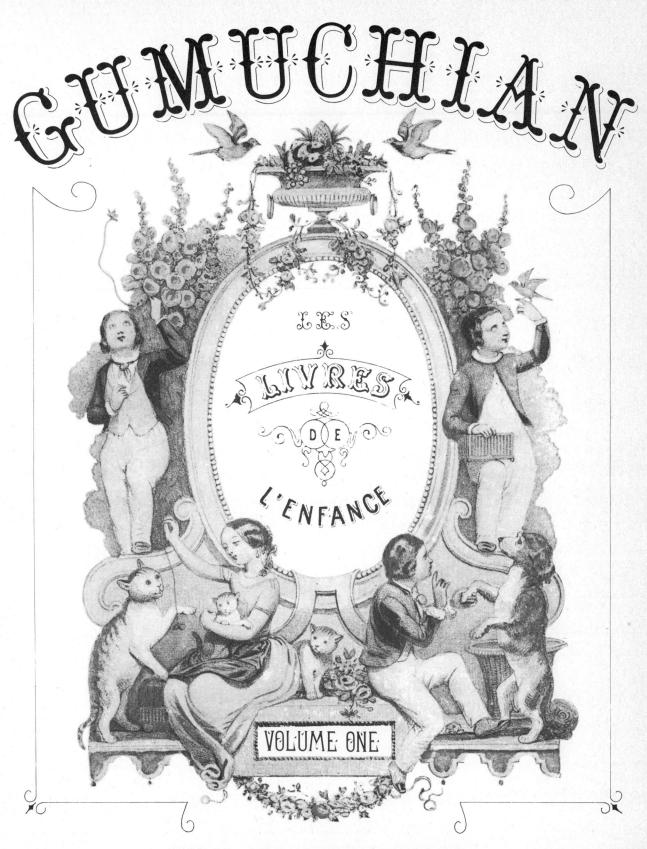

LES LIVRES DE L'ENFANCE

VOLUME ONE

THE HOLLAND PRESS

First published 1930 in two volumes
Reprinted in one abridged volume 1967
This edition published in two volumes 1985 by
The Holland Press Limited
37 Connaught Street, London W2 2AZ
Telephone 01-262 6184

ISBN 0 900470 93 3

Printed and bound in England by
Smith Settle, Otley, West Yorkshire

LES LIVRES DE L'ENFANCE
du XVe au XIXe Siècle

PRÉFACE DE PAUL GAVAULT

TOME I
TEXTE

The Holland Press

PRÉFACE

La Mode est le plus absolu des tyrans, elle en est aussi le plus avisé. D'humeur proverbialement changeante, ceux qu'elle abandonne sans cesse, ce sont ses favoris, ceux qu'elle conserve constamment, ce sont ses ministres. De sorte que ses protégés déchus ne s'en font point accroire et ne prétendent jamais à régner à sa place. La Mode ne perdra jamais son trône : elle ne craint pas les révolutions, c'est elle qui les accomplit et c'est, à vrai dire, son unique moyen de gouvernement.

Les membres de son ministère, modistes, couturiers, coiffeurs, chausseurs, lingères, bijoutiers, parfumeurs, carrossiers, peintres, musiciens, sculpteurs, que sais-je ? — le Cabinet de la Mode comprend plus de cent portefeuilles — transportent allègrement du favori de la veille à celui du lendemain leur adoration et leurs services parce qu'étant inamovibles, ils sont dispensés d'avoir d'autre opinion personnelle que celle-ci : il faut conserver notre place.

Remarquez que dans la liste succincte et bien incomplète des serviteurs de la Mode, je n'ai pas fait figurer les libraires. Et cependant, c'est à eux que nous pensons, vous et moi, en ce moment et cette déclaration liminaire sur l'omnipotence de la Mode, vous avez bien compris qu'elle devait nous amener, de la façon la plus simple, à converser sur l'engouement actuel pour les livres d'enfants du siècle passé.

Mais c'est là précisément que réside le caractère ingénieux de ce préambule et ce qui le fait échapper à la banalité : je n'ai pas nommé les libraires.

Parce que je prétends que c'est par une véritable erreur de pensée entraînant un fâcheux abus de mots, qu'on parle de « mode » à propos des livres pour enfants du xixe siècle.

Je m'explique. S'agissant de livres anciens, il n'y a pas de mode ; il ne peut y en avoir, pour l'excellente et péremptoire raison que la Mode est, par essence et définition, quelque chose d'actuel. La mode du passé n'est plus de la mode, elle est un témoignage du goût d'antan, qui peut surprendre, ravir ou stupéfier, mais qui appartient au domaine du définitif et de l'absolu.

On s'est mis à collectionner les livres destinés aux enfants et édités pendant le xixe siècle, les bibliophiles ne les dédaignent plus et les « belles madames » en laissent volontiers quelques frais exemplaires sur les tables de leurs salons, que dis-je ? les pâtissiers et les marchands de thé en offrent à leur clientèle entre deux toasts : c'est parfait.

Mais ce n'est point affaire de mode.

Il ne faudrait pas croire que cela passera comme Racine et le café, ainsi que disait Madame la marquise de Sévigné, ou plutôt il faut prendre pour certain que cela durera comme ont duré Racine et le café.

Qu'on les aime pour leurs jolis habits si ingénument affectés et leurs enluminures parfois naïves, parfois gracieuses, toujours éclatantes, — ou qu'on les aime pour eux-mêmes, c'est-à-dire pour les histoires qu'ils racontent, — ces livres ont conquis désormais la place qui leur était due dans les collections petites ou grandes des éditions du siècle romantique.

Afin de les honorer davantage, sans doute, et d'accroître leur prestige, ou plus modestement pour leur donner le droit de voisiner sur les rayons des bibliothèques avec les beaux exemplaires de Chateaubriand, de Lamartine ou de Victor Hugo, on a dénommé leurs cartonnages mosaïqués « cartonnages romantiques ». C'est touchant, c'est un peu bouffon et c'est évidemment le fait, sinon la faute, de messieurs les libraires. Mais la faute n'est pas lourde ni le mal bien grand.

Aujourd'hui, que le livre pour enfants est, si l'on peut dire, adopté et classé par les amateurs, il s'agit d'établir son état civil et de le traiter avec la même déférence que ses grands confrères. Or, oyez cette merveille, nous manquons totalement de documentation à cet égard, il faut même dire mieux, nous manquons de documents. D'où viennent-ils, ces gentils bouquins appétissants comme des bonbons ? Quelle est la date de leur naissance ? Quels furent leurs pères et mères ? On n'en sait souvent rien. Beaucoup d'entre eux sont des enfants naturels : leurs parents ne les ont point signés ou se sont contentés de mystérieuses initiales. Pour tout dire, ils n'ont pas de *fiches*. M. Brivois les a ignorés pour la plupart et M. Vicaire les a négligés.

Le catalogue établi avec une ardente foi et une conscience rare par MM. Gumuchian et Cie est, on peut le dire, le premier effort de bibliographie qui concerne cette série. Et c'est pourquoi son apparition marquera une date importante à cet égard.

Il fait une assez large place aux livres édités en Angleterre. Je sais qu'il en est, dans cette série, qui sont fort beaux et j'avoue mon incompétence en la matière.

* * *

Ces livres, qui varient du format minuscule in-64 au grand in-octavo jésus, se présentent au point de vue du vêtement sous les aspects suivants :

Brochés (état très rare et même non-existant pour un grand nombre).

Plein veau, avec ou sans empiècements de couleur et fers et lignes dorées au dos (du commencement du siècle à 1835 environ).

Demi-veau, plats papier.

Pleine basane, avec ou sans fers d'ornementation au dos et généralement fers à froid sur les plats, fers dits *à la cathédrale* ou *en arabesques*.

Demi-basane, plats papier gaufré avec fers à froid également.

(Ces deux derniers états de 1820 à 1878 environ).

Cartonnés en papier à fond noir, bleu, vert, jaune, rose, saumon ou violet avec ornements rehaussés d'or et souvent gaufrés.

C'est l'état le plus fréquent, le plus recherché aussi, à condition que la fraîcheur soit demeurée suffisante. Le premier plat comporte généralement une réserve presque toujours carrée, quelquefois ronde ou losangée, servant à encadrer un petit discours d'effet volontiers gracieux et naïf aussi, qui achève de donner à ces charmants volumes leur pittoresque et leur caractère (1).

Enfin, dernier et peut-on dire, suprême mode de présentation, voici le cartonnage mosaïqué, entièrement en toile de couleur bleue foncée ou noire, plus rarement verte, plus rarement encore marron, violette ou rouge (2).

J'ai déjà dit qu'on les dénomme communément aujourd'hui *cartonnages romantiques*. Certes ils sont, par leur naissance, contemporains du grand mouvement littéraire de ce nom, mais on ne saurait dire qu'ils y aient pris la moindre part, ou fait la plus modeste figure. Cette appellation a, du moins, le mérite d'être tout à la fois flatteuse et alléchante. Enfin, dans ce charmant décor de la vie à l'époque 1830, si joliment reconstitué au pavillon de Marsan cette année, ces livres rutilants avaient leur place toute indiquée : va donc pour les cartonnages romantiques.

Leur fabrication était, elle aussi, des plus curieuses. On établissait pour eux des fers dits *fers spéciaux de l'éditeur*, mais avant que le balancier étendît sur la toile une nappe étincelante d'or, on collait, à des endroits repérés, des bouts de papiers multicolores, de teintes très crues allant du blanc au rouge écarlate et passant par tout l'arc-en-ciel. Puis, le fer tombait et emprisonnait en les encadrant et en les ornant, ces petits empiècements, qui contribuaient ainsi à donner au cartonnage un aspect brillant, quelque peu singulier, en tout cas très original.

La valeur de ces reliures mosaïquées dépend de deux facteurs d'inégale importance aux yeux du collectionneur : l'état de conservation d'abord et puis la qualité des ornements.

---

(1) Presque tous les procédés employés pour la confection de ces cartonnages sont aujourd'hui disparus et même oubliés. Ces chromos centrales étaient imprimées sur des feuilles légères de gélatine sans doute pour leur assurer un glaçage plus élégant et aussi pour tâcher de les défendre contre la détérioration rapide due aux mains imprudentes des enfants.

(2) Il faut encore, pour rendre l'énumération tout à fait complète, mentionner deux autres conditions : d'abord la demi-reliure chagrin, dos souvent orné de fers, avec plats en papier ou en toile, puis la reliure en chagrin ou en maroquin plein.

Le premier de ces états est certainement, au point de vue bibliophilique, le moins attrayant et aussi le moins recherché. Le second, au contraire, la splendeur même mais, *pour les livres d'enfants proprement dits*, il est encore plus rare que l'état broché et, la plupart du temps, *on n'a pas exécuté pour ces ouvrages de telles reliures.*

La même mésaventure est advenue à ces fers spéciaux et à ces chromos centrales dont je parlais tout à l'heure. A l'origine, la lithographie coloriée et les dessins dorés imprimés sur la couverture se rapportaient au livre qu'ils habillaient et à lui seul. C'étaient bien des lithos et des fers *spéciaux*. Mais très vite, étant donné qu'il s'agissait de livres d'étrennes et surtout de prix, qu'il fallait réaliser et vendre à bon compte, on prit l'habitude d'utiliser au hasard dessins et fers, de sorte qu'il n'y a, le plus souvent, aucun rapport entre l'ouvrage et sa parure extérieure.

Le collectionneur, surtout le collectionneur actuel, ne s'en embarrasse guère. Ce sont là pour lui, objets de vitrine ou de table. Et si les ors sont demeurés brillants, si le fond blanc-crème a conservé sa pureté liliale, si les coins et les dos sont intacts, il est pleinement heureux : il a fait l'acquisition de ces bibelots pour les regarder et les faire admirer, jamais pour les ouvrir.

Il reste à signaler deux autres manières de livres d'enfants. Ce mot de *bibelot*, que je viens d'employer, qualifie exactement une série d'ailleurs assez courte, encore plus rare et non moins précieuse. Il s'agit de petites brochures ou de petits cartonnages à couvertures presque toujours coloriées et ornées, avec gravures intérieures généralement délicieuses, et réunis dans une boîte portant sur son couvercle le titre de l'ouvrage, et adorné sur les bords, de papier gaufré ou dentelé d'or semblable à celui qu'emploient encore pour leurs coffrets à bonbons quelques confiseurs retardataires (1).

Enfin, — autre richesse de cette réunion jusqu'ici unique — il y a le livre d'enfants cartonné papier, mais avec couverture illustrée, lithographiée et coloriée spécialement pour lui. Ici, plus d'habits interchangeables et vous ne trouverez pas un bateau à vapeur faisant préface aux *Œuvres choisies de Corneille*, non plus que des sauvages d'Amérique formant tableau d'introduction aux *Derniers jours de Pompéi*. La garde-robe est, cette fois, personnelle.

Ce dernier état, très rare également, était jusqu'ici assez peu recherché. La plupart des exemplaires ainsi reliés nous sont parvenus fort abîmés et le papier s'en est volontiers sali ou taché, tandis que les couleurs passaient. Il a, j'en con-

---

(1) Le catalogue de MM. Gumuchian et C^{le} comprend, je crois, presque tous les spécimens connus du genre et dans un état impeccable : on s'y référera.

viens, son attrait, mais je ne puis me défendre de le considérer un peu comme le parent pauvre des beaux cartonnages mosaïqués. Il est vrai que, dans plus d'une famille, c'est le parent pauvre qui a le plus de mérite.

***

Et maintenant que nous avons jeté sur les reliures de ces livres un coup d'œil sommaire, mais attentif, maintenant que leurs vêtements à la fois enfantins et somptueux nous ont certainement éblouis et peut-être charmés, entrons dans la voie de l'indiscrétion : ouvrons-les.

Quelle imprudence ! direz-vous. Que n'imitez-vous la sage réserve des écoliers auxquels on les offrait vers la fin juillet, avec une couronne de laurier faite de papier vert ou de papier d'or suivant la qualité de la récompense, accompagnés d'un compliment de M. le Maire et d'un affectueux tapotage de joue de M. le Curé ? Bien souvent les enfants, plus discrets que vous, ne les ouvraient pas, eux malins. Parmi les quelques milliers qui ont passé par mes mains, j'en ai rencontré un grand nombre gardant jalousement le témoignage irrécusable du respect qui les entourait depuis leur naissance, soit qu'un faux pli de feuillet survenu dans le brochage ait conservé pour l'éternité le secret des feuilles jointes et scellées par le hasard, soit qu'un insuffisant coup de massicot n'ait point supprimé la nécessité du coupe-papier ultérieur... Oui, en vérité, bien des livres d'étrennes ou de prix de ce temps-là n'ont jamais été lus.

C'est le sort particulier des livres d'enfants, en quoi ils se différencient de ceux destinés aux grandes personnes : ils se vendent beaucoup, ils se lisent peu. Je devrais mettre mes verbes au passé, car je ne voudrais faire aux auteurs actuels écrivant pour la jeunesse, nulle peine, même légère.

Mais alors, ces livres d'enfants du XIXe siècle seraient donc légitimement dédaignables ? Que non pas. Et je n'hésite pas à affirmer, au contraire, qu'ils méritent cet amour nouveau dont on les entoure et les recherches actives dont ils sont l'objet depuis quelques années.

On me dira que je suis un peu orfèvre, puisque je les ai chéris depuis ma jeunesse et précieusement conservés alors que nul n'avait pour eux de tendres regards. Peut-être. Mais il y a, tout de même de bonnes, d'excellentes raisons de les aimer et de les ouvrir.

Tout d'abord, ils nous indiquent comment nos grand'mères concevaient l'éducation de la jeunesse et leurs défauts sont, à cet égard, aussi instructifs que leurs qualités.

Sous l'ancien régime, au moins pendant les trois siècles qui ont précédé la Révolution et le règne des philosophes, l'enfant n'était guère élevé par ses parents. Alors même que les hasards de la naissance plaçaient son berceau sur les marches d'un trône, — pour employer la phraséologie chère à l'époque révolutionnaire — l'enfant était presque complètement exclu de la vie de foyer.

> Lorsque l'enfant paraît, le cercle de famille
> S'élargit aussitôt...

Voilà une pensée qui ne serait guère venue aux poètes du Grand Siècle.

On peut, sans doute, accorder un titre d'ancienneté suprême à la *Civilité puérile*, livre d'enfants si l'on veut, ou tout au moins destiné à servir de guide aux parents des enfants. La première édition connue nous met à la fin du xvie siècle : on est déjà dans la politesse depuis longtemps, du moins en France (1).

On avait des pédagogues et des précepteurs. Parmi ces derniers, l'un des plus illustres est Fénelon et c'est aussi, avec Charles Perrault l'un des premiers écrivains qui aient songé à composer des ouvrages destinés aux enfants. Les *Fables*, les *Dialogues des Morts*, et surtout *Télémaque* sont des essais d'instruction récréative. Ils valent ce qu'ils valent à cet égard, mais ils innovent, c'est certain.

Puis, après un long intervalle, apparaît Rousseau, qui n'écrit point pour les enfants, il s'en faut, mais qui lance à travers le monde avec un prodigieux succès son *Emile*. Et c'est sous le signe de ce traité d'éducation que les écrivains entreprennent de créer, *ad usum puerorum*, toute une littérature. On est à la veille du xixe siècle. Il faut lire, dans une brochure à la fois substantielle et charmante de Mlle Marie-Thérèse Latzarus (2), l'exposé, d'une précision parfaite, par quoi débute

---

(1) Le catalogue de MM. Gumuchian et Cie comporte un exemplaire de cette pièce curieuse, daté de 1569, et toute une série amusante et rare de cet opuscule classique.

(2) Marie-Thérèse Latzarus, *La littérature enfantine en France dans la seconde moitié du XIXe siècle*. Presses Universitaires 1924.

l'ouvrage et qui en est, à mon avis, la partie la plus remarquable. Je me contente d'y renvoyer le lecteur. Aussi bien, pour ceux qu'intéresse cette question, ce livre est le meilleur des guides. Il est excellent — et il est seul : il faut le lire.

**

Voici donc que les écrivains mettent la plume à la main. Et nous avons Mme de Genlis, Berquin, Bouilly et Ducray-Duminil.

Les *Veillées du Château* de même que *Sandford et Merton* ont connu cent ans de gloire. Bouilly a persisté moins longtemps. Ducray-Duminil est tombé dans un oubli profond.

... Je m'aperçois que, malgré une résolution prise, je vais glisser vers la critique littéraire et ce n'est point ici la place d'une entreprise de ce genre. J'abandonne donc ce mauvais chemin pour en revenir au point de vue bibliographique et bibliophilique — et m'y tenir.

Pourtant, à propos de Mme de Genlis et de Ducray-Duminil, je ne résiste pas au plaisir de faire deux brèves citations. Celle qui concerne Mme de Genlis est empruntée au Bibliophile Jacob, *alias* Paul Lacroix, dont on connaît les jolis *Contes sur l'Histoire de France*, qui datent de 1832.

La même année, le doux conteur, dans la préface d'un roman intitulé *Un duel sans témoins*, venant à parler de l'institutrice des enfants de Philippe-Égalité s'exprime en ces termes sur cette malheureuse Stéphanie-Félicité du Crest de Saint-Aubin : « Madame de Genlis, qui a outrepassé toutes les limites du genre ennuyeux, faux et insignifiant... »

Voilà un bel exemple de la férocité avec laquelle les gens de lettres se déchirent entre eux. L'auteur des *Veillées du Château* ne mérite pas cette indignité et si elle avait pu répondre à Paul Lacroix, mais hélas ! elle était décédée trois ans auparavant, elle aurait pu lui dire à peu près ceci : « Si j'ai dépassé les bornes de l'ennuyeux, vous les avez, vous, largement atteintes dans beaucoup de vos romans et spécialement dans ce *Duel sans témoins* qui est bien près d'être absurde et dont la lecture dégage le plus pesant ennui. »

Quant à Ducray-Duminil, que Mlle Latzarus ignore et qui fut pourtant célèbre, son éditeur et biographe Leclère écrivait en 1845, en rééditant les *Soirées de la Chaumière :* « Il était du nombre des hommes que la mort ne devrait jamais frapper. » Touchant hommage et qu'Henry Monnier aurait pu joindre aux immortels aphorismes de M. Prud'homme.

Et maintenant, comme disait Sterne, que j'ai désenfourché mon dada, j'en reviens aux raisons qui vous permettent, madame, de collectionner sans honte les livres d'enfants.

Vous y trouverez des gravures sur acier, des bois ou des lithographies qui sont à la fois des dessins exquis et des documents de premier ordre. Toute la mode féminine et masculine du siècle y défile : c'est proprement un délice.

Bien mieux. Vous y suivrez à la trace les préoccupations et les tendances d'esprit du peuple français de 1800 à 1900. Prenez, par exemple, comme je l'ai fait moi-même, un alphabet illustré de 1803, un autre de 1818, un troisième de 1835, au hasard, et considérez la lettre A.

Voici ce que vous verrez. En 1803, un *Ane.* Buffon règne encore. On est tout à la Nature et son histoire — pas si naturelle, comme disait le Prince de la Médisance. En 1818, vous contemplerez un *Aigle ;* le mot suffit, sans commentaire. Et en 1835, vous considérerez un *Arabe :* nous avons conquis l'Algérie (1).

On voit par cet exemple, que je pourrais faire suivre de bien d'autres, de quelle richesse documentaire peuvent être les livres d'enfants. Au point de vue de l'illustration, c'est une mine inépuisable. Les noms les plus fameux s'y rencontrent, les plus grands artistes de la gravure s'y coudoient et s'y surpassent. Devéria, Gavarni, Grandville, Célestin Nanteuil, les deux Johannot, Henry Monnier, Daumier, Cham, Gustave Doré, Bertall... j'en passe et des meilleurs sans m'attarder à donner les références. Ouvrez et vous verrez.

_____

(1) Des collectionneurs avisés et éminents, comme mon confrère Henri Lavedan, ont réuni les almanachs, et ce furent de merveilleux ensembles ; pourquoi ne ferait-on pas de même pour les abécédaires ? On en trouve qui remontent au XVe siècle... Là encore le catalogue qu'on va lire est instructif.

Ici encore, je ne veux donner qu'une seule indication, mais elle est d'importance.

Parmi les ouvrages destinés aux enfants, les périodiques tiennent une place. Et parmi ceux-ci, assez nombreux, cinq au moins sont hors de pair. D'abord, le grand ancêtre, le *Bon Génie*, qui n'eut qu'une existence éphémère (mai 1824 à avril 1829), mais qui eut l'honneur d'entrer le premier dans la carrière. Puis, le doyen de tous les autres, le *Journal des Enfans* comme on écrivait à l'époque, né en 1832, décédé en 1846, qui a eu la chance de publier dès son premier numéro le *Jean-Paul Choppart* de Louis Desnoyers avec des dessins de J.-J. Grandville, s'il vous plaît et deux ans plus tard, le *Robert-Robert* du même auteur (1), puis le *Journal des Jeunes Personnes* (1834-1860) dirigé par Mlle Julie Gouraud pendant les sept premières années, ensuite par Mlle Ulliac-Trémadeur.

Dans cette publication sont insérées pour la première fois des gravures de mode coloriées — je dis la première fois *dans un journal destiné à la jeunesse*, bien entendu. — Et savez-vous de quels noms elles sont signées ? D'abord Devéria, ensuite Gavarni, plus tard Jules David. Convenez que ce n'est pas mal. La série des Gavarni est une simple merveille : il n'a jamais dépassé ce fini et ce charme. D'ailleurs Devéria est né en 1800, Gavarni en 1804, l'un comme l'autre était dans la pleine sève de sa jeunesse, dans la pleine forme de son talent. Ceux qui auront la bonne fortune de feuilleter cette publication — rarissime et peut-être introuvable à l'état complet — partageront mon enchantement.

Le troisième journal est la *Semaine des Enfants* beaucoup plus récente qui, elle, eut comme aubaine la primeur des ouvrages de la Comtesse de Ségur. On sait le succès considérable et à peine épuisé de nos jours, des livres de la bonne dame : ils réjouissent l'enfance depuis quelque soixante-dix ans. Mlle Latzarus est assez sévère pour leur auteur et je crois me souvenir que M. Lucien Descaves ne lui

---

(1) Mlle Latzarus, qui comble l'éditeur Hetzel d'éloges mérités, lui attribue le mérite d'avoir le premier groupé dans sa *Bibliothèque blanche* les noms les plus réputés du XIXe siècle. Ce n'est pas tout à fait exact. Dès 1832, le vénérable *Journal des Enfans*, prédécesseur d'un an du vieux *Magasin Pittoresque*, groupait autour de sa table de rédaction Louis Desnoyers, Jules Janin, Alexandre Dumas, Mme Desbordes-Valmore, Frédéric Soulié, Alphonse Karr, Ernest Fouinet et Sophie Gay, ce qui me paraît équivaloir à la *Bibliothèque blanche* qui présente dix ans plus tard Alexandre Dumas, Charles Nodier, Camille Lemonier, Edouard Ourliac et Viollet-le-Duc.

montre guère plus d'indulgence ni de tendresse. Ils ont sans doute raison l'un et l'autre et j'abonde surtout dans le sens des observations de Mlle Latzarus sur la *Fortune de Gaspard* qui est, vraiment, un mauvais livre. Mais voici que je retombe dans la critique littéraire... pardon !

Deux autres publications méritent encore, à mon avis, de figurer au tableau d'honneur. D'abord le *Magasin d'Education et de Récréation*. Hetzel, son éditeur — en littérature P.-J. Stahl — Hetzel, l'auteur de ce petit chef-d'œuvre qui s'intitule *Maroussia* fut, à bien des égards, un précurseur. Son périodique efface, par l'éclat de sa gloire, tout le lustre de ses devanciers : il découvre Jules Verne. Antérieurement, à partir de 1842, je crois, Hetzel qui débutait dans la librairie, publiait sa charmante *Bibliothèque blanche* à laquelle je viens de faire allusion et qui contient de jolies œuvres signées de grands noms.

Cette collection, bien entendu, se trouve en cartonnages mosaïqués. La posséder complète et en bon état est une fortune qui n'a rien de commun et cette joie-là doit être maintenant aussi coûteuse qu'elle est rare.

Enfin, je veux accorder un souvenir au dernier venu des journaux d'enfants puisqu'il est né en 1873 et mort en 1915 seulement, le *Journal de la Jeunesse* (Hachette, éditeur).

C'est à peu près au moment de la naissance de ce journal, entre 1871 et 1878, que le livre d'enfants, ayant changé tout à la fois d'âme et de vêtement, n'intéresse plus le collectionneur actuel. Les fers spéciaux ont disparu, remplacés par des fers passe-partout, où sont réservés des vides destinés à recevoir les titres du volume. Ce sont les libraires eux-mêmes qui créent la « collection » avec son uniformité un peu morose. Les plus célèbres sont la *Bibliothèque Rose* (1) et la *Bibliothèque Bleue* ou *Bibliothèque des Merveilles* (Hachette) et la *Collection Hetzel*.

---

(1) Les charmants petits livres de la *Bibliothèque Rose* sont aujourd'hui fort recherchés. Quelques-uns d'entre eux ont eu le privilège d'un tirage à part sur papier de Chine, destiné aux auteurs, aux dessinateurs et aux directeurs de la librairie, et restreint à une douzaine d'exemplaires. C'est dire leur insigne rareté.

1812 à 1880, voilà, dans sa plus large mesure, l'intervalle de temps qui a vu paraître les livres dont ce catalogue offre une si belle, on peut même dire une si magnifique réunion.

J'ai dit la pauvreté des documents bibliographiques. Mlle Latzarus elle-même, qui est pour l'instant le seul guide de l'amateur à éclairer, ne consacre guère à cette production comportant, à mon compte pour le moins deux milliers d'ouvrages, peut-être davantage, qu'un petit nombre de feuillets (voyez surtout pages 78 à 86). Ce n'est pas suffisant. D'autant plus que, dans la suite de son étude, elle a elle-même souffert du manque d'informations, ce qui rend parfois ses renseignements sommaires et ses jugements hésitants.

Sans insister outre mesure, je voudrais indiquer qu'on peut ne pas accorder à Mlle Victorine Monniot et à Mme Julie Lavergne l'importance que semble leur attribuer Mlle Latzarus et regretter, au contraire, que des noms comme ceux d'Eugène Nyon, d'Ernest Fouinet, de Xavier Marmier (dont le livre *Les Naufragés au Spitzberg* a connu une vogue légitime) et surtout celui de Jules Girardin aient été omis.

De 1840 à 1880, du *Magasin Pittoresque* au *Journal de la Jeunesse*, Jules Girardin, l'auteur charmant de *Nous autres*, de *L'Oncle Placide* et de *La Toute Petite* et surtout de la *Disparition du Grand Krauss*, — ce dernier livre d'une sensibilité, d'une émotion supérieures et accessibles à l'enfance — et des *Petits Contes Alsaciens*, Jules Girardin avait droit à une étude, en tout cas à une mention, au moins à une révérence : il n'a rien obtenu et... Et voilà que pour la troisième fois relaps, je me laisse aller à des appréciations d'ordre littéraire. Mais comment résister au plaisir de réparer une légère injustice ?

*
* *

L'époque qui nous occupe a édité, cela va sans dire, les grands ouvrages étrangers et français qui constituent encore aujourd'hui le fond de la littérature pour enfants.

Je veux parler de *Robinson Crusoé*, des *Voyages de Gulliver*, des *Fables* de La Fontaine et de Florian, des *Derniers jours de Pompéi*, des *Aventures de Télémaque*, des *Mille et une Nuits* et des autres classiques du genre. Ce qu'il y a de curieux à cet égard, c'est que l'enfance a adopté — ou qu'on a adopté pour elle — des livres qui ne lui étaient nullement destinés et qui ne peuvent être mis entre ses mains que convenablement « expurgés ».

De sorte qu'on pourrait presque prendre au pied de la lettre cette boutade d'un bibliophile de mes amis : Les livres d'enfants se divisent en deux catégories, ceux qu'on a écrits pour eux et qu'ils ne lisent pas, ceux qui n'ont pas été écrits pour eux et qu'ils dévorent.

Je ne voudrais pas imiter Mme de Genlis et permettre à cette simple causerie de dépasser, faute de mesure, les limites du genre ennuyeux. Pourtant, il est encore un point qu'il faut aborder, un mérite qu'il faut mettre en relief, un voyage d'aventures, si je puis dire, dont il faut saluer le capitaine.

M. Gumuchian, dans ses *fiches*, a tenté pour la première fois d'accorder aux livres d'enfants le bénéfice de l'*édition originale*, c'est-à-dire de différencier la valeur des exemplaires par la date de tirage, étant entendu que le premier tirage doit être le seul recherché, le seul vraiment digne de figurer dans un ensemble de choix.

Ce raffinement pourra paraître un peu excessif, surtout lorsqu'il ne s'agit ni d'un vrai texte, ni d'un véritable auteur. Il a pourtant sa raison d'être et j'ai pu constater dans mes incessants voyages à travers les livres d'enfants du XIXe siècle que les illustrations, qu'elles soient sur acier, sur bois ou sur pierre, sont incomparablement plus belles dans les exemplaires de premier tirage. Il en est même qui, dans les tirages suivants, ne gardent guère ou rien de leur grâce, je dirais presque de leur forme. Il faut applaudir à l'initiative de l'éditeur de ce catalogue et souhaiter qu'elle soit suivie.

Quoi qu'il en soit, ce livre — car c'est mieux qu'un simple catalogue — qui est présenté aujourd'hui aux collectionneurs, est destiné à faire date, comme celui de Mlle Latzarus et pour des motifs tout différents, cela va de soi.

Il reste beaucoup à faire après MM. Gumuchian et Cie, il reste beaucoup à dire après Mlle Latzarus, mais ils conservent l'un et l'autre le privilège d'avoir été les devanciers. Bibliographes, bibliophiles et critiques demeureront leurs tributaires et leurs obligés, c'est bien quelque chose.

Je voudrais, pour terminer, hasarder une modeste observation, bien que je ne sois point un cuistre et que j'aie horreur des pédants. Mlle Latzarus a intitulé son ouvrage : « La Littérature *enfantine* en France ». Peut-être a-t-on remarqué que j'ai, depuis le début, évité l'emploi de cet adjectif dans cette acception.

La « littérature enfantine » cela peut-il signifier en pur français « littérature destinée à l'enfance » ? Littré et moi nous n'en sommes pas bien sûrs.

Paul Gavault.

Λ8ⵉꓓⲎꟼⵗꓷ⊖⊕IKꟾⵜⲢⵜꓒΛⲘ ⊞ΟꟼⲘꟼⵜꓔⲢ⳼ ꓒꟼⵗ

INTRODUCTION

Above, we reproduce a facsimile of what is probably the oldest ABC for children in the world. According to Canon Isaac Taylor, author of « The Alphabet » (Kegan Paul, 1883), the Abecedarium shown was found in 1836, at Cerveti, between Civita Vechia and Rome. The letters were engraved on a vase (now in the Museo Gregoriano at Rome), and they probably formed the Alphabet and, including the syllables scratched on it, the Primer of a child 2500 years ago. Some astute parent or teacher used an object of art (for a Roman vase of that period cannot be thought of as being otherwise) to impart the rudiments of reading and writing to some young person ; as we can readily believe that in those days, children in general were not taught to read.

This same reason probably accounts for the Bible having nothing especially written for young people, as also the manuscripts of the Middle Ages. We might think of the author of this ancient Abecedarium as a forerunner of certain teachings of Locke, who in his « Thoughts on Education » says : *There may be Dice and Play-things with letters on them to teach Children the Alphabet by Playing ; and twenty other ways may be found, suitable to their particular Tempers, to make this Kind of Learning a Sport to them. These Children may be cozend'd into a Knowledge of Letters...* The Roman vase suggests one of the twenty ways, and the young scholar no doubt handled this object in the same spirit as children used the hornbook in the 18th century, and our great-grandparents their battledores in early life.

It is interesting to read that at least one « Primer » of the early Roman days has survived, and it is perhaps comforting to the collector of today, that, with patience and the payment of a substantial sum, he may possibly acquire an early and a genuine Horn-book. For it has been destined that these early objects for the instruction of children, although made of stronger material than paper, have perished with time, or have been destroyed by the young scholars themselves. It is therefore needless to go into details of the inevitable fate of juvenile books, instructive or amusing. Their rarity is beyond dispute, as children and young people have always had that inquisitive genius for destroying printed matter, as they have had for pulling watches or toys to pieces. In the words of Florence V. Barry, Author of « A Century of Children's Books », *Those that survive the use of their first owners, — a little company in old sheepskin or flowered paper covers, — are either treasured by collectors or hidden away in some old library...* We may add that the one time existence of many of them, is only known by the book lists or catalogues that have been found in other volumes or by notices in the papers of the time. This is very evident in the many Lilliputian Books published by New-bery, the friend and publisher of Oliver Goldsmith, for whose tiny little books in their gaily flowered-paper boards, juvenile bibliophiles of the 18th century had a keen and somewhat strong predilection. As Messrs Sawyer and Darton say in their chapter on Nursery Treasures : *Some notorious prizes apart, all such books published before* 1800 *or so are rare, and often unique ; their devastating little owners have secured that eminence for them.* It is possible to extend this date many more years as our experience has lead us to believe that even the nursery books of our parents' days are far from common, and it would be difficult to assemble a sequence of any sort, representative of this somewhat late period. We therefore assure our readers, that the bulk of books found in this catalogue are rare, very rare or excessively rare ; and the only excuse that we can give for their assemblage, is that they were acquired at a time when the amateur of Juvenile Literature was too much of a « Little Jack Horner » who « Sat in his corner ». Today he no longer enjoys this privilege as the « plums » are not there to be picked ; and it is doubtful if assiduous hunting for such baby treasures will make another such collection possible.

There is no doubt that the collecting of this branch of literature has developed very slowly, and its gait has only been livened since the war. The past three years, however, have seen big strides, and it has been observed that serious collectors, proud of their stately classics, rarities in original boards, fine bindings and masterpieces of typography, have acquired a taste for juvenile books at prices that vie with 18th century first editions or Shakespeare folios. We hear of the « King and Queen of Hearts » at £1500 and other Lamb items in the hundreds. Of « Alice's » in all kinds of states and editions at fabulous sums. « Grimms, Robinsons » and other famous titles at ever increasing figures. We read about the famous collection of one of the big champions of precious volumes in the auction room, who attaches as much importance to his tiny juveniles, as to the many other treasures he possesses in his private library. And we ask why it should not be so ? The manners and thoughts of children hand in hand with their education, have always been a source of great interest, so why not the little books that taught and amused them ? Montaigne, Sir Thomas More, Locke and Rousseau gave vent to their individual ideas on the education of children, and what they should read. Rousseau in his « Emile », spoke of one book to be put into his protege's hands : « Robinson Crusoe ». His choice was one of the three great books which pleased both men and children in the 18th century, and which developed into nursery classics which should live for ever. The other two works were « Gulliver's Travels » and the « Pilgrim's Progress ».

But children's books have often been the work of men distinguished in graver literature. Perrault, an Academician and philosopher wrote the best Fairy Tales. The authors of Grimms Fairy Stories produced philological works. Goldsmith, Lamb and Thackeray in their juvenile writings, had the child's sense of appreciation highly developed. Lewis Carrol, or we should say C. L. Dodgson, had a brain full of figures and problems besides the entertaining adventures of Alice. And so on, and so forth : the anonyma and pseudonyma in this class of writing are great in proportion, and it is a question how many great pens have dabbled in, or seriously written amusing or moral tales for little readers. Each year new discoveries are made in this respect, and, as far as authorship is concerned, it will be some time before the history of children's books can be on a fair basis of comparison with other branches of literature. In this respect, the attribution of « Felissa » and the « Book of Ranks and Dignities » to Charles Lamb are recent examples. As for Goldsmith ; the future discoveries of appropriate correspondence may lead to juvenile books that are legion.

But no category of literature can exist solely on a few great names alone. There are other points of view that create interest without the obvious attraction of a great man's signature : and in early children's books these attractions are many. *Indeed, the quaint dresses and the quainter attitudes in the illustrations, the prim formal, and didactic style of the writing, the oddity of the binding, are all interesting and curious ; and in turning over their pages we seem to breathe the spirit of that quieter age when no railway trains were rushing about the country, no telegraphic wires were flashing messages to and fro, and when there was really time to live, and more, and enjoy existence.* These lines were written by Charles Welsh (Some Notes in the History of Books for Children 1800-1850) forty years ago. Today the contrast is of much greater magnitude, as there were also no radios, automobiles, phonographs, aeroplanes, moving pictures and other modern amusements to burden the tranquility of « that quieter age ». It is the appeal of quainter days : the unconscious humour and romantic aspect of past times that soothes and rests ; or stimulates an appreciation of simple and entertaining stories that are full of charm and wisdom.

The Material is so great that in a single volume... the fringe only can be touched and although we perfectly agree with the late Andrew Tuer, this catalogue represents an attempt, the first of its kind, to present to book lovers, a collection of early juvenile literature which we sincerely hope will provoke the curiosity of bibliophiles, tiny and tall. In the over 6000 items described will be found books for all tastes and all purses : and there is hardly a subject that this literature does not touch. The reader will realise the wide range of reading children were supposed to, or wanted to imbibe. Each period had certain vogues and it must not be supposed that Fairy Tales were always the favourites of the nursery. In fact up to about sixty years ago the good old fashioned Fairy Stories had completely given way to the novel of childhood, which was much deplored by Charles Dickens. In « Household Words », Oct. 1st 1853, he wrote : *It would be hard to estimate the amount of gentleness and mercy that has made its way among us through these slight channels (Fairy Stories). Forbearance, courtesy, consideration for the poor and the aged, kind treatment of animals, the love of Nature, abhorrence of tyranny and brute force — many such good things have been nourished in the child's heart by this powerful aid. It has greatly helped to keep us ever young, by preserving through our worldly ways one slender track, not overgrown with weeds, where we may walk with children, sharing their delights.* (Quoted by J. R. Planche in the preface to his translation of Madame d'Aulnoy). The reaction, however, was inevitable and the Tales of Perrault, with their adaptations and imitations came back into the nursery to stay. In the past few years, the collector's interest in Fairy Stories has revived to an unusual degree, and several bibliographical works on the subject have been written. This has helped us greatly in the classification of many of these books, especially those published in France.

With many of the other juveniles however, our task has been more difficult, and we ask for the kind indulgence of our readers for errors that may have been unwittingly committed, owing to the lack of adequate bibliographical reference. In many instances we have had to rely upon meagre documentation, and reasoning, for the specification of a first Edition, or the exact time of publication of an undated book, especially those that are very rare, and about which little if anything has been written. The bibliography of some of these books may be as complicated as that of « The Pickwick Papers », and time only, with subsequent discoveries and corrections, will perhaps bring about the more definate solutions to some of our assertions. It is for persevering bibliographs to accomplish a task that is more profound and further reaching than the research of the book cataloguer. The cataloguing has been done as thoroughly as we could have hoped for and we trust that our effort, modest as it is, may help to throw some useful light on the interest and value of the books described. In this respect we acknowledge our indebtedness to the writings of the late Charles Welsh, Andrew Tuer, to Mrs. Field and Florence Barry, to Marie-Thérèse Latzarus for her excellent study in « Littérature Enfantine » and to Mary Elizabeth Storer for her recent work « La Mode des Contes de Fées ». We also extend our grateful thanks to Mr. Hugh William Davies for permission to consult, before publication, his manuscript on John Leighton (Luke Limner). Without these works, this catalogue could never have been accomplished. We also draw our readers' attention to the number of Publishers' book lists or catalogues found at the end of many of the books described, which in themselves, constitute an interesting contribution to the bibliography of Juvenile Literature.

English and American collectors will no doubt be attracted by the wealth of illustration, and fine bindings of the early juveniles produced in France. Many of these volumes in their original « cartonnages » or boards, are very different from their Anglo-Saxon equivalents. The richness of the dainty covers, specially those of the early 19th century and of the more ornate Romantic period, are of great charm and beauty, specially when found in a fresh state of preservation. And collectors unaqⅼainted with these fragile types of books will be astonished at the number that have survived the handling of their owners, and of juvenile destructiveness. The plates of the French books are of a standard that is to be met with in no other country. The illustrations of the 18th century Berquins, for instance, can rank in their way, with some of the best work executed during that remarkable period of engraving. Other features of these delightful little volumes are the exquisite sets issued in the 1820 to 30s in their original gilt and coloured boxes : the rare chromolithographic covers of the 1840 to 50s : the bijou sets of books with tiny hand coloured plates, and above all, the ingenious cut out games and books, so instructive and amusing.

We have included in this catalogue quite a representative collection of early children's games which, with books, were the stock in trade of the Juvenile Library or Toy Shop of former days. It will be noticed that a great part of these pastimes were of an instructive nature, and many of them in the spirit of Locke's teachings, which we have mentioned in the first part of this notice. Lottos, jigsaw puzzles, arithmetical and geographical games were in great vogue, and in those produced in France, great artistry was introduced to make them as attractive as possible.

Each item in the catalogue has been carefully collated and any defect clearly pointed out. All hand-coloured plates are in the original colouring of the period unless otherwise stated.

The many plates give an extensive iconographic history of Juvenilia Antiqua, which in their diversity and beauty can be considered an important contribution to the manners, customs, dress, habits and amusements of children in the days of yore. We trust that our efforts will meet with the approval of collectors interested in these subjects outside the literary interest.

GUMUCHIAN AND Co.

OUVRAGES CONSULTÉS

Barbier (Ant.-Alex.). *Dictionnaire des ouvrages anonymes.* Paris, 1872-1882. 4 vol. — Supplément. Paris, 1889.

Barry (Florence T.). *A Century of Children's Books.* London, n. d. (1922).

Biographie générale (Nouvelle), publiée sous la direction de M. le Dr Hoefer. Paris, 1852-1866. 46 vol.

Brunet (J.-Ch.). *Manuel du libraire et de l'amateur de livres.* 5e éd. Paris, 1860-1865. 6 vol. — Supplément. Paris, 1878-1880. 2 vol.

Buisson (Ferdinand). *Répertoire des ouvrages pédagogiques du XVIe siècle.* Paris, 1886.

Carteret (Léopold). *Le Trésor du bibliophile romantique et moderne. Editions originales. Livres illustrés. Tables.* Paris, 1925-1928. 4 vol.

Claudin (A.). *Catalogue Rochebilière. Bibliographie des éditions originales d'auteurs français des xviie et xviiie siècles.* Paris, 1892, 2 vol.

Cohen (Henri). *Guide de l'amateur de livres à figures du XVIIIe siècle.* Sixième édition, revue par Seymour de Ricci. Paris, 1912.

Cohn (Albert M.). *George Cruikshank. A Catalogue Raisonné of the Work executed during the years 1806-1877.* London, 1924.

Copinger (W. A.). *Supplement to Hain's Repertorium bibliographicum.* London, 1895. 3 vol.

Desprès (Armand). *Les Editions illustrées des Fables de La Fontaine.* Paris, 1892.

Dictionary of National Biography (The). Oxford, 1921-1922. 24 vol.

Dottin (Paul). *Daniel de Foë et ses romans.* Paris, s. d. (1923). 3 parties.

Field (Mrs.). *The Child and his book.* London, n. d. (1891).

Grand-Carteret (John). *Les Almanachs français. Bibliographie. Iconographie.* Paris, 1896.

Hain (Ludovicus). *Repertorium bibliographicum.* Stuttgart, Cotta, 1826-1838. 4 vol.

Heartman (Charles F.). *The New England Primer issued prior to 1830.* n. p. (U. S. A.), 1928.

Hélot (René). *La Bibliothèque bleue en Normandie.* Rouen, s. d. (1929).

Hugo (Thomas). *Bewick's woodcuts.* London, 1870.

Hutchins (Henry Clinton). *Robinson Crusoe and its Printing.* New-York, 1925.

Katalog der Freiherrlich von Lipperheids'schen Sammlung für Kostumwissenschaft mit Abbildungen. Berlin, 1896-1901. 2 vol.

Latzarus (Marie-Thérèse). *La littérature enfantine en France dans la seconde moitié du XIXe siècle.* Paris, 1923.

Livinston (Luther S.). *A Bibliography of Charles and Mary Lamb.* New-York, 1903.

Lonchamp (F. C.). *Manuel du Bibliophile Suisse.* Paris et Lausanne, 1922.

Newton (A. Edward). *This Book-Collecting Game.* Boston, 1928.

Nisard (Charles). *Histoire des livres populaires ou de la littérature du colportage.* Paris, 1854. 2 vol.

Plomer. *Dictionary of Booksellers and Printers 1668-1725.* Oxford, 1922.

Quarterly Review. « Books of fiction for Children ». London, March and June, 1844.

Rosenbach (A. S. W.). *Books and Bidders.* London, n. d. (1928).

Saintyves (P.). *Les Contes de Perrault et les Récits parallèles.* Paris, 1923.

Sawyer and Darton. *English Books, 1475-1900.* London, n. d. (1927). 2 vol.

Scott (Temple). *Oliver Goldsmith Bibliographically and Biographically considered, based on the Collection of Material in the Library of W. M. Elkins, Esq.* New-York, 1928.

Spielmann (M. H.) and G. S. Layard. *Kate Greenaway.* London, 1905.

Stone (W. M.). *The Divine and Moral Songs of Isaac Watts.* New-York, 1918.

Stonehill (A.) and Block (A.). *Anonyma and Pseudonyma.* London, 1927.

Storer (Mary-Elisabeth). *La Mode des contes de fées (1685-1700).* Paris, 1928.

Studio (The). Special Number devoted to Children's Books and their illustrations, by Gleeson White. London, 1897-1898.

Tuer (A. W.). *History of the Horn-Book.* London, 1897.

Tuer (A. W.). *Stories from Old-Fashioned Children's Books.* London, 1899-1900.

Tuer (A. W.). *Pages and Pictures from Forgotten Children's Books.* London, 1898-1899.

Ullrich (Hermann). *Robinson und Robinsonaden. Bibliographie, Geschichte, Kritik.* Weimar, 1898.

Vapereau (G.). *Dictionnaire universel des contemporains.* 2e, 4e et 6e éditions. Paris, 1863, 1870, 1893.

Vicaire (Georges). *Manuel de l'amateur de livres du XIXe siècle.* Paris, 1894-1910. 7 vol. — Tables, 1920.

Welsh (Charles). *A Bookseller of the last Century. Being some account of the Life of John Newbery and of the Books he published with a Notice of the later Newberys.* London, 1885.

Welsh (Charles). *Children's Books of Fifty years ago.* London, *The Sunday at home* for March, 1894.

Welsh (Charles). *Some Notes on the History of Books for Children. Newbery House Magazine.* August 1890 to February 1891.

TABLE DES PRINCIPAUX SUJETS

BOOKS PRINTED BY THE NEWBERYS
AND THEIR ASSOCIATES

353	2523	2755	2771	3477	4178	4659	4777
580	2587	2756	2773	3491	4560	4725	4778
998	2590	2764	2774	3492	4568	4748	5004
2455	2602	2765	2790	3499	4569	4749	5562
2461	2744	2766	3008	3787	4570	4751	5611
2471	2747	2767	3266	3861	4571	4752	6243
2522	2753	2769	3267	3873	4629	4776	6251

BOOKS PRINTED IN THE UNITED STATES

32	300	1835	2962	3877	5177	5393	6131
179	334	1850	3007	3973	5180	5787	6153
180	349	1907	3067	4006	5190	5805	6156
181	433	1924	3072	4044	5223	5809	6168
182	572	2166	3100	4052	5226	5826	6169
183	617	2232	3119	4053	5234	6038	6172
184	619	2324	3120	4072	5248	6040	6176
185	724	2350	3121	4117	5249	6044	6185
186	731	2365	3151	4175	5254	6071	6186
187	798	2510	3165	4201	5259	6082	6191
188	950	2538	3447	4339	5264	6083	6193
189	959	2562	3451	4477	5267	6091	6195
198	970	2592	3494	4492	5269	6103	6215
213	976	2668	3503	4698	5271	6106	6224
216	1067	2730	3523	4853	5272	6108	6232
220	1699	2733	3530	4971	5274	6115	6242
221	1701	2736	3606	4975	5282	6117	
222	1719	2753	3767	5095	5306	6119	
224	1770	2778	3790	5166	5442	6120	
254	1819	2782	3796	5167	5654	6121	
258	1826	2949	3875	5176	5692	6129	

ERRATA

   38. Ajouter : Planche 202.
 1148. Au lieu de : Planche 202, lire : Planche 282.
 1206. Ajouter : Planche 285.
 1452. Ajouter : Planche 281.
 2127. Au lieu de : Planche 237, lire : Planche 225.
 2239. Au lieu de : Planche 100, lire : Planche 242.
 2448. Au lieu de : Planche 158, lire : Planche 150.
 2650. Ajouter : Planche 301.
 2704. Ajouter : Planche 265.
 3080. Au lieu de douze hors-texte, lire : onze. D'ail-
        leurs complet.

Nº 3173

Nº 2427

ABÉCÉDAIRES
A B C BOOKS
PRIMERS, ETC.

1 TABULAE ABCDARIAE PUERILES... *S. l. n. d.*
(Leipzig, V. Bapst, vers 1544). Feuillet in-folio
de 21 × 34 centimètres. **1.250 fr.**

Magnifique impression. Feuille volante (Einblattdruck)
d'une fraîcheur rarissime, comme neuve, imprimée seulement au recto, et portant : les alphabets romain et gothique, les mêmes rangés en voyelles, diphtongues et consonnes ; l'oraison dominicale latine en caractères gothiques,
avec une initiale ornée. Superbe encadrement de motifs
Renaissance de style architectural gravés sur bois et d'une
finesse rare.
PLANCHE 148.

1 *bis* A, APPLE-PIE, (The Life and History of)
who was cut to pieces and eaten by Twenty Six
Young Ladies and Gentlemen, with whom All
Little People ought to be acquainted. *London,
Dean and Munday, n. d.* [circa 1822], 8vo. or.
printed wrappers. **1.800 fr.**

Illustrated with a frontispiece and 14 hand-coloured
woodcuts, with two letters of alphabet to each picture.
Fingered copy with edges soiled and some stains passim.
But very few copies in any state, of this amusing and popular child's book have survived. It was many times reprinted in later years. *Tuer. F. C. B. page* 465.
PLANCHE 94.

2 A B C. — Koln am Rheine, in der Odendallischen
Buchhandlung, 1762. In-12 de 10 ff., broché, couv.
illustrée, conservé dans une boîte demi-mar.
1.000 fr.

Abécédaire, syllabaire et prières (catholiques) à l'usage
des petits enfants. Eléments de la numération. La couverture est ornée d'une gravure sur bois à pleine page : une
petite fille, partant pour l'école, dit au revoir à sa mère.
Autre gravure à pleine page au second plat de la couv. :
un coq, avec les mots Lernet fleissig. Deux vignettes sur
bois dans le texte et vingt-quatre petites figures illustrant
les 24 lettres de l'alphabet. (A, R et Z y figurent deux fois,
M, V, X et Y n'y figurent pas). A la fin, extrait du privilège
impérial de Joseph II.

3 A B C. — *Breslau, gedruckt mit Grassischen Schrif-
ten, s. d.* (XVIIe siècle), pet. in-8, ais de bois, dos et
coins veau fauve. *(Rel. anc.).* **1.500 fr.**

Impression en rouge et en noir sur carton. L'ouvrage
comprend deux alphabets, un syllabaire, des prières et les
dix commandements. Il est illustré d'une grande figure

représentant un coq lisant et de onze petites figures, la
première Adam et Eve. La première page est ornée d'un
joli encadrement de style Renaissance.
Ex-libris manuscrit ancien : *Capitaine Jacques Mord-
vinoff.*
De toute rareté.

4 A B C. — Buchstabir und Syllabirtabelle mit angenehmen und nutzlichen Stucken zu Leseubungen
Halberstadt und Heiligenstadt, s. d. [vers 1800],
in-8, br., couv. muette, non coupé. **300 fr.**

Ouvrage composé de deux alphabets, allemand (gothique) et latin, d'un syllabaire, d'exercices de lecture, de
petites histoires, de prières, chiffres, etc. *Bel exemplaire.*

5 A B C. — *Delilzsch, in der Buchdruckerei daselbst,
s. d.* (XVIIIe siècle), ais de bois recouv. de papier
rose ill. *(Rel. de l'époque, dos abîmé).* **800 fr.**

Le second plat de la reliure est décoré d'une gravure sur
bois coloriée représentant un cavalier et signée I. P. G.

6 A B C des Enfans, pour apprendre à lire et écrire
le Français, suivant les principes de la Langue.
Jersey, P. Mourant, 1822, in-12, demi-mar. *(Rel.
moderne).* **300 fr.**

Illustrated with 6 woodcuts. Sixteen pages. Abc printed
in Jersey and of the greatest rarity.

7 A B C (Französisches) und Lesebuch. *Nurnberg,
A. Schneider und Weigel, s. d.* [vers 1800], in-8
en feuilles non coupées. **300 fr.**

Cet ouvrage se termine par des petites historiettes en
français illustrées de 8 figures gravées par *Bock* d'après
Teufel, représentant des scènes enfantines. Exemplaire
extraordinaire, non rogné et non coupé.

8 A B C (The Golden) designed by GUSTAV KONIG.
Engraved by JULIUS THATER. *Gotha : Justus
Perthes (n. d.). London, Trubner and Co.* [circa
1850], or. cloth gilt. **180 fr.**

Each letter is illustrated with a Biblical Scene. The
work is entirely engraved and the impressions are on
« papier de Chine collé ».

9 A B C (A Good Little Child's First). — *London, Bishop and Co, n. d.* [circa 1830], 12mo. or. printed wrappers. **250 fr.**

Each letter is illustrated with an amusing woodcut and line which rhymes throughout the alphabet
C *Was a captain, covered with lace ;*
D *Was a Drunkard, with a very red face,* etc. etc.
Fine copy.

10 A B C (Mama's Little Pets). — *London, Read and Co, n. d.* [circa 1875]. Large 8vo., or. coloured wrappers. **75 fr.**

8 plates illustrating the Alphabet, in chromolithography.
Fine copy.

11 A B C. — *Stargard, bey dem Buchdrucker Hendess, s. d.* (XVIII⁰ s.), petit in-8 non coupé. **1.250 fr.**

Ce petit livre se termine par une curieuse figure sur bois en rouge et en noir, représentant une distribution de prix dans une école : maître tenant une palme entouré d'élèves, filles et garçons. Trois coqs se trouvent sur le premier plan. Il est imprimé sur papier fort, la première page en rouge et en noir.
Très rare dans un pareil état, non coupé.

12 A B C vagy Jetutfoglalo's olvaso Kony vecske a nemzeti os kolak szàmarà. *Budann,* 1834, pet. in-8, br., couv. muette. **350 fr.**

Texte hongrois et allemand. Ouvrage imprimé à Budapest pour les écoles nationales. Petite déchirure à la dernière page.

13 A B C. — Gantz neues Kinder A b c. Das Biblische Spruch-und Guldne A b c, teutsch und lateinsch für die Jugend, in diese Kleine Form gebracht. *S. l., J. A. Hillemann, s. d.* (XVII⁰ siècle). Minuscule 5×4 centimètres, veau fauve orné à froid. *(Rel. de l'époque).* **2.500 fr.**

Précieux abécédaire minuscule, gravure sur bois en frontispice. Chaque lettre gothique occupe une page et la page en regard contient un passage de l'Ecriture. De même pour l'alphabet latin, dont les lettres sont figurées en majuscule ornée, majuscule simple avec, à côté, la même lettre en gothique. A la fin, prières en allemand. Rarissime.

14 ABÉCÉDAIRE des petites demoiselles, avec des leçons tirées de leurs jeux et de leurs occupations ordinaires. IX⁰ édition. *Paris, Lehuby,* 1834, in-12, br. couv. muette. **250 fr.**

Alphabet très rare orné d'un titre gravé avec vignette coloriée, d'un frontispice gravé, colorié *(le jeu des Quatre coins),* et de 8 figures coloriées en 4 planches. Deux ff. endommagés.

15 ABÉCÉDAIRE DES PETITES DEMOISELLES, avec des leçons tirées de leurs jeux et de leurs occupations ordinaires. *Paris, P. C. Lehuby,* 1834, in-16, cart. à la bradel, demi-bas. f. **125 fr.**

Frontispice, titre et 8 figures gravées sur cuivre. Alphabets majuscules et minuscules, syllabes, exercices de lecture et contes. Légères piqûres.

16 ABÉCÉDAIRE DES PETITES DEMOISELLES, avec des leçons tirées de leurs jeux, etc. *Paris, E. Ducrocq, s. d.* [vers 1855], in-12, carton. à la Bradel. **180 fr.**

4 figures gravées. Alphabets divers, lettres doubles, syllabes, phrases à épeler, etc. Une partie de l'impression en très gros caractères. Exemplaire très feuilleté avec quelques déchirures dans les marges, mais sans que le texte soit atteint.

ABÉCÉDAIRE DU CHINOIS. — Voir n⁰ 3186 *bis.*

17 ABÉCÉDAIRE instructif des arts et métiers. — *Paris, J. Langlume, s. d.* [vers 1840], in-12, cartonnage de l'éditeur. **250 fr.**

Illustré d'un frontispice et d'un titre gravé de 24 gravures [4 par planche] et d'un « alphabet orné » de 4 pages.

18 ABECEDARIO dei Fanciulli, illustrato da M. A. Blanchard. *Parigi, Fonteney e Peltier, s. d.* (vers 1845), in-16, cart. papier *de l'édit.* **80 fr.**

Abécédaire et syllabaire en italien, suivis de petits récits. Frontispice et 24 en-têtes gravés sur bois et coloriés représentant des scènes enfantines. Jolies vignettes en noir. Cartonnage papier vert imprimé, avec vignette (fillette jouant au cerceau). L'adresse de la couverture est différente.

19 ADAM (Victor). — ALPHABET DES ANIMAUX. *Paris, Arnauld-Devresse, s. d.* [vers 1860], in-8, cart. papier *de l'édit.* **650 fr.**

Un titre-frontispice et 15 planches lithographiées en couleurs représentant de nombreux animaux domestiques et sauvages, dessinés par Victor Adam. Cartonnage chagriné vert avec grands motifs rocaille dorés et le titre frappé en or. *Très bel exemplaire.*

20 ADAM (Victor). — ALPHABET DES PETITS GARÇONS. *Paris, Arnauld de Vresse, s. d.* [vers 1850], in-8, cart. papier *de l'édit.* **300 fr.**

Un titre et quinze planches lithographiées sur fond chamois d'après les dessins de *Victor Adam,* représentant une cinquantaine de sujets. 16 pages de lettres, de vocabulaire élémentaire (en gros caractères) et 12 pages d'historiettes. Cart. rouge orangé, titre doré frappé sur le 1ᵉʳ plat. *Bel exempl.*

21 ADAM (Victor). — CHARADES ALPHABÉTIQUES. *Paris, Bance, s. d.* [vers 1840], in-4 obl., cart. demi-toile, couvert. conservée. **1.000 fr.**

25 lithographies (plus celle de la couverture) de *Victor Adam,* tirées chez *Bernard* et *Frey.* Excessivement rare surtout avec la couverture donnant au verso de son deuxième plat la solution des charades. Les planches ont chacune une lettre d'alphabet en tête et constituent une véritable œuvre d'art.

22 ADAM (Victor). — CHARADES ALPHABÉTIQUES. *(Cartonnage papier illustré de l'éditeur).* **1.000 fr.**

Même ouvrage, même édition que le précédent. Dos refait.

23 ADAM (Victor). — CHEVAUX ET CAVALIERS DE TOUS GENRES. *Paris, Arnauld de Vresse, s. d.* [vers 1835], in-8. *(Cartonnage papier de l'éditeur).* **200 fr.**

15 belles lithographies en deux tons de Victor Adam, tirées chez *Roche,* illustrent cet alphabet, contenant des exemples des caractères les plus divers, de l'affiche à l'anglaise, consonnes, syllabes, mots à épeler, exercices de lecture, lectures courantes, etc. Cartonnage vert, titre estampé au milieu d'un médaillon de rocailles dorées, dos toile. Les coins émoussés. Légères déchirures dans les marges.

24 [**ADAM (Victor).**] — NOUVEL ABÉCÉDAIRE en énigmes par V. Adam. *Paris, Rillner et Goupil. New-York, Bailly Ward et Co, s. d.* [vers 1845], in-4 obl. demi-bas. rouge, dos et coins, pl. supér. de la couvert. conservée. **1.000 fr.**

26 grandes planches de VICTOR ADAM, chacune contenant une douzaine de figures, tirées chez *Lemercier*. Chaque figure représente un mot commençant par la lettre à laquelle la planche est consacrée. Une explication des sujets clôt le volume. La couverture, illustrée d'une lithographie originale de Victor Adam, sert de titre. Exemplaire en parfait état de cet amusant et rare abécédaire.

25 **ALBION PRIMER (The),** or First Book for Children. [*London*], *J. Fairburn, n. d.* [circa 1815], sm. 12mo., or. printed wrappers. *(Back strip missing)*. **250 fr.**

Illustrated with full-page frontispiece engraved on wood and 17 quaint woodcuts.

26 **ALBUM DE LA GARDE IMPÉRIALE.** — *Epinal, Imp. Pellerin, s. d.* [vers 1867], in-12. *(Carlonnage de l'éditeur)*. **150 fr.**

Recueil de 15 planches [imagerie d'Epinal], représentant les uniformes des anciens régiments de la Garde. Sur le cartonnage colorié : un guide et un grenadier. *Très bel exemplaire.*

27 **ALPHABET EN ACTION.** — *S. l. n. d.* [vers 1825], 25 cartes (87×67 m/m), étui. **500 fr.**

25 cartes gravées et coloriées, une carte par lettre. La lettre souvent est élidée dans la composition du dessin qui lui est consacré : tels le C de cabriolet et le D de diligence. Etui très soigné, illustré d'une vignette gravée et coloriée. PLANCHE 200.

28 **ALPHABET** allemand. — *S. l. n. d.* [vers 1700], 4 ff. gr. in-4, cartonn. pap. marbré. **400 fr.**

Très bel alphabet composé de grandes lettres (7 c/m de haut). ornées de personnages (roi, cariatides, jardinier, faune, enfants, sirènes, etc.), d'oiseaux, papillons et fleurs, etc., gravées en taille-douce par M. ENGELBRECHT d'après les dessins de IEREM. WAXMUTH, et finement *coloriées*. M. Engelbrecht est sans doute le même personnage que celui qu'Hœfer prénomme Chrétien et qui gravait à Augsbourg au commencement du XVIIIᵉ siècle. Petite fente au dernier f. PLANCHE 29.

29 **ALPHABET DES ALPHABETS.** — 600 sujets variés. *Paris, Marlinet, s. d.* [vers 1855], in-4. *(Carlonnage papier de l'éditeur)*. **400 fr.**

Titre et 20 grandes planches en lithographie par *A. Coppin*, tirées chez *Godard*. (Chaque planche contient près de 25 sujets. Le cartonnage reproduit la lithographie du titre. Par sa composition, par son dessin, par la vigueur des noirs, celui-ci, à lui seul, constitue une véritable pièce de collection. Les lithographies composant l'alphabet ne sont pas moins belles.

30 **ALPHABET (A New and Entertaining),** for Young Children, where some instruction may be gained, and much amusement. *London, W. Darton, Jun.* 1813, sq. 16mo., half-morocco. *(Modern binding)*. **450 fr.**

FIRST EDITION. Illustrated with 26 woodcuts, one for each letter, 4 page book list at end. A little short of margin, some headings shaved.

31 [**ALPHABET DES ANIMAUX**]. — *S. l. n. d.* [vers 1850], in-12, cartonné. **150 fr.**

24 lithographies coloriées et dépliantes, un animal correspondant à chacune des lettres de l'alphabet. Un double de la planche I J (Jaguar) est collé sur le premier plat du cartonnage. Dos fatigué.

32 **ALPHABET (Aunt Friendly's Linen).** — *London, and New York, Frederick Warne and Co, n. d.* [circa 1860], 8vo., or. coloured and printed wrappers. **80 fr.**

Illustrated with several Alphabets and numerous woodcuts. The book is printed on very fine calendered linen. *Fine copy.*

33 **ALPHABET** avec exercices méthodiques sur les principales difficultés de la lecture, illustré de gravures sur bois et de lithographies. *Paris, Bédelet, s. d.* [vers 1845], in-12 carré, cart. papier de l'édit. **500 fr.**

Huit charmantes lithographies en couleurs sur fond chamois, représentant des scènes enfantines. Dix pages d'alphabets variés, dont un de majuscules ornées. Nombreuses figures sur bois. Texte en gros caractères. Très joli cartonnage crème décoré or, rouge, bistre, bleu, vert, blanc, de lettres et d'enfants. Il porte le titre : *Alphabet en action. Très bel exemplaire.*

34 **ALPHABET** avec exercices méthodiques... *Paris, Bédelet, s. d.* [vers 1845], in-12 carré, cart. papier de l'édit. **500 fr.**

Le même texte que le précédent, mais les lithographies en couleurs sur fond chamois, également au nombre de 8, *sont différentes*. Pas d'alphabet orné. Cartonnage vert pâle glacé orné en noir, or, bleu et rouge : deux enfants tiennent une banderole qui porte ce titre : *Les jours de congé. Alphabet.* Très bel exemplaire.

35 **ALPHABET EN FIGURES.** — *Paris, J. Langlumé et Pellier, s. d.* [vers 1835], in-12. *(Carlonnage papier de l'éditeur)*. **125 fr.**

Vingt-trois pl. gravées et coloriées. A chaque lettre de l'alphabet correspond une notice dont cette lettre fournit le thème : ange gardien, bienfaisance, confession, etc. *Déboîté.*

36 **ALPHABET** avec exercices méthodiques sur les principales difficultés de la lecture. *Paris, Amédée Bédelet, s. d.* [vers 1860], pet. in-8. *(Carlonnage papier de l'éditeur)*. **400 fr.**

Huit lithographies en couleurs tirées chez *Lemercier* et vignettes. Alphabet, exercices syllabiques et de lecture. Le cartonnage or et couleurs sur vert, deux enfants et attributs champêtres formant cadre, porte : « *Aux champs et à la ferme* ». Très jolies lithographies. *Très bel exemplaire.*

37 **ALPHABET COMIQUE.** — *Paris, J. Langlumé, s. d.* [vers 1840], petit in-12. *(Carlonnage papier de l'éditeur)*. **300 fr.**

Vingt-six lithographies coloriées dépliantes, chacune consacrée à une lettre de l'alphabet, certaines de celles-ci, l'X, l'Y et le W, formées elles-mêmes de figures composées. Lithographie coloriée, enseigne de l'éditeur, sur le cartonnage. Légère déchirure à la lettre C.

38 **ALPHABET DES ENFANTS.** — *Paris, Langlois, et Leclercq, s. d.* [vers 1850], broché, converlure imp. **400 fr.**

Alphabet comique illustré de 25 vignettes gravées sur

bois par *Porret*. Vignette sur la couverture, suivi d'exercices de lecture, avec exercices syllabiques, de l'indication des signes de ponctuation, etc. En parfait état. Très rare.

39 [**ALPHABET DES MOIS**, DES ÉLÉMENTS, DES SAISONS ET DES PARTIES DU MONDE]. *S. l. n. d.* [vers 1830], in-12. *(Carlonnage papier de l'éditeur)*.   **150 fr.**

Vingt-quatre lithographies dépliantes représentant des sujets enfantins. Sur le premier plat du cartonnage est collée la lithographie des Masques correspondant au mois de février. *Bel exemplaire.*

40 ALPHABET de la récréation. *Paris, D. Marchand, s. d.* [vers 1850], in-12 carré, couv. papier fort bleu de ciel et or.   **125 fr.**

Amusant alphabet où chaque lettre (dorée) est illustrée d'une lithographie en bleu, rouge et or, avec légendes en français et en anglais. Alphabets dorés majuscule, minuscule et en lettres anglaises, sur le deuxième plat.

41 [**ALPHABET DES VÉLOCIFÈRES**]. *S. l. n. d.* [vers 1830], in-12, cartonné papier.   **250 fr.**

Vingt-quatre lithographies dépliantes, la dernière (Z) collée sur le premier plat du cartonnage.

Amusant et très curieux alphabet ; à chaque lettre correspond un personnage : arlequin, boucher, chasseur, docteur, etc., monté sur un *célérifère*. Celui-ci avait succédé à la *draisienne* dont la vogue avait été grande sous le Directoire et le Consulat, et qui, comme elle s'actionnait avec les pieds reposant à terre. L'adjonction des pédales par Michaux, et puis encore de la chaîne fit entrer le célérifère dans le domaine pratique, donnant naissance au vélocipède, puis à la bicyclette.

Très important au point de vue de l'histoire du cyclisme et généralement ignoré.

42 ALPHABET EN FIGURES. *Paris, J. Langlumé el Pellier, s. d.* [vers 1840], in-12, cart. papier imp. de l'édit.   **125 fr.**

Titre et 25 planches gravées, ornées d'une belle initiale, d'un sujet symbolisant le mot, gravé dans le bas, commençant par l'initiale. Chaque illustration est commentée par un texte instructif. Joli volume. *Bel exemplaire.*

43 [**ALPHABET.** *Epinal, lith. Pellerin,* 1863], in-12 obl. *(Carlonnage de l'éditeur)*.   **150 fr.**

Vingt-quatre lithographies coloriées (images d'Epinal) répondant aux lettres de l'alphabet. La première correspondant à la lettre A est collée sur le cartonnage. *Bel exemplaire.*

44 ALPHABET FRANÇAIS ou Instruction pour la Jeunesse. *Avignon, Offray aîné, s. d.* [vers 1820], in-12 carré de 15 pp., titre au verso de la couverture illustrée.   **200 fr.**

Rare impression populaire en grosse typographie. Couverture portant sur chaque plat un oiseau grossièrement taillé sur bois dans le style des dominotiers.

45 ALPHABET FRANÇAIS pour instruire les enfans. *Au Mans, Fleuriot, s. d.* [vers 1810], in-12 carré, sous couv. muette en pap. gris conservé dans une boîte demi-maroquin.   **300 fr.**

Rare impression populaire à *grosse typographie*. Très bel exemplaire.

46 ALPHABET (The). — Green's Leading Strings. *London, Darlon and Co, n. d.* [circa 1840], 8vo. or., printed wrappers.   **120 fr.**

Illustrated with an instructive Picture Alphabet. The letters are hand-coloured. Slight tears in a few inside margins, easily repaired.

47 [**ALPHABET ILLUSTRÉ**], *S. l. n. d.* [vers 1845], in-16, cartonné.   **150 fr.**

Vingt-quatre lithographies coloriées et dépliantes, finement dessinées. Sujets variés, surtout militaires. L'artilleur (A) est collé sur le premier plat du cartonnage.

48 ALPHABET ILLUSTRÉ. *Paris, Marlinel-Haulecœur, s. d.* [vers 1845], in-12 obl. *(Carlonnage papier de l'éditeur)*.   **275 fr.**

Seize jolies lithographies coloriées illustrant l'alphabet, par *Enry* (dont 12 contenant 2 figures). Cartonnage en chromolithographie tiré chez *Lemercier*, cadres et compartiments. Au milieu du premier plat, grand'mère apprenant à lire à sa petite-fille. *Dernière feuille restaurée.*

49 [**ALPHABET ILLUSTRÉ**]. *S. l. n. d.* [vers 1847], pl. dépliantes, sous cartonnage moderne. **125 fr.**

Dix-neuf lithographies dépliantes de *Gerlien* représentant un sujet dont la première lettre répond à celles de l'alphabet. Jolies lithographies dans la note romantique.

50 ALPHABET ILLUSTRÉ. *S. l., H. Durn, s. d.* [vers 1850], in-32. *(Carlonnage de l'éditeur)*.   **40 fr.**

Six lithographies coloriées dépliantes d'un alphabet franco-espagnol : les sujets répondant aux lettres. *Incomplet, ne dépasse pas la lettre L.*

51 ALPHABET ILLUSTRÉ. *Paris, A. Mame el fils, s. d.* [vers 1869], pet. in-12. *(Carlonnage papier de l'éditeur)*.   **150 fr.**

Dessins reproduits sur bois de *Girardet, Grandville, Sagor, Werner*. La vignette du titre est reproduite sur le cartonnage. Alphabets divers ; animaux correspondant aux lettres de l'alphabet, voyelles et consonnes, etc. ; exercices de lecture ; fables choisies de La Fontaine. La plus grande partie du volume composée en gros caractères largement interlignés. *Bel exemplaire.*

52 ALPHABET ILLUSTRÉ DES JEUX DE L'EN-FANCE, contenant des exercices de lecture, l'explication des jeux de l'enfance les plus intéressants, un choix de fables en prose et en vers mis en ordre par Rémond. *Paris, Delarue, s. d.* [vers 1860], in-12, cart. papier *de l'édit.* **250 fr.**

Frontispice et 23 vignettes à mi-page, par Henri Emy, gravés sur bois. Au début, alphabets (romain, gothique, anglaise, lettres ornées). Description de 23 jeux ou distractions pour les enfants. Cartonnage papier blanc orné de la reproduction chromolithographique du frontispice. *Très bel exemplaire.*

53 ALPHABET ILLUSTRÉ DES JEUX DE L'EN-FANCE. *Paris, Delarue, s. d.* [vers 1870], in-12. *(Carlonnage papier de l'éditeur)*.   **150 fr.**

Frontispice (reproduit en couleurs sur le cartonnage) et vignettes gravées sur bois d'après les dessins de Henry Emy. Alphabets divers, « exercices de lecture, explication des jeux de l'enfance les plus intéressants, un choix de fables en prose et en vers ». Le tout composé en gros caractères largement interlignés.

54 ALPHABET MILITAIRE. *S. l. n. d.* [vers 1845], in-12. *(Cartonnage de l'éditeur).* **150 fr.**

Neuf gravures sur bois coloriées. Alphabets en divers caractères, accentuation, syllabes, exercices de lecture. Le bois de la « Halte » reproduit sur le cartonnage.

55 ALPHABET MILITAIRE. — SOUVENIR DE LA GRANDE-ARMÉE, par Ch. MATZ. *Lyon, Pinlard, s. d.* [vers 1860], in-12 oblong, cartonn. pap. crème avec titre et ornementation dorée. *(Cartonn. d'édit.).* **200 fr.**

Alphabet *se dépliant* dans lequel chaque lettre est illustrée par une scène des CAMPAGNES DE NAPOLÉON en lithographie.

56 ALPHABET MORAL DES PETITS GARÇONS, ou petits contes instructifs et amusants en forme de lectures. *Paris, Al. Eymery,* 1817, in-12, broché, couv. muette originale. **250 fr.**

Six gravures hors-texte (dont un titre avec vignette) représentant 14 sujets : enfants au jeu, à l'étude, à la promenade... Alphabets, lectures. « L'Amour de Dieu et de ses parents » par Berquin, occupe les dernières pages de l'ouvrage.

57 ALPHABET MORAL DES PETITS GARÇONS. *Paris, Eymery,* 1830, in-12, broché, couv. pap. décoré en couleurs d'origine. **250 fr.**

Titre gravé avec vignette, frontispice et 4 planches gravées comprenant 12 sujets (jeux d'enfants). Grosse typographie. Très bel exemplaire, rare avec sa couverture d'origine coloriée.

58 ALPHABET OF THE EXHIBITION. *London, George Routledge and Co, n. d.* [circa 1860], 8vo. or. printed wrappers. **65 fr.**

Illustrated with 8 hand-coloured woodcuts. Each verse begins with a letter of the Alphabet. Water stain on cover.

59 ALPHABET OF FOREIGN THINGS. *London, George Routledge and Co, n. d.* [circa 1850]. large 8vo. or. printed wrappers. **100 fr.**

Twenty-four hand-coloured drawings illustrating the Alphabet. Small tear in one margin not affecting text. An Aunt Mavor Picture Book for Little Readers.

60 ALPHABET OF GOODY TWO SHOES. — By Learning which she soon got Rich. *London, John Harris, n. d.* [circa 1832], sm. 8vo. or. printed wrappers. **2.500 fr.**

ABC and Syllable exercises. Illustrated with 14 splendid, and handsomely coloured woodcuts.

« A, was an Apple,
And put in a pie,
With ten or twelve others, »
All piled up so high.
Fine copy.

61 ALPHABET (Nouvel) en françois, divisé par syllabes. *Auxerre, L. Fournier,* 1819, in-12, carré, broché, couv. muette pap. gris, preserved in half-morocco case. **400 fr.**

Rare impression populaire de colportage. Vignette sur le titre et une grande figure représentant saint Marcoul touchant les écrouelles. Vignette sur cuivre collée à l'intérieur de la couv. *Bel exemplaire.*

62 ALPHABET DÉDIÉ AUX ENFANTS BIEN SAGES. *Paris, Desesserts, s. d.* [vers 1840], in-4. *(Cartonnage papier de l'éditeur).* **500 fr.**

Cent cinquante dessins coloriés par *Bertrand,* lithographiés ou gravés sur bois : ballon, gondole, yacht, etc. Types divers et alphabets, syllabes, exercices de lecture. Cartonnage crème, large cadre historié à rinceaux or, bleu, vert, violet et rouge, triple médaillon ovale, mêmes couleurs, cabochons et dentelle or sur grenat, titre polychrome. Quelques feuillets à demi-détachés.

62 bis ALPHABET DES ARTS ET MÉTIERS, orné de 27 gravures. *Paris, Brianchon, s. d.* (vers 1820), grand in-12 de 6 ff. dans une boîte demi-maroquin tête de nègre. **250 fr.**

Vingt-quatre gravures (6 par page) représentant l'armurier, le boulanger, le chapelier, le distillateur, etc. Titre entièrement gravé avec grande vignette représentant des castors et des abeilles, symboles de l'industrie et du travail. Sur la dernière page, grande gravure intitulée *Le Travail :* des enfants font de la vannerie, de la menuiserie, etc. *Bel exemplaire.*

63 ALPHABET OF QUADRUPEDS. *London, C. Blair, n. d.* [circa 1840], post 8vo. or. coloured and printed wrappers. **300 fr.**

Each letter is illustrated with a hand-coloured lithograph showing a wild animal, and executed in a splendid manner.

64 ALPHABET OF VIRTUES (The). *London, Darton and Co, n. d.* [circa 1860], oblong 12mo. or. printed wrappers. **100 fr.**

26 illustrated letters *(which are coloured),* hand-coloured frontispiece and large vignette on title.

65 ALPHABET pour les enfants, illustré de jolies vignettes gravées par Porret. *Paris, Garnier frères, s. d.* [vers 1855], in-12, cart. papier *de l'édit.* **300 fr.**

Vingt-cinq vignettes sur bois à mi-page joliment coloriées. Alphabets et syllabaires en gros caractères. Signes de ponctuation. Mots irréguliers. Cartonn. jaune orné d'une vignette (reproduction du cuirassier qui illustre la lettre C). *Bel exemplaire.*

66 ALPHABET (PRINCE ARTHUR'S). *London, J. and C. Brown and Co, n. d.* [circa 1850], sm. 4to. or. coloured and printed wrappers. **75 fr.**

Illustrated with 26 wood engravings, one to each letter, of the Alphabet. A verse under each picture. *Fine copy.*

67 ALPHABET (THE SCRIPTURE) by A Parent for his Children. *London, W. Darton,* jun. 1811, sq. 16mo. half-morocco *(modern binding).* **300 fr.**

FIRST EDITION. Illustrated with a frontispiece and 26 woodcuts illustrating the Alphabet. Six pages book list at end.

68 SCRIPTURE ALPHABET (THE). *London, Darton and Co, n. d.* [circa 1850], large 8vo. or. printed wrappers. **60 fr.**

Illustrated with a letter to each scene and rhyme adapted from the Bible. *Uncut and unopened.*

69 **ALPHABET** à l'usage des artistes. *Paris, Bassel, s. d.* [vers 1830], in-8 oblong, demi-mar. *(moderne)* premier plat de la couv. gravée conservée.
                                                    200 fr.

Jolis alphabets gravés très décoratifs. Il y en a 18 (un par feuillet) contenant chacun 26 lettres, dessinées selon un certain sujet choisi. Par exemple les lettres de l'alphabet des Cris de Paris sont formées de types de la rue, vitrier, marchand de coco, chanteur ambulant, dont le corps et les instruments ou outils sont présentés en forme de lettres. De même pour les oiseaux, la chasse, les armes, les feuillages, les jouets d'enfants, etc. *Seconde série.*

70 **AMMERSBACH (Henrico).** — NEUES A B C Buch daraus sein Junger Knab die nohtigsten vier Haupt Sprachen Ebreisch, Griechisch, Lateinisch, Teutsch... lernen Kan. *Magdeburg, Johann Daniel Muller,* 1689, in-4, dérelié.   **1.500 fr.**

Titre imprimé en rouge et en noir. Bel exemplaire. *Très rare.*
PLANCHE 11.

71 **AMUSING ALPHABET.** Youthful Society. Le Petit Monde. *London, Darlon and Hodge, n. d.* [circa 1870], 12mo oblong or. boards with coloured litho. label on front cover.   **80 fr.**

A B C of 26 amusing coloured lithographs. Titles in English and French. The book was printed in Paris by Henry Plon.

72 **ARMY AND NAVY A B C.** [*London, Dean and Co*], *n. d.,* [circa 1860], sq. 8vo. or. printed and coloured boards.   **50 fr.**

Illustrated with 24 plates and an Alphabet *(in red)*. The book is printed on calendered cloth. A few plates coloured by a child.

73 **BABY TALES,** or Easy Lessons for Infant Minds. *London, E. Wallis, n. d.* [circa 1820], 12mo. half-morocco. *(Modern binding).*   **800 fr.**

Two large alphabets, etc., and 6 curious but splendid plates engraved on copper *(two tinted by a child)*. A little short of margin. *Very rare.*

73 *bis* **BALS D'ENFANTS.** *Paris,* [*Magasin de l'enfance*], *s. d.,* [vers 1855], in-12. *(Carlonnage papier de l'éditeur).*   **175 fr.**

16 lithographies dépliantes et coloriées à la manière d'EDOUARD LIÈVRE. Cartonnage papier rouge, dos toile. Fait partie des Alphabets publiés par le Magasin de l'enfance.
Très bel exemplaire.

74 **BATTLEDORE.** [18th CENTURY]. Contains two pages. Sm. 12mo. or. boards. N. *place, n. d.* [*London,* circa 1780], preserved in half-morocco case.   **1.500 fr.**

Alphabets etc. and 18 small woodcuts for an object lesson. *Breeches. Sphere. Whale. Sphinx. Ox-thrush,* etc., etc. The Battledore, or first book for children, was a later development of the « Hornbook », and was invented by Benjamin Collins, of Salisbury, the first printer of « The Vicar of Wakefield », in 1746. They were in use in remote country places down to the beginning of the 19th century.
PLANCHE 51.

75 **BATTLEDORE (THE BRITISH)** or, First Lessons. *Alnwick, W. Davison. Price one penny, n. d.*

[circa 1830], small 12mo. Blue wrappers, preserved in half-morocco case.   **250 fr.**

Woodcut on title, and three other cuts. Two Alphabets *(one by Bewick),* etc. of syllables and reading on back. *Fine copy.*

76 **BATTLEDORE (THE BRITISH),** or. First Lessons. *Alnwick, W. Davison, n. d.* [circa 1830], sm. 12mo. or. yellow printed covers, preserved in half-morocco case.   **250 fr.**

Another copy as above. Illustrated with four woodcuts, etc. *Fine copy.*

77 **BATTLEDORE (ENGLISH).** *Alnwick, W. Davison, Price one penny, n. d.* [circa 1830], small 12mo. yellow wrappers, preserved in half-morocco case.   **200 fr.**

Woodcuts on title, and three other cuts. Two Alphabets, of syllables, lessons, etc., and story on back. *Fine.*

78 **BATTLEDORE (ENGLISH).** *Alnwick* (1830), another copy, only with blue wrappers preserved in half-morocco case.   **200 fr.**

Fine copy.

79 **BATTLEDORE (THE UNIVERSAL).** *London, S. Shaw, n. d.* [circa 1825], sm. 12mo. or yellow folding covers.   **300 fr.**

Illustrated with 6 woodcuts. A B C, wood lessons and reading exercises. *Fine copy.*

80 **BATTLEDORE (THE VICTORIA).** N. *place, n. d.* [circa 1825], or. blue printed wrappers.
                                                    300 fr.

Illustrated with 4 quaint woodcuts. Three alphabets.

81 **BATTLEDORE (YOUTH'S).** *Alnwick, W. Davison. Price one penny, n. d.* [circa 1830], small 12 mo. yellow wrappers.   **250 fr.**

Large woodcut on front, and two other cuts. Two alphabets, syllables lessons and reading on back. *Fine copy.*

82 **BATTLEDORE (UNION).** *Alnwick, W. Davison, n. d.* [circa 1830], preserved in half-morocco case.
                                                    250 fr.

Several A B Cs, and 4 woodcuts. *Fine copy.*

83 **BATTLEDORE (NEW).** *Alnwick, W. Davison, n. d.* [circa 1830], preserved in half-morocco case.
                                                    250 fr.

Same type as preceding item. *Fine copy.*

84 **BATTLEDORE (CHILD'S).** *Alnwick, W. Davison,* preserved in half-morocco case.   **250 fr.**

Same type as preceding item. Giraffe on title. Fine copy.

85 **BECKER (Léon).** — ALPHABET DES INSECTES. *Paris, J. Helzel el Cie, s. d.* [vers 1883], in-8. *(Carlonnage papier de l'éditeur).*   **75 fr.**

16 illustrations, plus frontispice et vignette de titre, dessinées par *Léon Becker* et gravées par *F. Méaulle.* A

chaque lettre correspond une série d'insectes dont le nom commence par cette lettre. A l'observation, l'artiste a joint une part heureuse d'humour. Vignette du titre reproduite sur le cartonnage.

86 **BELIN.** — ALPHABET DES IMAGES. *Paris, Arnauld de Vresse, s. d.* [vers 1850], in-4 oblong, cartonn. dos toile verte chagr. et plats pap. chagr., avec grand cartouche doré de style « rocaille » au centre du 1er plat contenant le titre. (*Cartonn. d'édit.*). **400 fr.**

Titre lithogr. et colorié avec de nombreux personnages et 16 planches lithographiées et coloriées : *jeux d'enfants, travaux d'enfants, navires, oiseaux rares, animaux dangereux, oiseaux utiles, costumes, etc.* Grosse typographie. Qq. salissures peu importantes. Cartonnage très frais.

87 **BERLINISCHES NEU EINGERICHTETES A B C.** — BUCHSTABIR UND LESEBUCHLEIN. *Berlin, Im Verlag des Buchladens der Real Schule,* 1764-1770, in-8, veau, marbr. encad. de fil. à fr., dos orn. avec pièce de mar. r. (*Rel. anc.*). **400 fr.**

Vignette sur le titre, 3 parties.

88 **[BERTHAUD].** — LE QUADRILLE DES ENFANS ou système nouveau de lecture. Boîte carton de 15×9,5×3,5 cm. **1.000 fr.**

Boîte recouverte de papier saumon, titre imprimé sur le couvercle bordé d'un papier doré. 4 compartiments contenant 80 jetons en os (rouges, verts, jaunes, blancs) sur lesquels on a collé 80 fines gravures coloriées semblables à celles des planches du *Quadrille*. Cette boîte ne semble pas faire partie des éditions de l'ouvrage décrites ci-dessous. Boîte très rare.

89 **[BERTHAUD (L'Abbé)].** — LA THÉORIE ET LA PRATIQUE DU NOUVEAU QUADRILLE DES ENFANS, ou d'une nouvelle Méthode pour apprendre à lire par le moyen de 160 figures dont les objets familiers aux Enfans servent à imprimer en très peu de temps dans leur mémoire tous les Sons et toutes les Syllabes de la langue, etc. *Paris, Vincent,* 1744, in-8, v. marbré, dos orné, tr. r. (*Rel. anc.*). **1.250 fr.**

Seconde édition, très rare, ornée de 8 planches gravées, contenant chacune 20 sujets. Comme exercice de pratique l'ouvrage contient *Le Petit Poucet* et des *Fables diverses en IV vers.* Par cette méthode, dit le *Journal de Paris,* d'avril 1784, on met les enfans de 4 ou 5 ans en état de lire en trois ou quatre mois et même plus tôt, à l'ouverture du livre. Il en parut une critique par Pipoulain de Launay, en 1745, sous le titre : l'Anti-Quadrille ou le public détrompé. Cela n'empêcha pas le succès, attesté par des lettres de grands personnages qui firent instruire leurs enfants selon cette méthode. L'auteur publie ces lettres au début de l'ouvrage.

90 **BERTHAUD (L'Abbé).** — LE QUADRILLE DES ENFANS, etc. Cinquième édition. *Yverdon,* 1779, in-8, cartonn. demi-veau rose, plats, pap. à fleurettes, non rogné. (*Cartonnage d'époque*). **800 fr.**

Le même ouvrage que le précédent. Cinquième édition, contenant *Le Prince Chéri.* 4 planches gravées (88 figures). Très bel exemplaire. Rare en semblable condition.

91 **[BERTHAUD (L'Abbé)].** — LE QUADRILLE DES ENFANS, ou système nouveau de lecture, avec lequel tout enfant de quatre à cinq ans peut, par le moyen de quatre vingt-huit figures, être mis en état de lire sans faute, à l'ouverture de toutes sortes de livres, en trois ou quatre mois, et même beaucoup plutôt (*sic*) selon les dispositions de l'enfant. *Genève,* 1798, in-8, demi-maroq. rouge, dos orné à nerfs, coins, non rogné. (*Rel. neuve*). **500 fr.**

Le même ouvrage que le précédent. 4 planches gravées représentant les 88 fig. du système. (Cette édition n'en comporte pas davantage). Cette 10e édition contient la liste, imprimée au dernier f. des noms et demeures des enfants de grands personnages, qui ont appris à lire selon la méthode de l'abbé Berthaud. Petites restaurations sans importance. Bel exemplaire.

92 **[BERTHAUD (L'Abbé)].** — LE QUADRILLE DES ENFANS ou système nouveau de lecture... *Lyon, Rolland,* 1815, in-8, demi-maroq. rouge, dos orné à nerfs, non rogné. (*Rel. neuve*). **500 fr.**

Le même ouvrage que le précédent, mêmes planches, mais coloriées. Le volume est identique, même composition, même pagination. Le titre seul et quelques ornements typographiques diffèrent.

93 **BERTHAUD.** — LE QUADRILLE DES ENFANS, ou système nouveau de lecture, etc. Septième édition. *Paris, Arthus Bertrand, s. d.* [vers 1820], in-8, demi-toile verte. (*Cartonn. d'époque*). **125 fr.**

Le même ouvrage que le précédent. Edition ornée de 4 planches gravées coloriées représentant 84 figures. Coins un peu usés. Le titre indique 84 fiches placées dans une boîte à compartiments. Elles manquent.

94 **BERTHAUD.** — QUADRILLE DES ENFANS (LE), ou Système nouveau de lecture. *Paris, Arthus Bertrand, s. d.* [vers 1830], in-8, cartonn. papier. **125 fr.**

Le même ouvrage que le précédent. Neuvième édition, 4 pl. gravées et coloriées (84 figures). Exemplaire usagé. Quelques mouillures.

95 **BERTHAUD.** — LE QUADRILLE DES ENFANS, etc. Douzième édition refondue et perfectionnée à l'usage des enfans, augmentée de contes et d'historiettes par Mmes de Genlis, Dufresnoy, de Beaufort d'Hautpoul, de Montolieu et Hannah More. *Paris, A. Bertrand, s. d.* [vers 1835], in-8, bas. mouch., dos orné, pièce rouge, tr. mouch. (*Rel. de l'époque*). **250 fr.**

Le même ouvrage que le précédent. Edition, comme la précédente, portant le nom de l'auteur. Elle comporte quatre planches (84 sujets) coloriés, et 2 gravures par *Chasselat* et *Delvaux.* Qq. rouss. Le titre indique une boîte contenant 84 fiches (correspondant aux 84 figures). Cette boîte manque.

96 **BILDER A B C** mit einigen Lesübungen Gedenksprüchen und Gebeten für Kinder. *Stralsund, Christian Lorenz Struck,* 1788, in-8 en feuilles non coupées. **1.500 fr.**

Titre orné d'un joli fleuron. Chaque lettre de l'alphabet est accompagnée d'une naïve gravure sur bois et d'un distique. Exemplaire extraordinaire NON ROGNÉ ET NON COUPÉ. PLANCHE 13.

97 **BILDER A B C...** *Stralsund, Christian Lorenz Struck, 1788, in-8, cart. papier gris à ramages. (Cart. mod.).*   **800 fr.**

   Même ouvrage que le précédent. Bel exemplaire.

98 **BILDER A B C...** *Stralsund, Christian Lorenz Struck, 1788, in-8, cart. papier. (Cart. mod.).*   **700 fr.**

   Même ouvrage que le précédent. Qq. légères rousseurs.

99 **BILDER. A B C** FUR KLEINE KINDER. *München, Braun und Schneider, s. d.* [vers 1860], in-8 obl. Cart. papier illustr. col. *(Cart. de l'éditeur).*   **60 fr.**

   Alphabet pour petits enfants. Chaque lettre est accompagnée d'une curieuse figure coloriée et d'un distique. Dos cassé.

100 **BLEMER (M.).** — MÉTHODE D'ENSEIGNER A LIRE AUX ENFANS en jouant et en très peu de tems. *Leipzig, Johann Gottlob Immanuel Breitkopf, 1789, in-4 en feuilles non coupées, conservé dans une boîte demi-maroquin.*   **3.000 fr.**

   Cet ouvrage comprend un texte français, allemand et russe, 36 feuilles avec lettres qui doivent être découpées et ensuite collées sur des morceaux de bois ou de carton et deux planches gravées qui indiquent la forme des jeux pour apprendre à lire. Ouvrage rarissime dans cette condition.
   PLANCHE 16.

101 **BUCHSTABEN** UND LESEBUCH. *Strasburg, Johann Heinrich Heitz, 1790, pet. in-8, ais de bois recouv. de papier marb. (Rel. de l'époque).*   **300 fr.**

   Titre orné d'un joli encadrement avec une jolie vignette. L'ouvrage comprend un alphabet, un syllabaire, des exercices de lecture et des prières. *Bel exemplaire.*

102 **BUNTEN GESCHICHTEN (DIE)** ODER NAMENSTAG ein Bilder und A B C Buch. *Prag, Carl Wilhelm Enders, 1814, in-8, demi-mar., coins. (Rel. mod.).*   **1.250 fr.**

   Recueil composé d'un joli frontispice gravé et colorié par *Berka* représentant un père et une mère entourés d'enfants, d'un titre gravé avec une jolie vignette coloriée, d'un alphabet accompagné de 82 charmantes figures coloriées sur 24 planches, suivies d'une explication, d'exercices de lecture et de 4 planches gravées de modèles d'écriture. Dos fatigué.

103 **CANNABICH (G.-Ch.).** — BUCH FUR KINDER. *Sondershausen und Leipzig, John. Amb. Barth, 1812, pet. in-8, br., non coupé.*   **300 fr.**

   Livre pour enfants, ou premiers exercices de lecture. Alphabet, grammaire, petites pièces, proverbes, prières, etc., etc. Timbre sec sur le titre : *Empire Français. Bouches de l'Elbe.* Bel exemplaire.

104 **CHILD'S FIRST BOOK (THE)** containing the A B C and a Set of Easy Rhymes in one syllable. *London, Webb., Millington and Co, n. d.* [circa 1840], 12mo. or. printed wrappers.   **125 fr.**

   Illustrated A B C with quaint hand-coloured woodcuts. *Fine copy.*

105 **CHILD'S FIRST STEP (THE).** — TO LEARNING. *London, J. T. Wood, n. d.* [circa 1840], 12mo. or. printed wrappers.   **80 fr.**

   A B C, syllable lessons and short stories. Illustrated with 9 wooducts. *Fine copy.*

106 **CHILDS NEW SPELLING PRIMER (THE)** or, First Book for Children. To which is added The Stories of Cinderilla, and the Little Red Riding Hood. *Dublin, Printed by T. Wilkinson, no 40, Winetavern-Street, 1799.* [Price Two Pence], sm. 16mo. or. wrappers.   **1.250 fr.**

   Alphabets, illustrated alphabet with 24 small quaint woodcuts, Syllable exercise and the two fairy stories from Perrault. VERY FINE COPY ABSOLUTELY UNCUT WITH ORIGINAL DECKLE EDGES.
   PLANCHE 51.

107 **CLARK (Ed.).** — THE PROTESTANT SCHOOL-MASTER. Containing Plain and Easie Directions for Spelling and Reading English..., etc. *London, John How, n. d.* [circa 1700], sm. 12mo. contemp. calf. *(Rebacked).*   **850 fr.**

   Third edition. Illustrated with 8 engravings several showing the torturing of the Protestants by the Catholics. The first part of the book forms a School primer. The rest of the work is « *A Brief and true Account of the Bloody Persecutions, Massacres, Plots, Treasons, and most inhumane Tortures committed by the Papists upon Protestants, for near 600 years past, to this very time, in all countries where they have usurped Authority to exercise their Cruelties* » etc. etc.

108 **COINCHON (A.).** — MASQUES ET BOUFFONS ENFANTINS. Album alphabétique et artistique. *Paris et Londres, A. Martin, s. d., gr. in-8. (Cartonnage toile de l'éditeur).*   **160 fr.**

   27 gravures de *Coinchon*, y compris le frontispice, imprimées en couleurs. Cartonnage en toile bleue, au milieu du 1er plat, réduction or et noir, du frontispice. Tr. dorées. *Très bel exemplaire.*

109 **CRANE (WALTER).** — THE ALPHABET OF OLD FRIENDS. *London, George Routledge, n. d., 4to. or. printed covers in colour.*   **60 fr.**

   FIRST EDITION. Illustrated with large coloured plates by Walter Crane. *Fine copy.*

110 **DAS GROSSE NURNBERG'SCHE A B C** für Kinder in Saubern Kupfern sinnlich dargestellt. *Nurnberg, Schneider und Weigel, s. d.* (fin du XVIIIe siècle), in-8 br., non coupé conservé dans une boîte demi-mar.   **1.000 fr.**

   Ouvrage composé d'un alphabet, chaque lettre est accompagnée de 2 charmantes figures coloriées et d'un texte explicatif séparé et de petites histoires. Les figures sont imprimées sur feuilles séparées et représentent des petites scènes, animaux, etc., etc.
   Superbe exemplaire. Extrêmement rare dans cette condition, non rogné et non coupé.
   PLANCHE 13.

111 **DAS KLEINE A B C.** *Nürnberg in der Ioh. Andr. Endlerischen Handl., s. d.* (milieu du XVIIIe siècle), pet. in-8, ais de bois recouv. de papier vert. *(Rel. de l'époque).*   **2.000 fr.**

   Chaque lettre de l'alphabet est accompagnée d'une charmante gravure coloriée à la main (l'une représente un *Quaker*) et d'un distique explicatif.
   PLANCHE 13.

112 **DELABRE (Constant).** — LE TRÉSOR DES ENFANTS. *Paris, chez l'auteur, s. d.* [vers 1868]. *(Cartonnage papier de l'éditeur).* **80 fr.**

72 vignettes coloriées, quelques-unes à pleine page, la plupart dans le texte. Alphabets divers, syllabes, signes de ponctuation, exercices de lecture, modèles de cinq genres d'écriture, etc.

113 **DELABRE (Constant).** — LE TRÉSOR DES ENFANTS. In-8. *(Cartonnage papier de l'éditeur).* **60 fr.**

Même ouvrage que le précédent. Les deux plats du cartonnage illustrés et coloriés.

114 **DEUTSCHES A B C.** — ALPHABET FRANÇOIS. *S. l.,* 1777, pet. in-8, demi-mar. *(Rel. moderne).* **125 fr.**

Ouvrage composé d'un alphabet allemand et d'un alphabet français, d'une petite grammaire, d'un syllabaire, de fables et contes, etc. Texte allemand et français.

115 **DOUDET (Mme).** — LE LIVRE DES PETITS ENFANTS, contenant des exercices de lecture et un alphabet illustré des animaux, suivi de compliments et fables pour le jour de l'an et les fêtes. *Paris, Théodore Lefèvre, s. d.* [vers 1860], in-12. *Cartonnage en chromolithographie de l'édit.* **135 fr.**

Illustré de 1 frontispice et de 41 vignettes sur bois coloriées, dont une sur le titre. Sur le cartonnage : un groupe d'enfants regardant un album. *Très bel exemplaire.*

116 **DULAC (Edmund).** — LYRICS PATHETIC AND HUMOROUS from A to Z. *London, Frederick Warne and Co,* 1908, 4to. or. coloured illustrated boards. **90 fr.**

FIRST EDITION. 24 coloured plates by Dulac illustrating the Alphabet. Leaves loose but *fine copy.*

117 **[DUMAS (Louis)].** — LA BIBLIOTHÈQUE DES ENFANS ou les premiers élémens des Lettres, contenant le Sisteme du Bureau Tipografique, le nouvel A B C latin, le nouvel A B C françois, etc., à l'usage de Mgr le Dauphin, et des augustes enfans de France. *Paris, Pierre Simon,* 1733, 4 part. en 1 vol. in-4, maroq. rouge, dos à nerfs très richement orné avec fleurons et animaux, encadr. de fil. autour des plats, armes sur chaque plat, dent. int., tr. dor. *(Rel. anc.).* **6.000 fr.**

EDITION ORIGINALE. Très beau frontispice à double page par *Guélard* représentant Dumas et sa femme enseignant aux « Enfans de France » l'usage du « Bureau Tipographique », nombreuses pages de *grosse typographie* et de *lettres ornées.* La méthode du Bureau Typographique dont on s'est longtemps servi avec succès réduit en récréation l'art de lire et d'écrire ainsi que les premiers éléments de toutes les langues. Après en avoir conçu l'idée, *Louis Dumas* (1676-1744) en fit l'essai sur le jeune *de Candiac* qui dès l'âge le plus tendre montrait une rare aptitude. Son élève se fit admirer à Paris et dans les principales villes du royaume puis mourut dans sa septième année *(Hoefer,* XV, 155). Magnifique exemplaire, en maroquin ancien de toute fraîcheur, *aux armes de Jean-André Hercule,* CARDINAL DE FLEURY, *ministre d'Etat de Louis XV,* dont il avait été le précepteur. D'une grande rareté avec la quatrième partie. *(Essai d'un rudiment pratique de la langue latine et introduction générale à la langue françoise).* PLANCHE 25.

118 **[DUMAS (Louis)].** — LA BIBLIOTHÈQUE DES ENFANS... *Paris, Pierre Simon,* 1733, 4 parties en un vol. in-4, veau brun, dos orné à nerfs. *(Rel. de l'époque).* **1.500 fr.**

Le même ouvrage que le précédent. Bel exemplaire, *avec la quatrième partie.* PLANCHE 25.

119 **[DUMAS (Louis)].** — LA BIBLIOTHÈQUE DES ENFANS, etc. *Même ouvrage, même éd.,* veau brun, dos à n. orné, pièces fauves, tr. mouch. *(Rel. anc.).* **850 fr.**

Bel exemplaire de l'ÉDITION ORIGINALE. Les trois premières parties seulement. Frontispice gravé à double page. Reliure tachée. PLANCHE 25.

120 **[DUMAS (Louis)].** — BRUNETEAU D'EMBREINE. Essai sur le bureau typographique ou véritable méthode de M. Dumas pour apprendre à lire aux enfans, même à l'âge le plus tendre, revue et augmentée, quant au fond, etc. *Paris, l'Auteur et Leroy,* 1786, in-12, broché, n. rogné, couv. muette d'origine. **280 fr.**

EDITION ORIGINALE de cet ouvrage *extrêmement rare.* C'est une étude et une application du célèbre *bureau typographique* de Dumas (voir n° 117), méthode ingénieuse qui réduit en récréation l'art de lire et d'écrire, ainsi que les premiers éléments de toutes les langues. Grande planche gravée se dépliant. *Bel exemplaire.*

121 **ENTICK (John).** — THE CHILD'S BEST INSTRUCTOR in Spelling and reading. *London, E. and C. Dilly,* 1773, 12mo. contemp. sheep. *(Worn).* **70 fr.**

Sixth edition, twelve woodcuts in the text and a frontispiece (piece cut from the top). Rather soiled.

122 **FARM (THE),** or. Country employments. *London, Darton and Clark,* 1850, 8vo. or. printed wrappers. **125 fr.**

Illustrated with 12 hand-coloured woodcuts, alphabets and word exercises. *Fine copy.*

123 **FELBIGER (Joh. Ignaz).** — REGELMASSIGES A B C BUCHSTABIER UND LESEBUCH. *Koln am Rheine, Lumscher, s. d.* (fin du xviiie s.), petit in-8, demi-bas. *(Rel. de l'époque).* **200 fr.**

Petit manque au coin d'une feuille.

124 **FENNING (Daniel).** — THE UNIVERSAL SPELLING-BOOK..., etc. *London, Knevett, Arliss, and Baker,* 1811, post 8vo. or. cloth. **300 fr.**

Illustrated with a full page woodcut as frontispiece and 8 other woodcuts in the *Bewick* style. At end « POSTCRIPT ». *As there are a great many people who cannot read old English print, I thought it might be of great service to insert a lesson, by which any person may soon learn to read it well ».* Then follows the « *Seven Stages of Life* », printed in black letter.

125 **FIRST LESSON BOOK (THE).** *London, Webb. Millington and Co, n. d.* [circa 1835], 12mo. or. printed cloth. **150 fr.**

Indestructible Lesson Book, printed on linen. Illustrated with an ALPHABET and 26 quaint woodcuts.

126 **FLETCHER (W.).** — THE PICTURESQUE PRIMER ; or Useful Matter made Pleasing Pastime for Leisure Hours. *London, John Harris, n. d.,* [circa 1828], sm. 8vo. or. half-leather, boards. *(Corners worn).*   **600 fr.**

Illustrated with 18 plates showing 120 hand-coloured woodcuts.

127 **FLETCHER (W.).** — THE PICTURESQUE PRIMER ; another copy, half-morocco. *(Modern binding).*   **500 fr.**

Same edition as preceding item. *Fine copy.*

128 **FOX (Francis).** — AN INTRODUCTION TO SPELLING AND READING : containing lessons for children, historical and practical..., etc., etc. *London, F. and C. Rivington,* 1808, sm. 12mo. or. boards.   **200 fr.**

An interesting Primer, illustrated with many woodcuts. The author (1675-1738) also published « *The New Testament with references and notes* ».

129 **FRESNEAU (Pierre).** — A B C ou Jeu des Lettres de l'Académie des Enfants et recueil de leurs études. Méthode formée sur l'expérience agréable et utile pour enseigner facilement à lire le Français et le Latin, en impression et en écriture, avec principes et en jouant, etc. *Paris, Hérissant, et Versailles, chez l'Auteur,* 1772, in-8, de LVI pp. ch. et 237 pp. ch. et 1 f. n. ch., demi-mar. moderne   **3.000 fr.**

EDITION ORIGINALE de cette méthode de lecture extrêmement rare, et inconnue aux bibliographes due à un « *Instituteur de l'Académie des enfants à Versailles* » et composée « *pour l'instruction de sa fille et de ses élèves des deux sexes* ». L'ouvrage est divisé en 2 parties ; la première (LVI pp.) est du plus grand intérêt comme typographie : chaque page est entourée et décorée de motifs typographiques de FOURNIER, et comporte un *gros alphabet* et méthode d'épellation ; une grande partie est composée en très belle *bâtarde de Fournier.* La seconde partie (237 pp.) contient les éléments de langue française, de cosmographie, d'histoire, de géographie, des fables (*La Fontaine, le Labyrinthe de Versailles*), etc. Petite piqûre de ver dans la marge inf. de qq. ff. mais très bel exemplaire de cet ouvrage d'un grand intérêt typographique et de toute rareté.

130 **FRÉVILLE.** — ALPHABET PERSONNIFIÉ ou les Lettres rendues sensibles par les Figures de 25 enfants en action et portant le nom des 25 lettres elles-mêmes. *Paris, Genels jeune,* 1809, in-24, demi-maroquin vert, dos orné à nerfs, non rogné. *(Rel. de Bernasconi).*   **1.000 fr.**

3e éd., augmentée du *Syllabaire simplifié.* Les figures gravées rappellent par leur finesse les jolies gravures à sujets enfantins du XVIIIe siècle. *Très bel exemplaire.*

131 **FUNNY ALPHABET (THE).** *London, E. Wallis, n. d.* [circa 1825], sm. 8vo. oi. printed wrappers. *(Back strip missing).* Preserved in half-morocco case.   **3.000 fr.**

Illustrated with 26 hand-coloured engravings, each with a letter of the alphabet. The Scenes are very amusing and depict comic scenes illustrating different words. Apples. Fishing. Ice. Papa. Yankee, etc., etc. *Fine copy.*

132 **GALLOPING GUIDE TO THE A B C (THE).** Or the Child's Agreable Introduction to a knowledge of the Gentlemen of the Alphabet. *Banbury, J. G. Rusher, n. d.* [circa 1810], sm. 16mo. or. printed wrappers.   **250 fr.**

Illustrated with 26 quaint woodcuts. *Fine mint copy.*

134 **GEDIKE (Friedrich).** — KINDERBUCH zur ersten Ubung im Lesen. *Berlin, Johann Friedrich Unger,* 1798, in-8, cart. papier vert. *(Cart. de l'époque).*   **400 fr.**

Premiers exercices de lecture pour enfants. Impression en rouge et en noir. Ouvrage composé de mots dans l'ordre de l'alphabet, de petites phrases, de proverbes, petits contes, fables et de 9 pages de modèles d'écriture. Cartonnage très usagé.

135 **GOLDEN PRIMER (THE) ;** or, an Easy and Entertaining Guide to the Art of Reading, For the Instruction of all the Good Little Boys and Girls in Great Britain and Ireland. Published According to Act of Parliament. Adorned with Cuts. *Printed at Mozley's Lilliputian Book-Manufactory, Gainsbro,* 1788. (Price three pence), 24mo. original printed boards with woodcuts *(back strip missing),* preserved in half-morocco case.   **2.800 fr.**

This precious little primer is illustrated with many woodcuts. Each cover has a woodcut from an early edition of « *London Cries* », probably published by the same editor. Among the contents is an alphabet in verse and an alphabet with illustrative figures. Another alphabet in upper and lower case concords with words in frames... then follow paragraph stories with quaint woodcuts. Towards the end are TWO HYMNS BY Dr ISAAC WATTS, THE FAMOUS AUTHOR OF « DIVINE SONGS ». The copy has been well fingered and the last leaf has edge frayed. Fly leaves renewed.
PLANCHE 68.

136 **GOOD CHILD'S REWARD** in a Scriptural Alphabet or Verses for Children ; and a Christmas Anthem. *Chelmsford, I. Marsden, n. d.* [circa 1815], or. printed wrappers. *(Woodcut).*   **150 fr.**

Illustrated with an illustrated alphabet (24 figures) and 26 other woodcuts illustrating the alphabet with a verse under each.
O, stands for obstinate
What a sad name
It brings on us hate
And causes us shame, etc. »
Two-penny chapbook. *Fine copy.*

137 **GUIDE ASSURÉ (LE)** DE L'ENFANCE, ou Premiers principes d'éducation. *Au Locle, Girardet, et à Neufchatel, s. d.* [vers 1789]. *Ensemble :* Essai des Premiers éléments des lettres, de la Parole, etc. *Au Locle, Girardet,* 1804, 2 ouvrages en 1 vol. in-8, demi-chagr. à long grain grenat, à coins, dos orné. *(Rel. moderne dans le goût romantique).*   **2.000 fr.**

Ouvrage extrêmement rare, comprenant un titre gravé calligraphié avec vignette, un *alphabet gravé* avec vignette et 22 figures (2 par planche) gravées par *Girardet* illustrant les lettres de l'alphabet. C'est une des premières et rares impressions du *Locle* (canton de Neufchatel) en Suisse. Très bel exemplaire dans une jolie reliure moderne.
PLANCHE 44.

138 **GUY'S BRITISH PRIMER,** or. Reading made easy... *London, Simpkin, Marshall and Co, n. d.* [circa 1830], sm. 12mo. or. boards. **100 fr.**

New edition with many charming woodcuts from the drawings by Harvey. Two alphabets : one illustrated. *Fine copy.*

139 **GUY (Joseph).** — BRITISH SPELLING BOOK or an Easy Introduction to Spelling and Reading, in seven parts..., etc., etc. *London, C. Cradock and W. Joy,* 1814, post 8vo. contemp. half-morocco. *(Mod. binding).* **300 fr.**

Illustrated with a frontispiece engraved on copper showing schoolroom and outside play scenes, a quaintly illustrated Alphabet, and 20 splendid woodcuts in the Bewick style.
PLANCHE 109.

140 **HARLAND (W.).** — THE CHILD'S ASSISTANT : or. a most Easy Introduction to reading the English Language. *Scarborough, J. Ainsworth,* 1828, 12mo. or. cloth. **150 fr.**

FIRST EDITION. Illustrated with a frontispiece engraved in wood and 5 woodcuts. Seven different alphabets. Many word, syllable lessons, and stories.

141 **HASTIE (T.).** — THE ONLY METHOD TO MAKE READING EASY, or Child's Best Instructor..., etc. *Newcaslle, Tinerson Charnley,* 1839, half-calf *(Laler binding).* **300 fr.**

Illustrated with many woodcuts. Alphabet, Fables, Catechism, etc. *Fine copy, uncut.*

142 **HISTORY OF A DOLL (THE)** Containing its Origin and Progress through Life, with the Various Calamities that Befel it. By Nancy Meanwell. *London, J. Harris, n. d.,* 36mo. or. printed wrappers. *(Rubbed).* **60 fr.**

5 quaint woodcuts. Penny chapbook.

143 **HORN-BOOK.** — EARLY 18th CENTURY LEATHER HOLDER, with original horn inserted. Size 8 3/4 × 4 3/8 inches. **3.000 fr.**

This type *(unknown to Tuer)* consists of two pieces of thick but supple leather, sewn together with gut. Inserted is *a facsimile* of an Abecedarium, with prayer, printed on old paper. This is a model that provided the teacher with a useful instrument for chastising the unruly pupil. Of the greatest rarity, few examples having survived. *We guarantee this specimen as being absolutely genuine.*
PLANCHE 333.

144 **HORN-BOOK.** — EARLY 18th CENTURY LEATHER HOLDER, with original horn inserted. Size 8 × 4 1/4 inches. **2.500 fr.**

This type *(unknown to Tuer)* consists of pieces of thick, but supple leather, sewn together with gut. Inserted is *a facsimile* of an Abecedarium, printed on old paper. This is a model that provided the teacher with a useful instrument for chastising the unruly pupil. Of the greatest rarity, few examples having survived. *We guarantee this specimen as being absolutely genuine.*
PLANCHE 333.

145 **HORN-BOOK.** — WOODEN HOLDER OF ABOUT 1820, with original horn inserted. Size 9 3/4 × 4 inches. **600 fr.**

Holder of a classical type, hand made, out of walnut, with outer frame (of a later date), and 3 brass nails (also of a later date, probably 1880). Inserted is a page of a child's book of about 1820. On back is roughly carved the figure of winged angel *(Somewhat worn).* We guarantee this authentic, and not a copy.
PLANCHE 333.

146 **HORN-BOOK.** — WOODEN HOLDER OF ABOUT 1840, with original horn inserted. Size 10 × 4 1/2 inches. **800 fr.**

Holder of the « gingerbread » type, hand made out of wood, with figure of « gingerbread » man on verso. The leather has been renewed at a later date, and is attached with brass tacks (of a later date). In the hat a hole has been made (at a later date) to hang the holder. Inserted is *a facsimile* of an Abecedarium, printed on old paper. Curious and amusing type of horn-book holder, used in the provinces. We guarantee this an authentic model and not a copy.
PLANCHE 333.

147 **HOUX-MARC.** — LES LETTRES ANIMÉES. Alphabet avec exercices récréatifs. Ouvrage nouveau dédié aux enfants. *Paris, Amédée Bédelet, s. d.* [vers 1840], in-8, couverture en lithographie. *(Rel. de l'époque).* **1.500 fr.**

Illustré de 25 remarquables gravures sur bois coloriées et de vignettes non signées. Sur l'amusante lithographie coloriée du cartonnage dessinée par *B. Coudert,* figurent Polichinelle, Arlequin et Pierrot. Très rare.
Le dos a besoin d'être recollé.
PLANCHE 236.

148 **HUTTERUS (Elias).** — ALPHABETUM. EIN A B C BUCHLEIN darauss man die vier Haupt-Sprachen als Ebraisch, Griechisch, Lateinisch, Deutsch.... lernen Kan, *Gedruckl zu Nurnberg, durch Alexander Dielrich,* 1597, in-4, br., couvert. papier vert à ramages, conservé dans une boîte demi-mar. **3.000 fr.**

Ouvrage composé d'une préface adressée à la jeunesse, des alphabets allemand, latin, hébreu et grec, des dix commandements, du symbole des apôtres, de prières et des chiffres romains, arabes, grecs et hébreux, texte allemand, latin, hébreu et grec.
D'UNE INSIGNE RARETÉ. *Bel exemplaire.*

149 **KAY (R.).** — THE NEW PRECEPTOR, or Young Lady's and Gentleman's True Instructor in the Rudiments of the English Tongue... etc. *Newcaslle, M. Angus and Son,* 1801, 12mo. contemp. half-calf. gi t., t. e. g. **300 fr.**

FIRST EDITION. Illustrated with 9 quaint woodcuts. The book is a better type of Primer containing alphabets, Syllable lessons, Select Fables, Poetry and Prayers.

150 **INVITED ALPHABET (THE)** or. Address of A to B ; containing friendly proposal for the Amusement and Instruction of Good Children. Virginibus Puerisque canto. Hor. I sing for Girls and Boys. By R. R., *London, B. Tabarl and Co,* 1809, sq. 12mo. or. printed wrappers. *(3 small holes in front wrapper).* **2.500 fr.**

Illustrated with 26 engraved plates, each with representations of the deaf and dumb alphabet, and a letter of the alphabet. The last plate has the following verse.
« *And thus, when all together met,*
In what is call'd the ALPHABET,
We, like so many pretty toys,
Will please good little Girls and Boys !
Till by our means, they shall, with speed,
Both elegantly spell and read. »
Name on title. *Fine copy.*

151 KLEINE ERZAHLUNGEN für Kinder, die gern das A B C. Buchstabiren und Lesen lernen wollen. *Berlin, J.-G. Hasselberg, 1835, in-12, cart. papier de l'édit.*   **250 fr.**

8 planches (16 sujets) gravées et coloriées. Abécédaire suivi de récits enfantins. Charmant cartonnage papier crème imprimé en noir.

152 LACROIX (Louis). — NOUVEAU SYLLA-BAIRE INGÉNIEUX, composé des Fables d'Esope, tirées du Labyrinthe de Versailles, auxquelles on a joint le sens moral... *Paris, Aug.-Martin Lottin, 1754, in-8, cart. de l'ép.*   **1.000 fr.**

Dédié au duc de Bourgogne, alors enfant. Prologue et trente-neuf fables en vers, chacune illustrée d'une vignette sur bois. En frontispice le labyrinthe de Versailles, une planche gravée sur bois *(dont il manque une partie)*. La route du labyrinthe est tracée en pointillé et une table alphabétique indique le n° de la Fable, la page du livre et le n° du plan. Cartonnage usagé, une page déchirée (sans perte de texte).

153 LANDSCAPE ALPHABET (THE). *London and Paris, Lithographed and Published by Engelmann, Graf, Coindet and Co, 1830, oblong 12mo. or. cloth g. e.*   **150 fr.**

26 plates showing landscapes in each of which is cleverly introduced a letter of the alphabet, forming part of the architecture or trees of the scene. *Fine copy.*

154 LARSON (A.). — A B C och Lärobok No. I (et II). *Stockholm, Johan A Carlbohm, 1797-1798,* 2 parties en 1 vol., petit in-8, demi-maroq. *(Rel. moderne).*   **600 fr.**

Ouvrage comprenant 2 alphabets, gothique et latin, un syllabaire, des exercices de lecture, petites fables, premières notions de mathématiques, d'histoire biblique et de Suède, et de géographie.

155 [LEIGHTON (John)]. — ALPHABET OF DROLLERY. *London, Ackerman and Co, n. d.* [circa 1848], sq. 24mo. or. printed wrappers.
                              2.000 fr.

Illustrated with 24 hand-coloured plates illustrating the alphabet in an amusing manner, SPECIAL COPY WITH 22 OF THE ORIGINAL PEN DRAWINGS (some slightly variant) AND 4 OTHER TRIAL DRAWINGS FOR THE LETTERS B, F, N, and P. Besides this a set of proofs, some variant, mounted in a book, and hand-coloured, besides two trial covers *(never used)*. *Fine collection.*

156 [LEIGHTON (John)]. — ALPHABET OF DROLLERY. Another copy. Same edition. **60 fr.**

Uncoloured copy on thick paper. *Fine.*

157 [LEIGHTON (John)]. — ALPHABET OF DROLLERY. Another copy. Same édition. **50 fr.**

Uncoloured copy. *Fine.*

158 [LEIGHTON (John)]. — THE ROYAL PIC-TURE ALPHABET of Humour and Droll moral Tales or Wards and their Meannigs Illustrated. *Lond., Ward and Lock, n. d.* [circa 1850], small 4to. or. printed red. and black wrappers. **250 fr.**

FIRST EDITION. Illustrated with a frontispiece, and 25 amusing woodcuts illustrating the alphabet. In this (with jests) we see the « Audacious hand of the parodist » working its will with the « once respected » system. *Fine copy.*

159 LEYEN BIBLIA. — EIN BUCHLEIN FUR KINDER. Auffs new zugericht. Und das Watter unser mit einer schönen ausslegung. *Nurmberg (bey Valentin Neuber),* 1561, pet. in-8, ais de bois recouvr. de vélin. *(Rel. mod.).*   **6.000 fr.**

OF THE GREATEST RARITY, few copies having survived. Early German Primer. A B C, Syllable exercises, etc. 24 leaves. Absolutely complete with the Latin and Roman numerals after the imprint at end, and the last blank. *Fine copy.*

160 LIBELIUS ABC-DARIUS. *Halle, Gedruckt bey Salfelds Wilwe, s. d.* (fin du xviiⁱᵉ s.), pet. in-8, ais de bois, dos peau de truie, dent. à fr. *(Rel. de l'époque).*   **1.250 fr.**

Petit livre rarissime imprimé sur carton, les première et dernière pages en rouge et en noir. Textes latin et allemand. Au verso du dernier feuillet curieuse figure sur bois représentant un coq lisant. Le premier plat de la reliure est décoré d'une gravure de l'époque. Reliure fatiguée.

161 LIVRE D'OR DES PETITS ENFANTS (LE). *Paris, Lebrun et Cⁱᵉ, s. d.* [vers 1890], pet. in-8. *(Cartonnage toile de l'éditeur).*   **75 fr.**

Alphabet illustré à la suite duquel est reliée, du même éditeur : *Bible en images.* Ce tirage se distingue en ce que le texte est composé parfois en figures formant de véritables rébus. La solution en est donnée au bas des pages.

162 LONDON ALPHABET. In Rhyme, with twenty-six pictures of the principal places in that far-famed City. *London, Darlon and Co, n. d.* [circa 1850], oblong 12mo. or. printed wrappers. **80 fr.**

Illustrated with 26 woodcuts of London, one for each letter of the alphabet *(printed in red)* and two other woodcuts on inside of covers. *Fine copy.*

163 LONDON CRIES (THE). *London, Harvey and Darlon,* 1831, 12mo. or. printed wrappers.
                              500 fr.

Alphabet, each letter with a London Cry illustrated with a charming hand-coloured woodcut. *Fine copy.*

164 LOTTERY BOOK (A NEW). On a Plan Entirely New ; Designed to allure Little Ones into a Know-ledge of their Letters, etc., by way of Diver-sion. BY TOMMY TRIP. A Lover of Children. *Edinburgh, Cow and Elder,* 1819, 32mo. or. prin-ted wrappers.   **300 fr.**

Frontispiece and 34 woodcuts including an Illustrated Alphabet. The book begins with « *Some account of Master Tommy Trip, and his Dog Jowler* ». The work is an adaption of Goldsmith's famous. « *Tommy Trip's History of Beasts and Birds...* » and of « *his Dog Jowler.* » Two penny chapbook. *Fine copy.*
PLANCHE 63.

165 LOVECHILD'S (Mrs). — GOLDEN PRESENT. For all Good Little Boys and Girls. *York, G. Kendrew, n. d.,* [circa 1815], 32mo. or. printed wrappers.   **100 fr.**

Illustrated with frontispiece showing a schoolroom scene, 26 woodcuts illustrating the alphabet and 5 other woodcuts. Penny chapbook. *Fine copy.*
PLANCHE 63.

166 **MARSHALL (C.).** — AN INTRODUCTION TO THE ENGLISH TONGUE ; designed for a Spelling Book, suited to the Tender Capacities of Children, etc. *London, J. Bew., n. d.* [circa 1780], 12mo. or. cloth. **500 fr.**

Illustrated with a frontispiece, an A B C adorned with woodcuts, and ten woodcuts illustrating Fables, and one for a Catechism.
PLANCHE 109.

167 **MAVOR (William).** — THE ENGLISH SPEL-LING BOOK, accompanied by A Progressive Series of Easy and Familiar Lessons, intended as an introduction to the first elements of the English Language. *London, Richard Phillips, n. d.* [circa 1802], 12mo. contemp. calf. *(Restored).* **300 fr.**

Engraved frontispiece, picture alphabet (animals and birds) engraved on wood and 9 other woodcuts of animals. 6 page book list at end.

168 **MAVOR (William).** — THE ENGLISH SPEL-LING BOOK accompanied by a progressive series easy and familiar lessons. Illustrated by Kate Greenaway. *London, George Roulledge and Sons*, 1885, 12mo. or. coloured and printed boards. **150 fr.**

FIRST EDITION. Illustrated with many drawings by KATE GREENAWAY. The book begins with a charming alphabet, each with a Greenaway child introduced : then are syllable exercises, etc. Several of the drawings were later used *(in colour)* for the 1889 Almanach and the Almanach of 1895 (much against Miss Greenaway's desire) was entirely made up of them. *Very fine copy, as new.*

169 **MÉTHODE AMUSANTE POUR ENSEIGNER L'A B C.** *S. l.*, l'an VIII (1800), in-8. *Carlonnage à la Bradel.* **300 fr.**

24 figures sur bois correspondant aux lettres de l'alpha-bet : Autruche, bossu, chameau..., vaisseau, etc. Alphabet, lettres liées, syllabes, etc. Exercices de lecture. *Très bel exemplaire.*

170 **MORING (Michel).** — ALBUM ALPHABET. Syllabaire illustré des enfants bien sages. *Paris, Alph. Desesserts, s. d.* [vers 1840], in-4, cart. papier de l'édit. **300 fr.**

114 lithographies coloriées, dont 76 illustrent (4 par page) un alphabet. Les autres illustrent de courts récits. Impression en gros caractères sur papier fort. Cartonnage à décors floraux or, vert et rouge sur fond bleu, bordé d'un cadre doré. Sur le milieu du premier plat, image en chromolithographie, représentant une jeune femme montrant un livre à un petit garçon ; à proximité : cheval-bascule, ballon, cerceau. Dos refait. Bel exemplaire, mais très lu, les premiers et derniers ff. un peu fanés.

171 **MOTHER HUBBARD AND HER DOG (The Adventures of).** A B C D. *London, J. Fairburn, n. d.* [circa 1820], sm. 8vo. half-morocco. *(Modern binding).* **600 fr.**

Illustrated with 12 hand-coloured woodcuts, with letters of Alphabet at top.

172 **NEUERFUNDENER LUSTWEG** ZU ALLER-LEY SCHONEN KUNSTEN UND WISSENS-CHAFFTEN. *Nurnberg, Johann Chrisloph Wei-gel, s. d.* (début du XVIIIe s.), in-12, veau marb., dos orn. *(Rel. anc.).* **1.250 fr.**

Ouvrage presque entièrement gravé orné de nombreuses vignettes illustrant les lettres et les mots. Reliure fatiguée.

173 **NEUES A B C BUCH,** nebst vermischten dien-lichen Sprüchen Erzählungen und Lehren für Kinder. *Leipzig, Carl Wendler,* 1775, pet. in-8, demi-mar. *(Rel. moderne.).* **500 fr.**

Alphabet illustré, chaque lettre est accompagnée d'une charmante petite figure et d'un distique. Titre orné d'une vignette représentant une femme assise avec deux amours.
PLANCHE 111.

174 **NEUES A B C BUCH,** nebst einigen Kleinen Uebungen und Unterhaltungen für Kinder. *Leip-zig, Siegfried Lebrechl Crusius,* 1776, in-8, Cart. papier rose décoré. *(Carl. ancien).* **2.500 fr.**

Titre orné d'une jolie vignette avec scène enfantine. Chaque lettre de l'alphabet est accompagnée d'une char-mante figure finement gravée et d'un distique explicatif. Ex-libris ancien manuscrit sur le feuillet de garde. Dos cassé.
PLANCHE 111.

175 **NEU EINGERICHTETES A B C.** — BUCHS-TABIR UND LESE-BUCHLEIN. *Marienwerder, s. d.* [vers 1778], in-8, demi-bas. *(Rel. de l'époque).* **400 fr.**

Titre orné d'une jolie vignette. Les deux premières pages sont imprimées en rouge et en noir. Dos cassé.

176 **NEU EINGERICHTETES SCHUL-BUCHLEIN** darin die Jugend zu Erlernung der Buchstaben... *Ebersdorf, B. Vollralhs,* 1744, pet. in-8, demi-vélin bl. avec coins, plats pap. doré. *(Rel. mod.).* **700 fr.**

Ouvrage comportant un alphabet, un syllabaire, des exercices de lecture, des notions de grammaire, les mots français employés en allemand, des prières, etc. *Bel exem-plaire.*

177 **NEUES SYLABIER** UND LESEBUCHLEIN FUR KINDER. *München, Joseph Lentner,* 1789, pet. in-8, br., couv. muette. **280 fr.**

Abécédaire, phrases élémentaires, notions grammati-cales, modèles d'écritures à l'usage des écoliers allemands. Exempl. d'une irréprochable fraîcheur.

178 **NEU WEISSENFELSISCHES A B C** BUCH-LEIN (à la fin :) Mit Churfürstl Gnadigster Frey-heit. *S. l. n. d.* (début du XVIIIe siècle), petit in-8, ais de bois, dos peau de truie. *(Rel. anc.).* **700 fr.**

Impression en caractères gothiques et cursifs sur carton. Ouvrage comportant un alphabet, un syllabaire et des prières. Il est orné d'une petite figure sur bois sur la pre-mière page et d'une grande sur la dernière, représentant un maître d'école entouré d'enfants ; au premier plan un grand coq. Légères piqûres de vers.

179 **NEW-ENGLAND PRIMER (THE),** much impro-ved. Containing, A Variety of easy Lessons, for Attaining the true reading of English. *Philadel-phia, Printed by T. Dobson, Al lhe Slone House,*

no 41, *S. Second street*, 1797, sm. 16mo. or. flowered-paper wrappers. Preserved in half-morocco
case.   **2.000 fr.**

> *Heartman No.* 129, who reproduce the title page. 6
> copies known. Am-Ant. Soc. Worcester, Mass. Boston
> Library. Watkinson Library, Hartford. Conn. Essex Inst.
> Salem, Mass. Albert C. Bates, Hartford, Conn., and Hun-
> tington Library. *Fine copy.*
> PLANCHE 18.

180 **NEW-ENGLAND PRIMER (THE)** improved ;
or an easy and pleasant Guide to the Art of Reading. To which is added. The Assembly's Catechism. Adorned with cuts. *Boston, Printed by
Manning and Loring, Sold wholesale and retail
at their Bookstore, no 2, Cornhill, n. d.* [circa 1800-
1814], sm. 16 mo. or. woodenboards. Preserved in
half-morocco case.   **800 fr.**

> 7 woodcuts. *Heartman No.* 331, who reproduces the title.
> Several variations in set up, etc., are known. Our copy
> has same title as reproduction, which is the Boston Library
> copy.
> PLANCHE 19.

181 **NEW-ENGLAND PRIMER (THE).** Or an easy
and pleasant Guide to the Art of Reading. Adorned with cuts. To which is added, the Catechism.
New-England, Printed for the Purchaser, n. d.
[circa 1806-1812], sm. 16mo. or. wooden boards.
(Back cover broken). Preserved in half-morocco
case.   **750 fr.**

> Illustrated with 7 woodcuts. *Heartman No.* 337. 4 copies
> known. Small tear at one corner.
> PLANCHE 19.

182 **NEW-ENGLAND PRIMER (THE)** improved,
or an easy and pleasant Guide to the Art of Reading to which is added, the Assembly's Catechism
Adorned with cuts. *Boston, Published for N .Co-
verly, jun. Milk-Street, By True and Rowe, 78
State St., n. d.* [circa 1812-1813], sm. 16mo. or.
original boards. Preserved in half-morocco case.
                                                     1.500 fr.

> Illustrated with 6 woodcuts. Two pages with tears (not
> affecting text). *Heartman No.* 342, who cites one other
> copy (American Antiquarian Society, Worcester, Mass.)
> From the library of Alex. M. Hudnut.
> PLANCHE 19.

183 **NEW-ENGLAND PRIMER (THE).** Improved ;
for the more easy attaining the true Reading of
English. To which is added, the Assembly of
Divines Catechism. *Northampton, Printed by Wil-
liam Butler, 1814,* sm. 16mo. or. wooden boards.
(Cover broken). Preserved in half-morocco case.
                                                     750 fr.

> 5 woodcuts. *Heartman No.* 209, 3 copies. Congress. Am.
> Ant. Soc., Worcester. Mass., and Wilbur Stone.
> PLANCHE 18.

184 **NEW-ENGLAND PRIMER (THE)** Improved ;
or an Easy and Pleasant Guide to the Art of
Reading. To which is added the Assembly's Catechism. *Exeter, C. Norris and Co,* 1816, 16mo. or.
wrappers. Preserved in half-morocco case.
                                                     1.500 fr.

> Two large woodcuts on verso of each wrapper and

5 others. *Heartman No* 229, who quotes only one copy,
very briefly, from the *Libbie Sale, No.* 1602, *Feb.* 23, 1904.
PLANCHE 19.

185 **NEW-ENGLAND PRIMER (THE)** Improved :
For the more easy attaining of the true Reading
of English. To which is added, the Assembly of
Divines' Catechism. *Albany, Printed by Webster
and Skinners,* 1816, sm. 16mo. or. wrappers.
(Front one missing). Preserved in half-morocco
case.   **1.000 fr.**

> 5 woodcuts. *Heartman No.* 224, who quotes only one
> copy, in the Library of Congress.
> PLANCHE 18.

186 **NEW-ENGLAND PRIMER (THE).** To which
is added, the Shorter Catechism of the Westminster Assembly of Divines. *Published by Luke
Loomis and Co, Corner of wood and Fourth-Streets,
Pittsburgh, n. d.* [circa 1830] [?], sm. 16mo., or.
printed wrappers. Preserved in half-morocco
case.   **700 fr.**

> 5 woodcuts. Heartman No. 360 ; 7 copies. Pages foxed.
> PLANCHE 18.

187 **NEW ENGLAND PRIMER (THE)** improved.
Or an Easy and Pleasant Guide to the Art of
Reading. To which is added the Assembly's
Catechism. *Hartford, E. Gleason,* 1840, 16mo. or.
printed wrappers.   **350 fr.**

> 6 woodcuts. *Fine copy.*

188 **NEW ENGLAND PRIMER (THE)** or an Easy
and pleasant guide to the Art of Reading. Adorned with Cuts. To which is added the Catechism.
Boston, Mass. Sabbath School Soc., 1843, 16mo.
or. printed boards.   **200 fr.**

> 7 woodcuts. One line censored by an Elder. A few small
> stains.

189 **NEW ENGLAND PRIMER (THE).** To which is
added, the Shorter Catechism of the Westminster
Assembly of Divines. *Buffalo, Danforth, Hawley
and Co,* 1854, 16mo. or. printed wrappers.   **150 fr.**

> 6 woodcuts. *Fine copy.*

190 **NEW LOTTERY BOOK (A)** of Birds and Beasts
for Children to learn their letters by as soon as
they can speak. *Newcastle, T. Saint, for W. Charnley,* 1771, 24mo. or. coloured flowered boards,
preserved in half-morocco case.   **3.000 fr.**

> A most precious little book of the greatest rarity and
> in very fine condition. Besides an A B C with quaint wood-
> cuts BY BEWICK, the work is a sort of Primer with spel-
> ling lessons and syllable tables. We add the *card of John
> William Jarris, Avon House, No.* 24, *Manor Road, Hol-
> loway, London, N.* which was used when the book was
> shown at the Fine Arts Exhibition, December 1880. On
> the card is noted that this is No. 3 of *Bewick's* productions.
> *Fine copy.*
> PLANCHE 68.

191 **NOUVEAU A B C,** OU INSTRUCTION DES
CHRÉTIENS AVEC LA MANIÈRE D'INTER-
ROGER LES ENFANS. *Francfort, imprimé par*

Henri-Louis Broenner, l'an 1787, pet. in-8, ais de bois, dos veau. *(Rel. anc.)*. **600 fr.**

Les plats de la reliure sont décorés de gravures sur bois coloriées. Reliure en mauvais état, une partie du second plat manque.

192 NOUVELLE MÉTHODE D'ENSEIGNER L'A B C et à épeller aux enfans en les amusant par des figures agréables et propres à leur faire faire des progrès dans la lecture et l'écriture presque sans maître. *A Lausanne, au café littéraire*, 1792, in-8, cart. papier *de l'époque*. **1.800 fr.**

46 planches gravées, dont une carte de Suisse à double page. « Ouvrage utile aux pères et mères, qui instruisent leurs enfants, en les amusant par d'agréables figures allégoriques, et propres à leur inspirer l'horreur du vice et l'amour de la vertu ». Principes d'écriture, conseils pratiques, fables, contes (le Prince Chéri), Histoire Sainte, etc. Sur la garde, on lit, de l'écriture tremblée d'un vieillard : « *Pour commencer la bibliothèque enfantine de mon arrière-petit-fils Charles Theremin que Dieu bénisse ! Bridol, pasteur.* » (Ecriture de l'époque).
PLANCHE 32.

193 OXFORD INSTRUCTOR. — ALPHABET ENGRAVED ON IVORY DISKS *(35 mm. diam.)*, contained in original wooden box. [Circa 1760]. **3.500 fr.**

Each disk with letter has a drawing engraved on verso, coloured in red and blue. A, antelope. B, Butterfly. F, Fox. I, Inn. L. Lion. P, Peacock. Y, Yacht. Z, Zebra, etc. *Of the greatest rarity and perhaps unique.*

194 PHIL MAY'S A B C. — Fifty two Original Designs forming two Humorous alphabets... *London, Leadenhall Press, n. d.*, 4to. or. cloth gilt. **120 fr.**

6 pages book catalogue at end. *Fine copy.*

195 PINNOCK (W.). — ENGLISH SPELLING BOOK (The Explanatory)... etc., etc. *London, Whittaker, Treacher and Co*, 1833, 12mo. contemp. calf. *(Joints cracked)*. **100 fr.**

Frontispiece and title engraved on copper, A B C, with 26 woodcuts and Reading Lessons illustrated with 57 other woodcuts. 168 pages. *Fine copy.*

196 PITEL-PRÉFONTAINE. — PREMIÈRE ÉDUCATION DES ENFANS où l'on trouve un alphabet ingénieux pour apprendre avec la plus grande facilité à bien lire le Français, dressée en faveur des petites écoles, etc. *Paris, le Cit. Préfontaine et le Cit. Lefebure, s. d.* [vers 1795], in-12 carré, cartonn. pap. marbré bleu. *(Cartonn. d'époque)*. **400 fr.**

Bel exemplaire de cette rare méthode de lecture, ornée de vignettes sur bois. *Fables, civilité, l'écriture, « manière de tailler et de tenir la plume » (figure)*. Déchirure à 2 coins *(peu de chose)*.

197 PLETSCH (Oscar). — WIE'S IM HAUSE GEHT NACH DEM ALPHABET. *Berlin, Weidmanusche Buchhandlung, s. d.* [vers 1862], in-4, cart. papier chamois ill., dos toile verte. *(Cart. de l'édit.)*. **200 fr.**

Ouvrage d'un alphabet illustré de 25 figures sur bois. Le premier plat du cartonnage est orné d'une gravure représentant une scène enfantine. *Légèrement déboîté.*

198 PRESENT (THE). — A FIRST BOOK FOR CHILDREN. *Boston, G. Williams*, 1811, sm. 12mo. or. printed wrappers. **200 fr.**

Illustrated with numerous woodcuts and a picture alphabet. *Very fine copy.*
PLANCHE 50.

199 PRIMER (THE) or Catechism, Set forth agreeable to the Book of Common Proyer. Authorised by the King to be used throughout his Dominions. *London, Company of Stationers*, 1785, 24mo. or. vellum. **1.500 fr.**

Illustrated with a woodcut frontispiece and woodcut border to title. The edges of the frontispiece, title (on the verso of which is the A B C) and next page, frayed from use. Otherwise good copy. *Very rare.*

200 PROSEGUIMENTO DEL GIUOCO CHINESE composto di vaghe enuovissime figure rappresentanti Alfabeto, Numeri, Uomini, Case, Quadrupedi, Volatili etc., etc. *Bologna, Carlo Berlinazzi, s. d.* (Début xixe), petit in-8, br., couv. muette. **750 fr.**

1 titre et 24 ff. lithographiés représentant 175 figures (dont les lettres de l'alphabet) obtenues par la composition de sept figures élémentaires représentées sur le titre. C'EST LE PREMIER LIVRE EN LITHOGRAPHIE EXÉCUTÉ A BOLOGNE. Amusant casse-tête d'une grande rareté. *(Cf. Sorbelli. La Stampa à Bologne)*.

201 RAILWAY ALPHABET (Cousin Chatterbock's). *London, Thomas Dean and Son, n. d.* [circa 1850], large 8vo. or. printed wrappers. **250 fr.**

Illustrated with 24 hand-coloured woodcuts. Large type. From the « Cousin Honeycomb's » series.

202 READING MADE EASY (THE WAY TO) or the Child's First Book, consisting of Scripture Sentences and other pieces... etc. *Birmingham, Knott and Lloyd*, 1811, sm. 12mo. or. printed wrappers. *(Rebacked)*. **200 fr.**

Woodcut frontispiece and 52 other woodcuts. A B C and syllable exercices. The primer also contains « *Hymns by Mrs Barbauld. Lessons by Dr Mavor and the Most important truths and Duties of Christianity stated, by Archdeacon Paley.* » Fine copy.

203 RÉCRÉATION POUR LA JEUNESSE. Unterhaltungs-Blätter für die Jugend. *[Strasbourg, lith. Clasel et Ohlmann], s. d.* [vers 1835], in-12. Couverture, papier doré [refaite]. **135 fr.**

ALPHABET illustré avec 25 lithographies coloriées, plus le titre. Chacune de ces lithographies, consacrée à une lettre de l'alphabet, donne un prénom commençant par cette lettre et le type qui y répond dans la pensée de l'artiste. Légère mouillure.

204 RENNEVILLE (Mme de). — CONTES A MA PETITE FILLE et à mon petit garçon, pour les amuser, leur former un bon cœur, et les corriger des petits défauts de leur âge. Quatrième édition. *Paris, Saintin*, 1817, in-12, demi-maroq. rouge à coins, tr. jasp. *(Rel. anc.)*. **300 fr.**

Edition rare ornée de 24 figures gravées, servant d'*alphabet*. Grosse typographie. Bel exemplaire.

205 **ROYAL ALPHABET (THE)** OF KINGS AND QUEENS. *London, James Blackwood, n. d.* [circa 1860], large 8vo. or. coloured and printed wrappers.   **100 fr.**

Twenty-six drawings of King and Queens, to illustrate each letter, by GILBERT. *Fine copy.*

206 **ROYAL LONDON PRIMER (THE),** or Reading made Easy. *London, W.-S. Johnson, n. d.* [circa 1830], sm. 12mo. or. printed wrappers.   **180 fr.**

Illustrated with a frontispiece. Vignette on title and numerous woodcuts, including 3 pages of picture lessons.

207 **ROYAL PRIMER (THE),** or the First Book for Children. Adapted to their tender Capacities. Authorized by His Majesty King George III... *Dublin, William Jones,* 1818, small 16mo. or. cloth.   **600 fr.**

Illustrated with woodcuts and alphabets, large and small ; syllable lessons and descriptive texts all quaintly illustrated. *Fine copy.*
PLANCHE 69.

208 **PHYMING ALPHABET (THE NEW)** or the Invitation of A to all the letters. *London, Dean and Munday, n. d.* [circa 1820], sm. 16mo. or. printed wrappers.   **200 fr.**

Frontispiece engraved on wood and alphabet in large capitals [32 mm. tall] with rhyme under each letter.
Great A, on a time, quite happy and free
Issued cards for a party to Dinner and tea, etc.
Fine crisp copy.

209 **SCAVIA (Giovanni).** — UN DONO AI BAMBINI. *Torino, Tommaso Vaccarino, n. d.* [circa 1845], 8vo. or. printed wrappers. *(Back strip missing).*   **150 fr.**

Illustrated with 59 illustrations engraved on stone. An Italian picture A B C and syllable book.

210 **SILVER PENNY (THE)** for the Amusement and Instruction of Good Children. *York, J. Kendrew, n. d.,* circa 1815, 32mo. or. printed wrappers. *(With 3 woodcuts).*   **150 fr.**

Illustrated with a frontispiece and 26 woodcuts illustrating the alphabet. Penny chapbook small tear in one margin. *Fine copy.*
PLANCHE 63.

211 **SILVER PRIMER (THE),** or First Book for Children. *York, James Kendrew, n. d.* [circa 1830], sm. 12mo. or. printed wrappers.   **80 fr.**

Illustrated alphabet (animals) and 7 other quaint woodcuts. *Fine copy.*

212 **SPELLING BOOK (THE STEP BY STEP).** *Otley, William Walker and Sons, n. d.* [circa 1840], sm. 12mo. or. printed wrappers.   **60 fr.**

Woodcut vignette on title. Alphabets, syllables exercices, etc.

212 *bis* **STENNET (R.).** — ALDIBORONTIPHOS-KYPHORNIOSTIKOS ; A Round Game for Merry Parties : with rules for playing the game. *London, A.-K. Newman and Co,* 1823, Sm. 8vo. *(No wrappers).*   **200 fr.**

Illustrated with 16 hand-coloured engravings with letters of the Alphabet introduced. LACKS 4 PAGES. Tuer. F. C. B., p. 478..
PLANCHE 94.

213 **SUNBEAM (Susie).** — THE PICTURE ALPHABET, with stories. *Boston, G.-W. Cottrell, n. d.* [circa 1850], 16mo. or. green cloth.   **125 fr.**

Illustrated alphabet (views) and frontispiece engraved on wood. Large type. A tear across one page *(easily repaired).* Fresh copy.

214 **TEUTSCHES A B C** UND SYLLABEN BUCHLEIN. *(Gotha), Christoph Reyhern,* 1699, pet. in-8, ais de bois, dos bas. *(Rel. de l'époque).*   **650 fr.**

Ouvrage comportant un alphabet, un syllabaire, des exercices de lecture et des prières. Le premier plat de la reliure est décoré d'une gravure ancienne coloriée représentant une femme de qualité en écharpe. Très rare. Qq. piqûres de vers.

215 **TOM THUMB'S ALPHABET.** Illustrated by W. Mc. Connell. Engraved by the Brothers Dalziel. *London, David Bogue, n. d.* [circa 1860], sq. 8vo. or. coloured, pictorial wrappers.   **500 fr.**

Illustrated with 26 highly amusing drawings, hand-coloured. *Fine copy.*

216 **TWELVE MONTHS (THE)** of the Year ; With a Picture for each Mouth. Adapted to Northern Latitudes. *Portland (U. S. A.), Boyley and Noyes, n. d.* [circa 1820], small 16mo. or. printed wrappers.   **100 fr.**

Illustrated with 15 quaint woodcuts ; and an Alphabet on the last page. *Fine copy.*

217 **VAN TENAC.** — ALBUM MARITIME illustré de vignettes sur bois. *Paris, Postel,* 1837, in-8, oblong, cartonn. pap. imprimé avec vignette, et publicité au dos avec vignette sur bois. *(Cartonn. d'édit.).*   **150 fr.**

Curieux et rare recueil composé d'autant de chapitres que de lettres de l'ALPHABET, avec grosse initiale ornée de sujets maritimes gravés sur bois par BIROUSTE et LORENTZ : *Appareillage, Branle-bas, Combat naval, Départ,* etc. Culs-de-lampe gravés sur bois.

218 **VARIOUS COSTUMES** OF THE HABITABLE WORLD, described In Alphabetical Order. *London, G. Marlin, n. d.* [circa 1815], sm. 8vo. or. wrappers.   **2.000 fr.**

Illustrated with a hand-coloured frontispiece and 30 engravings on copper. 26 of the engravings represent costumes of different countries with a two line verse under each and two large letters of the alphabet *(upper and lower case)* on each side
A *Africa's Sons were bound in chains*   a
But Freedom now her night regains
F *The French take snuff and lead the dance*   f
And all is gaiety in france
Q *The Quebeck Indians rove for food*   q
In Sandy plains or mazy wood.
The last four engravings are entitled « *Going to school. Parental Instruction. Coming from School and Youthiful Sports.* » Two pages book list issued by Martin.
PLANCHE 94.

219 **VENTURA (Duarte).** — ARTE DE APRENDER A LER a letra manuscripta para uso das

Escholas em 10 licoès progressivas do mais facil ao mais difficil. *Pariz, Vª J. P. Aillaud, Monlon e Cª, s. d.* [vers 1845], in-12, demi-chagrin brun. **200 fr.**

Curieux ouvrage *entièrement lithographié*. Abécédaire et méthode de lecture des textes manuscrits, à l'usage des jeunes Portugais et des jeunes Brésiliens (les armes de ces deux pays sont lithographiées sur le titre, où les libraires se qualifient : Livreiros de Suas Magestades o Imperador do Brazil e el rei de Portugal). C'est une suite, en 10 leçons, d'extraits de Camoëns et d'autres auteurs portugais, transcrits par des mains différentes, de moins en moins facilement lisibles à mesure que l'on avance vers la dernière leçon. Vignettes. *Rare*.

220 **WEBSTER (Noah).** — THE AMERICAN SPELLING BOOK... ; for the use of schools in the United States. *Brallleborough, Vt. Holbrook and Fessenden, n. d.* [circa 1803], 12mo. or. wooden boards. **600 fr.**

Woodcut frontispiece and nine other quaint woodcuts in text. A B C, syllable exercices, etc. 168 pages.

221 **YOUNG CHILD'S A B C (THE)** or First Book *New York, Samuel Wood and Sons, n. d.* [circa 1820], sm. 16mo. or. printed wrappers. **250 fr.**

Alphabets illustrated and otherwise, and syllable exercises. *Very fine copy*.
PLANCHE 50.

═══════

222 **ABBOTT (Jacob).** — HARPER'S STORY BOOKS. A series of narratives, dialogues, biographies, and Tales, for the instruction and entertainment of the young, 2 vol. — THE THREE GOLD DOLLARS, or an account of the adventures of Robin Green, 1 vol. *New York, Harper el Brolhers, n. d.* [circa 1854], small 4to. or. blue cloth, gilt, 3 works bound under one cover. **75 fr.**

FIRST EDITION. Illustrated with many woodcuts.

223 **ABBOTT (Jacob).** — MALLEVILLE, a Franconia Story. *London, T. J. Allman, n. d.* [circa, 1840], sm. 12mo. or. red cloth, gilt, g. e. **85 fr.**

Illustrated with five hand-coloured plates and vignette on title. *Fine copy*.

224 **ABBOTT (Jacob).** — TIMBO AND JOLIBA ; or. the Art of being Useful. *New York, Harper and Brolhers, n. d.* [circa 1855], sq. 12mo. or. red cloth. **50 fr.**

Harper's Story Books. Illustrated with a frontispiece engraved on wood and 16 woodcuts in text. Tiny corner of one page torn : a few pages slightly soiled.

225 **ABEILLE CHRÉTIENNE (L')** ou poésies religieuses extraites des meilleurs auteurs, à l'usage de la jeunesse de l'un et de l'autre sexe. Troisième édition. *Paris, Lehuby,* 1837, in-12, basane maroq. vert, dos orné. *(Rel. de l'époque).* **35 fr.**

Frontispice allégorique gravé. Contient des poésies de *Racine, Florian, Gilbert, Campistron, Malherbe, Corneille,* etc. Bel exemplaire.

226 **A. D.** — LA VIERGE IROQUOISE, simple récit tiré de l'histoire de l'Église. *Lille, Lefort,* 1852, petit in-12, cart. papier *de l'édit.* **15 fr.**

Une lithographie. Récit édifiant d'une Iroquoise chrétienne. Lutte des Iroquois et des Hurons, etc. Cart. papier bleu de ciel et or. Petit défaut restauré au second plat.

227 **ADAM (Albert).** — ALBUM DE GENRE. *Paris, H. Gache, s. d.* [vers 1860], in-8 oblong, cartonn. pap. bleu avec titre imprimé en or, dans un grand motif en or et reliefs couvrant le 1er plat, coins toile. *(Carlonn. d'époque).* **300 fr.**

Recueil de 24 lithographies sur fond teinté la plupart signées ALBERT ADAM et représentant des *scènes enfantines.* Exemplaire dans son *cartonnage doré* d'origine de toute fraîcheur, ce qui est exceptionnel.

VICTOR ADAM (1801-1864)

227 *bis* **ADAM (Victor).** — LES ARTS ET MÉTIERS avec 24 vignettes. *Paris, Louis Janel, s. d.* [vers 1835], in-16 carré, cart. papier *de l'édit.* **400 fr.**

24 belles lithographies hors-texte de Victor Adam, représentant des scènes de métiers avec légendes en français et en anglais. vi-104 pages de texte. « Tant d'inutilités frivoles, dit la préface, sont offertes en lecture aux enfants... qu'il nous a semblé opportun de créer une série de lithographies... puis de rattacher à ces gravures un petit texte explicatif... de telle sorte qu'en même temps que nous captivons les yeux de l'enfant par l'aspect récréatif de nos gravures, nous tournons au moins son esprit vers des idées utiles ». Cartonnage dos basane grenat, plats avec titre imprimé et orné dans le goût de l'époque. *Bel exempl.* Légères piqûres.

227 *ter* **ADAM (Victor).** — LES ARTS ET MÉTIERS avec 24 vignettes. *Paris, Louis Janel, s. d.* (vers 1835), in-16 carré, cart. papier *de l'édit.* **400 fr.**

Le même ouvrage que le précédent, mêmes illustrations. Cartonnage semblable, mais dos beige.

228 **ADAM (Victor).** — ATLAS A. HOUZÉ. *Paris, Lebigre-Duquesne* (1859), in-4, demi-chagr. bleu, pl. toile, titre et tr. dorées. *(Rel. de l'édileur).* **500 fr.**

EDITION ORIGINALE. Superbe publication composée en plus des 101 cartes de l'Atlas historique et géographique gravées sous la direction de A. Houzé, de 101 lithographies adéquates de VICTOR ADAM, tirées en deux tons chez *Lemercier*. Titre frontispice en or. Exemplaire de toute fraîcheur.

229 **ADAM (Victor).** — ATLAS A. HOUZÉ. *Paris, Lebigre-Duquesne* (1859), in-4, demi-chagr. Laval., titre et tr. dorées. *(Reliure de l'éditeur).* **300 fr.**

Même ouvrage que le précédent numéro. Cartonnage défraîchi, mais l'intérieur en parfait état.

230 **ADAM (Victor).** — CHEVAUX ET CAVALIERS DE TOUS GENRES. *Paris, Aubert et Cie, s. d.* [vers 1845], in-8. *(Cartonnage illustré papier de l'éditeur).* **150 fr.**

20 lithographies de VICTOR ADAM. Ouvrage, malgré la similitude du titre, différent de l'édition de De Vresse *(Voir n° 23).* Les lithographies sont différentes et certaines ne figuraient pas dans l'édition Arnauld de Vresse. Par contre, des lithographies appartenant à cette édition ont disparu ainsi que tout le texte. Très rare avec le cartonnage illustré de l'éditeur.

231 **ADAM (Victor),** CHARLET, HORACE VERNET. Albums. 2 vol. in-8 oblong, cartonnage dos toile. [Vers 1850]. **60 fr.**

Recueil factice de vignettes collées. Près de deux cents lithographies, les plus petites de 7 × 5 centimètres, les plus grandes 16 × 12. Une importante série, très amusante, concerne les moyens de locomotion (voitures) chez les différents peuples, par Victor Adam et Sorrieu. Quelques lithos de Charlet (scènes populaires) et d'Horace Vernet (soldats). Les principales séries sont les suivantes, de Victor Adam : Les Plaisirs de l'Equitation (21 pièces), les Journaux (7 pièces), les costumes des armées de la République et batailles de l'Empire (45 pièces).

232 **ADAM (V.)** et **A. D. S.** — LES ENFANTS DE LA MÈRE GIGOGNE. *Paris, Eymery et Aubert, s. d.* [vers 1840], pet. in-8, oblong, demi-chagr. vert foncé, dos orné. *(Rel. de l'époque).* **150 fr.**

Charmant ouvrage rare, orné d'un frontispice, d'un titre et de 22 planches en lithographie et *coloriées* par VICTOR ADAM. Qq. rouss.

233 **ADAM (Victor).** — FANTAISIES ARTISTIQUES. Album récréatif. *Paris, Aubert, D. Eymery,* 1841, in-12 obl., demi-bas. viol. *(Rel. de l'époque).* **250 fr.**

Joli album orné de 17 belles lithographies coloriées de VICTOR ADAM. Le texte de la *baronne de Norew,* comprend des petites histoires pour les enfants : *Le postillon de Lonjumeau, Le Cheval Coco,* etc.

234 **ADAM (Victor).** — GALERIE PITTORESQUE DE LA JEUNESSE. Texte de Mme ALIDA DE SAVIGNAC et M. DE SAINTES. *Paris, Aubert et D. Emery, s. d.* [vers 1840], pet. in-4, cartonn. bradel pap. chamois avec les 2 plats ornés de lithogr. par *A. Thez* et titre au dos. *(Cartonn. d'édit.).* **400 fr.**

Titre lithographié avec vignette et 35 belles planches lithographiées par *Victor Adam ;* l'une représente un *saltimbanque arracheur de dents,* une autre la *chasse aux chevaux dans l'Amérique méridionale.* Cartonnage de toute fraîcheur. Très bel exemplaire malgré qq. rouss.

235 **ADAM (Victor).** — GRANDS DÉPLAISIRS A L'OCCASION D'UN TRAIN DE PLAISIR ou les infortunes de Polycarpe Baboulard. *Paris,*

Marcilly, s. d. [vers 1850], in-8 oblong, cart. papier *de l'éditeur.* **1.000 fr.**

16 lithographies finement coloriées à la main. Ces dessins humoristiques de Victor Adam sont autant de petits chefs-d'œuvre et le texte est vraiment spirituel. Le cartonn. à fond bleu de nuit est orné de motifs dorés et de vignettes lithographiées en noir. Petit volume très rare, surtout dans un cartonn. papier. *Très bel exemplaire.*

236 **ADAM (Victor).** — HISTOIRE DE L'ANCIEN ET DU NOUVEAU TESTAMENT. Sujets composés et lithographiés par Victor Adam. *Paris, Arnauld de Vresse, s. d.* [vers 1840], in-4 obl. *(Cartonnage toile de l'éditeur).* **400 fr.**

Titre et 12 planches coloriées (9 sujets par planche) de VICTOR ADAM tirées chez *Lemercier.* Cartonnage toile marron, fers à froid, titre or entouré de rinceaux d'or. Exemplaire dans un état merveilleux de fraîcheur.

237 **ADAM (Victor).** — HISTOIRE DE L'ANCIEN ET DU NOUVEAU TESTAMENT. *Paris, Aubert, s. d.* [vers 1845], in-4. *(Cartonnage papier de l'éditeur).* **400 fr.**

Titre et 12 lithographies de VICTOR ADAM (6 figures par planche) tirées chez *Lemercier.* Cartonnage à la bradel, papier jaune sur carton, reproduisant la lithographie du titre. *Exemplaire de toute fraîcheur,* excessivement rare sous ce cartonnage.

238 **ADAM (Victor).** — HISTOIRE DE FRANCE EN TABLEAUX. Suite de 108 sujets représentant... les princpaux faits de l'histoire de ce pays... *Paris, Aubert et Cie, s. d.* [vers 1835], in-4 obl. *(Cartonnage papier de l'éditeur).* **250 fr.**

Titre lithographié (reproduit sur le cartonnage) et 12 grandes lithographies de *Victor Adam,* chacune contenant neuf sujets. En très bel état malgré quelques légères rousseurs.

239 **ADAM (Victor).** — PETIT BUFFON. *Paris, Vve Turgis, s. d.* [vers 1840], in-12 oblong, broché, couv. impr. en bistre sur fond crème. **225 fr.**

Deuxième livraison. Frontispice et seize planches en lithographie d'après les dessins de VICTOR ADAM, représentant des animaux domestiques et sauvages d'une grande beauté d'exécution. *Très bel exemplaire.*

240 **[ADAM (Victor)].** — PETITS CONTES MIS EN ACTION, illustrés par Victor Adam. N° 11. *Paris, J. Langlumé, s. d.* [vers 1840], in-16. *(Cartonnage papier de l'éditeur).* **300 fr.**

11 lithographies coloriées de Victor Adam, plus une douzième collée sur le cartonnage, illustrant le dernier conte. Lettres ornées.

241 **[ADAM (Victor)].** — PETITS CONTES MIS EN ACTION, illustrés par Victor Adam. *(Cartonnage papier de l'éditeur).* **150 fr.**

Même ouvrage, même édition que le précédent. Le bas de la lithographie du cartonnage a été déchiré et manque.

242 **ADAM (Victor).** — PETITS CONTES MIS EN ACTION. (N° 3. Zéphir ou la Vie d'un cheval). *Paris, J. Langlumé, s. d.* [vers 1840], in-12. *(Cartonnage de l'éditeur).* **300 fr.**

11 lithographies coloriées de VICTOR ADAM, plus

une douzième illustrant le premier plat du cartonnage. A noter dans la vie de Zéphir : les courses plates du Champ de Mars, les steeple-chases de la Croix-de-Berny, le « coucou » et la caisse jaune.

243 **ADAM (Victor).** — PETITS CONTES MIS EN ACTION. N° 7. *Paris, J. Langlumé, s. d.* [vers 1825], in-16. *(Carlonnage papier de l'éditeur).* **300 fr.**

11 lithographies coloriées de VICTOR ADAM, dont une, le « Convoi du pauvre » est d'un grand effet. Une douzième orne le premier plat du cartonnage.

244 **ADAM (Victor).** — PETITES HISTOIRES illustrées par Victor Adam à l'usage des enfants (Belgique). *Paris, Langlumé, s. d.* [vers 1850], pet. in-8 carré, cartonn. pap. grenat à ramages en relief, lithogr. coloriée collée sur le 1er plat. *(Carlonn. d'époque).* **250 fr.**

Petite histoire de BELGIQUE à l'usage des enfants illustrée de 12 charmantes lithographies (1 collée sur le premier plat) *coloriées de Victor Adam.* Coins un peu frottés.

245 **ADAM (Victor).** — PROVERBES EN ACTIONS. Album composé et lithographié par V. Adam. *Paris, Aubert, s. d.* [vers 1850], gr. in-4, cart. papier *de l'édit.,* dos toile. **1.000 fr.**

PREMIER TIRAGE. Recueil de 22 superbes lithographies illustrant des proverbes. Très nombreuses vignettes marginales, également du célèbre artiste Victor Adam. Le premier plat du cartonn. jaune est orné d'une lithographie (contentement passe richesse) qui porte à 23 le nombre des « proverbes en action » de ce bel album. Exemplaire d'une fraîcheur sans défaut (le cart. un peu frotté).

ADAM (Victor). — Voir n°s 19 à 24.

═══════

246 **[ADRY (Jean-Félicissime)].** — DICTIONNAIRE DES JEUX DE L'ENFANCE et de la Jeunesse chez tous les Peuples. *Paris, H. Barbou,* 1807, in-12, bas. marb., dos orné de rosaces et fil. dorés, pièce bleue, tr. jasp. *(Rel. anc.).* **500 fr.**

EDITION ORIGINALE.
Curieux et rare ouvrage d'un savant oratorien bibliographe (1749-1818) à qui on doit de nombreux catalogues *(Hœfer,* I, 330). Joli frontispice *(J.-F. Adry Inv. — F. Massard del. — Sophie Massard scalpro ludebat).* Vignette gravée sur le titre. L'ouvrage contient une importante préface, une bibliographie des ouvrages cités et consultés, et à la fin une très curieuse liste des jouets et jeux qui se trouvent chez *Vaugeois, rue des Arcis, au Singe Vert.* Chapitre sur le jeu de « *Pailles* » et des « *Noyaux* » qui se jouent chez les sauvages du Canada, d'après *Boucher, de La Hontan,* et *le P. Lafitau.* Petites restaurations très bien faites à la rel. — *Bel exemplaire.*

247 **[ADRY (J. F.)].** — DICTIONNAIRE DES JEUX DE L'ENFANCE, etc., *même ouvrage,*

même éd. que le précédent, bas. marb., dos orné, pièce verte, tr. marb. *(Rel. anc.).* **450 fr.**

Bel exemplaire. Très petites restaurations à la reliure.

248 **[ADRY (J. F.)].** — DICTIONNAIRE DES JEUX DE L'ENFANCE, etc., *même ouvrage, même édilion,* chagr. t. de nègre. *(Rel. mod.).* **150 fr.**

Un mors et coiffes fatigués.

249 **ADVENTURES OF DAME WINNIFRED (THE).** And her Numerous Family ; or the Infant's grammar. *London, G. Martin,* 1815, 8vo. or. wrappers with coloured engraved ticket. **2.000 fr.**

16 hand-coloured plates engraved on copper, with an engraved verse under each illustration.
« *The Boys they all sat deep in THOUGHT,*
The Girls were all a DANCING,
The Boys they had no WORK to do,
The Girls could WASH, BAKE, and BREW,
While idle ones were prancing.
The Verb expresses every action of the Body and Mind, or that we can perform with the members of the Body. »
Fine copy.

250 **ADVENTURES OF GRIMMALKIN (THE),** the eldest Son of Dame Trot's cat. *London, Tabart and Co,* 1808, square 16mo. modern calf with original printed covers bound in at end. *(Rivière).* **1.800 fr.**

FIRST EDITION. With ten contemporary hand-coloured engravings. Fine copy of this extremely scarce and amusing child's book.

251 **ADVENTURES OF A HORSE** in Peace and War. *London, Ward and Lock, n. d.* [circa 1850], sm. 4to. or. printed and coloured boards. **200 fr.**

Illustrated with 20 hand-coloured well executed woodcuts. *Fine copy.*

252 **ADVENTURES OF M. OBADIAH OLDBUCK (THE).** Wherein are duly set forth the crosses, chagrins, calamities, checks... etc. by which his courtship was attended... *London, Till and Bogue n. d.* [circa 1840], half-leather, g. e. *(Modern).* **150 fr.**

Illustrated with numerous comic drawings reproduced by gypsography *(the first attempt at process line block).*

253 **ADVENTURES OF A WHIPPING-TOP (THE).** Illustrated with Stories of many Bad Boys, who themselves deserve whipping, and of some Good Boys, who deserve Plum-Cakes. Written by Itself. *London, John Marshall, n. d.* [circa 1790], sm. 16mo. or. flowered-paper boards. *(Back strip missing).* **1.800 fr.**

Illustrated with a frontispiece and 21 quaint woodcuts. One page book list at end. Margin of one leaf slightly defective with loss of one or two words. Otherwise *fine copy.*
PLANCHE 66.

ÉSOPE [500 A. J. C.]

254 ÆSOP. — FABLES AND OTHERS, translated into English with instructive applications ; and a print before each Fable. By Samuel Croxall. D. D... The third American edition, carefully revised and improved. *Philadelphia,* 1792, 12mo.　**400 fr.**

96 quaint woodcuts. Title-page slightly dust soiled.

255 ÆSOP'S FABLES. *Printed at the Chiswick Press by C. Whittingham,* 1813, Post 8vo. or. boards, ticket.　**180 fr.**

Illustrated with III finely executed woodcuts, by BE-WICK. Two page book list at end. *Fine copy.*

256 ÆSOP'S FABLES. *London, J. Booker, etc.,* 1821, 16mo. contemp. full calf. *(Slightly worn).*　**60 fr.**

Illustrated with 150 woodcuts by BEWICK. Printed at the Chiswick Press.

257 ÆSOP'S FABLES. *London, J. Booker, etc.,* 1821, small 12mo. cloth. *(Modern binding).*　**100 fr.**

Another copy *entirely uncut.*

258 AESOP'S FABLES. — A New Version, chiefly from original sources by the Rev. Thomas James. M. A. *New York, Leavitt and Allen Bros, n. d.* [circa 1860], 12mo. or. cloth. gilt back.　**75 fr.**

With 62 woodcuts from the designs from JOHN TEN-NIEL. *Fine copy.*

259 AESOP (THE FABLES OF) with Instructive Applications, by Samuel Croxall. D. D. *London, Milner and Sowerby, n. d.* [circa 1860], 12mo. or. cloth.　**50 fr.**

Illustrated with 100 wood engravings. *Fine copy.*

260 AESOPUS. — ESOPI LEBEN UND AUSER-LESENE. Fabeln mit deutlichen Erklärungen nüzlichen Jugend-Lehren. *Nürnberg, Georg Peter Monath,* 1760, in-8, veau fauve, encadr. à froid, fleurons aux angles, dos orn. avec pièce de mar. vert. *(Rel. anc.).*　**600 fr.**

La vie et les fables d'Esope avec des éclaircissements pour la jeunesse. Edition ornée d'un frontispice gravé par *Puschner* et de 135 figures dans le texte.

261 ÆSOPUS. — FR. JOSEPHI DESBILLONS FABULAE ÆSOPIAE... emendatae, etc. *Mann-hemii et Parisiis, Barbou,* 1768, 2 vol. in-8, maroquin rouge, dos orné de filets et amphores, 3 fil. encadrant les plats, tr. j. *(Rel. anc.).*　**450 fr.**

Belle édition ornée de 16 superbes planches dessinées et gravées par *Verhelft,* dans le style des grands graveurs français de cette époque, en très beau tirage, avant-lettre. *Bel exemplaire.*

262 ÉSOPE. — FABLES avec le sens moral par M. le Chevalier L'ESTRANGE. *Amsterdam, J.-R.*

Poster, 1791, in-8 broché, couv. pap. muette d'origine.　**40 fr.**

Edition rare. Traduction d'un ouvrage de Sir Roger L'Estrange, publiciste anglais (1616-1704) qui connut une grande popularité. *Bel exemplaire.*

263 ÉSOPE. — LES FABLES, mises en français avec le sens moral en quatre vers. Nouvelle éd., revue, corrigée et augmentée de la vie d'Esope. Dédiée à la Jeunesse. *Paris, Dufart,* an VII, 2 part. en 1 vol. in-12, bas. marbr., tr. mouch. *(Rel. anc.).*　**75 fr.**

Jolie et rare petite édition ornée d'un frontispice et de nombreuses figures en taille-douce (2 sujets par planche). Qq. indications manuscrites de l'époque, et table manuscrite à la fin.

264 ÉSOPE (LES FABLES D'), mises en françois, avec sens moral en quatre vers... *Lyon, de l'imp. de Leroy,* 1799, in-16, veau raciné, dos orné sans nerfs, pièce cuir, coupes ornées d'une dent. à la roulette. *(Reliure de l'époque).*　**200 fr.**

Portrait et nombreuses vignettes sur bois, une par fable, Les coupes légèrement frottées et les coins émoussés.

265 ÉSOPE. — FABLES MISES EN FRANÇAIS, avec le sens moral en quatre vers. Nouvelle édition ornée de gravures, et précédée de la vie d'Esope. *Lille, Castiaux, s. d.* [vers 1820], in-12, bas. marb., dos orné, tr. marb. *(Rel. anc.).*　**300 fr.**

Très rare édition ornée d'une quantité de figures (3 par planche) *gravées sur bois,* de tirage excellent. Très bel exemplaire.

266 ÉSOPE. — FABULAE elegantissimis eiconibus veras animalium species ad vivum adumbrantes... *Lugduni, apud Joa. Tornaesium,* 1570, petit in-16, demi-veau grenat, dos orné, coins, tr. marbrées. *(Rel. angl. mod.).*　**300 fr.**

Les fables d'Esope, de Babrius, la Batrachomyomachie, le combat des rats et des chats, les fables d'Avienus, texte grec avec la trad. latine (sur deux col.). Nombreuses figures sur bois. Excellent tirage. Bel exemplaire de cette édition, plus complète que celle donnée par Jean de Tournes en 1551, car elle contient les fables d'Avienus.

267 ÉSOPE. — FABLES D'ÉSOPE. *Paris, chez Jeaural, s. d.,* in-8 oblong, plein maroq. vert pomme, dos à n. orné de fil. et fleurons, 3 fil. autour des plats, dent. int., tr. dor. *(David).*　**1.000 fr.**

Superbe exemplaire des figures de SÉBASTIEN LE CLERC, à toutes marges, pour illustrer les fables d'Esope. La suite comporte 1 titre (aux armes de Colbert) et 22 figures de tout premier tirage, dont *Chauveau* s'est inspiré pour ses *fables de La Fontaine.* Extrêmement rare dans cette condition.

268 **ÉSOPE.** — LES FABLES D'ÉSOPE mises en français, avec le sens moral en quatre vers et une figure à chaque fable. Nouvelle édition... dédiée à la jeunesse. *Lons-le-Saunier, Gaulhier*, 1809, pet. in-12, bas. marb., dos orné, pièce rouge, tr. marbr. *(Rel. anc.).* **600 fr.**

Très rare édition populaire, ornée d'un portrait d'Esope et d'une quantité de petites figures sur bois, dans le style de l'*imagerie*, illustrant chaque fable. Ce petit livre, imprimé à Lons-le-Saunier, est en parfait état, ce qui est extrêmement rare pour un ouvrage de cette sorte. *Bel exemplaire.*

269 **HUNDERT FABELN** nach Aesop und den grösten Fabeldichtern aller Zeiten... *Berlin, Carl Kühn, s. d.* [vers 1810], 2 vol. in-12, cart. papier imprimé *de l'éditeur.* **500 fr.**

Cent fables d'après Esope et les plus illustres fabulistes, illustrées de deux titres gravés, deux frontispices différents gravés et coloriés et cent gravures également coloriées. Chaque fable est en allemand, en anglais, en français et en italien et chacune de ces versions est accompagnée d'une « moralité ». Ouvrage très intéressant et abondamment illustré. Bon exemplaire, mais très feuilleté.

———————

270 **AFFECTION'S GIFT.** *Derby, Thomas Richardson*, 184-, small 16mo. or. cloth. gilt back. **20 fr.**

Charming engraved frontispiece and vignette on the engraved title. The work is an anthology of poems for young people. Among the authors are *Cowper, Buchanan, Mrs Hunter, Bishop Heber*, etc.

271 **AFFECTION'S OFFERING.** A Book for all Seasons. But especially designed as A Christmas and New Year's Gift, or Birth-day Present. *London, Samuel Lawson*, 1829, sm. 12mo. or. printed boards, g. e. **85 fr.**

FIRST EDITION. Illustrated with 6 handsome woodcuts signed *Sears*. The work contains 73 pieces including « The Butterfly's Ball. »

272 **AFRIQUE (L'),** d'après les voyageurs les plus célèbres, par un Homme de lettres. *Lille, L. Lefort*, 1859, in-12. *(Cartonnage papier de l'éditeur).* **30 fr.**

1 pl. gravée (chasse au lion) et vignette sur bois sur le titre (chameaux). Cartonnage vert, losanges et fleurs stylisées or. Paysage en chromolithographie au milieu du premier plat. Bel exemplaire.

273 **AGÉLINE,** ou les Fruits de l'Éducation. Traduit de l'Anglais. *Paris, Louis Janet, s. d.* [vers 1830], in-12 veau poli brun, dos orné de motifs dorés, et de rosaces à froid et peintes, plats ornés d'une riche ornementation poussée à froid avec les reliefs peints en vert, jaune et rouge, filet doré, dent. int., tr. dor. *(Rel. de l'époque).* **2.000 fr.**

Charmant et rare ouvrage, non cité par *Barbier*, ni par *Vicaire*, orné d'un titre gravé avec vignette et de 3 jolies figures gravées non signées. Magnifique exemplaire dans une RELIURE ROMANTIQUE A PLAQUES DE COULEURS, de toute fraîcheur.

274 **AGÉLINE** ou les fruits de l'éducation... *Paris, Louis Janet, s. d.* [vers 1830], in-16, veau lavallière, plaque estampée, filet doré, dos orné à nerfs, tr. dorées. *(Rel. de l'époque).* **800 fr.**

Le même ouvrage que le précédent, mêmes illustrations. Charmant exemplaire dans une très jolie reliure romantique de toute fraîcheur.

275 **AGÉLINE.** *Paris, s. d.* [vers 1830], in-16. *(Cartonnage et étui papier de l'éditeur).* **300 fr.**

Le même ouvrage que le précédent. Planches avant la lettre. Cartonnage bleu, large cadre orné, au milieu, globe terrestre surmonté d'une étoile, entouré de lunettes et de divers accessoires, tr. dorées. Décoration analogue sur l'étui. Très bel exemplaire.

276 **AIKIN (Lucy).** — POETRY FOR CHILDREN. Consisting of Short pieces, to be committed to memory. Selected by Lucy Aikin. *London, R. Phillips*, 1801, sm. 12mo. contemp. calf. *(Slightly damaged).* **40 fr.**

FIRST EDITION. Poems by Dryden, Mrs Barbauld, Gay, Pope, Milton, Shakespear, etc., etc., 10 page book list at end.

277 **AIKIN (Lucy).** — POETRY FOR CHILDREN. Consisting of short pieces to be committed to memory. *London, R. Phillips*, 1805, sm. 12mo. or. half-leather boards. **100 fr.**

Poems by Mrs Barbauld, Gay, Pope, Dryden, Scott, Cowper, Somerville, Congreve, Addison, etc. etc.

278 **ALADDIN,** or the wonderful Lamp. *London, John Marshall, n. d.* [circa 1815], small 16mo. half-morocco. *(Modern binding).* **600 fr.**

« Marshall's edition of the popular story ». Illustrated with 6 hand-coloured copper engravings of great charm.

279 **ALADDIN,** or the wonderful Lamp. An Eastern Tale. A New edition, corrected, and adapted for juvenile Readers of the present times By a Lady. *London, Dean and Munday, n. d.* [circa 1820], sm. 12mo. or. printed wrappers. **250 fr.**

Illustrated with 8 hand-coloured woodcuts of fine execution. *Fine copy.*

280 **ALADDIN** and his wonderful Lamp. *London, J. March., n. d.* [circa 1835], 12mo. or. printed wrappers. **50 fr.**

Frontispiece and 7 other illustrations all well engraved on wood. From March's Penny Library. *Fine copy.*

281 **ALADDIN,** or the wonderful lamp. *London, J. M. Dent and Co*, 1895, small 12mo. or. olive-green cloth, gilt. **25 fr.**

Illustrated with many drawings by SIDNEY H. HEATH specially hand-coloured by Gloria Cardew. *Fine copy.*

282 **HISTOIRE D'ALADIN** ou la Lampe merveilleuse. [*Montbéliard, imp. de Deckherr, s. d.,* [vers 1820], in-4, couvert. illustrée, bradel demi-toile. *(Moderne).* **200 fr.**

Edition de colportage, imprimée sur deux colonnes sur papier bleuté. 5 grandes figures à pleine page gravées sur bois, y compris celles qui illustrent le premier et le dernier plat de la couverture. Cette couverture sert de titre.

283 **ALBANÈS (D')** [Alexandre Havard]. — LES
MYSTÈRES DU COLLÈGE. *Paris, Havard,* 1845,
petit in-8 carré, demi-chagr. vert foncé, dos à n.
orné, tr. dor. *(Rel. de l'époque).* **35 fr.**

> EDITION ORIGINALE ornée d'un frontispice et de
> nombreuses vignettes sur bois par *Eustache Lorsay (Vicaire,*
> t. I, 23).

284 **ALBERT, THE ADVENTURER,** to which is
added, the Foster Sisters or. Early Friendship.
Edinburgh, Oliver et Boyd, n. d. [circa 1815], sm.
12mo. or. printed wrappers. **50 fr.**

> Illustrated with 5 quaint woodcuts.

284 *bis* **ALBUM** in-folio, vélin. (Milieu du XVIIIe
siècle). **2.500 fr.**

> Cet album est orné de très nombreuses images dorées
> (or jaune ou cuivré), découpées et collées, représentant des
> animaux, des paysages, des scènes diverses ; à ces images,
> de la fin du xviiie siècle, on a ajouté, postérieurement, des
> images lithographiées en couleur ou coloriées, soldats, cos-
> tumes, etc., parmi lesquelles il faut signaler 25 très belles
> lithos de costumes et types espagnols (20,5 × 13,5 centi-
> mètres) et 20 de costumes et types belges (15 × 8 centi-
> mètres).

285 **ALBUM DE CHROMOLITHOGRAPHIES EN-
FANTINES.** Album in-folio, chagrin grenat, mosaïqué vert, citron, bleu, rouge et or. Au centre,
Arlequin tenant sa balle dans sa main levée, large
dentelle intérieure, tr. dorées. *(Magnier).* **800 fr.**

> Remarquable collection de chromolithographies, beau-
> coup sur fond d'or, collées sur papier fort avec le plus grand
> soin. Un album semblable a fait récemment 1.460 francs
> à la vente Zoubaloff, sans les frais. *Bel exemplaire.*

286 **ALBUM DE COSTUMES POUR ENFANTS.**
Paris, Joseph Lacroix, s. d. [vers 1868], in-4, rel.
chagr. rouge. **1.500 fr.**

> 18 lithographies coloriées. EXEMPL. OFFERT A LA
> PRINCESSE CLOTILDE, MÈRE DES PRINCES VIC-
> TOR ET LOUIS ET PORTANT CETTE DÉDICACE
> MANUSCRITE :
> « *Hommage à Son Altesse Impériale Madame la Prin-
> cesse Clotilde de son très humble et très obéissant serviteur* ».
> L'exemplaire a été offert richement relié en plein chagrin
> rouge, l'aigle impériale entourée du collier de la Légion
> d'honneur frappé sur les deux plats, jeux de filets dorés
> formant deux cadres, jolie décoration au petit fer, couronne
> royale aux angles, dentelle intérieure, gardes moire havane,
> tr. dorées. Etui en toile chagrinée avec armoiries frappées
> en or.

287 **ALBUM CYNÉGÉTIQUE** ou Recueil de quelques récits de chasses choisis parmi les plus remarquables. *Paris, Pauquet frères,* 1860. *(Carlonnage
toile marron de l'éditeur).* **300 fr.**

> 8 superbes planches gravées par *Pauquet frères* et nom-
> breuses vignettes. Chasses au lion, au tigre, au jaguar.
> Une chasse au crocodile sur la *Magdalena.* Très bel exem-
> plaire de toute fraîcheur.

288 **ALBUM** DES ENFANS OBÉISSANS. 4 vol.
in-4 oblong, demi-basane fauve. *(Rel. de l'époque).*
500 fr.

> Recueil constitué vers 1835. Il est formé de figures
> découpées, gravures, lithos, vignettes, la plupart coloriées,
> collées sur les feuilles blanches des albums. Quelques
> dessins originaux. Le titre est manuscrit, ainsi que les
> divisions suivantes : *Histoire naturelle* (42 fig. de poissons,

oiseaux, serpents, etc.). — *Vues et portraits tirés de la
France pittoresque et quelques sujets lithographiés* (43 portraits, vues, costumes). — *Le Bûcheron et Jupiter, ou les
souhaits ridicules, sujet tiré des contes de Perrault* (8 fig.). —
Costumes français et étrangers (10 fig.). — *Histoire de Peau
d'Ane* (9 fig.). — *Fantaisies pittoresques* (23 sujets, avec
plusieurs dessins originaux signés : Mlle Pallu, 1835). —
Portraits (29 dont 7 silhouettes en noir et portraits gravés
de Perrault, La Fontaine, etc.). — *Aventures périlleuses
de Colombine et d'Arlequin* (13 fig.). — *Sujets tirés des
fables de La Fontaine* (13 sujets). — *Acteurs et Actrices*
(55 fig.). — *Histoire de l'illustre Bras de Fer* (16 figures). —
Costumes de divers pays et personnages récréatifs (41 sujets).
— *Véritable Pot-Pourri* (52 fig. dont *Mayeux*). — *Alphonse,
petit enfant gâté* (14 sujets). — *Portraits de saints* (13 portraits). En tout, près de 400 sujets découpés.

289 **ALBUM DE LA JEUNESSE.** *Paris, H. Gache,
London, E. Gambart, s. d.* [vers 1840], in-8 obl.
Carlonnage de l'éditeur. **400 fr.**

> Recueil de 12 belles lithographies, la plupart d'*Alexandre
> David* et sur fond teinté. Le cartonnage or et bistre (pour
> la vignette) sert de titre.
> Très bel exemplaire de charmantes compositions.

290 **ALBUM DU JEUNE NATURALISTE,** ou
l'Œuvre de la création. *Paris, Eymery, Fruger
et Cie,* 1830, in-8, veau havane, dos orné, fil. sur
les plats et large plaque estampée à froid, tr.
jaspées dans sa boîte ornée. *(Plaque de Thouvenin).* **1.000 fr.**

> 37 planches, comprenant une suite de 700 figures, des-
> sinées, gravées et coloriées par *Jarle.* Texte formé d'ex-
> traits de *Buffon, Lacépède, Lamark, Latreille, Sonnini,
> Bory de Saint-Vincent* et autres. Boîte, les côtés ornés de
> guirlandes florales, or en relief ; sur le couvercle, double
> cadre or et titre gravé, au milieu d'une guirlande de feuil-
> lage, gravée et coloriée, sur laquelle sont perchés des
> oiseaux. *De toute rareté dans sa boîte.*

291 **ALBUM** DER KLEINEN FREUNDE, des
petits amis, de los Amiguitos, van de Kleinen
Vrienden, for our young friends. *S. l. n. d.* [vers
1845], petit in-8 oblong, cart. papier moiré rouge,
titre or. *(Cart. de l'édit.).* **270 fr.**

> 18 charmantes lithographies coloriées et gouachées sur
> fond chamois. Scènes enfantines avec légendes dans les
> cinq langues du titre. Le cartonn. est un peu fatigué mais
> les lithos sont d'une irréprochable fraîcheur.

292 **ALBUM LYRIQUE** dédié aux dames ou Recueil
de romances de MM. Gustave Dugazon, Lambert,
Pradier, Romagnasi et Zimmerman. *Paris, Gide
fils, s. d.* [vers 1820], in-8 obl. *(Carlonnage papier
de l'éditeur).* **1.000 fr.**

> 6 magnifiques planches coloriées, gravées d'après les
> dessins de *Chasselat.* Cartonnage illustré d'une gravure,
> coloriée, où, dans le goût de l'époque, figurent Apollon,
> deux Muses et l'Amour. Musique notée. Les romances
> sont interfoliées de pages et de portées blanches.

293 **ALBUM MERVEILLEUX,** illustré de 300 sujets.
Paris, A. Desesserls, s. d. [vers 1855], in-4. *(Carlonnage papier de l'éditeur).* **150 fr.**

> Vignette de titre et 40 grandes pl. lithographiées conte-
> nant environ 300 sujets enfantins. Couverture en chromo-
> lithographie, sujet central en bleu légèrement frotté, tirée
> chez *Mollard.* Larges rinceaux sur fond d'or formant guir-
> landes.

294 ALBUM DES PETITS ENFANTS. Avez-vous été sages ? *Paris, Amédée Bédelet, s. d.* (vers 1845), in-4, cart. papier *de l'édit.* **180 fr.**

1 titre orné d'arabesques florales et 24 planches contenant de nombreux sujets : jeux d'enfants, papillons, oiseaux, etc. Cartonnage à fond jaune orné de la même décoration que le titre, en or et noir. *Bel exemplaire.*

295 ALBUM DES PETITS GARÇONS STUDIEUX, par MM. Delvincourt de Laval, Dumoulin, de Lorenz, Mmes Legrand, Sarel, Camille Morin. *Limoges, Barbou frères, s. d.* [vers 1855], in-8, cartonnage toile noire, décor polychrome, tr. dorées. *(Cart. de l'éditeur).* **160 fr.**

12 lithographies en couleurs et vignettes dans le texte. Sur le premier plat, portique estampé or, compartiments rouges, bleus, verts, blancs, adolescent à sa table de travail.

296 ALBUM DU PETIT NATURALISTE. *Paris, Langlumé et Pellier, s. d.* [vers 1820], in-12 oblong, cartonn. pap. bleu imprimé et orné sur les deux plats et le dos. *(Cartonn. d'édit.).* **250 fr.**

Titre gravé avec vignette, en taille-douce, coloriée et 50 planches gravées et coloriées représentant mammifères et oiseaux. Exemplaire dans son cartonn. d'édit.

297 ALBUM DE POCHE. — [JEUX D'ENFANTS]. *Paris, Gache, et Londres, Gambart, s .d.* [vers 1860], in-8 oblong, cartonn. pap. glacé blanc, titre doré et encadrement bronzé. *(Cartonn. d'édit.).* **100 fr.**

Joli album composé de 12 planches lithographiées sur fond teinté par ALEXANDRE DAVID illustrant des jeux d'enfants : *Entrons dans la danse..., Loup y es-tu ?, Les charades, Colin-Maillard,* etc. Bel exemplaire.

298 ALBUM RÉCOMPENSE. — [PETITS PRIX DE SAGESSE]. *Paris, Aubert et Cie, s. d.* [vers 1850], in-12 oblong, cartonn. avec titre et lithogr. sur fond teinté. *(Cartonn. d'édit.).* **125 fr.**

Album composé de 27 lithographies *coloriées,* non signées représentant des scènes enfantines *(jeux,* etc.). Commentaire manuscrit de l'époque au dos de chaque planche les expliquant.

299 ALBUM VARIÉ. 20 gravures sur acier d'après Murillo, Carl Vanloo, Diaz, Reynold, A. Leleux, Ch. Leroux, Gavarni. etc. *Paris, Victor Lecou, s. d.* [vers 1860], in-4. *(Carlonnage toile de l'édit.).* **300 fr.**

La composition de ce recueil ne répond qu'en partie à l'énumération des artistes donnée par le titre. Aux gravures sur acier ont été parfois substituées des lithographies, ainsi compte-t-on trois lithographies originales de DIAZ absolument remarquables : *Imposture, La Veuve et Beauté,* auxquelles il convient de joindre la reproduction par *C. Geoffroy* de son *Indiscrétion.* Cartonnage toile noire décoré or d'un bel effet. Cadre formé d'arabesques d'or, avec compartiments roses, oranges et bleus, petits personnages or, vues du Palais-Bourbon, de l'obélisque, de la colonne Vendôme et de la Madeleine. Tr. dorées. Cart. de toute fraîcheur. Rousseurs sur deux planches. Mais les Diaz qui font l'intérêt de cet album sont d'une fraîcheur absolue.

300 ALCOTT (Louisa M.). — LITTLE MEN : Life at Plumfield with Jo's Boys. *Boston, Roberts Brothers,* 1871, sm. 8vo. or. terra-cotta cloth, gilt. *(Shabby ; corners and headbands worn : 2 small*

slits at one joint) preserved in half-morocco case. **4.000 fr.**

FIRST EDITION, of the greatest rarity. 4 full page illustrations. At beginning before, title page 4 page book list advertising. *Little Women. An Old-Fashioned Girl. Hospital Sketches* and Harriet Beecher *Stowe's Pink and White Tyranny.* Outside the defects of the binding *(pointed out),* a fine clean copy.

301 [AFFRE (Mgr)]. — BIOGRAPHIE de Mgr l'Archevêque de Paris. *Paris, Dessesserls, s. d.* [vers 1850], pet. in-8 cartonn, pap. gaufré bleu, avec lithographie et titre entourés d'une bande dorée sur le premier plat. *(Cartonn. d'édit.).* **40 fr.**

Titre lithographié avec grande vignette lithogr., et 14 grandes lithographies non signées représentant des épisodes de la vie et de la mort de Mgr Affre. Curieux et rare petit album imprimé en *grosse typographie* à l'usage des enfants. *Très bel exemplaire.*

302 ALFRED, or the Youthful Enquirer. In which many of the Operations of Nature and Art are familiarly explained, and adapted to the Comprehension of Children. *London, Baldwin, Cradock and Joy,* 1824, sm. 12mo. half-leather, boards. **125 fr.**

FIRST EDITION. Engraved frontispiece by *E.-I. Roberts* from the drawing by *W. Harvey.* Woodcut vignette on title. Interesting 17 page book catalogue at end. advertising numerous classics of the nursery. Quaint bookseller's ticket « SOLD AT THE JUVENILE LIBRARY, 45 LOW SACKVILLE STRT. DUBLIN. » *Fine copy.*

303 ALFRED or the youthful enquirer... *London, Baldwin, Cradock and Joy,* 1824, sm. 12 mo. or. half-leather, boards. **75 fr.**

FIRST EDITION. Another copy. Old library ticket on front cover.

304 ALI BABA (THE HISTORY OF) or the Forty Thieves destroyed by a Slave. *Coventry, N. Merudew, n. d.* [circa 1790], 16mo. or. printed boards. *(Back strip missing).* **1.800 fr.**

Illustrated with 12 quaint woodcuts. At the end « *Friendship, A tale* ». Early editions of Ali Baba are very rare.

305 ALI-BABA or the Forty Thieves. *London, S. B. Beal, n. d.* [circa 1860], 24mo. or. printed wrappers. *(Slightly soiled).* **100 fr.**

Folding series of 12 plates in chromolithography, with text under each one.

306 ALI COGIA, Merchant of Bagdad, A Story. Taken from the Arabian Nights Entertainements. *London, James Izzard,* 1819, sm. 12mo. or. printed wrappers. **85 fr.**

FIRST EDITION. Illustrated with 3 copper plates.

307 ALICIA AND HER AUNT, or Think before You speak. A Tale for Young Persons. *London, A. K. Newman and Co,* 1822, sm. 12mo. or. half-leather, boards. *(Back worn).* **35 fr.**

FIRST EDITION. Engraved frontispiece and extra title with vignette *(Slightly foxed).* 2 page book list at end.

308 **ALITHEA WOODLEY,** or the advantages of an Early Friendship, founded on Virtue. *Balh, John Binns, n. d.* [circa 1820], sm. 12 half-leather, boards. **25 fr.**

Engraved frontispiece.

309 **ALLENT (B.).** — LES ANIMAUX INDUSTRIEUX, etc. Ouvrage instructif et amusant destiné à la jeunesse des deux sexes. *Paris, P. Blanchard,* 1821, in-12, demi-bas. marbr. à coins, dos orné de fil., pièce rouge, tr. j. *(Rel. de l'époque).* **250 fr.**

EDITION ORIGINALE ornée d'un titre gravé avec bel encadrement allégorique, d'un frontispice et de 6 jolies planches gravées, non signées. Très bel exemplaire. Le mot PRIX est frappé en or au milieu du 1er plat.

310 **ALLENT (B.).** — FABLIER DES ESTAMPES ou Choix des meilleures fables françaises extraites de La Fontaine, Florian, Boisard, Dubert, de Lamothe, Le Bailly, Le Monnier, Pierre Blanchard, etc. Ouvrage destiné à l'instruction et à l'amusement de la jeunesse. *Paris, Lecerf et P. Blanchard,* [1825], in-8, oblong, demi-bas. à grain grenat foncé à coins. **500 fr.**

Titre gravé, avec vignette *coloriée,* frontispice allégorique gravé et *colorié* et environ 50 sujets gravés en taille-douce et *coloriés.* Texte à 2 colonnes. *Bel exemplaire.*

311 **ALLENT (B.).** — FABLIER DES ESTAMPES. *Même ouvrage que le précédent. Paris, Langlumé et Pellier, s. d.* [vers 1825], cartonn. pap. chamois, avec ornementation sur les deux plats, et titre sur le premier. *(Carlonn. d'édit.).* **1.000 fr.**

Bel exemplaire avec les figures coloriées dans son cartonnage d'éditeur (avec titre imprimé) très frais. Petite cassure à un mors. Très rare en semblable état.

312 **ALLENT (B.).** — FABLIER EN ESTAMPES. *Même ouvrage que le précédent, même édilion,* cartonn. pap. gris orné de deux lithogr. différentes sur chaque plat : scènes de chasse. *(Carlonn. d'origine*[?]*).* **300 fr.**

Les mêmes figures, également coloriées. Dos du carton. refait, gardes changées. Quelques salissures.

313 **ALLENT (B.).** — GALERIE FRANÇAISE EN ESTAMPES des hommes les plus illustres dans tous les genres. *Paris, Alexis Eymery,* 1825, in-8 obl. *(Carlonnage papier de l'édileur).* **300 fr.**

Titre et 31 pl. gravés par MANCEAU, chacune, sauf la première, contenant deux sujets. Hommes d'église, hommes d'épée et hommes de science, artistes, musiciens et gens de lettres, B. Allent a rassemblé dans cette galerie toutes les notabilités de l'ancienne France. Des extraits bien choisis de nos grands auteurs et des vues de quelques monuments complètent ce volume. Cartonnage illustré d'une pl. gravée. Premier cahier détaché.

314 **ALLENT (B.).** — GALERIE FRANÇAISE EN Estampes des Hommes les plus illustres dans tous les genres, avec un texte explicatif, etc. *Paris, A. Eymery,* 1825, in-8 oblong, demi-maroq. rouge, plats pap. gaufré rouge à long grain, tr. j. *(Rel. de l'époque).* **300 fr.**

Le même ouvrage que le précédent. Même édition. Bel exemplaire dans une demi-reliure d'époque.

315 **ALLENT (B.).** — GALERIE FRANÇAISE EN ESTAMPES des hommes les plus illustres dans tous les genres. *Paris, Alexis Eymery,* 1825, in-8 obl., demi-bas. fauve, pièce de cuir. **600 fr.**

Même ouvrage, même édition que le précédent. Les pl. de cet exemplaire sont coloriées.

316 **ALLENT (B.).** — LES GRACES DE L'ENFANCE, ou ses principales qualités mises en action. Scènes récréatives et morales destinées à l'instruction et à l'amusement de la jeunesse. *Paris, Balland el P. Blanchard, s. d.* [vers 1827], pet. in-8 oblong, cartonn. pap. vert d'eau avec titre et encadrement imprimés, ornement imprimé au 2e plat, titre au dos. *(Carlonn. d'édit.).* **400 fr.**

Titre gravé sur cuivre avec vignette et 11 charmantes figures gravées sur cuivre, non signées. Texte en 2 colonnes. Bel exempl. (restauration au mors).

317 **ALLENT (B.).** — LES PAPILLONS, leur histoire, la manière de leur faire la chasse et de les conserver. Ouvrage amusant et instructif... dédié à la Jeunesse. *Paris, Blanchard el Lecerf, s. d.* [vers 1820], pet. in-4 oblong, cartonn. pap. rose illustré par la lithographie (appareils pour la chasse aux papillons), dos et tour des plats en pap. rouge à long grain, tr. *(Carlonn. d'édit.).* **600 fr.**

Titre gravé et orné, très beau frontispice gravé en taille douce et joliment *colorié* représentant des enfants chassant des papillons, et 6 planches *coloriées,* gravées par DULOMPRÉ représentant les principaux papillons de France avec leurs chenilles. Mouill. très claire à qq. ff. Rare. Cartonnage un peu frotté.

318 **ALLENT (B.).** — LES SEPT NOUVELLES, contes moraux ornés de figures, dédiées aux jeunes personnes. *Paris, A. Eymery,* 1824, in-8 oblong, cartonn.- pap. bleu ciel, plats illustrés, un peu frottés. *(Carlonn. d'édit.).* **200 fr.**

Titre gravé avec vignette par *Huot* et 14 figures gravées sur cuivre, non signées. Bel exemplaire bien que le cartonnage soit un peu frotté.

319 **ALLENT (B.).** — LES SEPT NOUVELLES, etc. *Même ouvrage, même édilion que le précédent,* cartonn. pap. vert illustré. *(Carlonn. de l'édil.).* **500 fr.**

Même ouvrage. Exemplaire avec la vignette du titre et les 14 figures *finement coloriées.* Qq. rouss. et lég. mouill. Restauration au cartonnage.

320 [**ALLENT (B.)**]. — LES VÉGÉTAUX CURIEUX, ou les particularités les plus remarquables des Plantes. *Paris, Blanchard, s. d.* [vers 1830], in-12, bas. polie mouch., dos à nerfs orné, pièce verte, tr. marb. *(Rel. de l'époque).* **250 fr.**

EDITION ORIGINALE ornée d'un titre gravé avec personnages *(paysage tropical),* d'un frontispice allégorique et de 4 figures, non signées : *parties constituantes des végétaux,* l'horloge de Flore, le *Sommeil des plantes,* la *cérémonie du guy.* Bel exemplaire.

321 [**ALLESTREE (Richard).**] — THE GENTLE-
MAN'S CALLING. *London, T. Garthwait at the
Little North-doore of S. Pauls*, 1660, 12mo. con-
temp. calf. **800 fr.**

FIRST EDITION. Splendidly engraved frontispiece
and title, and two plates. Allestree, with his Gentleman's
Calling, intended for lads, and which Mrs Field writes.
« *Nothing better can be said of* » after the « *Bad grammar,
dreary and often undesirable religions exhortations, painful
stories of morbid conditions of childhood, hideous details of
martyrdom, and inane Verse* » of the Keach School, and
other teachers of 17th century.
Bound in is ELLIS'S. Gentle Sinner, *Oxford, Henry
Hall.* 1660. FIRST EDITION with errata and last blank
leaf. *Fine copy.*

322 [**ALLESTREE (Richard).** — THE GENTLE-
MAN'S CALLING. *London*, 1660, old leather
(Rubbed), Another copy. **500 fr.**

FIRST EDITION. Same plates. *Fine copy.*

323 [**ALLESTREE (Richard)**]. — THE GENTLE-
MAN'S CALLING. *London, T. Garthwait*, 1662,
12mo. contemp. calf. **150 fr.**

Engraved title from the same plate as in the first edition,
and printed title. End papers renewed. *Fine copy.*

324 [**ALLESTREE (Dr R.)**]. — THE GENTLE-
MAN'S CALLING, written by the Author of the
whole Duty of Man. *London, R. Norton*, 1677,
8vo. in magnificent binding by « the devotional
binder ». *(See description below)*. **15.000 fr.**

Red morocco. Sides entirely covered with a rich ornamentation ; In each corner a sun-flower in black and grey ;
in centre, spreading ornamentation of four flowering sprays.
This motive is included in a decoration formed by crescents
coloured in black, sun-flowers, coloured in grey and black
and surrounded by spiral crescents. At sides floral ornaments in cross form, etc.
Magnificent specimen of a celebrated type of binding
executed by an unknown master during the reign of Charles II and without doubt of Oxford.
The work of this binder has been described by Mr D.-D.
Hobson in his work « *Bindings in Cambridge Libraries* »
who calls him the « *devotional binder* » because all his bindings cover devotional books by Dr Allestree. These bindings are of the greatest rarity and M. Hobson knows of
only eleven specimens (among which are mentioned the
three included in this catalogue). This binding was expo-
sed at the VIIth Exhibition of the « *First Edition Club* »
and it is reproduced in colours (plate XXV) in the work
entitled « *XXX bindings selected from the First Edition
Club's Seventh Exhibition.* »
Unusually fine English binding from the libraries of the
Duke of Oxford, Noel Barwell and H. Morriston Davies.

325 [**ALLESTREE (Dr R.)**]. — THE GENTLE-
MAN'S CALLING. *London, R. Norton*, 1676, 8vo.
in magnificent binding by « the devotional binder ». *(See description below)*. **7.500 fr.**

Black morocco. Same type of binding as previous item.
It is of an exceptional colour : the background is black,
and the ornamentation is in « *old wine* » and light grey.
This binding is described by M. Cyril Davenport in his
work « *Samuel Mearne* » (page 106) where it is reproduced
in colours (plate 23). Also see « *Bindings in Cambridge
Libraries* », page 152, n° 3.
Very fine copy.

326 **ALMANACH D'ÉDUCATION** ou abrégé de
toutes les sciences à l'usage des enfants de six ans

jusqu'à douze et au-dessus. *Paris, chez le Vachez,
s. d.* (1790). Petit in-12, maroq. rouge, dos orné sans
nerfs, étiq. maroq. vert, filets dorés sur les plats,
dent. dorée int. et sur les coupes, tr. dorées. *(Rel.
de l'ép.)*. **2.500 fr.**

Titre gravé et deux planches à l'aquatinte. Carte gravée et coloriée des départements. 6 feuillets de calendrier
pour 1791, gravés. Les deux planches représentent des
distributions de récompenses, à des petites filles *(le prix
des vertus)*, à des garçons *(le prix des talens)*. Cet almanach
d'éducation, dont la date accroît encore l'intérêt, comporte
des notions de cosmographie, de géographie, d'histoire et
de mythologie. Un chapitre est consacré au Pape. Un autre
contient la déclaration des droits de l'homme. Dans l'ensemble, l'ouvrage exalte les bienfaits de « l'heureuse insurrection du 14 juillet ». Les cinquante dernières pages sont
consacrées à un *catéchisme de la Constitution.* Cachet de
bibliothèque (en rouge) dans la marge du titre. Rare. Très
bel exempl. dans une très jolie reliure que l'on peut appeler
encore reliure d'ancien régime.

328 **ALSACE ET VENDÉE.** [La France en minia-
ture]. *S. l. n. d.* [*Paris, Marcilly*, vers 1840], in-16.
(Cartonnage papier de l'éditeur). **100 fr.**

2 planches gravées et coloriées ; l'une d'elles est reproduite, également coloriée, sur le premier plat du cartonnage. Filets or et fleurons aux angles. *Bel exemplaire.*

329 **ALWAYS HAPPY!!!** or Anecdotes of Felix
and his sister Serena. A Tale. Written for her
children, by A Mother Tifth edition, revised by
the Author. *London, J. Harris and Son*, 1823,
sm. 12mo. or. half-leather, boards. *(Shably)*.
25 fr.

Engraved frontispiece *(foxed)*. 2 page book list at end.

330 **AMAR-DURIVIER** et **JAUFFRET (L.-F.).** —
La Gymnastique de la Jeunesse, ou Traité élémentaire des Jeux d'Exercice considérés sous le rapport de leur utilité physique et morale. *Paris,
Debray*, 1803, pet. in-8, maroq. rouge à long grain,
dos orné, pièce verte, guirlande autour des plats,
dent. int., tr. dor. *(Rel. anc.)*. **125 fr.**

EDITION ORIGINALE de ce curieux ouvrage, le premier *traité élémentaire de gymnastique* à l'usage des enfans.
Orné de 27 planches (dont un frontispice) au lieu de 30
annoncées sur le titre, très finement gravées et *coloriées*
représentant des scènes de jeux et de sports : *le saut, la
marelle, la natation, le cerf-volant (parachute), la toupie,
les échasses, l'escrime, etc.* Qq. taches. Reliure fanée.

331 **AMAR-DURIVIER** et **JAUFFRET (L.-F.).** —
La Gymnastique de la Jeunesse ou Traité élémentaire des Jeux d'Exercice, etc. *Paris, Debray*,
1803, petit in-8, bas. marbr., dos orné, tr. j.
(Rel. anc.). **250 fr.**

Le même ouvrage que le précédent. 30 figures gravées
sur cuivre, illustrant les jeux et les exercices de l'enfance.
2 coins un peu frottés. (Très petite réparation à une pl.).

332 **AMAR-DURIVIER** et **JAUFFRET (L.-F.).** —
La Gymnastique de la Jeunesse, etc. *Même ouvrage,
même édition que le précédent*, demi-bas. brune,
dos orné, pièce de titre. *(Rel. anc.)*. **200 fr.**

Bon exemplaire. Le frontispice légèrement colorié anciennement.

333 **AMERICA (THE DISCOVERY OF)** by Christopher Columbus. *Dublin, William Fold and Son,* 1824, sm. 12mo. contemp. calf. *(Joints weak).*
85 fr.

8 quaint woodcuts showing Scenes in the Life of Columbus.

334 **AMERICAN TOILET (THE).** *New York, Printed and published at Imbert's Lithographic Office, n. d.* [circa 1825], sq. 16mo. or. printed boards, preserved in half-morocco case. **2.000 fr.**

SECOND EDITION. Illustrated with 20 lithographs with flaps, all in imitation of the London edition. *Fine copy.*

336 **AMÉRIQUE (L')** d'après les voyageurs les plus célèbres, par un Hommes de lettres. *Lille, L. Lefort,* 1852, in-12, couvert. imp., défraîchie, dos refait, non rogné.
40 fr.

1 pl. gravée et 1 vignette (bateau à vapeur à aubes) sur le titre. Mœurs des sauvages de l'Amérique septentrionale, Amérique russe, *Mexique, Canada, Régions polaires, Etats-Unis, Antilles, Panama, Guyane, Brésil,* etc.

337 **AMOUR ET TENDRESSE** ou les soins maternels. Recueil de petites scènes agréables et familières, gravées par Augustin Legrand. *Paris, Louis Janet, s. d.* [vers 1820], plein mar. romantique, tr. dorées. *(Rel. moderne).* **1.000 fr.**

Un titre gravé et 13 gravures hors-texte très finement coloriées : la nourrice, le bain, le berceau, le premier pas, la prière, le dîner, la leçon d'écriture, etc. Ces charmantes illustrations sont copiées sur une suite de gravures anglaises, parue vers 1810, intitulée *My Mother,* et pour laquelle *Mrs Hamilton, la maîtresse de Nelson,* avait posé comme modèle. Le texte est écrit avec beaucoup de grâce et de bon sens.

338 **AMUSING ANECDOTES** OF VARIOUS ANIMALS ; Intented for Children. By the author of the « Coral Necklace », etc. *London, J.-E. Evans, n. d.* [circa 1820], sm. 12mo. or. printed wrappers.
75 fr.

Illustrated with many charming woodcuts. *Fine copy.*

339 **AMUSING ANECDOTES** OF VARIOUS ANIMALS, Intended for Children. or. printed wrappers.
60 fr.

Another copy, same editions. *Fine copy.*

340 **AMUSING DIVISION.** *London, Thomas Dean and Son, n. d.* [circa 1850], large 8vo. or. printed wrappers. **120 fr.**

Illustrated with 23 hand-coloured woodcuts. Large type. From « Cousin Honeycomb's » serves. *Fine copy.*

341 **ANCIENT HISTORY.** — A Series of Prints of Designed as Ornaments for these Apartments in which Children receive the first Rudiments of their Education. Two parts in one. *London, John Marshall, n. d.* [circa 1786], sq. 16mo. half-morocco. *(Mod. binding).* **200 fr.**

Title and 64 copper plates. According to a note at bottom of title the work was supplied « pasted on Boards for hanging up in Nurseries, 3s. in sheets Is 4d. — Served in Marble Paper for the Pocket Is 8d. — Neatly bound in Red Leather 2s. 4d.

HANS ANDERSEN (1805-1875)

342 **ANDERSEN (Hans).** — CONTES POUR LES ENFANTS, traduits du danois par V. Caralp. *Paris, Belin-Leprieur et Morizot, s. d.* (1848), couv. toile bleue, décors polychromes, tr. dorées. *(Cart. d'édit.).* **300 fr.**

Douze lithographies hors-texte sur fond chamois par DERANCOURT. EDITION ORIGINALE de cette traduction de l'illustre écrivain danois. Joli décor architectural (signé au dos : Lenègre, rel.) or, rouge, vert et bleu d'outremer. Rousseurs passim. *Très rare.*

343 **ANDERSEN (Hans).** — CONTES DANOIS. Traduction nouvelle. *Tours, A. Mame et C^{1e},* 1853, in-12, cartonnage en chromolithographie. *(Cart. de l'édit.).* **700 fr.**

Orné de 8 lithographies en couleurs de *Lemercier.* Cartonnage en chromolithographie rouge, rose, bistre, vert et or, sur fond blanc (sujet : enfant et oiseaux). Gros caractères, largement interlignés.
Le titre et deux cahiers détachés. *Ouvrage excessivement rare,* la plupart des exemplaires ayant été mis en morceaux par les enfants.

344 **ANDERSEN.** — CONTES DANOIS. Traduction nouvelle. *Tours, Mame et C^{1e},* 1853, pet. in-8. *(Cartonnage toile de l'éditeur).* **1.000 fr.**

Même ouvrage que le précédent. Cartonnage toile bleue, dos orné ; sur le premier plat, plaque or à rinceaux, compartiments vert clair, orange et vert. Au centre, une bonne sœur, et deux enfants. Motif analogue sur le second plat : des petits garçons lisent un livre. Tr. dorées. Gros caractères, larges interlignes. *De toute rareté.* Très bel exemplaire malgré quelques légères rousseurs.

345 **ANDERSEN.** — CHOIX DE CONTES POUR LA JEUNESSE. *Leipzig, B.-G. Teubner, s. d.* [vers 1860], in-8, cart. papier gris ill. *(Cart. de l'éditeur).* **400 fr.**

Seconde édition ornée d'un frontispice, de 9 figures sur bois hors-texte et de nombreuses vignettes dans le texte. Le premier plat du cartonnage est décoré d'une gravure représentant une kermesse d'après *Teniers.* Traduction de *Charles Brandon.* Mors faible

346 **ANDERSEN (Hans Christian).** — DANISH FAIRY LEGENDS AND TALES. *London, William Pickering,* 1846, sm. 8vo. green morocco, gilt back, g. e. **125 fr.**

Fine copy of the beautiful Pickering edition, first impression. The book was printed at the Chiswick Press.

347 **ANDERSEN (Hans C.).** — DANISH FAIRY LEGENDS and Tales. Translated by Caroline Peachey. *London, G. Bohn,* 1861, 8vo. half-morocco, gilt, g. e. **75 fr.**

Illustrated with 120 wood engravings. *Fine copy,* well bound.

348 **ANDERSEN (Hans Christian).** — A PICTURE BOOK without Pictures from the German translation of De la Motte Fouquet by META TAYLOR. *London, David Bogue,* 1847, 8vo. or. coloured cloth. **100 fr.**

These short sketches by the author of the famous Fairy Tales, are little known to English Readers.

349 **ANDERSEN (Hans).** — STORY BOOK. With a Memoir by MARY HOWITT. *New York, James Miller, n. d.* [circa 1870], or. green cloth, gilt back. **40 fr.**

Portrait of Andersen, 3 plates, and vignettes, all engraved on wood.

350 **ANDERSEN (Hans C.).** — TALES AND FAIRY STORIES. Translated by Madame de Chatelain. *London, Routledge, Warne, etc.,* 1860, 8vo. half-morocco, gilt, g. e. **60 fr.**

Illustrated with full page wood engravings by Henry Warren. *Fine copy,* well bound.

═══════

351 **ANDREWS (H. P.).** — STEPS TO HONOUR. *London, Dean and Son, n. d.* [circa 1835], 4 vol. sq. 12mo. or. coloured, gilt, and embossed boards. **125 fr.**

Woodcut frontispiece to each book. Honesty. Piety. Truthfulness and Perseverence being Nos 2. 3. 5 and 6 of the series. *Fine copy.*

352 **ANECDOTES OF KINGS** selected from History; or Gertrude's Stories for Children. *London, John Harris,* 1837, sq. 16mo. or. cloth, gilt. *(Faded).* **40 fr.**

Illustrated with 8 plates. 16 page book catalogue at end.

353 **ANECDOTES OF A LITTLE FAMILY,** interspersed with Fables, Stories, and Allegories, illustrated with Suitable Morales for Children of Different Ages, and both Sexes. *London, E. Newbery, n. d.* [circa 1789], sm. 16mo. or. flowered paper boards. *(Back strip missing).* **250 fr.**

Illustrated with 6 copper plates. 8 page book list at end *(should be 12 pages). LACKS 3 LEAVES* of text *(pages 5-6, 15-16, 149-150).* Charles Welsh only knows of the existence of this book from E. Newbery's list of about 1789.

353 *bis* **ANGENEHME BILDER-LUST** der Lieben Jugend zur Ergotzung also eingerichtet. *Nürnberg, P.-C. Monath, s. d.* [vers 1750]. Petit in-folio, oblong, cart. dos vélin. *(Cart. anc.).* **1.600 fr.**

23 planches (au lieu de 25 ; les pl. 13-14 manquent) gravées et coloriées représentant des scènes très diverses où les enfants jouent en général le rôle principal : le baptême, l'école, la récréation, la leçon de danse, scènes de métiers, danseurs de corde.

354 **ANIMAL CREATION,** or The Power of the Supreme Being attempted to be unfolded to the, minds of the Rising Generation, by a Parent. *London, William Darton,* jun. 1815, sm. 12mo. half-morocco. *(Mod. binding).* **100 fr.**

FIRST EDITION. Illustrated with 42 woodcuts of animals and birds, including one of the Giraffe, described as the Cameleopard.

355 **ANNA ROSS.** A story for children, by the author of « the Decision », etc. *Edinburgh, William Oliphant,* 1824, sm. 12mo. full contemporary stamped calf, g. e. *(Romantic binding executed in France).* **150 fr.**

FIRST EDITION. Illustrated with 6 charming etchings in line. *Fine copy.*

356 **ANNE YOUNG.** — MUSICAL GAMES (Instructions for playing the), invented by Anne Young. AN INTRODUCTION TO MUSIC... as illustrated by the Musical Games and Apparatus, are fully explained..., etc. *Edinburgh, C. Stewart,* 1801-03, 2 vol. bound in one vol. in or. 8vo. contemp. tree calf. *(One joint cracked).* **125 fr.**

FIRST EDITION. Illustrated with 3 plates (one folding) and 19 plates of engraved music. The works were dedicated to the Princess Charlotte and were written with a view to teaching young persons music by an entertaining method.

357 **ANTOINE.** — LE JEUNE AGE DES BOURBONS ou anecdotes remarquables de leur enfance, depuis Henri IV jusqu'à nos jours ; suivi de quelques traits d'esprit, de saillies fines, sentimentales de petits enfants à l'occasion du retour de ces princes. *Paris, Eymery,* 1815, pet. in-12, bas. granitée verte, dos orné de ruches et couronnes dorées, pièce rouge, pet. guirlande dorée autour des plats. *(Rel. anc.).* **150 fr.**

Curieux petit ouvrage orné d'un charmant titre gravé avec vignette et de 3 planches gravées. Antoine est l'auteur d'une *Vie de Louis XVI.* Bel exempl.

358 **ANTOINE [DE SAINT-GERVAIS] (A.).** — NOUVEL ALBUM DES PEUPLES, ou Collection de tableaux représentant les usages et cérémonies les plus remarquables des diverses nations du monde. *Paris, J. Langlumé et Pellier,* 1835, in-8, cartonnage à la bradel de l'époque, moiré rose. **250 fr.**

20 pl. finement gravées et coloriées représentant des tableaux de mœurs et des cérémonies dans les cinq parties du monde (notamment : Etats-Unis, Louisiane, Chili...). Le texte, à l'usage des enfants, est agréablement écrit. Le cartonnage est fané.

359 **ANTOINE (A.).** — LES PETITS PEUREUX
CORRIGÉS, ouvrage destiné à prémunir les
enfants contre toute idée d'apparitions, de reve-
nans, de fantômes ; et à leur inspirer le courage
nécessaire dans les événements qui paraissent
surnaturels. *Paris, Pierre Blanchard*, 1818, petit
in-16, demi-maroquin olive à coins, tr. jaunes.
(Rel. mod.). **400 fr.**

> 6 gravures coloriées. Bel exempl. d'un petit ouvrage très
> rare, aussi amusant que pratique. Les illustrations repré-
> sentent des scènes de revenants, etc.

360 **AQUARELLES.** *Paris, Monrocq, s. d.* [vers
1850], in-4. *(Cartonnage toile rouge de l'éditeur,
titre doré).* **100 fr.**

> 10 très belles aquarelles de *A. Delacroix, Jules David,
> Hubert* et *Lepoitevin* reproduites en chromolithographie.
> Ces fac-similés datent des débuts de la chromolithographie.

361 **ARABIAN NIGHTS (THE)** Entertainment.
or The Thousand and One Nights... etc. *London,
Effingham Wilson*, 1808. Four vol. in-8vo. or.
boards, tickets. **400 fr.**

> Illustrated with 8 fine plates engraved by *Kennerley*
> from the drawings by *Craig*. This translation is by G.-S.
> BEAUMONT from the French of GALLAND. Fine copy,
> entirely uncut and impressed in original boards. A few
> plates *slightly* foxed.

362 **ARABIAN NIGHTS (THE BEAUTIES OF)**
Entertainments. A Selection of the Best Stories
from that work. *London, J. Bailey, n. d.* [circa
1815], 12mo. **250 fr.**

> Large folding frontispieces, engraved and hand-coloured.
> The Tales are Ali Baba. Little Hunch-Back, Aladdin, and
> one of Sindbad's stories.

363 **ARABIAN NIGHTS (THE).** Entertainments :
consisting of One Thousand and One Stories. In
one volume. *London, J. Limbird*, 1824, 8vo.
contemp. half-calf. **300 fr.**

> Illustrated with 150 splendid woodcuts engraved by
> *Sears.*

364 **ARCHE (L') DE NOÉ.** — Histoire naturelle
des animaux destinée au jeune âge. *Paris, Louis
Janel, s. d.* [vers 1820], 16 tomes, cartonnés en
4 vol. in-32. *(Cartonnage papier de l'éditeur).*
500 fr.

> 16 figures gravées et coloriées. Cartonnages à la Bradel
> lithographiés, de toute fraîcheur et d'une extrême rareté.

365 **ARGUS (Arabella).** — THE ADVENTURES
OF A DONKEY. *London, William Darton*, jun.
1815, small 12mo. or. half-leather, boards. *(Worm
hole in back).* **400 fr.**

> FIRST EDITION. Engraved frontispiece. At end, very
> interesting William Darton, Children's Book catalogue
> (16 pages). The work is by the famous author of the Juve-
> nile Spectator. « *We find some* (her stories) *in which a writer
> of real talent has clothed, the dry bones of morality with
> living flesh and blood.* » Fine copy.

366 **ARGUS (Arabella).** — FURTHER ADVEN-
TURES OF JEMMY DONKEY ; interspersed

with biographical sketches of the Horse. *London,
William Darton*, 1821, sm. 12mo. or. half-leather,
boards. *(Slightly rubbed).* **250 fr.**

> FIRST EDITION. Engraved frontispiece and 2 other
> interesting plates engraved on copper. Two page book
> list at end. *Fine copy.*

367 **ARGUS (Arabella).** — THE JUVENILE SPEC-
TATOR ; being observatioris on the tempers,
manners, and Foibles of Various Young Persons,
interspersed with such lively matter, as it is pre-
sumed will amuse as well as instruct. *London,
W. and T. Darton*, 1810-1812, two vols. 12mo.
contemp. calf. *(One joint Slightly cracked).*
1.000 fr.

> FIRST EDITION, to which is added the Second part,
> also FIRST EDITION, « *Containing some Account of Old
> Friends, and an introduction to a Few Strangers.* » publis-
> hed two years later. The two volumes are illustrated
> with 8 engraved plates, 3 page book list at end of vol.
> I. « *... Juvenile Spectator, which applied Addison's method
> of character-drawing, to the nursery, used it with new unders-
> tanding of Childhood* ». Tuer. F. C. B. Page 223-26. Mrs
> E. M. Field. The Child and his book, page 250.

368 **ARGUS (Arabella).** — THE JUVENILE
SPECTATOR. Anothe copy, same edition, 2 vols.
contemp. half-calf. **300 fr.**

> The *4 plates of the supplementary vol. are missing.*
> Lower margin of first vol. a little short, shaving text of
> plates.

369 **ARIOSTE.** — ROLAND FURIEUX, poème.
Edition épurée. *Paris, Lehuby*, 1847, in-8, cart.
toile bleue, décors polychromes, tr. dorées. *(Cart.
d'édit.).* **150 fr.**

> 20 dessins de *Célestin Nanteuil* gravés sur bois hors-texte.
> Traduction « épurée sous le rapport de la décence et des
> mœurs ». Beau volume de VIII-539 pages, très bien illustré.
> Dos et plats décorés de motifs or, vert, rouge, représentant
> au premier plat : Roger et Bradamante, bouclier, écusson,
> armes de chevalerie, etc. *Très bel exemplaire.*

370 **ARIOSTE.** — ROLAND FURIEUX, poème.
Edition épurée. *Paris, Lehuby*, 1847, in-8, cart.
toile violette, décors polychromes, tr. dorées.
(Cart. d'édit.). **100 fr.**

> Le même ouvrage que le précédent. Dos et plats décorés
> de motifs or, vert, violet, blanc, rouge représentant au
> 1er plat Roger et Bradamante (identique au décor du n°
> précédent). Très menues rousseurs. Dos légèrement passé.
> *Bel exempl.*

371 **ARITHMETIC (ILLUSTRATED),** or Cyphe-
ring made Comical. First Series. *London, Gilbert,
n. d.* [circa 1850], 12mo. or. coloured printed
wrappers. **60 fr.**

> Illustrated with many amusing vignettes, engraved on
> wood.

372 **ARITHMETIC MADE FAMILIAR** and Easy
to Young Gentlemen and Ladies. Being the Second
Volume of the Circle of Sciences, etc. Published by
the King's Authority. *London, Thomas Carnan,*
1788, sm. 16mo. or. half-leather, boards. **800 fr.**

> This is the 5th edition and the last cited by Welsh. The
> book is complete in itself, the Circle of Science being a
> series. *Fine copy.*

373 ARLEQUIN. — ALMANACH DES PETITS ET GRANDS ENFANTS. *S. l. (Paris), de Gonel, édileur, s. d.* (1852), pet. in-8, cart. Bradel demi-perc. br., dos orn. avec pièce de mar. grenat, non rogné, couv. ill. cons. *(Pelilol).* **100 fr.**

Titre en lettres gravées avec illustration signée *Geoffroy V. Corbay,* la même illustration se trouve coloriée sur la couverture. L'almanach comprend 32 pp. de texte divisé ainsi : *Calendrier des enfants de 1852* par trimestre avec les jeux de chaque mois ; Vie et Aventure d'Arlequin avec une vignette ; Prédictions infaillibles d'Arlequin avec une vignette Polichinelle montrant la lanterne magique ; 6 gravures sur bois signées *Porret,* représentant tout le *Cortège du Bœuf Gras.*
Ex-libris F. Meunié. Raccommodages à la marge de 3 ff. *Non cité par Grand-Carteret.*

ARLEQUINADES. Voir nº 2942 et suivants.

374 [ARMÉNIEN]. — Trois ouvrages arméniens publiés par A. MATHIOU et de LUCAS VANAN-TATSI : Principes de l'écriture et de la lecture à l'usage des enfants arméniens. Encyclopédie des enfants. *Amsterdam,* 1699. — Recueil de questions théologiques et morales. *Amsterdam,* 1704. — Traité de physique et de météorologie. *Amsterdam,* 1702, ens. 3 ouvrages en 1 vol. in-12, maroq. rouge à long grain, dos sans nerfs, très orné, guirlande autour des plats, dent. int., tr. dor. *(Rel. anc. vers 1800).* **Vendu.**

Très rares *impressions arméniennes* d'Amsterdam. Le titre du premier ouvrage est dans un encadrement gravé sur bois ; texte encadré ; fig. gravées, dont une se dépliant (rose des vents). Bel exemplaire dans une jolie reliure française.
PLANCHE 10.

375 ARNO EN SIMILDE, of Keur van Nuttige en Onderhondende verhalen voor de Jeugd. *Te Amsterdam, bij Gebroeders Kosler,* 1836, in-12 carré, cart. papier vieux rose orné à froid. *(Carl. de l'époque).* **200 fr.**

26 contes pour l'enfance, illustrés de 6 gravures finement coloriées. *Bel exemplaire.*

376 [ARNOLD (S.-I.).] — THE TYGER'S THEA-TRE. *London, B. Tabarl and Co,* 1808, sq. 16mo. or. yellow printed wrappers, preserved in half-morocco case. **2.500 fr.**

FIRST EDITION. Illustrated with a folding frontispiece and five other engraved plates, all hand-coloured. A few slight stains.

377 ARTHINGTON (Maria). — RHYMES FOR HARRY and his Nurse Maid. *London, Darlon and Clark, n. d.* [circa 1835], sq. 12mo. or. cloth. **135 fr.**

Illustrated with 28 lithographs. Four page book list at end. *Fine copy.*

378 ARTIFICIANA, or a Guide to the principal trades. *Edinburgh, Oliver and Boyd, n. d.* [1820], sm. 12mo. or. half leather. **160 fr.**

Frontispiece engraved on wood and many half-page woodcuts. This is the second edition but the woodcuts are very finely impressed. They illustrate 34 different trades. *Fine copy.*
PLANCHE 113.

379 ARTS ET MÉTIERS. — PETIT TABLEAU DES ARTS ET MÉTIERS ou les questions de l'Enfance. Seconde éd. *Paris, P. Blanchard,* 1820, in-12, demi-v. fauve, dos orné de pet. guirlandes, pièce rouge, coins, sur le 1er plat l'inscription : A M D B, tr. j. *(Rel. anc.).* **80 fr.**

Frontispice et 5 planches gravées sur cuivre représentant différents métiers : brasseur, imprimeur, papetier, fabricant d'estampes, etc.

380 ARTS ET MÉTIERS. — PETIT TABLEAU, etc. *Le même ouvrage que le précédent, même édilion,* cartonn. bradel, pap. marbré, pièce au dos. *(Carlonn. ancien).* **50 fr.**

Très bel exemplaire avec en-tête, 4 pp. de *catalogue de la librairie d'éducation Pierre Blanchard.*

381 ASHTON (John). — CHAP-BOOKS of the Eighteenth Century with facsimiles, Notes and Introduction. *London, Challo and Windus,* 1882, 8vo. or. cloth, gilt. **50 fr.**

Profusion illustrated. *Fine copy.*

382 ASHTON (John). — MEN MAIDENS AND MANNERS a hundred years ago. *London, Field and Tuer,* 1888, oblong 12mo. or. boards with ticket. **70 fr.**

FIRST EDITION. Illustrated with 34 sketches in black and white. *Fine copy.*

383 ASPIN (J.). — ANCIENT CUSTOMS, SPORTS AND PASTIMES, of the English. *London, John Harris,* 1835, square 16mo. or. half leather. **100 fr.**

Illustrated with 12 full-page steel engravings. The Little Library. *Fine copy.*

384 ASPIN (J.). — ANCIENT CUSTOMS, SPORTS AND PASTIMES. Another copy same edition. **40 fr.**

Binding worn. Plates faintly water-stained. Fly leaves torn out.

385 ASPIN (J.). — A PICTURE OF THE MANNERS, customs, sports, and pastimes, of the Inhabitants of England, from the arrival of the Saxons down to the eighteenth century. *London, J. Harris,* 1825, 12mo. or. printed boards. **135 fr.**

FIRST EDITION. Illustrated with 20 finely executed engravings. *Fine copy.*

386 ASSOLLANT (Alfred). — HISTOIRE FAN-TASTIQUE DU CÉLÈBRE PIERROT, écrite par le magicien Alcofribas, traduite du Sogdien. Dessins par Yan' d'Argent. *Paris, Furne el Cie,* 1865, in-8, couvert. imprimée. **50 fr.**

14 gravures hors-texte et nombreuses vignettes par *Yan' d'Argent.* Larges interlignes. Première édition illustrée de l'*Histoire fantastique du célèbre Pierrot,* dont l'édition originale in-12 avait paru en 1860.

387 ASTRONOMICAL CONVERSATIONS FOR CHILDREN, or A Familiar explanation of some of the principal appearances of the heavenly bodies. *London, John Harris*, 1825, 16mo. or. cloth ticket. *(Shabby)*. **60 fr.**

> FIRST EDITION. Four engraved plates *(water-stained)*. Large type widely interlined : two page book list at end.

388 ATLAS DES ENFANS, ou Nouvelle Méthode pour apprendre la Géographie avec un nouveau traité de la Sphère et XXIV cartes enluminées. Nouvelle édition. *Lyon, J.-M. Bruysel*, 1790, in-12, bas. marb., dos très orné, pièce rouge, tr. jasp. *(Rel. anc.)*. **125 fr.**

> Très bel exemplaire contenant un frontispice gravé et 24 cartes coloriées dont une carte d'AMÉRIQUE. Le *Traité de la Sphère* a un titre particulier.

389 ATLAS EN MINIATURE, ou Léger aperçu de Géographie physique et politique. *Paris, Mallez, s. d.* [vers 1825], 4 parties in-12 obl. dans un *étui de l'époque*. **1.000 fr.**

> 1 cahier de texte et, en 4 cartonnages :
> 32 planches gravées, dépliantes, dont 1 titre, 5 frontispices représentant les habitants des diverses parties du monde : Européens, Asiatiques, Africains, Américains et Islandais et 26 cartes coloriées en partie. Les frontispices, par leur composition méritent une mention spéciale. Etui rose lithographié : les cinq parties du monde. *De toute fraîcheur.*

390 ATLAS MINIATURE DE LA FRANCE en 86 départements. *S. l. n. d.* [vers 1845], 89 cartes (80 × 129 mm.). Boîte ornée de l'éditeur. **500 fr.**

> 3 cartes gravées : titre, table des départements, indication des signes et 86 cartes coloriées, gravées par *Massuet*. Carte d'ensemble, gravée par le même et collée sur toile. Bel exemplaire.

391 [AUBERT (L'Abbé)]. — FABLES CHOISIES de l'abbé Aubert et de Lamothe-Houdard. *Paris, Masson*, 1825, pet. in-12, bas. mouch., dos très orné, pièce verte, guirlande autour des plats, tr. marbr. *(Rel. de l'époque)*. **200 fr.**

> Jolie petite édition, ornée d'un titre gravé avec vignette et de 3 charmantes figures non signées. L'abbé Jean-Louis Aubert est un fabuliste que *Voltaire* plaçait à côté de La Fontaine, appréciant surtout ses fables : *le Merle, le Patriarche, les Fourmis*, qui se trouvent dans ce recueil. Bel exemplaire.

392 AUCASSIN ET NICOLETTE. *London, Eragny Press*, 1903, 8vo. or. decorative boards. **375 fr.**

> Frontispiece engraved on wood by LUCIEN PISSARO and printed in colour. Edition limited to 230 copies, and printed *(the last)* in the Vale Type at the Eragny Press. The text is from the Macmillan edition of 1897, revised by Francis-William Bourdillon, the editor. *Fine copy.*

393 AUDOUIT (Edmond). — ALBUM-ALMANACH DES DEMOISELLES. *Paris, Alph. Desesserts, s. d.* (1849), petit in-folio oblong, cart. papier *de l'édit.* **280 fr.**

> Très bel album composé d'une notice attrayante sur l'histoire du calendrier, de contes et nouvelles, charades, rebus, etc., musique gravée et pages de papier de couleur destinées à recevoir les compositions artistiques des jeunes lectrices. Sur 12 pages de couleur, trois ont été décorées de dessins originaux et aquarelles très soignées. 9 jolies lithographies par Louis Lassalle et autres. Très beau cartonnage papier percaline blanc orné de jeux de rinceaux et de fleurs or, bleu, vert et rose.

394 AUDOUIT (Edmond). — ALBUM DES DEMOISELLES. *Paris, Alphonse Desesserls, s. d.* [vers 1850], in-4 obl. *(Carlonnage papier de l'édileur)*. **180 fr.**

> 4 lithographies en 2 tons de *Louis Lassalie*, tirées chez *Decan*, lithographies de *Bertrand*, vignettes de *Bertall*, musique notée. Cartonnage en chromolithographie or, bleu, rouge et vert, cadre, rinceaux, guirlandes de fleurs et médaillons sur fond crème. Deuxième édition précédée d' « un mot à mes jeunes lectrices ». Poèmes, nouvelles, charades, rébus, musique de danse, romances, etc. Déboîté. *Cartonnage très frais.*

395 AUDOUIT (Edmond). — ATLAS DE L'HERBIER DES DEMOISELLES. Dessins de *Belaife*, gravures de *Leblanc. Paris, Allouard el Kaeppelin*, 1850, in-4 oblong, demi-basane brune. *(Rel. de l'époque)*. **80 fr.**

> 107 pl. de fleurs coloriées à la main, dessinées par *Belaife* et gravées par *Leblanc.*

396 AUDOUIT (Edmond). — L'HERBIER DES DEMOISELLES ou Traité complet de la botanique. *Paris, Allouard el Kaeppelin*, 1848, petit in-8, cart. toile bleue, décors polychromes, tr. dorées. *(Cart. d'édit.)*. **125 fr.**

> Environ deux-cents vignettes coloriées dans le texte. Deuxième édition revue et augmentée. Jolie impression. Sur les plats, décor de grandes fleurs, or, rose, bleu, vert. Dos orné or, rouge, vert, blanc. Charmant cartonnage. *Bel exemplaire.*

397 AUDOUIT (Edmond). — L'HERBIER DES DEMOISELLES. *Paris, Allouard el Kaeppelin*, 1848, in-8, cart. toile grise, décors dorés. *(Cart. d'édit.)*. **125 fr.**

> Le même ouvrage que le précédent, composition identique mais sur papier de plus grand format, et troisième édition comportant, outre les vignettes de fleurs coloriées, un beau frontispice gravé, signé CH. VERNIER. Cartonn. orné de rinceaux et fleurons dorés. *Bel exemplaire.*

398 AUDOUIT (Edmond). — L'HERBIER DES DEMOISELLES. Traité complet de la Botanique. *Paris, Didier el Cie*, 1857, in-8 cart. percale rouge, plats et dos orn. de fers spéciaux, tr. dor. *(Cart. de l'éditeur)*. **75 fr.**

> Ouvrage orné de nombreuses figures coloriées et en noir. Charmant cartonnage. Le premier plat est décoré d'un titre en lettres dorées dans un encadrement avec figure, feuillages, fleurs, sphère, etc., etc. *Bel exemplaire.*

399 AUDOUIT (Edmond). — LES PLANTES CURIEUSES. *Paris, Alphonse Desesserls, s. d.* [vers 1855], in-12, cart. toile noire, décors dorés. *(Cart. de l'édit.)*. **50 fr.**

> 17 gravures sur bois et quelques vignettes. Intéressant ouvrage de l'auteur de l'*Herbier des demoiselles*. Chapitres sur l'*arbre à pain, l'arbre à beurre, l'arbre à suif, la canne à sucre*. Plaque dorée représentant un paysage exotique, nacelle portant un enfant sur une rivière. Petit motif doré au second plat : paysage de montagnes. *Très bel exemplaire.*

400 AULNAY (Louise d'). — MÉMOIRES D'UNE POUPÉE. *Même ouvrage*, 4e édition publiée sans son nom par Mlle Julie Gouraud. **200 fr.**

> Cartonnage de l'édit. en chromolithographie. Dos abîmé.

401 AULNAY (Louise d'). — MÉMOIRES D'UNE POUPÉE. Contes dédiés aux petites filles. *Paris, Amédée Bédelet, s. d.* [vers 1850], in-8, cart. papier de l'édit. **150 fr.**

12 lithographies sur fond chamois. Cart. en chromolithographie rouge, vert, or et bleu. 5e édition d'un ouvrage charmant dû à Mlle d'Aulnay, plus connue par la suite comme écrivain de livres d'enfants, sous le nom de Julie Gouraud. *Très bel exemplaire avec cart. en parfait état.*

402 AULNAY (Mlle Louise d'). — MÉMOIRES D'UNE POUPÉE. Contes dédiés aux petites filles. *Paris, Amédée Bédelet, s. d.* [vers 1850], in-8, cartonnage en chromolithographie. *(Cart. de l'édit.).* **250 fr.**

Illustré de 12 grav. coloriées et de vignettes dans le texte. Cartonnage en chromolithographie rouge, vert et bleu sur fond blanc. Dos et coins refaits. 4 pages de catalogue à la fin. L'auteur écrivait aussi sous le nom de *Julie Gouraud.*

403 AULNAY (Mlle Louise d'). — MÉMOIRES D'UNE POUPÉE. Contes dédiés aux petites filles. Deuxième édition. *Paris, Ebrard, 1839,* in-12, chagrin violet foncé, dos orné en long de motifs dorés, encadrement de fil. dorés autour des plats, plaque à froid au centre de chaque plat, pet. dent. int., tr. dor. *(Rel. de l'époque).* **250 fr.**

Charmant petit ouvrage orné d'un titre lithographié avec vignette coloriée et de 7 figures *lithographiées* et coloriées *(Lith. de P. Bineteau).* Qq. lég. rouss. et qq. taches à qq. ff.

404 AULNAY (Louise d'). — LA SEMAINE D'UNE PETITE FILLE. *Paris, Amédée Bédelet, s. d.* [vers 1845], in-12, carré, cart. toile, décors dorés, tr. dorées. *(Cart. de l'édit.).* **250 fr.**

EDITION ORIGINALE. 8 lithographies coloriées. Charmant ouvrage de l'auteur des *Mémoires d'une poupée.* Un chapitre par jour de la semaine. Texte imprimé en gros caractères. Motifs dorés représentant la petite fille cousant et deux enfants regardant un livre. *Bel exemplaire.*

COMTESSE D'AULNOY (1650-1705)

405 AULNOY (Mme d'). — LA BONNE PETITE SOURIS, conte, orné de gravures. *Epinal, Pellerin, s. d.* [vers 1860], petit in-16, broché, couv. verte illustrée sur les deux plats. **50 fr.**

Edition de colportage, 32 pages. Onze gravures sur bois à pleine page. Voir le n° 31 de Hélot, *Bibl. bleue en Normandie.*

406 AULNOY (Mme d'). — LA BONNE PETITE SOURIS. Conte. *Epinal, Pellerin et Cie, s. d.* [vers 1870], in-12 br., couv. jaune illustrée. **35 fr.**

Impression populaire de colportage ornée de 2 bois sur les couvertures, et de 11 bois, non signés à pleine page illustrant le texte. *Bel exemplaire.*

407 AULNOY (Mme d'). — LES CONTES CHOISIS, illustrés par J.-C. Demerville et Ch. Delhomme. *Paris, Belin-Leprieur et Morizot, 1847,* in-8, cart. toile gris-violet foncé, décors dorés, tr. d. *(Cart. de l'édit.).* **600 fr.**

Frontispice lithogr. en trois teintes (la plaque dorée du premier plat, signée Brasseur et qui représente une dame assise racontant des histoires à trois enfants est la copie de ce frontispice). Titre imprimé en rouge, noir et chamois. 12 lithographies hors-texte dont 10 sur fond chamois. Nombreuses fig. sur bois dans le texte. Quelques rousseurs pâles, insignifiantes, au début et à la fin. *Très bel exempl.*

408 AULNOY (Mme d'). — LES CONTES CHOISIS, illustrés par J.-C. Demerville et Ch. Delhomme. *Paris, Belin-Leprieur et Morizot, 1847,* in-8, cartonnage toile marron, décor doré, tr. dorées. *(Cart. de l'éditeur).* **60 fr.**

Titre rouge, noir et bistre, 1 lithographie coloriée et 11 en 2 tons de *J.-C. Demerville,* tirées chez *Fernique,* vignet-

tes sur bois. Sur le premier plat, décor doré représentant une grand'mère racontant des contes à ses petits enfants : la Belle aux cheveux d'or, le Rameau d'or, la Bonne petite Souris, le Mouton, la Princesse Rosette, l'Oiseau bleu, la Chatte blanche. Légères rousseurs *passim.* Un feuillet décousu. Reliure sans éclat.

409 [AULNOY (Mme d')]. — CONTES DES FÉES, contenant : I. Gracieuse et Percinet. La Belle aux cheveux d'or. Le Rameau d'or. — II. Le Prince Lutin. L'Oranger et l'Abeille. — III. L'Oiseau bleu. La Princesse printanière. La Princesse Rosette. *La Haye, P. Gosse, s. d.* [vers 1760], 3 parties en 1 vol. in-12, veau marbré, dos orné, pièce rouge, tr. r. *(Rel. anc.).* **400 fr.**

Edition très rare, non citée par *M.-E. Storer,* comportant 3 parties avec pagination réparée et 3 titres. La première partie comporte une *Permission* datée de 1757. *Très bel exemplaire* portant au dos sur la pièce de titre *Bibliothèque Bleue* (pièce de l'époque.).

410 [AULNOY (Mme d')]. — CONTES DES FÉES, par Madame D***. Nouvelle édition. *Paris, Compagnie des Libraires, 1774,* 4 vol. pet. in-8, bas. écaille, dos sans nerfs orné de pièces vertes, de filets et d'amphores dorées, triple filet doré entourant les plats, tr. mabr. *(Rel. anc.).* **850 fr.**

Très bonne et rare édition de ces célèbres contes, un des grands classiques du genre, dans une agréable et très fraîche reliure de l'époque. Cette édition est la réédition *complète* de l'édition des Contes parue en 1742. (Voir *Storer, Bibliogr. des Contes de Fées,* p. 262). *Très bel exemplaire.*

411 AULNOY (Mme d'). — LES CONTES DES FÉES ou les Enchantemens des bonnes et mauvaises fées. Nouvelle édition. *Paris, Billois, 1810,*

5 vol. pet. in-12, bas. fauve marbr., dos très orné, pièces rouges et vertes, tr. mouch. *(Rel. anc.).* **1.250 fr.**

Jolie édition ornée de 28 charmantes figures non signées, gravées sur cuivre. Le tome I est précédé d'une *« Notice sur Madame la Comtesse d'Aulnoy ».* Bel exemplaire, en très bel état avec les dos de la reliure très décoratifs. Qq. taches à qq. ff. à la fin du tome I.

412 **AULNOY (Mme d').** — LES CONTES DES FÉES. *Paris, Billois,* 1810, 5 vol. in-16, demi-veau fauve, dos sans nerfs et coins. *(Rel. de l'époque).* **800 fr.**

Même ouvrage, mêmes illustrations que le précédent. Les illustrations sont très fraîches. Quelques très légères rousseurs dans le texte. *Bel exemplaire.*

413 **AULNOY (Mme d').** — LES CONTES DES FÉES. *Même édition que la précédente,* 1810, 5 vol. pet. in-12, bas. marbr., dos orné, pièces noires, petite grecque autour des plats, tr. marbr. *(Rel. anc.).* **600 fr.**

Mêmes figures. Déchirure à une garde, et très petite brûlure dans la marge de qq. ff. Reliure un peu fanée mais bon exemplaire néanmoins.

414 **AULNOY (Mme d').** — LES CONTES DES FÉES ou les enchantemens des bonnes et mauvaises fées. Nouvelle édition. *Paris, Corbel aîné,* 1825, fort vol. in-12, demi-bas. fauve, dos orné en hauteur à la cathédrale, tr. bleues. *(Rel. anc.).* **500 fr.**

Edition rare de ces célèbres contes, ornée d'un titre gravé avec vignette et de 5 figures.

415 **AULNOY (Mme d').** — CONTES DES FÉES. *Paris, L. Dupral-Duverger, s. d.* (vers 1825), in-18, veau brun, dos orné. *(Rel. de l'époque).* **500 fr.**

Titre gravé et cinq jolies gravures. Ce volume contient : *Gracieuse et Percinet, la Belle aux cheveux d'or, l'Oiseau bleu, le Prince Lutin, la Chatte blanche.* Bon exemplaire, très feuilleté.

416 **AULNOY (Mme d').** — FAIRY TALES. Translated by J. R. Planché. *London, Routledge and Co,* 1855, 8vo. half-morocco, gilt. g. e. **125 fr.**

Illustrated with a frontispiece « Portrait of the Countess d'Aulnoy » (from a rare print) and 11 splendid plates engraved on wood by the *Dalziel Bros,* from the drawings by JOHN GILBERT. Fine copy, well bound.

417 **AULNOY (Mme d').** — CONTES MERVEILLEUX choisis des ouvrages de Mme D'AULNOY et Mlle DE LA FORCE. *A Pesth, chez C.-A. Harlleben,* 1816, in-12, cart. papier marbré à la Bradel, tr. jonquille. *(Rel. mod.).* **150 fr.**

Frontispice gravé de C. Beyer. Titre imprimé sur papier fort comme le frontisp. et autre titre sur le papier du volume. Notices. La Chatte blanche, la Bonne Fortunée, la Princesse Rosette, Gracieuse et Percinet, Plus belle que fée, Tourbillon ou l'amitié, la Bonne femme. *Exempl. d'une irréprochable fraîcheur.*

418 [**AULNOY (Mme d')**]. — LE MOUTON. Conte nouveau tiré des Fées. *Limoges, F. Chapoulaud,*

s. d. [vers 1800], in-8, broché, couv. imprimée d'édit. **65 fr.**

Rare impression populaire de colportage sous sa couverture de *« dominotier ».* Déchirure à la marge du titre.

419 [**AULNOY (Mme d')**]. — L'OISEAU BLEU. Conte tiré des fées par Madame D***. *Rouen, Lecrène-Labbey, s. d.* [vers 1810], in-12 broché. **100 fr.**

Impression populaire de colportage. Vignette sur bois. Cité par le Dr *Hélot. (Biblioth. Bleue en Normandie,* n° 174 variante).

420 [**AULNOY (Mme d')**]. — LE PRINCE LUTIN ET FORTUNÉE, contes tirés des Fées par Madame D***. *Troyes, Garnier, imprimé cette année* (sic), [vers 1780]. — LE PRINCE MARCASSIN, conte, par Madame D***. *Ibid.* [vers 1780], in-24, cart. papier bleu mod. **100 fr.**

2 vol. de 71 pp. chacun, reliés en un. Exempl. d'une fraîcheur rare : plusieurs feuilles non coupées. Editions de colportage. Le *Prince Lutin* compte parmi les meilleurs contes de fées que l'on ait jamais écrits, dit Mlle E. Storer (p. 30). Voir Hélot, *Biblioth. bleue en Normandie,* n° 201.

421 [**AULNOY (Mme d')**]. — LE PRINCE LUTIN. *Paris, Delarue et Lille, Castiaux, s. d.* [vers 1820], pet. in-12, broché, couv. pap. marbré, étiq. impr. sur le 1er plat, conservé dans une boîte, demi-mar. **300 fr.**

Rare petite impression populaire de ce célèbre conte, illustrée d'une figure sur cuivre se dépliant.
PLANCHE 184.

422 [**AULNOY (Mme d')**]. — LE PRINCE MARCASSIN, conte par Madame D***. *Troyes, Garnier, s. d.* [vers 1780], in-24, veau fauve, tr. rouges. *(Rel. mod.).* **50 fr.**

71 pp. Même édition que ci-dessus, n° 420 (jointe au *Prince Lutin).* Très bel exempl. à grandes marges.

423 [**AULNOY (Mme d')**]. — SERPENTIN VERT. Conte nouveau tiré des Fées. *Limoges, F. Chapoulaud, s. d.* [vers 1810], in-8, broché, couv. pap. rose d'origine. **70 fr.**

Impression populaire de colportage.

═══════════

424 **AUNEUIL (Mme d').** — LES CHEVALIERS ERRANTS et le génie familier, par Madame la Comtesse D***. *A Amsterdam, chez Pierre Mortier,* 1709, petit in-12, basane grenat, dos à nerfs, petite dentelle intérieure, filets sur les coupes, tr. dorées. *(Rel. mod.).* **1.500 fr.**

Frontispice et dix vignettes à mi-page sur cuivre. Par Mme D'AUNEUIL, d'après Barbier et Quérard. Edition inconnue à Barbier, Brunet, Morgand, Storer, qui ne citent que celles de Paris 1709 et Amsterdam 1711. Récits très romanesques où toutes sortes de chevaliers errants se rencontrent par hasard dans une forêt. Chacun se dévoue à sauver l'autre, tous ayant subi les malheurs les plus extraordinaires et tous étant séparés d'une maîtresse par un mauvais enchantement... (Voir *Storer,* p. 194). TRÈS RARE. *Bel exemplaire.*

425 [**AUNEUIL (Mme d')**]. — LES CHEVALIERS
ERRANS et Le Génie familier, par Madame la
Comtesse D***. *Paris, Pierre Ribou*, 1709, in-12,
v. marbré, dos à n., orné de fil. et rosaces, pièce
orange. *(Rel. anc.).* **800 fr.**

EDITION ORIGINALE, très rare, de ces *Contes de fées*
réimprimés en 1711 à Amsterdam. (*M.-E. Storer*, 194 et
263). *Les Chevaliers errans* sont une *féerie* mêlée de *roma-
nesque*. Le volume est complété par *Le Génie familier* que
Mme d'Auneuil prétend être composé de *Nouvelles Persanes*
traduites de l'arabe. Très bel exemplaire. Très pet. mouill.
dans l'angle de qq. ff.

426 [**AUNEUIL (Mme d')**]. — LA TYRANNIE
DES FÉES DÉTRUITE. Nouveaux contes, dédiés
à Madame la Duchesse de Bourgogne, par Mme la
Comtesse D. L. *Amsterdam, E. Roger*, 1710, in-12,
maroquin rouge, dos à nerfs très orné, cadre de
fil. autour des pl., large dent. int., tr. dor. *(Rel.
signée de Lorlic, avec son étiquette).* **1.800 fr.**

Edition extrêmement rare de ces *Contes de fées* qui furent
composés pour l'amusement de la Duchesse de Bourgogne,
ornée d'un frontispice gravé représentant les méchantes
fées condamnées à remplir de grands vaisseaux d'eau pour
les jardins enchantés *(Marly)* et de 5 figures à mi-page,
gravées sur cuivre, non signées. Edition non citée par
M.-E. Storer (190 et sq.). Superbe exemplaire.

427 [**AUNEUIL (Mme d')**]. — LA TYRANNIE
DES FÉES DÉTRUITE ou l'origine de la Machine
de Marli. *Amsterdam et Paris, Hachereau*, 1756,
2 part. en 1 vol. in-12, v. marbré, dos à n. bien
orné, pièce rouge, monogramme en queue, encadrement de 3 fil. autour des plats, tr. dor. *(Rel.
anc.).* **500 fr.**

Edition avec une nouvelle dédicace « *à Monsieur de
B*** », *[Bachaumont]* par Mlle de Lubert. Cette édition est
tout à fait modifiée et l'ouvrage a été souvent attribué à
Mlle de Lubert qui y a ajouté deux contes nouveaux :
Histoire de la Fée Serpente et *La Quinzaine du mois d'avril
1756*. Elle y inséra une. explication de son sous-titre :
c'était pour les jardins du château enchanté de Marly que
les méchantes fées furent obligées de remplir des vases
d'eau. (*M.-E. Storer*, 190 et sq.). *Très bel exemplaire*.

428 **AUNT EFFIE'S RHYMES** for Little Children.
London, Addey and Co, n. d. [circa 1850], 8vo.
or. cloth. gilt. g. e. **80 fr.**

24 illustrations by Hablot K. Browne. *Very fine copy*.

429 **AUNT ELEANOR'S** RHYMES FOR THE
NURSERY. *London, E. Marshall*, 1824, 12mo.
or. wrappers with engraved and coloured ticket,
enclosed in half-morocco case. **1.250 fr.**

FIRST EDITION. Illustrated with 8 brilliantly hand-
coloured etchings. A name has been cut away from top
margin of title, otherwise very fine copy.

430 **AUNT JUDY'S**. — CHRISTMAS VOLUME.
Edited by Mrs Alfred Gatty. *London, George
Bell and Sons*, 1873-1874-1876-1877-1878, 5 vol.
in-8vo. contemp. half-calf. **150 fr.**

Each vol. has aprox. 760 pages and contains numerous
illustrations by *H. Paterson, F. Griset, A. W. Bayes, A. W.
Cooper, W. H. Petherick, J. Temple, Alfred Scott Gatty,
W. L. Jones, F. Gilbert, F. Flinzer,* and other artists.
Fine copies.

431 **AUNT MARTHA'S**. — GIFT FROM THE
FAIR. *London and Olley, Wm. Walker and Son,
n. d.* [circa 1850], 8vo. or. printed wrappers.
150 fr.

Illustrated with 8 hand-coloured woodcuts. Large type.
From « *The Illuminated Library for the Homes of Childhood* ».
Fine copy.

432 **AUNT MARY'S TALES,** for the Entertainment and Improvement of Little Girls. Addressed to her Nieces. *London, Harvey and Darton*,
1825, sm. 12 mo. or. half-leather, boards. **35 fr.**

Engraved frontispiece, 4 page book list at end. *Fine copy.*

433 **AUNT PATTY'S MIRROR.** A Collection of
Pieces in prose and rhyme, for the Silver Lake
Stories. By Cousin Cicely. *New Orleans, Burnett
and Bostwick*, 1854, sq. 12mo. or. cloth, gilt.
60 fr.

Illustrated with 8 woodcuts and vignette on title.

434 **AUSTIN (Sarah)**. — THE STORY WITHOUT
AN END. Translated from the German. *London,
Effingham Wilson, n. d.* [circa 1833], sq. 12mo.
or. cloth, g. e. **100 fr.**

FIRST EDITION IN ENGLISH. Illustrated with 14
most charming woodcuts from the drawings by *William
Harvey*.

435 **AVENTURES DE JEAN LE CONSCRIT (LES)**
ou Jean-Jean et les Cosaques. *Pont-à-Mousson,
Haguenthal, s. d.* [vers 1855], in-12 obl. *(Cartonnage papier de l'éditeur).* **80 fr.**

9 lithographies sur fond teinté. Le sujet inspiré par l'une
d'elles sur le premier plat du cartonnage, qui est entouré
de quatre petits sujets en deux tons. Remarquable état de
fraîcheur.

436 **AVENTURES DE TOUCHATOUT.** *Paris, Blanchard, s. d.* [vers 1820], in-16 oblong, maroq.
grenat, dent. int. *(Rel. neuve.).* **2.000 fr.**

6 ff. entièrement gravés. Chaque f. porte une gravure
coloriée avec légende : tour à tour la méchanceté, la curiosité et l'imprudence de Touchatout sont punies. Bel exemplaire d'un petit livre d'une extrême rareté : ces livrets
gravés, inspirés de livrets anglais fort répandus en Angleterre, ont toujours été très rares en France. Ils sont quasi-
introuvables aujourd'hui.

437 **AVENTURES D'UN PETIT VOYAGEUR.** *Paris,
Marcilly, [Impr. H. Fournier], s. d.* [vers 1820],
in-12 oblong, cartonn. pap. crème orné, titre,
bordures et vignettes, tr. j. *(Cartonn. d'origine).*
250 fr.

Titre gravé avec vignette représentant un voilier et
6 figures hors-texte gravées relatives aux *Indes Orientales
(Delhi, le Thibet, Bénarès, le Cap de Bonne-Espérance,
l'Ile de l'Ascension, etc.).* Très bel exempl. dans son cartonn.
d'origine. Très rare ainsi.

438 [**AVIAU DU BOIS DE SANZAY (D')**]. — MÉ-
LANIE ET LUCETTE ou les Avantages de
l'Education religieuse. Ouvrage utile aux jeunes
personnes de l'un et de l'autre sexe. *Tours, Mame,*

1833, pet. in-12, bas. marbr., dos orné. *(Rel. de l'époque).*   **25 fr.**

Un frontispice gravé, non signé. L'auteur de ce petit ouvrage qui eut de multiples éditions était archevêque de Bordeaux *(Barbier,* III, 120).

439 AZAIS (M. et Mme). — LÉNA ou la Bonne Fille, suivie de l'Histoire de dom Lamée, Le Domaine des Gens d'esprit, etc. *Paris, Didier,* 1837, in-16, couvert. muette orig. étiquette. **60 fr.**

3 pl. gravées (scènes enfantines, jeux d'enfants). *Bel exemplaire entièrement non rogné.*

440 BABES IN THE WOOD. *London, Darton and Hodge, n. d.* [circa 1860], large 8vo. or. coloured printed wrappers.   **50 fr.**

Illustrated with 8 illustrations in chromolithography, copied from the early chapbook woodcuts.

441 BABIOLLE (LA), conte tiré des Fées. *A Milau,* 1782, in-24, br., couv. impr.   **100 fr.**

Edition de colportage. 48 pp. (comme le n° 21 de Hélot, *Bibl. bleue en Normandie).* La couverture (vers 1810) est à l'adresse de Troyes, Baudot, et porte ce titre : La Belle Babiolle, conte amusant. Le texte est *en feuilles, non coupé et n'a jamais été broché.* Il est à l'adresse fictive de Milau et d'une impression plus ancienne que la couv., vers 1780. Bel exempl., rare en cet état.

442 BACHELET (Th.). — LES FRANÇAIS EN ITALIE au XVIe siècle. *Rouen, Mégard et Cie,* 1863, in-8, cart. toile brune, décors polychromes, tr. dorées. *(Cart. de l'édit.).*   **50 fr.**

Quatre gravures sur cuivre hors-texte. Décor de médaillons dorés, rehaussés de blanc, rouge, vert, orange. *Bel exemplaire.*

443 BACHELET (Théodore). — LES FRANÇAIS EN ITALIE AU XVIe SIECLE. *Rouen, Mégard et Cie,* 1863, in-8, cart. percale verte, plats et dos de fers mosaïqués, tr. dor. *(Cart. de l'éditeur).*
                                                10 fr.

4 jolies figures gravées hors-texte. Exemplaire dans un cartonnage richement décoré. *Rousseurs.*

444 BACHELOR BUTTERFLY (Mr.) (The veritable History of). *London, D. Bogue,* 1845, oblong 4to. or. cloth, gilt.   **125 fr.**

Illustrated with upwards of 200 comic sketches engraved in wood. The sketches show « *how... by many Changes : for after being married in the Belly of a whale he narrowly escaped Bigamy, and became the Step-father of Eight Hopeful Children ».*

445 BAIRN'S ANNUAL (THE) for 1885-6. Edited by Alice Corkran. *London, Field and Tuer,* sq. 12mo. or. boards with label.   **25 fr.**

First edition. Frontispiece from the painting by *William Luker. Jun.* Among the contributers are *Katherine S. Macquoid, Lady Wilde, Malcolm Lawson, Thomas Harrison* and the Rev. *C. L. Corkran.* Cover loose.

446 BAKER (M.). — EMILY AND HER COUSINS. A tale of real life for little girls. *London, Dean and Munday,* 1828, sm. 12mo. or. half leather, boards.
                                                75 fr.

FIRST EDITION. Illustrated with a most charming and finely executed frontispiece, engraved by *James Mitchell* after the drawing by *R. Westall R. A.*

447 BALDWIN (Edward). — FABLES Ancient and Modern adapted for the Use of Children, third edition. *London, Thomas Hodgkins, at the Juvenile Library,* 1805, 12mo. or. half-leather, boards. *(Shabby).*   **280 fr.**

Illustrated with 6 plates, on which are 71 charming engravings executed with great taste, one for each fable.

448 BALFOUR (Mrs. C. L.). — PASSAGES IN THE HISTORY OF A SHILLING. *London, S. W. Parlridge, n. d.* [circa 1850], or. red. cloth. gilt,   **40 fr.**

FIRST EDITION. Illustrated with four wood engravings and vignette on title.

449 BALLANTYNE (R. M.). — THE ROBBER KITTEN. *London, Thomas Nelson and Sons,* 1860, 4to. or. cloth.   **60 fr.**

FIRST EDITION. Illustrated with 8 coloured plates. Two page music. Large type. *Fine copy.*

450 BALLEYDIER (Alphonse). — VEILLÉES DE FAMILLE. *Paris, J. Vermot, s. d.* [vers 1850], in-12, cart. percale verte, fers spéciaux mosaïqués sur le plat et dos, tr. dor *(Cart. de l'éditeur).*
                                                20 fr.

Edition ornée de 4 jolies lithographies en deux teintes par *Hadamard.*

452 BAMFYLDE MOORE CAREW (The Life and Adventures of) King of the Beggars. *London, G. Marlin, n. d.* [circa 1810], small 12mo. or. half leather, boards.   **250 fr.**

Illustrated with a large folding frontispiece and four other copper plates all hand-coloured. Two page book list at end. *Fine copy.*

453 BAPTISTE ET NICOLLE, nouvelle savoyarde. Texte par C.-F. de Vosuf et Mme Estelle R... *Pont-à-Mousson, Haguenthal, s. d.* [vers 1850], in-8 oblong. *(Cartonnage papier de l'éditeur).*
                                                150 fr.

8 charmantes lithographies par *Haguenthal* et *Fagonde.*

454 BARBADOES GIRL (THE). A Tale for Young People. *London, A. K. Newman,* 1819, 12mo. or. printed boards. *(Entirely uncut).*   **70 fr.**

Engraved frontispiece. *(Small water-stain in margin).* Fine copy.

ANNA LETITIA BARBAULD (1743-1825)

455 [**BARBAULD (Mrs.)**]. — THE ARTS OF LIFE. I. Of Providing Food ; II. Of Providing Cloathing ; III. Of Providing Shelter, described in a Series of Letters, for the Instruction of Young Persons. *London, J. Johnson*, 1802, sm. 12mo. or. half-vellum, boards. **125 fr.**

FIRST EDITION. Mrs Barbauld belonged to a dissenting circle, and was the famous author of « *Evenings at Home* ».

456 [**BARBAULD (Mrs.)**]. — HYMNES EN PROSE POUR LES ENFANS, par l'auteur des Leçons pour les enfans. Traduites de l'anglais par M. Clemence. *Londres, imp. Harvey el Darlon*, 1826, in-16, demi-bas. f. **20 fr.**

Premier plat et titre détachés, 2 pages de catalogue à la fin.

457 **BARBAULD (Signora).** — INNI GIOVENILI. *In Londra, N. Hailes*, 1829, sq. 16mo. or. cloth with ticket. **75 fr.**

Second edition in Italian, of Mrs Barbauld's Hymns. Charming woodcut vignette on title. Large type. *Fine copy.*

458 **BARBAULD (Mrs.).** — LEÇONS POUR LES ENFANS de l'âge de deux jusqu'à cinq ans..., traduit de l'Anglois... par M. Pasquier. *Londres, Darlon, Harvey and Darlon*, 1814, small 12mo. or. half-leather boards. **50 fr.**

The « Advertisement » is in English. Mrs Barbauld (1745-1825) was the daughter of Dr Aikin, and the wife of a dissenting minister who kept a boy's school at Palgrave, in Suffolk. She was also well versed in French and Italian. The Barbauld's had no children, but adopted a nephew, the « Little Charles » of the « *Easy lessons* ».

459 **BARBAULD (Mrs.).** — LEÇONS POUR LES ENFANS de trois à huit ans. *Genève, J. Barbezal el Cie*, 1829, 2 tomes en 1 vol. in-12, cart. papier vert, décor doré. *(Cart. de l'éditeur).* **100 fr.**

Edition ornée de 8 curieuses lithographies. L'auteur, femme savante, née à Knilworth-Harcourt en Leicestershire, morte le 9 mars 1825. Fille d'un maître d'école, le docteur Aikin, elle épousa un protestant d'origine française. Elle se fit d'abord connaître par un petit recueil de poésies. Livrée longtemps à l'enseignement, elle composa quelques livres élémentaires. *Cartonnage défraîchi.*

460 **BARBAULD (Mrs.).** — LESSONS FOR CHILDREN. *London, J. Johnson*, 1797-98-1800, 4 vols. 24mo. or. wrappers with printed tickets, preserved in half-morocco case. **1.000 fr.**

PART I : For Children from two to three Years Old. 1800. PART II : Being the First Part for Children three Years Old, 1797. PART III : Being the Second Part for Children of three Years Old, 1798. PART IV : For Children from three to Four Years Old, 1798.

Stain in inner margin of 15 leaves in vol. I, otherwise fine unpressed copies. It is very difficult to unite the four parts, specially in their original wrappers.

461 **BARBAULD (Mrs.).** — Lessons for children in four parts. PART I : For children from two to three years old. *London, Baldwin, Cradock and Gay*, 1815 [Price Nine Pence], square 16mo. or. marble-paper wrappers with title ticket. **185 fr.**

One page book list at end.

462 **BARBAULD (Mistriss)** [*sic*]. — SIMPLES CONTES, à l'usage des jeunes enfants, précédés de leçons et suivis de quelques hymnes, imités de l'anglais, dédiés à la jeunesse des deux sexes par Mme DE CUREY. *Paris, Balland*, 1828, in-12, demi-mar. à coins. **250 fr.**

EDITION ORIGINALE de cette « *imitation* » d'un ouvrage anglais qui eut un grand succès à l'époque. Titre gravé avec vignette représentant un *jeu de loto*, un frontispice gravé : *Le Loto*, et 4 planches gravées, non signées comprenant 10 sujets.

━━━━

463 [**BARBAZAN (Ed. de)**]. — LE CASTOIEMENT OU INSTRUCTION DU PÈRE A SON FILS. Ouvrage moral en vers, composé dans le XIIIe siècle, etc. — *Lausanne el Paris, Chaubert*, 1760, pet. in-8, maroquin vert à long grain, dos à petits nerfs orné de fil. et pointillés, rosaces, large cadre de fil. et guirlandes entourant les plats, dent. int., tr. dor. *(Rel. anc. de Bozérian).* **1.500 fr.**

Très bel exemplaire de cette traduction de la « Disciplina Clericalis » de Pierre Alphonse, qui contient les préceptes de la morale dictés par un père à son fils. Charmant exemplaire dans une jolie reliure de *Bozérian* de toute fraîcheur.

464 **BARBIER (C.).** — LES DUCS DE BRETAGNE. *Rouen, Mégard*, 1855, gr. in-8, cart. toile grenat, décor polychrome, tr. dorées. *(Cart. de l'édit.).* **75 fr.**

4 gravures hors-texte : mariage d'Anne de Bretagne, cathédrale de Nantes, mort d'Arthur, combat des Trente. Plaque décorative (or, blanc, vert) avec cadre de filets dorés sur le premier plat. Fleurons polychromes sur le dos. Armes de Bretagne, surmontées de la couronne ducale sur le second plat. BEL EXEMPLAIRE.

465 **BARDI (G.).** — ELEMENTARY LESSONS for Children. Originally composed in Italian. *London, Harvey and Darlon*, 1830, sm. 12mo. or. half-leather, boards. **50 fr.**

FIRST EDITION. Engraved frontispiece. Faint water stain on first three leaves, otherwise fine.

466 BARIC. — LES FOURBERIES D'ARLEQUIN. *Paris, Arnauld de Vresse, s. d.* [vers 1845], in-8 obl. *(Cartonnage papier de l'éditeur).*   **500 fr.**

16 lithographies coloriées de *Baric* tirées chez *Roche.* Condamné à être pendu pour prix de ses méfaits, « Arlequin parvient à se sauver en se couvrant la figure d'un masque noir qu'il est forcé de garder pour le reste de ses jours. »

467 BARIC. — LES FOURBERIES D'ARLEQUIN. *Paris, Arnauld de Vresse, s. d.* [vers 1845], in-8 obl. *(Cartonnage papier de l'éditeur).*   **200 fr.**

Même ouvrage, même édit. Les 16 lithographies de *Baric* sont tirées en 2 tons au lieu d'être coloriées.

468 BARNARD (Caroline). — THE PRIZE or the lacemakers of Missenden. *London, M. J. Godwin and Co, at the Juvenile Library,* 41 *Skinner-Street,* 1817, 12mo. contemp. half-calf. gilt.   **150 fr.**

FIRST EDITION. Beautifully engraved frontispiece by *Springsguth* from the drawing by *Henry Corbould.* Published by Mary Jane Godwin, Lamb's publisher.

469 BARRIE (J. M.). — PETER PAN In Kensington Gardens. With Drawings by Arthur Rackham, A. R. W. S. *London, Hodder and Stoughton,* 1906, 4to. or. red cloth, gilt.   **1.500 fr.**

FIRST EDITION. Fifty coloured plates, by Rackham, mounted. One of the scarcest and most recherché of Rackham books. *Very fine copy.*

470 BARRY (Florence V.). — A CENTURY OF CHILDREN'S BOOKS. *London, Methuen, n. d.* (1922), 8vo. or. cloth.   **60 fr.**

Fine copy.

471 BARTHÉLEMY (Ch.). — HISTOIRE DE RUSSIE depuis les temps les plus reculés jusqu'à nos jours. *Tours, Mame,* 1856, in-8, cart. toile violette, décors polychromes, tr. dorées. *(Cart. d'édit.).*   **130 fr.**

PREMIÈRE ÉDITION. 4 gravures hors-texte de K. Girardet. Joli décor rocaille. *Très bel exemplaire, de toute fraîcheur.*

472 BARTHÉLEMY (Ch.). — HISTOIRE DE TURQUIE depuis les temps les plus reculés jusqu'à nos jours. *Tours, A. Mame et Cie,* 1856, in-8. *(Cartonnage toile de l'éditeur).*   **100 fr.**

PREMIÈRE ÉDITION. 4 planches dessinées par *Karl Girardet* finement gravées par *Paul Girardet,* dont l'une représentant l'abordage de la galère d'Ali pacha par celle de Don Juan. *Très bel exemplaire.*

473 BARTHÉLEMY (J.-J.). — PETIT ANACHARSIS ou Voyage du jeune Anacharsis en Grèce, abrégé pour l'usage de la jeunesse, par H. Lemaire. *Paris, Pierre Blanchard, s. d.* [vers 1820], 2 in-16, demi-bas. f., pièces cuir. *(Rel. de l'époque).*   **100 fr.**

Titres et 6 planches gravées. *Bel exemplaire.*

474 BARTHÉLEMY (J.-J.). — VOYAGE ABRÉGÉ DU JEUNE ANACHARSIS en Grèce. Extrait...

avec des notes critiques, par l'abbé Paul Jouhanneaud. *Limoges, Paris, Martial Ardant,* 1852, in-8, cart. toile bleue, décors polychromes, tr. dorées. *(Cart. d'édit.).*   **250 fr.**

Portrait, 3 gravures, 2 cartes pliées et 1 plan des Propylées plié. La notice explique l'intention apologétique dans laquelle ont été faits ces extraits d'une œuvre célèbre. Rousseurs. Décoration de rinceaux et fleurons or, vert, rouge ; motif doré (signé Liebherre), au centre du 1er plat, représente un voyageur sur une route, un chevalet et un tableau, une sphère, un violoncelle, des livres, etc. Joli cartonnage d'une fraîcheur parfaite.

475 BARTON (R. C.). — CHRYSALLINA, or the Butterfly's Gala. An Entertaining Poem, addressed to children. *London, Thomas Boys,* 1820, sq. 12mo. red leather with or. printed, wrappers preserved.   **350 fr.**

FIRST EDITION. Illustrated with a frontispiece and six finely executed wood engravings. The book is divided into six cantos : Viz. *The Ball. The Masquerade. The Race. The Theatre. The Tournament. The Departure.*

476 BARTON (Bernard). — JUVENILE SCRAP. BOOK. *London, Fisher Son and Co,* 1836, 8vo- or. cloth, gilt g. e.   **80 fr.**

Stipple engraved frontispiece and 19 plates on steel by eminent artists. *Fine copy.*

477 BASILE (G.). — THE PENTAMERONE, or the Story of Stories, Fun for the Little Ones. Translated from the Neapolitan by *John Edward Taylor,* with illustrations by GEORGE CRUICKSHANK. *London, David Bogue,* 1848, 8vo. half-morocco, gilt, g. e.   **700 fr.**

FIRST EDITION. Twelve etchings on six plates by *George Cruickshank.* Fine copy.

478 BASILE LE GRAND. — De legendis libris gentilium. Manuscrit du milieu du xve siècle. 11 feuillets papier. Petit in-4° dérelié.   **800 fr.**

Intéressant manuscrit du traité de Saint Basile (330-379) *sur le bon usage à tirer de la lecture des auteurs profanes,* où cet illustre évêque recommande aux jeunes chrétiens l'étude de l'éloquence et de la poésie des anciens. L'édition princeps est de 1470 et le Gesamt-Katalog en décrit 19 éditions incunables, ce qui indique assez le succès de ce traité.

479 BASKET OF FLOWERS (THE) or Piety and Truth Triumphant. Translated from the original German edition. *London, Frederick Warne and Co, n. d.* [circa 1860], 8vo. or. cloth, g. e.   **45 fr.**

24 coloured plates. *Fine copy.*

480 BASSANVILLE (Comtesse de). — L'ENTRÉE DANS LE MONDE, ou les souvenirs de Germaine. *Paris, J. Vermot, s. d.* [vers 1860], in-8 demi-chagr. vert, dos à n. orné, plats toile ornés à froid, tr. dor. *(Rel. de l'époque).*   **40 fr.**

EDITION ORIGINALE ornée de 4 jolies lithographies à fond teinté, par *Hadamard.* Bel exemplaire.

481 BASSANVILLE (Comtesse de). — GÉOGRAPHIE AMUSANTE ou Plaisirs des vacances.

Paris, L. Vermot, s. d. [vers 1850], in-8. *(Carton-nage papier de l'éditeur).* **300 fr.**

17 lithographies en 2 tons représentant, symboliquement, les fleuves et rivières de France. Cartonnage très frais or, crème, bleu et rouge, double cadre à rocailles, fleuri de roses : au milieu du premier plat, jeune touriste, en tenue de voyage, sac au dos. Décor analogue sur le 2e plat, au milieu, soutenu par des rocailles, gerbe de fleurs. Gros caractères, largement interlignés. Exemplaire curieux par le goût romantique de son cartonnage.

482 BASSANVILLE (Comtesse de). — LES MÉMOI-RES D'UNE JEUNE FILLE. *Paris, Desesserls, s. d.* [vers 1850], in-12, cart. papier *de l'éditeur.* **500 fr.**

8 lithographies de Bertrand très joliment coloriées. Nombreuses vignettes sur bois de Goildran dans le texte. Cartonnage à fond vert orné de rinceaux et compartiments rocaille or, blanc et rouge. Type de cart. peu commun. *Très bel exemplaire.*

483 BASSANVILLE (Comtesse de). — LE MON-DE TEL QU'IL EST. Livre des jeunes filles. *Paris, Desesserls,* 1853, in-8, demi-chagr. vert foncé, dos orné à n., pl. toile ornés à froid, tr. dor. *(Rel. de l'époque).* **150 fr.**

EDITION ORIGINALE ornée de 8 charmantes litho-thographies, non signées, *coloriées* et d'une vignette s. bois. Bel exemplaire.

484 BASSANVILLE (Comtesse de). — LE MUSÉE DU JEUNE AMATEUR. Souvenir des peintres de toutes les écoles. *Paris, Vve Louis Janel, s. d.* [vers 1845], in-4, cartonnage toile marron, décor et tr. dorées. *(Cartonnage loile noire, décor doré, de l'éditeur).* **80 fr.**

Illustré de 14 lithographies à pleines pages et en deux tons de Louis Lassalle d'après les grands maîtres. Rous-seurs.

486 BATEMAN (J.). — GOSPEL CATECHISM with Answers in Verse, Selected from various Authors, Proved and Illustrated by Scripture References. *Hull, J. Hutchinson,* 1819, sm. 24 mo. or. wrappers. **20 fr.**

Woodcut frontispiece. *Fine copy.*

487 BAUDET (Louis). — MYTHOLOGIE DE LA JEUNESSE. *Paris, Hetzel,* 1845, pet. in-8 carré, cartonn. toile grenat, dos orné, fers spéciaux, encadr. à froid. *(Carlonn. d'édil.).* **200 fr.**

EDITION ORIGINALE ornée de vignettes sur bois par *Gérard Séguin.* (*Vicaire,* I, 353). *Très bel exempl.*

488 [BAUDOUIN (Marie-Aglaë)]. — LE COIN DU FEU DE LA BONNE MAMAN dédié à ses petits-enfans. Quatrième édition. *Paris, Ledentu,* 1821, 2 vol. pet. in-12, demi-veau rouge à coins, tr. jasp. *(Rel. de l'ép.).* **125 fr.**

Orné de 12 figures gravées (2 par planche). Marie-Aglaé Baudouin naquit à Carouge en 1764 et mourut en 1816. Son « Coin du feu » eut de nombreuses éditions (*Barbier,* I, 628. *Hoefer,* IV, 789). *Bel exemplaire.*

489 BAYLEY (F. W. N.). — BLUE BEARD with illustrations, humerous and numerous. Second

edition. *London, W. S. Orr, n. d.* [circa 1840], sq. 12mo. or printed boards. *(Soiled and rebacked).* **130 fr.**

Many fine woodcuts from the drawings by Crowquill. Two page book list at end. Pages unstitched.

490 BAYLEY (F. W. N.). — THE EXHIBITION. THE MODEL OF THE EARTH. *London, Pu-blished for the Author by Darton and Co,* 1851, two works bound in one vol. sm. 4to. or. green cloth, gilt. *(Rubbed).* **250 fr.**

BOTH FIRST EDITIONS. Illustrated with 15 hand-coloured well executed woodcuts. From « *The Little Folk's Langhing Library* ». The author, F. W. N. Bayley, was the writer of the verses on Maria Taglioni, which suggested to Thackery the title « *Flore and Zephyr* » for his first publication (1836). He was associated with Thackery in « *The National Standard* », and was originator and editor of « *The National Omnibus* » (Sawyer, page 82). One fly leaf torn out.

491 BAYLEY (F. W. N.). — THE MODEL OF THE EARTH. *London, published for the author, by Darlon and Co,* 1851, small 4to original printed wrappers. **60 fr.**

Publication of « *The Little Folk's Langhing Library* ». Illustrated with eight full page woodcuts *by H. G. Hine* engraved *by W. G. Mason.*

492 BAYLEY (Mrs H.). — TALES OF THE HEATH for the improvement of the mind. *London, John Harris,* 1825, small 12mo. or. half-leather, boards. **50 fr.**

FIRST EDITION. Engraved frontispiece. Four page book list at end.

493 BAZOT. — HISTORIETTES ET CONTES MORAUX et récréatifs à l'usage de la Jeunesse des deux sexes. *Paris, Lécrivain,* 1821, pet. in-12, bas. polie marbr., dos très doré avec pièce rouge, guirlande dorée autour des pl., ex-praemio doré (hollandais) sur chaque pl., tr. j. *(Rel. de l'époque).* **600 fr.**

EDITION ORIGINALE, très rare, ornée de 12 amu-santes figures gravées, tirées sur papier fort, et finement *coloriées.* L'auteur, Etienne-François Bazot, naquit à Château-Chinon (Nièvre), le 13 mars 1782, et est l'auteur d'un éloge de l'Abbé de l'Epée. Très bel exemplaire dans une reliure de toute fraîcheur.

494 BAZOT. — HISTORIETTES ET CONTES A MA PETITE FILLE et à mon petit garçon. Troi-sième édition. *Paris, Salmon,* 1825, petit in-12, bas. marbr., dos finement orné de corbeilles de fleurs, pièce rouge, tr. marbr. *(Rel. de l'époque).* **75 fr.**

Orné de 6 figures gravées sur cuivre, de style naïf, et précédé d'un *Avertissement* important pour connaître l'esprit de la littérature enfantine de cette époque. Qq. petites taches sans importance.

495 BEAUCHAINAIS (A. de). — LE BUFFON ILLUSTRÉ à l'usage de la jeunesse, etc. *Paris, Th. Lefèvre, s. d.* [vers 1880], in-8, demi-chagr. bleu foncé, dos à n. orné, plats toile, tr. dor. *(Rel. de l'époque).* **40 fr.**

Nombreuses fig. gravées sur bois. *Bel exemplaire.*

496 BEAUCHAMP (Alphonse de). — BIOGRA-PHIE DES JEUNES GENS ou Vies des Grands Hommes qui par leurs vertus..., sont dignes d'être proposés pour modèles à la Jeunesse. *Paris, Eymery,* 1813, 3 vol. pet. in-8, veau poli fauve clair, dos orné de pièces de maroq. noir, et de jolis motifs dorés (profil antique et mains avec plumes), large guirlande dorée autour des plats, guirlande int., tr. dor. *(Rel. anc. de Doll.).* **1.000 fr.**

EDITION ORIGINALE ornée de 4 frontispices allégoriques et de 70 portraits. L'auteur naquit à Monaco en 1767 et mourut en 1832 après avoir publié un grand nombre d'ouvrages historiques et biographiques. Magnifique exemplaire dans une charmante reliure de *Doll,* de toute fraîcheur.

497 BEAUMONT (E. de). — BAL D'ENFANTS (LE). [*Paris, Goupil, s. d.,* vers 1855], in-4 obl., cartonné demi-toile rouge. **400 fr.**

12 lithographies coloriées sur fond teinté de *Thielley,* tirées chez *Jacemme,* d'après les dessins d'E. de Beaumont. Ravissant album.

498 BEAUMONT (M. de). — BEAUTÉS DE L'HISTOIRE DE LA PERSE, depuis Cyrus jusqu'à nos jours... à l'usage de la Jeunesse. *Paris, A. Eymery,* 1820, 2 vol. in-12, cartonn. bradel pap. rouge à long grain, tr. r. *(Rel. de l'époque).* **100 fr.**

PREMIÈRE ÉDITION ornée de 12 gravures non signées. Bel exemplaire dans un cartonnage bradel d'époque très frais.

499 BEAUTÉS DE L'HISTOIRE GRECQUE... par R.-J. DURDENT. *Paris, Eymery,* 1812. — BEAUTÉS DE L'HISTOIRE ROMAINE... par PH[ilibert]. *Paris, Eymery,* 1813, 2 vol. in-12, demi-basane fauve, dos ornés, tr. marbrées. *(Rel. de l'époque).* **150 fr.**

Chaque vol. est orné de 8 jolies figures gravées coloriées. Le premier vol. est en éd. originale. Beaux exemplaires.

500 BEAUTÉ MORALE DES JEUNES FEMMES. *Paris, Lefuel, Delaunay, s. d.* [vers 1830], in-12. *(Cartonnage et étui papier de l'éditeur).* **1.000 fr.**

8 planches gravées en couleur, finement rehaussées de couleur et d'or. Cartonnage à la bradel, tr. dorées, les mors fragiles. Etui assorti. Mors faible, autrement très bel exemplaire. *Magnifique pièce.*

501 BEAUTY AND THE BEAST. A Tale. *Bristol, Philip Rose, n. d.* [circa 1815], sm. 12mo. or. printed wrappers. **150 fr.**

Illustrated with seven charming woodcuts in the *Bewick* style.
PLANCHE 158.

502 BEAUTY AND THE BEAST. A Tale. Embellished with Four Elegant Copperplates. A New and Correct Edition. *London, Printed for the Bookseller's,* 1816, sm. 12mo. polished calf. gilt back. t.e.g., with original printed wrappers bound in. **1.000 fr.**

Very scarce early edition written in prose and published in a *« New Juvenile Library »* series. The four copper plates are entirely different from former editions. *Fine copy.*

503 BEAUTY AND THE BEAST or the Magic Rose. *London, Dean and Munday,* 1824, sm. 12mo. or. printed wrappers. **300 fr.**

Large folding frontispiece by R. Cruickshank, engraved and hand-coloured. *Fine copy.*

504 BEAUTY AND THE BEAST. (The Interesting Story of). *Derby, Thomas Richardson, n. d.* [circa 1830], sm. 12mo. or. printed wrappers. **80 fr.**

Illustrated with 2 hand-coloured woodcuts. *Fine copy.*

BEAUTY AND THE BEAST. See under LAMB (CHARLES).

505 BEAUX EXEMPLES DE VERTU, de Sagesse et de Piété filiale donnés par différents peuples. *Paris, Thieriot,* 1827, pet. in-12, bas. fauve marbrée, dos orné, pièce rouge, tr. marbr. *(Rel. de l'époque).* **200 fr.**

Charmant petit ouvrage orné de 6 jolies figures gravées, non signées. Chapitre sur Christophe Colomb. *Très bel exemplaire.*

505 bis BEAUX TRAITS DU CHRISTIANISME, ou Faits intéressans inspirés par les vertus chrétiennes, par l'Abbé ***. *Paris-Limoges, Martial Ardant,* 1848, in-12. *(Cartonnage papier de l'éditeur).* **20 fr.**

1 planche gravée. Cartonnage violet, dos orné, filet, large médaillon or à rocailles et motif central sur les plats. *Bel exemplaire.*

506 BÉCOURT (A. de). — ART DE CONSTRUIRE EN CARTONNAGE toutes sortes d'ouvrages d'utilité et d'agrément. *Paris, Audot,* 1828, in-12, broché, couv. d'origine imprimée. **75 fr.**

Orné de 8 planches gravées indiquant la façon de construire en carton des boîtes, paniers, corbeilles, urnes, flambeaux et tous ces bibelots romantiques qui sont maintenant si recherchés.

507 BÉCOURT (A. de). — ART DE FABRIQUER TOUTES SORTES D'OUVRAGES EN PAPIER, pour l'instruction et l'amusement des jeunes gens des deux sexes. *Paris, Audot,* 1828, in-12, broché, couv. d'origine impr. **75 fr.**

Curieux ouvrage orné de 22 planches gravées, se dépliant, la première coloriée, contenant la manière de fabriquer en papier de petits meubles, maisons, pendules, moulins, etc., distraction qui fut tellement à la mode à cette époque. Qq. mouillures.

508 BÉCOURT (A. de). — ART DE FABRIQUER... en papier. Art de construire en cartonnage (2e éd.). *Les deux ouvrages précédents réunis,* 1 vol. in-12, demi-bas. brune, dos orné, tr. mouch. *(Rel. d'époque).* **125 fr.**

Un peu d'usure à la reliure.

509 BEDE (Cuthbert). — LITTLE Mr. BOUNCER and his friend, Verdant Green. *London, James Blackwood and Co, n. d.* [circa 1860], or. cloth, gilt. **100 fr.**

FIRST EDITION. Illustrated with many drawings by the author. 31 page book catalogue at end. The story is about an undergraduate at Oxford.

510 **BEE (THE),** a Selection of Poetry from approved authors. *London, Darlon and Harvey,* 1811, sm. 12mo. or. half-leather, boards. *(Front cover loose).* **65 fr.**

Engraved title. Four page book list at end.

511 **BIJOU (LE),** [Keepsake parisien], par Mmes Anaïs Ségalas, A. Lacroix, Desbordes-Valmore, Eléonore du Seigneur, Fanny Dénoix, Félicie d'Ayjac, Gabrielle d'Altenbreym, Hermance Lesguillon, Juliette Lormeau, Léonie A. Duchesne, Louise Colet, Mélanie Waldor. Avec une préface de M. P. Lacroix. Dessins par M. Compte-Calix. *Paris, Arnauld de Vresse, s. d.* [vers 1845], in-folio, cartonnage toile de l'éditeur, titre entouré de larges rinceaux d'or, couvert. conservée. **1.000 fr.**

EDITION ORIGINALE. Couvert. lithographiée et 12 lithographies en deux tons et coloriées, par *Compte-Calix,* tirées chez *Laurent;* le texte imprimé par l'imprimerie Bonaventure et Ducessois, alors que l'exemplaire signalé par Vicaire, sous la marque d'Aubert porte la signature de la typographie Plon. Rare. *Très bel exemplaire, de toute fraîcheur.*

512 **BELÈZE (G.). —** JEUX DES ADOLESCENTS. *Paris, Hachette,* 1856, in-12, cart. toile bleu clair, décors polychromes, tr. dorées. *(Cart. de l'édit.).* **200 fr.**

EDITION ORIGINALE. 140 vignettes sur bois dans le texte, représentant un très grand nombre de jeux. L'ouvrage contient la description et les règles de cent soixante-huit jeux, ainsi classés : jeux d'action sans instruments (saute-mouton, colin-maillard, etc.), jeux d'action avec instruments (balle, ballon, billes, marelle, toupie, etc.), jeux paisibles avec instruments (osselets, lotos, échecs, trictrac, etc.), gymnastique, équitation, natation, escrime, patin, récréations intellectuelles jeux d'esprit (chasse aux papillons, éducation des vers à soie, lanterne magique, ombres chinoises, charades, etc.), tours de cartes, escamotage, gobelets, etc. Joli décor approprié : dans un cadre architectural doré, outremer, rouge, vert et violet, des enfants jouent, l'un chasse des papillons, l'autre lance un cerf-volant ; instruments de jeu et d'étude : livre, sphère, raquettes... Ouvrage excellemment conçu, écrit avec goût et esprit, et illustré de façon charmante. *Bel exemplaire.*

512 *bis* **BELLEGARDE (De). —** LES CINQ FABULISTES ou les Trois cents fables d'Ésope, de Lockmann, de Philelphe, de Gabrias et d'Avienus.., suivi des Fables mythologiques puisées dans les meilleurs écrivains de l'Antiquité... *Paris, J.-Ch. Poncelin,* 1802, 2 vol. in-12, veau raciné, dos ornés sans nerfs, pièces cuir. *(Reliure de l'époque).* **150 fr.**

Sixième édition, illustrée de 83 planches contenant 158 figures. Ouvrage vraiment curieux par le nombre et la qualité de ses illustrations. Les dos et les plats légèrement frottés, les coins émoussés.

513 **BELSON (Mary). —** GRATEFUL TRIBUTES or recollections of infancy. *London, W. Darlon,* jun. 1818, sq. 16mo. or. printed pink wrappers, preserved in half-morocco case. **1.000 fr.**

Illustrated with 8 charming hand-coloured engravings. The contents of this little work is composed of seven poems each verse ending with a title. The titles are « My Father,

My Mother, My Brother, My Sister, My Uncle, My Aunty, My Mammy. » The first edition was published in 1811 or 1812. MARY BELSON ALSO WROTE UNDER THE NAME OF MARY ELLIOTT. (See under this name).

514 [**BELSON (Mary)**]. — MY DAUGHTER. [*London, n. d.* (circa 1815)], 16mo. half-morocco. *(Modern binding).* **500 fr.**

Illustrated with six charming hand-coloured engravings. Bottom margin a little short, the binder's knife having shaved the word « daughter » on first two leaves.

515 **BELSON (Mary). —** THE ORPHAN BOY or A Journey to Bath. Founded on Fact. *London, W. Darlon, n. d.* [circa 1814], sm. 12mo. or. half-leather, boards. *(Shabby).* **100 fr.**

FIRST EDITION. Two plates executed in stipple by *C. Knight* from the drawings by *H. Carbould.* *Fingered copy : a few stains.*

516 **BELSON (Mary). —** PRECEPT AND EXAMPLE or Midsummer Holidays. A New Edition improved. *London, W. Darlon,* 1812, sm. 12mo. or. half-leather, boards. **100 fr.**

Engraved frontispiece. Two page book list and Darton's engraved ad. at end.

517 **BELSON (Mary). —** THE RAMBLES OF A BUTTERFLY. *London, W. Darlon,* jun. 1819, sm. 12mo. contemp. calf. **500 fr.**

FIRST EDITION. Illustrated with 3 splendid plates. One page book list, and Darton's engraved plate at end.

518 **BELSON (Mary). —** SIMPLE TRUTHS in Verse for the amusement and instruction of Children, at an early age. *London, W. Darlon,* 1812, sm. 12mo. or. half-leather, boards. **50 fr.**

FIRST EDITION. Illustrated with an engraved frontispiece *(about half an inch of margin and small section of engraving, which should fold over, has been cut off.).*

519 **BELSON (Mary). —** THOMAS TWO-SHOES (The Adventures of). Being a Sequel to that of « The Modern Goody Two-Shoes ». *London, W. Darlon,* jun. 1818, 12mo. or. wrappers. **500 fr.**

FIRST EDITION. Folding frontispiece (slightly coloured by a Child) and 2 other plates on copper. The Story takes place in Madeira, Jamaica, Tunis and Leghorn (Italy), and is full of exciting adventures. One page book list at end. A few pages slightly foxed.

BELSON (Mary). See under ELLIOT (MARY) and Addenda.

520 [**BELZONI**]. — FRUITS OF ENTERPRIZE exhibited in the travels of Belzoni in Egypt and Nubia ; interspersed with the Observations of a Mother to her Children. *London, Harris and Son,* 1822, sm. 8vo. or. printed boards. *(Rubbed).* **150 fr.**

Illustrated with 14 hand-coloured engravings.

521 **BENNET (Charles). —** THE FABLES OF AESOP and others translated into Human Nature.

Designed and drawn on the Wood... Engraved by Swain. *London, W. Kent and Co, n. d.* [1857], 4to. half-morocco.   **600 fr.**

FIRST EDITION. Frontispiece and 22 amusing hand-coloured wood engravings executed with great spirit. The text and plates are printed on one side of paper only.

522 **BENNET (Charles).** — THE NINE LIVES OF A CAT. A Tale of Wonder. *London, Griffith and Farran,* 1860, sm. 4to. or. cloth.   **45 fr.**

FIRST EDITION. Illustrated with many amusing drawings by the author.

523 **BENSON (Edward White).** — EDUCATION AT HOME or A Father's Instructions... for the instruction and amusement of young persons, from Ten to Twelve Years of Age. *London, Baldwin, Cradock and Joy,* 1824, sm. 12mo. or. half-leather, boards. *(Head-bands worn).*   **60 fr.**

FIRST EDITION. Illustrated with a finely engraved plate by *Collard* from the drawing by *W. Harvey,* and woodcut vignette on title. Among the pieces are two dramas for children.

524 [**BÉRENGER (L.-P.)**]. — LA MORALE EN ACTION, ou élite de faits mémorables et d'anecdotes instructives propres à faire aimer la sagesse, etc. Nouvelle édition. *Paris, Tenré,* 1820, in-12, bas. fauve, dos orné, pièce verte, tr. mouch. *(Rel. anc.).*   **180 fr.**

Edition ornée de 4 figures gravées, très finement *coloriées* à l'époque. La Morale en Action, dont la première édition parut en 1783 est un des livres pour la jeunesse les plus connus et les plus souvent réimprimés. Cette édition est rare avec les figures coloriées. Rel. un peu frottée avec un accroc au 1er plat, très réparable.

525 **BÉRENGER (L.-P.).** — LA MORALE EN ACTION. *Paris, Louis Janet, s. d.* (vers 1815), 2 vol. in-12, maroquin rouge à long grain, fil. dos orn., dent. int. *(Rel. de l'époque).*   **200 fr.**

Même ouvrage que le précédent. Edition bien imprimée de la *Collection Janet,* elle est ornée de 2 titres gravés avec vignette et de 8 jolies figures hors-texte.

526 [**BÉRENGER (L.-P.)**]. — LA MORALE EN ACTION. *Paris, Saintin, s. d.* [vers 18..], in-12, bas. poivrée. *(Rel. de l'époque).*   **300 fr.**

Même ouvrage que le précédent. Titre gravé (2 vignettes), 3 planches gravées et finement coloriées. Eraflures sur le premier plat.

527 [**BÉRENGER (L.-P.)**]. — LE MENTOR VERTUEUX, moraliste et bienfaisant, ou choix de faits mémorables... propres à former le style et le langage des jeunes gens, *Paris, Nyon,* 1788, fort vol. in-12, demi-bas. fauve, à coins, dos orné, pièce de tire. *(Rel. anc.).*   **200 fr.**

EDITION ORIGINALE, rare, de cet ouvrage souvent réimprimé. Bérenger est l'auteur de la « *Morale en action* » et de livres pour les enfants qui connurent le plus grand succès. Histoires relatives à Saint-Domingue, les Arabes, anecdote persane, la passion du jeu, etc. *Bel exemplaire.*

528 **BERGER (J.-B.).** — ANGÉLINE ou la Solitaire de La Roche-Blanche. *Limoges, Barbou,* 1844, in-12, bas. marbrée, dos orné, plats entourés d'un fil. d'or et grands motifs d'angles, tr. marb. *(Rel. de l'époque).*   **80 fr.**

PREMIÈRE ÉDITION. Titre gravé avec vignette et 3 jolies figures gravées par *Rouargue.* Bel exemplaire.

529 **BERGÈRE DES ALPES (LA),** conte nouveau, augmenté d'ariettes analogues *(sic).* Caen, Hardel, succ. de Chalopin, s. d. [vers 1810], in-12, cart. papier ancien.   **80 fr.**

1 f., 42 pp. et 1 f. — Edition décrite par Hélot, Bibl. bleue en Normandie, nº 28. *Bel exemplaire.*

530 **BERNARD (Mme Laure).** — LES MYTHOLOGIES RACONTÉES à la Jeunesse. *Paris, Didier,* 1837, in-12, bas. marbr., dos orné, pièce rouge, tr. marbr. *(Rel. de l'époque).*   **100 fr.**

EDITION ORIGINALE ornée d'un titre en rouge dans encadrement gravé sur bois par *Porret,* frontispice au pointillé et nombreuses figures au trait d'après l'antique. *Bel exemplaire.*

531 **BERNARD (Mme Laure).** — THÉÂTRE DE MARIONNETTES. Ouvrage pour la jeunesse. *Paris, Didier,* 1837, in-12, bas. mouch., dos orné, pièce rouge, pet. guirlande autour des plats, tr. marbr. *(Rel. de l'époque).*   **1.000 fr.**

EDITION ORIGINALE. Titre imprimé en rouge dans un encadrement gravé sur bois et 4 jolies figures illustrant les pièces jouées sur un théâtre de marionnettes : *David et Goliath,* pièce biblique ; *Le Jam-e-Jam numai,* pièce féérique ; *Le Roi Lear,* pièce inspirée de Shakespeare ; et *Le Dormeur éveillé,* pièce orientale. L'ouvrage commence par un avant-propos « *Pourquoi j'ai fait un théâtre de Marionnettes* » où l'auteur raconte qu'ayant dirigé un de ces théâtres ce n'est pas sans quelque expérience des difficultés matérielles de l'exécution des pièces qu'elle a disposé des scènes de ce théâtre. Rel. un peu frottée. Qq. rouss. et taches.

532 **BERNARD (Mme Laure).** — THÉÂTRE DES MARIONNETTES. *Même ouvrage, même édition que le précédent,* bas. marbr., dos orné, fil. autour des pl., tr. jasp. *(Rel. de l'époque).*   **600 fr.**

Très lég. rouss. *Rel. frottée et sans éclat.*

533 **BERNIER (Mme Louise).** — CONSEILS A MES ÉLÈVES. *Paris, Belin,* 1838, in-12, maroq. grenat à long grain, dos à n. plats bien ornés, belle décoration dorée de style rocaille sur chaque plat, dent. int., tr. dor. *(Rel. anc.).*   **300 fr.**

Titre gravé (vignette) et 3 figures gravées. Très bel exemplaire dans une très fraîche reliure en plein maroquin. Les plaques qui ornent les 2 plats sont d'un intérêt décoratif exceptionnel et la reliure a certainement été exécutée par un excellent relieur, ce qui n'est pas le cas en général, pour les « livres de prix ». Le centre du 1er plat porte l'ex-praemio doré : « *Institution de Mlle E. Dujac, Boulogne-sur-mer.* »

ARNAUD BERQUIN (1747-1791)

534 **BERQUIN**. — L'AMI DES ENFANS. *Londres Elsmelye*, 1782, 9 vol. petit in-16, maroquin rouge, dos orné, petite roulette dorée sur les plats, tr. dorées. *(Rel. anglaise de l'époque)*.   **500 fr.**

Tomes I à VIII et XI. Exemplaire en bon état, sans éclat, mais fort rare en maroquin ancien.

535 **BERQUIN**. — L'AMI DES ENFANTS. *Paris, Pissot et Théophile Barrois*, 1782, 2 vol. in-16, demi-maroquin rouge, dos orné. *(Rel. neuve)*.   **500 fr.**

Nos 1 et 2 (janvier-février) et 5 et 6 (mai-juin) de la première année de l'*Ami des Enfants*. Ces quatre parties sont en *éditions originales*, d'une grande rareté. Presque immédiatement épuisées, elles furent réimprimées la même année, avec la mention : *Seconde* et même *troisième* édition.

536 **BERQUIN**. — L'AMI DES ENFANS. *Paris, Pissot el Théophile Barrois*, 1782, 12 parties en 6 vol. in-16, veau, dos ornés, tr. marbrées. *(Rel. de l'époque)*.   **2.000 fr.**

Nos 1 à 12 (première année complète), en une charmante reliure uniforme, de l'époque, d'une rare fraîcheur. Six numéros sont en édition originale, quatre en seconde édition, deux en troisième édition, ce qui atteste le succès considérable et immédiat de cette œuvre célèbre. *Très bel exemplaire*.

537 **BERQUIN**. — L'AMI DES ENFANTS [Années 1782-83]. L'Ami de l'Adolescence. Sandford et Merton et le Petit Grandisson, ouvrage faisant suite à l'Ami des Enfans. *Paris, Impr. de Didot l'Aîné*, 1792, an III, 9 vol. gr. in-12, v. marb., dos très finement orné, avec pièces de titre et de tomaison rouges, guirlandes entourant les plats, dent. sur les coupes, tr. dor. *(Rel. anc.)*.   **3.500 fr.**

EDITION DE TOUTE RARETÉ. Les 6 premiers volumes, comprenant l'*Ami des Enfants* (4 vol.) et l'*Ami de l'Adolescence* (2 vol.), sont illustrés très abondamment, de charmantes vignettes gravées sur bois en tête de chaque chapitre, non signées, et certainement dues à un maître. C'est un des rares livres français illustrés de cette façon à cette époque, dont les illustrations sont inspirées des charmants livres enfantins anglais du XVIIIe siècle publiés par Newbery, Marshall, Mozeley, etc. Qq. ff. au début du T. I ont été intervertis à la reliure. Très bel exemplaire dans une très fraîche et très décorative reliure de l'époque.

538 **BERQUIN**. — L'AMI DES ENFANS. *Londres*, 1782-1783, 4 vol. in-32, dos et coins veau beige. *(Rel. anglaise de l'époque)*.

4 tomes contenant les numéros 11 et 12 de 1782, 3 et 7, 4 et 5, 11 et 12 de 1783 de l'édition anglaise. Ex-libris armorié gravé. *Très rare*.

539 **BERQUIN**. — L'AMI DES ENFANTS. *Paris, au bureau de l'Ami des Enfants*, 1783, 3 parties en 1 vol. in-16, maroquin rouge, dos orné, dent.

et fleurons dorés, armoiries, tr. dorées. *(Rel. de l'époque)*.   **4.700 fr.**

Nos 10, 11, 12, d'octobre, novembre et décembre 1783. Ces trois numéros du célèbre périodique pour enfants sont reliés aux armes accolées, frappées en or sur chaque plat, du célèbre banquier Etienne Delessert et de sa femme Madeleine-Catherine Boy de Latour. Provenance excessivement rare. *Bel exemplaire*.

540 **BERQUIN**. — L'AMI DES ENFANS, par M. Berquin. *A Dublin, Huc While*, 1784, 4 vol. pet. in-12, bas. verte, dos très orné, pièces fauves et rouges, fil. entourant les plats, dent. sur les coupes, tr. j. *(Rel. anglaise anc.)*.   **300 fr.**

Très rare édition imprimée en Irlande.

541 [**BERQUIN**]. — BERQUIN OU L'AMI DES ENFANS. Comédie en un acte, en prose mêlée de vaudeville, représentée pour la première fois sur le Théâtre du Vaudeville le 16 frimaire an X, par les Comédiens S.-N. BOUILLY et JOSEPH PAIN. *Paris, Barba*, 1802, in-8, de 46 pp. et 1 f. n. ch., broché.   **300 fr.**

EDITION ORIGINALE de cette comédie qui se passe à Paris, rue et hôtel du Croissant et qui met en scène *Berquin*, *Renaud*, propriétaire de l'hôtel du Croissant, *Alexandrin*, poète tragique, une ouvrière en dentelles et des enfants.

542 **BERQUIN**. — L'AMI DES ENFANS. Nouvelle édition rangée dans un meilleur ordre. *Paris, Ant.-Aug. Renouard*, an XI, 1803, 7 vol. gr. in-12, bas. polie marbrée, dos orné de fil., fleurons, guirlandes, damiers, pièces rouges pour le titre, guirlande de pampres dorés autour des pl., pet. roulette int., tr. dor. *(Rel. anc. avec l'étiquelle de Rosa)*.   **Vendu.**

Exemplaire SUR PAPIER VÉLIN de cette charmante édition extrêmement recherchée, et très rare, surtout bien complète des délicieuses figures. Notre exemplaire renferme les 7 frontispices et 92 figures (au lieu de 91 indiquées par *Cohen*, 143) gravées par *De Launay, Maillet, Delignon, Guttenberge, Ponce, Hubert, Dupréel, Petit*, etc., d'après les dessins de *Borel*. C'est une des plus charmants livres illustrés de cette époque. Très bel exemplaire, dans une très fraîche reliure portant au tome I l'étiquette de *Rosa*, *relieur*.

543 **BERQUIN**. — L'AMI DES ENFANS. *Paris, Renouard*, 1803, 8 in-12, rel. en 4 vol., demi-bas. f., pièces cuir, tr. jaunes. *(Rel. de l'époque)*.   **3.500 fr.**

Même édition, mêmes planches que le précédent. Bel exempl.

544 **BERQUIN**. — ŒUVRES. *Metz el Luxembourg,*

an XI, 16 parties en 6 vol. in-16, demi-mar. style Romantique. *(Rel. mod.).*   **850 fr.**

Titre et frontispice gravés et 15 gravures avant la lettre. Œuvres complètes de Berquin par ordre de matières : l'Ami des enfants, l'Ami de l'adolescence, Théâtre de l'enfance, Introduction familière, le Petit Grandisson, Sandford et Merton. *Bel exemplaire.*

545 **BERQUIN.** — ABRÉGÉ DE L'AMI DES ENFANS. *Paris, Barbou et Igonelle, Limoges, Barbou,* 1822, 4 vol. in-12, bas. marbr., dos orné, pièces bleues, guirlande autour des plats, tr. marbr. *(Rel. de l'époque).*   **200 fr.**

Edition ornée de 15 figures gravées en taille-douce non signées. *Deux étiquettes des dos restaurées.*

546 **BERQUIN.** — L'AMI DES ENFANS. Nouvelle édition. *Paris, Bargeas et Masson,* 1821-1822, 4 tomes en 2 forts vol. in-12, demi-v. fauve, fil. au dos. *(Rel. de l'époque).*   **40 fr.**

Ces 4 tomes portent sur les faux-titres « Œuvres complètes de Berquin ». Orné de 12 figures hors-texte gravées par *Barrière père.* Qq. ff. lég. salis et 1 petit coin inf. enlevé à 2 ff., sans perte de texte. Coins lég. frottés.

547 **BERQUIN.** — L'AMI DE L'ENFANCE, ou introduction familière à la connaissance de la nature. Traduction libre de l'anglais. Nouv. éd. revue et corrigée par M. E. Raymond... *Paris, Masson et Yonet,* 1829, in-12, maroquin rouge, dos sans nerfs orné or et à froid, cadres de dent. à l'antique, dorés et à froid, médaillon losangé rayonnant frappé à froid sur le milieu des plats, dent. int., tr. dorées. *(Rel. de l'ép., dans le style de Simier).*   **800 fr.**

4 gravures de *Willaeys.* Entretiens moraux et pratiques avec des enfants : la prairie, le blé, la vigne... les fleurs... les mines... les animaux domestiques, les oiseaux, la terre, la mer, les poissons, les astres... *Très bel exemplaire.*

548 **BERQUIN.** — L'AMI DES ENFANTS. Nouvelle édition entièrement conforme à l'originale. *Paris, Didier,* 1839, 2 vol. in-12, demi-chagr. violet foncé, dos très finement et très harmonieusement ornés de motifs rocaille et de fleurs, fil. sur les plats, tr. mouch. *(Rel. de l'époque).*   **300 fr.**

PREMIER TIRAGE de cette édition, publiée sous la direction de *Guizot.* Elle est ornée de deux titres imprimés en rose dans encadrements gravés sur bois par *Porret* et de 16 figures (2 par planche) non signées, et très beau tirage. Le dos des reliures est très décoratif et très frais.

549 **BERQUIN.** — L'AMI DES ENFANTS et des adolescents. *Paris, Librairie pittoresque de la jeunesse,* 1845, gr. in-8, cart. toile bleue, décor polychrome, tr. dorées.   **200 fr.**

Jolie édition, illustrée de nombreuses vignettes sur bois par *Perrassin, J. Caboche, Demerville, Demoraine ;* 13 lithos sur fond teinté et portrait de Berquin par *Ferogio.* Le cartonnage est orné d'un joli décor à la cathédrale, doré et richement colorié de rouge, vert, blanc et bleu d'outremer. Mêmes couleurs dans le décor du dos. Joli médaillon floral au second plat (or, vert, blanc, jaune, bleu d'outremer et rouge). *Bel exemplaire.*

550 **BERQUIN.** — L'AMI DES ENFANTS et des adolescents. *Paris, Librairie pittoresque de la jeunesse,* 1845, gr. in-8, cart. toile bleue, décor polychrome, tr. dorées.   **200 fr.**

Jolie édition, la même que le numéro précédent. Le décor du premier plat est semblable, mais la disposition des couleurs varie. Décor différent au dos et au second plat. Insignifiantes rousseurs. *Bel exemplaire.*

551 **BERQUIN.** — L'AMI DES ENFANTS. Avec une notice de M. Bouilly. *Paris, Didier,* 1847, in-8, cart. toile bleue, décor polychrome, tr. dorées.   **200 fr.**

Très nombreuses vignettes sur bois dans le texte. Onze lithos sur fond teinté. Cartonnage décoré d'un motif doré entouré de feuillages polychromes (or, rouge, bleu, vert, violet) et représentant un vieillard contant des histoires à trois enfants. Dos polychromes. Motif floral (or, vert, bleu, rouge) au second plat. Jolie édition, bien imprimée et illustrée avec beaucoup de grâce.

552 **BERQUIN.** — L'AMI DES ENFANTS. Gr. in-8, demi-chagr. vert à coins, dos à n. orné de fil., initiales gothiques dorées sur le premier plat. *(Rel. de l'époque).*   **100 fr.**

Même ouvrage, même édition que le numéro précédent. *Bel exemplaire.*

553 **BERQUIN.** — L'AMI DES ENFANTS. *Paris, Didier,* 1850, gr. in-8, demi-bas. verte, dos à n., orné de fil. et fleurons.   **40 fr.**

Semblable à l'édition précédente (de 1847) avec les mêmes vignettes et les 12 lithographies. *Qq. rouss. et petites taches.*

554 **BERQUIN.** — L'AMI DES ENFANTS. Nouvelle édition. *Paris, Didier,* 1861, gr. in-8, demi-chagr. noir, dos à n., très orné, plats toile avec encadr. à froid, tr. dor. *(Rel. de l'époque).* **50 fr.**

Même texte et mêmes figures et lithographies que les deux éditions précédentes (1847 et 1850). *Bel exemplaire.*

555 **BERQUIN.** — L'AMI DES ENFANTS ET DES ADOLESCENTS. Nouvelle édition. *Paris, Didier,* 1857, 2 vol. in-8, demi-chagr. vert, dos orné de fil. dorés et à froid, plats pap. chagr. vert avec encadr. à froid, tr. jasp. *(Rel. de l'époque).* **150 fr.**

Titres avec vignettes gravées sur bois, deux frontispices et de nombreuses vignettes dans le texte (à 2 colonnes), gravées sur bois par *Badoureau, Thévenon,* etc. En tête se trouve une notice par N. BOUILLY. *Bel exemplaire.*

556 **BERQUIN.** — L'AMI DES ENFANTS et des adolescents. *Limoges, Martial Ardant,* 1859, gr. in-8, cart. toile violette, décors polychromes, tr. dorées.   **75 fr.**

Quatre lithos hors-texte sur fond chamois. Nombreuses vignettes sur bois. Texte encadré d'un double filet. Joli cart. décoré en or, rouge, orange, vert et bleu. Le dos est orné de rinceaux et fleurons or, bleu, vert, rouge. Bel exemplaire *(dos fané).*

557 **BERQUIN.** — L'AMI DE LA JEUNESSE ou Morceaux choisis de Berquin. *Paris, Denn, s. d.* [vers 1820], in-12, bas. porphyre, dos orné, guirlande autour des pl., tr. marbr. *(Rel. de l'époque).*   **40 fr.**

Un titre gravé avec vignette par *Canu,* un frontispice et 6 fig. gravées non signées. Reliure frottée. Qq. rouss. *Exemplaire feuilleté.*

558 [**BERQUIN**]. — L'AMI DE LA JEUNESSE ou Morceaux choisis de Berquin. *Paris, Dupral-Duverger*, 1819, in-32, veau raciné, dos orné. *(Reliure de l'époque)*.   **100 fr.**

Vignette de titre et 7 pl. gravées dont un frontispice, 22 contes, nouvelles et saynètes tirés de l'*Ami des enfants*.

559 BERQUIN. — THE CHILDREN'S FRIEND translated from the French of M. Berquin complete in four volumes. A new corrected edition ; with additions. *London, J. Slockdale*, 1788, 4 vol. in-12 mo. contemporary calf, title tickets.   **500 fr.**

This is the second edition of the « Select Stories » with additions. The four plates by *Brown* are engraved by *Foot*. Vol. 2 has 2 page book list. *Fine copy.*

560 BERQUIN. — THE CHILDREN'S FRIEND. 1804, 4 vol. 12mo, old half-calf. *(Shabby)*. **250 fr.**

Same plates as preceding edition.

561 [**BERQUIN**]. — THE BLOSSOMS OF MORALITY [intended for the Amusement and Instruction of Young Ladies and Gentlemen]. By the Editor of the Looking-Glass for the Mind. *London, J. Harris and Son*, 1814, 12mo. light calf. *(Modern binding)*.   **300 fr.**

Illustrated with 47 splendid woodcuts in fine impression by JOHN BEWICK. This work gains a certain melancholy interest, from the fact that the artist was dying while at work on the woodcuts, and indeed before its first appearance in 1796, John Bewick died and was buried in the little rustic churchyard at Ovingham. One of the finest cuts from the book is reproduced in Jackson and Chatto's treatise on wood engraving. Four page book list at end. *Fine copy.*
PLANCHE 115.

562 [**BERQUIN**]. — THE BLOSSOMS OF MORALITY. *Harris*, 1821, sm. 12mo. or. half-calf, boards. Another copy.   **75 fr.**

Same woodcuts by Bewick.

563 BERQUIN. — CHOIX DE LECTURES pour les enfants ou Recueil de contes, d'anecdotes et de traits de vertu, choisis des meilleurs auteurs. *Paris, Renouard*, XI, 1803, 2 vol. in-12, veau marbré, dos ornés. *(Rel. de l'époque)*.   **450 fr.**

13 charmantes gravures d'après les dessins de Borel (l'une est un peu endommagée) et de Le Barbier l'aîné.

564 BERQUIN. — CHOIX DE LECTURES POUR LES ENFANS, ou Recueil de Contes, d'Anecdotes et de Traits de Vertu choisis des meilleurs auteurs. *Paris, Haut-Cœur et Gayet*, 1825, 2 vol. in-12, bas. marb., dos orné, pièces de couleurs, tr. marbr. *(Rel. de l'époque)*.   **60 fr.**

Edition ornée de deux titres gravés, avec vignettes et de 2 frontispices gravés non signés. Qq. culs-de-lampe sur bois en fin de chapitres. *Bel exemplaire.*

565 BERQUIN. — CONTES ET HISTORIETTES TIRÉS DE L'AMI DES ENFANS. *Paris, Ant.-Aug. Renouard*, an XI, 1803, in-12, veau poli

brun clair, dos sans nerfs orné de fil. et amphores, large encadrement à froid autour des plats, limité par des fil. dorés, guirlande int. dor., tr. dor. *(Doll)*.   **1.800 fr.**

Charmante édition ornée de 13 figures gravées par *De Launay, Dupréel, Guttenberg, Maillet*, etc., d'après *Borel*. Bel exemplaire grand de marges dans une jolie et très fraîche RELIURE DE DOLL.

566 BERQUIN. — CONTES ET HISTORIETTES tirés de l'Ami des Enfants. *Paris, Renouard*, an XI, 1803, in-12, cart. bradel papier marbré, tr. jonquille. *(Carl. de l'époque)*.   **1.200 fr.**

La même édition que la précédente. Un frontispice et 10 figures charmantes, gravées par Delignon, De Launay, Guttenberg, etc., d'après les dessins de Borel. Le frontisp. est celui de l'Ami des enfants. Sauf trois, ces gravures sont différentes de celles de l'exemplaire précédent. *L'éditeur Renouard, en mettant ce volume en vente, en illustra les exemplaires d'un nombre variable de gravures.*

567 BERQUIN. — CONTES ET HISTORIETTES tirés de l'Ami des enfans. *Paris, Billois*, 1810, petit in-12, basane marbrée, dos orné, dent. dorée, tr. dorées. *(Rel. de l'époque)*.   **300 fr.**

Frontispice gravé et trois planches représentant six sujets gravés. *Bel exemplaire.*

568 BERQUIN. — CONTES ET HISTORIETTES tirés de l'Ami des Enfans. *Paris, Belin-Leprieur*, 1817, in-12, bas. marb., dos orné, tr. marb. *(Rel. anc.)*.   **180 fr.**

Jolie petite édition ornée de 4 charmantes figures gravées par *Gossard* d'après *Chasselat*. Bel exemplaire.

569 BERQUIN. — CONTES, HISTORIETTES ET CONVERSATIONS A L'USAGE DES ENFANS qui commencent à lire correctement. Septième édition. *Paris, Le Prieur*, s. d. [vers 1820], demi-veau f. à coins, dos orné avec pièce rouge, tr. j. *(Rel. anc.)*.   **100 fr.**

Jolie édition de ces Contes tirés en grande partie des leçons pour les Enfans de *Madame Barbauld* et de quelques autres ouvrages anglais de ce genre. Frontispice et 21 vignettes gravées (le titre n'en indique que 15), 3 par planche. Très bel exemplaire. Quatre initiales dorées : *AMDB* sur le premier plat.

570 BERQUIN. — CONTES ET HISTORIETTES tirés de l'Ami des Enfans. Deuxième édition. *Paris, Masson et Yonel*, 1828, in-12, bas. mouch., dos orné, pièce rouge, tr. mouch. *(Rel. de l'époque)*.   **50 fr.**

Orné d'un titre gravé, d'un frontispice gravé, et de 4 vignettes (deux planches) gravées et non signées. Petits manques, sans atteinte au texte, dans la marge de 4 ff.

571 BERQUIN. — CONTES ET HISTORIETTES tirés de l'Ami des Enfans. Deuxième édition. *Paris, Masson et Yonel*, 1828, in-12, bas. marbr., dos orné, pièce verte, guirlande autour des plats, tr. dor. *(Rel. de l'époque)*.   **90 fr.**

Cette petite édition comportant le même titre gravé (daté 1828), le même frontisp. et les mêmes 4 fig. (en 2 pl.), est d'une typographie différente. *(Danicourt-Huet, à Orléans)*. Rel. lég. frottée.

572 BERQUIN'S FIRESIDE BOOK in the original French for the use of Schools and Families. Edited by JOHN FROST. *Philadelphia, Smith and Peck*, 1841, 12mo. or. half-leather, printed boards. *(Back damaged)*. **180 fr.**

Illustrated with 8 handsome wood engravings and vignette on title.

573 BERQUIN. — THE HISTORY OF LITTLE GRANDISSON. *London, John Stockdale*, 1797, sm. 12mo. or. half-vellum *(Side papers shabby)*. **1.000 fr.**

Hand-coloured *(at a later date, perhaps ?)* frontispiece engraved on wood. 3 page book list at end.

574 BERQUIN. — HISTOIRE NATURELLE POUR LA JEUNESSE contenant l'histoire abrégée des animaux... *Paris, Librairie pittoresque de la Jeunesse*, 1851, in-8, cart. toile, décor polychrome, tr. dorées. *(Cart. de l'éditeur)*. **150 fr.**

150 gravures sur bois et 12 lithographies coloriées : oiseaux, insectes, papillons, etc. Plaque or, bleu, vert et rouge représentant un perroquet, un singe, un tigre, un serpent, dans un cadre de feuillages exotiques.

575 BERQUIN. — THE HONEST FARMER. A Drama, in five acts, to which are added. Vanity Punished, and Blind-Man's Buff. *London, John Stockdale*, 1798, sm. 12mo. or. half-leather, boards, *(Worn)*. **1.000 fr.**

Frontispiece by BEWICK. *Fine copy.*

576 BERQUIN. — IDYLLES ET ROMANCES, à l'usage des enfants. Ornées de 24 vignettes en taille-douce. Nouv. éd. *Paris, Leprieur, an X (1802)*, in-12, basane fauve, dos orné. *(Rel. de l'époque)*. **125 fr.**

1 gravure de Huot *(ia Surprise)* et 7 planches gravées contenant chacune trois sujets *(21 vignettes au lieu de 24)*. Edition rare, à l'usage des enfants.
PLANCHE 45.

577 BERQUIN. — LE LIVRE DE FAMILLE ou Journal des enfans, contenant des historiettes morales et amusantes... pour servir de suite à l'Ami des enfans et des Adolescens... *Lausanne, Henry Vincent*, 1793, 2 vol. in-16, basane marbrée, dos orné. *(Rel. de 1830)*. **150 fr.**

Exemplaire d'une irréprochable fraîcheur, avec *ex-praemio* imprimé du collège d'Ancenis.

578 BERQUIN. — LE LIVRE DE FAMILLE ou entretiens familiers sur les connaissances les plus nécessaires à la jeunesse. *Paris, Renouard, XI*, 1803, in-12, veau marbré, dos ornés. *(Rel. de l'époque)*. **300 fr.**

7 charmantes gravures d'après les dessins de Borel.

579 BERQUIN. — LE LIVRE DE FAMILLE suivi de la Bibliothèque des villages et d'un choix de lectures extrait des meilleurs auteurs. *Paris, Didier*, 1852, in-8, cart. toile noire, décors polychromes, tr. dorées. *(Cart. de l'édit.)*. **80 fr.**

Très nombreuses vignettes sur bois. Texte bien imprimé sur deux colonnes. Décoration architecturale or, violet, vert et outremer, signée Haarhaus. *Rousseurs.*

580 [BERQUIN]. — THE LOOKING-GLASS FOR THE MIND, or Intellectual Mirror ; being an Elegant Collection of the Most delightful little Stories and Interesting tales, chiefly translated from that much admired work L'Ami des Enfans. *London, J. Crowder, for E. Newbery*, 1796, 12mo. gilt, in the 18th cent. style. *(Modern binding)*. **500 fr.**

This is probably the second edition, the first appearing in 1792. The seventy-four woodcuts by JOHN BEWICK are among the most delightful of this artist's work. *Fine copy uncut.*
PLANCHE 158.

581 [BERQUIN]. — THE LOOKING-GLASS FOR THE MIND ou Intellectual Mirror... most delightful little stories and interesting tales... from... l'Ami des Enfans, or the Children's Friend. *Dublin, William Porter*, 1803, 12mo. contemp. calf. *(Binding shabby and worn)*. **60 fr.**

Engraved frontispiece. Good rebinding copy.

582 [BERQUIN]. — THE LOOKING-GLASS FOR THE MIND... *London, Harris and Son*, 1806, 12mo. old. calf. *(Cover loose)*. **125 fr.**

Illustrated with 74 woodcuts by J. BEWICK. A few stains on 4 or 5 pages.

583 [BERQUIN]. — THE LOOKING-GLASS FOR THE MIND. *London. John Harris*, 1814, post 8vo. contemp. calf. *(Joints cracked)*. **100 fr.**

Another copy *thirteenth edition*, with same cuts by BEWICK.

584 [BERQUIN]. — THE LOOKING-GLASS FOR THE MIND. *London, Harris*, 1821, old calf. rebacked. **85 fr.**

Same woodcuts as preceding item.

586 BERQUIN. — LOUISA'S TENDERNESS to the Little Birds in Winter... *London, Renshaw and Kirkman, n. d. [circa 1830]*, sm. 12mo. or. printed wrappers. **35 fr.**

Lithographed frontispiece and 4 charming woodcuts. The book contains two other stories. « *The birds, the thornbushes, and the sheep* » and « *Little Anthony* ». From gardiner's Moral Magnet series.

587 BERQUIN. — ŒUVRES. *Paris, au Bureau de l'Ami des Enfans, chez Brunel, libraire, s. d. [vers 1800]*, 22 vol. in-16, demi-basane fauve, dos ornés, deux étiquettes, tr. marbrées. *(Rel. de l'époque)*. **2.500 fr.**

L'Ami des enfans, 12 vol. (24 gravures). — L'Ami de l'Adolescence, 6 vol. (12 gravures). — Sandford et Merton, 2 vol. (4 gravures). — Le Petit Grandisson, 2 vol. (5 gravures). En tout 45 gravures représentant chacune deux sujets. Intérieur très frais, reliure honnête sans éclat. *Edition très rare.*
PLANCHE 45.

588 BERQUIN. — ŒUVRES. *Paris, Le Clère, an X*, 1802, 21 vol. petit in-12, veau, dos orné, deux étiquettes maroq. rouge et vert. *(Rel. de l'époque)*. **850 fr.**

Le Livre de la première enfance ou historiettes et entretiens familiers... 3 vol. formant la *Première enfance*. —

Œuvres de Berquin mises en ordre par L. Jauffret. 18 vol. formant le *Premier Age* (5 vol.), le *Deuxième Age* (7 vol.) le *Troisième Age* (6 vol.) contenant *Sandford et Merton, Le Petit Grandisson,* etc., 27 gravures de Voisard et Delignon d'après les dessins de Dutailly et Marillier. Au tome XIX (seconde partie du Petit Grandisson) titre et gravure manquent. Exemplaire rare, surtout dans une reliure d'époque bien uniforme ; plusieurs coiffes fatiguées. *Mouillures.*

589 **BERQUIN.** — ŒUVRES. *Paris, André,* an X, 1802, 10 vol. petit in-12, basane marbrée, dos ornés, petite dentelle dorée, tr. marbrées. *(Rel. de l'époque).* **350 fr.**

Introduction familière à la connaissance de la nature, 2 tomes en 1 vol. — L'Ami des enfans, 12 tomes en 6 vol. — L'Ami des adolescens, 4 tomes en 2 vol. — Le Petit Grandisson, 2 tomes en 1 vol. Cette édition a été « mise en ordre » par J.-J. Regnault-Warin. Elle est ornée de 76 figures charmantes d'après Marillier et Monnet, gravées par Dupréel, Armand, etc. Malheureusement, mouillures *passim,* la reliure a quelques dos et plusieurs coiffes abîmés. Exemplaire médiocre, bon à relier de nouveau.
Planche 45.

590 **BERQUIN.** — ŒUVRES. *Paris, André,* 1802, 27 parties en 14 vol. in-16, demi-basane grenat foncé. *(Rel. vers 1840).* **2.500 fr.**

L'Ami des enfants, 12 vol. *L'Ami des adolescents,* 5 vol. *Introduction familière,* 2 vol. *Livre de famille,* 2 vol. *Sandford et Merton,* 4 vol. *Petit Grandisson,* 2 vol. Le titre du tome I de l'Ami des adolescents manque. A la fin on a relié *Le naufrage, ou l'île déserte,* ouvrage imité de l'anglais, Lille, Lefort, 1834. 125 magnifiques gravures de MONNET gravées par DELIGNON. Très jolie édition parue une année avant celle de Renouard.
Planche 45.

591 **BERQUIN.** — ŒUVRES COMPLÈTES. Nouvelle édition rangée dans un meilleur ordre. *Paris, Renouard,* 1803, 18 vol. in-16, v. olive, dos ornés, pièces de cuir, dent. extér., tr. jasp. **5.000 fr.**

211 planches dessinées par *Borel, Marillier, Le Barbier, Monsiau* et *Moreau,* gravées par *Borgnet, Choffard, Dambrun, Delaunay jeune, Delignon, Duparc, Dupréel, de Ghendt, Guttenberg, Halbou, Hubert, Huot, de Longueil, Maillot, Née, Pauquet, Petit, Ponce, Sallier, Trière* et *Villerey.* Très bel exemplaire, rare à rencontrer complet — on ne trouve généralement que des parties détachées des Œuvres de Berquin — et contenant 211 figures au lieu de 205 qu'indique Cohen.

592 **BERQUIN.** — ŒUVRES COMPLÈTES. *Paris, Renouard,* 1803, 16 vol. in-12, demi-basane brune, tr. marbrées. *(Rel. de l'époque).* **500 fr.**

Bel exemplaire sur papier vélin de cette excellente édition. (Dos frottés). 31 gravures par Borel, Le Barbier, etc. *L'Ami des enfants,* 7 vol. *Le livre de famille,* 1 vol. *Bibliothèque des villages,* 2 vol. *Connaissance de la nature,* 1 vol. *Choix de lectures,* 2 vol. *Sandford et Merton,* 2 vol. *Le Petit Grandisson,* 1 vol. Série complète (tomaison au faux-titre), ne comportant pas les Idylles, et publiée ainsi.

593 **BERQUIN.** — ŒUVRES COMPLÈTES. L'Ami des Enfants. Le Livre de Famille. Bibliothèque des Villages. Choix de lectures, etc. *Paris, Didier,* 1843, 4 parties en 2 forts vol. in-8, demi-veau vert, dos orné de filets, fleurs et motifs rocaille, tr. jasp. *(Rel. de l'époque).* **200 fr.**

Edition reproduisant le texte de celle de 1803 donnée par Renouard et considérée comme la meilleure. Texte à

2 colonnes. Nombreuses figures gravées sur bois par *Thévenon, Badoureau,* etc., dans des encadrements d'arabesques. *Très bel exemplaire.*

594 **BERQUIN.** — LE PETIT GRANDISSON, imité du hollandais. *Paris, Renouard,* XI, 1803, in-12, veau marbré, dos orné. *(Rel. de l'époque).* **300 fr.**

6 charmantes gravures d'après les dessins de Borel. Quelques menues rousseurs, quelques pages mal coupées.

595 **BERQUIN.** — LE PETIT GRANDISSON, imité du hollandais. *Lyon, Périsse, et Paris, Dépôt Central,* 1835, in-12, bas. mouch., dos orné, pièce verte, tr. marb. *(Rel. de l'époque).* **20 fr.**

Bel exemplaire. Usure très lég. aux coiffes.

596 [**BERQUIN**]. — PETIT MAGASIN DES ENFANS, recueil d'historiettes, dialogues et contes moraux, instructifs et amusans, par CAMPE, BERQUIN et autres. *Paris, Delarue et Lille, Castiaux, s. d.* [vers 1825], in-12, demi-bas. fauve, dos orné, coins, tr. j. *(Rel. de l'époque).* **100 fr.**

Edition lilloise, *de toute rareté,* illustrée d'un titre gravé sur bois et *colorié,* et de 7 figures hors-texte, à pleine page gravées sur bois et *coloriées* dans la technique et le coloris de l'*imagerie de colportage.* Le f. 31 manque partiellement de même que le dernier f. Un nom sur le faux-titre.

597 **BERQUIN.** — LES RÉCRÉATIONS DU JEUNE AGE ou Historiettes instructives et morales. *Paris, Théodore Lefèvre, s. d.* [vers 1845], in-16, *Cartonnage de l'éditeur.* **200 fr.**

Illustré de 3 gravures coloriées, plus une vignette sur le titre gravé. Cartonnage en chromolithographie encore au nom de J. Langlumé, prédécesseur de Théodore Lefèvre.

598 **BERQUIN.** — LES RÉCRÉATIONS DU JEUNE AGE. Historiettes instructives et morales. *Paris, Théodore Lefèvre, s. d.* [vers 1860], petit in-16, cart. papier *de l'édit.* **250 fr.**

4 lithographies coloriées. Cart. papier crème, décoré sur le 1er plat d'une copie chromolithographique d'une des illustrations du volume. Texte imprimé en gros caractères. Charmant exemplaire.

599 **BERQUIN.** — LES RÉCRÉATIONS DU JEUNE AGE. Historiettes instructives et morales. *Paris, Théodore Lefèvre, s. d.* [vers 1860], in-16, *Cartonnage de l'éditeur.* **125 fr.**

Illustré de 4 lithographies non signées sur fond teinté. Cartonnage en chromolithographie représentant des enfants jouant dans un bois.
Gros caractères, largement interlignés.

600 **BERQUIN.** — SELECT STORIES for the instruction and entertainment of children from the French of M. Berquin. *London, Stockdale,* 1787, post 8vo. contemporary calf. *(Restored).* **700 fr.**

FIRST EDITION illustrated with four fine copper plates engraved by Skelton from the drawings by M. Brown (except. one which is by Foot). The work is dedicated by the editor to Mr. RAIKES, the first promoter of Public Sunday Schools.

601 **BERQUIN.** — THÉATRE. Nouvelle édition. *Paris, Philippe,* 1837, 4 tomes en 2 vol. in-12,

demi-bas. fauve, dos orné de fil. et fleurons, pièces noires, tr. mouch. *(Rel. de l'époque).* **40 fr.**

Edition ornée de 4 charmantes figures *coloriées (postérieurement)* gravées par *Halbou* et *Dupréel,* d'après *Borel.* Joli exemplaire. Un petit manque dans la marge de 2 ff. enlevant 2 ou 3 lettres.

602 **BERR.** — PETITE HISTOIRE D'ANGLE-TERRE en vingt tableaux lithographiés par Berr. *Paris, A. De Vresse, s. d.* [vers 1850], pet. in-8 oblong, cartonn. illustré en lithogr. color. *(Cart. d'édit.).* **100 fr.**

Recueil de 20 lithographies coloriées illustrant des scènes de l'Histoire d'Angleterre depuis 1066 *(Guillaume le Conquérant)* jusqu'à 1848 *(Victoria).* Bel exemplaire.

603 **BERTALL.** — LES ENFANTS TERRIBLES. *Paris, G. Lahure, s. d.* [vers 1860], in-4. *(Cartonnage toile de l'éditeur).* **70 fr.**

23 pl. de dessins de BERTALL reproduits sur bois. Déboîté.

604 **[BERTALL (Charles-Albert d'Arnoux)].** — PIERRE L'IRRÉSOLU. *Paris, Hachette et Cie,* 1876, in-4. *(Cartonnage toile de l'éditeur).* **100 fr.**

Nombreuses vignettes de BERTALL, tantôt à pleine page (dont le titre), tantôt dans le texte, imprimées en couleurs. Cartonnage toile violette, la vignette du titre reproduite en or sur le 1er plat. Gros caractères, larges interlignes. L'un des meilleurs albums de Bertall. *De toute fraîcheur.*

605 **BERTHA'S VISIT** TO HER UNCLE IN EN-GLAND. *London, John Murray,* 1831, 3 vol. 12mo or. half-leather boards. *(Rubbed).* **60 fr.**

« These little volumes consist of extracts from the Journal of a young person, who, having passed her Childhood at Rio Janeiro, was sent, at the close of that period, on a visit to her English friends ». PRÉFACE.

606 **BERTIN (T.-P.).** — LES JEUX DE L'EN-FANCE ou l'heure de récréation du premier et du second âge. Ouvrage contenant la gymnastique des deux Sexes, et entremêlé de Dialogues et d'Historiettes morales et amusantes.. Traduction de l'anglais. *Paris, Brunot-Labbe,* 1820, 2 vol. pet. in-12, dos orné, pièces rouges, tr. marb. *(Rel. anc.).* **600 fr.**

ÉDITION ORIGINALE de ce très rare et très curieux ouvrage qui explique les règles des jeux admis dans une des maisons d'éducation les plus célèbres de l'Angleterre : *Le Pensionnat académique de Kingston.* Orné de 24 charmantes figures non signées illustrant entre autres : *le Jeu de Mail, le Jeu de Longue Paume, le Cerf-Volant, la Bascule, le Volant, le Cricket, la Toupie, etc.* Bel exemplaire (2 coins très lég. frottés).

607 **BERTIN.** — QUINZE PETITS CONTES propres à former le cœur et l'esprit des enfans de 6 à 8 ans. *Paris, P.-C. Lehuby, s. d.* [vers 1838], in-16, bas. poivrée, dos orné, pièce cuir, tr. jasp. **150 fr.**

ÉDITION ORIGINALE. Titre et 3 charmantes planches gravés.

608 **BERTIN.** — QUINZE CONTES propres à former le cœur et l'esprit des enfans de 6 à 8 ans.

Paris, P.-C. Lehuby, 1838, in-16, couverture imprimée. **80 fr.**

ÉDITION ORIGINALE. Titre et 3 pl. gravés. Larges interlignes. Par de petites histoires à la portée de leur âge, l'auteur a cherché à inspirer à ses jeunes lecteurs, tout en les amusant, « l'amour de la vertu et l'horreur du vice. » *Bel exemplaire.*

609 **BERTIN.** — QUINZE PETITS CONTES propres à former le cœur des enfants de six à huit ans. *Paris, P.-C. Lehuby, s. d.* [vers 1860], in-8. *Cartonnage toile verte de l'éditeur,* décor polychrome, tr. dorées. **75 fr.**

8 lithographies en couleurs de Lemoine. Motif décoratif à rocailles or, avec compartiments verts, bleus et roses. Gros caractères, larges interlignes. Légères rousseurs. Quelques ff. ont été déchirés à l'angle inférieur (mais le texte n'est pas atteint).

610 **BERTIN (Théod.).** — TOM POUCE ou le petit garçon pas plus grand que le doigt. Conte traduit de l'anglais. *Paris, Pierre Blanchard,* 1824, petit in-16, demi-veau bleu marine à coins, tr. jaunes. *(Rel. mod.).* **500 fr.**

6 gravures : Tom Pouce se battant contre une mouche, Tom Pouce sortant d'un chapeau, etc. Le titre gravé porte IVe édition ; le titre imprimé : troisième édition. *Très bel exemplaire.*

611 **BERTUCH (F.-J.).** — PORTEFEUILLE INS-TRUCTIF ET AMUSANT pour la jeunesse. Mélange intéressant d'animaux, plantes, fleurs, fruits, minéraux, costumes, antiquités. *Vienne, B.-Ph. Bauer, s. d.* (1808-1828), 22 vol. in-4, cart. toile de l'époque. **3.000 fr.**

Cette vaste collection d'estampes avec texte à l'usage des enfants a popularisé le nom de l'auteur, Frédéric Justin Bertuch, écrivain allemand (1748-1822). Les éditions qui s'en sont succédé de 1790 à 1845 (voir Brunet et Graesse) attestent son succès. — Texte en allemand et en français et plus de mille planches gravées et coloriées représentant plusieurs milliers de sujets. Les gravures d'oiseaux, de poissons, d'aérostats, etc., sont remarquables à plusieurs titres.

612 **BERVILLE (Guyard de).** — HISTOIRE DE BERTRAND DUGUESCLIN. *Paris, Dufour et Cie,* 1826, 2 vol. in-12, bas. marb., dos très orné, pièces rouges, tr. marb. *(Rel. anc.).* **80 fr.**

Deux titres gravés (vignettes) et 6 figures sur acier.

613 **BEWICK (Thomas and John).** — SELECT FABLES... and others, previous to the year 1784 : together with a Memoir, and a Descriptive Catalogue of the works of Messrs Bewick. *Newcastle, S. Hodgson,* 1820, 8vo. contemp. morocco, gilt, lab. **300 fr.**

Illustrated with numerous woodcuts by the Bewicks, fine impressions.

614 **BIART (Lucien).** — LUCIA AVILA. [Les Voyages involontaires]. *Paris, J. Hetzel, s. d.* (1882), in-8, *cartonnage de l'éditeur,* toile rouge, fers spéciaux, tr. dorées. **40 fr.**

Frontispice et 22 gravures sur bois par *Dutertre* et *Delangle,* d'après les dessins de *H. Meyer,* vignettes. *Bel exemplaire.*

615 **BIART (Lucien).** — UN VOYAGE INVOLON-
TAIRE. *Paris, J. Hetzel et C^{le}, s. d.* [vers 1878],
in-8. (*Reliure de l'éditeur*, demi-chagr. rouge, tr.
dorées). **40 fr.**

Frontispice, 22 illustrations hors-texte par *H. Meyer*,
gravées sur bois et vignettes. Voyage inattendu de M. Pinson, ingénieur, à la suite de son ami Boisjoli, de la rue Nollet
(à Batignolles), à la Vera-Cruz, en passant par Londres,
Liverpool, les Canaries, le Tropique, les Iles Vierges et le
golfe du Mexique. En pleine mer, à bord d'un navire de
guerre des Etats du Nord pendant la guerre de Sécession,
les exploits d'un corsaire : à sa poursuite, le jeune Vif-
Argent sauve la vie de son compagnon. *Très bel exemplaire.*

616 **BIART (Lucien).** — LE SECRET DE JOSÉ.
[LES VOYAGES INVOLONTAIRES]. *Paris, J.
Hetzel, s. d.* (1881), in-8. *Reliure de l'éditeur*, demi-
chagr. rouge, pl. toile, tr. dorées. **40 fr.**

1 frontispice, 22 planches hors-texte dessinées par *H.
Meyer*, gravées sur bois et vignettes. Suite des aventures
de M. Pinson et du jeune Vif-Argent. Au Mexique pendant
la saison des pluies, un voyage peu rassurant, le serpent-
liane, un caïman. La jolie dona Amalia, le beau Pablo et
le chasseur José. Un drame d'intérêt et un roman d'amour.
Bon sorcier, le métis José préfère l'agriculture à l'or.
M. Pinson retrouve son ami Boisjoli. *Bel exemplaire.*

617 **BIBLE ATLAS,** containing a plate of the Family
descent of Christ from Adam, also a Historical
Notice of the Bible by JOHN LOTHIAN, to which
is added a brief history of Palestine. *Hartford,
Newton Case,* 1832, contemp. half-leather. **60 fr.**

7 hand-coloured maps. 48 pages of text.

618 **BIBLE EN ESTAMPES (LA).** Lithographies
d'après les tableaux de M. *Auguste Leloir.* Texte
extrait de la Bible du jeune âge d'*Elisabeth Muller.
Paris, Amédée Bédelet. s. d.* [vers 1850], in-4.
Cartonnage toile rouge *de l'éditeur,* titre et tr.
dorées. **200 fr.**

23 compositions de *Leloir,* plus le frontispice, reproduites
chez *Lemercier,* en lithographies à 2 tons, coloriées. Vignettes et lettres ornées. *Très bel exemplaire.*

619 **BIBLE HAPPINESS** or the History of a Poor
Afflicted Woman ; Shewing whence she sought com-
fort, and where she found it. *N. Place, American
Tract Society,* 1825, sm. 12mo. or. wrappers. **15 fr.**

One woodcut. At the end are 4 religious poems.

620 **BIBLIOTHEEK** voor de Jeugd. Collection d'ouvrages pour les enfants publiés à *La Haye,* en 1840
et 1841, par *la Nederlandsche Maatschappij Van
Schoone Kunsteen,* 19 vol. petit in-8 carré, brochés,
couv. imprimées. Chaque vol. est orné de figures
sur bois fort bien gravées.

Keur van Fabelen (traductions en vers de fables de La
Fontaine, Phèdre, etc.), 2 vol. — *Klein Natuurkundig
Museum* (Animaux, 2 vol. Oiseaux et insectes, 1 vol. Pois-
sons et Plantes, 1 vol). — ROBINSON CRUSOÉ, 2 vol. —
KAPITEIN GULLIVER, 2 vol. — *Keur van Toover-Ver-
tellingen* (contes traduits de Mme D'AULNOY), 2 vol. —
De beroemde Nederlandsche Kinderen (Petites biographies
des hommes illustres de la Hollande), 1 vol. — *De Kleine
Reizigers rondom de Wereld* (Petit voyageur autour du
monde), 2 vol. — *Vermakelijke Avondstonden* (conte
hollandais), 2 vol. — *Nitgezochte Verhalen en Vermakelijke
Geschiedenissen* (Petit dictionnaire alphabétique des hommes illustres, de l'Antiquité à la période contemporaine),
2 vol. — Beaux exemplaires.

621 **BIBLIOTHÈQUE AMUSANTE DE LA JEU-
NESSE.** *Paris, Marcilly, s. d.* [vers 1835], 5 vol.
in-16. (*Cartonnage papier de l'éditeur*). **500 fr.**

Les cinq volumes composant la « Bibliothèque amusante » sont : CHRONIQUES, CONTES, HISTOIRES,
NOUVELLES et RÉCITS. Chaque volume contient un
titre lithographié sur fond teinté et 4 figures finement
gravées. Cartonnages à la Bradel, dos ornés, sur les plats
arabesques bleu et or formant cadre et fleurons d'angles.
Livres et cartonnages charmants dans un état parfait de
fraîcheur.

622 **BIBLIOTHÈQUE ENFANTINE.** Aspect monumental : corps principal (127 mm. de largeur sur
312 mm. de hauteur), surmonté d'un fronton, et
deux ailes (145 × 228 mm.). **850 fr.**

Le tout peint en blanc et décoré de chromolithographie
représentant des jeunes femmes en costumes de style, mou-
lures en papier doré, compartiments imitant l'acajou. Des
armoires sont ménagées dans le soubassement du meuble,
battants mobiles, et un tiroir au-dessous du casier central.
Cette bibliothèque, véritable curiosité, semble dater de la
fin du Second Empire et est vraisemblablement de provenance alsacienne.
Le casier central contient 6 volumes in-12, édités par
Joseph Scholz, à Mayence : cartonnages papier de l'éditeur,
28 lithographies coloriées, y compris les titres, dont une
représentent un ballon libre et un passager qui en tombe.
Dans les casiers des ailes, 12 volumes in-16 français et
allemands, sous des cartonnages divers, certains en médiocre état.

LA BIBLIOTHÈQUE ROSE

623 **ACHARD (Amédée).** — HISTOIRE DE MES
AMIS. *Paris, Hachette et C^{le},* 1874, in-12, couvert.
illustrée, non coupé. **300 fr.**

ÉDITION ORIGINALE illustrée de 23 vignettes sur
bois par E. Bellecroix, Mesnel, etc. Un des rares exemplaires tirés sur PAPIER DE CHINE. Bel exemplaire.

624 **ALCOTT (L.-M.).** — SOUS LES LILAS. Ouvrage traduit de l'anglais avec l'autorisation de
l'auteur par Mme L. Sepage. *Paris, Hachette et
C^{le},* 1880, in-12, couvert. imprimée, non coupé. **600 fr.**

PREMIÈRE ÉDITION en français d'un roman enfantin
du célèbre auteur américain Louise Alcott, auteur de
« Little Women », illustré de 23 vignettes par *P. Kauffmann.* Un des rares exemplaires tirés sur PAPIER DE
CHINE. Bel exemplaire.

ALCOTT (L.-M.). Voir n° 300.

625 **ASSOLANT (A.).** — AVENTURES MERVEIL-LEUSES MAIS AUTHENTIQUES DU CAPITAINE CORCORAN. *Paris, Hachelle el C¹ᵉ*, 1868, 2 vol. in-12 bradel, demi-maroq. rouge à longs grains, dos et coins, couvert. conservées, n. r. *(Champs)*.   **700 fr.**

Deuxième édition illustrée de 25 vignettes par A. DE NEUVILLE. Un des rares exemplaires tirés sur PAPIER DE CHINE. Bel exemplaire.

626 **BARRAU (Théod.-H.).** — AMOUR FILIAL. Récits à la jeunesse. *Paris, Hachelle el C¹ᵉ*, 1868, in-12, couvert. imprimée, non coupé.   **150 fr.**

Troisième édition illustrée de 41 vignettes par *Ferogio*. Un des rares exemplaires tirés sur PAPIER DE CHINE. Bel exemplaire.

627 **CARRAUD (Mˡˡᵉ Z.).** — LES GOUTERS DE LA GRAND'MÈRE. *Paris, Hachelle el C¹ᵉ*, 1868. in-12, couverture imprimée, non coupé.   **400 fr.**

ÉDITION ORIGINALE, illustrée de 17 grandes vignettes par ÉMILE BAYARD. Un des rares exemplaires tirés sur PAPIER DE CHINE. Bel exemplaire.

628 **CARRAUD (Mˡˡᵉ Z.).** — LES GOUTERS DE LA GRAND'MÈRE. Bradel demi-toile saumon, dos et coins, couvert. conservée, n. r.   **350 fr.**

Même édition, même papier. Bel exemplaire.

629 **EDGEWORTH (Miss).** — DEMAIN, suivi de Mourad le Malheureux. Nouvelles traduites de l'anglais, par H. Jousselin. *Paris, Hachelle el C¹ᵉ*, 1877, in-12, couvert. imprimée, non coupé.
                                                        500 fr.

ÉDITION ORIGINALE de cette traduction, illustrée de 37 vignettes sur bois par BERTALL. Un des rares exemplaires tirés sur PAPIER DE CHINE. Bel exemplaire.

630 **DOUZE HISTOIRES POUR LES ENFANTS** de quatre à huit ans, par UNE MÈRE DE FAMILLE. *Paris, Hachelle el C¹ᵉ*, 1875, in-12, couverture imprimée, non coupé.   **300 fr.**

De la Bibliothèque rose. Nouvelle édition illustrée de 18 grandes vignettes par BERTALL. Un des rares exemplaires tirés sur PAPIER DE CHINE. Bel exemplaire.

631 **FLEURIOT (Zénaïde).** — BIGARETTE. *Paris, Hachelle el C¹ᵉ*, 1875, in-12, couvert. imprimée, non coupé.   **200 fr.**

ÉDITION ORIGINALE illustrée de 55 vignettes sur bois par A. MARIE. Un des rares exemplaires tirés sur PAPIER DE CHINE. Bel exemplaire.

632 **FLEURIOT (Zénaïde).** — EN CONGÉ. *Paris, Hachelle el C¹ᵉ*, 1874, in-12, couvert. imprimée, non coupé.   **200 fr.**

ÉDITION ORIGINALE illustrée de 61 gravures sur bois par A. MARIE. Un des rares exemplaires tirés sur PAPIER DE CHINE. Bel exemplaire.

633 **FLEURIOT (Zénaïde).** — PLUS TARD, ou le jeune Chef de Famille. *Paris, Hachelle el C¹ᵉ*, 1875, in-12, couvert. imprimée, non coupé.   **350 fr.**

ÉDITION ORIGINALE illustrée de 74 vignettes dessinées sur bois par E. BAYARD. Un des rares exemplaires tirés sur PAPIER DE CHINE. Bel exemplaire.

634 **FLEURIOT (Zénaïde).** — TRANQUILLE ET TOURBILLON. *Paris, Hachelle el C¹ᵉ*, 1880, in-12, couvert. imprimée, non coupé.   **200 fr.**

ÉDITION ORIGINALE illustrée de 45 vignettes dessinées par *A. Ferdinandus*. Un des rares exemplaires tirés sur PAPIER DE CHINE. Bel exemplaire.

635 **FLEURIOT (Zénaïde).** — UN ENFANT GÂTÉ. *Paris, Hachelle el C¹ᵉ*, 1877, in-12, couvert. imprimée, non coupé.   **200 fr.**

ÉDITION ORIGINALE illustrée de 48 vignettes sur bois par *A. Ferdinandus*. Un des rares exemplaires tirés sur PAPIER DE CHINE. Bel exemplaire.

636 **FLEURIOT (Zénaïde).** — UN ENFANT GÂTÉ. Bradel demi-toile saumon, dos et coins, couverture conservée, n. r.   **200 fr.**

Même édition, même papier.

637 **FONVIELLE (Wilfrid de).** — NÉRIDAH. I. L'hôtel de Regent's Park. II. Le château de la reine Edith. *Paris, Hachelle el C¹ᵉ*, 1879, 2 in-12, couvert. imprimée, non coupé.   **450 fr.**

ÉDITION ORIGINALE illustrée de 80 vignettes dessinées par *Sahib*. Un des rares exemplaires tirés sur PAPIER DE CHINE. Bel exemplaire.

638 **GIRARDIN (Jules).** — LA DISPARITION DU GRAND KRAUSE. *Paris, Hachelle el C¹ᵉ*, 1880, in-12, couvert. imprimée, non coupé.   **200 fr.**

ÉDITION ORIGINALE, illustrée de 70 vignettes dessinées par *P. Kauffmann*. Un des rares exemplaires tirés sur PAPIER DE CHINE. Bel exemplaire.

639 **GOURAUD (Julie).** — ALLER ET RETOUR. *Paris, Hachelle el C¹ᵉ*, 1880, in-12, couvert. imprimée, non coupé.   **175 fr.**

ÉDITION ORIGINALE illustrée de 40 vignettes par *A. Ferdinandus*. Un des rares exemplaires tirés sur PAPIER DE CHINE. Bel exemplaire.

640 **GOURAUD (Julie).** — LES DEUX ENFANTS DE SAINT-DOMINGUE. *Paris, Hachelle el C¹ᵉ*, 1874, in-12, couvert. imprimée, non coupé. **400 fr.**

ÉDITION ORIGINALE illustrée de 54 gravures par ÉMILE BAYARD. Un des rares exemplaires tirés sur PAPIER DE CHINE. Bel exemplaire.

641 **GOURAUD (Julie).** — LES ENFANTS DE LA FERME. *Paris, Hachelle el C¹ᵉ*, 1869, in-12, couvert. imprimée, non coupé.   **500 fr.**

ÉDITION ORIGINALE illustrée de 59 vignettes par ÉMILE BAYARD. Un des rares exemplaires tirés sur PAPIER DE CHINE. Bel exemplaire.

642 **GOURAUD (Julie).** — LES ENFANTS DE LA FERME. *Paris, Hachelle el C¹ᵉ*, 1869, in-12, bradel, demi-toile saumon, dos et coins, couvert. conservée, n. r. *(Carayon)*.   **380 fr.**

Même édition, même papier. Bel exemplaire.

643 **GOURAUD (Julie).** — L'ENFANT DU GUIDE. *Paris, Hachelle el C¹ᵉ*, 1868, in-12, couvert. imprimée, non coupé.   **450 fr.**

ÉDITION ORIGINALE illustrée de 60 vignettes par ÉMILE BAYARD. Un des rares exemplaires tirés sur PAPIER DE CHINE. Bel exemplaire.

644 **GOURAUD (Julie).** — LA FAMILLE HAREL. *Paris, Hachelle el C*ie, 1878, in-12, couvert. imprimée, non coupé. **250 fr.**
ÉDITION ORIGINALE, illustrée de 48 vignettes sur bois par *Valnay* et *Ferdinandus*. Un des rares exemplaires tirés sur PAPIER DE CHINE. Bel exemplaire.

645 **GOURAUD (Julie).** — LES FILLES DU PROFESSEUR. *Paris, Hachelle el C*ie, 1876, in-12, couvert. imprimée, non coupé. **350 fr.**
ÉDITION ORIGINALE, illustrée de 36 vignettes par *Kauffmann*. Un des rares exemplaires tirés sur PAPIER DE CHINE. Bel exemplaire.

646 **GOURAUD (Julie).** — LES FILLES DU PROFESSEUR. *Paris, Hachelle el C*ie, 1876, in-12, bradel demi-toile violette, dos et coins, couvert. et dos conservés, n. r. **350 fr.**
Même édition, même papier. Bel exemplaire.

647 **GOURAUD (Julie).** — LE PETIT COLPORTEUR. *Paris, Hachelle el C*ie, 1868, in-12, demi-maroq. vert, dos et coins, couvert. conservée, n. r. *(Champs).* **375 fr.**
Deuxième édition, illustrée de 27 vignettes par A. DE NEUVILLE. Un des rares exemplaires tirés sur PAPIER DE CHINE. Bel exemplaire.

648 **GOURAUD (Julie).** — LA PETITE MAITRESSE DE MAISON. *Paris, Hachelle el C*ie, 1875, in-12, bradel demi-toile saumon, dos et coins, couverture conservée, n. r. **300 fr.**
ÉDITION ORIGINALE, illustrée de 37 vignettes sur bois par *A. Marie*. Un des rares exemplaires tirés sur PAPIER DE CHINE. Bel exemplaire.

649 **GOURAUD (Julie).** — LA PETITE MAITRESSE DE MAISON. *Paris, Hachelle el C*ie, 1875, in-12, couvert. imprimée, non coupé. **250 fr.**
Même édition, même papier. Bel exemplaire.

650 **GOURAUD (Julie).** — LES QUATRE PIÈCES D'OR. *Paris, Hachelle el C*ie, 1874, in-12, couvert. imprimée, non coupé. **300 fr.**
Deuxième édition, illustrée de 51 vignettes sur bois par ÉMILE BAYARD. Un des rares exemplaires tirés sur PAPIER DE CHINE. Bel exemplaire.

651 **HERVÉ (A.) ET F. DE LANOYE.** — VOYAGES DANS LES GLACES du Pôle arctique. *Paris, Hachelle el C*ie, 1868, in-12, couvert. imprimée, non coupé. **150 fr.**
Troisième édition, illustrée de 40 vignettes par *V. Foulquier*. Un des rares exemplaires tirés sur PAPIER DE CHINE. Bel exemplaire.

652 **LAROQUE (Madeleine).** — GRANDS ET PETITS. *Paris, Hachelle el C*ie, 1876, in-12, couvert. imprimée, non coupé. **350 fr.**
ÉDITION ORIGINALE, illustrée de 61 vignettes par BERTALL. Un des rares exemplaires tirés sur PAPIER DE CHINE. Bel exemplaire.

653 **MARCEL (Jeanne).** — LE BON FRÈRE. *Paris, Hachelle el C*ie, 1868, in-12, couverture imprimée, non coupé. **400 fr.**
ÉDITION ORIGINALE, illustrée de 21 vignettes sur bois, par ÉMILE BAYARD. Un des rares exemplaires tirés sur PAPIER DE CHINE. Bel exemplaire.

654 **MARCEL (Jeanne).** — LE BON FRÈRE. *Paris, Hachelle el C*ie, 1868, in-12, bradel demi-toile saumon, dos et coins, couvert. et dos conservés, n. r. *(Carayon).* **400 fr.**
Même édition, même papier. Bel exemplaire.

655 **MARCEL (Jeanne).** — DANIEL. *Paris, Hachelle el C*ie, 1880, in-12, couvert. imp., non coupé. **250 fr.**
ÉDITION ORIGINALE, illustrée de 45 vignettes sur bois, par *Riou*. Un des rares exemplaires tirés sur PAPIER DE CHINE. Bel exemplaire.

656 **MARCEL (Jeanne).** — DANIEL. *Paris, Hachelle el C*ie, 1880, in-12, bradel demi-toile grise, dos et coins, couvert. et dos conservés, n. r. **225 fr.**
Même édition, même papier. Bel exemplaire.

657 **MARCEL (Jeanne).** — HISTOIRE D'UNE GRAND'MÈRE ET DE SON PETIT-FILS. *Paris, Hachelle el C*ie, 1879, in-12, couvert. imprimée, non coupé. **250 fr.**
ÉDITION ORIGINALE illustrée de 36 vignettes par *Ch. Delort*. Un des rares exemplaires tirés sur PAPIER DE CHINE. Bel exemplaire.

658 **MARÉCHAL (Marie).** — LA DETTE DE BEN-AISSA. *Paris, Hachelle el C*ie, 1876, in-12, couvert. imprimée, non coupé. **300 fr.**
ÉDITION ORIGINALE, illustrée de 20 vignettes par BERTALL. Un des rares exemplaires tirés sur PAPIER DE CHINE. Bel exemplaire.

659 **MARÉCHAL (Marie).** — LA MAISON MODÈLE. *Paris, Hachelle el C*ie, 1878, in-12, couvert. imprimée, non coupé. **250 fr.**
ÉDITION ORIGINALE, illustrée de 42 gravures par *Sahib*. Un des rares exemplaires tirés sur PAPIER DE CHINE. Bel exemplaire.

660 **MARTIGNAT (M**lle **de).** — L'ONCLE BONI. *Paris, Hachelle el C*ie, 1880, in-12, couvert. imp., non coupé. **280 fr.**
ÉDITION ORIGINALE, illustrée de 42 vignettes par *C. Gilbert*. Un des rares exemplaires tirés sur PAPIER DE CHINE. Bel exemplaire.

661 **MARTIGNAT (M**me **de).** — L'ONCLE BONI. *Paris, Hachelle el C*ie, 1880, in-12, couvert. imprimée, non coupé. **200 fr.**
ÉDITION ORIGINALE, illustrée de 42 vignettes dessinées par *C. Gilbert*. Un des rares exemplaires tirés sur PAPIER DE CHINE. Bel exemplaire.

662 **MARTIGNAT (M**lle **de).** — L'ONCLE BONI. *Paris, Hachelle el C*ie, 1880, in-12, bradel demi-toile saumon, dos et coins, couvert. conservée, n. r. **200 fr.**
Même édition, même papier. Bel exemplaire.

663 **MARTIGNAT (M**lle **de).** — L'ONCLE BONI. *(Carlonnage toile de l'édileur, fers spéciaux, tr. dorées).* **30 fr.**
Même édition, papier ordinaire. Bel exemplaire.

664 MARTIGNAT (Mlle de). — LES VACANCES D'ELISABETH. *Paris, Hachelle et Cie,* 1878, in-12, bradel demi-toile grise, dos et coins, couverture et dos conservés, n. r. **380 fr.**

ÉDITION ORIGINALE, illustrée de 46 vignettes par *P. Kauffmann.* Un des rares exemplaires tirés sur PAPIER DE CHINE. Bel exemplaire.

665 MARTIGNAT (Mlle de). — LES VACANCES D'ÉLISABETH. *Paris, Hachelle et Cie,* 1878, in-12, couvert. imprimée, non coupé. **200 fr.**

ÉDITION ORIGINALE illustrée de 46 vignettes par *P. Kauffmann.* Un des rares exemplaires tirés sur PAPIER DE CHINE. Bel exemplaire.

666 MAYNE-REID (Capitaine). — A FOND DE CALE. Voyage d'un jeune marin à travers les ténèbres. Traduit de l'anglais avec l'autorisation de l'auteur, par Mme Henriette Loreau. *Paris, Hachelle et Cie,* 1868, in-12, couvert. imprimée, non coupé. **400 fr.**

Nouvelle édition illustrée de 12 grandes vignettes. Un des rares exemplaires tirés sur PAPIER DE CHINE. Quelques rousseurs, autrement bel exemplaire.

667 MAYNE-REID (Capitaine). — LE CHASSEUR DE PLANTES. Traduit de l'anglais par Mme Henriette Loreau. *Paris, Hachelle et Cie,* 1865, in-12. *(Cartonnage toile rouge de l'éditeur).* **60 fr.**

Bel exemplaire de premier tirage, illustré de 12 vignettes gravées sur bois par *E. Evans.*

668 MAYNE-REID (Capitaine). — LES GRIMPEURS DE ROCHERS, suite du Chasseur de plantes. Traduit de l'anglais avec l'autorisation de l'auteur, par Mlle Henriette Loreau. *Paris, Hachelle et Cie,* 1869, in-12, couvert. imprimée, non coupé. **400 fr.**

Quatrième édition, illustrée de 20 grandes vignettes dessinées par ÉMILE BAYARD. Un des rares exemplaires tirés sur PAPIER DE CHINE. Bel exemplaire.

669 MULLER (Eugène). — ROBINSONETTE. Histoire d'une petite orpheline. *Paris, Hachelle et Cie,* 1874, in-12, couvert. imprimée, non coupé. **350 fr.**

ÉDITION ORIGINALE, illustrée de 22 vignettes dessinées sur bois par *F. Lix.* Un des rares exemplaires tirés sur PAPIER DE CHINE. Bel exemplaire.

670 MULLER (Eugène). — ROBINSONETTE. Histoire d'une petite orpheline. Bradel demi-toile saumon, dos et coins, couvert. conservée, n. r. **300 fr.**

Même édition, même papier. Bel exemplaire.

671 PITRAY (Vicomtesse de), née de Ségur. **— LE CHATEAU DE LA PÉTAUDIÈRE.** *Paris, Hachelle et Cie,* 1877, in-12, couvert. imprimée, non coupé. **350 fr.**

ÉDITION ORIGINALE, illustrée de 78 gravures sur bois par *A. MARIE.* Un des rares exemplaires tirés sur PAPIER DE CHINE. Bel exemplaire.

672 PITRAY (Vicomtesse de), née de Ségur. **— LE FILS DU MAQUIGNON.** *Paris, Hachelle et Cie,* 1878, in-12, bradel, demi-toile saumon, dos et coins, couvert. conservée, n. r. **350 fr.**

ÉDITION ORIGINALE illustrée de 65 vignettes sur bois par *Riou.* Un des rares exemplaires tirés sur PAPIER DE CHINE. Bel exemplaire.

673 PITRAY (Vicomtesse de), née de Ségur. **— LE FILS DU MAQUIGNON.** *Paris, Hachelle et Cie,* 1878, in-12, couvert. imprimée, non coupé. **200 fr.**

ÉDITION ORIGINALE, illustrée de 65 vignettes sur bois par *Riou.* Un des rares exemplaires tirés sur PAPIER DE CHINE. Bel exemplaire.

674 PLUTARQUE. — VIES DES ROMAINS ILLUSTRES, abrégées et annotées par Alphonse Feillet sur la traduction Talbot. *Paris, Hachelle et Cie,* 1868, couvert. imprimée, *non coupé.* **150 fr.**

ÉDITION ORIGINALE, illustrée de 69 vignettes d'après l'antique par *P. Sellier.* Un des rares exemplaires tirés sur PAPIER DE CHINE. Bel exemplaire.

675 SCHMID (Chanoine von). — 190 CONTES POUR LES ENFANTS, traduits de l'allemand, par André Van Hasselt. *Paris, Hachelle et Cie,* 1868, in-12, couvert. imprimée, non coupé. **400 fr.**

ÉDITION ORIGINALE, illustrée de 29 gravures sur bois dessinées par BERTALL. Un des rares exemplaires tirés sur PAPIER DE CHINE. Bel exemplaire.

676 SÉGUR (Comtesse de). — LES BONS ENFANTS. *Paris, Hachelle et Cie,* 1868, in-12, couverture imprimée, non coupé. **300 fr.**

Quatrième édition, illustrée de 70 vignettes par *Ferogio.* Un des rares exemplaires tirés sur PAPIER DE CHINE. Bel exemplaire.

677 SÉGUR (Comtesse de). — UN BON PETIT DIABLE. *Paris, Hachelle et Cie,* 1869, in-12, couvert. imprimée, non coupé. **400 fr.**

Troisième édition, illustrée de 100 vignettes sur bois par *H. Castelli.* Un des rares exemplaires tirés sur PAPIER DE CHINE. Bel exemplaire.

678 SÉGUR (Comtesse de). — UN BON PETIT DIABLE. *Paris, Hachelle et Cie,* 1869, in-12, bradel demi-toile saumon, dos et coins, couverture conservée, n. r. **350 fr.**

Même édition, même papier. Bel exemplaire.

679 SÉGUR (Comtesse de). — LES DEUX NIGAUDS. *Paris, Hachelle et Cie,* 1868, in-12, couverture imprimée, non coupé. **400 fr.**

Quatrième édition, illustrée de 76 vignettes par *H. Castelli.* Un des rares exemplaires tirés sur PAPIER DE CHINE. Bel exemplaire.

680 SÉGUR (Comtesse de). — LES DEUX NIGAUDS. *Paris, Hachelle et Cie,* 1868, in-12, bradel demi-toile saumon, dos et coins, couverture conservée, n. r. **325 fr.**

Même édition, même papier. Bel exemplaire.

681 SÉGUR (Comtesse de). — DILOY LE CHEMINEAU. *Paris, Hachelle et Cie,* 1868, in-12, couvert. imprimée, non coupé. **600 fr.**

ÉDITION ORIGINALE, illustrée de 90 vignettes par *H. Castelli.* Un des rares exemplaires tirés sur PAPIER DE CHINE. Bel exemplaire.

682 **SÉGUR (Comtesse de).** — DILOY LE CHE-MINEAU. Bradel demi-toile saumon, dos et coins, couverture conservée, n. r. **500 fr.**

Même édition, même papier. Bel exemplaire.

683 **SÉGUR (Comtesse de).** — LA FORTUNE DE GASPARD. *Paris, Hachelle el C*ie, 1866, in-12. *(Carlonnage loile, fers spéciaux, de l'édileur, tr. dorées, couverl. conservée).* **150 fr.**

ÉDITION ORIGINALE. Papier ordinaire. 32 vignettes sur bois par *J. Gerlier.* Très bel état. Rare avec la couverture conservée sous le cartonnage. Bel exemplaire.

684 **SÉGUR (Comtesse de).** — FRANÇOIS LE BOSSU. *Paris, Hachelle el C*ie, 1868, in-12, couverture imprimée, non coupé. **500 fr.**

Troisième édition illustrée de 114 vignettes par ÉMILE BAYARD. Un des rares exemplaires tirés sur PAPIER DE CHINE. Légère rousseur sur le faux-titre et sur le titre. Bel exemplaire.

685 **SÉGUR (Comtesse de).** — JEAN QUI GRO-GNE ET JEAN QUI RIT. *Paris, Hachelle el C*ie, 1869, in-12, couvert. imprimée, non coupé. **400 fr.**

Troisième édition illustrée de 70 vignettes par *H. Castelli.* Un des rares exemplaires tirés sur PAPIER DE CHINE. Bel exemplaire.

686 **SÉGUR (Comtesse de).** — JEAN QUI GRO-GNE ET JEAN QUI RIT. *Paris, Hachelle el C*ie, 1869, in-12, bradel demi-toile saumon, dos et coins, couverture conservée, n. r. **350 fr.**

Même édition, même papier.

687 **SÉGUR (Comtesse de).** — JEAN QUI GRO-GNE ET JEAN QUI RIT. *Carlonnage loile, fers spéciaux de l'édileur,* tr. dorées, *couverlure conservée).* **75 fr.**

Même édition, papier ordinaire. Rare avec la couverture conservée dans le cartonnage. *Bel exemplaire.*

688 **SÉGUR (Comtesse de).** — LES MALHEURS DE SOPHIE. *Paris, Hachelle el C*ie, 1868, in-12, couvert. imprimée, non coupé. **400 fr.**

Sixième édition, illustrée de 48 vignettes par *Horace Castelli.* Un des très rares exemplaires tirés sur PAPIER DE CHINE, non indiqués par Vicaire. Bel exemplaire.

689 **SÉGUR (Comtesse de).** — LES MALHEURS DE SOPHIE. *Paris, Hachelle el C*ie, 1868, in-12, bradel demi-toile saumon, dos et coins, couverture conservée, n. r. **350 fr.**

Même édition, même papier.

690 **SÉGUR (Comtesse de).** — LES MALHEURS DE SOPHIE. *Paris, Hachelle el C*ie, 1861, in-12. *(Carlonnage loile,* fers spéciaux, *de l'édileur,* tr. dorées, *couverlure conservée).* **60 fr.**

Deuxième édition. Sur papier ordinaire. Ex-libris à pleine page de A. Dutard, gravé par M. Simonet. Exemplaire de toute fraîcheur, la couverture conservée sous le cartonnage est d'une rareté extrême.

691 **SÉGUR (Comtesse de).** — MÉMOIRES D'UN ANE. *Paris, Hachelle el C*ie, 1868, couvert. imprimée, non coupé. **400 fr.**

Nouvelle édition, illustrée de 75 vignettes par *Horace Castelli.* Un des rares exemplaires tirés sur PAPIER DE CHINE. Bel exemplaire.

692 **SÉGUR (Comtesse de).** — NOUVEAUX CON-TES DE FÉES pour les petits enfants. *Paris, Hachelle el C*ie, 1857, in-12. *(Carlonnage loile de l'édileur,* tr. dorées). **400 fr.**

ÉDITION ORIGINALE sur papier ordinaire, illustrée de 20 vignettes par GUSTAVE DORÉ. Bel exemplaire.

693 **SÉGUR (Comtesse de).** — NOUVEAUX CONTES DE FÉES pour les petits enfants. *Paris, Hachelle el C*ie, 1868, in-12, couvert. imprimée, non coupé. **600 fr.**

Même ouvrage. Cinquième édition illustrée de 46 vignettes par GUSTAVE DORÉ et *Jules Didier.* Un des rares exemplaires tirés sur PAPIER DE CHINE. Bel exemplaire.

694 **SÉGUR (Comtesse de).** — LA SŒUR DE GRI-BOUILLE. *Paris, Hachelle el C*ie, 1868, couvert. imprimée, non coupé. **280 fr.**

Cinquième édition, illustrée de 72 vignettes par *Castelli.* Un des rares exemplaires tirés sur PAPIER DE CHINE. Rousseurs sur le faux-titre, le titre et les premières pages. Bel exemplaire.

695 **SÉGUR (Comtesse de).** — LA SŒUR DE GRI-BOUILLE. Bradel demi-toile saumon, dos et coins, couvert. conservée, non coupé. **250 fr.**

Même édition, même papier. Bel exemplaire.

696 **STOLZ (M**me **de).** — LES DEUX REINES. *Paris, Hachelle el C*ie, 1880, in-12, couvert. imprimée, non coupé. **185 fr.**

ÉDITION ORIGINALE, illustrée de 32 vignettes dessinées par *C. Delort.* Un des rares exemplaires tirés sur PAPIER DE CHINE. Bel exemplaire.

697 **STOLZ (M**me **de).** — LES DEUX REINES. *Paris, Hachelle el C*ie, 1880, in-12, bradel demi-toile saumon, dos et coins, couvert. conservée, n. r. **150 fr.**

Même édition, même papier. Bel exemplaire.

698 **STOLZ (M**me **de).** — LES POCHES DE MON ONCLE. *Paris, Hachelle el C*ie, 1874, in-12, couverture imprimée, non coupé. **300 fr.**

ÉDITION ORIGINALE illustrée de 20 vignettes par BERTALL. Un des rares exemplaires tirés sur PAPIER DE CHINE. Bel exemplaire.

699 **STOLZ (M**me **de).** — LES POCHES DE MON ONCLE. *Paris, Hachelle el C*ie, 1874, in-12, bradel demi-toile saumon, dos et coins, couvert. conservée, n. r. **250 fr.**

Même édition, même papier. Bel exemplaire.

700 **STOLZ (M**me **de).** — QUATORZE JOURS DE BONHEUR. *Paris, Hachelle el C*ie, 1876, in-12, couvert. imprimée, non coupé. **300 fr.**

ÉDITION ORIGINALE, illustrée de 45 vignettes par BERTALL. Un des rares exemplaires tirés sur PAPIER DE CHINE. Bel exemplaire.

701 **STOLZ (Mme de)**. — LE SECRET DE LAURENT. *Paris, Hachette et Cie*, 1878, in-12, couvert. imprimée, non coupé.   **140 fr.**

ÉDITION ORIGINALE, illustrée de 32 vignettes par *Sahib*. Un des rares exemplaires tirés sur PAPIER DE CHINE. Bel exemplaire.

702 **STOLZ (Mme de)**. — LES VACANCES D'UN GRAND-PÈRE. *Paris, Hachette et Cie*, 1875, in-12, couvert. imprimée, non coupé.   **400 fr.**

ÉDITION ORIGINALE, illustrée de 40 vignettes sur bois par *Delafosse*. Un des rares exemplaires tirés sur PAPIER DE CHINE. Bel exemplaire.

703 **STOLZ (Mme de)**. — LES VACANCES D'UN GRAND-PÈRE. Bradel demi-toile rouge, dos et coins, couvert. conservée, n. r.   **350 fr.**

Même édition, même papier. Bel exemplaire.

704 **STOLZ (Mme de)**. — LE VIEUX DE LA FORET. *Paris, Hachette et Cie*, 1877, in-12, couvert. imprimée, non coupé.   **150 fr.**

ÉDITION ORIGINALE, illustrée de 40 gravures sur bois par *Sahib*. Un des rares exemplaires tirés sur PAPIER DE CHINE. Bel exemplaire.

705 **SWIFT**. — VOYAGES DE GULLIVER à Lilliput, à Brobdingnag et au pays des Houyhnhnms. Traduits de l'anglais et abrégés à l'usage des enfants. *Paris, Hachette et Cie*, 1868, in-12, couvert. imprimée, *non coupé*.   **300 fr.**

Nouvelle édition, illustrée de 57 vignettes dessinées par JULES PELCOQ et gravées par *Pouget*. Un des rares exemplaires tirés sur PAPIER DE CHINE. Bel exemplaire.

706 **SWIFT**. — VOYAGES DE GULLIVER à Lilliput, à Brobdingnag et au pays des Houyhnhnms. Traduits de l'anglais et abrégés à l'usage des enfants. *Paris, Hachette et Cie*, 1868, in-12, bradel demi-toile saumon, dos et coins, couvert. conservée, n. r.   **300 fr.**

Nouvelle édition illustrée de 57 gravures par *E.-F.* et *Jules Pelcoq*. Un des rares exemplaires tirés sur PAPIER DE CHINE. Bel exemplaire.

707 **TAULIER (Jules)**. — LES DEUX PETITS ROBINSONS de la Grande Chartreuse. *Paris, Hachette et Cie*, 1869, in-12, couvert. imprimée, non coupé.   **350 fr.**

Troisième édition illustrée de 69 vignettes sur bois par E. BAYARD et H. CLERGET. Un des rares exemplaires tirés sur PAPIER DE CHINE. Quelques piqûres sur le faux-titre, le titre et les premières pages. Bel exemplaire.

708 **TAULIER (Jules)**. — LES DEUX PETITS ROBINSONS DE LA GRANDE CHARTREUSE. Bradel demi-toile saumon, dos et coins, couvert. conservée, n. r.   **325 fr.**

Même édition, même papier. Bel exemplaire.

709 **VERLEY (A.)**. — MISS FANTAISIE. *Paris, Hachette et Cie*, 1894, in-12. *(Cartonnage toile de l'éditeur, fers spéciaux, tr. dorées).*   **20 fr.**

ÉDITION ORIGINALE illustrée de 36 vignettes par *E. Zier*. Bel exemplaire.

710 **WITT (Mme de)**, née Guizot. — ENFANTS ET PARENTS. Petits tableaux de famille. *Paris, Hachette et Cie*, 1868, in-12, couvert. imp. **100 fr.**

ÉDITION ORIGINALE sur papier ordinaire, 34 vignettes sur bois par A. DE NEUVILLE. Rare avec la couverture et les vignettes de Neuville en premier tirage. Bel exemplaire.

711 **WITT (Mme de)**, née Guizot. — ENFANTS ET PARENTS. Petits tableaux de famille. *Paris, Hachette et Cie*, 1868, in-12, couvert. imprimée, non coupé.   **500 fr.**

ÉDITION ORIGINALE illustrée de 34 vignettes sur bois par A. DE NEUVILLE. Un des rares exemplaires tirés sur PAPIER DE CHINE. Bel exemplaire.

712 **WITT (Mme de)**, née Guizot. — ENFANTS ET PARENTS. Petits tableaux de famille. In-12, bradel, demi-maroq. bleu à longs grains, dos et coins, couvert. conservée, n. r. *(Champs).* **450 fr.**

Même édition, même papier. Bel exemplaire.

713 **WITT (Mme de)**, née Guizot — EN QUARANTAINE. Jeux et récits. *Paris, Hachette et Cie*, 1878, in-12, couvert. imprimée, non coupé. **400 fr.**

ÉDITION ORIGINALE illustrée de 48 vignettes sur bois par *Ferdinandus*. Un des rares exemplaires tirés sur PAPIER DE CHINE. Bel exemplaire.

714 **WITT (Mme de)**, née Guizot. — EN QUARANTAINE. Bradel demi-toile saumon, dos et coins, couvert. conservée, n. r.   **350 fr.**

Même édition, même papier. Bel exemplaire.

715 **WITT (Mme Guizot de)**. — LA PETITE FILLE AUX GRAND'MÈRES. *Paris, Hachette et Cie*, 1874, in-12, couvert. imprimée, non coupé. **350 fr.**

ÉDITION ORIGINALE, illustrée de 36 vignettes par *M. Beau*. Un des rares exemplaires tirés sur PAPIER DE CHINE. Bel exemplaire.

716 **WITT (Mme Guizot de)**. — LA PETITE FILLE AUX GRAND'MÈRES. Bradel demi-toile grise, dos et coins, couvert. et dos conservés, n. r.   **280 fr.**

Même édition, même papier. Bel exemplaire.

———————————

717 **BICHE AU BOIS (LA)**, conte nouveau, tiré des Fées. *A Milau*, 1784, in-24, broché, couv. muette originale.   **80 fr.**

72 pp. L'adresse : *à Milau* est fictive. Petit conte de fées souvent édité pour le colportage. Hélot, *Biblioth. bleue en Normandie*, n° 29.

718 **BILDER-AKADEMIE.** *(Dresde, 1784)*, gr. in-4 oblong, dos basane. *(Rel. de l'époque).*   **800 fr.**

Beau frontispice de I.-G. Penzel, titre de D. Chodowiecky gravé par Schellenberg et 52 planches gravées (par les mêmes artistes), contenant un millier de sujets gravés : histoire sainte, sciences naturelles, arts et métiers, supplices, physique (aérostats), marine, etc. Véritable encyclopédie par l'image.

719 **BILDERBUCH.** *Dusseldorf, Verlag von Arnz und Co, s. d.* [vers 1835], in-8 obl., couv. papier bl. illustr. **300 fr.**

Recueil de 16 charmantes lithographies coloriées représentant des scènes enfantines.

720 **BILDERBUCH (Neuestes).** — ZUR BELEH-RUNG UND UNTERHALTUNG. *Stuttgart, Engelhorn und Hochdanz,* 1848, in-fol., cart. papier vert illust. *(Cart. de l'éditeur).* **180 fr.**

Histoire naturelle pour les enfants. Recueil composé d'un titre-frontispice gravé et colorié, de 28 planches coloriées représentant des animaux, oiseaux, papillons, plantes, etc., et d'une carte. Texte explicatif pour les planches en français, en allemand et en anglais.

721 **BILDERBUCH FUR KINDER** N° 3. *Berlin, lith. Anst. v. Winckelmann et Sohne, s. d.* [vers 1840], in-8. *(Cartonnage papier de l'éditeur),* dos toile. **180 fr.**

12 lithographies coloriées *(scènes enfantines)* collées sur bristol épais. Le premier plat du cartonnage sert de titre. *Très bel exemplaire.*

722 **BILDERGALLERIE (Neue).** — FUR DIE JUGEND. *Gotha, Carl Hellfarth's Steindruckerei,* 1829-33, 6 vol. in-4 obl., cart. papier marbré. *(Rel. de l'époque).* **300 fr.**

Recueil mensuel pour la jeunesse. Chaque volume contient 12 numéros avec 96 lithographies représentant des vues, des costumes, des animaux, etc., de l'*Europe, Asie, Amérique, Afrique* et *Australie.* Une forte tache dans le coin de toutes les marges du vol. II et à quelques feuilles du vol. I. *Ces taches n'atteignent pas les gravures.*

723 **BILDER TONE** FURS KLAVIER. Knaben und Mädchen gewidnet von Franz G. v. Pocci. *S. l.,* 1835, in-4, cart. papier moderne. **250 fr.**

Couverture ornée d'un grand décor lithographié conservée. Six pièces de musique notée (une page par morceau) encadrée d'une lithographie appropriée : l'Eglise, la Chasse, le Voyage sur l'eau, le Bal champêtre, le Tournoi, Nocturne.

724 **BINGHAM (Caleb).** — THE YOUNG LADY'S ACCIDENCE or A Short and Easy Introduction to English Grammar. Designed principally for the use of Young learners, more especially those of the Fair Sex, though proper for eifther. *Boston, Lincoln and Edmonds for the Author,* 1810, sm. 12mo. half-leather on wooden boards. **125 fr.**

On end paper is inscribed in a child's hand « *F. P. Eaton Corinth Vt. 1833. His Property Steal not this Bok* (sic) *for fear of Shame for here you see the owner's name* ».

725 **BIOGRAPHIE (PETITE)** classique à l'usage de la Jeunesse. *Paris, Libr. Nationale et Etrangère,* 1822, in-12, demi-bas. verte à long grain, tr. marbr. *(Rel. de l'époque).* **60 fr.**

Frontispice gravé par *Barrière père* et 14 planches de médailles et camées.

726 **BIRTHDAY PRESENT (A)** or Nine Day's Conversation between à Mother and Daughter, on Interesting Subjects : for the use of Young Persons, from ten to fourteen years of Age. *London, John Marshall,* 1793, 12mo. or. half-leather, boards. *(Back cracked).* **70 fr.**

Fine copy.

727 **BISHOP (I.).** — A visit to the Zoological Gardens, in the Regent's Park... intended as a pleasing companion to Juvenile visitors... *London, Dean and Munday, n. d.* [circa 1830-35], square 12mo. or. embossed red cloth. **500 fr.**

Illustrated with ten charming hand-coloured wood engravings, and two coloured vignettes showing the different animals of the Zoo. *Fine fresh copy.*

728 **BISSET (J.).** — THE ORPHAN BOY. *Birmingham, Printed by Swinney and Hawkins, for E. Newbery, London, n. d.* [circa 1800], 16mo. half-leather with arms of Robert Day, in gilt on frontcover, and armorial bookplate. **250 fr.**

Fine frontispiece engraved by F. Eginton. In Bisset's catalogue of 1808, the 16th edition is annonced. This work printed for E. Newbery is unknown to Welch.

729 **BLACKFORD (Mrs).** — THE ESKDALE HERD-BOY, a Scottish tale for the instruction and amusement of young persons. *London, J. Harris,* 1824, small 12mo. or. half-leather boards. **60 fr.**

Finely engraved frontispiece. Two page book list at end. *Fine copy.*

730 **BLACK PRINCE (THE).** A Book for Boys. *London, T. Nelson and Sons, n. d.* [circa 1864], 8vo. red calf, gilt back, Clergy Orphan School 1873, on top cover. *(Slightly stained).* **30 fr.**

Coloured title and 5 plates in chromolithography.

731 **BLAIR (Rev. David).** — THE FIRST CATE-CHISM FOR CHILDREN, containing Common things, necessary to be known at an early age. *Boston, James Loring,* 1825, sm. 12mo. or. printed wrappers. **160 fr.**

Contains « *a Catechism relating to the American Revolution ; and a Sketch of the History and Customs of the Nations, etc.* » Lower cover has a splendid woodcut with frame for owner's name. *Very fine copy.*

732 **BLAIR (David Rev.).** — THE FIRST OR MOTHER'S CATECHISM, containing Common Things necessary to be known at an early age. *London, William Darton,* 1822, sm. 12mo. contemp. calf. **25 fr.**

Bound up in the same volume is « ELSPETH SUTHER-LAND », *Edinburgh,* 1824 with engraved frontispiece, and MEMOIR OF MISS FANNY GRAHAM ». « By W. Hamilton, *Glasgow,* 1823.

733 **BLAKE (William).** — SONGS OF EXPE-RIENCE. *The Author and Printer W. Blake,* 1794, *(William Muir,* 1885), 4to. contemp. calf. **1.250 fr.**

Facsimile reprint of Blake's original poems with designs by the Author and reproduced in the original colours from the « Beckford » copy. *Fine copy.*

BLAKE (William). — Voir n°s 5092 à 95 et 5854.

734 [**BLANCHARD**]. — CONSEILS A LA JEU-
NESSE. *Rouen, Mégard,* 1859, in-12. *(Cartonnage papier de l'éditeur).*   **35 fr.**

1 lithographie. Cartonnage décoré de losanges, fleurettes et motif central rose clair sur or guilloché.

735 BLANCHARD (A.). — CONTES ET HISTOI-
RES POUR LES ENFANTS. *Paris, Fonteney
et Pellier, s. d.* (1849), in-12, cart. toile bleue, décor
doré. *(Cart. de l'édit.).*   **160 fr.**

8 lithographies charmantes, coloriées à l'époque avec
beaucoup de goût. Petit livre bien imprimé en gros caractères. Décor doré de rinceaux et fleurons. Exemplaire
feuilleté, mais le livre est RARE.

736 BLANCHARD (A.). — CONTES ET HISTOI-
RES POUR LES ENFANTS. *Paris, Fonteney
et Pellier, s. d.* [vers 1850], in-12. *(Cartonnage
papier de l'éditeur).*   **60 fr.**

8 lithographies coloriées par *Champuigne.* Cartonnage
en chromolithographie *(débotté).* Marge du faux-titre un
peu déchirée.

737 BLANCHARD (A.). — DÉLICES DE LA JEU-
NESSE. *Paris, Fonteney et Pellier, s. d.* [vers 1855],
cartonnage en chromolithographie. *(Cart. de l'édileur).*   **150 fr.**

Illustré de 8 lithographies en couleurs d'*Eug. Lejeune.*
Sur le cartonnage, groupes d'enfants et grand-père racontant une histoire à ses petits-enfants. *Dos abîmé.*

738 BLANCHARD (A.). — DÉLICES DE LA JEU-
NESSE. *Paris. Fonteney et Pellier, s. d.* [vers 1855]
in-12. *(Cartonnage papier de l'éditeur).*   **150 fr.**

8 jolies lithographies coloriées d'Eugène Lejeune. Cartonnage passe-partout en chromolithographie : enfants
lisant. Au second plat, un vieillard racontant des histoires
à deux enfants. Petit défaut à une coiffe.

739 BLANCHARD (L'Abbé). — L'ÉCOLE DES
MŒURS ou Réflexions morales et historiques
sur les maximes de la sagesse. *Paris, Lecointe,*
1828, 3 in-12, v. tach., dos sans nerfs, pièces cuir,
dentel. extér., tr. jasp. *(Rel. de l'époque).*   **80 fr.**

6 pl. gravées par Aze. Bel exemplaire.

740 BLANCHARD (A.). — MODÈLES DE VERTU.
Paris, Fonteney et Pellier, 1856, in-16. *(Cartonnage de l'éditeur).*   **200 fr.**

Illustré de 8 charmantes lithographies en couleurs de
Champuygne. Sur le cartonnage : enfants jouant au bord
de l'eau, d'autres dans une barque ; ronde d'enfants. *Bel
exemplaire.*

741 BLANCHARD (A.). — MODÈLES DE VERTU.
Paris, Fonteney et Pellier, 1856, in-16. *(Cartonnage de l'éditeur).*   **180 fr.**

Même ouvrage, même édit. Le cartonnage en chromolithographie diffère : au-dessous d'un cadre de feuillages,
des enfants jouent en costume Louis XV. *Bel exemplaire.*

742 BLANCHARD (M.-A.). — LES HISTOIRES
DE GRAND-PAPA. *Paris, Fonteney et Pellier,
s. d.* [vers 1840], in-12. *(Cartonnage papier de
l'éditeur).*   **125 fr.**

8 jolies lithographies de Champuigne. Cartonnage en
chromolithographie tiré chez *G. Panton.* Gros caractères,
largement interlignés.

PIERRE BLANCHARD (1772-1836)

743 BLANCHARD (Pierre). — LES ACCIDENTS
DE L'ENFANCE, présentés dans de petites historiettes propres à détourner les enfants des actions
qui leur seraient nuisibles. *Paris, P.-C. Lehuby,
s. d.* [vers 1850], pet. in-8, tr. dorées. *Cartonnage
loile de l'éditeur).*   **120 fr.**

12 planches en deux tons dessinées par *Alexandre David,*
gros caractères, larges interlignes. Cartonnage toile t. de
nègre, dos orné. Premier plat : plaque or avec compartiments vert, jaune et carmin ; second plat, vase et fleurs,
or et bleu. *Bel exemplaire.*

744 BLANCHARD (Pierre). — LES DÉLASSE-
MENS DE L'ENFANCE. *Paris, l'Auteur, Le
Prieur et Belin,* 1806-1807, 12 parties en 3 vol.
pet. in-12, bas. marbrée, dos orné avec pièces de
couleurs, tr. marbr. *(Rel. anc.).*   **750 fr.**

Collection complète et très rare de cet ouvrage qui parut
en fascicules, illustré de 22 figures gravées sur cuivre. La
première figure seule est signée *De la Fontaine et Le Cerf.*
Chapitres sur le *sucre,* le *café,* la *navigation,* le *Spitzberg,*
le *chocolat,* les *abeilles,* le *poivre,* les *nègres,* etc. (AMERI-
CANA). Qq. très lég. rouss. et petit manque dans la marge
d'une figure.

745 [**BLANCHARD (Pierre)**]. — LES ENFANS
STUDIEUX qui se sont distingués par des progrès
rapides et leur bonne conduite. Ouvrage propre à
exciter l'émulation de la jeunesse. *Paris, P. Blanchard, s. d.* [vers 1820], petit in-12, demi-basane
fauve mouchetée, dos orné de filets et pointillés,
pièce rose, petits coins. *(Rel. de l'époque).* **1.000 fr.**

ÉDITION ORIGINALE, très rare, de ce petit ouvrage
célèbre en son genre, qui inspira beaucoup de livres à
l'usage des enfants, à qui ils proposaient en exemple l'enfance des savants illustres. Joli frontispice, titre gravé
avec vignette et encadrement, 8 figures (2 par planche)
représentant *Gassendi astronome dès l'enfance, le jeune
Linné cultivant des fleurs, Bossuet orateur à 16 ans, Pascal,
Franklin...* Curieux chapitres sur l'enfance de *Guillaume
Postel, Rameau, Pope, Montaigne, Franklin,* «un des
législateurs de l'Amérique », etc. Très bel exemplaire.

746 [**BLANCHARD (Pierre)**]. — LES ENFANS
STUDIEUX. In-16, v. marbr., dos orné, fil. ext.
et int., tr. dorées. Les coins abîmés. *(Rel. de
l'époque).*   **700 fr.**

Un autre exemplaire de l'édition originale, mais moins
beau. Quelques marges tachées.

747 [**BLANCHARD (Pierre)**]. — LES ENFANS STUDIEUX. *Paris, P. Blanchard*, 1823, petit in-16, basane mouchetée, dos orné sans nerfs. *(Rel. de l'époque)*.   **250 fr.**

Le même ouvr. que le précédent. 7ᵉ éd. Frontispice et titre gravés, quatre gravures contenant chacune deux sujets tirés de l'enfance de savants, écrivains célèbres... Charmant exemplaire d'une fraîcheur parfaite.

748 [**BLANCHARD (Pierre)**]. — LES ENFANS STUDIEUX. *Paris, P. Blanchard*, 1824, petit in-16, basane mouchetée, dos orné, étiq. rouge, tr. marbrées.   **200 fr.**

Le même ouvrage que les précédents.
8ᵉ éd., augmentée et ornée de six gravures hors-texte sur acier, l'une représentant des enfants qui étudient, les autres des scènes de l'enfance studieuse des grands hommes. BEL EXEMPLAIRE.

749 [**BLANCHARD (Pierre)**]. — LES ENFANS STUDIEUX. *Paris, Lehuby*, 1836, pet. in-12, bas. fauve marbrée, dos orné, pièce de titre, tr. marb. *(Rel. de l'époque)*.   **250 fr.**

Le même ouvrage que les précédents. 13ᵉ édition ornée, de 8 jolies figures regravées (2 par planche). *Très bel exemplaire.*

750 [**BLANCHARD (Pierre)**]. — LES ENFANS STUDIEUX. *Paris, P.-C. Lehuby*, 1836, in-32, veau raciné, dos orné.   **175 fr.**

Même édition que le précédent. Bel exempl., malgré de menues rousseurs.

751 [**BLANCHARD (Pierre)**]. — LES ENFANS STUDIEUX. *Paris, P.-C. Lehuby*, 1842, in-16, bas. racinée f., dos orné, pièce de cuir, fil. sur les pl., tr. jasp.   **180 fr.**

Même ouvrage, 14ᵉ édition. Très bel exemplaire.

752 **BLANCHARD (Pierre)**. — FÉLIX ET FÉLICIE, ou les Pasteurs du Jura. *Paris, P. Blanchard*, 1824, pet. in-8, carré, demi-veau brun, dos à nerfs plats, avec motifs dorés et à froid, tr. marb. *(Rel. romantique)*.   **125 fr.**

ÉDITION ORIGINALE, ornée d'un charmant titre gravé avec vignette et un frontispice gravé par *Lecerf* d'après *Devéria*.
PLANCHE 155.

753 **BLANCHARD (Pierre)**. — LES JEUNES ENFANTS. *Paris, Lehuby, s. d.* (1842), petit in-8, cart. toile bleue, décors polychromes, tr. dorées.   **100 fr.**

Douze lithos sur fond chamois. Vignettes sur bois et lettres ornées. Au nombre des douze contes que contient cet ouvrage, la célèbre histoire de *Touche-à-tout*. Gros caractères. *Bel exempl.*

754 **BLANCHARD (Pierre)**. — LES JEUNES ENFANTS. *Paris, P.-C. Lehuby, s. d.* (1842), gr. in-12, cart. percale bleue, plats et dos orn. de fers spéciaux mosaïqués, tr. dor. *(Cart. de l'éditeur)*.   **125 fr.**

Edition ornée de 9 lithographies en deux teintes. Bel exemplaire dans un cartonnage très frais, richement décoré.

755 **BLANCHARD (Pierre)**. — LES JEUNES ENFANTS. *Paris, P.-C. Lehuby, s. d.* [vers 1850], in-8. *(Cartonnage toile de l'éditeur)*.   **250 fr.**

8 charmantes lithographies en couleurs de *F. Sorrien*, tirées chez *Lemercier*, vignettes, lettres ornées. Gros caractères largement interlignés. Cartonnage toile bleu foncé, dos orné, grand motif décoratif or sur le premier plat. médaillons jaune, orange et vert. Motif analogue, mais plus petit sur le second. Tr. dorées. Mots écrits à l'encre sur deux pages. *Bel exemplaire.*

756 [**BLANCHARD (Pierre)**]. — MODÈLES DES ENFANS ou traits d'humanité, de piété filiale, d'amour fraternel et progrès extraordinaires de la part d'enfans de six à douze ans. Ouvrage amusant et moral. Septième édition revue et corrigée. *Paris, P. Blanchard*, 1818, pet. in-12, bas. marb., dos orné de fil. et rosaces, pièce noire, tr. jasp. *(Rel. anc.)*.   **50 fr.**

Frontispice, vignette sur le titre et 8 figures (2 par planche) gravés en taille-douce. Qq. lég. rouss. Anecdotes et récits sur Turenne enfant, Jacques Amyot, Beauchateau, Bignon, Pascal enfant, Jacques Grévin, etc.
PLANCHE 155.

757 [**BLANCHARD (Pierre)**]. — MODÈLES DES ENFANS. *Paris, Blanchard*, 1818, pet. in-12, veau mouch., dos orné, pièces rouge, tr. j. *(Rel. anc.)*.   **80 fr.**

La même édition que le précédent. *Bel exemplaire.*

758 **BLANCHARD (Pierre)**. — MODÈLES DES ENFANS. Douzième édition. *Paris, Blanchard*, 1827, in-12, demi-bas. cerise, à coins, tr. mouch. *(Rel. de l'époque)*.   **40 fr.**

Titre gravé avec vignette, frontispice, et 4 pl. à deux sujets par planche. Bel exemplaire. Ex-libris héraldique.

759 **BLANCHARD (Pierre)**. — MYTHOLOGIE DE LA JEUNESSE. Ouvrage élémentaire par demandes et par réponses. 2ᵉ éd. *Paris, Le Prieur*, 1802, 2 vol. in-12, demi-bas. verte, dos à n. orné, tr. marbrées. *(Etiquette de Edmond Huel, relieur-doreur au Mans. Rel. anc.)*.   **50 fr.**

Ouvrage orné de 131 figures, qui fut classique, et fut maintes fois réédité.

760 **BLANCHARD (Pierre)**. — PETITE BIBLIOTHÈQUE DES ENFANS. *Paris, Le Prieur*, 1809, in-12, br., couv. muette papier rose, étiquette.   **250 fr.**

Edition ornée d'un frontispice et 7 planches en taille-douce (à 2 sujets par planche). La Petite Bibliothèque contient des contes, des historiettes et une petite pièce.
L'auteur, né en 1772, fondateur d'une institution à laquelle il donna le nom d'*Elysée des enfants*, s'est fait connaître surtout par de nombreux ouvrages destinés à l'enfance et la jeunesse et dont beaucoup ont eu un grand succès.

761 **BLANCHARD (Pierre)**. — PETITE BIBLIOTHÈQUE DES ENFANS contenant des Contes, des Historiettes et une petite pièce que l'on peut jouer en société. *Paris, Le Prieur*, 1820, in-12, bas. marb., dos orné, pièce rouge, tr. j. *(Rel. anc.)*.   **150 fr.**

Même ouvrage que le précédent. Illustré d'un frontispice et de 7 planches.

762 BLANCHARD (Pierre). — PETITE BIBLIO-TÈQUE DES ENFANTS, etc. *Paris, Belin-Le-prieur, s. d.* [vers 1830], in-12, demi-bas. violet foncé, à coins, dos orné, pièce rouge. *(Rel. de l'ép.).* **75 fr.**

Même ouvrage que le précédent. Quatorzième édition ornée de *nouvelles figures,* 4 charmantes planches sur acier, non signées.

763 BLANCHARD (Pierre). — PETIT VOYAGE AUTOUR DU MONDE. Ouvrage amusant, pro-pre à préparer les enfants à l'étude de la géographie. *Paris, P. Blanchard,* 1833, in-12, basane racinée, dentelle dorée, tr. marbrées, dos sans nerfs. *(Rel. de l'époque).* **50 fr.**

6 gravures représentant de nombreux types, le planis-sphère, etc. Une planche consacrée à l'Amérique, conte-nant des costumes de Patagons, Péruviens, Canadiens, naturels de la Louisiane. Petite usure aux coins. *Bel exempl.*

764 BLANCHARD (Pierre). — PETIT VOYAGE AUTOUR DU MONDE. *Paris, Lehuby,* 1834, in-12, bas. fauve mouch., dos orné pièce rouge, pet. guirlande autour des pl., tr. marb. *(Rel. de l'époque).* **30 fr.**

Orné de 5 figures (2 cartes et 3 pl. de *costumes*) au lieu de 6 annoncées sur le titre. Bel exemplaire. *Ex-praemio* doré sur le premier plat.

765 BLANCHARD (Pierre). — LES PROMENA-DES DE FÉNELON, dédiées à la jeunesse des deux sexes. *Paris, Lehuby,* 1846, in-8, cart. toile bleue, décors polychromes, tr. dorées. *(Cart. d'édit.).* **280 fr.**

ÉDITION ORIGINALE. Douze lithographies coloriées hors-texte. Joli décor à la cathédrale sur le premier plat : rouge, bleu d'outremer, blanc, vert, ocre (signé : Lenègre, relieur). Fleurons, rinceaux, etc., or, bleu d'outremer, vert, rose, au dos et au second plat. *Très bel exemplaire.*

766 BLANCHARD (Pierre). — LE TRÉSOR DES ENFANS. Ouvrage classique divisé en 3 parties : 1° La Morale ; 2° La Vertu ; 3° La Civilité. *Paris, Le Prieur,* an XI (1802), in-12, demi-veau fauve, dos très orné, pièce rouge, coins, tr. j. *(Rel. anc.).* **250 fr.**

ÉDITION ORIGINALE, très rare, illustrée de 14 jolies vignettes et d'un frontispice, gravés sur cuivre. Petit cartouche *ex-praemio* doré au centre du premier plat.
PLANCHE 111.

767 BLANCHARD (Pierre). — LE TRÉSOR DES ENFANS... *Paris, Belin-Le Prieur,* 1833, in-12, demi-maroq. à long grain rouge à coins, dos orné, tr. marbr. *(Rel. de l'époque).* **40 fr.**

Le même ouvrage que le précédent, avec les figures regra-vées dans un style très naïf. Reliure un peu ternie.

768 BLANCHARD (Pierre). — LE VOYAGEUR DE LA JEUNESSE dans les Quatre parties du Monde. Ouvrage élémentaire contenant la des-cription pittoresque des divers pays, etc. *Paris, Le Prieur,* an XII, 1804, 6 vol. in-12, bas. marb., dos très orné, pièces de couleurs, tr. mouch. *(Rel. anc.).* **800 fr.**

ÉDITION ORIGINALE, ornée de 64 figures non signées

(frontispice gravé par *Bovinet* d'après Huot), représentant les principaux peuples dans leurs costumes. Le dernier volume (392 pp.) est entièrement consacré à l'Amérique, avec figures : *Naturels de la Guiane, Naturels du Brésil, du Paraguay, les Patagons, Naturels du Chili, Habitans du Pérou, du Mexique, de la Californie, Naturels de la Loui-siane, de la Floride, du Canada,* etc. Bel exemplaire.

769 BLANCHARD (Pierre). — LE VOYAGEUR DE LA JEUNESSE. Troisième édition revue et augmentée. *Paris, Le Prieur,* 1809, 6 vol. in-12, demi-bas. brune, dos orné, coins, tr. jasp. *(Rel. anc.).* **450 fr.**

Même ouvrage que le précédent, mêmes figures. Bel exemplaire, qq. coins un peu frottés.

═══════════

770 BLANCHE AND ROSALINDA. *Houndsditch, Bishop and Co, n. d.* [circa 1835], small 12mo. or. printed and coloured wrappers. **40 fr.**

Illustrated with 11 quaint woodcuts. Twopenny boohlet. *Fine copy.*

771 BLANCHET (F.). — CONTES ORIENTAUX. *Paris, Lefuel, s. d.* [vers 1830], in-16, cartonnage à la Bradel. **150 fr.**

Nouvelle édition, revue et dédiée à la jeunesse, par Mlle S.-M. Trémadeur. Vignette de titre et 7 planches coloriées, dessinées et gravées par *Montaut.* Le titre gravé est au nom de Marcilly. Long et important avant-propos.

772 BLAYMIRES (John). — THE JUVENILE PRECEPTOR or an easy introduction to reading, being a progressive book of monosyllables adap-ted to the capacities of children. *London, Law and Whittaker,* 1815, 12mo. or. half-leather. **400 fr.**

Illustrated with a charming frontispiece engraved by *J. Chapman,* drawn by *W.-M. Craig.* This plate seems to have been originally used by the publisher for another work who has made use of it for this book as well because of the appropriate subject. The text is illustrated with naïve woodcuts of an instructive character, several of which show children at play.
PLANCHE 113.

773 BLIND CHILD (THE) or anecdotes of the Wyndham family ; written for the use of young people. By a Lady. *London, J. Harris,* 1825, 12mo. or. half-leather, boards. **25 fr.**

New edition with engraved frontispiece. Slightly foxed.

774 BLIND MAN AND HIS SON (THE). A Tale for Young People. The Four Friends. A Table and A Word for the Gipsies. *London, Taylor and Hessey,* 1816, 12mo. contemp. calf. gilt. **125 fr.**

FIRST EDITION. Splendid frontispiece engraved by *Neagle* from the drawing by *Hilton.* Six page book list at end advertising many works by *The Taylors. Fine copy.*

775 BLOOMFIELD (Robert). — LITTLE DAVY'S NEW HAT (The History of). *Paris, Fr. Louis,* 1818, contemp. half-calf. **30 fr.**

Frontispiece. Another work bound in at end. *Fine copy.*

776 **BLUE BEARD (THE STORY OF)** or the effects of female curiosity. *Glasgow, J. Lumsden and Son, n. d.* [circa 1840], 16mo. or. printed wrappers. **125 fr.**

Frontispiece and 10 woodcuts, all hand-coloured. Lumsden's coloured. Twopenny Books.

777 **BLUE BEARD.** *London, Webb, Millington and Compy, n. d.* [circa 1840], 16mo. or. printed wrappers. **25 fr.**

In the series « *Illustrated Historical Library for the Youth of Happy England.* » Illustrated with 9 woodcuts. The work also contains the story of « *Riquet with the Tuft.* » *Fine copy.*

778 **BLUMAUER (Karl).** — DE VERTELLENDE GROOTVADER. *Deventer, A.-J. van den Ligtenhorst, s. d.* [vers 1834], pet. in-8, br. **20 fr.**

Recueil de petits contes pour enfants. Il est orné de 3 planches gravées. Premier plat de la couverture conservé. *Débroché.*

779 **BOBBY THE BOLD** (The Adventures of), With Fifty Monkies. *London, G. Martin, n. d.* [circa 1805], 12mo. or. wrappers (ticket missing) preserved in half-morocco case. **1.250 fr.**

FIRST EDITION. Illustrated with 16 amusing, hand-coloured plates engraved on copper. *Fine copy.*

780 **BOHMY (Nicholas).** — THE NEW PICTURE BOOK, being Pictorial Lessons on Form, Comparison, and Number, for children under seven years of age. *Edinburgh, Edmonston and Douglas,* 1858, oblong folio, or. hand-coloured boards. **1.000 fr.**

Illustrated with 36 hand-coloured plates, showing upwards of 350 subjects. One of the most popular and entertaining books for young children of the period, inspired by the German Kintergarten method. Few copies survive.

781 **BOILEAU (D.).** — PAPYRO-PLASTICS or the Art of Modelling in Paper ; being an Instructive Amusement for Young Persons of both sexes. From the German... *London,* 1825, sq. 12mo. or. boards with printed ticket. **100 fr.**

Coloured frontispiece and 22 engraved plates at end. *Fine copy.*

782 **BOILEAU (D.).** — THE ART OF WORKING IN PASTEBOARD... intended as a sequel to Papyro-Plastics... compiled from the German. *London, T. and T. Boosey,* 1830, sq. 16mo. or. boards with ticket. **125 fr.**

Illustrated with 8 plates. Appendix containing directions for constructing architectural models.

783 **BOITARD.** — LE JARDIN DES PLANTES. Description et mœurs des mammifères de la ménagerie et du Muséum d'histoire naturelle. Précédé d'une introduction historique, descriptive et pittoresque par JULES JANIN. *Paris, Dubochet,* 1842, gr. in-8, dos chagrin brun, orné d'animaux exotiques dorés, plats papier chagriné. *(Rel. de l'époque).* **250 fr.**

Bel exemplaire de premier tirage, orné d'animaux exotiques dorés, dans une reliure au dos très décoratif, de cet ouvrage recherché, décrit par Vicaire (I, 837), orné de 110 grands sujets de mammifères, gravés sur cuivre et dans le texte. 50 grands sujets hors-texte sur papier teinté. 4 planches gravées sur acier et peintes à l'aquarelle représentant des oiseaux. Portraits de Buffon et de Cuvier tirés en camaïeu, un plan du Jardin des Plantes (replié). Cette magnifique illustration est signée des meilleurs artistes : *Girardet, Français, Marville, Traviés, etc.* La vignette du titre (un lion) est du grand sculpteur A. BARYE dont on retrouve aussi les initiales sur un certain nombre de vignettes dans le texte.

784 **BOLD ROBIN HOOD** (The History of). *London, Cundall and Addey, n. d.* [circa 1850], 8vo. or. printed wrappers. **80 fr.**

Illustrated with six hand-coloured woodcuts by *Edward Wehnert,* who achieved fame as a water-colour painter, but also became a very successful illustrator of Children's books.

785 **BON (Mme Elisabeth de).** — LES DOUZE SIÈCLES. Nouvelles françaises. *Paris, Rosa,* 1817, 2 vol. in-12, veau fauve, dos sans nerfs, orné de fil. et grandes lyres dorées, pièces rouges, tr. jasp. *(Rel. anc.).* **300 fr.**

ÉDITION ORIGINALE, ornée de 14 jolies figures non signées (2 titres gravés, avec vignette). Le recueil contient douze nouvelles, une pour chaque siècle depuis le VIIIe siècle. Madame de Bon traduisit de l'anglais plusieurs romans d'auteurs célèbres, et quelques livres de morale. Très bel exemplaire dans une charmante reliure.

786 **BON (Mme Elisabeth de).** — LES DOUZE SIÈCLES. Nouvelles françaises. *Paris, Rosa,* 1817, 2 vol. in-12, demi-veau f., dos orné, tr. jasp. *(Rel. de l'époque).* **100 fr.**

Le même ouvrage que le précédent. Même édition.

787 **BON ANGE (LE).** — Dix nouvelles écrites pour la Jeunesse *Paris, Vve Louis Janet, s. d.* [vers 1840], in-8, demi-chagr. vert foncé à coins, dos à n. orné, tr. dor. *(Rel. de l'époque).* **75 fr.**

Un frontispice lithographié et *colorié* par *L. Lassalle,* et 10 planches lithographiées, sur fond teinté par le même artiste.

788 **BON ANGE (LE).** — *Même ouvrage, même édition,* demi-chagr. bleu foncé, dos à n. orné, plats toile, tr. dor. *(Rel. de l'époque).* **200 fr.**

Bel exemplaire avec le fontispice et les 10 lithographies finement *coloriés.*

789 **BON GÉNIE (LE).** Journal des Enfants. *Paris,* 1824-1829, 4 tomes reliés en 2 vol. in-4. *(Rel. de l'époque).* **3.000 fr.**

De l'origine 9 mai 1824 au 26 avril 1829, 58 superbes lithographies originales de MARLET. Collection de toute rareté ainsi complète de cet ancêtre des périodiques pour enfants, imprimé par Didot, 1er vol. en demi-maroquin rouge de Meslant, 2e vol. en veau fauve de l'époque.

789 *bis* **BON GÉNIE (LE).** — Journal des Enfants. *Paris,* 1824-1826, 2 tomes reliés en 1 vol. in-4, veau fauve. *(Rel. de l'époque).* **500 fr.**

Le même ouvrage que le précédent. De l'origine 9 mai 1824, au 30 avril 1826, 22 lithographies (au lieu de 24) de MARLÈS. Celles des livraisons du 27 juin 1824 et 29 janvier 1826 manquent. Reliure fatiguée.

790 **BONER (Charles).** — THE MERRY WEDDING and other Tales. In prose and verse. *London, Chapman and Hall, n. d.* [circa 1847], post 8vo. or. cloth. gilt. **75 fr.**

With hand-coloured frontispiece and numerous woodcuts by COUNT POCCI. *Fine copy.*

791 **BONIFACE (A.) ET LÉVI (D.).** — LA COURONNE LITTÉRAIRE, composée de morceaux extraits des poètes et des prosateurs contemporains... à l'usage des Maisons d'Education. *Bruxelles, De Mat,* 1833, in-12, demi-bas. mouch. à coins, pièce noire. *(Rel. de l'époque).* **50 fr.**

ÉDITION ORIGINALE de ce recueil orné d'un frontispice allégorique. Contient des pièces de *Millevoye, Desbordes-Valmore, Baour-Lormian, V. Hugo, Lamartine, Chênedollé,* etc. Bel exemplaire.

792 **BON ET LE MAUVAIS SUJETS (LE)** [*sic*]. *Paris, s. d.* [vers 1845], in-12 oblong, cartonn. pap. bleu foncé, lithogr. coloriée collée sur le premier plat. *(Cartonnage d'éditeur).* **250 fr.**

Recueil de 24 lithographies *coloriées* avec texte lithographié au bas de chaque planche. Très rare.

793 **BON NÈGRE (LE)** ou les Aventures de Congo à la recherche de son maître. Histoire véritable traduite de l'anglais, par René Périn. *Paris, Charles Gosselin,* 1826, in-8 obl. *(Cartonnage de l'édit.).* **400 fr.**

Frontispice, représentant le « Naufrage de *Congo* », titre et 6 pl. gravées et coloriées (4 figures par planche). Apologie du nègre avant Mme Beecher Stowe. *Dos refait.*

794 **BONNE AMIE** ou Lectures de pensionnat. *Paris, Anner-André,* 1848, in-16. *Cartonnage en lithographie de l'édit.* **15 fr.**

Illustré d'une gravure sur acier. Cartonnage bistre et blanc sur papier teinté. Larges interlignes.

795 **BONNE FÉE (LA).** *S. l. n. d.* [*Paris, vers 1830*], in-32, cart. papier *de l'édit.* **40 fr.**

Une charmante gravure. 40 pages. Cartonn. glacé bleu-gris orné à froid. Titre imprimé en noir sur le premier plat.

797 **BONVALOT.** — LE VIEUX PRÉCEPTEUR ou Contes à mes jeunes élèves. *Paris, Maumus,* 1848, in-12, cartonn. pap. chagr. vert, dos orné, plats décorés de motifs dorés et à froid, tr. dor. *(Cartonn. de l'époque).* **25 fr.**

ÉDITION ORIGINALE ornée d'une figure gravée. L'auteur naquit à Salins en 1784. Qq. rousseurs.

798 **BOOK ABOUT ANIMALS.** *Concord, N.-H. Rufus Merril, n. d.* [circa 1840], small 16mo. or. printed wrappers. *(With woodcut).* **40 fr.**

Illustrated with 10 woodcuts. Part VI of the Series. *Fine copy.*

799 **BOOK ABOUT PICTURES (A).** Intended for the Young. *London, The Religions Tract Society,* 1842, sm. 12mo. or. cloth. **35 fr.**

Engraved frontispiece (Slightly foxed) and 45 woodcuts. A very instructive children's book giving the whole history of pictures from early woodcuts onwards. *Fine copy.*

800 **BOOK CASE OF INSTRUCTION (THE).** *London, John Wallis,* 1813, 8vols (should be 10) in-24mo. cloth, in or. wooden box, with coloured illustrated cover. **400 fr.**

Vols 1 to 4. NATURAL HISTORY with 128 charming woodcuts of birds, beasts, insects and fishes. Vol. 5. MORAL TALES. Vol. VI. HISTORY OF ENGLAND, 32 woodcuts. Vol. VII. OLD TESTAMENT *(missing).* Vol. VIII. NEW TESTAMENT, 32 woodcuts. Vol. IX. ENGLISH GRAMMAR. Vol. X. EXERCISE FOR INGENUITY *(missing).* To replace the 2 missing vols. 3 chapbooks in same cloth have been added. I. ROBINSON CRUSOE, *Chelmsford : Marsden, n. d.* [circa 1813]. Woodcuts 2. DIVINE SONGS by P. Doddridge. *Chelmsford : Marsden, n. d.* [circa 1813]. 3. CONVERSATIONS ON PRAYER by Rev. W. Harris. *London, Whittemore, n. d.* [circa 1813]. Woodcut.

801 **BOOK CASE OF KNOWLEDGE (THE).** *London, J. Wallis,* 1801, 10 volumes, sm. 16mo. or. boards with ticket *(4 back strips missing and 6 slightly worn)* in or. wooden box with coloured and varnished label. **4.000 fr.**

Engraved frontispiece to each volume. The subjects are Scripture History. — Lives of British Heroes. — Botany (4 coloured plates). — History of England (27 coloured portraits). — Arithmetic. — Geography and Astronomy. — Natural History (30 plates of animals and birds). — Grammar and Letters. — Moral Tales. — Mythology. All covers very fresh.

802 **BOOK OF BIRDS (THE),** beautifully coloured with a description of each adapted to the capacities of infant minds in words of two and three. syllables. *London, W. Darton, Jun., n. d.* [circa 1810], 16mo. or. printed red wrappers preserved in half-morocco case. **450 fr.**

FIRST EDITION, issued without a title which is imprinted on the wrappers. Illustrated with 24 finely coloured plates of birds.

803 **BOOKE OF CHRISTMAS CAROLS (THE).** Illuminated from Ancien Manuscripts in the British Museum. *London, Joseph Cundall, n. d.* [circa 1850], sm. 8vo. or. chromo-lithographed boards, in green, grey, violet and gold on white ground. [IN MINT CONDITION]. **800 fr.**

5 full page miniatures and 22 illuminated borders lithographed in colours and gilt by *John Brandard* and *M. and N. Hanhart.* The type printed by *Charles Whittingham.* Very thick pages. The coloured boards, are inspired by the French type of « *Cartonnage Romantique* » and are in a remarkable state of freshness. VERY RARE IN THIS STATE.

804 **BOOK OF GAMES (THE)** or A History of Juvenile Sports, practised at a Considerable Academy near London. *London, Tabart and Co,* 1810, small 12mo. or. half-leather, boards. *(Headbands worn).* **1.250 fr.**

Illustrated with 24 hand-coloured copper plates showing the children's games of the time including CRICKET, HOCKEY, FOOTBALL, etc., etc. A charming and rare Juvenile. *Tuer in O. F. C. B.* quotes the 1812 edition : the first was probably issued in 1805. *Fine clean copy.*

805 **BOOK OF GAMES (THE)** and Amusements for Boys and Girls. *London, W. Tegg and Co, n. d.*

[circa 1850], sq. 12mo. or. red cloth, gilt, t. e. g. **100 fr.**

Illustrated with chromotitle, a frontispiece and many quaint woodcuts in text. *Fine copy.*

806 **BOOK OF NURSERY TALES (THE).** A Keepsake for the Young. *London, James Burns,* 1845, 2 vol., sq. 12mo. or. red cloth. *(Shabby and worn).* **40 fr.**

Contains : The Sleeping Beauty. *The Yellow Dwarf, Goody. Two-Shoes. Little Red Cap. The Golden Goose. Prince Chérie, etc., etc.* Each Story with plates. Title page and plate index missing from one vol.

807 **BOOK OF SUNDAY PICTURES (THE)** for Little Children. Old Testament. *London, the Religions Tract Society, n. d.* [circa 1860], small 4to. or. red cloth g. e. *(Back faded).* **40 fr.**

Illustrated with six *Kronheim* prints and many woodcuts in text. *Fine copy.*

808 **BOSCOVITZ (Arnold).** — LES VOLCANS et les Tremblements de terre. *Paris, Ducrocq, s. d.* [1866], gr. in-8, demi-maroq. rouge, dos à n. orné à froid, plats toile encadr. à froid, tr. dor. *(Rel. de l'époque).* **75 fr.**

ÉDITION ORIGINALE ornée de 16 grandes *chromolithographies* et de 40 compositions sur bois par *Eugène Ciceri.* (*Vicaire,* I, 870). *Bel exemplaire.*

809 **BOSSUET** DE LA JEUNESSE ou Morceaux extraits des principaux ouvrages de Bossuet, par D. Saucié. *Tours, Mame,* 1846, in-8, cart. toile bleue, décors polychromes, tr. dorées. *(Cart. d'édit).* **50 fr.**

Un frontispice (d'après le tableau de Rigaud) et un titre gravés. Beau décor architectural polychrome. *Très bel exemplaire.*

810 **BOTANICAL RAMBLES** designed as an early and familiar Introduction to the elegant and pleasing study of Botany. *London, A. K. Newman and Co,* 1826, sm. 12mo. half-leather, boards. *(Worn).* **50 fr.**

Engraved frontispiece by *J. Shury.* Charming vignette on title.

811 **BOUCHER (A.).** — LES CONTES DE LA MÈRE-GRAND. *Paris, Librairie pittoresque de la jeunesse, s. d.* [vers 1850], in-8. *(Cartonnage toile de l'éditeur).* **60 fr.**

16 lithographies en deux tons, dessinées par THÉOPHILE FRAGONARD, tirées chez *Prodhomme et Cⁱᵉ.* Cartonnage toile, dos orné, guirlande à froid et grande plaque dorée sur le premier plat avec compartiments verts, rouges et bleus, motif central or. Tr. dorées. Rousseurs.

812 **BOUCHER (Adolphe).** — LA FÉE AUX DOUX BAISERS. Contes de l'enfance et de la jeunesse. *Paris, F. Prin,* 1845, petit in-8, cart. toile violette, décors dorés, tr. dorées. *(Cart. de l'édit.).* **250 fr.**

ÉDITION ORIGINALE. Seize lithos hors-texte sur fond chamois par Théophile Fragonard. Titre orné d'une vignette sur bois. Décor architectural doré. Petites rousseurs *passim.*

813 **BOUGAINVILLE DE LA JEUNESSE (LE)** ou Nouvel abrégé des voyages dans l'Amérique, contenant la description des mœurs et coutumes des peuples de ce continent extraits des voyages de Bougainville, Cook, etc., par RICCOUS. *Paris, Belin,* 1834, in-12, bas. mouch., dos orné, pièce rouge, tr. marb. *(Rel. anc.).* **125 fr.**

Intéressant AMERICANA qui eut le plus grand succès. Illustré de 3 figures et d'un titre gravé avec vignette. Le Canada, la Pensylvanie, la Virginie, la Louisiane et le *Mississipi,* le Mexique, les Peuples sauvages de l'Amérique espagnole, le Pérou, le Brésil, etc. Bel exemplaire. *Ex-praemio* doré sur le premier plat.

814 **BOUGAINVILLE DE LA JEUNESSE (LE).** 2ᵉ édition. *Paris, Belin,* 1832, in-12, pleine bas. vert clair, dos bien orné, plats décorés d'une très belle plaque dorée, avec *ex-praemio* au centre du 1ᵉʳ plat, tr. dor. *(Rel. de l'époque).* **180 fr.**

Même ouvrage que le précédent dans une très jolie reliure de couleur rare et ornée d'une plaque de très beau style. Rousseur à un angle des derniers ff.

815 **BOUGAINVILLE DE LA JEUNESSE (LE).** 4ᵉ édition. 1834, bas. mouch., dos orné, pet. guirlande autour des plats, tr. marb. *(Rel. de l'époque).* **125 fr.**

Même ouvrage que le précédent. Mêmes figures.

J.-N. BOUILLY (1763-1842)

816 **BOUILLY (J.-N.).** — LES ADIEUX DU VIEUX CONTEUR. *Paris, Louis Janet, s. d.* [1835], in-12, v. grenat, dos orné, fers à chaud et à froid, filets et fers à froid sur les pl., dent. intér., tr. dorées. *(Rel. de l'époque).* **150 fr.**

ÉDITION ORIGINALE. Portrait gravé et trois pl. dessinées par *H. Richter, T. Heaphy, T. Parris,* finement gravées par *T.-A. Dean, F. Bacon, H.-T. Rynll.* Bel exemplaire dans une jolie reliure, les plats légèrement frottés.

817 **BOUILLY (J.-N.).** — CAUSERIES D'UN VIEILLARD. *Paris, Louis Janet, s. d.* [vers 1830], in-12, veau fauve, plats ornés d'une grande plaque à fr. encad. d'un fil. dor., dos orn. en long de fers dor. et à fr., avec pièce de mar. n., dent. int., tr. dor. *(Rel. de l'époque).* **1.000 fr.**

Edition ornée de 5 jolies figures d'après *Scheffer, Gainsboro, Farrier, Guet, Bouilly,* finement gravées par *Greatbach, Chevalier, Robinson, Rivers* et *Engleheart.* Exemplaire de toute fraîcheur dans une superbe et très fine reliure romantique pleine avec une charmante grande plaque à froid, d'un décor peu commun, sur les plats.

818 BOUILLY (J.-N.). — CAUSERIES ET NOUVELLES CAUSERIES. *Paris, M*^{me} *Vve Louis Janet, s. d.* [vers 1856], gr. in-8, demi-chag. vert, plats percale encad. de fil. à fr., dos orn. de comp. avec fleuron, tr. dor. *(Rel. de l'époque).* **35 fr.**

Edition ornée de 4 figures sur acier gravées par *Rouarge.* Bel exemplaire malgré qq. légères rousseurs. Ouvrage dédié aux mères de famille et aux institutrices.

819 BOUILLY (J.-N.). — CONSEILS A MA FILLE. *Paris, Rosa,* 1812, 2 vol. in-12, demi-veau v., dos ornés, tr. jasp. *(Rel. de l'époque).* **1.200 fr.**

ÉDITION ORIGINALE de cet ouvrage célèbre dans lequel Bouilly entreprend de préparer sa fille à son entrée dans le monde et même « de la guider dans le choix d'un époux » (voir *M.-T. Latzarus,* p. 73). — Orné de 2 titres gravés avec jolies vignettes et de 19 charmantes figures finement gravées, non signées. Chiffre au bas du dos et sur le premier plat. Mouillures à 2 cahiers. De toute rareté.
PLANCHE 175

820 BOUILLY (J.-N.). — CONSEILS A MA FILLE. *Paris, Rosa,* 1812, 2 vol. in-12, veau olive foncé, dos sans nerfs, tr. dorées. *(Rel. de l'époque).* **1.500 fr.**

Autre exemplaire de l'ÉDITION ORIGINALE (voir le n° précédent). Plats décorés d'un cadre doré de feuilles de chêne et de glands, grand rectangle de filets vermiculés dorés, dos orné de palmes dorées. Un mors éclaté (mais restauré). Exemplaire feuilleté, mais de toute rareté, surtout dans une reliure d'époque aussi intéressante.

821 BOUILLY (J.-N.). — CONSEILS A MA FILLE. *Paris, Rosa,* 1812, 2 vol. in-12, veau racine, pet. dent., dos ornés, avec pièces de mar. r., tr. j. *(Rel. de l'époque).* **600 fr.**

Seconde édition publiée la même année que l'originale. Mêmes figures. Bel exemplaire dans une jolie reliure de l'époque. Petite tache à la marge d'une planche.

822 BOUILLY (J.-N.). — CONSEILS A MA FILLE. *Paris, Rosa,* 1813, 2 vol. in-12, veau marbr., dos sans nerfs, pièces cuir, fil. sur les pl. *(Rel. de l'époque).* **250 fr.**

Même ouvrage que le précédent. 3e édition. Légères restaurations à la reliure.

823 BOUILLY (J.-N.). — CONSEILS A MA FILLE. *Paris, Louis Janet, s. d.* [vers 1835], 2 vol. in-12. *(Cartonnage papier de l'éditeur).* **1.500 fr.**

Exemplaire de premier tirage. 2 titres et 10 pl. finement gravés. Cartonnage romantique, papier crème, richement orné d'une large guirlande florale argent et or et de 2 compartiments vermiculés avec rinceaux blanc et or entourant un grand médaillon central doré de style rocaille. Le dos du cartonnage est au nom de l'éditeur Lehuby. Gravures d'une extrême finesse. De toute rareté sous ce cartonnage. Légères rousseurs.

823 bis BOUILLY (J.-N.). — CONSEILS A MA FILLE. *Paris, Louis Janet, s. d.* [vers 1835], 2 vol. in-12, veau violet, dos à nerfs ornés, dentelles, roulettes et motifs or au pointillé, fil. sur

les plats et grande cathédrale à froid, dent. intér., tr. dorées. **1.250 fr.**

Même ouvrage que le précédent, sixième édition (le faux titre porte huitième). Mêmes gravures. Splendide exemplaire dans une reliure à la cathédrale, dont l'architecture est inspirée de Notre-Dame de Paris.

824 BOUILLY (J.-N.). — CONSEILS A MA FILLE. *Paris, Louis Janet, s. d.* [vers 1835], 2 vol. in-12, veau grenat poli, fil. dor. grande plaque à fr., dos orn. en long, tr. dor. *(Rel. de l'époque).* **400 fr.**

Edition ornée de 2 titres gravés avec jolies vignettes et de 10 nouvelles figures sur acier, non signées. Bel exemplaire dans une charmante reliure romantique très décorative.

825 BOUILLY (J.-N.). — CONSEILS A MA FILLE. *Paris, L. Janet, Magnin, Blanchard et C*^{ie}*, s. d.* [vers 1850], in-12, demi-chag. br., plats percale, encadr. de fil. à fr., dos orn., tr. dor. *(Rel. de l'époque).* **35 fr.**

Edition ornée de 4 figures non signées. Bel exemplaire.

826 BOUILLY (J.-N.). — CONSEILS A MA FILLE. *Paris, Vve Louis Janet et Magnin, s. d.* [vers 1850], gr. in-18, cart. percale noire, plats orn. de fers spéciaux dor. et à fr., dos orn. en long, tr. dor. *(Cart. de l'éditeur).* **50 fr.**

Même édition que la précédente. Exemplaire dans un joli cartonnage avec grande plaque signée par *Haarhaus, Paris,* dos très décoratif. Qq. rousseurs.

827 BOUILLY (J.-N.). — CONSEILS A MA FILLE. *Paris, M*^{me} *Vve L. Janet, s. d.,* in-12. — CONTES A MA FILLE. *Paris, M*^{me} *Vve L. Janet, s. d.* [vers 1850], in-12, ensemble 2 vol. in-12, demi-chagr. vert, fil. dos orn. de comp., tr. dor. *(Rel. de l'époque).* **60 fr.**

Chaque ouvrage est orné de 4 figures sur acier non signées. *Bel exemplaire.*

828 BOUILLY (J.-N.). — CONTES A MA FILLE. *Paris, J. Chaumerot,* 1810, 2 vol. in-12, demi-veau fauve, dos orn. de fers dor. et à fr., tr. marb. *(Rel. romantique).* **1.000 fr.**

SECONDE ÉDITION extrêmement rare (la première avait paru en 1809) de ce grand classique du genre. Bouilly après avoir écrit de nombreuses pièces de théâtre écrivit ces contes pour sa fille *Flavie* à qui il en dictait une partie chaque matin pour lui apprendre l'orthographe ; Bouilly s'y révéla un délicieux conteur et son livre eut un immense succès (Cf. *M.-T. Latzarus,* p. 64 et sq.). Orné de 2 titres gravés avec la même vignette et de 16 jolies figures non signées. Bel exemplaire dans une demi-reliure romantique très fraîche.

829 BOUILLY (J.-N.). — CONTES A MA FILLE. *Londres, B. Dulau and C*^o*,* 1811, in-12, demi-bas. rouge, dos et coins. *(Reliure de l'époque).* **150 fr.**

Rare édition illustrée de 4 figures gravées, publiée à Londres. Les figures sont différentes des éditions publiées en France.

830 BOUILLY (J.-N.). — CONTES A MA FILLE. *Paris, Charles Barrois,* 1812, 2 vol. in-12, demi-

veau fauve, dos orn. avec pièces de mar. r. et v.,
tr. j. *(Rel. de l'époque)*. **600 fr.**

Edition ornée de 31 jolies figures non signées différentes
de celles qui illustrent la 2ᵉ édition. *Mors et coins fatigués.*

831 BOUILLY (J.-N.). — CONTES A MA FILLE.
Paris, Rosa, 1814, 2 vol. in-12, bas. racine, dos
orn. avec pièces de mar. r., tr. j. *(Rel. de l'époque)*.
800 fr.

Edition ornée de 2 titres gravés avec vignettes et de
31 jolies figures non signées, différentes de celles de l'édition précédente. Exemplaire dans une reliure pleine de
l'époque d'un goût charmant. Bel exemplaire.

832 BOUILLY (J.-N.). — CONTES A MA FILLE.
Paris, Louis Janet, s. d. [vers 1820], 2 vol. in-12,
veau fauve, encad. de dent. à fr., roses dor. aux
angles, dos orn. de fers dor. et à fr., avec pièces
de mar. v. dent. int., tr. dor. *(Rel. romantique)*.
600 fr.

Edition ornée de 2 titres gravés avec vignettes et de
20 jolies figures de *Chasselat.* Bel exemplaire dans une très
jolie reliure romantique pleine.

833 BOUILLY (J.-N.). — CONTES A MA FILLE.
Paris, L. Janet, s. d., 2 vol. — CONSEILS A MA
FILLE. *Paris, L. Janet, s. d.* [vers 1820], 2 vol.,
ensemble 4 vol. in-12, basane racine, fil. dent.,
dos orn. avec pièce de mar. v., tr. dor. *(Rel. de
l'époque)*. **500 fr.**

Le premier ouvrage est orné de deux titres gravés avec
vignettes et de 20 figures d'après *Chasselat* ; le second, de
2 titres gravés avec vignettes et de 14 figures gravées par
Manduit, Fontaine. Exemplaire dans une reliure romantique richement décorée. *Mors fatigués, traces de vers sur
un plat.*

834 BOUILLY (J.-N.). — CONTES A MA FILLE.
Bruxelles, De Mat, 1821, 2 tomes en 1 vol. in-12,
demi-bas. bl. avec coins, dos orn. en long, armoiries sur les plats, tr. jasp. *(Rel. hollandaise de
l'époque)*. **300 fr.**

Edition reproduisant l'édition de Paris de Louis Janet,
s. d. Elle est ornée de 8 figures. Bel exemplaire dans une
fraîche reliure de l'époque avec armoiries sur les plats.
Aigle avec tour au centre dans un médaillon.
PLANCHE 174.

835 BOUILLY (J.-N.). — CONTES A MA FILLE.
Paris, Louis Janet, s. d. [vers 1830], 2 vol. in-12,
br., couv. chamois impr. **150 fr.**

Edition ornée de 2 titres gravés avec vignettes et de
10 jolies figures non signées. Piqûres de vers *(sans gravité)*
aux pages 137 à 213 du tome I. Très rare avec couvertures
imprimées.

836 BOUILLY (J.-N.). — CONTES A MA FILLE.
Paris, Louis Janet, s. d. [vers 1830], 2 vol. in-12,
demi-veau rose, dos orn. en long avec pièces de
maroq. n., tr. jasp. *(Rel. de l'époque)*. **180 fr.**

Même édition que la précédente. Exemplaire dans une
demi-reliure romantique très décorative. Rousseurs.

837 BOUILLY (J.-N.). — CONTES A MA FILLE.
Bruxelles, Berthot, 1831, 2 vol. pet. in-12, br.,
couv. verte imp. **50 fr.**

Edition ornée de 2 figures non signées.

838 BOUILLY (J.-N.). — CONTES A MA FILLE.
Paris, L. Janet, Magnin, Blanchard et Cⁱᵉ, s. d.
[vers 1850], in-8, demi-chag. br., plats percale,
encad. de fil. à fr., dos orn., tr. dor. *(Rel. de l'époque)*. **100 fr.**

Même édition, mêmes figures. Bel état.

839 BOUILLY (J.-N.). — CONTES A MA FILLE.
Paris, Magnin, Blanchard, s. d. [vers 1850], in-8,
cart. toile noire, motifs dorés, tr. dor. *(Cart. de
l'éditeur)*. **250 fr.**

Même édition, mêmes figures. Grande plaque dorée
signée *Engel* et *Schaeck,* représentant une scène enfantine,
mère entourée de ses enfants, dans un joli encadrement.
Bel exemplaire de toute fraîcheur avec dos très décoratif.

840 BOUILLY (J.-N.). — CONTES A MA FILLE.
Paris, Magnin, Blanchard, s. d. [vers 1850], in-8,
cart. toile noire, motifs dorés, tr. dorées. *(Cart.
de l'éditeur)*. **200 fr.**

Un frontispice et dix lithographies par LOUIS LAS-
SALLE, le frontisp. joliment colorié, les lithos sur fond
chamois. Vignettes sur bois dans le texte. Plaque dorée
représentant des allégories (la Foi, la Science), et, dans des
médaillons, une harpe, une lunette, une roue de gouvernail,
une machine à vapeur, etc. Bel exemplaire.

841 BOUILLY (J.-N.). — CONTES A MA FILLE.
Paris, Magnin, Blanchard et Cⁱᵉ, s. d. [vers 1850],
gr. in-8, cart. toile bleue, décors polychromes,
tr. dorées. *(Cart. d'édil.)*.

Le même ouvrage que le précédent. Décor identique,
mais polychrome. Bel exemplaire, sauf légère usure aux
coins inférieurs et une coiffe déchirée.

842 BOUILLY (J.-N.). — CONTES A MA FILLE.
Paris, Vve Louis Janet, s. d. [vers 1850], in-8,
cart. toile noire, décors dorés, tr. dorées. *(Carl.
de l'édit.)*. **200 fr.**

Dix lithographies hors-texte sur fond chamois et un beau
frontispice colorié, d'après les dessins de Louis Lassalle.
Décors dorés, écusson et médaillons. *Bel exemplaire.*

843 BOUILLY (J.-N.). — CONTES A MA FILLE.
Paris, Mᵐᵉ Vve Louis Janet, s. d. [vers 1850],
in-8, demi-chag. vert, plats percale encad. de fil.
à fr., dos orn. de comp. semé de mouchetures
d'hermine, tr. dor. *(Rel. de l'époque)*. **100 fr.**

Mêmes figures que dans l'édition précédente. Exemplaire
dans une demi-reliure avec un dos très décoratif.

844 BOUILLY (J.-N.). — CONTES A MES PETI-
TES AMIES ou trois mois en Touraine. *Paris,
Louis Janet, Magnin, Blanchard et Cⁱᵉ, s. d.* [vers
1850], in-8 demi-chag. n., plats percale encad. de
fil. à fr., dos orn. de comp., tr. dor. *(Engel)*.
150 fr.

Edition ornée d'un frontispice lithographié richement
colorié, de 9 lithographies en deux teintes par *A. Coppin*
et de vignettes sur bois. Bel exemplaire dans une demi-
reliure de l'époque signée.

Dans les *Contes à mes petites amies*, Bouilly a vraiment
« touché du doigt la plaie des relations entre petites filles
de l'aristocratie ou de la bourgeoisie, cet insupportable
dédain dont on accable les compagnes moins favorisées,
les parents obscurs ou la pauvre institutrice à gages. »
(*Cf. M. T. Latzarus, p. 66*).

845 BOUILLY (J.-N.). — CONTES A MES PETI-
TES AMIES. *Paris, L. Janel, Magnin, Blanchard
et C*ⁱᵉ, *s. d.* [vers 1850], in-8, demi-chag. rouge,
plats percale encad. de fil. à fr., dos orn., tr. dor.
(Rel. de l'époque).   **250 fr.**

Même édition que la précédente. Exemplaire avec TOU-
TES LES LITHOGRAPHIES RICHEMENT COLO-
RIÉES. *Qq. rousseurs, coins fatigués.*

846 BOUILLY (J.-N.). — CONTES A MES PETI-
TES AMIES. *Paris, M*ᵐᵉ *Vve Louis Janel, s. d.*
[vers 1850], gr. in-18, cart. percale noire, plats
orn. de fers spéciaux dor. et à fr., dos orn. en long,
tr. dor. *(Cart. de l'éditeur).*   **40 fr.**

Même édition que la précédente. Exemplaire dans un
joli cartonnage, avec grande plaque signée par *Haarhaus*.
Dos très décoratif.

847 BOUILLY (J.-N.). — CONTES A MES PETI-
TES AMIES. *Paris, M*ᵐᵉ *Vve Louis Janel, s. d.*
[vers 1850], gr. in-18, demi-chag. rouge, fil. dor.,
dos orn., tr. dor. *(Rel. de l'époque).*   **35 fr.**

Edition ornée de 4 jolies figures sur acier, non signées.
Reliure très fraîche. *Qq. rousseurs.*

848 BOUILLY (J.-N.). — CONTES A MES PETI-
TES AMIES. *Paris, Magnin, Blanchard et C*ⁱᵉ,
s. d. [vers 1856], gr. in-18, demi-chag. br., plats
percale encad. de fil. à fr., dos orn., tr. dor. *(Rel.
de l'époque).*   **30 fr.**

Mêmes figures que celles de l'édition précédente. Bel
exemplaire.

849 BOUILLY (J.-N.). — CONTES OFFERTS
AUX ENFANS DE FRANCE. *Paris, Louis
Janel, s. d.* (1824), in-12, veau fauve encad. de
fil., dent. dor. et à fr., centre à fr., dos orn. de
fers dor. et à fr., dent. int., tr. dor. *(Rel. de l'époque).*   **1.250 fr.**

ÉDITION ORIGINALE ornée d'un titre gravé avec
vignette et de 16 jolies figures de *Chasselat* gravées
par *Rouargue*, et non signées. Exemplaire du PREMIER
TIRAGE dans une jolie reliure romantique pleine richement décorée. Ouvrage composé par Bouilly sur la demande
de la Duchesse de Berry et destiné à l'éducation des Enfants
de France : la future duchesse de Parme et le futur comte
de Chambord.

850 BOUILLY (J.-N.). — CONTES OFFERTS
AUX ENFANS DE FRANCE. *Paris, Louis
Janel, s. d.* (1824), in-12, cart. papier bleu, dos
orn. avec pièce de mar. rouge, non rogné. *(Rel.
de l'époque).*   **700 fr.**

ÉDITION ORIGINALE. Taches à la marge d'une
planche. Cartonnage fatigué.

851 BOUILLY (J.-N.). — CONTES OFFERTS
AUX ENFANS DE FRANCE. *Paris, Janel, s. d.*

[vers 1825], 2 vol. in-12, bas. marbr., dos orné,
pièces rouges, tr. j. *(Rel. anc.).*   **600 fr.**

Jolie édition de ce célèbre ouvrage, l'un des classiques
du genre, dédié à la *Duchesse de Berry*. Orné de 2 titres
gravés et de 28 figures d'après *Chasselat* et *Rouargue*. Le
tome II est en ÉDITION ORIGINALE. Petits culs-de-
lampe gravés sur bois. Bel exemplaire.

852 BOUILLY (J.-N.). — CONTES OFFERTS
AUX ENFANS DE FRANCE. *Paris, Louis Janel,
s. d.* [vers 1824], 2 vol. in-12, br., couv. verte et
chamois, impr.   **250 fr.**

Même édition que la précédente. Bel exemplaire avec
les couvertures imprimées.

853 BOUILLY (J.-N.). — CONTES OFFERTS
AUX ENFANS DE FRANCE. *Paris, Louis Janel,
s. d.* [vers 1824], 2 vol. in-12, demi-veau rose avec
coins, fil. dos orn. avec pièce de mar. n., tr. jasp.
(Rel. italienne de l'époque).   **150 fr.**

Même édition que la précédente. Exemplaire dans une
fine demi-reliure romantique très décorative. Au bas du
dos en lettres dorées : *Teresina Strappini*. Coins fatigués.
Manque une planche.

854 BOUILLY (J.-N.). — CONTES OFFERTS
AUX ENFANTS DE FRANCE. LES JEUNES
ÉLÈVES. *Paris, M*ᵐᵉ *Vve Louis Janel, s. d.* [vers
1850], gr. in-18, demi-chag. br., plats percale
encad. fil. à fr., dos orn., tr. dor. *(Rel. de l'époque).*
                                               40 fr.

Edition ornée de 4 jolies lithographies en deux teintes
par LASSALLE. *Qq. rousseurs.*

855 BOUILLY (J.-N.). — CONTES POPULAIRES.
Paris, L. Janel, et Londres, Louvel, s. d. [vers 1830],
2 vol. in-12, bas. marb., dos orn. avec pièces de
mar. r. *(Rel. de l'époque).*   **1.000 fr.**

ÉDITION ORIGINALE, ornée de 2 titres gravés
avec vignettes et de 10 jolies figures non signées. *Bel exemplaire du PREMIER TIRAGE.*

856 BOUILLY (J.-N.). — CONTES POPULAIRES.
Paris, Vve Louis Janel, s. d. [vers 1845], in-12,
cart. percale noire, plats orn. de fers spéciaux dor.
et à fr., dos orn. en long, tr. dor. *(Haarhaus,
Paris).*   **75 fr.**

Edition ornée de 4 jolies figures sur acier, hors-texte.
Très bel exemplaire avec jolie grande plaque signée et un
dos décoratif. Dans cette édition destinée à la jeunesse
quelques épisodes empruntés à une époque de discordes
politiques ont été supprimés.

857 BOUILLY (J.-N.). — LES ENCOURAGEMENS
DE LA JEUNESSE. *Paris, M*ⁱˡᵉ *Deville, Le Nor-
mant,* 1815, in-12, bas. racine, pet. dent., dos
orné avec pièce de mar. r. *(Rel. de l'époque).*
                                               1.000 fr.

ÉDITION ORIGINALE, elle est ornée d'un titre gravé
avec vignette et de 8 jolies figures gravées par *Lambert*
d'après *Chasselat.*
Dans cet ouvrage, l'auteur a essayé d'encourager les
jeunes littérateurs et de les prémunir contre les obstacles
qu'ils auraient à vaincre, en leur offrant l'exemple de
plusieurs écrivains qu'ils ont aimés. Suivant une note de
l'éditeur, les figures des gens de lettres dont ce recueil

offre le souvenir, ont été dessinées et gravées avec soin, d'après des portraits ressemblants.

Reliure de l'époque avec un dos très décoratif. Très bel exemplaire.

PLANCHE 174.

858 **BOUILLY (J.-N.).** — LES ENCOURAGE-MENS DE LA JEUNESSE. *Paris*, 1815, in-12, basane racine, petite dent., dos orné avec pièce de maroq. rouge. *(Rel. de l'époque).* **750 fr.**

ÉDITION ORIGINALE. Le même ouvrage que le précédent. Jolie rel. décorative de l'époque, coins restaurés. Dédicace manuscrite sur le titre.

859 **BOUILLY (J.-N.).** — LES ENCOURAGE-MENS DE LA JEUNESSE. *Paris, Alexis Eymery, Mlle Deville*, 1817, in-12, bas. marb., pet. dent., dos orné avec pièce de mar. r., tr. marb. *(Rel. de l'époque).* **400 fr.**

Deuxième édition. Mêmes gravures que celles de l'édition précédente. Exemplaire dans une reliure pleine de l'époque. Eraflures, coins fatigués.

860 **BOUILLY (J.-N.).** — LES ENCOURAGE-MENS DE LA JEUNESSE. *Paris, Alexis Eymery, Mlle Deville*, 1817, in-12, demi-chag. br., plats toile encad. de fil. à fr., dos orné, tr. dor. *(Rel. du XIXe s.).* **300 fr.**

Même édition que la précédente. Bel exemplaire sauf qq. rousseurs. La reliure est à l'envers.

861 **BOUILLY (J.-N.).** — LES ENCOURAGE-MENS DE LA JEUNESSE. *Paris, Louis Janel*, s. d. [vers 1820], 2 vol. in-12, demi-veau vert, dos ornés de fers dor. et à fr., avec pièces de mar. n., tr. marb. *(Rel. de l'époque).* **250 fr.**

Edition imprimée par *Ducessois*, elle est dédiée au *Duc d'Orléans*. Elle est augmentée d'une seconde partie et est ornée de deux titres gravés avec vignettes et de 16 jolies figures ; les 8 premières ont été regravées d'après l'édition originale. Bel exemplaire dans une charmante demi-reliure romantique. *Dos passé.*

862 **BOUILLY (J.-N.).** — LES ENCOURAGE-MENS DE LA JEUNESSE. *Paris, Louis Janel*, s. d. [vers 1820], 2 vol. in-12, veau fauve, fil. roses aux angles, dos ornés en long, dent. int. à fr., tr. dor. *(Rel. de l'époque).* **500 fr.**

Même édition que la précédente. Exemplaire dans une jolie reliure romantique pleine. Eraflures au tome II.

863 **BOUILLY (J.-N.).** — LES ENCOURAGE-MENS DE LA JEUNESSE. *Paris, Louis Janel*, s. d. [vers 1820], 2 vol. in-12, veau havane foncé, dos ornés à nerfs, dentelles et fleurons, double encadrement de fil. sur les pl., guirlande à froid et dent. or ; dent. intér., tr. dorées. *(Reliure de l'époque).* **1.600 fr.**

Même ouvrage que le précédent, même édition. LES GRA-VURES SONT AVANT LA LETTRE. Magnifique exemplaire dans une jolie reliure romantique de toute fraîcheur.

864 **BOUILLY (J.-N.).** — LES ENCOURAGE-MENS DE LA JEUNESSE. 2 vol. in-12, veau rose, dos ornés à chaud et à froid, filets, dentel.

à froid et à chaud, médaillon quadrilobé sur les pl., dentel. intér., tr. dorées. **1.000 fr.**

Même ouvrage, même édition que le précédent. Exemplaire sur papier vélin, les figures sont avant la lettre.

865 **BOUILLY (J.-N.).** — LES ENCOURAGE-MENS DE LA JEUNESSE. *Paris, Louis Janel*, s. d. [vers 1825], 2 vol. in-12, demi-veau fauve, dos orné avec pièces de mar. r. et v., tr. marb. *(Rel. de l'époque).* **200 fr.**

Edition imprimée par *Richomme*. Mêmes gravures que celles de l'édition précédente. Exemplaire très frais dans une jolie demi-reliure romantique.

866 **BOUILLY (J.-N.).** — LES ENCOURAGE-MENS DE LA JEUNESSE. *Paris, Louis Janel*, s. d. [vers 1825], 2 vol. in-12, veau jasp., pet. dent., dos ornés avec pièces de mar. r., tr. jasp. *(Rel. de l'époque).* **250 fr.**

Même édition que la précédente. Exemplaire dans une charmante reliure romantique avec un dos très décoratif. Coins fatigués.

867 **BOUILLY (J.-N.).** — LES ENCOURAGE-MENS DE LA JEUNESSE. *Paris, Louis Janel*, s. d. [vers 1825], 2 vol. in-12, veau fauve, dent. et centre à fr., roses dor. aux angles, dos à nerfs ornés de fers dor. et à fr., avec pièces de mar. bleu, dent. int. à fr., tr. marb. *(Rel. de l'époque).* **150 fr.**

Même édition que la précédente. Exemplaire dans une très jolie reliure romantique richement décorée. Taches à la marge de qq. ff. du tome II.

868 **BOUILLY (J.-N.).** — LES ENCOURAGE-MENS DE LA JEUNESSE. *Paris, Louis Janel*, s. d. [vers 1825], 2 vol. in-12, demi-veau fauve avec coins, pet. dent. à fr., dos ornés avec pièces de mar. vert, tr. marb. *(Rel. de l'époque).* **100 fr.**

Même édition que la précédente. Exemplaire dans une jolie demi-reliure romantique avec un dos très décoratif. Les faux-titres manquent. Qq. mouillures.

869 **BOUILLY (J.-N.).** — LES ENCOURAGE-MENTS DE LA JEUNESSE. *Paris, Vve Louis Janel*, s. d. [vers 1845], gr. in-8, cart. toile bleue, décors dorés, tr. dorés. *(Carl. d'édit.).* **500 fr.**

Un frontisp. et dix lithographies de Louis Lassalle, très joliment coloriés. Vignettes sur bois dans le texte. Grands motifs architecturaux avec vases de fleurs. Très bel exempl.

870 **BOUILLY (J.-N.).** — LES ENCOURAGE-MENTS DE LA JEUNESSE. *Paris, Vve Louis Janel*, s. d. [vers 1845], in-8, cartonnage toile noire, décor polychrome, tr. dorées. *(Carl. de l'éditeur).* **250 fr.**

Même ouvrage, mêmes illustrations que le précédent, en noir. Les lithographies de *Louis Lassalle* sont dans un état remarquable de fraîcheur.

871 **BOUILLY (J.-N.).** — LES ENCOURAGE-MENTS DE LA JEUNESSE. *Paris, L. Janel, Magnin, Blanchard et Cie*, s. d. [vers 1850], in-8, demi-chag. vert, plats percale encad. à fr., dos

orné de comp. avec fleuron, tr. dor. *(Rel. de l'époque).* **200 fr.**

Le même ouvrage que le précédent : un frontispice lithographié richement colorié, 10 jolies lithographies à deux teintes et vignettes sur bois dans le texte. Qq. légères rousseurs. Bel exemplaire dans une demi-reliure très fraîche.

872 **BOUILLY (J.-N.).** — LES JEUNES ÉLÈVES. *Paris, Mme Vve Louis Janel, s. d.* [vers 1841], in-12, bas. grenat, fil. dor., grande plaque à fr., dos orn., tr. marb. *(Rel. de l'époque).* **150 fr.**

ÉDITION ORIGINALE de la dernière œuvre de Bouilly. Dans l'introduction de cet ouvrage il dit : « *Après avoir parcouru tous les rangs de l'ordre social, et m'être, pour ainsi dire, initié dans les familles, j'ai voulu tracer mes derniers récits, entouré de ces êtres intéressants qui composent le premier âge.* » Elle est ornée d'un frontispice gravé par *Rouargue* d'après *Lassalle.* Exemplaire dans une reliure romantique pleine avec une grande et jolie plaque à froid sur les plats. Reliure un peu fatiguée.

873 **BOUILLY (J.-N.).** — LES JEUNES FEMMES. *Paris, Louis Janel, s. d.* [vers 1820], 2 vol. in-12 maroq. rouge à longs grains, dos ornés, fers dorés et à froid, fil. d'or, dent. et médaillon à froid sur les plats, dent. int., tr. dorées. *(Rel. de l'époque).* **800 fr.**

ÉDITION ORIGINALE ornée de 2 titres gravés avec vignettes et de 16 jolies figures d'après *Chasselat.* Exemplaire sur vélin les figures avant la lettre. Dans l'introduction de cet ouvrage, l'auteur dit : « *Après avoir essayé, dans les Contes et les Conseils à ma fille de diriger les femmes dans ce premier sentier de la vie, si difficile à parcourir ; après les avoir, pour ainsi dire, escortées depuis leur berceau jusqu'au temple de l'hymen, j'ai pensé que je pourrais les intéresser plus vivement encore, les servir plus efficacement peut-être, en les suivant au sein de leurs ménages, en les aidant à parer de fleurs la chaîne qui influe si puissamment sur leurs destinées.* » Bon exemplaire dans une demi-reliure romantique avec un dos très décoratif. Qq. rousseurs. Restaurations à la reliure.

874 **BOUILLY (J.-N.).** — LES JEUNES FEMMES. *Paris, Louis Janel, s. d.* [vers 1820], 2 vol. in-12, veau granité, dos ornés, pièces cuir, dent. sur les plats, tr. jasp. **280 fr.**

Même ouvrage que le précédent, 2e édition, mêmes gravures. *Bel exemplaire.*

875 **BOUILLY (J.-N.).** — LES JEUNES FEMMES. *Paris, Louis Janel, s. d.* [vers 1820], 2 vol. in-12, demi-veau rouge, dos orné en long avec pièces mar. *(Rel. de l'époque).* **250 fr.**

Même ouvrage et même édition que le précédent. Rousseurs.

876 **BOUILLY (J.-N.).** — LES MÈRES DE FAMILLES. *Paris, Louis Janel, s. d.* (1823), 2 vol. in-12, demi-veau bleu, dos orné de fers dor. et à fr., tr. marb. *(Rel. de l'époque).* **800 fr.**

ÉDITION ORIGINALE ; elle est ornée de 2 titres gravés avec vignettes et de 16 jolies figures d'après *Chasselat.* Bel exemplaire dans une fine et très fraîche demi-reliure romantique.
Ouvrage dédié : *Aux mânes de ma mère.* Dans la dédicace, on lit : « *Je viens, aujourd'hui, déposer encore sur votre cendre révérée, ce quatrième ouvrage qui m'inspira le tendre et respectueux attachement que je porte à ce sexe, dont vous étiez l'honneur et l'exemple... Eh qui mieux que votre fils, pouvait être l'ami des femmes ?* »

877 **BOUILLY (J.-N.).** — LES MÈRES DE FAMILLE. Veau bleu encad. de fil. gras dor., dent. à fr., dos ornés, tr. marb. *(Rel. de l'époque).* **600 fr.**

Même édition que la précédente. Exemplaire dans une reliure romantique pleine avec un dos décoratif. *Taches sur le premier plat du tome II. Traces de vers.*

878 **BOUILLY (J.-N.).** — LES MÈRES DE FAMILLE. Bas. racine, dos ornés avec pièces de mar. r., tr. marb. *(Rel. de l'époque).* **400 fr.**

Même édition que la précédente. Bon exemplaire dans une reliure pleine de l'époque. *Mors fatigués.*

879 **BOUILLY (J.-N.).** — LES MÈRES DE FAMILLE. Veau havane, dos orné, fil. et fers à froid sur les pl., dent. intér., tr. dorées. *(Rel. de l'époque).* **700 fr.**

Même édition que la précédente. Bel exemplaire dans une reliure de l'époque. Légères rousseurs provenant des serpentes. Un mors légèrement affaibli.

880 **BOUILLY (J.-N.).** — ŒUVRES. *Paris, Louis Janel, s. d.* (1820-1837), 4 ouvrages en 8 vol. in-12, maroq. bleu foncé, dos ornés, fers à froid, filets pointillés or, tr. jaspées. *(Rel. de l'époque).* **1.800 fr.**

Réunion très intéressante de beaux exemplaires en reliure d'époque des ouvrages suivants : Les Encouragements de la jeunesse. Les jeunes femmes. Les mères de famille. Conseils à ma fille. Chaque ouvrage est en deux volumes. Chaque volume est orné de 8 gravures. *Les Mères de famille* sont en édition originale et les *Encouragements de la jeunesse* en première édition complète.

881 **BOUILLY (J.-N.).** — LE VIEUX GLANEUR OU DE TOUT UN PEU. *Paris, Louis Janel, s. d.* [vers 1833], in-12, demi-chag. vert, dos orn., tr. jasp. *(Rel. de l'époque).* **60 fr.**

PREMIÈRE ÉDITION de ce recueil de poésies ; elle est ornée de 9 jolis portraits d'après *Joy, Hill, Wood, Corbaux, Harper,* finement gravés par *Simmons, Bacon, Shenton, Periam, Rolls, Cook, Fox.*
Rousseurs.

━━━━━━

882 **BOURRASSÉ (L'Abbé J.-J.).** — HISTOIRE NATURELLE des oiseaux, des reptiles et des poissons. *Tours, Mame,* 1847, in-12, cart. toile bleue, décors dorés. *(Cart. de l'édit.).* **60 fr.**

24 lithos gravées sur bois représentant 48 figures. Jolis décors dorés : au premier plat, nid d'oiseaux dans la verdure ; au second plat, un enfant récite sa leçon devant le maître. *Très bel exemplaire.*

883 **BOURDILLON (F. W.).** — YOUNG MAID'S AND OLD CHINA. *London, Marcus Ward and Co, n. d.* [circa 1890], sm. 4to. or. coloured boards. **15 fr.**

FIRST EDITION. Illustrated with 14 coloured plates, and many vignettes of blue china. Fine copy.

884 **BOURNE (Mrs).** — EXERTION or the Children of the Forest : A Tale founded on facts. *Yar-*

mouth, F. Skill, 1836, sm. 12mo. or. half-leather, boards. **40 fr.**

FIRST EDITION. Engraved frontispiece by *R. Johns.* 3 page book list at end.

885 [**BOURRUT-LÉMERIE**]. — TABLEAU HISTORIQUE, descriptif et géographique de tous les peuples de l'Univers. *Paris, Lécrivain,* 1821, 4 vol. in-12, bas. marb., dos orné, pièces rouges, pet. guirlande autour des plats, tr. dor. *(Rel. de l'époque).* **1.000 fr.**

Bel ouvrage orné de 150 planches de *costumes, coloriées* et tirées sur papier fort. Une grande partie du tome 3 est consacrée à l'AMÉRIQUE et contient entre autres, les costumes de la *Terre de Feu,* du *Groenland,* du *Paraguay,* du *Chili,* de la *Floride,* du *Brésil,* de la *Louisiane, etc.*

886 **BOURRUT-LÉMERIE.** — TABLEAU DES MŒURS, Usages et Costumes de toutes les Nations. Recueil présentant une foule de particularités sur tous les peuples du monde ; propre à instruire les jeunes gens des deux sexes. *Paris, Salmon (Impr. A. Béraud),* 1828, 2 part. en 1 vol. in-12, veau poli beige, dos à n. orné de guirlandes et fil. dorés, fleurons noirs, dent. dorée et noire sur les plats, n. rogné, tête dorée. *(Yseux).* **300 fr.**

Très bel exemplaire de cet ouvrage peu commun orné de 24 figures coloriées *(costumes).*

887 **BOUSSENOT.** — ALBUM DE DOUZE RÉBUS. *Paris, Dupin, s. d.* [vers 1830], in-8 obl., cartonnage dos toile, plats papier vert moiré. **80 fr.**

Suite de 12 lithographies tirées chez Castille plus le titre et le frontispice donnant en rébus l'adresse de l'éditeur. A la fin du volume : « Explications des douze rébus ». Exemplaire très frais.

888 **BOUTET DE MONVEL.** — CHANSONS DE FRANCE pour les petits Français, avec accompagnements de J.-B. Weckerlin. Illustrations par M. B. de Monvel. *Paris, Plon, Nourrit et Cie, s. d.* (1883), in-4 obl. *(Cartonnage toile de l'éditeur).* **125 fr.**

ÉDITION ORIGINALE. Charmante publication contenant 24 chansons, chacune d'elles entourée de dessins imprimés en couleurs. Musique notée. Faux-titre, titre (recto et verso), table et dernière page illustrés.

889 **BOUTET DE MONVEL.** — CHANSONS DE FRANCE pour les petits Français, avec accompagnements de J.-B. Weckerlin. Illustrations par M. B. de Monvel. *Paris, Plon, Nourrit et Cie, s. d.* [vers 1884], in-4, obl. *(Cartonnage toile de l'éditeur).* **50 fr.**

Même ouvrage, deuxième édition.

890 **BOUTON DE ROSE,** conte. [*Paris, Lecerf, P. Blanchard, A. Giroux, s. d.* (vers 1820)], in-12 obl. *(Cartonnage papier de l'éditeur).* **300 fr.**

Titre en lithographie et 8 lithographies coloriées. Le cartonnage illustré d'une charmante lithographie dans le style de l'époque. Conte oriental où l'on voit le génie Bouton de Rose, confondant les projets des méchants, assurer le bonheur du sultan Azem, de la princesse Enamire et de leurs sujets. *Quelques rousseurs.*

891 **BOUYER (A.-C.).** — LE COMPÈRE JOYEUX. *Paris, A. Courcier, s. d.* [vers 1850], in-8, cartonnage en chromolithographie. *(Cart. de l'édit.).* **500 fr.**

Illustré de 8 lith. coloriées de VICTOR ADAM [indiquées comme « à deux teintes » par le titre]. Cartonnage lithograph. coloriée sur fond crème, feuillages, fleurs, oiseaux ; groupe d'enfants devant une maison de campagne, perroquet, papillons et fleurs. Les lithographies contiennent d'anciens uniformes de l'armée d'Afrique. Grosse typographie interlignée. *Très rare.*

892 **BOUYER (A.-C.) ET CASTILLON.** — LA PAGODE DE KARI. Contes et récits. *Paris, Auguste Ghio, s. d.,* in-8, cartonnage en chromolithographie. *(Cart. de l'éditeur).* **100 fr.**

Illustré de 8 lithographies « à deux teintes » non signées [le titre en indique 6 seulement]. Cartonnage or et rouge sur fond crème, décoration de fleurs, pagode. Lettres ornées.

893 **BOUYER (A.-C.).** — LES TRIBULATIONS D'UN CHERCHEUR D'OR. *Paris, A. Courcier, s. d.* [vers 1860], in-8. *(Cartonnage loile de l'éditeur,* tr. dorées*).* **125 fr.**

4 lithographies en couleurs de *F. Sarrieu,* tirées chez *Lemercier.* Voyage en Amérique, Brésil, Martinique, Havane, Jamaïque, Traversée de l'isthme de Panama, Guatemala, Vieille et Nouvelle Californie, San Francisco, Voyage dans la vallée du Sacramento. Voyage au Mexique.

894 **BOWLES (Rev. W. L.).** — THE LITTLE VILLAGER'S VERSE BOOK ; consisting of short verses for children to learn by heart ; in which the most familiar images of country life, are applied to excite the first feelings of humanity and piety. *London. Longman, Rees, Orme, Brown and Green, n. d.* [circa 1830], 12mo. or. printed boards. *(Back worn).* **100 fr.**

Illustrated with many quaint woodcuts in the Bewick style. *Fine copy.*

895 [**BOYLE (Mrs E. V.)**]. — CHILD'S PLAY. *London, Sampson Low, Son and Maston,* 1866, 4to. or. red cloth, gilt, g. e. **140 fr.**

Woodcut vignette on title and 16 plates executed in chromo-lithography. The text consists of Nursery Poems. « *Little Boy Blue, Lady Cow, Lady Cow, Tom Tickler, etc* ».

896 **BOYS GAMES** or Holiday Recreations. *London, Hodgson and Co, n. d.* [circa 1815], 12mo. or. wrappers. *(Rebacked).* **2.000 fr.**

Illustrated with an engraved frontispiece and 12 other splendid plates, all hand-coloured showing boys playing different sorts. Verse under each picture.

FOOTBALL
*To Kick the Foot Ball now
They agree to try their skill ;
Both sides, then Kicked away
Till each had had his fill.*
Fine copy.

897 **BOY'S OWN BOOK (THE).** *London, Vizelelly, Branston and Co,* 1836, sq. 12mo. contemp. half-leather. **50 fr.**

« A complete Encyclopedia of all the diversions of Boyhood and Youth ». Profusely illustrated.

898 **BOZÉRIAN (Jules).** — NOIR ET BLANC.
Vie et aventures de Pierrot et de son ami Arlequin racontées aux enfants. *Paris, Vve Louis Janet, s. d.* [vers 1860], in-8, cart. toile vert oliv. foncé, décor doré, tr. dorées.   **700 fr.**

ÉDITION ORIGINALE. 16 lithographies de Louis Lassalle, sur fond teinté et finement rehaussées de couleurs : scènes de la vie de Pierrot et d'Arlequin. Insignifiantes rousseurs à quelques pages. Le décor doré du 1er plat comporte au centre d'un cadre de filets et entrelacs, Polichinelle assis jouant de la guitare. Livre charmant, gracieuses illustrations en premier tirage. *Bel exemplaire.*

899 **BOZÉRIAN (Jules).** — NOIR ET BLANC...
Paris, s. d. [vers 1860], in-8, cart. toile violet, décor doré, tr. dorées. *(Cart. de l'édit.).* **1.000 fr.**

ÉDITION ORIGINALE. Le même ouvrage que le précédent. Mêmes illustrations. Grande plaque dorée sur le 1er plat, représentant des « bonimenteurs » sur une estrade rustique. Au 2e plat, petit médaillon doré de style arabe où se détache un petit personnage d'aspect oriental, avec l'inscription : Histoire d'un casse-noisettes. Très bel exempl. sans rousseurs. Déchirure insignifiante à un mors.

900 **BRAGELONNE (A. de).** — TRAIN DE PLAISIR DANS LES CINQ PARTIES DU MONDE.
Voyage pittoresque et fantastique. *Paris, Martinet-Hautecœur, s. d.* [vers 1845], in-4. *(Cartonnage toile de l'éditeur),* tr. dorées. **600 fr.**

12 lithographies en 2 tons et coloriées de A. Lacauchie, tirées chez Godard. Cartonnage toile verte, fers or, ballon, surmonté d'une étoile, entre deux aigles, larges feuillages, Paysage, chapelle dominant la mer, barque, mappemonde, locomotive. Rousseurs très pâles *passim. Très bel exempl.*

901 **BRAGELONNE (A. de).** — TRAIN DE PLAISIR DANS LES CINQ PARTIES DU MONDE.
     125 fr.

Même ouvrage, même édition. Cartonnage sans éclat. Manquent 2 planches, Grèce et Bretagne.

902 **BRAY (Anna Eliza).** — A PEEP AT THE PIXIES or Legends of the West. *London, Grant and Griffith,* 1854, 8vo. or. green cloth, gilt.
     100 fr.

FIRST EDITION. Six illustrations by HABLOT K. BROWNE (Phiz.) 32 page-book list of Griffith and Farran (Successors to Newbery and Harris), at end. *Fine copy.*

903 **BRAZIER, DARTOIS ET ***.** — ROBINSON DANS SON ILE. Comédie en un acte, mêlée de couplets et à spectacle, représentée pour la première fois, à Paris, sur le théâtre de la Porte Saint-Martin, le 24 janvier 1817. *Paris, Barba,* 1817, in-8 de 34 pp. et 1 f. blanc, demi-mar. moderne.
     250 fr.

ÉDITION ORIGINALE, très rare, de cette pièce de théâtre *inconnue* à M. Paul Dottin, qui cite sous le même titre une pantomime jouée en 1772, à l'Ambigu-Comique, par des enfants (II, 409). Sur le théâtre de la Porte Saint-Martin fut également représenté, en 1805, un mélodrame de Guilbert de Pixérécourt intitulé *Robinson Crusoé.*

904 **BREAD UPON THE WATERS** An American Tale. *London, John Morgan, n. d.* [circa 1855], sm. 12mo. or. cloth.   **30 fr.**

Delightful, coloured frontispiece by Kronheim process. *Fine copy.*

905 **BREMER (Frederika).** — THE BONDMAID. Translated from the Swedish, by M. L. Putnam. *London, H. G. Clarke and Co,* 1844, sm. 12mo. half-calf. of. the period.   **30 fr.**

Chromolithographic title. The work is a Northern Fairy Play.

906 **BRENT (Austin).** — THE LITTLE MIDSHIPMAN. *London, Dean and Son, n. d.* [circa 1850], cr. 8vo. or. printed wrappers.   **100 fr.**

Illustrated with 13 hand-coloured woodcuts. Miss Mary Merryheart's Series.

JEAN-PIERRE BRÈS (1782-1832)

907 **BRÈS.** — LES AVENTURES DU JEUNE PRETTY. *Paris, Louis Janet, s. d.* [vers 1836], pet. in-8 carré, demi-bas. maroq. grenat, plats pap. *(Rel. de l'édit.).*   **400 fr.**

ÉDITION ORIGINALE ornée d'un titre gravé avec vignette coloriée et de 17 figures hors-texte gravées (non signées) et COLORIÉES très finement. Charmant ouvrage rare et fort recherché comme tous ceux de cet auteur. Bel exemplaire malgré une mouillure très claire.

908 **BRÈS.** — LES AVENTURES DU JEUNE PRETTY. *Même ouvrage, même édition que le précédent,* demi-veau fauve. *(Rel. de l'époque).*
     180 fr.

Mêmes figures *en noir.* Qq. planches détachées de la reliure.

909 **BRÈS.** — LES AVENTURES DU JEUNE PRETTY. *Paris, Louis Janet, s. d.* [vers 1836], pet. in-8, demi-percale rouge avec coins, fil., plats papier r. à ramages, dos orné, tr. j. *(Rel. du XIXe s.).*   **125 fr.**

Même ouvrage que le numéro précédent. Le titre gravé et les 17 planches sont *en noir.* Quelques annotations à l'encre. Rousseurs.

910 **BRÈS.** — CONTES DE ROBERT MON ONCLE, publiés par M. Brès. *Paris, Louis Janet, s. d.* [vers 1820], 2 vol. in-16, veau rouge, dos et plats ornés à froid, tr. dorées. *(Reliure de l'époque).* Etui.   **1.500 fr.**

ÉDITION ORIGINALE, imprimée par *Jules Didot l'aîné,* de ce charmant recueil. 7 titres gravés illustrés d'une vignette coloriée et 6 planches richement coloriées gravées par *Rouargue*. Chaque conte comporte une pagination spéciale. Exemplaire très frais d'une rare édition ignorée de Vicaire qui mentionne seulement la réédition de 1858.

911 BRÈS. — LA DAME BLANCHE, chronique des Chevaliers à l'écusson vert. *Paris, Lefuel, s. d.* (1828), 6 vol. in-12. *(Cartonnages papier et boîte de l'éditeur).* **3.000 fr.**

6 planches gravées par *Montaut*, finement enluminées et rehaussées d'or, vignettes, musique notée. Cartonnages blancs, le 1er plat illustré d'une planche gravée et coloriée, différente pour chaque partie : motif emprunté à l'architecture religieuse, sur lequel se détache le titre en caractères gothiques. Boîte à 2 compartiments, côtés du couvercle, frise or formée d'arcs et de coquilles. Sur le dessus cadre historié, « fabrique » coloriée, rappelant par sa composition celle des plats. Exemplaire de toute fraîcheur de cette publication tout à fait remarquable, imprimée par Firmin Didot, évoquant par ses illustrations l'art français à la fin du XIVe siècle et au commencement du XVe.

912 BRÈS. — LA DAME BLANCHE, chronique des Chevaliers à l'écusson vert. *Paris, Lefuel, s. d.* (1828), 6 vol. in-12. *(Cartonnages papier et boîte de l'éditeur).* **2.500 fr.**

Même ouvrage, mêmes illustrations que le précédent. Boîte analogue, quelques légères rousseurs. Cartonnages de toute fraîcheur. A l'intérieur du couvercle, ex-libris d'Edouard Moura, avec cette légende :
*Bibliophile las ! ne puis :
Par trop me faut l'expérience,
Plus encor la docte science ;
Ains moult bibliomane suis.*

913 BRÈS (J.-P.). — HISTOIRE DES QUATRE FILS D'AYMON. *Paris, Louis Janel, s. d.* (1827), in-12, veau marron, dos à n. plats, fil., fleurons dorés et à froid, grande plaque à froid couvrant les plats, fil. doré, pet. dent. int., tr. dor. *(Rel. de l'époque).* **1.250 fr.**

Charmant petit ouvrage, très recherché comme tous ceux de cet auteur. Titre gravé avec vignette coloriée et rehaussée d'or, et 4 figures, gravées par *Rouargue*, dans un encadrement gothique, finement enluminées et rehaussées d'or. Typogr. de *Firmin Didot.* Qq. très *légères* salissures à qq. ff. Dans l'ensemble charmant exemplaire en reliure d'époque (1 pet. tache à 1 plat). Non cité par *Vicaire.*

914 BRÈS. — LES JEUDIS DANS LE CHATEAU DE MA TANTE. *Paris, Lefuel, s. d.* [vers 1820], in-12, veau grenat, dos orné à nerfs, fil. et dent., fil. sur les pl., cathédrale à froid, fil. intér., tr. dorées. **2.500 fr.**

8 gravures coloriées d'une extrême finesse. Bel exempl., malgré quelques légères rousseurs, de ce livre recherché, soigneusement imprimé par Jules Didot aîné, dans une très fraîche reliure à la cathédrale.

915 BRÈS. — LES JEUDIS DANS LE CHATEAU DE MA TANTE. *Paris, Lefuel, s. d.* [vers 1830], in-12. *(Cartonnage papier de l'éditeur).* **120 fr.**

Septième Jeudi : Le sabot, le jeu de quilles, etc. Une planche gravée et coloriée. Titre gravé, vignettes coloriées, sur papier azur. *Bel exemplaire.*

916 BRÈS. — SIMPLES HISTOIRES trouvées dans un pot au lait. *Paris, Lefuel,* 1825, 8 vol.

in-12, *couvert. lithographiées et coloriées, boîte de l'époque).* **3.000 fr.**

8 sujets GRAVÉS EN COULEUR et retouchés à la main. Couvertures blanches, larges cadres lithographiés et coloriés différents les uns des autres. Grande boîte à 2 compartiments : les côtés garnis d'or guilloché, sur le dessus, cadre formé d'une guirlande d'or. Titre lithographié sur fond blanc ivoire, au-dessous, vignette lithographiée et coloriée : posé sur une table, le pot au lait d'où sort le manuscrit des « Simples histoires ». Les coins légèrement frottés. *Bel exemplaire.*
FRONTISPIECE

918 BRÈS. — SIMPLES HISTOIRES trouvées dans un pot au lait. *Paris, Lefuel,* 1825, 4 vol. in-12, couvert. lithographiées, *boîte de l'époque.* **800 fr.**

4 sujets gravés en couleurs et retouchés à la main. Couvert. bleu pâle, encadrement champêtre : coq, boîte au lait, têtes de bœufs, faucilles, chèvre. Boîte, côtés dorés, feuilles de vigne et grappes de raisin. Sur le dessus : cadre formé d'une guirlande ; titre lithographié sur papier clair, au-dessous d'un pot au lait en terre, d'où sort le manuscrit des « Simples histoires ».

919 BRÈS. — SIMPLES HISTOIRES TROUVÉES DANS UN POT AU LAIT. *Paris, Lefuel, s. d.* [vers 1830], in-12. *(Cartonnage papier de l'éditeur).* **150 fr.**

Le Petit Savoyard. Une planche gravée en couleurs. *Bel exemplaire.*

920 BRÈS. — SIMPLES HISTOIRES TROUVÉES DANS UN POT AU LAIT. *Paris, Marcilly,* 1825, in-12. *(Cartonnage papier de l'éditeur).* **100 fr.**

Les petits Fagots. Une planche au pointillé et en couleurs. *Bel exemplaire.*

921 BRÈS. — LES TALENTS. *Paris, Lefuel, s. d.* [vers 1825], in-12. *(Cartonnage papier de l'éditeur).* **100 fr.**

Le Chant. Une jolie planche gravée et coloriée. Légèrement piqué.

922 BRETAGNE. — [La France en miniature]. *S. l. n. d.* [*Paris, Marcilly,* vers 1840], in-16. *(Cartonnage papier de l'éditeur).* **100 fr.**

2 planches gravées et coloriées ; l'une d'elles est reproduite, également coloriée sur le 1er plat du cartonnage. Filets or et fleurons aux angles. *Bel exemplaire.*

923 BRETON. — LES SAVANTS DE QUINZE ANS ou Entretiens d'une jeune famille sur la géographie, l'astronomie, l'histoire naturelle, etc. mêlés de Contes moraux. *Paris, Le Petit et P. Blanchard,* 1811, 2 vol. in-12, bas. marb., dos bien ornés d'étoiles, pièces vertes, tr. marb. *(Rel. anc.).* **300 fr.**

ÉDITION ORIGINALE. Orné de 36 planches gravées sur cuivre par *Monnet* et *Adam*, représentant plus de 150 sujets. Salle de Fantasmagorie, botanique, blason, curieuses scènes morales (le jeune Firmin, le Petit espiègle), combat de singes, chasse, chimie, navigation, etc. *Bel exempl.*

924 BRETON. — LES SAVANTS DE QUINZE ANS... *Paris, Tenon*, 1829, 2 vol. in-12, bas. polie fauve mouch., dos bien ornés, tr. marb. *(Rel. de l'époque).* **300 fr.**

Même ouvrage que le précédent, avec les mêmes figures. Bel exemplaire.

925 BREWER (George). — THE JUVENILE LAVATER or A Familiar Explanation of the Passions of Le Brun, calculated for the Instruction and Entertainment of Young Persons..., etc. *London, A. K. Newman and Co, n. d.* (1813), sm. 12mo. or. boards, ticket. *(Uncut).* **300 fr.**

Illustrated with 19 engraved plates. *Fine copy.*

926 BREWER (George). — THE JUVENILE LAVATER. *London, Didier and Tebbet, n. d.* [circa 1820], or. half-leather boards. **150 fr.**

Same plates *(Some slightly foxed).*

927 BRIAND (P.-C.). — LES JEUNES VOYAGEURS EN ASIE ou Description raisonnée des divers pays compris dans cette belle partie du Monde, etc. *Paris, Hivert*, 1829, 8 vol. in-12, carton. bradel pap. moiré bleu ciel, fil. au dos, pet. dent. autour des plats. *(Cartonn. de l'époque).* **600 fr.**

ÉDITION ORIGINALE ornée d'une carte générale de l'Asie, *coloriée*, de 6 cartes particulières également *coloriées*, et de 16 jolies gravures en taille-douce. Charmant exemplaire dans un cartonnage de fraîcheur parfaite.

928 BRITISH CHAMPION (THE) or Honour Rewarded. Containing : I. The History of St. George and the Dragon. II. The Story of Miss Friendly and the Merchant. III. Rural Happiners. IV. The Fairy's Present ; or The History of Miss K. Graceful. V. The pleasing Story of Master Want-thought. *York, Wilson, Spencer and Mawman, n. d.* [circa 1780], or. flowered-paper boards, preserved in half-morocco case. **2.500 fr.**

Illustrated with 43 woodcuts. Besides the Stories announced in the title the work has two other tales, entitled « *The Letter* », and « *The Pet* ». Very fine copy, in perfect state.

929 BRODERIP (Frances Freeling). — FUNNY FABLES for Little Folks. *London, Griffith and Farran*, 1865, 8vo. or. red cloth, gilt, g. e. **50 fr.**

Illustrated with 3 hand-coloured wood engravings. Thirty-two page book catalogue at end. *Fine copy.*

930 BRONNER. — CHOIX DE CONTES POUR LES ENFANTS. *Paris, Louis Janel, s. d.* [vers 1820], pet. in-8 oblong, cartonn. pap. rouge imprimé, titre et ornements sur bois, tr. j. *(Cartonn. d'édit.).* **250 fr.**

ÉDITION ORIGINALE de la traduction française de ces contes qui jouirent en Suisse et en Allemagne d'une grande réputation. Gessner donnait à Bronner le surnom d'*Ami des Enfants*. On a joint à ces contes plusieurs autres dus à BERQUIN. Titre gravé avec vignette et 7 charmantes figures gravées sur cuivre d'après les dessins de SÉBASTIEN LEROY. Très bel exemplaire dans son cartonnage d'origine.

931 BROTHER (MY). *Otley, William Walker and Sons, n. d.* [circa 1850], 12mo. or. printed wrappers. **25 fr.**

Nine quaint woodcuts. Large type. *Fine copy.*

932 BROTHERS (THE) or Consequences. A story of what happens every day. With a short Account of Savings Banks, and other Essays, upon various Subjects. *Dublin, W. Espy*, 1820, sm. 12mo. contemp. calf. *(One joint cracked).* **125 fr.**

Illustrated with 5 full page quaint woodcuts and five vignettes, one signed *S. T. Kelly*. The work also contains « *Advice to a Young Tradesman, written in the Year 1748* », « *Necessary hints to those that would be rich, written in the Year 1735* » Franklin's preliminary address to « *Poor Richard's Almanach* », « *Remarks concerning the Savages of North America* » etc.

933 BROUGH (Robert B.). — A CRACKER BONBON for Christmas Parties : consisting of Christmas pieces, for private representation, and other seasonable matter, in prose and verse. *London, W. Kent and Co*, 1861, 8vo. or. red cloth, gilt. **400 fr.**

FIRST EDITION. Illustrated with a hand-coloured frontispiece by H. G. HINE and numerous comical drawings throughout the volume. *Mint copy.*

934 BROUGH (Robert B.). — A CRACKER BONBON. Another copy, or. green cloth, gilt. **200 fr.**

FIRST EDITION. Fine copy. The gilt design on cover is variant.

935 BROUGH (Robert B.). — ULF THE MINSTREL or The Princers Diamonduckz and the Hazel Fairy. A Dragon Story for Christmas. *London, Houlston and Wright, n. d.* [circa 1860], 12mo. or. red cloth, g. e. **25 fr.**

FIRST EDITION. Illustrated with many humerous drawings engraved on wood by *J. Watkins*.

936 BROWNE (Frances). — THE STOLEN VOYAGE. *London, W. Kent and Co*, 1860, 8vo. or. red cloth, gilt. *(Slightly soiled).* **100 fr.**

FIRST EDITION. Illustrated with 4 hand-coloured plates.

937 BROWN (Louisa). — HISTORICAL QUESTIONS on the Kings of England, in verse. Calculated to fix on the minds of Children, some of the Most Striking Events of Each Reign. *London, Darton, Harvey and Darton*, 1815, sq. 16mo. or. printed wrappers. **300 fr.**

FIRST EDITION. Illustrated with 35 woodcuts showing the portraits of Kings and Queens of England up to George III. The main characteristics of each royal personage are related in two verses of four lines each. A few light stains on five or six pages, otherwise fine.

938 [BROWN (Mrs)]. — CHILDREN AS THEY ARE or Tales and Dialogues, for Young Readers from Seven to Twelve Years of Age. *London, Harvey and Darton*, 1830, sm. 8vo. or. printed boards. **80 fr.**

FIRST EDITION. Six plates *(2 subjects each)* engraved on steel. Some plates faintly foxed, and small tear in one margin.

939 BROWN (Walter). — TALES, POETRY AND FAIRY TALES. *London, W. Brown*, 1878, sm. 4to. or printed boards. **30 fr.**

« *Illustrated with 90 woodcuts, many of which are printed from the original blocks by the famous Thomas Bewick.* »

940 BROWNING (Robert). — THE PIED PIPER OF HAMELIN. Illustrated by KATE GREENAWAY. *London, Routledge, n. d.*, 4to. or. coloured boards. **100 fr.**

First edition.

941 BROWNING (Robert). — L'HOMME A LA FLUTE. Interprétation de J. Girardin. Illustrations de Kate Greenaway. *Paris, Hachette et Cie*, 1889, in-8. *(Cartonnage papier de l'éditeur).* **125 fr.**

34 illustrations en couleurs de KATE GREENAWAY, dont une reproduite sur le cartonnage. D'une exécution très soignée, le texte largement interligné et entouré d'un filet, ce volume a été tiré à Londres, en bistre foncé, par *Edmond Evans.* Bel exemplaire.

942 BRUN (Mlle E.). — LES CHARMES DE L'ERMITAGE. Historiettes et nouvelles propres à former le cœur et l'esprit de la jeunesse. *Paris, P.-C. Lehuby*, 1837, in-16, couvert. imp. **40 fr.**

ÉDITION ORIGINALE. Titre et 1 pl. gravés. Bel exemplaire.

943 BRUN (Mlle E.). — LES CHARMES DE L'ERMITAGE. Historiettes et Nouvelles propres à former le cœur et l'esprit de la jeunesse. *Paris, Lehuby*, 1842, in-12, carton. papier blanc avec ornementation dorée. *(Cartonn. d'éditeur).* **40 fr.**

Titre gravé avec vignette et 3 jolies figures gravées non signées. Couv un peu fanée.

944 BRUN (Mlle E.). — LE COIN DU FEU. *Paris, P.-C. Lehuby, s. d.* (1848), in-18, cart. percale bleue, plats et dos orn. de fers spéciaux, tr. dor. *(Cart. de l'éditeur).* **40 fr.**

ÉDITION ORIGINALE. Frontispice et 9 jolies figures sur bois à deux teintes par *L. Markl.* Cartonnage très frais avec plats décorés de volutes, fleurs, etc. Grosse typographie. *Fortes rousseurs.*

945 BRUN (Mlle E.). — LES DÉLICES DE LA VERTU ou le Pouvoir du bon exemple. *Paris, P.-C. Lehuby, s. d.* [vers 1855], in-8. *(Cartonnage toile noire de l'éditeur).* **125 fr.**

8 lithographies en couleurs. Cartonnage orné de rinceaux or. Exemplaire de toute fraîcheur.

946 BRUN (Mlle E.). — JEANNE ou l'Elève indocile. *Rouen, Mégard et Cie, s. d.* [vers 1850]. *(Cartonnage toile de l'éditeur).* **20 fr.**

2 planches gravées. Cartonnage toile verte, cadre doré de style rocaille. Rousseurs.

947 BRUN (Mlle E.). — LES ROSES DE LA SAGESSE ou morale et plaisir. *Paris, P.-C. Lehuby,*

s. d. [vers 1840], couvert. passe-partout, imp. et lith. **40 fr.**

3 charmantes planches gravées dont une représentant Guignol.

948 BRUNEFILLE (G.). — TOPO. Erlebnisse von drei englischen Kindern, wahrend ihres Aufenthaltes in Italien. *Munchen, Theodor Stroefer, n. d.* [circa 1878], 8vo. or. cloth, gilt. **40 fr.**

With 44 illustrations by KATE GREENAWAY.

948 bis BRUNO (Jean). — AVENTURES DE PAUL ENLEVÉ PAR UN BALLON. Illustrations de J. Desandré. *Paris, Bernardin-Béchel, s. d.* [vers 1867], in-4. *(Cartonnage toile rouge de l'éditeur, titre et tr. dorées).* **600 fr.**

12 superbes lithographies en couleurs et à pleines pages de *Bocquin* et *Eug. Cicéri* d'après les dessins de J. Desandré, sept de ces lithogr. représentent le ballon enlevant Paul, le ballon incendié, etc. La plaque dorée de la reliure comprend un ballon dans un paysage arabe.

948 ter BRUNO (Jean). — AVENTURES DE PAUL ENLEVÉ PAR UN BALLON. *(Cartonnage papier de l'éditeur).* **600 fr.**

Même ouvrage, même édition. Le cartonnage seul diffère, en papier au lieu d'être en toile, il est illustré en chromolithographie sur fond gris clair, d'un ballon enlevant Paul, à gauche paysage alpestre, à droite paysage africain avec personnages.

948 quater BRUNO (Jean). — AVENTURES DE PAUL ENLEVÉ PAR UN BALLON. Illustrations de J. Desandré. *Paris, Bernardin Béchel, s. d.* [vers 1867], in-4, cart. papier *de l'éditeur.* **600 fr.**

Même ouvrage, même édition. Exempl. avec les douze lithogr. en noir, mais d'une fraîcheur irréprochable, à l'état de neuf, cartonnage, illustrations et texte. Rarissime en cette condition.

949 BRYANT (M.). — THE REWARD OF MERIT. A Poetical Present. *London, J. Fairburn, n. d.* [circa 1810], coloured paper boards. *(Modern binding).* **400 fr.**

FIRST EDITION. Illustrated with 8 hand-coloured engravings. The stories are entitled. « *Jack Goodboy.* — *Adventures of William Roseflower.* — *Poor Little Hare.* — *Idle Boy.* — *Reward of Merit.* — *Happy Shepherd and the Holiday* ». Corners slightly rounded off, and some yellow stains throughout the volume.

950 BUDGET OF FUN (A) for Little Folks by Aunt Maggie. *Boston, Loring, n. d.* [1863], 12mo. or. cloth. *(Back faded).* **50 fr.**

Faint waterstain on a few pages, otherwise very clean copy.

951 BUDS AND BLOSSOMS. — PENNY BOOKLETS (Collection of), published by *Groombridge and Sons, London, n. d.* [circa 1850], 21 vol. 16mo. or. printed wrappers. *(Except two).* **600 fr.**

Each booklet has numerous charming woodcuts. The titles are « *A Daisy.* — *Rover and his Friends.* — *Blackberry Gathering* (tear in 2 leaves). — *Child's Search for Fairies.* — *The Fishermen's Children.* — *Little Peepy.* — *Rabbits and Peewits.* — *Alia and her Bird.* — *Little Charley* » etc., etc., etc. Fine copies.

GEORGES-LOUIS LECLERC DE BUFFON (1707-1788)

952 **BUFFON.** — LE PETIT BUFFON DES EN-
FANS, contenant une description des Animaux
les plus intéressans à connaître, et que l'on voit
au Jardin des Plantes. *Paris, Pigoreau, et Evreux,
Ancelle*, 1806, in-12, veau grenat, dos orné de fil.
dorés et de motifs à froid, fil. doré autour des
plats et dent. à froid, tr. marb. *(Rel. de l'époque).*
150 fr.

Très rare ouvrage orné de 11 jolies figures, non signées
mais d'une très belle exécution et certainement dues à un
maître. Le frontispice représente le *Labyrinthe* du Jardin
des Plantes. *Très bel exemplaire.*

953 **BUFFON (LE PETIT)** DES ENFANS, ou extrait
d'Histoire naturelle des Quadrupèdes, Reptiles,
Poissons et Oiseaux, pour l'instruction de la Jeunesse. *Lyon, Tournachon-Molin*, 1808, pet. in-12,
bas. marb., dos orné, pièce rouge, tr. jasp. *(Rel.
anc.).* **40 fr.**

12 figures gravées. Coins un peu frottés.

954 **BUFFON (LE PETIT)** DES ENFANS, ou
extrait d'histoire naturelle des Quadrupèdes, Reptiles, Poissons et Oiseaux pour l'Instruction de la
Jeunesse. *Paris, Libraires associés*, 1810, in-12,
br., couv. pap. marbré d'origine, étiq. imprimée
au dos. **100 fr.**

Frontispice gravé (portrait de Buffon) et douze planches
(plusieurs sujets par planche) gravées avec plus de soin
que celles de l'édition de 1808. *Bel exemplaire.*

955 **BUFFON DES ENFANS (LE),** ou Petite Histoire naturelle des Quadrupèdes, des Oiseaux, des
Poissons, des Amphibies, des Insectes, etc. Seconde
édition. *Paris, Belin-Le Prieur*, 1811, in-8, veau
vert olive, dos très orné, pièce rouge, pet. guirlande autour des plats et int., tr. dor. *(Rel. anc.).*
250 fr.

Joli ouvrage orné de 16 planches gravées en taille-douce
par *F. Huot* et coloriées. *Bel exemplaire.* Coins un peu
frottés.

956 **BUFFON.** — ABRÉGÉ DE L'HISTOIRE
GÉNÉRALE DES SINGES. *Avignon, Alphonse
Bérenguier*, 1820, in-12, v. raciné, dos orné sans
nerfs, tr. jasp. **450 fr.**

PREMIÈRE ÉDITION. Une centaine de belles figures
gravées sur bois, représentant les caractères et les habitudes
des singes. Très rare.

957 **BUFFON DES ENFANS (LE)** ou abrégé d'Histoire naturelle des Quadrupèdes, des Reptiles, des
Poissons, des Oiseaux et des Plantes pour l'instruction de la jeunesse. *Paris, Vauquelin*, 1821,
pet. in-12, bas. mouch., dos orné, pet. guirlande
autour des pl., tr. marb. *(Rel. de l'époque).* **90 fr.**

Titre gravé, frontispice et 14 planches gravées en taille-
douce. Nom sur le titre et le faux-titre.

958 **BUFFON DE LA JEUNESSE (LE NOUVEAU),**
ou précis élémentaire de l'histoire naturelle à
l'usage des jeunes gens des deux sexes. Cinquième
édition. *Paris, Froment*, 1829, 4 parties en 2 forts
vol. in-12, demi-bas. rouge, dos orné, tr. j. *(Rel.
de l'époque).* **60 fr.**

Edition ornée de 134 figures (1 portrait de Buffon) gravées par *Delignon.*

959 **BUFFON (EL)** DE LOS NINOS, o Historia
Natural abreviada de los cuadrupedos, aves, anfi-
bios, insectos, etc. Traducida del Frances par
D. L. L. Secunda edicion. *Mejico, Galvan*, 1836, in-
12, demi-veau rose, dos orné en hauteur de fil. et
fleurons dorés. *(Rel. de l'époque).* **250 fr.**

Très rare *édition mexicaine* du fameux *Buffon des enfants,*
ornée d'un frontispice gravé par *Blasco* et de 50 vignettes
sur bois, dans le texte, coloriées. On a relié à la suite :
PABLO Y VIRGINIA, trad. al Castellano por D. J. M.
Aléa. *Paris, Baudry*, 1825. Charmant exemplaire.

960 **BUFFON.** — LE BUFFON ILLUSTRÉ à l'usage
de la jeunesse, par A. de Beauchainais. *Paris,
Théodore Lefèvre, s. d.* (1883), gr. in-8, demi-ch.
rouge à coins, dos orné à nerfs, tête dorée. *(Rel.
de l'ép.).* **40 fr.**

Choix intéressant et fort bien fait des principales pages
de Buffon, « contenant une description très complète des
mammifères, oiseaux, poissons, reptiles, insectes et coquilles ». Abondamment illustré de fig. sur bois.

961 **BUFFON.** — ŒUVRES COMPLÈTES, avec des
extraits de DAUBENTON et la classification de
CUVIER. *Paris, Furne*, 1838, 6 forts vol. gr. in-8,
demi-chagr. vert foncé, dos sans nerfs ornés en
hauteur de fers spéciaux dorés, filets droits et
courbes, fleurs et feuillages, lion, panthère, cerf,
plats pap. chagr. *(Rel. de l'époque signée Arnaude).*
800 fr.

Belle édition ornée d'un portrait gravé par *Bosselman*
et de 121 planches gravées et *coloriées.* Très bel exemplaire
dans une reliure d'un intérêt décoratif exceptionnel. Qq.
très lég. rous.

962 **BUFFON.** — ŒUVRES CHOISIES, précédées
d'une notice sur sa vie et ses ouvrages, par D.
Saucié. *Tours, Mame*, 1851, in-8, cart. toile bleue,
décors polychromes, tr. dorées. *(Cart. de l'édit.).*
150 fr.

Quatre gravures sur acier de M. WERNER, dessinateur
du Muséum d'histoire naturelle. Nombreuses vignettes sur
bois dans le texte. Décor rouge et or au premier plat (dro-
madaire, serpent, crocodile, tortue, lézard, homard, perroquet, singes, papillon). Dos or, vert et rouge. Motif à la
cathédrale or, vert et rouge au second plat. *Bel exemplaire.*

BUFFON. Voir nᵒˢ 495, 1131, 1132, 3550 à 3553.

963 **BUQCELLOS.** — NOUVEL ABRÉGÉ DU VOYAGEUR FRANCAIS dans les cinq parties du Monde, etc. Dédié à la Jeunesse. *Paris, Delarue, et Lille, Castiaux*, 1829, 2 vol. in-12, demi-veau vert, dos à n. plats bien orné, tr. marb. *(Rel. de l'époque).* **600 fr.**

Deux titres gravés sur bois par *Thiébault* et coloriés et 35 figures sur bois coloriées (2 par page sauf 1), dans le style très naïf de l'*imagerie populaire*. Une grande partie de ces figures, et les plus curieuses, ont trait à l'AMÉRIQUE. Bel exemplaire.

964 **BUQCELLOS.** — NOUVEL ABRÉGÉ, ETC. *Même ouvrage, même édilion que le précédent*, 2 vol. demi-veau brun, dos à n. plats, fil. dorés, fleurons à froid, tr. marb. *(Rel. de l'époque).* **600 fr.**

Bel exemplaire.

965 **BUQCELLOS.** — PRÉCIS DE L'HISTOIRE DE FRANCE, à l'usage de la Jeunesse. Vingt-cinquième édition. *Paris, Delarue, et Lille, Blocquel-Castiaux, s. d.* [vers 1830], in-12 br., couv. pap. bleu orné, d'origine. **35 fr.**

Impression de colportage ornée d'un frontispice gravé sur bois, colorié et de 77 portraits. Dos cassé.

966 **BUNGENER (Félix).** — DEUX NOELS ET DEUX ARBRES. Quelques pages pour les enfants. *Lausanne, G. Bridel*, Noël 1862, brochure pet. in-8 sous couv. impr. **10 fr.**

Bel exemplaire.

967 **BUNYAN (John).** — A BOOK FOR BOYS AND GIRLS or Country Rhymes for Children. *London, Elliot Stock*, 1889, 12mo. or. leather. *(One hinge cracked).* **100 fr.**

Facsimile of the FIRST EDITION, PUBLISHED IN 1686, deposited in the British Museum. Introduction by *Rev. John Brown*. Fine copy.

968 **BUNYAN (John).** — A BOOK FOR BOYS AND GIRLS. 4to. **150 fr.**

Another copy, large paper, uncut.

969 **BUNYAN (John).** — PILGRIM'S PROGRESS in words of one Syllable by SAMUEL PHILLIPS DAY. *London, Cassell, Peler and Galpin*, sq. 12mo., *n. d.* [circa 1860] or. green cloth, gilt, g. e. **80 fr.**

Eight coloured plates in the Kronheim manner. 26 page book catalogue at end.

970 [**BUNYAN**]. — THE CHILD'S PILGRIM'S PROGRESS. Part First. *Philadelphia, Presbylerian Board of Publication, n. d.* [circa 1840], 24mo., or. cloth. *(Shabby).* **50 fr.**

First part only. Illustrated with numerous woodcuts.

971 **BURAT DE GURGY.** — LE DIABLE BOITEUX DES ENFANTS. Scènes morales pour l'éducation. *Paris, Lehuby, s. d.* [vers 1850], petit in-8, cart. toile bleue, décors polychromes, tr. dorées. *(Carl. de l'édit.).* **200 fr.**

12 lithographies de Bayalos sur fond chamois. Décor or, rouge et blanc, représentant un médaillon de style oriental entouré de guirlandes de fleurs, jeunes gens accoudés, etc. Cet ouvrage n'est pas une adaptation de Lesage. C'est une œuvre originale où l'écolier paresseux, Babylas de La Galissonnière, visité par l'apparition d'un diablotin, finit, après de multiples aventures, par se repentir. Très bel exemplaire.

972 **BURDEN (Mrs).** — THE THREE BASKETS or how Henry, Richard and Charles were occupied while papa was away. *London, Dean and Munday, n. d.* [circa 1830], sq. 12mo. or. printed wrappers. *(Back slrip missing).* **250 fr.**

FIRST EDITION. Illustrated with 7 charming hand-coloured wood engravings from the drawings by T. H. JONES. Large type. Name on title.

973 **BURDEN (Mrs).** — THE THREE BASKETS. Or. cloth. **350 fr.**

Another copy. FIRST EDITION. *Very fine copy.*

974 **BURDEN (Mrs).** — THE THREE BASKETS or how Henry, Richard and Charles were occupied, while papa was away. Fourth edition. *London, Thomas Dean and Co, n. d.* [circa 1830], sq. 12mo. or. cloth. **150 fr.**

Same coloured plates as 1st edition. Four page book list at end. *Very fine copy.*

975 **BURDER (George).** — EARLY PIETY or Memoirs of Children eminently serious..., etc. *Derby, Henry Mozley*, 1816, sm. 12mo. or. printed boards. *(Shabby).* **40 fr.**

Illustrated with 7 woodcuts.

976 **BURNETT (Frances Hodgson).** — LITTLE LORD FAUNTELROY, 1885-1886. Earliest appearance in « St. Nicholas » an illustrated magazine for Young Folks. *New York, The Century Co*, vol. 13, parts 1 and 2 from nov. 1885 to oct. 1886, 2 vols. or. cloth, gilt. *(one joint split).* **1.000 fr.**

These two volumes contain the complete novel of « Little Lord Fauntleroy » in its earliest form.

977 **BURNETT (Francis Hodgson).** — LITTLE LORD FAUNTLEROY. *London, Frederick Warne*, 1886, 8vo. or. green cloth, gilt, preserved in half-morocco case. **800 fr.**

FIRST LONDON EDITION. Profusely illustrated. 2 page list at end. *Very fine copy.*

978 **BURNETT (Francis Hodgson).** — LITTLE LORD FAUNTLEROY. Another copy. **700 fr.**

FIRST LONDON EDITION. This copy is in blue cloth. Name erased from title. *Very fresh copy.*

979 **BURNETT (Francis Hodgson).** — LITTLE LORD FAUNTLEROY. Another copy, green cloth. **650 fr.**

FIRST LONDON EDITION. Dedication on half-title Fine copy.

980 **BURNETT (Frances Hodgson).** — LITTLE LORD FAUNTLEROY. Another copy. **500 fr.**

FIRST LONDON. Edition This copy is in grey cloth.

981 **BURNETT (Francis Hodgson).** — LITTLE LORD FAUNTLEROY. Another copy.   **400 fr.**

FIRST LONDON EDITION. This copy is in blue cloth, rather worn.

982 **BURNETT (Frances Hodgson).** — LITTLE LORD FAUNTLEROY. *London, Frederick Warne, and Co*, 1904, 8vo. or. blue cloth, gilt.   **25 fr.**

Numerous illustrations. 6 page book list at end. Fly leaf torn out.

983 **BURNSIDE (Helen Marion).** — ROUND NATURE'S DIAL, Winter... *London, George Routledge and Sons*, 4to. or. printed boards.   **20 fr.**

Illustrated with 8 coloured plates by *A. W. Cooper* printed in colours by *Edmund Evans*.

984 **BURON (L.).** — LA BRETAGNE CATHOLIQUE. Description historique et pittoresque précédée d'une Excursion dans le Bocage vendéen. Vies des sains, Pèlerinages, Légendes, Traits historiques, Mœurs, Coutumes, Anecdotes et Paysages. *Paris et Lyon, Périsse frères*, 1856, gr. in-8, cartonn. toile bleue, décor polychrome, tr. dorées. *(Cart. de l'édit.).*   **1.500 fr.**

Douze lithographies hors-texte sur fond chamois par DEVAUX. Magnifique cartonnage, orné d'une plaque signée *Tambon*, représentant une cathédrale or, violet, rouge, vert, outremer, avec les armes de Bretagne entourées de rinceaux or et rouge. Dos également orné à la cathédrale. Grandes armes de France et Bretagne, dorées, sur le second plat. Splendide exemplaire dans un cartonnage d'une fraîcheur irréprochable et d'une décoration parfaite.

985 **BUSY BEES** (The Wonderful History of). *London, Darton and Harvey*, 1833, 12mo. or. printed wrappers.   **400 fr.**

Illustrated with 8 delightful hand-coloured woodcuts. *Very fine copy.*

986 **BUTTERFLY'S BALL (THE).** *London, D. Carvalho*, 1832, post 8vo. or. printed wrappers with woodcut.   **300 fr.**

Illustrated with 12 hand coloured Woodcuts. This version differs entirely from that by William Roscoe. *Fine copy.*

987 **BUTTERFLY'S BALL (THE)** and Grasshopper's Feast. *London, J. L. March*, n. d. [circa 1840], 12mo. or. printed wrappers.   **100 fr.**

8 amusing hand-coloured woodcuts. The version is different from that of Roscoe's. *Fine copy.*

988 **BUTTERFLY'S BALL (THE).** *London and Olley, W. Walker and Son*, n. d. [circa 1850], 8vo. or. printed wrappers.   **150 fr.**

Illustrated with 8 hand-coloured woodcuts. Large type. From « *The Illuminated Library for the Homes of Happy Childhood* ». Fine copy, rare.

989 **BUXTON DIAMONDS (THE)** or Grateful Ellen. For the Amusement and Instruction of Children. *London, William Darlon*, n. d. [circa 1823], or. half-leather, boards *(Shabby)*.   **50 fr.**

Illustrated with two well engraved plates. Large type. One page book list at end.

990 **C. C***.** — LA JEUNE AVEUGLE ou la Famille anglaise. Histoire intéressante destinée à l'instruction de la Jeunesse. Traduite de l'Anglais. *Paris, Bargeas*, 1823, pet. in-12, v. brun marbré, dos orné de filets, pièce rouge, double filet encadrant les plats, tr. j. *(Rel. de l'époque).*   **100 fr.**

PREMIÈRE ÉDITION ornée d'un titre gravé avec vignette signée *Barrière* et de 5 figures non signées ; la dernière représente un chirurgien-oculiste opérant la jeune aveugle et lui rendant la vue. Rare.

991 **C. G.** — HISTOIRES INSTRUCTIVES POUR LES ENFANTS. *Tours, Mame*, 1852, petit in-8, cart. toile violette, décors polychromes, tr. dorées. *(Cart. d'édit.).*   **150 fr.**

8 lithographies en couleurs de SORRIEU : lancement d'un navire, incendie en mer, fabrication du drap, B. de Palissy brûlant ses meubles pour alimenter ses fourneaux, devant sa femme et ses enfants consternés, etc. Texte en gros caractères. Jolies plaques or, rose, orange, bleu, de style architectural. Très bel exemplaire.

992 **C. G.** — MŒURS REMARQUABLES DE CERTAINS ANIMAUX. *Tours, Mame*, 1852, petit in-8, cart. papier de *l'édit.*   **600 fr.**

8 très belles lithographies en couleurs de J. Sorrieu. Texte très bien imprimé en gros caractères. Notices curieuses sur le pélican, l'ornithorhynque, le bernard l'ermite, les cynomis, la moufette américaine, l'araignée mineure, etc. Cartonnage orné de compartiments vert, bleu, olive, brun et or sur fond chamois, avec papillons et oiseaux polychromes. *Exemplaire d'une admirable fraîcheur.*

996 **[CABINET DES FÉES].** — COLLECTION D'ESTAMPES contenant les Contes des fées en 110 pièces, le tout gravé par M. J. De Longueil et autres, sous la direction de M. Marillier. *De l'Imprimerie de Neufforge*, s. d. (1786), gr. in-8, demi-basane à nerfs, orné. *(Rel. anc.).*   **5.500 fr.**

Le titre ci-dessus, tiré sur les presses d'une imprimerie particulière, précède la réunion complète, en tout premier tirage, des 108 planches gravées pour le Cabinet des Fées (nos 1 à 108), plus *les deux rarissimes planches de Marillier*, pour *Barbe-Bleue et le Petit Poucet*, remplacées dans tous les exemplaires par les planches 1 et 2. Ces 110 magnifiques figures de Marillier ont été gravées par *de Ghendt, de Longueil, de Launay jeune, Delvaux, Berthet, Duponchel, Dambrum, Biosse, Halbou, Delignon, Legrand, Malapeau, Palas, Texier, J.-J. Le Veau, Le Roy, Langlois jeune, Jonxis, Mme Denonchy, Borgnet, Gaucher, Le Beau, Mlle Retor, Le Villain, Godefroy, Choffard, Croutelle, Fessard, Thomas et de Valnet* ET TIRÉES SUR GRAND PAPIER (250 × 162 mm.). Cf. Cohen-Ricci, 198. *Très bel exemplaire.*

997 **CABINET OF FISHES (THE)** or a Collection of Prints of the Finny Tribes : intended to give children a taste for the Study of that part of Natural History. *London, John Marshall*, n. d. [circa 1790], sm, 12mo.   **1.500 fr.**

Illustrated with 41 woodcuts of fishes *(whales, Saw-fish, Dragon-fish, etc.)* in the Bewick style. Interesting 6 page catalogue at end. Title a little soiled.

998 CABINET OF LILLIPUT. — INSTRUCTIVE STORIES. *London, printed for J. Harris, Successor to E. Newbery, Corner of St. Paul's church yard*, 1802, twelve volumes, 2 3/4 by 2 3/4 inches. All in original coloured boards, with tickets on front covers enclosed in original wooden case *(Some back strips broken)*. **4.500 fr.**

Each volume contains one, two or, three stories. The titles as follows : « *Arthur and George.* — *Tom Restless and the History of Theodore.* — *The work-bag ; Charles and his little Poney ; and the Story of Mary-Ann.* — *Patty and Janet.* — *The Spoilt Children, the Disinterested Arab ; and Conceit.* — *Jacob, the Fisher-mann ; Adelaide, and Little Martin.* — *Rashness, Alonzo and Indolance Reclaimed.* — *Julian and the Dog ; Good Behaviour to Servants ; Industry of the Ant.* — *Juliet and Emmeline.* — *The Utility of Commerce ; Theresa ; and the Gardner and Nightingale.* — *Jenny, and Edgar and Florentine.* — *Shadrach, the Jew ; Maurice ; and the Advantages of Industry.* » Each little volume has an engraved frontispiece. Very rare collection, complete, and in original box.
PLANCHE 65.

999 CABOCHE DEMERVILLE (I.). — PANTHÉON DE LA JEUNESSE. Vies des enfants célèbres de tous les temps et de tous les pays. *Paris, au Bureau du Panthéon de la Jeunesse*, 1842, gr. in-8, maroquin lavallière foncé, décors dorés, tr. dorées. *(Rel. de l'époque)*. **1.000 fr.**

ÉDITION ORIGINALE. Premier tirage des 20 lithographies hors-texte sur fond chamois et des nombreuses vignettes sur bois de GAVARNI, Louis Garneray, Emile Wattier, Challamel, J. Caboche, CÉLESTIN NANTEUIL, Carbasson, H. MONNIER, Géniole. Menues rousseurs *passim*, mais bel exemplaire en reliure maroquin orné de rinceaux dorés, d'un vase de fleur, de chimères et d'oiseaux également dorés. Reliure rare.

1000 CABOCHE DEMERVILLE (J.). — PANTHÉON DE LA JEUNESSE. Vies des Enfants célèbres de tous les temps et de tous les pays. *Paris, au Bureau du Panthéon de la Jeunesse*, 1842, 2 part. en 1 vol. gr. in-8, demi-chagr. bleu foncé, dos richement orné en hauteur, motifs rocaille, feuillages et oiseaux. *(Rel. d'époque)*. **300 fr.**

ÉDITION ORIGINALE de cet ouvrage très recherché auquel *Vicaire* (II, 18 et sq.) consacre un très long article. Illustré de deux frontispices lithographiés et rehaussés de couleur, par *Challamel*, de 18 lithographies sur fond teinté par *Géniole* et *Challamel*, *CÉLESTIN NANTEUIL*, *E. Wattier*, *GAVARNI*, *Cabasson*, *H. MONNIER*, et de nombreuses vignettes, culs-de-lampe, bandeaux, lettres ornées gravées sur bois. Extrêmement rare, complet des planches (l'exempl de la Bibliothèque Nationale est incomplet d'une planche). *Bel exemplaire*.

1001 CABOCHE DEMERVILLE. (J). — PANTHÉON DE LA JEUNESSE. Vies des enfants célèbres de tous les temps et de tous les pays. *Paris, Garnier*, 1844, gr. in-8, cart. toile bleue, décors dorés, tr. dorées. *(Cart. de l'édit.)*. **130 fr.**

Deuxième édition de l'ouvrage précédent. Mêmes illustrations. Jolies plaques dorées à motifs architecturaux, premier plat à la cathédrale. Petite déchirure insignifiante à la coiffe inférieure.

1002 CABOCHE DEMERVILLE (J.). — PANTHÉON DE LA JEUNESSE. *Même ouvrage que*

le précédent, même date, in-8, demi-chagr. violet foncé, dos à n. orné de fil. *(Rel. de l'époque)*. **100 fr.**

Exemplaire de 2e tirage, sous la date de la première édition avec des variantes non signalées par *Vicaire*. La planche des *Enfans d'Edouard* est rehaussée de couleurs. Qq. rouss.

1003 CAILLOT (A.). — ABRÉGÉ DE L'HISTOIRE GÉNÉRALE DES VOYAGES, par LAHARPE, réduit aux traits les plus intéressants et les plus curieux. *Paris, Ledentu*, 1833, 2 vol. in-12, bas. polie bleue, dos bien orné en hauteur, avec oiseaux, grande plaque à froid sur les plats, *ex-praemio* doré sur le premier plat, tr. marb. *(Rel. de l'époque)*. **150 fr.**

Orné de 9 figures gravées. Importante partie relative à l'AMÉRIQUE (gravures). Bel exempl. dans une très jolie reliure. Quelques rousseurs à 1 vol.

1004 CAILLOT (A.). — BEAUTÉS DU CHRISTIANISME ou recueil de belles actions inspirées par cette religion. *Paris, Méquignon-Havard*, 1836, in-12, bas. bleu foncé, dos orné, pièce rouge, plaque à froid sur les plats, fil. doré, tr. dor. *(Rel. anc.)*. **20 fr.**

Titre gravé (vignette) et 3 fig. sur acier. Bel exempl. Le titre gravé est daté de 1828.

1005 CAILLOT (Ant.). — LES JOURS DE CONGÉ, ou promenades hebdomadaires dont un instituteur a profité pour donner à ses élèves des leçons de piété et de morale. *Paris, Brunot-Labbe*, 1814, 2 vol. in-12, bas. mouch., dos orné, pièces de titre, tr. marb. *(Rel. anc.)*. **200 fr.**

Ornés de 11 jolies figures gravées non signées, mais sûrement d'un maître. L'auteur, Antoine Caillot naquit vers 1757 et mourut vers 1830, et écrivit de nombreux ouvrages pour la jeunesse.

1006 [CAILLOT (Ant.)]. — MORCEAUX CHOISIS DES LETTRES ÉDIFIANTES et curieuses écrites des Missions étrangères sur... les Mœurs et les Usages des Peuples. 3e éd. *Paris, Brunot-Labbe*, 1820, 2 vol. pet. in-8, bas. marb., dos finement orné de rosaces, guirlandes et imbrications dorées, pièces rouges et vertes, tr. jasp. *(Rel. de l'époque)*. **125 fr.**

Edition abrégée des fameuses « Lettres édifiantes et curieuses » parues en 34 volumes, de 1707 à 1776. Elle est ornée de 8 intéressantes gravures, non signées, représentant, entre autres : *le courage héroïque des Missionnaires du Paraguay*. Une grande partie est consacrée aux Missions de l'AMÉRIQUE : les sauvages Abnakis au Canada, les sauvages Illinois, les Natchez, la Californie, Buenos-Ayres et ses environs, etc. Bel exemplaire dont le dos de la reliure est très décoratif.

1007 CALDECOTT (R.). — THE BABES IN THE WOOD. *London, George Routledge*, n. d. [circa 1885], or. coloured wrappers. **30 fr.**

9 coloured plates and many drawings by Caldecott. *Fine copy.*

1008 **CALDECOTT (R.).** — COME LASSES AND LADS. *London, George Routledge, n. d.* [circa 1885], 4to, or. coloured wrappers.   **20 fr.**

    7 coloured plates and numerous drawings by Caldecott. *Fine copy.*

1009 **CALDECOTT (R.).** — THE FARMERS BOY. *London, Geo. Routledge, n. d.* [circa 1885], 4to. or. coloured wrappers.   **60 fr.**

    FIRST EDITION. 9 coloured plates and many drawings by Caldecott. *Fine copy.*

1010 **CALDECOTT (R.).** — THE FOX JUMPS OVER THE PARSON'S GATE. *London, George Routledge, n. d.* [circa 1885], 4to. or. coloured wrappers.   **60 fr.**

    FIRST EDITION. 7 coloured plates and many drawings by Caldecott. *Fine copy.*

1011 **CALDECOTT (R.).** — A FROG HE WOULD A WOOING GO. *London, George Routledge, n. d.* [circa 1885], 4to. or. coloured wrappers.   **20 fr.**

    7 coloured plates and numerous drawings by Caldecott. *Fine copy.*

1012 **CALDECOTT (R.).** — THE GREAT PAN-JANDRUM HIMSELF. *London, George Routledge, n. d.* [circa 1885], 4to. or. coloured wrappers.   **60 fr.**

    FIRST EDITION. 7 coloured plates and numerous drawings by Caldecott. *Fine copy.*

1013 **CALDECOTT (R.).** — HEY DIDDLE DIDDLE and Baby Bunting. *London, Geo. Routledge, n. d.* [circa 1885], 4to. or. coloured wrappers. **60 fr.**

    FIRST EDITION. 7 coloured plates and many drawings by Caldecott. *Fine copy.*

1014 **CALDECOTT (R.).** — THE HOUSE THAT JACK BUILT. *London, George Routledge, n. d.* [circa 1885], 4to. or. coloured wrappers.   **20 fr.**

    9 coloured plates and many drawings by Caldecott.

1015 **CALDECOTT (R.).** — THE MILKMAID. *London, George Routledge, n. d.* [circa 1885], 4to.   **20 fr.**

    7 coloured plates and many drawings by Caldecott. *Fine copy.*

1016 **CALDECOTT (R.).** — THE QUEEN OF HEARTS. *London, George Routledge, n. d.* [circa 1885], 4to. or. coloured wrappers.   **20 fr.**

    8 coloured plates and numerous drawings by Caldecott. *Fine copy.*

1017 **CALDECOTT (R.).** — RIDE A COCK HORSE TO BANBURY CROSS. *Landon, George Routledge, n. d.* [circa 1885], 4to. or. coloured wrappers.   **60 fr.**

    FIRST EDITION. 7 coloured plates and numerous drawings by Caldecott. *Fine copy.*

1018 **CALDECOTT (R.).** — SING A SONG FOR SIXPENCE. *London, George Routledge, n. d.* [circa 1885], or. coloured wrappers. *(Damaged).*   **20 fr.**

    9 coloured plates and numerous plates by Caldecott.

1019 **CALDECOTT (R.).** — THE THREE JOVIAL HUNTSMEN. *London, George Routledge, n. d.* [circa 1885], or. coloured wrappers.   **30 fr.**

    9 coloured plates numerous drawings by Caldecott. *Fine copy.*

1020 **CALLIGRAPHIE.** — CAHIER D'ÉCRITU-RES en tous genres dédié à M. Michel Morand, 1er adjoint, par les élèves des FF. de Saint-Euverte, Orléans. Ms. moderne, vers 1805, 37 ff. format écolier, rel. en bas. rouge, plats papier, sur le 1er pièce rouge sur laquelle est imprimé le titre.   **1.250 fr.**

    Au verso du 1er f. (le recto blanc) pièce de M. Michel Morand félicitant les élèves des FF. de leurs travaux et les invitant à venir se divertir chez lui, à la campagne. Titre orné, portant la dédicace. Ce manuscrit exécuté par les élèves des Frères, n'est pas seulement un chef-d'œuvre de calligraphie, mais, par ses ornements en couleurs et ses enluminures, ses oiseaux dessinés à la plume et les motifs décoratifs accompagnant le texte, forme une véritable œuvre d'art, dans un état parfait de conservation.

1021 **CAMEL** (PRETTY STORIES ABOUT). *London, Dean and Co, n. d.* [circa 1856], large 8vo. or. printed wrappers.   **25 fr.**

    Illustrated with 8 hand-coloured woodcuts. Much fingered copy, edges rayed and some tears repaired : covers soiled.

1022 **CAMERON (Mrs).** — THE CASTRETS or The Palace and the Church. *London, Houlston and Son,* 1838, sm. 12mo. or. printed wrappers.   **35 fr.**

    Illustrated with 6 splendid woodcuts. *Fine copy.*

1023 **CAMERON (Lucy L.).** — COLLECTION of nine different works. *Wellington, Salop,* 1818-1821, small 12mo. bound in 1 vol., contemp. half-calf. *(One joint slightly cracked).*   **450 fr.**

    The works are « The Lost Child, 1821. — The Mother's Grave, 1820. — The History of Fidelity and Proffession, 1821. — The History of Martin and his Two Little Scholars at a Sunday-School, 1821. — The Workhouse, 1820. — The History of Margaret Whyle, 1821. — The Holiday Queen, 1818. — The Raven and the Dove, 1818. — The Caskets, 1818. » Each volume is illustrated with a frontispiece and many well executed woodcuts, some in the *Bewick* Style. Fine collection of Shropshire printed children's books Mrs Cameron was the sister of Mrs Sherwood.
    PLANCHE 159.

1024 **CAMERON (Mrs).** — LITTLE FRANK AND HIS SISTER. *London, Houlston and Wright, n. d.* [circa 1840], sm. 16mo. or. printed wrappers.   **20 fr.**

    Frontispiece and 6 quaint woodcuts. *Fine copy.*

1025 **CAMERON (Mrs).** — THE MOTHER'S GRAVE. *London, Houlston and Co, n. d.* [circa 1830], small 12mo. or. printed durk grey wrappers. *(Back strip missing).*   **60 fr.**

    Illustrated with 6 well engraved woodcuts and vignette on title. Two page book list at end. *Fine copy.*

1026 **CAMERON (Mrs).** — SOPHIA or the Source and Benefit of Affliction. *London, Houlston and Son,* 1833, sm. 12mo. or. half-leather boards.   **20 fr.**

    Illustrated with an engraved frontispiece.

MADAME CAMPAN (1752-1822)

1027 CAMPAN (Mme). — CONSEILS AUX JEU-
NES FILLES. *Paris, Baudouin,* 1825, in-12, cartonn. Bradel, pap. marbré. *(Cartonn. anc.).*
80 fr.

Une figure gravée par *Lefebvre* d'après *Devéria.* Non rogné.

1028 CAMPAN (Mme). — CONSEILS AUX JEU-
NES FILLES. *Paris,* 1825, in-12, cart. papier à la
bradel. *(Cart. de l'époque).* **70 fr.**

Une gravure. Recueil d'anecdotes morales, classées par
chapitres : le mensonge, l'amour du travail, etc. Une say-
nète : La ferme partagée. On sait que Mme Campan, célèbre institutrice et éducatrice, dirigea la maison impériale
d'Ecouen où elle eut parmi ses élèves la future reine Hortense.

1029 CAMPAN (Mme). — CONSEILS AUX JEU-
NES FILLES. *Paris, H. Baudouin et Bigot,* 1830,
in-12, veau bleu orné sans nerfs, triple filet et
large dentelle sur les plats, dentelle intérieure, tr.
dorées. *(Reliure de l'époque).* **500 fr.**

Portrait gravé par Dien, une planche dessinée par
DEVÉRIA, gravée par *Lefèvre jeune,* sous la direction de
Couché fils. Charmant exemplaire sous une reliure de
grand style.

1031 CAMPAN (Mme). — DE L'ÉDUCATION,
suivi des Conseils aux jeunes filles, d'un Théâtre
pour les jeunes personnes et de quelques Essais
de morale. *Paris, Baudouin frères, P. Mongie,*
1824, 2 vol. in-8, demi-veau fauve. *(Rel de l'époque).* **500 fr.**

ÉDITION ORIGINALE, publiée par F. Barrière, qui
l'a fait précéder d'une remarquable introduction, de cet
ouvrage auquel Mme Campan, trop modeste, attachait le
peu de réputation qu'elle pouvait un jour obtenir. *Bel
exemplaire.*

1032 CAMPAN (Mme). — DE L'ÉDUCATION,
suivi des Conseils aux jeunes filles, d'un Théâtre
pour les jeunes personnes et de quelques essais
de morale. Ouvrage mis en ordre et publié avec
une introduction par M. F. BARRIÈRE. Ed.
nouvelle augmentée de Lettres et de Morceaux
inédits. *Paris, Baudouin,* 1828, 3 vol. in-12, veau

vert olive, dos à nerfs plats, orné de fil. dorés et
à froid, pièces noires, fleurons dorés, encadrement
de filets noirs, et dentelle à froid autour des pl.
avec pet. ros. dorées aux angles, dent. dor. int.,
tr. dorées. *(Rel. romantique signée : Bibolet).*
300 fr.

Important ouvrage dans une jolie reliure de BIBOLET
fraîche, sauf qq. petites éraflures et traces de vers, notamment au coin de 2 plats, facilement réparable d'ailleurs.

1033 CAMPAN (Mme). — LETTRES DE DEUX
JEUNES AMIES. *Paris, de l'Imprimerie de Plas-
san,* 1811, in-8, maroq. vert à long grain, dos orné,
petite guirlande dorée autour des plats, fleurons
aux angles, tr. dor. *(Rel. anc.).* **1.000 fr.**

ÉDITION ORIGINALE, extrêmement rare (elle n'aurait été tirée qu'à 200 exemplaires d'après *Barbier*) de cet
ouvrage dû à la célèbre institutrice qui vécut dans l'inti-
mité de la reine *Marie-Antoinette* et fonda à Saint-Germain
un pensionnat de jeunes filles où Napoléon mit sa fille
Hortense six mois avant son mariage avec Mme de Beauharnais. Un grand nombre de ces lettres sont datées
d'*Ecouen,* où Mme Campan remplissait la charge de surintendante. Bel exemplaire, en plein maroquin de l'époque.

1034 CAMPAN (Mme). — LETTRES DE DEUX
JEUNES AMIES ÉLÈVES D'ECOUEN. *Paris,
Baudouin frères,* 1824, in-12, demi-bas. marron.
100 fr.

Frontispice gravé par *Couché fils* et *Bovinet.* Légères
rousseurs.

1035 CAMPAN (Mme). — THÉATRE D'ÉDUCA-
TION POUR LES JEUNES PERSONNES. *Paris,
Baudouin frères,* 1835, in-12, bas. marron, dos
orné sans nerfs, fil. sur les pl., décor à la cathédrale estampé à froid, tr. jasp. **125 fr.**

2 pl. gravées par *Couché fils* d'après les dessins de
DEVÉRIA.
On connaît surtout les *Mémoires* de Mme Campan (1752-
1822). si intéressants en ce qui touche Marie-Antoinette
et la famille royale. Ce *Théâtre d'éducation,* couronné par
l'Académie française, fait voir l'ancienne femme de chambre de la reine dans son rôle d'éducatrice, maîtresse à
Saint-Germain-en-Laye, d'Hortense de Beauharnais, puis
surintendante de la maison impériale d'Ecouen.

JOACHIM-HENRI CAMPE (1746-1818)

1036 **CAMPE (J. H.)**. — COLUMBUS or the Discovery of America ; as related by A Father to his Children, and designed for the instruction of youth. In two volumes, translated from the German of J. H. Campe *(author of the new Robinson Crusoe)* by ELIZABETH HELME... *London, Sampson Low,* 1799, 2 vols in one 12mo. or. half-leather, boards, entirely uncut.   **2.000 fr.**

FIRST EDITION in English. Illustrated with large folding map of the West Indies. FINE COPY, ENTIRELY UNCUT IN ORIGINAL BOARDS.

1037 **CAMPE (J. H.)**. — COLUMBUS or the Discovery of America... contemp. Russia leather. *(Rebacked).*   **600 fr.**

Another copy of the first edition, complete with the map.

1038 **CAMPE (J. H.)**. — COLUMBUS. *London, Cradock,* 1811, 12mo. contemp. calf.   **40 fr.**

Fine copy. Map missing.

1039 **CAMPE (J. H.)**. — COLUMBUS. *London, C. Cradock,* 1811, 12mo. or. boards.   **150 fr.**

Fine uncut copy with map.

1040 **CAMPE (J. H.)**. — COLUMBUS or the Discovery of America... etc. A New Edition, with the translator's last corrections and improvements. *London, Baldwin and Cradock,* 1828, sm. 8vo. or. half-leather, boards. *(Back rubbed).*   **150 fr.**

Same work and translation, as preceding number with corrections and improvements. Map. 2 page book list at end.

1041 **CAMPE (J. H.)**. — DÉCOUVERTE DE L'AMÉRIQUE. Ouvrage propre à l'instruction et à l'amusement de la jeunesse, faisant suite au Nouveau Robinson. Revu et corrigé par P. BLANCHARD. Seconde édition. *Paris, Le Prieur,* 1808, 3 vol. in-12, demi-bas. fauve, dos orné de fil. et de pièces rouges (celle du t. I manque), tr. j. *(Rel. anc.).*   **200 fr.**

Edition rare de cet important AMERICANA pour la jeunesse, orné de 31 figures en taille-douce (2 sujets par planche, sauf le frontispice du t. I) et deux grandes cartes se dépliant *(Amérique Méridionale et Golfe du Mexique).* Le frontispice représente *Chr. Colomb* débarquant en Amérique. Ex-libris ancien à chaque volume. Bel exemplaire.

1042 **CAMPE (J. H.)**. — DÉCOUVERTE DE L'AMÉRIQUE. Seconde édition, 1808, *même éd. que le précédent,* bas. f. marbrée, dos orné de fleurs et pièces rouges, cadre de fil. dorés autour des plats, tr. j. *(Rel. anc.).*   **380 fr.**

Bel exemplaire, dans une reliure pleine d'époque.

1043 **CAMPE (J. H.)**. — DÉCOUVERTE DE L'AMÉRIQUE, etc. Troisième édition. *Paris, Le Prieur,* 1812, 3 vol. in-12, bas. fauve marbrée, dos très orné, pièces vertes, tr. j. *(Rel. anc.).*   **350 fr.**

Même ouvrage que le précédent, orné de 31 figures et de 2 cartes. Très bel exemplaire. Déchirure à 1 f. sans perte de papier.

1044 **CAMPE (J. H.)**. — DÉCOUVERTE DE L'AMÉRIQUE. Troisième édition. *Paris, Le Prieur,* 1812, 3 vol. in-12, veau granité, dent. dorée, dos fauve orné. *(Rel. de l'époque).*   **350 fr.**

Même ouvrage que le précédent, même édition. Très bel exemplaire.

1045 **CAMPE (J. H.)**. — ÉLÉMENS DE PSYCOLOGIE *(sic),* ou leçons élémentaires sur l'âme, à l'usage des enfans. Ouvrage traduit de l'allemand, dédié à Madame la Comtesse de Genlis, gouvernante des enfans de S. A. S. le duc de Chartres. *Hambourg, J.-G. Virchaux,* 1783, in-8, broché, couverture muette d'origine, conservé dans une boîte demi-maroquin.   **800 fr.**

ÉDITION ORIGINALE de la traduction française, de cet ouvrage du célèbre écrivain pédagogique, auteur du *Petit Robinson.* Vignette gravée sur le titre, vignette aux armes de la *Comtesse de Genlis* en tête de la dédicace, et 3 grandes planches gravées par *Rosmoesler,* contenant chacune 4 figures. Bel exemplaire, à toutes marges, sous sa couv. en pap. gris d'origine.
PLANCHE 44.

1046 **CAMPE (J. H.)**. — ÉLÉMENS DE PSYCOLOGIE *(sic). Genève, Bard, Maugel et Compoé,* 1785, in-12, veau moucheté, dos orné, triple fil. sur les pl.   **450 fr.**

Même ouvrage que le précédent. Cette édition comporte 4 figures de plus, faisant 16 planches, d'un format inférieur bien que faisant partie du volume qui en indique le placement. La planche IX chiffrée XI par erreur.

1047 **CAMPE (J. H.)**. — HISTOIRE DE LA DÉCOUVERTE ET DE LA CONQUÊTE DE L'AMÉRIQUE. Traduction nouvelle, précédée d'un essai sur la vie et les ouvrages de l'auteur par Charles Saint-Maurice... *Paris, Lavigne,* 1845, in-8, cart. toile noire, décors polychromes, tr. dorées. *(Cart. d'édit.).*   **400 fr.**

PREMIER TIRAGE. Orné de cent vignettes gravées sur bois par Lacoste aîné d'après les dessins de Bertrand, dont vingt-huit hors-texte. Vicaire, II, 38. Grande plaque or, rouge, vert, bleu sur le premier plat, avec médaillons : indiens, singe, navire. Dos orné de jolis fleurons polychromes. Sur le second plat, trois-mâts or, rouge et vert. *Bel exempl. d'un ouvrage célèbre.* Quelques piqûres.

1048 **CAMPE (J. H.)**. — HISTOIRE DE LA DÉCOUVERTE ET DE LA CONQUÊTE DE

L'AMÉRIQUE... *Paris, Lavigne,* 1845, in-8, cart. toile noire, décors dorés, tr. dorées. *(Cart. édit.).*
400 fr.

Le même ouvrage que le précédent, même édition. Plaques dorées représentant un navire dans un cadre d'arbres exotiques, indiens, etc., et au second plat, un trois-mâts. Très bel exemplaire.

1049 **CAMPE (J. H.). —** LES SOIRÉES SOUS LE VIEUX TILLEUL ou Petit Cours de Morale en Exemples et Choix d'Historiettes destinées à l'amusement et à l'instruction de la Jeunesse. Imitation de l'allemand, par M. BRETON. *Paris, Ménard et Desenne,* 1821, 2 part. en 1 vol. in-12, bas. polie mouch., dos très orné avec pièce rouge, pet. guirlande autour des pl., pet. guirl. int., tr. dor. *(Rel. de l'époque).*
125 fr.

Charmant exemplaire de ce petit ouvrage très rare, orné de 2 jolies gravures sur cuivre, non signées.

1050 **CAMPE (J. H.). —** VOYAGES DES PREMIERS NAVIGATEURS ou découverte et conquête de l'Amérique. Ouvrage traduit de l'allemand pour l'instruction et l'amusement de la jeunesse. Quatrième édition, revue et corrigée. Voyages et Conquêtes de Colomb. *Paris, Cordier et Legras,* 1802, 2 vol. pet. in-12, bas. écaille, dos orné, pièces vertes, tr. marb. *(Rel. anc.).*
130 fr.

Partie de ces célèbres « voyages » consacrée aux Voyages et Conquêtes de Colomb. Une grande carte gravée se dépliant (Golfe du Mexique) et deux frontispices gravés par Vielerey d'après Valain. Débarquement de Colomb et Supplice du Cacique Hatney. Bel exemplaire.

CAMPE (J. H.). — LES ROBINSONS. Voir nº 4873 à nº 4905.

1051 **CAMPE (M.). —** POLAR SCENES, exhibited in the Voyages of Heemskirk and Barenz to the Northern Regions, and the adventures of four Russian Sailors at the Island of Spitzbergen. *London, J. Harris and Son,* 1823, 12mo. or. printed boards.
300 fr.

Illustrated with 36 hand-coloured copper-plates. The scenes show bear hunting, whaling, seals and the life of explorers in the Arctic. Two page book list at end.

1052 [**CANTU (Ignazio)**]. — L'ALBERO DEL BENE E DEL MALE. Scene della Vita domestica dedicate ai giovanetti. *Milano, P. e G. Vallardi, s. d.* (1850), in-8 obl. *(Cartonnage de l'éditeur).*
100 fr.

Frontispice et 16 pl. gravées et coloriées. Amusantes reconstitutions de costumes du XVIIIe siècle. Scènes enfantines.

1053 **CAPITALS OF EUROPE.** *London, W. Belch, n. d.* [circa 1815], 12mo. or. boards with coloured, engraved ticket.
800 fr.

Illustrated with 8 hand-coloured copper engravings of European capitals, with an engraved verse under each. Two page book list. Fine copy.
    « From Pont Neuf you behold a City,
    Where all is gay and likewise witty,
    The Thuilleries and Louvre too,
    Are Stately buildings to the View. »

1054 **CARACTÈRES DE L'ENFANCE (LES)** mis en action dans une suite de Contes moraux et instructifs. *Paris, Genets,* 1821, 4 tomes en 2 vol. pet. in-12, demi-bas. marb., dos orné, pièces de titre. *(Rel. de l'époque).*
400 fr.

Charmant petit ouvrage orné de 4 titres gravés, avec vignettes et de 30 planches gravées non signées représentant des « caractères » : le flatteur, l'enfant complaisant, l'empressé, l'enfant studieux, l'impatient, l'enfant dissipé, la petite fille coquette, etc. Petite déchirure dans la marge d'un f. enlevant qq. lettres. Rel. légèrement restaurée.

1055 **CAREY (J.). —** LEARNING BETTER THAN HOUSE AND LAND ; as exemplified in the history of Harry Johnson and Dick Hobson. *London, William Darton,* 1824, small 12mo. or. half-leather, boards.
250 fr.

Illustrated with six copper plates. The story takes « Dick » to America, where in those days, according to the Story, living in New York was much cheaper than in London. The Author was editor of the « Regent Classics ». Two page book list, and William Darton engraved advertisement at end. Engraved « Token of Esteem » placed at beginning of volume. Fine copy.

1056 **CAREY (J.). —** LEARNING BETTER THAN HOUSE AND LAND. Sm. 12mo. or. half-leather, boards.
200 fr.

Another copy. Fine.

1057 **CARLISLE (COUNTESS DOWAGER). —** THOUGHTS IN THE FORM OF MAXIMS addressed to Young Ladies, on their First Establishment in the World. *London, T. Corwell,* 1790, 8vo. contemp. calf. *(Shabby).*
150 fr.

Fine with wide margins.

1059 **CARPENTIER (Mme Emilie). —** JEUNES TÊTES ET GRANDS CŒURS. *Paris, J. Vermot, s. d.* [vers 1855], in-12. *(Cartonnage papier de l'éditeur).*
60 fr.

4 lithographies en deux tons de Vallet et vignettes dans le texte. Cartonnage en chromolithographie : Sur le premier plat, Turenne endormi sur l'affût d'un canon.

1060 **CARPENTIER (Emilie). —** LES SOUVENIRS DE MON GRAND-PÈRE. Contes et nouvelles dédiés à la jeunesse. *Paris, Vermot, s. d.* [vers 1850], in-4. *(Cartonnage toile de l'éditeur, tr. dorées).*
500 fr.

9 grandes lithographies coloriées de LASSALLE, tirées chez Godard. Vignette de titre et vignettes dans le texte. Texte imprimé en gros caractères. Petite déchirure dans la marge de la dernière feuille. Bel exemplaire.

LEWIS CARROLL (C. L. DODGSON), 1832-1898

1061 CARROLL (Lewis). — ALICE'S ADVENTU-
RES IN WONDERLAND, with forty-two illus-
trations by John Tenniel. *London, Macmillan and
Co,* 1866, sm. 4to. or. red cloth, g. e.
THROUGH THE LOOKING-GLASS and what
Alice found there, with fifty illustrations by John
Tenniel. *London, Macmillan and Co,* 1872, 8vo.
or. red cloth. g. e.
Together two volumes in red cloth, slip case.
25.000 fr.

Alice's Adventures in Wonderland is FIRST EDITION
(second issue) with all the points, including the preferable
light blue endpapers, and the 11 unnumbered pages of the
text.
The « Looking Glass ». FIRST EDITION with all the
points. The printer's error on page 21 (« d » for « b » in
second line of the « Jabberwocky ») and also has the Advertisement of Works by Lewis Carrol on page 226. In also
has the 18 unnumbered pages of the text. Both fine copies,
« throught the Looking Glass » *being exceptionally fresh.*
A splendid set, neither of the volumes having undergone
any restoration whatever. *The first issue* of the « Alice »
(1865) of which few copies are known, is now practically
unobtainable.

1062 CARROLL (Lewis). — ALICE'S ABEN-
TEUER IM WUNDERLAND. Aeberfekt von
Antonie Zimmermann Mit zweiundvierzig Illus-
trationem von John Tenniel. *London, Macmillan
und Comp.,* 1869, 8vo. or. green cloth gilt, g. e.
preserved in half-morocco case. **2.600 fr.**

FIRST GERMAN EDITION. Very fine copy with the
covers as fresh as new. A dedication (dated 1869) on half-
title.

1063 CARROL (Lewis). — AVENTURES D'ALICE
AU PAYS DES MERVEILLES. *Londres, Macmillan and Co,* 1869, 8vo. or. blue cloth, g. e.
1.500 fr.

Fine copy of the FIRST EDITION IN FRENCH, illustrations by John Tenniel.

1064 CARROL (Lewis). — AVENTURES D'ALICE
AU PAYS DES MERVEILLES. Or. blue cloth.
1.200 fr.

Another copy of the FIRST FRENCH EDITION. Fine
copy but not so fresh as preceding number.

1065 CARROL (Lewis). — AVENTURES D'ALICE
AU PAYS DES MERVEILLES. *Paris, L. Ha-
chette et C^{1e},* 1870, or. blue cloth. *(Back worn).*
80 fr.

With the PARIS IMPRINT. Same illustrations.

1066 CARROLL (Lewis). — LE AVVENTURE
D'ALICE NEL PAESE DELLE MERAVIGLIE,
tradotte dall' inglese da T. Pietrocola-Rosetti.

Londra, Macmillan and Co, 1872, 8vo. or. red
cloth. **500 fr.**

FIRST EDITION IN ITALIAN, with same drawings
by John Tenniel. *Pristine state.*

1067 CARROLL [Lewis]. — ALICE'S ADVENTU-
RES IN WONDERLAND. *New York, Macmillan
and Co,* 1877, 8vo. or. red cloth. **60 fr.**

Fine copy of the New York edition illustrated with 42
illustrations by John Tenniel.

1068 CARROL (Lewis). — ALICE'S ADVENTU-
RES IN WONDERLAND. Illustrated by Arthur
Rackham. *London, William Heinemann, n. d.,*
sm. 4to. or. cloth., gilt. **60 fr.**

Fine copy.

1069 CARROLL (Lewis). — AVENTURES D'ALI-
CE AU PAYS DES MERVEILLES, illustrées par
Arthur Rackham. *Paris, Hachette et C^{1e}, s. d.,*
in-4. *(Cartonnage toile de l'éditeur).* **550 fr.**

12 illustrations en couleurs et 14 bois par ARTHUR
RACKHAM. Tiré à 270 exemplaires numérotés, un des
250 sur papier à la forme.

1070 CARROL (Lewis). — THE NURSERY
« ALICE ». *London, Macmillan and Co,* 1890, roy.
8vo. or. coloured boards. **400 fr.**

FIRST EDITION. Contains 20 coloured enlargements
from Tenniel's illustrations to « *Alice's Adventures in Wonderland* » with text adapted to nursery readers. The cover
design is by E. Gertrude Thomson. 3 page list of Carrol
books at end. *Very fine copy.*

1071 CARROLL (Lewis). — THE SONGS FROM
« ALICE'S ADVENTURES IN WONDERLAND »
The Music composed by William Boyd. *London,
Weckes and Co, n. d. (1870),* oblong 4to. or. prin-
ted wrappers. **800 fr.**

FIRST EDITION. Dedication ; Preface and 10 pages
of music with words. Back wrapper with ads. recto verso.
Fine copy.

1072 CARROLL (Lewis). — SYLVIE AND BRUNO.
SYLVIE. BRUNO CONCLUDED. *London, Macmillan and Co,* 1889 and 1893, 2 vols. 8vo. or.
red cloth gilt, g. e. *(Advs. at end of each vol).*
1.000 fr.

BOTH FIRST EDITIONS. Each volume with 46 illustrations by Harry Furniss. Vol. I almost mint. Vol. II Mint
state.

1073 CARROLL (Lewis). — SYLVIE AND BRU-
NO. — SYLVIE AND BRUNO CONCLUDED.
Or. cloth. **350 fr.**

BOTH FIRST EDITIONS as preceding item. Covers
slightly dulled.

1074 CARROLL (Lewis). — SYLVIE AND BRU-NO CONCLUDED. *London, Macmillan and Co,* 1893, 8vo. or. red cloth, gilt. g. e. *(Adv. al end).* **160 fr.**

FIRST EDITION. *Mint copy with dust wrapper as issued.*

1075 CARROLL (Lewis). — THE WONDERFUL POSTAGE STAMP CASE. Eight or Nine Wise words about Letter-Writing. *Oxford, Emberlin and Son,* 1908, sm. 16mo. or. printed wrappers and case. **100 fr.**

FIRST EDITION. Stamp case with slip case, each with illustrations of Alice with baby and pig on recto, and cheshire cat on verso. Booklet, 40 pages including 4 pages advertisements.

1076 CARRON (L'Abbé). — LES ÉCOLIERS VER-TUEUX ou vies édifiantes de plusieurs jeunes gens proposés pour modèles. *Lille, Lefort,* 1834, 2 vol. in-12, bas. marb., dos orné, tr. marb. *(Rel. de l'époque).* **40 fr.**

Orné de *2 charmantes lithographies* en frontispices. *Ex-praemio* et armes d'un évêque (Aire) sur les plats.

1077 CARROY (Mᵐᵉ). — LA BONNE FILLE ou le Dévouement filial. 2ᵉ éd. *Paris, Caillot, s. d.* [vers 1830], in-12, bas. marb., dos orné, pièce rouge, pet. dent. autour des plats, tr. marb. *(Rel. de l'époque).* **30 fr.**

Un titre gravé avec vignette et 3 figures gravées. Reliure un peu ternie et éraflée.

CARTONNAGES ROMANTIQUES
(PAPIER)

1077 bis ABRÉGÉ DES VOYAGES DE LEVAILLANT EN AFRIQUE. *Tours, Mame,* 1851, in-12. *(Cartonnage papier de l'éditeur).* **60 fr.**

2 pl. gravées par *Danois* d'après *H. Girardet,* la première représentant une vue du Cap de Bonne-Espérance prise de l'Océan : en premier plan brick et barque. Cartonnage or et bleu de ciel, rinceaux, feuilles de chêne et motif central.

Les voyages de François Le Vaillant dans l'intérieur de l'Afrique remontent à 1780-1783 et 1783-1785. Leur récit passe communément pour avoir été écrit par Casimir Varon. Le Muséum s'enrichit d'une partie de ses collections et le Cabinet d'histoire naturelle lui dut sa première girafe (empaillée).

1078 ADOLPHE ET LÉONTINE ou Leçons d'un père à ses enfants. *Limoges, Barbou frères, s. d.* [vers 1845], in-12. *(Cartonnage papier de l'éditeur).* **50 fr.**

PREMIÈRE ÉDITION. 1 pl. gravée. Cartonnage vert foncé orné de motifs dorés romantiques : rinceaux, arabesques. Bel exemplaire.

1079 [AFFRE]. — LE BON PASTEUR ou Monseigneur Denis-Auguste Affre, archevêque de Paris. *Lille, Lefort,* 1849, petit in-16, cart. papier *de l'éditeur.* **30 fr.**

Une lithographie (portrait de Mgr Affre). Très intéressant petit volume, contemporain des événements, contenant une biographie de l'archevêque de Paris, et un récit détaillé des journées de juin où il trouva la mort à la barricade du faubourg Saint-Antoine. Cartonnage papier bleu de ciel, joli décor doré rocaille. *Très bel exemplaire.*

1080 AIDE-TOI, LE CIEL T'AIDERA, par A. P. de M. *Rouen, Mignard et Cⁱᵉ,* 1858, in-12. *(Cartonnage papier de l'éditeur).* **50 fr.**

PREMIÈRE ÉDITION. 1 pl. gravée représentant Bonaparte au siège de Toulon. Cartonnage romantique vert clair, orné de filets, rinceaux et fleurs stylisées dorés.

1081 ALBANÈS (A. D') et **FATH (G.).** — LES NAINS CÉLÈBRES depuis l'antiquité jusques et y compris Tom-Pouce. *Paris, Havard, s. d.* (1845), pet. in-8 carré, demi-chagr. noir, dos à n. orné de fil. à froid, armes sur le premier plat. *(Rel. de l'époque).* **75 fr.**

ÉDITION ORIGINALE ornée de charmantes vignettes sur bois par *Edouard de Beaumont* (*Vicaire* I, 24). Ex-libris et armes de *C. de Mandre.*

1082 ALBANÈS (A. D') et **FATH (G.).** — LES NAINS CÉLÈBRES. *Même ouvr., même éd.,* cartonn. toile rouge, fers spéciaux dorés et à froid, tr. dor. *(Cartonn. de l'édit.).* **150 fr.**

Bel exemplaire. Cartonn. frais.

1083 ALBANÈS (A. D') et **FATH (G.).** — LES NAINS CÉLÈBRES. *Même ouvr., même éd.,* cartonn. toile vert foncé, ornements à froid et dorés sur le dos et les plats, titre sur le 1ᵉʳ plat, tr. dor *(Cartonn. de l'époque).* **100 fr.**

Cart. sans éclat.

1084 ALBERO DEL BENE E DEL MALE (L'). Strenna dedicata ai giovanetti per l'anno 1851. *Milano, Pietro e Giuseppe Vallardi, s. d.* (1850), in-8 oblong, dos basane. *(Rel. de l'époque).* **150 fr.**

1 frontispice et 16 gravures hors-texte coloriés. Le frontispice représente l'arbre du bien et du mal dans les branches duquel Dieu, d'un côté, Satan de l'autre, font à des enfants une distribution de croix, chapelets, scapulaires, ou au contraire de jeux de cartes, de pièces d'or, etc. Les gravures représentent des scènes de mœurs « vécues » par des enfants : l'amour du prochain, le courage, la pusillanimité, etc. Rare et intéressant. Bel exemplaire.

1085 AMÉRIQUE (L') d'après les voyageurs les plus célèbres, par un homme de lettres. *Lille, L. Lefort,* 1852, in-12. *(Cartonnage papier de l'éditeur).* **100 fr.**

1 pl. gravée et vignette sur bois sur le titre représentant un paquebot à vapeur à aubes. Cartonnage romantique blanc et or. *Bel exemplaire.*

1086 **A QUOI SERT UN CHAPELET,** suivi de Pardessus les remparts, le Saint Sacrement sauvé, par un Frère des Ecoles chrétiennes. Souvenirs de la Commune de Paris en 1871. *Tours, Mame,* 1872, in-12. *(Cartonnage papier de l'éditeur).* **40 fr.**

PREMIÈRE ÉDITION. 1 gravure sur bois. Cartonnage or, vert et blanc. Premier plat orné d'une image en chromolithographie représentant un Frère des Ecoles chrétiennes et des enfants. *Très bel exemplaire.*

1087 **ARTOING (Louis).** — LE MARÉCHAL DE LUXEMBOURG. *Limoges, Barbou, s. d.* [vers 1850], in-12. *(Cartonnage papier de l'éditeur).* **25 fr.**

PREMIÈRE ÉDITION. 1 gravure sur bois de Lacoste aîné. Cartonnage romantique, rinceaux, cadre et motif décoratif blanc, en relief, sur or guilloché.

1088 **ARVILLE (William d').** — L'ARMURIER DE QUÉBEC ou les derniers partisans français-canadiens. *Limoges, Eugène Ardant, s. d.* [vers 1850], in-12, cart. papier *de l'édit.* **125 fr.**

Frontisp. gravé sur bois représentant le marquis de Montcalm. Livre curieux et rare. Charmant cartonnage de toute fraîcheur, décoré de filets dentelés rouge et or et de losanges de mêmes couleurs sur fond blanc. Image en chromolithographie (paysage, arbres, rivière, château) sur le 1er plat. Très bel exemplaire.

1089 **ASIE ET AMÉRIQUE** ou Tableau intéressant de la religion, des mœurs, usages et coutumes diverses des populations de ces deux parties du monde. *Paris, Lehuby, s. d.* [vers 1840], in-12. *(Cartonnage papier de l'éditeur).* **60 fr.**

PREMIÈRE ÉDITION. 3 gravures. Cartonnage romantique à fond violet, orné de guirlandes dorées et d'une figure dorée représentant un enfant écrivant devant un globe terrestre.

1090 **AUBERT (L'Abbé Marius).** — LA VERTU DES SÉRAPHINS ou l'Amour de Jésus-Christ avec des traits histoﬞiques. *Paris, de Guyot,* 1851, in-12, cart. papier *de l'éditeur.* **150 fr.**

Gravure représentant Jésus balayant l'atelier de saint Nicolas et vignettes. Cartonnage romantique or en relief sur fond crème. Rousseurs. *Cart. très frais.*

1091 **AUVIGNY (Louise d').** — CLÉMENTINE ou les suites d'une indiscrétion. *Tours, Mame et Cie,* 1848, in-12. *(Cartonnage papier de l'éditeur).* **60 fr.**

Vignette de titre et 3 planches gravées. Cartonnage vert, riche décoration or, cadre rocailles, compartiments contenant des attributs symboliques, au milieu, jeune femme, dans le goût de la Renaissance, respirant une rose. *Bel exemplaire.*

1092 **AUVIGNY (Louise d').** — ERNESTINE ou les suites d'une indiscrétion. *Tours, R. Pornin et Cie,* 1845, in-12. cart. papier *de l'édit.* **80 fr.**

PREMIÈRE ÉDITION. 4 gravures (dont un titre avec vignette). L'une des gravures représente la Bourse de Paris. Joli cartonnage romantique, décor blanc, or, et bleu sur fond crème, avec médaillon central entouré d'un espalier de roses. Bel exemplaire.

1093 **AUVIGNY (Louise d').** — ERNESTINE ou les suites d'une indiscrétion. *Tours, Pornin,* 1846, in-12, cart. papier *de l'édit.* **25 fr.**

Le même ouvrage que le précédent. 4 gravures (dont 1 titre avec vignette). Cartonn. papier noir orné de motifs rocaille or et argent. Cartonnage un peu frotté.

1094 **AVENTURES D'UN FLORIN (LES)** racontées par lui-même. *Tours, Mame,* 1883, in-8. *(Cartonnage papier de l'éditeur).* **35 fr.**

1 gravure sur bois. Cartonnage en chromolithographie or et bleu sur bleu. Vignette représentant un moulin à eau, au milieu du 1er plat. Texte intéressant : Histoire d'une pièce d'argent qu'un faux monnayeur recouvre d'une couche d'or, entre quelles mains elle passe, etc.

1095 **AVENTURES DE MER** ou Recueil des épisodes les plus intéressants qu'offrent les récits des voyageurs, par C. G***. *Tours, Mame et Cie,* 1850, in-12. *(Cartonnage papier de l'éditeur).* **50 fr.**

Vignette de titre : le navire « La Junon » sous la tempête, et 1 planche gravée. Cartonnage papier vert, rinceaux vert et or. Naufrage du lieutenant Mackay, le capitaine Cheap, le capitaine Phipps, etc., etc. *Bel exemplaire.*

1096 **AYMARD (J.).** — LES VERTUS MILITAIRES. *Lille-Paris, J. Lefort,* 1878, in-12. *(Cartonnage papier de l'éditeur).* **15 fr.**

1 pl. gravée. Cartonnage décoré de rinceaux et cadres en relief or et rose sur fond bistre. Au centre, image en chromolithographie.

1097 **B*** (L'Abbé Th.).** — UNE PREMIÈRE ANNÉE DANS LE MONDE. Journal d'une élève des Dames du Sacré-Cœur, publié par M. l'Abbé Th. B***. *Tours, Mame et Cie,* 1851, in-12, tr. dor. *(Cartonnage papier de l'éditeur).* **200 fr.**

6 planches dessinées par K. Girardet et gravées par P. Girardet. Cartonnage papier décor Pompadour, cadre et médaillon à rinceaux or et bleu, au milieu du premier plat ; chromolithographie : prêtre en chaire. *Très bel exemplaire.*

1097 *bis* **B*** (L'Abbé Th.).** — UNE PREMIÈRE ANNÉE DANS LE MONDE. Journal d'une élève des Dames du Sacré-Cœur. *Tours, Mame,* 1851, in-12, cart. papier *de l'édit.* **100 fr.**

Le même ouvrage que le précédent ; mêmes illustrations. Le cartonn. est recouvert d'un produit qui lui donne l'aspect de feutre vert foncé. Décoration de filets et bouquets dorés. Bel exemplaire.

1098 **B*** (L'Abbé Th.).** — UNE PREMIÈRE ANNÉE DANS LE MONDE. Journal d'une élève des Dames du Sacré-Cœur. *Tours, Mame,* 1853, in-12, cart. papier *de l'édit.* **80 fr.**

Le même ouvrage que le précédent. Mêmes illustrations. Cart. blanc et or orné de bouquets de fleurs roses et de feuillages verts. Sur le 1er plat, image en chromolithographie : deux petites filles et un petit garçon regardent un album. Salissures à une page. Bel exemplaire.

1099 **BACHELET (Th.).** — LES ARABES, origines, mœurs, religion, conquêtes. *Rouen, Mégard,* 1886, in-8, *(Cartonnage papier de l'éditeur).* **50 fr.**

1 gravure de A. Varin. Cartonnage décoré de guirlandes et rinceaux dorés et en bleu sur fond blanc. Sur le 1er plat, image chromolithographiée représentant une chasse au lion. *Très bel exemplaire.*

1100 BACHELET. — HISTOIRE DE NAPO-
LÉON Ier. *Rouen, Mégard, s. d.* [vers 1850]. Cart.
papier *de l'éditeur.* **150 fr.**

PREMIÈRE ÉDITION. Une gravure. Cart. papier bleu
de ciel orné de grands motifs rocaille dorés, avec fleurons
et dentelle grenat. Texte intéressant. La dernière page
résume *le retour des cendres.* Cartonnage peu commun et
d'une irréprochable fraîcheur.

1101 BARBIER (C.). — HISTOIRE DE SAINTE
ELISABETH DE HONGRIE. *Rouen, Mégard et
Cie,* 1856, in-8. (*Cartonnage papier de l'éditeur*).
15 fr.

1 pl. gravée par Buland. Cartonnage romantique vert
orné d'un cadre doré rocaille et de palmes et couronne
dorées. *Très bel exemplaire.*

1102 BARBIER (C.). — JOSEPH ET MADELEINE
ou l'Amour filial. *Rouen, Mégard et Cie,* 1859,
in-12. (*Cartonnage papier de l'éditeur*). **50 fr.**

3 planches gravées. Cartonnage papier rouge antique,
cadre formé de rinceaux d'or, chromolithographie au
milieu du premier plat.

1103 BARR (Maurice). — LE VŒU EXAUCÉ,
suivi des Deux Mariées. *Tours, Mame,* 1878, in-8,
(*Cartonnage papier de l'éditeur*). **20 fr.**

PREMIÈRE ÉDITION. 1 gravure sur bois. Cartonnage
or et bleu. Au centre, image en chromolith. représentant
la Corne d'Or. *Bel exemplaire.*

1104 [BARTHÉLEMY (J.-J.)]. — PETIT ANA-
CHARSIS ou Voyage du jeune Anacharsis en
Grèce..., abrégé par Lemaire. *Paris, Lehuby, s. d.*
[vers 1845], in-12. (*Cartonnage papier de l'édileur*). **50 fr.**

Titre et 1 pl. gravés. Cartonnage romantique, entrelacs
bleu de ciel sur or guilloché. Au centre, image en chromolithographie représentant un épisode de *Don Quichotte.*

1105 [BARTHÉLEMY (J.-J.)]. — PETIT ANA-
CHARSIS ou Voyage du jeune Anacharsis en
Grèce. Abrégé par Lemaire. *Paris, Lehuby, s. d.*
[vers 1845], in-12. (*Cartonnage papier de l'édileur*). **60 fr.**

Titre et 1 planche gravés. Cartonnage romantique, double
cadre or sur blanc, fleurons d'angles. Au centre, image en
chromolithogr. (ours attaquant des chasseurs). Rousseurs.

1106 BAUDRAND. — HISTOIRES ÉDIFIANTES
ET CURIEUSES. *Limoges, Barbou frères, s. d.*
[vers 1850], in-12. (*Cartonnage papier de l'édileur*). **25 fr.**

PREMIÈRE ÉDITION. 1 pl. dessinée par *H. Cabasson,*
gravée par *A. Portier.* Cartonnage romantique, rocailles
violettes et fleurons roses sur fond d'or guilloché. Au centre,
image en chromolithographie (paysage).

1107 BAUDRY (Paul). — QUINZE JOURS EN
SUISSE. Bâle, Berne, Lucerne. *Rouen, Mégard,*
1878, in-8. (*Cartonnage papier de l'éditeur*).
40 fr.

PREMIÈRE ÉDITION. 1 gravure sur bois. Cartonnage
or et vert sur fond blanc. Au centre, paysage de Suisse en
chromolithographie.

1108 BAUDRY (Paul). — LA SUISSE. Bâle, Berne,
Lucerne en quinze jours. *Rouen, Mégard,* 1881,
in-8. (*Cartonnage papier de l'éditeur*). **25 fr.**

Vignette sur bois. Cartonnage romantique or et vert en
relief sur fond blanc. Sur le 1er plat, image en chromolith.
Frais cartonnage très décoratif.

1109 BEAUTÉS DE L'HISTOIRE ROMAINE, avec
une esquisse des mœurs et un aperçu sur les arts
et les sciences à différentes époques... *Paris,
Lehuby,* 1850, in-12, cart. papier *de l'édit.* **50 fr.**

3 gravures. Cart. papier bleu de ciel orné de guirlandes
florales dorées et de rinceaux, avec compartiments bleu
foncé. Image en chromolithogr. sur le 1er plat (Jeanne
d'Arc ou Jeanne Hachette). Joli cartonn. d'une parfaite
fraîcheur.

1111 BERGER (J.-B.). — EDOUARD ET PAULIN
ou les Avantages d'une éducation chrétienne.
Limoges, Barbou, 1853, in-16. (*Cartonnage papier
de l'éditeur*). **30 fr.**

1 pl. gravée. Cartonnage romantique bleu et vert clair.
Au centre, image en chromolithographie entourée d'un
cadre doré de style rocaille (campement de sauvages).
Cart. très frais.

1112 BERGIER (L'Abbé J.-B.). — VIE DE SAIN-
TE MARGUERITE DE CORTONE, pénitente
du Tiers Ordre de Saint-François. *Tours, Mame,*
1857, in-12. (*Cartonnage papier de l'éditeur*).
20 fr.

1 gravure sur bois. Cartonnage noir et or, fleurons d'angles, médaillon rocaille.
Nouvelle Thaïs, Marguerite, née à Alviano en 1247,
mourut à Cortone le 22 février 1297. Des miracles attestèrent aussitôt sa sainteté que ratifia le décret du 22 février
1728, inscrivant au calendrier le nom de sainte Marguerite
de Cortone.

1113 BIBLIOTHÈQUE MINIATURE, palissandre
sculpté, pieds, fronton, porte garnie d'une glace,
de 197 mm. de largeur, sur 304 mm. de hauteur,
112 mm. de profondeur (1840). **3.000 fr.**

Cette bibliothèque contient : ABEL DUFRESNE, *Con-
tes à Henri ; Contes à Henriette ;* STÉPHEN DE LA MADE-
LEINE, *Quinze jours de bonheur ; La Cabane et le château ;*
Mme DALARBRE, *Douze historiettes pour les enfants ;*
CHANOINE SCHMID, *Contes* (2 vol.) ; Mme MALLÈS
DE BEAULIEU, *Les Fables en action ;* PIERRE BLAN-
CHARD, *Premières connaissances. Paris, P.-C. Lehuby,
s. d.* [vers 1840], 9 vol. in-16, illustrés de 9 lithographies
ou gravures. *Cartonnages papier de l'éditeur :* dos ornés,
larges cadres à rocailles or et argent sur fond violet. *Très
beaux exemplaires de toute fraîcheur.* Une baguette du
cadre de la glace manque.

1114 BIÉCHY (Armand). — TABLEAU DU SIÈ-
CLE DE LÉON X. *Limoges, Barbou,* 1852, in-8,
cart. papier *de l'éditeur.* **150 fr.**

1 gravure. Beau cartonn. très décoratif et d'une parfaite
fraîcheur, rinceaux et motifs divers (oiseaux, attributs du
négoce : ancres, cheminée, balles de coton, caducée) dorés
sur fond vert et blanc. Grande image chromolithographiée
au second plat (ce qui est rare). *Très bel exemplaire.*

1115 BIOGRAPHIE DES GRANDS HOMMES, dédiée à la jeunesse. *Rouen, Mégard,* 1858, in-12.
(*Cartonnage papier de l'éditeur*). **20 fr.**

Portrait gravé (N. Motte, curé de la cathédrale de Rouen).
Cartonnage décoré de cadres, médaillon et fleurs vert

clair sur or guilloché. Biographies de Christophe Colomb, Henri IV, saint Vincent de Paul, Turenne, Bossuet, Chateaubriand. 1 marge coupée.

1116 BLANCHARD. — L'ÉCOLE DES MŒURS. *Tours, Mame,* 1850, 2 in-12. *(Cartonnage papier de l'éditeur).* **150 fr.**

Titres et 2 pl. gravés. Joli cartonnage romantique, rinceaux or sur fond blanc, rare dans cet état de fraîcheur. Réflexions morales et historiques sur les maximes de la sagesse par Blanchard, chanoine d'Avenay.

1117 BLANCHE DE CASTILLE, reine de France, mère de saint Louis [par J. R.]. *Lille, L. Leforl,* 1857, in-12. *(Cartonnage papier de l'éditeur).* **40 fr.**

1 pl. gravée par *Follel* d'après *Cabasson*. Cartonnage romantique, fleurs et rinceaux dorés sur fond vert. Légère mouillure au bas de la gravure. *Bel exemplaire.*

1118 BLAYS (Marie de). — ADRIENNE OU LA JEUNE ARABE. *Limoges, Barbou,* 1850, petit in-12, cart. papier *de l'édit.* **20 fr.**

Une gravure. Cartonnage papier doré orné de rinceaux. Image chromolithogr. dans un médaillon ovale.

1119 BOSSUET. — DISCOURS SUR L'HISTOIRE UNIVERSELLE. *Limoges, Barbou,* 1850, 2 vol. in-12, cart. papier *de l'édit.* **250 fr.**

PREMIÈRE ÉDITION. Deux portraits de Bossuet et du Dauphin dessinés et gravés par A. Portier. Cartonnage bleu de ciel orné de rinceaux, filets et médaillons ovales dorés. Magnifique exempl. de ce livre célèbre dans une édition à l'usage de la jeunesse.

1120 BOURASSÉ (L'Abbé J.-J.). — ESQUISSES ENTOMOLOGIQUES ou Histoire naturelle des insectes les plus remarquables. *Tours, A. Mame et Cie,* 1844, in-12. *(Cartonnage de l'éditeur).* **150 fr.**

Illustré de 15 planches remarquables gravées sur bois, dont un frontispice. Cartonnage romantique : rinceaux or en relief sur fond bleu. Larges interlignes. L'abbé Bourrassé dont les études sur la Touraine, les églises et les résidences royales sont recherchées, était professeur de zoologie au petit séminaire de Tours. *Cart. de toute fraîcheur.*

1121 BRILLANTES ÉPOQUES DE L'HISTOIRE DE FRANCE, par P. D. *Limoges-Paris, Marlial Ardant, s. d.* [vers 1850], in-12. *(Cartonnage papier de l'éditeur).* **20 fr.**

Joli frontispice lithographié : dix petits portraits en buste de souverains et écrivains illustres. Cartonnage or et bleu sur rose : rinceaux, fleurs, cadre. Au centre : image en chromolithographie : deux chevaliers armés en guerre.

1122 BRILLANTES ÉPOQUES DE L'HISTOIRE DE FRANCE, ou Traits et paroles mémorables, par P. D. *Limoges-Paris, Marlial Ardant,* 1851, in-12. *(Cartonnage papier de l'éditeur).* **80 fr.**

1 planche gravée. Cartonnage violet décoré or ; sur le premier plat, au milieu d'un cadre historié, entouré d'arabesques, cavalier, en vue d'une pyramide et de palmiers, attaqué par un tigre ; sur le second plat, décor analogue, vue d'une vallée d'Orient, mosquée, coupole, minarets. Cartonnage curieux et peu commun. Les coins un peu frottés, légères rousseurs.

1123 [BROGLIE (Princesse de)]. — RÉCITS TIRÉS DE L'ANCIEN TESTAMENT à l'usage des enfants. *Tours, A. Mame el Cie,* 1861, in-12, cartonnage de l'éditeur. **150 fr.**

Une gravure et 18 vignettes sur bois. Cartonnage romantique or en relief, vert, rose et blanc. Au centre, scène coloriée tirée de l'Histoire Sainte. L'approbation révèle le nom de l'auteur. *De toute fraîcheur.*

1124 [BRUN (Elise)]. — ORAMAIKA, nouvelle indienne. *Paris, Gaume,* 1841, 2 vol. petit in-16. Cartonnage papier *de l'édit.* **80 fr.**

Charmant ouvrage, paru sans nom d'auteur. Cf. *Barbier,* III, 733. Cart. vert foncé décoré d'entrelacs vert pâle à bordure dorée et de compartiments dorés ornés d'oiseaux vert pâle et de bouquets de fleurs d'une finesse exquise. L'histoire se passe chez les *colons de Connecticut* et les *Indiens.* Deux petits volumes d'une fraîcheur admirable. Rare, surtout en cette condition.

1125 BRUN (Mlle E.). — ALPHONSE ET PHILIPPE ou Bonté de cœur et jalousie. *Rouen, Mégard,* 1858, in-12, cart. papier *de l'édit.* **15 fr.**

Une gravure. Cartonn. papier doré orné de fleurs et filets blancs. Au milieu du 1er plat, image chromolithographiée, Déchirure au papier doré du 1er plat.

1126 BRUN (Mlle E.). — ALPHONSE ET PHILIPPE ou Bonté de cœur et jalousie. *Rouen, Mégard,* 1858, in-12. *(Carlonnage papier de l'édileur).* **30 fr.**

PREMIÈRE ÉDITION. 1 pl. gravée. Cartonnage romantique bleu et or, fleurons d'angles, fleurs stylisées, cadre et médaillon.

1127 BRUN (Mlle E.). — VIE DE SAINTE GENEVIÈVE, patronne de Paris. *Rouen, Mégard,* 1857, in-12. *(Carlonnage papier de l'éditeur).* **35 fr.**

1 pl. gravée. Cartonnage romantique, rinceaux et ornements or sur bleu clair. Résumé à l'usage de la jeunesse de l'histoire de la vie, des miracles et de la châsse de sainte Geneviève. *Bel exemplaire.*

1128 BRYDONE (P.). — VOYAGE EN SICILE ET A MALTE. Traduit de Campe et complété d'après les voyages les plus modernes. *Tours, Mame,* 1846, in-12, cart. papier *de l'édit.* **75 fr.**

Titre gravé orné d'une vignette et une gravure (cathédrale de Palerme et grotte de sainte Rosalie à Palerme). Cart. bleu de roi orné de rinceaux dorés sur fond or aux angles et d'un grand médaillon central de style rocaille, contenant un médaillon plus petit orné d'une colombe portant dans son bec un message. Joli décor. *Très bel exemplaire.*

1129 [BRYDONE (P.)]. — VOYAGE EN SICILE ET A MALTE. Traduit de Campe. *Tours, Mame,* 1851, in-12. *(Carlonnage papier de l'éditeur).* **30 fr.**

Titre et 1 pl. gravés. Cartonnage romantique or et rose pâle, entrelacs, fleurs stylisées. Au centre, image en chromolithographie représentant un paysage alpestre. Abrégé à l'usage de la jeunesse du *Tour trough Sicily and Malta* (1774-1776), de Patrice Brydone, dont une traduction française, par Demeunier, fut publiée en 1775. Le texte est complété par des emprunts à des voyages plus récents.

1130 BRYDONE (P.). — VOYAGE EN SICILE ET A MALTE, traduit de Campe et complété d'après les voyages les plus modernes. *Tours, A. Mame el Fils*, 1872, in-12. *(Cartonnage papier de l'éditeur).* **100 fr.**

> *Même ouvrage, 8e édition.* Cartonnage gris-bleu, or et blanc. Au milieu du 1er plat, vue de l'Etna en chromolithographie. *De toute fraîcheur.*

1131 BUFFON (CHOIX DE). Abrégé d'Histoire naturelle. *Rouen, Mégard, s. d.* [vers 1845], in-12. *(Cartonnage papier de l'éditeur).* **60 fr.**

> 1 pl. gravée. Cartonn. décoré de pampres de vigne verts sur fond d'or guilloché. Au centre, motif décoratif, héron et plantes aquatiques, or sur vert. *De toute fraîcheur.*

1132 BUFFON. — ŒUVRES CHOISIES, précédées d'une notice sur sa vie et ses ouvrages, par D. Saucié. *Tours, Mame*, 1847, in-8, cart. papier blanc à décors polychromes. *(Cart. de l'édit.).* **3.000 fr.**

> Magnifique exemplaire d'une fraîcheur rarissime. Quatre belles gravures sur acier, en premier tirage, de WERNER, dessinateur du Muséum. Nombreuses vignettes sur bois dans le texte. Dos et plats décorés de rinceaux dorés sur bandes de vieil argent, guirlandes florales vert, rouge, bleu, violet, animaux en relief, or rouge : paon, perroquet, chien, lion. Au centre du premier plat, large motif représentant un bœuf et un cheval au pâturage. Au centre du second plat, motif représentant un cerf courant dans un décor vert : ces animaux, comme ceux qui ornent les encadrements des plats et le dos, sont en or cuivré et en relief. Cartonnage de toute beauté. Exemplaire vraiment à l'état de neuf, sans aucune restriction. *Magnifique pièce.*
> Voir frontispice en couleur.

1133 CABANE DU PECHEUR (LA). *Lille, L. Lefort*, 1857, in-12. *(Cartonnage papier de l'éditeur).* **50 fr.**

> 1 gravure sur bois, vignette sur le titre (navire à voiles). Cartonnage romantique *souple*, orné de rinceaux et médaillons or sur fond blanc.

1134 CAILLOT (Ant.). — ABRÉGÉ DE L'HISTOIRE DU BAS-EMPIRE DE LEBEAU. *Lille, Lefort*, 1842, in-12, cart. papier de l'édil. **50 fr.**

> Tome II seul orné d'une gravure. RARISSIME cartonnage violet très foncé orné sur les deux plats d'un cadre doré de style rocaille (avec des amours et des guirlandes de feuillages) au milieu duquel se trouve un grand motif doré figurant APOLLON SUR SON CHAR. Il est à noter que c'est le sujet qui orne les reliures, longtemps attribuées à Canevarius, de l'illustre bibliophile du seizième siècle Thomas Farnèse. Très bel exemplaire.

1135 CANDAN (M.-L.). — MENDEZ PINTO. *Tours, Mame*, 1846, in-12, cart. papier de l'édil. **60 fr.**

> PREMIÈRE ÉDITION. Titre gravé avec vignette et une gravure par *Langlois* d'après les dessins de *Marckl*. Cartonnage bleu outremer richement décoré de rinceaux et fleurons plein or et de compartiments irréguliers rayés de filets d'or. Petite dent. int. dorée. Très beau cartonnage, d'un type rare, dans un état de fraîcheur remarquable.

1136 CANDAN (M.-L.). — MENDEZ PINTO. *Tours, Mame*, 1851, in-12. *(Cartonnage papier de l'éditeur).* **100 fr.**

> Titre et 1 pl. dessinés par *Marckl* et gravés par *Langlois*. La vignette du titre représente un « combat entre un bâtiment portugais et une galère turque ». Cartonnage romantique, feuillages blancs en relief sur or guilloché. Excellent résumé à l'usage de la jeunesse des voyages qu'a si joliment contés Mendez Pinto, dans son *Peregrinaçam*. De toute fraîcheur.

1137 CAPEFIGUE. — VIE DE SAINT VINCENT DE PAUL. *Paris-Limoges, Martial Ardant*, 1845, in-12. *(Cartonnage papier de l'éditeur).* **40 fr.**

> PREMIÈRE ÉDITION. Titre et 1 pl. gravés. Cartonnage romantique, arabesques et motif central or et argent sur fond violet. Publiée en 1827, dans le format in-8, la *Vie de saint Vincent de Paul*, par J.-B.-H.-R. Capefigue, avait été couronnée par la « Société catholique des bons livres ». Elle eut un grand succès. *Bel exemplaire.*

1138 CARRON (L'Abbé). — VERTU ET PIÉTÉ ou Jeanne et Isabelle de Portugal, Catherine de Harlay, etc. *Lille, L. Lefort*, 1855, in-12. *(Cartonnage de l'éditeur).* **30 fr.**

> 1 pl. gravée par *Monnin* d'après *Cabasson*. Cartonnage romantique bleu et or à la cathédrale. Au centre, vignette coloriée représentant le portail d'une église.

1139 CARRON (L'Abbé). — VERTU ET PIÉTÉ ou Jeanne et Isabelle de Portugal, Catherine de Harlay, Henriette de France, etc. *Lille, L. Lefort, s. d.* [vers 1860], in-12. *(Cartonnage papier de l'éditeur).* **100 fr.**

> 1 planche dessinée par *Cabasson*, gravée par *Monnin*. Cartonnage or, blanc et bleu, au milieu du 1er plat, paysage en chromolithographie. *De toute fraîcheur.*

1140 CARRON (L'Abbé). — VIE DE Mme DE LA VALLIÈRE. *Paris-Limoges, Martial Ardant*, 1853, in-12. *(Cartonnage de l'éditeur).* **50 fr.**

> PREMIÈRE ÉDITION. Très joli portrait de Mme de La Vallière, dessiné par DEVÉRIA, gravé par TONY JOHANNOT. Titre entouré d'un cadre élégant en lithographie. Cartonnage romantique rinceaux or et crème. Au centre, grande image en chromolithographie représentant une jeune paysanne frappant à la porte d'une maison rustique. Larges interlignes.

1141 CARROY (Mme). — LES COLLÉGIENS ou Six semaines de vacances. *Paris-Limoges, Martial Ardant*, 1850, in-12. *(Cartonnage de l'éditeur).* **60 fr.**

> PREMIÈRE ÉDITION. 1 pl. et titre gravés. Riche cartonnage romantique bleu, or et rose ; cadre et fleurons d'angles, large médaillon, au centre, bouquet de roses coloriées et rehaussées d'or. Cartonnage dans un superbe état de fraîcheur.

1142 CARROY (Mme). — L'INTÉRIEUR D'UN PENSIONNAT. *Paris-Limoges, Martial Ardant*, 1842, in-12. *(Cartonnage de l'éditeur).* **20 fr.**

> 1 pl. et titre gravés. Cartonnage romantique violet, avec cadres dorés de filets et guirlande florale.

1143 CARROY (Mme). — ZÉLIE ou le modèle des jeunes filles. *Limoges, Eugène Ardant, s. d.* [vers 1860], in-12, cart. papier de l'édil. **20 fr.**

> Frontispice gravé sur bois. Cartonnage papier blanc avec décoration de filets et ornements variés bleus et or, cartouches portant en or : Bibliothèque de l'école et du foyer. Eugène Ardant et Cie. Image en chromolithogr. au milieu du 1er plat représentant des enfants qui patinent sur la glace. *Bel exemplaire.*

1144 CARVER. — AVENTURES CHEZ LES SAUVAGES de l'Amérique septentrionale. *Tours, Mame*, 1845, in-12, cart. papier de l'édil. **300 fr.**

> PREMIÈRE ÉDITION de cette version pour la jeunesse. 2 gravures de *K. Girardet* : la cataracte du Niagara

et naturels de l'Amérique du Nord (vignette du titre). Très intéressant « Americana », le meilleur peut-être que l'on ait écrit pour les enfants au XIXᵉ siècle. Cart. papier glacé bleu-noir orné de personnages divers, de feuillages, etc., avec médaillon contenant des livres et des instruments d'étude ; tous ces décors imprimés en jaune-or. *Très rare.*

1145 CARVER. — AVENTURES CHEZ LES SAU-VAGES de l'Amérique septentrionale. *Tours, Mame, 1849, in-12. (Cartonnage de l'éditeur).* **200 fr.**

Le même ouvrage que le précédent. Titre et 1 pl. gravés, par *P. Girardet,* d'après *Karl Girardet.* Cartonnage romantique. Cadre, fleurons d'angles et larges rinceaux d'or sur fond violet.

1146 CARVER. — AVENTURES CHEZ LES SAU-VAGES de l'Amérique septentrionale. *Tours, Mame, 1850, in-12. (Cartonnage papier de l'éditeur).* **200 fr.**

Même ouvrage, même édit. Cartonnage romantique or et bleu clair.

1147 CARVER. — AVENTURES CHEZ LES SAU-VAGES de l'Amérique septentrionale. *Tours, Mame, 1852, in-12. (Cartonnage papier de l'éditeur).* **100 fr.**

Même ouvrage, même édition. Cartonnage orné de jeux de filets et rinceaux rose pâle sur fond d'or guilloché. Image en chromolithogr. représentant Carver sur le Mississipi dans une barque conduite par deux Indiens.

1148 CARVER. — AVENTURES CHEZ LES SAU-VAGES de l'Amérique septentrionale. *Tours, Mame et Cⁱᵉ, 1861, in-12. (Cartonnage papier de l'éditeur).* **250 fr.**

Le même ouvrage que le précédent. Cartonnage romantique or, vert et crème. Au centre, intéressante image en chromolithographie représentant un nègre et un planteur américains. Cart. de toute fraîcheur.

1149 CERVANTÈS (Michel). — AVENTURES DE DON QUICHOTTE DE LA MANCHE. Edit. revue et corrigée par M. l'abbé Lejeune. *Paris, P.-C. Lehuby, s. d. [vers 1850], 2 in-12. (Cartonnage papier de l'éditeur).* **600 fr.**

Six gravures sur bois, dont trois d'après les dessins de Célestin Nanteuil. Cartonnage romantique, décoration or et argent sur fond rose. Au centre du 1ᵉʳ plat de chaque volume, image en chromolithographie. Celle du 1ᵉʳ vol., inspirée d'une lithographie qui se trouve en frontisp., figure : la rencontre de Don Quichotte et du lion. Edition fort rare en cartonn. papier. Exemplaire sans éclat.

1150 C. G. — LOUIS LE TRICHEUR, suivi de : Les Tartines de confitures, la Bible et le bateau, Elisa, la Boussole, l'Hirondelle, la Tache d'encre, la Course, la Fable. *Tours, Mame, 1851, petit in-12, cart. papier de l'édit.* **75 fr.**

Une lithogr. sur fond chamois. Ornements typographiques variés, d'un style charmant. Cartonnage bleu orné de médaillons et guirlandes florales dorés. Impression en gros caractères. *Très bel exemplaire.*

1151 CHALUSSET (Abel de). — CURIOSITÉS AMÉRICAINES ou Description des animaux, des chasses, des danses, des jeux et des plantes du

Canada. *Limoges, Barbou frères, s. d. [vers 1845], in-12. (Cartonnage papier de l'éditeur).* **50 fr.**

1 pl. gravée. Cartonnage romantique rose et or guilloché. Image chromolithogr. sur le 1ᵉʳ plat. Intéressant Americana, très rare en cartonnage papier.

1152 CHARLEVOIX (Le P. de). — HISTOIRE ET DESCRIPTION DU JAPON. *Tours, Mame, 1847, in-12. (Cartonnage papier de l'éditeur).* **200 fr.**

Titre et 3 pl. gravés par *Ruhierre.* Cartonnage romantique, rinceaux, fleurs et cadre roses, en relief sur or guilloché. Au centre, vignette coloriée, représentant un voilier en chargement dans un port du Japon. Excellent résumé, à l'usage de la jeunesse, de l'*Histoire et description générale du Japon,* par le P. Pierre-François-Xavier de Charlevoix, publiée en 1736 et rééditée en 1754. *Cartonnage d'une fraîcheur irréprochable.*

1153 CHARLEVOIX (Le P. de). — HISTOIRE ET DESCRIPTION DU JAPON. *Tours, Mame, 1847, in-12. (Cartonnage papier de l'éditeur).* **150 fr.**

Même ouvrage, même édition. Cartonnage vert clair, cadre et rinceaux or et argent. Cartonnage d'une parfaite fraîcheur.

1154 CHARLEVOIX (Le P. de). — HISTOIRE ET DESCRIPTION DU JAPON. *Tours, Mame, 1852, in-12. (Cartonnage papier de l'éditeur).* **80 fr.**

Même ouvrage, 6ᵉ édition. 4 gravures de Ruhierre. Cartonnage romantique, or et blanc, cadres et guirlandes de fleurs. Au centre, image en chromolithographie représentant un voilier en chargement dans un port du Japon. Très joli cartonnage très frais.

CHARLEVOIX (Le P. de). — Voir nᵒˢ 1678-79.

1155 CHATEAU DE VILLERANGES (LE) ou Entretiens biographiques et littéraires dédié à la jeunesse des deux sexes, par F.-C., principal émérite. *Rouen, Mégard et Cⁱᵉ, s. d. [vers 1845], in-12. (Cartonnage papier de l'éditeur).* **85 fr.**

PREMIÈRE ÉDITION. 4 planches gravées dont les portraits de Mᵐᵉ de Sévigné et de Racine. Cartonnage romantique joliment décoré, sur fond doré, de guirlandes et rinceaux bleu de ciel. Image d'un château en chromolithographie sur le 1ᵉʳ plat. Voir nᵒ suivant.

1156 CHAUVET (F.). — LE CHATEAU DE VIL-LERANGES ou Entretiens biographiques et litté-raires. Dédié à la jeunesse des deux sexes. *Rouen, Mégard, s. d. [vers 1852], in-12, cart. papier de l'édit.* **150 fr.**

4 gravures. L'auteur, dont le nom se trouve à la fin, est seulement indiqué au titre par ses initiales, suivies de l'énoncé, qui fait sourire, de son ancienne profession : « Principal émérite ». Ce sont des conversations entre un père et ses enfants dans le jardin, dans la bibliothèque ; les autres gravures représentent *Racine* et Mᵐᵉ *de Sévigné.* Cartonnage papier feutré vert orné de rinceaux et de fleurs de papier argenté d'aspect métallique. Image en chromolith. sur le 1ᵉʳ plat. Bel exemplaire.

1157 CHAVANNES (P. de). — LES CONQUÉ-RANTS CÉLÈBRES. *Tours, Mame, 1869, in-12. (Cartonnage papier de l'éditeur).* **40 fr.**

1 gravure sur bois. Cartonnage bleu et blanc, croisillons et cadres or. Au centre, image en chromolithographie : Henri IV revêtu de son armure, son casque surmonté du panache blanc. Une page déchirée.

1158 CHAVANNES (De). — LE MOULIN A SU-CRE. *Tours, Mame,* 1861, petit in-18, cart. papier *de l'éditeur.* **80 fr.**

Gravure sur bois représentant des esclaves noirs travaillant aux meules. L'histoire se passe à l'île Bourbon (La Réunion). Cart. rose décoré d'une plaque de style rocaille, dorée, agrémentée de treillage et de bouquets dorés. Image en chromolithogr. représentant des nègres dans une plantation. Texte largement interligné. Exempl. d'une rare fraîcheur.

1159 CHAVANNES DE LA GIRAUDIERE (H. de). — LES PETITS VOYAGEURS EN CALIFOR-NIE. *Tours, Mame,* 1853, in-8. *(Cartonnage papier de l'éditeur).* **100 fr.**

2 lithographies en couleurs. Cartonnage romantique d'un décor peu commun vert clair, or et bleu. Gros caractères, larges interlignes. Cette édition, sous un cartonnage de livre de prix, ne comporte que deux lithos (au lieu de 8). Exempl. complet.

1160 CHAVANNES DE LA GIRAUDIÈRE (H. de). — SIMON LE POLLETAIS. Esquisses de mœurs maritimes. *Tours, Mame,* 1860, in-12. *(Cartonnage papier de l'éditeur).* **150 fr.**

4 pl. gravées par *Outhwaite,* d'après les dessins de MOREL-FATIO (marines) et vignettes sur bois du même. Cartonnage polychrome, cadre et médaillon or, rinceaux. Fleurs. Chromolithographie au milieu du premier plat. pêcheurs raccommodant leurs filets. Cartonnage très décoratif. Volume remarquable par son illustration.

1161 CHAVANNES (M. de). — LE VÉSUVE. *Tours, Mame,* 1873, in-32. *(Cartonnage papier de l'éditeur).* **10 fr.**

1 gravure sur bois. Cartonnage en chromolithographie or et noir sur lilas clair. *Bel exemplaire.*

1162 CHEMIN DE FER (LE), par l'auteur de l'*Atelier. Lille, Lefort,* 1847, petit in-12, cart. papier *de l'édit.* **125 fr.**

Une lithographie et une vignette gravée sur bois sur le titre. Petit conte intéressant à l'usage des enfants. La jeune héroïne assiste, comme voyageuse, à la catastrophe du chemin de fer de Saint-Germain du 8 mai 1842. Cartonn. papier bleu orné de médaillons et guirlandes dorés. *Très bel exemplaire.*

1163 CHOIX DE BEAUX EXEMPLES tirés des auteurs anciens et modernes, pour l'instruction et l'amusement de la jeunesse. *Tours, Mame,* 1850, in-12, cart. papier *de l'édit.* **60 fr.**

Titre avec vignette et gravure hors-texte. Joli cartonnage papier doré orné de jeux de filets et attributs divers bleu de ciel. *Très bel exemplaire.*

1164 CHOLET (Victor). — FABLES DE LA FONTAINE MISES EN ACTION. Les mauvaises liaisons ou le coq et le renard. *Limoges, Barbou frères,* s. d. [vers 1840], in-24. *(Cartonnage papier de l'éditeur).* **100 fr.**

5 vignettes sur bois. Cartonnage romantique bleu et or. Image en chromolithographie sur le 1er plat. Larges interlignes. Amusante adaptation de 5 fables de La Fontaine.

1165 CHOLET (Victor). — LE NOUVEAU BERQUIN. Le sou de l'aveugle. *Limoges, Barbou frères,* 1846, in-32. *(Cartonnage papier de l'éditeur).* **75 fr.**

PREMIÈRE ÉDITION. Frontispice gravé sur bois. Cartonnage grenat orné de motifs dorés (au milieu des plats, un enfant fait l'aumône à une pauvre femme tenant un bébé dans ses bras).

1166 CHRISTIAN. — LE PETIT JACK, traduit de l'anglais. *Paris, Langlois et Leclercq,* s. d. [vers 1845], in-16. *(Cartonnage papier de l'éditeur).* **100 fr.**

2 gravures, l'une coloriée, l'autre en noir de *Pauquet.* Cartonnage romantique, décor formé de rinceaux dorés sur fond rouge. *Bel exemplaire.*

1167 CINQ ANS DE CAPTIVITÉ A CABRERA ou les Soirées d'un prisonnier d'Espagne, par l'abbé C. T., du diocèse d'Amiens. *Lille, L. Lefort,* 1859, in-12. *(Cartonnage papier de l'éditeur).* **50 fr.**

1 pl. gravée par *Monnin* d'après *Cabasson.* Cartonnage romantique, rinceaux or sur fond blanc. Au centre, image en chromolithographie : un fugitif au milieu des rochers de Cabrera. On sait que les pontons de Cabrera, après la capitulation de Baylen (22 juillet 1808), un des incidents les plus douloureux de la guerre d'Espagne, furent le lieu de déportation des prisonniers français. Emouvant récit d'un survivant. *Bel exemplaire.*

1168 CLÉMENT. — VIE DE JEANNE D'ARC. *Rouen, Mégard,* s. d. [vers 1850], in-12. *(Cartonnage papier de l'éditeur).* **30 fr.**

PREMIÈRE ÉDITION. 1 pl. gravée. Cartonnage décor vert clair sur or guilloché. Au centre, image en chromolithographie représentant une scène rustique.

1169 CLOCHE DE LA CHAPELLE (LA), traduit de l'allemand, par F.-C. Gérard. *Rouen, Mégard et Cie,* 1858, in-12. *(Cartonnage papier de l'éditeur.)* **25 fr.**

1 planche gravée. Cartonnage or guilloché et bleu, cadre octogonal, fleurs et rinceaux, chromolithographie au milieu du premier plat représentant une berline. *Bel exemplaire.*

1170 CLOVIS ET SON ÉPOQUE, par M. C. G. *Tours, Mame et Cie,* 1850, in-12. *(Cartonnage papier de l'éditeur).* **20 fr.**

Titre et 1 pl. gravés. Riche cartonnage romantique, blanc sur or guilloché. Cadre avec feuillages formant fleurons d'angles, médaillon central de volubilis et feuillages. Exempl. d'une fraîcheur irréprochable.

1171 CLOVIS ET SON ÉPOQUE, par M. C. G. *Tours, Mame,* 1852, in-12. *(Cartonnage papier de l'éditeur).* **50 fr.**

Titre et 1 pl. gravés. Cartonnage romantique, décoration vert clair de fleurs et rinceaux sur fond d'or guilloché. Au centre, chromolithographie, Clovis à cheval, entouré de ses guerriers, vainqueur à Tolbiac. *Très bel exemplaire.*

1172 CONSEILS D'HYGIÈNE (QUELQUES), suivis de la POLITESSE EN ACTION, ou entretiens familiers sur les règles de la bienséance, à l'usage de la jeunesse. *Versailles, Beau jeune,* s. d. [vers 1860], in-8, cart. papier *de l'édit.* **100 fr.**

Manuel élémentaire d'hygiène et de savoir-vivre, agréablement rédigé en dialogues. Très joli cartonnage blanc orné de filets dorés avec guirlandes florales, compartiments et rayures vertes. Image en chromolithographie sur le 1er plat. Très bel exemplaire. Les cartonnages papier de ce format ne sont pas communs.

1173 CONTES ET HISTORIETTES mis en ordre par un ami de l'enfance. *Rouen, Mégard,* 1864, in-12. *(Cartonnage papier de l'éditeur).*   **20 fr.**

1 gravure sur bois. Cartonnage vert clair, compartiments formés par des losanges dorés. *Exemplaire très frais.*

1174 CORDELLIER-DELANOUE (M.). — JAC-QUES CŒUR. *Tours, Mame,* 1850, in-12. *(Cartonnage papier de l'éditeur).*   **100 fr.**

6 planches gravées par *Blanchard,* d'après les dessins d'*Eug. Charpentier.* Cartonnage romantique : papier feutré rouge brique, décor argent d'aspect métallique, fleurons aux angles, au centre large rosace. Curieux spécimen d'un genre de cartonnage peu commun. Intéressant ouvrage : c'est l'histoire de l'illustre Jacques Cœur, argentier de Charles VII, disgrâcié injustement après la mort d'Agnès Sorel.

1175 COURVAL (Mme de). — HENRI ou le Modèle des bons fils. *Rouen, Mégard, s. d.* [vers 1860], in-12. *(Cartonnage papier de l'éditeur).*   **50 fr.**

PREMIÈRE ÉDITION. 1 gravure. Beau cartonnage romantique doré, richement orné de décors floraux concentriques en blanc.

1176 DÉCOUVERTES LES PLUS UTILES et les plus célèbres (Les), par l'auteur des *Marins les plus célèbres. Lille, L. Lefort,* 1847, in-12. *(Cartonnage papier de l'éditeur).*   **80 fr.**

PREMIÈRE ÉDITION. Curieux et intéressant frontispice gravé où l'on voit un train entier sous un tunnel, cependant qu'un bateau à vapeur à aubes longe la côte et qu'au-dessus plane un aérostat. Cartonnage romantique, riche décoration or sur violet. *Bel exemplaire.* Très rare.

1177 DELAFAYE-BRÉHIER (Mme Julie). — ARIS-TIDE ET IDALIE ou les vertus filiales. *Paris, Lehuby, s. d.* [vers 1845], in-12, cart. papier *de l'éditeur.*   **60 fr.**

PREMIÈRE ÉDITION. 3 gravures. Cartonnage rose pâle et rose vif orné de fleurs et rinceaux dorés. Image en chromolithographie sur le 1er plat. Très beau cart., d'une fraîcheur parfaite.

1178 DELAFAYE-BRÉHIER (Mme J.). — LES ENFANTS DES BORDS DU LAC ou Six mois de séjour en Suisse. *Paris, P.-C. Lehuby, s. d.* (1842), in-12. *(Cartonnage papier de l'éditeur),* tr. dorées.   **100 fr.**

PREMIÈRE ÉDITION. 12 pl. gravées. Cartonnage romantique, fond or, décoration vert clair. Au centre, image en chromolithographie représentant un astronome à sa lorgnette.

1179 DELAFAYE-BRÉHIER (Mme J.). — LES ENFANTS DES BORDS DU LAC ou Six mois de séjour en Suisse. *Paris, Lehuby, s. d.* (1842), cart. papier *de l'édit.*   **150 fr.**

Le même ouvrage que le précédent. 3 gravures. Charmant cartonnage d'un type assez rare, recouvert de papier percaline blanc, décoré de motifs architecturaux or, rouge, vert, bleu, en chromolithographie. *Bel exemplaire de toute fraîcheur.*

1180 DELAFAYE-BRÉHIER (Mme J.). — LES ENFANTS DES BORDS DU LAC. *Paris, Lehuby, s. d.* (1842), in-12, cart. papier *de l'édit.*   **75 fr.**

Le même ouvrage que le précédent. Même cartonnage d'un type peu commun. Quoique sans défaut, l'exempl. n'a pas la rare fraîcheur du précédent.

1181 DELAFAYE-BRÉHIER (Mme J.). — LA PE-TITE COMPAGNE D'ÉTUDE ou les dangers de la flatterie. *Paris, Lehuby, s. d.* [vers 1845], in-12, cart. papier *de l'édit.*   **60 fr.**

3 gravures. Cart. papier crème, orné d'un cadre argenté à rinceaux et filets or et crème, compartiments verts, image en chromolithogr. au 1er plat, représentant une lanterne magique. Cartonnage très décoratif, d'un type rare. *Très bel exemplaire.*

1182 DELAVILLE (Félix). — ELISABETH ou la Résignation dans les souffrances. *Limoges, Barbou, s. d.* [vers 1850]. *(Cartonnage papier de l'éditeur).*   **15 fr.**

PREMIÈRE ÉDITION. 1 gravure sur bois. Cartonnage décoré de rosaces et fleurons dorés sur fond rose. Image en chromolithographie au milieu du premier plat. Vie et épreuves d'Élisabeth de Raufaing, Élisabeth de la Croix, suivies d'autres histoires édifiantes. *Dos fané.*

1183 DENANCHÉ (V.). — LA FAMILLE DE MAR-TEL LE PLANTEUR. Episode de la révolution de Saint-Domingue. *Limoges, Martial Ardant frères, s. d.* [vers 1867], in-8. *(Cartonnage papier de l'éditeur).*   **100 fr.**

1 pl. gravée. Cartonnage romantique : décoration dorée sur fond blanc. Image en chromolithogr. sur le 1er plat, barque et flottille. Beau cartonn., très frais.

1184 DERIÈGE (Anna). — LES RÉCRÉATIONS DE L'ENFANCE. *Tours, Mame,* 1886, in-12. *(Cartonnage papier de l'éditeur).*   **25 fr.**

1 gravure sur bois. Cartonnage bleu, or et blanc. Au centre, image en chromolithographie représentant des enfants patinant sur la glace. Exemplaire d'une rare fraîcheur.

1185 DERNIÈRES ANNÉES DE LOUIS XVI, roi de France (Les), par un Officier de sa Chambre. *Limoges, Barbou, s. d.* [vers 1850]. *(Cartonnage papier de l'éditeur).*   **100 fr.**

Première édition. 1 lithographie sur fond teinté. Cartonnage romantique vert clair et or. Au centre, image en chromolithographie représentant l'interrogatoire de Marie-Antoinette. Le titre et le premier cahier à demi détachés.

1186 DÉSARÈNES (L'abbé Paul). — LES HÉROS CHRÉTIENS. Extraits des Annales de la Propa-gation de la Foi. *Paris-Limoges, Martial Ardant,* 1852, in-12. *(Cartonnage papier de l'éditeur).*   **150 fr.**

PREMIÈRE ÉDITION. 2 pl. gravées sur acier par *Pfitzer.* Cartonnage romantique de style rocaille or et blanc. Bouquet de fleurs, rose, bleu, vert et blanc, sur fond doré au milieu du 1er plat. Magnifique cartonnage de toute fraîcheur.

1187 DÉSARÈNES (L'abbé Paul). — LES HÉROS CHRÉTIENS. Extraits des Annales de la Propa-gation de la Foi. *Limoges-Paris, Martial Ardant,* 1854, in-12. *(Cartonnage papier de l'éditeur).*   **15 fr.**

2 pl. gravées. Cartonnage or et blanc, ton sur ton, fleurs, lacis, cadre. Grande image en chromolithographie au milieu du 1er plat. Rousseurs.

1188 DOLE (L'abbé F.-C.). — LE PÈRE DES PAUVRES ou Vie de Pierre-François Bazin... *Tours, Mame,* 1852, in-12, cart. papier *de l'édit.* **40 fr.**

Une gravure sur bois. Le héros, curé de Vire et chanoine honoraire de Bayeux, mérita par son dévouement aux malheureux, le surnom de Père des pauvres. Cartonnage papier doré orné de bouquets de fleurs bleu de ciel. Très bel exemplaire.

1189 DOM LEO ou le pouvoir de l'amitié, par l'auteur de Lorenzo. *Lille, Lefort,* 1855, in-12, cart. papier *de l'édit.* **15 fr.**

1 pl. gravée. Cartonnage bleu de ciel décoré d'un cadre doré. Au milieu du 1er plat, image ovale en chromolithographie bordée d'or. Au second plat, très beau médaillon central doré. Déchirure de 2 cm.×1 cm. au papier du 1er plat. *Très frais.*

1190 DORVAL (Mme). — LA JOURNÉE DE CÉLINE, suivie de Les avantages d'un bon caractère. *Limoges, Eugène Ardant, s. d.* [vers 1865], in-12. *(Cartonnage papier de l'éditeur).* **15 fr.**

1 gravure sur bois. Cartonnage en chromolithographie or, noir, rouge et vert. Au milieu du 1er plat, image en chromolithographie.

1191 DOUBLET (Victor). — DIEGO RAMIRE ou l'enfant du malheur. *Limoges, Barbou,* 1844, in-12, cart. papier *de l'édit.* **40 fr.**

PREMIÈRE ÉDITION. Un titre gravé avec vignette et 4 gravures. Cartonn. bleu-noir et bleu orné de guirlandes, panneau doré pointillé, filet doré formant cadre. Cartonnage peu commun. *Bel exemplaire.*

1192 DREAMGS (Mme). — CLAIRE ET HÉLÈNE ou les Bienfaits d'une bonne éducation. Correspondance entre deux jeunes personnes. *Rouen, Mégard,* in-12. *(Cartonnage papier de l'éditeur).* **40 fr.**

PREMIÉRE ÉDITION. 3 pl. gravées. Cartonnage romantique, rinceaux or et vert sur crème, bouquets de fleurs. Chromolithographie au milieu du premier plat. Coins fatigués.

1193 D. S. — HISTOIRE DE SAINT ALPHONSE-MARIE DE LIGUORI, évêque de Sainte-Agathe-des-Goths... *Tours, Mame,* 1853, in-12, cart. papier *de l'éditeur.* **50 fr.**

PREMIÈRE ÉDITION. Gravure sur bois. Beau cartonnage papier doré, orné de gerbes et bouquets bleu très pâle. Exemplaire d'une exceptionnelle fraîcheur.

1194 DUBOIS (J.-N.). — PIERRE LE GRAND. *Tours, Mame,* 1847, in-12. *(Cartonnage papier de l'éditeur).* **150 fr.**

PREMIÈRE ÉDITION. 6 pl. gravées par *P. Girardet* d'après *K. Girardet.* Cartonnage romantique or et bleu sur blanc, guirlandes et bouquets de fleurs, au milieu du 1er plat, chromolithographie représentant la mort du gouverneur Eichof. Larges interlignes. Rousseurs dans le texte. Très joli cartonnage, d'un type peu commun et très frais.

1195 DUBOIS (J.-N.). — PIERRE LE GRAND. *Tours, Mame,* 1848, in-12. *(Cartonnage papier de l'éditeur).* **85 fr.**

Même ouvrage, 2e édition. Très joli cartonnage romantique, médaillon d'or à larges rinceaux sur fond blanc, arabesques de fleurettes bleues. Au milieu, roses sur fond d'argent. Bel exemplaire, d'une fraîcheur parfaite.

1196 DURDENT (René-Jean). — BEAUTÉS DE L'HISTOIRE GRECQUE ou Tableau des événements qui ont immortalisé les Grecs. *Paris, P.-C. Lehuby, s. d.* [vers 1845], in-12. *(Cartonnage papier de l'éditeur).* **20 fr.**

2 pl. gravées. Cartonnage romantique, entrelacs roses sur or guilloché. Au centre, image en chromolith. : un artiste peint un portrait à la lueur des flambeaux. 7e édit. corrigée, augmentées par le chevalier de Propiac.

1197 EMERY (Marie). — CÉCILE, suivie de Le Castel de Montbard. *Lille-Paris, L. Lefort, s. d.* [vers 1850], in-12. *(Cartonnage papier de l'éditeur).* **40 fr.**

1 pl. gravée par *Follet* d'après *Cabasson.* Cartonnage or et bleu sur blanc. Lithographie coloriée au milieu du 1er plat (jolie scène rustique). Larges interlignes.

1198 ENDURAN (L.). — LE HIGHLANDER ou Montagnard écossais. *Limoges, Martial Ardant,* 1860. *(Cartonnage papier de l'éditeur).* **100 fr.**

1 pl. gravée. Cartonnage crème orné d'un cadre et de rinceaux dorés. Chromolithographie au milieu du premier plat (fête villageoise). *Type rare.*

1199 EXAUVILLEZ (D'). — HISTOIRE DE GODEFROY DE BOUILLON. *Tours, Mame,* 1850, in-12. *(Cartonnage papier de l'éditeur).* **60 fr.**

Deux pl. gravées, dont le titre, par *Ferdinand,* d'après les dessins de *Karl Girardet.* Très beau cartonnage romantique, or et blanc, dans le style des reliures faites par JEAN GROLIER. D'une fraîcheur sans reproche.

1200 FALLET (C.). — ARTHUR DE BRETAGNE. *Rouen, Mégard,* 1859, in-8, cart. papier *de l'édit.* **10 fr.**

5 pl. gravées. Cartonnage romantique or, blanc et bleu. Au centre, image en chromolithogr. représentant Arthur touchant terre dans sa barque. Coiffes fatiguées.

1201 FALLET (C.). — ARTHUR DE BRETAGNE. *Rouen, Mégard,* 1863, in-8, cart. toile violette, décors polychromes. *(Cart. de l'édit.).* **15 fr.**

4 gravures. Décor outremer, orange et or : fleurons, rinceaux, filets et médaillon au milieu des plats. *Bel exempl.*

1202 FARRENC (Mme Césarie). — LOUIS, ou méchanceté et repentir. *Tours, A. Mame et fils,* 1869, in-32, *(Cartonnage papier de l'éditeur).* **25 fr.**

1 planche gravée. Cartonnage vert, crème et or. Arabesques et fleurs stylisées. Chromolithographie au milieu du premier plat.

1203 F. (C.). — VEILLÉES DU CHATEAU. *Rouen, Mégard et Cie,* 1862, in-16. *(Cartonnage de l'éditeur).* **60 fr.**

1 pl. gravée. Cartonnage romantique bleu et or. Sur le 1er plat, image en chromolithographie.

1204 FÉLIX ou la Vengeance du Chrétien. *Tours, A. Mame,* 1881, in-12. *(Cartonnage papier de l'éditeur).* **20 fr.**

1 gravure sur bois de *Pannemaker.* Cartonnage en chromolithographie or et violet sur bistre ; au centre, image en chromolithographie.

1205 FÉNELON. — DIALOGUES SUR L'ÉLO-QUENCE. *Limoges, Barbou, s. d.* [vers 1845], gr. in-8, cart. papier *de l'édit.*   **250 fr.**

Frontisp. gravé sur bois représentant Fénelon et le duc de Bourgogne, son élève. Le volume contient aussi le discours de réception de Fénelon à l'Académie, et des pensées sur l'éloquence et sur la poésie. Cartonnage de papier rose joliment orné de filets et de motifs dorés de style rocaille, avec, sur le milieu du premier plat, une image en chromolithographie représentant un paysage de forêt, avec maisons, voiture, chevaux. Il est TRÈS RARE de rencontrer un cartonnage papier de cette époque, d'un format aussi grand. Celui-ci est d'une fraîcheur parfaite.

1206 FERME BRULÉE (LA), suivie de Le fouet de poste, Le doigt coupé, etc., par C. G. *Tours, Mame,* 1851, in-16. *(Cartonnage papier de l'éditeur).*   **100 fr.**

4 lithographies à deux tons finement coloriées. Cartonnage romantique olive, vert clair, or et rouge *(dos abîmé).* Gros caractères, larges interlignes. Lithographies charmantes et d'une extrême fraîcheur.

1207 FERNAND ET ANTONY, épisode de l'histoire d'Alger, avec une notice sur l'Algérie. *Lille, Lefort,* 1849, in-12, cart., papier de l'éditeur.   **30 fr.**

Frontispice gravé. Le cartonnage, blanc et or, est décoré sur le premier plat d'une image en chromolithographie représentant un Arabe menant, le fouet en main, les deux esclaves, Fernand et Antony, capturés par les Barbaresques (l'action se passe en 1682, mais les costumes sont de 1849, négligence amusante qu'on observe assez souvent dans ces illustrations de cartonnages). L'ouvrage se termine par des notices sur l'esclavage en Afrique et sur l'Algérie et la domination française. *Bel exemplaire.*

1208 FEUILLERET (Henri). — VOYAGES A LA RECHERCHE DE SIR JOHN FRANKLIN. *Tours, Mame,* 1880, in-8. *(Cartonnage papier de l'éditeur).*   **20 fr.**

1 gravure sur bois. Cartonnage romantique rouge, brun et jaune-bistre. Au centre, image en chromolith. représentant un paysage. *Bel exemplaire.*

1209 FILLEUL DE PÉTIGNY (Mlle Clara). — LES ANGES DE LA VALLÉE. *Rouen, Mégard et Cie, s. d.* [vers 1855], in-12. *(Cartonnage papier de l'éditeur).*   **50 fr.**

PREMIÈRE ÉDITION. 1 planche gravée. Cartonnage or guilloché, guirlande et double médaillon blancs, au milieu, vue en chromolithographie d'une vallée en Suisse, vaches et laitières. *Bel exemplaire.*

1210 FILLEUL DE PÉTIGNY (Mlle Clara). — CHARLES ou Dieu punit la cruauté envers les animaux. Imité de l'allemand. *Limoges-Paris, Ardant frères,* 1859, in-12. *Cartonnage papier de l'éditeur).*   **50 fr.**

1 gravure sur bois. Joli cartonnage à décoration or sur blanc. Très frais.

1211 FILLEUL DE PÉTIGNY (Mlle Clara). — L'ÉGYPTE. *Evreux, J. Coslerousse,* 1850, in-12. *(Cartonnage papier de l'éditeur).*   **60 fr.**

PREMIÈRE ÉDITION. En frontispice, portrait de Kléber dessiné et gravé par *Lefèvre.* Cartonnage romantique, arabesques et médaillons or en relief sur fond rose. *Exemplaire d'une rare fraîcheur.*

1212 FILLEUL DE PÉTIGNY (Mlle Clara). — LES ENFANTS EN RÉCRÉATION. Contes moraux. *Rouen, Mégard et Cie, s. d.* [vers 1845]. *(Cartonnage papier de l'éditeur).*   **80 fr.**

PREMIÈRE ÉDITION. 1 pl. gravée. Cartonnage romantique peu commun et de toute fraîcheur, décoré de rinceaux et jeux de filets blancs sur fond doré.

1213 FILLEUL DE PÉTIGNY (Mme Clara). — LES JEUNES VOYAGEURS EN PALESTINE. *Rouen, Mégard, s. d.* [vers 1845], in-12. *(Cartonnage papier de l'éditeur).*   **50 fr.**

PREMIÈRE ÉDITION. 2 pl. gravées : vue de Jérusalem, église de Bethléem. Cartonnage à décoration vert clair, sur or guilloché. Au centre, image en chromolithogr. : paysage de la Palestine *Tache sur le 2e plat.*
Voyage de deux jeunes Français et de leur père, en Palestine à bord d'un voilier. Les voyageurs visitent Jérusalem, dont ils laissent une description détaillée, Bethléem, la Béthanie, le Liban, etc. Le poème « Moïse » d'Alfred de Vigny clôt le récit de leur voyage.

1214 FLÉCHIER. — HISTOIRE DE THÉODOSE LE GRAND. *Rouen, Mégard et Cie, s. d.* [vers 1840], in-12. *(Cartonnage papier de l'éditeur).*   **10 fr.**

1 lithographie. Cartonnage romantique, cadre et entrelacs rose pâle sur or guilloché ; au centre, motif décoratif de même couleur.

1215 FLESSELLES (Mme de). — MERVEILLES DE LA CRÉATION. *Paris-Limoges, Martial Ardant,* 1853, in-12. *(Cartonnage papier de l'éditeur).*   **60 fr.**

PREMIÈRE ÉDITION. Titre et 1 pl. en lithographie. Cartonnage bleu clair, rinceaux or. Au centre, image en chromolithographie représentant des cataractes.

1216 FLEURS (LES). *Lille, L. Lefort,* 1854, in-32. *(Cartonnage de l'éditeur).*   **50 fr.**

Frontispice gravé sur bois de *Bisson-Coltard.* Cartonnage romantique bleu, orné de motifs rocaille dorés.

1217 FLEURY (L'abbé). — MŒURS DES ISRAÉLITES ET DES CHRÉTIENS. *Tours, Mame,* 1852, in-12. *(Cartonnage papier de l'éditeur).*   **25 fr.**

1 gravure sur bois d'après L.-J. Hallez. Cartonnage romantique, décor rose, cadre et fleurs stylisées sur or guilloché.

1218 FORSTER (Léon). — SCÈNES INSTRUCTIVES ET AMUSANTES ou Voyages au coin du feu. *Tours, Mame,* 1859, in-12. *(Cartonnage papier de l'éditeur).*   **20 fr.**

1 pl. gravée *(scène chez les Peaux-Rouges).* Cartonnage à compartiments formés par des losanges dorés sur fond violet. Voyages aux Alpes, en Belgique, en Russie... au Thibet, au Labrador, à la Terre-de-Feu, chez les Massachussets. Type de cartonnage peu commun. *Très bel exemplaire.*

1219 FOUINET (Ernest). — LES ANÉMONES DU ROI NOMAN. *Tours, Mame,* 1855, in-12. *(Cartonnage papier de l'éditeur).*   **150 fr.**

PREMIÈRE ÉDITION. 6 pl. finement gravées par *Nargeot* d'après les dessins de *Karl Girardet.* Cartonnage romantique or, bleu et rose sur fond crème, semé de roses.

Au centre, image en chromolithographie : Arabes dans le désert cherchant une source. Poète et romancier, connu dès les débuts du Romantisme, et collaborateur du *Livre des Cent-et-un*, Ernest Fouinet a laissé quelques ouvrages pour la jeunesse qui sont recherchés. Cartonnage très décoratif de toute fraîcheur.

1220 FOUINET (Ernest). — LES ANÉMONES DU ROI NOMAN. *Tours, Mame, 1864, in-12. (Cartonnage papier de l'éditeur).*   **100 fr.**

Même ouvrage, 3e édition. Cartonnage or, vert, rose et bleu, sur blanc. Cadre et fleurons d'angles, bouquets de fleurs. Chromolithographie au milieu du premier plat représentant la caravane royale. Très beau cartonnage d'une fraîcheur irréprochable.

1221 FOUINET (Ernest). — L'ILE DES CINQ, avec une préface sur les livres d'éducation. *Tours, Mame, 1855, in-12. (Cartonnage papier de l'éditeur).*   **200 fr.**

6 pl. gravées par *Delannoy*, d'après les dessins de *Karl Girardet*. Cartonnage romantique or, bleu, rose et blanc. Rocailles or et roses aux angles, au centre, image en chromolithogr. représentant des pêcheurs entourés de leurs cinq enfants.
L'édition originale de l'*Ile des Cinq* date de 1840 et cette nouvelle édition atteste son succès mérité. La préface de *Fouinet*, éducateur autant que littérateur, constitue un précieux document. Une brève revue y est passée des *livres d'éducation*, de *Gerson* à *Fortin de la Hoguette*. Avec raison, il cite les *Colloques* de *Mathurin Cordier*, en plein xvie siècle : sages maximes que l'auteur de l'*Ile des Cinq* sut mettre en pratique. *Bel exemplaire.*

1222 F.-P. B. — MAXIMES OU RÉFLEXIONS MORALES, religieuses et instructives offertes à la jeunesse. Abrégé de Blanchard. *Paris, impr. de Marc-Aurel, 1845, in-12, cart. papier de l'édit., tr. dorées.*   **50 fr.**

2 gravures à l'*aquatinte* (la Sagesse, la Foi). Carton. papier crème décoré de rinceaux et bouquets dorés, avec médaillons représentant un vase et des fleurs, au second plat ; et une image en chromolithographie au 1er plat. Cart. gracieux. Les tr. dorées sont peu communes sur les ouvr. à cartonnage de papier. *Bel exemplaire.*

1223 G (C.). — LE NID DE PERDRIX, suivi de la Promenade, les Bonbons, la Terre qui tourne, le Chien et la Chatte, les Chiffons. *Tours, Mame et Cie, 1851, in-16. (Cartonnage papier de l'éditeur).*   **300 fr.**

Une lithographie. Cartonnage romantique or sur violet, Gros caractères, larges interlignes. *De toute fraîcheur.*

1224 GARNIER (E.). — VOYAGES DANS L'ASIE MÉRIDIONALE (Hindoustan, Indo-Chine, Sindhy, Lahore, Caboul et Afghanistan), depuis les temps les plus reculés jusqu'à nos jours. *Tours, Mame, 1851, in-12, cart. papier de l'édit.*   **80 fr.**

4 gravures (dont un titre avec vignette). Cartonnage papier doré orné de rinceaux et guirlandes vert d'eau. Image en chromolithographie au milieu du 1er plat. Résumé très bien fait des relations des principaux voyageurs depuis Marco Polo et ses prédécesseurs jusqu'au second voyage d'Alexandre Burnesi. Joli cartonnage. *Rare.*

1225 GARNIER (Henri). — VOYAGES EN PERSE, Arménie, etc. *Tours, Mame et Cie, 1843, in-12. (Cartonnage de l'éditeur).*   **125 fr.**

3 pl. et titre gravés. Cartonnage romantique or, bleu,

vert et crème. Au centre, vue coloriée. *Première édition.* Exemplaire frais.

1226 GARNIER (Henri). — VOYAGES EN PERSE, Arménie, etc. *Tours, Mame et Cie, 1850, in-12. (Cartonnage de l'éditeur).*   **75 fr.**

Même ouvrage, 3e édition. 4 planches gravées, dont le titre. Cartonnage romantique or et vert clairs. Scène coloriée au centre. *Exemplaire très frais.*

1227 GENEVIÈVE ou la Vertu persécutée. *Limoges, Barbou, s. d. [vers 1850], in-16. (Cartonnage papier de l'éditeur).*   **20 fr.**

1 gravure sur bois représentant un Peau-Rouge menaçant Geneviève de sa hache. L'action se passe à la Nouvelle-France (Canada). Cartonnage romantique jaune et or.

1228 GENLIS (Mme de). — DELPHINE ou l'Heureuse guérison. *Limoges, Ardant et Thibault, s. d. [vers 1860], in-16. (Cartonnage papier de l'éditeur).*   **25 fr.**

1 gravure sur bois. Cartonnage romantique or et vert sur fond blanc. Très gracieux décor de figures géométriques. Image chromolithogr. sur le 1er plat. *Très bel exemplaire.*

1229 GÉRARD (F.-C.). — LE COLON DU BRÉSIL. Traduit de l'allemand. *Rouen, Mégard, 1871, petit in-8, cart. papier de l'édit.*   **60 fr.**

Une gravure sur bois. Histoire d'un enfant blanc réduit à l'esclavage au Brésil et affranchi par l'impératrice. Cart. blanc orné de filets et pointillés bleus formant des losanges décorés de petits fleurons dorés. Image en chromolith. sur le 1er plat. *Très bel exemplaire.*

1230 GÉRARD (F.-C.). — LE JEUNE ÉCOLIER. *Rouen, Mégard, 1871, in-8, cart. papier de l'édit.*   **60 fr.**

Gravure sur bois (vue de Jérusalem). Cart. blanc orné de filets bleus formant losanges et de fleurons dorés. Image en chromolithogr. sur le 1er plat, représentant des enfants se promenant avec leur père. *Très bel exemplaire.*

1231 GÉRARD (F.-C.). — MARCEL LE SAVOYARD ou la probité récompensée. *Rouen, Mégard, s. d. [vers 1850], in-12, cart. papier de l'édit.*   **55 fr.**

PREMIÈRE ÉDITION. 4 gravures. Cartonnage papier rose pâle, très riche décor de filets dorés brisés et courbes, dont les jeux forment des compartiments rose foncé. Image en chromolithogr. sur le 1er plat, figurant une scène du livre (la mère bénit « le petit Savoyard »). *Très bel exemplaire.*

1232 GÉRARD (F.-C.). — RICHE ET PAUVRE. Traduit de l'allemand. *Rouen, Mégard et Cie, 1856, in-12. (Cartonnage papier de l'éditeur).*   **25 fr.**

PREMIÈRE ÉDITION. 1 pl. gravée. Cartonnage romantique à fond d'or guilloché orné de filets et fleurons vert pâle. Menues rousseurs. *Bel exemplaire.*

1233 GÉRARD (F.-C.). — RICHE ET PAUVRE, traduit de l'allemand. *Rouen, Mégard, 1856, in-12. (Cartonnage papier de l'éditeur).*   **20 fr.**

PREMIÈRE ÉDITION. 1 pl. gravée. Cartonnage romantique, cadre, rinceaux roses sur or guilloché. Au centre, image en chromolithographie représentant un peintre offrant un tableau à un amateur.

1234 GÉRARD (L'abbé). — LA THÉORIE DU BONHEUR, ou l'Art de se rendre heureux mis à la portée de tous les hommes, etc. *Paris-Limoges, Martial Ardant*, 1839, in-12. *(Cartonnage papier de l'éditeur).* **30 fr.**

1 pl. gravée : Tentation de saint Antoine. Cartonnage romantique, fleurons d'angles, rinceaux et médaillon Louis XV, corbeille de fleurs or sur rose pâle. *Bel exempl.*

1235 GIBASS (Carl). — SITTENBUCHLEIN in schönen Erzählungen und Beispielen.. fur Kinder von vier bis acht Jahren. *Stuttgart, Rudolph Chelius*, 1855, in-8, cart. papier blanc, dos et plats orn. de fers mosaïqués rose, vert et or. *(Cart. de l'éditeur).* **500 fr.**

Contes pour enfants de 4 à 8 ans. Ouvrage orné d'un frontispice gravé et colorié et de 7 figures coloriées à encadrements avec petits sujets, d'une très grande finesse. Superbe exemplaire dans un cartonnage mosaïqué d'une *fraîcheur remarquable.* Les plats sont ornés de volutes, feuillages dorés et roses sur fine dentelle à fond blanc et vert ; médaillons avec fleurs aux angles. Au centre, titre en lettres dorées. *Très rare dans cette condition.*

1236 GILBERT ET MATHILDE. Episode des Croisades. *Lille, L. Lefort*, 1850, in-12. *(Cartonnage papier de l'éditeur).* **100 fr.**

1 pl. gravée, vignettes et culs-de-lampe. Cartonnage romantique, rocailles et entrelacs d'or sur bleu clair. Au centre, grande image en chromolithographie, représentant le premier entretien du chevalier Gilbert, captif et chargé de chaînes, avec la princesse Elmélika, qui déjà songe à se convertir. Bel exemplaire.

1237 GIRARD (Just). — UNE FAMILLE CRÉOLE des îles Maurice et de la Réunion. *Paris, Mame*, 1862, in-12. *(Cartonnage papier de l'éditeur).* **25 fr.**

1 gravure sur bois. Cartonnage romantique, décoration de fleurons et arabesques dorés sur fond vieux rose. Au centre, image en chromolithographie : nègres dans une plantation américaine.

1238 GIRARD (Just). — LE SABOTIER DE MARLY. Episode de la jeunesse de Louis XIV. *Tours, Mame*, 1868, in-12. *(Cartonnage papier de l'éditeur).* **40 fr.**

1 gravure sur bois. Cartonnage romantique bleu, or et blanc. Au centre, scène coloriée. *Bel exemplaire.*

1239 GIRAUDEAU (Le Père Bonaventure). — CHOIX D'HISTOIRES ET DE PARABOLES. *Versailles, Beau, s. d. [vers 1855]*, in-12. *(Cartonnage papier de l'éditeur).* **25 fr.**

PREMIÈRE ÉDITION. Cartonnage romantique, cadre dentelé, rinceaux et motif central d'or sur fond blanc. *Choix* emprunté aux *Histoires et Paraboles du Père Bonaventure* (1766), dont plusieurs rééditions attestèrent le succès.

1240 [GLATZ]. — LA FAMILLE AFRICAINE ou l'esclave convertie. Imité de Glatz. *Tours, Mame*, 1853, petit in-16, cart. papier *de l'édit.* **75 fr.**

Une lithographie. Cartonn. papier rose orné de fleurs dorées. Image en chromolithographie sur le 1er plat, représentant des nègres dans une plantation. *Bel exemplaire.*

1241 GLATZ. — DUVAL. Histoire racontée par un curé de village à ses élèves, traduite de l'allemand et suivie d'un épisode de la vie du roi Stanislas Leszczynski. *Tours, Mame*, 1857, in-16. *(Cartonnage papier de l'éditeur).* **100 fr.**

1 pl. gravée. Cartonnage romantique, rinceaux or, vert et blanc. Au centre, image en chromolith. représentant un enfant de chœur. *Exemplaire d'une rare fraîcheur.*

1242 GORSAS (Mme). — LA BONNE MAMAN ou les Loisirs de l'enfance. *Limoges-Paris, Michel Ardant*, 1854, in-16. *(Cartonnage papier de l'éditeur).* **25 fr.**

1 gravure sur bois. Cartonnage romantique vert et or. Au centre, image en chromolithographie représentant un groupe d'enfants auprès d'une dame. *Rousseurs.*

1243 GORET (Le R. P. J.). — L'ANGE CONDUCTEUR DANS LA DÉVOTION CHRÉTIENNE, réduite en pratique en faveur des âmes dévotes. *Paris-Limoges, Martial Ardant*, 1846, in-12. *(Cartonnage papier de l'éditeur).* **50 fr.**

1 pl. gravée. Cartonnage romantique orné d'arabesques, guirlandes de fleurs, médaillon, rocaille bleu sur fond doré.

1244 GRANDSIRE (N.-A.-M.). — FABULAE VARIORUM ad usum studiosae juventutis. *Parisiis, Hachette*, 1830, in-12, cart. papier *de l'édit.* **40 fr.**

Une gravure. Recueil de fables de La Mothe, Aubert, Le Monnier, Florian, Le Bailly, traduites en vers latins (avec le texte français en regard) et accompagnées de notes à l'usage des écoliers. Petit livre *rare*, l'un des premiers édités par la librairie de Louis Hachette. La préface a été reliée en double par mégarde. Cartonnage papier blanc à large cadre doré, guirlandes de feuillages blanc sur or et joli motif floral (doré sur fond blanc) avec un oiseau sur une branche.

1245 GRAVES (S. de). — VOYAGES ET AVENTURES DES MARINS et navigateurs les plus célèbres. *Limoges-Paris, Martial Ardant, s. d. [vers 1845]*, in-12. *(Cartonnage papier de l'éditeur).* **30 fr.**

1 pl. gravée, représentant « Colomb prenant possession de San Salvador ». Cartonnage romantique or sur vert. Au centre, image en chromolithogr. représentant Colomb sur le pont de sa caravelle. *Bel exemplaire.*

1246 GUÉRIN (Léon). — LE TOUR DU MONDE ou les mille et une merveilles des voyages. Afrique septentrionale. *Paris, Langlois et Leclercq, s. d. [vers 1840]*, petit in-12 carré, cart. papier *de l'édit.* **50 fr.**

30 vignettes sur bois dans le texte. Le faux-titre et le titre de départ portent : *Aventures de Henri le fifre en Algérie et autour du Grand Désert.* Cartonnage bleu de roi orné d'un motif rocaille doré avec médaillon au milieu. Exemplaire d'une fraîcheur parfaite, mais déboîté.

1247 GUÉRIN (Léon). — LE TOUR DU MONDE ou les mille et une merveilles des voyages. Australie, Japon, Archipel indien et diverses autres îles. *Paris, Langlois et Leclercq, s. d. [vers 1845]*, in-16, cart. papier *de l'édit.* **60 fr.**

Nombreuses vignettes sur bois dans le texte. Le faux-titre, le titre de départ et le dos du cartonnage portent : *La famille du déporté.* Cartonn. bleu de ciel orné d'un décor rocaille doré avec bouquet au milieu. *Joli exempl. très frais.*

1248 GUÉRINET (L'abbé Paul). — EDOUARD OU L'ENFANT GATÉ. *Tours, Mame*, 1851, petit in-16, cart. papier *de l'édit.* **20 fr.**

Une gravure. Cartonn. papier doré, orné de guirlandes et de fleurs roses. *Joli exemplaire très frais.*

1249 GUÉRINET (L'abbé). — PAUL ou les Dangers d'un caractère faible. *Tours, Mame*, 1854, in-12. *(Cartonnage papier de l'éditeur).* **30 fr.**

Titre et 3 pl. gravés. Cartonnage or et blanc, cadres, rinceaux et fleurs stylisées sur vert clair. Au centre, jolie image en chromolithographie représentant des enfants à l'étude.

1250 GUERMANTE (Claire). — LE JEUNE MARIN ou l'éducation maternelle. *Tours, Mame*, 1850, in-12, cart. papier *de l'éditeur.* **160 fr.**

6 gravures de *K. Girardet.* Cartonnage papier feutré bleu, orné de feuillages et fleurs de papier argenté d'aspect métallique. Image en chromolithographie évoquant un épisode de l'ouvrage. Type de cartonnage très intéressant et peu commun. Bel exemplaire.

1251 GUICHARD (Antony). — ARTHUR ET LAURE ou les Petits voyageurs français en Europe. *Tours, Mame*, 1853, in-12. *(Cartonnage papier de l'éditeur).* **125 fr.**

Titre et 1 pl. gravés (la colonne Vendôme et panorama de la ville de Rome). Cartonnage or, blanc et vert. Cadre et rinceaux d'or, fleurs en guirlandes, au milieu du plat, image en chromolithographie, représentant un paysage de montagnes en Italie.

1252 GUYARD DE BERVILLE. — HISTOIRE DE BERTRAND DU GUESCLIN, comte de Longueville, connétable de France. *Tours, Mame*, 1849, in-12. *(Cartonnage papier de l'éditeur).* **40 fr.**

Titre et 1 pl. gravés. Cartonnage romantique blanc, guirlandes de fleurs formant losanges, motif central d'arabesques dorées dans un médaillon ovale.

1253 GUYARD DE BERVILLE. — HISTOIRE DE BERTRAND DU GUESCLIN, comte de Longueville, connétable de France. *Tours, Mame*, 1850. *(Cartonnage papier de l'éditeur).* **75 fr.**

1 pl. et titre gravés. Riche cartonnage romantique or et blanc de toute fraîcheur. Légères rousseurs.

1254 GUYARD DE BERVILLE. — HISTOIRE DE BERTRAND DU GUESCLIN, comte de Longueville, connétable de France. *Tours, Mame*, 1853, in-12, cart. papier de l'édit. **40 fr.**

2 gravures. Cartonnage doré, orné d'arabesques bleu de ciel. Sur le 1er plat, image en chromolithographie représentant le connétable. 2 cahiers déboîtés.

1255 GUYARD DE BERVILLE. — HISTOIRE DE BERTRAND DU GUESCLIN, comte de Longueville, connétable de France. *Tours, Mame*, 1853, in-12. *(Cartonnage papier de l'éditeur).* **20 fr.**

Même ouvrage, même édition. Cartonnage orné de fleurons d'angles, fleurs et rinceaux rose pâle sur or guilloché. Chromolithographie sur le 1er plat (portrait de Du Guesclin).

1256 H., [DE VENDOME]. — MÉROON OU LE BARDE DES GAULES. *Limoges, Barbou*, 1844, in-12, *cartonnage de l'éditeur*, tr. dorées. **125 fr.**

PREMIÈRE ÉDITION. 3 pl. gravées sur acier, dont le titre. Cartonnage romantique or et argent, en relief, sur fond noir. Décor remarquable qu'on ne voit pas souvent. Très larges interlignes.
Épisode de la Conquête des Gaules ayant pour cadre Vendôme *(Vendocinum)* et ses environs. De toute fraîcheur.

1257 HEUMANN (E.). — LES DEUX JUMEAUX, Timothée et Philémon. *Rouen, Mégard*, 1855, in-12. *(Cartonnage papier de l'éditeur).* **125 fr.**

PREMIÈRE ÉDITION. 3 pl. gravées. Cartonnage romantique en papier rouge brique imitant le feutre, orné de fleurs dorées. Sur le 1er plat, image en chromolithographie.

1258 HISTOIRE DU DUC DE BOURGOGNE, petit-fils de Louis XIV, par P***. *Limoges, Barbou*, s. d. [vers 1850], in-12. *(Cartonnage papier de l'éditeur).* **30 fr.**

PREMIÈRE ÉDITION. 1 gravure sur bois par *V. Foulquier.* Cartonnage romantique : cadre et médaillon or sur rose pâle. *Très bel exemplaire.*

1259 HISTOIRE NATURELLE DES ANIMAUX les plus remarquables de la classe des mammifères (quadrupèdes et cétacés), par un Naturaliste du Muséum. *Tours, Mame*, 1851, in-12. *(Cartonnage papier de l'éditeur).* **30 fr.**

12 pl. en lithographie, par *C. Franc* représentant 60 figures d'animaux. Cartonnage or guilloché et rose pâle, rinceaux et guirlandes de fleurs. Rousseurs dans le texte. Cart. très frais. Petit défaut à la coiffe inférieure.

1260 HISTORIETTES POUR LES ENFANTS. *Paris, Langlois et Leclercq*, s. d. [vers 1845], petit in-16, cart. papier de l'édit. **20 fr.**

2 fig. sur bois. Cartonn. vert d'eau orné de rinceaux dorés.

1261 HISTOIRE DE SAINT PAUL, apôtre des Gentils, par D. S. *Tours, Mame et Cie*, 1852, in-12, *(Cartonnage papier de l'éditeur).* **50 fr.**

PREMIÈRE ÉDITION. 1 gravure sur bois. Cartonnage or guilloché, rinceaux, fleurs, médaillon à rocailles, vert clair, et motif central. *De toute fraîcheur.*

1262 HOMÈRE. — L'ILIADE traduite par Mme Dacier. Nouv. éd. *Avignon, Seguin aîné*, 1819, 2 vol. in-12, cart. papier. **100 fr.**

Bel exemplaire d'une édition peu commune. Le cartonnage (rinceaux, fleurons et médaillon dorés sur fond violet foncé) est de 1840 environ. Il est probable qu'un libraire de cette époque, ayant racheté les invendus de cette édition, brochés, les a remis en vente dans des cartonnages. *Très frais* et rare en cette condition.

1263 HUBERT ou les suites funestes de la paresse et de l'indocilité. *Tours, Mame*, 1851, in-16. *(Cartonnage papier de l'éditeur).* **30 fr.**

1 pl. gravée. Cartonnage or et vert. Au centre, vignette en chromolithographie représentant deux adolescents, dont un porte un cerf-volant sur le dos.

1264 **HUNKLER (H.).** — RODOLPHE DE HABS-
BOURG, empereur d'Allemagne. *Limoges, Barbou,*
1846, in-12, *(Cartonnage papier de l'éditeur).*
40 fr.

PREMIÈRE ÉDITION. 3 pl. et titre gravés par *Rouar-*
gue. Cartonnage romantique or, bleu et violet en relief sur
frond crème orné de roses. Au centre, image en chromolithographie représentant des femmes en prières devant un
calvaire, au bord d'un lac. Joli type de cartonnage, peu
commun.

1265 **INDE, CHINE ET JAPON** ou nouveau tableau
anecdotique de la religion, des mœurs, usages et
coutumes des peuples de ces contrées lointaines.
Paris, Lehuby, s. d. [vers 1840], in-12. *(Carton-*
nage papier de l'éditeur).   **50 fr.**

PREMIÈRE ÉDITION. 3 gravures. Intéressant ouvrage
composé d'extraits des célèbres *Lettres édifiantes.* Cart.
vert d'eau orné de filets dorés formant des rectangles.
Image en chromolithogr. sur le 1er plat (sujet oriental).
Très bel exemplaire très frais.

1266 **INDE, CHINE ET JAPON** ou nouveau tableau
anecdotique de la religion, des mœurs, usages et
coutumes des peuples de ces contrées lointaines.
Paris, Lehuby, s. d. [vers 1845], in-12, cart. papier
de l'édit.   **80 fr.**

3 gravures. Sur le premier plat, papillon curieux, losange basane rouge de l' « École communale d'Avranches ».

1267 **INGRATITUDE ET RECONNAISSANCE,** par
M. F. *Lille, L. Lefort,* 1850, in-16. *(Cartonnage*
papier de l'éditeur).   **100 fr.**

Une jolie lithographie. Cartonnage romantique : motifs
dorés en relief, sur fond bleu clair. Cartonnage d'une
extrême fraîcheur dont les spécimens sont rares.

1268 **INVENTAIRE CHRONOLOGIQUE DES DÉ-
COUVERTES** scientifiques, littéraires et industrielles, [par] C. S. G. *Versailles, Beau, s. d.* [vers
1850], in-12. *(Cartonnage papier de l'éditeur).*
30 fr.

PREMIÈRE ÉDITION. Cartonnage romantique, rinceaux or sur blanc. Image en chromolithographie au milieu
du plat. Partant du « commencement du monde », cet
inventaire s'arrête à l'an 200 avant Jésus-Christ.

1269 **IRVING (Washington).** — UN TOUR DANS
LES PRAIRIES à l'Ouest des Etats-Unis. Tra-
duit par Ernest W***. *Tours, Mame,* 1854, in-12.
(Cartonnage papier de l'éditeur).   **150 fr.**

Titre et 3 pl. gravés. Cartonnage romantique crème et
or guilloché. Au centre, image en chromolithographie :
buffle poursuivi par des cow-boys. Après avoir accompagné dans l'Ouest M. Ellsworth, un des commissaires pour
les affaires indiennes, Washington Irving publia, en 1835,
le *Tour on the Prairie,* qui eut un grand succès. C'est
l'intéressant récit d'une expédition sur le territoire de
chasse des Pawnes, mœurs de ces sauvages, anecdotes, etc.

1270 **IRVING (Washington).** — UN TOUR DANS
LES PRAIRIES à l'ouest des Etats-Unis. Traduit de l'anglais par Ernest W***. *Tours, Mame,*
1858, in-12, cart. papier *de l'édit.*   **125 fr.**

Le même ouvrage que le précédent. Titre gravé avec
vignette et une gravure. Cartonnage blanc, riche décoration blanc et or, de style rocaille, image en chromolith.
au milieu du 1er plat. *Beau cartonn. d'une irréprochable*
fraîcheur.

1271 **IRVING (Washington).** — VOYAGES ET
AVENTURES DE CHRISTOPHE COLOMB.
Traduction Paul Merruau. *Tours, Mame,* 1846,
in-12. *(Cartonnage papier de l'éditeur).*   **100 fr.**

2 pl. gravées. Cartonnage romantique blanc, à décor
rocaille doré. Très joli cartonnage, rare dans cet état de
fraîcheur. Légères rousseurs.

1272 **IRVING (Washington).** — VOYAGES ET
AVENTURES DE CHRISTOPHE COLOMB.
Tours, Mame, 1846, in-12. *(Cartonnage papier*
de l'éditeur).   **100 fr.**

Le même ouvrage que le précédent, mêmes illustrations.
Cartonnage romantique or sur vert, fleurons d'angles,
guirlandes de fleurs, large médaillon rocaille, bouquet de
fleurs aux milieu. Histoire (écrite en 1828) de la découverte
de l'Amérique par le célèbre écrivain américain Washington Irving.

1273 **JACQUARD (L.).** — LE CHATEAU DE
VALLONS. *Rouen, Mégard et C*te, 1877, in-12,
cart. papier *de l'édit.*   **15 fr.**

Une gravure. Cartonnage papier bleu de ciel orné de
fleurettes et guirlandes bleu et or. Image en chromolithographie sur le 1er plat.

1274 **JEANNE DE WALBOURG.** *Limoges, Barbou*
frères, 1850, petit in-16, cart. papier *de l'édit.*
10 fr.

Une gravure. Cartonnage papier doré, rinceaux et motifs
divers. Image chromolithographiée sur le premier plat.

1275 **JÉHAN (L.-F.).** — BEAUTÉS DU SPECTA-
CLE DE LA NATURE ou Entretiens sur l'Histoire naturelle. *Tours, Mame,* 1848, in-12. *(Car-*
tonnage papier de l'éditeur).   **15 fr.**

1 pl. et titre gravés. Cartonnage romantique blanc à
joli décor rocaille doré. Bel exemplaire.

1276 **JEUNE CAPTIVE (LA).** Histoire véritable
d'une petite fille Osage. *Paris, Strasbourg, Veuve*
Berger-Levrault, s. d. [vers 1855], in-16. *(Carton-*
nage papier de l'éditeur).   **250 fr.**

3 lithographies tirées chez Berger-Levrault. Cartonnage
romantique bleu et or sur fond blanc.
Histoire touchante de la captivité, de la conversion et
de la mort d'une petite Osage. Les Osages sont une tribu
indienne de l'Amérique du Nord. *Exemplaire d'une fraî-*
cheur absolument irréprochable.

1277 **JEUNES MARTYRES** de la foi chrétienne
(Les), par l'auteur de la Croix d'or, etc. *Tours,*
*Mame el C*te, 1850, in-12. *(Cartonnage papier de*
l'éditeur).   **30 fr.**

Titre et 1 planche gravés. Cartonnage papier vert, entrelacs verts bordés d'or, compartiments or, ornés d'arabesques
vertes. *Bel exemplaire.*

1278 **JOUBERT (Fr.).** — LE BAILLI DE SUF-
FREN. *Tours, Mame,* 1877, in-12. *(Cartonnage*
papier de l'éditeur).   **60 fr.**

1 gravure sur bois. Joli cartonnage d'un décor peu commun, or et blanc sur bleu, cadre rocaille. Chromolithographie au milieu du premier plat, représentant deux
enfants jouant au pied d'un arbre. *De toute fraîcheur.*

1279 **JOUHANNEAUD (L'abbé Paul).** — ANGÈLE
ET SON FILS ou la Puissance de la Croix. *Paris-*

Limoges, Martial Ardant, 1854, in-12. (Cartonnage papier de l'éditeur). **15 fr.**

1 lithographie. Cartonnage romantique, arabesques et rinceaux or mat sur fond blanc.

1280 JOUHANNEAUD (L'abbé Paul). — FLEUR ANGÉLIQUE ou Un mois d'entretiens intimes d'une maîtresse avec son élève. *Limoges, Barbou frères, 1848, in-12, cartonnage de l'éditeur.* **100 fr.**

Frontispice en lithographie. Cartonnage romantique : rinceaux or en relief sur fond violet. Magnifique cartonnage rocaille, de toute fraîcheur. Quelques légères rousseurs.

1281 JOUHANNEAUD (L'abbé Paul). — HISTOIRE DE SAINT ÉTIENNE HARDING, fondateur de l'ordre de Cîteaux. *Tours, Mame, 1853, in-12, cart. papier de l'édit.* **120 fr.**

1 titre avec vignette et 1 frontispice gravés par Lobin. Cartonnage à motifs vert et or sur fond blanc. Le premier plat est orné d'une chromolithographie représentant des moines cisterciens et un seigneur. Très bel exemplaire.

1282 JOUHANNEAUD (L'abbé Paul). — QUATRE NOUVELLES. *Tours, Mame, 1853, in-12. (Cartonnage papier de l'éditeur).* **30 fr.**

PREMIÈRE ÉDITION. 1 gravure sur bois. Cartonnage décoré de fleurs, médaillon et bouquet bleu clair sur or guilloché. Les quatre nouvelles ont pour titres : Donzenac, Une chaumière de Magnerol, La Pauvresse inconnue, Noemia.

1283 JOUHANNEAUD (L'abbé Paul). — Trois nouvelles. *Tours, Mame, 1859, in-12, cart. papier de l'édit.* **20 fr.**

Une gravure sur bois. Cart. bleu de ciel orné de cercles et fleurs dorés. Image en chromolithographie sur le premier plat.

1284 KUBALSKI (N.-A.). — VOYAGES ENTRE LA BALTIQUE ET LA MER NOIRE. *Tours, Mame, 1857, in-12, cart. papier de l'édit.* **60 fr.**

Une gravure sur bois. Voyages du comte de Ségur en Prusse, Pologne, Russie (1784-1789). Voyages du professeur E.-D. Clarke au pays des Cosaques du Don et de la Mer Noire et dans la péninsule de Crimée (1800). Extraits de ces deux voyageurs et notices pas Kubalsky. Cartonn. blanc et or, larges compartiments rouges, arabesques, fleurons, guirlandes. Image en chromolithogr. sur le 1er plat, représentant deux cosaques à cheval. D'une rare fraîcheur. *Très bel exemplaire.*

1285 KUBALSKI (N.-A.). — VOYAGES ET DÉCOUVERTES EN OCÉANIE, de juin 1791 jusqu'à nos jours. *Tours, Mame et Cie, 1861, in-12. (Cartonnage de l'éditeur).* **40 fr.**

1 gravure sur bois. Cartonnage romantique bleu et or. Au centre, scène coloriée (enfants autour d'un globe). Rousseurs.

KUBALSKI. Voir n° 1497.

1286 L***. — BENJAMIN ou l'élève des Frères des Écoles chrétiennes. *Tours, Mame, 1853, petit in-16, cart. papier de l'édit.* **30 fr.**

Une lithographie. Cartonn. papier gaufré rose pâle et or, avec image en chromolithographie sur le premier plat. Joli petit cartonnage très frais.

1287 LABOUCHE (Alexandre). — LES ARTS ET MÉTIERS ou les curieux secrets. *Tours, Mame et Cie, 1851, in-12. (Cartonnage papier de l'éditeur).* **100 fr.**

3 pl. et titre gravés. Cartonnage romantique doré orné de très beaux bouquets de fleurs vert pâle et vert foncé. Très bel exemplaire.

1288 LABOUCHE (Alexandre). — LES ARTS ET MÉTIERS ou les curieux secrets. *Tours, Mame, 1851, in-12. (Cartonnage papier de l'éditeur).* **50 fr.**

Titre et 3 pl. gravés. Cartonnage romantique, cadre et fleurs roses, bouquet au centre, sur fond or guilloché. Beau cartonnage très frais.

1289 LABOUCHE (Alexandre). — LES ARTS ET MÉTIERS ou les curieux secrets. *Tours, Mame et Cie, 1859, in-12. (Cartonnage papier de l'éditeur).* **60 fr.**

1 pl. gravée. Cartonnage romantique, or, vert et blanc, décoré de rinceaux et fleurons. Au centre, vignette en chromolithographie représentant une presse d'imprimerie. Légères rousseurs. Joli cartonnage.

1290 LA FONTAINE DE LA JEUNESSE (LE). Fables choisies. *Limoges-Paris, Martial Ardant, 1857, in-12. (Cartonnage papier de l'éditeur).* **60 fr.**

1 portrait gravé de La Fontaine. Cartonnage romantique : bouquets de fleurs et médaillons roses en relief sur or guilloché. Recueil peu commun de 133 fables de La Fontaine. *Exemplaire très frais.*

1291 LA MADELAINE (Stéphen de). — APRÈS LE TRAVAIL. Contes sous la feuillée. *Paris, Lehuby, s. d. [vers 1845], in-12. (Cartonnage papier de l'éditeur).* **30 fr.**

3 pl. gravées d'une grande finesse. Cartonnage romantique, rinceaux bistre sur fond blanc. Type de reliure peu commun, prêtant ainsi que les gravures, un intérêt particulier à ce volume.

1292 LA MADELAINE (Stéphen de). — LE CURÉ DE CAMPAGNE. *Tours, Mame, 1855, in-12. (Cartonnage papier de l'éditeur).* **25 fr.**

Titre et 3 pl. gravées. Cartonnage romantique, cadre et rinceaux or sur fond blanc et vert. Au centre, image en chromolithographie représentant le curé entouré d'enfants.

1293 LA MADELAINE (Stéphen de). — SCÈNES DE LA VIE ADOLESCENTE. *Paris, P.-C. Lehuby, s. d. [vers 1845], in-12. (Cartonnage papier de l'éditeur).* **100 fr.**

PREMIÈRE ÉDITION. 2 pl. gravées d'après les dessins de TONY JOHANNOT. Cartonnage romantique, rinceaux crème sur or guilloché. Au centre, image en chromolithographie. Légères rousseurs. Beau cartonnage, très frais.

1294 LA ROCHÈRE (Comtesse de). — HENRIETTE DE SAINT-GERVAIS. *Tours, Mame, 1861, in-12. (Cartonnage papier de l'éditeur).* **40 fr.**

1 gravure sur bois par *Carbonneau*. Cartonnage rose orné d'un cadre doré et de bouquets de fleurs. Chromolithographie au milieu du premier plat représentant un baptême. Larges interlignes. *Dos légèrement taché.*

1295 LA ROCHÈRE (Comtesse de). — NOUVEL-
LES MORALES. *Tours, Mame,* 1857, in-12. *cartonnage papier de l'éditeur,* tr. dorées.   **25 fr.**

6 belles pl. gravées par *Delannoy,* d'après les dessins de
Karl Girardet. Cartonnage romantique : bleu, vert, or,
rouge et crème. Au centre, image en chromolithographie :
paysage, barque à voile gagnant le large. Coiffe supérieure
détériorée.

1296 LA ROCHÈRE (Comtesse de). — TEBALDO
ou le Triomphe de la Charité. Histoire corse.
Tours, Mame et C^le, 1856, in-12. *(Cartonnage de
l'éditeur).*   **200 fr.**

4 gravures sur acier, gravées par *Th. Ruhierre,* d'après
les dessins de *Karl Girardet,* vignettes sur bois. Cartonnage
romantique or (rocailles) et vert. Roses et feuillages. Au
centre, scène d'hiver coloriée. Gravures très fines. Exemplaire d'une extrême fraîcheur.

1297 LASAUSSE (L'abbé). — L'HEUREUSE
ANNÉE ou l'année sanctifiée par la méditation
des sentences et des exemples des saints. *Tours,
Mame,* 1852, in-12, cart. papier *de l'édit.*   **20 fr.**

Frontispice de *Hallez,* gravé par *Millin.* Cartonn. noir
orné de filets, rinceaux dorés de style rocaille. Au milieu,
groupe d'ornements dorés : missel, ciboire, calice, croix,
étole, lampe de sanctuaire... Décoration rare. Très beau
cartonnage.

1298 LAVAYSSIÈRE (P.). — LA BATAILLE DE
POITIERS. *Limoges, Ardant, s. d.* [vers 1860],
in-12. *(Cartonnage papier de l'éditeur).*   **60 fr.**

1 gravure sur bois par *Dupré.* Cartonnage romantique
à décor de fleurons et rosaces bleues et or sur fond blanc.
Sur le 1er plat, image en chromolithographie.

1299 LEBON (Hubert). — MARIE, CAUSE DE
NOTRE JOIE. *Tours, Mame,* 1854, in-18, cart.
papier *de l'édit.*   **250 fr.**

4 gravures de *L.-I. Hallez,* gravées par *F.-Th. Ruhierre.*
Charmant cartonnage à fond blanc orné de petits traits
dorés. Belles plaques (sur les deux plats) argent et or avec
fleurs rouges et bleues. Au milieu du 1er plat, un ange
argent sur fond d'or tient une croix et une banderole blanche portant : Gloire à Marie. Sur le second plat, à la place
de ce motif, décor floral. Les cartonnages de ce petit format
et d'une semblable beauté sont rares. *Exemplaire d'une
admirable fraîcheur.*

1300 LEBRUN (Mme Camille). — JULIEN MOREL
ou l'Aîné de la famille. *Tours, Mame,* 1861, in-12.
(Cartonnage papier de l'éditeur).   **20 fr.**

Frontispice et titre gravés. Cartonnage romantique
marron et or.

1301 LEBRUN (Mme Camille). — MADELEINE
OU LA JEUNE CAMPAGNARDE. *Limoges,
Barbou,* 1847, in-12, cartonnage de l'éditeur.
                                        150 fr.

PREMIÈRE ÉDITION. Une pl. gravée par *A. Portier,*
d'après *H. Cabasson.* Cartonnage romantique, riche motif
central en or, en relief, rocailles sur fond violet, aux angles,
couples d'oiseaux dans le goût du XVIIIe siècle. Larges
interlignes. Superbe cartonnage dans un état de fraîcheur
parfait.

1302 LEBRUN (Mme Camille). — UNE NOBLE
FAMILLE. *Rouen, Mégard et Cte,* 1864, in-12.
(Cartonnage papier de l'éditeur).   **60 fr.**

PREMIÈRE ÉDITION. 1 pl. gravée. Cartonnage romantique blanc orné de filets et rectangles dorés. Décor simple
et très joli. Image en chromolithogr. sur le 1er plat, représentant des enfants portant un ballon. Derrière une fenêtre
grillée un autre enfant semble en pénitence. Cartonn. très
frais. *Très bel exemplaire.*

1303 LEBRUN (Henri). — ABRÉGÉ DE TOUS
LES VOYAGES AU POLE NORD, depuis les
frères Zeni jusqu'à Trehouard (1380-1836). *Tours,
Mame,* 1852, in-12, cart. papier *de l'édil.,* tr. dorées.
                                        125 fr.

8 gravures sur bois hors-texte. Très intéressantes notices
sur les voyages d'exploration, écrites avec goût et pittoresques. Joli cartonnage blanc, vert et or, compartiments,
entrelacs, feuillages, grand motif rocaille ; sur le 1er plat,
image chromolith. représentant un brick halé sur les glaces
par les marins et un officier. D'une admirable fraîcheur.
Les tr. dorées sont rares sur un cart. papier.

1304 LEBRUN (Henri). — VOYAGES ET AVEN-
TURES DU CAPITAINE COOK. *Tours, Mame,*
1850, in-12. *(Cartonnage papier de l'éditeur).*
                                        80 fr.

2 pl. gravées de Sainson, représentant la mort de Cook
et l'*Endeavour* abattu en carène. Cartonnage romantique.
Décor blanc, fleurs stylisées, sur or guilloché. Riche cartonnage d'une fraîcheur parfaite.

1305 LEBRUN (Henri). — VOYAGES ET AVEN-
TURES DU CAPITAINE COOK. *Tours, Mame,*
1852, in-12. *(Cartonnage papier de l'éditeur).*
                                        75 fr.

Le même ouvrage que le précédent, mêmes gravures.
Cartonnage romantique or et rose. Au milieu, image en
chromolithographie représentant la mort de Cook abattu
par les sauvages (différente de la gravure de Sainson).

1306 LECLERC (A.-C.). — LUIS ET RODRIGO
ou l'Amitié aux prises avec l'ambition, épisode
des dernières guerres de Grenade. *Tours, Mame,*
1853, in-12. *(Cartonnage papier de l'éditeur).*
                                        45 fr.

Titre et 1 pl. gravés. Cartonnage romantique or, bleu et
blanc, rinceaux et fleurs. Au centre, image en chromolithographie représentant un combat entre chevaliers et
Maures. *Bel exemplaire.*

1307 LE GALL (Olivier). — LA DUCHESSE ANNE.
Histoire d'une frégate. *Tours, Mame et C^le,* 1853,
in-12. *(Cartonnage papier de l'éditeur).* **300 fr.**

PREMIÈRE ÉDITION. 6 pl. gravées par *Paul Girardet* d'après les dessins de *Karl Girardet.* Cartonnage romantique orné de rinceaux et feuillages rose, blanc et vert
clair sur fond doré. Image chromolithographiée sur le 1er
plat, représentant un navire à voiles. *Très frais.*

1308 LEMERCIER (A.). — HISTOIRE DU
GRAND CONDÉ. *Tours, Mame,* 1849, in-12
(Cartonnage papier de l'éditeur).   **80 fr.**

Titre et 1 pl. gravés. Cartonnage or sur
blanc. Cadre formant de larges fleurons d'angles, médaillon
et motif central. Joli cartonn. d'une irréprochable fraîcheur.

1309 **LEMERCIER (A.).** — HISTOIRE DU GRAND CONDÉ. *Tours, Mame,* 1849, in-12. *(Cartonnage papier de l'éditeur).* **50 fr.**

Titre et 1 pl. gravés. Riche cartonnage romantique. Décoration or, cadre rocailles et motif central sur fond blanc. Rousseurs légères *passim. Cartonnage très frais.*

1310 **LEMERCIER (A.).** — LES MARINS CÉLÈBRES DE LA FRANCE. *Tours, Mame et Cie,* 1850, in-12. *(Cartonnage papier de l'éditeur).* **100 fr.**

1 pl. et titre gravés : portraits de Jean Bart et de Duguay-Trouin. Cartonnage romantique doré orné de guirlandes et d'entrelacs de filets blancs et de bouquets de fleurs blanc et or. Très joli décor. *Bel exemplaire.*

1311 **LEMERCIER (A.).** — LES MARINS CÉLÈBRES DE LA FRANCE. *Tours, Mame et Cie,* 1857, in-12. *(Cartonnage papier de l'éditeur).* **80 fr.**

Même ouvrage que le précédent. Cartonnage or, blanc et vert, fleurons d'angles et compartiments, fleurs : au milieu du 1er plat, escadre en action, bombardant une côte escarpée.

1312 **LEMERCIER (Adrien).** — OTHON LE FAUCONNIER. *Tours, A. Mame et fils,* 1880, in-12. *(Cartonnage papier de l'éditeur).* **20 fr.**

1 gravure sur bois. Cartonnage en chromolithographie, or et violet sur gris. Image en chromolithographie du centre. *Bel exemplaire.*

1313 **LEMERCIER (Adrien).** — OTHON LE FAUCONNIER. *Tours, A. Mame et fils,* 1880, in-12. *(Cartonnage papier de l'éditeur).* **15 fr.**

Même ouvrage, même édition. Le dessin et le décor du cartonnage sont différents. *Bel exemplaire.*

1314 **LEMERCIER (Adrien).** — WILFRID ou la Prière d'une Mère. *Tours, Mame,* 1854, in-16. *(Cartonnage papier de l'éditeur).* **60 fr.**

1 gravure. Cartonnage romantique, rinceaux blancs et or en relief sur fond vert.

1315 **L'ILE D'OR** ou Revers d'un naufragé par M. P. *Limoges, Barbou, s. d.* [vers 1850], in-12. *(Cartonnage papier de l'éditeur).* **20 fr.**

PREMIÈRE ÉDITION. 1 gravure sur bois. Cartonnage papier bleu, cadre rocaille et motif central dorés. Aventures et récits empruntés au *Peregrinaçam,* de Mendès Pinto (1614) et au *Voyage en Sibérie,* de l'abbé Chappe d'Auteroche (1762).

1316 **LONGCHÈNE (DE).** — LE MONDE SOUTERRAIN ou Merveilles géologiques. *Tours, Mame et Cie,* 1851, in-12. *(Cartonnage papier de l'éditeur).* **40 fr.**

Titre et 3 pl. gravés. Cartonnage or, blanc et rose, entrelacs de filets courbes et brisés de cadre, arabesques d'or, chromolithographie au milieu du 1er plat.

1317 **LOUISE ET GENEVIÈVE,** ou Histoire de deux jeunes paysannes. *Rouen, Mégard, s. d.* [vers 1850]. *(Cartonnage papier de l'éditeur).* **25 fr.**

1 pl. gravée. Cartonnage : cadre, rocailles et motif central bleu clair sur or guilloché. *Bel exemplaire.*

1318 **LUCY WARD,** traduit de l'anglais par B. C. *Tours, Mame,* 1876, in-12. *(Cartonnage papier de l'éditeur).* **15 fr.**

1 gravure sur bois. Cartonnage en chromolithographie : rouge, or et violet. Vignette chromolithogr. au centre.

1319 **MALLÈS DE BEAULIEU (Mme).** — LA PETITE SOCIÉTÉ SAVANTE. *Paris, Lehuby, s. d.* (1842), in-12, cart. papier *de l'édit.* **300 fr.**

PREMIÈRE ÉDITION. 1 titre avec jolie vignette et 3 gravures hors-texte. Intéressant ouvrage dialogué où l'auteur du *Robinson de 12 ans* met à la portée de ses petits lecteurs, les éléments des sciences naturelles, de l'histoire, etc. Décor de rinceaux et fleurons or et vert pâle sur fond crème. Image en chromolithographie sur le 1er plat. *Très bel exemplaire, d'une fraîcheur parfaite.*

1320 **[MALO (Charles)].** — LES JEUNES MARTYRES DE LA FOI CHRÉTIENNE et les vierges consacrées à Jésus-Christ. *Tours, Mame,* 1860, in-12. *(Cartonnage papier de l'éditeur).* **50 fr.**

Un titre et une planche (martyres de sainte Perpétue et de sainte Reine), dessinés par *Marckl,* gravées par *Boilly.* Cartonnage romantique or, vert et blanc ; au centre, vignette coloriée, ascension d'une martyre, soutenue par des anges. Nouvelle édition d'un ouvrage dont le succès fut grand, l'originale ayant paru en 1818 chez P. Janet. *Très bel exemplaire.*

1321 **MALO (Charles).** — LES LEÇONS D'UNE MÈRE. *Tours, Mame et Cie,* 1851, in-12. *(Cartonnage papier de l'éditeur).* **40 fr.**

Titre et 3 planches gravés. Cartonnage fond or guilloché, fleurons, guirlandes de fleurs et bouquet central bleu clair. *Bel exemplaire.*

1322 **MALO (Charles).** — LES LEÇONS D'UNE MÈRE. *Tours, Mame et Cie,* 1861, in-12. *(Cartonnage de l'éditeur).* **50 fr.**

1 pl. gravée. Cartonnage romantique or en relief et rose. Au centre, scène enfantine coloriée.

1323 **MARCEL (P.).** — ETIENNE ou le prix de vertu, suivi du bienfait récompensé. *Tours, Mame,* 1850, petit in-16, cart. papier *de l'édit.* **30 fr.**

Une gravure. Cart. papier doré, joliment orné de guirlandes et fleurs rose pâle. Image en chromolithographie au 1er plat. Très joli exemplaire.

1324 **MARCEL (P.).** — LA PETITE MENDIANTE ou une journée d'angoisse et de bonheur, suivie de la Famille Wild. *Tours, Mame,* 1857, petit in-16, cart. papier *de l'édit.* **40 fr.**

Une gravure. Cartonnage papier blanc et vert orné de filets et fleurons dorés, avec image en chromolithogr. au milieu du 1er plat, représentant une joueuse de mandoline dans un paysage. *Bel exemplaire.*

1325 **MARCEL (P.).** — RUDOLPHE ou l'Enfant de bénédiction. *Tours, Mame et Cie,* 1840, in-16. *(Cartonnage papier de l'éditeur).* **50 fr.**

Une planche finement gravée. Cartonnage papier rouge, imitation veau, estampé à froid, filet sur les plats. Spécimen très rare des premiers cartonnages de Mame.

1326 **MARGAL (Joseph de).** — HISTOIRES CONTEMPORAINES propres à former l'esprit et le cœur de la jeunesse. *Tours, Mame,* 1868, in-12. *(Cartonnage de l'éditeur).* **40 fr.**

PREMIÈRE ÉDITION. 1 gravure sur bois de *J. Cauchard* (naufrage). Cartonnage romantique, décor égyptien or et blanc sur fond vert. Au centre, image en chromolithographie représentant un port du Levant, vapeur à aubes, et navires à voiles.

1327 MARIN (Le R. P. Michel-Ange). — VIES CHOISIES DES PÈRES DES DÉSERTS D'ORIENT. *Tours, Mame,* 1857, in-12, cart. papier *de l'édit.* **25 fr.**

Titre gravé avec vignette et frontisp. gravé. Cartonnage papier bleu de ciel orné de fleurettes et de rinceaux blancs et or. Image en chromolithographie sur le 1er plat représentant un évêque. Cartonnage décoratif très frais.

1328 MARLÈS (DE). — LES CENT MERVEILLES DES SCIENCES ET DES ARTS. *Tours, Mame,* 1847, in-12. *(Cartonnage papier de l'éditeur).* **50 fr.**

PREMIÈRE ÉDITION. 1 planche et le titre [bateau à vapeur à aubes] dessinés et gravés par *Rouargue* frères. Cartonnage romantique bleu et or, légèrement déboîté à la fin. *Bel exemplaire.*

1329 MARLÈS (DE). — LES CENT MERVEILLES DES SCIENCES ET DES ARTS. *Tours, Mame,* 1850, in-12. *(Cartonnage papier de l'éditeur).* **50 fr.**

Frontispice et titre dessinés et gravés par *Rouargue* frères. Cartonnage romantique à décor floral bleu clair et or. Les jolies gravures de Rouargue et le cartonnage font, de cet ouvrage intéressant, un bel exemplaire en cet état.

1330 MARLÈS (DE). — LES CENT MERVEILLES DE LA NATURE. *Tours, Mame,* 1850, in-12. *(Cartonnage papier de l'éditeur).* **50 fr.**

Frontispice et titre dessinés et gravés par *Rouargue* frères. Cartonnage romantique vert, bleu et or en relief. Très bel exemplaire. La gravure de *Rouargue* est d'une grande finesse et le cartonnage de toute fraîcheur.

1331 MARLÈS (DE). — LES CENT MERVEILLES DE LA NATURE. *Tours, Mame,* 1850, in-12, cart. papier *de l'édit.* **45 fr.**

Titre gravé avec vignette et gravure hors-texte, représentant le mont Hécla, volcan de l'Islande, et les grottes de Fingal. Cartonnage papier doré orné de feuillages blancs. Au milieu des plats, grand médaillon blanc sur or, de style oriental.

1332 MARLÈS (DE). — LES CENT MERVEILLES DE LA NATURE. *Tours, Mame,* 1857, in-12, cart. papier *de l'édit.* **60 fr.**

Le même ouvrage que le précédent. 5e éd. Cartonnage orné de motifs rocaille or et blanc sur fond rose vif. Image en chromolithographie sur le 1er plat. *Très bel exemplaire.*

1333 MARLÈS (DE). — FIRMIN ou le jeune voyageur en Égypte. *Tours, Mame,* 1847, in-12, cart. papier *de l'édit.* **25 fr.**

4 gravures (dont un titre avec vignette). Cartonnage noir orné de cercles et médaillons concentriques, à dentelle et fleurs, or et argent. Cartonnage très décoratif. Exemplaire très frais.

1334 MARLÈS (DE). — FIRMIN OU LE JEUNE VOYAGEUR EN ÉGYPTE. *Tours, Mame et C*ie, 1847, in-12. *(Cartonnage papier de l'éditeur).* **150 fr.**

Même ouvrage, même édit., même cartonnage, mais les parties vertes du cart. précédent sont ici en bleu.

1335 MARLÈS (DE). — FIRMIN OU LE JEUNE VOYAGEUR EN ÉGYPTE. *Tours, Mame,* 1847, in-12. *(Cartonnage papier de l'éditeur).* **150 fr.**

Même ouvrage, même édition. Cartonnage romantique or, en relief, vert, rose et blanc. Image en chromolithogr. sur le 1er plat (scène arabe). *De toute fraîcheur.*

1336 MARLÈS (DE). — FIRMIN OU LE JEUNE VOYAGEUR EN ÉGYPTE. *Tours, Mame,* 1847, in-12. *(Cartonnage papier de l'éditeur).* **100 fr.**

Même ouvrage, même édition. Cartonnage bleu foncé orné d'arabesques dorées ménageant des compartiments bleu clair.

1337 MARLÈS (DE). — FIRMIN OU LE JEUNE VOYAGEUR EN ÉGYPTE. *Tours, Mame et C*ie, 1851, in-12. *(Cartonnage papier de l'éditeur).* **60 fr.**

Même ouvrage, 5e édition. Cartonnage romantique or et rosé. Sur le 1er plat, image en chromolithogr. (voyage à dos de chameau). Les tr. dorées sont rares sur les cartonnages papier.

1338 MARLÈS (DE). — GUSTAVE OU LE JEUNE VOYAGEUR EN ESPAGNE. *Tours, Mame et C*ie, 1844, in-12. *(Cartonnage de l'éditeur).* **60 fr.**

3 planches et titre gravés. Joli cartonnage, avec scène coloriée au centre. *Bel exemplaire.*

1339 MARLÈS (DE). — GUSTAVE OU LE JEUNE VOYAGEUR EN ESPAGNE. *Tours, Mame et C*ie, 1845, in-12. *(Cartonnage de l'éditeur).* **75 fr.**

Même ouvrage, 3e édition, 1845. Cartonnage romantique or et vert sur crème. Au centre, scène coloriée.

1340 MARLÈS (DE). — HISTOIRE DE LA CONQUÊTE DE L'ESPAGNE PAR LES ARABES. *Tours, Mame,* 1847, in-12. *(Cartonnage papier de l'éditeur).* **150 fr.**

PREMIÈRE ÉDITION. 6 pl. gravées par *Audibrand* et *Beyer,* d'après les dessins de *Karl Girardet.* Cartonnage romantique à décor floral or, bleu, rose et vert sur crème. Image chromolithographiée sur le 1er plat. Type de cartonnage très agréable et peu commun. *Bel exemplaire.*

1341 MARLÈS (DE). — HISTOIRE DESCRIPTIVE ET PITTORESQUE DE SAINT-DOMINGUE (Haïti). *Tours, Mame,* 1845, in-12. *(Cartonnage papier de l'éditeur).* **150 fr.**

PREMIÈRE ÉDITION. 1 planche et 1 titre gravés ; vignette sur bois sur le second titre. Cartonnage romantique à riche décor rocaille doré en relief sur fond violet. Rousseurs.

1342 MARLÈS (DE). — HISTOIRE DESCRIPTIVE ET PITTORESQUE DE SAINT-DOMINGUE (Haïti). *Tours, Mame et C*ie, 1850, in-12. *(Cartonnage papier de l'éditeur).* **100 fr.**

Titre et 1 pl. gravés. Cartonnage romantique, rinceaux et plaque décorative centrale vert clair sur or guilloché. Histoire de Saint-Domingue, depuis sa découverte par Christophe Colomb jusqu'à la reconnaissance de son indépendance (17 avril 1825). *De toute fraîcheur.*

1343 MARLÈS (DE). — HISTOIRE DE POLO-GNE. *Tours, Mame, 1860, in-12. (Cartonnage papier de l'éditeur).* **60 fr.**

Titre et 1 pl. gravés. Cartonnage rose carminé, cadre entouré de rinceaux blancs et or formant fleurons d'angles, compartiments dorés. Image en chromolithographie au milieu du premier plat représentant : petit port dominé par les ruines d'un château féodal.

1344 MARLÈS (DE). — HISTOIRE DU PORTU-GAL, d'après la grande Histoire de Schœffer continuée jusqu'à nos jours. *Tours, Mame, 1853, in-12. (Cartonnage papier de l'éditeur).* **40 fr.**

1 gravure sur bois. Cartonnage romantique, fleurs bleu de ciel en relief sur or guilloché. D'une fraîcheur parfaite.

1345 MARLÈS (DE). — HISTOIRE DE RUSSIE, depuis l'origine de la monarchie jusqu'à nos jours. *Tours, Mame et fils, 1860, in-12. (Cartonnage de l'éditeur).* **80 fr.**

1 gravure sur bois de *E. Dujardin.* Cartonnage romantique or, vert et blanc. Au centre, paysage colorié : bateau à vapeur au milieu des icebergs. *Cart. de toute fraîcheur.*

1346 MARLÈS (DE). — HISTOIRE DE LA SUISSE, depuis l'origine jusqu'à nos jours. *Tours, Mame et Cie, 1851, in-12. (Cartonnage papier de l'éditeur).* **60 fr.**

Un titre avec vignette et une planche gravés par *Pardinal,* d'après *Marckl.* Cartonnage romantique or et bleu clair. Au centre, image en chromolithogr. (paysage suisse). *Bel exemplaire.*

1347 MARLÈS (DE). — HISTOIRE DE LA SUISSE, depuis l'origine jusqu'à nos jours. *Tours, Mame et Cie, 1851, in-12. (Cartonnage papier de l'éditeur).* **65 fr.**

Même ouvrage, même édition. Cartonnage romantique or et bleu clair. *Bel exemplaire.*

1348 MARMONTEL. — LES INCAS ou la Destruction de l'empire du Pérou. Nouvelle édition... par l'abbé Lejeune. *Paris, P.-C. Lehuby, s. d. [vers 1850]. (Cartonnage de l'éditeur).* **150 fr.**

Deux gravures sur bois de *Buozilowicz,* d'après *Marckl.* Cartonnage vert clair et or, rocailles Louis XV. Au centre, paysage colorié, barque à la voile. Cartonnage de toute fraîcheur.

1349 MARMONTEL. — LES INCAS ou la Destruction de l'empire du Pérou. *Tours, Mame, 1855, in-12. (Cartonnage papier de l'éditeur).* **75 fr.**

2 gravures. Cartonnage romantique orné de rinceaux et feuillages or, roses et blancs sur fond vert. Sur le 1er plat, image en chromolithographie.

1350 MARSOLLIER (DE). — VIE DE SAINT FRANCOIS DE SALES, évêque et prince de Genève. *Tours, Mame et Cie, 1863, in-12. (Cartonnage papier de l'éditeur).* **60 fr.**

1 planche et titre gravés. Cartonnage romantique rose vif orné de feuillages et guirlandes blanc et or. Au milieu, image en chromolithographie représentant des moines se promenant dans un cloître. Très joli cartonnage. *Très bel exemplaire.*

1531 MAURICE (Abel). — L'ENFANT DE LA PROVIDENCE. *Tours, Mame et Cie, 1854, in-12. (Cartonnage papier de l'éditeur).* **30 fr.**

Titre et 1 pl. gravés. Cartonnage romantique, rinceaux or sur vieux rose et sur blanc, roses tigées or. Sur le 1er plat, image en chromolithogr. représentant une rixe sur un bateau (des matelots brutalisent un enfant qui tient un cerf-volant).

1352 MAURICE DE SAXE ou le Héros du règne de Louis XV, par le baron de ***. *Limoges, Barbou, s. d. [vers 1850], in-8. (Cartonnage papier de l'éditeur).* **100 fr.**

PREMIÈRE ÉDITION. 1 lithographie de *C. Vallot* sur fond teinté. Cartonnage romantique bleu clair et or. Au centre, image en chromolithographie. *Bel exemplaire.*

1353 MAXIMES ou Réflexions morales, religieuses et instructives offertes à la jeunesse. Abrégé de Blanchard, par F. P. B. *Paris, Imp. de L. Marc-Aurel, 1845, in-12. (Cartonnage papier de l'éditeur).* **60 fr.**

PREMIÈRE ÉDITION. Cartonnage romantique de style rocaille, or et bleu sur fond blanc. Déchirure à une page.

1354 M. G. E. (Mme). — LAURE ou la jeune émigrée. *Tours, Mame, 1857, petit in-16, cart. papier de l'édit.* **60 fr.**

Une gravure. Cartonnage papier vert pâle orné de jeux de filets blancs et or, avec image en chromolith. au 1er plat, représentant des fillettes à leur table d'étude. *Bel exemplaire.*

1355 MIDY (Mme Th.). — UNE VERTU PAR HISTOIRE. *Tours, Mame, 1850, in-12. (Cartonnage papier de l'éditeur).* **30 fr.**

Titre et 3 pl. gravés. Cartonnage romantique, décor rose pâle sur or guilloché, motif central dans médaillon. Cahier décousu. Rousseurs dans le texte. Le cartonnage est très frais et d'un style peu commun.

1356 MONEUSE (Mme Tullie). — MARGUERITE ROBERT. *Tours, A. Mame et fils, 1851, in-12. (Cartonnage de l'éditeur).* **400 fr.**

PREMIÈRE ÉDITION. 6 planches gravées par *P. Girardet,* d'après les dessins de *Karl Girardet.* Cartonnage romantique, rocailles bleu et or, semis de roses. Scène enfantine coloriée au milieu. Cartonnage de toute beauté, très frais. Larges interlignes. Les illustrations sont remarquables par leur dessin et leur finesse.

1357 MONEUSE (Mme Tullie). — MARGUERITE ROBERT. *Tours, Mame, 1851, in-12. (Cart. papier de l'édit.).* **100 fr.**

Même ouvrage que le précédent. 6 gravures de K. Girardet. Cartonnage papier feutré couleur brique, orné de fleurons et rinceaux de papier argenté d'aspect métallique. *Bel exemplaire.*

1358 MONTESQUIEU. — CONSIDÉRATIONS SUR LES CAUSES DE LA GRANDEUR DES ROMAINS ET DE LEUR DÉCADENCE. *Limoges-Paris, Marlial Ardant, 1857, in-12. (Cartonnage de l'éditeur).* **500 fr.**

PREMIÈRE ÉDITION. Portrait-frontispice gravé (Vespasien d'après Le Titien). Cartonnage romantique bleu de ciel : moulin à vent au bord de l'eau, barque à voile, cygnes et rinceaux, or en relief. Cartonnage remarquable et rare

inspiré de la meilleure époque de Louis XV. Larges interlignes. Légères rousseurs. Splendide cartonnage, de toute
rareté et de toute fraîcheur. Petite déchirure à la coiffe
inférieure.

1359 MONTROND (Maxime de). — LES ARTI-
SANS LES PLUS CÉLÈBRES, suite des Découvertes les plus utiles et les plus célèbres. *Lille, L.
Lefort,* 1855, in-12. *(Cartonnage papier de l'éditeur).*   **45 fr.**

PREMIÈRE ÉDITION. 1 pl. gravée par *Monnin,*
d'après *H. Cabasson,* salle d'exposition avec locomotive
au premier plan. Cartonnage romantique, décoration or,
cadre, fleuron et médaillon sur fond blanc. Au centre,
chromolithographie représentant l'entrée du Palais de
l'Industrie, alors dans sa nouveauté.

1360 MONTROND (Maxime de). — LA FRANCE
CHRÉTIENNE ou beaux traits inspirés par la
religion, recueillis de l'Histoire de France. *Lille,
Lefort,* 1850, in-12, cart. papier *de l'édit.*   **60 fr.**

PREMIÈRE ÉDITION. Une gravure. Beau cartonnage
bleu de roi orné de jolis rinceaux dorés, guirlandes florales,
rosace au milieu. D'une irréprochable fraîcheur.

1361 MONTROND (Maxime de). — HISTOIRE DE
CHRISTOPHE COLOMB d'après D. Fernand
Colomb, Robertson et Washington Irving. *Lille,
Lefort,* 1853, in-12, cart. papier *de l'édit.,* tr. dorées.
                                                       60 fr.

Une gravure. Joli cartonn. papier blanc, orné d'une
plaque de filets, compartiments et fleurs rose, blanc et or.
Image en chromolithographie sur le 1er plat. Les cartonnages papier sont rares avec la tranche dorée. *Bel exempl.*

1362 MONTROND (Maxime de). — JEANNE
D'ARC ou le Récit d'un preux chevalier. Chronique française du xve siècle. *Lille, L. Lefort,* 1846,
in-12. *(Cartonnage papier de l'éditeur).* **125 fr.**

1 planche gravée par *Oudot,* reproduction de la célèbre
statue de Jeanne d'Arc par la princesse *Marie d'Orléans.*
Cartonnage romantique, or et argent sur vert foncé, compartiments, guirlande de fleurs, fleurons d'angles, au milieu
oiseau, vert, rouge et blanc sur une branche. Type de cartonnage très rare. *Très bel exemplaire.*

1363 MUEG (E.-A.). — LE PRINCE DE VIANE.
Limoges, Barbou, 1847, in-12. *(Cartonnage papier
de l'éditeur).*   **70 fr.**

PREMIÈRE ÉDITION. Titre et 3 belles pl. gravées.
Cartonnage romantique, rinceaux et arabesques or et
argent sur fond bleu de roi. *De toute fraîcheur.*

1364 MULLER (Alexandre). — VOYAGE EN
ALSACE et en Lorraine. *Rouen, Mégard, s. d.*
[vers 1850]. *(Cartonnage papier de l'éditeur).* **30 fr.**

PREMIÈRE ÉDITION. 2 pl. gravées (cathédrale de
Strasbourg et Jeanne d'Arc en prière). Cartonnage vert,
bleu de ciel et or, cadre doré de style rocaille. Au milieu,
des plats, bouquet polychrome sur fond or.

1365 MULLER (Marie). — LA MADONE DE LA
FORET, suivi de Une épreuve, Sophie, Laurent,
Les deux branches de lierre. *Tours, Mame et fils,*
1868, in-12. *(Cartonnage papier de l'éditeur).* **60 fr.**

Gravure sur bois. Cartonnage romantique bleu, or et
blanc. Au centre du 1er plat, image en chromolithographie.
Fraîcheur parfaite.

1366 MULLER (Marie). — LA MADONE DE LA
FORET, suivi de Une épreuve, Sophie, Laurent,
Les deux branches de lierre. *Tours, Mame,* 1880,
in-12. *(Cartonnage papier de l'éditeur).*   **25 fr.**

1 gravure sur bois de *Pannemaker.* Cartonnage bleu,
blanc et or. Au centre, image en chromolithographie représentant deux petites filles écrivant et lisant. *Très bel
exemplaire.*

1367 MULLER (René). — LES VEILLÉES DU
LABOUREUR. *Rouen, Mégard,* 1858, in-12. *(Cartonnage papier de l'éditeur).*   **15 fr.**

PREMIÈRE ÉDITION. 1 pl. gravée. Cartonnage romantique : décor vert clair sur or guilloché.

1368 MULLOIS (L'abbé). — LA CHARITÉ AUX
ENFANTS. *Paris, Lecoffre et C*1e, *Périsse, etc.,*
1852, in-12. *(Cartonnage papier de l'éditeur).*
                                                        50 fr.

6 lithographies dans le style de *Victor Adam* et vignettes
dans le texte. Cartonnage arabesques et fleur or sur bleu
clair. *Bel exemplaire.*

1369 NAUFRAGÉS AU SPITZBERG (LES) ou les
salutaires effets de la confiance en Dieu. *Tours,
Mame,* 1848, in-12. *(Cartonnage papier de l'éditeur).*   **60 fr.**

Titre et 3 pl. gravés. Cartonnage romantique, rinceaux
or sur fond blanc et vert. *Bel exemplaire.*

1370 NAUFRAGÉS AU SPITZBERG (LES) ou les
salutaires effets de la confiance en Dieu. *Tours,
Mame,* 1858, in-12. *(Cartonnage papier de l'éditeur).*   **50 fr.**

4 pl. gravées par *L. Wolff* d'après les dessins de *Karl
Girardet.* Cartonnage romantique, cadre et rinceaux or,
roses et feuillages sur fond crème. Au centre, image en
chromolithographie : navire au milieu des icebergs.

1371 NISARD (Théodore). — HISTOIRE DE LA
REINE BLANCHE, mère de saint Louis. *Tours,
Mame,*- 1848, in-12. *(Cartonnage papier de l'édi-
teur).*   **60 fr.**

Titre et 1 pl. dessinés par *Lobier* et gravés par *Pardinel.*
Cartonnage romantique, larges rinceaux d'or sur fond blanc.
Légères rousseurs dans le texte. Le cartonnage est d'une
irréprochable fraîcheur.

1372 NISARD (Théodore). — HISTOIRE DE LA
REINE BLANCHE, mère de saint Louis. *Tours,
Mame et C*1e, 1848, in-12. *(Cartonnage papier de
l'éditeur).*   **60 fr.**

Même ouvrage, même édition. Cartonnage romantique :
rinceaux or sur fond blanc. Joli cartonnage, rare dans
cette fraîcheur.

1373 NOISY (C.-B.). — LA FILLE DE L'AVEU-
GLE. *Rouen, Mégard et C*1e, 1857, in-12. *(Cartonnage papier de l'éditeur).*   **60 fr.**

1 planche gravée. Cartonnage fond or guilloché, décor
blanc, dentelle, double cadre et médaillon central octogonal. *Cart. de toute fraîcheur.*

1374 NOTRE-DAME DES ROSES. — Histoires et
légendes de quelques sanctuaires consacrés à Marie.

Lille, L. Lefort, 1860, in-16. *(Cartonnage papier de l'éditeur).*   **50 fr.**

1 gravure sur bois. Joli cartonnage romantique vert clair, orné de médaillons dorés à rosaces.

1375 NOUVEL ABRÉGÉ DE TOUS LES VOYAGES AUTOUR DU MONDE depuis Magellan jusqu'à d'Urville et Laplace. *Tours, Mame*, 1850, 2 vol. in-12. *(Cartonnage papier de l'éditeur).*   **60 fr.**

Cartonnages romantiques, or, vert et argent. Au centre, images en chromolithographie représentant, au tome I, une barque de pêche ; au tome II, une chasse à l'autruche. Titre gravé au tome I ; les planches manquent. Quelques pages salies et décousues. Les cartonn. sont jolis et frais.

1376 NOUVELLE MORALE EN ACTION. — Annales contemporaines recueillies par l'auteur des Essais pratiques. *Lille, L. Lefort*, 1847, in-12. *(Cartonnage papier de l'éditeur).*   **50 fr.**

PREMIÈRE ÉDITION. 1 pl. gravée. Cartonnage romantique, or sur violet. *De toute fraîcheur.*

1377 NYON (Eugène). — LES DÉVOUEMENTS. *Tours, Mame*, 1854, in-12. *(Cartonnage papier de l'éditeur).*   **35 fr.**

2 pl. gravées. Cartonnage romantique, rinceaux en relief, sur vieux rose et sur blanc, roses, feuillages d'or ; image en chromolithographie au milieu du 1er plat.

1378 NYON (Eugène). — LES DOTS. *Tours, Mame et C*ie, 1856, in-12. *(Cartonnage papier de l'éditeur).*   **25 fr.**

Titre avec vignette gravée. Cartonnage vert et décoration florale dorée.

1379 OCTAVE ou les Dangers des mauvaises compagnies, par l'abbé A. A. *Limoges, Barbou*, 1848, in-12. *(Cartonnage papier de l'éditeur).*   **40 fr.**

PREMIÈRE ÉDITION. 1 pl. gravée par *A. Fortier*, d'après *H. Cabasson*. Cartonnage romantique, rinceaux or sur fond violet, au centre, motif décoratif floral. *Bel exemplaire.*

1380 OLIVIER (Mme **d').** — DIALOGUES DES VIVANTS au xixe siècle. *Paris, H. Vrayet de Surcy*, 1859, in-12, cart. papier *de l'édit.*   **40 fr.**

Cart. bleu de ciel orné d'un lacis de filets dorés avec fleurs. Image en chromolithographie sur le 1er plat. *Bel exemplaire.*

1381 ORY (Stéphanie). — AUGUSTE ET PAUL ou la Gourmandise punie. *Tours, Mame*, 1861, petit in-16, cart. papier *de l'édit.*   **80 fr.**

Une gravure sur bois. Cart. bleu de ciel orné d'une belle plaque dorée à fleurs et dentelles. Image en chromolithographie sur le 1er plat. Joli cartonnage, très décoratif et d'un exquise fraîcheur.

1382 ORY (Stéphanie). — CLOTILDE DE BELLE-FONDS ou la véritable beauté. *Tours, Mame*, 1860, in-12, cart. papier *de l'édit.*   **50 fr.**

Une gravure sur bois. Cartonnage papier bleu de ciel joliment orné de filets et de gros bouquets de fleurs dorés. Image en chromolithographie avec des enfants sur le 1er plat. *Bel exemplaire.*

1383 OUEN (SAINT). — VIE DE SAINT ELOI, évêque de Noyon et de Tournai, traduite et anno-

tée par M. l'abbé Parenty. *Arras, typ. E. Lefranc*, 1851, in-12. *(Cartonnage papier de l'éditeur).*   **10 fr.**

1 pl. gravée (Tentation de saint Antoine). Cartonnage romantique, rinceaux blancs et fleurs stylisées sur or guilloché. Au centre, image en chromolithographie : atelier d'un sculpteur.

1383 bis PAPIERS DE CARTONNAGES romantiques, 18 planches, contenant, répétés, des motifs or sur papiers de diverses couleurs, permettant de faire de nouveaux cartonnages ou d'en réparer.   **500 fr.**

1384 PARLEY (Peter). — HISTOIRE DE LA CHINE ET DES CHINOIS. Traduit de l'anglais par Mme A. B... *Paris, Lehuby, s. d.* [vers 1850], in-12, cartonnage papier *de l'éditeur.*   **125 fr.**

PREMIÈRE ÉDITION. 3 gravures sur bois sur fond teinté de *Trichon*, d'après *J. Gaildran*. Cartonnage romantique bleu et or. Au centre, scène coloriée (enfant « montrant » un singe). Larges interlignes. Peter Parley était le pseudonyme du consul américain à Paris, vers 1830, Samuel Goodrich, qui écrivit pour l'enfance une série de petits livres publiés d'abord aux Etats-Unis, puis en Angleterre, où ils conquièrent à son auteur la célébrité. Cette adaptation française est rare.

1385 PASSE-TEMPS DE MON FILS (LE). — Historiettes instructives et amusantes, par A.-E. DE SAINTES. *Paris-Limoges, Martial Ardant*, 1850, in-32. *(Cartonnage papier de l'éditeur).*   **50 fr.**

1 planche gravée. Cartonné bleu, cadre à rocailles or et gris et, dans un second cadre une reine sur son palefroi, accompagnée d'un héraut d'armes et de ses pages. *Bel exemplaire.*

1386 PAUL ET MARIE ou les fruits d'une bonne éducation. Traduct. de l'abbé Macker. *Rouen, Mégard*, 1858, in-12. *(Cartonnage papier de l'éditeur).*   **25 fr.**

PREMIÈRE ÉDITION. 1 pl. gravée. Cartonnage romantique à fond d'or guilloché orné de rinceaux et fleurs bleu de ciel. *Bel exemplaire.*

1387 PAUL ET MARIE ou les fruits d'une bonne éducation. Traduction de M. l'abbé Macker. *Rouen, Mégard, s. d.* [vers 1858], in-12. *(Cartonnage papier de l'éditeur).*   **20 fr.**

1 pl. gravée. Cartonnage orné de rinceaux bleu pâle sur or guilloché. Image en chromolithographie au milieu du premier plat.

1388 PELLICO (Silvio), SA VIE ET SA MORT. *Lille, L. Lefort*, 1855, in-12. *(Cartonnage papier de l'éditeur).*   **30 fr.**

Pl. gravée par *Monnin*, d'après *Cabasson*. Cartonnage romantique or en relief sur fond blanc. Sur le 1er plat, image en chromolithographie. Légères rousseurs.

1389 PELLICO (Silvio), sa vie et sa mort. *Lille, L. Lefort*, 1856, in-12. *(Cartonnage papier de l'éditeur).*   **40 fr.**

1 gravure (portrait), gravé par *Monnin* d'après *H. Cabasson*. Cartonnage bleu de ciel et or. Au centre, image en chromolithographie : bateau à vapeur, à aubes, sur un fleuve, dans un cadre de forêts. Ouvrage intéressant qui résume « Mes Prisons » et poursuit la biographie de Pellico jusqu'à sa mort (1854). De toute fraîcheur.

1390 PÉRÉFIXE (Hardouin de). — HISTOIRE DE HENRI LE GRAND. *Tours, Mame,* 1857, in-12. *(Cartonnage papier de l'éditeur).*   **80 fr.**

Titre et 1 planche gravés par *Ferdinand*, d'après les dessins de *Karl Girardet.* Cartonnage romantique, or (rinceaux), rose et blanc sur fond crème. Au centre, image en chromolithogr. représentant Henri IV. Cachet à l'encre violette sur le titre gravé. *Cartonnage d'une fraîcheur parfaite.*

1391 PÉRINE, par Marie-Ange de B***. *Tours, Mame,* 1881, in-12. *(Cartonnage papier de l'éditeur).*   **30 fr.**

1 gravure sur bois. Cartonnage vert, or et blanc. Au centre, image en chromolithogr. (enfants se battant avec des boules de neige). Joli cartonnage très frais.

1392 PETIT (L'abbé). — EUGÈNE ou les Conférences de saint Vincent de Paul. *Lille, L. Lefort,* 1859, in-12, cart. papier *de l'édit.*   **25 fr.**

Frontispice dessiné par *Cabasson,* gravé par *Monin.* Cartonnage bleu de ciel orné de jolis motifs dorés, différents sur les deux plats.

1393 PETITS JOUEURS (LES), suivis de Le mensonge et la paresse. *Lille, L. Lefort,* 1859, in-12. *(Cartonnage papier de l'éditeur).*   **15 fr.**

1 pl. gravée sur bois. Cartonnage or sur vert clair, fleurons d'angles, double médaillon et motif central. Trois comédies enfantines.

1394 PIERQUIN DE GEMBLOUX. — HISTOIRE DE JEANNE DE VALOIS, duchesse d'Orléans et de Berry, reine de France, fondatrice de l'ordre des Annonciades. *Paris, Debécourt,* 1842, in-12. *(Cartonnage papier de l'éditeur).*   **250 fr.**

PREMIÈRE ÉDITION. Cartonnage romantique, rinceaux or et argent sur fond crème. Erreur de pliage à la fin du volume qui est complet. Intéressant ouvrage sur Jeanne de Valois (première femme de Louis XII). Beau cartonn. décoratif, d'une fraîcheur extraordinaire.

1395 PINARD (L'abbé). — GATIENNE ou Courage d'une jeune fille. Episode de la Révolution. *Tours, Mame,* 1844, in-12, cart. papier *de l'éditeur,* tr. dorées.   **80 fr.**

4 gravures. Cartonn. papier blanc *à tranches dorées,* plaques très décoratives, or, vert, bleu, à motifs rocaille, bouquets de fleurs, etc. Image en chromolithographie dans un médaillon (évoquant un épisode du livre). *Bel exemplaire.*

1396 PITON (E.). — VOYAGES ET CONQUÊTES DE FERNAND CORTEZ AU MEXIQUE. *Paris-Limoges, Martial Ardant,* 1846, in-12. *(Cartonnage de l'éditeur).*   **125 fr.**

PREMIÈRE ÉDITION. 1 pl. gravée. Cartonnage romantique, motifs rocailles et floraux en or, sur fond violet. *Très bel exemplaire.*

1397 POUDRE A CANON (LA), le Télégraphe, les Montagnes et les Volcans, les Tremblements de terre, les Pétrifications. *Lille, L. Lefort,* 1862, in-12. *(Cartonnage papier de l'éditeur).*   **20 fr.**

1 gravure sur bois : canon de siège et ses servants. Cartonnage à décor Louis XV or sur blanc, avec médaillon en chromolithographie au centre. Petite éraflure.

1398 POUJOULAT (Baptistin). — RÉCITS ET SOUVENIRS D'UN VOYAGE EN ORIENT. *Tours, Mame,* 1848, in-12. *(Cartonnage papier de l'éditeur).*   **100 fr.**

PREMIÈRE ÉDITION. 6 planches, gravées par *Boilly,* d'après les dessins de *Karl Girardet.* Cartonnage romantique, rinceaux et cadre, or en relief, roses, sur fond crème et or guilloché. Au centre, scène orientale, coloriée. Intéressant récit, écrit pour la jeunesse, d'un voyage en Orient et aux Lieux Saints. *Baptistin Poujoulat* était le frère de *François Poujoulat,* universellement connu par la collection qu'il dirigea des *Mémoires pour servir à l'Histoire de France.* Bel exemplaire.

1399 POUJOULAT (Baptistin). — RÉCITS ET SOUVENIRS D'UN VOYAGE EN ORIENT. *Tours, Mame et Cie,* 1854, in-12. *(Cartonnage papier de l'éditeur).*   **100 fr.**

Même ouvrage que le précédent. Cartonnage : cadre et rinceaux, médaillon d'or à rocailles sur fond blanc, compartiments bleus, roses et feuillages. Chromolithographie au milieu du 1er plat. *Bel exemplaire.*

1400 PRIEUR DE SOMBREUIL. — LES JEUNES VOYAGEURS EN ASIE. *Paris, P. Maumus, s. d.* [vers 1845], in-12. *(Cartonnage papier de l'éditeur).*   **40 fr.**

PREMIÈRE ÉDITION. 1 pl. gravée et vignette sur bois sur le titre. Cartonnage romantique, or sur violet. Fleurons d'angles, guirlande de fleurs et motif central. Abrégés à l'usage de la jeunesse, des voyages de Robert Ker-Porter, James Morier, James Baillie Fraser, Georges Valentia, Chateaubriand, etc, *Bel exemplaire.*

1401 PROYART (L'abbé). — L'ÉCOLIER VERTUEUX, suivi d'histoires édifiantes. *Paris-Limoges, Martial Ardant,* 1853, in-16. *(Cartonnage papier de l'éditeur).*   **25 fr.**

1 planche gravée. Cartonnage rose, cadre doré, rinceaux aux angles, médaillon avec chromolithographie représentant le bord d'un fleuve dans une grande ville : pont, quai et bateau à aubes avec sa haute cheminée. *(Un peu fané).*

1402 PROYART (L'abbé). — L'ÉCOLIER VERTUEUX ou vie édifiante d'un écolier de l'Université de Paris. *Tours, Mame et Cie,* 1856, in-12. *(Cartonnage papier de l'éditeur).*   **50 fr.**

1 pl. gravée. Cartonnage romantique bleu pâle orné de larges compartiments dorés de style rocaille. *Bel exempl.*

1403 PROYART (L'abbé). — VIE DU DAUPHIN, père de Louis XVI. *Paris, Martial Ardant,* 1844, in-12, cart. papier *de l'édit.*   **75 fr.**

1 frontisp. et 1 titre gravés par K. Girardet. Cart. violet foncé, décor à la cathédrale (peu commun sur des cartonnages en papier). *Très bel exemplaire.*

1404 PROYART (L'abbé). — VIE DE MARIE LECZINSKA, princesse de Pologne, reine de France. *Rouen, Mégard et Cie,* 1850, in-12. *(Cartonnage papier de l'éditeur).*   **125 fr.**

1 portrait en lithographie. Cartonnage romantique, guirlande de fleurs et bouquet dorés sur fond blanc. *Bel exemplaire.*

1405 R* (Louise de).** — EDOUARD DE TERMONT ou Providence et repentir. *Tours, Mame* *el C*ⁱᵉ, 1848, in-12. *(Cartonnage papier de l'éditeur).* **200 fr.**

6 pl. gravées par *Audibrand*, d'après les dessins de *Marckl.* Cartonnage romantique, or en relief sur papier chamois. Image en chromolithographie sur le 1ᵉʳ plat, représentant une scène de duel coloriée. *Très frais.*

1406 RÉCRÉATIONS TECHNOLOGIQUES, par C. G. *Tours, Mame et C*ⁱᵉ, 1852, in-12. *(Cartonnage papier de l'éditeur).* **40 fr.**

PREMIÈRE ÉDITION. 1 gravure sur bois. Cartonnage lilas et or guilloché, cadre avec entrelacs aux angles, rinceaux lilas, médaillon et motif central. Le coton. Les peaux et pelleteries. La chapellerie. La soie. *Bel exemplaire.*

1407 RENDU FILS (Victor et Ambroise). — NOUVEAU SPECTACLE DE LA NATURE ou Dieu et ses œuvres. Mollusques. Zoophytes. *Paris, Langlois et Leclercq,* 1842, petit in-12 carré. *(Cartonnage papier de l'éditeur).* **80 fr.**

Vignettes dans le texte. Cartonnage bleu, large plaque or, cadre, rinceaux et coquilles.

1408 RENDU (Victor et Ambroise). — NOUVEAU SPECTACLE DE LA NATURE. Botanique. *Paris, Langlois et Leclercq, s. d.* [vers 1840], petit in-12 carré, cart. papier *de l'éditeur.* **80 fr.**

Plus de quarante figures sur bois dans le texte. Cartonnage bleu de roi orné d'un joli décor rocaille doré ; au milieu, bouquet de fleurs. *Très bel exemplaire.*

1409 RENDU (Victor et Ambroise). — NOUVEAU SPECTACLE DE LA NATURE. Mammifères. *Paris, Langlois et Leclercq, s. d.* [vers 1840], petit in-12 carré, cart. papier *de l'édit.* **80 fr.**

Nombreuses vignettes sur bois dans le texte. Les notices des animaux décrits sont, en grande partie, tirées de Buffon. Cart. bleu-violet très foncé orné de bouquets et guirlandes dorés. *Très bel exemplaire.*

1410 RENDU (Victor et Ambroise). — NOUVEAU SPECTACLE DE LA NATURE OU DIEU ET SES ŒUVRES. Oiseaux. *Paris, Langlois et Leclercq, s. d.* [vers 1840], petit in-12 carré, cart. papier *de l'édit.* **100 fr.**

47 vignettes sur bois dans le texte. Cart. papier bleu-noir, orné d'une jolie plaque dorée représentant une reine à cheval, en grand manteau, accompagnée d'un officier, etc. Gracieux motifs accessoires. *Très bel exemplaire.*

1411 RENNEVILLE (Mᵐᵉ de). — HISTORIETTES A MON PETIT GARÇON et à ma petite fille. *Limoges, Barbou frères,* 1845, in-16. *(Cartonnage toile de l'éditeur).* **50 fr.**

1 planche gravée. Cartonnage bleu et or, double cadre à rocailles, fleurs d'angles, médaillon et motif central. *Bel exemplaire.*

1412 REYRE (L'abbé). — ANECDOTES CHRÉ-TIENNES ou Traits d'histoire choisis. *Paris-Limoges, Martial Ardant,* 1845, in-12. *(Cartonnage papier de l'éditeur).* **60 fr.**

1 pl. et titre gravés. Cartonnage romantique : grands motifs rocaille dorés en relief sur fond violet. *Très frais.*

1413 REYRE (L'abbé). — ANECDOTES CHRÉ-TIENNES ou Traits d'histoire choisis. *Paris-Limoges, Martial Ardant,* 1848, in-12. *(Cartonnage papier de l'éditeur).* **30 fr.**

Titre et 1 planche gravés. Cartonnage violet. Décoration or en relief, angles vermiculés, guirlande de fleurs, cadre octogonal et médaillon central. *Bel exemplaire.*

1414 RIBADEAU DU MAINE (Mᵐᵉ). — FRA STEPHEN ou Une vocation. *Paris, P.-C. Lehuby, s. d.* [vers 1845], in-12. *(Cartonnage de l'éditeur).* **20 fr.**

PREMIÈRE ÉDITION. Titre et 3 pl. gravés. Cartonnage romantique. Rinceaux or sur fond violet, au centre, vignette tirée en noir sur fond argent. Type de vignette peu commun. Déboîté.

1415 RION (Ad.). — CONNAISSANCES INDIS-PENSABLES A TOUT LE MONDE. Pourquoi et parce que ou livre de science... *Paris, s. d.* [vers 1855], in-12, cart. papier *de l'édit.* **100 fr.**

Quelques fig. sur bois dans le texte. 3ᵉ éd. revue et aug-mentée d'un livre intéressant, contenant des réponses à un grand nombre de questions touchant les sciences. Avec cette épigraphe : « Répondez avec justesse... aux *Pourquoi* multipliés des jeunes gens et des enfants et vous en ferez des hommes ». Cartonn. papier doré orné de rinceaux blancs. Image en polychromie au milieu du 1ᵉʳ plat. Très bel exempl. sur magnifique papier vélin fort.

1416 RION (Ad.). — Tablettes chronologiques uni-verselles. Principaux événements. *Paris, chez tous les libraires, s. d.* (1855), in-12, cart. papier *de l'édit.* **30 fr.**

Intéressant ouvrage : système chronologiques, divisions du temps. Événements avant l'ère chrétienne et depuis. Liste chronologique des empereurs et des rois et des sou-verains pontifes (empereurs romains, d'Allemagne, rois de France, d'Angleterre, etc.). Le plus récent événement indiqué est celui de l'avènement du tsar Alexandre II en 1855. *Imprimé sur papier fort.* Cartonn. papier vert pâle orné de rinceaux et guirlandes dorés. Sur le 1ᵉʳ plat, image en chromolithographie. Insignifiante éraflure.

1417 ROBERTSON DE LA JEUNESSE (LE). — Abrégé de l'Histoire d'Amérique depuis sa décou-verte jusqu'à nos jours. *Tours, Alfred Mame et fils,* 1872, in-12. *(Cartonnage papier de l'éditeur).* **75 fr.**

2 pl. gravées. Cartonnage romantique à larges compar-timents d'angle et blanc sur fond bleu de roi. Sur le 1ᵉʳ plat, image en chromolithographie (animaux sauvages dans le désert). Bel exemplaire.

1418 ROLLIN. — ABRÉGÉ DU TRAITÉ DES ÉTUDES. *Paris-Limoges, Martial Ardant,* 1842. *(Cartonnage papier de l'éditeur).* **50 fr.**

Cartonnage romantique à la cathédrale or sur violet. Type de cartonnage intéressant et peu commun. Très menues traces de frottement sur les plats.

1419 ROMAGNY (Ch.). — L'AMI DE LA JEU-NESSE. *Rouen, Mégard et C*ⁱᵉ, 1857, in-12. *(Cartonnage papier de l'éditeur).* **30 fr.**

1 planche gravée. Cartonnage, décoration florale en rose sur or guilloché, roses en espalier. *Bel exemplaire.*

1420 ROY (J.-J.-E.). — LA FRANCE AU DOU-ZIÈME SIÈCLE pendant les règnes de Louis le

Gros et de Louis le Jeune. *Tours, Mame,* 1850, in-12. *(Cartonnage papier de l'éditeur).*   **60 fr.**

PREMIÈRE ÉDITION. 6 jolies gavures par *Ruhierre,* d'après les dessins de *Karl Girardet.* Cartonnage romantique à décor floral or, rose et bleu. Sur le 1er plat, image en chromolithographie.

1421 ROY (J.-J.-E.). — HISTOIRE DE BOSSUET, évêque de Meaux, d'après M. le cardinal de Bausset. *Tours, Mame,* 1851. *(Cartonnage papier de l'éditeur).*   **60 fr.**

Titre et 3 pl. gravés. Cartonnage romantique rose pâle sur or guilloché. Au centre, vignette en chromolithographie représentant un sermon dans une église. *Bel exemplaire*

1422 ROY (J.-J.-E.). — HISTOIRE DE LA CHE-VALERIE. *Tours, Mame,* 1846, in-12. *(Cartonnage papier de l'éditeur).*   **100 fr.**

Titre et 3 pl. gravés. Joli cartonnage vert, rose et or sur crème. Chromolithographie sur le premier plat : combat de deux chevaliers. Menues rousseurs dans le texte, mais le cartonnage est très frais.

1423 ROY (J.-J.-E.). — HISTOIRE DE LA CHE-VALERIE. *Tours, Mame,* 1851, in-12. *(Cartonnage papier de l'éditeur).*   **40 fr.**

Titre et 3 pl. gravés. Cartonnage romantique, rinceaux vert clair sur or guilloché. Au centre, image en chromolithographie, chevalier revêtu de son armure, son heaume à la main. *Bel exemplaire.*

1424 ROY (J.-J.-E.). — HISTOIRE DES COLO-NIES FRANÇAISES et des établissements français en Amérique, en Afrique, en Asie et en Océanie. *Tours, Mame,* 1855, in-12. *(Cartonnage papier de l'éditeur).*   **40 fr.**

PREMIÈRE ÉDITION. 1 gravure sur bois de *Gauchard* d'après *P. Girardet* (mort de Tipoo-Sahib). Cartonnage décoration or, cadre et fleurs, sur fond rose. Image en chromolithographie au milieu du plat supérieur, ville au bord de la mer, phare, barque au premier plan.

1425 ROY (J.-J.-E.). — HISTOIRE DES COLO-NIES FRANÇAISES. *Tours, Mame et Cie,* 1858. *(Cartonnage papier de l'éditeur).*   **40 fr.**

Cartonnage blanc, or et rose, entrelacs dorés dans les angles, cadre historié. Au milieu du premier plat, vue en chromolithographie d'une ville d'Orient au bord de la mer, phare, barque au premier plan.

1426 ROY (J.-J.-E.). — HISTOIRE DE JEANNE D'ARC, dite la Pucelle d'Orléans. *Tours, Mame,* 1851, in-12. *(Cartonnage papier de l'éditeur).*   **100 fr.**

Titre (avec vignette) et 3 pl. gravés. Cartonnage romantique, vert et crème, rinceaux d'or et fleurs ; au milieu, image en chromolithographie : Jeanne d'Arc montant à l'assaut.

1427 ROY (J.-J.-E.). — HISTOIRE DE JEANNE D'ARC dite la Pucelle d'Orléans. *Tours, Mame,* 1855, in-12. *(Cartonnage papier de l'éditeur).*   **40 fr.**

Titre et 3 pl. gravés. Cartonnage romantique or et bleu sur fond crème. Au centre, image en chromolithographie représentant le buste de Jeanne, tête nue, en armure de chevalier.

1428 ROY (J.-J.-E.). — HISTOIRE DE LOUIS XI. *Tours, Mame,* 1846, in-12, cart. papier *de l'édit.*   **75 fr.**

4 gravures hors-texte (dont un titre avec vignette), non signées. Cartonnage bleu décoré de médaillons et rinceaux vert et or. Petite dentelle dorée intérieure.

1429 ROY (J.-J.-E.). — HISTOIRE DE MARIE-ANTOINETTE, suivie d'un précis de la vie de Madame Elisabeth. *Lille, L. Lefort,* 1851, in-12. *(Cartonnage papier de l'éditeur).*   **25 fr.**

PREMIÈRE ÉDITION. 1 pl. gravée (Marie-Antoinette au Temple). Cartonnage romantique fond noir, décor de style oriental, composé de 3 panneaux jaune, blanc, bleu, coupole ; en bas boule verte, le tout agrémenté d'or. Même décor au 2e plat, couleurs différentes.

1430 ROY (J.-J.-E.). — HISTOIRE DES TEM-PLIERS. *Tours, Mame,* 1848, in-12, cart. papier d'édit., tr. dorées.   **600 fr.**

PREMIÈRE ÉDITION. 6 gravures de *K. Girardet.* Charmant cartonnage très décoratif. Motifs rocaille or, bleu, sur fond blanc, semé de roses. Le centre du 1er plat est occupé par une image chromolithographiée : un potentat oriental menace de son yatagan le grand maître des Templiers. *Très bel exemplaire, d'une fraîcheur extraordinaire.*

1431 ROY (J.-J.-E.). — HISTOIRE DES TEM-PLIERS. *Tours, Mame et Cie,* 1848, in-12. *(Cartonnage papier de l'éditeur).*   **150 fr.**

Même ouvrage que le précédent. Cartonnage avec larges rinceaux à rocailles en or sur fond violet foncé dans le goût du XVIIIe siècle à l'intérieur décoré de fleurs et vols d'oiseaux. Spécimen très frais d'un type de reliure peu commun. *Quelques rousseurs.*

1432 ROY (J.-J.-E.). — HISTOIRE DES TEM-PLIERS. *Tours, Mame,* 1851, in-12. *(Cartonnage papier de l'éditeur).*   **60 fr.**

Le même ouvrage, mêmes illustrations. Cartonnage romantique blanc et rose orné de fleurs et rinceaux sur or, guilloché. Chromolithographie au milieu du premier plat : combat singulier d'un chevalier et d'un infidèle.

1433 ROY (J.-J.-E.). — ILLUSTRATIONS DE L'HISTOIRE D'ALGÉRIE. *Limoges-Paris, Martial Ardant,* 1852, in-12, cart. papier *de l'édit.*   **50 fr.**

1 planche et 1 titre gravés. Le titre gravé est daté de 1845. Cartonnage à fond doré orné d'arabesques vert pâle. Au 1er plat, image en chromolithographie. Très bel exemplaire malgré de menues rousseurs.

1434 ROY (J.-J.-E.). — ILLUSTRATIONS DE L'HISTOIRE D'ALLEMAGNE. *Paris-Limoges, Martial Ardant,* 1843, in-12. *(Cartonnage papier de l'éditeur).*   **130 fr.**

PREMIÈRE ÉDITION. 2 pl. gravées, dont le titre. Cartonnage romantique à la cathédrale, or en relief, sur fond violet. Larges interlignes. Type de cartonnage très rare dans un état extrême de fraîcheur.

1435 ROY (J.-J.-E.). — MADAME ELISABETH, sœur de Louis XVI. *Tours, Mame,* 1881, in-12, cart. papier *de l'édit.*   **120 fr.**

Une gravure sur bois. Cart. vert, blanc et or, à bandes transversales très gracieuses, fleurons blanc et or aux angles, image en chromolithogr. sur le premier plat, représentant des enfants patinant sur la glace. Joli cartonnage. *Exemplaire d'une irréprochable fraîcheur.*

1436 **ROY (J.-J.-E.).** — SOUVENIRS DES TEMPS MÉROVINGIENS. *Tours, Mame,* 1861, in-12. *(Cartonnage papier de l'éditeur).*   **25 fr.**

Une pl. remarquable gravée par *Delannoy,* d'après *Karl Girardet.* Cartonnage or sur rose, rinceaux, médaillon de style oriental, motif central. Ces souvenirs « des temps mérovingiens » sont divisés en cinq « récits », sans que l'auteur ait cru devoir citer seulement Augustin Thierry.

1437 **ROY (Jules).** — LES PHÉNOMÈNES DE L'HISTOIRE NATURELLE, de la physique et de l'astronomie ou les secrets de la nature. *Limoges-Paris, Martial Ardant,* 1857, in-12. *(Cartonnage papier de l'éditeur).*   **40 fr.**

PREMIÈRE ÉDITION. 1 pl. gravée. Cartonnage romantique, cadre et rinceaux or sur bleu clair. *Bel exemplaire.* Rousseurs.

1438 **RUILLY (H. de).** — ARTHUR ET MARIE ou la Bénédiction paternelle. *Limoges, Barbou frères,* 1847, in-12. *(Cartonnage papier de l'éditeur).*   **75 fr.**

PREMIÈRE ÉDITION. Une grav. Cartonnage romantique, motifs dorés en relief sur fond violet. Rousseurs. *Très frais.*

1439 **S*** (Mᵐᵉ M.-R.).** — ALINE ET MARIE ou les Jeunes pensionnaires en Suisse. *Tours, Mame et fils,* 1869, in-12. *(Cartonnage papier de l'éditeur).*   **60 fr.**

3 pl. et titre gravés. Superbe cartonnage romantique bleu, rouge, crème et or. Au centre, image en chromolithographie représentant des enfants à la promenade. Très bel exemplaire.

1440 **SABINE ET AURÉLIE,** par l'auteur d'ADHÉMAR DE BELCASTEL. *Lille, Lefort,* 1844, petit in-12, cart. papier *de l'édit.*   **25 fr.**

Une lithographie. Cartonnage papier bleu foncé richement décoré de rinceaux dorés et compartiments gris. Cartonnage mosaïqué. *Bel exemplaire.*

1441 **SAINT-PAUL (A. de).** — GUILLAUME AUBRY ou la Résignation récompensée. *Limoges, Barbou frères,* 1852, in-12. *(Cartonnage papier de l'éditeur).*   **125 fr.**

PREMIÈRE ÉDITION. 1 gravure de *A. Fortier* d'après *Cabasson.* Cartonnage romantique violet-noir sur fond or guilloché. Au centre, image en chromolithographie (scène enfantine). Larges interlignes. Déchirure en marge de la gravure. De toute fraîcheur.

1442 **SAINT-P*** (Vicomtesse de).** — MÉMOIRES D'UNE GRAND'MÈRE. *Tours, Mame et Cⁱᵉ,* 1860, in-16. *(Cartonnage papier de l'éditeur).*   **60 fr.**

1 gravure sur bois. Cartonnage romantique rose et or. Image en chromolithographie sur le 1ᵉʳ plat. *Très frais.*

1443 **SALVAGE (Mᵐᵉ de).** — LA FILLE DU SOLDAT AVEUGLE. *Limoges-Paris, Martial Ardant,* 1854, in-12. *(Cartonnage papier de l'éditeur).*   **25 fr.**

PREMIÈRE ÉDITION. Titre et 2 pl. gravés. Cartonnage romantique, décor rocaille bleu et or, sur fond crème. Au centre, image en chromolithographie représentant le soldat aveugle et sa fille. *Un peu défraîchi.*

1444 **SAUNDERS (Mᵐᵉ J.).** — LES DEUX CRÉOLES ou l'entraînement de l'exemple. *Tours, Mame,* 1850, in-12, cart. papier *de l'édit.*   **100 fr.**

6 gravures par V. GIRARDET. Ouvrage couronné par l'Académie française. Curieux cartonnage dont les plats ont été recouverts d'une préparation de couleur brique qui leur donne un aspect feutré. Ils sont ornés de rinceaux et fleurons de papier d'argent guilloché. *Bel exempl.*

1445 **SAVARY.** — VOYAGES EN GRÈCE. *Paris-Limoges, Martial Ardant,* 1853, in-12. *(Cartonnage papier de l'éditeur).*   **100 fr.**

Vue d'Alexandrie gravée par *Rouargue.* Au titre, encadrement lithographié par *Lafon.* Cartonnage romantique, blanc et or, orné sur le 1ᵉʳ plat d'une grande image en chromolithographie représentant une dame grecque assise, un perroquet perché sur son épaule gauche. Interlignes. Bel exemplaire. Cartonnage rare et curieux.

1446 **SAVIGNAC (Alida de).** — ADRIENNE ou les conseils d'une institutrice. *Tours, R. Pornin et Cⁱᵉ,* 1846, in-12. *(Cartonnage papier de l'éditeur).*   **50 fr.**

3 pl. gravées. Cartonnage romantique vert et or, larges rinceaux sur fond crème. *Très bel exemplaire.*

1447 **SCHMID (Chanoine).** — LA CHARTREUSE. Traduct. Louis Friedel. *Tours, Mame et Cⁱᵉ,* 1847, in-16. *(Cartonnage papier de l'éditeur).*   **80 fr.**

1 pl. gravée. Cartonnage romantique vert pomme orné de guirlandes rocaille or et argent.

1448 **SCHMID (Chanoine).** — LA CHARTREUSE, traduit de l'allemand, par Louis Friedel. *Tours, Mame,* 1850, petit in-16, cart. papier *de l'édit.*   **40 fr.**

Une gravure. Cartonnage blanc à rinceaux et entrelacs blanc, bleu et or ; médaillon doré au milieu du premier plat représentant une jeune fille lisant. Joli cartonnage très frais.

1449 **SCHMID (Chanoine).** — LA CHARTREUSE, traduit de l'allemand par Louis Friedel. *Tours, Mame,* 1868, petit in-16, cart. papier *de l'édit.*   **40 fr.**

Une gravure. Cart. papier bleu et blanc orné de jeux de filets dorés. Image en chromolith. au milieu du 1ᵉʳ plat représentant des enfants dans un paysage, près d'un lac. *Bel exemplaire.*

1450 **SCHMID (Chanoine).** — CLARA, suite du Bûcheron de la Forêt-Noire et du Braconnier, traduits de l'allemand. *Paris, J. Langlumé et Peltier, s. d.* [vers 1845], in-16. *(Cartonnage papier de l'éditeur).*   **50 fr.**

Titre et 3 pl. gravés. Cartonnage romantique, décor rose sur or guilloché. Au centre, fleurs stylisées. *Bel exemplaire.*

1451 **SCHMID (Chanoine).** — CONTES. Marie ou la corbeille de fleurs. Les deux frères. Les marguerites. La rose. *Paris, Lehuby, s. d.* [vers 1845], in-12, cartonn. papier bleu avec ornementation en relief dorée et argentée, trophées d'armes. *(Cartonn. d'édit.).*   **35 fr.**

Une figure sur bois gravée par *Bridzilowig. Bel exempl.*

1452 **SCHMID (Chanoine).** — DOUZE NOU-
VEAUX CONTES. Traduction catholique, par
M. l'abbé Laurent. *Paris-Limoges, Martial Ardant,
s. d.* [vers 1855], in-16. *(Cartonnage papier de
l'éditeur).*   **30 fr.**

   2 vignettes sur bois, dont une de titre. Cartonnage blanc-
crème décor or et argent, large cadre à rinceaux, sujet
central.

1453 **SCHMID (Chanoine).** — EUSTACHE, épisode
des premiers temps du Christianisme. Traduit par
Louis Friedel. *Tours, Mame,* 1883, in-12. *(Cartonnage papier de l'éditeur).*   **15 fr.**

   1 gravure sur bois de *Gerlier*. Cartonnage polychrome
violet, or et noir sur crème. Au centre, image en chromolithographie.

1454 **SCHMID (Chanoine).** — HENRI D'EICHEN-
FEL ou Dieu révélé par le spectacle de la nature.
Paris-Limoges, Martial Ardant, s. d. [vers 1850)],
petit in-16, cart. papier *de l'édit.*   **100 fr.**

   Une gravure sur bois. Traduction catholique, par l'abbé
Laurent. Le volume contient, en outre, onze contes du
chanoine Schmid. Cartonn. papier doré orné de guirlandes
roses. Sur le 1er plat, portrait de Boileau en chromolithogr.

1455 **SCHMID (Chanoine).** — HENRI D'EICHEN-
FEL ou Dieu révélé par le spectacle de la nature.
Traduction catholique par M. l'abbé Laurent.
Paris-Limoges, Martial Ardant, s. d. [vers 1855],
in-16. *(Cartonnage papier de l'éditeur).*   **50 fr.**

   1 gravure sur bois. Cartonnage or guilloché, cadre historié, décor blanc, fleurons formés de feuilles, médaillon
central. *Bel exemplaire.*

1456 **SCHMID (Chanoine).** — ITHA, comtesse de
Toggenbourg, ou la Vertu persécutée. Traduit par
Louis Friedel. *Tours, Mame,* 1850, petit in-16,
cart. papier *de l'édit.*   **30 fr.**

   Une gravure. Cartonnage papier doré, orné de rinceaux
et fleurons roses. Image chromolithographiée sur le 1er
plat. Joli cartonn. Bel exemplaire.

1457 **SCHMID (Chanoine).** — LOUIS LE PETIT
ÉMIGRÉ. Traduit de l'allemand par Louis Friedel. *Tours, Mame,* 1846, petit in-16, cart. papier
de l'édit.   **50 fr.**

   Une gravure. Cart. papier blanc orné de rinceaux et
compartiments symétriques or, bleu et blanc. Petite déchirure aux coiffes.

1458 **SCHMID (Chanoine).** — LE MELON, suivi
du ROSSIGNOL, contes traduits de l'allemand
sur l'édition définitive donnée par l'auteur de
1841 à 1844. *Paris, Adrien Le Clerc et Mellier
frères,* 1846, petit in-16, cart. papier *de l'édit.*
                                            20 fr.

   Une gravure. Papier bleu-noir avec décoration florale
dorée. Première traduction française de ces contes d'après
la version définitive.

1459 **SCHMID (Chanoine).** — NOUVEL ABRÉGÉ
DE L'HISTOIRE DU NOUVEAU TESTAMENT,
traduit par Louis Friedel. *Tours, Mame,* 1850,
in-16. *(Cartonnage papier de l'éditeur).*   **80 fr.**

   1 gravure. Cartonnage romantique à fond doré orné de

décors floraux blancs, médaillon représentant une ruche.
De toute fraîcheur.

1460 **SCHMID (Chanoine).** — LES ŒUFS DE
PAQUES. Traduit par M. Labbé*** *(sic).* *Limoges, Martial Ardant, s. d.* [vers 1860], petit in-16,
cart. papier *de l'édit.*   **25 fr.**

   Une gravure sur bois. Cartonnage papier bleu de ciel.
ornements dorés. Image en chromolithographie dans un
médaillon ovale au premier plat.

1461 **SCHMID (Chanoine).** — LE PETIT
MOUTON. Traduction catholique par M. l'abbé
Laurent. *Paris-Limoges, Martial Ardant, s. d.*
[vers 1845], in-16. *(Cartonnage papier de l'éditeur).*   **150 fr.**

   2 vignettes sur bois, dont une sur le titre. Cartonnage
romantique, or sur bleu clair. Médaillon central représentant saint Louis rendant la justice sous un chêne. Elégant
décor sur le 2e plat. *De toute fraîcheur.*

1462 **SCHMID (Chanoine).** — PIERRE, LA CROIX
DE BOIS. Traduction catholique par M. l'abbé
Laurent. *Paris-Limoges, Martial Ardant,* 1849,
petit in-16, cart. papier *de l'édit.*   **75 fr.**

   Une gravure sur bois et une vignette sur le titre. Cart.
papier bleu de ciel orné d'une grande décoration or et grise,
avec médaillon central représentant, dans un paysage
doré (maison, peupliers), deux fillettes (en gris) appuyées
à une barrière. Petit cartonnage très frais et d'un goût
exquis.

1463 **SCHMID (Chanoine).** — LE SERIN. Traduct. de l'abbé Laurent. *Paris-Limoges, Martial Ardant,* 1842, in-16. *(Cartonnage papier de
l'éditeur).*   **20 fr.**

   1 gravure sur bois. Cartonnage romantique violet et or.

1464 **SCHMID (Chanoine).** — LE SERIN, suivi
de La chapelle de la forêt. Traduit de l'allemand,
par Louis Friedel. *Tours, Mame,* 1865, in-16.
(Cartonnage papier de l'éditeur).   **100 fr.**

   1 pl. gravée. Cartonnage romantique vert et or sur blanc.
Au centre, vignette en chromolithographie représentant
des enfants en forêt. *Joli cartonnage d'une fraîcheur parfaite.*

1465 **SCHMID (Chanoine).** — LE BON FRIDOLIN
ET LE MÉCHANT THIERRY. Traduit de
l'allemand par Louis Friedel. *Tours, Mame et Cie,*
1856, in-16. *(Cartonnage papier de l'éditeur).*
                                            80 fr.

   1 pl. gravée. Cartonnage romantique. Décor floral doré
en relief sur fond bleu et blanc. Au centre, scène de chasse
(image en chromolithographie). Joli cartonnage d'une
irréprochable fraîcheur.

1466 **SCHOPPE (Amélie).** — LES ÉMIGRANTS
AU BRÉSIL. *Tours, Mame,* 1851, petit in-16, cart.
papier *de l'édit.*   **100 fr.**

   Une gravure. Imité de Mlle *Schoppe* par *Louis Friedel.*
Intéressant *Americana* enfantin. Cartonnage papier doré
joliment orné de guirlandes et fleurs rose pâle. Image en
chromolithographie au 1er plat (nègres dans une plantation). *Très joli exemplaire.*

1467 [**SCOTT (Walter)**]. — LE CHEVALIER NOIR ou l'Angleterre à la fin du xiie siècle. Tiré de Walter Scott, avec redressements historiques, par M. Elliot de Saint-Oulph. *Paris et Plancy*, 1854, petit in-8, cart. papier *de l'édit.*   **200 fr.**

PREMIÈRE ÉDITION. 6 gravures sur bois à pleine page. Cartonnage blanc richement décoré de rinceaux dorés, de guirlandes florales, avec bouquet au milieu. Très beau cartonnage *d'une irréprochable fraîcheur*, dans le goût du xviiie siècle.

1468 **SOLDAT CHRÉTIEN (LE)** ou le martyre de saint Maurice. *Lille, L. Lefort*, 1852, in-16. *(Cartonnage papier de l'éditeur)*.   **150 fr.**

Une lithographie. Cartonnage romantique à fond blanc, orné d'un cadre rocaille et fleurs dorées en relief. *De toute fraîcheur*.

1469 **SOULANGE (Ernest)**. — INVENTIONS ET DÉCOUVERTES ou les curieuses origines. *Tours, Mame*, 1851, in-12. *(Cartonnage de l'éditeur)*.   **50 fr.**

Titre et 3 pl. gravés. Cartonnage romantique, entrelacs gris perle sur fond or guilloché. Au centre, image en chromolithographie représentant une exposition. Texte intéressant consacré aux bateaux à vapeur, à l'éclairage au gaz, l'imprimerie, la lithographie, le télégraphe [Chappe], les débuts du télégraphe électrique. Sur le titre, curieuse gravure représentant l'ascension d'une montgolfière au Champ de Mars, en août 1783.

1470 **SOUVENIRS DU SACRÉ-CŒUR DE PARIS.** *Tours, Mame*, 1852, in-12. *(Cartonnage papier de l'éditeur)*.   **25 fr.**

1 gravure sur bois. Cartonnage romantique, guirlandes florales et bouquet de fleurs crème sur fond or guilloché. Courtes biographies d'élèves du Couvent du Sacré-Cœur, mortes en pleine jeunesse qui, par leur piété et leurs sentiments, firent l'édification de leurs compagnes.

1471 **SOUVENIRS DU SACRÉ-CŒUR DE PARIS.** *Tours, Mame*, 1852, in-12. *(Cartonnage papier de l'éditeur)*.   **15 fr.**

Même ouvrage, même édition. Cartonn. joliment décoré de feuillages et fleurs bleu de ciel sur fond d'or guilloché. Un coin un peu décoloré.

1472 **SOUVESTRE (Nanine)**. — TROIS MOIS DE VACANCES. *Tours, Mame et Cie*, 1846, in-12. *(Cartonnage papier de l'éditeur)*.   **125 fr.**

PREMIÈRE ÉDITION. 3 gravures, titre gravé et vignette. Cartonnage romantique or et carmin en relief, sur fond blanc. Image en chromolithographie sur le 1er plat. Larges interlignes. *Bel exemplaire.*

1473 **SUZANNE** ou l'Atelier des orphelines, par l'auteur de Thérèse. *Lille, L. Lefort*, 1861, in-16, *(Cartonnage papier de l'éditeur)*.   **50 fr.**

1 lithographie. Cartonnage romantique vert clair et or.

1474 **TARBÉ DES SABLONS (Mme)**. — AUGUSTE ET THÉRÈSE ou le Retour à la foi. *Tours, Mame*, 1852, in-12, tr. dorées. *(Cartonnage de l'éditeur)*.   **60 fr.**

6 pl. gravées par *Rouargue* d'après les dessins de *Karl Girardet*. Cartonnage romantique, rinceaux blancs, vert clair et roses sur or guilloché. Au centre, image en chromolithographie représentant un prêtre au chevet d'un malade. *Bel exemplaire.*

1475 **T. D. (G.)**. — LES SOLITAIRES D'ISOLA-DOMA, par l'auteur de Lorenzo. *Lille, L. Lefort*, 1852, in-12. *(Cartonnage papier de l'éditeur)*.   **125 fr.**

1 gravure. Cartonnage romantique, bouquets de fleurs, cadre or et argent, entrelacs floraux dorés sur fond blanc. *De toute fraîcheur.*
PLANCHE 186.

1476 **T. D. (G.)**. — ROSARIO, HISTOIRE ESPAGNOLE, faisant suite à Lorenzo et aux Solitaires d'Isola-Doma. *Lille, L. Lefort*, 1852, in-12. *(Cartonnage papier de l'éditeur)*.   **250 fr.**

1 pl. gravée. Cartonnage romantique, bouquet or et argent sur fond blanc. *De toute fraîcheur.*

1478 **THEILLIOL (Eugène de)**. — LA CROIX DU CHEMIN. Histoire dramatique et morale. *Limoges-Paris, F.-F. Ardant, s. d.* [vers 1860], in-12. *(Cartonnage papier de l'éditeur)*.   **15 fr.**

PREMIÈRE ÉDITION. 1 gravure. Cartonnage papier vert. Image en chromolithographie sur le premier plat.

1479 **THÉODOSE LE GRAND (HISTOIRE DE)**, d'après FLÉCHIER, par M. B. *Lille, L. Lefort*, 1849, in-12, *(Cartonnage de l'éditeur)*.   **60 fr.**

PREMIÈRE ÉDITION. 1 gravure. Cartonnage romantique : rinceaux or en relief sur fond noir. *De toute fraîcheur.*

1480 **TODIÈRE.** — HISTOIRE DE CHARLES VIII, roi de France. *Tours, Mame*, 1848, in-12. *(Cartonnage papier de l'éditeur)*.   **100 fr.**

PREMIÈRE ÉDITION. 6 pl. gravées par *Ferdinand*, d'après les dessins de *Lobin*. Cartonnage romantique, rinceaux or sur fond blanc parsemé d'arabesques violettes. Au centre, bouquet de roses sur fond violet. Cartonnage d'une fraîcheur irréprochable.

1481 **TODIÈRE.** — HISTOIRE DE CHARLES VIII, roi de France. *Tours, Mame et Cie*, 1848, in-12. *(Cartonnage papier de l'éditeur)*.   **60 fr.**

Le même ouvrage, même édition. Cartonnage romantique vert, or, argent. Médaillon floral doré au centre des plats : sur le 1er plat, ce bouquet de fleurs est rose, violet, vert et argent. Joli décor. *Bel exemplaire.*

1482 **TREMBICKA (Mme)**. — LES RÉCRÉATIONS DE LA FAMILLE ou Soirées instructives et morales. *Limoges-Paris, Martial Ardant*, 1857, in-12. *(Cartonnage papier de l'éditeur)*.   **15 fr.**

Cartonnage romantique, rinceaux et cadres or sur fond blanc. Manque le faux titre.

1483 **TREMBICKA (Mme)**. — LES SOIRÉES RÉCRÉATIVES ET MORALES. *Limoges-Paris, Martial Ardant*, 1852, in-12. *(Cartonnage papier de l'éditeur)*.   **60 fr.**

PREMIÈRE ÉDITION. 1 pl. gravée : Naufrage d'un cotre. Cartonnage romantique, rinceaux roses en relief, sur or guilloché, pampre de vigne, framboises rouges et feuilles vertes. *Bel exemplaire.*

1484 VALENTIN (F.). — VOYAGES ET AVEN-
TURES DE LAPÉROUSE. *Tours, Mame, 1844,
in-12. (Cartonnage papier de l'éditeur).* **100 fr.**

3 planches et titre gravés. Cartonnage romantique à
décors rocaille, or et argent en relief sur fond violet. Petites
rousseurs.

1485 VEILLES (Comtesse de). — BÉATRIX. *Tours,
Mame, 1866, in-12, cart. papier de l'édil.* **80 fr.**

6 gravures de K. Girardet. Charmant cartonnage décoré
de larges filets or et blancs, sur fond gris et or, formant
des compartiments géométriques or, bleu, grenat. Au milieu,
du 1er plat, image en chromolithographie. Beau spécimen
d'un type de cartonnage chromolithographique rare.

1486 VENGEANCE CHRÉTIENNE (LA), par un
Officier de l'Instruction publique. *Tours, Mame,
1852, in-12. (Cartonnage papier de l'éditeur).* **25 fr.**

PREMIÈRE ÉDITION. 1 gravure sur bois. Cartonnage
romantique, fleurs et cadre vert clair sur or guilloché.
Larges interlignes. *Bel exemplaire.*

1487 VEUILLOT (Louis). — AGNÈS DE LAU-
VENS ou Mémoires de sœur Saint-Louis. *Tours,
Mame, 1847, 2 in-12. (Cartonnage papier de l'édi-
leur).* **80 fr.**

Titres et 6 charmantes gravures de *Th. Ruhierre,* d'après
Karl Girardet. Cartonnage or, vert et crème. Rinceaux,
médaillons et motif central. Les deux vol. sont déboités.
« Agnès de Lauvens » avait paru en 1842 et avait été, avec
Rome et Lorette, un des premiers livres par quoi se mani-
festa le retour à la religion de Louis Veuillot, entrepris de
son voyage en Italie, entrepris en 1838 sur le conseil d'Olivier
Fulgence. On y trouve un exemple : « La Violette, poème »,
des cantiques dictés par sa conversion au grand polémiste.
Un vol. déboîté.

1488 VIE DE SAINTE GENEVIÈVE, patronne de
Paris, par D. S. *Tours, Mame et Cie, 1852, in-12.
(Cartonnage papier de l'éditeur).* **45 fr.**

PREMIÈRE ÉDITION. 1 gravure sur bois. Cartonnage
décoration vert clair sur or guilloché. Décoration florale,
médaillon or, au centre, bouquet de fleurs stylisées. *Bel
exemplaire.*

1489 VIE DE SAINT LOUIS STÉFANELLI, suivie
de quelques histoires édifiantes recueillies par
l'abbé B... *Paris-Limoges, Marlial Ardant, 1846,
in-12. (Carlonnage papier de l'éditeur).* **15 fr.**

PREMIÈRE ÉDITION. 1 pl. gravée. Cartonnage romantique bleu clair, décoré de motifs d'or guilloché ; dans un
médaillon central, plaque dorée représentant un roi (?)
rendant la justice au pied d'un arbre.

1490 VIE DE SAINTE THÉRÈSE, fondatrice des
Carmélites déchaussées, suivie de la Paraphrase
sur l'Oraison dominicale extraite des Œuvres de
sainte Thérèse. *Lille, L. Lefort, 1859, in-12. (Carlonnage papier de l'éditeur).* **60 fr.**

1 lithographie. Cartonnage romantique à motifs rocaille
dorés et rose vif sur fond blanc. La lithographie représentant sainte Thérèse en prière est fort jolie. *De toute fraîcheur.*

**1491 VIE ET LES VERTUS (LA) DE LA SŒUR
MARIE DE SAINTE-VICTOIRE HOUETTE.**
Tours, Mame, 1853, in-12, cart. papier de l'édil. **20 fr.**

Frontisp. de Hallez, gravé par Busnand et colorié. Vie
d'une religieuse de Tours, décédée en 1851. Cartonn. bleu

de ciel décoré de filets et compartiments dorés. Image en
chromolithographie sur le 1er plat, représentant une religieuse lisant son bréviaire en se promenant. *Bel exemplaire.*

1492 VILLEFORE (M. de). — VIE DE SAINTE
THÉRÈSE, d'après les auteurs espagnols et les
auteurs contemporains. *Tours, Mame, 1849, in-12.
(Carlonnage papier de l'éditeur).* **50 fr.**

Titre et 1 pl. gravés. Beau cartonnage romantique d'un
décor riche et peu commun. Larges entrelacs bleus, fleurons or. Exemplaire d'une rare fraîcheur.

1493 VOIART (Mmes Elise) et AMABLE TASTU. —
LE LIVRE DES ENFANTS. Contes des fées
choisis. *Paris, Paulin, 1858, pet. in-8 carré.
(Carlonnage papier de l'éditeur).* **400 fr.**

VIe série, contient *Le Nain jaune,* par Mme d'Aulnoy;
Voyage dans l'île des plaisirs, par Fénelon ; *Cendrillon,*
La Barbe-Bleue, par Perrault ; *La bonne petite Souris,* par
Mme d'Aulnoy. Vignettes de GIGOUX, BARON, MEIS-
SONIER, GRANDVILLE et TRAVIES. Cartonnage noir,
or et argent, cadre à rocailles et double médaillon or en
relief, au milieu, sur le premier plat, scène enfantine, noir
sur argent, fillette agenouillée et écoutant la lecture d'un
conte. Sur le second plat, motif décoratif or et argent,
entouré d'une guirlande de feuilles de vigne et de grappes
de raisin. De toute rareté sous ce cartonnage.

1494 VOISIN (Mme). — BLANCHE ou la bonne
sœur. *Limoges, Barbou frères, s. d., in-12. (Carlonnage papier de l'éditeur).* **50 fr.**

PREMIÈRE ÉDITION. 1 pl. gravée. Cartonnage romantique rose orné de fleurons et dentelles dorés, avec motif
doré représentant un livre, un rouleau de papier et des
jouets : tambour, clairon, ballon, quilles, bateau. Bel
exemplaire.

1495 VOYAGE A HIPPONE, au commencement du
cinquième siècle, par un ami de saint Augustin.
*Lille, L. Lefort, 1841, in-12. (Carlonnage papier
de l'éditeur).* **75 fr.**

1 lithographie. Cartonnage romantique, riche décoration
or sur fond blanc, cadre, fleurons aux angles et motif central. *Bel exemplaire.*

**1496 VOYAGES ET AVENTURES D'UN PORTU-
GAIS** racontés par lui-même. *Limoges, Barbou,
s. d. [vers 1855], in-12. (Carlonnage papier de
l'éditeur).* **20 fr.**

PREMIÈRE ÉDITION. 1 gravure sur bois par *Lacoste.*
Cartonnage orné d'un cadre et d'un bouquet de roses,
dorés sur fond vert clair. Résumé à l'usage de la jeunesse
du *Peregrinaçam* (1614) auquel Mendès Pinto doit d'être
rangé parmi les grands prosateurs du Portugal.

1497 VOYAGES EN SIBÉRIE, recueillis par N. A.
KUBALSKI. *Tours, Mame, 1853, in-12. (Carlonnage papier de l'éditeur).* **40 fr.**

PREMIÈRE ÉDITION. 1 gravure sur bois. Cartonnage
romantique or et bleu clair.

1498 W. (E.). — LA VALLÉE D'ALMÉRIA. *Tours,
Mame et Cie, 1857, in-16. (Carlonnage papier de
l'éditeur).* **60 fr.**

1 pl. gravée. Cartonnage romantique bleu et or sur fond
blanc. Sur le 1er plat, image en chromolithographie.

1499 WALSH (Vicomte). — SOUVENIRS ET
IMPRESSIONS DE VOYAGE. *Tours, Mame,*

1856, in-8, cart. toile bleue, décors polychromes, tr. dorées. *(Carl. de l'édit.).*   **40 fr.**

4 gravures de *K. Girardet.* Décor de style rocaille avec mascarons or, rouge, orange, vert au premier plat. Motif à la cathédrale au second plat.

1500 WETZELL (Mme). — LES PETITS ENFANTS. Premières lectures. *Paris, Langlumé, s. d.* [vers 1845], petit in-16, cart. papier *de l'édit.*
500 fr.

Quatre gravures de VICTOR ADAM. Nombreuses vignettes sur bois dans le texte. Imprimé en gros caractères. Cartonnage papier moiré bleu, orné de rinceaux dorés. Type de cart. peu commun. Très bel exemplaire.

1501 WIEDEMANN (Franz). — NAZI, DER GEISSBUB'. Ein Bild aus den Salzburger Alfen. *Dresde, Louis Ehlermann, s. d.* [vers 1860], in-16 carré, cart. papier *de l'édit.*   **60 fr.**

Trois lithographies coloriées sur fond chamois. De la « Bibliothèque illustrée pour la jeunesse ». Conte destiné, dit le titre, « aux enfants de 10 à 14 ans ». Cartonn. papier blanc, vert, rouge et grenat. *Bel exemplaire.*

1502 WOILLEZ (Mme). — LE DÉVOUEMENT FRATERNEL. Episode du siège de Saragosse. *Tours, Mame,* 1853, in-12. *(Cartonnage papier de l'éditeur).*   **45 fr.**

PREMIÈRE ÉDITION. 6 pl. gravées par *Delannoy,* d'après les dessins de *Karl Girardet.* Cartonnage romantique, cadres, rinceaux, fleurs, blancs, roses et verts sur or guilloché. Au centre, image en chromolithographie représentant le pillage d'une diligence en Espagne.

1503 WOILLEZ (Mme). — LE JEUNE TAMBOUR ou les Deux amis. *Tours, Mame,* 1853, in-12. *(Cartonnage papier de l'éditeur),* tr. dorées.   **80 fr.**

Titre et 3 pl. gravées par *Th. Ruhierre,* d'après les dessins de *Karl Girardet.* Cartonnage or guilloché sur bistre clair, fleurs en blanc relevées d'or. Au centre, image en chromolithographie : grenadier et hussard de la Garde. Très joli cartonn., très frais.

1504 WOILLEZ (Mme). — LÉONTINE ET MARIE, ou les Deux éducations. *Tours, Mame,* 1858, in-12. *(Cartonnage de l'éditeur).*   **40 fr.**

Titre et 3 pl. gravés. Cartonnage romantique, rinceaux or, fleurs bleues et feuillages sur fond blanc. Au centre, image en chromolithographie représentant un paysage boisé au bord d'une rivière. *Bel exemplaire.*

1505 WOILLEZ (Mme). — LES VEILLÉES DE L'OUVROIR. *Tours, Mame et Cie,* 1859, in-12. tranches dorées *(Cartonnage de l'éditeur).*   **180 fr.**

6 charmantes planches gravées par *P. Girardet,* d'après *Karl Girardet.* Cartonnage romantique, décor, or en relief, rouge, bleu, vert et blanc, semis de roses. Au centre, sujet colorié (jeune fille priant). Tr. dorées. Larges interlignes. *De toute fraîcheur.*

1506 X* (L'abbé). — LE COLPORTEUR AU VILLAGE.** *Tours, Mame,* 1850, petit in-16, cart. papier *de l'édit.*   **50 fr.**

Une lithographie. Cartonnage papier bleu de ciel orné de feuillages dorés. Image en chromolithographie sur le 1er plat. Joli cartonnage d'une parfaite fraîcheur.

1507 CASTEGNIER (Mme). — RUTH ET CASPER ou Sois sage et tu seras heureux ! Histoire d'un enfant corrigé par les enseignements d'une petite fille chrétienne, suivi de la Soirée du lendemain de Noël. *Limoges, Barbou, s. d.* [vers 1845], in-12, cart. toile noire, décor polychrome, tr. dorées. *(Cart. d'édit.).*   **50 fr.**

Deux lithographies hors-texte sur fond chamois de VICTOR ADAM. Rousseurs dans le texte. Cartonn. recouvert de rosaces or, vert, rouge, jaune, outremer.

1508 CASTELLAN. — LA DOT DE SUZANNE. *Pont-à-Mousson, Haguenthal, s. d.* [vers 1867], in-12. *(Cartonnage papier de l'éditeur).*   **250 fr.**

8 dessins de *Randan* gravés sur bois et coloriés. Cartonnage en chromolithographie : dans un médaillon, une amazone, debout, dont on tient le cheval. Texte imprimé en gros caractères. *Exemplaire d'une fraîcheur irréprochable.*

1509 CASTELLAN (T.). — LE ROI DES ALBUMS. Grand magasin d'images. *Paris, au bureau du « Journal amusant », Henri Plon, s. d.* [vers 1845], in-4 obl., demi-chagr. rouge.   **50 fr.**

Nombreux dessins de *Alophe, Baron,* DAUMIER, *E. Forest,* GAVARNI, *Janet-Lange,* T. JOHANNOT, *Lorentz,* H. MONNIER, C. NANTEUIL, *Trimolet,* etc. Vignettes dans le texte composé sur deux colonnes : ballon, navires en déchargement, voiliers, pêche à la baleine, etc. Nombreux documents au point de vue de l'histoire du costume.
Reliure fatiguée. Des déchirures à quelques pages ont été réparées. *Exemplaire médiocre.*

1510 [CASTELLI]. — ALBUM CASTELLI. Portraits des principaux artistes de la troupe enfantine de M. Castelli, avec des notices sur chaque petit acteur, précédées d'un essai sur les théâtres d'enfants, par CH. RICHOMME. *Paris, L. Janet, s. d.* [vers 1840], in-8 demi-v. brun, plats pap. rose avec lithographie. *(Cartonn. d'éditeur).*   **800 fr.**

Très curieux ouvrage sur les Théâtres d'enfants, contenant des notices sur le Théâtre Raisin ou de M. le Dauphin, le Théâtre des Bamboches (1677), le Théâtre Audinot, le Théâtre des Jeunes artistes, le Théâtre Comte, etc., et surtout le *Gymnase Castelli* qui débuta à Rouen en 1831. Douze lithographies de *Louis Lassale* donnent les portraits des petits acteurs dans leurs principaux rôles. Frontispice lithographié, reproduit sur le 1er plat. Qq. petits défauts au 1er plat. Qq. rousseurs.

1511 CASTILLON (A.). — LES EXPÉRIENCES RÉCRÉATIVES ou la physique en action. Causeries familières de jeunes enfants en vacances, sur les principaux phénomènes de la nature. *Paris, A. Bédelet, s. d.* [vers 1850], in-8 carré, cart. toile bleue, décors polychromes, tr. dorées. *(Carl. d'édit.).*   **150 fr.**

Douze jolies lithos en couleurs, signées P. S. G. ou A. B. illustrant de façon charmante les sujets traités : équitation, natation, vapeur (une locomotive), électricité, aérostation, etc. Motif architectural or, vert, rouge, bleu, blanc, sur le 1er plat. Riches fleurons polychromes au dos. *Très bel exemplaire.*

1512 CASTILLON (A.). — SCÈNES ET AVENTURES MARITIMES ou la fraternité de collège. Ouvrage dédié aux jeunes gens. *Paris, A. Bédelet,*

s. d. [vers 1855], in-8, demi-chagr. vert foncé, dos à n. orné, pl. toile, tr. dor. *(Rel. de l'époque)*.
80 fr.

Huit figures gravées, hors-texte, non signées et *coloriées*. Vignettes sur bois dans le texte. Malgré quelques taches sur le premier plat, *très bel exemplaire*.

1513 CASTILLON (A.). — SCÈNES ET AVEN-TURES MARITIMES. *Même ouvrage, même éd.*, même reliure en demi-chagrin brun. **90 fr.**

Bel exemplaire.

1514 CASTOR ET POLLUX, suivi de Victor, Alfred et Vincent. Historiettes. *Limoges, Martial Ardant*, s. d. [vers 1855], in-12 oblong, cartonn. pap. bleu ciel à reliefs. *(Cartonn. d'époque)*. **20 fr.**

Une lithographie non signée. Le 1er plat du cartonnage porte ce titre doré : *Cendrillon, conte de Perrault*.

1515 CAT AND THE DOG (THE). [*London*], n. d. [circa 1810], square 16mo. mottled calf. *(Rivière)*.
800 fr.

Sixteen pages with engraved text at top and engraved plates on each page illustrating the exploits and ticks of a cat, a dog and a monkey. The work was issued without a title page but probably with printed covers.

1516 CAT AND DOG or Memoirs of Puss and the Captain. A story founded on Fact. By the author of « The Doll and her Friends », etc. Second edition. *London, Grant and Griffith*, 1854, small 4to. or. green cloth, gilt. **125 fr.**

Illustrated with four splendid woodcuts, in two states; *coloured and uncoloured :* by HARRISSON WEIR. Eight page book list at end. *Fine copy.*

1517 CATS' CASTLE (THE). Besieged and Taken by the Rats. *London, John Marshall*, 1821, sm. 8vo. Levant morocco. *(Modern binding)*.
1.500 fr.

Illustrated with 15 hand-coloured copper engravings. Two small tears neatly repaired. *Very rare.*

1518 CATSEN (Jacob). — KINDER-LUSTSPIELE durch Sinn-und. Lehrbilder geleitet. Zur Under-weisung in guten Sitten. Auss dem Nider in das Hochteutsche gebracht. *Durch, H. Johann Hein-richen Amman...*, 1657, petit in-4, cart. papier ancien. **1.500 fr.**

18 gravures (2 par planche) avec légendes gothiques, représentant des jeux d'enfants. L'ouvrage commence par des notices en vers sur chacun de ces 18 jeux.

1519 CAYLUS (Le Comte de). — FÉERIES NOU-VELLES. *A La Haye*, 1741, 2 vol. in-12, maro-quin rouge, dos sans nerfs orné de filets pointillés et pet. rosaces, triple filet doré entourant les plats, avec pet. rosaces aux angles, dent. int., tr. dor. *(Rel. ancienne de Derome)*. **4.000 fr.**

ÉDITION ORIGINALE rare de ces Contes de fées con-tenant entre autres : *Le Prince Courtebotte et la Princesse Zibeline, le Prince Muguet et la Princesse Zara, Tourlou et Rirette, les Dons, l'Enchantement impossible*, etc. Le comte de Caylus écrit lui-même dans sa préface à *Cadi-chon* : « Les Contes des Fées ont été longtemps à la mode, et dans ma jeunesse on ne lisait guère que cela dans le

monde » (cité par *M. A. Storer. La Mode des Contes de Fées*). Magnifique exemplaire dans un MAROQUIN DE DEROME de toute fraîcheur.

1520 CAYLUS (Le Comte de). — FÉERIES NOU-VELLES. *La Haye (Paris)*, 1741, 2 vol. in-12, veau marbré poli, dos ornés, pièces de couleur, tr. r. *(Rel. anc.)*. **2.500 fr.**

Autre exemplaire de l'ÉDITION ORIGINALE rare de ces *Contes de fées* (cf. *Storer*, p. 255). Très bel exemplaire portant sur chaque plat LES ARMES DU DUC DE LA VALLIÈRE (*Guigard*, II, 294).

1521 CECIL (Sabina). — LITTLE FANNY or the Picture-Book. *London, John Marshall*, 1822, sm. 16mo. or. wrappers with coloured ticket. Preser-ved in half-morocco case. **1.250 fr.**

Illustrated with 8 hand-coloured engravings. Large type. *Fine copy.*

1522 CECIL (Sabina). — LITTLE HENRY or the Picture-Book. *London, John Marshall*, 1819, 16mo. half-leather. *(Modern binding)*. **500 fr.**

Illustrated with ten hand-coloured copper plates. Large type : on some pages as big as 24 point. Book list on last page.

1523 CELLIEZ (Mlle A.). — LES REINES D'AN-GLETERRE. *Paris, Lehuby*, 1851, gr. in-8, cart. toile bleue, décors polychromes, tr. dorées. *(Cart. de l'édit.)*. **100 fr.**

18 lithographies de Jules David, hors-texte sur fond chamois : une est coloriée par une main maladroite, une autre déchirée (mais complète). Histoire des reines d'Angle-terre depuis Boadicée jusqu'à Victoria. Plaque or, rouge, bleu, vert, blanc, très décorative, représentant les armes d'Angleterre dans un cadre architectural portant huit écussons armoriés. Au second plat, grand écusson or, rouge, bleu, vert (armoiries de fantaisie). Dos très orné. Bel exemplaire.

1524 CENDRILLON ou les Etrennes de la Modestie à la Beauté. *Paris, Marcilly*, s. d. (1811), in-16. *(Cartonnage papier et étui de l'éditeur)*, tr. dorées.
1.000 fr.

Titre gravé (Cendrillon dansant) et 12 planches fine-ment dessinées et gravées avant la lettre. Ces jolies figures se rapportant à l'opéra de Cendrillon qui avait alors la vogue ; poésies chantantes. Un memorandum : *Souvenir des Dames*, titre et bandeaux gravés, joint par l'éditeur au volume.

1525 CENDRILLON. — Revue encyclopédique de tous les travaux de dames. *Paris, A. Goubaud*, 1851, in-12, couvert. imprimée. **50 fr.**

Tome II seulement. 8 planches gravées, dont 6 colo-riées, 2 planches de tapisserie en chromolithographie, cro-chet, patrons, musique notée. Mouillure, rousseurs.

1526 CENDRILLON OU LA PANTOUFLE DE VERRE. *Paris, A. Capendu*, s. d. [vers 1880], in-4, cart. papier de l'édit. **200 fr.**

6 planches en couleur, à pleine page, AVEC PIÈCES MOBILES. Texte imprimé en gros caractères et orné de vignettes sur bois. Le cartonn. est orné d'une grande illustration en couleur qui constitue une septième planche. Pièces mobiles intactes. Exempl. de toute fraîcheur. Rare.

MICHEL DE CERVANTÈS (1547-1616)

1527 CERVANTÈS. — THE EXPLOITS OF DON QUIXOTE, de la Mancha, with the humorous conceits of his facetious squire Sancho Panca. Abridged. *London, J. Harris (Successor to E. Newbery),* 1806, small 12mo. or. half-leather, boards. **1.250 fr.**

FIRST EDITION of this adaptation for Children. Illustrated with an engraved frontispiece and six spirited plates. *Fine copy.*

1528 CERVANTÈS. — LES AVENTURES DE DON QUICHOTTE. *Paris, s. d.* [vers 1830], in-12. *(Cartonnage papier de l'éditeur).* **400 fr.**

22 lithographies (110 × 142 mm.) relatant les principaux incidents des aventures du triste chevalier. Une lithographie collée sur le cartonnage sert de titre. Charmantes compositions, rares et peu connues. *Bel exemplaire.*

1529 CERVANTÈS. — L'INGÉNIEUX CHEVALIER DON QUICHOTTE DE LA MANCHE. Traduction nouvelle. Illustré par J.-J. Grandville. *Tours, Mame,* 1848, 2 vol. in-8, cart. toile bleue, ornements dorés. *(Cart. d'édit.).* **1.250 fr.**

PREMIER TIRAGE des dessins de GRANDVILLE (quelques gravures sont dues à K. Girardet). Le tome I contient 4 grav. sur acier et 13 sur bois ; le tome II, 4 sur acier et 11 sur bois. Vicaire, II, 158 ; Carteret, III, 137. Les plats des 2 vol. sont décorés des écussons de Don Quichotte et de Sancho, aux armes parlantes (un moulin, un lion, un cœur percé d'une flèche, avec les initiales de Dulcinée de Toboso, les clefs de l'île de Barataria) ; autour des écussons, Rossinante, l'âne de Sancho, armes de chevalerie, un moulin, etc. Au dos, gourde, rondache, lance, moulin, etc. TRÈS BEL EXEMPLAIRE.

1530 CERVANTÈS. — DON QUICHOTTE EN IMAGES par EDMOND MORIN. *Paris, Aubert, s. d.* [vers 1850], in-8 oblong, cart. toile noire orné à froid, titre doré. *(Cart. de l'édit.).* **800 fr.**

1 titre-frontisp. et 36 planches lithographiés en couleurs, dont dix-sept planches contenant deux sujets. C'est l'œuvre de Cervantès résumée par l'image, avec de brèves légendes. *Magnifique exemplaire.*

1531 CERVANTÈS. — HISTOIRE DE L'ADMIRABLE DON QUICHOTTE DE LA MANCHE. *Paris, Hachette,* 1853, in-12, cart. toile violette, décors polychromes, tr. dorées. *(Cart. d'édit.).* **200 fr.**

17 jolies figures sur bois dans le texte. Impression irréprochable. Premier tirage de la Biblioth. des Chemins de fer (6ᵉ série : *Livres illustrés pour les enfants*). Sur le 1ᵉʳ plat, rinceaux dorés entourant un écusson or, rouge, bleu, vert, aux armes fantaisistes de Don Quichotte, moulin à vent, cœur traversé d'une flèche avec les initiales de Dulcinée de Toboso. Sur le dos et le second plat, motifs dorés représentant deux scènes du livre. TRÈS BEL EXEMPL. de toute fraîcheur.

1532 CERVANTÈS. — DON QUICHOTTE DE LA JEUNESSE. Traduit et abrégé de l'œuvre de Cervantès, par René d'Isle. *Limoges, Martial Ardant,* 1859, gr. in-8, cart. toile verte, décors polychromes, tr. dorées. *(Cart. de l'édit.).* **450 fr.**

PREMIER TIRAGE. Quatre lithographies hors-texte. Grand motif doré sur le premier plat (reproduisant la litho placée en frontispice : Don Quichotte chevauchant Rossinante) dans un cadre de rinceaux et fleurons or, rouge, vert et outremer. Motifs polychromes au dos et sur le second plat. *Bel exemplaire.*

1532 bis CERVANTÈS. — LE DON QUICHOTTE DU JEUNE AGE. Aventures les plus curieuses de Don Quichotte et de Sancho..., introduction par Elizabeth Müller. *Paris, Amédée Bédelet, s. d.* [vers 1850], in-12. *(Cartonnage papier de l'éditeur).* **700 fr.**

7 figures gravées et coloriées, vignettes dans le texte. Magnifique cartonnage en chromolithographie, de toute fraîcheur.

1533 CERVANTÈS. — HISTOIRE DE L'ADMIRABLE DON QUICHOTTE DE LA MANCHE. Traduction nouvelle. *Paris, L. Janet, s. d.* (1862), gr. in-8, demi-chagrin, rouge, dos à n. orné de fil., pl. toile chagr., fil. à froid, tr. dor. *(Rel. de l'époque).* **300 fr.**

Belle édition, signalée par *Vicaire* (II, 159), ornée de 28 grandes lithographies coloriées, par *Albert.* Très bel exemplaire.

1533 bis SANCHO PANÇA (SUITE DE LA VIE DE). Ce qu'il advint après la mort de l'illustre Don Quichotte. Ouvrage populaire traduit de l'espagnol, par Mᵐᵉ la comtesse de Bassanville. *Paris, Desesserts, s. d.* [vers 1850], in-12. *(Cartonnage papier de l'éditeur).* **30 fr.**

1 lithographie en 2 tons *(Colporteur)* tirée chez *Rigo.*

━━━━━━━━

1534 CHALUS (Robert de). — LES FRÈRES D'ARMES. Chroniques militaires du moyen âge. *Lille, L. Lefort,* 1862, in-12, cart. percale rouge, plats et dos ornés, tr. jasp. *(Cart. de l'éditeur).* **20 fr.**

Frontispice gravé par *Monin* d'après *Cabasson.* Bel exemplaire dans un cartonnage très frais et richement décoré.

1535 CHAM. — FANTASIA FANTASTIQUE. *Paris, Langlumé, s. d.* [vers 1845], in-4 oblong, cartonn. pap. bleu avec lithogr. sur le 1ᵉʳ plat. *(Cart. d'édit.).* **250 fr.**

PREMIER TIRAGE. Titre illustré lithographié, sur

fond teinté, et 23 planches lithogr. sur fond teinté, par *Cham ;* la plupart sont des scènes comiques de la vie des *écoliers, collégiens,* 4 figures relatives à *Croquemitaine.* Bel exemplaire.

1536 CHAM. — FANTASIA ENFANTINE. *(Carlonnage papier de l'éditeur).* **500 fr.**

> *Même ouvrage, même édition,* mais avec les planches coloriées. *Bel exemplaire.*

1537 [CHAM]. — HISTOIRE DU PRINCE COLIBRI et de la fée Caperdulaboula. *Paris, Auberl, s. d.* [vers 1850], in-8 obl., demi-bas. verte, dos orné. **100 fr.**

> 51 lithographies originales de CHAM, dont deux représentant des ballons, « les plus entreprenants » songeant à se diriger ainsi vers la lune. A la fin, 4 pages d'Etrennes artistiques en vente à la maison Aubert. Déchirure à une page. Légères rousseurs.

1538 CHAMISSO (Adelbert). — PETER SCHLEMIHL'S WUNDERSAME GESCHICHTE. *Nurnberg, J.-L. Schrag,* 1827, in-8, demi-veau avec coins, dos orn. avec pièce de mar. r. *(Carss).* **800 fr.**

> Célèbre ouvrage de *Chamisso,* naturaliste et romancier allemand, d'origine française, né au château de Boncourt, près Sainte-Menehould, en 1781, mort à Berlin en 1838. Le sujet de ce roman est un homme qui court après son ombre perdue.
> PREMIÈRE ÉDITION complète, augmentée de poèmes. Elle est ornée d'un frontispice gravé par *Léopold,* représentant Pierre Schlemihl et de 6 curieuses figures d'après GEORGE CRUIKSHANK. Édition très recherchée pour ses remarquables illustrations.

1539 CHAMPAGNAC (J.-B.-J.). — LES AMIES DE PENSION ou l'émulation mise à profit. Ouvrage traduit librement de l'anglais, revu et retouché. Quatrième édition. *Paris, Lehuby, s. d.* [vers 1840], bas. bleue, dos orné en hauteur, plaque à froid, fil. doré, tr. marb. *(Rel. de l'époque).* **35 fr.**

> Un titre gravé avec vignette et 3 charmantes figures non signées.

1540 CHAMPAGNAC (J.-B.-J.). — L'ÉTÉ SOUS LES TILLEULS ou les causeries du chalet. *Paris, Lehuby,* 1846, in-8, demi-chagr. vert, dos à n. orné, plats toile ornés à froid, tr. dor. *(Rel. de l'époque).* **70 fr.**

> ÉDITION ORIGINALE ornée de 18 grandes lithographies sur fond teinté et de vignettes sur bois, gravées par *Leroux, Bouchot* et *Mouilleron.* Qq. rouss. lég. Bel exempl.

1541 CHAMPAGNAC (J.-B.-J.). — LE GÉNIE DE LA FRANCE à diverses époques. *Paris, Lehuby,* 1850, in-8, cart. toile bleue à décor polychrome, tr. dorées. *(Carl. de l'édit.).* **200 fr.**

> « Récits et tableaux offerts à la jeunesse pour lui faire apprécier les titres de gloire de la patrie ». — 16 jolies lithographies signées Bayalos, sur fond teinté, dont 12 en couleur. Cartonnage orné d'attributs des arts et des sciences or, rouge, vert. Le 1er plat est décoré de médaillons : saint Louis, Clotilde, Clémence Isaure (signé : A. F.). Bel exemplaire.

1542 CHAMPAGNAC (J.-B.-J.). — LE GÉNIE DE LA FRANCE... *Paris, Lehuby,* 1850, in-8, cart. toile bleue, décor polychr., tr. dorées. *(Carl. de l'édit.).* **200 fr.**

> Le même ouvrage que les précédents. 12 jolies lithos en couleurs, signées Bayalos. Magnifique cartonnage, d'une rare fraîcheur, décor identique aux précédents, mais avec, en plus, sur le 1er plat, un cadre très riche, or, vert, bleu, rose. Le médaillon du dos représente une sphère, des livres et deux amours. Très bel exempl.

1543 CHAMPAGNAC (J.-B.-J.). — LE GÉNIE DE LA FRANCE... *Paris, Lehuby,* 1850, in-8, cart. toile bleue, décor polychrome, tr. dorées. *(Carl. de l'édit.).* **150 fr.**

> Le même ouvrage que le précédent. Mêmes illustrations. Même décor, mais le médaillon du dos est différent : monument et arbres, or et bleu. Les couleurs du 1er plat et du dos sont rouge, or, bleu, blanc, vert. Bel exempl.

1544 CHAMPAGNAC (J.-B.-J.). — LES IMAGES OU SCÈNES MORALES composées d'Historiettes et de petits Contes mis à la portée du jeune âge, pour servir à l'Instruction et à l'Amusement des enfans qui sont bien sages. *Paris, A. Emery,* 1826, in-8 oblong, demi-maroq. poli havane, coins, dos orné de fil. dor. et rosaces à froid, tr. dor. **200 fr.**

> Titre gravé avec vignette et 20 jolies planches dessinées et gravées par MARTINET *(soit 21 figures au lieu des 24 annoncées au titre)* : les *Petits Musiciens ambulants, la Diseuse de bonne aventure,* la Parade à la porte du spectacle forain, les *Marionnettes sur le boulevard,* les *Petits Marchands forains,* etc. Bel exemplaire.

1545 CHAMPAGNAC (J.-B.-J.). — LE JEUNE VOYAGEUR EN CALIFORNIE. Récits instructifs et moraux. *Paris, P.-C. Lehuby, s. d.* [vers 1855], in-12. *(Cartonnage toile de l'éditeur).* **1.000 fr.**

> ÉDITION ORIGINALE, 8 lithographies en couleurs de *Bayalos* tirées chez *Lemercier.* Cartonnage toile noire, dos orné, sur le premier plat, motif central or, compartiments rouge, jaune, vert, blanc et bleu, rehaussés d'or ; sur le second plat, vase or et vert, surmonté de fleurs. Tr. dorées. En Californie, la recherche et la fièvre de l'or, montagnes et fleuves, jaguars et bisons, poissons et serpents. Un incendie à San Francisco. Le héros de l'aventure fait fortune et fait naufrage à son retour. La ruine supportée avec résignation. *Bel exemplaire.*

1546 CHAMPAGNAC (J.-B.-J.). — LES MATINÉES DU PRINTEMPS ou les Récits de la Pépinière. Faits historiques et anecdotiques formant une nouvelle morale en action à l'usage des jeunes gens des deux sexes. *Paris, Lehuby, s. d.* (1846), gr. in-8, cart. toile noire, décors polychromes, tr. dorées. *(Carl. de l'édit.).* **200 fr.**

> Dix-huit lithographies de toute beauté hors-texte sur fond chamois, d'après les dessins de *Leroux, Bouchot* et *Mouilleron.* Vignettes sur bois dans le texte. Décors rouges, verts, outremer et or, grand motif rocaille sur le 1er plat. Rousseurs *passim.*

1547 CHAMPAGNAC (J.-B.-J.). — LES MATINÉES DU PRINTEMPS ou les Récits de la Pépinière. *Paris, P.-C. Lehuby,* 1847, in-8, veau recouvert d'un décor polychrome, tr. dorées. *(Rel. de l'édil.).* **2.500 fr.**

> 16 grandes lithographies en deux tons de *Bouchot, Leroux*

et *Mouilleron* tirées chez Lemercier. Vignettes. Riche reliure or guilloché noir, vert, bleu et rouge : cadre à rocailles, médaillon et motif central, fleurs et feuillages. Tr. dorées. Magnifique reliure de toute fraîcheur et d'un type rare. Rousseurs.

1548 CHAMPAGNAC (J.-B.-J.). — LE PETIT CHEVRIER DU CANTAL ou les Premières années d'un grand homme. *Rouen, Mégard, s. d.* [vers 1855], in-12. *(Cartonnage toile verte de l'éditeur).* **20 fr.**

4 pl. gravées. Histoire « romancée » de la jeunesse à l'abbaye de Saint-Gérauld, du moine Gerbert, le futur pape Silvestre II, que ses connaissances scientifiques et son amour de l'étude avaient, à ses débuts, fait accuser de magie par ses contemporains.

1549 CHAMPAGNAC (J.-B.-J.). — RICHARD CŒUR-DE-LION, duc de Normandie, roi d'Angleterre. Histoire complète de ses expéditions, de ses exploits, de sa captivité et des plus mémorables événements de son règne. *Paris, Lehuby, s. d.* (1843), in-12, cart. toile noire, décors polychromes, tr. dorées. *(Cart. de l'édit.).* **30 fr.**

1 titre gravé avec vignette et 3 gravures hors-texte. Décor de médaillons et fleurons architecturaux or, rouge, outremer. *Bel exemplaire.*

1550 CHAMPAGNAC (J.-B.-J.). — SAGESSE ET BONHEUR ou le Toit paternel. Histoire propre à servir à l'éducation morale de la jeunesse de notre siècle. *Paris, Lehuby,* 1837, in-12, demi-bas. maroq. grenat à coins, dos à n. orné, pièce verte. *(Rel. de l'époque).* **60 fr.**

ÉDITION ORIGINALE ornée d'un titre gravé avec vignette et de 3 figures de *Duboliez* gravés dans encadrements décoratifs. Bel exemplaire.

1551 CHAMPAGNAC (J.-B.-J.). — LE TOUR DU MONDE ou Une Fleur de chaque pays... Illustré de 23 dessins par Jules David, Bouchot, Marckl, Bayalos, etc. *Paris, P.-C. Lehuby,* 1848, gr. in-8, cartonn. toile bleue, grand médaillon doré sur le 1er plat, navire doré sur le second plat, dos orné. *(Cart. de l'édit.).* **180 fr.**

Très bel exemplaire. 20 lithographies sur fond teinté et 3 dessins gravés sur bois dans le texte. Plus de cinquante contes dont l'action se déroule dans les cinq parties du monde : Les diamants du Brésil, le Corsaire Barberousse, les Ballades du petit Benjamin, Histoire du Prince Li-Bou, etc.

1552 CHAMPAGNAC (J.-B.-J.). — LE TOUR DU MONDE, ou Une Fleur de chaque pays... *Paris, P.-C. Lehuby,* 1848, gr. in-8, cartonnage toile, comme le précédent. **250 fr.**

Le même ouvrage que le précédent. Très bel exempl. en *cartonnage polychrome* de l'éditeur, or, rouge et vert, très frais.

1553 CHAMPAGNAC et OLIVIER. — Le Voyageur de la jeunesse dans les cinq parties du monde. *Paris, Belin-Leprieur et Morizot, s. d.* [vers 1860], gr. in-8, cart. toile bleue, décors dorés, tr. dorées. *(Cart. de l'édit.).* **350 fr.**

6 hors-texte finement gravés sur acier (Paris, New-York, Constantinople, Macao, Moscou, Rio de Janeiro) et 16 planches gravées et coloriées représentant de nombreux types costumés. Vignettes sur bois. Description géographique et pittoresque des divers pays ; esquisse des mœurs de chaque peuple, détails ethnographiques, peinture des merveilles de la nature. Cartonnage richement décoré d'une plaque dorée signée *Harhaus,* avec personnages allégoriques. MAGNIFIQUE EXEMPLAIRE.

1554 CHAMPFLEURY. — LES BONS CONTES FONT LES BONS AMIS. *Paris, Truchy, s. d.* (1863), in-8, en feuilles, couvert. imp. et illustrée. **100 fr.**

Vignette de titre (répétée sur la couverture, imprimée en noir et rouge) et dans le texte, dessins reproduits sur bois de EDMOND MORIN.

1555 CHANSONS DES RONDES ENFANTINES. Contes et fables en chansons. *Paris, P. Martinon,* 1858, in-8. *(Cartonnage toile de l'éditeur).* **200 fr.**

Le frontispice et les 7 planches coloriées dessinées par *Lefils* et *Geoffroy,* gravées par *Chanson,* appartiennent au volume publié par Du Mersan, sous le même titre, en 1846, chez l'éditeur de Gonet dont elles portent d'ailleurs la signature. Une nouvelle édition (?) — c'était peut-être l'ancienne avec un titre de relai — en parut en 1858 à la librairie Vermot. Mais, malgré la similitude de titres et de dates, ce recueil ne saurait être confondu avec celui de Du Mersan, qui compte 192 pp. et non 64 et qui, en plus, contient des notices et de la musique notée. 2 vignettes, cartonnage toile noire, ronde enfantine estampée en or, tr. dorées.

CHAPBOOKS

1556 ABOU CASEM (THE HISTORY OF) and His Two Remarkable Slippers. To which is added, the History of the Master Cat or Puss in Boots. *Chelmsford, I. Marsden, n. d.* [circa 1815], tall 24mo. or. printed wrappers. *(Woodcuts).* **100 fr.**

Illustrated with 6 quaint woodcuts. Twopenny chapbook. *Fine copy.*

1557 ABOU CASEM (THE HISTORY OF) and his two remarkable slippers. *Chemsford,* 1815. **70 fr.**

Another copy ; light waterstains in low margins.

1558 ADVENTURES OF CAPTAIN GULLIVER (THE) in a Voyage to Lilliput. *Glasgow, J. Lumsden and Son,* 1814, 32mo. or. printed wrappers. **200 fr.**

Frontispiece portrait of Captain Gulliver and 12 other woodcuts. Twopenny chapbook. *Fine copy.*

1559 ASSEMBLY OF BIRDS (THE) an Instructive Fable, for little Boys and Girls ; to which is added an amusing dialogue. *Chelmsford, I. Marsden, n. d.* [circa 1815], tall 24mo. or. printed wrappers. **80 fr.**

Illustrated with 10 quaint woodcuts. Twopenny chapbook. *Fine copy.*

1560 ASSEMBLY OF BIRDS (THE). *Chelmsford,*
1815.   **25 fr.**

Another copy with 3 of the woodcuts feebly impressed.
Fine copy.

1561 BASKET MAKER (THE HISTORY OF THE)
or Vanity Reproved, and Industry Rewarded.
A Peruvian Tale. *Chelmsford, I. Marsden, n. d.*
[circa 1815], tall 24mo. or. printed wrappers.
(Woodcuts).   **60 fr.**

17 quaint woodcuts. Twopenny chapbook. *Fine copy.*

1562 [BEWICK]. — A NATURAL HISTORY OF
BIRDS. *Alnwick, W. Davison,* sm. 12mo. *N. d.*
[circa 1808], or. printed wrappers.   **70 fr.**

Illustrated with 31 fine woodcuts of birds and a fine
large woodcut of a gardner on lower wrapper. *Fine copy.*

1563 [BEWICK]. — NATURAL HISTORY OF
BRITISH QUADRUPEDS. *Alnwick, W. Davison,*
n. d. [circa 1808], sm. 12mo. or. printed wrappers.
(2 woodcuts).   **150 fr.**

32 woodcuts by Bewick. *Fine copy.*

1564 [BEWICK]. — A NATURAL HISTORY of
Bristish Quadrupeds, Foreign quadrupeds, British
birds, Water birds, Foreign birds, Fishes, Reptiles, Serpents and Insects. *Alnwick, Apollo
Press,* 1809, half-calf, g. e. *(Modern binding).*
                                                500 fr.

Illustrated with 247 woodcuts of animals, birds, etc.,
by Bewick.

1565 [BEWICK]. — COLLECTION of 8 small books
illustrated by Bewick and others printed in *Alnwick and Glasgow* (1812-1836), sm. 12mo. or. wrappers bound in green morocco, gilt.   **600 fr.**

Poetical works of Oliver Goldsmith, 1812. — The Gentle
Shepherd by Allan Ramsey, 1836 *(2 woodcuts).* — The
Youngster's Diary 1815 *(33 woodcuts).* — Ducks and
Green Peas, 1827 *(frantispiece).* — Tommy Play love,
1819 *(12 woodcuts).* — Discreet Princess, 1818 *(5 woodcuts).* — Family at Smiledale, 1819 *(14 woodcuts).* No
wrappers to last three item. — Day, a Pastoral *(28 woodcuts).* *Fine copies.*

1566 [BEWICK]. — SET OF SEVEN NATURAL
HISTORY CHAPBOOKS with 236 woodcuts by
Bewick. *Printed at Alnwick by W. Davison, n. d.*
[circa 1808], 7 vol. in sm. 12mo. or. printed wrappers.   **1.200 fr.**

VERY FINE SET IN MINT CONDITION. The titles
are *British Birds,* 32 woodcuts. *Reptiles, Serpents and
Insects,* 34 woodcuts. *Foreign Birds,* 32 woodcuts. *Fishes,*
40 woodcuts. *British Quadrupeds,* 32 woodcuts. *Foreign
Quadrupeds,* 32 woodcuts. *Water Birds,* 34 woodcuts. Each
vol. has handsome woodcut of a full figure on verso of
lower cover.

1567 BLOSSOMS OF PEACE. A series of Tales and
Narratives, in prose and verse ; designed as easy
lessons for young persons of either sex. *London,
Hodgson and Co, n. d.* [circa 1820], small 12mo.
or. printed wrappers.   **200 fr.**

Illustrated with over 100 large and small quaint woodcuts (one shows a balloon). *Fine copy.*

1568 CATECHISM (THE SHORTER) agreed upon
by the Assembly of Divines at Westminster...
Alnwick, W. Davison, n. d. [circa 1835], 32mo. or.
printed wrappers. *(With woodcuts).*   **15 fr.**

Penny chapbook. *Fine copy.*

1569 CHAPBOOKS. Collection of 3. printed at
Wellington by Houlston and Son, n. d. [circa 1810],
24mo. or. printed wrappers.   **400 fr.**

CRIES OF LONDON. — KING PIPPIN, and THE
YOUNG SPARROWS. Each book illustrated with quaint
woodcuts. *Mint state.*

1570 CHAPBOOKS. — Collection of eleven chapbooks illustrated by BEWICK printed in *Edinburgh and Glasgow by Oliver and Boyd and Lumsden* [circa 1814], bound in one vol. 36mo. with
original covers bound in.   **1.000 fr.**

Each book is illustrated with quaint woodcuts by BE-
WICK. The titles are as follows. *Proverbs of Little Solo-
mon, Goodchild's Fairing. Tommy thumb's Song-Book,
Gammer Gurton's Nursery Songs and Toby Tickle's Riddles,
Cottage Tales, Picture Alphabet, Watt's Divine Songs,
Fun upon Fun* and *New Testament. Fine copies.*
PLANCHE 114.

1571 CHAPBOOKS. — Collection of rare chapbooks
illustrated by BEWICK ; ten works *(but without
original wrappers)* bound in one vol. half modern
calf. *Glasgow and Edinburgh,* 1814, 32mo. **350 fr.**

The collection comprises : 1. TOM THUMB'S SONG-
BOOK ; 2. GAMMER GURTON'S Garland of Nursery
Songs and Toby Tickles Collection of Riddles ; 3. CHILD'S
INSTRUCTOR, or Picture Alphabet ; 4. WATT'S Divine
Songs ; 5. COTTAGE TALES for little people ; 6. FUN
UPON FUN ; 7. NEW TESTAMENT, or The Life of...
Jesus Christ ; 8. HOLIDAY ENTERTAINMENT ; 9.
NURSE DANDLEM'S Little Repository ; 10. CAPTAIN
GULLIVER.
PLANCHE 114.

1572 CHAPBOOKS. — Collection of rare chapbooks for Children illustrated by BEWICK ;
eleven works with original wrappers bound in
one vol. half modern morocco. *Glasgow and Edinburgh,* 1814-15, 36mo.   **1.000 fr.**

The collection comprises : 1. THE PROVERBS OF
LITTLE SOLOMON, *many woodcuts. Pink wrappers.*
2. HOLIDAY ENTERTAINMENT or the Goodchild's
Fairing. the fair. *Many woodcuts blue wrappers.* 3. NURSE
DANDLEM'S LITTLE REPOSITARY of great instruc-
tions containing, The surprising adventures of Little Wake
Wilful, and his delivrance from the Giant Grumbolumbo.
many copper plates in sanguine, grey wrappers. 4. THE
ADVENTURES OF CAPTAIN GULLIVER in a voyage
to Lilliput, *many woodcuts, violet wrappers.* 5. TOM
THUMB'S SONG BOOK for all little masters and misses.
Many woodcuts, blue wrappers. 6. THE CHILD'S INS-
TRUCTOR OR PICTURE ALPHABET. *Alphabet and
many woodcuts. Red wrappers.* 7. GAMMER GURTON'S,
GARLAND OF NURSERY SONGS, and Toby Tickles
collection of riddles compiled by Peter Puzzlecap, Esq.
Many woodcuts. Blue wrappers. 8. COTTAGE TALES.
FOR LITTLE PEOPLE. *Many woodcuts. Blue wrappers.*
9. FUN UPON FUN or the humours, giving the description of the curious amusements in early life. *Many copper
engravings in sanguine. Yellow wrappers.* 10. AN ABRID-
GEMENT OF THE NEW TESTAMENT. *Many copper
plates in sanguine. Pink wrappers.* 11. I. WATTS. Divine
Songs in easy language for the use of children. *Many
woodcuts. Pink wrappers.* Precious collection of rare and
entertaining items, difficult to find in such fine condition
and with all original printed wrappers preserved.

1573 **CHAPBOOKS.** — Collection of 4 printed at *York by J. Kendrew, n. d.* [circa 1815], 24mo. or. printed wrappers. **500 fr.**

THE WORLD TURNED UPSIDE DOWN. — THE SILVER PENNY (with Alphabet). — CINDERELLA and GILES GINGERBREAD. *Mint copies.*

1574 **CHAPBOOKS.** — Collection of 4 printed in *London by Houlston and Son, n. d.* [circa 1815], 24mo. or. printed wrappers. **400 fr.**

THE RICH BOY AND THE POOR BOY. — NOTHING AT ALL. — BIRDS AND BEARTS and WHITTINGTON AND HIS CAT. Each book illustrated with quaint woodcuts. *Mint copies.*
PLANCHE 62.

1575 **CHAPBOOKS.** — Collection of 4 penny chapbooks printed in *London, by Houlston and Son, and at Wellington, Salop, n. d.* [circa 1818], 32mo. or. printed wrappers. **400 fr.**

NOTHING AT ALL (5 woodcuts). — SIR RICHARD WHITINGTON AND HIS CAT (8 woodcuts). — WILLIAM AND GEORGE (6 woodcuts). — BIRDS AND BEASTS (13 woodcuts). *Fine copies.*

1576 **CHAPBOOKS.** — Collection of 15 penny chapbooks published at *Banbury, J. G. Rusher, n. d.* [circa 1820], 16mo. original wrappers preserved, new half calf gilt. **600 fr.**

Fifteen in 1 vol., all with uncut edges and clean as issued. Numerous woodcuts, some by BEWICK. Comprises : *Watts's Divine Songs, Moral Songs, Adventures of Birmingham Halfpenny, Children in the Wood. Anecdotes for Children. Trial of an Ox for Killing a Man, Riddle Book, Galloping Guide to the A. B. C. New House that Jack Built. Dick Whittington Good Farmer* (with good views of Rushers printing office). *History of a Banbury Cake. Short Stories. Poetic Trifles* and *Children in Wood Restored.*
« It was Rusher who restored the tradition of Giles Gingerbread » (of Newbery fame) » with the History of a Banbury Cake, and in the Childhood of Queen Victoria, his little shop was still famous for toy Books ». FLORENCE V. BARRY.

1577 **CHAPBOOKS.** — Collection of 21 penny chapbooks published in *York, by J. Kendrew, n. d:* [circa 1820], 32mo. or. printed wrappers. *(Printers stampon front cover of each vol.).* **600 fr.**

Each one illustrated with many quaint woodcuts. *Tom, The Piper's Son. — Old Mother Hubbard. Part I. — Little Tom Trucker. — Jack and Gill. — Old Dame Trot. — Jack Jingle. — Jack Sprat. — Simple Simon. — Cheerful Warbler. — Birds and Riddles. — Cock Robin. — Waggon Load of Money. — Cinderella. — Mothers Gift. — Jack Dandy's Delight. — Sam, the Sportsman. — Little Boy. — Visit to the Tower. — Cock Robin and Jenny Wren. — Jenny Wren. — New Riddle Book. Fine copies.*

1578 **CHAPBOOKS.** — Collection of 12 penny chapbooks published in *York, by J. Kendrew, n. d.* [circa 1820], 32mo. or. printed wrappers. **350 fr.**

Each one illustrated with many quaint woodcuts. *Old Mother Hubbard. Part I. — Little Tom Turcker. — Little Boy. — Visit to the Tower. — Cock Robin. — Jack Dandy's Delight. — Cinderilla. — Jenny Wren. — Jack Sprat. — Birds and Riddles. — Cherful Warbler. — Mother's Gift. Fine copies.*

1579 **CHAPBOOKS.** — 6 penny chapbooks published in *York, by J. Kendrew, n. d.* [circa 1820], 32mo. or. printed wrappers. **200 fr.**

Each, with many quaint woodcuts. *Cheerful Warbler. — Mother's Gift. — Old Mother Hubbard. Part 1. — Jenny Wren. — Little Tom Tucker. — Jenny Wren. Fine copies.*

1580 **CHAPBOOKS.** — Collection of 5, printed at *Edinburgh by A. Turnbull and Co, n. d.* [circa 1830], sm. 12mo. or. printed wrappers. **350 fr.**

NAPOLEON BONAPARTE. — PHILIP QUARLE. — ROBIN HOOD. — WHITTINGTON AND HIS CAT WITH PUSS IN BOOKS AND ROBERT BRUCE. Each book illustrated with quaint woodcuts. *Mint state.*

1581 **CHAPBOOKS.** — Collection of 11 penny chapbooks published in *Banbury, by J. G. Rusher, n. d.* [circa 1830], 32mo. bound in 1 vol. cloth. *(Modern).* **350 fr.**

Each book complete as issued, and illustrated with many quaint woodcuts. *Jack the Giant Killer. — Cries of Banbury. — Children in the Word. — Children in the Wood restored. — Dick Whittington. — Old Mother Hubbard. — Jack Sprat. — Book of Beasts. — Dare Trot. — Nursery Rhymes. — Nursery Poems. Fine copy.*
PLANCHE 114.

1582 **CHAPBOOKS.** — Set of four penny chapbooks FAIRY STORIES printed at *Banbury, by J. G. Rusher, n. d.* [circa 1830], 36mo. or. printed wrappers. **180 fr.**

A rare set illustrated with many quaint woodcuts. The titles are « JACK THE GIANT KILLER », 8 cuts. « DICK WHITTINGTON », 10 cuts. « CHILDREN IN THE WOOD », 9 cuts, and « CINDERELLA », 6 cuts. Mint copies.
PLANCHE 114.

1583 **CHAPBOOKS.** — Two penny chapbooks NURSERY RHYMES printed at *Banbury, by J. G. Rusher, n. d.* [circa 1830], 2 vols in 36mo. or. printed wrappers. **75 fr.**

Illustrated with many quaint woodcuts. The titles are « THE CRIES OF BANBURY AND LONDON AND CELEBRATED STORIES », 16 cuts. « LONDON JINGLES », 15 cuts. Mint copies.

1584 **CHAPBOOKS.** — Two penny chapbooks NURSERY RHYMES, printed at *Banbury, by J. G. Rusher, n. d.* [circa 1830], 2 vols in 36mo. or. printed wrappers. **75 fr.**

Many quaint woodcuts. « DAME TROT AND HER CAT », 11 cuts. « OLD MOTHER HUBBARD and her Dog », 17 cuts. *Mint copies.*
PLANCHES 114 ET 115.

1585 **CHAPBOOKS.** — Two penny chapbooks NURSERY RHYMES printed at *Banbury, by J. G. Rusher, n. d.* [circa 1830], 2 vols in 36mo. or. printed wrappers. **75 fr.**

Each story is illustrated with quaint woodcuts. The titles are « JACK AND JILL AND OLD DAME GILL », 15 cuts. « JACK SPRAT », 16 cuts. Mint copies.

1586 **CHAPBOOKS.** — Collection of three penny chapbooks NURSERY RHYMES, printed at *Banbury, by J. G. Rusher, n. d.* [circa 1830], 3 vols in 36mo. or. printed wrappers. **100 fr.**

Illustrated with many quaint woodcuts. The titles are « NURSERY RHYMES, FROM THE ROYAL COLLECTIONS », 16 cuts. « TOM THUMB », 15 cuts. « COCK ROBIN », 17 cuts. Mint copies.
PLANCHE 115.

1587 CHAPBOOKS. — Collection of 15 penny chapbooks published in *London, by W. S. Forley, n. d.* [circa 1840], 8vo. or. coloured wrappers. **280 fr.**

The titles are « *The Seven Champions. Cock Robin. Poor Mary. Cinderella. Richard Turpin. Jack and Jill. Robinson Crusoe. Jack and the Bean-stalk. Mother Hubbard. Punch and Judy. Mother Goose. Little Tom Tucker. Puss in Boots. Children in the Wood. Jack the Giant-Killer.* » Each book illustrated with many woodcuts, a number of them hand-coloured. *All fine copies.*

1588 CHAPBOOKS. — 6 penny chapbooks published in *London, by A. Park, n. d.* [circa 1840], 16mo. or. printed wrappers. **175 fr.**

Jack the Giant Killer, 4 woodcuts. *Natural History.* Part I, 6 woodcuts. *Riquet with the Tuft,* 4 woodcuts. *Children in the Wood,* 2 woodcuts. *Jack and the Beau Stalk,* 4 woodcuts. *The Two Sisters,* 4 woodcuts. Fine copies.

1589 CHAPBOOKS. — Collection of 10 half-penny chapbooks printed at *Alnwick, by W. Davison, n. d.* [circa 1840], sm. 12mo. or. printed wrappers, uncut. **150 fr.**

« *The Guess Book. Book of Beasts. Jack the Giant-Killer. History of Birds. House that Jack Built. Orphan Boy. Blue Beard. Red Riding Hood. Nursery Rhymes. The Medley.* » Each book with many quaint woodcuts. *Fine copies.*

1590 CHAPBOOKS. — Collection of 15 published at *Olley (Yorskshire), by J. S. Publishing and Stationary Co. Ltd, n. d.* [circa 1850], post 8vo. or. wrappers. **280 fr.**

Very fine copies in Mint State. Each book is illustrated with quaint woodcuts, some of which are tinted by hand. The collection comprises: 1. *Cinderella.* 2. *Tom Thumb.* 3. *Hare and many Friends.* 4. *Entertaining Views.* 5. *Jack the Giant Killer.* 6. *Little Red Riding Hood.* 7. *Scenes from Nature.* 8. *Dame Trot.* 9. *Mother Hubbard.* 10. *Capital of Europe.* 11. *The House that Jack Built.* 12. *Cock Robin.* 13. *Cock Robin and Jenny Wren.* 14. *Old Man and his Ass.* 15. *Peter Brown.*

1591 CHILD'S CABINET. — Six penny booklets published in *London, by Sunday School Union, n. d.* [circa 1870], sm. 12mo. or. green wrappers. **70 fr.**

Each booklet with 2 woodcuts and several pieces. *Titles are The Violet etc. I must see the Masters, etc. An Evening Talk, etc. Little George, etc. Ten Sick Men, etc. Death of Little favourite, etc.* Fine copies.

1592 CHILDREN IN THE WOOD RESTORED (Perfidy Detected or the). By Honestas, the Hermit of the Forest. *Banbury, J. G. Rusher, n. d.* [circa 1820], sm. 16mo. or. printed wrappers. *(3 woodcuts).* **30 fr.**

Illustrated with 13 quaint woodcuts. Penny chapbook. *Fine copy.*

1593 CHILD'S PICTURE BOOK (THE) of Birds and Beasts. *London, Darton and Clark, n. d.* [circa 1836], 12mo. or. printed wrappers .*(Slightly soiled and torn).* **125 fr.**

Illustrated with 22 hand-coloured plates.

1594 CINDERILLA (The surprising Adventures of) or the History of a Glass Slipper, to which is added, An Historical Description of the Cat. *York, J. Kendrew, n. d.* [circa 1815], 32mo. or. printed wrappers. **60 fr.**

Illustrated with 10 quaint woodcuts. Penny chapbook Alphabet at beginning. *Fine copy.*

1595 CINDERILLA (The Interesting History of) or The Little Glass Slipper. *Durham, George Ewbank* [and Glasgow, A. Paterson], *n. d.* [circa 1820], 32mo. or. printed wrappers. *(With woodcuts).* **50 fr.**

Illustrated with 7 quaint woodcuts. Alphabet on last page. Penny chapbook. *Fine copy.*

1596 CINDRELLA OR THE LITTLE GLASS SLIPPER. *London, Dean and Munday, n. d.* [circa 1826], sm. 12mo. or. printed wrappers, preserved in half-morocco case. **400 fr.**

Illustrated with a large folding frontispiece engraved on copper and three finely executed woodcuts, all coloured by hand. *Fine copy.*

1597 COCK ROBIN (The Death and Burial of). *Olley, W. Walker, n. d.* [circa 1820], sm. 16mo. or. printed wrappers. **45 fr.**

19 quaint woodcuts. Penny chapbook. *Fine copy.*

1598 COCK ROBIN (THE DEATH AND BURIAL OF). *London, Orlando Hodgson, n. d.* [circa 1836], sm. 8vo. or. printed wrappers. *(Small tear in lower wrapper).* **150 fr.**

With 13 hand-coloured engravings by Orlando gewitt.

1599 CONTRAST (THE) or Labour and Honour against Laziness and Disgrace. A Series of Anecdotes, Tales, and Narratives... *London, Hodgson and Co, n. d.* [circa 1815], sm. 12mo. or. printed covers. **125 fr.**

Illustrated with a frontispiece and 31 quaint woodcuts. *Fine copy.*

1600 CONTRAST (THE) or Labour and Honour against Laziness and Disgrace. Another copy. **100 fr.**

Some of the woodcuts have been neatly coloured by a Child. The wrappers are different from those of preceeding number.

1603 COTTAGE PIPER (THE) or History of Edgar. The Itinerant Musician ; An Instructive Tale. *Chelmsford, I. Marsden, n. d.* [circa 1815] tall 24mo. or. printed wrappers. *(With woodcut).* **80 fr.**

Illustrated with 4 quaint woodcuts. Twopenny chapbook. *Fine copy.*

1604 COURTSHIP AND WEDDING (THE) of the Little Man and the Little Maid. Illustrated with seven pictures by John Absolon. *London, Sampson Low, Son and Co, n. d.* [circa 1860], sm. 8vo. or. coloured wrappers. **25 fr.**

Seven coloured plates. *Fine copy.*

1605 DAME TROT AND HER CAT. *Edinburgh, G. Ross, n. d.* [circa 1814], 32mo. or. printed wrappers. **150 fr.**

Penny chapbook. Illustrated with 13 quaint woodcuts. Also two alphabets. *Fine copy.*
PLANCHE 63.

1606 **DAME TROT AND HER CAT.** *London and Olley Walker and Sons, n. d.* [circa 1850], 32mo. or. coloured and printed wrappers. **20 fr.**

8 woodcuts. Threepenny chapbook. *Fine copy.*

1607 **ELEGY (AN)** on the Death and Burial of Cock Robin. *Edinburgh, G. Ross,* 1815, 32mo. or. printed wrappers. **25 fr.**

Illustrated with 16 wodcuts. Penny chapbook. *Fine copy.*

1608 **FAT AND LEAN** OR THE FAIRY QUEEN, exhibiting the effects of Moral Magic, by the Ring and the three Mirrors. *Chelmsford, I. Marsden, n. d.* [circa 1815], tall 24mo. or. printed wrappers *(Woodcuts).* **100 fr.**

Illustrated with 8 quaint woodcuts. Twopenny chapbook. *Fine copy.*

1609 **FOLLY OF PRIDE (THE)** Exemplified in the Story of Theresa Newman, and Filial Affection. *London, James Wallis, n. d.* [circa 1810], sm. 12mo. or. printed wrappers. **65 fr.**

Illustrated with 3 well-executed woodcuts. *Fine copy.* PLANCHE 62.

1610 **FREREDICK MANLY** (The History of). *London, J. E. Evans, n. d.* [circa 1820], 32mo. or. printed wrappers. **35 fr.**

Illustrated with 22 quaint woodcuts. Penny chapbook. *Fine copy.*

1611 **FUN UPON FUN** or the Humours of a Fair. *Glasgow, J. Lumsden and Son, n. d.* [circa 1818], 24mo. or. wrappers. **125 fr.**

The Story is about a Mounteback Doctor and his Merry Andrew. Illustrated with 18 copper engravings printed in bistre. Twopenny chapbook. *Fine copy.*

1612 **GEORGE AND WILLIAM** or No Pleasure to be derived from the Misfortunes of Others, Also Octavius and his Horse. *London, James Wallis, n. d.* [circa 1810], sm. 12mo. or. printed wrappers. *(2 small holes).* **65 fr.**

Illustrated with 3 well-executed woodcuts. *Fine copy.* PLANCHE 62.

1613 **GILES GINGERBREAD** (The History of). *Glasgow, A. Palerson, n. d.* [circa 1815], 32mo. or. printed wrappers. *(With woodcuts).* **60 fr.**

Illustrated with 10 quaint woodcuts. « English Alphabet » on first page. Penny chapbook. *Fine copy.* PLANCHE 62.

1614 **GILES GINGERBREAD** (The Entertaining History of). A Little Boy who lived upon learning. *Edinburgh, G. Ross, n. d.* [circa 1815], 32mo. or. printed wrappers. **40 fr.**

9 quaint woodcuts. Penny chapbook. *Fine copy.*

1615 **GILES GINGERBREAD** (The History of). A Little Boy, who lived upon learning. BY TOM TRIP. *York, J. Kendrew, n. d.* [circa 1815], 32mo. or. printed wrappers. **60 fr.**

Illustrated with 12 quaint woodcuts. ABC on verso of title. Penny chapbook. *Fine copy.* PLANCHE 62.

1616 **GOLDEN PRESENT (THE).** — Designed for the Amusement and Instruction of all Good Master's and Misses. In the United Kingdom of Great Britain and Ireland. *Edinburgh, G. Ross,* 1814, 32mo. or. printed wrappers. **85 fr.**

Illustrated Alphabet with woodcuts in the Bewick Style and 4 other woodcuts to Fables. Penny chapbook. *Fine copy.*

1617 **HISTORY OF MASTER BILLY** AND MISS POLLY KINDLY (The Entertaining). Written for the Entertainment and Instruction of all the little good Boys and Girls who are able and willing to read it. By Mrs Meanwell. *London, T. Evans, n. d.* [circa 1790], 32mo. or. flowered paper wrappers preserved in half-morocco case. **500 fr.**

Illustrated with 9 quaint woodcuts. 18th cent. penny chapbook. *Fine copy.*

1618 **HISTORY OF MASTER JACKEY** AND MISS HARRIOT. Dedicated to the Good Children of Europe, Asia, Africa, and America. *Edinburgh, G. Ross,* 1814, 32mo. or. printed wrappers. **100 fr.**

16 quaint woodcuts. Penny chapbook. *Fine copy.*

1619 **HOLIDAY ENTERTAINMENT** or The Goodchild's Fairing. Containing the Plays and Sports of Charles and Billy Welldon, and other Little Boys and Girls who went with them to the Fair. *Glasgow, Lumsden and Son, n. d.* [circa 1814], 32mo. or. printed wrappers. *(Woodcuts).* **45 fr.**

Illustrated with 7 woodcuts. Twopenny chapbook. *Fine copy.*

1620 **HONEST SAILOR (THE)** or Virtuous Misfortune not an Object for Childish Ridicule, and the Newfoundland Dog. *London, James Wallis, n. d.* [circa 1810], or. printed wrappers. **75 fr.**

Illustrated with 3 well-executed woodcuts. *Fine copy.*

1621 **HOUSE THAT JACK BUILT (THE)** to which is Prefixed the History of Jack Jingle... *Edinburgh, G. Ross, n. d.* [circa 1815], 32mo. or. printed wrappers. **100 fr.**

Illustrated with 13 woodcuts. Penny chapbook. *Fine copy.*

1622 **HOUSE THAT JACK BUILT (THE)** to which is added Some Account of Jack Jingle, Showing by what Means he acquired his Learning and in consequence thereof got rich, and built himself House. Adorned with cuts. *York, J. Kendrew, n. d.* [circa 1815], 24mo. or. printed wrappers. **85 fr.**

Chapbook illustrated with 15 quaint woodcuts and an alphabet. Fine copy.

1623 **HUMOURS OF A FAIR (THE)** or A Description of the Early Amusements in Life In. which you may see all the fun of the Fair. And at home be as happy as if you was there. *Edinburgh, Caw and Elder,* 1817, 32mo. or. printed wrappers.   **300 fr.**

Illustrated with 27 quaint and amusing woodcuts showing scenes at the Fair. Merry go rounds. Educated dog Conjuror, etc. Twopenny chapbook. *Fine copy.*

1624 JACK AND THE BEAN STALK (The History of). *Glasgow, A. Palerson, n. d.* [circa 1818], 32mo. or. printed wrappers. *(With woodcuts).*   **40 fr.**

Illustrated with 9 quaint woodcuts. Penny chapbook. *Fine copy.*

1625 JACKY DANDY'S DELIGHT or The History of Birds and Beasts. With instructive observations in verse and prose. *Edinburgh, G. Ross,* 1815, 32mo. or. printed wrappers.   **30 fr.**

11 woodcuts. Penny chapbook. *Fine copy.*

1626 JOHNSON (Dr). — THE GREENLAND LOVERS or the History of Anningait and Ajut. Knavery Rewarded. *London, James Wallis, n. d.* [circa 1810], sm. 12mo. or. printed wrappers.   **150 fr.**

Illustrated with 3 well-executed woodcuts. *Fine copy.*

1627 JUVENILE DIALOGUES or Recreations for School Boys, during their leisure hours at Boarding-School by Billy Merrythought. *Chelmsford, I. Marsden, n. d.* [circa 1815], or. printed wrappers. *(Woodcut).*   **80 fr.**

Illustrated with 15 quaint woodcuts. Twopenny chapbook. *Fine copy.*

1628 KING PIPPIN (The History of). *Durham, George Ewbank [and Glasgow, A. Palerson], n. d.* [circa 1820], 32mo. or. printed wrappers. *(With woodcuts).*   **35 fr.**

Illustrated with 12 quaint woodcuts. Penny chapbook. *Fine copy.*

1629 KNIPE-GRINDER'S BUDGET (THE) of Pictures and Poetry, for Boys and Girls. *London, T. and J. Allman,* 1829, sm. 24mo. or. printed wrappers.   **60 fr.**

26 quaint woodcuts, well impressed. Penny chapbook. *Fine copy.*
PLANCHE 62.

1630 LAURA MAYNARD (STORY OF) Exhibiting the Folly of Young Persons being too much elated by surperficial accomplishments. *London, James Wallis, n. d.* [circa 1810], or. printed wrappers.   **75 fr.**

Illustrated with 3 well-executed woodcuts. *Fine copy.*

1631 LESSONS IN PROSE, and Tales in Verse. *London, Hodgson and Co, n. d.* [circa 1815], sm. 12mo. or. printed wrappers.   **125 fr.**

Illustrated with a frontispiece and 32 quaint woodcuts Some by BEWICK. *Fine copy.*

1632 LESSONS IN PROSE. *London* (1815), or. printed wrappers.   **45 fr.**

Another copy. Frontispiece partly coloured by a child and first ten pages foxed.

1633 LITTLE RED RIDING HOOD (The entertaining Story of) to which is added Tom thumb's Toy. *York, J. Kendrew, n. d.* [circa 1815], 32mo. or. printed wrappers.   **60 fr.**

Illustrated with 12 quaint woodcuts. ABC on verso of title. Penny chapbook. *Fine copy.*
PLANCHE 63.

1634 MASTER JACKEY (The History of) and Harriot. *Glasgow, A. Palerson, n. d.* [circa 1818], 32mo. or. printed wrappers. *(With woodcuts).*   **35 fr.**

Illustrated with 11 quaint woodcuts. Penny chapbook. *Fine copy.*

1635 MASTER MANLEY'S JOURNEY TO THE METROPOLIS (Occurrences of) to which is added THE RHYMING ALPHABET or Tom thumb's Delight. *Chelmsford, I. Marsden, n. d.* [circa 1815], tall 24mo. or. printed wrappers. *(Woodcut).*   **100 fr.**

Illustrated with 5 woodcuts. Twopenny chapbook. *Fine copy.*

1636 MORAL RECREATIONS, in Prose and Verse ; adapted to the capacities of Young Children, and written expressly for their use and pleasure. *London, Hodgson and Co, n. d.* [circa 1815], sm. 12mo. or. printed wrappers.   **60 fr.**

34 splendid woodcuts, neatly tinted by a child.

1637 MORAL TALES IN VERSE calcutated to please and instruct Young Children. *London, Hodgson and Co, n. d.* [circa 1815], sm. 12mo. or. printed wrappers.   **75 fr.**

32 woodcuts, neatly tinted by a child. *Fine copy.*

1638 MOTHER HUBBARD AND HER DOG. *Edinburgh, G. Ross,* 1813, 32mo. or. printed wrappers.   **150 fr.**

Illustrated with 16 quaint woodcuts. Penny chapbook. *Fine copy.*

1639 NATURAL HISTORY, A Abridgement, for the use of Children. *London, F. Wilson, n. d.* [circa 1830], sm. 12mo. or. printed wrappers. *(With woodcut).*   **120 fr.**

Illustrated with 29 woodcuts of birds and animals. *Fine copy.*

1640 NATURAL HISTORY (A New Book of) of Various British Birds ; For the Amusement of Children. *Chelmsford, I. Marsden, n. d.* [circa 1815], tall 24mo. or. printed wrappers. *(With 2 woodcuts).*   **80 fr.**

Illustrated with 21 quaint woodcuts of birds. Twopenny chapbook. *Fine copy.*

1641 NEW TESTAMENT (An abridgement of the) or the Life, Miracles and Death, of Our Lord and Saviour Jesus Christ. *Glasgow, J. Lumsden and Son, n. d.* [circa 1814], 32mo. or. wrappers.   **100 fr.**

Illustrated with 16 copper engravings printed in bistre. Twopenny chapbook. *Fine copy.*

1642 **NIGHTINGALE (THE).** A Choice Collection of Favourite Song. *Monmouth-Court, J. Catnach, n. d.* [circa 1840], 24mo. or. printed wrappers. **15 fr.**

Illustrated with 6 quaint woodcuts. Penny chapbook. *Fine copy.*

1643 **NURSE DANDLEM'S** LITTLE REPOSITORY OF GREAT INSTRUCTION, containing The Surprising Adventures of Little Wake Wilful, and his deliverance from the Giant Grumbolumbo, Written by the Famous Prussian, for the sole Amusement of the Chickabiddy Generation. *Glasgow, n. d.* [circa 1814], 32mo. or. wrappers. **200 fr.**

Illustrated with 14 copper engravings printed in bistre and 2 woodcuts. Two Show Grumbolumbo the three-headed giant. Another engraving shows « The Engagement with Paul Jones » and « The Dragon Blown up ». Two-penny chapbook. *Fine copy.*

1644 **NURSERY RHYMES,** from the Royal Collections. *Banbury, J. G. Rusher, n. d.* [circa 1820], 32mo. or. printed wrappers. *(Preserved in Stiff new wrappers).* **30 fr.**

Illustrated with 15 quaint woodcuts. Penny chapbook.

1645 **OLD ENGLISH CRIES,** with attractions to the Notice of Children in a set of pictures Characteristic of the various modes adopted by Itinerant traders, to obtain an honest livelihood. *Chelmsford, I. Marsden, n. d.* [circa 1815], sm. 16mo. or. printed wrappers. **250 fr.**

Twopenny chapbook illustrated with 21 amusing woodcuts, showing the « Cries ». *Gruff John Pinker. Old Mistress Wake. Old Johnny Dink. Dame Fanny Hound, etc. Fine copy.*

1646 **ONCE ANGRY;** AND MY CHILD. *Olley, William Walker and Sons, n. d.* [circa 1850], 16mo. or. printed wrappers. **15 fr.**

Woodcut on wrapper. Penny booklet. *Fine copy.*

1647 **PETER PIPPIN** (The Diverting History of). *London, T. Bell, n. d.* [circa 1815], 32mo. or. printed wrappers. **45 fr.**

Illustrated with 9 quaint woodcuts. Penny chapbook. *Fine copy.*
PLANCHE 62.

1648 [**PERRAULT (Carles)**]. — TALES FROM MOTHER GOOSE. Blue Beard and Little Red Riding-Hood. *Edinburgh, Cow and Elder,* 1819, 32mo. or. printed wrappers. **500 fr.**

Illustrated with a frontispiece showing Mother Goose, children and cat engraved in wood and 2 other quaint woodcuts. Twopenny chapbook. The Edinburgh Juvenile Library. *Fine copy, very rare.*

1649 **PLEASING INSTRUCTOR (THE)** or a Packet of Pictures for All Good Children ; with prose explanations and poetical applications. *London, Hodgson and Co, n. d.* [circa 1815], sm. 12mo. or. printed wrappers. **125 fr.**

Illustrated with a frontispiece, 30 finely executed woodcuts and vignette on title. *Fine copy.*

1650 **PLEASING INSTRUCTOR (THE).** Or. wrappers. *(Back damaged).* Another copy. **50 fr.**

Some of the woodcuts have been neatly coloured by a child.

1651 **PRETTY POEMS,** Songs and in easy language. For the Amusement of Little Boys and Girls. By Tommy Lovechild. *Chelmsford, I. Marsden, n. d.* [circa 1815], 24mo. or. printed wrappers. **130 fr.**

Penny chapbook. Illustrated with 15 quaint woodcuts with a rhyme under each.
> « How wisely and frugal
> The busy ant plies ;
> Come hither, ye sluggards,
> And learn to be wise. »
Fine copy.

1652 **PRETTY TALES,** containing five Entertaining Stories. For the Amusement and Instruction (of) Little Children. By Timothy Teachwell. *Chelmsford, I. Marsden, n. d.* [circa 1815], or. printed wrappers. *(Woodcut).* **80 fr.**

Illustrated with 6 quaint woodcuts. Twopenny chapbook. *Fine copy.*

1653 **PUZZLING-CAP.** A choice collection of Riddles. *Edinburgh, G. Ross, n. d.* [circa 1815], 32mo. or. printed wrappers. **35 fr.**

13 woodcuts and 2 alphabets. Penny chapbook. *Fine copy.*

1654 **RICHMOND (Rev. Legh).** — THE YOUNG COTTAGER. *Dublin, n. d.* [circa 1870], 64mo. or. printed covers. **15 fr.**

Penny booklet, 64 pages. *Fine copy.*

1655 **ROYAL FABULIST (THE).** — A Choice Collection of Entertaining Fables, intended as A Present to those good Boys and Girls who behave according to the following Rules, that is, Do as they are bid, Come when they are called, and Shut the door after them. *Edinburgh, G. Ross,* 1815, 32mo. or. printed wrappers. **45 fr.**

15 quaint woodcuts and alphabet. Penny chapbook. *Fine copy.*

1656 **ROYAL FABULIST (THE).** *Glasgow, A. Paterson, n. d.* [circa 1820], 32mo. or. printed wrappers. *(With woodcuts).* **35 fr.**

Illustrated with 15 quaint woodcuts alphabet at end. Penny chapbook. *Fine copy.*
PLANCHE 62.

1657 **SHORT STORIES** FOR GOOD CHILDREN. *London, J. Davis, n. d.* [circa 1820], 32mo. or. printed wrappers. **30 fr.**

15 charming woodcuts. Penny chapbook. Corner of back cover torn *(tiny section),* otherwise fine.

1658 **SLEEPING BEAUTY (THE)** (The History of the). For the Amusement of Juvenile Readers. *Olley, W. Walker, n. d.* [circa 1825], 24mo. or. printed wrappers. **40 fr.**

12 quaint woodcuts. Penny chapbook. *Fine copy.*

1659 STORY OF MARY AND HER CAT (THE).
A Tale for Good Children. *Edinburgh, Caw and Elder*, 1819, 32mo. or. printed wrappers.   **85 fr.**

Illustrated with a frontispiece and 11 quaint woodcuts. Twopenny chapbook. *Fine copy.*

1660 TOBY TICKLE'S PUZZLE-CAP or A New Riddle Book. *Edinburgh, Caw and Elder*, 1819, 32mo. or. printed wrappers.   **125 fr.**

Illustrated with 26 amusing woodcuts, illustrating the answers to puzzles. Twopenny chapbook. *Fine copy.*
PLANCHE 63.

1661 TOM THUMB [The Pretty and Entertaining History of] with His wonderful Escape from the Cow's Belly. *Otley, W. Walker, n. d.* [circa 1825], 32mo. or. printed wrappers.   **30 fr.**

12 quaint woodcuts. Penny chapbook. *Fine copy.*

1662 TOMMY AND HARRY (The History of). *York, J. Kendrew, n. d.* [circa 1815], 32mo. or. printed wrappers.   **50 fr.**

Illustrated with 8 quaint woodcuts. ABC at end. Penny chapbook. *Fine copy.*
PLANCHE 63.

1663 TOMMY THUMB'S SONG-BOOK for All Little Master's and Misses, To be Sung to them by their Nurses till they can Sing them themselves. By Nurse Lovechild. To which is prefixed A Letter from a Lady on Nursing. *Glasgow, J. Lumsden and Son*, 1815, 32mo. or. printed wrappers. **200 fr.**

Frontispiece and 27 other woodcuts, 18 of which are of animals illustrating the chapter Artificial Memory for Infants ; whereby they may Acquire the Knowledge of Animals, and some of their Sounds, before they can go or speak. Twopenny chapbook. *Fine copy.*

1664 TOMMY TRIP'S VALENTINE GIFT. A Plan to enable Children... to behave with Honour. Integrity, and Humanity... etc. *Glasgow, Falconer and Willison, n. d.* [circa 1790], 32mo. or. wrappers with woodcuts *(2 small corners torn)*, preserved in half-morocco case.   **600 fr.**

Illustrated with 8 cuts engraved on copper and printed in Sanguine. 18th cent. penny chapbook.

1664 *bis* TRIP TO THE MAN IN THE MOON (A) from Terra Firma in an Air Balloon. By Timothy Tumble, Richard Quixote, and John Telltruth. A Romance. *London, S. Carvalho, n. d.* [circa 1820], sm. 16mo. or. printed wrappers.   **65 fr.**

8 quaint woodcuts. Penny chapbook.

1665 TWO APPRENTICES (THE) or Industry Rewarded, and other Tales for the Amusement and Instruction of Youth. *London, Dean and Munday, n. d.* [circa 1815], 32mo. or. printed wrappers.   **40 fr.**

Illustrated with 4 charming woodcuts. Twopenny chapbook. *Fine copy.*

1666 WATTS (Isaac). — DIVINE SONGS. In easy language, for the use of Children. *Edinburgh, G. Ross*, 1817, 32mo. or. printed wrappers.   **80 fr.**

Woodcut portrait of Dʳ Watts and 9 quaint woodcuts. Twopenny chapbook. Ross's Juvenile Library. *Fine copy.*

1667 WATTS (Isaac). — CATECHISM AND PRAYERS (The First Set of) or The Religion of Little Children, under seven or eight years of age. *Derby, Henry Mozley and Sons, n. d.* [circa 1820], 32mo. or. printed wrappers.   **30 fr.**

Two woodcuts. Penny chapbook. *Fine copy.*

1668 WAYS OF PLEASANTNESS and Paths of Peace. A Series of Instructive Tales, in Prose and Verse. *London, Hodgson and Co, n. d.* [circa 1815], small 12mo. or. printed wrappers.   **125 fr.**

Illustrated with a frontispiece and 33 fine woodcuts. *Fine copy.*

1669 WHITTINGTON AND HIS CAT (The History of) How from a poor Country Boy... he attained Great Riches, And was promoted to... dignity of Lord Mayor of London. *York, J. Kendrew, n. d.* [circa 1815], 32mo. or. printed wrappers.   **50 fr.**

Illustrated with 8 quaint woodcuts. Alphabet at beginning. Penny chapbook. *Fine copy.*

1670 YOUNG NATURALIST (THE). A New History of Foreign and British Beasts. *Chelmsford, I. Marsden, n. d.* [circa 1815], tall 24mo. or. printed wrappers. *(With 2 woodcuts).*   **80 fr.**

Illustrated with 22 quaint woodcuts. Twopenny chapbook. *Fine copy.*

1671 YOUNG TRAVELLER'S DELIGHT (THE), containing the lives of several noted characters, Likely to amuse All good Children. *Chelmsford, I. Marsden, n. d.* [circa 1815], or. printed wrappers. *(Woodcut).*   **80 fr.**

Illustrated with 6 quaint woodcuts. Twopenny chapbook. *Fine copy.*

OTHER CHAPBOOKS WILL BE FOUND THROUGHOUT THE CATALOGUE UNDER AUTHOR'S NAMES.

═══════════

1672 CHAPEAU POINTU illustré par Télory. *Paris, Marlinet, s. d.* [vers 1845], in-12 carré, cart. papier *de l'édit.*   **250 fr.**

Un titre lithographié avec vignette et 10 très belles lithographies de Télory, retraçant les aventures et exploits du petit Chapeau Pointu, de son père Nerf de Bœuf et du roi Bibi IV. Décors rouges, bleus et or sur le cartonnage, avec dessin en couleurs (copie de la vignette du titre) représentant le héros courant à bride abattue, à califourchon sur un lévrier. *Très bel exemplaire.*

1673 CHAPONE (Mrs Hester). — LETTERS ON THE IMPROVEMENT OF THE MIND, adressed to A YOUNG LADY. *Wellington, Houlston and Co*, 1809, sm. 12mo. or. half-leather boards.   **75 fr.**

Frontispiece engraved in wood.
These letters first appeared in 1773. The Author was the daughter of Thomas Mulso of Northampton and became a great friend of Samuel Richardson, in whose house she met her future husband, Mr. Chapone. 2 page book list at end. *Fine copy.*

1674 CHAPONE (Mrs Hester). — LETTRES A SA NIÈCE, ouvrage à l'usage de la jeunesse, traduit de l'anglais par Mlle S.-U. Trémadeure. *Paris, Lefuel, s. d.* [vers 1830], 2 vol. in-16, cartonnage à la Bradel, étui à 2 compartiments, dos maroq. rouge, pl. papier. *(Cartonnage et étui de l'époque).*
350 fr.

Deux titres gravés et vignettes ; 2 frontispices avant la lettre dessinés et gravés par *Montaut* et 1 planche gravée dans le tome II. Exemplaire de toute fraîcheur, rare dans cet état.

1675 CHAPONE (Mrs Hester). — LETTRES A SA NIÈCE, ouvrage à l'usage de la jeunesse, traduit de l'anglais par Mlle S.-U. Trémadeure. *Paris, Lefuel, s. d.* [vers 1830], 2 vol. in-16. *(Cartonnage papier et étui à 2 compartiments de l'éditeur, tr. dorées).*
300 fr.

Même ouvrage et mêmes illustrations que le précédent. Légères rousseurs. A la page 43 du tome I, un passage où se trahissait l'esprit protestant de Mrs Hester Chapone a été effacé à l'encre noire. *Très bel exemplaire.*

1676 CHARLES AND JAMES. — AN EASY FIRST BOOK FOR BOYS. Monosyllables. *London, Chapman and Hall,* 1839, sm. 12mo. or. cloth, gilt.
75 fr.

Illustrated with 4 fine plates. Large type. *Fine copy.*

1677 CHARLES BONER'S BOOK. *London, Chapman and Hall,* 1848, 8vo. or. red cloth, gilt. **300 fr.**

Illustrated with a coloured frontispiece and title page engraved in wood and many fine woodcuts by COUNT POCCI. Count Pocci was the illustrator of the *German Grimms Volkamarchen and Schribers Marchen* (the most celebrated of all the German books in the children's category). He was master of ceremonies at the Bavarian court and his work was limited to a few items.

1678 CHARLEVOIX (Le P. de). — HISTOIRE ET DESCRIPTION DU JAPON. *Tours, Mame,* 1839, in-12, bas. violet foncé, dos orné en hauteur de motifs rocaille et feuillages, grande plaque à froid sur chacun des plats, fil. doré, tr. marb. *(Rel. de l'époque).*
100 fr.

PREMIÈRE ÉDITION. Titre gravé (avec vignette) et 3 figures gravées par *F.-Th. Ruhierre.* Qq. rouss. Fraîche reliure. Histoire abrégée du Japon du célèbre jésuite et voyageur français *Pierre de Charlevoix.*

1679 CHARLEVOIX (Le P. de). — HISTOIRE ET DESCRIPTION DU JAPON. *Tours, Ad. Mame et Cie,* 1847, gr. in-16, cart. percale bleue, dent. à fr., centre dor., dos orn. en long, tr. jasp. *(Cart. de l'éditeur).*
25 fr.

Même ouvrage que le précédent, mêmes gravures. Bel exemplaire dans un cartonnage très frais avec un dos très décoratif.

1680 [CHARRIN (P.-J.)]. — LE CONTEUR DES DAMES. *Paris, Veuve Lepetit,* 1822, 2 vol. in-12, couvert. imp.
200 fr.

ÉDITION ORIGINALE. 6 planches dessinées par *Ch. Chasselat,* gravées par *V. Mauduit* et *Benoist.* En épigraphe : « *La Mère en permettra la lecture à sa fille* ». Les 2e et 3e éditions portent le nom de l'auteur. Superbe exemplaire à toutes marges. Très rare avec les couvertures.

1681 CHASLES (Philarèthe). — RÉVOLUTION D'ANGLETERRE. Charles Ier, sa cour, son peuple et son Parlement (1630 à 1660). Histoire anecdotique et pittoresque du mouvement social de la guerre civile en Angleterre au dix-septième siècle. *Paris, Victor Lecou, s. d.* (1852), gr. in-8, cart. toile bleue, décors dorés, tr. dorées. *(Cart. de l'édit.)*
130 fr·

Un titre et onze gravures sur acier d'après *Van Dyck, Rubens et Cattermole.* Sept gravures sur bois hors-texte. Nombreuses vignettes, en-têtes, etc. Vicaire, II, 269. Le titre gravé est de la bonne adresse (Vve Louis Janet), le titre imprimé est le titre de relai de 1852, sous lequel on remit l'ouvrage en vente (en supprimant six gravures sur acier). Les gravures sont donc de PREMIER TIRAGE. Très belle décoration dorée : motifs architecturaux et floraux contenant des attributs allégoriques : casque, masse d'armes, carquois, épée, la devise *Dieu et mon droit,* et, dans des médaillons, des personnages et une scène de bataille. *Magnifique exemplaire d'un beau livre.*

1682 CHASSE IMPÉRIALE (LA). — Grand panorama colorié de la Cour et de sa suite, ses cavaliers, meutes, piqueurs, sites pittoresques et péripéties de chasse. *Pont-à-Mousson, Haguenthal, s. d.* [vers 1867], in-8. *(Cartonnage papier de l'éditeur).*
1.250 fr.

Grande lithographie dépliante et coloriée représentant une chasse impériale depuis son début jusqu'à la curée. Véritable document historique fort joliment composé et dessiné et du plus haut intérêt par les portraits et les costumes qu'il contient. Très rare et de toute fraîcheur. Coiffes légèrement usées.

1683 CHASTAGNER (J.-P.). — MES VACANCES. Itinéraire pittoresque des routes qui joignent Le Havre avec Marseille. *Paris, l'Auteur et Delloye,* 1837, 2 vol. in-12, v. bleu foncé, dos orné, pet. dent. à froid autour des plats, fil. doré autour des plats, tr. marb. *(Rel. anc.).*
150 fr.

Neuf jolies figures gravées sur bois. *Lacoste, Porret, Thomson, Branston,* par *Adolphe Gest,* d'après *Marville,* donnant de curieux aspects des villes décrites. Deux cartes se dépliant. *Ex-praemio* sur les premiers plats. Très bel exemplaire.

1684 CHATELAIN (Mme de). — THE CAPTIVE SKY-LARK or Do as you would be done by. A Tale. *London. James Hogg, n. d.* [circa 1845], 12mo. or. cloth, gilt.
150 fr.

Illustrated with four charming hand-coloured wood engravings by the DALZIEL BROTHERS.

1685 CHATELAIN (Mme de). — THE CAPTIVE SKY-LARK or Do as you would be done by. A Tale. *London, James Hogg and Sons, n. d.* [circa 1850].
130 fr.

Illustrated with 4 charming hand-coloured wood engravings by the Dalziel Bros. *Very fine copy.*

1686 CHATELAIN (Mme de). — MERRY TALES FOR LITTLE FOLKS. *London, Cundall and Addey,* 1851, 16mo. or. cloth, gilt, g. e.
60 fr.

Hand-coloured frontispiece and extra illustrated title. Over 200 charming woodcuts in text. 4 page book list at end. *Fine copy.*

1687 CHATELAIN (Mme de). — RIGHT AND WRONG. *London, William Tegg, n. d. [circa 1840]*, sm. 4to. or. printed boards. *(Joints cracked).* **125 fr.**

Illustrated with 8 hand-coloured plates engraved on wood.

1688 CHAUMONT (A. de). — LES FÊTES DE LA FAMILLE. *Paris, Fonteney el Pellier, s. d. [vers 1860]*, in-8, demi-chagr. violet foncé, dos à n. orné, plats ornés à froid, tr. dor. *(Rel. de l'époque).* **300 fr.**

Orné de 12 jolies lithographies *coloriées* par *Guildrau.* Bel exemplaire.

1689 CHANSONNIER DES DEMOISELLES. XIe année. *Paris, Caillot*, 1815, in-12, br. couv. muette, étiq. au dos. *(Couv. d'origine).* **60 fr.**

Frontispice gravé par *Sophie Delvaux* représentant des jeunes filles venant présenter des fleurs et leurs hommages à la Duchesse d'Angoulême. Calendrier à la fin. *(Grand-Carteret, 1460).*

1690 CHAVANNES (M. de). — LE MOULIN A SUCRE. *Tours, Alfred Mame el fils*, 1875, in-32. *(Cartonnage en chromolithographie de l'éditeur).* **15 fr.**

1 gravure sur bois. Larges interlignes. Cartonnage or et noir, motif décoratif, sur fond bleu. *Très bel exemplaire.*

1691 CHAVANNES DE LA GIRAUDIÈRE (H. de). — LES CHINOIS pendant une période de 4458 années. *Tours, Mame*, 1845, in-8, cart. gris-violet, décors dorés. *(Cart. de l'édit.).* **100 fr.**

ÉDITION ORIGINALE. Un titre et trois planches gravées par Rouargue d'après K. GIRARDET. Vignettes sur bois. Intéressant petit ouvrage, de l'époque de la « Chine ouverte », sur l'histoire, le gouvernement, les sciences, arts, commerce, industrie, navigation, mœurs et usages de la Chine. Décors dorés, signés *Haarhaus*, représentant des armes et une scène de la vie chinoise. *Très bel exemplaire.*

1692 CHAVANNES DE LA GIRAUDIÈRE (H. de). — LES PETITS VOYAGEURS EN CALIFORNIE. *Tours, Mame*, 1853, in-8, cart. toile bleue, décors polychromes, tr. dorées. *(Cart. d'édit.).* **1.000 fr.**

PREMIÈRE ÉDITION. 8 jolies lithographies en couleurs (baie de San Francisco, rivière de l'isthme de Panama, chercheurs d'or, etc.). En texte en gros caractères. Charmant cartonnage orné de plaques or, rose, blanc, ocre et bleu ciel, représentant au 1er plat une religieuse apprenant à lire à des enfants, une petite fille jouant du piano, une sphère, des livres, un compas, etc. ; au second plat, deux collégiens penchés sur un livre ouvert, dans des banderoles : Bonne conduite, Travail, Succès. (Signé : Haarhaus, graveur). Exemplaire d'une exquise fraîcheur.

1693 CHAVANNES DE LA GIRAUDIÈRE (H. de). — LES PETITS VOYAGEURS EN CALIFORNIE. *Tours, Mame*, 1853, in-12, cart. papier de l'édit. **500 fr.**

Le même ouvrage que le précédent. 8 lithogr. en couleurs. Cartonnage en chromolithographie. Menues taches *passim.*

1694 CHAVANNES DE LA GIRAUDIÈRE (De). — SOUVENIRS D'UN VIEUX PÊCHEUR. *Tours,*

Mame, 1853, in-8, cart. toile bleue, décors polychromes, tr. dorées. **500 fr.**

ÉDITION ORIGINALE. Huit lithos en couleurs de VICTOR ADAM : pêche à la senne, Chippewayes à la pêche, p. au cormoran, p. à la baleine, p. des moules, p. aux crustacés, p. sur la côte de Bretagne. Ces illustrations sont très jolies. Décor rouge, or, vert, bleu, où se détachent des poissons, un filet de pêcheur, des oiseaux, une tête de cerf. Dos très orné or, vert, rouge. Médaillon au second plat (une trace d'humidité a effacé la partie inférieure). Insignifiantes rousseurs à quelques feuillets. Gros caractères. RARE.

1695 CHAVANNES DE LA GIRAUDIÈRE (De). — SOUVENIRS D'UN VIEUX PÊCHEUR. *Tours, Mame el Cie*, 1853, in-12. *(Cartonnage toile de l'éditeur).* **600 fr.**

Même édition, même cartonnage que le précédent *Très bel exemplaire.*

1696 CHAVANNES (Mlle Herminie). — Soirées de FAMILLE. Ouvrage destiné aux enfants de neuf à douze ans. Première série. Seconde éd. *Genève el Paris, Risler*, 1839, in-12, demi-veau vert amande à coins, dos à nerfs plats très orné. *(Rel. de l'époque).* **30 fr.**

Illustré de 4 curieuses lithographies, non signées. Quelques rousseurs.

1697 CHEMISTRY (CONVERSATIONS ON). In which the Elements of that Science are familiarly explained and illustrated by experiments. *London, Longman, Hursl, Rees and Orms*, 1809, two vols, in 8vo. half contemp. calf. clab. gilt back, leather, tickets. **125 fr.**

Illustrated with 11 engraved plates. The text is in dialogue between a mother, and her two daughters. Fine copy in a handsome binding.

1698 CHÉRUBIN. — ILLUSTRATION DES ENFANTS. Journal d'images, etc. *Paris*, 1865-1866-1867-1868, 3 vol. in-4, les deux premiers demi-chagrin rouge à coins, le 3e demi-chagr. violet à coins, non rognés. *(Rel. de l'époque).* **600 fr.**

Collection extrêmement rare de ce journal pour enfants tiré sur *papier rose et vert*, avec les couvertures conservées. Nombreuses figures sur bois, planches hors-texte (modes de poupées, découpages, etc.) se dépliant, certaines coloriées, musique, etc. Table manuscrite ajoutée au tome II. Contient des textes de *Carjat, Théodore de Banville, Gill*, etc. De toute rareté ainsi complet et en pareille condition.

1699 CHESSMAN (Daniel). — A COMPENDIUM OF ENGLISH GRAMMAR..., abridged from Lindley Murray's excellent treatise. *Hallowell (U. S. A.), Goodale, Glazier and Co*, 1821, 16mo. or. wrappers. **40 fr.**

Very fine copy.

1700 CHESTERFIELD (Lord). — ADVICE TO HIS SON, on Men and Manners or A New System of Education... etc. *London, and Soldal, Paris, by Théophile Barrois, Jun. Bookseller, no. 11, quai Vollaire*, 1815, sm. 12mo. or. half.-leather, boards. **100 fr.**

Rare edition for children, abridged and expurgated, of Chesterfield's famous letters to his son. Slightly foxed.

1701 CHESTERFIELD (Lord). — PRINCIPLES OF POLITENESS and of Knowing the World... etc., etc. The whole admirably calcutated for the improvement of Youth. *Boston, John W. Folsom also Daniel Brewer of Taunton,* 1791, sm. 12mo. or. old calf on wooden boards. *(Back damaged).* **300 fr.**

With additions by the Rev. Dr JOHN TRUSLER : « *Containing Every Instruction necessary to complete the Gentleman and Man of Fashion, ... also thoughts on Female Education ; by Benjamin Rush. M. D.* » Title and a number of pages waterstained.

1702 CHIEN DE M. CROQUE (LE). *Paris, Blanchard, s. d.* [vers 1820], in-16 oblong, maroq. vert dent. int. *(Rel. neuve).* **1.800 fr.**

6 ff. entièrement gravés. Chaque f. porte une gravure coloriée avec légende. *Terrible,* le chien de M. Croque, punit les enfants désobéissants, gourmands, paresseux... Bel exemplaire. Petit livre *extrêmement rare.*

1703 CHILD (Mrs). — THE GIRL'S OWN BOOK. New edition revised by Mrs R. Valentine. *London, William Tegg,* 1864, 16mo. or. cloth, gilt, g. e. **60 fr.**

Engraved frontispiece on steel and many wood engravings throughout the volume 468 pages. Treats of everything that comes into the life of a young girl. *Very fine copy.*

1704 CHILD-WORLD. By the Author of « Poems written for a Child ». *London, Strahan and Co,* 1869, 16mo. or. green cloth, gilt. **70 fr.**

FIRST EDITION. Illustrated with 10 full page wood engravings some by Delziel Bros, and various woodcuts in text. At end a very interesting catalogue of « *Books for the Young* published by Strahan and Co » (32 pages) with 15 full page woodcuts.

1705 CHILDREN IN THE WOOD (The history of the). *London, Whittingham and Arliss,* 1815, sm. 12mo. or. printed wrappers, with woodcut. **125 fr.**

FIRST EDITION of this version. Illustrated with 8 charmingly executed woodcuts. The work also contains a story « *The effects of beneficence.* » Two page book list. *Fine copy.*

1706 CHILDREN IN THE WOOD. *London, Dean and Co, n. d.* [circa 1830], sm. 12mo. or. printed wrappers. **80 fr.**

Illustrated with 14 hand-coloured woodcuts. Twopenny booklet.

1707 CHILDREN OF THE BIBLE (THE). *London, Religious Tract Society, n. d.* [circa 1860], sq. 8vo. or. cloth, gilt. **50 fr.**

Illustrated with 6 colourful KRONHEIM prints, and 14 woodcut vignettes. *Fine copy.*

1708 CHILDREN'S BIBLE (THE)... By a Divine of the Church of England. Adorned with Copper-Plates. *London, J. Wilkie at the Bible in St. Paul's church yard,* 1759, 12mo. or. flowered paper boards. *(Back damaged).* **1.250 fr.**

Frontispiece engraved on copper showing a Divine teaching two children *(two plates missing).* This Bible is of the greatest, rarity very few copies having survived, complete or even incomplete.

1709 CHILDREN'S BIBLE (THE) or an History of the Holy Scriptures. In which, the several Passages of the Old and New Testament are laid down in a Method never before attempted ; being reduced to the tender Capacities of little Readers, by a lively and striking Abstract, so as, under God, to make those excellent Books take such à firm Hold of their young Minds and Memories, and leave such Impressions there, both of Moral and Religious Vertue, as no Accidents of their future Lives will ever be able to blot out... *London, Printed, and Dublin, Re-Printed by Ann Law, at the Rein-Dewin Mountain-Street,* 1763, 16mo. contemp. calf. *(Lower cover worm eaten).* **4.000 fr.**

Another edition (augmented) of the preceding item. The book is divided into three parts each with title but continued pagination. THE PRINCIPLES OF THE CHRISTIAN RELIGION, ADAPTED TO THE MINDS OF CHILDREN : and AN HISTORY OF THE NEW TESTAMENT. Each part with woodcut frontispiece. The preface is signed N. H., and the book is one of the most naïve and entertaining versions of the Holy Scriptures. *Fine complete copy, of the greatest rarity.* PLANCHE 55.

1710 CHILDREN'S COMICAL AND PICTURESQUE TOY-BOOK (THE) containing The Most Favourite Stories in Humerous Style. *Paris, Truchy's Juvenile Library,* 1838, oblong 16mo. or. printed boards. **10.000 fr.**

This edition combines the four stories united in one vol. *Mother Hubbard and her Dog. Dame Trot and her Cat. Further Adventures of Dame Trot. The old Woman and her Pig.* Each story with 8 hand-coloured plates engraved on copper. Very fine fresh copy.
Together with
THE ORIGINAL COPPER PLATES IN FINE STATE OF THE 32 ILLUSTRATIONS, which can be readily used for a reimpression. PLANCHE 123.

1711 CHILDREN'S COMICAL AND PICTURESQUE TOY-BOOK (THE). Another copy same edition or. printed boards. *(Repaired and browned).* **500 fr.**

Half-title and some margins stained. PLANCHE 123.

1712 [CHILDREN'S TALES]. — Collection of 5 indestructible Nursery Classics published by *Griffith and Farran and Grant and Griffith (Successors to Newbery and Harris),* London, [circa 1835-40], sm. 8vo. bound in one vol. half-morocco. *(Contemp. binding).* **2.000 fr.**

Each work has original wrappers bound in and has all pages mounted on linen. All illustrated with delightful hand-coloured woodcuts. The titles are :
THE HISTORY OF AN APPLE PIE
COCK ROBIN, A PRETTY PAINTED TOY
COCK ROBIN AND JENNY WREN
OLD MOTHER HUBBARD AND HER DOG
CINDERELLA.
All fine copies.

1713 CHILD'S BOTANY (THE), containing much pleasing and instructing information concerning... British and Foreign Plants, expressed in a style adapted to the understandings of young persons.

By a Botanist. *London, John Limbird, n. d.* [circa 1835], sq. 12mo. or. half-leather boards. *(Worn)*.
85 fr.

> FIRST EDITION. Eight hand-coloured plates. Two page book list.

1714 CHILD'S COMPANION (THE) and Juvenile Instructor. *London, Religious Tract Society*, 1875, 8vo. or. green cloth. **75 fr.**

> Illustrated with a *Kronheim print* (The Duchess of Edinburgh) as frontispiece and 80 large and smaller woodcuts, a number by *Harrisson Weir* and one by *Gustave Doré*.

1715 CHILD'S DUTY (THE) dedicated by a Mother to her Children. *London, J. Harris*, 1835, sm. 12mo. or. half-leather boards. *(Shabby)*. **25 fr.**

> Engraved frontispiece slightly stained. The work is intended for children between the ages of 4 and 8 years, and gives practical interpretation of scriptural texts.

1716 CHILD'S FIRST BOOK OF MANNERS (THE) By the Editor of the « Parting Gift », etc. *London, Darton and Clark, n. d.* [circa 1835], 24mo. or. cloth, g. e. **30 fr.**

> Engraved frontispiece and title with vignette. The book in microscopic type. Slightly foxed. Covers very fresh.

1717 CHILD'S FIRST MUSIC BOOK (THE) or Gamut and Time-Table in Verse. *London, Dean and Son, n. d.* [circa 1840], sq. 8vo. or. cloth.
200 fr.

> The Book is divided into three parts and includes « *Jacko's Merry method of Learning the Pence Table* » and « *Amusing multiplication* ». Illustrated with 32 hand-coloured woodcuts. Large type. End paper missing, and inside loose.

1718 CHILD'S ILLUMINATED FABLE BOOK (THE). *London, William Smith, n. d.* [circa 1860], 12mo. or. cloth. *(Pages loose in binding)*. **100 fr.**

> Each page with decorative boarder, every other one, in chromolithography, and gilt. The Fables are taken from LA FONTAINE.

1719 CHILD'S ILLUMINATED PRAYER BOOK (THE). A First book of Prayers for Children. *Philadelphia, J. W. Moore*, 1846, 12mo. or. chromolithographic boards, preserved in half-morocco case. **250 fr.**

> 9 illuminated pages (interleaved) and Descriptive Index printed in red and blue at end. One of the first books of this type produced in America. *Very fine copy.*

1720 CHILD'S OWN BOOK (THE) FOR 1833 AND 1834. *London, R. Davis*, 2 vol. sm. 16mo. or. half-leather, boards. **120 fr.**

> Illustrated with numerous woodcuts. The profits of the sale of these books were given to the West London Auxiliary Sunday School Union. *Very few copies have survived.*

1721 CHILD'S OWN BOOK (THE). Illustrated with two hundred and fifty engravings by eminent Artists. *London, Printed. Reprinted in Boston by Munroe and Francis*, 1836, sq. 12mo. or. printed boards. *(Shabby)*. **200 fr.**

> 620 pages. The work contains all the stories necessary for the nursery and includes many Fairy Tales (*Cinderella,*

Ali Baba, Beauty and Beast, Blue Beard, Goody Two-Shoes, Gulliver's Travels, Hop-o'-my Thumb, Jack and the Bean-Stalk, Red Riding Hood, La Pérouse, Puss in Boots, Robinson Crusoe, Yellow Dwarf, etc., etc.). At the end is a four page illustrated book list of Munroe and Francis, Boston. A few faint water stains otherwise good copy of this much read Children's Classic.

1722 CHILD'S REPOSITARY (THE) AND INFANT SCHOLAR'S MAGAZINE, 1832, vol. VI (January to December), sm. 16mo. nr. half-leather, boards. **35 fr.**

> Numerous woodcuts. Stories and Poetry, some signed D. C. C. — Priscilla. — B. R. — C. A. — W. — L. — Z. — Montgomery. — G. F. — Cecilia. — G. J. — W. T. — G. — J. M. H. — J. B. — James Edmeston. — Sarah. — Small corner of one leaf torn.

1723 CHINESE CHILDREN'S BOOK. [*N. p. nor d.*, circa 1830], 8vo. or. wrappers. **800 fr.**

> 8 splendid and amusing hand-coulored etchings with chinese text in oriental and roman characters, without doubt executed by an occidental artist.

1724 CHIPESY (Mme). — CASIMIR ou le Héros de douze ans, suivi des Petits Orphelins. Historiettes instructives, morales et amusantes à l'usage de la Jeunesse. *Paris, Masson el Monet*, 1826, pet. in-12, bas. mouch., dos orné, pièce verte, tr. marb. *(Rel. de l'époque)*. **180 fr.**

> Titre gravé avec vignette et 3 amusantes figures gravées.

1725 CHIT CHAT or Short tales in short words, by the author of « Always Happy », etc. *London, John Harris*, 1834, sq. 12mo. or. cloth, gilt. **175 fr.**

> Illustrated with 16 charming engravings.

1726 CHOICE TALES consisting of an elegant collection of delightful little pieces for the instruction and amusement of young persons. *London, Vernor and Hood*, 1799, small 12mo. or. half-leather boards. *(Shabby)*. **80 fr.**

> Illustrated with engraved frontispiece by *J. Scott* from the drawing by *R. W. Satchwell*, coloured by a child at a later date.

1727 CHOISEUL (Comtesse *(sic)* de). — THE RETURN OF THE FAIRIES translated from the French... by CHARLOTTE HERDMAN. *Dublin, John Cumming*, 1827, post. 8vo. or. half-leather, boards. *(Corners worn)*. **600 fr.**

> FIRST EDITION of this translation, illustrated with finely engraved frontispiece, engraved title (besides printed) and 7 other plates all in contemporary hand-colouring.

1727 *bis* CHOIX DE CONTES POUR LES ENFANTS. *Paris, Louis Janet, s. d.* [vers 1820], in-12 obl. *(Cartonnage papier de l'éditeur)*. **200 fr.**

> Titre et vignette gravés, 6 planches gravées d'après les dessins de Sébastien Leroy. Cartonnage imprimé.

1728 CHOIX DE LECTURE pour les dames ou Morceaux choisis des meilleurs écrivains des deux siècles derniers. *Paris, Le Fuel, s. d.* [vers 1835], in-16, veau vert, dos orné sans nerfs, fil. cadre historié, coquille aux angles et médaillon central à froid sur les pl., dentel. intér., tr. dorées. *(Rel. de l'époque)*. **160 fr.**

Titre et 6 planches (sujets religieux) dessinés et gravés par *Villerey*. Petit texte, mais largement interligné et facile à lire, imprimé chez Eberhart. Charmante reliure dans un état parfait de fraîcheur.

1729 CHRISTIAN (P.). — L'ALGÉRIE DE LA JEUNESSE. *Paris, Desesserts, s. d.* [vers 1847], in-8, cart. toile bleu clair, tr. dorées. **300 fr.**

14 lithos coloriées. Nombreuses vignettes dans le texte. Même décoration qu'au n° précédent, mais, sur le second plat, le motif floral doré est remplacé par un guerrier arabe.

1730 CHRISTIAN (P.). — L'ALGÉRIE DE LA JEUNESSE. *Paris, Desesserts, s. d.* [vers 1847], in-8, cart. toile noire, tr. dorées. **250 fr.**

Voir le n° précédent. Sur le premier plat, grande composition dorée : un zouave et un chasseur d'Afrique dans un décor de palmiers. Sur le second plat, motif floral doré.

1731 CHRISTIAN (P.). — L'ALGÉRIE DE LA JEUNESSE. *Paris, Desesserts, s. d.* [vers 1847], in-8, cart. en polychrome imprimé sur papier imitant la toile. **500 fr.**

Voir les n°ˢ précédents. Le cartonnage en papier crème est décoré de motifs imprimés jaune, vert, rouge, brun, bleu clair : palmeraies, chameaux, Arabe fumant sous la tente, zouave, etc. Bel exempl. *Type de cartonnage très rare.* Quelques rousseurs pâles *passim*.

1732 CHRISTIAN PILGRIM (THE), containing an account of the Wonderful Adventures and Miraculous Escapes of a Christian in his travels from the land of destruction to the New Jerusalem. [two volumes in one]. *Hartford. John Babcock*, 1802, sm. 12mo. *(Unbound)*. **75 fr.**

Second American edition. Slightly foxed.

1733 CHRISTIAN SECTS (THE), containing an Account of their origin, or founders ; A Brief Sketch of their History ; distinguished Doctrines, Rites and Ceremonies ; their eminent men, or Chiefs Writers ; their numbers, and the Countries in which they are most prevalent. *London, William Darlon*, [1825], sm. 8vo. or. printed wrappers. **400 fr.**

Illustrated with 12 hand-coloured engravings. Fine copy.

1734 CHRISTIE'S OLD ORGAN or « Home Sweet Home ». *London, Religious Tract Society, n. d.* [circa 1860], 12mo. or. cloth, gilt. **15 fr.**

FIRST EDITION. Illustrated with 3 full page woodcuts. One quire loose.

1735 CHRISTMAS BOX (A) containing the following Bagatelles... Set to Music by Mr. Hook. *London, A. Bland and Weller, n. d.* [circa 1790], folio. **800 fr.**

Contains, set to music and engraved, the following nursery rhymes. « *Goosy Goosy Gander. — See Saw Margery Daw. — Little Jack Horner, Sat in his Corner. — Hey Diddle Diddle, the Cat and the Fiddle. — Tell Tale tit. — How does my Ladies Garden Grow. — Hot Cross Buns. — Three Children Sliding on the Ice. — Hushaby Baby upon the Tree Top. — Who comes here, a Grenadier. — See Saw*

Saccaradow. — Make a cake make a Cake Bakers man. Fine copy.

1736 CHRISTMAS BOX (THE) or New Year's Gift. *London, Religious Tract Society*, 1825. Reprinted *London, Field and Tuer*, 1889-90, 8vo. or. printed boards. **60 fr.**

Facsimile reprint of this delightful book with many charming woodcuts. *Fine copy.*

1737 CHRISTMAS EVE or the Story of Little Anton. A Present for Children. From the German. *London, Joseph Cundall*, 1849, sq. 12mo. or. green cloth, gilt. *(Back faded)*. **50 fr.**

Frontispiece engraved on wood. *Very fine copy.*

1738 CHRISTMAS EVE or the Story of Little Anton. 1850, or. cloth, gilt. **35 fr.**

Another copy, fine.

1739 CHRISTMAS HOLIDAYS or the Young Visitants ; A Tale in which many pleasant descriptions of that festive season, both in Town and Country, are given for the benefit of the Rising Generation, *London, J. Harris (Successor to E. Newberry). Corner of St Paul's Church-Kard*, 1806, sm. 12mo. or. half-leather boards with ticket. **300 fr.**

FIRST EDITION. Illustrated with four splendid plates. I. Nelson's Funeral. II. Dᴿ Prearchwell. III. Shooting. IV. Wild Beasts in the Tower. *Fine copy.*

1740 CHRISTMAS IMPROVEMENT or hunting Mrs P. A Tale, founded on facts, intended as A Christmas Box for those who wish to begin the New Year without her. *London, Simpkins and Marshall*, 1841, sq. 12mo. or. cloth, gilt. **115 fr.**

Illustrated with 7 woodcuts. *Very fine copy.*

1741 CHRISTMAS TALES for the Amusement and Instruction of Young Ladies and Gentlemen in Winter Evenings. *London, J. Marshall and Co, n. d.* [circa 1785], light calf, gilf. *(Modern binding)*. **1.250 fr.**

Frontispiece engraved on copper and 27 quaint woodcuts. *Fine copy.*

1742 CHRISTMAS WITH THE POETS. A collection of Songs, Carols, and Descriptive Verses, relating to the Festival of Christmas... *London, David Bogue*, 1855, 4to. or. full leather, gilt g. e. *(Publisher's binding)*. **500 fr.**

Illustrated with 53 tinted wood engravings from the drawings of BIRKET FOSTER. Each page gilt frame and the are many large illuminated initials. Handsome chromo-lithographed frontispiece. The pages are loose, but a very fine copy.

1743 CHRISTIAN WREATH (THE) of Prose, Poetry and Art. *London, Religious Tract Society, n. d.* [circa 1860], 12mo. or. blue cloth, gilt. **200 fr.**

Illustrated with 8 remarkable *Kronheim* colour prints of various beauty spots and towns, including a fine view of NEW YORK FROM STATEN ISLAND. *Fine fresh copy.*

1744 CHRONOLOGIE UNIVERSELLE ou Principaux événements de l'Histoire ancienne et moderne. *A Paris, chez les Marchands de nou-veaulés, s. d.* [vers 1825], in-8 carré. *(Cartonnage et élui de l'éditeur).* **250 fr.**

18 lithographies coloriées, une par siècle, en représentant la scène la plus représentative. Notice explicative au-dessous. Les lithographies, collées sur carton, forment un album dépliant en deux parties. *Etui et dos restaurés.*

1745 CHRONOLOGY (THE) OF KINGS OF EN-GLAND, from the Conquest in prose and verse. *London, William and Son,* 1834, sq. 12mo. or. printed wrappers. **100 fr.**

Illustrated with 36 woodcuts showing sovereigns of England and a view of the House of Commons. The book is printed on blue paper. *Fine copy.*

1746 CINDERELLA or the little glass slipper. A new and improved edition. *London, Bensley and Son, n. d.* [circa 1830], small 12mo. or. printed wrappers. **65 fr.**

Illustrated with a charming, engraved frontispiece. This instructive edition has notes with moral lessons. Two page book list at end.

1747 CINDERELLA. History of. *London, Dean and Son, n. d.* [circa 1830], 12mo. or. printed wrappers. **175 fr.**

Illustrated with 9 hand-coloured woodcuts, and two on cover. *Fine copy.*

1748 CINDERELLA or the Little Glass Slipper. *London, John Harris, n. d.* [circa 1826], sm. 8vo. or. printed boards, preserved in half-morocco case. **2.500 fr.**

Illustrated with 14 hand-coloured wood engravings and vignette on title. 1 page book list at end. *Fine copy.*

1749 CINDERELLA or the Little Glass Slipper. *John Harris,* 1832, or. printed boards preserved in half-morocco case. **1.800 fr.**

Another copy with same plates as preceding item. *Fine.*

1750 CINDERELLA or the Glass Slipper. *London, A. Park, n. d.* [circa 1850], larg. 8vo. or. printed wrappers. **125 fr.**

Illustrated with 8 hand-coloured woodcuts. From the « Humpty Dumpty Tales ». *Fine copy.*

1751 CINDERELLA or the Little Glass Slipper. *London, J. M. Dent and Co,* 1894, 16mo. or. cloth, gilt. **20 fr.**

38 illustrations in black and white. The book also contains « *Jack and the Bean Stalk.* » Fine copy.

CINDERELLA. See Nos 1524 to 1526, 1595 to 1596, 1986 and under CHARLES PERRAULT.

LA CIVILITÉ PUÉRILE

1753 CIVILITÉ PUÉRILE (LA) avec la discipline et institution des enfants. *Lyon, Anloine Volant et Thomas de Stralon,* 1564, in-16, vélin *de l'époque,* conservé dans une boîte maroquin. **10.000 fr.**

Rarissime édition, inconnue de Brunet, imprimée avec les caractères cursifs français gravés à Lyon en 1557, par Nicolas Granjon. Le titre est orné d'un joli cadre ovale et d'une vignette gravés sur bois.

1754 CIVILITÉ PUÉRILE (LA) à laquelle avons adjousté la discipline et instruction des enfans. Aussi la doctrine et enseignement du père de famille à la jeunesse. *Paris, par Mahiel du Boys, pour Claude Nicard, demeuranl au Clos Bruneau, à l'enseigne de la Chaise,* 1582, petit in-8, maroq. vert janséniste, dos à nerfs, filet doré sur les coupes, jolie dent. int., tr. dorées. *(Cuzin).* **4.500 fr.**

Beaux caractères de civilité. Marque typographique sur bois sur le titre (à la bonne foi), citée par Ph. Renouard, *Imprimeurs parisiens au XVIᵉ siècle,* p. 269, voir aussi p. 105. *Très bel exempl. orné de l'ex-libris H. Bordes.*

1755 BARTHÈS (J.-J. de). — CIVILITÉ OU INS-TRUCTION DE LA JEUNESSE. Pour apprendre les bonnes mœurs et à bien lire et escrire.

Paris, de l'impr. des nouveaux caraclères invenlés par P. Moreau, 1645, in-8, vélin. *(Rel. anc.).* **250 fr.**

Très rare ouvrage de civilité, imprimé avec les caractères d'un type particulier, « inventés » par P. Moreau, et différents des caractères, semblables à l'écriture bâtarde, et de son invention également, avec lesquels sa veuve, en 1648, imprima une *Enéide* de Virgile. Les caractères de civilité du présent ouvrage, très lisibles, sont d'un dessin très original. Encadrement de petits fleurons à chaque page. Exemplaire malheureusement *incomplet des pages 1 à 8 du texte.* Les ff. liminaires sont au complet.

1756 CIVILITÉ (LA) qui se pratique en France parmi les Honnêtes gens pour l'Éducation de la Jeunesse, avec une méthode facile pour apprendre à bien lire, etc. *Orléans, C.-A. Le Gall,* 1772, pet. in-8, demi-maroq. rouge à long grain à coins, tr. r. *(Rel. mod. imitant l'anc.).* **500 fr.**

Rare impression « de civilité » orléanaise, contenant les « *Quatrains de M. de Pybrac* ». Très bel exemplaire auquel on a conservé la *couverture de brochure,* en papier de *dominotier,* imprimé en coloris, portant l'inscription : *A Orléans chez Le* [*Fourmy*]. Rare en pareille condition.

1757 CIVILITÉ (LA) qui se pratique en France parmi les honnêtes gens, pour l'éducation de la jeunesse, avec une méthode facile pour apprendre à bien lire, prononcer les mots et les écrire. Les QUATRAINS du sage M. DE PYBRAC, et l'arithmétique en sa perfection. *Orléans, Rouzaud-Montaut*, 1785, in-8, vélin. *(Rel. anc.).*   **500 fr.**

La Civilité et les Quatrains de Pybrac sont en caractères de civilité. A la suite, en caract. romains, et paginés à part, l'arithmétique et une « Méthode très facile pour apprendre à écrire les mots les plus nécessaires ». *Bel exemplaire.*

1758 CIVILITÉ (LA) qui se pratique en France parmi les honêtes *(sic)* gens, pour l'éducation de la Jeunesse, etc. Nouvelle édition corrigée et mise en meilleur François que les précédentes. *Poitiers, F. Barbier*, 1789, pet. in-8, demi-maroq. à long grain rouge, à coins, tr. rouges. *(Rel. mod. imitant l'anc.).*   **500 fr.**

Très rare édition de cette « Civilité » imprimée à *Poitiers*, en très beaux « *caractères de civilité* » La première ligne du titre (La Civilité) est d'un bloc gravé sur bois, exacte copie de caractères de civilité employés pour la première fois un siècle et demi auparavant. Nombreuses lettres ornées. Quatrains de *M. de Pybrac.* Très bel exemplaire.

1759 CIVILITÉ CHRÉTIENNE ET MORALE pour l'instruction des enfants et de toutes personnes qui n'ont pas encore reçu d'éducation... dressée par un missionnaire. Suivie des QUATRAINS DE M. DE PIBRAC et d'un petit traité d'orthographe... le tout corrigé, augmenté et mis dans un nouvel ordre par le cit. Deneufchatel. *Paris, Nyon*, an XII, 1804, in-12, demi-maroq. rose, dos orné à nerfs, non rogné. *(Rel. neuve).*   **600 fr.**

3 gravures sur cuivre : enfants en récréation, en classe, au réfectoire. La *Civilité* et les *Quatrains* sont en caractères de civilité. Un f. restauré en marge. Intéressante édition, *Bel exemplaire.*

1760 CIVILITÉ HONNÊTE (LA) pour les Enfans, qui commence par la manière d'apprendre à bien lire, prononcer et écrire, revue et corrigée. *Caen, Chalopin*, s. d. [vers 1800], pet. in-12, demi-maroq. r. à long grain à coins, tr. r. *(Rel. mod. imitant l'anc.).*   **250 fr.**

Rare « Civilité » imprimée à *Caen*, en *caractères de civilité*, décrite par le *Dr Hélot* (*Bibl. Bleue en Normandie*, p. 22). Bois gravé sur le titre avec l'inscription : *Fortitudo Dei*, lettres ornées. Bel exemplaire.

1761 CIVILITÉ (LA) honnête, pour l'instruction des Enfans... dressée par un Missionnaire, etc. *Beauvais, A. Desjardins*, s. d. [vers 1810], pet. in-8, demi-percal. violet.   **150 fr.**

Rare impression « de Civilité » de Beauvais, ornée d'un grand bois gravé en frontispice, contenant les *Quatrains du Seigneur de Pybrac*. On a relié à la fin ces mêmes « Quatrains » imprimés aussi en caractères de civilité extraits d'une édition de 1714. Bel exemplaire.

1762 [CIVILITÉ]. — Petit manuel de politesse ou Nouveau Traité de la civilité à l'usage des enfans, suivi de proverbes et sentences chrétiennes. *Limoges, Martial Ardant*, s. d. [vers 1810], pet. in-12, demi-maroq. à long grain vert foncé, à coins, tr. j. *(Rel. mod. imitant l'anc.).*   **150 fr.**

Très bel exemplaire ; rare, *surtout que les couvertures imprimées et ornées sont* conservées.

1763 CIVILITÉ PUÉRILE (LA) et Honnête, pour l'instruction des enfans... dressée par un Missionnaire, avec des Préceptes et instructions pour apprendre à la jeunesse à se bien conduire dans les compagnies. *Paris, Th. Leclerc*, 1813, in-12, demi-maroq. vert à long grain, à coins, fil. dorés, fleurons à froid, tr. j. *(Rel. mod. imitant la rel. romant.).*   **200 fr.**

Rare impression en *caractères de civilité*, contenant un *alphabet*, méthode de lecture, les *Quatrains du Seigneur de Pibrac*, revus sur l'édition de 1598. Exemplaire en parfait état ce qui est rare pour ces ouvrages.

1764 CIVILITÉ (LA) puérile et honnête pour l'instruction des Enfans... corrigée de nouveau... dressée par un Missionnaire. *Mantes, Refay, s. d.* [vers 1820], in-12, demi-bas. fauve. *(Rel. anc.).*   **125 fr.**

Curieuse et rare impression Mantaise « de Civilité » contenant les *Quatrains de Pybrac*. On a joint à la fin du volume : la Géographie des Commençants... par C.-C. LE TELLIER... à l'usage des demoiselles élèves de Saint-Denis. *Paris, Leprieur*, 1821 (2 cartes gravées se dépliant). Rel. un peu frottée.

1765 [CIVILITÉ]. — LA SALLE (J.-B. de). — Les Règles de la Bienséance et de la Civilité Chrétienne divisées en deux parties, à l'usage des écoles de garçons. *Rouen, Labbey*, 1797, in-12, parchemin ancien. *(Rel. anc.).*   **250 fr.**

Impression rouennaise en *caractères de civilité* non citée par le *Dr Hélot.* Cette « Civilité » est due au fondateur de l'Institut des Frères des Ecoles Chrétiennes. A la suite se trouve un « Abrégé de Grammaire françoise à l'usage des écoles chrétiennes ». Qq. rouss.

1766 LA SALLE (Jean-Baptiste de). — LES RÈGLES DE LA BIENSÉANCE ET DE LA CIVILITÉ CHRÉTIENNE, divisées en deux parties, pour l'instruction de la jeunesse. *Rouen, P. Seyer et Behourt*, s. d. [vers 1800], petit in-8, vélin. *(Rel. de l'époque).*   **150 fr.**

Édition en caractères de civilité (sauf le titre et les préfaces) du célèbre petit traité de J.-B. de la Salle, l'illustre fondateur de la Confrérie des Frères des Écoles chrétiennes, mort en 1719. Ouvrage maintes fois réimprimé et qui demeura en usage dans les écoles des Frères jusque vers 1880. Ces caractères de civilité sont jolis et plus lisibles que ceux du XVIe et du XVIIe siècles. Exemplaire très lu, mais complet et en très bon état intérieur. Signatures à l'encre sur le titre.

1767 [CIVILITÉ]. — LES RÈGLES DE LA BIENSÉANCE et de la Civilité Chrétienne divisées en deux parties à l'usage des Écoles Chrétiennes des Filles. *Rouen, Mégard*, 1831, in-12, vélin ancien. *(Rel. de l'époque).*   **80 fr.**

Impression rouennaise *en caractères de civilité.* Du nez et de la manière de se moucher et d'éternuer. *De la bouche, des Lèvres, des Dents et de la Langue. De la manière de se déshabiller*, etc.

1768 CLAUDINE... A Swiss tale by the author of Always Happy, Nina, etc. *London, J. Harris and Son,* 1822, 12mo. or. printed boards.   **250 fr.**

FIRST EDITION. Illustrated with a frontispiece and five remarkable plates, each showing two subjects, all beautifully engraved and brilliant in impression. The author signs the dedication with the initials M. E. B. *Fine copy.*

1769 CLAUDIUS (Georg-Carl). — Kleine, leichte und angenehme Kinderspiele zur gesellschaftlichen Unterhaltung. Ein Taschenbuch für Kinder der gebildeten Stände. *Leipzig, J.-L. Hinrichs, s. d.* (1810), in-12, cart. papier imprimé *de l'édit.*   **50 fr.**

4 très jolies gravures représentant des jeux de plein air et d'appartement ; titre gravé ; quelques vignettes explicatives des jeux décrits. Intéressant ouvrage, écrit sous forme de dialogue, véritable manuel des jeux enfantins. Le cartonnage orné de vignettes appropriées est passé, mais l'exemplaire est intérieurement très frais.

1770 [CLEMENS (S. L.)]. MARK TWAIN. Huckleberry Finn. Tom Sawyer's Comrade. *New York, Charles L. Webster and Company,* 1885, 8vo. or. green, gilt.   **14.000 fr.**

FIRST EDITION, FIRST ISSUE. 174 illustrations. The frontispiece by E. W. Kemble dated 1884. The plate at page 87 listed in « List of Illustrations » as at 88. Page 283 on a Stub, later issues were properly bound in. It is said that this page was taken out because at first printing the illustration appeared to be so badly engraved as to be offensive. No copies with such an illustration are known : the plate was evidently repaired and the new illustration inserted on a stub. Later issues of the first edition have the leaf correctly bound in. The misprint « was » for « saw » page 57 line 11 from bottom. *Exceptionally fine copy.*

1770 bis. [CLEMENS (S. L.)]. MARK TWAIN. Huckleberry Finn. [The adventures of of]. *London, Chatto el Windus,* 1884, 8vo. or. red cloth, gilt.   **3.200 fr.**

THE FIRST LONDON EDITION dated one year before the American edition and consequently the first issue of the book. 32 page book catalogue at end dated april 1885. Fine copy, with the covers very fresh.

1771 CLÈRE (Jules). — LES VACANCES D'AUTOMNE ou les jeunes oiseleurs. *Paris, Levrault,* 1835, in-16. *(Carlonnage papier de l'éditeur).*   **150 fr.**

Vignette de titre, une lithographie et 2 planches lithographiées dépliantes. Très rare avec le cartonnage lithographié sur papier vert, où un hibou surmonte les accessoires de l'oiseleur. *Bel exemplaire très frais.*

1772 CLERGYMAN'S CHILDREN (THE). *London, Religious Tract Society, n. d.* [circa 1845], small 24mo. or. printed wrappers.   **25 fr.**

Illustrated with 2 woodcuts vignettes. *Penny booklet.*

1773 COBWEBS TO CATCH FLIES or Dialogues in short sentences, adapted to children from the age of three to eight years. *London, Baldwin, Cradock and Joy,* 1825, two volumes bound in one vol in 12mo. contemp. morocco.   **150 fr.**

Illustrated with 24 charming woodcuts *(one coloured by a child).* Tuer, in F. C. B. (pages 21-24) reproduces an earlier edition published by J. Marshall [circa 1800]. *Fine copy.*

1774 COCHIN (J.-D.-M.). — MANUEL DES FONDATEURS et des directeurs des premières écoles de l'enfance, connues sous le nom de Salles d'asile. *Paris, Hachelle,* 1833, in-8, broché, couv. impr.   **750 fr.**

ÉDITION ORIGINALE rare de cet ouvrage capital du célèbre fondateur des salles d'asile à Paris (1789-1841). Il contient 20 pp. de musique pour enfants (chant de l'alphabet, chant de l'épellation, la numération, chant de la table de Pythagore, etc.) et 9 planches gravées au trait (la dernière se dépliant) représentant : l'entrée en classe, la prière, l'épellation, écriture et tracé, etc. *Bel exemplaire.*

1775 COCK ROBIN [The Death and Burial of] as Taken from the original Manuscript, in the Possession of Master Meanwell. *Lichfield, M. Morgan and A. Morgan, Slaffard, n. d.* [circa 1780], 16mo or. wrappers.   **150 fr.**

Very rare penny chapbook illustrated with 15 quaint woodcuts.

1776 DEATH OF COCK ROBIN (THE). *N. place, n. d.* [circa 1840], 4to. oblong, or. wrappers. **80 fr.**

SPECIMEN PROOF. Illustrated with 8 hand-coloured crudely executed woodcuts.

1777 COCK ROBIN (THE DEATH AND BURIAL OF). *Olley, William Walker and Sons, n. d.* [circa 1850], 12mo. or. printed wrappers.   **25 fr.**

Nine quaint woodcuts. Large type. *Fine copy.*

1778 COCK ROBIN AND JENNY WREN (The courtship, merry marriage and pic-nic dinner of). To which is added, The doleful death of the bridegroom. *London, John Harris, n. d.* [circa 1830], sm. 8vo. or. printed wrappers, preserved in half-morocco case.   **600 fr.**

Illustrated with a frontispiece and 16 hand-coloured woodcuts.
PLANCHE 122.

1779 COCK ROBIN AND JENNY WREN (The Courtship, Merry Marriage and Pic-nic Dinner of). Sm. 8vo. or. cloth.   **500 fr.**

Same edition, same plates as preceding item.

1780 COCK ROBIN AND JENNY WREN (The courtship and wedding of)... *London, Grant and Griffith, n. d.* [circa 1840], 12mo. or. printed wrappers.   **30 fr.**

Illustrated with six drawings by *Harrison Weir.* Pleasure Books for Young Children.

1781 COCKLE (Mrs). — THE JUVENILE JOURNAL or Tales of Truth. Dedicated, by permission, to Lady Eden. *London, C. Chapple,* 1811, small 12mo. half-leather, boards.   **125 fr.**

Illustrated with an engraved frontispiece showing a young boy at the tailor's. 5 page book list at end. Tuer quotes the edition of 1817 F. C. B. page 293.

1782 COCKLE (Mrs). — MORAL TRUTHS and Studies from Natural History, intended for the Juvenile Journal or Tales of Truth. *London, C. Chapple,* 1810, 12mo. contemp. calf. gilt.   **40 fr.**

FIRST EDITION. The book is inspired by the works of *Shaw, Darwin* and *Paley.*

1783 **COLAU (P.).** — L'HISTORIEN DE LA JEU-
NESSE ou le Miroir de la vérité. *Paris, Masson
et Yonet,* 1829, 2 vol. in-12, bas. polie vert foncé,
dos bien orné, pet. guirlande dorée autour des
plats, ornementation de beau style, à froid, au
centre de chaque plat, tr. marb. *(Rel. de l'époque).*
130 fr.

ÉDITION ORIGINALE ornée de 8 figures gravées par
Willaeys. Très bel exemplaire dans une jolie reliure de
toute fraîcheur. Rare en semblable condition.

1784 **COLBRANT-MICHENEAU (Mme C.).** —
L'ÉCOLE DE VILLAGE. *Paris, Louis Janet,
s. d.* [vers 1840], in-16 carré, mar. grenat, dos
orné sans nerfs, fil. et fers à froid sur les pl., dent.
intér., tr. dorées. **150 fr.**

6 jolies lithographies de *Lassalle,* tirées chez *Lemercier.*
Très bel exemplaire *(malgré quelques rousseurs)* dans une
jolie reliure romantique.

1785 **COLE (B.).** — SELECT TALES AND FA-
BLES with Prudential Maxims and other Little
Lessons of Morality in Prose and Verse. Equally
Instructive and Entertaining for the use of Both
Sexes... etc. *London, T. Osborn* (1746), 2 vols. in
one vol. in sm. 12mo. old calf. *(Restored).* **100 fr.**

Illustrated with engraved frontispieces and titles pages
and 60 engravings by *Benjamin Cole.* Tear in margin of
one plate affecting small corner of the engraving.

1786 **COLET (Louise).** — HISTORIETTES MORA-
LES. *Paris, A. Royer,* 1845, in-8, cart. toile grenat,
décors polychromes, tr. dorées. *(Cart. d'édit.).*
200 fr.

ÉDITION ORIGINALE. 9 lithographies tirées en bistre,
de BERTRAND et J. PETIT. Nombreuses figures sur bois
dans le texte par E. de Beaumont et 3 dessins de GA-
VARNI gravés sur bois à pleine page. Exempl. cartonné
par l'édit. avec le premier plat de la couverture rouge et
noire, avec vignettes, à l'adresse de la librairie pittoresque
de la jeunesse. Ouvrage de Louise Colet non cité par Vicaire
ni Carteret. Dans le bagage littéraire de la célèbre muse
romantique, les livres à l'usage des enfants sont rares.
Décor de médaillons, fleurons et rinceaux dorés, rouges et
jaunes, avec petits personnages lisant ou peignant, palette
en main. Rare. JOLI EXEMPLAIRE.

1787 **COLIN ET LOUIS.** — Les joies du hameau.
Dessins et texte tirés du Grand Conteur des familles. *Pont-à-Mousson, Haguenthal, s. d.* [vers 1855],
in-16. *(Cartonnage papier de l'éditeur).* **60 fr.**

6 lithographies, la première reproduite, coloriée sur le
premier pl. du cartonnage chamois, orné d'entrelacs bordés de noir. *Bel exemplaire.*

1788 **COLLECTION D'AFFICHES ILLUSTRÉES,**
éditées pour le lancement de livres d'enfants.
La collection. **1.000 fr.**

Ces affiches, de formats divers, toutes ornées de grandes
lithos joliment coloriées à l'époque. Imprimées sur papier
fort, elles étaient destinées à l'affichage à l'intérieur des
librairies.
1. *Les Aventures de Jean-Pierre Picou en Crimée.*
27,5 × 36 centimètres. (Lith. Destouches).
2. *Les Contes de la Mère Etrennes* (par Marie Mallet),
31,5 × 48,5 centimètres (Lith. Decan).
3. *Le Petit Magasin des Enfants,* par Marie Mallet 28 × 36
centimètres. (Lith. Destouches).

3. *Le Petit Magasin des Enfants,* par Marie Mallet.
4. *Le Bonhomme Justice,* par Mme Marie Mallet, 31,5 × 48
centimètres. (Lith. Destouches).
5. *Le jeune Touriste ou Promenade en France,* par Mme
Marie Mallet, 31,5 × 48 centimètres. (Lith. Destouches).
6. *Chansons et rondes enfantines,* par Du Mersan,
27,5 × 35,5 centimètres. (Lith. Destouches).
7. *Album du Jeune Voyageur,* par Michel Moring,
31,5 × 48 centimètres. (Desesserts, éditeur. Lith. Destouches).
8. *Magasin des Enfants, journal des jeunes garçons.*
Page spécimen, in-8°, ornée de deux lithographies en couleurs. Notice-prospectus intéressante pour l'histoire des
périodiques enfantins.

1789 [**COLLECTION DE BROCHURES DE COL-
PORTAGE**]. *Paris, Librairie française et étrangère,
s. d.* [vers 1867], demi-chagr. Lavallière. **75 fr.**

Recueil factice formé de 54 plaquettes imprimées sur
papiers de couleurs. Vignettes. Collection de contes à
l'usage des enfants, très difficile à réunir. *Bel exemplaire.*

1790 **COLLECTION OF FABLES (A)** for the Instruction and Amusement of Little Misses and
Masters. *York, J. Kendrew, n. d.* [circa 1815],
32mo. or. printed wrappers. **50 fr.**

23 quaint woodcuts and an Alphabet. Penny chapbook.
Fine copy.

1791 **COLLECTION** OF 6 PENNY BOOKLETS
printed in *London, by Religious Tract Society, n.
d.* [circa 1840], 16mo. or. printed wrappers. **85 fr.**

Each story with a woodcut. The titles are *Tom Brian
in trouble. Slippery places. — The Stolen purse. — Uncle
Amos. — The Persian girl. — The lighthouse keeper's
daughter.* Fine copy.

1792 **COLLECTION** OF 6 PENNY WOODCUT
SHEETS. *High-Ousegale, York, R. Burdekin, n. d.*
[circa 1840], 4to. folded. **90 fr.**

Each sheet has 4 pages and has 12 quaint woodcuts of
animals, birds, sheps, games, etc.

1793 **COLLECTION** OF 5 PENNY BOOKLETS.
London, Houlston and Sons, n. d. [circa 1845],
or. printed wrappers. **60 fr.**

Little Arthur. — Bunch of Violets. — Mountain of
Health. — Kind Little Boy. — Lady in the Arbour, all
by Mrs CAMERON or Mrs SHERWOOD. *Fine copies.*

1794 **COLLECTION** OF 9 TWOPENNY BOOK-
LETS printed in *London, by Society for Promoting
Knowledge,* 1847-1849, 24mo. or. printed wrappers.
125 fr.

Three with charming woodcut frontispieces. The titles are
*Vanity, Quarrelling, Contradiction, Falschood, Selfishness,
Disobedience the Passioncite Boy, The Baker's Boy. The
Idle Boy.*
Fine copies, as new.

1795 **COLLECTION** OF 5 JUVENILE BOOKLETS
issued by the *Society for promoling Christian
Knowledge. London, n. d.* [circa 1850], 5 vols. sm.
12mo. or. printed wrappers. **60 fr.**

Each vol. illustrated with woodcut frontispiece. « *The
Hen and Chickens. — The Love-Birds. — The Broken
Pitcher. — The Caterpillar. — The Minowe.* » Fine copies
as new.

1796 **COLLECTION** OF 6 PENNY BOOKLETS. *London, Religious Tract Society, n. d.* [circa 1850], 16mo. or. printed wrappers.   **50 fr.**

Each vol. with a woodcut. « *Time Flies. The three Spots. Your Best Friends. Only this Once. The Coral Islands. A Walk in a Chinese City* ». Fine fresh copies, each a different colour.

1797 **COLLECTION** OF 4 TWOPENNY BOOK-LETS printed in *London, by John and Charles Mozley*, 1857, small 16mo. or. coloured and printed wrappers.   **60 fr.**

Each booklet with frontispiece engraved on wood. The titles are *Jenny Giles. Lucy Field. The White Satin Shoes. Little men and women.* Fine copies, as new.

1798 **COLLECTION** OF 6 PENNY BOOKLETS published in *London, Sunday School Union, n. d.* [circa 1860], sm. 12mo. or. printed wrappers.
75 fr.

Each with a woodcut. The titles are *Little George. Death of a Tree. Ten Sick men. The Violet. I must see master. An evening talk.* Mint copies.

1800 **COLLECTION DE PLAQUETTES POUR ENFANTS.** *Paris, 33, rue des Saints-Pères, s. d.* [vers 1875], 35 broch. in-16, couvert. impr.   **100 fr.**

Les Agneaux de Jésus, Aline et sa nourrice, Le bon Berger, Le Brave petit Jean et la Bible, La Caisse d'épargne du Bon Dieu, Ce que dit l'arbre de Noël, Ce qu'on peut quand on le veut. Escapade de deux enfants désobéissants. etc., etc. Chacune de ces nouvelles est illustrée d'une vignette sur bois. Collection difficile à réunir. *Exemplaires état de neuf.*

1801 **COLLECTION DE PLAQUETTES POUR ENFANTS.** *Paris, 33, rue des Saints-Pères, s. d.* [vers 1875], 22 brochures in-16, couvert. imp. **70 fr.**

Aline et sa nourrice, Le Bon Berger, Le Brave petit Jean et sa Bible, Ce que dit l'arbre de Noël, Georges ou le gardeur d'oies, etc., etc. Chacune de ces nouvelles est illustrée d'une vignette sur bois. Collection difficile à réunir. *Etat de neuf.*

1802 **COLLECTION DE PLAQUETTES POUR ENFANTS.** *Paris, 33, rue des Saints-Pères, s. d.* [vers 1875], 3 in-16 et 1 in-32, couvert. imp. **20 fr.**

Aline et sa nourrice, Chat et souris, Le Noël de Marthe, Les Violettes de Madeleine (double). Vignettes sur bois. *Etat de neuf.*

1803 **COLLECTION OF WOODCUT PROOFS** USED FOR CHILDREN'S BOOKS, pasted in oblong album 4to. *n. d.* [circa 1810-1830], contemp. boards.   **1.000 fr.**

Splendid collection numbering 442 PUBLISHER'S PROOFS *(not clippings from books)* of fine woodcuts used in well known Juvenile Books and Chapbooks. Some of them are in two states (in line and with Shading). Some are signed by ORLANDO JEWITT. The subjects are many and include children's games, charming scenes with quaint costumes, ships, animals, flowers, John Gilpin, Bible Scenes, etc., etc. Fine collection, very important for the history of woodcuts used to illustrate Juvenile literature.

1804 **COLLIER (J. P.).** — PUNCH AND JUDY. With Illustrations designed and engraved by GEORGE CRUIKSHANK. Accompanied by the Dialogue of the Puppet Show, an Account of its

Origin, and of Puppet Plays in England. *London, S. Prowell,* 1828, 8vo. red morocco, gilt, by *Rivière,* g. e.   **3.500 fr.**

FIRST EDITION, with the 24 plates on thick paper by *Cruikshank* in two states, coloured and uncoloured. *Fine tall copy.*

1805 **COLLIER (J. P.).** — PUNCH AND JUDY. *London, S. Prowell,* 1828, contemp. half-calf. **850 fr.**

Second edition published same year as the first. Plates coloured. *Fine copy.*

1806 **COLLIN DE PLANCY.** — PETIT DICTIONNAIRE CLASSIQUE D'HISTOIRE NATURELLE ou Morceaux choisis sur nos connaissances dans les trois règnes, etc. *Paris, Mongie* (1826), 2 vol. in-12, demi-veau rouge-cerise, dos orné, tr. marb. *(Rel. de l'époque).*   **200 fr.**

Bel exemplaire de ce petit dictionnaire contenant des extraits de *Bernardin de Saint-Pierre, Chateaubriand, Berchoux,* etc., avec 30 planches « *gravées à l'anglaise* ». La vignette sur le titre du tome II représente une scène de *tauromachie;* le texte qui s'y rapporte est extrait de *Florian* (Gonzalve de Cordoue).

1807 **COLLIN DE PLANCY.** — PETIT DICTIONNAIRE CLASSIQUE D'HISTOIRE NATURELLE ou Morceaux choisis sur nos connaissances acquises dans les trois règnes de la Nature, etc. *Paris, Librairie Universelle de Bohaire, s. d.* [vers 1820], 2 vol. in-12, demi-veau fauve, dos orné, pièces de couleur, tr. marb. *(Rel. de l'époque).*
400 fr.

Même ouvrage que le précédent orné des trente planches gravées à l'anglaise *très finement enluminées à l'époque* (2 titres gravés). *Bel exemplaire.*

1808 **COLLIN DE PLANCY (J.).** — LÉGENDES DE L'ANCIEN TESTAMENT, recueillies des apocryphes, des rabbins et des légendaires, distinguées avec soin des textes sacrés. *Paris, Henri Plon, s. d.,* in-8, cartonnage en chromolithographie. *(Cart. de l'éditeur).*   **100 fr.**

Illustré de 2 planches en chromolithographie par A. Cordier, d'après les compositions de Hadol. Cartonnage par le même représentant Moïse, la main gauche appuyée sur les Tables de la Loi et diverses scènes de l'Ancien Testament. *Très bel exemplaire.*

1809 **COLLIN DE PLANCY (J.).** — LÉGENDES DU NOUVEAU TESTAMENT. Traditions des premiers temps sur les personnages et les faits des saints Évangiles... etc. *Paris, Henri Plon, s. d.,* in-8, cartonnage en chromolithographie. *(Cart. de l'éditeur).*   **85 fr.**

Illustré de 2 chromolithographies de A. Cordier, d'après les compositions de Hadol. Cartonnage par le même, représentant Jésus et l'Agneau pascal, Jésus au Jardin des Oliviers et Jésus parmi les docteurs. *Très bel exemplaire.*

1810 **COLLIN DE PLANCY (J.).** — LÉGENDES DES COMMANDEMENTS DE L'ÉGLISE. *Paris, Henri Plon, s. d.,* in-8, cartonnage en chromolithographie. *(Cart. de l'éditeur).*   **100 fr.**

Illustré de 2 chromolithographies de A. Cordier d'après les compositions de Hadol. Cartonnage par le même, représentant l'Eglise et quatre des Commandements. *Très bel exemplaire.*

1811 COLLIN DE PLANCY (J.). — LÉGENDES DES FEMMES DANS LA VIE RÉELLE. *Paris Henri Plon, s. d.,* in-8, cartonnage en chromolithographie. *(Cart. de l'éditeur).* **180 fr.**

Illustré de 2 chromolithographies de A. Cordier, d'après les compositions de Hadol. Cartonnage par le même, représentant Geneviève de Brabant, son enfant et la chèvre qui l'avait nourri. Très bel exemplaire, de toute fraîcheur.

1812 COLLIN DE PLANCY (J.). — LES LÉGENDES DES FEMMES DANS LA VIE RÉELLE. *Même ouvrage, même éditeur.* **150 fr.**

Exemplaire broché, non coupé. La couverture en chromolithographie est semblable au cartonnage. *Très bel exempl.*

1813 COLLIN DE PLANCY (J.). — LÉGENDES DE L'HISTOIRE DE FRANCE. *Paris, Mellier, et Lyon, Guyot, s. d.* (1846), in-8, bas. polie violet foncé, dos orné en long, plaque à froid sur les plats, fil. dor. *(Rel. de l'époque).* **100 fr.**

ÉDITION ORIGINALE. De la « *Bibliothèque des Légendes* ». Orné d'une vignette sur bois et de 2 chromolithographies. *Caillet,* 2474. *Bel exemplaire.*

1814 COLLIN DE PLANCY (J.). — LÉGENDES DE L'HISTOIRE DE FRANCE. *Même ouvr., même éd.,* bas. polie vert foncé, dos orné, grande plaque à froid, fil. doré. *(Rel. de l'époque).* **60 fr.**

Bel exemplaire.

1815 COLLIN DE PLANCY (J.). — LÉGENDE DU JUIF ERRANT. *Paris, Plon, s. d.* (1847), in-8, bas. violet foncé, dos orné en long, grande plaque à froid sur chaque plat, fil. doré entourant les plats. *(Rel. de l'époque).* **80 fr.**

ÉDITION ORIGINALE, ornée d'une vignette sur bois et de 2 chromolithographies. *Bel exemplaire.*

1816 COLLIN DE PLANCY (J.). — LÉGENDES DES ORIGINES. *Paris, Mellier et Lyon, Guyot, s. d.* (1846), in-8, bas. grenat, dos orné en long, grande plaque à froid sur les plats, fil. dor. *(Rel. de l'époque).* **100 fr.**

ÉDITION ORIGINALE de cet ouvrage faisant partie de la « *Bibliothèque des légendes* », ornée d'une vignette sur bois et de 2 planches en *chromolithographie.* (*Caillet,* 2482). Bel exemplaire.

1817 COLLIN DE PLANCY (J.). — LÉGENDES DES SEPT PÉCHÉS CAPITAUX. *Paris, Mellier, Lyon, Guyot père et fils, s. d.* (1844), in-8. *(Cartonnage papier de l'éditeur).* **60 fr.**

Edition originale. 2 pl. en chromolithographie. Cartonnage en chromolithographie, dos orné, cathédrale sur le pl. supérieur, portant dans l'ogive central le titre général de « Bibliothèque des Légendes ». Cartonnage curieux, mais fatigué ; piqûres. Un des nombreux ouvrages de l'auteur du *Dictionnaire infernal,* après sa conversion.

1818 COLLINS. — THE CHAPTER OF KINGS, exhibiting the most important events in the English history. *London, J. Harris,* 1818, square 12mo. or. printed boards. **1.500 fr.**

FIRST ISSUE published by Harris, who revived this popular Ballad. Illustrated with 38 spirited engraved plates handsomely coloured. *Fine copy.*

1819 COLMAN (Miss). — NEW STORIES FOR LITTLE GIRLS ; original and selected. *New York, Samuel Raynor, no 76 Bowery, 1855,* 16mo. or. red cloth. *(Back badly damaged).* **25 fr.**

2 plates (perhaps there should be more ?).

1820 COLUMBUS (The Fourth Voyage of). *London, Didier and Tebbett,* 1809, small 16mo. contemp. full calf. *(Binding shabby and back broken).* **300 fr.**

First issue of this edition for children. It is illustrated with 3 hand-coloured copper plates. At end, one page list of « *Books for the nursery, etc.* » The frontispiece is mounted and, with the title page, is stained.

1821 COME LASSES AND LADS. *London, Castell Brothers, n. d.* [circa 1890], 16mo. or. printed coloured boards. **10 fr.**

Many coloured plates. The book is printed in Bavaria. *Fine copy.*

1822 COMIC ALBUM (THE). A Book for Every Table. *London, Wm. S. Orr.,* 1843, 4to. or. polychrome paper boards. *(In very fresh condition).* **150 fr.**

Profusely illustrated with well executed comic drawings. Printed by Vizetelly Bros on different coloured paper. *Fine copy.*

1823 COMIC GRAMMAR. *London, n. d.* [circa 1830], 16mo. or. cloth. **1.250 fr.**

Illustrated with 28 comic hand-coloured plates, folding out, with text under each one. « PRONOUNS are used instead of Nouns to avoid repetition ; as, MY papa has dined and now HE enjoys himself. » *Fine copy.*

1824 COMIC SPEAKER (THE) or Rhetoric and Elocution for the Million. *London, James Gilbert, n. d.* [circa 1840], 12mo. or. printed wrappers. **100 fr.**

Illustrated with 41 comical Sketches. On the back cover « *The Book of Fun for Boys and Girls or Laugh and Learn* ».

1825 COMICAL ADVENTURES OF BEAU OGLE-BY (THE). *London, Till and Bogue, n. d.* [circa 1840], oblong 12mo. half-leather or. cloth covers bound in. **150 fr.**

FIRST EDITION. Illustrated with numerous comic drawings. Advertisement at end.

1826 COMSTOCK (Andrew). — MI LXTL JDYO-GRAFX, in komstok's purfekt Alfabet. Edited bi Mrs L. K. Tuthxl. *Filadelfia, Lfindzfi and Blekfistun,* 1847, 12mo. or. printed boards. **800 fr.**

52 woodcuts. The book is printed in Comstacks simplified spelling and with the type of his « PERFECT ALPHABET OF THE ENGLISH LANGUAGE », which is given, at the beginning of the work. This Alphabet consists of 38 simple letters and 6 compound letters, 15 vowels, 14 subvowels and 9 aspirants. Some are inspired by Greek characters. *Very rare.*

1827 COMTE (Mᵐᵉ Achille). — HISTOIRE NATURELLE racontée à la jeunesse ou Exposé des instincts et des mœurs des animaux, précédé d'une notice sur les races humaines. *Paris, Lehuby, s. d.*

[vers 1860], gr. in-8, cart. toile bleue, décor poly-chrome, tr. dorées. **Vendu.**

Dix lithographies hors-texte rehaussées de couleurs, contenant de nombreuses fig. d'animaux. Près de 300 figures finement gravées sur bois dans le texte (animaux terrestres, poissons, papillons). Cartonn. très joliment décoré d'une belle plaque or, rouge, vert et outremer représentant un paon faisant la roue. Sur le second plat, oiseau or, rouge et outremer. Dos polychrome très décoratif. MAGNIFIQUE EXEMPLAIRE.

1828 COMTE (Mme Achille). — HISTOIRE NATU-RELLE racontée à la Jeunesse, ou Exposé des instincts et des mœurs des Animaux, précédé d'une notice sur les races humaines. *Paris, Lehuby, s. d.* [vers 1860], in-8, demi-chagr. violet foncé, dos à n. orné, plats toile couverts d'une riche ornementation dorée et à froid, tr. dor. *(Rel. de l'époque).* **100 fr.**

Bel ouvrage orné de 10 planches hors-texte *en couleurs* et de nombreuses vignettes sur bois dans le texte. Très bel exemplaire dans une reliure de toute fraîcheur.

1829 COMTE (Mme Achille). — MUSÉE D'HIS-TOIRE NATURELLE, comprenant la Cosmo-graphie, la Géologie, la Zoologie, la Botanique. *Paris, Gustave Havard, 1854*, gr. in-8. *(Cartonnage toile de l'éditeur).* **400 fr.**

53 planches finement gravées et coloriées, tirées chez *F. Chardon.* Cartonnage toile t. de nègre, dos orné ; sur le premier plat, guirlande or formant cadre, fleurons d'angles mosaïqués rouge et vert, au milieu, grand oiseau de Paradis or, argent, rouge, bleu et rose. Sur le second plat lion or, tr. dorées. Ouvrage richement illustré, quelques rousseurs, fente au mors du second plat. *De toute fraîcheur.*

1830 COMTE (Mme Achille). — MUSÉE D'HIS-TOIRE NATURELLE. *Paris, Havard, 1854*, in-8. *(Cartonnage en chromolithographie de l'édit.).* **1.000 fr.**

Même ouvrage, même édition que le précédent. Cartonnage papier parcheminé, titre vert, motif décoratif or et vert. Cartonnage remarquable, COPIÉ DES BELLES RELIU-RES FAITES POUR JEAN GROLIER. *Très bel exempl.*

1831 COMTE (Mme Achille). — MUSÉE D'HIS-TOIRE NATURELLE. *Paris, G. Havard, 1854*, gr. in-8, demi-chagr. brun, dos à n. orné, plats ornés à froid, tr. dor. *(Rel. de l'époque).* **250 fr.**

Même ouvrage et même édition que le précédent, avec les planches en couleur. *Bel exemplaire.*

1832 COMTE. — THÉATRE DE M. COMTE, DÉ-DIÉ A L'ENFANCE. *Paris, Baudouin, 1828*, pet. in-12, maroquin rouge, dos orné de motifs romantiques dorés et à froid, grande et belle plaque à froid, filet doré, dent. int., gardes de soie verte, tr. dor. *(Rel. de l'époque).* **600 fr.**

Très rare recueil de pièces jouées dans le fameux *Théâtre des Jeunes artistes*, créé à Paris (Passage des Panora-mas), par Comte, pour corriger les défauts de l'enfance et de la jeunesse. Il contient : Le Petit Poucet ou le Génie bienfaisant (féerie), Le Mari de Cinq Ans, par E. VAN-DERBURCH, Les Deux Apprentis, par A. GILLE, et Le Jour de Médecine, par PHILIPPE ET D'ALBY. Deux jolies figures par *Martinet.* Magnifique exemplaire dans une très fraîche reliure romantique, de grand style, et certainement due à un maître.

1833 COMPTE-CALIX. — LE BIJOU, [Keepsake parisien], par Mmes Anaïs Ségalas, Desbordes-Valmore, etc., avec une préface de M. P. Lacroix. *Dessins par M. Compte-Calix. Paris, Arnauld de Vresse, s. d.* (1851), in-fol. *(Cartonnage de l'éditeur),* toile verte. **650 fr.**

Titre-frontispice (portant, comme les illustrations celui de « Musée des Dames ») et 12 lithographies coloriées de *Compte-Calix,* tirées chez Laurent. Poèmes d'*Anaïs Ségalas,* M. *Desbordes-Valmore, Hermance Lesguillou, Louise Colet, Mélanie Valdor, etc.* Magnifique exemplaire de toute fraî-cheur.

1834 CONCHOLOGY (RUDIMENTS OF)... for the use of young persons with explanatory plates and references to the collection of Shells in the British Museum, by the author of « The Geographical Pre-sent », etc. *London, Harvey and Darton,* 1826, post 12mo. or. half-leather, boards. **125 fr.**

FIRST EDITION. Illustrated with ten finely engraved and cont. hand-coloured plates showing many species of shells. *Very fine copy.*

1835 CONCORDANCE (A) of the Holy Scriptures : epitomised. *Somersworth* (New Hampshire). *Publi-shed by Robert Bradford, Charles C. F. Moody, Printer,* 1832, 12mo. or. wrappers. **50 fr.**

Third edition. *Very fine copy.*

1836 CONSTITUTION DU PEUPLE FRANÇAIS A L'USAGE DES ENFANS, précédée du Rapport au Comité de Salut Public, fait à la Convention le 10 juin, par le citoyen HÉRAULT..., à laquelle on a joint le nouveau Calendrier, décrétée le 24 juin et acceptée le 10 août, l'An IIe de l'Égalité. *Paris, Belin,* an II de la République, in-12 broché, sans couverture, entièrement non rogné. **1.000 fr.**

Curieux et très rare petit ouvrage contenant : *Prière du Républicain, Les X commandements de la République Française* et *Les Six commandements de la Liberté,* l'*Hymne des François* (Marseillaise), et le *Calendrier républicain,* avec les corresp. au cal. grégorien.
C'est un véritable catéchisme républicain, destiné aux enfants, pour supplanter les principes et les dogmes du catéchisme catholique.

1837 [CONTANT D'ORVILLE]. — LE PETIT MA-GASIN DES ENFANS ou les étrennes d'un père, etc. *(sic),* contenant un cours complet et précis d'éducation mis à la portée des enfans des deux sexes, avec les Notions les plus exactes, etc. *Paris, Fournier et Nyon,* 1785, 2 vol. in-12, v. marbré, dos orné, pièces vertes et rouges, tr. marb. *(Rel. anc.).* **150 fr.**

Bel exemplaire de ce rare ouvrage en forme de dialogue, dû à un fécond littérateur (1730-1800). *Hoefer, XI,* 642.

1838 CONTES DES FÉES. *Paris, Aubert, s. d.* [vers 1850], in-8 obl. *(Cartonnage papier de l'éditeur).* **300 fr.**

47 lithographies coloriées (en 30 planches, le titre compris), dessinées par EDMOND MORIN et tirées chez *Aubert.* Les feuilles de garde manquent. Titre légèrement déchiré. Quelques légères salissures.

1839 CONTES DES FÉES choisis par Mmes Elise Voiart et Amable Tastu. [Le Livre des enfants].

Paris, Paulin, 1836, 2 vol. in-12, couvert. imp. et illustrées.   **200 fr.**

500 vignettes par GRANDVILLE, *Gérard Séguin,* GIGOUX, *Français, baron Lorentz.* Quarante contes de Perrault, Fénelon, Caylus, de Mmes d'Aulnoy, de Beaumont. Les pl. des couvertures détachés, déchirure au 1er plat du 1er volume.

1840 **CONTES DES FÉES (NOUVEAUX),** contetenant : Le Petit Carnaval, La Poupée qui chante. Pierrot et Justine, ou le Tonneau. *Troyes, Baudot, s. d.* [vers1830], in-8, broché sous couv. pap. jaune illustrée.   **50 fr.**

Rare impression populaire de colportage. La couverture est ornée d'une vignette sur le premier plat (tonneau) et d'une grande figure au v° du 2e plat. Deux bois anciens illustrent le texte.

1841 **CONTES DES FÉES** par PERRAULT, Mme D'AULNOY, HAMILTON et Mme LEPRINCE DE BEAUMONT. *Paris, Garnier, s. d.* (1861), in-8, cart. toile verte, décors polychromes, tr. dorées. *(Cart. de l'édit.).*   **1.000 fr.**

PREMIER TIRAGE. Dix gravures sur bois hors-texte par G. STAAL, BERTALL, etc. Très nombreuses vignettes dans le texte. Plaque or, rouge, vert, outremer, signé Engel et A. Souze, constituée de fleurons et médaillons représentant des scènes de contes de fées. Au second plat, motif doré : scène de la vie arabe. Bel exemplaire, dos légèrement fané.

1842 **CONTES D'UNE GRAND'MAMAN.** (La piété filiale, La Fête de famille, Le Frère et la Sœur, La Pièce de cinq francs). *S. l. n. d.* [*Paris, typ. de A. Pinard,* vers 1820], 4 vol. in-16. *(Cartonnage papier et boîte de l'éditeur).*   **300 fr.**

Chaque volume est précédé d'une planche gravée. Cartonnages estampés à froid jaune, bleu, rose et lilas. Titres en lithographie. Lithographie sur fond teinté sur le couvercle de la boîte, cadre doré. Boîte légèrement fatiguée.

1843 **CONTES DE MA MÈRE,** par MM. T. Castellan, Ed. Lassène, L. H***, L. Michelant, et Mmes Camille Bodin et Eugénie Fox. *Paris, Arnauld de Vresse,* 1856, gr. in-8, cart. toile noire, décors polychromes, tr. dorées. *(Cart. de l'édit.).* **300 fr.**

18 lithos hors-texte de Collin, Challamel, etc., COLORIÉES. Charmantes vignettes sur bois dans le texte. Rousseurs *passim.* Plaques géométriques et florale or, rouge, vert, outremer sur le 1er plat. Gracieux motif orange et or sur le second plat. *Bel exemplaire.*

1844 **CONTES A MA SŒUR LÉONIE.** Heures de récréation. *Paris, Vve Louis Janet et Magnin, s. d.* [vers 1850], in-12, cart. toile bleue, décors dorés, tr. dorées.   **40 fr.**

6 lithos sur fond chamois de LASSALLE. Récits de la vie de femmes célèbres : Clémence Isaure, Mademoiselle de Rambouillet, etc. Décor architectural et floral doré. *Bel exemplaire.*

1845 **CONTES D'UNE VIEILLE BONNE.** *Saint-Pétersbourg,* 1864, in-12. *(Cartonnage de l'éditeur).*   **125 fr.**

Illustré de 4 lithographies en couleurs non signées. Sur le cartonnage, titre et vignettes lithographiées.
Cette édition offre la particularité que la traduction russe est imprimée en regard du texte français.

1846 **CONTES ET HISTOIRES. —** DIMANCHE DES ENFANTS. *Paris, Vve Louis Janet, s. d.* [vers 1840], in-8, demi-chagr. bleu foncé, dos à n. orné, coins, tr. dor. *(Rel. de l'époque).* **400 fr.**

Texte par *Léon Guérin,* Mme *Eugénie Foa, G. des Essarts, de Roosmalen,* etc., et 13 lithographies, finement *coloriées,* par *H. Emy.* L'une d'elles représente les *Peaux Rouges du Labrador.*

1847 **CONTEUR MORALISTE (LE).** *Paris, Louis Janet, s. d.* [vers 1825], in-16, veau havane, dos à nerfs, orné, dentel. et fers à froid, fil. sur les pl. et large décor à froid, dentel. intér., tr. dorées.   **1.000 fr.**

Titre gravé et 4 pl. dessinées par DEVÉRIA et *Colin,* gravées par *Pourvoyeur, Lefèvre et West.* Volume joliment édité et illustré dans une élégante reliure de l'époque, de toute fraîcheur.

1848 **CONTEUR DES PETITS ENFANS (LE). —** Recueil de jolies Historiettes. *Paris, Delarue et Lille, Castiaux, s. d.* [vers 1815], in-12 oblong, cartonn. pap. bleu, titre sur le 1er plat et vignette sur bois « La Musique » sur le 2e plat. *(Cartonn. d'édit.).*   **450 fr.**

Très rare petit ouvrage imprimé en *grosse typographie* sur papier fort, orné de 6 charmantes figures hors-texte gravées sur bois par H. PORRET, et *coloriées : La promenade en chariot, Le cheval de bois, Le califourchon,* etc. Culs-de-lampe sur bois en fin de chapitres. Le titre offre un joli exemple de la *typographie mélangée* de l'époque avec parties coloriées. Dos très usé. Cartonn. sali.

1848 *bis* **CONVERSATIONS** D'UNE MÈRE AVEC SA FILLE en français et en anglais, composées pour la maison d'éducation de Mme Campan. Dédiées à Mme Louis Bonaparte. *Paris, F. Louis,* an XII, in-8, broché, couv. muette. **150 fr.**

Très jolie gravure en frontispice. L'ouvrage contient vingt-cinq conversations entre une petite fille et sa mère, ou un professeur, etc., sur les sujets les plus variés. Dédié à la future reine Hortense, qui avait été élevée dans le pensionnat créé par Mme Campan dans la vallée de Chevreuse, après la Révolution. Texte français et anglais sur 2 col. Très bel exemplaire.

1849 **CONVERSATIONS OF A FATHER** with his Children. *London, John W. Parker,* 1833, 2 vols in-12mo. or. cloth. g. e. *(Backs faded).* **90 fr.**

FIRST EDITION. Illustrated with 14 plates and many woodcuts in text. Six page book list at end. *Fine copy.*

1850 **COOK (Mrs Harriet N.). —** THE SCRIPTURE ALPHABET OF ANIMALS. *New York, The American Tract Society, n. d.* [circa 1842], 12mo. or. half-leather. *(Rubbed).*   **65 fr.**

FIRST EDITION. 16 woodcuts of animals.

1851 **COOK DE LA JEUNESSE (LE)** ou extrait des voyages les plus récens dans les régions les plus éloignées, suivi de l'Abrégé de la vie du Capitaine Cook, par M. le Capitaine B***. *Paris,* 1808, 2 part. en 1 vol. in-12, bas. marb., dos orné de rosaces, pièce rouge. *(Rel. anc.).* **250 fr.**

ÉDITION ORIGINALE rare ornée de 3 grandes planches gravées se dépliant : *Chevaux marins, Sacrifices humains d'Otahiti, Pirogue de la Nouvelle-Zélande.*

1852 COOPER (James Fenimore). — LE BRAVO, histoire vénitienne. Roman traduit de l'anglais [par A.-J. B. Defauconpret]. *Paris, Charles Gosselin,* 1831, 4 vol. in-12, cartonn. papier, pièces cuir aux dos. **100 fr.**

PREMIÈRE ÉDITION de cette traduction parue l'année même de la publication du roman *The Bravo* où Fénimore Cooper, à côté d'une bonne étude du gouvernement vénitien au xv⁰ siècle, a tracé de magnifiques peintures de Venise et de ses lagunes.

1853 COOPER (James Fenimore). — LE CORSAIRE ROUGE, roman américain traduit de l'anglais par A.-J.-B. Defauconpret. *Paris, Charles Gosselin, Mame et Delaunay-Vallée,* 1828, 4 in-12, cartonn. papier, pièces cuir aux dos. *(Rel. de l'époque).* **100 fr.**

PREMIÈRE ÉDITION de cette traduction. Publié en 1828, le *Corsaire rouge* avait obtenu un succès égal à celui du *Pilote* (1823) dont il était le digne pendant.

1853 bis COOPER (Mary Frances). — THE CAT'S FESTIVAL written and illustrated by Mary Cooper, A Little Girl twelve years old, for the amusement of her younger sister. *London, Longman, Brown,* 1846, sm. 8vo. or. printed wrappers, preserved in half-morocco case. **550 fr.**

FIRST EDITION. Illustrated with 7 hand-coloured woodcuts. This is probably the copy given by the author to her little sister for whom the book was written, as on the verso of the front cover is written the name « *Charlotte Elizabeth Cooper* » in an elderly hand. *Very fine copy.*

1854 COOPER (Rev. Mr). — THE HISTORY OF FRANCE from the earliest period... to... September 1792. The second edition. *London, E. Newberry,* 1792, small 12mo. or. half-vellum, ticket. **300 fr.**

Illustrated with engraved frontispiece and 5 other plates showing historical scenes. This work is an abridged school history and was first published in 1786.

1855 COOPER (Rev. Mr). — A NEW ROMAN HISTORY from the Foundation of Rome, to the End of the Commoneath. Designed for the use of Young Ladies and Gentlemen. *London, J. Harris,* 1807, sm. 12mo. or. half-leather boards. *(Back rubbed).* **100 fr.**

FIRST EDITION. Engraved frontispiece. *Fine copy.*

1856 CORAL NECKLACE (THE) intended for the Amusement of Children. By the Author of « The Pearl Bracelet », etc. *London. J. E. Evans, n. d.* [circa 1820], sm. 12mo. or. printed wrappers. **75 fr.**

Illustrated with 10 quaint woodcuts, and vignette on title. *Very fine copy.*
PLANCHE 159.

1857 CORBOULD (Maria). — FAERIE TALES. MISCELLANEOUS POEMS, ETC., ETC. Original typewritten MS with original drawings signed by FRANCIS JOHN and WALTON CORBOULD. *n. d.* [circa 1887], 4to. contemp. morocco. **1.250 fr.**

The MS of 45 pages has been executed with what seems to be an early typewriter. Or some other similar means. Bound in are 4 splendidly executed water-coloured drawings by FRANCIS JOHN CORBOULD and 12 well executed pen and ink drawings signed WALTON CORBOULD. All these illustrations are executed in a masterly manner and with great freedom, and it is to be supposed that the author and the two illustrators, without doubt, were descendants of RICHARD CORBOULD (1757-1831) and his son HENRY CORBOULD (1787-1844) both distinguished painters and illustrators. We add another volume of stories, also executed in MS in the Same Manner and dated Reigate 1887, and the only printed volume we have been able to discover by the author. MISCELLANEOUS POEMS, ETC. by MARIA CORBOULD. *London, J. Wakeham and Son,* 1886, 8vo. or. green cloth, fine copy. The other two works, were, without doubt, never published. *Fine collectors piece.*

1858 CORBEILLE DE FLEURS (LA). Ouvrage de botanique et de littérature destiné aux jeunes demoiselles. *Paris, Perlet,* 1807, in-8, demi-veau grenat, dos plat orné. *(Rel. de l'époque).* **500 fr.**

24 jolies planches dessinées par *Prêtre,* gravées par Maradan et coloriées. Cette jolie collection parut par livraisons mensuelles et à côté de la partie botanique, contient des pièces de vers, des contes, etc. L'album contenant la musique notée, manque.. *Ex-praemio* gravé (1841). Collection complète, parfait état.

1859 CORBEILLE DE FLEURS (LA). *Paris, Perlet,* (1807), in-8, couvert. gravée. **80 fr.**

Même ouvrage que le précédent, 3⁰ livraison, 2 planches gravées et coloriées, musique notée.

1860 CORBEILLE DE ROSES (LA) ou Jeu des Fleurs. *S. l. n. d.* [vers 1820], étui. **2.000 fr.**

17 planches gravées et finement coloriées collées sur carton, consacrées au symbolisme des fleurs. Une notice gravée est jointe à chaque fleur. Superbe exemplaire, dans toute sa fraîcheur, d'une pièce de toute rareté.

1861 CORBET AÎNÉ (L.). — LES PRINCIPES DE LA MUSIQUE arrangés à l'usage de la jeunesse. *Paris, chez l'Auteur, s. d.* [vers 1820], in-12. *(Elui de l'époque).* **500 fr.**

24 cartes lithographiées « représentant des personnages jouant de divers instruments de musique »; dans le nombre : le Trombonne des Hussards de la Garde, qui a célébré une chanson bien connue. Etui rose, lithographié. *Bel exempl.*

1862 CORDELLIER-DELANOUE. — RENÉ D'ANJOU. *Tours, Mame,* 1851, in-12, cart. toile bleue, décors polychromes, tr. dorées. *(Carl. de l'édil.)* **60 fr.**

PREMIÈRE ÉDITION. 6 gravures de K. Girardet. Plaque or, rouge, vert, faite de rinceaux, mascarons et motifs d'architecture. *Bel exemplaire.*

1863 CORNEILLE. — ŒUVRES CHOISIES. Edition épurée. *Paris, Lehuby,* 1846, in-8, cart. toile bleue, décors dorés. *(Carl. d'édil.).* **100 fr.**

20 dessins de *Célestin Nanteuil* gravés sur bois hors-texte. Beau volume de xii-528 pp., très bien illustré. C'est sans doute le *choix* pour la jeunesse, le plus étendu : dix tragédies complètes, extraits de cinq autres. *Le Menteur* n'est pas cité, comme œuvre trop légère, peut-être. Jolie décoration dorée du dos et des plats, signée *Haarhaus.* Petites rousseurs *passim. Cartonnage très frais.*

1864 CORNER (Miss). — BEAUTY AND THE BEAST. An Entertainment for Young People... embellished by *Alfred Crowquill Esq.* WHIT-

TINGTON AND HIS CAT... do... PUSS IN BOOTS or Charity Rewarded... illustrated by *Harrisson Weir... London, Dean and Son*, 1854, 8vo. three works bound in one vol. half-leather. **125 fr.**

Acting versions for young people of these three nursery classics well illustrated by *Crowquill* and *Weir*.

1865 CORNER (Miss). — BEAUTY AND THE BEAST. An Entertainment for young people. *London, Dean and Son*, 1854, 8vo. or. printed front wrappers. *(Back broken)*. **100 fr.**

FIRST EDITION. With many illustrations by ALFRED CROWQUILL.

1866 CORNER (Miss). — GIRLS IN THEIR TEENS or Tales for Young Ladies. Containing, Always too Late and the Boarding School. *London, Dean and Munday, n. d.* [circa 1830], sq. 12mo. or. printed boards. *(Back strip missing)*. **100 fr.**

FIRST EDITION. Illustrated with 4 charming hand-coloured lithographs. The title has been damaged, rebacked and repaired. Front cover detached. Otherwise clean copy.

1867 CORNER (Miss). — THE PLAY GRAMMAR or the elements of grammar explained in easy games. Twentieth edition, enlarged and improved. *London, Dean and Son, n. d.* [circa 1840], 12mo. or. cloth. **250 fr.**

Hand-coloured frontispiece and many woodcuts in text. 4 page book list at end. A very novel method of teaching grammar with the aid of interesting stories. *Fine copy*.

1868 CORNER (Miss). — SPRING FLOWERS or the Poetical Bouquet ; Easy, Pleasing, and Moral Rhymes, and pieces of Poetry for Children. *London, Dean and Munday*, sq. 12mo. or. cloth. *(Shabby)*. **150 fr.**

Illustrated with 7 hand-coloured plates engraved on wood.

1869 CORNER (Miss). — WHITTINGTON AND HIS CAT. An Entertainement for Young People. *London, Dean and Son, n. d.* [circa 1865], or. col. printed wrappers. **40 fr.**

Illustrated with many woodcuts by ALFRED CROW-QUILL. The work is a pantomime in verse for children to act.

1870 CORRESPONDANCE DE PROSPER ET DE JULIETTE, pour faire suite aux Etrennes d'une Mère à ses Enfants, par Mme V***. *Paris, Genets*, 1815, 2 vol. pet. in-12, bas. marb., dos orné, pièces noires, tr. jasp. *(Rel. anc.)*. **300 fr.**

ÉDITION ORIGINALE, rare, avec l' « *Epître Dédicatoire à Monsieur Auguste de Colbert âgé de huit ans* ». Illustré de 6 jolies figures non signées et de 2 titres gravés avec vignettes. Une amusante figure est relative aux *Patagons. Americana*. Bel exemplaire.

1871 CORRET AINÉ (L.). — LES PRINCIPES DE LA MUSIQUE, arrangés à l'usage de la jeunesse. *Paris, chez l'Auteur, s. d.* [vers 1830], 24 cartes (92×145 mm.), étui de l'éditeur. **650 fr.**

24 cartes, chacune porte une notice lithographiée et, au-dessous, une lithographie coloriée (84×55 mm.), repré-

sentant un musicien jouant d'un instrument différent. Titre lithographié sur l'étui. Collection complète, peu commune dans cet état de fraîcheur.

1872 CORRET AINÉ (L.). — LES PRINCIPES DE LA MUSIQUE, arrangés à l'usage de la jeunesse. *Paris, chez l'Auteur, s. d.* [vers 1830], 24 cartes (92×145 mm.), étui de l'éditeur. **480 fr.**

Même ouvrage que le précédent, mêmes illustrations, mais en noir. *Très bel exemplaire*.

1873 CORRODI (A.). — DEUTSCHE REIME UND RATHSEL. *Glogau, Carl Flemming, s. d.* [vers 1856], in-8 car. Cart. toile verte, plats orn. à froid, titre en lettres dorées. *(Cart. de l'éditeur)*. **300 fr.**

Rimes et devinettes allemandes. Ouvrage composé d'un titre-frontispice et de 36 planches gravées sur bois en deux tons, d'après *Sulzer*. Bel exemplaire.

1874 CORRY (John). — THE ADVENTURES OF FELIX AND ROSARITO or The Triumph of Love and Friendship... etc. *London, Crosby and Co, n. d.* [circa 1802], 12mo. wrappers. *(Modern)*. **30 fr.**

Engraved frontispiece by *Greig* from the drawing by *Mills*.

1875 CORRY (John). — THE HISTORY OF HENRY THOMSON or the Reward of filial affection. *London, B. Crosby and Co, n. d.* [circa 1803], 12mo. wrappers. *(Modern)*. **30 fr.**

Engraved frontispiece by *Wise* from the drawing by CRUIKSHANK.

1876 CORRY (John). — THE PRESERVATION OF CHARLES and Isabella of the Force of Friendship. *London, B. Crosby and Co, n. d.* [circa 1803], 12mo. wrappers. *(Modern)*. **30 fr.**

Engraved frontispiece by *Lundin* from the drawing by CRUIKSHANK.

1877 CORRY (John). — THE SWISS REVOLUTION or The Fall of Albert. *London, B. Crosby, etc., n. d.* [circa 1803], 12mo. wrappers. *(New)*. **25 fr.**

Engraved frontispiece signed *M. Betham*. Uncut copy, fine.

1878 COSMOGRAPHIE (ESSAI SUR LA), ou Connaissances astronomiques appliquées à la géographie. Texte explicatif par Augustin Legrand. *S. l. n. d.* [Paris, imp. Richomme, vers 1820], in-4, boîte de l'éditeur. **1.000 fr.**

12 tableaux gravés et coloriés. Le titre du texte est gravé et illustré d'une vignette coloriée représentant Galilée, reproduite sur le couvercle de la boîte. Large cadre, rinceaux d'or. *Bel exemplaire*.

1879 [COSTUMES DES ORDRES RELIGIEUX]. Planches de 11×7½ centimètres, format in-16, cart. papier de l'époque. [*En Italie*, vers 1830]. **125 fr.**

18 costumes gravés et coloriés : Capucins, Franciscains, Dominicains, Jésuites, Augustins, Cisterciens, Carmes, Camaldules, etc.

1880 **COSTUMES, MŒURS ET HABILLEMENS**
dans les PAYS-BAS UNIS, dessinés et coloriés
d'après nature, sous la direction de *E. Maaskamp.*
Amsterdam, s. d. [vers 1820], petit in-8, cart. papier
noir, dent. dorée. *(Cart. de l'époque).* **600 fr.**

Titre gravé orné d'une vignette coloriée signée W. v.
Senus, 1814. Vingt jolies gravures de costumes, scènes de
mœurs, etc., coloriées avec goût et finesse à l'époque. Elles
sont signées J. Kuyper ou de Keyser (delin.) et L. Potman
(sculpsit).

1881 **COSTUME, MANNERS AND PECULIARI-
TIES** OF DIFFERENT INHABITANTS OF
THE GLOBE, calculated to instruct and amuse
the Little Folks of All Countries. *London, J. Harris and Son,* 1821, sm. 8vo. or. printed wrappers.
(Shabby, rebacked and slightly torn), preserved
in half-morocco case. **1.000 fr.**

FIRST EDITION. Illustrated with 16 finely hand-
coloured woodcuts showing different costumes. Small
piece torn off corner of wrapper and title, affecting one
letter. A few light stains here and there.

1882 **COSTUME, MANNERS AND PECULIARI-
TIES** OF DIFFERENT INHABITANTS OF
THE GLOBE. *London, John Harris,* 1831, or.
printed wrappers. **850 fr.**

Another copy, later edition, with same plates, hand-
coloured. *Very fine.*

1883 **COSTUME, MANNERS AND PECULIARI-
TIES** OF DIFFERENT INHABITANTS OF
THE GLOBE. *London, Grant and Griffith, n. d.*
[circa 1832], or. printed wrappers. *(Rebacked, one
corner slightly damaged).* **650 fr.**

Another copy, later edition, with same plates, hand-
coloured. *Very fresh.*

1883 *bis* **COSTUMES FRANÇAIS DE 1200 A 1715.**
*London, C. Hullmandel for Rodwell and Martin,
n. d.* [circa 1825], 16mo. contemp. morocco, gilt.
1.250 fr.

FIRST EDITION. One hundred delightful plates drawn
on stone in lithotint (coloured) by *G. Sharf,* and printed
by C. HULLMANDEL. Charles Joseph Hullmandel (1789-
1850), renowned lithographer who made many improvements in the art. Defended his processes against representative of Engelmann : with Cattermole perfected lithotint ; supported by James Duffield Harding and Faraday.
This is one of the first books printed in lithotint. *Fine copy.*

1884 **COSTUMES** of the Various Nations of the
Earth with a description of the Manners and Customs of the Inhabitants. *Edinburgh, William
Darling, n. d.* [circa 1830], or. printed wrappers.
250 fr.

Illustrated with 12 hand-coloured engravings showing
costumes.

1885 **COSTUMES. — RECUEIL DE LA DIVER-
SITÉ DES HABITS** qui sont à présent en usage
tant es pays d'Europe, Asie, Affrique et illes sauvages, le tout fait après le naturel. *Paris, de l'imp.
de Richard Breton,* 1562, petit in-8, plein mar.
jansen. *(Rel. mod.).* **25.000 fr.**

Première édition, d'une grande rareté, du plus ancien
livre illustré connu sur le costume. La magnifique collec-

tion de F. de Lipperheide, riche de 5.362 numéros, ne possède de cet ouvrage que l'édition de 1567 et, sous un titre
différent, celle de 1572. Le Répertoire Morgand ne cite que
celles de 1564 et 1567. Curieux ouvrage imprimé en caractères de civilité, composé de 3 ff. prélim. et de 61 ff. qui
contiennent chacun deux fig. sur bois (sauf le dernier f.
qui n'a qu'une figure au recto). Chaque fig. est accompagnée d'un quatrain en français. Le livre est dédié par
l'auteur, François Descerpz (Desprez ?) au prince Henry de
Bourbon (le futur roi Henri IV) alors âgé de neuf ans.
L'impression du livre en cursive française (lettres de civilité), alors réservée aux livres destinés aux enfants, sa
dédicace à un jeune prince, sa rareté de premier livre
illustré connu sur le costume font de ce volume une pièce
bibliophilique d'une qualité exceptionnelle. Très bel exempl.

1886 **COSTUMES SUISSES DES 22 CANTONS.**
Genève, S. Morel, s. d. [vers 1850], in-32. *(Cartonnage et étui papier de l'éditeur).* **100 fr.**

22 lithographies coloriées dépliantes : au-dessous de
chacune d'elles, les armes du canton. Etui portant le titre
lithographié ; un côté manque.

1887 **COSTUMI DELLA CORTE PONTIFICIA.** *Roma
A. Depoletti, s. d.* [vers 1845], in-16. *(Cartonnage
papier de l'éditeur).* **125 fr.**

Titre et vignette coloriés, 32 figures (album dépliant)
gravées et coloriées, consacrées aux costumes de la cour
pontificale. Une planche coloriée y est jointe, représentant
le Saint Père porté sur la *sedia.*

1888 **COTTAGE FIRE-SIDE (THE).** *Dublin, P. D.
Hardy, n. d.* [circa 1815], contemp. calf. *(Ebrasion
on front cover).* **45 fr.**

FIRST EDITION. Illustrated with 3 large and 3 small
woodcuts. Among these children's stories are tales on
*Vaccination, Tea-drinking, Potatoes, The Lord's Prayer,
Whiskey-drinking at Fairs, Dress and Butter.* Fine copy.

1889 **COTTAGER'S WIFE (THE)** by a Clergiman
of the Church of England... *London, Richard
Edwards,* 1816, sm. 12mo. or. half-leather boards.
40 fr.

Engraved frontispiece.

1890 **COTTIN (Mme). —** ELIZABETH or the Exiles
of Siberia. *London, Thomas Tegg,* 1810, 12mo.
contemp. green morocco, gilt back and on Sides
in the style of Bradel Derome, with romantic
corners, inside dentelle, moiré end leaves g. e.
(Contemp. binding by Proctor). **650 fr.**

Engraved frontispiece *(before the letter)* and title page
with vignette. Charming edition in a handsome binding
in the freshest state. On the fly leaf is written « *F. M.
Disney, Dec. 20, 1813. A present from Joseph L. Proctor
Bound by himself* ». VERY FINE COPY.

1891 **COTTIN (Mme). —** ELIZABETH or the Exiles
of Siberia. A Tale founded upon facts. *Edinburgh,
J. Orphoot,* 1810, 12mo. contemp. calf. **75 fr.**

Edition published same year as preceding item, but
with a different engraved frontispiece. *Fine copy.*

1892 **COTTIN (Mme). —** ELIZABETH ou les Exilés
de Sibérie. *Bruxelles, H. Dumont,* 1834, in-12,
demi-veau prune à coins. *(Rel. de l'époque).* **15 fr.**

Très bel exemplaire de cette édition belge de la production la plus touchante de cet auteur (*Hoefer,* XII, 138),
précédée d'une longue notice sur Mme Cottin, par *Amar,
de la Bibliothèque Mazarine.*

1893 **COTTIN (Mme).** — ŒUVRES COMPLÈTES. *Paris, Daulhereau,* 1826-1827, 13 vol. in-16, demi-veau rouge, dos orné d'étiquettes noires, de filets noirs et de cadres et dentelles dorés, tr. marbrées. *(Rel. de l'époque).* **400 fr.**

Claire d'Albe. Elisabeth. Malvina (3 vol.). Amélie Mans-field (3 vol.). Mathilde (5 vol.). Ces romans, pleins de sen-sibilité, obtinrent à l'époque un succès très vif, tel que le nom de la célèbre femme-auteur survécut à leur vogue. *Charmant exemplaire, d'une fraîcheur rare.*

1894 **COTTON BALE (THE HISTORY OF A).** *London, Griffith and Farran, Successors to Newberry,* n. d. [circa 1845], oblong, 12mo. boards *(Modern).* **180 fr.**

Illustrated with 12 hand-coloured plates showing the various stages of cotton manufacturing in the Southern States, and a verse to each picture.
« *In many lands the cotton grows*
With tropic heat and fav'ring soil
But where the Mississippi flows,
It best repays the Planter's toil ».

1895 **[COTTON (Nathaniel)].** — VISIONS IN VER-SE, for the Entertainment and Instruction of Younger Minds. *London, J. Dodsley,* 1767, post 8vo. contemp. half-leather. *(Shabby worn).* **80 fr.**

The author was a physician and also kept a lunatic Asylum at St. Albans. His collected verses were published in 1791.

1896 **COUNTRIES OF EUROPE.** *London, Dean and Son,* n. d. [circa 1850], cr. 8vo. or. printed wrap-pers. **125 fr.**

Illustrated with 14 hand-coloured woodcuts, including a spirited picture of a Spanish Bull-Fight. Grandpapa Easy's Pictorial books.

1897 **COUNTRY SCENES** in Easy Lessons for Chil-dren. *London, Darton and Harvey,* 1834, 12mo. or. printed wrappers. **40 fr.**

Illustrated with 8 hand-coloured woodcuts. Unfortuna-tely 4 of these have been rather spoilt throught addi-tional colouring applied by a child. Two page book list at end.

1898 **COUNTRY WALKS** for Little Folks. *London, Charles Till,* n. d. [circa 1840], 2 1/4×3 inches, or. cloth, gilt. g. e. *(Dulled).* **100 fr.**

Illustrated with 46 delightful, tiny woodcuts admirably executed.

1899 **[COUPÉ (J.-M.-L.-)].** — MANUEL DE MO-RALE dédié à Monseigneur le comte d'Artois. *Paris et Bruxelles, Vanden Berghen,* 1772, in-12, maroquin bleu à long grain, dos très finement orné, large et fine ornementation de filets, pal-mettes, guirlandes dorées et à froid entourant les plats, dent. int., tr. dor. *(Reliure anglaise vers* 1810*).* **270 fr.**

Charmant exemplaire de ce petit ouvrage rare dédié au Comte d'Artois, le futur Charles X. C'est un recueil de pensées, de réflexions, de sentences, de maximes relatives aux mœurs, destiné à être mis entre les mains des enfants « lorsqu'ils entrent en troisième. » *Un mors faible.*

1900 **COURONNE DES DEMOISELLES (LA),** ou Choix de traits de piété, de courage, de vertu, de grandeur d'âme, offert à la jeunesse. *Paris, P. Mongie,* 1826, in-8 oblong, cartonn. pap. gris, titre avec bordure sur le 1er plat, annonce au verso. *(Cartonnage d'éditeur).* **75 fr.**

Orné de 12 grandes lithographies d'*Engelmann* repré-sentant des scènes de la vie des femmes célèbres : *Cathe-rine Ire, Marie Stuart, Jeanne d'Arc,* etc. Restaurations au cartonnage.

1901 **COURTSHIP AND WEDDING (THE)** OF THE LITTLE MAN AND THE LITTLE MAID. *Lon-don, Grant and Griffith,* n. d. [circa 1840], 12mo. or. printed wrappers. **25 fr.**

Illustrated with six full page wood engravings by *John Absolon.* Pleasure Books for Young Children.

1902 **COURVAL (Mme de).** — LES ENFANS AIMA-BLES ou les Iles Fortunées, contenant plusieurs anecdotes, etc. *Paris, Tenon,* 1834, in-12, demi-bas. grenat à coins, dos à n., plats ornés, pièce noire, ornements à froid sur les plats. *(Rel. de l'époque).* **80 fr.**

ÉDITION ORIGINALE. Relation d'un voyage et d'une aventure aux ILES CANARIES (familles de Saint-Romain et de Saint-Alban), illustrée de 4 figures non signées. Très bel exemplaire. (Etiquette de reliure d'Amsterdam : *A. V. Rossum.*

1903 **COURVAL (Mme de).** — LES ENFANS AIMA-BLES ou les Iles Fortunées, etc. *Paris, Tenon,* 1834, in-12, bas. marb., dos orné, pièce rouge, pet. guirlande autour des plats, tr. dor. *(Rel. de l'ép.).* **125 fr.**

Même ouvrage, même édition que le précédent. Bel exempl.

1904 **COURVAL (Mme de).** — LES JEUNES ORPHELINES ou les Contes d'une Grand'Mère. *Paris, Vernarel et Tenon,* 1825, pet. in-12, bas. marb., dos orné, tr. marb. *(Rel. de l'époque).* **150 fr.**

ÉDITION ORIGINALE, ornée d'un titre gravé (avec vignette) et de 3 jolies figures non signées. La comtesse Amélie de Courval a écrit de nombreux ouvrages pour l'enfance et la jeunesse (*Hoefer,* XII, 243). *Coins restaurés.*

1905 **COURVAL (Mme de).** — PETITE LANTERNE MAGIQUE morale et instructive, recueil d'his-toriettes offert aux enfants. *Paris, A. Boulland,* 1828, pet. in-12, veau bleu marine, filet doré, pla-que à froid, dos orné, tr. dorées. *(Rel. de l'époque).* **250 fr.**

4 gravures. Contes variés : Le riche paresseux, Un bien-fait n'est jamais perdu, etc. Le titre gravé représente des enfants faisant marcher une lanterne magique. Joli exem-plaire dans une charmante reliure.
Planche 173.

1906 **COURVAL (Mme de).** — LES VACANCES ou l'Application récompensée. *Paris, Langlumé et Peltier,* s. d. [vers 1830], pet. in-12, bas. marb., dos orné, pièces r., tr. marb. *(Rel. de l'époque).* **250 fr.**

Charmant petit ouvrage dont les chapitres sont inti-tulés : *Le Spectacle gratis, Les Champs-Elysées, L'Arle-quin, Les Chevaux de bois, L'Incendie de l'Odéon, La Pro-

menade de Longchamp, etc. Avec de fort curieuses figures (danseuse de corde, aux Champs-Elysées, Guignol, etc.). Bel exemplaire.

1907 COUSIN FANNIE. — BRIGHT PICTURES FROM CHILD LIFE. Translated from the German. *Boston, Phillips, Sampson and Company,* 1857, 8vo. or. blue cloth, gilt.   **500 fr.**

FIRST EDITION. Illustrated with 8 beautifully hand-coloured plates. *Fine copy.*

1908 COUSIN KATE'S STORY or Set about it at once. *Edinburgh, W. P. Kennedy,* 1854, 12mo. or. cloth, gilt.   **20 fr.**

Frontispiece and vignette and title engraved on wood.

1909 [COWPER (William)]. — JOHN GILPIN. *London, R. Carr, n. d.* [circa 1825], small 16mo. or. printed and hand-coloured wrappers. *Slightly soiled).*   **80 fr.**

Illustrated cover and five quaint woodcuts. Some coloured. Penny chapbook.

1910 COWPER (William). — JOHNNY GILPIN'S DIVERTING JOURNEY TO WARE. *London, Dean and Munday, n. d.* [circa 1825], sm. 12mo. or. blue printed boards with woodcut, preserved in half-morocco case.   **1.250 fr.**

Illustrated with a frontispiece and 12 woodcuts all in fine contemporary colouring. Tuer, F. C. B. Frontispiece and page 7. *Very fine copy.*

1910 bis [COWPER (William)]. — JOHN GILPIN [Diverting History of]. *London : W. Belch. n. d.* [circa 1815], 12mo. or. wrappers, with hand-coloured engraved ticket. *(Back Strip missing),* preserved in half-morocco case.   **2.500 fr.**

8 hand-coloured copper engravings. Engraved text. Small tear in inner margin of one leaf. *Very rare.*

1911 [COWPER (William)]. — THE DIVERTING HISTORY OF JOHN GILPIN, chowing how he went farther than he intended, and came safe home again... etc. *London, Charles Till,* 1828, sq. 16mo. half-morocco. *(Modern binding).*   **400 fr.**

FIRST EDITION with six illustrations by GEORGE CRUIKSHANK, engraved on wood by *Thompson, Branston, Wright, Slader, and White.*

1912 [COWPER (William)]. — THE DIVERTING HISTORY OF JOHN GILPIN. *London,* 1828, half-morocco, gilt. *(Later binding).*   **550 fr.**

Another copy. FIRST EDITION. *Very fine.*

1913 COWPER (William). — JOHN GILPIN (The Diverting History of), showing how he went

further than he intended, and came safe home again. With ten illustrations by a young artist. *London, Joseph Cundall,* 1845, oblong 4to. or. cloth, gilt.   **5.000 fr.**

FIRST EDITION, of this version with 10 illustrations by JOHN LEIGHTON (Luke Limner). To this copy, which is JOHN LEIGHTON'S OWN COPY WITH HIS BOOKPLATE ARE ADDED THE TEN ORIGINAL PEN DRAWINGS (large oblong 4to), by the artist.

This is the first work illustrated by John Leighton. Under the pseudonym of LUKE LIMNER, *he was one of the most, prominent illustrators of the « 1860's » and one of the most prolific designers... « He has been characterised as » one of the most prominent exponents of the English School of Symbolic Design... Among Leighton's friends and associates (as well as famous publishers) may be enumerated such celebrities as Michael Faraday, Albert Smith, Cruikshank, Horace Mayhew, Marck Lemon, Tennyson, Holman Hunt... »* H. W. DAVIS. (Notes on John Leighton).

1914 COWPER (William). — JOHN GILPIN. Another copy with the LEIGHTON illustrations. Or. cloth.   **200 fr.**

FIRST EDITION. Fine copy, with plates on tinted ground as issued.

1915 COWPER (William). — JOHN GILPIN. *Pictorial Penny Balladist. No XIV. London, J. C. Moore, n. d.* [circa 1850], as issued.   **10 fr.**

Eight pages, uncut. With illustrations by « PHIZ » engraved on wood by JAMES COOPER. *Fine copy.*

1916 [COWPER (William)]. — JOHN GILPIN (The Diverting History). *London, George Routledge, n. d.* [circa 1885], 4to. or. coloured wrappers.   **35 fr.**

7 coloured plates and numerous drawing by R. CALDECOTT. *Fine copy.*

1917 COWSLIP (THE) or More Cautionary Stories, in verse. By the Author of that much-admired little work entitled the Daisy. *London, Griffith and Farran, n. d.* [circa 1830], or. cloth gilt. **15 fr.**

Illustrated with 29 quaint well executed woodcuts *(one dabbed with colour by an infant).* A few water stains, and a few tears in the margins. Four page book list at end.

1918 COWSLIP (THE) or More cautionary stories, in verse. By the author of that much-admired little work, entitled the Daisy. *London, J. Harris,* sq. 16mo. coloured paper wrappers.   **85 fr.**

MODERN FACSIMILE REPRINT of this rare children's classic, published by the Leadenhall Press, about 1900. It is illustrated with many quaint woodcuts. *Fine copy.*

1919 COYBEE (Eden). — A FLOWER BOOK. *London, Grant Richards,* 1901, 16mo. or. cloth.   **15 fr.**

Twenty four delightful coloured plates by Nellie Benson. *Fine copy.*

WALTER CRANE (1845-1915)

1920 **CRANE (Walter).** — THE BABY'S OPERA. A Book of Old Rhymes with New Dresses. The Music by the Earliest Masters. *London, George Routledge, n. d.,* sq. 8vo. or. printed boards. **150 fr.**

FIRST EDITION. 11 coloured plates and many decorative boarders by Walter Crane. *Fine copy.*

1921 **CRANE (Walter).** — BEAUTY AND THE BEAST Picture Book. Containing Beauty and the Beast. The Frog Prince, and the Hind in the Wood... *London, John Lane, n. d.* [circa 1900], 4to. or. cloth. **1.500 fr.**

15 coloured plates and 13 covers and end papers by Walter Crane. To this copy is added 6 OF THE ORIGINAL DRAWINGS of the end papers and cover of Beauty and the Beast and The Hind in the Wood. *Fine copy.*

1922 **CRANE (Walter).** — A BOOK OF CHRISTMAS Verse, Selected by H. C. Beeching. *London, Methuen and Company,* 1895, 8vo. or. blue cloth, gilt, t. e. q. **120 fr.**

FIRST EDITION. Ten designs by *Walter Crane.* Or, 4 page advertisement advertising « *The Seven Seas* » by Kipling, preserved. *Very fine fresh copy.*

1923 **CRANE (Walter).** — THE FAIRY SHIP. *London, John Lane, n. d.,* 4to. or. printed wrappers. **750 fr.**

With illustrated end papers and 8 coloured plates by *Walter Crane.* THE ORIGINAL DRAWING FOR THE COVER INSERTED.

1924 **CRANE (Walter).** — THE FIRST OF MAY. A Fairy Masque ; Presented in a series of 52 designs by Walter Crane. *Boston, James R. Osgood and Co,* 1881, oblong, 4to. or. printed boards. *(One corner damaged).* **150 fr.**

FIRST EDITION. The book is dedicated to « Charles Darwin » from the Author and the Artist. The whole book is printed by the « Heliotype » process. *Fine copy.*

1925 **CRANE (Walter).** — FLORA'S FEAST. A Masque of Flowers. Penned and Pictured by Walter Crane. *London, Cassell and Co,* 1889, 4to. or. coloured boards. **100 fr.**

FIRST EDITION. 40 coloured plates. 9 page book list at end. *Fine copy.*

1926 **CRANE (Walter).** — THE FROG PRINCE. *London, George Routledge, n. d.,* 4to. or. printed covers in colour. **50 fr.**

FIRST EDITION. Illustrated with large coloured plates by Walter Crane. *Fine copy.*

1927 **CRANE (Walter).** — GOODY TWO SHOES. *London, John Lane, n. d.,* 4to. or. printed wrappers. **750 fr.**

With illustrated end papers and 5 coloured plates by *Walter Crane.* THE ORIGINAL DRAWING FOR THE COVER INSERTED.

1928 **CRANE (Walter).** — GOODY TWO SHOES. *London, George Routledge, n. d.,* 4to. or. printed covers in colour. **50 fr.**

FIRST EDITION. Illustrated with large coloured plates by Walter Crane. *Fine copy.*

1929 **CRANE (Walter).** — JACK AND THE BEAN STALK. *London, John Lane, n. d.,* 4to. or. printed wrappers. **600 fr.**

With illustrated end papers and 7 coloured plates by *Walter Crane.* THE TWO ORIGINAL DRAWINGS FOR THE END PAPERS INSERTED.

1930 **CRANE (Walter).** — THIS LITTLE PIG. His Picture Book. MOTHER HUBBARD. Her Picture Book. *London, John Lane, n. d.* (1895), 2 vols in-4to. or. cloth. **200 fr.**

Each vol. profusely illustrated in colours by Walter Crane. The first vol. contains, *This Little Pig. The Fairy Ship. King Luckieboy.* The Second vol. *Mother Hubbard The threee Bears. The Absurd ABC.* Fine copies.

1931 **CRANE (Walter).** — A MASQUE OF DAYS. From the Last Essays of Elia, Newly dressed and Decorated by Walter Crane. *London, Cassell and Co,* 1901, 4to. or printed boards, coloured. **100 fr.**

FIRST EDITION. Numerous coloured plates by Crane. *Very fine copy.*

1932 **CRANE (Walter).** — MOTHER HUBBARD. *London, John Lane, n. d.,* 4to. or. printed wrappers. **750 fr.**

With illustrated end papers and 7 coloured plates by *Walter Crane.* THE TWO ORIGINAL DRAWINGS FOR THE END PAPERS INSERTED.

1933 **CRANE (Walter).** — SLATEANDPENCILVANIA : being the Adventures of Dick on a Desert Island. *London, Marcus Ward,* 1885, 4to. or. printed boards. **100 fr.**

FIRST EDITION. 24 splendid coloured plates by Walter Crane. A most amusing book.

CRANE (Walter). — See ELLIS (F. S.) Reynard the fox and no 109.

1934 **CRIB AND FLY.** A Tale of two Terriers. *London, Griffith and Farran,* 1876, 8vo. or. cloth, gilt. **25 fr.**

FIRST EDITION. Illustrated with 4 plates by HARRISON WEIR engraved on wood by *John Greenaway.* 32 page book list at end. *Fine copy.*

CRIES OF LONDON

1935 CRIES OF LONDON (THE) Calculated to Entertain the minds of Old and Young. Illustrated in Variety of Copper Plates neatly Engrav'd with and Emblematical Description of each Subject. Vol IIId. Price Six Pence. *London, Printed for and Sold by H. Roberts Engraver almost opposite Great Turnstile Holborn S. Gamidge Bookseller in Worcester, n. d.* [circa 1760], small 16mo. or. coloured decorative papers, preserved in half-morocco case. **2.000 fr.**

Allthrough this is vol. III, the book is complete in itself and contains 16 Cries, each engraved plate numbered from 1 to 16, and also an amusing frontispiece with the legend. « *Let none Despise the merry merry Cries of famous London Town* ». Back of binding cracked otherwise a very good copy. We have not been able to trace another example of this edition.

1936 CRIES OF LONDON (THE). *London, J. Bysh, n. d.* [circa 1815], 12mo. or. wrappers with coloured label. *(Small corner of label torn).* **600 fr.**

Twelve hand-coloured plates showing « Cries ». Large engraved text under each subject. *Fine copy.*

1937 CRIES OF LONDON (THE) as they are Daily Practised... in its Squares, Streets, and Lanes. *London, J. Harris, n. d.* [circa 1815], sq. 16mo. or. half-leather, boards, with ticket. **3.200 fr.**

48 splendid hand-coloured engravings of the Cries. A few edges slightly torn.
PLANCHE 131.

1938 CRIES OF LONDON (THE). *London, Hodgson and Co, n. d.* [circa 1815], 12mo. or. printed wrappers. **2.800 fr.**

Coloured vignette on title and 12 other hand-coloured engraved plates on copper, with engraved text under each illustration showing London types. A few plates slightly pin-pricked by a child *(not very evident).*

1939 CRIES OF LONDON (THE) as they are daily exhibited in the streets, with an Epigram in Verse, adapted to each... To which is prefixed. A Poetical Description of the Metropolis, Tenth edition. *London, J. Harris (successor to E. Newberry),* 1806, two vols in-12, half-leather, boards with tickets. **2.000 fr.**

Illustrated with 48 copper engravings. The frontispiece of vol I. is a vue of St. Paul's Cathedral, and at left *Harris's Juvenile Library.* Some plates slightly foxed, otherwise fine copy, from the library of Harriot, Duchess of St. Albans, with her bookplate.

1940 CRIES OF LONDON. *London, E. Langley, n. d.* [circa 1815], sm. 8vo. or. printed wrappers. *(Back strip missing).* **1.500 fr.**

Illustrated with 8 hand-coloured plates, each divided into four different engravings showing 32 Cries of London. A letter of the Alphabet to each Cry. Under each plate engraved text.
PLANCHE 94.

1941 CRIES OF LONDON (THE). Embellished with twelve engravings. *London, R. Miller, n. d.* [circa 1810], 2 1/2×2 1/2 inches 12 cards. **300 fr.**

Twelve hand-coloured engravings (including title) showing the Cries of London each with an engraved verse under each picture.

1942 CRIES OF LONDON [THE INFANT'S CABINET OF THE]. *London, John Marshall, n. d.* [circa 1820], 2 vols. [50×40 mm.] or boards and 28 cards, in or. box with coloured lid [65×95 mm.]. **3.000 fr.**

Two vols of text and cards with Cries of London, engraved on copper and hand-coloured. Complete copy of one of the rarest Cries of London. One vol. rebacked and the other has no title ticket, otherwise fine copy.
PLANCHE 131.

1943 CRIES OF LONDON (LLOYD'S). *London, R. Lloyd,* 1831, sm. 8vo. or. printed wrappers, preserved in half-morocco case. **2.000 fr.**

Illustrated with 12 beautifully hand-coloured woodcuts depicting the famous London Cries. *Fine copy.*

1944 CRIES OF LONDON (THE NEW), or Itinerant Trades of the British Metropolis. *London, Harvey and Darton,* 1823, 8vo. original half-leather. **575 fr.**

First issue of this edition. The admirably engraved plates show 44 subjects. 4 page list of books at end. *Fine copy.*

1945 CRIES OF LONDON (THE NEW). *London, James March, n. d.* [circa 1835], 8vo. or. green wrappers. **150 fr.**

Illustrated with 24 hand-coloured woodcuts. *Very fine copy.*

1946 LONDON CRIES (NEW). *London, Dean and Co, n. d.* [circa 1838], 4to. or. printed wrappers. **400 fr.**

Illustrated with 7 hand-coloured woodcuts. Large type. « Aunt Affable's » series. *Fine copy.*

1947 CRIES OF LONDON (THE). THE PICTURE GALLERY FOR ALL GOOD BOYS and Girls; shewing them. Exhibition the Second. *London, John Wallis,* june 23. 1802, post 8vo. or. blue wrappers with engraved picture label, preserved in half-morocco case. **2.500 fr.**

Illustrated with engraved frontispiece and 28 Cries of London, all in contemporary colouring. The legends, all engraved, in decorative borders, are on the pages apposite the plates. Same pages slightly dirty, and others have a few tears at edges, all easily reparable. Small section of inside margin (not touching engraving) of frontispiece missing. OF THE GREATEST RARITY.

1948 **CRIES OF LONDON** (SAM SYNTAX'S DESCRIPTION OF THE), as they are daily exhibited in the Streets. Second edition. *London, Harris and Son*, 1821, sm. 8vo. or. printed wrappers. *(Soiled and rebacked).* **1.250 fr.**

Illustrated with 17 charming hand-coloured engravings showing the Cries. Two verses under each picture.

1949 **CRIES OF LONDON** (SAM SYNTAX'S DESCRIPTION OF THE), 1821, half-morocco. *(Modern binding).* **800 fr.**

Same illustrations in colour as preceding item. *Fine copy.*

CRIES OF LONDON. See No 163.

━━━━━━

1950 [**CRIES OF PARIS**]. — COSTUME OF THE LOWER ORDERS IN PARIS. *N. p., n. d.* [circa 1805], sm. 12mo. half-morocco. *(Modern binding).* **900 fr.**

Frontispiece and 28 hand-coloured engravings, the last one folding. Text in English and French. A set of types similar to the « London Cries ».

1951 **CROMPTON (Sarah).** — THE SCHOLAR'S BOOK. *London, Darton and Co, n. d.* [circa 1850], or. red cloth, gilt. **25 fr.**

FIRST EDITION. Illustrated with 4 woodcuts. The chapters are very interesting « *The Mother of Washington, Printing, Waterloo, Columbus* », etc., etc. A few pages loose in cover.

1953 **CROQUIS MACÉDOINE.** *S. l. n. d.* [*Paris, Gihaut lith., s. d.* (1831)], in-4 obl., cartonné. Sur le premier plat, initiales couronnées d'Augusta Amélia de Bavière, femme d'Eugène de Beauharnais. **1.000 fr.**

Recueil romantique du plus haut intérêt ; 40 grandes planches lithographiées (certaines contenant jusqu'à 19 sujets). Nombre d'entre elles sont de DEVÉRIA ou de *Wattier*. D'autres, non signées, ne leur sont pas inférieures. Vivantes et spirituelles, avec des noirs superbes, les lithographies de Devéria sont de la belle époque et costumes et attitudes évoquent le plein Romantisme. Elles sont, en outre, de toute fraîcheur, et constituent une véritable pièce de collection.

1954 **CROWQUILL (Alfred).** — PANTOMIME to be played at home. As it was is and will be. *London, J. Harwood*, 1849, oblong 4to. or. ill. wrappers. **350 fr.**

FIRST EDITION. Illustrated with 41 line drawing by Crowquill on 12 plates.

1955 **CROWQUILL (Alfred).** — THE PICTORIAL GRAMMAR. *London, Diprose and Bateman, n. d.* (1873), wrappers. *(Back strip missing).* **60 fr.**

Profusely illustrated.

1956 **CROWQUILL (Alfred).** — THE PICTORIAL GRAMMAR. *London, William Tegg and Co*, 1876, 12mo. or. printed covers. **50 fr.**

110 illustrations by Crowquill.

1957 **CROWQUILL (Alfred).** — TALES OF MAGIC AND MEANING. *London, Grant and Griffith*, 1856, sq. 12mo. or. cloth, gilt, g. e. *(Back Slightly worn).* **300 fr.**

FIRST EDITION. Illustrated with 4 hand-coloured plates by *Alfred Crowquill*. 16 page book list a tend. Covers slightly loose but fine clean copy.

1958 **CROWQUILL (Alfred).** — THE TUTOR'S ASSISTANT, or Comic Figures of Arithmetic ; Slightly altered and elucidated from Walking Game. *London, J. and F. Harwood*, 1843, 8vo. or. cloth, gilt. **60 fr.**

Numerous amusing illustrations by Crowquill. *Fine copy.*

GEORGE CRUIKSHANK (1792-1878)

1959 **CRUIKSHANK (George).** — THE BEE AND THE WASP. A Fable. — In Verse. *London, Charles Till*, 1832, 12mo. or. printed wrappers, preserved in half-morocco case. **600 fr.**

FIRST EDITION, with all the points. Eight page book list *(numbered 3-10)* at end and advertisement on verso of back cover. Back strip reinforced. *Fine copy.*
PLANCHE 136.

1960 **CRUIKSHANK (George).** — THE BEE AND THE WASP. Polished calf with or. wrappers bound in. **400 fr.**

Another copy of the FIRST EDITION, with all points. *Fine copy.*

1961 **CRUIKSHANK (George).** — THE BEE AND THE WASP. *London, Basil Montagu Pickering*, 1861, 8vo. vellum binding. **100 fr.**

Reimpression with same plates as the first edition.

1962 **CRUIKSHANK (George).** — CINDERELLA. *London, Frederick Arnold, n. d.* [circa 1856], sm. 4to. or. printed wrappers. **600 fr.**

From the FAIRY LIBRARY. Copy with plates in two states, plain and in contemporary colouring. See No. 1964. This is probably the 5th edition with the text re-written by Cruikshank, in the doing of which he « *introduced a few Temperance truths* ».

1963 [**CRUIKSHANK (George)**]. — COMIC ALPHA-
BET [*Designed, Elched, and Published by George
Cruikshank, No 23 Myddelton Terrace, Pentonville,
1836*], large folio, appropriately framed.   **600 fr.**

Twenty-four subjects, on large sheet, with letters of
Alphabet and titles. PROOF SHEET, UNFOLDED, of
this amusing item which was issued folded, inclosed in
white boards.

1964 **CRUIKSHANK (George)**. — FAIRY LI-
BRARY, edited and illustrated by him (as under).
London, Bogue (3 vols) and Routledge (1 vol), n. d.
(1853-1864), small quarto or. printed green wrap-
pers preserved in red morocco case, gilt back.
Sold.

I. HOP O'MY THUMB, with 6 fine etchings. FIRST
ISSUE, with the ads. on back cover, *Preparing for publi-
cation, Jack and the Bean-Stalk, List of Illustrations on
back of front leaf ; end flyleaf pasted down.*
II. JACK AND THE BEAN-STALK, with 6 fine etchings.
Has 2 out of the 5 points of the FIRST ISSUE, Viz. :
End flyleaf pasted down, and plates on white paper.
III. CINDERELLA, with 10 fine etchings. Has 2 out
of the 3 points of the FIRST ISSUE : front flyleaf pasted
down ; ads., of back cover reading « *No 1, Hop-o' My Thumb ;
No. II. Jack and the Beanstalk.* » (*The list of Illustrations
is printed on the back of the flyleaf*).
IV. PUSS IN BOOTS, with 6 fine etchings, with 2 out
of the 4 points of the FIRST ISSUE, Viz. : *No list of illustrations (without the cover design on white paper at end, and
without the Notice to the Public on the back cover). No front
flyleaf.*
There is an amusing « Prohibition », interest in this collection of Fairy Stories. In these works Cruikshank *desi-
red Hop o'My Thumb, Puss in Boots, and their goodly
followship, to preach teetolalism even in the nursery. Dickens
fell out with him over his zeal to reform crapulous giants,
or at any rate to get a moral out of them.* » (Sawyer and Darlon. Vol. II, page 136). Fine Set in original wrappers.

1965 **CRUIKSHANK (George)**. — FAIRY LI-
BRARY. Another set in original wrappers.
5.500 fr.

FIRST EDITIONS. Hop-o' My Thumb. (*Second issue*).
Jack and the Beaustalk (*3 out of 5 points*). Puss in Boots
(*2 out of 4 points*). EXCEPTIONAL COPY WITH THE
PLATES IN TWO STATES, COLOURED AND UNCO-
LOURED. *Fine copies.*

1966 **CRUIKSHANK (George)**. — THE FAIRY
LIBRARY. Cinderella. Jack and the Bean-Stalk.
Hop-O' My-Thumb. *David Bogue, n. d.* [*circa
1865*], 3 vols bound in 1 vol. in small 4to. half-
morocco.   **550 fr.**

Same illustrations as the first issues.

1967 **CRUIKSHANK (George)**. — JACK AND
THE BEAN-STALK (The History of). Edited
and illustrated with Six Etchings by George
Cruikshank. *London, David Bogue, n. d.* (1854),
sm. 4to. or. printed wrappers.   **550 fr.**

FIRST EDITION, with 2 out of the 5 points of the
first issue. No. 2 of the Fairy Library. *Fine copy.*

1968 **CRUIKSHANK (George)**. — JACK AND
THE BEAN-STALK. *London, D. Bogue, n. d.*
[*circa 1854*], sm. 4to. or. printed wrappers. **400 fr.**

FIRST EDITION. 1 out of the 5 points of the 1st issue
(*Jack climbing the Beanstalk as frontispiece*). 8 plates.
Very fine copy.

1969 **CRUIKSHANK (George)**. — JACK AND
THE BEAN-STALK. *London, David Bogue, n. d.*
[*circa 1856*], sm. 4to. or. printed wrappers. **500 fr.**

From the FAIRY LIBRARY. Copy with plates in contemporary colouring.

1970 **CRUIKSHANK (George)**. — THE NEW
STORY OF THE QUEEN OF HEARTS. *London,
Read and Co, n. d.* [*circa 1860*], 4to. or. printed
coloured boards, preserved in half-morocco case.
1.500 fr.

Illustrated with 8 hand-coloured woodcuts by George
Cruikshank with movable parts which work by drawing
cardboard flap. One of the 19 movable pieces missing ;
otherwise fine and perfect copy. This is a very rare toy-
book as few copies escaped destruction from children's
hands. *Unknown to Cohn.*

1971 **CRUIKSHANK (George)**. — TWELVE SKET-
CHES illustrative of Sir Walter Scott's Demo-
nology and Witchcraft. *London, Published for
the Artist, J. Robins and Co*, 1830, 12mo. or. printed brown wrappers.   **600 fr.**

FIRST EDITION. With a page ad. at beginning and
at end. *Fine copy.*

CRUIKSHANK (George). See GRIMM And Nos
1911-12.

1972 **CUPID'S PRESENT** or Valentine's Choice ;
being a brief and compendious History of the
Most Favourite Heathen Gods and Godesses,
with an Occasional Preface. Most Splendidly
Embellished with Elegant Cuts. *Gainsborough,
H. and G. Mozley, n. d.* [*circa 1790*], sm. 16mo.
or. flowered-paper boards. (*Back strip missing*).
150 fr.

Frontispiece and 19 full page woodcuts signed *W. Green.*
LACKS 6 LEAVES (*pages 15-16 and 95 to the end*). The
record of another copy has not as yet come to our notice.

1973 **CUP OF SWEETS (A)** that can never cloy or
Delightful Tales for Good Children. *London, J.
Harris*, 1813, sm. 12mo. or. half-leather, boards.
125 fr.

Engraved frontispiece. The 1st edition appeared in 1804.
Tuer O. F. C. B., pages 57-58. *Fine copy.*

1974 **CUP OF SWEETS (A)**. *London, J. Harris*,
1814, sm. 12mo. or. half-leather, boards. **100 fr.**

Engraved frontispiece.

1974 *bis* **CURIOSER SPIEGEL**, worinnen der ganze
Lebenslauf des Menschen von der Kindheit bis
zum Alter zù sehen, in Figuren... *Nurnberg, in
der Johann Andrea Endlerischen Handlung*, 1824,
petit in-folio, cart. dos toile.   **1.500 fr.**

Titre et 41 planches gravées sur bois et coloriées, représentant la naissance, l'école, l'apprentissage, scènes de
métiers, jeux, la chasse, etc. En bas de pages, texte en
gothique. Réimpression des belles gravures d'Elias Porzel
et de Maria Sandrart qui vivaient à la fin du xviie siècle.
Le titre a été remonté.

1975 CURIOSITIES OF LONDON (THE), containing a Descriptive and Entertaining Sketch of the British Metropolis, for the Amusement of Youth. *London, Thomas Tegg, n. d.* [circa 1815], sm. 12mo. or. wrappers. *(Two engravings of London pasted on covers).* **100 fr.**

Illustrated with 6 well-impressed woodcut views of London. *Fine copy.*

1976 CURIOSITIES OF LONDON (THE). Or. printed wrappers. *(Rebacked and top edge frayed).* **70 fr.**

Same edition, same plates as preceding item.

1977 CURIOSITÉS DES MŒURS et Coutumes des Peuples. *Paris, Marcilly, s. d.* [vers 1825], in-12 oblong, cartonn. bradel pap. moiré violet foncé, dos orné. *(Cartonn. d'origine).* **500 fr.**

Titre gravé avec grande vignette *coloriée* et 6 jolies figures gravées et *coloriées : L'Arabie ou le Café, La Russie ou les Fourrures, la Perse ou le Palanquin, l'Inde ou les Cachemires, etc.* Chapitres d'intérêt *américain : Ruses singulières des Indiens de l'Amérique du Nord, Anthropophages du Brésil, etc. Bel exemplaire.*

1978 CURIOSITÉS DES MŒURS, etc. *Même ouvrage, même éd. que le précédent,* cartonn. pap. crème impr., titre, bordure et vignette, tr. j. *(Cartonn. d'édit.).* **300 fr.**

Bel exemplaire avec les mêmes figures en noir. Cartonn. imprimé d'édit. en bel état.

CUT-OUT FIGURES, ETC.
LIVRES A FIGURES MOBILES, ETC.

1979 BRÈS. — LE LIVRE JOUJOU, avec figures mobiles. *Paris, Louis Janet (Impr. Doyen), s. d.* [vers 1835], pet. in-8 carré, demi-bas. grenat foncé, plats pap., titre imprimé, cadre et vignettes. *(Rel. d'éditeur).* **1.500 fr.**

ÉDITION ORIGINALE, dans son CARTONNAGE D'ORIGINE. — Ce charmant ouvrage qui connut le plus grand succès est orné d'un titre et vignettes mobiles et de 12 FIGURES MOBILES, COLORIÉES, produisant des transformations. D'après l'avertissement, ce volume serait le premier où ce genre aurait été employé et l'auteur en réclame l'invention. « Ces dessins, dit l'auteur, retracent les principales scènes *en action :* car plusieurs de leurs parties sont mobiles, et font paraître plusieurs objets, divers personnages qui d'abord étaient cachés aux yeux des spectateurs. » — Bel exemplaire avec les pièces mobiles bien complètes.

1980 BRÈS. — LE LIVRE JOUJOU. *Paris, Vve Magnin et fils, Libr. Louis Janet (Impr. Ducessois), s. d.,* pet. in-8 carré, percaline rouge, plats ornés à froid avec titre doré, tr. dor. *(Rel. de l'éditeur).* **1.800 fr.**

Même ouvrage que le précédent. Magnifique exemplaire, dans un état de fraîcheur absolue, comme neuf. De toute rareté en semblable condition. Ex-libris Durosier et J. Vieillard.

1981 BRÈS. — LE LIVRE JOUJOU. *Même ouvrage, même édition que le précédent,* demi-bas. noire. *(Rel. de l'époque).* **800 fr.**

Exemplaire complet des figures mobiles, sauf une petite corbeille du frontispice. Quelques *très légères* salissures à qq. ff.

1982 CHANGEMENS A VUE (LES). *S. l. n. d.* [vers 1820], 5 cartes (56×87 mm.). Etui. **400 fr.**

5 cartes gravées et coloriées. En tirant une languette, on change l'aspect du paysage ou la nature des personnages. Texte en vers gravé au-dessous, endommagé sur la plupart des cartes. *Très rare.*

1983 CHAPERON ROUGE (LE). *Paris, A. Capendu, s. d.* [vers 1880], in-4, cart. papier de l'édit. **200 fr.**

6 planches en couleur, à pleine page, AVEC PIÈCES MOBILES. Texte imprimé en gros caractères et orné de vignettes sur bois. Le cartonnage papier bleu de ciel est orné de la reproduction de l'une des 6 planches. Exemplaire de toute fraîcheur, pièces mobiles intactes, rare ainsi.

1984 THE CHILD OF THE REGIMENT. L'Enfant du régiment. Das Regiment's Kind. Boîte en bois de 11,5×18 centimètres. Couvercle à tirette recouvert d'une gravure coloriée représentant un jeune tambour qui, à la vue d'un officier couvert de chamarures, dit : « Moi aussi, je veux être maréchal de France ». Vers 1810. **400 fr.**

Contient une poupée de papier découpée, représentant un jeune soldat avec petite veste et pantalon blanc, que l'on revêt à volonté d'un uniforme de tambour, de fantassin grande tenue, de fantassin tenue de campagne, de sapeur, de tambour-major, d'officier subalterne, de général. Deux shakos et deux bonnets à poil appropriés et un tambour. Toutes ces pièces découpées sont gravées et coloriées. *Une déchirure de la poupée a été restaurée.*

1985 CHIMANI (L.). — KLEINE ERZAHLUNGEN UND MÄRCHEN für die Jugend. *Wien, H.-F. Muller, s. d.* [vers 1830], in-8, cartonnage papier de l'époque. **1.000 fr.**

Dans une pochette ménagée dans le second plat du cartonnage, 8 sujets gravés, coloriés, découpés et montés sur carton, avec panorama dépliant ; toutes ces figures illustrent les 8 récits du volume. *Bel exemplaire bien complet.*

1986 CINDERELLA or the Little Glass Slipper. *London, S. and J. Fuller,* 1814, sq. 16mo. or. printed boards in slip case. *(Case worn).* **1.800 fr.**

FIRST EDITION. Illustrated with 6 *(should be seven)* cut out figures, with changeable head. One of the scarcest of this type of book.

1987 CONTES DES FÉES MIS EN ACTION (LES), avec figures coloriées et découpées. *Paris, Nepveu* [papillon au nom de Guillot], *s. d.* [vers 1822], in-8 obl., couvert. muette, étui.   **1.000 fr.**

Trois contes: *Le Petit Chaperon rouge, Riquet à la Houppe et le Petit Poucet,* avec un avis de l'éditeur et un tableau d'assemblage gravé, composent le texte. Une enveloppe contient deux tableaux gravés et coloriés, formant « toiles de fond », représentant une forêt et une chambre. Ils servent de décor pour les contes. Des rainures permettent d'y insérer les languettes des pièces mobiles, également gravées et coloriées, représentant les personnages, grâce auxquelles on reconstitue les scènes racontées. Ces pièces sont au nombre de 20, il en manque 4.

1988 [FLORIAN]. — FABLES DE FLORIAN mises en action, avec figures coloriées et découpées. *Paris, Nepveu,* 1821, in-8 oblong, broché, couv. papier marbré.   **1.000 fr.**

Ces fables « mises en action » comprennent : un petit volume de texte avec tableau d'assemblage gravé figurant 12 fables ; un tableau gravé et colorié, sur carton, formant décor, ou toile de fond ; 17 pièces découpées (images coloriées sur carton), dans une enveloppe. Ces 17 pièces sont destinées à prendre place dans les rainures de la toile de fond et à reproduire les scènes figurées au tableau d'assemblage. Joli exemplaire, complet, dans un étui de l'époque.

1989 FOLIES ENFANTINES (LES). — TABLEAUX VIVANTS. *Paris, Libr. française et étrangère, s. d.* [vers 1860], gr. in-4, cart. papier *de l'édit.*   **1.800 fr.**

8 lithographies en couleurs, avec pièces mobiles que l'on fait jouer à l'aide d'une tirette : chaque planche est accompagnée d'une courte légende en vers. La Balançoire, Le Petit Postillon, Les Petits Musiciens, La Bercelonnette, La Souris prise, Les Petits Soldats, L'Écureuil échappé de sa cage, Le Petit Maître d'école. Toutes ces scènes sont amusantes et bien dessinées. Les pièces mobiles sont intactes (il en manque seulement une petite à *La Souris prise*) et fonctionnent parfaitement, chose rare. Le 1er plat est recouvert d'une grande chromolithographie appropriée au titre. *Bel exemplaire.*

1990 FOÉ (Daniel de). — ROBINSON CRUSOÉ (Aventures de). Traduction spécialement destinée au jeune âge... *Paris, Ch. Lelaille, s. d.* [vers 1840], in-16, cartonnage papier *de l'édit.*   **100 fr.**

TOME Ier SEUL. 7 figures en noir et chamois, lithographiées sur papier fort, découpées et montées sur feuillets *ad hoc,* par une languette de papier insérée dans une rainure. Mode d'illustration rare. Cartonnage à fond de papier vert dont le premier plat est presque recouvert d'une image en chromolithographie, bordée d'un filet de papier doré (manquant partiellement) et qui représente Robinson dans son accoutrement de sauvage, découvrant des vestiges humains. Cette édition, outre l'intérêt de son illustration, offre cette particularité d'avoir été remaniée selon les indications de Jean-Jacques Rousseau.

1991 FRANK FEIGNWELL'S ATTEMPTS TO AMUSE HIS FRIENDS ON TWELFTH-NIGHT. Exhibited in a Series of Characters. *London, S. and J. Fuller,* 1811, sq. 16mo. or. printed wrappers in printed slip case, preserved in half-morocco case.   **2.500 fr.**

FIRST EDITION. Illustrated with 8 hand-coloured cut out figures in aquatint, moveable head and 3 hats (*should be* 4). *Fine copy.*
PLANCHE 105.

1992 FRÉDÉRIC ou les Effets de la désobéissance. Imité de l'anglais. *Paris, L. Lonati, Delaunay-Pélicier,* 1818, in-12. (*Cartonnage imprimé et étui de l'éditeur*).   **1.500 fr.**

PREMIÈRE ÉDITION. Ornée de 7 figures découpées et coloriées à la main. Une tête mobile et trois chapeaux. Bel exemplaire imprimé par Didot le Jeune.

1993 GLOBE ARTIFICIEL et mécanique à l'usage du petit géographe, par AUGUSTIN LEGRAND. *Paris, s. d.* [vers 1825], étui, cartonnage lith., colorié et doré.   **500 fr.**

Outre une notice explicative, avec figures, cet étui contient un globe terrestre, gravé et colorié, replié par quartiers, l'ensemble représentant le globe quand on tire le fil.

1994 GLOBE TERRESTRE PORTATIF (NOUVEAU), avec les toutes dernières découvertes. *Paris, J. Andriveau-Goujon,* 1830. Etui.   **400 fr.**

Globe terrestre gravé et colorié, replié, découpé par quartiers, comme le précédent, l'ensemble représentant le globe.

1995 [GRIMALDI (STACEY)]. — A SUIT OF ARMOUR FOR YOUTH. *London, published by the proprietor,* 1824, 12mo. contemp. calf, red label.   **1.250 fr.**

FIRST EDITION. For authorship of this rare book see D. N. B. « *A series of engravings of body armour, copied from real examples and designs illustrating anecdotes* ». The illustrations have an engraved piece of armour as a flap, which on being lifted shows another engraving illustrating the text. *Fine copy.*

1996 [GRIMALDI (STACEY)]. — A SUIT OF ARMOUR FOR YOUTH. 1824, half-morocco, g. e. (*Modern binding*).   **1.000 fr.**

Another copy of the FIRST EDITION. Fine.

1997 HISTOIRE DE FRANCE racontée en famille... d'après MM. de Barante, A. Thierry, H. Martin, Guizot, Dulaure, etc. *Paris, Ch. Lelaille, s. d.* [vers 1840], 2 vol. in-16, cart. papier *de l'édit.* **1.000 fr.**

« Simples récits dédiés au jeune âge », illustrés de 15 figures lithographiées en noir et chamois, découpées et insérées par une languette de papier dans la rainure de feuillets *ad hoc.* Les fig. sont numérotées de 1 à 17, mais l'ouvrage est *complet,* les images chromolithographiées qui ornent les plats devant être comprises dans l'illustration. Cartonn. à fond de papier violet pâle, ornés d'images en chromolithogr. bordées d'un filet de papier doré (dont il manque un petit morceau au tome 2). Joli exemplaire d'un livre d'enfants intéressant, tant par son texte que par son mode, rare, d'illustration.

1998 HISTOIRE DE FRANCE racontée en famille... *Paris, Gaulier, s. d.* [vers 1842], 2 vol. in-16, cart. papier *de l'édit.*   **300 fr.**

Seconde édition de l'ouvrage précédent, mais l'exemplaire ne contient que 10 figures découpées (12 en comprenant les images en chromolithographies, identiques à celles de l'exempl. précédent, qui ornent le cartonnage de papier gris).

1999 HUBERT THE COTTAGE YOUTH. Being the Sequel to Phœbe, The Cottage Maid. Exemplified in A Series of Rural Figures. *London, S. and J. Fuller*, 1812, or. printed wrappers in or. printed slip case, preserved in half-morocco case. **2.000 fr.**

FIRST EDITION. Illustrated with 7 hand-coloured cut out figures in aquatint, moveable head and 2 hats. *Fine copy.*

2000 **HUBERT THE COTTAGE YOUTH.** 1812, or. printed wrappers in or. printed slip case. **1.850 fr.**

FIRST EDITION. Another copy. Figures and head complete but with one hat. *Fine copy.*

2001 **HUBERT THE COTTAGE YOUTH.** 1812, or. printed wrappers. *(Slip case missing).* **1.250 fr.**

FIRST EDITION. Another copy. Figures and head (rebacked) complete but with one hat.

2003 **LEGRAND (Augustin).** — EMMA ou la Bonne Petite Fille ; DELPHINE ou l'Enfant gâté. *Paris, Augustin Legrand et A.-S. Lelaille, s. d.* [vers 1820], 2 volumes in-12. *(Couvertures et étui de l'éditeur).* **1.000 fr.**

PREMIÈRE ÉDITION. Le premier volume orné de 4 figures découpées et coloriées à la main. Trois têtes mobiles. Le second, de 5 gravures découpées et coloriées à la main. La tête mobile manque, mais peut être remplacée par celle du volume précédent. Un chapeau.

2004 **LEGRAND (Augustin).** — ERNEST OU LE PETIT ROBINSON, conte. *Paris, Aug. Legrand et A.-S. Lelaille,* 1822, in-12, couvert. muette et étui de l'éditeur. **1.500 fr.**

9 figures découpées et coloriées à la main. Deux têtes mobiles. Un des plus rares livres à découpures, avec têtes mobiles.

PLANCHE 105.

2005 **LITTLE FANNY** (The History of), Exemplified in a Series of Figures. *London, S. and J. Fuller,* 1810, sq. 16mo. or. printed wrappers in printed slip case, preserved in half-morocco case. **2.000 fr.**

FIRST EDITION. Illustrated with 7 hand-coloured cut out figures in aquatint, with moveable head and 4 hats. Absolutely complete with all parts. *Fine copy.*

2006 **LITTLE FANNY** (The History of). *London, S. and J. Fuller,* 1810, or. printed wrappers in printed slip case, preserved in half-morocco case. **2.000 fr.**

FIRST EDITION. Same as above, complete with all parts.

2007 **LITTLE FANNY** (The History of)... 1810, or. printed wrappers in printed slip case. **1.200 fr.**

Another copy, third edition. 7 figures, head and 3 hats. (1 missing).

2008 **LITTLE FANNY.** 1810, or. pr. wrappers in pr. S. C. **800 fr.**

Another copy. Fifth edition. Complete with all figures and head (rebacked), but two hats (should be 4) missing.

2009 **LITTLE FANNY** (The History of)... 1810, or. printed wrappers in printed slip case. **750 fr.**

Another copy, third edition. The hats missing.

2010 **LITTLE FANNY.** 1810, or. pr. wrappers in pr. s. c. *(No slip case).* **200 fr.**

Another copy. Fourth edition. Head in facsimile. Hats missing. 6 figures (should be 7).

2011 **LITTLE HENRY.** — The History and Adventures of, exemplified in a Series of Figures. *London, S. and J. Fuller,* 1810, sq. 16mo. or. printed boards in printed slip case, preserved in half-morocco case. **2.000 fr.**

Illustrated with 7 hand-coloured cut out figures in aquatint, moveable head and 4 hats. Complete with all accessories. *Fine copy.*

2012 **LITTLE HENRY.** *London,* 1810, or. printed wrappers in printed slip case. **1.500 fr.**

Another copy, same as above but only 2 hats.

2013 **LITTLE HENRY.** *London,* 1810, or. printed wrappers in printed slip case. **400 fr.**

Another copy. Head in facsimile and only one hat.

2014 **MATHILDE ET MARIE.** *Paris, L. Lonati,* 1818, in-12. *(Cartonnage et étui lithographiés de l'éditeur).* **1.250 fr.**

PREMIÈRE ÉDITION. Orné de 7 figures découpées, et coloriées à la main. Une tête mobile. Très bel exemplaire bien complet, imprimé par Didot le Jeune.

2015 **MYTHOLOGIE MISE EN ACTION (LA)** par des figures découpées et coloriées. *Paris, Nepveu,* 1822, in-8 oblong, br., couv. papier marbré. *(Étui de l'époque orné d'un décor lithographié).* **1.250 fr.**

Petit vol. de texte de 48 pages, accompagné de deux gravures coloriées représentant deux tableaux dans lesquels ont été pratiquées des rainures où l'on place les 19 pièces mobiles découpées et coloriées, conservées dans une enveloppe, et qui figurent les personnages mythologiques qui font le sujet du livre. *Bel exempl. complet.*

2016 **MYTHOLOGIE MISE EN ACTION (LA)** par des figures découpées et coloriées. *Paris, Nepveu,* 1822, in-8 oblong, br., couv. papier marbré. *(Étui de l'époque orné d'un décor lithographié).* **300 fr.**

Le même que le n° précédent, également complet des 19 pièces découpées, mais les tableaux manquent. D'ailleurs *bel exemplaire.*

2017 **MYTHOLOGIE MISE EN ACTION (LA)** par des figures découpées et coloriées. *Paris, Nepveu,* 1822, in-8 oblong, br., couv. papier marbré. *(Étui de l'époque orné d'un décor lithographié).* **300 fr.**

Deuxième cahier, suite du n° précédent. 18 pièces découpées et coloriées (au lieu de 19). Il manque, en outre, le tableau (cette deuxième série n'en comporte qu'un). *Bel exemplaire.*

2018 **PAUL** ou l'Application. *Paris, L. Lonati,* 1817, in-12. *(Cartonnage et étui de l'éditeur).* **1.250 fr.**

PREMIÈRE ÉDITION. Orné de 8 figures découpées et coloriées à la main, dessinées par Grenier. Une tête mobile et deux chapeaux. Bel exemplaire, dans un état de fraîcheur parfait, imprimé chez Didot le Jeune.

2019 PAUL ou l'Application. *Paris, L. Lonali, 1817,* in-12. *(Carlonnage imprimé de l'édileur).* **350 fr.**

Même ouvrage, même édition que le précédent. 1 figure et les chapeaux manquent.

2020 PAUL ou l'Application. *Paris, L. Lonali, Delaunay-Pélicier, 1818, in-12. (Carlonnage imprimé el élui de l'édileur).* **850 fr.**

Même ouvrage et mêmes figures que le précédent. Les chapeaux manquent. *Très bel exemplaire.*

2021 PETITE HÉLÈNE (LA) ou l'Enfant gâté et corrigé. Imité de l'anglais. *Paris, L. Lonali, Delaunay-Pélicier, 1818, in-12. (Carlonnage imprimé de l'édileur).* **1.500 fr.**

PREMIÈRE ÉDITION. Orné de 9 figures découpées et coloriées à la main. Une tête mobile et 6 chapeaux. Très bel exemplaire, bien complet, imprimé par Didot le jeune. *L'étui manque.*

2022 PETITES MARIONNETTES (LES). *S. l. n. d.* [vers 1820], 6 cartes (75×100 mm.), étui avec étiquette. **400 fr.**

6 lithographies coloriées, bras et têtes mobiles que l'on fait mouvoir à l'aide de tirettes. *Bel exemplaire.*

2023 PETITES MARIONNETTES (LES). *S. l. n. d.* [vers 1820], 6 cartes (75×100 mm.), étui. **250 fr.**

6 lithographies coloriées ; *même genre que le précédent.* Une tirette manque.

2024 PHÉBÉ OU LA PIÉTÉ FILIALE. Imité de l'anglais. *Paris, L. Lonali, 1817, in-12, cart. de l'éditeur avec étui.* **1.500 fr.**

PREMIÈRE ÉDITION. Orné de 8 figures découpées et coloriées à la main. Une tête mobile et 5 chapeaux. Très bel exemplaire, bien complet. Le volume est imprimé par Didot le Jeune.

2025 PHÉBÉ OU LA PIÉTÉ FILIALE. *Paris, L. Lonali, Delaunay-Pélicier, 1818, in-12, cart. de* l'éditeur avec étui. **1.200 fr.**

Même ouvrage que le précédent, mêmes figures. Cet exemplaire n'a que 2 chapeaux. Deuxième tirage.

2026 PORTES ET FENÊTRES. CURIOSITÉ. *S. l. n. d.* [vers 1825], planche dépliante (60×48 mm.). Etui de l'éditeur. **250 fr.**

Planche gravée, coloriée et dépliante, une de ces innombrables « Portes et fenêtres » dont s'éjouit la Restauration. En levant une partie du dessin, on apercevait ce que cachaient une porte ou une fenêtre. Chacun pouvait satisfaire sa curiosité · c'est le cas de MAYEUX. A travers l'oculaire d'un instrument d'optique, le bossu, cher à Traviès, aperçoit tour à tour une jolie femme, semblant empruntée au journal des dames de La Mésangère, une Polonaise, dans un costume légèrement fantaisiste. Enfin, sur un canapé, entre deux nymphes, non moins élégantes, Mayeux, « cher enfant du plaisir », contemple sa propre image. La légende gravée est, d'ailleurs, fertile en bons conseils, indiquant le moyen de les satisfaire toutes les deux, même une troisième.

2027 PORTES FERMÉES (LES) ou la Double surprise. *S. l. n. d.* [vers 1820], in-32. *Deux éluis de l'époque* (titres lithographiés), contenus dans un troisième étui. **2.500 fr.**

Chacun des deux étuis contient 6 notices explicatives et 6 planches gravées et coloriées. Un personnage se tient devant une porte, en ouvrant celle-ci, on voit un second personnage, puis, par transparence, on en découvre un troisième, qui constitue la « double surprise ». Ce dernier personnage est généralement un galant en grande conversation avec sa belle.

2028 REVUE DE L'UNIVERS, description pittoresque du ciel, de la terre et des peuples qui l'habitent... *Paris, Ch. Lelaille, s. d.* [vers 1840], 2 vol. in-16, cart. papier *de l'édileur.* **1.000 fr.**

« Simples récits dédiés au jeune âge », formant une Cosmographie, une Géographie physique et Merveilles de la anature, une Géographie politique et Souvenirs de voyage. 14 figures lithographiées en noir et chamois, découpées, montées sur feuillets *ad hoc* par une languette de papier. Cartonnages à fond de papier violet, ornées de deux images en chromolithographie, bordées d'un filet de papier doré, et recouvrant le premier plat de chaque vol. Jolis volumes, dont le mode d'illustration est amusant.

2029 SURPRISE (LA). *S. l. n. d.* [vers 1820], in-32, en feuilles (étui). **1.250 fr.**

Réunion de 12 planches gravées et coloriées, accompagnées d'un texte explicatif. En regardant ces planches par transparence, on voit le sujet qui les complète, rêve, songe ou cauchemar. Trois de ces gravures constituent des objets de propagande nettement bonapartiste : par transparence, la silhouette de l'Empereur apparaît. Etui illustré d'une gravure. De toute fraîcheur. *Très rare.*

2030 SURPRISES (LES). — LIVRE D'IMAGES contenant douze tableaux coloriés. *Paris, Guérin-Muller, s. d.* [vers 1860], gr. in-4, cart. papier *de* l'édileur. **2.000 fr.**

Douze lithographies en couleurs. Ces planches sont à coulisse, et six lithos se superposent aux six lithos d'abord visibles, par le jeu d'une tirette. Les légendes morales des bas de page sont doubles : Générosité et entêtement. Distraction et Application, etc. Carlonn. papier bleu clair ; sur le 1er plat, image en chromolithographie collée, ornée de la réduction de deux lithos du volume. Rare ainsi intact. *Bel exemplaire.*

2032 ULLIAC-TRÉMADEURE (Mlle S.). — LE TALISMAN. Histoire amusante et morale à l'usage des enfans. *Paris, Mallez, 1832, pet. in-12* carré, demi-bas. grenat, tr. j. *(Rel. de l'époque).* **300 fr.**

Titre gravé avec vignette et 8 figures gravées et dessinées par *Montaut, avec pièces mobiles.* Un personnage (?) qui devait s'insérer alternativement dans chaque planche manque dans cet exemplaire.
PLANCHE 155.

2033 WEIDMANN (F.-C.). — GEMEINFASSLICHE KURZE DARSTELLUNG ALLER LANDER UND VOLKER DER ERDE. *Wien, H.-F. Muller, s. d.* [vers 1840], pet. in-8 car. Cart. papier rose moiré, dos vert. *(Carl. de l'édileur).* **1.000 fr.**

Petite description de tous les peuples et pays du monde. Elle est ornée de 12 figures coloriées et découpées, représentant des vues, costumes, scènes, danses, course de taureaux, etc. Joli spécimen de livre à figures découpées. *Bel exemplaire.*

2034 YOUNG ALBERT. — THE ROSCIUS, exhibited in a Series of Characters from Shakspeare and other Authors. *London, S. and J. Fuller,* 1811, 12mo. or. printed wrappers in or. printed slip case, preserved in half-morocco case. **4.000 fr.**

The parts played by Young Albert are *Barbarossa, King Richard III, Hamlet, Othello. As you Like It and King Henri IV* in which he takes the part of *Falstaff.* 7 cut-outs in hand-coloured aquatint with moveable head and 2 hats. One of the most interesting and scarcest of this type of early juvenile.

═══════

2035 DAIRYMAN'S DAUGHTER (THE). An Authentic Narrative. *Falmoulh, J. Lake, n. d.* [circa 1830], sm. 12mo. or. boards. **70 fr.**

Naive frontispiece engraved on stone. *Fine copy.*

2036 DAISY (THE) or Cautionary Stories in Verse. Adapted to the ideas of children from four to eigth years old. *London, J. Harris,* 1807, sq. 16mo. coloured printed paper wrappers ticket. *(Modern binding).* **100 fr.**

Modern facsimile reprint of this famous children's classic, illustrated with many woodcuts, and published about 1900 *by the Leadenhall Press.* Fine copy.

2037 DAME DEARLOVE'S DITTIES FOR THE NURSERY so wonderfully contrived, that they may be either Sung or Said by Nurse or Baby. *London, John Harris, n. d.* [circa 1830], sm. 8vo. or. printed wrappers. **1.500 fr.**

Illustrated with a vignette on title and 12 splendid woodcuts, all handsomely coloured by hand. A beautifully illustrated book. *Fine copy.*

2038 DAME DEARLOVE'S DITTIES FOR THE NURSERY. Another copy, same edition, halfmorocco. *(Modern binding).* **800 fr.**

Fine copy, in spite of very faint fox marks here and there.

2039 DAME FORTUNE'S MAGIC WHEEL. *London, W. F. Wheeler and Co,* 1852, sq. 12mo. or. printed cloth. **100 fr.**

Indestructible Book, printed on cloth. Illustrated with 4 woodcuts. Cloth books of this period are very rare. *Fine copy.*

2040 DAME MITCHELL AND HER CAT. *London, George Routledge and Sons, n. d.* [circa 1870], 8vo. or. cloth. **50 fr.**

With 80 amusing illustrations engraved on wood.

2041 HOUX-MARC (Eugène). — AVENTURES DE DAME TROTTE ET DE SA CHATTE. Traduction libre et imitation de l'anglais. *Paris, Amédée Bédelet, s. d.* [vers 1855], in-12. *(Cartonnage papier de l'édileur).* **300 fr.**

16 figures gravées sur bois et coloriées. Cartonnage illustré d'une lithographie coloriée représentant dame Trotte et sa chatte. *Très rare.*

2043 DANBRI (A.). — LES PASSE-TEMPS instructifs ou Entretiens d'un père et d'une mère avec leurs enfans sur les productions de la nature et des arts. *Paris, Pigoreau,* 1825, in-12, bas. marb., dos orné, pièce rouge, tr. marb., coins usés. *(Rel. anc.).* **250 fr.**

PREMIÈRE ÉDITION. Six planches gravées (2 sujets par planche) représentant des intérieurs de magasins, bimbelotier, tailleur, opticien, modiste, libraire, horloger, etc. *Ex-praemio* doré sur le 1er plat. *Très rare.*

2044 DANDIES' BALL (THE) or High Life in the City. *London, John Marshall,* 1819, sm. 8vo. or. wrappers with coloured and printed ticket preserved in half-morocco case. **4.000 fr.**

FIRST EDITION. The 1821 edition, also very rare, has often been thought to have been the first issue and Tuer, in O. F. C. B. reproduces an edition dated 1823, the earliest he had seen (pages 365-379). Illustrated with 16 hand-coloured plates by R. CRUIKSHANK.

2045 DANDIES' BALL (THE) or High Life in the City. *London, John Marshall,* 1821, sm. 8vo. polished levant morocco, or. coloured title ticket bound in. *(Modern binding).* **2.500 fr.**

This is probably the second edition *(generally thought as being the first). Fine copy.*

2046 DANDIES' BALL (THE) or High Life in the City. 1823, sm. 8vo. or. coloured wrappers with coloured title ticket. *(Rebacked).* Preserved in half-morocco case. **2.000 fr.**

Same coloured plates as preceding edition. This is the edition cited by Tuer.

2047 DANDIES' BALL or High Life in the City. *London, E. M. Marshall, n. d.* [circa 1830], sm. 8vo. or. coloured wrappers with printed ticket, preserved in half-morocco. case **1.000 fr.**

Same coloured plates as preceding editions. *Fine copy.*

2048 DANDIES (THE BOOK OF) or Old Friends in a New Shape, consisting of..., etc. *London, D. Carvalho, n. d.* [circa 1830], post 8vo. Crushed levant blue morocco, gilt, 2 front covers and back cover preserved. **4.500 fr.**

Reimpression of the first editions of *The Dandy's Ball, The Dandy's Wedding, The Dandy's Rout, The Dandy's Corps, The Dandy's Perambulations,* and *The Dandy's Alphabet* with « Upwards of 100 coloured Comic Illustrations designed by R. CRUIKSHANKS *(sic).* « The Dandy's Rout » is by CAROLINE MAXWELL written at the age of 13. (Lady Sterling, Mrs Norton).

2049 DANDY'S PERAMBULATIONS (THE). *London, John Marshall,* 1821, sm. 8vo. title ticket of original boards preserved, half-leather. *(Modern binding).* **3.500 fr.**

FIRST EDITION. Illustrated with 16 hand-coloured engravings by R. CRUIKSHANK several showing hobbyhorse scenes. *Fine copy* of this very rare and amusing book.

2050 DANDYS WEDDING (THE) or The Love and Courtship of Peter Quince and Phœbe Clove.

London, John Marshall, 1821, sm. 8vo. title ticket of original boards preserved, half-leather. *(Modern binding)*. **2.800 fr.**

FIRST EDITION. Illustrated with 16 amusing hand-coloured engravings by R. CRUIKSHANK. *Fine copy.*

2051 DANGEROUS VOYAGE. Containing An Account of the wonderful and truly providential Escape of Captain Bligh..., etc., with an Appendix ; in which is contained an Account of the Island of Otaheite, etc. *Dublin, Graisberry and Campbell*, 1817, sm. 12mo. contemp. calf. **125 fr.**

Illustrated with 5 quaint woodcuts, one of which represents the « Cameleopard » (giraffe).

2052 DANGERS OF DUTCH-LAND. A tale for Youth, descriptive of that interesting country. *London, Edward Lacey, n. d.* [circa 1830], sm. 12mo. or. printed boards. **50 fr.**

Engraved frontispiece, vignette on title *(both hand-coloured)* and 3 other plates.

2053 DARJOU. — LES SILHOUETTES FACILES. Ombres amusantes produites par l'arrangement des mains et des doigts placés entre une lumière et la muraille. *Paris, au Bureau du Journal amusant, s. d.* [vers 1860], in-fol., cart. à la bradel, couvert. conservée. **250 fr.**

20 grandes lithographies de *Darjou*, tirées chez *Moine*. Titre et couvert. lithographiés. Exemplaire très frais malgré quelques légères piqûres.

2054 DARRELL (Wm). — A GENTLEMAN INSTRUCTED. In the conduct of a Virtuous and Happy Life. Written for the Instruction of a Young Nobleman. *London, E. Evets*, 1704, 12mo. contemp. calf. *(Head band damaged)*. **600 fr.**

FIRST EDITION. Not in *Halkett* (who quotes the second only same date). *Lowndes, Watt* nor D. N. B. The author was a jesuit. (1651-1721).

2055 [DARTON (William)]. — A PRESENT FOR A LITTLE GIRL. *London, Harvey and Darton and William Darton*, 1825, 12mo. or. printed wrappers. **500 fr.**

Illustrated with 27 copper engravings. One page book list at end. Several pages are torn across *(easily repaired)* without loss of text. The plates ore different from the first edition of 1805.

2056 DARWIN (Erasmus). — A PLAN FOR THE CONDUCT OF FEMALE EDUCATION, IN BOARDING SCHOOLS. *Derby, J. Johnson*, 1797, 4to., half-calf. *(Modern binding)*. **1.500 fr.**

First edition with a beautiful frontispiece engraved on copper by Byrne from the drawing by Glover, Showing « *View in the Grounds of Ashbourne Hall from the Garden of Miss Parker's Boarding School* ». The work treats of « Female Character, Musick and Dancing, Reading, Writing Grammar, Languages, Physiognomy, Arithmetic, Card-playing, Rudiments of Taste, Drawing and Embroidery », etc., etc. The author was the grandfather of Charles Darwin, and had much correspondence with Rousseau. He was a physician, and also founded a philosophical Society at Derby. He wrote many works of a Botanical Nature and, in some of his prose works, maintained a form of evolutionism which was subsequently expounded by Lamarck.

At the end of this work is a catalogue of books reccomended by the author, among which are listed such works as *Mrs Barbauld's works, Looking Glass for the Mind, Cobwebs to catch Flies, Sandford and Merton. Work by Priscilla Wakefield, etc.* French books include *Madame de Beaumont's Magazin des Enfants, Berquin's Ami des Enfants, Paul et Virginie, etc.* In the Histories are included all those by *Goldsmith.* In the Novels are mentioned *Rasselas* and *Caroline de Leitchfeld.* The last page is devoted to « The Terms of Miss Parker's School ». At Ashbourn in Derbyshire. *Fine copy.*

2058 DATHUS (Augustinus). — ELEGANTIAE... **BADIUS (Iodocus).** DE EPISTOLIS COMPEND. **SULPITIUS (Io.).** DE EPIST. COMPOS. **NIGER (Fr.).** REGULAE ELEGANTIARUM. Guarinus, Valla, etc. *(Paris, J. Badius Ascensius, pour C. Resch*, 1501*)*, petit in-4, demi-maroquin rouge, coins. *(Rel. mod.)*. **1.000 fr.**

Le titre énumère treize ouvrages différents, publiés dans ce volume avec commentaires de Josse Bade, Clichtow, etc. Tous ces auteurs sont cités dans le *Répertoire des ouvr. pédagogiques du XVIe siècle* (Impr. nationale, 1886). Marque typographique très rare de Conrad Resch (écu de Bâle supporté par deux animaux fabuleux). *Très bel exemplaire à grandes marges.*

2059 DAUDET (Alphonse). — LES PETITS ROBINSONS DES CAVES ou le Siège de Paris raconté par une petite fille de huit ans. *Paris, Librairie du Petit Journal, s. d.* (1872), in-4. *(Cartonnage demi-toile de l'éditeur)*. **100 fr.**

Frontispice, vignette de titre, et nombreuses illustrations de BERTALL dans le texte, gravées sur bois par *Lefman*. Un de ces dessins est reproduit sur le premier plat du cartonnage. Ce volume d'Alphonse Daudet, écrit pour les enfants et évoquant la vie des caves en 1870, est devenu excessivement rare.

2060 DAVOT (Mme). — PLAISIRS DE LA CAMPAGNE (LES), dédiés aux jeunes demoiselles. *Paris, Chazal, s. d.* [vers 1825], in-18, basane marbrée, dent. dorée sur les plats. *(Rel. de l'époque)*. **200 fr.**

1 titre gravé et 8 gravures hors-texte ; très gracieuses, consacrés pour la plupart à des sujets champêtres : l'arrivée à la campagne, la chasse aux papillons, la pêche à la ligne, la vendange, etc.

2061 DAVYS (George). — ROMAN HISTORY and Other Subjects. *London, F. and J. Rivington*, 1848, sm. 12mo. or. half-leather, boards. **40 fr.**

Fine stipple engraved medallion of Constantine Magnus as frontispiece. The text is in the form of letters between a father and his Son. Two page book list at end. *Fine copy.*

2062 DAY. A Pastoral in three parts, viz. morning, Noon and Evening. To which is added, The Stubborn Dame. *Alnwick, W. Davison, Juvenile and Circaluting Library, n. d.* [circa 1827], small 12mo. or. printed wrappers. **125 fr.**

Covers with two handsome large woodcuts, and 32 fine woodcuts in text by BEWICK. *Fine mint copy.*

2063 DAY (I.). — SCENES FOR THE YOUNG or Pleasing tales calculated to promote good manners and the love of virtue. *London, Harvey and Darton*, 1821, sm. 12mo. or. half-leather boards. *(Joints loose, back rubbed)*. **30 fr.**

Engraved frontispiece. Four page book list at end.

THOMAS DAY (1748-1789)

2064 DAY (Thomas). — SANDFORD AND MERTON [The History of] A Work Intended for the Use of Children... *London, J. Slockdale,* 1783-86-89, 3 vols. 12mo. Vol I contemp. calf. Vol II. or. wrappers, uncut *(back strip missing)*. Vol III or. boards, uncut. *(Back strip worn)* preserved in half-morocco case. **25.000 fr.**

ALL FIRST EDITIONS. Vol I was issued without a frontispiece, but Vols II and III each have a frontispiece engraved on copper. The 1st vol. although bound is a tall copy. Frontispiece of Vol II slightly foxed. Flyleaf of vol. I torn out. *Very rare.*
PLANCHE 90.

2065 DAY (Thomas). — SANDFORD AND MERTON (The History of). Altered from the original. For the Amusement and Instruction of Juvenile Minds. *London, A. Millar, W. Law and R. Calee ; and for Wilson, Spence and Mawman, York, n. d.* [circa 1790], sq. 16mo. or. flowered-paper, boards *(Rebacked)*. **3.500 fr.**

Illustrated with a frontispiece, showing « *Mr Merton's Seat* » and 20 woodcuts. The story is an abridgement of the book for very little children. *Fine copy.*
PLANCHE 80.

2066 [DAY (Thomas)]. — SANDFORD ET MERTON. Traduction libre de l'anglois par M***. *Paris, au Bureau de l'Ami des Enfants,* 1786-1787, 7 parties en 3 vol. in-12, basane mouchetée, dos très orné avec pièces rouges, *ex-praemio* doré sur chaque 1er plat. *(Rel. vers 1825)*. **5.000 fr.**

PREMIÈRE ÉDITION FRANÇAISE, extrêmement rare, de cet ouvrage célèbre, traduit par Berquin et orné de 14 charmantes figures de Borel, avant toute lettre et avant les numéros. Ces gravures ont été exécutées pour cette édition, mais les exemplaires qui ont échappé sains et saufs des mains des enfants sont si rares, qu'elles ne sont guère connues que par l'édition Renouard, qui les a utilisées. On lit, à la fin de la 7e partie, ce post-scriptum : « *Aussitôt que la suite des aventures de Sandford et Merton aura été publiée en Angleterre, nous nous empresserons de la faire connoître à nos souscripteurs...* » On voit avec quelle hâte on donnait à Paris, la traduction de cette œuvre qui connaissait en Angleterre un si vif succès, ratifié par le jugement des lecteurs français. La suite, annoncée dans le post-scriptum cité ne parut en anglais qu'en 1789. Les séries précédentes avaient paru à Londres en 1783 et 1786.

2067 [DAY (Thomas)]. — SANDFORD AND MERTON (The History of) abridged from the original. *London, J. Wallis, n. d.* [circa 1790], sm. 12mo. **500 fr.**

Illustrated with 6 fine engravings.

2068 [DAY (Thomas)]. — SANDFORD AND MERTON (The History of). Abridged from the original. Embellished from the Original for the Amusement and Instruction of Juvenile Minds. *London, Printed A. D.* 1793, 12mo. or. half-leather. *(Back rubbed)*. **600 fr.**

Engraved title-page and six naïve plates engraved on copper.

2069 [DAY (Thomas)]. — SANDFORD'S UND MERTON'S (Geschichte) für Kinder erzählt. Aus dem Englischen. Herausgegeben von J.-H. Campe. *Braunschweig, Verlag der Schulbuchhandlung,* 1788-1800-1808, or. boards. **250 fr.**

Early German translation of Sandford and Merton. The first vol. is adorned with an engraved frontispiece. Boards rather worn otherwise fine copy.

2070 [DAY (Thomas)]. — SANDFORD AND MERTON (The History of). A Work intended for the Use of Children. *London,* 1801, 3 vols. 12 mo. contemp. calf. **250 fr.**

Ninth Edition. Portrait and frontispiece to each volume.

2071 [DAY (Thomas)]. — SANDFORD AND MERTON. 1801, 3 vols. contemp. calf. **300 fr.**

Another copy, same as preceding number.

2072 DAY (Thomas). — SANDFORD AND MERTON (The History of) abridged from the original, for the Amusement and Instruction of Juvenile Minds. *London, Darlon and Harvey,* 1806, sm. 12mo. or. half-leather, boards. **125 fr.**

Frontispiece and 5 well executed plates engraved on copper *(2 slightly waterstained)*.

2073 DAY (Thomas). — SANDFORD AND MERTON (The History of). A Work intended for the use of children. *London, John Slockdale,* 1812, 3 vols. in-12mo. or. boards, uncut. *(Backs worn and damaged)*. **300 fr.**

Illustrated with a frontispiece engraved on copper to each volume.

2074 DAY (Thomas). — SANDFORD AND MERTON (The History of). A Work intended for the use of children. To which is prefixed A Biographical Account of the Author. *London, Rivinglon, etc.,* 1812, 2 vols. in-12, contemp. calf. *(Labels renewed)*. **250 fr.**

Illustrated with 4 fine plates engraved on copper. Four page book list in each volume.

2075 DAY (Thomas). — SANDFORD AND MERTON (The History of). A work intended for the use of children. *Gainsborough, Henry Mozley,* 1815, 12mo. or. boards. *(Back worn)*. **135 fr.**

FIRST ISSUE OF THIS EDITION. Fine frontispiece by *Corbould* engraved by *Radclyffe.* Uncut copy.

2076 DAY (Thomas). — SANDFORD AND MER-
TON (The History of) intended for the use of
children. *London, Whittingham and Arliss*, 1816,
3 vols in-12, or. boards. *(Rebacked)*.   **160 fr.**

  Woodcut vignette on title page of each volume in the
Bewick style. *Uncut copy fine.*

2077 DAY (Thomas). — SANDFORD AND MER-
TON (The History of). *Glasgow, Richard Griffin,
n. d.* [circa 1822], 12mo. or. boards. *(Back broken)*.   **125 fr.**

  Charming frontispiece engraved on copper. *Uncut copy*
of an abridged edition.

2078 DAY (Thomas). — SANDFORD AND MER-
TON (The History of). *London, F. C. and J.
Rivington*, feb. 1823, 16mo. contemp. calf, gilt.
                                                90 fr.

  Illustrated with engraved frontispiece and vignette on
engraved title. *Fine copy.*

2079 DAY (Thomas). — SANDFORD AND MER-
TON (The History of) with an account of the
Author. *London, J. F. Dove*, 1826, sm. 12mo.
contemp. calf. gilt back, with blind and gilt motives on sides. *(Splendid romantic binding)*. **100 fr.**

  Engraved frontispiece and large vignette on title by
Heath from the drawing by *Corbould*. Fine copy.

2080 DAY (Thomas). — SANDFORD AND MER-
TON (The History of). *London, J. G. and F.
Rivington, etc., etc.*, 1833, 12mo. contemp. half-lea-
ther. *(Back rubbed)*.   **125 fr.**

  Revised edition with 10 magnificent woodcuts by WIL-
LIAM HARVEY (1796-1866) pupil of Bewick and Haydon
His masterpiece was Lane's « Thousand and one nights ».
Fine copy.

2081 DAY (Thomas). — SANDFORD AND MER-
TON (The History of). A new edition revised
througouth. *London, Simpkin, Marshall and Co*,
1837, or. half-leather. *(Back slightly worn)*. **40 fr.**

  Charming frontispiece by *J. N. Bean.*

2082 DAY (Thomas). — SANDFORD AND MER-
TON (The History of). *London, Scott, Webster
and Geary*, 1838, 12mo. or. cloth.   **100 fr.**

  Eaition illustrated with 20 steel engravings.

2083 DAY (Thomas). — SANDFORD AND MER-
TON (The History of). *London, John Kendrick,
n. d.* [circa 1838], 12mo. or. green cloth, gilt.
(Slightly shabby).   **65 fr.**

  Illustrated with an engraved frontispiece and 12 spirited
woodcuts.

2084 DAY (Thomas). — SANDFORD AND MER-
TON (The History of). *London, Gall and Ingles,
n. d.* [circa 1850-55], 8vo. or. green cloth, gilt, g. e.
                                                125 fr.

  Illustrated with four coloured engravings on Steel. [A
process resembling Baxter and Kronheim method].

2085 [DAY (Thomas)]. — SANDFORD ET MER-
TON, suivi du Petit Grandisson, de Lydie de

Gersin et précédé de l'Introduction familière à
la connaissance de la nature. *Paris, Didier*, 1852,
in-8, cart. toile noire, décors polychromes, tr.
dorées. *(Cart. d'édit.)*.   **80 fr.**

  TRADUCTION ET INTRODUCTION DE BERQUIN.
Nombreuses vignettes sur bois dans le texte, joliment imprimé sur deux colonnes. Plaque à la cathédrale sur le premier plat, or, rouge, bleu d'outremer, vert, etc. *Bel
exemplaire.*

2086 [DAY (Thomas)]. — SANDFORD ET MER-
TON, suivi du Petit Grandisson, de Lydie de
Gersin et précédé de l'Introduction familière à la
connaissance de la Nature. Nouvelle édition.
Paris, Didier, 1856, in-8, demi-chagr. vert, dos
orné, plats pap. chagr. vert avec encadr. à froid,
tr. jasp. *(Rel. de l'époque)*.   **60 fr.**

  TRADUCTION ET INTRODUCTION DE BERQUIN.
Vignette sur le titre, frontispice par *J. David* et *Chevin*, et
nombreuses vignettes sur bois. Texte à 2 colonnes. *Bel
exemplaire.*

2087 [DAY (Thomas)]. — SANDFORD ET MER-
TON, suivi du Petit Grandisson, etc. *Même édition que le n° précédent*, demi-chagr. vert, dos à n.
orné, plats toile, tr. dor. *(Rel. de l'époque)*. **55 fr.**

  Bel exempl. Qq. lég. rouss. à qq. ff.

2088 DAY (Thomas). — SANDFORD AND MER-
TON (The History of). *London, Gall and Inglis,
n. d.* [circa 1860], 8vo. or. cloth gilt.   **50 fr.**

  Illustrated with four coloured oil prints by the Baxter
or Kronheim process.

2089 [DAY (Thomas)]. — CHILDREN'S MISCEL-
LANY. *London, John Stockdale*, 1788, 12mo.
contemp. calf.   **2.000 fr.**

  FIRST EDITION. Engraved frontispiece by *Brown*.
This volume contains the first appearance of « LITTLE
JACK » SPECIALLY WRITTEN FOR THIS VOLUME,
BY THOMAS DAY, occupying the first 58 pages. *The
real talent of the author is perhaps more evident in his « Little
Jack », the Story of a stray child suckled by a goat and
adopted by a poor old man.* (Mrs FIELD). The rest of the
volume contains other Nursery Stories including « Philip
Quarll » (145 pages). 13 page book list at end. Corner of
one leaf restored with loss of 2 letters. *Fine copy.*

2090 [DAY (Thomas)]. — CHILDREN'S MISCEL-
LANY. *London, John Stockdale*, 1788, 12mo.
half-morocco *(Mod. binding)*.   **1.500 fr.**

  Another copy of the FIRST EDITION. Lower corner
of last page restored.

2091 [DAY (Thomas)]. — THE CHILDREN'S
MISCELLANY in which is included The History
of Little Jack, By Thomas Day. Esq. author of
the History of Merton. A new edition. *London,
John Stockdale*, 1797, 12mo. contemp. calf. *(Back
damaged)*.   **750 fr.**

  FIRST EDITION WITH BEWICK CUTS. Illustrated
with same frontispiece as the first edition *(hand-coloured
at a later date)* and 28 fine woodcuts by Bewick. Half title
missing.

2092 [DAY (Thomas)]. — LITTLE JACK (The
History of) by the Author of Sandford and Mer-

ton. *Dublin, William Porter,* 1789, 16mo. half-morocco. *(Modern binding).* **500 fr.**

Frontispiece engraved on wood and 17 quaint woodcuts *(coloured by a child).*

2093 DAY (Thomas). — LITTLE JACK (The History of) who was suckled by a goat. *Derby, Thomas Richardson, n. d.* (1820), sm. 12mo. orig. printed wrappers. **35 fr.**

Fine copy with coloured woodcut frontispiece.

2094 DAY (Thomas). — THE HISTORY OF LITTLE JACK. A Foundling. *Glasgow, Richard Griffin and Co,* 1826, sm. 12mo. or. printed wrappers. **100 fr.**

Engraved frontispiece. Scarce edition. A few pages very faintly water-stained.

2094 *bis* **[DAY (Thomas)].** — HISTOIRE DU PETIT JACQUES et Relation de son voyage a l'île de Madagascar, imité par Mlle S. U. Trémadeure. *Paris, Moulardier,* 1828, 3 vol. pet. in-12, veau fauve, dos ornés sans nerfs, pièces cuir, fil. et plaque estampée à froid sur les plats. **250 fr.**

Titre gravé et 7 planches dessinées et gravées par *Montant* dont celle illustrant le titre. Légères rousseurs. Petite déchirure à un coin, avec perte de 2 lettres.

2095 DAY (Thomas). — LE NOUVEL AMI DES ENFANS ou le Berquin Anglais, par Thomas Day, auteur de Sandford et Merton, et autres écrivains distingués. Traduction de l'anglais de T.-P. BERTIN. *Paris, chez l'éditeur, an XI* (1803), 4 vol. in-12, demi-bas. rose à coins, dos orné, pièces de maroq. vert, tr. mouch. *(Rel. anc.).* **150 fr.**

ÉDITION ORIGINALE de la traduction *(Impr. Gillé, fils),* illustrée de 19 figures (au lieu de 20) dont 12 dans le tome I sont des fig. anglaises au pointillé signées *Dien. Le titre et le faux titre du tome I manquent,* la 1re figure est doublée, *le titre et faux titre du tome III manquent ;* les 4 ff. de préface se trouvent en tête du tome III. Grosse typographie. Jolie reliure.

2096 DAY (Thomas). — LE NOUVEL AMI DES ENFANS. Troisième édition considérablement augmentée. *Paris, Billois,* 1809, 4 parties en 2 vol. in-12, bas. marb., dos très orné, pièces rouges et vertes, tr. jasp. *(Rel. anc.).* **600 fr.**

Même ouvrage que le numéro précédent, orné de 24 figures gravées hors-texte. Les 12 figures qui illustrent le tome I sont de charmantes gravures *au pointillé* signées *Dien,* gravées en Angleterre. *Bel exemplaire.*

———

2097 DEAF AND DUMB (Plates illustrative of the vocabulary for the). *London, Darton, Harvey and Co,* 1810, 8vo. contemporary calf. *(Stained).* **150 fr.**

Illustrated with 80 plates of hundreds of subjects *(birds, beasts, and articles of everyday life)* engraved on copper.

2098 DEATH OF FAIR ROSAMOND. A Mournful ditty of the... *London, Joseph Cundall, n. d.* [circa 1845], 12mo. or. coloured wrappers. **10 fr.**

Frontispiece engraved on wood. Printed by Charles Whittingham at the Chiswick Press. Gammer Gurton's Story Books.

2099 DE BAST (Amédée). — MERVEILLES DU GÉNIE DE L'HOMME. Découvertes. Inventions... *Paris, Paul Boizard, s. d.* [vers 1848], in-8, cart. toile verte, motifs dorés, tr. dorées. **250 fr.**

ÉDITION ORIGINALE. Récits historiques, amusants et instructifs sur l'origine et l'état actuel des découvertes et inventions les plus célèbres. Illustré de nombreux dessins gravés sur bois dans le texte et de huit hors-texte par A. BEAUCE, J. DAVID, C. NANTEUIL, etc. : La Vapeur, l'Imprimerie, les Ballons, les Télégraphes, l'Architecture, la Peinture, les Tissus, les Mines... Le texte, d'un style enthousiaste ou véhément, contient de curieuses et « actuelles » considérations sur le papier-monnaie, le télégraphe, les chemins de fer, etc. Grand motif doré sur le 1er plat, représentant une locomotive. Motif architectural doré sur le 2e plat. Bel exemplaire.

2100 DE BAST (Amédée). — MERVEILLES DU GÉNIE DE L'HOMME. Découvertes. Inventions... *Paris, Paul Boizard, s. d.* [vers 1848], in-8, cart. toile noire, motifs dorés, tr. dorées. **250 fr.**

Même ouvrage, même décoration qu'au numéro précédent, sauf au dos et au second plat. *Bel exemplaire.*

2100 *bis* **DE BAST (Amédée).** — MERVEILLES DU GÉNIE DE L'HOMME. Découvertes. Inventions... *Paris, Paul Boizard, s. d.* [vers 1848], gr. in-8, cart. toile bleue, décors polychromes, tr. dorées. *(Cart. de l'édit.).* **225 fr.**

Le même ouvrage que les précédents. Exemplaire contenant 16 hors-texte au lieu de 8. Joli cartonnage à décor violet, or, outremer, rouge, blanc et vert, contenant, dans des médaillons, des instruments de musique, des machines, etc. Au second plat, cathédrale dorée.

2101 DEBORAH DENT AND HER DONKEY and Madam Fig's Gala. Two humorous Tales. *London, Dean and Munday, n. d.* [circa 1820], 12mo. or. printed wrappers. **1.500 fr.**

Illustrated with 17 hand-coloured woodcuts, splendidly executed. *Tuer F. C. B.* pages 463-4, quotes a later edition. PLANCHE 96.

2102 DÉBONNAIRE (L'abbé). — ESSAI DU NOUVEAU CONTE DE MA MÈRE LOYE ou les Enluminures du jeu de la Constitution. *S. l.,* 1722, in-8, veau fauve, dos orné, tr. rouges. *(Rel. anc.).* **1.000 fr.**

Bel exemplaire, conforme à Barbier (2, 213), mais contenant une TRÈS GRANDE PLANCHE GRAVÉE DU JEU repliée, que ne mentionne pas Barbier. C'est un ouvrage en vers, de l'abbé Louis Débonnaire, janséniste, grand ennemi des convulsionnaires. Le jeu, inspiré du jeu de l'oie, a pour thème la Constitution Unigenitus. *Rare.*

2103 DÉCOUVERTES (LES) les plus utiles et les plus célèbres. *Lille, L. Lefort,* 1854, in-12, cart. percale mar., fil. à fr. mil. dor., dos orn. en long. *(Cart. de l'éditeur).* **25 fr.**

Intéressant recueil pour enfants renfermant des articles sur les *Aérostats,* les *Chemins de fer,* le *Daguerréotype,* etc. Il est orné d'un joli frontispice représentant la locomotion sur terre, sur l'eau, dans l'air. *Plats passés.*

2104 **DE GUYON (Abbé).** — The History of the Amazons or the Monarchy of Women. Translated from the French. *Newcastle upon Tyne*, 1822, 16mo. or. printed wrappers.　　**20 fr.**

Woodcut frontispiece. *Two penny chapbook.*

2105 **DEHAY (Timothée).** — PETITE MÉTÉORO-LOGIE DU JEUNE AGE ou les Météores à la portée des enfants. Lettres à Tibulle de B***. *Paris, Aubert et C*ie, 1842, in-12, broché, couv. impr.　　**40 fr.**

Petit ouvrage orné de charmants dessins par *E. Forest* et *Ch. Vernier* gravés sur bois. Une vignette représente un *ballon.*

2106 **DELAFAYE-BRÉHIER (M**me **J.).** — ALICE ou la Jeune sœur mère de famille. Histoire morale écrite pour la Jeunesse. *Paris, Librairie de l'Enfance, Lehuby*, 1841, in-12, demi-v. brun à coins, dos orné, tr. jasp. *(Rel. de l'époque).*　　**30 fr.**

Titre dans un encadr. gravé sur bois, et titre sur acier avec vignette. 3 figures gravées. Mouill. claire aux derniers ff. « *Un des meilleurs livres d'éducation écrits dans notre langue* », dit la Préface.

2107 **DELAFAYE-BRÉHIER (M**me **J.).** — ALICE OU LA JEUNE SŒUR... *Paris, Lehuby, s. d.* [vers 1840], bas. fauve, dos orné, plaque à froid sur les plats, pet. dent. int., tr. dor. *(Rel. de l'époque).*　　**40 fr.**

Même ouvrage que le précédent. Édition sans date avec les mêmes figures, mais sans le titre encadré.

2108 **DELAFAYE-BRÉHIER (M**me **J.).** — ARIS-TIDE ET IDALIE, ou les Vertus filiales. *Paris, Lehuby*, 1838, in-12, veau rouge, dos plat orné, fil. or et plaque à froid sur les pl., dent. intérieure, tr. dorées. *(Rel. de l'époque).*　　**100 fr.**

3 figures gravées. Les angles émoussés.

2109 **DELAFAYE-BRÉHIER (M**me **J.).** — LE COLLÈGE INCENDIÉ ou les Écoliers en voyage. 2e édition corrigée. *Paris, Emery*, 1826, 4 parties en 2 vol. pet. in-12, bas. polie mouch., dos orné, pièces vertes, guirlande autour des plats, dent. int., tr. dor. *(Rel. de l'époque).*　　**300 fr.**

Charmante édition de cet ouvrage auquel Anatole France fait allusion dans le « *Livre de Mon Ami* ». Elle est ornée de 12 jolies gravures par *Courbé* d'après les dessins de *Chasselat*. Très bel exemplaire.

2110 **DELAFAYE-BRÉHIER (M**me **J.).** — LE COL-LÈGE INCENDIÉ ou les Écoliers en voyage. *Paris, Libr. d'Education de Didier*, 1839, in-12, demi-chagrin violet foncé à coins, dos orné de style rocaille avec oiseau, tr. dor. *(Rel. de l'époque).*　　**150 fr.**

Titre imprimé en rose dans encadrement gravé sur bois, et 4 jolies figures gravées. *Anatole France* parle de cet ouvrage dans « *Le Livre de Mon Ami* » et dit en avoir gardé un pénible souvenir. *Bel exemplaire.*

2111 **DELAFAYE-BRÉHIER (M**me **J.).** — LES ENFANS DE LA PROVIDENCE ou Aventures de trois jeunes orphelins. *Paris, Eymery*, 1819, 4 vol. pet. in-12, bas. marbr., dos très orné, pièces rouges, guirlande autour des plats, pet. guirlande int., tr. dor. *(Rel. anc.).*　　**450 fr.**

ÉDITION ORIGINALE ornée de 16 gravures attribuables à *Chasselat*. Le dernier f. du tome IV manque. Bel exemplaire. Reliure très décorative.

2112 **DELAFAYE-BRÉHIER (M**me **J.).** — HIS-TOIRE DES DUCS DE BRETAGNE, racontée par un père à ses enfants. *Paris, Lehuby, s. d.* [vers 1855], in-8, cart. toile bleue, décors poly-chromes, tr. dorées. *(Cart. de l'édit.).*　　**300 fr.**

Douze lithographies en couleurs signées BAYALOS. Cartonnage très décoratif : sur le 1er plat, grand écusson armorié or, rouge, bleu- et vert, entouré de rinceaux et guirlandes, sommé d'une couronne. Aux angles, écussons armoriés des principales villes de Bretagne, entourées du collier de saint Michel. Dos polychrome très décoratif. TRÈS BEL EXEMPLAIRE.

2113 **DELAFAYE-BRÉHIER (M**me **J.).** — HIS-TOIRE DES DUCS DE BRETAGNE. *(Cartonnage toile de l'éditeur).*　　**300 fr.**

Même édition que le précédent. Cartonnage de Lenègre, fers spéciaux en toile noire, dos orné, cadre et décoration or ; aux angles, armoiries avec couronnes murales ; au milieu, timbrées de la Couronne ducale, armes de Bretagne. Tr. dorées. Quelques légères rousseurs, autrement très bel exemplaire, avec le cartonnage de toute fraîcheur.

2114 **DELAFAYE-BRÉHIER (M**me **J.).** — HIS-TOIRE DES DUCS DE BRETAGNE. Demi-chagr. brun., dos à n. orné, fil. à froid sur les plats, tr. dorées. *(Rel. de l'époque).*　　**150 fr.**

Même édition que le précédent. Bel exemplaire.

2115 **DELAFAYE-BRÉHIER (M**me **J.).** — L'IN-TÉRIEUR D'UNE FAMILLE ou le Récit d'un voyageur. *Paris, Eymery, Fruger et C*ie, 1833, 2 in-12, demi-veau havane, dos ornés, fers à chaud et à froid, pièces cuir, tr. jasp. *(Rel. de l'époque).*　　**80 fr.**

ÉDITION ORIGINALE. 4 pl. très finement gravées. Légères rousseurs et traces de fleurs desséchées entre les pages.

2116 **DELAFAYE-BRÉHIER (M**me **J.).** — LES JU-MEAUX DE SAINT-CYR ou l'Amour de l'étude. Histoire morale et intéressante écrite pour l'ins-truction de la jeunesse. *Paris, Lehuby*, 1842, in-12, cart. toile brune, décor doré. *(Cart. de l'édit.).*　　**40 fr.**

3 gravures. Médaillon de style floral sur les plats. *Bel exemplaire.*

2117 **DELAFAYE-BRÉHIER (M**me **J.).** — LA NOUVELLE ANTIGONE, suivie de Vive-le-Roi, par Mme D*** (G. B***). *Paris, A. Eymery*, 1814, in-12, demi-v. brun, dos orné de filets, pièce fauve, tr. j. *(Rel. anc.).*　　**200 fr.**

ÉDITION ORIGINALE de l'un des plus rares petits ouvrages pour la jeunesse dus à la plume de cet auteur. Titre gravé avec grande vignette, et frontispice (avant lettre) par *Aze*. Très bel exemplaire.

2118 DELAFAYE-BRÉHIER (Mme J.). — LES NOUVELLES NOUVELLES DE L'ENFANCE. *Paris, P.-C. Lehuby, s. d.* [vers 1853], in-12. *(Cartonnage toile de l'éditeur).*   **300 fr.**

8 lithographies en couleurs de *J. Champaigne*, tirées chez *Lemercier*. Cartonnage toile vert, dos orné, fers à froid au milieu du premier plat, motif décoratif avec compartiments jaune, bleu et carmin rehaussés d'or. Tr. dorées. Les lithographies sont charmantes. Fait suite aux *Six nouvelles de l'enfance*. Voir n°s 2139 et suiv. *Bel exemplaire*.

2119 DELAFAYE-BRÉHIER (Mme J.). — LES ORPHELINS PIÉMONTAIS. *Paris, Lehuby, s. d.* [vers 1845], 2 vol. in-12, demi-bas. rouge, dos orné, style romantique, plats pap. moiré rouge. *(Rel. de l'ép.).*   **75 fr.**

ÉDITION ORIGINALE, ornée de 2 titres gravés avec vignettes et de 6 jolies figures, intéressantes pour les *costumes*.

2120 DELAFAYE-BRÉHIER (Mme J.). — LE PAVILLON DE CAROLINE ou la Petite Société. *Paris, Eymery,* 1826, 3 vol. pet. in-12, bas. marbrée, dos orné, pièces vertes et rouges, guirlande autour des plats, tr. marb. *(Rel. de l'époque).*   **250 fr.**

ÉDITION ORIGINALE ornée de 12 jolies figures non signées. Bel exemplaire de cet ouvrage peu commun, dont l'auteur produisit de nombreux livres pour la jeunesse.

2121 DELAFAYE-BRÉHIER (Mme J.). — LA PIÉTÉ FILIALE ou Histoire d'Angéline Molina. *Paris, Eymery, Fruger et Cie, Toulouse, J.-B. Paya,* 1836, in-12. *(Cartonnage papier de l'éditeur).*   **40 fr.**

ÉDITION ORIGINALE. 4 pl. gravées. Cartonnage lithographié ocre-jaune. Le volume est emboîté sens dessus dessous. Touchante aventure d'une jeune Espagnole qui, *au Pérou*, parvient à rejoindre et à délivrer son père et sa mère, prisonniers d'un chef cacique.

2122 DELAFAYE-BRÉHIER (Mme J.). — LES PETITS BÉARNAIS ou Leçons de Morale convenables à la Jeunesse. *Paris, Eymery,* 1816, 4 tomes en 2 vol. pet. in-12, bas. fauve marb., dos orné, pièces rouges, tr. jasp. *(Rel. anc.).*   **500 fr.**

ÉDITION ORIGINALE, rare, ornée de 16 jolies figures non signées. Une partie de l'ouvrage a un intérêt d'AMERICANA et a trait à l'*Amérique du Sud* (figures), au Mexique et aux Espagnols. *Très bel exemplaire*.

2123 DELAFAYE-BRÉHIER (Mme J.). — LES PETITS BÉARNAIS. *Paris, Eymery,* 1820, 4 vol. in-16, reliés en 2, bas. f. racinée, dos orné, sans nerf, pièces cuir, dent. extér. et intér., tr. dorées. *(Rel. anc.).*   **200 fr.**

Le même ouvrage que le précédent, mêmes illustrations. Coins usés. La table du tome II manque.

2124 DELAFAYE-BRÉHIER (Mme J.). — LES PETITS BÉARNAIS. *Paris, Eymery,* 1825, 4 vol. petit in-12, basane marbrée, dos orné, pièces rouges, tr. marbrées. *(Rel. anc.).*   **300 fr.**

Très bel exemplaire de la 3e éd. de l'ouvrage précédent. Mêmes illustrations. Rare dans un état de fraîcheur aussi irréprochable.

2125 DELAFAYE-BRÉHIER (Mme J.). — LES PETITS BÉARNAIS ou Leçons de Morale convenables à la Jeunesse. *Paris, Didier,* 1839, 2 vol. in-12, demi-bas. maroq. rouge à coins, dos orné, tr. jasp. *(Rel. de l'époque).*   **125 fr.**

Même ouvrage que les précédents. Deux titres imprimés en rose dans encadrement sur bois et 8 charmantes figures gravées. *Bel exemplaire*.

2126 DELAFAYE-BRÉHIER (Mme J.). — LES PETITS BÉARNAIS. *Même ouvrage, même édition que le précédent* (daté 1839), 2 vol. brochés couvertures.   **60 fr.**

Très rare broché avec les couvertures portant un encadrement gravé sur bois par *May et Porret*. Bel exempl. sauf pet. mouill. claire aux premiers ff. du tome II. 7 figures.

2127 DELAFAYE-BRÉHIER (Mme J.). — LES PETITS BÉARNAIS. *Paris, Didier,* 1840, 2 vol. in-12, veau poli brun, dos orné en hauteur, plaque à froid entourant les plats, filet doré, dent. int., tr. dor. *(Rel. de l'époque).*   **350 fr.**

Très bel exemplaire de cet ouvrage classique, dans une très fraîche reliure romantique, orné de 7 figures gravées non signées, AVANT LA LETTRE.

2128 DELAFAYE-BRÉHIER (Mme J.). — LES PETITS BÉARNAIS. *Paris, Didier,* 1841, 2 vol. in-12, demi-chagrin vert foncé, dos orné de motifs rocaille, plats pap. chagr. vert foncé, fil., tr. dor. *(Rel. de l'époque).*   **150 fr.**

Même ouvrage que le précédent, avec les mêmes figures. Très bel exemplaire.

2129 DELAFAYE-BRÉHIER (Mme J.). — LES PETITS BÉARNAIS. *Paris, Didier,* 1843, 2 vol. in-12, demi-v. poli brun à coins, dos orné, tr. jasp. *(Rel. d'époque).*   **40 fr.**

Le même ouvrage que le précédent avec les mêmes figures. Une pet. mouill. claire à la fin du t. II.

2130 DELAFAYE-BRÉHIER (Mme J.). — LES PETITS BÉARNAIS. *Paris, Didier et Cie,* 1857, 2 vol. in-12. *(Cartonnage toile de l'éditeur).*   **100 fr.**

Même ouvrage, mêmes gravures que le précédent. Cartonnage toile noire, dos orné, cadres historiés et médaillons or, rehaussés de rouge, de vert et de bleu sur les pl. Tr. dorées. *Bel exemplaire*.

2131 DELAFAYE-BRÉHIER (Mme J.). — LA PETITE COMPAGNE D'ÉTUDE ou les Dangers de la flatterie. *Paris, P.-C. Lehuby, s. d.* [vers 1845], in-12, couvert. imp. et gravée.   **25 fr.**

3 pl. gravées. Mouillures.

2132 DELAFAYE-BRÉHIER (Mme J.). — PETIT-JULES LE SAUTEUR ou Histoire d'un enfant enlevé par les baladins. *Paris, A. Eymery, Fruger et Cie,* 1828, 2 vol. in-16, veau poivré, dos sans nerfs, pièces cuir. *(Rel. de l'époque).* **125 fr.**

ÉDITION ORIGINALE. 4 jolies planches gravées. Texte largement interligné. Très bel exemplaire.

2133 **DELAFAYE-BRÉHIER** (Mme **J.**). — LE PETIT PRINCE DE CACHEMIRE ou les Leçons de la vénérable Pari-Banou. Contes moraux et féeries à l'usage de la jeunesse, *Paris, Librairie d'Education d'Alexis Eymery*, 1824, 2 vol. in-12, veau marb., dos finement orné, pièces rouges, guirlande dorée autour des plats, tr. jaunes. *(Rel. de l'époque)*. **300 fr.**

ÉDITION ORIGINALE d'un ouvrage dans lequel l'auteur abandonne l'Afrique et l'Amérique pour aborder le genre « *féerie* » qui offre des moyens faciles *(Préface)*. Deux titres gravés (vignettes) et 8 jolies figures gravées. *Très bel exemplaire*. Le mot PRIX est frappé sur chaque premier plat.

2134 **DELAFAYE-BRÉHIER** (Mme **J.**). — LE PETIT VOYAGEUR EN GRÈCE ou Lettres du Jeune Évariste et de sa famille. *Paris, Emery*, 1824, 4 vol. in-12, cartonn. bradel pap. bleu, pièces de titre, non rogné. *(Cartonn. d'époque)*. **180 fr.**

ÉDITION ORIGINALE ornée de 16 jolies figures non signées. Bel exemplaire à toutes marges dans un frais cartonnage d'époque. Rare en cette condition.

2135 **DELAFAYE-BRÉHIER** (Mme **J.**). — LES PORTUGAIS D'AMÉRIQUE. Souvenirs historiques de la guerre du Brésil en 1635. Ouvrage destiné à la jeunesse. *Paris, Lehuby*, 1847, in-8, bas. polie violet foncé, dos orné en long, plats très richement décorés : cadre de filets, motifs d'angles et large motif central, tr. dor. *(Rel. de l'époque)*. **250 fr.**

ÉDITION ORIGINALE de cet intéressant AMERICANA à l'usage de la jeunesse, illustré de 12 lithographies hors-texte en deux teintes, par *Aug. Lemoine, Janet-Lange* et *Giraud*. Contient un tableau intéressant des mœurs et usages des tribus sauvages, des détails instructifs sur la situation des colons dans cette partie du Nouveau Monde. Quelques piqûres.

2136 **DELAFAYE-BRÉHIER** (Mme **J.**). — LES PORTUGAIS D'AMÉRIQUE. *Paris, P.-C. Lehuby*, 1847, in-8, cartonnage toile bleue, décor doré, tr. dorées. *(Cart. de l'éditeur)*. **175 fr.**

Le même ouvrage que le précédent. 12 lithographies de *A. Giraud, Janet-Lange*, etc., tirées en deux tons chez *Bertauts*. Riches rinceaux dorés sur les plats. Quelques rouss.

2137 **DELAFAYE-BRÉHIER** (Mme **J.**). — LES PORTUGAIS D'AMÉRIQUE. *Paris, Lehuby*, 1847, in-8, cart. toile noire, décors polychromes, tr. dorées. **100 fr.**

Le même ouvrage que le précédent. 12 lithographies sur fond chamois par Aug. Lemoine, Janet-Lange, A. Giraud. Plaque architecturale or, rouge, bleu, blanc, violet, orange au premier plat (signée Haarhaus). Dos joliment orné vert, blanc, or, rouge, bleu d'outremer. Grand médaillon vert, rouge et or au 2e plat. Bel exemplaire. *Charmant cartonnage*.

2138 **DELAFAYE-BRÉHIER** (Mme **J.**). — SIMPLE HISTOIRE DE CLÉMENCE CLAVIGER. *Paris, E. Ducrocq, s. d.* [vers 1860], in-8, tr. dor. *(Cartonnage toile de l'éditeur)*. **350 fr.**

10 lithographies à 2 teintes de *Télory*, tirées chez *Lemer-*

cier. Cartonnage toile verte, dos orné ; au premier plat, cadre à rinceaux or, compartiments or, bleu et vert, mosaïques, au centre, le premier dessin de Telory réduit et estampé en or.

2139 **DELAFAYE-BRÉHIER** (Mme **J.**). — LES SIX NOUVELLES DE L'ENFANCE, par Mlle Julie Br... *Paris, Blanchard et Eymery*, 1812, pet. in-12, demi-bas. marb. à coins, pièces de titre, tr. j. *(Rel. anc.)*. **500 fr.**

ÉDITION ORIGINALE rare de cet ouvrage qui fut plusieurs fois réimprimé avec le nom de l'auteur. D'après la préface, ce serait là le premier ouvrage de Mme Delafaye-Bréhier qui écrivit par la suite de nombreux livres pour l'enfance, et qui reste un des classiques du genre. Cinq jolies figures signées de C. MONNET et d'un titre gravé avec vignette. Coins un peu frottés.

PLANCHE 173.

2140 **DELAFAYE-BRÉHIER** (Mme **J.**). — LES SIX NOUVELLES DE L'ENFANCE. Même ouvrage, même édition, broché, couv., entièrement non rogné. **800 fr.**

Même ouvrage, même édition. Exemplaire avec les *planches coloriées*. Légères rousseurs ; piqûre de ver dans une marge.

2141 **DELAFAYE-BRÉHIER** (Mme **J.**). — LES SIX NOUVELLES DE L'ENFANCE. *Paris, P.-C. Lehuby*, 1853, in-12. *(Cartonnage toile de l'éditeur)*. **400 fr.**

PREMIER TIRAGE. 8 jolies lithographies en couleurs de *Bayalos*, tirées chez *Lemercier*. Cartonnage toile brune, dos orné, fers à froid, au milieu du 1er plat, élégant motif décoratif or, avec compartiments carmins et blancs. Tr. dorées. *Très bel exemplaire*.

2142 **DELAFAYE-BRÉHIER** (Mme **J.**). — LES SIX NOUVELLES DE L'ENFANCE. *Paris, E. Ducrocq, s. d.* [vers 1855], in-8. *(Cartonnage toile de l'éditeur)*. **250 fr.**

Mêmes planches que le précédent (alors que le titre annonce douze par erreur). Cartonnage toile noire, dos orné, sur le premier plat, cathédrale or, clochetons rouges et ogive bleu. Médaillon or rehaussé de compartiments roses et verts. Tr. dorées. Gros caractères, larges interlignes. Légères rousseurs.

2143 **DELARBRE** (Mme). — LES CAUSERIES D'UNE BONNE MÈRE OU UNE HISTOIRE PAR JOUR. *Paris, Lehuby*, 1839, in-12, cartonn. pap. à reliefs vert. *(Cartonn. de l'époque)*. **80 fr.**

ÉDITION ORIGINALE. Titre dans encadrement à personnages gravé sur bois et 3 charmantes figures non signées. *Bel exemplaire*.

2144 **DELARBRE** (Mme). — SOUS LES SAULES DE LA PRAIRIE. Nouvelles propres à amuser et moraliser la jeunesse. *Paris, Lehuby*, 1838, in-12, demi-veau bleu foncé, dos à n. plats, pièce rouge, coins toile. *(Rel. de l'époque)*. **200 fr.**

ÉDITION ORIGINALE. Titre dans encadrement gravé sur bois, et 3 très jolies figures non signées. Exemplaire contenant un *très bel ex-praemio* grand format (in-4°), replié avec une jolie vignette gravée au pointillé, daté d'Amsterdam (1840). Petite *étiquette d'un relieur* hollandais *(A. V. Rossum, Hof-Bœkbinder)*.

2145 **DELARBRE (Mme).** — SOUS LES SAULES...
Paris, Lehuby, s. d. [vers 1840], in-12, demi-veau
bleu foncé à coins, dos orné, armes de ville ou de
collège étranger sur chaque plat, tr. mouch. *(Rel.
de l'époque).* **100 fr.**

Même ouvrage que le précédent, avec les 3 figures de
l'éd. originale. Bel exemplaire.

2146 **DELASALLE (R.).** — CIEL, TERRE ET
MER. *Paris, A. Courcier, s. d.* [vers 1860], in-8.
(Cartonnage toile rouge de l'éditeur). **80 fr.**

5 charmantes lithographies coloriées dont une représente l'ascension du Mont Blanc. Larges interlignes.

2147 **DELATTRE (Charles).** — VOYAGES EN
FRANCE. Description de ses curiosités naturelles. Notices sur les villes, etc. *Paris et Limoges,
Martial Ardant*, 1848, in-8, cart. toile verte, décors
dorés, tr. dorées. *(Cart. de l'édit.).* **125 fr.**

Quatre gravures à l'aquatinte, dessinées par COLIN,
gravées par Salaté : *Morlaix, Harfleur, Mende, Thiers*.
Décor architectural doré signé : *Tambon*, avec statues
allégoriques et Napoléon à cheval dans un médaillon. *Très
bel exemplaire.*

2148 **DELBARE.** — LE PETIT BIBLIOTHÉ-
CAIRE. *Paris, Gide fils, s. d.* [vers 1820], 6 vol.
in-32, couvert. impr. (Boîte de l'époque avec
couvercle en verre). **500 fr.**

L'Antiquité mise à la portée des enfans ; les Siècles de
la France ; le Siècle de Louis XIV. Anecdotes morales ;
les Enfans célèbres ; Les Animaux sensibles, intelligens
et industrieux. 48 figures gravées et coloriées. Rare en cet
état et avec la couverture. *Taches d'encre dans les marges
de quelques feuillets du tome III,* n'entament pas le texte.

2149 **DELBRUCK (Jules).** — LES RÉCRÉATIONS
INSTRUCTIVES tirées de l'Education nouvelle.
Journal des Mères et des Enfants. *Paris, C. Bor-
rani, s. d.* [vers 1860], 4 vol. gr. in-4, cartonn.
toile rouge, fers spéciaux signés *A. Souzé* sur le
1er plat, tr. dor. *(Cartonn. de l'éditeur).* **600 fr.**

Nombreuses planches doubles en couleurs. Rare, surtout
en aussi belle condition.

2150 **DELCOURT (Pierre).** — THÉÂTRE DE CO-
QUINET. *Paris, Capendu, s. d.* [vers 1880], gr.
in-8, cart. papier de l'éditeur. **500 fr.**

5 chromolithographies *avec pièces mobiles* représentant
Coquinet aux prises avec le diable, un gendarme, etc. Cart.
très frais, avec les pièces mobiles intactes. *Bel exemplaire,
rare en cet état.*

2151 **DELESSERT (Eugène).** — VOYAGES DANS
LES DEUX OCÉANS. Atlantique et Pacifique,
1844 à 1847. *Paris, Franck*, 1848, gr. in-8, cart.
toile bleue, décors dorés, tr. dorées. **250 fr.**

ÉDITION ORIGINALE. 16 planches hors-texte, 2 cartes
(Iles de la Société), plus de cent fig. dans le texte dont une
vingtaine à pleine page : belle illustration gravée sur bois
représentant des navires, des oiseaux, des types indigènes,
des armes, etc. — Intéressant ouvrage, texte de valeur,
sur le Brésil, les Etats-Unis, le Cap de Bonne-Espérance,
la Nouvelle-Hollande (Australie), la Nouvelle-Zélande,
Tahiti, les Philippines, la Chine, Java, les Indes, l'Égypte,

(Vicaire, III, 121). — Plaque dorée très décorative au
1er plat : voyageurs dans un décor de feuillages, navire,
diligence, etc. Dos très orné. Au second plat, trois-mâts
doré. *Très bel exemplaire.*

2152 **DELEYRE (Mlle).** — CONTES [ET SUITE
DES CONTES] dans un nouveau genre pour les
enfans qui commencent à lire. *Paris, Gabriel
Dufour*, 1811-1813, 2 vol. in-12, demi-ch. brun,
plats papier chagriné, dos orné à nerfs, tr. dorées.
(Rel. vers 1860). **400 fr.**

Le tome I contient 10 planches (30 sujets) gravées, le
tome II 6 planches (18 sujets). Menues rousseurs *passim*,
petites déchirures à quelques marges.

2153 **DELEYRE (Mlle).** — CONTES [ET SUITE
DES CONTES] dans un nouveau genre, etc.
Même ouvrage que le précédent, 1808-1813, 2 vol.
in-12, le t. I cartonn. bradel bleue avec guirlande
autour de pl., le tome II, demi-bas. fauve, dos
orné, pièce r. *(Rel. et cartonn. anc.).* **300 fr.**

Qq. mouill. au 1er vol. Reliures dissemblables.

2154 **DELEYRE (Mlle C.).** — CONTES DANS UN
NOUVEAU GENRE, dédiés aux enfants bien
sages. Edition revue et corrigée par Mme FANNY
RICHOMME. *Paris, Didier*, 1837, 2 vol. in-12,
demi-chagr. vert foncé, dos à n. orné, plats toile,
tr. dor. *(Rel. de l'époque).* **200 fr.**

Orné de 8 charmantes lithographies *coloriées*, sur fond
teinté, par *A. Hadamard*. Coins frottés.

2155 **DÉLICES DES ENFANTS BIEN SAGES.** —
Album de 36 jolis dessins accompagnés d'un texte
explicatif formant une série de charmants petits
contes dédiés aux petits garçons. *Paris, Journal
des Enfants, s. d.* [vers 1850], in-8, demi-chagr.
vert, dos orné en long, plat pap. chagr. vert. *(Rel.
de l'époque).* **160 fr.**

Ouvrage illustré de 36 grandes lithographies coloriées,
hors-texte, par *Loux* : le Mousse, le Groom, l'Apprenti
tailleur, l'Élève pâtissier, le Petit Saltimbanque, the
printer-devil (le diable de l'imprimerie [2 planches]). Petit
trou à 1 f. Quelques rousseurs. *Joli dos.*

2156 **DEMOUSTIER (C.-A.).** — LETTRES A
ÉMILIE SUR LA MYTHOLOGIE, par M. de
Moustier *(sic)*. *Brunsvick*, 1796, 4 vol. in-16
carré, bas. marb. *(Rel. anc.).* **25 fr.**

Nouvelle édition augmentée de plusieurs lettres. Titres
gravés, 4 figures gravées de *Schroder*. L'exemplaire est en
très bon état, mais la reliure est médiocre.

2157 **DEMOUSTIER (C.-A.).** — LETTRES A ÉMI-
LIE SUR LA MYTHOLOGIE. *Paris, Nicolle,
Darbot, Corbet*, 1816, 6 vol. in-12, veau havane,
dos plats ornés, fil., fers à froid, pièces cuir, fil.
sur les pl., guirlandes et médaillons à froid, dent.
intér., tr. dorées. *(Reliure de l'époque).* **2.500 fr.**

62 gravures avant la lettre, dessinées par *Choquet* et
tirées en bistre, dont 2 portraits. Certaines de ces gravures
révèlent des nudités qui déconcertent dans un livre destiné
à la jeunesse. Superbe exemplaire sur papier fort dans une
charmante reliure de l'époque.

2158 DEMOUSTIER (C.-A.). — LETTRES A ÉMI-
LIE SUR LA MYTHOLOGIE. Cartonn. bradel
pap. gaufré orange, pièces noires, non rogné.
(Cartonn. anc.).   **1.000 fr.**

Même ouvrage, même édition que le numéro précédent.
Planches avant la lettre. *Bel exemplaire entièrement non
rogné.*

2159 DENIS (Maurice). — PREMIERS PAYSA-
GES. [Les Leçons de choses du petit coloriste].
Paris, H. Laurens, s. d. [vers 1910], in-4. *(Car-
tonnage papier de l'éditeur).*   **60 fr.**

ÉDITION ORIGINALE. Titre illustré [reproduit en
couleurs sur le cartonnage], modèles coloriés au pochoir,
paysages et planches en noir destinées à être coloriées.
Un des premiers livres illustrés par MAURICE DEVIS.

2160 DENNE-BARON (Sophie). — AVENTURES
SURPRENANTES DE L'HÉRITIER DE L'ILE
HEUREUSE, du grand et véritable POLICHI-
NELLE, fils du prince Galaos et de la belle princesse Kaïra. Moralité. *Paris, Chaumerot,* 1840,
petit in-8, demi-veau beige, dos orné à nerfs, rogné
seulement en tête, couv. imprimée. *(Rel. neuve).*
                                            400 fr.

ÉDITION ORIGINALE (la couv. est de 1841). 4 gravures de Lejeune. Le second plat de la couv. cons. est orné
d'un Polichinelle lithographié de Dufrene. L'ouvrage
s'ouvre par une *dédicace aux papas et aux mamans*, signée :
Un vieux dilettante (du Théâtre Séraphin). Bel exemplaire,
malgré un petit manque à un coin intérieur du 1er plat
de la couverture.

2161 DEPPING (G.-B.). — LES JEUNES VOYA-
GEURS EN FRANCE ou Lettres sur les départements. Ouvrage rédigé par L. N. A. et C. T[AIL-
LARD] entièrement revu, etc. Nouvelle édition.
Paris, Ledoux, 1824, 6 vol. pet. in-8, veau poli
fauve, dos finement orné, pièces de maroq. noir,
large décor de fil. noirs et de cadres à froid avec
rosaces dorées aux angles sur les plats, dent. int.
à froid, tr. marb. *(Rel. de l'époque).*   **600 fr.**

Très bel exemplaire de cette édition ornée de 100 cartes
et vues, rehaussées de couleurs, gravées par *Blanchard,*
d'après *A. M. Perrot.* Charmante reliure d'époque, due
certainement à un maître, très fraîche sauf qq. très petites
traces de vers aisément réparables.

2162 DEPPING (G.-B.). — LES JEUNES VOYA-
GEURS EN FRANCE, etc. Troisième édition
continuée jusqu'à ce jour par ET. L. D. *Paris,
Ledoux,* 1830, 6 vol. pet. in-8 carré, demi-veau,
dos orné de style romantique, motifs à froid et
dorés, fil. noirs, tr. jaspées bleues. *(Rel. de l'époque).*   **450 fr.**

Bel exemplaire de cette édition contenant 106 cartes et
vues, plusieurs *à l'aquatinte,* notamment une jolie vue de
la *Bourse de Paris.*

2163 DEPPING (G.-B.). — LES JEUNES VOYA-
GEURS EN FRANCE, etc. *Paris, Ledoux,* 1830,
même édition que le précédent, bas. polie mouch.,
dos orné, pièces vertes, pet. guirlande entourant
les plats, tr. marb. *(Rel. de l'époque).*   **450 fr.**

Très bel exemplaire.

2164 DEPPING (G.-B.). — MERVEILLES ET
BEAUTÉS DE LA NATURE EN FRANCE.
Paris, Didier, 1845, in-8, cart. toile bleue, décors
polychromes, tr. dorées. *(Cart. d'édit.).* **150 fr.**

Huit gravures *sur Chine monté.* 9e édition, entièrement
refondue, de l'ouvrage célèbre par lequel le savant Georges
Bernard Depping voulut aider les jeunes Français de l'époque à étudier d'une façon agréable la géographie, alors
dédaignée. C'est dans le même esprit qu'il composa pour
la jeunesse ses *Soirées d'hiver.* Jolis décors or, vert, rouge,
outremer. TRÈS BEL EXEMPLAIRE.

2165 DEPPING (G.-B.). — MERVEILLES ET
BEAUTÉS DE LA NATURE EN FRANCE.
Description de ce que la France possède de plus
curieux sous le rapport de l'histoire naturelle.
Paris, Didier, 1849, in-12, cart. toile noire, décors
polychromes, tr. dorées. *(Cart. de l'édit.).* **85 fr.**

7 gravures hors-texte. 9e édition entièrement refondue
de ce livre célèbre. Belle plaque or, rouge, outremer, à la
cathédrale, avec attributs divers : sphère, compas, livre, etc.
Très bel exemplaire.

2166 DECOY (THE) or An agreeable method of
teaching children the elementary parts of English
Grammar, by Conversations and Familiar Examples. *New York, Samuel Wood and Sons, and...,
Ballimore,* 1820, sm. 8vo. or. printed wrappers.
                                            125 fr.

Frontispiece and 7 woodcuts. A few slight stains *passim.*

2168 DER SCHWATZER an Amusing Introduction
to the German Language. On the plan of « Le
Babillard ». *London, Griffith and Farran, n. d.*
[circa 1850], or. green cloth, gilt.   **200 fr.**

Illustrated with 15 hand-coloured plates, very well
executed. 32 page book catalogue at end. *Fine copy.*

2169 DESBEAUX (Émile). — LE JARDIN DE
MADEMOISELLE JEANNE. Botanique du vieux
jardinier. *Paris, P. Ducrocq,* 1880, in-4, demi-
maroq. bleu à coins, dos à n. orné, tête dorée,
n. rogné. *(Pagnant).*   **250 fr.**

ÉDITION ORIGINALE. Un des 3 exemplaires SUR
JAPON contenant une dédicace imprimée, un portrait
sur Chine, une photographie originale *(de Mlle Jeanne
Meaulle),* et un double état de la planche hors-texte. Figures de *L. du Paty, Giacomelli, Monginot* et *Lott,* gravées
par *F. Meaulle. (Vicaire,* III, 193). Très bel exemplaire.
Rare en pareille condition.

MARCELINE DESBORDES-VALMORE (1785-1859)

2170 **DESBORDES-VALMORE (Mme).** — A MES JEUNES AMIS. *Paris, A. Boulland,* 1830, in-12, bas. verte, dos orné de fil. dorés, pointillés et fleurons à froid, pièce de maroq. violet foncé, fil. doré autour des pl. et guirlande à froid, dent. int. dor., tr. dor. *(Rel. de l'époque).* **2.500 fr.**

ÉDITION ORIGINALE, très rare, surtout lorsqu'elle contient comme notre exemplaire les 3 ff. d'*Avertissement* et les trois planches gravées, celle de « *La Vallée de la Scarpe* » manquant à presque tous les exemplaires. Titre gravé avec vignette. Une des planches est gravée par *Cousine,* d'après *Tony Johannot.* Petites vignettes sur bois. Bel exemplaire dans une jolie reliure bien contemporaine et de style très romantique.

2171 **DESBORDES-VALMORE (Mme).** — A MES JEUNES AMIS. *Même ouvrage, même édition,* demi-v., bleu foncé, dos plat orné en hauteur de motifs dorés romantiques, fil. sur les plats, tr. marb. *(Rel. de l'époque signée : Meslant).* **900 fr.**

Exemplaire contenant les feuillets d'*Avertissement,* le titre gravé, mais seulement 2 figures. Qq. très lég. rouss. Un petit coin enlevé à 1 f. sans atteindre le texte. Joli dos de reliure, très décoratif.

2172 **DESBORDES-VALMORE (Mme).** — A MES JEUNES AMIS. *Même ouvrage, même édition,* demi-bas. à grain grenat, dos orné en hauteur de motifs romantiques dorés. *(Rel. de l'époque).* **400 fr.**

Exemplaire ne contenant pas les ff. d'Avertissement. Titre gravé avec vignette et 2 figures.

2173 **DESBORDES-VALMORE (Mme).** — LES ANGES DE LA FAMILLE. *Paris, Alph. Desesserts, s. d. (Cartonnage papier de l'éditeur).* **500 fr.**

PREMIER TIRAGE, de cette édition des Contes de Marceline Desbordes-Valmore, couronnés par l'Académie française, où elle a intercalé quelques pièces de vers relatives aux enfants. Illustré de 8 lithographies en deux tons tirées chez Decan. Cartonnage à fond vert orné d'un cadre de filets courbes et brisés crème et or et d'un décor floral polychrome. Un des recueils les plus rares de la poétesse.

━━━━━

2174 **DESCHAMPS (Mme).** — GUSTAVE ET LUCIE ou les Enfans aimables. *Paris, Imp. de P. Baudouin,* 1836, pet. in-12, veau raciné, dos orné. *(Rel. de l'époque).* **30 fr.**

4 charmantes gravures au lieu de 8 que mentionne le titre.

2175 **DESCRIPTION OF BIRDS,** BEASTS, FISHES, INSECTS AND REPTILES (An entertaining and Instructive)..., etc. *London, H. Turpin,* 1776, sm. 16 mo. or. flowered-paper boards. *(Back strip missing)* preserved in half-morocco case. **2.500 fr.**

Illustrated with 36 well executed woodcuts without doubt by BEWICK of Birds, Beats, etc. At end Turpin's 8 page book catalogue. From an advertisement it looks as if Turpin himself might have been the author of this little volume : it reads « *P. S. As Mr Turpin has a great Number of Manuscripts Copies of Children's Books by him, he intends to bring one or two new ones out...* etc. » On the last page is « *N. B. Gives the utmost Value for any Library or Parcel of Books, Prints or Manuscripts, etc.* ».

2176 **DESERT, ETC. (THE).** *N. p., n. d.* [*London,* circa 1805 ?], sm. 8vo. or. green boards, preserved in half-morocco case. **800 fr.**

Issued without title. Illustrated with 12 copper plates with engraved text. The titles are *The Desert. Going to School. The Bat. The Meeting. My Parrot. The Balloon. The Tash. The Bee Hive. The Concert. Juvenile Performer. The Letter,* and *The Prayer.*

2177 **DES ESSARTS (Alfred).** — SOUS LES OMBRAGES. Simples récits. *Paris, Vve Louis Janet, s. d. (1845),* in-8, cart. toile verte, décors dorés, tr. dorées. *(Cart. de l'édit.).* **150 fr.**

Un frontispice et dix lithographies hors-texte sur fond chamois, par LOUIS LASSALLE. Le frontispice est joliment colorié. Vignettes sur bois dans le texte. Rinceaux dorés sur le dos et les plats. Très bel exemplaire d'un charmant ouvrage, dû à l'un des plus connus parmi les écrivains du xixe siècle qui ont écrit pour l'enfance. Rousseurs sur quelques planches.

2178 **DES ESSARTS (Alfred).** — SOUS LES OMBRAGES. Simples récits. *Paris, Vve Louis Janet, s. d.* [vers 1855], in-8. *(Cartonnage papier de l'éditeur).* **450 fr.**

Frontispice en couleurs et 10 lithographies originales de *Louis Lassalle* tirées en deux tons chez *Domnec.* Cartonnage à la Bradel en chromolithographie (Saudem, Schuessele et Santoux), ogive or, sur fond crème, encadrée de feuillages, deux figures symboliques or, sur leurs piédestaux, bassin, vasque et jets d'eau ; au milieu du second plat, conversation galante dans un parc, bistre rehaussé d'or (J. Rigo). Très bel exemplaire, malgré une planche avec rousseurs. *Cartonnage très frais.*

2179 **DES ESSARTS (Alfred).** — L'UNIVERS ILLUSTRÉ. Géographie vivante. Enrichi de seize costumes en couleurs. *Paris, Librairie Louis Janet (Vve L. Janet et Magnin), s. d. (1847),* in-8, cartonnage toile violette, décoration polychrome sur les plats et le dos, tr. dorées. *(Cart. de l'édit.).* **1.000 fr.**

Charmant ouvrage. Premier tirage des illustrations de *Abel Lassalle* (1 frontisp. et 16 pl. de costumes). Vignettes sur bois dans le texte. La décoration dorée du 1er plat représente une girafe, des Arabes, un Peau-Rouge. Joli encadrement de rinceaux dorés, rouges, bleus et verts. Très bel exemplaire. *Cartonnage de toute rareté.*

2180 **DES ESSARTS (Alfred). — L'UNIVERS ILLUSTRÉ. Géographie vivante. Enrichi de 20 costumes en couleur. *Paris, Mme Vve Louis Janet, s. d. (1855),* in-8, cart. toile violette, décoration dorée sur le dos et les plats, tr. dorées. *(Cart. de l'édit.).* **500 fr.**

Le même ouvrage que le précédent, enrichi de trois chapitres, 1 frontisp. et 20 pl. de costumes, par Abel Lassalle. Ces planches, retournées, ont été regravées sur pierre avec beaucoup plus de finesse qu'au n° précédent. Plaque dorée, architecturale et florale au 1er plat.

2181 **DES ESSARTS (Alfred). — L'UNIVERS ILLUSTRÉ...** *Paris, Vve Louis Janet, s. d.* (1855), in-8, cart. toile brune, décors dorés, tr. dorées. *(Cart. de l'édit.).* **400 fr.**

Le même ouvrage que le précédent. Mêmes illustrations. Décor rocaille. Quelques rousseurs.

2182 **DES ESSARTS (Alfred). — L'UNIVERS ILLUSTRÉ...** *Paris, Vve Louis Janet, s. d.* (1855), in-8, cartonn. toile verte, décors dorés, tr. dorées. *(Cart. de l'édit.).* **600 fr.**

Le même ouvrage que le précédent. Mêmes illustrations. Décor architectural avec médaillons représentant des enfants lisant. Très bel exempl. de toute fraîcheur.

2183 **DES ESSARTS (Alfred). — L'UNIVERS ILLUSTRÉ...** *Paris, Vve Louis Janet, s. d.* (1855), in-8, toile noire, décors dorés, tr. dorées. *(Cart. de l'édit.).* **300 fr.**

Le même ouvrage que le précédent. Mêmes illustrations. Quelques rousseurs. Décor de fers dorés, bateau au second plat. Bel exemplaire.

2184 **DES ESSARTS (Alfred). — L'UNIVERS ILLUSTRÉ...** *Paris, L. Janet, s. d.* [vers 1855], in-8, demi-chagrin vert, dos à n. orné, plats toile, fil. à froid, tr. dor. *(Rel. de l'époque).* **150 fr.**

Frontispice allégorique lithographié et *colorié,* et 16 grandes lithographies *coloriées* de *A. Lassalle.* Bel exempl. malgré qq. rouss. *Voir numéros précédents.*

2185 **DESHAYS (Célestin). — SOUVENIRS DE BRETAGNE.** *Paris, Aubert, s. d.* [vers 1845], gr. in-folio, cart. toile noire, plaque dorée, tr. dorées. *(Cart. de l'édit.).* **800 fr.**

Album dessiné et lithographié par Célestin Deshays. Le titre orné, signé A. Barbizet, est en bleu, argent et or. 12 belles planches finement coloriées : costumes, surtout d'enfants, scènes de la vie bretonne. Très menues rousseurs. Le cartonnage est fané.

2186 **DÉSIRS, DANSES, DÉSAPPOINTEMENTS** par GERTRUDE A. KONSTAM et ELLA et NÉLIA CASELLA. *Paris, Firmin-Didot, s. d.* [vers 1890], in-4, cartonnage papier souple *de l'édit.* **30 fr.**

12 planches en couleurs ; 2 pl. en bistre à pleine page ; vignettes. Titre illustré en couleurs (il n'y a pas de titre à proprement parler, la couverture, dont le verso est paginé, en tient lieu). Le texte est en vers, imprimé en bistre. L'impression du livre a été faite en Angleterre. *Bel exempl.*

2187 **DESNOYERS (Louis). — LES AVENTURES DE JEAN-PAUL CHOPPART.** *Paris, Allardin,* 1834, 2 vol. in-12, veau moucheté, dos orné, dent.

et motifs or, dentel. sur les pl., tr. marbrées. *(Reliure de l'époque).* **2.000 fr.**

Edition originale ornée de cinq gravures de *Fauchery* et du « portrait de Jean-Paul Choppart ». La mention « Edition complète, augmentée de nouveaux chapitres et entièrement corrigée » portée sur le titre, indique non une nouvelle édition, mais la réunion « en un seul corps [de] cet intéressant et moral ouvrage qui n'avait encore paru que par fragmens et à de longs intervalles », dans le *Journal des Enfants.*
Très bel exemplaire. La coiffe inférieure de la reliure du 1er volume est défectueuse.

2188 **DESNOYERS (Louis). — LES AVENTURES DE JEAN-PAUL CHOPPART. Troisième édition corrigée et augmentée de nouveau par l'auteur...** *Paris, Bureau, Aubert,* 1836, 2 vol. in-12. demi-mar. Romant. *(Rel. mod).* **2.000 fr.**

Très rare édition, la seule illustrée des cinq lithographies de Daumier, qui sont ici en premier tirage. Cette édition, en dépit du titre, n'est pas la troisième, mais la seconde, la première ayant été annoncée comme « augmentée de plusieurs chapitres et entièrement corrigée », quoi qu'elle fût vraiment l'originale en librairie. Le texte primitif avait paru dans le *Journal des Enfants.* Voir l'avant-propos de la présente édition. Exempl. à toutes marges.

2189 **DESNOYERS (Louis). — LES AVENTURES DE JEAN-PAUL CHOPPART, illustrées par Gérard Séguin ; l'Épisode de Panouille, par Frédéric Goupil.** *Paris, J.-J. Dubochel et Cie,* 1843, in-8, demi-chagr. rouge, dos orné. *(Reliure de l'époque).* **600 fr.**

1 frontispice, 1 p., iii-308 pp. et non 108 comme Vicaire et Carteret l'indiquent par erreur.
Cinquième édition. Nombreuses illustrations sur bois dans le texte. C'est le plus rare des J.-P. Choppart et l'un des plus intéressants selon Carteret. Rousseurs.

2190 **DESNOYERS (Louis). — LES MÉSAVENTURES DE JEAN-PAUL CHOPPART.** *Paris, J. Hetzel et Cie, s. d.* (1873), in-8. *(Cartonnage toile de l'éditeur),* fers spéciaux, tr. dorées. **60 fr.**

Nouvelle édition. 8 gravures sur bois par CHAM, frontispice et vignettes par *Giacomelli.* Nouveau tirage de l'édition de 1868. Depuis celle de 1865, les « Aventures » étaient devenues les *Mésaventures de Jean-Paul Choppart.* Bel exemplaire.

2191 **DETMOLD (M. and E.). — PICTURES FROM BIRDLAND. With Rhymes by E. B. S.** *London, J. M. Dent and Co,* 1899, 4to. or. illustrated boards in colour. **60 fr.**

FIRST EDITION. 24 coloured plates of birds reproduced in lithography by Messrs J. S. Virtue and Co. The plates are loose, owing to their not being sewn. *Fine copy.*

2192 **DETRANCHANT (Clovis). — ORIGINES, INVENTIONS ET DÉCOUVERTES.** *Paris, Vve Louis Janet,* 1843, in-16. *(Cartonnage papier de l'éditeur).* **60 fr.**

8 intéressantes lithographies en deux tons, y compris celle de « l'imprimerie », collée sur le 1er plat du cartonnage. *Quelques rousseurs.*

2193 **DETRANCHANT (Clovis). — PETITE HISTOIRE DES NAUFRAGES.** *Paris, A. Fontenay,* *s. d.* [vers 1840], pet. in-8 carré, cartonn. bradel pap. bleu foncé. *(Cartonn. d'époque).* **125 fr.**

Orné de 7 jolies lithographies sur fond teinté, et d'une 8e *(Les Naufragés de la Méduse)* collée sur le 1er plat du cartonnage. *Naufrage des enfants de Henri Ier, roi d'Angleterre, Naufrage du navire la « Nathalie » dans les mers du Nord (1826), Earle, peintre anglais, délaissé dans l'île de Tristan d'Acunha, en 1824, etc.* Bel exemplaire.

2194 DEVELY. — LES PRINCIPAUX OBJETS DE DESSERT, mis en scènes, composés et lithographiés. *Paris, Engelmann, s. d.* [vers 1825], infol., couvert. lithographiées. **1.000 fr.**

ÉDITION ORIGINALE. 1 titre en lithographie, et 18 lithographies originales en feuilles, formant deux livraisons, dans leurs couvertures lithographiées. Le titre-frontispice représente un gourmet à sa table chargée de desserts que lui apportent des représentants des diverses régions de la France. Lithographies rondes entourées de guirlandes florales consacrées au champagne, aux poires, au sucre, aux pêches, aux abricots, etc. Toutes ces lithographies, reproduisant des tableaux et des scènes de famille sont charmantes. L'ouvrage est des plus curieux au point de vue de la gastronomie. Inconnu à Vicaire *(Bibliographie gastronomique).* Très bel exemplaire.

2195 DEVILLIERS. — HISTOIRE DE LA CONQUÊTE DE L'ANGLETERRE PAR LES NORMANDS, d'après M. Thierry. Ouvrage dédié à la jeunesse. *Paris, Lehuby, s. d.* [vers 1845], in-8, cart. toile bleue, décors dorés, tr. dorées. *(Cart. de l'édit.).* **60 fr.**

Douze lithos sur fond chamois, par JULES DAVID et DERANCOURT. Décors de fleurons, rinceaux et feuillages dorés sur les plats et le dos. Très petites rousseurs. Bel exemplaire.

2196 DEYEUX (Théophile). — FABLES. *Paris, Nepveu,* 1825, in-12, cartonn. bradel, pap. rouge à long grain, rosaces au dos, pet. guirlande autour des plats, n. rogné. *(Cartonn. d'époque).* **300 fr.**

ÉDITION ORIGINALE inconnue à *Vicaire,* et signalée seulement par *Souhart,* 141. Elle est ornée de 12 jolies lithographies *(Engelmann)* ; plusieurs d'entre elles sont relatives à la *chasse,* Théophile Deyeux étant surtout connu comme auteur de livres sur la chasse *(Souhart,* 130 et suiv.). Bel exemplaire, en partie non coupé. Signature ancienne sur le titre.

2197 DIARY OF A LITTLE DOG (THE). Supposed to be written by Herself. *London, Darlon and Harvey,* 1837, 12mo. or. cloth. **25 fr.**

Frontispiece engraved on wood.

2198 DICKENS (Charles). — LITTLE DORRIT. *London, Bradbury and Evans,* 1857, 2 vols. in 8vo. contemp. half-morocco. **1.000 fr.**

FIRST EDITION. One front wrapper (No II) preserved also the « *Oversight of the Author* » slip about the name Rigaud in part 15 (which applies to this copy). Illustrated with 38 full-page plates by « Phiz ». *Spotlers copy.*

2199 [DICKENS AND THACKERAY]. — THE LOVING BALLAD OF LORD BATEMAN. Illustrated by George Cruikshank. *London, Charles Till, Fleet Street and Mustapha Syried, Constantinople,* 1839, sq. 16mo. levant morocco, gilt, or. cloth coverts and back strip bound in at end. *(Morrel).* **800 fr.**

FIRST ISSUE OF THE FIRST EDITION with the word « *Wine* » in Stanza V. This copy does not have the

8 pages advertisements at end. Illustrated with 11 etchings and gilt cover design by G. CRUIKSHANK. *Fine copy.*

2200 DICTIONNAIRE (PETIT) des Découvertes et Inventions anciennes et récentes les plus utiles, etc., publié par les auteurs de la Bibliothèque d'Education, 2e série, 3e année. L'Adolescence. *Paris, Eymery,* 1836, pet. in-12, bas. polie fauve mouch., dos orné, pièce verte, pet. guirlande dorée autour des pl., tr. dor. *(Rel. de l'ép.).* **50 fr.**

Joli frontispice gravé représentant l'Atelier d'un Mécanicien. Chapitres sur les *Aérostats,* les *Automates,* la *Lithographie,* le *Tabac,* la *Reliure,* l'*Imprimerie,* etc. Bel exempl.

2201 DIEFENBACH (Leonhard). — DIE ZWOLF MONATE DES JAHRES. Ein Jugendkalender in Wort und Bild. *Stuttgart, K. Thienemann, s. d.* [vers 1865], in-4, cart. papier en chromolithographie. *(Cart. de l'édit.).* **250 fr.**

Les douze mois. Chaque mois comporte quatre pages illustrées de sujets appropriés et d'une poésie. Les lithographies coloriées sont à pleine page et le texte dans un cartouche au milieu de l'illustration.

2202 DIELITZ (Charles). — AH ! LES JOLIES FIGURES. [O die niedlichen Bilder]. Petit ouvrage moral, instructif et amusant dédié à la jeunesse. *Berlin, Winckelmann el fils, s. d.* [vers 1840], in-12. *(Cartonnage papier de l'éditeur).* **250 fr.**

12 charmantes lithographies coloriées. Texte français et allemand. *Bel exemplaire.*

2204 DIETRICH (Dr). — THE GERMANS EMIGRANTS or Frederick Wohlgemuth's Voyage to California, translated by Leopold Wray. *Guben, F. Fechner, s. d.* [vers 1852], in-12. *(Cartonnage papier de l'éditeur).* **80 fr.**

8 lithographies coloriées. Cartonnage en chromolithographie. Le premier plat détaché.

2205 DIGNITARIES OF ENGLAND (Sir Harry Herald's Graphical Representation of the) Shewing the Costume of different Ranks from The King to A. Commonner with the Regalia used at the Coronation. *London, J. Harris and Son,* 1820, sm. 8vo. or. printed wrappers, preserved in half-morocco case. **500 fr.**

FIRST EDITION. Illustrated with 2 full-page and 15 half-page hand-coloured woodcuts of costumes, etc. This work, no doubt, was inspired by Charles Lamb's book of « *Ranks and Dignities* » which appeared in 1805 and 1809. *Fine copy.* See n° 2957 *bis.*
PLANCHE 52.

2206 DIGNITARIES OF ENGLAND. *London,* 1821, Another copy. **350 fr.**

Same coloured plates at the first edition. *Fine copy.*

2207 DILWORTH (A. M.). — THE LIFE AND HEROIC ACTIONS OF JOHN CHURCHILL, Duke of Marlborough... Published for the Improvement and Entertainment of the British Youth of both Sexes. [London], *G. Wright,* 1758, 12mo. or. flowered paper, boards. **2.500 fr.**

FIRST EDITION. Magnificent portrait of the Duke of Marlborough engraved by B. Cole, and four other fine plates. *Of the greatest rarity, specially in the original flowered-paper boards.*

2208 DIMANCHES DE LA POUPÉE (LES). *Paris, Marlinet, s. d.* [vers 1855], in-4 oblong, cartonn. orné de lithogr. en couleurs avec parties dorées. *(Carlonn. d'édit.).* **600 fr.**

Titre lithographié *colorié* avec enfants et 16 très belles planches lithographiées et *coloriées* signées T (?), illustrant la vie d'une poupée *(Guignol, Jardin des Plantes, Bal masqué, etc.).* Bel exempl. dans son cartonn. d'origine très frais. *Bel exemplaire.*
PLANCHE 233.

2209 DIMANCHES DE LA POUPÉE (LES). Cart. orig. colorié. *(Dos refait).* **400 fr.**

Même ouvrage, même édition que le précédent. Petit trou dans la marge du titre.

2210 DIMANCHES DE LA POUPÉE (LES). Cart. orig. colorié. **300 fr.**

Même ouvrage, avec les planches non coloriées. *Très bel exemplaire.*

2211 DIMANCHE DES ENFANTS (LE). — JOURNAL DES RÉCRÉATIONS. — [Première et Deuxième séries]. *Paris, Louis Janel, s. d.* [vers 1845], 17 vol. in-8, demi-chagr. violet foncé, dos à nerfs ornés, tr. marb. *(Rel. anc.).* **2.000 fr.**

Série extrêmement rare des 17 volumes de ce magazine pour enfants, illustrés de 214 figures lithographiées de LASSALLE et contenant des textes originaux de *Bouilly, Mme E. Foa, Ch. Richomme, E. Legouvé, etc.* Bel exemplaire. Rouss. à qq. ff.

DIORAMAS D'OPTIQUE, ETC.
FOLDING VIEWS, PANORAMAS, ETC.

2212 [BOULEVARDS (LES)]. *S. l. n. d.* [vers 1830]. **1.250 fr.**

Diorama d'optique en forme d'accordéon. Cartonnage dépliant dont le premier plat est percé de trois trous, les plans successifs découpés. L'ensemble, gravé et bien colorié, représente la ligne des boulevards vue de la Porte Saint-Denis. Une revue de la Garde nationale y est passée. Des curieux y assistent, dans les contre-allées. De loin en loin, on aperçoit, au milieu du boulevard, suspendues à des cordes, les lanternes à huile qui en assuraient alors l'éclairage. La tête d'un personnage manque sur le premier plat.

2213 CORONATION OF HIS MAJESTY GEORGE IV [Pictorial Representation of the Procession]. On 19th July 1821. *London, William Sams,* 1822. Panoramic View 3 1/4 inches by 39 feet, in or. circular wooden case. *(Restored).* **3.000 fr.**

The panorama is engraved in coloured aquatint and has a Key book *(13 pages). Very rare.*

2214 COURSES (LES). *S. l. n. d.* [vers 1846], étui. **2.000 fr.**

Diorama d'optique en forme d'accordéon. Cartonnage dépliant. Le premier plat, lithographie coloriée, représente l'entrée de *La Marche,* alors dans toute sa vogue. A gauche, maison de garde de Villeneuve-l'Étang. Des chevaux qui doivent prendre part aux courses sont amenés à la main. Un piquet de lanciers est arrêté. Par un trou ménagé dans ce premier plat, on voit en perspective, grâce aux plans successifs, dans une perspective ombragée d'arbres, deux cavaliers attendant le départ. Rares spectateurs, ne faisant guère prévoir la bousculade de Longchamp ou d'Auteuil. Les courses étaient encore un plaisir aristocratique. *Très belle pièce dans un parfait état.*

2215 EDINBURGH. *S. l. n. d.* [vers 1845]. Le cartonnage formant boîte. **1.250 fr.**

Diorama d'optique en forme d'accordéon. Le premier plat offre une vue gravée et coloriée d'Edimbourg, percée de trois trous, par lesquels, grâce à des plans successifs, apparaît la perspective de la ville, la vue générale du premier plat formant le fond. Nombreux promeneurs.

2216 GREAT EXHIBITION (THE TELESCOPIC VIEW OF THE). *London, C. Lane,* 1851, folding view, with 10 settings in or. printed slip case. **800 fr.**

The views are engraved on stone and hand-coloured. Glass peep hole, linen sides.

2217 GREAT EXHIBITION (THE). — TELESCOPIC VIEW of the Ceremony of her Majesty Opening The Great Exhibition, of all Nations. Designed by *Rawlins. London, J. Forbes,* 1851, 8vo. opening out, or. printed covers, with glass spy hole, in or. slip case. **650 fr.**

The « view » opens out like a stage setting with 6 hand-coloured scenes of the exhibition crowded with people. *Fine copy.*

2218 LONDON (PANORAMA OF). Oblong 7 by 4 1/2 inches opening out to 12 feet 3 inches. [Circa 1820], preserved in case. **1.000 fr.**

Executed in aquatint and coloured. *Shows Primrose Hill, Hampstead, Glowcester Gate, Strathern Villa, Gloucester Terrace, St. Katherine's Church and Hospital, Cumberland Terrace, Cumberland Villas, Chester Terrace, Cambridge Terrace, Colosseum, Clergy Orpham School, St. Andrew's Place, Park Square East, Park Crescent, Park Square West, Ulster Terrace, York Terrace.*

2219 PALAIS-ROYAL (LE). *S. l. n. d.* [Paris, vers 1830]. **1.000 fr.**

Diorama d'optique en forme d'accordéon. Cartonnage dépliant dont le premier plan représentant la façade du Palais-Royal surmonté du drapeau tricolore, est percé de trois trous. Par ces trous on aperçoit les jardins et les promeneurs sous les galeries, les plans successifs aboutissant au café de la Rotonde et à la galerie de Beaujolais.

2220 PALAIS-ROYAL (DAS) in Paris. *Stullgarl, F.-G. Schullz, s. d.* [vers 1830]. Etui. **600 fr.**

Diorama d'optique dépliant gravé et colorié. Contrefaçon allemande de la vue précédente. Le drapeau surmontant le Palais-Royal a été supprimé.

2221 PLACE VENDOME (LA). *Paris, Jeanbin, s. d.* [vers 1835]. Etui de l'éditeur. **1.500 fr.**

Diorama d'optique en forme d'accordéon Cartonnage, dépliant, dont le premier plat, représentant la grille des Tuileries et les factionnaires, est percé de trois trous. A travers ceux-ci, on aperçoit en plans successifs finement coloriés, la perspective de la rue de Castiglione et de la rue de la Paix, Sur la place Vendôme, c'est encore, au haut de la Colonne, le Napoléon au « petit chapeau ». Nombreux promeneurs à pied, cavaliers, peu de voitures. Précédée d'un tambour, une section d'infanterie monte relever la garde. Une pastille manque sur le cartonnage. *Très bel exemplaire.*

2222 PREMIÈRE ROUTE DE FER en Allemagne (La) entre Nuremberg et Furth. [Deutschland's erste Eisenbahn Nürnberg und Fuerth]. *S. l. n. d.* [vers 1835]. **1.500 fr.**

Diorama d'optique en forme d'accordéon. Cartonnage dépliant, dont le premier plat, gravé et colorié (train de voyageurs, paysages, curieux) est percé de trois trous, à travers lesquels, apparaît en perspective, par des plans successifs, la ligne de chemin de fer. Un train descend vers Furth. Les voitures à demi-découvertes laissent les voyageurs en plein air. De chaque côté de la voie : piétons, cavaliers, voitures sont arrêtés et attestent la curiosité que suscitait cette nouveauté.

2224 TE DEUM CHANTÉ A NOTRE-DAME [1er janvier 1852]. *S. l. n. d.* (1852). **1.250 fr.**

Diorama d'optique en forme d'accordéon. Cartonnage dépliant. Sur le premier plat, lithographie coloriée représentant la façade de Notre-Dame. Sur le parvis, le Prince-Président, à cheval, en costume de général, entouré de son état-major. Une banderolle célèbre les 7.500.000 « oui » que vient de recueillir le plébiscite. Un trou pratiqué dans ce premier plat permet d'admirer la perspective de Notre-Dame richement pavoisée. Des plans successifs mènent à l'abside et au maître-autel. Corps constitués, militaires de toutes armes, représentants des puissances étrangères se pressent sous la nef. *Très bel exemplaire.*

2225 TUNNEL UNDER THE THAMES (A View of the), as it will appear when completed. [*London*], *S.-F. Gouyn*, 1827. **100 fr.**

Diorama d'optique en forme d'accordéon. Cartonnage dépliant, dont le premier plan est percé d'une large ouverture, laissant, par des plans successifs, voir la perspective du tunnel. Finement coloriés, des voitures et des piétons y circulent. *Le volet supérieur de la couverture manque.*

2226 UEBERGANG UBER DEN BALKAN [La marche sur les Balkans]. *Nuremberg, Endler, s. d.* [vers 1833]. **300 fr.**

Diorama d'optique en forme d'accordéon. Cartonnage dépliant. Le premier plat, gravé et colorié, représente l'armée russe traversant les Balkans, sous le commandement du tsar Nicolas Ier, pour se porter au secours de la Turquie, avant la signature du traité d'Unkiar-Skélessi. Une large ouverture est pratiquée dans ce plat, par quoi, à l'aide de plans successifs, on aperçoit l'armée russe en marche, traversant les gorges des Balkans, précédée du drapeau impérial.

2227 VALLÉE DU RHIN (LA) [Das Rheinthal] de Bingen jusqu'à Lurley. *S. l. n. d.* [vers 1820]. Étui de l'éditeur. **600 fr.**

Diorama d'optique en forme d'accordéon. Cartonnage

dépliant, dont le premier plat est percé d'une large ouverture ovale, qui, par des plans successifs, finement coloriés, laisse voir la vallée du Rhin, de Bingen jusqu'à Lurley. Des bateaux à voiles et de nombreuses barques animent le fleuve et en attestent l'importance. *Bel exemplaire.*

PANORAMIC VIEW. See No 4667. QUEEN VICTORIA.

═══════

2228 DISCOVERY OF AMERICA by Christopher Columbus. *Dublin, William Folds and Son,* 1824, sm. 12mo. contemp. calf. *(One joint cracked).* **140 fr.**

Illustrated with 8 well-impressed woodcuts. At end a poem entitled « *On the Philosopher's Stone* ». Fine copy.

2229 DIX NOUVELLES morales et illustrées, par les Auteurs et Dessinateurs de la Morale en images. *Paris, Auberl el Cie, s. d.* Cartonnage en lithographie. *(Carl. de l'édit.).* **500 fr.**

Illustré de 5 splendides lithographies coloriées tirées chez Lemercier. Cartonnage, lithographie coloriée sur fond vert d'eau ; Minerve, la Charité, la Foi ; groupe de personnages distribuant du pain et des aumônes ; bouquet de roses. Le cartonnage porte « LA MORALE EN IMAGES, PAR UN BON PAPA », comme nom d'auteur. Cartonnage dans un remarquable état de fraîcheur.

2230 DIX NOUVELLES morales et illustrées par les Auteurs et Dessinateurs de la Morale en images. *Paris, Auberl, s. d.,* in-8, cartonnage en chromolithographie. *(Carl. de l'édit.).* **130 fr.**

Illustré de 10 lithographies d'*Alophe, Bellange, Régnier* et autres. Cartonnage en chromolithographie, vert et bleu sur fond crème 4 pages de catalogue. Le texte n'a rien de commun avec celui de l'ouvrage précédent. Rousseurs.

2231 DODD (W.). — THE BEAUTIES OF HISTORY or Pictures of Virtue and Vice... selected for the Instruction and Entertainment of Youth. *London, Vernor and Hood,* 1796, 12mo. contemp. calf. *(Worn, joints cracked).* **125 fr.**

Frontispiece engraved on copper by *Thomson* and 27 woodcut vignettes by BEWICK. 6 page book list at end.

2232 DODDRIDGE (Philip). — THE PRINCIPLES OF THE CHRISTIAN RELIGION expressed in plain and easy verse. *N. P. American Tract Society, n. d.* [circa 1830], sm. 12mo. or. printed wrappers. **100 fr.**

Illustrated with 5 quaint woodcuts. Price 3 1/2 cents.

2233 [DODSLEY (Rob.).] — LE MIROIR DES DAMES et de la Jeunesse ou Leçons de toutes les vertus qui honorent les deux sexes. Ouvrage tiré d'un Manuscrit Indien rempli de Maximes et de Sentences appropriées à tous les âges et à tous les rangs. Version libre de l'anglais. *Paris, Le Fuel et Delaunay (Impr. Firmin Didot), s. d.* (1812), pet. in-8 carré, broché, non rogné, couv. pap. rose d'origine, demi-mar. moderne. **300 fr.**

ÉDITION ORIGINALE très rare de cette traduction imprimée en magnifiques *caractères cursifs de Firmin*

Didot. Titre gravé et 20 superbes figures non signées, gravées au pointillé. Cet ouvrage eut le plus grand succès en Angleterre et fut d'abord attribué à Lord Chesterfield. Bel exemplaire dans sa brochure d'origine.

2234 **DOG OF KNOWLEDGE (THE)** or Memoirs of Bob the Spotted Terrier. Supposed to be written by Himself. By the Author of Dick the Little Poney. *London, J. Harris, 1801, sm. 12mo. or. cloth. (Shabby).* **250 fr.**

> FIRST EDITION. Illustrated with an engraved frontispiece *(coloured by a Child).* A few words censored by an elder. Two page book list at end.

2235 **DOG OF KNOWLEDGE (THE)** or Memoirs of Bob, the Spotted Terrier. Supposed to be written by Himself. By the author of Dick the Little

Poney. *London, Tabart and Co, 1809, small 12mo. or. boards. (Front cover detached, back missing).* **150 fr.**

> Vignette on title showing Bob. the Spotted terrier.

2236 **DOLL AND HER FRIENDS (THE)** or Memoirs of the Lady Seraphina. By the author of « Cat and Dog », etc. *London, Griffith and Farran, 1858, or. red cloth. (Pages a little loose).* **150 fr.**

> Illustrated with four hand-coloured wood engravings by HABLOT K. BROWNE. 32 page book list at end. *Fine copy.*

2237 **DOLL AND HER FRIENDS.** 1862, or. green cloth. *(Front cover loose).* **100 fr.**

> Another copy. 32 p. ads at end.

CATHERINE ANN DORSET (1750 ? - 1815 ?)

2238 [**DORSET (Mrs)**]. — [EAGLE'S BALL (THE)]. [*London, n. d.,* circa 1800], 12mo. or. yellow boards. **1.000 fr.**

> Illustrated with 12 engraved plates, with verses engraved under each picture, as issued. Small ink stain on edge of 4 pages.

2239 [**DORSET (Mrs)**]. — THE LION'S MASQUERADE. A Sequel to the Peacock at Home. By a Lady. *London, J. Harris, 1807, sm. 16mo., half-morocco. (Modern binding).* **1.000 fr.**

> FIRST EDITION. Illustrated with 6 hand-coloured engravings *(one slightly shaved by the binder's knife).* Tuer F. C. B. Pages 157-160.

2240 [**DORSET (Mrs)**]. — THE LION'S MASQUERADE. *London, Griffith and Farran, 1883, sm. 4to. or. printed wrappers.* **70 fr.**

> Facsimile reproduction of the Edition of 1807, with an Introduction by Charles Welsh. *Fine copy.*

2241 [**DORSET (Mrs)**]. — THE PEACOCK « AT HOME ». A Sequel to the Butterfly's Ball written by a Lady. *London, J. Harris, Successor to E. Newberry, 1807, sq. 16mo. or. blue printed wrappers, preserved in half-morocco case.* **2.000 fr.**

> FIRST EDITION. Illustrated with 6 beautifully hand-coloured engravings [BY W. MULREADY]. Fine copy of this « Nursery classic ».

2242 [**DORSET (Mrs)**]. — THE PEACOCK « AT HOME ». *London, 1807, or. yellow printed wrappers, preserved in half-morocco case.* **1.500 fr.**

> FIRST EDITION. Another copy with the plates coloured. Edge of one plate slightly shaved *(placed badly by binder)* otherwise fine copy.

2243 [**DORSET (Mrs)**]. — THE PEACOCK « AT HOME ». *London, 1807, or. blue printed wrappers.* **1.000 fr.**

> FIRST EDITION. Another, plates uncoloured. *Fine copy.*

2244 [**DORSET (Mrs)**]. — THE PEACOCK « AT HOME ». THE LION'S MASQUERADE. A Sequel to the Peacock at Home. *London, J. Harris, successor to E. Newberry, 1807,* 2 works, each in or. printed wrappers, preserved in half-morocco case. **1.200 fr.**

> BOTH FIRST EDITIONS. Each work illustrated with 6 engravings [by W. Mulready] in fine impressions *(uncoloured).* The Peacock « At Home », is slightly foxed. Rare reunion.

2245 [**DORSET (Mrs)**]. — THE PEACOCK « AT HOME ». *London, 1807,* blue printed wrappers *(dated 1808)* preserved in half-morocco case. **800 fr.**

> SECOND ISSUE. Plates uncoloured. *Fine copy.*

2246 [**DORSET (Mrs)**] — THE PEACOCK « AT HOME ». 1808, blue printed wrappers, preserved in half-morocco case. *(Rebacked and lined).* **400 fr.**

> THIRD EDITION. Uncoloured copy.

2247 **DORSET (Mrs).** — THE PEACOCK AT HOME ; and Other Poems. *London, John Harris, 1809, 12mo.* contemporary russia. **150 fr.**

> First issue of this edition with 10 pages of notes to the « Peacock at Home » Some of the smaller poems formerly appeared in « Conversations for the Use of Young Persons ». Fine copy.

2248 **DORSET (Mrs).** — THE PEACOCK AT HOME. Another copy, same edition, in or. boards *(Uncut, rebacked).* **200 fr.**

> *Fine copy.*

2249 **DORSET (Mrs)**. — THE PEACOCK AT HOME and Other Poems. Half-calf.   **125 fr.**

Another copy same edition. The title page is illuminated in colour by hand.

2250 [**DORSET (Mrs)**]. — THE PEACOCK « AT HOME ». A Sequel to the Butterfly's Ball. Written by a Lady. *London, J. Harris*, 1815, sq. 16mo. or. printed wrappers *(dated 1814)*.   **400 fr.**

This is the 27th edition, with notes. Illustrated with 8 hand-coloured woodcuts different from previous editions. *Fine copy.*

2251 [**DORSET (Mrs)**]. — THE PEACOCK AND PARROT, on their Tour to discover. The Author of « The Peacock at Home ». *London, J. Harris*, 1816, sq. 16mo. or. printed wrappers.   **2.500 fr.**

FIRST EDITION. Illustrated with 6 hand-coloured plates engraved on copper, by MULREADY. For author and artist vide Athenaeum No 2911, August 1883. *Fine copy.*

2252 [**DORSET (Mrs)**]. — THE PEACOCK « AT HOME », by a Lady, and the Butterfly's Ball ; an original Poem by Mr. ROSCOE. *London, John Harris*, 1834, sm. 8vo. original printed wrappers.   **500 fr.**

Illustrated with 8 handsome hand-coloured woodcuts. *Fine copy.*

2253 [**DORSET (Mrs)**]. — THE PEACOCK « AT HOME », by a Lady. THE BUTTERFLY'S BALL an original Poem, by Mr Roscoe and the Fancy Fair... *London, Grant and Griffith, n. d.* [circa 1840], sm. 8vo. or. printed wrappers.   **250 fr.**

Illustrated with 12 hand-coloured woodcuts. 6 page book list at end. *Fine copy.*

2254 **DOUDET (Mme)**. — BÉBÉ DEVIENT SAVANT. *Paris, Théodore Lefèvre, s. d.* [vers 1867], in-4. *(Cartonnage* toile rouge *de l'éditeur)*, titre et tr. dorés.   **65 fr.**

Frontispice et deux planches (Papillons, Coquilles), à pleine page. Gravures sur bois coloriées. Texte imprimé en gros caractères. Sorte d'encyclopédie de la vie pratique rédigée à l'usage des enfants.

2255 **DOUIN (Mme)**. — CATÉCHISME D'UNE MÈRE POUR SES ENFANTS, contenant les choses les plus nécessaires à connaître dans l'Enfance... Traduit de l'anglais. *Londres, J. Souter*, 1862, sm. 12mo. or. printed wrappers. *(Back strip damaged)*.   **125 fr.**

Illustrated with 86 quaint woodcuts, admirably executed. *Fine copy.*

2256 **DOYLE (Richard)**. — THE CHRISTENING PROCESSION OF PRINCE TAFFY. *N. p. n. d.* [circa 1842], oblong 12mo. half-morocco [front illustrated wrappers bound in].   **600 fr.**

24 hand-coloured numerous plates by Richard Doyle, showing a processim in which are caricatured Royalty and Court personalities of the day. *Queen Victoria, Prince Albert, Duke of Wellington, Frederick the Great, etc.*

2257 **DRAGUE (Camille)**. — UN RÊVE D'OR. Le Bâton fleuri. Légendes imitées de l'allemand. *Pont-à-Mousson, Haguenthal, s. d.* [vers 1860], in-8. *(Cartonnage toile repoussée, fers spéciaux de l'éditeur)*.   **125 fr.**

19 vignettes gravées et coloriées avec encadrements par *Bojoly*, tirées seulement, ainsi que le texte, au recto, les versos blancs.

2258 **DRAGUE (Camille)**. — LE ROI DE LA MONTAGNE. La Reine des eaux. Sept d'un coup. Légendes fantastiques imitées de l'allemand. *Pont-à-Mousson, Haguenthal ; Paris, Guérin-Muller*, 1862, in-8, cartonnage toile verte, décor polychrome. *(Cart. de l'éditeur)*.   **100 fr.**

Cinq lithographies par *Hadamard, Fagende, Haguenthal*, tirées en deux tons chez *Haguenthal*. Larges interlignes. Cartonnage à décor romantique, rouge, vert clair et or. Livre intéressant, remarquable par ses illustrations et son état de fraîcheur.

2259 **DRAKE (Admiral)**. — The Voyages and adventures of ; with an account of the Destruction of the Spanish Armada. *London, John Arliss, n. d.* (1806), sm. 12mo. or. half-leather, printed boards *(Back broken)*.   **130 fr.**

FIRST EDITION. Illustrated with an engraved frontispiece and vignette.

2260 **DRAPER (Bourne Hall)**. — BIBLE ILLUSTRATIONS or A Description of Manners and customs peculiar to the East... *London, John Harris*, 1833, sq. 16mo. or. half-leather, boards.   **25 fr.**

Illustrated with 16 engraved plates. 8 page book list at end. *Fine copy.*

2261 **DRAPER (Bourne Hall)**. — CONVERSATIONS OF A FATHER with his son, on some leading points in Natural Philosophy designed for Schools and Families, etc. *London, Wightman and Cramp, n. d.* [circa 1830], 16mo. or. printed boards.   **50 fr.**

Engraved frontispiece.

2262 **DRAPER (Bourne Hall)**. — THE JUVENILE NATURALIST or Walks in Spring. Summer, Autumn and Winter. *London, Darton and Clark*, 1839, 2 vols. bound in one vol. in sq. 12mo. or. cloth, gilt.   **80 fr.**

Illustrated with 2 charming frontispieces and engraved titles, and many well executed wood engravings in text. At end 4 page book list.

2263 **DRAPER (Bourne Hall)**. — SKETCHES FROM THE VOLUME OF CREATION as displayed in The Seasons of the Year ; an original work for Youth. *London, John Harris*, 1830, sm. 8vo. or. half-leath, cloth.   **50 fr.**

FIRST EDITION. Charming engraved frontispiece on steel, 4 others and two delightful wood engravings. 26 page book catalogue at end. With the exception of a few light stains from pressed flowers, *a very fine copy.*

2264 **DRAPER (Bourne Hall)**. — STORIES FROM THE OLD AND NEW TESTAMENTS, on an improved plan. *London, John Harris*, 1836, 12mo. or. cloth. **45 fr.**

Illustrated with 48 finely executed steel engravings. *Very fine copy.*

2265 DREUX (Alfred de). — PETITES SCÈNES ÉQUESTRES, lithographiées par Jaime. *Paris, Goupil, Vibert et Cie, s. d.* [vers 1845], in-8, oblong cart. papier *de l'éditeur.*   **1.800 fr.**

Titre lithographié reproduit sur le 1er plat du cartonnage crème et 24 très belles lithographies en couleurs de scènes équestres. *Très bel exemplaire.*

2266 DRIOU (Alfred). — L'ANGE DU MATIN ET L'ÉTOILE DU SOIR. Légendes historiques, suivies de la nouvelle LES DÉMONS DE LA NUIT. *Paris, Fonteney et Peltier, s. d.* (1855), in-8, cart. papier *de l'édit.*   **150 fr.**

Illustré de 8 lithographies sur fond teinté de *Champuigne* [?], cartonnage en chromolithographie au nom de l'éditeur Mulo. *Bel exemplaire.*

2267 DRIOU (Alfred). — L'ANGE DU MATIN ET L'ÉTOILE DU SOIR, légendes historiques, suivies de la nouvelle Les démons de la nuit. *Paris, Fonteney et Peltier* (1855), in-8, cart. toile bleue, décors polychromes, tr. dorées. *(Cart. d'édit.).*   **30 fr.**

Le même ouvrage que le précédent. Décor de médaillons et mascarons or, rouge, orange, vert, bleu d'outremer. Légères rousseurs *passim.*

2268 DRIOU (Alfred). — AVENTURES D'UN AÉRONAUTE PARISIEN dans les mondes inconnus, à travers les soleils, les étoiles, les planètes, leurs satellites et les comètes, etc. *Limoges, Barbou frères, s. d.* (1856), gr. in-8, cart. toile tête de nègre, décors polychromes, tr. dorées. *(Cart. de l'édit.).*   **75 fr.**

Quatre lithographies hors-texte sur fond chamois. Décor de médaillons et fleurons or, vert, rose, outremer, rouge. Au dos et au second plat, médaillons représentant des ballons. Cart. un peu passé, fente aux mors, mais intérieur d'une parfaite fraîcheur.

2269 DRIOU (Alfred). — LES GLANEURS DE L'ÉCOLE BUISSONNIÈRE. Curieuses histoires de jeunes robinsons modèles. *Paris, Fonteney et Pellier,* 1856, in-12, cart. papier *de l'édit.*   **200 fr.**

8 jolies lithographies coloriées avec soin. Cartonn. à décor polychrome, architectural et floral, sur fond chamois. Episodes, agréablement contés, de la vie d'hommes célèbres : *Copernic, Murillo, Gérard Audran, Stradivarius, Huyghens.* Très bel exemplaire.

2270 DRIOU (Alfred). — LIS, ROSES ET VIOLETTES ou la moisson des anges. *Paris, Lehuby, s. d.* (1853), petit in-8, cart. toile verte, décors polychromes. *(Cart. de l'édit.).*   **300 fr.**

8 lithographies en couleurs par Raunheim : *Louis XVI, Marie-Antoinette, Madame Elisabeth, Versailles, Schoenbrünn, la princesse de Lamballe, Louis XVII et le cordonnier Simon, Marie-Thérèse présentant Marie-Antoinette à Choiseul.* Intéressant ouvrage, illustré avec beaucoup de goût : récits qui mettent en scène les plus illustres victimes de la Révolution et le roi de Rome. Le cartonn. est décoré de motifs architecturaux et d'un vase de fleurs or, rouge, vert, olive et blanc. *Très bel exemplaire.*

2271 DROHOJOWSKA (Comtesse). — L'EUROPE AU MOYEN AGE. Etude de mœurs. *Paris, Magnin, Blanchard, s. d.* [vers 1850], gr. in-8, cart. toile violette, décors dorés, tr. dorées.   **150 fr.**

ÉDITION ORIGINALE. Onze très belles lithographies hors-texte sur fond chamois, par Hadamard. Quinze contes : le roi d'Yvetot, la lance d'Antioche, Marguerite d'Anjou, Alger la bien gardée, etc. Grande plaque dorée à la cathédrale sur le 1er plat, avec médaillons de Charlemagne et de François Ier. *Bel exemplaire.*

2272 DROHOJOWSKA (Comtesse). — LES FEMMES ILLUSTRES DE L'EUROPE. *Paris, Lehuby, s. d.* [vers 1845], gr. in-8, cart. toile bleue, décors polychromes, tr. dorées. *(Cart. de l'édit.).*   **150 fr.**

Dix-neuf lithos sur fond chamois hors-texte, par JULES DAVID et RAUNHEIM. Joli cartonnage très frais décoré or, rouge, outremer, blanc et vert, de motifs architecturaux et de blasons. Au second plat, grandes armes d'Anne de Bretagne. La litho de Marguerite d'Autriche est de Jules David (voir n° suivant). Très bel exemplaire.

2273 DROHOJOWSKA (Comtesse). — LES FEMMES ILLUSTRES DE L'EUROPE. *Paris, Lehuby, s. d.* [vers 1845], gr. in-8, cart. toile bleue, décors polychromes, tr. dorées. *(Cart. de l'édit.).*   **100 fr.**

Le même ouvrage que le précédent. Mêmes illustrations, mais dix-huit lithos seulement : celle de *Mistress Roper,* par Jules David, manque. Celle de *Marguerite d'Autriche,* par Raunheim, différente de celle de l'exemplaire précédent, semble erronée. Rousseurs.

2274 DROHOJOWSKA (Comtesse). — TROIS GRANDES ÉPOQUES DE L'HISTOIRE, suivies d'une légende du xe siècle. *Paris, Lehuby, s. d.* [vers 1850], in-8, cart. toile bleue, décor polychrome, tr. dorées. *(Cart. de l'édit.).*   **250 fr.**

8 très belles lithographies en couleurs de *Bayalos.* Décors architecturaux or, rouge, jaune et vert. Bel exemplaire d'un livre très rare.

2275 DROHOJOWSKA (Comtesse). — TROIS GRANDES ÉPOQUES DE L'HISTOIRE. *Paris, Lehuby, s, d.* [vers 1850], in-8, cart. toile verte, décor polychrome, tr. dorées. *(Cart. de l'édit.)*   **125 fr.**

Le même ouvrage que le précédent, mêmes illustrations. Décoration de même style. Menues rousseurs *passim.* Cartonnage sans éclat.

2276 DROUVILLE (G.). — VOYAGE EN PERSE, fait en 1812 et 1813. Seconde éd. *Paris, Libr. Nationale,* 1825, 2 vol. in-12, bas. marbr., dos orné de motifs dorés, pièces de couleur, pet. guirlande dor. autour des plats, tr. marb. *(Rel. anc.).*   **200 fr.**

Huit jolies planches de costumes, gravées et finement *coloriées à l'époque.* Coins très légèrement frottés.

2277 DRUMMOND (James L.). — LETTERS TO A YOUNG NATURALIST on the Study of Nature and Natural Theology. *London, Longman, Rees, Orme, Brown and Green,* 1831, post 8vo. or. boards with ticket, uncut.   **80 fr.**

FIRST EDITION. Illustrated with 28 finely executed wood engravings and several charming vignettes. The author was professor of anatomy at Belfast and an opponent of vivisection. *Very fine copy.*

2278 DUBOIS (J.-N.). — PIERRE LE GRAND. *Tours, Mame,* 1855, in-12, cart. toile bleue, décor polychrome, tr. dorées. *(Cart. de l'édit.).* **75 fr.**

Cinquième édition. 6 gravures de Girardet. Plaque architecturale or, vert, rouge et orange sur le premier plat. Plaque or, rouge et vert sur le second plat, représentant un ballon, un navire et une locomotive. *Bel exemplaire.*

2279 DUBOIS (J.-N.). — PIERRE LE GRAND. *Tours, Mame,* 1855, in-12 cart. toile bleue, décor polychr., tr. dorées. *(Cart. de l'éditeur).* **45 fr.**

Le même ouvr. que le précédent, même édition, mêmes illustrations, même cartonnage, un peu moins frais.

2280 DUBOIS DE THAINVILLE (Mlle A.). — AGE D'OR. Contes et Portraits. *Sens, Thomas-Malvin,* 1838, in-12, bas. polie verte, dos orné de fil. et motifs romantiques dorés, grande plaque à froid avec rosace centrale couvrant chaque plat, fil. doré, tr. marbr. *(Rel. de l'époque).* **150 fr.**

ÉDITION ORIGINALE, fort rare, ornée de 10 charmantes figures (dont 5 jolis « *portraits* ») gravées par *Montault d'Oloron.* Très bel exemplaire.

2281 DUBOIS DE THAINVILLE (Mlle A.). — ÉTUDES ET PLAISIRS. Petites histoires. *Paris, Lehuby, s. d.* [vers 1842], in-8, cart. toile bleue, décors polychromes, tr. dorées. *(Cart. de l'édit.).* **125 fr.**

8 lithographies en couleurs de BAYALOS. Décor architectural or, rouge, vert, olive et bleu d'outremer.

2282 DUBOS (E.-Constant). — LES FLEURS, idylles, suivies de poésies diverses. *Paris, P.-E. Janet,* 1817, in-16, maroq. rouge à longs grains, dos orné, fil. et riche dentelle sur les pl., tr. dorées. *(Reliure de l'époque).* **1.800 fr.**

9 planches ravissantes gravées et finement coloriées à la main. *Bel exemplaire.*

2283 DUCKETT (W. A.). — LA TURQUIE PITTORESQUE. Histoire. Mœurs. Description. Préface par THÉOPHILE GAUTIER. *Paris, Victor Lecou,* 1855, gr. in-8, cart. toile, décors polychromes, tr. dorées. *(Cart. de l'édit.).* **600 fr.**

ÉDITION ORIGINALE. 20 gravures sur acier horstexte, représentant les vues et monuments les plus remarquables de Constantinople et du Bosphore. Bel ouvrage de W. A. Duckett, fils de l'auteur du célèbre Dictionnaire de la Conversation. Joli décor de style oriental rouge, or, vert, violet, bleu pâle, blanc, sur le dos et le 1er plat : rosaces, fleurons, compartiments avec caractères turcs. Au second plat, motif doré représentant une scène de la vie turque. Menues rousseurs *passim,* mais très bel exemplaire. *Cartonnage de toute fraîcheur.*

2284 DUCKS AND GREEN PEAS or the Newcastle Rider... To which is added... A Tale in Rhyme. *Alnwick, W. Davison,* 1827, small 12mo. or. printed wrappers. **100 fr.**

The famous piece is a farce in one act, and is followed by the « Newcastle Rider » in rhyme. Illustrated with woodcut frontispiece and vignettes on wrapper and title. *Fine copy.*

2285 DUCOIN-GIRARDIN. — ENTRETIENS SUR LA CHIMIE et ses applications les plus curieuses, suivie de notions de manipulation et d'analyses chimiques. *Tours, Mame,* 1848, in-8, cart. toile bleue, décors dorés. *(Cart. de l'édit.).* **40 fr.**

Beau portrait gravé de Lavoisier. Quelques figures dans le texte. Dos et plats décorés de motifs dorés. Bel exemplaire, d'une fraîcheur parfaite.

2286 DUCOIN-GIRARDIN. — ENTRETIENS SUR LA PHYSIQUE et ses applications les plus curieuses. *Tours, Mame,* 1851, in-8, cart. toile bleue, décors dorés, tr. dorées. *(Cart. d'édit.).* **40 fr.**

Beau portrait de Gay-Lussac gravé sur cuivre. Figures sur bois dans le texte (instruments, expériences, etc.). Texte rédigé sous la forme d'entretiens entre M. Maurice, Albert et Marie. Décor de mascarons et de guirlandes au 1er plat. Cathédrale et fleurs au second plat. TRÈS BEL EXEMPLAIRE.

DUCRAY-DUMINIL (1761-1819)

2287 DUCRAY-DUMINIL. — ALEXIS OU LA MAISONNETTE DANS LES BOIS. Manuscrit trouvé sur les bords de l'Isère. *Paris, Le Prieur,* an III de la Rép., 4 part. en 2 vol., pet. in-12, bas. maroq. noire à long grain, filets au dos, tr. jasp. *(Rel. anc.).* **500 fr.**

Orné de 4 jolies figures sur cuivre non signées. Interversion de qq. ff. au début du t. III. Francois-Guillaume Ducray-Duminil (1761-1819) fut rédacteur des *Petites Affiches,* puis écrivit spécialement pour la jeunesse et trouva des admirateurs enthousiastes dans ses lecteurs et même dans leurs parents. Un seul principe l'a guidé dans ses compositions, celui de montrer l'innocence constamment aux prises avec la force et la ruse... *(Hoefer, XV, 35).*

2288 DUCRAY-DUMINIL. — CONTES DES FÉES. *Paris, Ménard et Desenne,* 1820, 2 vol. petit in-16, br., couv. muettes orig. **350 fr.**

8 gravures. La fée Barbotte, le prince Grichou, la Porte des grandeurs, Grand Coco, le Géant Périférigérilérimini, l'Ile de Cristal, Catelinette, Lady Tempête, la Belle toujours filant. Contes écrits de ce style facile et agréable qui a assuré le succès auprès des lecteurs enfantins, de l'auteur de *Victor ou l'Enfant de la forêt, Célina ou l'Enfant du mystère, etc. Bel exemplaire.*

2289 DUCRAY-DUMINIL. — LES JOURNÉES AU VILLAGE ou Tableau d'une bonne famille. Ouvrage où l'on trouvera des Contes, des Historiettes, des Apologues, etc., pour amuser utilement la Jeunesse. Seconde édition. *Paris, Leprieur,* 1806, 8 tomes en 4 vol. pet. in-12, demi-bas. grisvert, dos orné de fil. et rosaces, initiale « P » au bas. *(Rel. anc.).*   **1.000 fr.**

Ouvrage très difficile à trouver bien complet. Orné de 72 figures gravées (2 par planche) finement exécutées et formant une intéressante galerie de scènes et de costumes de l'époque. Dans sa préface, l'auteur avertit que cet ouvrage est en quelque façon le complément des « *Soirées de la chaumière* ». *Bel exemplaire.*

2290 DUCRAY-DUMINIL. — LOLOTTE ET FAN-FAN ou les Aventures de deux enfans abandonnés dans une isle déserte, rédigées et publiées sur des manuscrits anglais. *Avignon, J.-A. Joly,* 1793, 4 part. en 2 vol. pet. in-12, demi-bas. marb., pièce de titre rouge, tr. jasp. *(Rel. anc.).*   **400 fr.**

Édition ornée de 4 amusantes figures sur cuivre. Dans son avant-propos, l'auteur avertit le public que son ouvrage n'a aucun rapport avec *Robinson Crusoé*, et que cette production estimable ne l'a nullement aidé. Tel n'est pas l'avis de *M. Dottin* (*Robinson Crusoé*, II, 416), car « ce roman, dit-il, contient de nombreux détails empruntés à De Foe, comme le calendrier, la construction d'une hutte et d'une barque, l'attaque des Caraïbes, etc. ». *Bel exemplaire* sauf un petit défaut à un mors très facilement réparable.

2291 [DUCRAY-DUMINIL]. — PETIT-JACQUES ET GEORGETTE ou les Petits Montagnards auvergnats. Seconde édition. *Paris, Le Prieur,* 1792, 4 vol. pet. in-12, bas. marb., dos orn. avec pièce de mar. v., tr. j. *(Rel. de l'époque).*   **600 fr.**

Édition ornée de 4 jolies figures gravées par *Duhamel*, d'après *Barnet*, non citée par *Cohen*.

2292 [DUCRAY-DUMINIL]. — PETIT-JACQUES ET GEORGETTE. 4 part. en 2 vol. pet. in-12, bas. mouch., pièces de titre, tr. j. *(Rel. anc.).* Un autre exemplaire même édition.   **500 fr.**

Non cité par *Cohen*. Les pièces de tomaison sont interverties au dos. *Bel exemplaire.*

2293 [DUCRAY-DUMINIL]. — LES SOIRÉES DE LA CHAUMIÈRE ou les Leçons du vieux père. *Paris, Belin,* 1810, 8 parties en 4 vol. pet. in-12, demi-bas. mouch., pièces de titre, tr. j. *(Rel. anc.).*   **280 fr.**

Édition ornée de 8 jolies figures gravées par *Bovinet*, d'après *Challiou*. Bel exemplaire.

2294 DUCRAY-DUMINIL. — VICTOR ou l'Enfant de la forêt. *Paris, Le Prieur,* an VII (1799), 4 vol. pet. in-12, demi-bas. *(Rel. de l'époque).* **150 fr.**

Édition ornée de 4 figures non signées. Reliure médiocre.

2295 DUFRÉNOY (Mᵐᵉ). — BIBLIOTHÈQUE CHOISIE POUR LES DAMES. *Paris, Le Fuel,* 1820, 12 vol. in-16, dos de maroq. rouge orné de filets dorés, non rognés. *(Rel. de l'époque).* **300 fr.**

3ᵉ série. 12 gravures et 12 titres gravés avec vignettes différentes. Le titre indique que cette « bibliothèque » a été « rédigée » par Mᵐᵉ Dufrénoy. En vérité ce ne sont que des morceaux choisis (empruntés à des traductions pour les auteurs étrangers), auxquels Mᵐᵉ Dufrénoy s'est bornée à joindre des notices. Le théâtre de Corneille occupe 4 vol., celui de Thomas Corneille, 1 vol. On trouve dans ce recueil intéressant fort bien imprimé par Didot, des œuvres choisies de Dante, Boccace, Pétrarque, Arioste, Erasme, Marot, Camoens, Montaigne, Le Tasse, Malherbe, Shakespeare, Régnier, Balzac, Voiture, Rotrou, Calderon, Pope, Addison, Lope de Vega, Milton, Prior, Milady Montague, Swift, Dryden, etc. *Très bel exemplaire, malgré d'insignifiantes petites rousseurs à quelques ff.*

2296 DUFRÉNOY (Mᵐᵉ). — BIOGRAPHIE DES JEUNES DEMOISELLES ou Vies des femmes célèbres, etc. *Paris, A. Eymery,* 1816, 2 vol. pet. in-8, bas. marb. fauve polie, dos richement et finement orné, semé d'étoiles avec pièces rouges, guirlande dorée autour des plats, tr. mouch. *(Rel. anc.).*   **250 fr.**

ÉDITION ORIGINALE ornée de 60 portraits en taille-douce : Marie Stuart, Elisabeth, Mᵐᵉ de Maintenon, Marie-Antoinette, etc, précédée d'une épître dédicatoire, en caractères cursifs « *à Madame la comtesse Octave de Ségur, née d'Aguesseau* ». Très bel exemplaire aux dos très décoratifs.

2297 DUFRÉNOY (Mᵐᵉ). — BIOGRAPHIE DES JEUNES DEMOISELLES, etc. Deuxième éd. *Paris, Eymery,* 4 vol. in-12, cartonn. bradel pap. rose, pièces de titre, non rogné. *(Cartonn. d'époque).*   **100 fr.**

Même ouvrage que le précédent, avec les mêmes figures. Rare en cet état, non rogné.

2298 DUFRÉNOY (Mᵐᵉ). — CABINET DU PETIT NATURALISTE. 3ᵉ édition revue et corrigée. *Paris, Alexis Eymery,* 1818, pet. in-12, demi-bas. marb., dos orné, pièce rouge, coins. *(Rel. anc.).* **200 fr.**

Édition rare ornée de jolies figures non signées et d'un titre gravé avec vignette. Dans son Avertissement l'auteur prévient que l'ouvrage n'a aucun rapport avec le *Buffon de la Jeunesse* ni avec le *Buffon des Enfans.*

2299 DUFRÉNOY (Mᵐᵉ). — LES CONVERSATIONS MATERNELLES. *Paris, Eymery,* 1818, 2 vol. pet. in-12, cartonn. bradel, pap. vert, pièces rouges, plats portant une ornementation imprimée (entrelacs et feuillages), non rogné. *(Cartonn. anc.).*   **100 fr.**

ÉDITION ORIGINALE ornée de 12 jolies figures non signées. Rare en semblable cartonnage.

2300 DUFRÉNOY (Mᵐᵉ). — LES CONVERSATIONS MATERNELLES. *Paris, A. Eymery,* 1826, 2 vol. in-16, cartonnés en un. *(Cartonnage papier de l'éditeur).*   **100 fr.**

2 charmantes gravures dans le goût anglais. Cartonnage papier rouge estampé à froid, tr. jasp. *Bel exemplaire.*

2301 DUFRÉNOY (Mᵐᵉ). — L'ENFANCE ÉCLAIRÉE ou les Vertus et les vices. IIIᵉ édition revue et corrigée. *Paris, Eymery,* 1825, pet. in-12, bas. marbr., dos orné, pièce verte, tr. marb. *(Rel. de l'époque).*   **200 fr.**

Titre gravé avec vignette et 9 jolies figures gravées, dont

une représente la curieuse punition d'un enfant indocile mis dans une cage ! *Bel exemplaire.*

2302 DUFRÉNOY (Mme). — ÉTRENNES A MA FILLE ou Soirées amusantes de la Jeunesse. *Paris, Eymery (Impr. Imbert)*, 1815, 2 vol. in-12, cartonn. bradel papier rose, pièces de titres vert foncé, non rogné. *(Cartonnage de l'époque).*   **500 fr.**

ÉDITION ORIGINALE ornée de 6 figures *coloriées* et de 2 titres gravés, avec vignettes *coloriées*, non signées. L'auteur de cet ouvrage, *Adelaïde Gillette Dufrénoy, dame Billet*, eut une grande célébrité ; elle avait épousé un procureur au Chatelet qui avait été l'homme de confiance de *Voltaire ;* la Révolution la ruina ; elle passa la fin de sa vie à écrire des ouvrages pour l'enfance et la jeunesse et dirigea l'*Almanach des Dames* et l'*Hommage aux Demoiselles.* Bel exemplaire, à toutes marges.. Rare.

2303 DUFRÉNOY (Mme). — ÉTRENNES A MA FILLE, ou Soirées amusantes, etc. 2e éd. *Paris, Eymery (J.-P. Jacob, imprimeur)*, 1816, 2 vol. in-12, bas. marb., dos orné, pièces vertes, pet. guirl. autour des pl. *(Rel. anc.).*   **150 fr.**

Même ouvrage que le précédent avec les mêmes figures, de tirage un peu postérieur. Coins et coiffes un peu frottés.

2304 DUFRÉNOY (Mme). — ÉTRENNES A MA FILLE, etc. 2e éd. *Paris, Eymery (Impr. Imbert)*, 1816, 2 vol. in-12, v. poli marbré, dos finement orné, pièces rouges, petite guirlande autour des plats et intérieure, tr. dor. *(Rel. anc.).*   **160 fr.**

Même ouvrage que le précédent, avec les mêmes figures en noir. Bel exemplaire.

2305 DUFRÉNOY (Mme). — PETITE ENCYCLO-PÉDIE DE L'ENFANCE ou Leçons élémentaires de grammaire, de géographie, de mythologie. *Paris, Al. Eymery*, 1817, 2 vol. in-18, cart. bradel papier rouge, tr. jonquille. *(Cart. de l'époque).*   **200 fr.**

ÉDITION ORIGINALE. 11 gravures hors-texte représentant plus de cent sujets. Ce petit ouvrage, « propre à donner aux enfants les notions premières les plus indispensables » sur l'histoire, les sciences, les arts et métiers, se trouve rarement dans un état de fraîcheur aussi irréprochable. Le frontispice (la Création) représente Adam et Eve, nus, dans le Paradis terrestre. *Voir le numéro suivant.*

2306 DUFRÉNOY (Mme). — PETITE ENCYCLO-PÉDIE DE L'ENFANCE ou Leçons élémentaires de grammaire, de géographie, de mythologie... *Paris, Al. Eymery*, 1817, 2 vol. in-18, basane marbrée, dos ornés, dent. sur les plats. *(Rel. de l'époque).*   **750 fr.**

Le même ouvrage que le précédent. ÉDITION ORIGINALE. Très bel exemplaire contenant les mêmes gravures que l'exempl. précédent, mais finement coloriées, auxquelles on a ajouté cinq jolies gravures coloriées de costumes (Tartares, Thibet, etc.). Le frontispice a été regravé par un curieux souci de décence : devant Adam et Eve nus, des feuillages ont opportunément poussé.

2307 [DUFRÉNOY (Mme)]. — PETITE MYTHO-LOGIE A L'USAGE DE LA JEUNESSE, divisée par entretiens et suivie d'un Dictionnaire abrégé de la fable. 2e édition. *Paris, Eymery*, 1820, in-12, cartonn. bradel, pap. gaufré bleu, pet. guir-

lande autour des plats, tr. j. *(Cartonn. de l'époque).*   **250 fr.**

Bel exemplaire, en cartonnage d'époque très frais, orné de 14 sujets de jolies gravures.

2308 DUFRESNE (Abel). — CONTES A HENRI. *Paris, P.-C. Lehuby, s. d.* (1843), in-8, cartonn. papier noir, fil. dor., grande plaque à fr., dos orn. à fr. *(Cart. de l'éditeur).*   **30 fr.**

Ornée d'un frontispice, d'un titre gravé avec vignette et de 4 figures d'après *Devéria.* Exemplaire dans un joli cartonnage avec une grande plaque à froid sur les plats.

2309 DUFRESNE (Abel). — CONTES A HENRI ET A HENRIETTE. *Paris, Lehuby, s. d.,* [vers 1845], petit in-8, cart. toile bleue, décors polychromes, tr. dorées. *(Cart. d'édit.).*   **125 fr.**

Huit jolies lithographies hors-texte imprimées en couleurs, représentant des scènes enfantines. Décor de médaillons et mascarons or, rouge, vert et bleu d'outremer. Cartonnage sans éclat, intérieur frais, les lithos sont irréprochables, sauf une qui a une rousseur marginale.

2310 DUFRESNE (Abel). — CONTES A HEN-RIETTE. *Paris, Pierre Blanchard*, 1830, in-16, veau raciné, pièce cuir. *(Rel. de l'époque).*   **60 fr.**

Titre et 5 pl. gravés. Gros caractères, larges interlignes.

2311 DUFRESNE (Abel). — NOUVEAUX CONTES A HENRY. *Paris, Lehuby*, 1835, in-12, cartonn. bradel, pap. moiré rouge. *(Cartonn. de l'époque).*   **30 fr.**

Titre avec vignette et 3 jolies figures gravées par *Huot.* Deuxième édition. Bel exemplaire. Un très petit grattage à une planche.

2312 DUMAS (Alexandre). — LA BOUILLIE DE LA COMTESSE BERTHE. *Paris, Hetzel*, 1845, pet. in-8 carré, cartonn. toile grenat de l'édit., dos orné, fers spéciaux dorés sur les plats avec motifs à froid. *(Cartonn. d'édit.).*   **250 fr.**

ÉDITION ORIGINALE ornée d'un frontispice gravé sur bois par *Lavieille*, d'après *Bertall* et de nombreuses vignettes sur bois dans le texte (*Vicaire*, III, 372).

2313 [DUMAS (Alexandre)]. — FRAGMENS TI-RÉS DES IMPRESSIONS DE VOYAGE. A l'usage des enfans. *Londres, Rolandi*, 1835, in-16, maroq. grenat, dos plat orné, dent. sur les pl., fil. à froid, dent. intér., tr. dorées. *(Rel. de l'époque).*   **100 fr.**

1 pl. gravée dessinée par *S. Pistrucci.* Les deux premiers volumes des *Impressions de voyage*, avaient été publiés en 1834, à Paris, par la *Revue des Deux Mondes*, puis par Charpentier. Ces « fragmens » suivirent donc de peu, le traducteur-adaptateur estimant, dans sa préface, qu'il ne pouvait mettre « l'ouvrage en entier entre les mains d'une jeune fille ; et que même personne, il me semble, ne pourrait le parcourir sans être choqué de plusieurs choses qui ne pêchent *(sic)* que trop contre la morale et la bienséance » !

2314 DU MERSAN. — CHANSONS ET RONDES ENFANTINES... accompagnées de contes, notices, historiettes et dialogues, enrichies de la musique en regard, etc. *Paris, J. Vermot, s. d.* (1858), in-8, demi-chag. bleu, dos orné, pl. toile, tr. dorées. *(Rel. de l'époque).*   **300 fr.**

Nouvelle édition, illustrée de 8 lithographies en deux

tons (tirées au nom de Desesserts, prédécesseur de Vermot) et de nombreuses vignettes dans le texte. Musique notée. Le volume se termine par une valse et un quadrille enfantins composés sur les airs des rondes les plus connues par *Gustave Jeane-Julien*. Quelques rousseurs.

2315 DUMONT (Mélanie). — ENTRETIENS FAMILIERS ou les Soirées bien employées. *Paris, A. Desesserts, s. d.* [vers 1840], in-8, cart. papier de l'édit. **200 fr.**

6 lithographies. Cartonnage crème orné en chromolithog. de décors de fleurs, de guirlandes et d'oiseaux rouge, bleu, vert, bistre et or. Dos restauré.

2316 DUMONT (Mélanie). — LE PÈRE THOMAS ou les Enfants corrigés par eux-mêmes. *Paris, Desesserts, s. d.* [vers 1845], pet. in-8 carré, demi-bas. maroq. à coins, bleu foncé, tr. jasp. *(Rel. de l'époque).* **140 fr.**

ÉDITION ORIGINALE, imprimée en gros caractères. Ouvrage rare, dédié à Mr. D.-E.-F. Auber, directeur du Conservatoire « *après l'admission de son fils dans mes classes* », et orné de 14 jolies lithographies, sur fond teinté, de *Bertrand*. Deux d'entre elles représentent un *colporteur*, marchand d'*imagerie*, qui n'est autre que le père Thomas, le héros du livre. *Bel exemplaire*.

2317 DUMONT (Mélanie). — LE PÈRE THOMAS ou les Enfants corrigés par eux-mêmes. *Paris, Desesserts, s. d.* [vers 1845], petit in-8 carré, cart. papier de l'édit. **500 fr.**

Le même ouvrage que le précédent. Cartonnage en chromolithographie or, rouge, bleu et bistre, des plus curieux, représentant le père Thomas en buste, coiffé d'un chapeau haut de forme cabossé.

2318 DUPUIS (Mlle N.). — LA FERME ET LE CHATEAU ou la Fête de l'Assomption, histoire instructive, morale et amusante pour la jeunesse. *Paris, Lehuby, s. d.* (1850), petit in-8, cart. toile bleue, décors polychromes, tr. dorées. *(Cart. de l'éditeur).* **250 fr.**

8 lithos hors-texte en couleurs tirées par *Lemercier*. Motifs or, vert, rouge sur le dos et les plats. Rousseurs *passim*.

2319 DUPUIS (Mlle N.). — LA FERME ET LE CHATEAU. *P.-C. Lehuby.* *(Cartonnage toile de l'éditeur).* **125 fr.**

Mêmes planches que le précédent. Cartonnage romantique un peu passé. Légères rousseurs.

2320 DURDENT (R.-J.). — BEAUTÉS DE L'HISTOIRE GRECQUE ou Tableau des Evénemens qui ont immortalisé les Grecs. *Paris, Eymery,* 1812, in-12, demi-veau fauve à coins, dos orné, pièce rouge, tr. j. *(Rel. anc.).* **150 fr.**

ÉDITION ORIGINALE, ornée de 8 figures non signées et *coloriées*. Durdent naquit à Rouen, vers 1776, il s'adonna d'abord à la peinture dans l'atelier de *David*, et mourut en 1819 (*Hoefer*, XV, 444). Très bel exemplaire.

2321 DURDENT (R.-J.). — BEAUTÉS DE L'HISTOIRE DE PORTUGAL... Ouvrage destiné... à l'amusement de la Jeunesse. *Paris, Libr. d'Education Eymery,* 1816, in-12, bas. mar-

brée, dos bien orné, pièce rouge, petite guirlande autour des plats, tr. j. *(Rel. anc.).* **150 fr.**

Six figures gravées *coloriées*, non signées. Chapitres concernant l'*Amérique* : la découverte du *Brésil*, etc. Bel exemplaire.

2322 DURER ET SON CHIEN, [Mercredi]. *S. l. n. d.* [vers 1850], in-12 obl. *(Cartonnage papier de l'éditeur).* **80 fr.**

Une planche gravée et coloriée. Cartonnage paille estampé à froid, titre lithographié. Fait partie d'une série où chaque jour de la semaine est marqué par un conte. *Bel exemplaire*.

2323 DURU. — GRAMMAIRE ILLUSTRÉE. *Paris, H. Duru, s. d.* [vers 1835], 4 vol. petit in-12, cart. papier de l'éditeur. **400 fr.**

80 pages lithographiées avec vignette à chaque page illustrant l'exemple cité, ou la règle, etc., et 80 pages imprimées contenant les réponses aux questions de la page lithogr. correspondante. Les vignettes des deux premiers vol. sont noires. Celles des deux derniers sont coloriées. Le cartonnage est de papier vert uni pour les deux premiers et de papier rouge à ramages pour les deux derniers volumes. Curieuse et amusante grammaire. *Très bel exempl.*

2324 DWIGHT (Nathaniel). — GEOGRAPHY OF THE WORLD (A short but comprehensive System of) principally designed for Children and Common Schools, revised, corrected and improved. *Northampton* (Connecticut), *Greenfield, Printed by Denio and Philps,* 1812, 12mo. or. half-leather on wooden boards. **200 fr.**

The sixth edition : the first appeared in 1795. Stains on title.

2325 E* (Mme M.-G.).** — ROSE ET JOSÉPHINE. Nouvelle historique. 1812-1815, dédiée aux jeunes personnes, par l'auteur de Laure ou la Jeune Émigrée. *Tours, Mame,* 1854, in-12, bas. polie violet foncé, dos à n. très orné, plaque dorée et à froid sur chaque plat, tr. marb. *(Rel. de l'époque).* **30 fr.**

Un titre gravé avec vignette et 3 figures non signées. Bel exemplaire.

2326 EARLY BLOSSOMS OF GENIUS AND VIRTUE. *London, C. Whittingham,* 1801, 12mo. contemp. calf. **200 fr.**

FIRST EDITION. Illustrated with 5 exquisite engravings engraved by *Saunders* from the paintings by *Woolley*. The work includes Maxims of early wisdom. Juvenile anecdotes. Poetical selections and Epigrams. *Fine copy*.

2327 EARLY BLOSSOMS OF GENIUS AND VIRTUE, *London, Printed by C. Whittingham for j. Scatcherd,* 1801, 12mo. contemp. calf. **200 fr.**

Another copy, same plates. *Fine*.

2328 EARLY IMPRESSIONS or Moral and Instructive Entertainment for Children in prose and verse. *London, J. Hatchard and Son,* 1828, post 8vo. or. cloth. **300 fr.**

FIRST EDITION. Illustrated with 12 plates by *Dighton* executed on stone. This work is among the early English books for children with lithographic plates.

2329 EASY EXPLANATION (AN) of the Art of Drawing and Painting. For the Juvenile or Child's Library. *London, John Marshall, n. d.* (1800), 24mo. or. boards with ticket. **250 fr.**

Illustrated with a quaint frontispiece showing a little boy sketching and 12 other copper engravings. *Fine copy.* PLATE 60.

2330 EASY LESSONS FOR CHILDREN. *London, E. Marshall, n. d.* [circa 1820], 12mo. or. coloured wrappers with coloured engraved ticket. **250 fr.**

Illustrated with 6 quaint hand-coloured woodcuts. Very large type. A typical Baby's Book. *Fine copy.*

2331 EASY LESSONS for Young Beginners (Illustrated edition of). *Ailoa, Stephen N. Morison, n. d.* [circa 1830], sm. 12mo. or. printed wrappers. **125 fr.**

Illustrated with 40 quaint woodcuts. In the pronunciation lessons one of the many curious words is « *Zeyotewavitesoriquepunemukijohugefebacudo* ». Fine copy.

2332 EASY STORIES for the Amusement and Information of Chrilden of Four and Five Years old. *London, N. Hailes,* 1831, sm. 12mo. or. half-leather, boards. **80 fr.**

FIRST EDITION. Illustrated with a handsome engraving. These stories are, most interesting and speak about a Variety of instructive subjects in easy language. *Very fine copy.*

2333 EASY STORIES. *London,* 1831. Another copy, or. half-leather, boards. *(Back slighlly damaged).* **45 fr.**

FIRST EDITION.

2334 EBRARDUS (Udalrichus). — MODUS LATINITATIS. *Nuremberg, Hieronymus Hollzel,* 1500, in-4 de 48 ff., caract. gothiques, fig. sur bois, maroquin havane, dos à nerfs, filets dorés. *(Rel. mod.).* **5.500 fr.**

Magnifique exemplaire d'un livre célèbre dont 23 éditions au xve siècle attestent le succès et la valeur pédagogique. Édition très rare dont on ne cite que trois exempl. (Schreiber, n° 3883, 2 ex. dont 1 sans figures ; et Winship, p. 89, exempl. de la coll. Morgan). Deux magnifiques fig. sur bois à pleine page : la 1re représente un maître et neuf élèves, la seconde, saint Jérôme en prières. Hain *6549. PLANCHE 3.

2335 E. C. — INSTRUCTIVE HINTS, in easy lessons for Children. *London, Darlon and Harvey,* 1800, square 16mo. or. marble-papered wrappers. **250 fr.**

Very fine copy of this extremely rare child's lesson book. Three-page book advertisement at end.

2336 ÉCOLE DE VERTU, ornée d'anecdotes curieuses et morales. *Paris, Janet, s. d.* [vers 1810], in-16. *(Cartonnage papier de l'éditeur),* tr. dorées. **300 fr.**

Titre gravé, 18 charmantes figures gravées en 9 planches [2 par planche]. *Bel exemplaire.*

2337 ÉCOLE DES PÈRES (L'), suivie de la Mauvaise Mère. Contes nouveaux. *Caen, P. Chalopin,* 1788, in-24, couv. papier. **40 fr.**

40 pp. — Édition ornée de vignettes sur bois, décrite par Hélot. *Bibl. bleue en Normandie,* n° 74. Bel exemplaire.

MARIA EDGEWORTH (1767-1849)

2338 EDGEWORTH (Maria). — CONTES DE L'ADOLESCENCE, choisis et traduits par Armand Le François, avec 24 gravures sur bois. *Paris, Hachelle,* 1854, in-12, cart. toile bleue, décors polychromes, tr. dorées. *(Cart. d'édit.).* **150 fr.**

Le titre annonce 22 gravures : il y en a en réalité 24, en premier tirage. Intéressant ouvrage de la *Bibliothèque des Chemins de fer, série des Livres illustrés pour les enfants,* d'où sortit la célèbre *Bibliothèque Rose.* Bel exemplaire.

2339 EDGEWORTH (Maria). — EARLY LESSONS. *London, George Roulledge and Sons,* 1866, 8vo. or. cloth, gilt, g. e. **25 fr.**

Illustrated with 8 charming woodcuts from the drawings by BIRKET FOSTER. *Very fine fresh copy.*

2340 EDGEWORTH (Maria). — ÉDUCATION FAMILIÈRE ou Série de lectures pour les enfans, depuis le premier âge jusqu'à l'adolescence, tirés de divers ouvrages de Miss Edgeworth, traduits de l'anglais avec des changemens et des additions considérables par Mlle Louise Sw. Belloc. *Paris, Jules Renouard, s. d.* [vers 1850], 12 vol. in-12, cartonnés en 6, toile verte *de l'éditeur,* tr. dorées. **150 fr.**

12 jolies planches dessinées par Alfred Johannot, gravées par *Blanchard, Cousin, Frilley, Joubert* et *Lefèvre.* Cette collection comprend : Lectures du premier âge. De 6 à 7 ans. De 8 à 9 ans. De 10 à 11 ans. De 12 à 13 ans. De 12 *(sic)* à 14 ans, soit 6 séries de 2 vol. chacune.

2341 EDGEWORTH (Maria). — FRANK, being the sixth part of Early Lessons by the Author of the Parent's Assistant, six volumes. *London, J. Johnson,* 1801, sm. 16mo. four parts in original wrappers with or. tickets on front covers, preserved in half-morocco case. *(Back strips missing).* **1.500 fr.**

FIRST EDITION in the original parts. Stains in the margins of each part.

2342 EDGEWORTH (Maria). — GARRY OWEN or The Snow-Woman and Poor Bob, The Chimney

Sweep. *London, John Murray*, 1832, sm. 12mo. or. half-leather, boards.   **200 fr.**

FIRST EDITION. Illustrated with 4 well executed woodcuts. *Fine copy.*

2343 EDGEWORTH (Maria). — GARRY OWEN. *London, John Murray*, 1832, sm. 12mo. or. half-leather, boards. *(Back rubbed).*   **150 fr.**

FIRST EDITION. 4 page book list at beginning.

2344 EDGEWORTH (Maria). — GUIDE DE L'EN-FANCE ou Éducation familière mise à la portée des enfans par des lectures graduées. Traduit librement de l'anglais par la baronne de Tully-Shoy. *Paris, Eymery, Fruger et Cie*, 1829, 2 vol. in-12, veau moucheté, dos ornés, dent. sur les pl. *(Rel. de l'époque).*   **60 fr.**

Première traduction française illustrée. 7 planches gravées. Reliure du 2e vol. très fatiguée, un morceau de veau arraché.

2345 EDGEWORTH (Maria). — HARRY AND LUCY CONCLUDED, being the last part of early lessons. *London, R. Hunter*, 1825, 4 vols in 12mo. or. half-leather, boards.   **700 fr.**

FIRST EDITION. At end 4 page book list including « *Correct list of Mr and Miss Edgeworth's works* ». Fine set.

2346 EDGEWORTH (Maria). — HARRY AND LUCY CONCLUDED. Second edition, corrected. *London, R. Hunter*, 1827, 4 vols. in-12mo. or. half-leather, boards. *(Backs slightly rubbed).*   **200 fr.**

Fine copy.

2347 EDGEWORTH (Maria). — LES JEUNES INDUSTRIELS, faisant suite à l'Éducation familière. Traduit de l'anglais avec de nombreuses additions par Mmes L.-Sw. Belloc et Ad. Montgolfier. *Paris, Renouard, s. d.* [vers 1855], 8 tomes en 4 vol., cart. toile bleue, palme dorée du Lycée de Toulouse sur les plats. *(Cart. de l'édit.).* **200 fr.**

8 fig. sur bois hors-texte. On sait que l'on trouve dans les ouvrages de Mary Edgeworth, qui sont dans les mains de toute la jeunesse anglaise, « l'attrait d'un style clair et harmonieux, d'un dialogue pétillant d'esprit et d'une satire enjouée, des tableaux vrais et gracieux, etc. » *Bel exemplaire.*

2348 EDGEWORTH (Maria). — LE LIVRE DES FAMILLES. Recueil de contes, nouvelles et drames, traduit de Parent's Assistant, par Mlle A. SOBRY. *Paris, H. Fournier*, 1833, 4 vol. in-12, demi-veau poli fauve, dos ornés de fil. dorés et à froid, tr. marb. *(Rel. de l'époque).*   **200 fr.**

ÉDITION ORIGINALE de cette traduction, ornée de 4 jolis frontispices gravés par *Langlois*, d'après *Levasseur*. Très bel exemplaire. Les ouvrages de Miss Edgeworth sont entre les mains de toute la jeunesse anglaise, dit *Hoefer*. (XV, 654).

2349 EDGEWORTH (Maria). — LAZY LAWRENCE and Simple Susan. Two Stories for Young Persons. *London, Houlston and Wright*, 1868, 8vo. or. green cloth, gilt.   **40 fr.**

Illustrated with a charming frontispiece in colour executed by the Baxter process, and 7 wood engravings in the text. *Fine copy.*

2350 EDGEWORTH (Maria). — MORAL TALES. *Philadelphia, George S. Appleton*, 1846, 12mo. or. green cloth.   **50 fr.**

6 plates by Darley, 17 page book list at end.

2351 EDGEWORTH (Maria). — THE ORPHANS and Old Poz. Stories for Children. *London, Geo. Roulledge, n. d* [circa 1850], sm. 16mo. or. blue embossed colth, gilt, g. e.   **30 fr.**

Coloured frontispiece. *Very fine copy.*

2352 EDGEWORTH (Maria). — THE PARENT'S ASSISTANT or Stories for Children. *London, Johnson and Co*, 1813, six volumes, small 12mo. or. half-leather. *(Papers renewed).*   **400 fr.**

Sixth edition. The set contains « *Lazy Lawrence, Tarlton, The false key, The birth-day present, Simple Susan, The bracelets, The little merchants, Old Poz, The mimic, Mademoiselle Panache, The basket-woman, The white pigeon, The orphans, Waste not, want not, Forgive and forget, Barring out and Eton Montern* ». Nice set. This work is very difficult to find complete.

2353 EDGEWORTH (Maria). — THE PARENT'S ASSISTANT or Stories for Children. *London, R. Hunter*, 1817, 6 vols in-small 12mo. or. half-leather, boards.   **200 fr.**

Fine clean early set which is very difficult to find complete. 3 page book list at end of vol. I.

2354 EDGEWORTH (Maria). — THE PARENT'S ASSISTANT or Stories for Children. *London, George Roulledge and Sons*, 1866, 8vo. or. red cloth, gilt, g. e.   **25 fr.**

Illustrated with 6 woodcuts from the drawings by « PHIZ » (Hablot Brown). *Very fine fresh copy.*

2355 EDGEWORTH (Maria). — THE PARENT'S ASSISTANT. *London, Roulledge, n. d.* [circa 1870], or. red cloth, gilt, t. e. g.   **35 fr.**

Same plates as preceding edition, but in colour. *Fine copy.*

2356 EDGEWORTH (Maria). — PETITS CONTES MORAUX à l'usage des enfans, en partie traduits librement ou imités de l'anglais. *Paris, Eymery*, 1820, 2 vol. pet. in-12, bas. marb., dos orné, pièces vertes, pet. guirlande, tr. marb. *(Rel. de l'époque).*   **200 fr.**

ÉDITION ORIGINALE de cette traduction, ornée de 4 jolies figures gravées non signées. Coins un peu usés. Qq. pet. taches peu importantes.

2357 EDGEWORTH (Maria). — ROSAMOND, A Sequel to Rosamond in Early Lessons. *London, R. Hunter*, 1830, sm. 12mo. or. half-leather, boards.   **80 fr.**

Fine copy of the third edition.

2358 EDGEWORTH (Maria). — STORIES FOR CHILDREN, from « Parent's Assistant ». Lazy Lawrence. *London, Longman and Co*, 1846, 12mo. or. printed and coloured wrappers *(back strip missing)*, preserved in half-morocco case. **500 fr.**

PRESENTATION COPY. Incribed « *To Jane and Elizabeth Lyster from Maria Edgeworth Feb. 19 49.* » No 28, of the « Stories for Children and Sequels » series.

2359 EDGEWORTH (Maria). — STORIES FOR CHILDREN from « Early lessons ». Rosamond. *London, Longman and Co*, 1846, 8vo. 12mo. six parts, each in original printed and coloured wrappers *(back strips missing)*, preserved in half-morocco case. **2.500 fr.**

PRESENTATION COPIES. Each part is inscribed « *For Elizabeth and Jane Lyster from Maria Edgeworth Feb. 19th 1849.* » The six complete parts contain « *Rosamond* », and at end of the 6th part, « *The Cherry orchard* » and form parts 6, 7, 8, 9, 10 and 11 of « *Stories for Children and Sequels* », which was issued in 34 parts at 6d apiece. Backs of each part broken, otherwise nice clean set. PRESENTATION COPIES OF MARIA EDGEWORTH ARE VERY SCARCE.

Lowndes says « *The writings of this lady are still in the highest celebrity* » and Florence V. Barry in « A century of Children's books » devotes a long chapter to Maria Edgeworth quoting a little twentieth-century girl as saying « *I love Rosamond, but, oh, how I hate that mother* ».

2360 EDGEWORTH (Maria). — STORIES FOR CHILDREN from « Parent's Assistant ». The Mimic. *London, Longman and Co*, 1846, 12mo. or. printed and coloured wrappers *(back strips missing)*, preserved in half-morocco case. **500 fr.**

PRESENTATION COPY. Inscribed « *For Jane and Elizabeth Lyster from Maria Edgeworth Feb. 19th 1849* ». No 29 of the « Stories for Children... » series.

2361 EDGEWORTH (Maria). — STORIES FOR CHILDREN, from « Parent's Assistant ». The Basket Woman and Forgive and Forget. *London, Longman and Co*, 1846, 12mo. or. printed and coloured wrappers, preserved in half-morocco case. **500 fr.**

PRESENTATION COPY. Inscribed « *For Elizabeth and Jane Lyster from Maria Edgeworth Feb. 19th 1849* ». No 32 of the series.

2362 EDGEWORTH (Maria). — STORIES FOR CHILDREN, from « Parent's Assistant ». Simple Susan. *London, Longman and Co*, 1846, two parts, 12mo. or. printed and coloured wrappers *(back strip missing)*, preserved in half-morocco case. **900 fr.**

PRESENTATION COPY. Each volume inscribed « *For Jane and Elizabeth Lyster from Maria Edgeworth, Feb. 19 49.* » Nos 22 and 23 of the series.

EDGEWORTH (Maria). — See No 629.

2363 ÉDOUARD OU L'ENFANT RETROUVÉ, traduit de l'anglais. *Paris, Maradan*, an V (1797), 3 vol. in-12, demi-bas., dos orn., tr. jasp. *(Rel. de l'époque)*. **100 fr.**

Très bel exemplaire.

2364 EDWARD AND GEORGE or Lessons from Real Life, for Children of Early Years. *London, Darton, Harvey and Darton*, 1818, sm. 12mo. or. half-leather boards. *(Rubbed)*. **40 fr.**

FIRST EDITION. Engraved frontispiece. Name on title.

2365 EDWARDS (Betham). — LITTLE BIRD RED AND LITTLE BIRD BLUE. A Tale of the woods. *New York, James Gregory, n. d.* [circa 1850], 8vo. or. cloth, gilt. **250 fr.**

Coloured frontispiece and title *(early American oil process by N. Orr)* and 6 woodcuts.

2366 EDWARDS (Betham). — THE PRIMROSE PILGRIMAGE. A Woodland Story. *London, Griffith and Farran, Successors to Newberry and Harris*, 1865, sm. 4to. or. cloth, gilt. **50 fr.**

FIRST EDITION. Four hand-coloured plates by T. R. Macquoid. 32 page book catalogue at end. *Fine copy.*

2367 EFFIE'S FAVOURITE BOOK of Pretty Fairy Tales. With numerous coloured pictures. *London, Ward and Lock, n. d.* [circa 1865], large 8vo. or. cloth. **125 fr.**

Illustrated with many hand-coloured illustrations by H. K. Browne. J. Absolon, J. A. Pasquier, W. Harvey, T. B. Dalziel, W. M'Connell and Harrison Weir, engraved by the *Brothers Dalziel.* Indestructible book with pages mounted on cloth. The work contains most of the popular fairy stories *(Jack and the Beanstalk, Goody Two-Shoes, Cinderella, etc., etc.).* A splendid child's book.

2368 ÉGYPTE (L') ET LA NUBIE et curiosités de ces pays, tiré des voyages de Belzoni. *Paris, Eymery, Giraldon Bovinet*, 1823, in-8 obl. *(Cartonnage papier de l'éditeur)*, vign. gravée. **150 fr.**

Frontispice, titre et 24 pl. gravés [au lieu de 28 indiquées *par erreur*] sur le titre. J. B. Belzoni, un des premiers à fouiller les tombeaux et les temples de l'Égypte, mourut à Gato, le 3 décembre 1823, en se rendant à Benin. Ce résumé, à l'usage des enfants, de ses voyages et explorations, publiés à Londres en 1820 et en 1821, parut donc l'année même de sa mort.

2369 ELECTRICITY : its Phenomena, Laws, and Results. *London, Relig. Tract Soc., n. d.* [circa 1840], or. cloth, gilt. *(Shabby and worn)*. **35 fr.**

Engraved frontispiece (foxed) and numerous woodcuts in text.

2370 ELEGANT PRECEPTOR (THE) or An introduction to the knowledge of the World..., etc. Selected from the works of the most eminent writers. *London, B. Crosby*, 1803, small 12mo. or. half-vellum, boards. *(Rubbed)*. **40 fr.**

FIRST EDITION. Contains extracts from *Johnson, Addison, Steele, Godwin, Mme de Genlis, Maria Edgeworth, Chesterfield, Locke, Mary Wollstonecraft, etc., etc.* Fine frontispiece engraved by *Hopwood.*

2371 ELEGANT SELECTIONS, Moral and Entertaining, designed for Youth. *London, R. Hawild*, 1814, sm. 12mo. or. half-leather. **75 fr.**

Illustrated with a brilliantly executed woodcut as frontispiece. *Fine copy.*

2372 ÉLÉMENS DE L'HISTOIRE ANCIENNE DES JUIFS, des Égyptiens, des Carthaginois, des Assyriens, etc., abrégés de Flavius Joseph et de M. Rollin. *Paris, Le Prieur*, 1807, 2 vol. in-12, bas. polie marbrée, dos très richement orné, pièces rouges, pet. guirlande autour des plats, tr. dor. *(Rel. anc.)*. **150 fr.**

ÉDITION ORIGINALE ornée de 32 planches, contenant 62 sujets gravés en taille-douce. Le frontispice du tome I seulement est signé *Huot*. Très bel exemplaire.

2373 ELEPHANT'S BALL (THE) and Grande Fête Champêtre. A facsimile reproduction of the edition of 1807 with and Introduction by CHARLES WELSH. *London, Griffin and Farran,* 1883, small 4to. printed wrappers. **40 fr.**

With same plates as the original reproduced by lithographic process and uncoloured.

2374 ELIZA or the Fugitive Slave. *Wakefield, W. Nicholson and Sons, n. d.* [circa 1850], 16mo. or. coloured wrappers. **25 fr.**

Frontispiece. The front cover has a gilt and blue romantic ticket with title.

2375 ELIZABETH (Charlotte). — THE SHEPHERD BOY and The Deluge. *London, Francis Westley,* 1823, sm. 12mo. or. printed wrappers. **150 fr.**

FIRST EDITION. Illustrated with 6 charming vignettes engraved in wood. « *Charlotte Elizabeth* » was the pseudonym of Mrs PHEBAN, the daughter of an Irish Clergyman named Browne. She also edited the Protestant Magazine and was a strenaous opponent of the Papacy.

2376 ELLEN. — GESCHICHTE VON DEN SIEBEN SCHWABEN. *Düsseldorf am Rhein, Arnz,* 1856, in-4 en feuilles sous couv. imprimée *de l'édit.* **250 fr.**

Illustrations de W. Striowsky, A. v. Wille, etc. Texte à 2 col., 23 pp., relatant les 32 exploits d'une bande burlesque de sept Souabes. Frontispice tiré en bistre, chamois et rouge et huit lithographies en couleurs sur papier plus fort que le texte.

2377 ELLEN or the Young Godmother. A Tale for Youth. By a Young Lady. *Southampton, T. Skelton,* 1812, 12mo. contemp. calf. *(Worn).* **45 fr.**

FIRST EDITION.

2378 ELLIOTT (J. W.). — NATIONAL NURSERY RHYMES and Nursery Songs. *London, Novello, n. d.* [circa 1880], large 8vo. or. cloth, gilt. g. e. **50 fr.**

Profusely illustrated by the BROTHERS DALZIEL. Music to each song. *Very fine copy.*

2379 ELLIOTT (Mary). — LES ANIMAUX MUETS ou la Cruauté punie. Traduit de l'anglais... par A.-F.-Ed. Lépée. *Londres, William Darton, n. d.* [circa 1820], or. printed wrappers. **150 fr.**

French translation of Mary Elliott's « Dumb Animals ». Illustrated with a folding frontispiece and two other plates all engraved on copper. Large type.

2380 ELLIOTT (Mary). — FLOWERS OF INSTRUCTION or familiar subjects in verse. *London, William Darton,* 1820, 8vo. original printed red wrappers, preserved in half-morocco case. **1.250 fr.**

FIRST EDITION. Illustrated with 4 remarkable engravings. At end 2 page list of W. Darton's books. Fine copy. *Tuer F. C. B. pages 343-348.*

2381 ELLIOTT (Mary). — GEMS IN THE MINE or Traits and habits of Childhood in verse. *London, William Darton, n. d.* [circa 1824], sm. 12mo. or. half-leather, boards. **200 fr.**

FIRST EDITION. Illustrated with 6 charming plates, engraved on copper.

2382 ELLIOTT (Mary). — INNOCENT POETRY, containing Moral and Religious Truths for Infant Minds. *London, William Darton, n. d.* [circa 1830], or. cloth, gilt. **90 fr.**

6 engraved plates. *Fine copy.*

2383 ELLIOTT (Mary). — MISCHIEF NOT FUN. *London, William Darton, n. d.* [circa 1820], sm. 12mo. boards. *(New).* **400 fr.**

FIRST EDITION. Illustrated with engraved folding frontispiece and 2 other plates, all well impressed and splendidly executed. Large type. Two page book list at end. Mary Elliott also wrote under the name of Belson. *Fine copy.*

2384 ELLIOTT (Mary). — THE RAMBLE or More Paths than one. *London, William Darton, n. d.* [circa 1820], sm. 12mo. or. printed wrappers, preserved in half-morocco case. **300 fr.**

FIRST EDITION. Illustrated with large folding copper plate as frontispiece and two other charming engravings. Large type. *Fine copy.*

2385 ELLIOTT (Mary). — THE ROSE, containing Original Poems for Young People. *London, William Darton, n. d.* [circa 1824], 12mo. half-morocco. *(Modern binding).* **500 fr.**

12 charming plates, several, including a game of Cricket, Showing Children at play *(one plate coloured by a child).*

2386 ELLIOTT (Mary). — RURAL EMPLOYMENTS or A peep into village concerns, designed to instruct the minds of children. *London, William Darton,* 1820, small 12mo. or. half-leather, boards. *(Shabby).* **250 fr.**

FIRST EDITION. Illustrated with 17 copper plates, showing rural and farm life.

2387 ELLIOTT (Mary). — SCRIPTURE SKETCHES. *London, William Darton, n. d.* [circa 1825], sm. 12mo. or. half-leather, boards. *(Covers detached).* **40 fr.**

Eleven fine plates. Large type. *Fine copy.*

2388 ELLIOTT (Mary). — TALES FOR BOYS translated into french by A.-F.-E. LÉPÉE. *London, William Darton, n. d.* [circa 1820], sm. 12mo. or. half-leather. **450 fr.**

Illustrated with 12 finely engraved plates, four of which triple folded. The text is in big type and is an easy translation into french of Mary Elliott's four stories. « *Self-will or young heads not the wisest. — The Rambler or more paths than one. — The sailor boy or first and last voyage. — The greedy child cured. At end a list.* » Ouvrages écrits en anglais, par Marie Elliott, traduits en français, par A.-F.-E. Lépée (2 pages). *Fine copy.*

2389 ELLIOTT (Mary). — THE TWO EDWARDS or Pride and prejudice unmasked. *London, William Darton*, 1823, sm. 12mo. or. half-leather.
250 fr.

FIRST EDITION. Engraved frontispiece and two other plates. At end William Darton's full page engraved advertisement. *Fine copy.*

2390 ELLIOTT (Mary). — THE TWO EDWARDS. *N. d.*, or. cloth, g. e. **50 fr.**

Same plates as preceding no. Slightly foxed.

ELLIOTT (Mary). — See also under BELSON (MARY).

2391 ELLIS (F. S.). — THE HISTORY OF REYNARD THE FOX, his Family, Friends, and Associates with glossarial Notes..., etc. *London*, 1894, crown 4to. or. blue buckram uncut. **7.500 fr.**

Woodcut frontispiece, border to title-page and numerous decorative chapter headings, etc., by WALTER CRANE. A large hand-made paper copy, with inscription on fly-leaf « *Henry Ellis, with the author's brotherly affection Apl. 1894* », ACCOMPANYING THIS COPY IS THE CORRENPONDANCE BETWEEN WALTER CRANE AND THE EDITOR, TOGETHER WITH ROUGH SKETCHES AND PROOFS OF THE WOODCUTS BY THE ARTIST. A unique Presentation Copy, being accompanied by the following original material.
1. Rough pencil sketch by Crane for the frontispiece, on margins of which are pencilled calculations of cost of drawings.
2. An exquisitely finished original pen-and-ink design for heading of Chapter VII *(not published).*
3. Proof impressions of the frontispiece and title-page on plate and handmade paper.
4. Proofs of 34 of the 45 exquisite decorated chapter headings, on handmade paper. Also proofs of the « *Summa* » and « *Epilogue* ».
5. Original MSS. by F. S. Ellis of the letterings for the 45 chapter headings.
6. Five autographs letters from F. S. Ellis to Walter Crane, relative to the work.
7. Proof of title-page, where the author's pseudonym « *Ephes Lisle* » is corrected to F. S. Ellis.
The whole preserved in a beautifully made Niger morocco case extra, suitably tooled, and secured with two spring claps, *Caxton alone, had he been so minded, could have filled a Child's library... He was actually the first printer and editor of the very books which LOCKE, in the eighteenth century, prescribed for children : Æsop's Fables and THE HISTORY OF REYNARD THE FOX.*
Florence Barry. — *Splendid collector's item.*

2392 E. M. B. — THE EBONY ROOM or Christmas Pastime. Dedicated to the Young of Every Home. *London, G. J. Palmer*, 1868, 12mo. or. blue cloth.
30 fr.

Very fine copy.

2393 EMBARRAS D'UNE PETITE FILLE CURIEUSE (LES), histoire amusante et utile. *Paris, Pierre Blanchard*, 1829, petit in-12, broché, couv. muette orig., étiquette impr. **200 fr.**

Frontispice, titre et quatre planches gravés : sujets enfantins. On a broché avec l'ouvrage le catalogue de fonds de la librairie Pierre Blanchard (8 pages en petits caractères), intéressant pour la connaissance de la littérature enfantine à cette époque. *Bel exemplaire.*

2394 EMBLEMS for the improvement and entertainment of Youth, etc., etc. *London, R. Ware*, 1754, sq. 12mo. half-leather, cloth. *(Modern binding).* **60 fr.**

Frontispiece *(rebacked)* and 62 copper plates depicting 1550 emblems. A few stains.

2395 EMBROIDERED CARDS. MADE BY A CHILD. [Circa 1840], three cards worked in coloured silk. **100 fr.**

One with view of a cottage and 2 others with small designs.

2396 ENCHANTED SCRAP BOOK (THE) exhibiting pictures which appear and vanish at the WORD COMMAND. *London, E. Wallis, n. d.* [circa 1840], 8vo. or. cloth in slip case. **750 fr.**

Has 7 changeable sets of pictures, all hand-coloured and one blank. *Very fine copy.*

2397 ENCYCLOPÉDIE DES ENFANS ou Abrégé de toutes les Sciences, refondu, etc., XIe édition corrigée et la partie historique continuée jusqu'à 1799. *Bruxelles, Le Francq*, 1801, in-12, bas. marb., dos orné, pièce rouge, tr. r. *(Rel. anc.).* **200 fr.**

Célèbre ouvrage qui a eu une multitude d'éditions depuis 1782. Cette édition est une des plus curieuses : elle est ornée de 10 planches *gravées sur bois* dans le style très naïf des *images populaires.* Elle comporte, en outre, une page 57 *bis*, modifiant le chapitre relatif au *calendrier*, intitulée : « *De l'Ere de la République française* ». Néanmoins un chapitre important est consacré au *Blason* (figures)... ! *Bel exemplaire.*

2398 ENCYCLOPÉDIE DES ENFANS ou Abrégé de toutes les sciences, à l'usage des Ecoles des deux sexes. Nouv. éd. par M. Z***. *Lyon, Rusand*, 1808, in-12, bas. marb., dos très orné, pièce rouge, tr. mouch. *(Rel. anc.).* **60 fr.**

Cet ouvrage a eu le plus grand succès et fut réédité une quantité de fois sous des formes et des noms différents. 12 planches hors-texte, en taille douce, relatives au dessin, à l'architecture, à la cosmographie, à la mécanique, etc. *Bel exemplaire.*

2399 ENDURAN (M.-L.). — LE PREMIER JOUR DE L'ANNÉE CHRÉTIENNE et quelques solennités de l'Église. *Limoges, Martial Ardant*, 1860, in-4. *(Cartonnage papier de l'éditeur).* **30 fr.**

4 grandes lithographies coloriées. Cartonnage passe-partout en chromolithographie de la collection la « Bibliothèque du jour de l'An ». Tr. dorées, 1 planche avec traces de papier collé.

2400 ENFANCE PITTORESQUE (L'). — Petite galerie en actions de la vie des enfans, publiée par les auteurs de la Bibliothèque d'éducation. *Paris, D. Eymery*, 1842, in-8, demi-chagrin cerise, à coins, dos orné en long de motifs rocaille dorés et à froid, fil. sur les plats. *(Rel. de l'époque).*
300 fr.

Bel ouvrage, peu commun, orné d'un frontispice lithographié par *Paul Petit* et de 62 lithographies (2 par planche) par *Lassalle, Villain, Bineteau, etc.* Lettres ornées gravées sur bois, à sujets enfantins. Plusieurs des lithographies sont relatives à l'Amérique : les Esquimaux, la chasse sur les bords du lac Huron, la chasse dans les Pampas.

Deux figures relatives aux ombres chinoises. Bel exemplaire. Inscription au v° du frontispice.

2401 ENFANT (L') GÉOGRAPHE, étrennes intéressantes. Petite introduction à la géographie et géométrie. *Paris, Desnos, s. d.* [vers 1777], in-16, veau marbré, dos orné, tr. jaspées. *(Reliure moderne Pelilot).* **800 fr.**

Frontispice, titre et 24 planches gravés et finement coloriés. Des pages blanches ont été ajoutées par le relieur à la fin du volume [*Grand-Carteret*, n° 597]. *Bel exemplaire.* PLANCHE 152.

2402 ENFANTS IMPRUDENTS (LES) illustrés de dessins de Morin. *Paris, Louis Lahure, s. d.* [vers 1870], in-8, en feuilles, couvert. **100 fr.**

Illustrations reproduites sur bois de EDMOND MORIN dans le texte. Exemplaire contenant la suite hors-texte et sur chine de ces 14 dessins. *Quelques piqûres.*

2403 ENFANTS IMPRUDENTS (LES). En feuilles, couvert. imp. et illustr. **60 fr.**

Même ouvrage que le précédent. 14 illustrations de EDMOND MORIN sur bois et dans le texte.

2404 ENFANTS PEINTS D'APRÈS NATURE (LES), par Jules Bozérian, Alfred des Essarts, Jules Rostaing, R. Valaisa, Louise Leneveux, Elise Voiart, etc. *Paris, Vve Louis Janet, s. d.* (1840), in-8, cart. toile bleue, décor doré, tr. dorées. *(Cart. de l'éd.).* **400 fr.**

Seize charmantes lithographies en premier tirage : frontispice et quinze types d'enfants dessinés par Louis Lassalle et rehaussés en couleurs sur fond chamois. Sauf quelques rousseurs, exempl. très frais. Décors dorés sur les plats et le dos. Au 1er plat, deux amours, dont l'un peint un tableau et l'autre lit un livre.

2405 ENFANTS PEINTS D'APRÈS NATURE (LES). *Paris, Magnin, Blanchard, s. d.* [vers 1845], in-8, cart. toile noire, décor polychrome, tr. dorées. *(Cart. de l'édit.).* **500 fr.**

Le même ouvrage que le précédent. Mêmes illustrations sur fond chamois et finement rehaussées en couleurs. Très bel exemplaire. Décors rouge, bleu, vert et or : grand motif rocaille avec des amours sur le 1er plat, médaillon architectural et floral avec des amours et des aigles au second plat.

2406 ENFANTS PEINTS D'APRÈS NATURE (LES). *Paris, Vve Louis Janet, s. d.* [vers 1845], in-8, demi-chagr. vert, dos orné pl. toile, tr. dorées. **280 fr.**

Le même ouvrage que le précédent. Mêmes planches. Le 1er feuillet détaché. *Très bel exemplaire.*

2407 ENFANTS PEINTS D'APRÈS NATURE (LES). *Paris, Magnin, Blanchard el C*ie, *s. d.* [vers 1850], in-8, demi-chagr. rouge, dos orné, pl. toile, tr. dorées. **270 fr.**

Le même ouvrage que le précédent, nouvelle édition. *Bel exemplaire.*

2408 ENFANT PRODIGUE (L') ou Azaël et Lia, conte moral accompagné de douze gravures...

Londres, chez J. Souler, 1817, sm. 12mo. or. boards. *(Back broken).* **300 fr.**

Illustrated with 6 engravings (3 on wood and 3 on copper) from the drawings of DUPLESSI-BERTAUX. Five page book list at end. Although the title announces « *douze gravures* », there is reason to believe that this is an error ; as the book shows no signs of ever having more than 6.

2409 ENFANT SAGE (L') A TROIS ANS, contenant les Demandes que lui fit l'Empereur Adrien, et les réponses de l'Enfant. *Caen, P. Chalopin, s. d.* [vers 1780], pet. in-12, cartonnage bradel pap. colorié, titre sur basane au dos. **50 fr.**

Très bel exemplaire de cette curieuse et rare édition populaire de colportage, décrite par le Dr *Hélot*, dans sa *Bibliothèque bleue en Normandie* (n° 76).

2410 ENFANT SAGE (L') A TROIS ANS, contenant les Demandes que lui fit l'Empereur Adrien et les réponses de l'Enfant. *Troyes, J.-A. Garnier, s. d.* [vers 1800], in-12 broché sous couverture muette orig. **40 fr.**

Impression populaire ornée sur le titre d'un petit bois du xvie s. *(sainte Anne et la Sainte Vierge).* En partie non coupé. Le texte, très curieux, est une légende du xve siècle, remaniée et rajeunie. Voir à ce sujet *Nisard, Les livres populaires,* II, 17. — Exemplaire entièrement non rogné.

2411 ENGELBERTS GERRITS (C.). — BELANGRIJKE KARAKTERTREKKEN NIT DEN JEUGDIGEN LEEFTIJD. *Amsterdam, Schalekamp en Van de Grampel,* 1829, pet. in-8, cart. papier rose impr. *(Cart. de l'éditeur).* **50 fr.**

Scènes de la vie de l'enfance. Ouvrage orné de 3 figures gravées et coloriées par *Meuler*, d'après *Costerhuis*, représentant des scènes enfantines. Exemplaire déboîté.

2412 ENGELBRECHT (Augustin). — AGATHON IM KREISE der Kinder oder die angenehmen Abende zu Burgdorf. *Passau, Ambrosius Ambrosi,* 1831, in-16 obl. demi-veau fauve, dos orné. *(Rel. romantique).* **150 fr.**

Petites histoires pour enfants. Ouvrage orné de 4 jolies figures coloriées. Bel exemplaire.

2413 ENGELMANN ET BERGER. — PORTEFEUILLE GÉOGRAPHIQUE ET ETHNOGRAPHIQUE, contenant des planches pour l'explication et la division mathématique du globe terrestre, des cartes générales et particulières, et des figures exécutées avec soin, par le procédé nouveau de la Lithographie. *Mulhouse el Paris, G. Engelmann,* 1820, 25 fascicules in-4, brochés, couv. impr. **1.000 fr.**

Collection complète des 25 fascicules destinés à être reliés en 2 volumes. Couvertures de toutes les livraisons conservées, titres des tomes, tables. 88 planches et cartes lithogr. et coloriées. (En plus : un certain nombre de cartes en double, mais d'un tirage différent). *Très bel exemplaire.*

2414 ENGLISH (Harriet). — CONVERSATIONS and Amusing Tales offered to the Publick for the Youth of Great Britain. *London, Printed for the Author by Charles Clarke, etc.,* 1799, 4to. half calf, gilt. *(Modern binding).* **600 fr.**

FIRST EDITION. Illustrated with a frontispiece engraved by *Bartolozzi* from the painting by *Hamilton*, and 12 charming vignettes engraved in aquatint, and each printed on a separate page. At end, list of subscribers.

2415 ENGLISH HERMIT (THE) or the Adventures of PHILIP QUARLL. Who was lately discovered by Mr Dorrington, a Bristol Merchant, upon an uninhabited Island, where he has lived above fifty years, without any human assistance, still continues to reside, and will not come away. *London, John Marshall, n. d.* [circa 1790], sm. 16mo. or. flowered-paper, boards. *(Back strip missing).*
2.000 fr.

Illustrated with a frontispiece engraved on copper, showing Quarll and his monkey, and 22 woodcuts *(4 coloured by a child)* including the map of the island. At end 2 page book list. Small strip of upper margin of engraved title cut away : small stain on one page.
PLANCHE 77.

2416 ENGLISH HISTORY (TRUE STORIES FROM) *London, J. Harris, n. d.* [circa 1826], 12mo. or. printed boards. **60 fr.**

Illustrated with 36 steel engravings. Slightly foxed, otherwise fine copy.

2417 ENIGMATIST (THE) or Rational Amusement for an evening ; containing 137 Enigmas..., etc., etc. *Stockton, Christopher and Jennett, n. d.* [circa 1820], sm. 12mo. or. half-leather, boards. **60 fr.**

The book also contains 100 charades, 100 rebuses, 31 words transposed, 103 queries and anagrams.

2418 ENTRETIENS FAMILIERS de deux enfants, sur la manière de faire chrétiennement les principales actions de la journée, par M. L., ancien curé du diocèse de Langres. *Dôle, Prudont, 1833,* in-24, br., couv. muette orig. **50 fr.**

Petit livre de colportage, imprimé sur papier gris. Cinq conversations entre Bernard, enfant sage et qui tient des propos vraiment édifiants, et François, qui suit avec docilité les conseils de son ami. 36 pages. *Exempl. très frais.*

2419 [EN VENDANGE]. *Paris, Guérin-Muller, s. d.* [vers 1860], in-8 obl. *(Carlonnage papier de l'éditeur).* **300 fr.**

Lithographie coloriée et dépliante représentant des scènes de vendange, une tranche en est collée au recto du 1er plat du cartonnage. Alphabet au verso.

2420 EPAGNY (D'). — LE BON GÉNIE DE LA JEUNESSE. Traité d'éducation publié sous le patronage de la Reine. *Paris, Breleau et Pichery,* 1843, in-8, bas. polie verte, dos orné en long, double encadr. de fil. autour des plats, motifs d'angles et large motif central, tr. marb. *(Rel. de l'époque).* **40 fr.**

12 lithographies hors-texte par *Acarie Baron* et nombreuses vignettes sur bois par *Tony Johannot,* etc. Ce magazine paraissait chaque mois.

2421 EPAGNY (D'). — LA FILLE DE L'ÉMIGRÉ, épisode de la Restauration. *Tours, Mame,* 1848, in-12, cart. toile bleue, décors dorés. *(Carl. de l'édil.).* **35 fr.**

PREMIÈRE ÉDITION. 6 gravures de K. Girardet, motif doré sur le 1er plat représentant une jeune fille devant son prie-Dieu. Bel exemplaire.

2423 ESPIÈGLERIES D'ARLEQUIN (LES). *Paris, Rosselin et Marcilly, s. d.* [vers 1840], in-8 oblong, cartonn. pap. vert d'eau moiré et grande lithogr. collée sur le 1er plat, entourée d'un galon d'or. *(Cartonn. d'édit.).* **250 fr.**

Titre lithographié orné, et 24 planches en lithographie *(Lilh. de Grégoire et Deneux)* avec texte lithogr., non signées. Très rare surtout dans son cartonnage d'origine, très frais. Bel exempl. Qq. très lég. rouss. à qq. ff.

2424 ETON COLLEGE. — A List of Eton College taken at Election, 1810. *Eton, Pote and E. Williams, n. d.* (1810), 12mo. or. wrappers. **150 fr.**

The sixth Form list contains the name of SHELLEY (PERCY BYSSHE). The Revd Dr Keate, Head Master and Revd Mr Thackeray, Lower Master. The list gives the « *King's Scholars* » : « *Sense* » boys and « *Nonsense* » boys.

2425 ÉTRENNES A LA JEUNESSE de l'un et de l'autre sexe, utiles et agréables pour former le jugement, orner l'esprit, et perfectionner le corps. *Paris, Veuve Duchesne, s. d.* (1773), in-16, maroq. rouge, dos orné, dent. extér. et intér., tr. dorées. *(Rel. anc.).* **500 fr.**

A la fin, calendrier pour 1773. A la religion, à la morale, à la philosophie sont joints des notions de blason, un résumé de la mythologie et des pages consacrées à la danse, au manège et à l'escrime qui font de ces « Etrennes » une véritable petite encyclopédie tout à fait curieuse et révélatrice des connaissances variées que l'on inculquait à la jeunesse. *Grand-Carteret,* n° 388. Joli exempl. dans une reliure à dentelle.

2426 ÉTRENNES A LA JEUNESSE. — Recueil d'historiettes morales, en vers et en prose, pour l'éducation. *Paris, Demonville, s. d.* (1808), in-16, bas. f., dos orné sans nerfs, pièces cuir. *(Rel. de l'époque).* **125 fr.**

5 jolies pl. dessinées et finement gravées par *Legrand.* Extraits de *Mme Cottin,* de *Mme Dionis,* d'*Edgeworth,* d'*Andrieux,* de *Voltaire,* etc. Bel exemplaire.

2427 ÉTRENNES MIGNONES, curieuses et utiles pour l'année mil sept cent quatre-vingt-dix. *Paris, Guillot,* 1790, in-32, maroquin mosaïqué avec miniatures sous mica, tr. dorées. *(Rel. et étui de l'époque).* **15.000 fr.**

Charmant exemplaire de ce petit almanach, contenant les renseignements historiques, géographiques et les anecdotes que l'on trouve dans ce genre d'ouvrages. 2 cartes : France ecclésiastique, Environs de Paris. Reliure maroquin blanc, dos orné or et rouge, plats encadrés d'une mosaïque de maroquin rouge à petite dentelle dorée, grande décoration centrale sous mica comprenant deux miniatures ovales représentant de gracieux sujets enfantins : danse et jeu, entourées d'ornements métalliques : fleurettes, soleil rayonnant et colombes se becquetant. Gardes de tabis azuré formant portefeuille à la fin. Au commencement, le premier plat intérieur est orné d'une glace encadrée de paillon doré. Craquelures insignifiantes au mica. Très jolie reliure d'une rare fraîcheur, dans son étui original, en maroquin rouge à ornements dorés.

2428 ÉTRENNES DU PAPA NOUVEL AN (LES) ou le Conteur des familles. Neuf dessins par Haguenthal et Fagonde, accompagnés de six nouvelles inédites, par M. C***. *Pont-à-Mousson, Haguenthal, s. d.* [vers 1860], in-4. *(Carlonnage papier de l'éditeur).* **200 fr.**

9 superbes lithographies de *Haguenthal et Fagonde,*

tirées en 2 tons chez *Haguenthai*. dont 3 coloriées. Cartonnage illustré d'une riche lithographie coloriée, avec décoration florale. Au centre, au pied d'un arbre, un grand-père et ses petits-enfants.

2429 ÉTUDES HISTORIQUES à l'usage de la Jeunesse. *Paris, Langlois et Leclercq*, 1841, in-12, cartonn. bradel d'époque. **20 fr.**

Titre gravé et 2 figures gravées par *Millin*, d'après Delarue, l'une représentant *Jeanne d'Arc* dans sa prison.

2430 EVENINGS OF MENTAL RECREATION, by the Author of the « Rival Crusoes ». *London, N. Hailes*, 1828, 12mo. or. half-leather, boards. *(Back Shabby)*. **60 fr.**

FIRST EDITION. Engraved frontispiece. A book of great interest containing 13 stories and several poems.

2431 EVERGOOD or The Memoirs of John Henry Christian. *London, J. T. Ward*, 1807, sm. 12mo. wrappers. *(Modern)*. **50 fr.**

Vignette on title and 12 quaint woodcuts.

2432 EVIL DEEDS AND EVIL CONSEQUENCES. *N. p.* [*London*], *n. d.* [circa 1860], 4to. or. cloth, gilt, g. e. **250 fr.**

Illustrated with 14 splendid coloured plates. Each page, with large type, framed in a decorative gilt border. This work in inspired by Dr Hoffman's « *Struwwelpeter* ». The contents are Wild Harry, Cruel Jack, Greedy Kate, Careless Mary. Very fine copy with covers very fresh.

JULIANA HORATIA EWING (1841-1867)

2433 EWING (Juliana Horatia). — THE BROWNIES AND OTHER TALES. With illustrations by GEORGE CRUIKSHANK. *London, George Bell and Sons*, 1896, sm. 4to. or. printed boards. **35 fr.**

First published in 1871. 6 plates by Cruikshank. *Fine fresh copy.*

2434 EWING (Juliana Horatia). — DADDY DAWIN'S DOVECOT. A country Tale. Illustrated by Randolph Caldecott. *N. d.* (1881), sm. 4to. or. printed and coloured boards. **75 fr.**

FIRST EDITION. Illustrated with a coloured frontispiece and many drawings by CALDECOTT. *Very fine fresh copy.*

2435 EWING (Juliana Horatia). — DANDELION CLOCK'S and other Tales. With illustrations by GARDON BROWNE and other artists. *London, Soc. for Promoting Christian Knowledge, n. d.* [circa 1886], sm. 4to. or. printed boards. **50 fr.**

FIRST EDITION. Many drawings engraved and printed by Edmund Evans. Very fine copy with the covers quite fresh.

2436 EWING (Juliana Horatia). — A FLAT IRON FOR A FARTHING or Some Passages in the Life of an Old Son. New edition. *London, George Bell and Sons*, 1903, sm. 4to. or. printed boards. **25 fr.**

Many illustrations by *Mrs Allingham*. Fine fresh copy.

2437 EWING (Juliana Horatia). — A GREAT EMERGENCY, and other Tales. *London, George Belle and Sons*, 1899, sm. 4to. or. illustrated boards. **25 fr.**

With many woodcuts. *Fine fresh copy.*

2438 EWING (Juliana Horatia). — JAN OF THE WINDMILL. A Story of the plains. *London,* *George Bell and Sons*, 1899, sm. 4to. or. printed boards. **25 fr.**

With 11 illustrations by Mrs Allingham. *Fine fresh copy.*

2439 EWING (Juliana Horatia). — JAN OF THE WINDMILL. A Story of the Plains. *London, George Bell, n. d.* [circa 1899], sm. 4to. or. printed wrappers. **20 fr.**

Many illustrations.

2440 EWING (Juliana Horatia). — Mrs OVERTHEWAY'S REMEMBRANCES. *London, George Bell and Sons*, 1894, sm. 4to. or. printed boards. **25 fr.**

Ten illustrations by *J. A. Pasquier* and *G. Wolf*. Fine fresh copy.

2441 EWING (Juliana Horatia). — THE PEACE EGG and A Christmas Mumming Play. With illustrations by GORDON BROWNE. *London, Soc. P. C. K., n. d.* [circa 1886], sm. 4to. or. printed boards. **60 fr.**

FIRST EDITION. Many illustrations engraved and printed by *Edmund Evans. Fine fresh copy.*

2442 EWING (Juliana Horatia). — SIX TO SIXTEEN. *London, George Bell and Sons*, 1899, sm. 4to. or. printed boards. **25 fr.**

Ten illustrations by *Mrs Allingham*. Fine fresh copy.

2443 EWING (Juliana Horatia). — SNAP-DRAGONS. A Tale of Christmas Eve and Old Christmas Father. An Old-Fashioned Tale of the Young Dogs of a Grumpy Old Godfather. Illustrated by GORDON BROWNE. *London, Soc. F. P. C. K., n. d.* [circa 1888]. **50 fr.**

Many illustrations engraved and printed by Edmund Evans. *Very fine and fresh copy.*

2444 EWING (Juliana Horatia). — THE STORY OF A SHORT LIFE. Illustrated by GORDON BROWNE. *London, Soc. for the Promotion of Christian Knowledge, n. d.* [circa 1887], sm. 4to. or. printed boards.   **25 fr.**

Many illustrations engraved in wood. *Very fine fresh copy.*

2445 EWING (Juliana Horatia) AND HER BOOKS by Horatia K. F. Gatty. With a Portrait by George Reid, R. S. A. Sixteen illustrations from Sketches by J. H. Ewing, and a cover designed by RANDOLPH CALDECOTT. *London, So. P. C. K.,* 1887, sm. 4to. or. printed boards.   **80 fr.**

FIRST EDITION. At end Bibliography of Mrs Ewing's works.
Juliana Horatia Ewing (1841-67) was one of children's story-tellers of the period. Nearly all her writings first appeared in Aunt Judy's Magazine, and her connection was so close, that the Magazine ceased to exist after her death. *Fine fresh copy.*

2446 EXCURSION EN FRANCE (PETITE). *Paris, Marcilly, s. d.* [vers 1835], in-32. *(Cartonnage papier de l'éditeur, étui).*   **400 fr.**

Titre gravé : vignette représentant une diligence et ses quatre chevaux ; et 11 figures, types et costumes des provinces. finement gravées. Cartonnage mauve, titre lithographié. *Exemplaire de toute fraîcheur.*

2447 EXEMPLES (LES) DES ANIMAUX offerts à l'enfance. *Paris, chez tous les marchands de nouveautés, s. d.* [vers 1840], in-16 carré, cart. papier de l'éditeur.   **400 fr.**

15 lithographies coloriées représentant des phoques (exemple de respect filial), des castors (sociabilité), des chiens (dévouement et fidélité), etc. Cartonnage papier blanc à fleurettes ; le premier plat est orné d'une image coloriée, bordée d'un filet de papier doré, représentant des ruches d'abeille (union, ordre, travail, prévoyance)... *Bel exemplaire.*

2448 EYRIÈS (J.-B.-B.). — LA SUISSE ou Costumes, mœurs et usages des Suisses. *Genève, Briquet, s. d.* [vers 1825], in-16, étui de l'éditeur.   **800 fr.**

25 planches en feuilles finement gravées et coloriées. Etui, illustré sur la face supérieure d'une planche gravée et coloriée : vigneron goûtant le vin de sa vigne. *Très bel exemplaire.*
PLANCHE 150.

2449 EYRIÈS (J.-B.-B.). — LA TURQUIE ou Costumes, mœurs et usages des Turcs. *Paris, Gide fils, s. d.* [vers 1820], in-16, couvert. muette, *étui de l'époque,* illustré d'une planche coloriée représentant le Sultan.   **800 fr.**

24 planches gravées et coloriées en feuilles, tirées sur bristol. *Très rare.*

2450 EYSENBACH (G.). — HISTOIRE DU BLASON et science des armoiries. *Tours, Mame,* 1848, in-8, cart. toile bleue, décor polychrome, tr. dorées.   **200 fr.**

Planche d'armoiries en chromolithographie. Nombreuses vignettes d'armoiries dans le texte. Ouvrage intéressant, terminé par un *dictionnaire héraldique* et une importante *bibliographie de l'art héraldique.* Orné sur le 1er plat d'un motif de rinceaux, lances, cimier, avec le blason de la ville de Tours au centre, en or, rouge, bleu et vert. Armoiries polychromes au dos. Décor à la cathédrale rose et jaune, avec de gracieux feuillages dorés, au 2e plat. Joli cartonnage de *Haarhaus,* d'une fraîcheur parfaite.

2451 FABLES calculated for the amusement and instruction of youth ; originally dedicated to a young Prince, for whose improvements they were written. Taken from the French. *Taunton, Printed and Sold for the Translator by J. Poole,* 1789, 8vo. or. wrappers, entirely uncut.   **400 fr.**

Illustrated with 40 finely impressed woodcuts by BEWICK. Fine copy.

2452 FABLES FOR THE NURSERY, Original and Select. *London, John Harris,* 1825, 16mo. orig. cloth with paper label.   **150 fr.**

Illustrated with 19 well executed woodcuts. 4 page book list at end. *Fine copy.*

2453 FABLES IN ACTION by Means of Small moveable Pictures, and disserted and coloured figures ; with an Explanatory Text. *London, R. Ackermann,* 1820, long 12mo. or. wrappers. Slip ease (modern) with or. printed ticket.   **750 fr.**

With a view in coloured aquatint and 21 (should be 24) moveable pictures.

2454 FABLES (LITTLE EDWARD'S). *London, J. Bysh,* sm. 4to. or. printed and illustrated wrappers.   **200 fr.**

Illustrated with 15 hand-coloured woodcuts. *Fine copy.*

2455 FABLES OF FLOWERS for the Female Sex. With Zephyrus and Flora. A Vision. By the Author of Choice Emblems for Youth. *London, E. Newbery, etc.,* 1781, sm. 12mo. calf, gilt. *(Modern binding).*   **500 fr.**

FIRST EDITION. Illustrated with 6 splendidly engraved plates, each with five small scenes. Welsh does not mention these plates, which are finely impressed and signed W. G. *Fine copy.*

2456 FABLES OF FLOWERS. *London, George Riley,* 1783, 12mo. contemp. calf.   **100 fr.**

Same work as the preceding item. The plates are different, with two on a page, and including a heading vignette, 31 in number all engraved on copper.

2457 FABLES EN QUATRAINS dédiées à la jeunesse. *Paris, Caillot, s. d.* [vers 1825], in-32. *(Cartonnage papier de l'éditeur).*   **500 fr.**

14 jolies planches gravées et finement coloriées. Le cartonnage imprimé sert de titre. 1 prologue et 1 hommage suivis de 74 fables, chacune de quatre vers.

2458 FABLIER DES ENFANS (LE). — Choix de Fables analogues aux goûts du premier âge avec des notes grammaticales, mythologiques et historiques. Seconde édition augmentée de 10 fables. *Paris, Devaux,* pet. in-8, cartonn. bradel moderne.   **100 fr.**

Fablier enfantin orné d'un joli titre gravé et d'un très joli frontispice représentant un groupe d'enfants lisant des fables. Celles contenues dans ce recueil sont de *Florian, La Fontaine, Aubert, Armand Collin, âgé de 14 ans, Vitalis, Grozelier, etc.*

2458 bis FABRE (Antoine). — GRAMMAIRE pour apprendre les langues italienne, françoise et espagnole... *Venise, Jean Guerigl,* 1627, petit in-8, vélin. *(Rel. anc.).* **300 fr.**

3 ff. de titres : français, italien, espagnol. A la grammaire proprement dite, disposée sur 3 colonnes, font suite « Anciens dialogues qui contiennent motz aigus sententieux, facétieux, et manière de dire pour ceux qui désirent faire voyage, etc. ». Bel exemplaire.

2459 FAGNAN (Mme M.-A.). — MINET-BLEU ET LOUVETTE, suivi du Navire volant. Contes nouveaux. *S. l. n. d.* [vers 1780], in-24, veau bleu, tr. rouges. *(Rel. mod.).* **60 fr.**

36 pages. Impression populaire. Petit conte de fées cité par Barbier, III, 303. L'auteur prouve dans ce conte qu'il ne peut exister de véritable laideur chez les femmes qui ont de l'âme, du sentiment et une véritable tendresse. On fit à l'époque la remarque maligne que Mme Fagnan avait gagné sa propre cause... Réimprimé à plusieurs reprises pour le colportage. *Bel exemplaire.*

2460 FAIRING (THE) or A Golden Toy for Children of all Sizes and Denominations... Adorned with Variety of Cuts from Original Drawings. *London, Printed for and Sold by all the Stationary and Toy Shops, in Town and Country, n. d.* [*Carnan,* circa 1786], 24mo. or. flowered-paper, boards. *(Back strip missing).* Preserved in half-morocco case. **3.500 fr.**

Illustrated with 30 quaint and amusing woodcuts. The dedication reads « *To the True and Genuine Lovers of Noise. This Book, which was calculated for their amusement, and written for their use is most humbly inscribed by* YOU KNOW WHO ». Charles Welsh quotes an edition from Carnan's list of 1787 with the lines. *In which they may see all the Fun of the Fair, and at home be as happy as if they were,* on title which is also found in the above edition but with the line *A book of great consequence to all whom it may concern,* added. PLANCHE 66.

2461 FAIRING (THE) or Golden Toy fov Children, in which they can see all the Fun in the Fair, and at home be as happy as ip they were there, A Book of Great Consequence to all whom int may concern. *London, T. Carnan,* (1787), 24mo. or. flowered-paper boards. *(Back strip missing).* **150 fr.**

Engraved frontispiece *(slightly tinted)* showing « *Tom Trip with old Ringwood and Jowler and Tray Is riding to Town for a Fairing... Huzza !* » And many quaint woodcuts in text. LACKS TITLE AND 6 LEAVES (pages 15-18, 31-32, 130-131, and 2 pages ads. at end). Pages 99-102 defective *(corners torn off with loss of a few lines).* One page book list at end. Charles Welsh only knows of the existence of this work from Carnan's list of 1787.

2462 FAIRY SPECTATOR (THE) or The Invisible Monitor, by Mrs Teachwell. *London, J. Marshall and Co,* 1789, 12mo. or. half-leather, boards. *(Back broken).* **300 fr.**

Frontispiece engraved on copper *(partly coloured by a child).* At end 2 page book list, and a notice about the publication of the « Juvenile Tatler ».

2463 FAIRY TALES or The Court of Oberon, containing Thirteen Choice Pieces by the celebrated Queen Mab, Mother Goose, Mother Bunch, Master Puck,... etc. *Glasgow, n. d.* (1824), small 12mo. half-morocco. *(Modern binding).* **125 fr.**

The tales include *Puss in Boots, Riquet with Tuft, The Three Wishes, Jack and the Bean-Stalk, Graciosa and Percinet, etc., etc.* At end 12 page book list.

2464 FAIRY TALES, Pleasing and Profitable for all Little Gentlemen and Ladies. *York, R. Spence, n. d.* [circa 1790], 24mo. or. illustrated wrappers. preserved in half-morocco case. **400 fr.**

8 woodcuts. Alphabet on verso of front wrapper. Early penny chapbook.

2465 FAIRY TALES (POPULAR) or A Lilliputian Library ; containing twenty-six choice pieces of Fancy and Fiction, by those renowned personnages KING OBERON QUEEN MAB, MOTHER GOOSE, MOTHER BUNCH, MASTER PUCK, and other distinguished personages at the Court of Fairies. Now first collated and revised by BENJAMIN TABART. *London, Sir Richard Phillips and Co, n. d.* [circa 1830], 12mo. contemp. half-calf. **1.500 fr.**

An early Fairy Collection of great interest, illustrated with 26 hand-coloured woodcuts. One to each story. The stories include all the Classic Fairy titles of the nursery : *Blue Beard, Red Riding, Hood Cinderella, Puss in Boots, Tom Thumb, Jack and the Bean Stalk, Beauty and the Beast, Aladdin, etc., etc.* Two small tears and a few fox marks.

2466 FAITS REMARQUABLES DE L'HISTOIRE DE FRANCE illustrés par MM. Lassalle et Coppin. *Paris, Martinet-Hautecœur, s. d.* [vers 1856], in-4. *(Cartonnage papier de l'éditeur).* **200 fr.**

12 grandes lithographies coloriées (au moins 5 sujets par planche) par *Lassalle* et *Coppin,* tirées chez *Godard.* Cartonnage en chromolithographie : faisceaux d'armes, bannières, armoiries, etc.

2467 FALLET (C.). — BERTRAND DU GUESCLIN. *Rouen, Mégard et Cie,* 1856, in-8, cart. papier vert, encad. à fr., grande plaque dorée, dos orn. *(Cart. de l'éditeur).* **10 fr.**

Frontispice gravé. Bel exemplaire dans un joli cartonnage avec grande plaque : volutes, fleurs, feuillages.

2468 FALLET (C.). — HISTOIRE DE MARIE STUART. *Rouen, Mégard el Cie,* 1863, in-12, cart. percale br. encad. couronne de laur. au centre, dos orn. *(Cart. de l'éditeur).* **15 fr.**

PREMIÈRE ÉDITION. 4 gravures hors-texte. *Bel exemplaire.*

2469 FALLET (C.). — JEAN SOBIESKI. *Rouen, Mégard et Cie,* 1859, in-12, cart. percale violette, encad. et centre orn. d'une couronne, tr. dor. *(Cart. de l'éditeur).* **25 fr.**

De la collection : « *Bibliothèque morale de la Jeunesse* ». 4 figures gravées sur acier hors-texte. Bel exemplaire dans un joli cartonnage frais.

2470 FALLET (C.). — LES TROIS SŒURS. *Rouen, Mégard et Cie,* 1860, in-12, cart. percale br., plats orn. de comp. à fr. avec fleurons dor., centre dor. *(Cart. de l'éditeur).* **10 fr.**

De la collection : « *Bibliothèque morale de la Jeunesse* ». Frontispice gravé.

2471 FAMILY AT SMILEDALE (THE HISTORY OF THE) presented to all little Boys and Girls who wish to Good, and make their Friends Happy. *London, E. Newbery, at the Corner of St. Paul's Church-Yard, n. d.* [circa 1790], 16mo. or. flowered-paper boards. *(Back strip missing).* **2.500 fr.**

Illustrated with a frontispiece and 12 other woodcuts by BEWICK. The introduction to *Mrs Teachwell*, printed in very large interlined type is signed A. M. The rest of the text is also in large type printed in the same manner, which shows that the book was written for very young Children. The stories are « *The Way to be Happy, The Honest Tar, Sweetpea, Adventures of Henry Lilly, Little Echo* ». *Fine copy.*
PLANCHE 54.

2472 FANNY AND MARY or Juvenile Views of Happiness. By the Author of « Mamma's Pictures », etc. *London, Harvey and Darton,* 1821, 16mo. **250 fr.**

FIRST EDITION. Illustrated with 4 interesting plates, one of them entitled « *A French Breakfast* ». Two page book list at end.

2473 FARRENC (Mme Césarie). — LAZARE ou le Petit Matelot. *Tours, A. Mame et Fils,* 1851, in-12, cartonnage en chromolithographie. *(Cart. de l'édit.).* **500 fr.**

Illustr. de 8 lith. coloriées de *J. Champagni*, tirées par *Lemercier*. Gros texte, largement interligné. Cartonnage en chromolithographie, représentant un port, des matelots et divers paysages maritimes, tr. dorées. *Bel exemplaire.*
L'auteur est née en 1802. Restée veuve avec trois enfants, la perte de sa fortune la força de chercher des ressources dans ses travaux littéraires. Dans ce dessein, elle se mit à faire des petits livres destinés à l'instruction morale et à l'amusement de la jeunesse.

2474 FARRENC (Mme Césarie). — LÉON ou le Petit Moissonneur. *Paris, Lavigne, A. Poilleux, s. d.* [vers 1840], pet. in-16, cart. papier vert illustr. *de l'édit.* **20 fr.**

De la *Bibliothèque du Premier Age.* Frontispice gravé. *Bel exemplaire.*

2475 FARRENC (Mme Césarie). — LOUIS ou l'Amour filial. *Paris, Lavigne, A. Poilleux, s. d.,* [vers 1840], pet. in-16, cart. papier gris illustr. *de l'édit.* **20 fr.**

De la *Bibliothèque du Premier Age.* Frontispice gravé. *Bel exemplaire.*

2476 FARRENC (Mme Césarie). — MARIE ou la Petite Fille bienfaisante. *Paris, Lavigne, A. Poilleux, s. d.* [vers 1840], pet. in-16, cart. papier gris *de l'éditeur.* **20 fr.**

De la *Bibliothèque du Premier Age.* Frontispice gravé.

2477 FARRENC (Mme Césarie). — LE PETIT JEAN ou le Fils du Bûcheron. *Paris, Lavigne, A. Poilleux, s. d.* [vers 1840], pet. in-16, cart. papier gris illust. *de l'édit.* **20 fr.**

De la *Bibliothèque du Premier Age.* Frontispice gravé.

2478 FARRENC (Mme Césarie). — LA PETITE MAMAN, choix de contes moraux. *Paris, Caillot, s. d.* [vers 1825], pet. in-8 oblong, cartonn., avec titre orné sur le 1er plat. *(Cartonn. d'édit.).* **180 fr.**

Titre gravé avec vignette et 7 charmantes figures non signées gravées en taille-douce. Le lever, la punition, la leçon, la petite chatte, la bavarde, la bonne maman, le pauvre mendiant, le bossu. C'est l'histoire d'une petite fille qui « joue à la maman » avec sa poupée. Bel exempl.

2479 FARRENC (Mme Césarie). — LA PETITE MAMAN. Choix de Contes moraux. *Paris, Caillot, s. d.* [vers 1825], in-8 oblong, cartonn. pap. glacé bleu de ciel, avec titre lithogr. et orné sur le 1er plat. *(Cartonn. d'édit.).* **300 fr.**

Titre gravé sur cuivre, orné, avec vignette COLORIÉE et 7 grandes figures hors-texte gravées sur cuivre et COLORIÉES. Belle et grande typographie. Bel exemplaire.

2480 FARRENC (Mme Césarie). — LE PETIT MATHIEU ou une Pauvre Famille. *Paris, Lavigne, A. Poilleux, s. d.* [vers 1840], pet. in-16, cart. papier gris illust. *de l'édit.* **20 fr.**

De la *Bibliothèque du Premier Age.* Frontispice gravé.

2481 FARRENC (Mme Césarie). — THÉODORE ou le Petit Orphelin. *Paris, Lavigne, A. Poilleux, s. d.* [vers 1840], pet. in-16, cart. papier gris illust. *de l'édit.* **20 fr.**

De la *Bibliothèque du Premier Age.* Frontispice gravé.

2482 FAUCHIER-DELAVIGNE (Marcelle). — A PROPOS DE CHANSONS. Récits pour les enfants. *Paris, Berger-Levrault, s. d.* (1918), in-4. *(Cartonnage papier de l'éditeur).* **25 fr.**

Titre en couleurs, 7 illustrations en pleine page, nombreuses et amusantes vignettes dans le texte, également en couleurs de *Guy Arnoux. État de neuf.*

2483 FAUCON (Mlle Emma). — LA FLEUR DES ZOUAVES. *Paris, A. Courcier, s. d.* [vers 1860], in-8. *(Cartonnage papier de l'éditeur).* **125 fr.**

9 lithographies à 2 teintes et coloriées. Cartonnage en chromolithographie : kabyle, zouave, dans un paysage algérien. Scènes du roman. Gros caractères, largement interlignés. Légères rousseurs.

2484 FAUCON (Mlle Emma). — LES VEILLÉES HISTORIQUES ou quelques faits remarquables de l'histoire du monde. *Paris, Théodore Lefèvre, s. d.* [vers 1865], in-12, cart. papier *de l'édit.* **80 fr.**

12 lithographies hors-texte de *L. Scherer.* Le cartonnage en chromolithographie représente une grand'mère montrant des images à ses petits-enfants. Le dessin, signé Grévin, est un des premiers de cet artiste. Au second plat, une petite fille, dans un jardin, couchée sur l'herbe, lit un livre. Un chapitre de seize pages a pour sujet la proclamation de l'INDÉPENDANCE DES ÉTATS-UNIS D'AMÉRIQUE. *Très bel exemplaire dans un rare état de fraîcheur.*

2485 FAVORITE STORY BOOK (THE) for little folk, by the author of « Chick seed without chickweed », etc. *London, Darton and Co, n. d.* [circa 1850], 12mo. or. blue cloth, gilt, g. e. **250 fr.**

Illustrated with 14 hand-coloured woodcuts. The text is in large type for children. *Fine fresh copy.*

2486 FAVRE (L.). — DUGUESCLIN ET JEANNE D'ARC, ou la France aux xiv⁰ et xv⁰ siècles, récits historiques d'après les chroniques de l'époque. *Niort, Robin ; Paris, Allouard el Kaeppelin, s. d.* [vers 1850], in-8, cart. toile bleue, décors polychromes, tr. dorées. *(Carl. d'édit.).* **200 fr.**

10 lithos de VICTOR ADAM sur fond chamois. Décors architecturaux or, rouge, blanc, violet, orange, azur, représentant des trophées, un monument votif « à la mémoire de Jeanne d'Arc », etc. Bel exemplaire.

2487 FÉE PROPRETTE (LA) ou les Miracles de l'amour filial, par l'auteur de la Fée bienfaisante. *Paris, Alexis Eymery,* 1826, in-16, cartonn. à la Bradel. *(Rel. de l'époque).* **150 fr.**

6 pl. gravées ; le titre gravé, provenant de l'édit. originale, est à la date de 1818.

2488 FÉERIES AMUSANTES (LES). *Paris, Marcilly, s. d.* [vers 1825], in-12 oblong, cart. papier de l'édit. **280 fr.**

Titre gravé avec grande vignette et six gravures hors-texte. Cartonnage clair gris-bleu avec ornements romantiques.

2489 FÉLIX (Jules). — GASPARD L'AVISÉ. *Paris, Delarue, s. d.* [vers 1867], in-12 carré, cart. toile verte, tr. dorées. *(Carl. de l'édit.).* **50 fr.**

8 lithographies en couleurs hors-texte. Sur le 1er plat, titre dans un médaillon portant l'inscription dorée : *Livres pour les petits enfants.* Texte imprimé en gros caractères.

2490 FÉLIX (Jules). — GASPARD L'AVISÉ. *Paris, Delarue, s. d.* [vers 1867], in-8. *(Cartonnage imprimé de l'éditeur).* **60 fr.**

Illustré de 8 gravures sur bois coloriées. Cartonnage rouge et noir. *Bel exemplaire.*

2491 FÉLIX (Jules). — LA POULE AUX ŒUFS D'OR. *Paris, Delarue, s. d.* [vers 1860], in-12 carré, cart. toile verte, tr. dorées. *(Carl. de l'édit.).* **50 fr.**

8 lithographies en couleurs hors-texte. Sur le 1er plat, titre doré dans un médaillon portant l'inscription : *Livres pour la jeunesse.* Texte imprimé en gros caractères.

2492 FÉLIX (Jules). — LA POULE AUX ŒUFS D'OR. *Paris, Delarue, s. d.* [vers 1867], in-8. *(Cartonnage imprimé de l'éditeur).* **60 fr.**

Illustré de 8 gravures sur bois coloriées. Cartonnage rouge et noir. *Bel exemplaire.*

2493 FÉLIX (Jules). — LA POULE AUX ŒUFS D'OR. *Paris, Delarue, s. d.* [vers 1867], in-8. *(Cartonnage de l'éditeur).* **60 fr.**

Même ouvrage, même édit.

2494 FÉLIX (Jules). — LES VACANCES DE VICTOR ET DE MARIANNE. *Paris, J.-H. Truchy, s. d.* (1862), cartonnage en chromolithographie. *(Carl. d'édit.).* **100 fr.**

Illustré de 4 charmantes lithographies non signées et de vignettes dans le texte. Grands caractères, interlignés. A la fin, catalogue de 12 pages. *Bel exemplaire.*

2495 FÉNELON. — ABRÉGÉ DE LA VIE DES PLUS ILLUSTRES PHILOSOPHES DE L'ANTIQUITÉ. Ouvrage destiné à l'éducation de la jeunesse. Nouvelle édition. *Avallon, Comynet,* 1824, pet. in-12, bas. fauve marbrée, dos orné, tr. marb. *(Rel. de l'époque).* **25 fr.**

Bel exemplaire de ce petit ouvrage orné de 6 planches gravées (portraits des philosophes, en médaillons). Rare *impression d'Avallon* (Yonne). Pet. déchirure au faux titre.

2496 FÉNELON. — LES AVENTURES DE TÉLÉMAQUE, fils d'Ulysse. *Paris, Impr. de Crapelet,* an IV, 1796, 2 vol. in-8, cartonn. bradel, pap. marbré rose, tr. j. *(Carlonn. d'époque).* **300 fr.**

Très belle édition décrite par *Cohen* (307). Exemplaire sur grand papier vélin orné d'un portrait par *Vivien,* gravé par *Hubert,* avant la lettre, et de 24 figures avant la lettre par *Marillier,* gravées par *Baquoy, Dambrun, Dupréel, Delvaux, de Ghendt, Langlois jeune, Masquelier, Patas, Pauquet et Ponce.* Bel exemplaire dans un cartonnage d'époque.

2497 FÉNELON. — LES AVENTURES DE TÉLÉMAQUE, fils d'Ulysse. *Paris, de l'Impr. de P. Didot l'Aîné,* 1796, 4 vol. in-16, rel. en 2, maroq. vert à longs grains, dos ornés, fil. et dent. à froid sur les plats, fil. int. tr. dorées. *(Rel. vers 1820).* **400 fr.**

Portrait peint par *Vivier* et gravé par *C.-E. Gaucher ;* 24 jolies planches dessinées par *Queverdo,* gravées par *Delignon, Dambrun, Villerey* et autres. Bel exemplaire dont les pl. sont dans un état de fraîcheur remarquable.

2498 [FÉNELON]. — AVENTURES DE TÉLÉMAQUE. *A Paris, chez les Marchands de nouveautés, s. d.* [vers 1810]. *(Boîte de l'époque).* **200 fr.**

25 cartes (68 × 105 mm.) gravées et coloriés, représentant, sous une forme assez naïve, les aventures de Télémaque. Au-dessous, un texte également gravé les explique et les résume. Sur la première carte ces vers, accompagnant le portrait de Fénelon :

> *Notre âge retrouve un Homère*
> *Dans ce poème salutaire,*
> *Par la vertu même inventé.*
> *Les nymphes de la double cime*
> *Ne l'affranchirent de la rime,*
> *Qu'en faveur de la vérité.*

Boîte en carton de l'époque. Sur le couvercle, gravés, titre et Minerve casquée et coloriée.

2499 FÉNELON *(sic).* — LES AVENTURES DE TÉLÉMAQUE, fils d'Ulysse. *Paris, Dufour el Cⁱᵉ,* 1827, 2 vol. in-32, maroq. vert à longs grains, dos ornés, fil. et fleurons d'angles sur les plats, grand motif central : fil. courbes terminés par des rinceaux, dent. à la roulette sur les coupes, triple fil. intér., tr. dorées. *(Reliure de l'époque).* **1.800 fr.**

De la collection des Classiques en miniature. Impression microscopique de Jules Didot. Portrait. Légères rousseurs aux premières pages du tome I. LA RELIURE, D'UN GOUT EXQUIS ET D'UNE FRAICHEUR IRRÉPROCHABLE FAIT DE CETTE JOLIE ÉDITION UN BIBELOT CHARMANT.

2500 FÉNELON. — LES AVENTURES DE TÉLÉMAQUE, fils d'Ulysse. *Paris, Société reproductive des bons livres,* 1837, 2 vol. pet. in-12 carré, brochés, couv. pap. marb. rose d'origine. **60 fr.**

Curieuse petite édition, bien imprimée, ornée de deux titres lithographiés (avec vignettes) et de 10 lithographies par *Ac. Baron. Bel exemplaire.*

2501 [**FÉNELON**]. — INSTRUCTIONS FOR THE EDUCATION OF A DAUGHTER. By the Author of Telemachus. To which is added A Small Tract of Instructions for the Conduct of Young Ladies of the Highest Rank. With Suitable Devotions annexed. Done into English, and Revised by Dr George Hickes. The third edition, corrected ; with Additions. *London, Jonah Bowyer,* 1713, 12mo. contemp. black morocco, gilt back and sides in the Mearne Style, g. e. **500 fr.**

Engraved frontispiece. At end 2 page book list.

2502 **FÉNELON**. — ŒUVRES CHOISIES, avec une biographie et des notices historiques et littéraires par M. Saucié. *Tours, Mame,* 1854, in-8, cart. toile bleue, décors polychromes, tr. dorées. *(Cart. d'édit.).* **100 fr.**

Un frontispice et un titre gravés de K. GIRARDET. Joli décor rocaille or, rouge, rose et bleu de ciel au 1er plat, motif à la cathédrale or, vert, orange au second plat. TRÈS BEL EXEMPLAIRE.

2503 [**FÉNELON**]. — PETIT TÉLÉMAQUE ou Précis des Aventures de Télémaque, fils d'Ulysse, dédié à l'enfance et publié par un instituteur. *Paris, Blanchard,* 1813, in-16, couvert. muette. **60 fr.**

Titre et 1 planche gravés. Larges interlignes. Légères mouillures aux dernières pages *(peu de chose).*

2504 **FÉNELON**. — PIOUS REFLECTIONS for every day in the month. Translated from the French, etc., etc. *London, Scherwood, Neely and Jones,* 1810, small 16mo. contemp. morocco. *(Rubbed).* **30 fr.**

Illustrated with a stipple-engraved portrait of Fenelon by *J. Hopwood* from the painting by *Vivian.* Inside is an early card of piety given children with a woodcut in the Bewick style.

2505 [**FENN (Lady)**]. — THE CHILD'S GRAMMAR ; corresponding with Parsing Lessons, and forming part of a Series for teaching. By Mrs Lovechild. *London, J. Harris, Successor to E. Newbery,* 1807, sm. 12mo. or. wrappers *(rebacked),* with printed title ticket on front cover. **200 fr.**

FIRST EDITION. Few copies of this popular infant's grammar have survived.

2506 [**FENN (Lady)**]. — A MISCELLANY IN PROSE AND VERSE, four Young Persons. Designed Particularly for the Amusement of Sunday Scholars. *London, John Marshall, n. d.* [circa 1805], sm. 12mo. or. wrappers. **65 fr.**

Engraved frontispiece. Fingered copy.

2507 **FENN (Lady)**. — SKETCHES OF LITTLE BOYS : The well-behaved little Boy, the covetous, the dilatory, the exact, the attentive, the inattentive, the quarrel-some, and the good little boy. *London, Dean and Son, n. d.* [circa 1840], square 12mo. or. cloth, gilt. **250 fr.**

Illustrated with seven coloured engravings on wood. « Solomon Lovechild » is one of the pseudonyms of LADY FENN, whose Children's books had a great vogue at the period. *Loose in binding.*

2508 [**FENN (Lady)**]. — SKETCHES OF LITTLE BOYS AND GIRLS by Solomon Lovechild. *London, Thomas Dean and Son, n. d.* [circa 1850], sm. 8vo. or. cloth, gilt, g. e. **50 fr.**

Hand-coloured frontispiece and title page with vignette engraved on stone and 21 woodcuts in text. Large type. 10 page book list at end.

2509 **FENN (Lady)**. — SKETCHES OF LITTLE GIRLS, by Solomon Lovechild. *London, Thomas Dean and Son, n. d.* [circa 1835], sq. 12mo. or. cloth. **130 fr.**

Illustrated with 7 hand-coloured woodcuts. The Contents are *The Good-natured Little Girl. The Thoughtless. The Vain. The Orderly. The Slovenly. The Forward. The Snappish. The Persevering. The Modest and the Awkward Little, Girl.*

2510 **FENNEL (James)**. — A NEW YEAR'S GIFT ; presented to the Youth of Both Sexes. *Boston, John West and Co,* 1810, 16mo. or. printed wrappers. **150 fr.**

A collection of poems for young people. The author is rather doubtful about the success of his book and in the Preface *(which is in verse),* writes

> *A work in Boston, I've been told*
> *Ne'er met with approbation,*
> *Or found a chance of being sold.*
> *Without recommandation !* etc., etc.

The lower wrapper has advertisements of children's books, among which figures « The Butterfly's Ball, 19cts. » *Very fine copy.*

2511 **FENWICK (Mrs)**. — LESSONS FOR CHILDREN or Rudiments of Good Manners, Morals and Humanity. With numerous wood engravings executed in the superior style. *London, M. J. Godwin, at the Juvenile library,* 1813, 12mo. or. half-leather, boards. *(Rubbed).* **300 fr.**

49 quaint woodcuts.

2512 **FER (Nicolas de)**. — INTRODUCTION A LA GÉOGRAPHIE avec une Description historique sur touttes *(sic)* les parties de la Terre. Seconde édition. *Paris, Danel,* 1717, in-8, v. brun mouch., dos orné, tr. marb. *(Rel. anc.).* **150 fr.**

Ouvrage destiné à l'instruction de la jeunesse, *entièrement gravé,* orné de 6 grandes cartes se dépliant ; la dernière, dédiée à *Nos Seigneurs les Enjans de France* est une carte d'AMÉRIQUE (50 pages gravées sont relatives à l'*Amérique*). Le première planche ou *Mappe-Monde* est ornée des portraits du *R. P. Tachard, de Cavelier de la Salle, de Magellan, de Christophe Colomb, d'Améric Vespuce, etc.* Bel exemplaire.

2513 **FERGUSON (James)**. — ASTRONOMIE DES DEMOISELLES ou Entretiens sur la Mécanique céleste... traduite de l'anglais par M. QUÉTRIN. *Paris, Raynal,* 1827, in-12, demi-veau vert foncé, dos très joliment orné, tr. marb. *(Rel. anc.).* **100 fr.**

Orné de 6 planches gravées et coloriées dont 2 se dépliant et 2 avec pièces mobiles. Culs-de-lampe gravés sur bois. *Très bel exemplaire.*

2515 **FERRER (Georg Ludwig)**. — NATURGESCHICHTE FUR DIE JUGEND. *Nurnberg, Frie-*

drich Campe, 1818, in-8, cart. papier marbré, dos orn. d'une pièce de mar. r. *(Carl. de l'époque).*
150 fr.

Histoire naturelle pour la jeunesse. Ouvrage orné d'un frontispice et de 12 jolies planches coloriées par *Fleischmann*, donnant 118 figures. *Bel exemplaire.*

2516 FERTIAULT (E.). — LA BONNE ÉTOILE. Scènes, récits et épisodes du jeune âge. *Paris, Alph. Desesserls, s d.* [vers 1850], in-8, cartonnage en chromolithographie. *(Carl. de l'édit.).* **250 fr.**

Illustré de 8 lithographies hors-texte sur fond teinté et de nombreuses vignettes dans le texte. Cartonnage bleu, bistre et rose sur fond blanc.

2517 FETE DE FAMILLE (LA). *S. l. n. d.* [*Paris,* vers 1830], in-32, cart. papier *de l'édit.* **40 fr.**

Une charmante gravure. 40 pages. Cartonn. glacé bleugris orné à froid. Titre imprimé en noir sur le 1er plat.

2518 FEUILLET (Octave). — VIE DE POLICHINELLE et ses nombreuses aventures, avec un portrait du nez du commissaire, son ennemi et un fac-similé de la queue du diable. *Paris, J. Helzel, E. Blanchard,* 1852, in-8. *(Cartonnage toile marron de l'éditeur),* tr. dorées. **170 fr.**

Vignettes de *Bertall.* Seconde édition de cet amusant ouvrage d'Octave Feuillet, dont l'originale avait paru en 1846 chez Hetzel. Larges interlignes. Légères rousseurs, dos passé.

2519 FEUILLET (Octave). — VIE DE POLICHINELLE et ses nombreuses aventures. *Paris, J. Helzel el C(te), s. d.* (1879), in-8, demi-chagr. grenat, dos et coins, tr. dorées. **40 fr.**

Même ouvrage que le précédent, mêmes illustrations. Nouvelle édition : « Petite Bibliothèque Blanche ».

2521 [FIELDING (H.)]. — LES AVANTURES DE JOSEPH ANDREWS et du ministre Abraham Adams..., par M... Feilding *(sic),* et traduites en françois, à Londres, par une dame angloise. *Londres, A. Millar,* 1743, 2 vol. in-12, veau f., dos ornés, pièces cuir, tr. rouges. *(Rel. de l'époque).* **600 fr.**

PREMIÈRE ÉDITION de cette traduction, faite sur la troisième du roman de Fielding, dont l'originale avait paru à Londres en 1742.

2522 FIELDING (H.). — THE HISTORY OF THE ADVENTURES OF JOSEPH ANDREWS, and his friend Mr Abraham Adams. Abridged from the Works of H. Fielding, Esq. *London, E. Newbery, at the Corner of St. Paul's Church-Yard,* 1784, sm. 16mo. levant morocco *(mod. binding).* **14.000 fr.**

This is probably the first issue of this juvenile edition according to Welch's chronological appendix. Illustrated with a frontispiece and 4 plates engraved on copper. At end is Newbery's 6 page book catalogue. *For the Instruction and Entertainment, of all the Good Little Masters and Misses of Graet-Britain, Ireland and America.* A little, cropped but a fine copy. *Excessively rare.*

2523 FIELDING (H.). — THE HISTORY OF THE ADVENTURES OF JOSEPH ANDREWS, and his friend Mr Abraham Adams. Abridged from

the Works of H. Fielding, Esq. *London, E. Newbery,* 1793, sm. 16mo. or. flowered-paper, boards. *(Back strip missing).* preserved in levant morocco case. **12.500 fr.**

The collation of this later edition is different from that of 1784, having 180 pages instead of 164. The type is slightly larger, and there is no catalogue at end. The plates are the same. *Fine copy.*
PLANCHE 79.

2524 FIELDING (H.). — TOM JONES ou l'Enfant trouvé. *Paris, Daulhereau,* 1828, 6 vol. in-16, demi-veau beige, dos orné d'étiqu. noires, filets noirs, compartiments de filets dorés, fleurons, tr. marbrées. *(Rel. de l'époque).* **80 fr.**

Charmant exempl. de cet ouvrage fameux. Edition précédée d'une importante notice sur Fielding par Walter Scott. Etiquettes du dos un peu frottées.

2525 FIELDING (S.). — THE GOVERNESS or the Little Female Academy, calculated for the Entertainment and Instruction of Young Ladies in their Education. By the Author of David Simple. *London, A. Millar and Sold by T. Cadell,* 1768, 12mo. or. cloth. **500 fr.**

This quaint account of the young ladies' Seminary was reprinted by Miss Yonge in « Storehouse of Stories ». Part of the Story is occupied by fairy-tales. Mrs Sherwood also produced a Version of this book, and *Mrs Leicester's School,* by Charles and Mary Lamb as also Dorothy Kilner's *Village School,* carried out the same idea.

2526 [FIELDING (S.)]. — THE GOVERNESS or the Little Female Academy. By Mrs Sherwood. Fifth edition. *London, Houlston and Son,* 1832, 12mo. **150 fr.**

Engraved frontispiece. Mrs Sherwood edited and revised the Story. Two page book list at end. *Frontispiece slightly foxed.*

2526 bis FIGURES (SÉRIE DE PETITES). 38×50 mm. *S. l. n. d.,* en feuilles, conservée dans une boîte demi-mar. **500 fr.**

32 figures (16 hommes et 16 femmes), gravées, coloriées et tirées sur grand papier, représentant des costumes et des types divers.

2527 FIGURES OF FUN or Comical Pictures and droll verses, for little girls and boys. *London, Charles Till,* 1833, 2 vols sm. 8vo. or. printed wrappers, preserved in half-morocco case. **3.800 fr.**

FIRST EDITION. The two separate parts are illustrated with 16 amusing hand-coloured engravings. *This precious and typical book for Children is so rare, that, this is the only complete copy (the two parts) that has come to our notice.* The work is inspired by 17th century French engravings done in the same spirit. *Fine copy.*

2528 [FILASSIER (J.-J.)]. — ERASTE OU L'AMI DE LA JEUNESSE. Entretiens familiers dans lesquels on donne aux jeunes gens de l'un et de l'autre sexe, des notions suffisantes sur la plupart des connaissances humaines, etc. *Paris, Vincent,* 1773, fort vol. pet. in-8, bas. marb., dos orné de lyres, pièces rouges, pet. guirlande autour des plats, tr. bleues. *(Rel. anc. vers 1820).* **500 fr.**

ÉDITION ORIGINALE très rare, parue sans nom

d'auteur de cet ouvrage qui eut le plus grand succès et de multiples éditions, composé par un abbé, admirateur de *Rousseau*, pour perfectionner, comme lui, le système d'éducation alors en usage. Deux planches gravées pour la partie relative à la *Géographie*. Qq. ff. salis. Rel. frottée.

2529 **FILASSIER (J.-J.)**. — ERASTE OU L'AMI DE LA JEUNESSE. Troisième édition. *Paris, Vincent*, 1775, 2 vol. à pag. suivie, pet. in-8, veau écaille, dos très orné, pièces de couleur, tr. marb. *(Rel. anc.)*. **300 fr.**

Même ouvrage que le précédent. Très bel exemplaire avec la signature de l'éditeur au verso du titre. 2 cartes gravées.

2530 **FILASSIER (J.-J.)**. — ERASTE OU L'AMI DE LA JEUNESSE, ETC. Nouv. éd. *Paris, Vincent*, 1776, fort vol. pet. in-8, v. marbré, dos à n. orné, tr. r. *(Rel. anc.)*. **200 fr.**

Même ouvrage que le précédent. 2 cartes. Très bel exemplaire.

2531 **FILASSIER (J.-J.)**. — ERASTE OU L'AMI DE LA JEUNESSE, ETC. Nouvelle édition. *Paris, Vincent*, 1776, 2 vol. à pagin. suivie, pet. in-8, v. marbré, dos orné, pièces de couleur, tr. r. *(Rel. anc.)*. **250 fr.**

Même ouvrage, même éd. que le précédent, mais divisé en deux volumes et contenant 1 planche ajoutée (mappemonde). Très bel exemplaire.

2532 **FILASSIER (J.-J.)**. — ERASTE OU L'AMI DE LA JEUNESSE, ETC. Nouvelle éd. considérablement augmentée, continuée et corrigée jusqu'en 1825. *Paris, Boisle*, 1828, 2 vol. in-8, demi-bas. fauve, dos orné, plats pap. gaufrés. *(Rel. de l'époque)*. **60 fr.**

Même ouvrage que le précédent, orné de 2 cartes et de 16 planches représentant 172 sujets (mythologie, astronomie, histoire naturelle). *Bel exemplaire.*

2533 **FILLEUL-PÉTIGNY (Mlle Clara)**. — AVENTURES D'UN JEUNE NAUFRAGÉ. *Rouen, Mégard*, 1859, in-12, cart. toile grenat, décors dorés, tr. dorées. *(Cart. de l'édit.)*. **20 fr.**

2 gravures. Cartonn. orné de compart. à froid et de petits fleurons dorés. Histoire d'un esclave de la Martinique. *Très bel exemplaire.*

2534 **FILLEUL-PÉTIGNY (Mlle Clara)**. — FRIDOLIN ou le Triomphe de la vertu. *Paris, Picard fils aîné*, s. d. [vers 1845], in-8. *(Cartonnage papier de l'éditeur)*. **45 fr.**

1 planche gravée. Cartonnage papier vert, cadre à larges rinceaux d'or.

2535 **FILLEUL-PÉTIGNY (Mlle Clara)**. — THÉODORE ET PAULINE... *Rouen, Mégard el Cie*, s. d. [vers 1855], in-12, cartonn. percale noire, encad. à fr. et dor. *(Cart. de l'éditeur)*. **10 fr.**

De la collection : « *Bibliothèque morale de la jeunesse* ». 3 jolies figures sur acier hors-texte. Cartonnage *légèrement défraîchi.*

2536 **FINCH (C.)**. — THE GAMUT AND TIME-TABLE, IN VERSE. For the Instruction of Children. *London, A. K. Newman and Co*, n. d. [circa 1825], sm. 8vo. or. printed wrappers, preserved in half-morocco case. **650 fr.**

Illustrated with a frontispiece and 11 woodcuts, all hand-coloured. The work is an admirable and amusing book to teach children, the theory of music.

2537 **FINCH (C.)**. — THE GAMUT AND TIME-TABLE. *Dean and Munday*, n. d. [circa 1825]. **550 fr.**

Another copy. A few stains.

2538 **FIRESIDE COMPANION (THE)**. A HAND-BOOK OF GAMES for Evening Amusement. By the author of « The Toilette », etc., etc. *Philadelphia, G. S. Appleton*, 1849, 24mo. or. cloth, gilt, g. e. **50 fr.**

Illustrated with woodcuts showing games. Some pages slightly foxed.

2539 **FIRST STEP TO LEARNING (THE)**. *London, Dean and Son*, n. d. [circa 1840], 12mo. or. printed wrappers. **40 fr.**

Illustrated with many woodcuts including an illustrated Alphabet. *Fine copy.*

2540 **FIVE LITTLE PIGS (THE HISTORY OF)**. *London, George Routledge and Sons*, n. d. [circa 1880], 4to. or. printed and coloured boards. **60 fr.**

Illustrated with 41 amusing coloured drawings.

2541 **FLAMANVILLE (Mme de)**. — EUGÉNIE ou le Calendrier de la Jeunesse, contenant 12 contes pour les 12 mois de l'année. Troisième édition. *Paris, P. Blanchard*, 1824, in-12, demi-veau poli citron, dos à n. orné de fil. et fleurons à froid et de dent. dorées, pièce grenat, n. rogné. **60 fr.**

Orné d'un frontispice gravé (2 sujets) et de 5 planches gravées, contenant chacune 2 sujets. Un des contes (illustrés d'une vignette) est intitulé : *Zulma ou la* (sic) *jeune Robinson*. Qq. rouss. et qq. lég. restaurations dans qq. marges. Jolie reliure neuve.

2542 **FLAMERAND (Mme de)**. — ALPHONSE ET SOPHIE ou les Enfants ingrats. *Paris, Lavigne*, 1836, pet. in-12, bas. f. marbrée, dos orné, pet. guirlande autour des plats, tr. marb. *(Rel. de l'époque)*. **25 fr.**

Petit ouvrage orné de 3 figures gravées en taille-douce, non signées.

2543 **FLAMERAND (Mme de)**. — CLÉMENCE ou la Première Communion. Histoire morale propre à instruire la Jeunesse en l'amusant. *Paris, Masson*, 1825, in-12, cartonn. bradel, pap. marb. bleu. *(Cartonn. d'époque)*. **80 fr.**

ÉDITION ORIGINALE. Titre gravé avec vignette et 3 figures non signées. *Bel exemplaire.*

2544 **FLAMERAND (Mme de)**. — LE PETIT DANIEL ou le Pouvoir de la vertu, suivi de Stanislas, etc. *Paris, Masson et Yonet*, 1829, in-16, bas. f. mouchetée, tr. jasp. **50 fr.**

Titre et 3 charmantes planches gravés. Déchirures à 2 pages sans gravité. *Bel exemplaire.*

2545 FLAMERAND (Mme de). — LE PETIT FRÉ-
DÉRIC ou le Bon Fils. Histoire instructive et amusante dédiée à la jeunesse. *Paris, M. Ardant*, 1839,
pet. in-12, cartonn. bradel pap. chagrin vert. *(Cartonnage d'époque).* **60 fr.**

Titre gravé avec vignette et 3 figures gravées. *Bel exempl.*

2546 FLESSELLES (Mme de). — LES JEUNES
VOYAGEURS EN FRANCE. Histoire amusante
destinée à l'instruction de la jeunesse, contenant
ce que la France présente de plus curieux. *Paris,
P. Blanchard*, 1822, 4 vol. in-12, cartonn. dos
marbré et orné de pièces rouges, tr. j. *(Cartonn.
ancien).* **600 fr.**

ÉDITION ORIGINALE. Ornée de 8 planches de costumes non signées, de 4 frontispices (dont l'un est signé
Choquet et *Gossart*) et de 4 titres gravés avec vignettes.
D'après la préface l'idée de ce livre serait due à *Madame
de Genlis*, « le premier ouvrage de ce genre que
l'on ait consacré à l'instruction de la jeunesse ». Quelques
mors faibles mais *très bel exemplaire.*

2547 FLESSELLES (Mme de). — LES JEUNES
VOYAGEURS EN FRANCE. Histoire amusante
destinée à l'instruction de la Jeunesse, contenant
ce que la France présente de plus curieux. Troisième édition. *Paris, Lehuby*, 1834, 4 vol. in-12,
bas. fauve marbrée, dos orné, pièces rouges, tr.
marbr. *(Rel. de l'époque).* **250 fr.**

Même ouvrage que le précédent, illustré des mêmes
figures. Bel exemplaire. *Ex-praemio* sur les premiers plats.

2548 FLEURY. — BIBLE DU JEUNE AGE ou
Abrégé de l'Histoire Sainte, par Fleury. *Paris,
Thiériot et Belin*, 1824, pet. in-12, bas. marb.,
dos orné, pièce rouge. *(Rel. de l'époque).* **150 fr.**

Orné d'un titre gravé, d'un frontispice et de 30 figures
gravées (2 par planche). *Très rare.*

2549 FLORE DES DAMES et des demoiselles. *Paris,
Marcilly, s. d.* [vers 1830], 6 vol. in-12. *(Cartonnage papier de l'éditeur, étui).* **1.000 fr.**

Bosquets, jardinières, jardins, orangeries, parterres,
plates-bandes. 3 lithographies finement coloriées par
volume, dont une sur le cartonnage, vignettes. Cartonnages
papiers de couleurs différentes dans les tons clairs, plats
estampés à froid, titres lithographiés. Magnifique exemplaire. Les figures sont d'une finesse et d'une fraîcheur
extrêmes.

2550 FLORE DES DAMES et des demoiselles. *Paris,
Marcilly, s. d.* [vers 1850], 6 vol. in-12. *(Cartonnage papier de l'éditeur, étui).* **500 fr.**

Même ouvrage, mêmes illustrations que le précédent. Légères rousseurs.

2551 FLORIAN DES ENFANTS (LE). *Paris et Limoges, Martial Ardant*, 1853, pet. in-8 oblong, cartonn. toile bleu foncé, ornements dorés sur les
2 plats. *(Cartonn. d'édit.).* **90 fr.**

Orné de 6 amusantes lithographies coloriées *(postérieurement)*, non signées. Bel exemplaire.

2552 FLORIAN. — FABLES, revues, corrigées,
mises dans un nouvel ordre et augmentées de

plusieurs fables inédites d'après les manuscrits
autographes de l'auteur. *Paris, Guilleminet*, an
IX, pet. in-12, bas. marb., dos très orné, pièces
tr. j. *(Rel. anc.).* **20 fr.**

Jolie petite édition ornée d'un frontispice gravé, non
signé.

2553 FLORIAN. — FABLES. *Paris, Castel de Courval*, 1824, in-32, veau havane, dos orné, filet et
dent. à froid sur les plats, dent. intér. à froid, tr.
dorées. *(Rel. de l'époque).* **150 fr.**

Portrait par *A. Ethiou* et 18 pl. gravées. Jolie édition
imprimée par E. Pochard. Légères rousseurs.

2554 FLORIAN. — CHOIX DE FABLES EN ES-
TAMPES. *Paris-Limoges, Martial Ardant, s. d.*
[vers 1825], in-8 obl. *(Cartonn. de l'éditeur).*
40 fr.

Titre gravé et 22 planches. Dos et pl. usagées.

2555 FLORIAN. — FABLES. *Paris, Belin Le Prieur*,
1827, in-12, bas. mouch., dos orné, pièce rouge,
pet. guirlande autour des plats, tr. marb. *(Rel.
de l'époque).* **90 fr.**

Frontispice gravé et 15 planches gravées (trois amusants
sujets par planche). Qq. taches.

2556 FLORIAN. — FABLES, avec une préface par
HONORÉ BONHOMME. *Paris, Jouaust, Libr.
des Bibliophiles*, 1886, in-8, maroquin rouge, dos
à nerfs richement orné, plats décorés d'un
somptueux et large encadrement formé d'entrelacs de filets et de feuillages, doublure de
maroquin rouge, avec cadres de filets et larges
motifs d'angles, tr. dor. *(Chambolle-Duru).*
1.500 fr.

Très belle édition de la « *Petite Bibliothèque Artistique* »
(*Vicaire*, vol. I, 593). *Un des 10 exemplaires sur Japon*
avec le portrait de Florian et les 6 eaux-fortes de *Le Rat*
d'après *E. Adan en trois états*. Somptueux exemplaire
dans une magnifique reliure de *Chambolle-Duru.*

2557 FLORIAN. — ŒUVRES POSTHUMES contenant : Rosalba, Nouvelle sicilienne, plusieurs
fables inédites et le poème de Guillaume Tell.
Paris, Gratiot, s. d. [vers 1800], pet. in-12, bas.
fauve marbrée, dos très orné, fil. entourant les
plats, tr. j. *(Rel. anc.).* **50 fr.**

Jolie édition ornée d'un portrait au pointillé gravé par
Clément, d'après *Laplace* et de 4 jolies figures dessinées
par *Monnet* et gravées par *Gaucher.* Bel exemplaire.

2558 FLORIAN. — LES PLUS JOLIES FABLES
DE FLORIAN, précédées d'une notice sur la
vie et les écrits de l'auteur. *Paris, L. de Bure,
s. d.* [vers 1840], pet. in-12. *(Cartonnage en chromolithographie de l'édit.).* **100 fr.**

Illustré de 1 portrait et de 8 lithographies par *Pourvoyeur* et *Schroeder*, d'après les dessins de Susemilh [indi-
quées sur le titre comme gravées sur acier]. Cartonnage
représentant en noir divers animaux appartenant aux
fables. Rousseurs.

2559 FLORIAN. — WILLIAM TELL or the
Patriot of Switzerland, translated freely from
the French... to which is prefixed, The Life

of the Author. *London, J. Harris and Son,* 1823, 12mo. or. printed boards. **380 fr.**

FIRST EDITION OF THIS VERSION. Illustrated with 22 hand-coloured engravings. Four page book list at end.

2560 **FLORIAN.** — WILLIAM TELL or the Patriot of Switzerland... and Hofer, The Tyrolese, by the Author of Claudine, etc. *London, John Harris,* 1833, sm. 12mo. or. half-leather, boards. **75 fr.**

Illustrated with 4 engravings, first impressions. 6 page book list at end.

2561 **FLOWER-BASKET (THE)** or Poetical Blossoms, original Nursery Rhymes and Tales, by the Author of « Adventures of a Field-Mouse ». *London, A. K. Newman, n. d.* [circa 1828], 12mo. or. printed wrappers preserved in half-morocco case. **600 fr.**

Beautiful frontispiece and 14 other woodcuts, all hand-coloured. *Fine copy.*

2562 **FLYING CARPET (The).** *New York, Charles Scribner and Sons, n. d.* (1925), 4to. or. cloth with dust wrappers. **250 fr.**

FIRST EDITION. Many coloured plates and sketches. Contains stories by THOMAS HARDY, J. M. BARRIE, A. A. MILNE, G. R. CHESTERTON, ETC., ETC. Barrie's « Neil and Tintinnabulum » appears in this collection for the first time and was afterwards issued privately. *Fine copy, as new.*

2563 **FOA (Eugénie).** — CONTES HISTORIQUES pour la jeunesse. *Paris et Leipzig, Desforges et Cie, s. d.* [vers 1840], 3 vol. in-12, cart. percale bleue, encad. à fr., centres dor., dos orn. *(Cart. de l'éditeur).* **120 fr.**

Édition ornée de 12 jolies figures gravées sur acier horstexte. Exemplaire très frais. Qq. rousseurs.

2564 **FOA (Eugénie).** — CONTES HISTORIQUES POUR LA JEUNESSE. *Paris et Leipzig, Desforges, s. d.* [vers 1840], in-12, bas. maroq. bleu foncé, dos orné de motifs rocaille dorés et argentés, plats ornés de motifs de même style également dorés et argentés, tr. dor. *(Rel. de l'époque).* **50 fr.**

Illustré de 4 charmantes figures non signées. Napoléon, Mme Riccoboni, Mme de Staël, Louis XVII, etc. Qq. rouss.

2565 **FOA (Eugénie).** — CONTES HISTORIQUES. *Paris, Janet, s. d.* [vers 1850], pet. in-8 carré, demi-bas. fauve, plats pap. impr. *(Rel. d'édil.).* **100 fr.**

Orné de 6 jolies lithographies hors-texte de *C. Lassalle.* Un des contes est intitulé : 1785. *Guillaume Dupuytren, premier chirurgien de l'Hôtel-Dieu.* Plats un peu frottés. Quelques piqûres.

2566 **FOA (Eugénie).** — CONTES HISTORIQUES. *Paris, Magnin, Blanchard et Cie, s. d.* [vers 1856], gr. in-18, cart. percale br. encad. à froid, grande plaque dor., dos orn. en long, tr. dor. *(Cart. de l'éditeur).* **40 fr.**

Ornée de 6 figures gravées sur acier par *Rouarge,* d'après *Lassalle.* Exemplaire dans un joli cartonnage richement décoré. Le premier plat est orné d'un titre en lettres dorées dans un encadrement avec figures : mère et enfant, fleurs, etc. *Qq. rousseurs.*

2567 **FOA (Eugénie).** — CONTES VARIÉS. Histoire et fantaisie. *Paris, Amédée Bédelet, s. d.* [vers 1850], in-12, cartonnage en chromolithographie. *(Cart. de l'édil.).* **600 fr.**

Illustré de 6 lithographies COLORIÉES de *A. Duruy.* Cartonnage en chromolithographie or, rouge et bleu, sur fond crème. *Coiffes brisées.*

2568 **FOA (Eugénie).** — LES ENFANTS ILLUSTRES. Contes historiques. *Paris, Amédée Bédelet, s. d.* [vers 1850], in-8, cartonnage en chromolithographie. *(Cart. de l'édil.).* **500 fr.**

PREMIÈRE ÉDITION. 6 lithographies de Hadamard sur fond teinté. Cartonnage en chromolithographie : bleu, vert, or et carmin. Récits biographiques sur Gutenberg, Gustave Wasa, Sixte-Quint, Gassendi. Mozart, etc. *Exemplaire de toute fraîcheur dans son charmant cartonnage original.*

2569 **FOA (Eugénie).** — LES ENFANTS ILLUSTRES... *Paris, Bédelet, s. d.* [vers 1850], in-8, cartonnage en chromolithographie. *(Cart. de l'éditeur).* **200 fr.**

Le même ouvrage que le précédent, mêmes illustrations, même cartonnage. 3e édition contenant des récits qui ne sont pas dans la 1re (Jeanne d'Arc, Rubens, Catherine Ire), mais la disposition typographique est différente. Très légères rousseurs. Légèrement déboîté.

2570 **FOA (Eugénie).** — LE LIVRE DE LA JEUNESSE. *Paris, Amédée Bédelet, s. d.* [vers 1860], in-8, demi-chag. rouge, plats toile, dos orn. de camp., tr. dor. *(Rel. de l'éditeur).* **100 fr.**

De la Collection *Bibliothèque illustrée de la Jeunesse.* Édition ornée de 8 charmantes lithographies coloriées à la main. *Bel exemplaire.*

2571 **FOA (Eugénie).** — LES PETITS ARTISTES PEINTRES ET MUSICIENS. Contes historiques. *Paris, A. Bédelet, s. d.* [vers 1850], in-8, cart. toile verte, décors dorés, tr. dorées. *(Cart. de l'édil.).* **80 fr.**

Huit lithographies hors-texte sur fond chamois, par HADAMARD. Plaque architecturale dorée. Contes sur l'enfance de Guido, Van Dyck, Callot, Salvator Rosa, Sébastien Gomes, Lulli, Beethoven. *Bel exemplaire.*

2572 **FOA (Eugénie).** — LES PETITS ARTISTES PEINTRES ET MUSICIENS. Cart. percale noire, plats et dos orn. de fers spéciaux mosaïqués, tr. dorées. *(Cart. de l'éditeur).* **250 fr.**

Même ouvrage, même édition que le n° précédent avec les lithographies richement coloriées. Cartonnage frotté aux coins et coiffes.

2573 **FOA (Eugénie).** — LES PETITS GUERRIERS. Contes historiques pour la jeunesse. *Paris, Amédée Bédelet, s. d.* [vers 1855], in-8, cart. toile bleue, décors polychromes, tr. dorées. *(Cart. d'édil.).* **150 fr.**

8 lithos de HADAMARD, sur fond chamois. Vignettes sur bois. Récits de l'enfance de *Turenne, Jean Bart, Dugay-Trouin, Hoche, Kléber, Napoléon et du général Foy.* Eugénie Foa, morte en 1853, fondatrice du *Journal des Demoiselles,* du *Journal des Enfants,* du *Dimanche des Enfants,* a écrit de nombreux ouvrages pour la jeunesse, où brillent « une imagination vive, une gaieté entraînante et une sensibilité communicative ». Jolie décoration or, rouge, vert et bleu d'outremer sur les plats et le dos. TRÈS BEL EXEMPLAIRE.

2574 FOA (Eugénie). — LES PETITS MARINS. *Paris, Louis Janel, s. d.* [vers 1836], pet. in-8 carré, demi-bas. noire, plats pap. imprimé avec titre. *(Rel. de l'éditeur).* **280 fr.**

ÉDITION ORIGINALE ornée de 5 charmantes lithographies de *Lassalle. (Christophe Colomb, Jacques Cartier, Couture, Michel Ruyter).* Intéressant AMÉRICANA. Cartonnage un peu fané mais cependant très rare en pareille condition.

2575 FOA (Eugénie). — MÉMOIRES DE CROQUEMITAINE. *Paris, Louis Janel, s. d.* (1841), in-16, bas. grenat, dos orné, fers à froid et fil. sur les pl., tr. dorées. **80 fr.**

ÉDITION ORIGINALE. 6 lithographies de *Louis Lassalle.* Volume devenu rare et recherché pour ses illustrations. Légères rousseurs. Le bas du dos manque.

2576 FOA (Eugénie). — MÉMOIRES D'UNE PETITE FILLE DEVENUE GRANDE. Keepsake enfantin. *Paris, Louis Janel, s. d.* [vers 1845], in-4, *cartonnage* toile bleue *de l'éditeur,* titre et tr. dorés. **40 fr.**

8 « belles vignettes anglaises » gravées par *T. Woolnoth,* d'après les dessins de *T. A. Woolnoth.* Rousseurs.

2577 FOA (Eugénie). — LES PETITS POÈTES ET LITTÉRATEURS. Contes historiques dédiés à la jeunesse. *Paris, A. Bédelel, s. d.* [vers 1845], in-8, cart. toile bleue, décor polychrome, tr. dor. *(Cart. de l'édil.).* **125 fr.**

Huit lithographies hors-texte sur fond chamois, par *Hadamard.* Contes sur la jeunesse du roi René, de Christine de Pisan, de Clément Marot, de Mme de Sévigné, de Fénelon, de Daniel de Foé, de Bernardin de Saint-Pierre, de Mme de Staël. Décorations sur le dos et les plats or, rouge, violet, outremer, vert, olive, orange. *Bel exemplaire.*

2578 FOA (Eugénie). — LES PETITS POÈTES ET LITTÉRATEURS. *(Cartonnage papier de l'éditeur).* **180 fr.**

Même ouvrage, mêmes figures que le précédent. Cartonnage en chromolithographie. *Bel exemplaire.*

2579 FOA (Eugénie). — PETITS PRINCES et Petites Princesses. Contes historiques dédiés à la jeunesse... *Paris, Amédée Bédelel, s. d.,* in-8, cartonn. en chromolithographie. *(Cart. de l'édil.).* **250 fr.**

Illustré de 8 lithographies de *A. Hadamard,* sur fond teinté. Cartonnage orné de blasons. 2 pages de catalogue à la fin. Marguerite de Provence, Madame Isabelle de France, Anne de Bretagne, Louise de Lorraine, Louis XIV enfant, Marie Leczinska, Madame Louise de France, Louis XVIII. Légères rousseurs.

2580 FOA (Eugénie). — SEPT HISTOIRES DE PETITS GARÇONS. *Paris, Amédée Bédelel, s. d.* [vers 1860], in-8. *(Cartonnage papier de l'éditeur).* **100 fr.**

7 lithographies coloriées par *A. Darcey,* vignettes. Cartonnage en chromolithographie *(dos fatigués).* Rousseurs.

2581 FOA (Eugénie). — SIX HISTOIRES DE JEUNES FILLES. *Paris, Louis Janel, s. d.* (1836), pet. in-8, carré, demi-bas. bleu foncé, plats pap., titre dans encadrement. *(Rel. de l'éditeur).* **1.000 fr.**

ÉDITION ORIGINALE ornée de 6 délicieuses lithographies par *Mlle Louise Marigny,* d'après les dessins de *Mme Collin,* en très fin COLORIS d'époque. Bel exemplaire dans sa reliure d'éditeur (coins un peu frottés).

2582 FOA (Eugénie). — SIX HISTOIRES DE JEUNES FILLES. *Paris, Louis Janel, s. d.* [vers 1836], in-12, demi-bas. verte, dos et coins, pl. toile. *(Rel. de l'époque).* **200 fr.**

Même ouvrage, mêmes planches que le précédent, mais en noir. Petite tache d'encre, légères rousseurs.

2583 FOA (Eugénie). — SIX HISTOIRES DE JEUNES FILLES. *Paris, Magnin, Blanchard el Cie, s. d.* [vers 1856], gr. in-18, cart. percale toile violette, encad. de fil. à fr., centre dor., tr. dor. *(Cart. de l'éditeur).* **30 fr.**

Édition ornée de 6 charmantes figures gravées sur acier par ROUARGE. Intéressant petit recueil renfermant : *Mademoiselle Cazotte, La Sorcière des Trois Islets, ou Joséphine Tascher de la Pagerie, Mademoiselle de Lajolais, Les Petits Gâteaux, Les Orphelins de Saint-Gratien* et *Elise Mercœur.* Qq. rousseurs, dos passé.

2584 FOA (Eugénie). — VERTUS ET TALENTS. Modèles des jeunes filles. Contes historiques. *Paris, A. Bédelel, s. d.* [vers 1847], in-8, cart. toile violette, décors polychromes, tr. dorées. *(Cart. de l'édit.).* **80 fr.**

8 lithographies en couleurs de *A. Hadamard.* Contes dont les héroïnes sont Olga, grande duchesse de Russie, Mlle de Marillac, Mlle de Lussan, Mme Cottin, Madame Elisabeth, Mme Campan, Marie d'Orléans et enfin la reine Victoria. Jolie plaque architecturale et florale or, rouge, bleu, vert.

2585 FOA (Eugénie). — LE VIEUX PARIS. Contes historiques. *Paris, Louis Janel, s. d.* (1840), in-12, cartonnage de l'éditeur. **75 fr.**

Illustré de 8 lithographies d'après les dessins de *Louis Lassalle.* Cartonnage en chromolithographie, le dos et les coins légèrement abîmés. Rousseurs.
Le cartonnage rappelle la décoration des livres d'heures du xvie siècle.

2586 FONTBETL (M. de). — KARL ou le Guide montagnard. *Limoges, Barbou,* 1845, in-12, bas. grenat gaufrée, dos orné, large décor de feuillages dorés sur les plats et personnages sur le 1er plat, tr. marb. *(Rel. de l'époque).* **25 fr.**

PREMIÈRE ÉDITION. Titre gravé avec vignette et 3 fig. gravées non signées. Coins frottés.

2587 FOOD FOR THE MIND or A New Riddle-Book. Compiled for the Use of the great and Little Good Boys and Girls in England, Scotland, and Ireland, by John the Giant-Killer, Esq. *London, E. Newberry,* 1778, sq. 16mo. coloured wrappers, ticket. *(Modern binding).* **100 fr.**

Modern facsimile reprint of this rare book, published by the Leadenhall'Press about 1900. It is illustrated with many quaint woodcuts.

2588 FOOD FOR THE MIND or A New Riddle-Book. Compiled for the Use of the Great and the Little Good Boys and Girls, in England, Scotland, and Ireland, by John the Giant-Killer, Esq. *York, Wilson, Spence and Mawman,* 1797, sm. 16mo.

or. flowered paper, boards. *(Back strip missing)*, preserved in half-morocco case.   **3.000 fr.**

Illustrated with 68 quaint woodcuts with a riddle under each one. At end a short story of *The Good and Naughty Boy*.

2589 FOOD FOR THE YOUNG adapted to the mental capacities of Children of tender years, by a Mother. *London, W. Darton, jun.* 1818, sm. 12mo. or. half-leather. *(Restored)*.   **125 fr.**

FIRST EDITION. Illustrated with frontispiece and two other well engraved plates. The work contains interesting and instructive tales, of travel, geography and science, etc., in many countries including *America*.

2590 FORCE OF EXAMPLE (THE) or The History of Henry and Caroline, written for the instruction and amusement of young persons. *London, E. Newberry,* 1797, post 8vo. wrappers. *(Modern)*.   **200 fr.**

FIRST EDITION. Illustrated with a finely engraved frontispiece by *Scott* from the drawing by *Kirk*. Four page book catalogue at end.

2591 FORESTER (Fanny). — WAYSIDE FLOWERS or Tales and Pencilings. *London, Thomas Nelson,* 1550, 12mo. or. cloth, gilt.   **35 fr.**

FIRST EDITION. Charming frontispiece and illuminated title page in chromolithography.

2592 FORRESTER (Francis). — ARTHUR'S TEMPTATION or The Lost Goblet. *Boston, Brown and Taggard,* 1860, 12mo. or. blue cloth. *(Shabby)*.   **25 fr.**

6 woodcuts. Small corner torn.

2593 FORSTER (Léon). — SCÈNES INSTRUCTIVES ET AMUSANTES ou Voyages au coin du feu. *Tours, Mame,* 1857, in-12. *(Carlonnage papier de l'éditeur)*.   **30 fr.**

PREMIÈRE ÉDITION. 1 pl. gravée. Cartonnage romantique, rinceaux et fleurs bleu clair sur or guilloché. Extraits de voyages aux Alpes, en Belgique, en Russie, au Labrador, à la Terre-de-Feu, chez les Massachussets, etc.

2594 FORTH (G.). — PIERROT A L'ÉCOLE. *Paris, J. Hetzel, s. d.* [vers 1870], in-8. *(Carlonnage toile de l'éditeur)*.   **100 fr.**

Vignette de titre, frontispice et 32 vignettes de *J. Fath*, gravées par *L. Dumont*. Cartonnage toile violette, cadre en relief, au milieu du 1er plat, reproduction en or de la vignette du titre. *Très bel exemplaire, de toute fraicheur.*

2595 FORTUNÉE ou la Fille du bon laboureur, joli conte. *Troyes, Baudot, s. d.*, in-24, br., couv. impr.   **80 fr.**

Édition de colportage. La couv., ornée d'une vignette sur bois, est de 1810 environ. Le texte comporte 21 pages, il est d'une impression plus ancienne (vers 1780) et paginé de 73 à 93. Le titre de départ, orné d'une vignette sur bois est simplement : *Fortunée*. Voir le n° 95 de Hélot, *Bibl. bleue en Normandie.* Bel exemplaire.

2596 FORTY THIEVES (THE) or Ali Baba and Morgiana. *London, Hodgson and Co, n. d.* [circa 1815], 12mo. half-morocco. *(Modern binding)*.   **300 fr.**

Illustrated with a large folding plates showing 6 copper engravings, beautifully coloured by hand.

2597 FOUCAULT (Mme). — ELIZA ou le Modèle de piété filiale. *Paris, Belin-Le Prieur, s. d.* [vers 1845], in-12. *(Carlonnage toile de l'éditeur)*.   **30 fr.**

4 figures gravées. Cartonnage toile bleue, dos orné, fers à froid sur les plats, motif central, filets courbes. Mouillures et rousseurs.

2597 bis FOUCAULT (Mme). — LES TROIS SŒURS ou les Effets de l'aveuglement maternel. *Paris, Belin-Mandar,* 1833, in-12, cartonn. bradel, pap. marbré. *(Carlonn. d'ép.)*.   **20 fr.**

ÉDITION ORIGINALE ornée de 4 figures en taille-douce. Grand *ex-praemio* hollandais, replié (1834) illustré d'une vignette sur bois.

2598 FOUINET (Ernest). — GERSON ou le Manuscrit aux enluminures. *Tours, Mame,* 1843, in-12, bas. violet foncé, dos orné, plats décorés d'un motif doré et plaque à froid, tr. marb. *(Rel. anc.)*.   **30 fr.**

Titre gravé (vignette) et 3 figures non signées sur acier. Bel exemplaire.

2599 FOUINET (Ernest). — L'ILE DES CINQ, avec une préface sur les livres d'éducation. *Tours, Mame,* 1863, in-12, cart. toile bleue, décors dorés. *(Carl. de l'éditeur)*.   **50 fr.**

6 gravures de *K. Girardet*. La préface contient des vues intéressantes sur la littérature destinée à l'enfance. Motifs dorés sur les plats. Très bel exemplaire.

2600 FOURNIER (Ortaire). — LES ANIMAUX HISTORIQUES. *Paris, Desesserts,* 1845, in-8, cart. toile violette, décors dorés, tr. dorées. *(Carl. d'édil.)*.   **200 fr.**

ÉDITION ORIGINALE. 24 lithos (dont un frontisp.) sur fond chamois, par VICTOR ADAM. Vignettes sur bois. Le Lion d'Androclès, la Tigresse de Néron, l'Éléphant de Porus, l'Eléphant blanc du roi de Siam, le Cheval de Caligula, de Mazeppa, de Napoléon, la Bête du Gévaudan, etc. Cartonnage orné de rinceaux dorés et à froid, avec le chien de Montargis (reproduction de la litho de V. Adam qui se trouve dans l'ouvrage) sur le premier plat, l'aigle de Jupiter (reprod. de la lith. de V. Adam) sur le second plat ; tête de lion, pigeon voyageur et tigre. TRÈS BEL EXEMPLAIRE.

2601 FOURNIER (Ortaire). — HISTOIRE DU MARCHAND D'IMAGES. *Paris, A. Desesserts, s. d.* [vers 1840], in-4 oblong, cart. papier *de l'édit.*   **300 fr.**

Très nombreuses vignettes sur bois. Le titre est orné d'un portrait-charge de l'auteur (?) gravé sur bois. Cartonn. à fond blanc orné de jeux de rinceaux et guirlandes dorés sur fond bleu. Au milieu du 1er plat, figure lithographiée représentant l'éventaire d'un marchand d'estampes entouré d'enfants.

2602 FOUNDLING (THE) or The History of Lucius Stanhope. *London, E. Newbery,* 1787, sm. 16mo. or. flowered-paper wrappers, preserved in half-morocco case.   **1.800 fr.**

FIRST EDITION. Frontispiece and 7 quaint woodcuts. Welsh only knows of the existence of this book by Newbery's advertisement in the London Chronicle, Dec. 27-29, 1787. It is one of the few NEWBERY PENNY BOOK-LETS, that has survived. *Fine copy.*

PLANCHE 66.

2603 **FOUQUÉ (DE LA MOTTE).** — UNDINE. A Romance from the German. A New translation. *London, Edward Lumley, n. d.* [circa 1855], 12mo. or. blue cloth, gilt.   **50 fr.**

Eleven illustrations by JOHN TENNIEL, engraved on wood by *Bastin.* The woodcuts are well coloured by a young person. 4 page book list at beginning. *Fine copy.*

2604 **FOUQUÉ (DE LA MOTTE).** — WILD LOVE and other Tales from the German... *London, Edwards Lumley, n. d.* [circa 1850], 12mo. or. red cloth, gilt.   **70 fr.**

Illustrated with 7 fine wood engravings by *G. Dalziel.* At the end, 24 page book list of children's books published by E. Lumley.

2605 **[FOXTON (Thomas)].** — MORAL SONGS composed for the Use of Children. The Fourth Edition Corrected. Recommended by the Reverend ISAAC WATTS, D. D. *London, Aaron Ward in Little-Britain,* sm. 12mo. polished calf. *(Bedford).*   **4.000 fr.**

This precious little volume is of great interest for the history of early Juvenile Poetry. Composed almost 30 years after the appearance of Isaac Watts » *Divine Songs* », but much earlier than his added « *Moral Songs* », it shows a distinct Revolutionary Step away from the Janeway system. One infers from Dr Watt's address *To the Bookseller* that this work probably suggested the idea of the « *Moral Songs* » to Dr Watts himself. Foxton's Songs were composed to be Sung to Music, the author giving a table of tunes found in the *Musical Miscellany lately published* to which each poem can be sung. Some of the titles are very alluring to the youthful mind « *On the flying of a Paper Kite. Upon shooting with a Bow and Arrows. Upon a Boy's being whipped at School. On playing Football. Upon Boys Sliding. On some Boys seeing a Lion, a Leopard, and other wild Beasts, at a Show, etc., etc.* One page book list at end. Fine copy from the Huth library, with bookplate.

2606 **FRAGMENTS FOR YOUTH,** consisting of Original and Select Pieces, designed for the entertainment and improvement of the rising generation, in Virtue and Piety. *York, Richard Burdekin, n. d.* [circa 1830], sm. 12mo. or. printed boards *(Uncut and unopened).*   **150 fr.**

Illustrated with numerous quaint woodcuts. *Fine copy.*

2607 **FRAGMENTS FOR YOUTH.** Another copy, same edition, or. printed boards.   **75 fr.**

Fine copy.

2608 **FRANCE (Anatole).** — FILLES ET GARÇONS. Scènes de la ville et des champs. *Paris, Hachette, s. d.* [vers 1900]. *(Cartonnage papier de l'éditeur).*   **100 fr.**

12 illustrations en couleurs et vignettes dans le texte, cartonnage en couleurs, par BOUTET DE MONVEL, tr. jaunes. *Très bel exemplaire.*

2609 **FRANCE (Anatole).** — NOS ENFANTS. Scènes de la ville et des champs. *Paris, Hachette, 1887,* in-4, cartonnage demi-toile verte, de l'édi-teur, dos et coins, plats papier rouge, imp. et gerbe de chrysanthèmes, tr. vertes.   **600 fr.**

ÉDITION ORIGINALE, illustrée de 24 pl. hors-texte en couleurs et de nombreuses vignettes dans le texte, par *Boutet de Monvel.* Très bel exemplaire, malgré légère mouil-lure au deuxième plat. Cette édition originale, rare, con-tient dix-neuf contes.

2610 **FRANCE (Anatole).** — NOS ENFANTS. *Paris, Hachette, 1900,* in-4. *(Cartonnage toile de l'éditeur).*   **130 fr.**

12 illustrations en couleurs, vignettes et cartonnage en couleurs, par BOUTET DE MONVEL. Tr. jaunes. Cette édition ne contient que les neuf premiers contes de l'édition originale. *Très bel exemplaire.*

2611 **FRANCE EN MINIATURE (LA).** *Paris, Mar-cilly, s. d.* [vers 1825], 6 vol. in-16. *(Carlonnages papier el boîte de l'éditeur).*   **600 fr.**

Alsace, Auvergne, Béarn, Bretagne, Gascogne, Norman-die. Chaque volume contient 2 planches gravées, dont une est reproduite sur le cartonnage blanc, encadrée d'un filet et d'un cadre or, fleurons aux angles. Boîte à 2 comparti-ments, sur les côtés du couvercle, frise or garnie de rin-ceaux, sur le dessus, cadre historié or, fond blanc, double cadre noir, ancres dans les angles ; au milieu, planche empruntée à « la Normandie », représentant le costume cauchois. *Exemplaire de toute fraîcheur.*

2612 **FRANCE EN MINIATURE (LA).** *Paris, Mar-cilly, s. d.* [vers 1825], 4 vol. in-32. *(Cartonnages papier de l'éditeur, étui).*   **500 fr.**

Auvergne et Cévennes, Béarn et Languedoc, Bretagne, Normandie. 2 figures gravées et coloriées par volume, plus une vignette coloriée sur le titre. Cartonnages papiers de couleurs diverses, dans des tons clairs, les plats estam-pés à froid. Le double d'une des figures gravées collé sur l'étui.

2613 **FRANCE EN MINIATURE (LA).** *Paris, Marcilly aîné, éditeur, s. d.* [vers 1825], pet. in-16, cart. bradel vert, dos orn. avec pièce mar. r. *(Rel. de l'époque).*   **300 fr.**

Recueil comprenant la Normandie, l'Alsace et Vendée, la Bretagne, l'Auvergne et Cévennes, la Gascogne, le Béarn et Languedoc. Il est orné de 12 planches de costumes fine-ment gravées. *Bel exemplaire.*

2614 **FRANCIS.** — LES PETITS AMIS, sujets d'enfans jouant avec des animaux. *Paris, Aubert et Cie, s. d.* [vers 1840], in-4 obl. *(Cartonnage pa-pier de l'éditeur).*   **1.000 fr.**

Titre lithographié et colorié, cadre bistre, noir et rose formé de bandeaux Renaissance ; 28 magnifiques lithogra-phies coloriées de *Francès,* représentant des jeux d'enfants, parfois cruels, avec des animaux. Le titre est reproduit sur le premier plat du cartonnage. Dos fatigué. *Bel exempl.*

2615 **FRANCIS LEVER** THE YOUNG MECHA-NIC, being incidents and lectures explanatory of the First Principles of Mechanics, with some account of the most Celebrated Engines, Ancient and Modern. *London, John Harris, 1835,* sq. 16mo. or. half-leather.   **80 fr.**

FIRST EDITION. Illustrated with 16 steel engravings and 28 plates engraved on wood. The last 26 pages are devoted to the STEAM ENGINE. Chapter V is devoted to PERPETUAL MOTION. The Little Library. *Fine copy.*

2616 FRANCIS LEVER. — THE YOUNG MECHA-
NIC. *London*, 1835, or. half-leather. *(Back rubbed)*. Another copy, same edition.   **50 fr.**

First plate foxed.

2617 FRANÇOIS DE NEUFCHATEAU (N.). —
CONSEILS D'UN PÈRE A SON FILS, imités
des vers que MURET a écrits en latin pour l'usage
de son neveu. *Parme, Bodoni*, 1801, in-8, maroq.
rouge à long grain, dos orné de fil. et rosaces, large
cadre de fil. et guirlandes, avec rosaces aux angles,
entourant les plats, dentelle int., gardes de tabis
bleu, tr. dor. *(Rel. ancienne signée de* Bozérian*)*.
1.250 fr.

Magnifique exemplaire de cette superbe *impression de
Bodoni*. Cet ouvrage fut plusieurs fois réimprimé, et la
traduction libre de Muret est excellente. (Hœfer, XVIII,
548 et sq.), chacune des 46 pages contient un distique
latin, traduit en quatrains français, italien et allemand.

2618 FRANÇOIS DE NEUFCHATEAU (N.). —
CONSEILS D'UN PÈRE A SON FILS, ETC.
Même ouvrage, même édition que le précédent, bas.
marbrée polie, dos joliment orné d'amphores,
pièce rouge pour le titre, pet. guirlande autour
des pl. *(Rel. anc.)*.   **600 fr.**

Très bel exemplaire dans une fraîche reliure d'époque.

2619 FRANKLY. — THE HISTORY OF FRUGAL,
the Wild Bee. *London, Whittingham and Arliss*,
n. d. [circa 1825], small 12mo. or. half-leather,
boards.   **250 fr.**

FIRST EDITION. Illustrated with a charming frontispiece in contemporary hand-colouring. Two page book
list at end. *Fine copy*.

2620 FRANKLY. — THE HISTORY OF FRUGAL.
Another copy, same edition.   **100 fr.**

Slightly foxed. Front cover loose. Small tear in margin.

2621 FRÉDOL (Alfred). — LE MONDE DE LA
MER. *Paris, Hachette*, 1865, gr. in-8, plein chagrin
havane, dos à n. orné de fil., riche décor de fil.
dorés parallèles sur les plats, dent. int., tr. dor.
(Rel. de l'époque).   **160 fr.**

Magnifique ouvrage orné de 21 planches *chromolithographiées* et *gravées en couleurs* et de 200 vignettes sur bois
dans le texte par *P. Lackerbauer* (*Vicaire*, III, 832). L'auteur, qui avait pris le pseudonyme de A. Frédol, est A.
Moquin-Tandon. Très bel exemplaire dans une superbe
reliure en plein maroquin.

2622 FRÈRE ET LA SŒUR (LE). *S. l. n. d.* [*Paris*,
vers 1830], in-32, cart. papier *de l'édit.*   **40 fr.**

1 charmante gravure. 32 pages. Cartonn. glacé beige
orné à froid. Titre imprimé en noir sur le 1er plat.

2623 FRÉVILLE (A.-F.-J.). — BEAUX EXEM-
PLES DE PIÉTÉ FILIALE, de concorde frater-
nelle et de respect envers la vieillesse. *Paris, F.
Louis*, 1812, in-12, v. marbré, dos orné, dentel.
extér.   **125 fr.**

12 charmantes figures gravées (3 par planche). Les coins
frottés. Ouvrage des plus intéressants et des plus instructifs pour la jeunesse. Remontant à la plus haute antiquité,
d'Abel à l'Empire, il donne des exemples de piété filiale
dans tous les temps et aussi dans tous les peuples. Un
chapitre spécial est consacré à cette vertu chez les Chinois.

2624 FRÉVILLE (A.-F.-J.). — BEAUX TRAITS
DU JEUNE AGE, suivis de l'Histoire d'Angéla et
du Panthéon des Enfans célèbres. *Paris, Genels*,
1813, in-12, bas. mouch. polie, dos très orné d'entrelacs dorés, pièce de titre verte, guirlande
autour des plats, pet. dent. int., tr. dor. *(Rel.
anc.)*.   **125 fr.**

1 titre gravé, avec vignette, et 3 figures gravées sur
cuivre dans un style naïf. Très bel exemplaire dans une
fraîche reliure au dos très décoratif.

2625 FRÉVILLE (A.-F.-J.). — BEAUX TRAITS
DU JEUNE AGE. *Paris, Genels*, 1813, in-12, bas.
polie mouch., dos orné, pièce verte, pet. guirl.
autour des plats, tr. marb. *(Rel. anc.)*.   **60 fr.**

Même ouvrage, même édition que le précédent. 2 coins
légèrement frottés.

2626 FRÉVILLE (A.-F.-J.). — BEAUX TRAITS
DU JEUNE AGE. 3e éd. *Paris, Genels*, 1822,
in-12, demi-veau poli fauve, dos à n. finement
décoré, tr. marb. *(Rel. d'époque)*.   **80 fr.**

Titre gravé et 3 jolies figures gravées. Bel exemplaire.

2627 FRÉVILLE (A.-F.-J.). — BEAUX TRAITS
DU JEUNE AGE. *Même ouvrage que le précédent, même éd.*, demi-bas. mouch., à coins, dos
orné, pièce rouge, tr. jaunes. *(Rel. anc.)*.
40 fr.

Bel exemplaire.

2628 FRÉVILLE (A.-F.-J.). — BEAUX TRAITS
DU JEUNE AGE. Quatrième édition. *Paris,
Parmantier*, 1824, in-12, bas. marb., dos orné,
pièce rouge, guirlande autour des plats, tr. marb.
(Rel. anc.).   **100 fr.**

1 titre gravé et 3 figures regravées. *Bel exemplaire.*

2629 FRÉVILLE (A.-F.-J.). — BEAUX TRAITS
DU JEUNE AGE. Quatrième édition. Bas. marb.,
dos orné, guirlande autour des pl., tr. marb. *(Rel.
de l'époque)*.   **75 fr.**

Même édition que le précédent. Titre gravé et 3 figures
regravées. Qq. petites traces de vers à la reliure.

2630 FRÉVILLE (A.-F.-J.). — BEAUX TRAITS
DU JEUNE AGE. Nouv. éd. *Paris, Didier*, 1839,
in-12, demi-bas. polie grenat, à coins, dos orné,
pièce verte, tr. jasp. *(Rel. de l'époque)*.   **35 fr.**

Illustré de 4 figures gravées. Bel exemplaire. Traces de
crayon sur le titre.

2631 FRÉVILLE (A.-F.-J.). — LA VIE DES EN-
FANS CÉLÈBRES ou Modèles du jeune âge...
avec notices inédites. *Paris, Parmantier*, 1824,
2 vol. in-12, bas. marb., dos bien orné avec pièces
et écussons rouge et vert, tr. marb. *(Rel. de l'époque)*.   **150 fr.**

Illustré de deux titres gravés avec vignette et de 6 figures gravées non signées. Un chapitre a trait à l'enfance de
Candiac de Montcalm, qui fut élevé, ainsi que son frère,
par le célèbre *Dumas*, inventeur du *bureau typographique*.

Un important chapitre est intitulé : *Vie du Jeune roi martyr, fils et successeur de Louis XVI ;* l'auteur raconte dans un avertissement que cette « dénonciation » qu'il a osé écrire sous le régime de la Terreur lui a fait perdre la place qu'il occupait. Bel exemplaire portant sur les premiers plats l'inscription dorée. : AU CHEV^er A. PONTÉ.

2632 FRIAR BACON (THE FAMOUS HISTORY OF). *London, Joseph Cundall, n. d.* [circa 1845], 12mo. or. coloured wrappers. **15 fr.**

Finely executed frontispiece engraved in wood. Printed by Charles Whittingllham at the Chiswick Press. Grammer Gurton's story books.

2633 FRŒLICH (Lorentz). — LE CIRQUE A LA MAISON. Texte par P.-J. Stahl. *Paris, J. Hetzel, s. d.* [vers 1893], in-4. *(Cartonnage papier de l'éditeur).* **100 fr.**

Vignette de titre, reproduite sur le 1er plat du cartonnage en chromolithographie et 8 vignettes de *Lorentz Frœlich* imprimées en couleurs. *Très bel exemplaire.*

2634 FRŒLICH (Lorentz). — HECTOR LE FANFARON. Texte par P.-J. Stahl. *Paris, J. Hetzel, s. d.* [vers 1870], in-4. *(Cartonnage toile de l'éditeur).* **150 fr.**

Vignette de titre et 8 gravures de *Lorentz Frœlich* imprimées en couleurs par *G. Silbermann.* Cartonnage toile violette, fers à froid, cadre et épis dans les angles. Au milieu du 1er plat, réduction dorée du bois de Frœlich représentant Hector monté sur une chèvre. Tr. dorées. *Très bel exemplaire.*

2635 FRŒLICH (Lorentz). — JEAN LE HARGNEUX. Texte par P.-J. Stahl. *Paris, J. Hetzel, s. d.* [vers 1870]. *(Cartonnage toile de l'éditeur).* **150 fr.**

Vignette de titre et 16 gravures de *Frœlich* imprimées en couleurs par *G. Silbermann.* Cartonnage toile rouge, cadre épis aux angles. Au milieu du premier plat, réduction dorée d'une gravure de Frœlich. Tr. dorées. *Très bel exemplaire.*

2636 FRŒLICH (Lorentz). — LE ROYAUME DES GOURMANDS. Texte par P.-J. Stahl. *Paris, J. Hetzel, s. d.* [vers 1867], in-4. *(Cartonnage toile de l'éditeur, fers spéciaux, tr. dorées).* **125 fr.**

Vignette de titre et 48 vignettes, dont deux frontispices dessinées par LORENTZ FRŒLICH, gravés par *Ch.-Emile Matthis,* tirés en camaïeu par Silbermann. Texte encadré d'un double filet. Légères rousseurs.

2637 FRŒLICH (Lorentz). — MONSIEUR CÉSAR. Texte par P.-J. Stahl. *Paris, J. Hetzel, s. d.* [vers 1870], in-4. *(Cartonnage toile de l'éditeur, fers spéciaux, tr. dorées).* **60 fr.**

Vignette de titre, 12 gravures de *Lorentz Frœlich,* tirées en chromolithographie par *G. Silbermann,* à Strasbourg.

2638 FRŒLICH (Lorentz). — LE MOULIN A PAROLES. Texte par P.-J. Stahl. *Paris, J. Hetzel, s. d.* [vers 1870], in-4. *(Cartonnage toile de l'éditeur).* **150 fr.**

1 vignette de titre et 8 gravures en couleurs de *Frœlich* imprimées en couleurs par *G. Silbermann.* Cartonnage toile rouge, cadre et épis aux angles, au milieu du premier plat, réduction dorée d'une des gravures de Frœlich. Tr. dorées. *Très bel exemplaire.*

2639 FROMENT (E.). — LE LIVRE D'UN PÈRE. *J. Hetzel, s. d.* [vers 1878], in-8, demi-chagrin grenat, dos à n. orné, tr. dor. *(Rel. de l'époque).* **30 fr.**

Illustrations par *E. Froment,* gravées par *E. Matthis.* Bel exemplaire.

2640 FRY (Caroline). — PEGGY LUM or A Hint to the Purchasers of Smuggled Goods. A Tale. *London, Baker and Fletcher,* 1825, sm. 12mo. or. printed wrappers. **180 fr.**

FIRST EDITION. Illustrated with a plate EXECUTED ON STONE and hand-coloured. This is one of the earliest children's books with a lithograph.

2641 FUN FOR LITTLE FOLKS. *London, Darton and Co, n. d.* [circa 1865], large 8vo. or. coloured wrappers. **25 fr.**

Illustrated with 8 plates in chromolithography. *Fine copy.*

2642 FUNNY PICTURE BOOK (THE) or 25 Funny little lessons. A Free translation from the German of « Der Kleine A. B. C. Schütz ». *Frankfort, Literarische Anstalt, n. d.* [circa 1850], oblong 4to. or. printed boards. **350 fr.**

Illustrated with 50 hand-coloured woods, 2 to each lesson. Loose in cover. This work is inspired by Dr Hoffman's Struwwelpeter.

2643 G*. —** BEAUTÉS DE L'HISTOIRE DE L'AMÉRIQUE, d'après les plus célèbres voyageurs. *Paris, Libr. de l'Education, A. Eymery,* 1818, 2 vol. in-12, bas. marb., dos à n. très orné, pièces de couleurs, pet. guirlande dorée autour des plats, tr. marb. *(Rel. anc.).* **400 fr.**

Ouvrage, ayant un grand intérêt comme « AMERICANA ». Illustré de deux titres gravés (avec vignette) et de quatorze figures représentant, entre autres sujets : les Navigateurs qui ont découvert le Nouveau Monde, Esquimaux, Sauvages du Canada, Iroquois, Naturels des Etats-Unis, Quakers, Habitans de la Californie et de la Floride, Mexicains, etc. Bel exempl. malgré 2 ou 3 coins un peu frottés.

2644 G. (C.). — LES ENFANTS AU BORD DE LA MER. *Tours, A. Mame et Cie,* 1852, in-16. *(Cartonnage de l'éditeur),* tr. dorées. **300 fr.**

Illustré de 4 lithographies en couleurs non signées. Cartonnage en chromolithographie (dans un médaillon : voiture aux chèvres). Gros caractères interlignés. Petite déchirure à la coiffe inférieure. Genre de cartonnage de Mame excessivement rare.

2644 bis G. (C.). — LES ENFANTS AU BORD DE LA MER. *Tours, A. Mame et Cie,* 1852, in-16. *(Cartonnage de l'éditeur).* **300 fr.**

Même ouvrage, même édit. Le cartonnage en chromolithographie seul diffère.

2645 G. (C.). — LES FAUSSES PERLES ET LE PLOMB DE CHASSE, suivi de la Dentelle, la Soie. *Tours, A. Mame,* 1852, in-16. *(Cartonnage de l'éditeur).* **250 fr.**

Illustré de 4 lithographies en couleurs de F. Sorrieu. Cartonnage en chromolithographie : enfants, renard, feuilles de vigne et grappes de raisin ; vol de grives entourées de pampres de vigne. Gros caractères, largement interlignés. *Bel exemplaire.*

2645 *bis* G. (C.). — LA FERME BRULÉE, suivie de Le fouet de poste, Le doigt coupé, Paul et Francis, etc., *Tours, Mame,* 1851, in-16. *(Cartonnage papier de l'éditeur).* **200 fr.**

4 jolies lithographies coloriées de *Champaigne,* tirées cher *Lemercier.* Cartonnage en chromolithographie passe-partout tirée chez Engelmann. Gros caractères largement interlignés. Les lithographies illustrant ce volume se distinguent par leur finesse, leur grâce et leur fraîcheur. *Bel exemplaire.*

2646 G. (C.). — HISTOIRES INSTRUCTIVES POUR LES ENFANTS. *Tours, A. Mame et C*[le], 1852, in-12, cartonnage en chromolithographie. *(Cart. de l'édit.).* **300 fr.**

Illustré de 8 jolies lithographies en couleurs de *F. Sorrieu,* tirées par *Lemercier.* Cartonnage en chromolithographie. Groupe d'enfants, mineur, potier. Motif décoratif : écolier et globe terrestre. Gros caractères, largement interlignés. Les navires, Poterie et porcelaine, Le charbon de terre, Le drap, La capitale des vieux souliers, Le verre.

2647 G. (C.). — MŒURS REMARQUABLES DE CERTAINS ANIMAUX. *Tours, Mame et C*[le], 1852, in-12. *(Cartonnage papier de l'éditeur),* tr. dorées. **600 fr.**

8 lithographies coloriées de *F. Sorrieu* tirées chez *Lemercier.* Cartonnage en chromolithographie, or, bistre, vert sur fond blanc. Différents oiseaux et animaux. Exemplaire très frais.

2647 *bis* G. (C.). — MŒURS REMARQUABLES DE CERTAINS ANIMAUX. *Tours, Mame,* 1852, in-12, cartonnage en chromolithographie. *(Cart. de l'édit.).* **500 fr.**

Même ouvrage, même cartonnage, un peu moins frais.

2648 G. (C.). — RÉCITS ET ANECDOTES DE CHASSE. *Tours, A. Mame et C*[le], 1853, in-12, cartonnage en chromolithographie. *(Cart. de l'éditeur).* **1.250 fr.**

Orné de 8 lithographies en couleurs de VICTOR ADAM, tirées chez *Lemercier.* Cartonnage en chromolithographie en vert, rouge et bistre, sur fond blanc : chasseur, cerf poursuivi par des chiens, etc. Texte en gros caractères largement interlignés. *Exempl. très frais.*

2648 *bis* G. (C.). — RÉCITS ET ANECDOTES DE CHASSE. *Tours, A. Mame et C*[le], 1853, in-12, cartonnage en chromolithographie. *(Cart. de l'éditeur).* **600 fr.**

Même ouvrage. Cartonnage moins frais. 1 cahier à demi-détaché.

2649 G. (C.). — LE NID DE PERDRIX, suivi de la Promenade : les Bonbons, la Terre qui tourne, le Chien et la chasse, les Chiffons. *Tours, A. Mame et C*[le], 1852, in-16. *(Cartonnage de l'éditeur),* tr. dorées. **200 fr.**

Illustré de 5 lithographies en couleurs de *Lemercier.* Gros caractères, larges interlignes. Cartonnage en chromolithographie : groupe d'enfants et motif décoratif. Genre de cartonnage de Mame excessivement rare. *Bel exempl.*

2650 G. (Mme **C.).** — HISTORIETTES POUR MES PETITS AMIS. *Tours, Alfred Mame et C*[le], 1851, in-12, cartonnage en chromolithographie. *(Cart. de l'édit.).* **600 fr.**

Orné de 8 lithographies en couleurs tirées par *Lemercier.* Cartonnage en rouge, vert, bleu et or sur fond blanc : rinceaux dorés, groupes d'enfants et feuillages, etc. Texte en gros caractères largement interlignés. *Exempl. très frais.*

2651 G. (Mme **C.).** — LES CADEAUX DE NOEL, suivi de Moustache ou l'Enfant volé, Main ouverte, Cœur d'or, Le Petit Turbulent. *Tours, A. Mame et C*[le], 1852, in-12. *(Cartonnage de l'éditeur),* tr. dorées. **300 fr.**

Illustré de 5 lithographies en couleurs non signées. Grosse typographie, largement interlignée. Cartonnage en chromolithographie (des enfants jouent, dans un médaillon). Au second plat, arabesques sur fond doré. Très joli exempl. de toute fraîcheur. Genre de cartonnage de Mame excessivement rare.

2652 G. (Mme **C.).** — LE SINGE ET LE SOMNAMBULE. *Tours, A. Mame et C*[le], 1852, in-16, cartonnage en chromolithographie. *(Cart. d'édit.).* **250 fr.**

Illustré de 4 charmantes lithographies en couleurs de Sorrieu. Sur le cartonnage, papillons, abeilles au milieu d'une guirlande de fleurs. Suivi de Le Paresseux et le Travailleur, Curiosité et indiscrétion, Les jumeaux ou l'Amour fraternel. Gros caractères, interlignés. *Bel exemplaire.*

2653 G. (Mme **C.).** — LE SINGE ET LE SOMNAMBULE, suivi de Le Paresseux et le Travailleur, Curiosité et Indiscrétion, les Jumeaux ou l'Amour fraternel. *Tours, Mame,* 1852, in-12, cart. papier de l'édit. **250 fr.**

Même ouvrage, même édition. Cartonnage orné de sujets enfantins et ornements en chromolithographie sur fond crème. *Très bel exemplaire.*

2654 GABOURD (Amédée). — HISTOIRE DE NAPOLÉON BONAPARTE. *Tours, Mame,* 1848, in-8, cart. toile bleue, décors polychromes, tr. dorées. *(Cart. d'édit.).* **250 fr.**

Quatre gravures sur acier par KARL GIRARDET : Bonaparte à Brienne, Passage des Alpes, Napoléon à Dresde, Derniers moments de Napoléon. Décoration or, rouge, orange et bleu clair sur le 1er plat : couronne impériale, petit chapeau, aigle, sceptre, épée, main de justice, etc. Fleurons orange, blanc, rouge, or, vert au dos. Motif à la cathédrale (or, violet, vert, blanc) au second plat. TRÈS BEL EXEMPLAIRE.

2655 GABOURD (Amédée). — HISTOIRE DE NAPOLÉON I**er**. *Tours, A. Mame et C*[le], 1853, in-8, cart. toile bleue, décors dorés, tr. jasp. *(Cart. de l'éditeur).* **175 fr.**

Le même ouvrage que le précédent, sous un titre légèrement modifié. Le premier plat du cartonnage est orné d'une plaque représentant Napoléon I**er** à cheval. Qq. rousseurs.

2656 GAILDRAU (Jules) ET J.-L. TIRPENNE. — LES TABLEAUX DU GENRE. Etudes. *Paris, H. Gache, s. d.* [vers 1845], in-4 oblong, cart. papier de l'édit. **200 fr.**

Recueil de 12 jolies lithogr. sur fond chamois, chacune contenant de nombreux sujets. 2 planches consacrées à l'Espagne, 2 à l'Italie, 2 à l'Algérie, 2 à la France, 2 à la vie militaire, 2 à l'Amérique du Sud. Le cartonnage chamois porte le titre imprimé en noir dans un encadrement de petits sujets lithographiés. Exemplaire d'une fraîcheur irréprochable.

2657 GALERIE DE FIGURES (NOUVELLE) pour servir à connaître les objets de la nature et de l'art, les mœurs et les coutumes de la vie commune, à l'usage des jeunes gens des deux sexes, dédiée à Son Altesse Royale la Princesse Auguste de Prusse. *Berlin, G. Oehmigke le Cadet, s. d.* [vers 1780], in-8, veau mouch., dos sans nerfs couvert de veau rose, et portant une jolie décoration en hauteur, fleurons, vases, nœuds, etc., pièce verte, 3 fil. dorés autour des pl., tr. j. *(Rel. anc.)*. **850 fr.**

Très bel exemplaire de cet ouvrage orné de 151 figures gravées par *Haas*, d'après les dessins de *Krüger Junior*, et *très finement coloriées* : animaux, plantes, costumes, scènes mythologiques, etc. Le frontispice (en noir) illustre la *Découverte de l'Amérique*, ainsi que la vignette du titre. Une planche cosmographique se dépliant. Dos orné d'une façon exceptionnelle et d'un grand intérêt décoratif.

2658 GALERIE DES ARTS UTILES ou Entretiens d'un père avec ses enfants sur les inventions, découvertes, etc. *Paris, Lehuby, s. d.* (1842), in-12, cartonn. bradel violet, imitant la basane, plaques à froid sur les plats. *(Cartonn. d'ép.)*. **85 fr.**

Titre dans encadrement gravé sur bois et 3 planches gravées sur acier (4 fig. par planche) par *Dubouloz* et *Villerey*. L'imprimerie, les estampes, la lithographie, le gaz, l'aérostat, les chemins de fer, le thé, le DAGUERRÉOTYPE, la reliure, etc. Un coin usé.

2659 GALERIE DES DÉCOUVERTES ET INVENTIONS utiles et curieuses (Petite). *Paris, Bédelet, s. d.* [vers 1850], petit in-8, cart. papier *de l'édit.* **350 fr.**

8 lithographies en couleur signées A. G. et tirées sur fond chamois. Elles illustrent les chapitres sur l'agriculture, les toiles et les étoffes, l'alphabet, le verre, la vapeur (une locomotive), la gravure, la musique. En outre, des chapitres sont consacrés à la boussole, au paratonnerre, au télégraphe, aux ballons, au daguerréotype, à la photographie, etc. Cartonnage à fond gris orné d'un grand décor doré avec motif de feuillages vert, rouge, brun, oiseaux dans un nid, banderole avec le titre. *Très bel exemplaire* malgré quelques taches sur la deuxième couverture.

2660 GALERIE DES HOMMES. Livre d'estampes pour la jeunesse, propre à étendre ses connaissances et à satisfaire le désir de s'instruire. Traduit de l'allemand sur l'édition tout à fait nouvelle. *Leipzic, F.-A. Leo,* 1804-1807, 3 in-16 carré, cartonnés papier mauve moucheté d'or et parsemé de fleurettes noires. *(Cart. de l'époque)*. **1.000 fr.**

120 estampes finement gravées et coloriées (la pl. XLIII du tome I comptant pour deux) et 4 estampes en noir. Les légendes des estampes sont en allemand. Remarquablement illustrés, ces trois volumes offrent un intérêt exceptionnel au point de vue de l'histoire du costume, notamment en ce qui concerne l'Amérique.

2661 GALERIE D'HISTOIRE NATURELLE (Petite). *S. l. n. d.* [*Paris, Imp. de Maulde et Renou,* vers 1830], 4 vol. in-32. *(Cartonnage papier de l'éditeur)*. **600 fr.**

Fleurs, fruits, oiseaux, papillons. Outre la vignette

ornant le cartonnage, chaque volume contient 2 figures finement gravées. *Parfaite fraîcheur.*

2662 GALERIE INDUSTRIELLE ou Application des produits de la nature aux arts et métiers ; leur origine, leurs progrès et leur perfectionnement... à l'usage de l'enfance et de la jeunesse. Par Mᵐᵉ H***, auteur de la *Géographie vivante... Paris, Alexis Eymery,* 1825, in-8 oblong, dos chagrin noir à nerfs. **150 fr.**

Frontispice, titre gravés et 30 gravures représentant cent-cinquante sujets. 168 pages de texte explicatif. L'édition de 1825, revue et corrigée, est la seconde. Le titre gravé est de la 1ʳᵉ éd., 1822. Excellent ouvrage élémentaire, bien conçu, bien écrit, bien illustré. *Bel exemplaire.*

2663 GALERIE INDUSTRIELLE ou Application des produits de la nature aux arts et métiers... *Paris, Al. Eymery,* 1825, in-4, oblong, demi-maroq. vert, dos orné, non rogné. *(Rel. neuve)*. **600 fr.**

Le même ouvrage que le précédent. Seconde édition, revue et corrigée. Frontispice, titre et 30 planches gravés et *coloriés*. Chaque pl. représente de nombreuses scènes. Très bel exemplaire.

2664 GALERIE PITTORESQUE DE LA JEUNESSE. Dessins de V. ADAM. Texte de Mᵐᵉ Alida de Savignac et de M. de Saintes. *Paris, Aubert et Cⁱᵉ, Désirée Eymery, s. d.* (1838), in-8 obl., demi-bas. rouge, dos et coins. *(Reliure de l'époque)*. **80 fr.**

34 lithographies coloriées, dont le titre de VICTOR ADAM. Eraflure sur la lithographie du titre. *La pl. 1, « le Maire du village » manque.* Reliure usagée, coiffe supérieure défectueuse.

2665 GALLAND. — HISTOIRE D'ALI BABA et de Quarante Voleurs exterminés par une esclave. Conte arabe. *Epinal, Pellerin et Cⁱᵉ, s. d.* [vers 1870], in-12, broché, couv. jaune imprimée et illustrée. **30 fr.**

Impression populaire de colportage ornée de 17 figures sur bois. *Bel exemplaire.*

2666 GALLAND. — LE MARCHAND ET LE GÉNIE, suivis des Trois Calenders, et de plusieurs autres contes arabes, traduits par Galland, annotés et soigneusement expurgés par l'abbé D. Pinard. *Paris, Jacques Lecoffre,* 1846, in-12. *(Cartonnage toile bleue de l'éditeur)*. **100 fr.**

PREMIÈRE ÉDITION. Titre et 3 pl. finement gravés. Cartonnage très frais, à décor doré (le fer doré du second plat représente une charmante scène enfantine). *Quelques piqûres.*

2667 GALLAND. — LES MILLE ET UNE NUITS, contes arabes, 2ᵉ édition mignonne. *Paris, Lugan,* 1826, 12 tomes en 6 vol. pet. in-12, demi-bas. brune, dos orné romantique, tr. marb. *(Rel. de l'époque)*. **300 fr.**

Jolie petite édition, peu commune, ornée de nombreuses figures gravées par *Paul Legrand,* d'après *Ulisse Denis, Tassaert,* par *Pourvoyeur, Dulampré* d'après *Chasselat,* etc. Dos de reliure très décoratifs.

2668 GALLAUDET (T. H.). — THE CHILD'S BOOK ON THE SOUL. *Hartford* (Conn.), *Cooke* *and Co*, 1831, 2 vols 16mo. or. printed boards. *(Backs worn)*. **200 fr.**

Second Edition, *improved, with questions...* Illustrated with 12 plates engraved on wood. The author was Principal of the American Asylum for the Deaf and Dumb. Slightly foxed.

2669 **GALLET (P.).** — ZÉIR ET ZULICA. Histoire Indienne. *Paris, Fuchs,* an X (1801), 2 vol. in-12, demi-bas. brune, dos orné, pièces rouges, coins, tr. j. *(Rel. anc.).* **65 fr.**

Deux figures gravées par *Perroneau* et *Mariage* illustrent ce roman qui se passe aux Indes Orientales. Précédé d'un avant-propos « *sur le Roman en général* ». *Bel exempl.*

2670 **GAMMER GOODWILL.** — THE ENTERTAINING AND INSTRUCTIVE HISTORIES OF MASTER AND MISS TRUEWORTH WITH THAT OF MASTER AND MISS FRIENDLY. Calculated to improve and delight the minds of youth of both sexes, to banish vice, ingratitude, and folly, and to recommend virtue and wisdom by precept and example. To which is added, Some very pretty stories. *London, Robert Bassam, n. d.* [circa 1780], 24mo. or. printed wrappers [2 woodcuts], preserved in half-morocco case. **1.500 fr.**

Illustrated with quaint woodcut frontispiece and numerous other woodcuts in text. *Fine copy.*
PLANCHE 68.

2671 **GAPING, WIDE-MOUTHED, WADDLING FROG.** *London, Dean and Munday,* 1823, *Republished Field and Tuer,* 1887, sm. 4to. coloured wrappers. **40 fr.**

Modern facsimile of the rare early edition. *Fine copy.*

2672 **GARDEN (THE)** or Familiar Instructions for the laying out and management of a flower garden. *London, John Harris,* 1831, sq. 16mo. or. half-leather, cloth. *(Heads of back slightly worn).* **125 fr.**

FIRST EDITION. Illustrated with 12 plates on steel and many charming woodcuts. *Fine copy.*

2673 **GARDINER (William).** — ORIGINAL TALES from my landlord. *London, George Offer,* 1822, 12mo. or. half-leather, boards. *(Shabby).* **80 fr.**

Illustrated with 12 cuts engraved on wood by *Branston,* from designs by *Cruikshank.* Slightly foxed.

2674 **GARDINER (William).** — THE SHEPHERD'S BOY OF SNOWDON HILL ; containing the Adventures of David Jones, in various parts of Asia... *London, T. Tegg,* 1825, sm. 12mo. or. half-leather, boards. *(Rubbed).* **60 fr.**

FIRST EDITION. Engraved frontispiece. *Fine copy.*

2675 **GARDNER (William).** — THE STORY OF LITTLE BEN. *London, W. Crawford,* 1824, sm. 12mo. or. half-leather boards. **40 fr.**

Engraved frontispiece *(coloured by a child in a clumsey manner).* The story takes place in South America after a Shipwreck.

2676 **GARNIER (E.).** — VOYAGES DANS L'ASIE MÉRIDIONALE: *Tours, Ad. Mame et Cie,* 1851, in-12, cart. percale bleue, plats et dos orn. de fers spéciaux. *(Cart. de l'éditeur).* **60 fr.**

Titre gravé avec vignette et 3 planches hors-texte. Le premier plat du cartonnage est décoré d'une frégate.

2677 **GARNIER (Henri).** — VOYAGES EN PERSE. Arménie, Mésopotamie, Chaldée, Kurdistan, Arabie, etc., 2e éd. *Tours, Mame,* 1845, in-12, basane polie grenat, dos orné, plaque à froid et dorée sur les plats, tr. marb. *(Rel. de l'époque).* **50 fr.**

Un titre gravé avec vignette et 3 jolies figures gravées non signées. *J. Chardin, A. Jaubert, Sir John Malcolm, Buckingham, Fraser, G. Keppel, etc.* Bel exemplaire, malgré usure à la coiffe inférieure.

2678 **GARNIER (Henri).** — VOYAGES EN PERSE. *Tours, Mame,* 1854, basane polie bleu foncé, dos orné, plaque à froid et dorée, avec *ex-praemio,* tr. marb. *(Rel. de l'époque).* **35 fr.**

Même ouvrage que le précédent. Mêmes figures. 4e éd.

2679 **GAULLE (Mme de).** — HISTOIRES D'UN GRAND-PAPA racontées à ses petits-fils. *Paris, Théodore Lefèvre* [vers 1855], in-12. *(Cartonnage papier de l'éditeur).* **50 fr.**

Titre-frontispice et 9 lithographies par *Nap. Thomas.* Cartonnage en chromolithographie représentant le grand-père racontant ses histoires. *(Un peu frotté).*

2680 **GAULLE (Mme de).** — RÉCITS ET NOUVELLES POUR L'ENFANCE. *Paris, J. Langlumé, s. d.* [vers 1856], in-16. *(Cartonnage de l'éditeur).* **500 fr.**

Illustré de 12 magnifiques gravures coloriées non signées. Cartonnage en chromolithographie : rinceaux et enfants entourant le titre ; groupe d'enfants. Gros caractères, larges interlignes. *Bel exemplaire.*

2681 **GAY (John).** — FABLES. With a Life of the Author and embellished with Seventy Plates. *London, John Stockdale,* 1793, 2 vols crown 8vo. contemp. tree calf with red and green veining, gilt back with leather labels, gilt, dentelle on sides, marble edges. **3.200 fr.**

Illustrated with 70 splendid engravings, 12 of which are by WILLIAM BLAKE. In spite of good margins the date on engraved title is cut into, which is often the case with this book. *Very fine copy in a decorative binding.*

2682 **GAY (John).** — FABLES. With a Life of the Author and embellished with a Plate to each Fable. *London, Darton and Harvey for... and E. Newbery,* 1793, cr. 8vo. contemp. tree calf beautifully gilt back with Hero and Bird tooling, Greek roulette on sides. **1.000 fr.**

The plates in this edition, published same year are copied from the illustrations used in the Stockdale edition, re-engraved in an oval form. *See preceding item. Very fine copy in a decorative binding.*

2683 **GAY.** — FABLES. *London, J. Robinson, etc.,* 1801, 12mo. contemp. calf. **125 fr.**

Frontispiece and 67 splendid woodcuts in the Bewick style. Two parts in one vol.

2684 GAY. — FABLES, traduites en vers français. *Paris, Ancelle,* 1811, in-12 carré, bas. porphyre, dos orné, pièce rouge, tr. marb. *(Rel. anc.).*
250 fr.

PREMIÈRE TRADUCTION COMPLÈTE en vers des fables de Jean Gay, né à Barnstaple en 1688, mort à Londres en 1732. Cette traduction est due à M. DE MAURAY. Plusieurs de ces fables furent imitées par *Florian,* et furent composées pour l'instruction du jeune duc de Cumberland. Jolie édition ornée d'un portrait et de 7 figures gravées par *Adam,* dans le style amusant des illustrations anglaises. Ces planches sont regravées d'après celles de l'édition de Stockdale dans laquelle plusieurs étaient signées de Blake.

2685 GAY. — FABLES, etc. *Même ouvrage, même édition que le précédent,* bas. fauve polie marbrée, dos orné, pet. guirlande autour des plats, tr. marb. *(Rel. anc.).*
250 fr.

Très bel exemplaire.

2686 GAY (John). — FABLES. *London, J. C. and J. Rivington, etc.,* 1816, 12mo. contemp. calf. *(Back worn).*
75 fr.

Illustrated with 66 very fine woodcuts in the text. 12 page book list at end. *Fine copy.*

2687 GAY (Sophie). — LÉONIE DE MONTBREUSE. Seconde édition. *Paris, Boulland,* 1823, 2 vol. in-12, veau poli beige, dos à nerfs orné de fil. dorés et à froid et de fleurons à froid, pièces vertes, plats ornés de fil. et motifs dorés, pointillés à froid, losange doré et pointillé à froid au centre de chaque plat, avec monogramme couronné, dent. int., tr. jasp. *(Rel. de l'époque).*
2.500 fr.

Très joli frontispice gravé par *Pourvoyeur,* d'après *Isabey.* Magnifique exemplaire dans toute fraîcheur portant le monogramme de AUGUSTA-AMÉLIE DE BAVIÈRE, FEMME D'EUGÈNE BEAUHARNAIS, BEAU-FILS DE NAPOLÉON, ET FILS DE JOSÉPHINE DE BEAUHARNAIS.

2688 [GAZ]. — L'ÉCLAIRAGE PAR LE GAZ, suivi du Maître d'Ecole. *Limoges, Martial Ardant, s. d.* [vers 1840], pet. in-8 oblong, cartonn. à reliefs pap. bleu, rehauts d'or, figure coloriée au centre du 1er plat, médaillon doré, en relief, au centre du 2e. *(Cartonn. d'édit.).*
200 fr.

Petit ouvrage orné de 4 lithographies (la 1re signée *A. Lemoine*) coloriées. Cartonnage d'origine très frais.

2689 GÉNÉRAL TOM POUCE (LE) et les Nains célèbres, suivi de Tom Pouce ou le Petit garçon pas plus grand que le doigt. *Paris, P.-C. Lehuby, s. d.* [vers 1846], in-8, broché, non rogné, couvert. illustrée, vert et rouge sur crème.
125 fr.

12 lithographies coloriées, tirées chez *Aubert,* vignettes, lettres ornées. Un des volumes que fit éclore l'exhibition par Barnum de Charles Strattan, dit le Général Tom Pouce, qui, né le 11 janvier 1832 à Bridge-Port (Etat de Connecticut) était dans sa quatorzième année lors de sa tournée triomphale en Europe. *Rousseurs.* Type de couverture peu commun, un peu fripée.

2690 GENESIS (SCENES FROM). Coloured engravings on cards in slip case of cloth. sm. 24mo.
100 fr.

19 hand-coloured cards showing scenes from Old Testament. Nos 1 to 4 and 21 are missing.

2691 GÉNIE DES ARTS (LE). — Etudes et nouvelles historiques sur les plus célèbres artistes, par A. Vanault et Mmes Foa, J. Nesmond, E. Muller. *Paris, Amédée Bédelet, s. d.,* in-8, cartonnage en chromolithographie. *(Cart. de l'édit.).* **300 fr.**

Illustré de 8 jolies lithographies non signées sur fond teinté, lith. dans le texte. Larges interlignes. Très élégant cartonnage, lith. en couleurs : or, orange, bleu et noir sur fond crème ; titre, motif décoratif Renaissance, palette, crédence et guirlande de fleurs.

L'exemplaire est précédé d'un avis de « changement de domicile » de l'éditeur. A la fin, 4 pages de catalogue. Etudes sur *Giotto, Raphaël, Jean Goujon, Palestrina, Rembrandt, etc.* Bel exemplaire.

2692 GÉNIE DES ARTS (LE). — Etudes et nouvelles historiques sur les plus célèbres artistes. *Même ouvrage, même édit.*
500 fr.

Sur cet exemplaire, les lithographies sont COLORIÉES.

2693 GÉNIE DE L'INDUSTRIE (LE). — Etudes et nouvelles sur les plus célèbres inventeurs et industriels, sur leurs découvertes et la profession qu'ils ont illustrée. Par feu Vanauld. Continué par Anatole Chailly. *Paris, Amédée Bédelet, s. d.* [vers 1850], in-8, cart. toile bleu foncé, ornements polychromes, tr. dorées.
100 fr.

ÉDITION ORIGINALE. Titre-frontispice et onze lithos sur fond teinté par Mme Héloïse Leloir. Motifs architecturaux or, bleu d'outremer, rouge, vert, où une presse d'imprimerie, une enclume, un caducée, symbolisent les inventions dont parle l'ouvrage. Etudes pour la jeunesse sur Gutenberg, Palissy, Benvenuto Cellini, Papin, etc. *Bel exemplaire.*

2694 GÉNIE DE L'INDUSTRIE (LE). — *Paris, A. Bédelet, s. d.* [vers 1850], in-8, cart. toile violet, ornements polychromes, tr. dorées. **250 fr.**

ÉDITION ORIGINALE. Le même ouvrage que le précédent. Les motifs ornementaux du dos et du 1er plat sont semblables à ceux du no précédent, mais la disposition des couleurs varie. Le médaillon doré du second plat est différent. *Le titre-frontispice est rehaussé d'or, et les onze lithos de Mme Héloïse Leloir sont EN COULEURS.* Bel exempl.

2695 GÉNIN (M.). — LE PETIT TAILLEUR BOUTON. Jacques, histoire d'un petit Breton. *Paris, Hetzel, s. d.* [vers 1875], in-8 carré, cart. toile verte, tr. dorées. *(Cart. de l'édit.).*
75 fr.

Gravures sur bois (dont plusieurs à pleine page) de *J. Fesquet.* De la *Petite Bibliothèque blanche d'éducation et de récréation.* Sur le premier plat, grand médaillon de A. Souze représentant en chromolith. le petit tailleur Bouton juché sur son établi. *Bel exemplaire.*

MADAME DE GENLIS (1746-1830)

2696 GENLIS (Mᵐᵉ de). — ADÈLE ET THÉO-DORE ou Lettres sur l'éducation, contenant tous les principes relatifs aux trois différens plans d'éducation des princes, des jeunes personnes et des hommes. *Paris*, 1782, 3 vol. in-12, demi-veau fauve. *(Rel. mod.).*   **650 fr.**

ÉDITION ORIGINALE. Félicité Ducrets, comtesse de Genlis avait été, au commencement de 1782, nommée, par le duc de Chartres, gouvernante de ses enfants, dont l'aîné, portant alors le titre de duc de Valois, était le futur Louis-Philippe. Publiées en février, *Adèle et Théodore* suivirent de peu cette nomination. C'est le plus important ouvrage de Mᵐᵉ de Genlis, ou du moins celui qui fit sa réputation comme auteur. Bel exemplaire, bien qu'un peu court de marges ; piqûres de vers dans la basane des reliures.

2697 GENLIS (Mᵐᵉ de). — ADÈLE ET THÉO-DORE ou Lettres sur l'éducation, etc. *Paris*, 1783, 3 vol. in-12, cartonnage à la bradel, tr. rouges.
                                                        150 fr.

Même ouvrage, 2ᵉ édition. Bel exemplaire.

2698 GENLIS (Mᵐᵉ de). — ADELAIDE AND THEODORE or Letters on Education, containing all the principles relative to three different plans of education ; to that of Princes, and to those of Young Persons of both sexes. Translated from the French... *London, T. Cadell*, 1788, 3 vol. 12mo. contemp. tree calf. red and green mor. labels.   **350 fr.**

Third edition carefully corrected and amended. In this work Mᵐᵉ de Genlis worked out her own scheme of practical education on the principles of Rousseau. Autographe signature of *Lord Roschill* (heir of the Earl of Northesk [1647]) on end paper of first vol. and on two fly leaves, written in very large infantile writing, and also signed « ROSCHILL » the following « *Admiral Nelson gained complete Victory over the French the 1st Aug. 3 Ships burnt 1 sunk and 9 taken at the Mouth of the Nile this news came on my Birthday. Fine copy.*

2699 GENLIS (Mᵐᵉ de). — ARABESQUES MY-THOLOGIQUES ou les Attributs de toutes les divinités de la Fable... Ouvrage fait pour servir à l'éducation de la Jeunesse. *Paris, Charles Barrois*, 1810-1811, 2 vol. in-18, cartonn. bradel, pap. gaufré à fleurs noires. *(Cartonn. anc.).*   **600 fr.**

ÉDITION ORIGINALE d'un des plus curieux ouvrages illustrés de cette époque. Les 78 planches qui l'ornent ont été gravées par *Gaille*, d'après les dessins de *Madame de Genlis* elle-même, sauf toutefois la planche où est figurée la statue d'Isis, Mᵐᵉ de Genlis ne dessinant pas « la figure » (« ce dessin est de Mᵐᵉ de F..., dit-elle, dont la modestie m'interdit le plaisir de la nommer »), et la planche de « La Reconnaissance » dans le tome II. Ces planches, d'une composition vraiment extraordinaire, comportent les attributs des divinités et leurs noms « doubles pour la symétrie ». *Bel exemplaire* Cartonn. frotté aux coins.

2700 GENLIS (Mᵐᵉ de). — ARABESQUES MY-THOLOGIQUES. *Paris, Barrois*, 1810, 2 vol. in-12, cartonn. toile.   **400 fr.**

Même édition, mêmes planches que le précédent. Mouillure à la première planche, autrement bel exemplaire.

2701 GENLIS (Mᵐᵉ de). — CONTES MORAUX. *Paris, L. Hachette et Cⁱᵉ*, 1853, in-16, cart. percale bleue, plats et dos orn. de fers. spéciaux mosaïqués, tr. dor. *(Cart. de l'éditeur).*   **80 fr.**

Illustré de 8 figures sur bois dans le texte par *Pouget*, d'après *E. Forest*. Recueil contenant : *Delphine, Le Chaudronnier, Eglantine, Eugénie et Léonce, Paméla, Michel et Jacqueline. Reconnaissance et probité, Zuma.* Bel exemplaire dans un charmant cartonnage de toute fraîcheur. Les plats sont décorés d'amours, feuillages, fleurs, volutes, etc.

2702 GENLIS (Mᵐᵉ de). — HERBIER MORAL ou Recueil de fables nouvelles et autres poésies fugitives. *Hambourg, Pierre Chateauneuf, Londres, L'Homme*, 1799, in-8, veau fauve, dos orné, pièce cuir, dentelle sur les pl., tr. dorées. *(Reliure de l'époque).*   **3.000 fr.**

ÉDITION ORIGINALE des plus rares de ce recueil publié par Mᵐᵉ de Genlis avant sa rentrée en France qui eut lieu en 1800. Frontispice dessiné et gravé par *Chodowiecki*, musique notée. Exemplaire de dédicace contenant avant le faux-titre, sur trois pages de garde, le manuscrit autographe (68 vers) d'un poème adressé par l'auteur à la princesse Radzivil :

> *Victime du malheur et de la calomnie*
> *Abandonnée et poursuivie*
> *Par les ingrats et les pervers.*
> *Fugitive, égarée en ce triste univers*
> *Sans défenseurs et sans patrie.*
> *Livrée aux profondes douleurs*
> *Des souvenirs et de la prévoyance*
> *Conservant en tremblant une faible espérance*
> *Je demandois au ciel, un azile et des fleurs*
> *Mes vœux sont exaucés !...*

C'est là un véritable et précieux document concernant la comtesse de Genlis. *Très bel exemplaire.*

2703 GENLIS (Mᵐᵉ de). — LES JEUX CHAM-PÊTRES DES ENFANTS. *Paris, Lecointe, s. d.* [vers 1830], in-12. *(Cartonnage à la bradel de l'époque).*   **30 fr.**

1 planche gravée et 1 vignette de titre. *Ex-praemio* frappé sur le premier plat.

2704 GENLIS (Mᵐᵉ de). — LES JEUX CHAM-PÊTRES DES ENFANS et l'Ile des Monstres. Conte de fées pour faire suite aux Veillées du Château, dédiés à S. A. S. Monseigneur le Duc de Chartres. *Paris, Marc, s. d.* [vers 1825], in-12, bas. polie mouch., dos bien orné, pet. guirlande autour des pl., pet. dent. int., tr. dor. *(Rel. de l'époque).*   **2.500 fr.**

ÉDITION ORIGINALE de ce charmant ouvrage où l'on trouve, dans des dialogues, la *façon de fabriquer des jouets avec les fleurs* (jeu de la rose, de la campanule, du coquelicot, etc)., ornée d'un titre gravé avec vignette *(gravée en couleurs)* et de 7 planches également *gravées en couleurs.* DE TOUTE RARETÉ avec les planches *gravées* en couleurs. *Bel exemplaire.*

2705 GENLIS (Mᵐᵉ de). — LES JEUX CHAM-PÊTRES DES ENFANS... *Paris, Marc, s. d.* [vers 1825], in-12, basane mouchetée, dos orné sans nerfs, petite dent. dorée sur les plats, tr. marbrées. *(Rel. de l'époque).*   **300 fr.**

ÉDITION ORIGINALE. Le même ouvrage que le précédent. Exemplaire très frais. Les fig. sont en noir.

2706 GENLIS (Mᵐᵉ de). — MADEMOISELLE DE LA FAYETTE ou le Siècle de Louis XIII. *Paris, Maradan,* 1813, 2 vol. in-12, cartonn. bradel, pap. marbré, pièce au dos. *(Cartonn. ancien).*   **250 fr.**

ÉDITION ORIGINALE, rare en cartonnage de l'époque et en belle condition, malgré une rousseur dans un angle des derniers cahiers du tome I.

2707 GENLIS (Mᵐᵉ de). — MAISON RUSTIQUE pour servir à l'éducation de la jeunesse ou retour en France d'une famille émigrée. *Paris, Marahan,* 1810, 3 vol. in-8, veau racine, dos orn. de fers spéciaux, tr. marb. *(Rel. de l'époque).*   **500 fr.**

ÉDITION ORIGINALE. *Bel exemplaire.* Léger raccommodage du premier plat du tome I. Dos orné de charrues entre filets. *Reliure très décorative.*

2708 [GENLIS (Mᵐᵉ de)]. — BIOMÈTRE ou Mémorial horaire, servant à indiquer le nombre des heures données par jour à chacune des divisions : 1º de la vie intérieure et individuelle ; 2º de la vie extérieure et sociale. *Paris, Dondey-Dupré,* 1824, in-8, maroq. vert à longs grains, dos orné sans nerfs, dentelle sur les plats, coulants cuir permettant de fermer le volume en y glissant un crayon.   **1.000 fr.**

Ex dono manuscrit de l'auteur à la Comtesse de Genlis : « *A Madame la Comtesse de Genlis, hommage respectueux de l'auteur. Marc-Antoine Jullien, de Paris* ». Ce « *Mémorial horaire* » répondant absolument aux idées de la comtesse, il est permis de supposer que, par ses œuvres, elle en avait été l'inspiratrice. Une « instruction pour la tenue du Biomètre » précède les « tableaux ». Des feuillets blancs les suivent. Bel exemplaire

2709 GENLIS (Mᵐᵉ de). — NOUVELLE MÉTHODE D'ENSEIGNEMENT POUR LA PREMIÈRE ENFANCE. *Paris, Maradan,* 1801, in-12, veau poivré, dos orné. *(Rel. anc.).*   **60 fr.**

Nouvelle édition, revue, corrigée et augmentée. *Bel exemplaire.*

2710 GENLIS (Mᵐᵉ de). — ŒUVRES. *Paris, Lamberl et F.-J. Baudouin,* 1781. *Maestrichl, J.-E. Dufour et Phil. Roux,* 1784, 16 vol. in-12, demi-bas. rouge, dos et coins.   **1.800 fr.**

Théâtre de société (2 vol.) ; *Annales de la vertu* (3 vol.) ; *Théâtre à l'usage des jeunes personnes* (4 vol.) ; *Adèle et Théodore* (3 vol.) ; *Les veillées du château* (4 vol.). Réunion très rare et en très bel état des ouvrages de la Comtesse de Genlis.

2711 GENLIS (Mᵐᵉ de). — PALMYRE ET FLAMINIE ou le Secret. *Paris, Maradan,* 1821, 2 parties en 1 vol. in-8, demi-veau fauve,

dos orné de fil. et motifs dorés, tr. j. *(Rel. de l'époque).*   **150 fr.**

ÉDITION ORIGINALE rare de ce roman sous forme de lettres. Très bel exemplaire de toute fraîcheur.

2712 GENLIS (Mᵐᵉ de). — LE PETIT LA BRUYÈ-RE ou Caractères et Mœurs des enfans de ce siècle. Seconde édition, revue, corrigée et augmentée de plusieurs chapitres entièrement nouveaux. *Paris, Maradan,* 1804, in-12, bas. marb., dos orné, pièce verte, pet. guirlande autour des plats. *(Rel. anc.).*   **150 fr.**

ÉDITION en partie ORIGINALE, avec une épître et une préface datées de Berlin. La dernière page est occupée par un curieux avis où Mᵐᵉ de Genlis renie un ouvrage intitulé *Adélaïde, ou le Triomphe de l'Amour* qui se vend sous son nom ; elle donne ensuite les titres de tous ses ouvrages authentiques. *Bel exemplaire.*

2713 GENLIS (Mᵐᵉ de). — THE THEATRE OF EDUCATION. Translated from the French of the Countess de Genlis. *London, T. Cadell and P. Elmsly,* 1781, 4 vols in-8vo. contemporary calf.   **2.000 fr.**

FIRST EDITION IN ENGLISH. The first French edition appeared in 1779. In 1782 Madame de Genlis was appointed « Governor » to the three sons of the Duke of Orléans. On the Duke's country estate at St-Leu. They (she and her pupils) *played out a dozen different Voyages in the park... and had a theatre of their own in which they acted moral plays from the* THEATRE D'ÉDUCATION. The first English edition is so rare that Florence Barry can only quote the 2nd edition, London, published same year. A worm hole pierces the margin of the last 25 pages of vol. 3, otherwise a very fine copy.

2714 GENLIS (Mᵐᵉ de). — THÉÂTRE D'ÉDUCA-TION. Nouvelle édition. *Paris, Maradan,* 1813, 5 vol. in-12, bas. f. marb., dos très orné, pièces orange, guirlande dorée autour des plats, tr. jasp. *(Rel. anc.).*   **250 fr.**

Bonne édition, peu commune, de cet important et célèbre ouvrage dont *Grimm* fit un grand éloge. Bel exemplaire, malgré 2 ou 3 coins un peu usés.

2715 [GENLIS (Mᵐᵉ de)]. — THÉÂTRE A L'USA-GE DES JEUNES PERSONNES. *Paris, Lamberl,* 1785, 7 vol. in-12, v. marbré, dos orné, pièces rouges, tr. r. *(Rel. anc.).*   **250 fr.**

PREMIÈRE ÉDITION réunissant le *Théâtre d'Education* et le *Théâtre de Société* (tomes VI et VII avec titres de relais), ouvrage dont *Grimm* fit un grand éloge. *Bel exemplaire.*

2716 GENLIS (Mᵐᵉ de). — LES VEILLÉES DU CHATEAU ou Cours de Morale, à l'usage des enfans. *Paris, chez les Libraires associés,* 1785, 3 vol. in-12, bas. marb., dos à nerfs orné de filets, pièces bleues, tr. mouch. *(Rel. anc.).*   **250 fr.**

Mᵐᵉ de Genlis écrivit cet ouvrage comme suite à *Adèle et Théodore* qui « malgré l'austérité de leur éducation semblent pourtant avoir éprouvé le besoin d'entendre une histoire qui ne serait pas uniquement destinée à leur édification et à leur instruction » (*M.-T. Latzarus,* p. 51). Mᵐᵉ de Genlis déclare dans sa préface que son intention a été de rendre la morale attrayante, car il n'y a point de sujet moral qu'on ne puisse traiter avec agrément ; elle se flatte que son récit surpassera en intérêt les dangereux *Contes de fées.*

2717 [GENLIS (Mme de).] — LES VEILLÉES DU CHATEAU ou Cours de Morale à l'usage des enfans, par l'auteur d'Adèle et Théodore. *Paris, Maradan,* 1816, 3 vol. in-12, bas. polie, mouch., dos bien orné avec pièces vertes, guirlande dorée autour des pl., guirlande int., tr. dor. *(Rel. anc.).* **150 fr.**

Très bel exemplaire de cet ouvrage classique. Le haut d'un faux-titre coupé sur une hauteur de 1 cm. environ.

2718 GENLIS (Mme de). — CONTES CHOISIS DES VEILLÉES DU CHATEAU de Mme de Genlis, par S. Lawrence. *Londres, Boosey et fils,* 1828, in-12, veau havane, dos orné, pièce cuir, tripl. fil. à froid sur les plats. *(Rel. de l'époque).* **60 fr.**

Bel exemplaire.

2719 GENLIS (Mme de). — LES VEILLÉES DU CHATEAU. *Paris, Didier,* 1851, in-8, cart. toile bleue, décors polych., tr. dorées. *(Cart. d'éd.).* **250 fr.**

Seize lithographies sur fond chamois, plusieurs d'une exécution remarquable dans le style de Victor Adam. Joli cartonnage, grande plaque architecturale or, rouge, blanc, vert, bleu d'outremer sur le 1er plat ; dos orné (mêmes couleurs) ; au second plat, petit paysage or et outremer. *Bel exempl.* d'un ouvrage célèbre dans la littérature enfantine.

2720 GENLIS (Mme de). — LES VEILLÉES DU CHATEAU. *Paris, Didier,* 1852, in-8, cart. toile noire, décors polych., tr. dorées. *(Cart. d'éd.).* **200 fr.**

Le même ouvrage que le précédent. Mêmes illustrations. Joli cartonnage, décoré d'une grande plaque architecturale rouge, vert, bleu et or sur le 1er plat, dos très orné or, rouge, vert. Joli médaillon ovale or, rouge et bleu au second plat. *Bel exemplaire.*

════════

2721 GEOGRAPHIA NOVA, versibus technicis et historicis explicata. — NOUVELLE MÉTHODE en vers pour apprendre la géographie et les merveilles du monde. *Rouen, Jacques Le Boullenger,* 1677, in-16, vélin. *(Rel. anc.).* **100 fr.**

La préface est en latin. Recueil d'anecdotes tirées des voyageurs et des naturalistes sur les merveilles naturelles des différents pays. Eléments de géographie. Plusieurs pages sur l'Amérique (Pérou, Brésil, Nouvelle-Grenade, Mexique). Texte français et en latin.

2722 GEOGRAPHICAL GUIDE (THE). — A Poetical Nautical Trip round the Island of Great Britain. *London, J. Harris (Successor to E. Newbery),* 1805, 12mo. or. half-leather, boards with ticket. **200 fr.**

FIRST EDITION. Engraved frontispiece and 10 woodcuts in text (views). *With notes, in prose, descriptive of its principal ports, Havens rivers, creeks, and inlets ; cities, towns, fals, and mountains,* etc. etc.

2723 GÉOGRAPHIE EN ESTAMPES (LA). Mœurs et costumes des différens peuples de la terre. *Paris, Lecerf, P. Blanchard, s. d.* [vers 1825], in-8 obl., demi-chagr. rouge. *(Rel. de l'époque).* **225 fr.**

Frontispice, titre et 26 pl. gravées, parmi lesquelles on peut signaler des femmes turques et marocaines, le visage découvert et dans leurs anciens costumes des Natchez, des Californiens, des Patagons, des habitants du Chili, des Brésiliens noirs, des Péruviens, etc. Recueil curieux et peu commun. *Bel exemplaire.*

2724 GÉOGRAPHIE VIVANTE ou Tableaux raisonnés et comparatifs des principaux habitants du Globe avec leur costume, des animaux divers qui s'y trouvent et une exacte description de leurs mœurs et de leurs usages et habitudes. Par Mme H***. *Paris, Alexis Eymery,* 1821, in-8 oblong, demi-basane violette. *(Rel. de l'époque).* **500 fr.**

Frontispice et titres gravés et coloriés et 30 planches représentant près de deux cents sujets (costumes, animaux) gravés et coloriés. Bel exemplaire.

2725 GEOGRAPHY. Embellished with a variety of Views from Nature. *London, John Marshall, n. d.* [circa 1802], 64mo. or. boards with printed ticket. *(Rebacked).* **850 fr.**

Illustrated with a frontispiece 42 engravings of costumes, 14 views of cities (including LONDON, PARIS, BOSTON, NEW YORK and QUEBEC), and 3 scenes. Of New York, the author says *New York is the capital of one of the United States of America... and is about 4 miles in circumference. The situation is both healhy and pleasant.*

2726 GEOGRAPHY made easy for Children, improved from the CIRCLE OF THE SCIENCES, containing the new discoveries, etc. *London, Darlon and Harvey,* 1793, small 12mo. or. half-vellum, boards, ticket. **500 fr.**

Illustrated with folding World Map (small slit in paper) and demonstrative map for geographical terms. The appendix to this edition contains « *A short and familiar account of the principal New Discoveries* ». The lands discovered are as follows. NORTHERN ARCHIPELAGO. KING GEORGE'S ISLAND. SOCIETY ISLANDS. OHETE-ROA. FRIENDLY ISLANDS. NEW ZEALAND. NEW HEBRIDES. NEW HOLLAND. NEW GUINEA. NEW BRITAIN. NEW IRELAND. PRINCE EDWARD'S ISLAND. SANDWICH ISLANDS. The work ends with the following note. « *Notwith standing the amazing discoveries of navigators, and the progress made in geography, since the first voyage of Columbus, in the year 1402 (sic), there Still remain some countries, either absolutely unknown, or very superficially surveyed.* »

2727 GEORGE IV COPY BOOK, 1769. Written when the Prince had just entered his 6th year. Oblong 4to. or. marble paper wrappers bound in half-morocco binding of about 1850, preserved in straight-grained morocco case. **10.000 fr.**

On first page in fine calligraphy, red ink with black scroll work border, is the following. « HIS ROYAL HIGHNESS GEORGE PRINCE OF WALES, NOVEMBER 20th, 1767 » 18 leaves filled upon one side (except the last 3 leaves, which are written on both sides) with writing by the young Prince. On the second leaf the Prince's instructor has written four words, « *Augusta-Blomberg-Common and Demand* » which have been copied in repetition by young George, in the manner of all children of that age. Each page is filled up in this manner with different words or sentences. For instance, on the last page is the maxim « *Solid sense is always to be preferred to wit* » and repeated 4 times on the last line the name « *George* ». The volume was sold at Dawson Turner's sale of MSS and autographs, June 1859. Inserted, signed to a few lines in German is an autograph of George IV 1817. A PRECIOUS EXAMPLE OF ROYAL JUVENILIA. *Fine state.*

2728 GÉRARD (P.-C.). — LES ÉMIGRANS AU
BRÉSIL. Traduit de l'allemand d'AMÉLIE
SCHOPPE. *Paris, Langlumé et Peltier, s. d.* [vers
1830], in-32, bas. marb., dos orné, pièce rouge,
tr. marb. *(Rel. de l'époque).*   **200 fr.**

PREMIÈRE ÉDITION. Orné d'un titre gravé (avec
vignette) et de 4 charmantes figures non signées. Rare
ouvrage d'intérêt brésilien. Quelques taches.

2729 GERMANIE (La comtesse de). — LA PETITE-
FILLE DE ROBINSON. *Paris, Librairie pittoresque de la Jeunesse,* 1844, in-8, cartonnage chromolith. *(Cart. de l'édit.).*   **800 fr.**

Frontispice et 12 lithographies coloriées à la main d'après
des dessins de *Pérignon,* remarquables par leur finesse et
leur élégance. Cartonnage en lithographie : rinceaux et
rocailles d'or entourant le titre. Frontispice détaché. *Bel
exemplaire.*
Ce sont les aventures d'une petite fille pour qui se renou-
vellent les aventures de Robinson dans son île où elle
retrouve le fils de Vendredi.

2730 GIFT FOR CHILDREN (A). *Norwich, Printed
for John Slerry and Co,* 1796, sq. 16mo. or. wrappers, preserved in half-morocco case.   **1.000 fr.**

Printed at NORWICH, CONNECTICUT on grey paper.
The little work contains, a short half-page notice. *Dear
Children ; Description of a Good Boy ; Story of the Young
Cottager, Story of the Two Cocks, The Lamb, The history
of the New Testament, The shorter Catechism, Hymn for
Children, Child's Morning Prayer, Child's Evening Prayer.*
A few stains throughout the volume.

2731 GIFT OF MINERVA (THE) or A Specimen of
the contents of The Juvenile Budget. Consisting
of A Variety of Miscellaneous Pieces, for the Instruction and Amusement of Young Persons.
Huddersfield, J. Brook, n. d. [circa 1795], sm.
12mo. or. flowered paper boards. *(Faded and
back strip missing).*   **500 fr.**

Illustrated with 5 woodcuts.

2732 GIFT OF AN UNCLE (THE) or A short description of some of the peculiarities of the Animal and Vegetable World ; with an account of their
first introduction into this country. *London, William Joy,* 1829, 12mo. or. printed boards. *(Back
strip missing).*   **45 fr.**

Illustrated with an engraved frontispiece showing *The
Seven Aboriginal Plants of Britain,* and a *Whale Fishery.*

2733 GILMAN (John Bradley). — THE KING-
DOM OF COINS. A Tale for Children of all Ages.
Boston, Robert Brothers, 1889, sm. 4to. or. printed
boards.   **35 fr.**

FIRST AMERICAN EDITION. Many illustrations by
Frank T. Merrill.

2734 GIRARDIN (Mme E. de). — CONTES D'UNE
VIEILLE FILLE A SES NEVEUX. *Paris, Charles Gosselin,* 1833, 2 vol. in-12, veau vert, dos à
nerfs, filets dent. et volutes d'or à la grotesque,
cathédrale à froid sur les pl., tr. marbrées. **800 fr.**

ÉDITION ORIGINALE. Bel exemplaire dans une jolie
reliure à la Cathédrale en parfait état de fraîcheur.

2735 GIRAUD. — BEAUTÉS DE L'HISTOIRE
D'ITALIE ou Abrégé des Annales Italiennes, etc.
A l'usage de la jeunesse. *Paris, Eymery,* 1816,
2 vol. in-12, br., couv. muette d'origine avec
étiquette impr. au dos.   **100 fr.**

ÉDITION ORIGINALE ornée de 12 gravures non
signées P.-F.-F.-J. Giraud, naquit à Bacqueville (Normandie), en 1764, et mourut à Paris, en 1821, laissant un grand
nombre d'ouvrages dont plusieurs à l'usage de la jeunesse
(*Hoefer,* XX, 711).

2736 GIRAULT (A.-N.). — VIE DE GEORGE
WASHINGTON. Traduit de l'anglais, et dédié à
la jeunesse américaine. Seconde édition, revue et
corrigée avec soin. *Philadelphie, H. Perkins, et
Boston, Perkins, Marvin and Co,* 1835, in-12, demi-
bas. orange à grain long. *(Rel. de l'époque).*
                                         150 fr.

Très rare ouvrage orné d'un titre gravé avec vignette et
de 5 figures hors-texte gravées sur bois, non signées. L'auteur était professeur de français à *Philadelphie,* et son
ouvrage est destiné aux écoliers *américains* étudiant le
français. Le haut du titre typographié est coupé.

2737 GLOIRES DE L'HUMANITÉ (LES) ou le
Génie de la Bienfaisance. Contes, nouvelles et
études historiques dédiés à la jeunesse, par A.
Vanauld, Mmes J. Nesmond, Eug. Foa et Elizabeth
Müller. *Paris, Amédée Bédelet, s. d.* [vers 1850],
cartonnage en chromolithographie. *(Cart. de l'éditeur).*   **300 fr.**

Illustré de 8 jolies lithographies sur fond teinté de Fossey et A. Duruy. Larges interlignes. L'exempl. est précédé
d'un avis de « changement de domicile » de l'éditeur et
suivi d'un catalogue de deux pages de ses publications.
Etudes sur Las Casas, JENNER, Fénelon, etc., etc.
Légères rousseurs, mais très bel exemplaire.

2738 GODWIN (Catherine Grace). — BASIL HAR-
LOW or Prodigality is not Generosity. *London,
John W. Parker,* 1837, 12mo. or. cloth.   **40 fr.**

Illustrated with a frontispiece and 8 vignettes all engraved on wood. Six page book list at end. *Fine copy.*

2739 GODWIN (Mary J.). — NEW BOOKS FOR
CHILDREN published by *M. J. Godwin, at the
Juvenile Library, No 41 Skinner-Street, Snow-
Hill, and to be had of all Booksellers.* [*London,
n. d., circa* 1812], 12mo. grey levant morocco
extra, g. e. *(Rivière).*   **1.000 fr.**

Twelve page catalogue of Children's. Books issued by
Mary Jane Godwin, second wife of *William Godwin and
the step-mother in law of Shelley.* Mary Jane Godwin was
the publisher of Lamb's juvenile works and the present
catalogue describes, with critical reviews, several important Lamb items. Under Lamb's name are given the *Tales
from Shakespear and Adventures of Ulysses.* Without the
name of the author are mentioned *Mrs Leicester's School ;
Poetry for Children ; Beauty and the Beast ;* and *Prince
Dorus.* FINE COPY.

2740 GODWIN (Mary J.). — NEW BOOKS FOR
CHILDREN.   **1.000 fr.**

Another copy of the catalogue, but in blue levant morocco. Sir Thomas Talfourd (1795-1845) Judge, friend of
Charles Lamb, and author of « *Memorials* » *of Lamb* wrote.

« At the sign of W. J. Godwin and Co, the prettiest and wisest books for children issued, which old-fashioned parents presented to their children without suspecting that the great lessons of piety and goodness which charmed away the selfishners of infancy, were published and sometimes revised, and now and then written, by a philosopher whom they would scarcely venture to name ». [*Works of Charles Lamb, Moxon* 1865]. *Fine copy.*

2741 GODWIN (William). — THE LOOKING-GLASS. A history of the early years of an artist ; calculated to awaken the emulation of young persons of both sexes, in the pursuit of every laudable attainment : particularly in the cultivation of fine arts. By Theophilus Marcliffe. *London, Tho-*

mas Hodgkins, 1805, small 12mo. blue morocco extra, gilt back and sides, g. e. *(Modern binding).*
4.000 fr.

FIRST EDITION. Illustrated with an engraved frontispiece with the legend « *From an original drawing by a boy of nine years of age* », and four other plates.
The work is an account of the early life of MULREADY, (b. 1786) the illustrator of the « Butterfly's Ball », a number of its imitations, and a variety of other Children's books. It was written under the pseudonym of *Marcliffe* by WILLIAM GODWIN, the father-in-law of Shelley, who after his second marriage, with his wife published a number of Children's books, notably those written by Charles Lamb. The plates are from drawings made by Mulready when a boy. Fine copy. *Tuer, F. C. B., page 107.*

OLIVER GOLDSMITH (1728-1774)

2742 GOLDSMITH (Oliver). — ELEGY ON THE DEATH OF A MAD DOG. *London, O. Hodgson, n. d.* [circa 1810], post 8vo. half calf. *(Modern binding).*
2.500 fr.

FIRST ISSUE OF THE CHILDREN'S EDITION. This amusing poem by Oliver Goldsmith, is engraved throughout. It is illustrated with 8 hand-coloured plates. The binder's knife has accidently cut off the last letter at the end of five different long lines.

2743 GOLDSMITH (Oliver). — AN ELEGY ON THE DEATH OF A MAD DOG. Sung by Master Bill Primrose. Pictured by R. Caldecott. *London, George Routledge, n. d.* [circa 1885], 4to. or. coloured wrappers.
30 fr.

9 coloured plates and many drawings by CALDECOTT.

2744 [GOLDSMITH (Oliver)]. — THE DRAWING SCHOOL FOR LITTLE MASTERS AND MISSES, containing the most easy and concise rules for learning to draw, without the assistance of a teacher. To which are added THE WHOLE ART OF KITE MAKING, and the authors' new discoveries in the preparation of water colours. By master Michael Angelo. *London, T. Carnan,* 1777, 16mo. levant morocco. *(Modern binding).*
3.500 fr.

The authorship of this rare little work is attributed to Oliver Goldsmith. It contains 53 well executed woodcuts.

2747 GOLDSMITH (Oliver). — AN HISTORY OF ENGLAND, in a series of Letters from a Nobleman to his Son... Sixth ed. *London, T. Carnan,* 1780, 2 vols. 12mo. old cloth. *(Early 19th cent. worn).*
150 fr.

QUITE UNCUT. 6 page book list at end.

2748 [GOLDSMITH (Oliver)]. — AN HISTORY OF ENGLAND, in a series of letters from a Nobleman to his Son. *London, W. Osborne and T. Griffin, in St. Paul's Church-Yard, and J. Mozley,*

Gainsborough, 1787, 2 vols, 12mo. orig. tree calf, gilt.
300 fr.

Charles Welsh speacks of an edition published by *T. Carnan and F. Newbery, jr.,* 1772 with the same collation as above. Newbery paid Goldsmith £21 for the work. The first edition appeared in 1769. Small blank corner off a leaf, otherwise fine.

2749 GOLDSMITH (Oliver). — A HISTORY OF THE EARTH and animated Nature. *London, Henry Fisher, n. d.* [circa 1826], 4 vols in-8vo. contemp. half-leather.
100 fr.

Illustrated with a portrait, an engraved title and 39 hand-coloured plates. Showing animals, birds, fishes insects, etc. « *The animated Nature* » *is not a scientific work, but it is Goldsmith in his most delightful moods and in his most engaging Self.* TEMPLE SCOTT.

2750 GOLDSMITH (Oliver). — Dr GOLDSMITH'S CELEBRATED ELEGY, on that Glory of Her Sex, Mrs MARY BLAIZE. *London, I. Harris,* Nov. 1-1808, sq. 16mo. or. boards, with printed label reading *Harris's Cabinet. One Shilling,* coloured. Preserved in levant morocco case. **12.500 fr.**

FIRST EDITION. Illustrated with 12 hand-coloured plates, with engraved text. *Very tall (130 mm.) and remarkably fine copy.*

2751 GOLDSMITH (Oliver). — Dr GOLDSMITH'S CELEBRATED ELEGY, on that Glory of Her Sex, Mrs MARY BLAIZE. *London, I. Harris,* Nov. 1-1808, sq. 16mo. or. wrappers, preserved in half-morocco case.
9.000 fr.

FIRST EDITION. Another copy, fine but not so tall (124 mm.) and without printed label on front cover.

2752 GOLDSMITH (Oliver). — Mrs MARY BLAIZE an Elegy on the Glory of her Sex. *London, George Routledge, n. d.* [circa 1885], 4to. or. coloured wrappers.
30 fr.

7 coloured plates and many drawings by R. CALDECOTT.

2753 [**GOLDSMITH (Oliver)**]. — LITTLE GOODY TWO-SHOES (The History of) Otherwise called Mrs Margery Two-Shoes... See the Original Manuscript in the Vatican at Rome, and the Cuts by Michael Angelo. Illustrated by the Comments of our great modern Critics. The Fourth Edition. *London, Printed for J. Newbery, at the Bible and Sun in St. Paul's Church-Yard*, 1767, [Price sixpence], 64mo. or. flowered-paper, boards. *(Back strip missing)*, preserved in levant morocco case.

Engraved frontispiece and 35 quaint woodcuts. According to Temple Scott *No copies of either the first or second edition of this little book are known to be extant.* The Elkins' collection contains an edition dated 1775. A complete copy. of the third edition is in the South Kensington Museum, *(Coleridge collection)* from which Charles Welsh made his facsimile reproduction. The copy in the British Museum is imperfect. The collation of our copy *(the fourth edition)* corresponds exactly with that of the third. At the end, after the appendix is the 4 page book list *Books usually read by the Scholars of Mrs Two-Shoes...*, etc., including the famous advertisement of the Dr JAMES POWDERS FOR FEVERS, and other Newbery medecines. A clean and well preserved copy.

[**GOLDSMITH (Oliver)**]. — LITTLE GOODY TWO-SHOES (The History of) otherwise called Mrs Margery Twoshoes... etc. The First Worcester Edition. *Printed at Worcester, Massachussetts, By Isaiah Thomas, And Sold, Wholesale and Retail, at his Book Store*, 1787, 64mo. or. silver paper wrappers, preserved in levant morocco case.
85.000 fr.

The rare FIRST AMERICAN EDITION described by Temple Scott *(Elkins collection)*, pages 358-359. Two parts; Appendix ; A letter to the Printer, and the two page book list at end « *Books for the Instruction and Amusement of Children'*». A few pages slightly yellowed, otherwise *fine copy.*

It seems fit that these two precious little books : PERHAPS THE MOST IMPORTANT IN THE HISTORY OF ENGLISH JUVENILE LITERATURE should not be separated. We therefore offer the two items together.

If not sold within one month from the publication of the catalogue, their individual sale will be considered.

2754 [**GOLDSMITH (Oliver)**.] — LITTLE GOODY TWO-SHOES (The History of) otherwise called Mrs Margery Two-Shoes. With the Means by which she acquired her Learning and Wisdom..., etc., etc. *Coventry, N. Merridew, n. d.* [circa 1780], sm. 16mo. or. boards. *(Shabby and back strip missing)*, preserved in levant morocco case.
12.500 fr.

Frontispiece engraved on wood and 36 quaint woodcuts. Very rare edition printed at Coventry. Clean copy ; some pages loose.

2755 [**GOLDSMITH (Oliver)**]. — GOODY TWO-SHOES. The fifth Edition. *London, Newbery and Carnan*, 1768, 64mo. or. flowered-paper boards. *(Back strip missing)*. **600 fr.**
LACKS ENGRAVED FRONTISPIECE AND 14 LEAVES (pages 17-18, 29-36, 47-48, 65-66, 97-98, 111-114, 129-130, 143-146 and one page of advertisement at end).

2756 [**GOLDSMITH (Oliver)**]. — LITTLE GOODY TWO-SHOES. *London, Printed for T. Carnan, Successor to Mr J. Newbery*, 1783, or. illustrated boards. *(Back strip missing)*, preserved in half-morocco case. **6.000 fr.**
A FRONTISPIECE IN FACSIMILE, otherwise the book is complete, with the four page book list at end 35 quaint woodcuts. An unusual copy in the original ILLUSTRATED BOARDS, each with a woodcut impressed in Sanguine. The edition is the same as that described by Temple Scott *(in his bibliography of the Elkins Collection)* of an edition dated 1780, with same illustrated boards, woodcut frontispiece and [Price Six-Pence, bound] on title. *Very clean and fresh inside.*

2757 [**GOLDSMITH (Oliver)**]. — LITTLE GOODY TWO-SHOES (The History of) otherwise called Mrs Margery Two-Shoes. With the Means by which she acquired her Learning and Wisdom, and in consequence her Estate, etc., etc. *London, Printed in the year* 1783. [Price Six-pence], 64mo. or. flowered-paper boards. *(Back strip missing)*.
150 fr.

The title is copied from Newbery's edition. Illustrated with many quaint woodcuts *(some coloured by a child)*. LACKS 7 LEAVES AND FRONTISPIECE. Small tears in margins of several pages. *Unknown edition with no name of Publisher.*

2758 [**GOLDSMITH (Oliver)**]. — GOODY TWO-SHOES (The History of), with her means of acquiring Learning, Wisdom and Riches. *London, Darton and Harvey*, 1801, sm. 16mo. or. boards. *(Back strip missing)*, preserved in half-morocco case.
7.500 fr.

Illustrated with a frontispiece engraved on copper and 29 most charming woodcuts. *Fine copy.*
PLANCHE 78.

2759 [**GOLDSMITH . (Oliver)**]. — GOODY TWO-SHOES (The History of), with the Adventures of her Brother Tommy. *Glasgow, J. Lumsden and Son, n. d.* [circa 1810], sm. 12mo. or. coloured boards with engraved ticket. **1.000 fr.**
Illustrated with 13 engravings on copper, vignette on title and 2 woodcuts. *Very fine copy.*

2760 [**GOLDSMITH (Oliver)**]. — GOODY TWO-SHOES (The History of). *Edinburgh, Oliver and Boyd, n. d.* [circa 1815], sm. 12mo. **500 fr.**
Illustrated with 14 splendid woodcuts. *Fine copy.*

2761 [**GOLDSMITH (Oliver)**]. — GOODY TWO-SHOES or The History of Little Margery Meanwell, In Rhyme. *London, John Harris*, 1825, sq. 12mo. or. printed wrappers. *(Back re-inforced)*.
500 fr.
Illustrated with a charming and finely engraved woodcut to each of the twenty chapters. The wrappers are dated 1833. *Fine copy.*
PLANCHE 159.

2762 **GOLDSMITH (Oliver)**. — GOODY TWO-SHOES. A facsimile reproduction of the edition of 1766 with an introduction by CHARLES WELSH. *London, Griffith and Farran*, 1881, 12mo. or. boards. ticket. **80 fr.**
Unopened copy. The original of this Children's Classic is one of the rarest juvenile's known, and practically unobtainable at any price.

2763 [**GOLDSMITH (Oliver)**]. — GOODY TWO-SHOES A Facsimile Reproduction of the edition of 1776 with an introduction by CHARLES WELSH. *Griffith and Farran*, 1881, or. half-vellum, boards. **80 fr.**

2764 [**GOLDSMITH (Oliver)**]. — JUVENILE SPORTS AND PASTIMES. To which are prefixed, Memoirs of the Author : including a New Mode of Infant Education. By Master Michel Angelo, Author of The Drawing-School for Little Masters and Misses. *London, T. Carnan*, 1780, 24mo. or. illustrated boards. *(Back strip missing)*, preserved in a half-morocco case. **4.000 fr.**

Illustrated with 15 quaint and well executed woodcuts *(one showing cricket)*, and 7 diagrams. The sports enumerated are *Dump-making, Top Whipping, Trap-Ball, Cricket, Archery, Hockey, Marbles, etc.* Welsh cites (with no detail) an edition of 1776 also printed by Carnan and quotes a copy of this edition as being in the Bodleian.

2765 [**GOLDSMITH (Oliver) ?**]. — MORAL LECTURES on the following subjects. Pride, Envy, Avarice, Anger, Hypocrisy..., etc., etc. By Solomon Winlove, Esq. Embellished with twenty-eight curious cuts. *London, E. Newbery, at the Corner of St. Paul's Church-Yard*, 1769, sm. 16mo. or. flowered paper, boards. *(Back strip broken)*, preserved in half-morocco case. **6.000 fr.**

FIRST EDITION. At end is Newbery's 4 page book list in which are advertised *Joseph Andrews, Tom Jones, Pamela, Clarissa, and Sir Charles Grandison*, showing that all these children's books were first published not later than 1769, and more likely at an earlier date. On last page is the advertisement of *Medecines Sold by F. Newbery*, including the famous *Dr James' Powder for Fevers*. Welsh knows only of two editions 1780, and N. D. Judging from the style there is every reason to believe that Goldsmith wrote, or had something to do with this work. *Fine copy.*
PLANCHE 66.

2766 [**GOLDSMITH (Oliver) ?**]. — A MUSEUM FOR YOUNG GENTLEMEN AND LADIES or A private tutor for little masters and misses. *London, T. Carnan*, 1784, sm. 12mo. original printed boards. *(Back broken)*, preserved in half-morocco case. **4.000 fr.**

Illustrated with many-charming and naive woodcuts, a number of which show costumes of different countries. The work is a sort of instructive Child's encyclopœdia and 7 pages are devoted to America. According to Welsh, John Newbery issued an edition as early as 1758. A copy of the 8th edition (1776) is in the South Kensington Museum. Judging from the general nature of the text, it is possible that Goldsmith may have helped to write this book. Very rare, specially in the original boards on which are printed two delightful woodcuts, one corner damaged, otherwise fine clean copy.

2767 [**GOLDSMITH (Oliver) ?**]. — A MUSEUM FOR YOUNG GENTLEMEN AND LADIES... *London, F. Power and Cº (Successors to the late T. Carnan)*, 1790, sm. 12mo. or. boards. *(Back broken)*, preserved in half-morocco case. **3.200 fr.**

The Twelfth edition. Same woodcuts as the 1784 edition. *Fine copy.*
PLANCHE 114.

2768 [**GOLDSMITH (Oliver) ?**]. — THE NATURAL HISTORY OF FOUR FOOTED BEASTS by Tommy Trip. Embellished with curious Cuts. *Glasgow, J. and M. Robertson and J. Duncan*, 1784, 34mo. or. flowered-paper boards. *(Back strip damaged)*, preserved in morocco case. **2.500 fr.**

Illustrated with 48 splendidly executed woodcuts of animals. At end, after *A Card to the Gentle Reader*, a two page book list including almost a page advertisement of *Goody Two-shoes*. The work is a version of *A Pretty Book of Pictures for Little Masters and Misses or Tommy Trip's History of Beasts and Birds* first published by Newbery. *Fine copy.*

2769 [**GOLDSMITH (Oliver)**]. — THE PICTURE EXHIBITION, containing the Original Drawings of eighteen Little Masters and Misses. To which are added, Moral and Historical Explanations. Published under the Inspection of Master Peter Paul Rubens. Professor of Polite Arts. *London, T. Carnan*, 1774, [Price Six-pence], sm. 16mo. or. flowered-paper boards. *(Rubbed and back strip missing)*. **800 fr.**

Illustrated with 17 quaint woodcuts *(some slightly coloured)*. Charles Welsh quotes only the edition of 1783 and suggests Goldsmith as the possible author with these words. « *The reference to the great artist might suggest the same hand as wrote Goody Two-Shoes and Fables in Verse.* LACKS TWO LEAVES (pages 11-14) 5 page book list at end. It is a question whether any complete copy of this edition exists.

2770 **GOLDSMITH (Oliver)**. — THE POETICAL WORKS, with a Sketch of His Life and Writings. *Chiswick Press*, 1818, 16mo. unbound. **10 fr.**

Contains a number of poems for children. Illustrated with woodcuts by *Bewick*.

2771 [**GOLSDMITH (Oliver) ?**]. — PRETTY POEMS FOR THE AMUSEMENT OF CHILDREN SIX FEET HIGHT. Interspersed with A Series of Letters from Cousin Sam to Cousin Sue... Calculated to do good,.... etc. *London, Printed for the Booksellers of Europe, Asia, Africa and America, T. Carnan and F. Newbery*, 1779, sm. 16mo. light calf, with unlaid back, gilt. *(By Bedford)*. **4.000 fr.**

Illustrated with 9 copper plates. The book is a Satyre on Newbery's books for Children and was no doubt inspired by Thomas Tagg's *Collection of Pretty Poems for the Amusement of Children Three Foot High*. An example is *Some instructions which will enable Parents to bring their Offsprings to the Gallows*, which Starts as follows *As soon as the child is able to do mischief, teach him to torture flies with a pin and a needle...* Mr Charles Welsh in his work on Newbery quotes this work from Newbery's list of 1758, never having seen a copy. It is a question, judging from the Spirit and text of this amusing work, if Oliver Goldsmith did not have something to do with its writing. *Very fine copy.*

2772 **GOLDSMITH (Oliver)**. — THE ROMAN HISTORY, from the Foundation of the City of Rome, to the Destruction of the Western Empire. *Dublin, P. Wogan*, 1792, 2 vols. 12mo. old calf. **200 fr.**
Fine copy.

2773 [**GOLDSMITH (Oliver)**]. — THE TWELFTH-DAY-GIFT or the Grand Exhibition, containing a curious collection of pieces in prose and verse (many of them originals) which were delivered... at the most noble the Marquiss of Setstar's, by a Society of young Gentlemen and Ladies, and registered at their request, by their old Friend Mr Newbery. *London, J. Newbery*, 1767, small 16mo. or. 18th cent. coloured-papered boards. Preserved in half-morocco case. **12.500 fr.**

FIRST EDITION OF THIS INTERESTING CHILD'S BOOK ATTRIBUTED TO OLIVER GOLDSMITH. Illustrated with 8 finely engraved plates. Consult CHARLES WELSH. *Life of John Newbery. London*, 1885, pages 110 and 320-21, regarding the importance of this book. Welsh gives the collation of the 4th edition only and cites a copy in the B. M. dated 1783. He knows of the existence of a First edition (1767) only through an advertisement. PLANCHE 57.

2774 [**GOLDSMITH (Oliver)**]. — THE TWELFTH-DAY-GIFT. *London, T. Carnan, Successor to Mr J. Newbery*, 1788, sm. 12mo. half-morocco. *(Modern binding)*. **900 fr.**

This edition is not mentioned by Charles Welsh. Although the title is the same as the First Edition, the illustrations are different, and are engraved on wood. Frontispiece *(supplied from another edition)* and 7 quaint woodcuts in text. Four page book list at end. Margin of frontispiece restored and small tear in one leaf repaired.

2775 **GOLDSMITH (Oliver)**. — THE VICAR OF WAKEFIELD. A Tale. *London, O. Hodgson, n. d.* [circa 1835], sm. 16mo. sage green calf with à la Cathédrale panel in blind gilt back, and gilt filet on sides. *(French Romantic binding)*. **175 fr.**

Engraved portrait of Goldsmith. Very fine copy in a charming binding. Ticket of TRUCHY, boulevard des Italiens, Paris, the bookseller, who published and sold many English Children's books in Paris at that period.

2776 **GOLDSMITH (Oliver)**. — LE VICAIRE DE WAKEFIELD. Traduction de Charles Nodier. *Paris, E. Blanchard*, 1853, 2 vol. in-8. *(Cartonnage toile de l'éditeur)*. Tr. dorées. **200 fr.**

4e édition de cette traduction. Exemplaire de premier tirage, illustrations par *Jacques*. Cartonnage romantique, toile t, de nègre, dos orné, sur le premier plat, cadre or historié, fleurons incrustés de bleu aux angles, au milieu, scène du roman estampé or, sujet décoratif or, rouge et bleu sur le 2e plat.

2777 **GOLDSMITH (Oliver)**. — THE VICAR OF WAKEFIELD. *London, James Blackwood and Co, n. d.* [circa 1890], or. cloth gilt. **20 fr.**

Coloured frontispiece. *Fine copy.*

2777 *bis* **GOLDSMITH (J.)**. — A GRAMMAR OF GENERAL GEOGRAPHY, for the use of Schools, *London*, 1819, 12mo. contemp. calf. *(Rebacked)*. **150 fr.**

FIRST EDITION. Illustrated with 7 folding maps, a volvil of the earth and woodcuts showing Capitals of the World. *Fine copy.*

2778 **GOOD BOY.** *Boston, Henry A. Young and Co, n. d.* [circa 1840], 24mo. or. green cloth. **100 fr.**

Illustrated with 38 woodcuts, some illustrating letters of the Alphabet. The text consists of child poems.

2779 **GOOD CHILD'S (THE)** PRETTY MUSEUM OF BIRDS. *Edinburgh, W. Darling, n. d.* [circa 1835], post 8vo. or. printed wrappers. **125 fr.**

Illustrated with 8 hand-coloured plates of birds with juvenile descriptions in big letters. Each plate and text is lithographed. *Fine copy.*

2780 **GOOD LITTLE BOY'S BOOK (THE).** *London, Routledge, Warne and Routledge*, 1862, 4to. or. cloth. **400 fr.**

Illustrated with 64 hand-coloured woodcuts. Contains *Tom Thumb's Alphabet* (24 plates), *Baron Munchausen, Little Dog Trusty, Cherry Orchard, Punch and Judy, The Cat's Tea Party*. Pages loose in covers : a few tears and tiny holes in one or two leaves.

2781 **GOODRICH (S. G.)**. — THE ADVENTURES OF BILLY BUMP IN BOSTON, CALIFORNIA, etc. Being the Life of a Boy in America. *London, Darton and Co, n. d.* [circa 1850], 12mo. or. red cloth. *(Shabby)*. **60 fr.**

Illustrated with an engraved frontispiece showing gold washing in California. S. G. Goodrich is the original « *Peter Parley* ».

2782 [**GOODRICH (S. G.)**]. — HUMORIST TALES, being a Selection of Interesting Stories. By the Author of Peter Parley. *New York, Nafis and Cornish, n. d.* [circa 1840], 12mo. or. green cloth. *(Little spotted)*. **100 fr.**

Engraved frontispiece by *A. H. Durand* from the painting by *C. R. Leslie.*

2783 **GOODY HOMESPUN** and her Seven Cats. *London, Dean and Co, n. d.* [circa 1835-40], sq. 12mo. or. printed wrappers. **300 fr.**

Illustrated with ten amusing hand-coloured woodcuts. Very large type.

2784 **GORDIAN KNOT (THE).** A Selection of Ingenious Puzzles, Conundrums, Enigmas, Charades, Anagrams, Rebusses, etc. *London, J. Fairburn, n. d.* [circa 1820], 12mo. or. printed wrappers. **185 fr.**

Illustrated with large folding hand-coloured frontispiece showing 58 rebuses, at end four page book list.

2785 **GORDIAN KNOT (THE).** Another copy, boards. Same edition. **125 fr.**

No book list at end.

2786 [**GOURAUD (Julie)**]. — LA SEMAINE D'UNE PETITE FILLE, par Mlle Louise d'Aulnay. *Paris, Amédée Bédelet, s. d.* [vers 1855], in-8. *(Cartonnage papier de l'éditeur)*. **250 fr.**

8 planches gravées, vignettes. Très joli cartonnage chromolithographié, feuillages et fleurs formant cadre sur fond crème. *Bel exemplaire.*

2787 **GRABERG DE HEMSO.** — LEÇONS ÉLÉMENTAIRES de Cosmographie, de Géographie et de Statistique dédiées à S. M. la Reine Hortense. *Gênes, Imp. de la Marine*, 1813, in-12, maroquin poli marron, dos richement décoré, large encadrement doré et à froid sur les plats, avec, au centre de chaque plat le monogramme couronné H. E., tr. dor. *(Rel. anc.).* **2.500 fr.**

Précieux exemplaire, dans une très jolie reliure de toute fraîcheur, portant sur un f. de garde la dédicace : « *A son Altesse sérénissime* HORTENSE-EUGÉNIE NAPOLÉON, *Princesse héréditaire de Hohenzollern Hechingen, née de Leuchtenberg et d'Eichstadt, etc.* ». Provenance très rare. Une carte se dépliant.

2788 GRAHAM (E. S.). — EIGHTEEN MAXIMS OF NEATNESS and Order, to which is prefixed an introduction by Theresa Tidy. VOYAGE TO LOCUTA ; A Fragment, with etchings and notes of illustration dedicated to Theresa Tidy... by *Lemuel Gulliver, jun. London, J. Hatchard*, 1818, two works in one vol. 12mo. or. boards. **500 fr.**

DEDICATION COPY FROM THE AUTHOR inscribed *E. M. Graham from the author with her best love.* Theresa Tidy and Lemuel Gulliver, jun. were pseudonyms of Mrs ELIZABETH SUSANNA GRAHAM. The « Voyage to Locuta » is A FIRST EDITION and is illustrated with six allegorical illustrations, with 17 pages of notes on them at the end of the work. Four page book list at end. Fine uncut and unopened copy.

2789 GRAHAM (E. S.). — VOYAGE TO LOCUTA, by Lemuel Gulliver. *Jun. London, J. Hatchard*, 1818, 12mo. or. boards with printed ticket. *(Back broken).* **250 fr.**

FIRST EDITION. *Fine copy, uncut.*

2790 GRAMMAR MADE FAMILIAR AND EASY. Being the First Volume of the Circle of Sciences, etc. Published by the King's Authority. The Fifth Edition. *London, Thomas Carnan, Successor to Mr J. Newbery*, 1787, 32mo. or. half-vellum, boards. **400 fr.**

This is the first vol. of the famous circle of Sciences, but second series. At end 20 page book catalogue. *Fine copy.*

2791 GRAMMAR IN RHYME. *London, George Routledge, n. d.* [circa 1875], 4to. or. coloured wrappers. **100 fr.**

8 full page chromo-lithographs illustrating the different parts of Speech.
Three little words you often see,
Are ARTICLES, 'a', 'an', and' the'.
A NOUN'S the name of anything
AS' School 'or' garden, 'hoop' or 'swing'.

2792 GRANDE MÉTAMORPHOSE CAVALIÈRE [Grosse Reiter-Metamorphosen]. Nouvel amusement comique. *S. l. n. d.* [vers 1860], boîte de l'éditeur. **300 fr.**

16 cartes lithographiées et coloriées (95 × 112 mm.) divisées en 3 parties, deux de 45 × 60, contenant la tête de l'animal et celle du cavalier, la troisième de 95 × 43 mm., contenant le corps de l'un et les jambes de l'autre. Couvercle de la boîte illustré du portrait — équestre naturellement — de Faustin, empereur de Haïti. *Bel exemplaire.*

2793 GRANDMAMMA'S BOOK OF RHYMES for the Nursery. Second edition. *London, John Harris*, 1835, sm. 8vo. or. printed wrappers. **85 fr.**

Vignette on title-page and 21 charming wood engravings. *Fine copy.*

2794 GRANDMAMMA EASY'S. Merry multiplication. *London, n. d.* [circa 1850], or. printed cover. *(A little shabby).* **65 fr.**

Illustrated with 17 hand-coloured woodcuts. Thumbed copy. *One corner defective.*

2795 GRANDMOTHER (THE). *London, E. Hemsted for the Proprietor*, 1808, sq. 16mo. or. printed wrappers. *(Front wrapper frayed at edge).* preserved in half-morocco case. **1.500 fr.**

Illustrated with 6 hand-coloured engravings.

2796 GRAND-PAPA (LE) ou les Contes du TEMPS PASSÉ. Traduit de l'anglais par M. *** [Dubergier]. *Paris, à la Librairie Française*, 1827, in-12, veau marbr., dos orné, pièce cuir, tr. jasp. *(Rel. de l'époque).* **100 fr.**

4 figures gravées par *Bonnet.* Contes fantastiques où les démons et les revenants tiennent une grande place. Suivant Barbier, l'édition originale de ce recueil daterait de 1826.

2797 GRANDVILLE (J. J.). — COMICAL PEOPLE illustrated with sixteen pictures taken from the embroidered tapestry contributed by Maria Fusinata, of Belluno, to the Great Exhibition. Drawn and grouped from the designs of J. J. Grandville. *London, David Bogue*, 1852, small 4to. half-morocco. **700 fr.**

FIRST EDITION. The frontispiece is double page and all the 16 illustrations, engraved in wood by *S.* and *A. Slader* and *A. L. Mason, sketched* by *H. G. Hine,* and *W. Archer* from the drawings by GRANDVILLE, are hand-coloured.

2798 GRANDVILLE (J.-J.). — LES ÉTOILES, dernière féerie, par J.-J. Grandville. Texte par Méry. Astronomie des dames par le Comte Foelix. *Paris, S. de Gonet, Martinon. Leipzig, Ch. Twietmeyer s. d.* (1849), gr. in-8, demi-maroq. bleu, dos orné et coins, tr. dorée, couvert. et dos conservés. *(Stroobants).* **450 fr.**

ÉDITION ORIGINALE. Frontispice (reproduit sur la couverture) gravé sur bois et colorié, et 14 gravures sur acier, coloriées, dont un portrait de Grandville, dessiné et gravé par *Ch. Geoffroy,* 11 compositions dessinées par GRANDVILLE et gravées par *Ch. Geoffroy* et 2 planches, non signées, illustrant l'Astronomie des dames. Musique notée. *Bel exemplaire de cet ouvrage recherché.*

2799 GRANDVILLE (J.-J.). — LES FLEURS ANIMÉES. Introduction par ALPHONSE KARR. Texte par TAXILE DELORD. *Paris, G. de Gonet*, 1847, 2 vol. gr. in-8, cartonn. toile verte, dos très orné de feuillages et motifs rocaille dorés, large encadrement d'entrelacs à froid sur chaque plat, avec grand motif de fleurs et rocailles au centre, tr. dor. *(Cartonnage de l'édit.).* **1.500 fr.**

ÉDITION ORIGINALE de PREMIER TIRAGE, contenant deux frontispices coloriés, 50 planches coloriées gravées par *Geoffroy*, d'après les dessins de *Grandville* et 2 planches gravées, en noir (botanique). Très bel exemplaire dans un état de fraîcheur exceptionnel, dans son cartonnage d'éditeur avec les *couvertures de brochure, illustrées, conservées* à l'intérieur des plats (*Vicaire*, III, 133-134, *Brivois*, 147, *Carteret*, III, 286). Lég. rouss. à qq. ff.

2800 GRANDVILLE (J.-J.). — LES FLEURS ANIMÉES. *Même ouvrage que le précédent. Paris, de Gonet, s. d.* (1847), 2 vol. gr. in-8, demi-chagrin vert, dos très orné, feuillages, fleurs, oiseaux, grand jet d'eau, plats toile, tr. jasp. *(Rel. d'époque).* **400 fr.**

Très bel exemplaire de ce deuxième tirage, dont *Vicaire*, (III, 134) n'avait pas vu d'exemplaire, mais qu'il cite d'après *Brivois*. Dans cette édition, comportant les mêmes planches que la précédente, chaque volume a une pagination séparée. Les dos de la reliure, très fraîche, sont très décoratifs.

2801 GRANDVILLE (J.-J.). — SCÈNES DE LA VIE PRIVÉE ET PUBLIQUE DES ANIMAUX. Etudes de mœurs contemporaines publiées sous la direction de M. P.-J. Stahl, etc. *Paris, J. Hetzel et Paulin,* 1842, 2 vol. gr. in-8. *(Cartonnage papier de l'éditeur).* **1.000 fr.**

PREMIER TIRAGE. Le tome I contient 96 planches hors-texte gravées sur bois, d'après les dessins de GRANDVILLE, par *Brevière, Godard, Caqué, Andrew Best, Leloir, Tamisier, Porret, Rougel et Guibaut* et des vignettes dans le texte ; le tome II, 105 planches hors-texte plus des vignettes gravées par les mêmes. Les cartonnages illustrés reproduisent les couvertures générales. *Très bel exemplaire* dans un état de fraîcheur parfaite, extrêmement rare sous le cartonnage de l'éditeur.

2802 GRARD (Hector). — LES DEUX FRÈRES ou les Singes de Jean le Manchot. *Paris, Bernardin Béchet, s. d.* [vers 1870], in-12. *(Cartonnage papier de l'éditeur).* **35 fr.**

12 gravures sur bois coloriées de *Demarle* (titre compris, reproduit sur le cartonnage). 2e plat en partie détaché.

KATE GREENAWAY (1846-1901)

2803 GREENAWAY (Kate). — A DAY IN A CHILD'S LIFE. Music by Myles B. Foster. Engraved and printed by Edmund Evans. *London, George Routledge and Sons, n. d.* [circa 1882], 4to. or. coloured boards. **160 fr.**

FIRST EDITION. Illustrated with many delightful coloured drawings by Kate Greenaway. *Fine copy.*

2804 GREENAWAY (Kate). — ALMANACKS. *London, George Routledge,* Complete set 1883-1897 (1896 never published), 14 vols small 16mo. or. boards (except 1884 as issued in wrappers), g. e. preserved in half-morocco case. **4.500 fr.**

Fine set, 6 with original dust wrappers. The year 1897 (very scarce) is in the original leather, gilt and contains the diary. Each almanack with the delightful illustrations in colour by Kate Greenaway.

2805 GREENAWAY (Kate) (ALMANACHS DE) EN FRANÇAIS. *Paris, Hachette,* 1883 à 1895, 13 vol. petit in-18, cart. papier *de l'édit.* conservé dans une boîte demi-mar. **2.000 fr.**

Collection complète de ce célèbre et charmant petit almanach en français. L'année 1884 est d'un format un peu plus grand et non cartonné (couv. illustrée) ; l'année est un petit in-18 oblong, s'ouvrant comme un album. Chacun de ces petits volumes est illustré avec beaucoup de grâce de vignettes en couleurs d'après les dessins de Kate Greenaway. Tous les sujets sont enfantins. Les cartonnages, à fond crème, sont décorés aussi de scènes enfantines en couleurs. Très bel exemplaire. Les années 1896 et 1897 n'ont pas paru en français.

2806 GREENAWAY (Kate). — ENGLISH SPELLING BOOK. See under MAVOR.

2807 GREENAWAY (Kate). — JEUX ET PASSETEMPS, avec 24 planches en couleurs d'après Kate Greenaway. *Paris, Hachette et C¹e,* 1890, in-8. *(Cartonnage papier de l'éditeur).* **100 fr.**

Le texte en bistre foncé et les 24 illustrations de Kate Greenaway ont été tirés à Londres par *Edmund Evans.* Très bel exemplaire.

2808 GREENAWAY (Kate). — LANGUAGE OF FLOWERS. *London, George Routledge and Sons, n. d.* (1886), or sq. 12mo. boards ill. in colours. **60 fr.**

FIRST EDITION. Illustrated with many charming drawings by Kate Greenaway, printed in colours by Edmond Evans. « *In the Language of Flowers... Kate Greenaway rose to her highest point in decision and firmness allied to the perfect drawing of flowers...* » One end paper torn out.

2809 GREENAWAY (Kate). — LA LANTERNE MAGIQUE, par J. Levoisin, avec les dessins de Kate Greenaway. *Paris, Hachette et C¹e, s. d.* [vers 1885], in-8. *(Cartonnage papier de l'éditeur).* **100 fr.**

Faux titre, 3 culs-de-lampe, titre (cul-de-lampe au verso). table des matières et 50 illustrations en couleurs, plus les plats du cartonnage, par Kate Greenaway. Imprimé à Londres par Edmund Evans. *De toute fraîcheur.*

2810 GREENAWAY (Kate). — LITTLE ANN and other poems by Jane and Ann Taylor. *London, George Routledge and Sons, n. d.* (1883), 8vo. or. coloured boards. **100 fr.**

FIRST EDITION. Illustrated with many fine drawings by Kate Greenaway printed in colours by Edmund Evans. *Fine copy.*

2811 GREENAWAY (Kate). — MOTHER GOOSE or the Old Nursery Rhymes. *London, Frederick Warne and Co, n. d.*, 12mo. or. coloured boards. **30 fr.**

With many delightful coloured plates by Kate Greenaway.

2812 GREENAWAY (Kate). — PAINTING BOOK with outlines from her various works for Boys and Girls to paint. *London, Frederick Warne, n. d.* [circa 1884], 4to. or. printed covers. **150 fr.**

The blocks are from *Under the Window, Birthday Book, A Day in a Child's Life, Marigold garden and Mother Goose*. Some have been coloured.

2813 GREENAWAY (Kate). — LE PETIT LIVRE DES SOUVENIRS. Texte par Mme Colomb. Illustrations de Kate Greenaway. *Paris, Hachette et Cie, s. d.* [vers 1885], pet. in-16. *(Cartonnage toile de l'éditeur).* **100 fr.**

12 illustrations en couleurs et nombreuses vignettes de KATE GREENAWAY. Aux angles du cartonnage, reproduction en couleurs de quatre de ses dessins. Imprimé à Londres chez Edmund Evans. *État de neuf.*

2814 GREENAWAY (Kate). — PICTURES FROM ORIGINALS PRESENTED BY HER TO JOHN RUSKIN and other personal friends (hitherto unpublished). With an appreciation by H. M. Cundall, *London, Frederick Warne and Co, Ltd. and New York*, 1921, large 4to. or. cloth, gilt. **130 fr.**

FIRST EDITION. Colour reproductions of 20 delightful drawings, pasted on hand-made paper leaves. *Fine copy, as new.*

2815 GREENAWAY (Kate). — POUR LES ENFANTS SAGES. Interprétation de J. Girardin. *Paris, Hachette et Cie, s. d.* [vers 1885], in-4. *(Cartonnage papier de l'éditeur).* **100 fr.**

48 charmantes illustrations en couleurs de Kate Greenaway, plus le cartonnage. Etat de neuf.

2816 GREENAWAY (Kate). — SCÈNES FAMILIÈRES, par J. Girardin. Avec les dessins de Kate Greenaway. *Paris, Hachette et Cie, s. d.* [vers 1885], in-12. *(Cartonnage papier de l'éditeur).* **70 fr.**

Frontispice, titre, signature de l'imprimeur et 44 illustrations en couleurs, plus le cartonnage et sa couverture, de KATE GREENAWAY. Imprimé à Londres chez Edmund Evans. *Etat de neuf.*

2817 GREENAWAY (Kate). — SCÈNES FAMILIÈRES, par J. GIRARDIN. *Paris, Hachette et Cie, s. d.* [vers 1885], in-12. *(Cartonnage papier de l'éditeur).* **40 fr.**

Même ouvrage, mêmes illustrations que le précédent. Moins frais.

2818 GREENAWAY (Kate). — TWO ORIGINAL WATER-COLOURS DRAWINGS, signed. No I. 3 1/8×2 3/8 inches. No II 5 1/8×2 7/8 inches. Mounted on card, large 4to. **2.500 fr.**

Two charming coloured drawings of children. *Fine state.*

GREENAWAY (Kate). — See N°s 168, 940, 948 and 2959.

2819 GREEN'S NURSERY ANNUEL. *London, Darton and Co*, 1847, small 4to. or. half-leather. *(Back rubbed).* **100 fr.**

Frontispiece, illustrated title and one other plate in chromo-lithography. The printed title has charming woodcut vignette and numerous other vignettes throughout the work, some signed *G. Measom* and others *Williams*, and *C. Keene.* Each page has a floral border printed in red.

2820 GREENWOOD (Grace). — THE HISTORY OF MY PETS. *London, David Bogue*, 1853, 8vo. or. cloth, gilt. **125 fr.**

FIRST EDITION. Illustrated with four charming hand-coloured wood engravings. Covers loose. *Fresh copy.*

2821 GREENWOOD (James). — MÉTAMORPHOSES DE PIERRE LE CRUEL. Traduit par P. Simon ; illustré par E. Griset. *Paris, J. Hetzel et Cie, s. d.* [vers 1885], in-4. *(Cartonnage toile bleue de l'éditeur),* tr. dorées. **40 fr.**

Frontispice et nombreuses vignettes par *Ernest Griset*. Aventures d'un méchant garçon qui, pour expier ses cruautés envers les animaux se croit, tour à tour, métamorphosé en cancrelat, en mouche, en colimaçon, en fourmi et en lézard. Mais c'est là un cauchemar.

2822 GRÉGOIRE DE TOURS. — CHRONIQUE comprenant l'histoire des rois Francs. Traduction nouvelle par J.-J.-E. Roy. *Tours, Mame*, 1842, in-12. *(Cartonnage papier de l'éditeur).* **35 fr.**

Titre gravé (avec vignette) et 3 planches. Cartonnage vert, rinceaux en relief, filet or.

2823 GREGORY (D^r). — A FATHER'S LEGACY TO HIS DAUGHTERS. *London, W. Lane, at the Minerva-Press*, 1795, sm. 16mo. contemp. calf. **80 fr.**

Engraved frontispiece. *Fine copy.*

2824 GREGORY (D^r). — A FATHER'S LEGACY TO HIS DAUGHTERS. *London, T. Hughes*, 1816, 12mo. contemporary calf decorated in gilt, black and blind tooling in the romantic Style. **300 fr.**

The author was the Grandson of *James Gregory*, inventor of the reflecting telescope. Illustrated with 6 handsome engravings. Fine copy in an exquisite little binding. On the fly-leaf is written « *Given to George Houghton by his affectionate mother when starting to New York. November 1859* ».

2825 [GREGORY]. — MORCEAUX CHOISIS DE FÉNELON, Fleury, Rollin, Hallifax, Dupuy et Mme de Lambert, pour servir à l'éducation des jeunes personnes auxquelles on a ajouté l'ouvrage intitulé : Instructions d'un père à ses filles, traduit de Gregory, par BERNARD. *Paris, Laurens*, 1810, in-12, cartonn. bradel papier vert, entièrement non rogné. *(Cart. anc.).* **250 fr.**

Deux parties à pagination séparée. Frontispice gravé par *Duthé* d'après *Huot*. Jean Grégory, auteur de ces « *Instructions* » était docteur en médecine et professeur à l'Université d'Edimbourg ; son opuscule ne fut publié qu'après sa mort, par son fils, et devint rapidement populaire. Cu-

rieux exemplaire portant sur le 1er plat l'inscription dorée :
A M. LE MINISTRE DE L'INTÉRIEUR. *Bel exempl.*

2826 GRENOUILLE BIENFAISANTE (LA), conte
nouveau, tiré des Fées. *Troyes, Garnier, s. d.* [vers
1780], in-24, basane brune. *(Rel. mod.).*   **80 fr.**

 48 pp. — Plusieurs éditions sont sorties vers cette époque des presses qui travaillaient pour le colportage. Hélot,
Biblioth. Bleue en Normandie, n° 103. Bel exemplaire.

2827 [GRENUS (J.-L.)]. — FABLES DIVERSES
[pour l'enfance], tant originales qu'imitées des
fabulistes étrangers et quelques autres poésies.
Paris, Bossange, 1807, 2 vol. in-12, cartonn. bradel
pap. vert, dos orné de fil., pièce rouge, n. rogné.
(Cartonn. d'époque).   **200 fr.**

 ÉDITION ORIGINALE ornée de 8 figures gravées au

pointillé par *A. Noël.* Un peu d'usure au cartonnage.
Très rare.

2828 GRIFFIN (Elizabeth). — THE FRIENDS
or the Contrast between Virtue and Vice. A Tale
Designed for the Improvement of Youth. *Oxford
and London, Crosby and Letterman,* 1798, small
12mo. contemp. calf.   **200 fr.**

 FIRST EDITION. Illustrated with finely engraved
frontispiece by *G. Murray* from the drawing by *Thurston,*
and several woodcut vignettes in text. 8 page book list
at end. *Fine copy.*

2829 GRIFFIN (Elizabeth). — THE FRIENDS.
Another copy, 1800, or. half-vellum boards.
           100 fr.

 Same frontispiece.

G.-C. ET J.-L. GRIMM (1786-1859 ET 1785-1863)

2830 GRIMM. — CHRISTBLUMEN. *Grimma,
J.-M. Gebhardt, s. d.* [vers 1830], 2 vol. pet. in-8,
cart. bradel papier marbré orange. *(Cart. de l'éditeur).*   **600 fr.**

 Contes pour enfants sages du célèbre érudit et philologue
allemand. Ouvrage orné de 12 jolies figures gravées et
coloriées par *Geissler* dont une représente un nid de cigo-
gnes en feu. *Bel exemplaire.*

2831 GRIMM. — CONTES DE LA FAMILLE, par
les frères Grimm, traduits de l'allemand par N.
Martin et Pitre-Chevalier. *Paris, Jules Renouard,
s. d.* (1846), in-12, chagrin vert, dos orné sans
nerfs, filets et rinceaux dorés sur les plats, tr.
dorées. *(Rel. de l'époque).*   **500 fr.**

 1 dessin de GAVARNI gravé sur bois par Lavieille·
Édition très rare, parue le 9 mars 1846. Elle contient 41
contes précédés d'une notice sur les frères Grimm. Menues
rousseurs insignifiantes. *Très bel exemplaire dans une reliure
pleine de l'époque.*

2832 GRIMM. — DIE SIEBEN RABEN. *(München,
Christian Kaiser), s. d.* [vers 1840], pet. in-8, br.
           200 fr.

 Les sept Corbeaux. Premier tirage des illustrations de
Z. Villingen.

2833 GRIMM. — FIVE ARABIAN TALES. *London, J. Wacey,* 1837, 8vo. or. cloth.   **80 fr.**

 Text in German. The tales are. 1. *Hassan Alhabbal,
The Rope-maker.* 2. *Ali Baba and the Forty thieves.* 3. *The
Fisherman and the Genius.* 4. *The Blind Baba Abdalla.*
5. *Zein Alasnam and their King of the Spirits.* Fine copy.

2834 GRIMM. — FUNDEVOGEL EIN MARLEIN.
München, Christian Kaiser, s. d. [vers 1840], pet.
in-8, br., couv. papier gris illust. cons.   **260 fr.**

 PREMIÈRE ÉDITION illustrée par *F. Pocci.* Elle est

ornée d'un frontispice gravé sur bois et de 12 figures sur bois
dans le texte. *Bel exemplaire.*

2835 GRIMM. — GERMAN POPULAR STORIES.
Translated from the « Kinder und Hans Marchen » collected by M. M. Grimm, from Oral Tradition. *London, C. Baldwyn,* 1823, *James Robins
and Co,* 1826, 2 vols cr. 8vo. Crushed levant morocco, gilt, g. e. *(By Rivière).*   **18.500 fr.**

 FIRST EDITION, FIRST ISSUE with no dots over
the « a » in the word Marchen on the engraved title of vol I.
The work is illustrated with 22 ETCHINGS BY GEORGE
CRUIKSHANK. The splendid plates are representative
of the best work Cruikshank ever produced. « *The first
real, Kindly agreable, and infinitely amusing, and charming
illustrations for a child's book in England which I know
were those of the patriarch George Cruikshank, divised for
the German Popular Stories* ». CHARLES WELSH.

2836 GRIMM. — GERMAN POPULAR STORIES.
London, J. Robins, 1834, 2 vols 8vo. or. cloth.
(Backs faded).   **900 fr.**

 Reimpression of the first edition, with the George Cruikshank plates.

2837 GRIMM. — GERMAN POPULAR STORIES.
Facsimile reprint of the first edition, *re-issued by
Henry Frowde,* 1904, two vols, 12mo. printed
boards.   **900 fr.**

 Limited to 250 copies, of which this is No 16. *Fine copy
as new.*

2838 GRIMM. — GERMAN POPULAR STORIES.
Edited by Edgar Taylor. A new Edition, with
introduction by John Ruskin. M. A. *London,
John Camden Hotten,* 1869, 8vo. or. green
cloth, gilt.   **300 fr.**

 Second issue with Ruskin's introduction. Same Cruikshank etchings as in the edition of 1823. Four page book
list at end. *Very fine copy.*

2839 GRIMM. — GRIMM'S GOBLINS. German Popular Stories, translated from the Kinder und haus Marchen, collected by M. M. Grimm from oral tradition. *London, Meck and Co, 1877,* sm. 4to. or. printed boards. **50 fr.**

With 24 illustrations by *Geo. Cruikshank,* copied from those reproduced in the first edition.

2840 GRIMM. — HOME STORIES, Newly translated by Marion Louisa Davis. *London, G. Routledge and Co, 1857,* 12mo. or. blue cloth, gilt, g. e. *(One joint cracked).* **50 fr.**

Many illustrations by *George Thompson.*

2841 GRIMM. — Household Stories, translated from the German by LUCY CRANE... *London, Macmillan and Co, Ltd, 1899,* 8vo. full mottled calf. gilt, *original cloth covers and back-bound in al end.* **500 fr.**

FIRST EDITION. Illustrated with many full page plates and vignettes by WALTER CRANE. Fine copy.

2842 GRIMM. — KINDERMAHRCHEN. *Heidelberg,* 1839, pet. in-8, cart. papier vert impr., *(Cart. de l'éditeur).* **250 fr.**

Édition ornée d'un frontispice et de 6 figures sur bois. Recueil de *Contes d'Enfants* du célèbre érudit et philologue allemand. Dos du cartonnage abîmé.

2843 GRIMM. — KINDER UND HAUSMAR-CHEN. *Berlin, Wilhelm Besser,* 1847, in-8 car., cart. papier bleu ill., tr. marb. *(Cart. de l'éditeur).* **100 fr.**

Contes d'Enfants et du Foyer, recueil publié par les frères Grimm. *Bel exemplaire.*

2844 GRIMM. — KINDER UND HAUSMAR-CHEN. Kleine Ausgabe. *Berlin, Ferd. Dümmler,* 1873, in-16. *(Cartonnage papier de l'éditeur).* **30 fr.**

8 vignettes coloriées. Dos fendu, 1er plat en partie déboîté.

2845 GRIMM. — KINDER UND HAUSMAR-CHEN. Gesammelt durch die Brüder Grimm. *Berlin, Ferd. Dümmler,* 1886, petit in-12, cart. dos toile, plats en chromolithographie. *(Cart. de l'édit.).* **30 fr.**

8 hors-texte imprimés en couleurs d'après les dessins de Paul Meyerheim. *Très bel exemplaire.*

2846 [GRIMM]. — INS MARCHENLAND ! *Berlin, B. Behr, s. d.* [vers 1880], gr. in-4, cart. papier imprimé de l'édit. **150 fr.**

12 silhouettes pour les contes de Grimm dessinées par *Fany* et *Cécile Hensel* et accompagnées d'une courte poésie.

2847 GRIMM. — TALES FROM THE EASTERN-LAND, translated from the German by H. V. *London, Joseph Cundall,* 1847, sq. 8vo. or. cloth. *(Library ticket on front cover).* **70 fr.**

Illustrated with four wood engravings by *J. B. Sonderland.*

2848 [GRIMM]. — VIEUX CONTES pour l'amusement des grands et des petits enfants, ornés de 12 gravures comiques. *Paris, Auguste Boulland,* s. d. [vers 1824], in-12, veau, dent. dorée, dos orné sans nerfs, tr. marbrées. *(Rel. de l'époque).* **2.500 fr.**

PREMIÈRE ÉDITION FRANÇAISE avec les figures regravées par Ambroise Tardieu, d'après Cruikshank, qui ornent la précieuse édition anglaise de 1823. Menues rousseurs *passim,* un mors fragile. *Très rare.*

2849 GROSTHEAD (Rob.). — THE TESTAMENT OF THE TWELVE PATRIARCHS. The Sons of Jacob..., etc. *London, Printed by E. C. for the Company of Stationers,* 1663, 12mo. half-calf. **750 fr.**

Frontispiece (remargined) and 13 REMARKABLE CUTS engraved on wood. Black letter. This translation by Robert Grosthead can be considered as a forerunner of the Keach tachings. *Small hole in B8. E4 and F4 defective with the loss of a few words.*

2850 GROVE COTTAGE and The India Cabinet Opened. *London, John Harris, n. d.* [circa 1821], sm. 12mo. or. half-leather, boards. **80 fr.**

Engraved frontispiece. A few slight fox spots otherwise fine copy.

2851 GRUMBLE AND CHEERY and The Eagle's Verdict. New Faery Tales. *London, Joseph Cundall,* 1846, sm. 8vo. or. coloured boards. *(Shabby).* **20 fr.**

3 hand-coloured plates.

2852 GUÉNARD (Elisabeth). — IRMA ou les Malheurs d'une jeune orpheline, histoire indienne avec des romances, publiée par la cit. Guénard. *A Delhy, Paris, chez l'auteur,* an VIII (1801), 4 vol. in-12, demi-veau, dos orné avec pièce de maroq., tr. rouges. *(Rel. de l'époque).* **200 fr.**

4 figures dont une signée Bovinet. Elisabeth Guénard, baronne de Méré (qui s'appelle la *citoyenne* Guénard sur le titre) fut, d'après Hoefer, la plus féconde de toutes les romancières françaises : durant 30 ans, elle fut la providence des libraires et des cabinets de lecture, écrivant à la fois, dit Quérard, pour *l'instruction de la jeunesse* et l'amusement des casernes. *Irma* raconte les malheurs de Marie-Thérèse de France, fille de Louis XVI, dont le portrait se trouve au tome III. *Très bel exemplaire.*

2853 GUÉNARD (Elisabeth). — IRMA ou les Malheurs d'une jeune orpheline. Histoire indienne avec des romances. *Delhy et Paris, Lerouge,* an VIII (1801), 4 vol. pet. in-12, demi-veau cerise, dos orné. *(Rel. vers 1830).* **30 fr.**

PREMIÈRE ÉDITION de ce format, parue en même temps que l'originale, ornée de 3 figures non signées *(au lieu de 4, celle du tome I manque).* L'auteur est appelé sur le titre : *Madame* Guénard. Voir le n° précédent. Gentil exemplaire, un peu court de marges. Qq. rouss..

2854 GUÉNARD (Elisabeth). — LES ENFANS VOYAGEURS ou les Petits botanistes. *Paris, Alex. Eymery,* 1826, 4 in-16, demi-veau rouge, dos ornés, sans nerfs. *(Rel. de l'époque).* **250 fr.**

Le titre, par une erreur évidente, nomme l'auteur *Mme Guérard.* 4 gravures non signées et environ 200 pl. de botanique. Joli exempl., dans une charmante demi-reliure de l'époque.

2855 **GUÉNARD (Elisabeth)**. — LES ENFANS VOYAGEURS. 4 vol. in-16, veau olive marbré, dos orné, pièces cuir, dent. extér. sur les pl. *(Rel. de l'époque)*. **300 fr.**

Même ouvrage, même édit. que le précédent. Exempl. de toute fraîcheur dans une jolie reliure.

2856 **GUÉRARD**. — LA MAZOURKA, album à la mode, dessins composés et exécutés par Guérard, et lithographiés en deux teintes, par MM. Guérard, A*** et Provost. Chorégraphie de M. Laborde fils. *Paris, Aubert, s. d.* [vers 1845], petit in-folio oblong, cart. papier de l'édit. **200 fr.**

6 lithographies sur fond teinté entourées d'un filet d'or à angles arrondis. 2 planches de musique gravée (valse de la mazurka) et 5 planches lithographiées de figures chorégraphiques. Texte intéressant, avec de curieuses considérations sur le scandale des danses inharmonieuses... Sur le 1er plat du cartonn. grande lithogr. à fond chamois représentant un paysage italien sur les bords d'un lac, avec le titre : Petit musée des artistes, Album des jeunes personnes par Charpentier et Désandré. Paris, Langlumé. Les bords du cart. sont un peu frottés. Mais bel exemplaire.

2857 **GUÉRIN (Léon)**. — LES BONS PETITS GARÇONS. Histoires pour la Jeunesse. *Paris, Janet (Impr. Crapelet), s. d.* [vers 1836], pet. in-8, carré, demi-bas. fauve, plats pap., titre imprimé. *(Rel. de l'éditeur)*. **1.000 fr.**

ÉDITION ORIGINALE (avec la page d'errata), rare, de ce charmant ouvrage, orné de 6 délicieuses planches lithographiées (COLORIÉES à l'époque) par *Lemercier*, d'après les dessins de *Jules David, L. Janet, Jourdy*. L'auteur, né en 1807, fonda le *Journal des Enfants*, puis la *Gazette des Enfants et des Jeunes Personnes* et publia toute une série d'ouvrages destinés particulièrement à la jeunesse.

2858 **GUÉRIN (Léon)**. — LES BONS PETITS GARÇONS. Br. couv. impr., non coupé, dos cassé. **250 fr.**

Même ouvrage, même édition. Planches en noir. Bel exemplaire, grand de marges *(entièrement non rogné)*.

2859 **GUÉRIN (Léon)**. — LES BONS PETITS GARÇONS, etc. *Paris, L. Janet, s. d.*, pet. in-8 carré, demi-bas. marron, plats pap., titre imprimé. *(Rel. de l'éditeur)*. **600 fr.**

Même ouvrage que le précédent *(Impr. Ducessois)*, sans errata, avec les mêmes charmantes lithographies COLORIÉES. Rare en demi-rel. d'éditeur. Plats lég. frottés.

2860 **GUÉRIN (Léon)**. — JOURS DE BONHEUR. Contes moraux en prose destinés à la jeunesse. *Paris, Alph. Desesserts, s. d.* (1840), in-8. *(Cartonnage papier de l'éditeur)*. **250 fr.**

12 lithographies coloriées tirées chez *Rigo* et nombreuses vignettes de *Bertrand*. Cartonnage en chromolithographie d'*Engelmann* : grand médaillon de style rocaille, jaune, rouge, bleu et gris sur fond crème, dos frotté.

2861 **GUÉRIN (Léon)**. — JOURS DE BONHEUR. Contes moraux en prose destinés à la jeunesse. *Paris, Alph. Desesserts, s. d.* [vers 1845], in-8, cartonnage toile grise, décor doré, tr. dorées. *(Cart. de l'éditeur)*. **200 fr.**

Le même ouvrage que le précédent. Plats ornés de rinceaux. Rousseurs. Rel. sans éclat.

2862 **GUÉRIN (Léon)**. — LES JOURS DE CONGÉ. *Paris, Aubert et Cie, s. d.* [vers 1845], in-8. *(Cartonnage papier de l'éditeur)*. **100 fr.**

Cinq pl. gravées et coloriées d'après les dessins de *Gueyrard* et de *Célestin Deshayes*. Cartonnage en chromolithographie restauré. Quelques rousseurs.

2863 **GUÉRIN (Léon)**. — LES NAVIGATEURS FRANÇAIS. Histoire des navigations, découvertes et colonisations françaises. *Paris, Belin-Leprieur et Morizot*, 1846, in-8, cart. toile bleue, décor polychrome, tr. dorées. *(Cart. de l'édit.)* **200 fr.**

Douze gravures hors-texte par Rouargue : portraits d'illustres navigateurs français, depuis Jehan de Béthencourt, roi des Canaries, jusqu'à Dumont d'Urville. Mort de Lapérouse, naufrage du *Corbin, arrivée de Lassalle à l'embouchure du Mississipi* (1632), etc. Le dos et les plats sont ornés d'attributs navals en grand nombre, d'animaux exotiques, etc. *(Signé : Haarhaus)*. Riche et intéressante décoration. *Bel exemplaire*.

2864 **GUÉRIN (Léon)**. — PHYSIOLOGIE DES ENFANTS. Etudes, portraits et caractères d'enfants. *Paris, Libr. de l'Enfance, Lehuby*, 1842, pet. in-8, carré, demi-chagr. noir, plats pap. chagr., tr. dor. *(Rel. de l'ép.)*. **100 fr.**

Six gravures hors-texte sur fond teinté et vignettes gravées sur bois dans le texte. Qq. lég. rouss. Ouvrage curieux et rare.

2865 **GUÉRIN (Léon)**. — SIMPLES RÉCITS HISTORIQUES ET MORAUX POUR LA JEUNESSE. *Paris, Alph. Desesserts, s. d.* [vers 1850], in-8, cartonnage en chromolithographie. *(Cart. de l'édit.)*. **600 fr.**

Illustré de 12 lithographies de Louis Lassalle. Cartonnage en chromolithographie, noir, bleu, bistre, vert, jaune et rouge sur fond blanc, représentant Jeanne d'Arc et divers personnages historiques. Légères rousseurs, tache d'encre sur la tranche. *Cartonnage remarquable*.

2866 **GUÉRIN (Léon)**. — LE TOUR DU MONDE ou les Mille et une merveilles des voyages. Europe méridionale. *Paris, Langlois et Leclercq*, 1841, in-16. *(Cartonnage papier de l'éditeur)*. **25 fr.**

Vignettes dans le texte. Cartonnage violet estampé or, les pl. légèrement frottés.

2867 **GUÉRIN (Léon)**. — LE TOUR DU MONDE ou les Mille et une merveilles des voyages. *Paris, Langlois et Leclercq*, 1842, 6 vol. in-12. *(Cartonnage papier de l'éditeur, étui)*. **250 fr.**

Amérique du Sud, Amérique Septentrionale, Australie, Japon, Archipel indien, Europe Nord, Europe Sud, Océan Atlantique, mers du Sud et mers Polaires. Nombreuses vignettes dans le texte. Cartonnage à la Bradel bleu de roi, dos orné décoré or : palmiers, oiseau des îles, éléphant, lion, etc., sur le premier plat; motif Renaissance sur le second. *Très bel exemplaire*, malgré légères de rousseurs.

2868 **GUÉRIN (Léon)**. — LES VACANCES. *Paris, Arnauld de Vresse, s. d.* [vers 1860], in-8, demi-chagrin vert, dos à n. orné, plats toile ornés à froid, tr. dor. *(Rel. de l'époque)*. **160 fr.**

Orné de 12 belles lithographies *coloriées*, non signées. Bel exemplaire. Rousseurs au titre et *passim*.

2869 GUÉRIN (Léon). — LES VACANCES. *Même ouvrage, même éd.,* demi-chagrin tête de nègre, dos à n. orné, plats toile, tr. dor. *(Rel. de l'époque).* **200 fr.**

Bel exemplaire.

2870 GUÉRINEAU (Virginie). — LES BONS PE-TITS ENFANS ou la piété filiale récompensée. Histoire propre à instruire la Jeunesse en l'amu-sant. *Paris, Masson, 1826,* pet. in-12, bas. marb., dos orné, pet. guirlande autour des plats, tr. marb. *(Rel. de l'époque).* **250 fr.**

ÉDITION ORIGINALE de ce charmant petit ouvrage. Titre gravé, avec vignette, et 3 jolies figures non signées. Usure à la reliure et dos cassé.

2871 GUÉRINEAU (Virginie). — LES BONS PETITS ENFANS. 3e édition. *Paris, Ardant, 1839,* pet. in-12, bas. grenat, dos orné (fané), plaque à froid sur les plats, tr. marb. *(Rel. de l'époque).* **80 fr.**

Un titre gravé avec vignette et 3 figures, les mêmes que celles de l'édition originale.

2872 GUÉRINET (L'abbé). — PAUL ou les Dan-gers d'un caractère faible. Troisième édition. *Tours, Mame, 1843,* in-12, bas. fauve marbrée, dos orné, guirlande dorée entourant les plats, tr. marbr. *(Rel. de l'époque).* **50 fr.**

Orné d'un titre gravé (avec vignette) et de 3 charmantes figures par *E.-Th. Rußierre* (le papier d'une figure est jauni). Bel exemplaire.

2873 GUERMANTE (Claire). — CÉCILE DE RAINCY ou le Dévouement filial. *Tours, Mame, 1851,* in-12, bas. polie bleue, dos à nerfs orné, pla-que à froid et dorée, tr. marb. *(Rel. de l'époque).* **125 fr.**

PREMIÈRE ÉDITION. Illustré de 6 jolies figures par *Girardot* et *Delannoy. Bel exemplaire.*

2874 GUERMANTE (Claire). — LE JEUNE MARIN ou l'Éducation maternelle. Troisième édition. *Tours, Mame, 1852,* in-12, bas. brune, dos orné, plaque à froid et dorée, avec *ex-praemio* sur le premier plat, tr. marbr. *(Rel. de l'époque).* **125 fr.**

Illustré de 6 jolies figures gravées par *Girardet* et *Audi-brand.* Voyage à *Saint-Domingue* au moment de la guerre civile et de la révolte *(Toussaint-Louverture),* la *Martini-que,* voyage en *Amérique (Le Niagara),* etc. Intéressant AMERICANA.

2875 GUERMANTE (Claire). — LE JEUNE MARIN ou l'Education maternelle. *Tours, Mame, 1859,* in-12, cart. toile bleue, décors polychromes, tr. dorées. *(Cart. de l'éditeur).* **150 fr.**

6 gravures de *K. Girardet.* Jolies plaques architecturales or, violet, gris, outremer, olive et grenat sur les plats. *Très bel exemplaire.*

2876 GUERMANTE (Claire). — ROBERT ou le Souvenir d'une mère. *Tours, Mame, 1850,* in-12, cart. toile violette, décors dorés. *(Cart. de l'édit.).* **30 fr.**

PREMIÈRE ÉDITION. 6 gravures de *K. Girardet.* Décor de rinceaux dorés sur les plats. *Très bel exemplaire.*

2877 GUERRIER DE HAUPT (Marie). — HIS-TOIRES DE SEPT POUPÉES racontées par elles-mêmes. Illustrations de Jules Desandré. *Paris, Bernardin Béchet, 1869,* in-4. *(Cartonnage papier de l'éditeur).* **125 fr.**

12 très belles lithographies de *Jules Desandré,* tirées chez *Becquet.* Vignettes de *Pauquet, Amédée Rousseau,* etc. Sur le cartonnage, chromolithographie de *Dogisot,* tirée chez *Badoureau.*

2878 GUIBOUT. — LES ÉCRIVAINS CÉLÈBRES DE LA FRANCE. *Rouen, Mégard et Cie, 1863,* in-8, cart. papier guilloché grenat, orn. d'une gr. plaque dorée, dos orn. *(Cart. de l'éditeur).* **10 fr.**

Frontispice gravé par *Varin,* d'après *Hadamard.* Car-tonnage frais.

2879 GUICHET FRANÇOIS (LE), sive Janicula et brevis introductio ad linguam gallicam. *Oxoniae, excudebat Josephus Barnesius, 1604,* petit in-4, cart. pap. mod. **1.000 fr.**

Grammaire de la langue française, écrite en latin. L'épî-tre dédicatoire est signée I. Sanfordus. Nombreuses anno-tations marginales d'une main ancienne.

2880 GUIDE DES ENFANTS (LE) ou Portefeuille de morale. Dédié à la Jeunesse Angloise de l'un et de l'autre Sexe. *A Londres, Au Bureau de l'Ami des Enfans, chez Didier et Cie, 1809,* sm. 12mo. or. half-leather, boards. **180 fr.**

Illustrated with 8 copper engravings. French child's book printed in London by Cox, Son and Baylis.

2881 GUIDE DES ENFANS (LE) ou Portefeuille de morale. Dédié à la Jeunesse Anglaise de l'un et de l'autre sexe. *London, N. Hailes, 1818,* sm. 12mo. or. half-leather, boards. **150 fr.**

Illustrated with 10 plates engraved on copper. *Fine copy.*

MME PAULINE GUIZOT (1773-1827)

2882 GUIZOT (Mme). — CÉCILE ET NAN-
NETTE ou la Voiture versée, suivi de Hélène ou
le But manqué. *Paris, Didier, s. d.* 1840, in-16,
veau bleu, dos orné sans nerfs, fil. et large plaque
à froid sur les plats. *(Reliure de l'époque).* **35 fr.**

1 figure gravée. Rousseurs.

2883 GUIZOT (Mme). — L'ÉCOLIER ou Raoul
et Victor. *Paris, Ladvocat, s. d.* (1821), 4 vol.
in-12, veau racine fil. chiffre cour., dos orn. avec
pièces de mar. r. et v., tr. jaune. *(Rel. de l'époque).*
2.500 fr.

ÉDITION ORIGINALE RARE, d'un des premiers et
d'un des plus importants ouvrages d'éducation de Mme
Guizot, où l'intérêt littéraire est concilié avec la pureté
morale et la clarté de la leçon. C'est à juste titre un classique du genre. Orné de 4 titres gravés avec vignettes,
d'un portrait et de 11 jolies figures non signées. Superbe
exemplaire de toute fraîcheur, ayant appartenu à AU-
GUSTE-AMÉLIE, PRINCESSE DE BAVIÈRE, FEMME
D'EUGÈNE DE BEAUHARNAIS, vice-roi d'Italie, FILS
DE JOSÉPHINE, avec son chiffre couronné sur les plats.
PLANCHE 175

2884 GUIZOT (Mme). — L'ÉCOLIER ou Raoul et
Victor. *Paris, Dutey,* 1830, 4 vol. in-12, veau violet, dos orné, rinceaux et bouquets de fleurs, fil.
et fers à froid, guirlandes et rinceaux sur les pl.,
tr. dorées. *(Rel. de l'époque).* **160 fr.**

Même ouvrage, 3e édition. Mêmes gravures. Le titre
gravé et les 3 gravures du tome II manquent. Bel exemplaire dans une charmante reliure.

2885 GUIZOT (Mme). — L'ÉCOLIER... *Paris,
Didier,* 1837, 2 vol. in-12, basane grenat polie,
fil. dor., grande plaque à fr., dos orn. en long.,
tr. dor. *(Rel. de l'époque).* **125 fr.**

Édition ornée de 2 titres imprimés en rouge et en noir à
encadrements gravés sur bois et 12 jolies figures, les
mêmes que celles de l'édition originale. Exemplaire dans
une charmante reliure romantique avec une grande plaque
très décorative sur les plats. *Une planche jaunie.*

2885 bis GUIZOT (Mme). — L'ÉCOLIER ou Raoul
et Victor. *Paris, Didier,* 1839, 2 vol. in-12, demi-
chag. bleu avec coins, fil. dos orné en long de
motifs rocailles, oiseaux, fleurs, tr. dor. *(Rel. de
l'époque).* **300 fr.**

Édition ornée de 2 titres imprimés en rouge et en noir à
encadrements gravés sur bois et de 8 jolies figures *(nouvelles)* de *Lefèvre,* gravées par *Danois* et *Thorel.* Exemplaire de PREMIER TIRAGE dans une charmante demi-
reliure romantique très décorative.

2886 GUIZOT (Mme). — L'ÉCOLIER... *Paris,
Didier,* 1840, 2 vol. in-12, demi-veau rouge, dos
orné *très décoratif.* *(Rel. de l'époque).* **120 fr.**

Même ouvrage, 5e édition. [3e tirage], 8 pl. dessinées par
Lefèvre et gravées par Mme *Thorel.*

2887 GUIZOT (Mme). — L'ÉCOLIER. *Paris,
Didier,* 1852, 2 vol. gr. in-18, cart. percale br.,
plats et dos orn. de fers spéciaux mosaïqués et à
fr., tr. dor. *(Cart. de l'éditeur).* **100 fr.**

Édition ornée de 8 jolies figures gravées sur acier par
Danois et Mme *Thorel,* d'après *Lefèvre.* Exemplaire dans
un cartonnage mosaïqué à la cathédrale. Qq. rousseurs.

2888 GUIZOT (Mme). — L'ÉCOLIER... *Paris,
Didier,* 1852, gr. in-8, cart. toile noire, fers spé-
ciaux mosaïqués sur les plats et le dos, tr. dor.
(Rel. de l'éditeur). **200 fr.**

Édition ornée de 12 jolies lithographies en deux teintes,
par *Janet-Lange.* Bel exemplaire dans un charmant cartonnage mosaïqué très frais. Le premier plat est orné d'un
titre en lettres dorées sur fond bleu entre deux figures (la
Foi et la Science), aux angles 4 médaillons avec instruments de musique, mathématiques, tableaux, etc., sur
fond rose.

2889 GUIZOT (Mme). — LES ENFANS. Contes
à l'usage de la Jeunesse. *Paris, J. Kloslermann
fils, Delaunay, s. d.* (1812), 2 tomes en 1 vol.
in-12, demi-bas. fauve, dos orn. avec pièce de
mar. vert. *(Rel. de l'époque).* **1.250 fr.**

ÉDITION ORIGINALE, elle est ornée de 2 titres gravés
avec vignette d'après *Lafitte* par *Couché* et de 12 jolies
figures d'après *Lafitte, Calmé, Rockn,* gravées par *Couché,
Delaunay.* Exemplaire auquel on a ajouté de charmantes
vignettes gravées non signées en tête des chapitres. *Mors
fatigués.*

2890 GUIZOT (Mme). — LES ENFANS. *Paris,
J.-G. Dentu,* 1824, 2 vol. in-12, veau havane, dos
ornés, fers à froid, tr. marbrées. **300 fr.**

Même ouvrage que le précédent, 3e édition, 2 titres
gravés, vignettes dessinées par *Lafitte* et gravées par *Couché*
et 12 gravures, les mêmes que dans l'édition originale.

2891 GUIZOT (Mme). — LES ENFANTS. Contes à
l'usage de la jeunesse. *Paris, Librairie d'Education
de Didier,* 1837, 2 vol. in-12, cartonn. bradel pap.
moiré à ramages bleu foncé, pièces rouges, n.
rogné. *(Cartonn. d'ép.).* **150 fr.**

Titres imprimés en rouge dans encadrement sur bois et
8 très jolies fig. sur acier, non signées. *Bel état.*

2892 GUIZOT (Mme). — LES ENFANTS... *Paris,
Didier,* 1838, 2 vol. in-12, bas. verte, dos ornés,
fil. et grandes plaques à froid sur les pl., tr.
dorées. *(Reliure de l'époque).* **300 fr.**

Mêmes titres et mêmes figures que dans l'édition précédente. *Jolies reliures.*

2893 GUIZOT (Mme). — LES ENFANTS... *Paris,
Didier,* 1840, 2 vol. in-12, veau fauve poli,
fil. dor. grande plaque à froid, dos orné en long

de motifs rocailles, oiseaux, fleurs, tr. dor. *(Rel. de l'époque)*.   **200 fr.**

Mêmes titres et mêmes figures que dans l'édition précédente. Exemplaire dans une *charmante reliure romantique très décorative*. Dos passé, rousseurs.

2894 GUIZOT (Mme). — LES ENFANTS. Contes à l'usage de la Jeunesse. *Paris, Libr. d'Education de Didier*, 1841, 2 vol. in-12, plein maroquin bleu foncé, dos très joliment orné en hauteur de motifs à froid et dorés (rocailles et vasque avec jets d'eau), plats couverts d'une riche ornementation dorée et à froid de style rocaille, dent. int., tr. dor. *(Rel. de l'époque)*.   **600 fr.**

Mêmes titres et figures que dans l'édition précédente. Un des classiques du genre, rare en pareil état, dans une splendide reliure EN PLEIN CHAGRIN décorée dans un très beau style.

2895 GUIZOT (Mme). — LES ENFANTS. *Paris, Didier*, 1856, in-8, demi-chag. br., plats toile, fil. à fr., dos orn. de comp. avec fleurons, tr. dor. *(Rel. de l'époque)*.   **200 fr.**

Édition augmentée de moralités en vers par Mlle ELISE MOREAU. Elle est ornée de 8 jolies lithographies coloriées de *Lassalle*. Bel état.

2896 GUIZOT (Mme). — LES ENFANTS. *Paris, Didier*, 1858, in-8, demi-chag. bleu, plats toile, fil. à fr., dos orn. de comp., tr. dor. *(Rel. de l'époque)*.   **200 fr.**

Mêmes figures que dans l'édition précédente. Qq. rouss.

2897 GUIZOT (Mme). — EUDOXIE ou l'Orgueil permis, suivi de La pauvre Françou, Le Secret du Courage. Ouvrage adopté par l'Université. *Paris, Didier*, 1837, in-12, basane maroq. vert, dos orné en long. *(Rel. de l'époque)*.   **35 fr.**

Vignette sur bois sur le titre et figure gravée en frontispice. *Bel exemplaire*.

2898 GUIZOT (Mme). — HISTOIRE D'UN LOUIS D'OR. *Paris, Didier*, 1837, pet. in-18, cart. papier bl. illustré. *(Cart. de l'éditeur)*.   **40 fr.**

De la Collection : « *Bibliothèque des Enfants* ». Titre imprimé en rouge et en bleu à encadrements gravés sur bois, frontispice gravé sur acier. *Bel exemplaire*.

2899 GUIZOT (Mme). — NOUVEAUX CONTES. *Paris, Pichon-Béchet*, 1827, 2 vol. in-12, bas. marb. dent., dos orné. avec pièces de mar. grenat, dent. int., tr. dor. *(Rel. de l'époque)*.   **350 fr.**

Édition contenant 13 contes, elle est ornée de 6 jolies gravures sur acier de *Choquet*, gravées par *Lejeune*. Exemplaire dans une jolie reliure romantique.

2900 GUIZOT (Mme). — NOUVEAUX CONTES. Ouvrage à l'usage de la Jeunesse. *Paris, Didier*, 1833, 2 vol. in-12, veau fauve, fil. dor. dent. à fr., dos orn. de fers dor. et de fil. à fr., dent. int., tr. marb. *(Rel. de l'époque)*.   **300 fr.**

Édition ornée de 8 jolies figures sur acier hors-texte, différentes de celles de l'édition précédente. Exemplaire dans une charmante reliure romantique pleine.

2901 GUIZOT (Mme). — NOUVEAUX CONTES. *Paris, Didier*, 1838, 2 vol. in-12 veau fauve poli, fil. dor., grande plaque à fr., dos orn. en long, dent. int., tr. dor. *(Rel. de l'époque)*.   **250 fr.**

Édition renfermant 4 nouveaux contes, elle est ornée de 2 titres imprimés en rouge et en noir à encadrements gravés sur bois et de 8 figures dont 2 différentes de celles de l'édition précédente. Reliure romantique avec une grande et jolie plaque à froid sur les plats. Déchirures à qq. ff. *(peu de chose)*.

2902 GUIZOT (Mme). — NOUVEAUX CONTES à l'usage de la Jeunesse. *Paris, Librairie d'Education de Didier*, 1840, 2 vol. in-12, veau poli grenat, dos très orné (rocailles et oiseaux), grande plaque à froid couvrant les plats, tr. dor. *(Rel. de l'époque)*.   **200 fr.**

2 titres à encadrements sur bois et 8 figures sur acier non signées. Jolie reliure (les dos ont un peu changé de couleur). Rousseurs.

2903 GUIZOT (Mme). — NOUVEAUX CONTES. *Paris, Didier*, 1843, 2 vol. gr. in-18, cart. percale bleue, encadr. à fr., centre dor., dos orn. en long, tr. dor. *(Cart. de l'éditeur)*.   **100 fr.**

Édition avec les mêmes figures que celles de l'édition précédente. Exemplaire dans un charmant cartonnage avec un joli décor central. *Rousseurs*.

2904 GUIZOT (Mme). — NOUVEAUX CONTES A L'USAGE DE LA JEUNESSE. *Paris, Didier*, 1852, 2 vol. gr. in-18, cart. papier blanc et bleu illust. de l'éditeur. *(Cart. de l'éditeur)*.   **125 fr.**

Édition ornée de 8 jolies vignettes gravées hors-texte. *Bel exemplaire* sauf qq. rousseurs. Rare dans ce cartonnage.

2905 GUIZOT (Mme). — NOUVEAUX CONTES. *Paris, Didier*, 1856, 2 vol. gr. in-18, cart. percale br., plats et dos ornés de fers mosaïqués et à fr., tr. dor. *(Cart. de l'éditeur)*.   **150 fr.**

Édition avec les mêmes figures que celles de l'édition précédente. Exemplaire dans un joli cartonnage richement décoré. Le premier plat est orné d'un titre en lettres dorées dans un encadrement avec figures, mère et enfant, fleurs, etc. Qq. rousseurs.

2906 GUIZOT (Mme). — NOUVEAUX CONTES. *Paris, Didier*, 1856, 2 vol. gr. in-18, cart. percale rouge, plats et dos ornés de fers spéciaux dor. et à fr., tr. dor. *(Cart. de l'éditeur)*.   **150 fr.**

Même édition que la précédente, dans un cartonnage avec les mêmes fers. Bel exemplaire malgré quelques rouss.

2907 GUIZOT (Mme). — RÉCRÉATIONS MORALES. CONTES A L'USAGE DE LA JEUNESSE. *Paris, Didier*, 1853, in-12, cart. papier blanc et bleu, illustr. de l'éditeur. *(Cart. de l'éditeur)*.   **80 fr.**

Édition ornée de 4 vignettes gravées hors-texte. *Bel exemplaire*. Rare dans ce cartonnage.

2908 GUIZOT (Mme). — RÉCRÉATIONS MORALES. *Paris, Didier*, 1858, in-12, cart. percale rouge, plats et dos orn. de fers spéciaux, tr. dor. *(Cart. de l'éditeur).*   **80 fr.**

Édition avec les mêmes figures que celles de l'édition précédente. Exemplaire dans un cartonnage très frais, richement décoré. Le premier plat est orné d'un titre en lettres dorées dans un encadrement avec figures, mère et enfant, fleurs, sphère, etc. *Qq. rousseurs.*

2909 **GUIZOT (Mme).** — UNE FAMILLE. Ouvrage à l'usage de la jeunesse, suivi de Nouveaux contes. *Paris, Pichon et Didier,* 1828, 2 vol. in-12, veau fauve poli, encadr. de fil. dor., pet. dent. à froid, dos orn. de fers dor. et à fr., tr. marb. *(Rel. de l'époque).*   **1.000 fr.**

ÉDITION ORIGINALE ornée de 2 jolies gravures non signées. Bel exemplaire dans une charmante reliure romantique. Dos légèrement passé. TRÈS RARE.

2909 *bis* **GUIZOT (Mme).** — UNE FAMILLE. *Paris, Didier,* 1832, 2 vol. in-12, veau vert, encad. de fil. et pet. dent. à fr., roses aux angles, dos orn. en long, dent. int., tr. dor. *(Bibolet).*   **150 fr.**

Édition ornée de 8 jolies figures non signées. Exemplaire dans une charmante reliure romantique pleine signée au dos. *Cassures.*

2910 **GUIZOT (Mme).** — UNE FAMILLE. Ouvrage continué par Mme A. TASTU. *Paris, Didier,* 1840, 2 vol. in-12, veau bleu poli, fil. dor. grande plaque à fr., dos orné en long de motifs rocailles, dent. int., tr. dor. *(Rel. de l'époque).*   **600 fr.**

Titres imprimés en rouge dans un encadrement sur bois. Édition ornée de 8 jolies figures non signées. Malgré qq. rousseurs très bel exemplaire dans une jolie reliure romantique très décorative et de toute fraîcheur.

2911 **GUIZOT (Mme).** — UNE FAMILLE. *Paris, Didier,* 1840, 2 vol. demi-chag. laval., dos ornés et coins, tr. dorées. *(Reliure de l'époque).*   **180 fr.**

Mêmes titres et mêmes gravures que dans l'édition précédente. *Bel exemplaire.*

⸺⸺

2912 **GUMPERT (Thekla).** — TOCHTER-ALBUM. *Glogau, Carl Flemming, s. d.* [vers 1857], 6 vol. in-8, cart. toile verte, plats et dos orn. de fers spéciaux dor. et à fr., tr. dor. *(Cart. de l'éditeur).*   **400 fr.**

Recueil pour jeunes filles renfermant des articles sur différents sujets. Il est orné de 172 jolies lithographies en deux teintes, en grande partie coloriées, par *Burkner, Scholz* et *Wagner. Bel exemplaire.*

2913 **GUY EARL OF WARWICK** (The History of the Renowned). To which is attached a Short Account of Kenilworth Castle. Adapted to the entertainment of Youth. *Coventry, Pratt, Smith and Lesson, n. d.* [circa 1808], sm. 12mo. or. printed wrappers.   **100 fr.**

Illustrated with a frontispiece (signed Carrall, Hull) and 10 other woodcuts in text. *Fine copy.*

2914 **[G. W.].** — CHILDREN'S BOOKS and their Illustrators. Special Winter-Number of « The Studio », 1897-8, *London,* 4to. cloth.   **125 fr.**
Fine copy.

2915 **GYMNASTIQUE DES JEUNES GENS** ou Traité élémentaire des différens exercices propres à fortifier le corps, à entretenir la santé et à préparer un bon tempérament. *Paris, Audot,* 1828, in-12, demi-veau rouge, tr. jasp. *(Rel. vers 1850).*   **500 fr.**

ÉDITION ORIGINALE de ce rare et curieux ouvrage orné de 33 planches gravées, dont un grand frontispice et 2 planches se dépliant. Dans l'avant-propos, l'auteur dont nous n'avons pu percer l'anonymat, parle des ingénieuses inventions du *Colonel Amoros,* grâce auquel « la cause de la gymnastique est à peu près gagnée en France, à Paris du moins. »

2916 **H*** (Mme).** — LA CABANE DANS LES BOIS ou les Bons petits Enfans ; suivi d'un Manuel du Petit jardinier, contenant la description des arbres à fruits, etc. *Paris, A. Eymery,* 1823, in-8 oblong, cartonn. pap. gris, vignette gravée au centre du 1er plat.   **500 fr.**

Titre gravé avec vignette coloriée et 15 jolies planches gravées et coloriées, non signées. Le cartonnage est moderne, mais on a collé sur le 1er plat une vignette gravée qui figurait sur le cartonnage original.

2917 **H*** (Mme).** — GALERIE INDUSTRIELLE ou Application des produits de la Nature aux arts et métiers, leur origine, leurs progrès et leur perfectionnement... à l'usage de l'enfance et de la jeunesse. *Paris, A. Eymery,* 1822, gr. in-8, oblong, cart. bradel pap. bleu, les 2 plats du cartonn. orig. gravés ont été conservés.   **150 fr.**

Titre gravé avec vignette, grand frontispice allégorique et nombreuses planches contenant 150 sujets « dessinés et gravés avec goût par d'habiles artistes ». *La Vigne et l'art de faire le vin, la Canne à sucre, le Cacao, fabrication du Chocolat, le Coton, culture et fabrication du Tabac, etc.* Les premiers ff. très lég. froissés.

2918 **HABITS, MANNERS AND CUSTOMS** OF ALL NATIONS for the Instruction of the Young. *London, Edward Lacey, n. d.* [circa 1830], 12mo. or. cloth, gilt.   **80 fr.**

Illustrated with upwards of 30 plates engraved on wood [*Brazilian sugar Mill, American Stage couch, Coffee Harvest, Scene on Hudson river,* etc., etc.].

2919 **HACK (Maria).** — HARRY BEAUFOY or The Pupil of nature. *London, Harvey and Darton,* 1821, 12mo., or. half-leather, boards.   **125 fr.**

FIRST EDITION. Charming engraved frontispiece engraved by *H. Melville* from the drawing *by E. B. Hack.* The work is founded on Paley's « Natural Theology ».

2920 **HACK (Maria).** — WINTER EVENINGS or Tales of travellers. *London, Harvey and Darton,* 1823, 4 vols small 12mo. or. half-leather, boards.   **250 fr.**

VERY FINE COPY ALMOST AS NEW. Illustrated with an engraved frontispiece to each volume. The tales are extracted from well known voyages.

2921 **HACK (Maria).** — WINTER EVENINGS. *London*, 1823, 4 vols. small 12mo. or. half-leather, boards. **80 fr.**

Another copy. The marble papers of each vol. have been renewed.

2922 **HALL (Captain Basil).** — FRAGMENTS OF VOYAGES AND TRAVELS, including anecdotes of a Naval Life ; chiefly for the use of Young Persons. *London, Robert Cadell*, 1831, 3 vols in-12mo. contemp. half calf. **200 fr.**

FIRST EDITION. Engraved frontispiece *(Slightly foxed)* to each vol. The author, son of Sir James Hall, interviewed Napoleon and travelled extensively in North and South America. His « Fragments » were often reprinted. *Fine copy.*

2923 **HALL (Clara).** — THE SISTERS. A Pleasing Domestic Story founded on fact and other tales. *London, Edward Lacey, n. d.* [circa 1830], or. printed boards. **70 fr.**

FIRST EDITION. Frontispiece engraved on steel by *Fenner* from the painting by *D. Lynch.* Three plates engraved on stone in a line technic and 5 woodcut vignettes. The other Stories are *The Grateful Pole, Inhumanity to animals* and *A Faithful Friend.*

2924 **HALL (Clara).** — THE YOUNG LADY'S LIBRARY. *London, A. K. Newman and Co, n. d.* [circa 1837], 12mo. or. printed boards. **25 fr.**

Frontispiece engraved on steel and 12 plates. FINE COPY.

2925 **HALLIWELL (James Orchard).** — POPULAR RHYMES AND NURSERY TALES. A Sequel to the Nursery Rhymes of England. *London, John Russell Smith*, 1849, 12mo. or. cloth. *(A little worn).* **60 fr.**

FIRST EDITION. 16 page book list at end.

2926 **HAMERTON (Mrs).** — Mrs LESLIE AND HER GRANDCHILDREN. *London, Charles Till*, 1831, 12mo. or. half-leather, boards. *(Back rubbed).* **45 fr.**

Illustrated with a finely executed engraving by *Le Petit* after the drawing by *J. M. Wright.* The Preface by the authoress is most amusing. It begins « *It is with quaking ruffles and a panting stomacher that the Authoress of this little work submits it to a reading Public. She could not, without some flutterings, lay it before even a « reading fly »,* Etc., etc.

2927 **HAMILTON (Le comte Antoine).** — LE BÉLIER, conte. *Paris, J.-F. Josse*, 1780, in-12, veau poivré, dos orné, tr. mouchetées. *(Rel. anc.).* **300 fr.**

ÉDITION ORIGINALE précédée d'un « Avis du Libraire ». « Ce manuscrit m'étant tombé dans les mains, j'ai cru que le public me sçauroit bon gré de lui donner un ouvrage, qui dans son genre n'en a point de supérieur, suivant le sentiment des gens de goût que j'ai consultez ». Petites rousseurs.

2928 **HAMILTON (Le comte Antoine).** — CONTES. *Paris, Dauthereau*, 1828, 2 vol. in-16, demi-veau beige, dos orné d'étiquettes noires, filets noirs,

compartiments de filets dorés et dent., tr. marbrées. *(Rel. de l'époque).* **50 fr.**

Le Bélier. Histoire de Fleur d'Épine. Les quatre Facardins. Charmant exempl. de ces contes célèbres. Etiquettes très légèrement frottées.

2929 **HAMILTON (Count Antony).** — FAIRY TALES and Romances. Translated from the French by M. Lewis, H. T. Ryde, and C. Kenney. *London, G. Bohn*, 1849, 8vo. half-morocco, gilt, g. e. *(Modern binding).* **65 fr.**

Fine engraved portrait of Count A. Hamilton by *Harding. Fine copy,* well bound.

2930 **HAMILTON (Le comte Antoine).** — HISTOIRE DE FLEUR D'ÉPINE. Conte. *Paris, Josse*, 1730, in-12, v. mouch., dos à n. orné, tr. mouch. *(Rel. anc.).* **500 fr.**

ÉDITION ORIGINALE de cette délicieuse féerie, un des chefs-d'œuvre du genre, et l'une des meilleures productions de ce célèbre auteur. *Bel exemplaire.*

2931 **HAMILTON (Le comte Antoine).** — LES QUATRE FACARDINS. Conte. *Paris, Josse*, 1730, in-12, v. marbré, dos à n. orné, pièce rouge, tr. rouges. *(Rel. anc.).* **400 fr.**

ÉDITION ORIGINALE de cette *féerie* contenant en tête la dédicace à M. L. C. D. F. *(Mademoiselle de La Force)*, fréquemment citée, notamment par *M.-E. Storer, la Mode des Contes de Fées*, p. 10, etc. *Bel exemplaire.* Coins très lég. émoussés.

2932 **HAPPY FAMILY (THE)** or Memoirs of Mr and Mrs Norton. Intended to show the delightful effects of Filial Obedience. *London, J. Marshall and Co, n. d.* [circa 1780], half-morocco. *(Modern binding).* **800 fr.**

Illustrated with an engraved frontispiece and 16 well drawn woodcuts. Small restoration in an inner margin.

2933 **HAPPY FAMILY (THE).** Another copy, same edition, or. boards. *(Back strip missing).* preserved in half-morocco case. **2.000 fr.**

On a fly leaf is written in a child's hand « *if any one doth borrow me, I pray you keep me clean I am not like linen Cloth that may be washed again. Mary Riley Her Book.* On the end paper « *Mary Riley 1792* ».

2934 **HAPPY FAMILY (THE)** or Winter Evening's Employment... by a Friend of Youth. *York, T. Wilson*, 1800, sm. 12mo. or. boards. *(Rebacked).* **150 fr.**

Illustrated with a frontispiece and seven other woodcuts by BEWICK. Three page book list at end. 151 pages.

2935 **HAPPY FAMILY (THE).** 1801, or. half-leather boards. *(Back broken).* **80 fr.**

Another copy. 3 page book list at end, 105 pages.

2936 **HAPPY HOURS** with Mamma. *Edinburgh, William Oliphant*, 1833, post 8vo., or. cloth. **60 fr.**

FIRST EDITION, illustrated with six engraved, plates, one showing a whale upsetting a boat. The text consists of 15 instructive conversations. The volume needs restitching.

2937 HAPPY SEQUEL (THE) or The History of Isabella Mordaunt. A tale for young people. *London, J. Harris, 1814*, sm. 12mo. or. half-leather, boards.   **50 fr.**

FIRST EDITION. Engraved frontispiece. Four page book list at end.

2938 HARE (The Escapes, Wanderings, and Preservation of a), Related by Herself. *London, J. and C. Evans, n. d.* [circa 1820], or. printed wrappers.   **300 fr.**

FIRST EDITION. Illustrated with 3 charming engravings. Five page book list at end. *Very fine copy, as new.*

2939 HARFORD (Mary). — THE WINTER SCENE to amuse and instruct the Rising Generation. *London, William Darton, n. d. (1818)*, sm. 12mo. or. half-leather, boards.   **125 fr.**

FIRST EDITION. Illustrated with 3 charming engravings. Five page book list at end.

2940 HARLEY (Geo). — FIRST PRINCIPLES OF LANDSCAPE-DRAWING. *London, R. Ackermann, Jun., n. d. (1829)*, 2 vols of the series oblong 4to. or. half-leather, boards, with leather tickets.
                                    1.000 fr.

BOTH FIRST EDITIONS. The first vol is the Sepia method and the second, water-colour drawing. Each album is illustrated with model sketches or full page landscapes (24 in all) executed in sepia or coloured aquatint. The plates *Scene in Gloucester, Near Hanwell, Middlesex, Millbank, Westminster, In Southwark* and the views of *Stratford and Waltham Abbey, Essex* are specially fine. George Harley, water-colour painter and drawing-master, 1791-1871. *Very fine copies.*

2941 HARLEQUIN AND COLUMBINE (THE HISTORY OF). Shewing the wonderful Tricks and Metamorphoses Performed by the fanciful Hero in his Motley Jacket, to gain his fair Mistress. [*London*], H. Turpin, Bookseller, No. 104, *St. John's-Street, West-Smithfield, n. d. (1784)*, sm. 16mo., levant morocco. *(Modern binding).*
                                    4.000 fr.

Illustrated with a frontispiece and 21 curious woodcuts. The text is a collection of amusing stories and Verse. At the end is Turpin's 8 page book catalogue in which is advertised under item No 69. « *Turpin's New Catalogue for 1784, of Twenty Thousand Volumes of Ancient and modern Books, in all Languages, now selling daily ; the Prices being marked in the Catalogue* ». A little Short, but fine copy.
PLANCHE 77.

HARLEQUINADES. - LIVRES A VOLETS

2942 HARLEQUINADE. — THE FAIRY KING. [*London, n. d.* [circa 1750], small 4to. folding open to double, or. boards, preserved in half-morocco case.   **2.500 fr.**

The book has 4 engravings each with a superimposed flap, and with engraved text making eight hand-coloured plates which transform. *The first scene has one flap missing.* One of the earliest of this type of Juvenile book.

2943 HARLEQUINADE. — Dr LAST OR THE DEVIL UPON TWO STICKS. *London, Robt. Sayer, 1771*, narrow 8vo. levant morocco. *(Modern binding).*   **8.000 fr.**

4 hand-coloured engravings with 8 hand-coloured flaps changing the scenes with engraved verses, Harlequinade inspired by Le Sage's « *Diable Boiteux* ». One amusing scene shows the battle of the physicians. *Fine copy.*

2944 HARLEQUINADE. — THE ELOPEMENT. A New Harlequin Entertainment. *London, Robt. Sayer, 1771*, narrow 8vo., levant morocco. *(Mod. binding).*   **6.000 fr.**

4 hand-coloured engravings, with 8 hand-coloured flaps changing the scenes, with engraved verses. *Fine copy.*
PLANCHE 21.

2945 HARLEQUINADE. — HARLEQUIN CHEROKEE OR THE INDIAN CHIEFS IN LONDON. *London, Robt. Sayer*, feb. 24th 1772, narrow 8vo., levant morocco. *(Mod. binding).*   **12.000 fr.**

4 hand-coloured engravings with 8 hand-coloured flaps changing the scenes, with engraved verses.
See here in pleasures ample round
The Strange Americans are found
Tho' they seem odd to stare and grin
Yet we as Wildly stare at them
It is the Custom of each Nation
Which causes all the Consternation.
VERY FINE COPY.

2946 HARLEQUINADE. — HARLEQUIN HORNER or the Christmas Pie, As performed at the Theatre Royal. *London, J. and E. Wallis, n. d.* [circa 1805], narrow 8vo. levant morocco. *(Mod. binding).*   **4.000 fr.**

4 hand-coloured engravings with 8 hand-coloured flaps changing the Scenes, with engraved verses. *Fine copy.*

2947 HARLEQUINADE. — HARLEQUIN SKELETON. *London, Robt. Sayer, 1772*, narrow 8vo. levant morocco. *(Mod. binding).*   **6.000 fr.**

4 hand-coloured engravings with 8 hand-coloured flaps changing the Scenes with engraved verses. The first picture shows a hunting scene.
The Royal Chaser here you view
A Monarch and a Sportman too
He Jovially awakes the morn
With the Sweet notes of early horn

But turn it up and you shall see
A different figure far than he.
Three of the other scenes show the skeleton in the closet, etc. *Fine copy.*

2948 HARLEQUINADE. — JACK THE PIPER (The Comical Tricks of). *London, H. Roberls, 1772*, narrow 8vo., levant morocco. *(Mod. binding).* **4.000 fr.**

4 plates engraved on copper with 8 engraved flaps changing the scenes, with engraved verses. *Fine copy.*

2949 [HARLEQUINADE]. — METAMORPHOSIS or A Transformation of Pictures, with Poetical Explanations, for the Amusement of Young Persons. *New York, Samuel Wood, 1814*, 12mo. or. printed wrappers, preserved in a levant morocco case. **12.500 fr.**

The Harlequinade folds out to four different scenes with text and super-imposed flaps making the transformations. The subjects are crudely engraved on wood and signed J. POUPARD. Leaves slightly yellowed and hinges with insignificant restoration. This is the earliest American Harlequinade that has come to our notice.

2950 HARLEQUINADE. — MOTHER SHIPTON or Harlequin in the Dumps. *London, Robl. Sayer, 1771*, narrow 8vo., levant morocco. *(Mod. binding).* **6.000 fr.**

4 hand-coloured engravings with 8 hand-coloured flaps changing the scenes, with engraved verses. *Fine copy.*
PLANCHE 21.

2951 HARLEQUINADE. — A NEW HARLEQUIN. THE OSTRICH EGG. *London, Laurie and Whitlle, 1st May 1798*, sm. 8vo., levant morocco. *(Modern binding).* **4.000 fr.**

Four engraved panels with 8 super-imposed flaps, all engraved on copper and hand-coloured. *Very fine copy.*
PLANCHE 21.

2952 HARLEQUINADE. — OLD WOMEN GROUND YOUNG. *London, Robl. Sayer, 1771*, narrow 8vo., Levant morocco. *(Mod. binding).* **7.500 fr.**

4 hand-coloured engravings with 8 hand-coloured flaps changing the scenes, with engraved verses. A most amusing Harlequinade showing Women and Men rejuvenated by being passed through a grinding machine. *Fine copy.*

2953 HARLEQUINADE. — QUEEN MAB or the Tricks of Harlequin. *London, Robl. Sayer, 1771*, narrow 8vo., levant morocco. *(Mod. binding).* **5.000 fr.**

4 hand-coloured engravings with 8 hand-coloured flaps changing the scenes, with engraved verses. *Fine copy.*

2954 HARLEQUINADES. — THE WITCHES OR HARLEQUIN'S TRIP TO NAPLES. — THE COMICAL TRICKS OF JACK THE PIPER. *London, H. Roberls, 1772*, two items bound in 1 vol. in-4to, levant morocco. *(Mod. binding).* **6.000 fr.**

Each Harlequinade has four engravings with 8 engraved flaps, making the transformations ; the verses under and above each picture. The opening lines begin.

Here in the Cave the Chaldron View
With hagard Witches not a few
What they're about if you would know
You must a little farther go
Turn up and mark the other scene
There you shall see young Harlequin.
Fine copies.

2955 bis ALMANACH DE SURPRISE, contenant des figures changeantes, et chansons analogues, sur des airs connus et un choix de nouvelles romancées ; pour l'année bissextile 1808. *Paris, Langlois, s. d. (1807)*, in-16 (90×125 mm.), étui. **2.000 fr.**

4 planches gravées et coloriées, à volets. Cet almanach, très rare, ne figure pas dans la Bibliographie de Grand-Carteret et est, en manière de préface, précédé de ces vers :
L'auteur des varians tableaux
Veut exciter, malgré qu'on dise
Qu'ils ne paraissent pas nouveaux,
De plus en plus votre surprise ;
Comme on voit par le changement,
Soit de sagesse ou de folie,
Passer ainsi rapidement
Toutes les scènes de la vie.
Ex-libris F. Meunié.

2956 LE SÉRAIL A L'ENCAN. — Petite pièce turque en 1 acte représentée au Théâtre de l'Ambigu Comique. *S. l. n. d. [Paris, vers 1783]*, petit in-16, broché, couv. muette. **5.000 fr.**

Un titre gravé et colorié et 4 planches également gravées et coloriées avec prolongements, qui tantôt s'adaptent à une partie de la gravure du fond ou tantôt forment un sujet entièrement nouveau. Ce sont des scènes du *Sérail à l'encan* avec vers gravés, ou du *Prince Noir et Blanc*. D'après Barbier, le *Sérail à l'encan* serait de Sedaine l'oncle, ou de Sedaine de Sarcey, ou d'Audinot, ou d'Arnould. Curieuse et jolie plaquette, rare.

=====

2957 HARRIS (Joel Chandler). — UNCLE REMUS AND HIS LEGENDS OF THE OLD PLANTATION. With illustrations by F. Church and J. Moser. *London, David Bogue, 1881*, 8vo. or. grey cloth, gilt. **400 fr.**

FIRST LONDON EDITION. Many woodcut illustrations. 32 page catalogue of David Bogue, dated 1879, at end.

2958 HARRY AND WILLIAM or The Two Cousins. A Tale. *London, Harvey and Darlon, 1821*, sq. 16mo. or. cloth. **125 fr.**

FIRST EDITION. Illustrated with 4 charming engravings. Two page book list at end. *Fine copy.*

2959 HARTE (Bret). — THE QUEEN OF THE PIRATE ISLE. Illustrated by KATE GREENAWAY. *London, Chalto and Windus, n. d. [circa 1886]*, or. cloth, g. e. **250 fr.**

First edition, with these illustrations. Kate Greenaway's drawings were done more in the realistic manner than usual which pleased Ruskin very much. The vignette on the title page is said to be one of the prettiest she drew. *Fine copy.*

2960 **HARTLEPOOL AND SEATON** written for the amusement of the Author's Nephews. *Darlington,* 1817, sq. 16mo. or. wrappers, preserved in half-morocco case.   **500 fr.**

FIRST EDITION. Illustrated with 11 etchings of Hartlepool. The book is written in rhyming verse similar to the « House that Jack Built ». It commences as follows.

1.
This is the town of Hartlepool.
2.
This you see here, is a view of the pier
Belonging the town of Hartlepool.
3.
And this is the sea, whose roaring you hear,
That Splashes and dashes its waves on the pier
Belonging the town of Hartlepool,
etc., etc. FINE COPY.

2961 **HARZER (August).** — DER KLEINE SCHMETTERLINGSJAGER. *Pirna, A. R. Friese s. d.* [vers 1828], in-8 car., cart. papier chamois illust. *(Cart. de l'éditeur).*   **100 fr.**

Le petit Chasseur de papillons. Ouvrage orné de 4 planches dont une coloriée représentant des papillons. *Bel exemplaire.*

2962 **HAUFF (Wilhelm).** — THE ORIENTAL STORY BOOK. A Collection of Tales. Translated from the German by G. P. Quackenbor. *New York, D. Appleton and Co,* 1855, 12mo. or. cloth. *(Shabby).*   **60 fr.**

3 hand-coloured plates and several vignettes in text. Slightly foxed throughout. Front cover loose, fly leaves torn out.

2963 **HAUTEVILLE (Mᵐᵉ d').** — AVENTURES D'UNE POUPÉE ou Histoire de Merveilleuse. *Paris, Théodore Lefèvre, s. d.* [vers 1850], in-12, demi-bas. rouge. *(Rel. de l'époque).*   **25 fr.**

12 jolies planches gravées par *L. Lefrancq* et nombreuses vignettes dans le texte. Prénom estampé en or sur le premier plat, les coupes frottées, les coins émoussés.

2964 **HAWSKHAW (Mrs).** — POEMS FOR MY CHILDREN. *London, Simpkin, Marshall and Co,* n. d. [circa 1850], 12mo. cloth, gilt, g. e.   **35 fr.**

FIRST EDITION. Illustrated with 23 well executed woodcuts. Some signed *H. Vizetelli.* Four page book list at end. *Fine copy* of a charming little book.

2965 **HAYTER.** — AN INTRODUCTION TO PERSPECTIVE, Drawing, and Painting, in a Series of Pleasing and Familiar Dialogues between the author's children..., etc., etc. *London, Black, Parry and Co,* 1815, cr. 8vo. contemp. tree calf.   **150 fr.**

« Second edition, considerably enlarged and imposed ». Frontispiece and 17 plates engraved on copper. 3 page book list at end. *Fine copy.*

2966 **H. C.** — THE COTTAGE-GIRL. A poem comprising her several avocations during the year. *London, Longman,* 1810, post. 8vo. or. boards. *(Back broken).*   **85 fr.**

FIRST EDITION. Illustrated with a beautiful frontispiece engraved by *W. Bond* from the drawing by *E. Bird.* Fine copy.

2967 **HÉBREU (LIVRE)** d'instruction et de lecture élémentaires. *Francfort-sur-Oder,* 1691, in-12, ais de bois de *l'époque* (fatigué).   **2.500 fr.**

Nombreuses figures sur bois : scènes de l'histoire d'Israël ; fables, histoire naturelle, etc. *Rarissime.*
PLANCHE 10.

2968 **HECKLE (A.).** — THE LADY'S DRAWING BOOK and compleat Florist, being an Extensive Collection of the most Beautiful Flowers..., etc. *London, Carington Bowles,* 1764, oblong 4to. wrappers.   **150 fr.**

24 plates with numerous hand-coloured flowers. Two plates loose, the last having small piece torn off corner.

2969 **HELME (Elizabeth).** — INSTRUCTIVE RAMBLES IN LONDON, and the adjacant villages designed to amuse the mind, and improve the understanding of Youth. *London, T. N. Longman, etc.,* 1800, 12mo. contemp. calf. *(Joints cracked).*   **50 fr.**

Engraved frontispiece by *T. Cook* from the drawing by *K. Porter.* 3 page book list at end.

2970 **HELME (Elizabeth).** — THE HISTORY OF ROME... related in Familiar Conversations by A Father to his Children... designed for the Perusal of Youth. *Brentford, P. Norbury,* 1808, 4 vols in-8vo., contemp. calf. *(Shabby, joints cracked).*   **125 fr.**

FIRST EDITION. Each vol has an engraved frontispiece by *G. Brock.* Elizabeth Helme is known as the first translator into English of several works by CAMPE, the renowned pedogogue ; and notably « *Columbus* ». This original work, and others by her, are told in the same manner : dialogue between parents and children.

2971 **HELME (Elizabeth).** — THE HISTORY OF ROME. Another copy contemp half-calf. **175 fr.**
FIRST EDITION. Fine copy.

2972 **HELP (AN)** to the Smallest Children's more easie understanding the Church Catechism by way of Question and Answer. Drawn up for the use of a certain Parish in London by the Rector thereof. *London, Printed for Tho. Parkhurst at the Bible and three Crowns in Cheapside near Mercer's Chappel,* 1680, sm. 12mo. *(Mod. binding).* **180 fr.**

22 pages. At the end are two prayers for children and Grace before and after Meat. On the last page is Parkhurst's list « *These Five Books are published by the same Author : Viz.* » Two of the books are for children.

2973 **HENDRY (Elizabeth A.).** — THE HISTORY OF GREECE in easy Lessons for children from six to ten years of age. *London, Harvey and Darton,* 1824, 12mo. orig. half-leather, boards. **75 fr.**
FIRST EDITION. Engraved frontispiece 4 page book list at end. *Fine copy.*

2974 **HENDRY (Agnes Mary).** — THE HISTORY OF ROME, in easy lessons adapted for Chrildren from six to ten years of age. *London, Harvey and Darton,* 1826, sm. 12mo. or. half-leather, boards. *(Front cover loose).*   **25 fr.**
FIRST EDITION. Finely engraved frontispiece. Two page book list at end.

2975 **HENNEQUIN (P.-P.).** — LES PETITS AS-TRONOMES et les Petits Physiciens. *Paris, Belin*, 1836, in-12, bas. mouchetée, dos orné, guirlande autour des plats, tr. marb. *(Rel. de l'ép.).* **150 fr.**

ÉDITION ORIGINALE ornée d'un titre gravé (avec vignette) et de 3 jolies figures sur acier, non signées, *avant la lettre.* L'Astronomie, les Ballons, la Chimie amusante, etc. Dos fané.

2976 **HENRY AND HIS TUTOR.** *London, Harvey and Darton, n. d.* [circa 1830], sm. 12mo. or. cloth. gilt back. **50 fr.**

Engraved frontispiece, showing Henry suspended from a Cliff, trying to catch birds with a net. *Fine copy.*

2977 **HERDER (J.-G.)** et **A.-J. LIEBESKIND.** — LES FEUILLES DE PALMIER, recueil de contes orientaux pour la jeunesse. *Paris, Paulin*, 1833, 3 vol. petit in-12, br., couv. imprimées illustrées. **250 fr.**

9 gravures. Edition revue et corrigée par F.-A. Krummacher. Traduit de l'allemand par Maximilien Kaufmann. Charmant exempl. avec les couv. originales, de papier ocre, ornées de palmiers.

2978 [**HERDER (Jean-Gottfried)**]. — LES FEUILLES DE PALMIER. Contes orientaux à l'usage de la jeunesse des deux sexes, traduits de l'allemand de Herder par M. Treuenthal. *Paris, P.-C. Lehuby*, 1837, in-12, bas. grenat, dos orné, sans nervures, filet et dent. à froid sur les pl., tr. dorées *(Rel. de l'époque).* **75 fr.**

3 pl. gravées. Les contes composant les *Feuilles de palmier* sont empruntés aux *Paramythes* ou légendes mythologiques, dans lesquels le philosophe justifia la comparaison qui l'assimilait « à un cygne qui vogue sur les eaux du Tempé, s'y plongeant avec des accords harmonieux, pour rapporter à la surface quelques précieux débris arrachés à l'abîme des âges ».

2979 **HERRICK (Robert).** — HIS BOOK OF LITTLES. Illustrated by Mrs Houghton. *London, Marcus Ward and Co, n. d.* [circa 1885], 4to. or. coloured wrappers. **40 fr.**

9 coloured plates and two drawings by Mrs HOUGHTON. *Fine copy.*

2980 **HERZMANN (Ludwig).** — SONNTAGSBLATT FUR DIE JUGEND. *Pesth, Conrad Adolph Hartleben*, 1816, 4 vol. pet. in-8, cart. papier gris marbré, pièces de mar. *(Cart. de l'époque).* **500 fr.**

Feuille de dimanche pour la jeunesse. Recueil composé de petites histoires, fables, pièces de vers et charades. Il est orné de 12 planches coloriées avec 2 figures par *Shaly*, une pour chaque mois et représentant des scènes de la saison, et de 40 planches dont 8 coloriées, représentant des vues, costumes, animaux, etc.. *Bel exemplaire.*

2981 **HEWLETT (Esther).** — THE LITTLE COWS-LIP-GATHERERS or What a penny will do. *London, William Darton and Son, n. d.* [circa 1820], sm. 12mo. or. half-leather, boards. **50 fr.**

FIRST EDITION. Illustrated with 3 copper plates. *Fine copy.*

2982 **HEY (William).** — OTHER FIFTY FABLES for Children. *Gotha, Andreas Perthes*, 1869, 8vo. or. printed boards. **160 fr.**

Illustrated with many woodcuts by *Otto Speckter.* The translation is by *Sophie Klingemann.* Fine copy.

2983 **HIEROGLYPHICK BIBLE (A CURIOUS)** or Select passages in the Old and New Testaments, reprensented with emblematical figures, for the Amusement of Youth..., etc. The tenth edition. *London, T. Hodgson*, 1791, or. printed boards. **1.500 fr.**

Frontispiece and numerous woodcuts attributed TO BEWICK. *Fine copy.*

2984 **HIEROGLYPHIC BIBLE (A CURIOUS).** *London, Robert Bassam*, 1796, or. printed boards. **1.250 fr.**

Thirteenth edition. *Very fine copy.*

2985 **HIEROGLYPHICK BIBLE (A CURIOUS).** *London, Robert Bassam*, 1796, or. half-leather, boards. **300 fr.**

Another copy, 13th edition, fine. FRONTISPIECE MISSING.

2986 **HIEROGLYPHICK BIBLE (A NEW).** For the Amusement and Instruction of Children ; Being a Selection of the most useful Lessons and most interesting Narratives..., etc. *London, G. Thompson*, 1794, or. red leather. **1.250 fr.**

First edition of this version recomended by ROWLAND HILL. The woodcuts attributed to BEWICK are hand-coloured.
PLANCHE 70.

2987 **HIEROGLYPHIC BIBLE (A NEW).** *Derby, Thomas Richardson, n. d.* sm. 12mo. or. printed wrappers. **250 fr.**

Illustrated with upwards of 200 woodcuts. *Fine copy.*

2988 **HIEROGLYPHICK BIBLE (THE)...** represented with emblematical figures for the amusement of Youth..., etc. *Plymouth, Joseph Avery, printed at George Clark and Cos. Office, Charlestown*, 1820, small 12mo. or. half-leather on wooden boards, preserved in half-morocco case. **2.000 fr.**

Third edition of this amusing Bible, printed in America, which with the aid of woodcuts afforded a novel method of teaching young children stories from the Bible. The covers are composed of thin wooden boards, covered with marble paper.
PLANCHE 70.

2989 **CURIEUSER BILDER CATECHISMUS** mit zierlichen Figuren... *Nurnberg, Gabriel Nicolaus Raspe*, 1773, in-8, br., conservé dans une boîte demi-mar. **2.000 fr.**

Curieux catéchisme pour enfants inspiré de Hieroglyphic Bible en anglais ; chaque page est illustrée de nombreuses petites figures coloriées, remplaçant des mots. De toute rareté. Exemplaire d'une fraîcheur parfaite.
PLANCHE 13.

2990 **HIRSCH (D.).** — SPRAAK EN LEESOESE-NINGEN TEN DIENSTE VAN DOOFSTOMME

KINDEREN. *Rotterdam*, 1858-1874, 2 vol. pet. in-8, cart. papier coul. impr. *(Cart. de l'éditeur)*. **80 fr.**

Premiers exercices de lecture pour l'enseignement des enfants sourds-muets. Recueil orné de nombreuses figures gravées.

2991 **HISTOIRES.** [Bibliothèque amusante de la jeunesse]. *Paris, Marcilly, s. d.* [vers 1835], in-16. *(Cartonnage papier de l'éditeur)*. **125 fr.**

4 figures gravées, dont une « Le pêcheur de la Vistule » est reproduite sur le cartonnage. Légères rousseurs.

2991 *bis* **HISTOIRE DE M. CROQUEMITAINE,** de Brique à Braque son gendre et de Félipeur et Bras de Fer ses associés... Dédiée aux petits enfants. *Paris, Saintin, s. d.* [vers 1825], in-16, broché, couv. muette orig. **Vendu.**

Un frontispice, un titre avec vignette et jolies planches gravées. Très rare.

2992 **HISTOIRE DE L'ENFANT PRODIGUE,** en douze tableaux, tirée du Nouveau Testament ; dessinée et gravée par Jean Duplessis-Bertaux en 1815. *Paris, de l'Imprimerie de P. Didot l'aîné,* 1816, in-4, *(cartonnage papier de l'éditeur)*, dos basane. **400 fr.**

ÉDITION ORIGINALE. 12 planches avant la lettre, dessinées et gravées par Duplessis-Bertaux, bien dignes de l'artiste que ses amis avaient surnommé le « Callot du XVIIIe siècle ». Chaque planche accompagnée d'une légende gravée et suivie d'un « Discours historique imprimé sur papier vélin », par P. Didot l'aîné. Exemplaire à toutes marges, très frais malgré quelques légères rousseurs.

2993 **HISTOIRE DE FRANCE** en Estampes, à l'usage de la Jeunesse. *Paris, Caillot, s. d.* [vers 1830], pet. in-8 oblong, cartonn. bradel pap. orange avec titre lithogr. *(Cartonn. d'édit.)*. **150 fr.**

Titre gravé avec vignette et 10 planches gravées sur cuivre non signées. Bel exempl. Rare surtout dans son cartonnage d'éditeur.

2994 **HISTOIRE DE FRANCE** en Estampes, etc. *Même ouvrage, même édition que le précédent,* cartonn. d'édit., pap. gris avec titre lithographié. **300 fr.**

Exemplaire avec les FIGURES COLORIÉES, ce qui est très rare. Restaurations au cartonnage.

2995 **HISTOIRE DE FRANCE** en Estampes, etc. *Même ouvrage, même édition que le précédent,* cartonn. d'édit. pap. rose avec titre lithogr. **150 fr.**

Bel exemplaire avec les figures en noir. Cartonnage très frais.

2996 **HISTOIRE DE FRANCE** méthodique et comparée avec texte, tableaux synoptiques... employée pour l'éducation des Enfants de France et de S. M. T. F., par M. Colart, leur instituteur. *S. l. n. d.* [*Paris*, vers 1835], in-8 obl., demi. bas. verte. *(Rel. de l'époque)*. **90 fr.**

73 pl. sur acier (y compris le titre), dessinées par *Triquetti,* gravées par divers. Curieuses remarques dans les marges, destinées à éclairer le texte. Chaque planche est accompagnée d'un tableau synoptique imprimé, fort bien

fait. A la fin, pages consacrées aux « paroles mémorables des rois de France », grand tableau généalogique se dépliant et deux planches gravées portant 146 étiquettes destinées à être découpées au fur et à mesure des règnes appris puis mises dans un sac ». Curieux et rare. Bel exemplaire.

2997 **HISTOIRE DE FRANCE EN ESTAMPES,** par CH. LOUBENS. *Paris, Amédée Bédelet, s. d.* [vers 1852], in-4, obl., *(cartonnage toile noire de l'éditeur)*, armes de France entourées de drapeaux, tr. dorées. **300 fr.**

Frontispice et 23 lithographies de *Bocquin,* tirées en 2 tons d'après les compositions de A. LELOIR. Le cartonnage et les illustrations sont dans un parfait état de fraîcheur.

2998 **HISTOIRE DE FRANCE EN ESTAMPES,** par CH. LOUBENS. *Paris, Amédée Bédelet, s. d.* [vers 1852], in-4 obl. *(Cartonnage en chromolithographie de l'éditeur)*. **500 fr.**

Le même ouvr. que le précédent. Les lithogr. sont coloriées. Exemplaire légèrement déboîté, légères rousseurs.

2999 **HISTOIRES DE GRAND-MAMAN (LES). —** Contes moraux pour la jeunesse, par Théophile. *Mayence, Jos. Scholz, s. d.,* pet. in-12. *(Cartonnage de l'éditeur)*. **150 fr.**

Illustré de 8 charmantes lithographies coloriées non signées. Cartonnage en chromolithographie, rinceaux et fleurs sur fond crème. Texte largement interligné. Dos abîmé.

3000 **HISTOIRE D'UNE JEUNE DEMOISELLE DE HUIT ANS. —** Édition ornée de belles lithographies. *Paris, Delarue (Lille, Blocquel), s. d.* [vers 1825], in-8 oblong, cartonn. pap. orange imprimé, vignette et 3 fig. sur bois au 2e plat. *(Cartonn. d'édit.)*. **300 fr.**

Titre en jolie typographie ornée romantique et vignette représentant un bateau à vapeur. Huit jolies lithographies, en 4 planches, non signées. Culs-de-lampe sur bois. Qq. restaurations au cartonnage.

3001 **HISTOIRE D'UNE JEUNE DEMOISELLE DE HUIT ANS.** In-8 obl. *(Cartonnage papier de l'éditeur)*. **250 fr.**

Même ouvrage que le précédent, mêmes planches. Dos refait.

3002 **HISTOIRE NATURELLE** à l'usage de la jeunesse (Nouvelle). *Paris, Gide fils, s. d.* [vers 1820], 6 vol. in-32, couvert. imp. **250 fr.**

Quadrupèdes, oiseaux, insectes, botanique, 48 figures gravées. Magnifique exemplaire avec les couvertures. De toute rareté dans cet état de fraîcheur.

3003 **HISTOIRE NATURELLE** à l'usage de la jeunesse (Nouvelle). 6 vol., demi-mar. rouge, dos orné. *(Rel. de l'époque)*. **450 fr.**

Même ouvrage, même édition que le précédent, les gravures sont très finement coloriées. Légère mouillure à la table du tome I.

3004 **HISTOIRE DE PIERRE DE PROVENCE** et de la Belle Maguelone. *S. l. n. d.* (la couv. avec titre manque [vers 1740]), in-12, broché. **20 fr.**

Impression populaire. 46 pages et 1 f. de privilège. Légende attribuée à Bernard de Trévies, chanoine de Maguelonne (Hérault). Voir Hélot, *Bibliothèque bleue en Normandie,* nos 123 et 193.

3005 HISTOIRE DE LA PRINCESSE ESTIME. *Amsterdam, Claude Jordan, 1709, petit in-12, maroq. rouge, triple filet doré, dos orné à nerfs, filets sur les coupes, dent. int., tr. dorées. (Belz-Niédrée).*   **1.500 fr.**

Inconnu de Barbier et de tous les bibliographes. 223 pp. numérotées (y compris faux-titre et titre) et 2 ff. n. ch. Au verso de la p. 223 commence un catalogue des livres en vente chez Jordan. *Très bel exemplaire* de ce rarissime conte de fées qui raconte les aventures de la princesse Estime à la cour du roi Bellamont. Allusions contemporaines (critique du château de Versailles, par ex.).

3006 HISTORIEN (L') VERTUEUX ou le Modèle de l'adolescence et de la jeunesse. Dédié au jeune âge. *Paris, L. Janet, s. d. (1824), in-16. (Cartonnage papier, tr. dorées et étui de l'éditeur).*   **300 fr.**

Titre gravé, 8 jolies figures finement gravées. Recueil d'anecdotes instructives et morales, auquel est joint un calendrier pour l'année 1824. *Bel exemplaire.*

3007 HISTORY OF BIRDS (THE). *Portland (Maine), Bailey and Noyes, n. d.* [circa 1840], sm. 16mo. or. printed wrappers. *(With 3 woodcuts).*   **45 fr.**

6 woodcuts of birds. *Fine copy.*

3008 HISTORY OF THE DAVENPORT FAMILY (THE) in which is displayed A Striking contrast between Haughty Indolence and Healthful Activity, in the characters of the Young Davenports, and their cousins Sophia and Amelia Easy. Interspersed with Moral Reflections by H. S. *London, Printed for E. Newbery, the Corner of St-Paul's Church-Yard, n. d.* [circa 1793], 2 vols in one sm. 12mo. levant morocco. *(Mod. binding).*   **2.000 fr.**

Illustrated with 8 copper plates. Interesting 10 page book catalogue published by Newbery at end. *Not in Welsh.*

3009 HISTORY OF ENGLAND (A New) from the Invasion of Julius Cœsar, to the beginning of the Year 1795..., etc. *Gainsbrough, Mozley's Lilliputian Book-Manufactory, 1795, 24mo. or. flowered-paper boards. (back strip missing),* preserved in half-morocco case.   **1.000 fr.**

FIRST EDITION. Illustrated with 32 naïve woodcuts of Kings and Queens.

3010 HISTORY OF ENGLAND, from the Conquest to the Death of George II. *London, John Wallis, 1800, sm. 16mo. orig. boards. (Back strip missing).* paper label.   **100 fr.**

Frontispiece *(partly coloured by a child)* and 30 hand-coloured woodcut portraits of the Kings and Queens of England.

3011 HISTORY OF ENGLAND (THE) abridged. *London, John Marshall, n. d.* [circa 1802], 64mo. or. wrappers.   **100 fr.**

Illustrated with 60 engravings (on 30 plates). One or two worm holes pierce the volume.

3012 HISTORY OF ENGLAND. More Stories from the. *London, E. Wallis, n. d.* [circa 1815], sm. 12mo. or. printed wrappers.   **125 fr.**

FIRST EDITION. Illustrated with 4 hand-coloured engravings.

3013 HISTORY OF FIDELITY (THE) and profession. *Wellington, Salop, Houlston and Son, 1819,* small 12mo. gr. printed boards.   **50 fr.**

Engraved frontispiece coloured by a child's hand at a later period. Two page book list at end.

3014 HISTORY OF FIDELITY (THE) and profession. *Wellington, Salop, Houlston and Son, 1819,* small 12mo. or. printed boards.   **80 fr.**

Second edition of same work as above. *Very fine copy.*

3015 HISTORY OF INSECTS (THE). *London, Religious Tract Society, 1842, square 12mo. or. black cloth, gilt, g. e. (Joints slightly damaged).* **125 fr.**

Illustrated with 16 hand-coloured engravings and numerous woodcuts throughout the volume. *Fresh copy.*

3016 HISTORY OF INSECTS (THE). *London, The Religious Tract Society, n. d.* [circa 1845], sq. 12mo. or. cloth.   **50 fr.**

Illustrated with 16 plates and 19 woodcuts in text. *Fine copy.*

3017 HISTORY OF JACK (THE) and his Eleven Brothers ; Displaying the various adventures they encountered in their Travels, etc., etc. *London, T. Hughes, n. d.* (1824), sm. 12mo. or. half-leather, boards.   **250 fr.**

Illustrated with 3 handsome hand-coloured engravings. *Fine copy.*

3018 HISTORY OF JOHN GRACELESS (THE) in which... the dangers... from idleness, are exemplified..., etc., calculated for the Instruction and Amusement of Youth. *London, Dean and Munday, n. d.* [circa 1815], 24mo. or. printed wrappers. **60 fr.**

Illustrated with 10 quaint woodcuts. The three stories take place in England, the West Indies and India, respectively. *Fine copy.*

3019 HISTORY OF LITTLE JACK (THE) who was Suckled by a Goat. *Derby, Thomas Richardson, n. d.* [circa 1815], sm. 12mo. or. printed wrappers.   **35 fr.**

Illustrated with two hand-coloured woodcuts as frontispiece. Abridged edition of Thomas Day's masterpiece.

3020 HISTORY OF LITTLE JACK (THE), A Foundling : together with the history of William, an Orphan. To which are added the History of Tom and his Dog and the Canary Bird. *Dublin, D. Graisberry, 1820, contp. calf. (Joints cracked).*   **70 fr.**

Illustrated with a frontispiece and many quaint woodcuts in the Bewick style. Abridged edition of Thomas Day's famous story.

3021 HISTORY OF LITTLE KING PIPPIN (THE) with an Account of the Melancholy Death of

Four Naughty Boys, who were devoured by Wild Beasts, and the Wonderful Delivery of Mr. Harry Harmless, by a Little White Horse. *Glasgow, J. Lumsden and Son, n. d.* [circa 1795], 32mo. or. flowered-paper wrappers, preserved in half-morocco case.   **600 fr.**

Illustrated with 15 cuts engraved on copper and printed in bistre. Very fine copy of an 18th cent. penny chap-book.

3022 HISTORY MADE EASY or a Genealogical Chart of the Kings and Queens of England..., etc. *London, Published for the Author, April 1820, and Sold by W. Pinnock and Co.,* 8vo. folding out to folio.   **150 fr.**

Second edition with improvements and additions. The genealogical chart is engraved and hand-coloured, and is pasted on linen opening out into folio. The system was invented by F. REYNARD OF READING, BERKS.

3023 HISTORY OF MARGARET WHYTE (THE) or the Life and Death of A Good Child. *Bath, John Binns,* 1815, sm. 12mo. wrappers. *(Modern).*
30 fr.

Four page book list at end.

3024 HISTORY OF MARTIN AND JAMES (THE) or the Reward of Integrity designed for the Improvement of Children. *London, Darton and Harvey,* 1806, or. wrappers.   **700 fr.**

Frontispiece and title-page engraved on copper and 7 quaint woodcuts. At the end « The Author to the Readers » *(5 pages).* Very fine copy.

3025 HISTORY OF RICHARD MACREADY (THE). The Farmer Lad. *Dublin, Bentham and Gardiner,* 1824, sm. 12mo. cont. calf. *(Joints weak.).* **45 fr.**

Illustrated with 4 very interesting woodcuts (scenes of farming life) and vignette on title.

3026 HISTORY (THE) of the Seven Wise Masters and Mistresses of Rome..., etc., etc. *Dublin, A. Fox,* 1814, sm. 12mo. old calf. *(Joints cracked).* **40 fr.**

Woodcut frontispiece. Printed on grey paper.

3027 HISTORY OF SWITZERLAND (THE) from the Conquest of Cœsar to the Abdication of Buonaparte, designed for Young Persons. *London, Harvey and Darton,* 1825, sm. 8vo. or. printed boards. *(Back rubbed).*   **30 fr.**

FIRST EDITION. with errata slip. Engraved frontispiece and extra engraved title with charming vignette and folding map. *Fine copy.*

3028 HISTORY OF THOMAS HICKATHRIFT (THE). *Glasgow, Printed for the Booksellers, n. d.* [circa 1840], 12mo. or. printed covers.   **10 fr.**

Penny edition of a fairy story about Tom and the giant.

3029 HISTORY OF THE TWO SISTERS (THE) and the Story of the Fisherman. *Wellington, Houlston and Son, n. d.* [circa 1810], small 12mo. or. wrappers, printed ticket.   **150 fr.**

Illustrated with 5 charming woodcuts. One page book list at end. Top corner of leaves Slightly torn.
PLANCHE 115.

3030 HISTORY OF WIDOW GRAY and her family or Things as they often happen. *Edinburgh, William Oliphant,* 1827, sm. 12mo. or. printed wrappers.   **25 fr.**

Engraved frontispiece. A note says : *The following Story is intended for Young People, on their quitting School, and entering different situations in life.*

3031 HITCHENER (Elizabeth). — THE FIRESIDE BAGATELLE containing Enigmas on the Chief Towns of England and Wales. *London, J. Wallis, etc.,* 1818, post 8vo. or. wrappers.   **125 fr.**

FIRST EDITION. The work is an amusing way of teaching Children English geography. At end are the Solutions, 3 pages of notes, glossary and errata. *Fine copy.*

3032 HOCUS POCUS [Wonderful Magical Tricks or] Printed on Old London Bridge nearly 200 Years ago. *London, E. Pearson,* 1873, 8vo. or. printed wrappers.   **10 fr.**

8 pages. Curious woodcuts to illustrate tricks.

3033 HOFER, the Tyrolese. By the author of « Claudine », etc., etc. *London, Harris and Son,* 1824, 12mo. or. printed boards.   **300 fr.**

FIRST EDITION. Illustrated with 12 finely coloured engravings. *Fine copy.*

3034 HOFFMANN (Franz). — JAGDBILDER. Skizzen und Abentheuer aus allen Welttheilen. *Stuttgart, Eduard Hallberger, s. d.* (1851), in-8, cart. papier imprimé *de l'éditeur.*   **300 fr.**

Huit jolies lithographies coloriées et gouachées : un frontispice orné d'attributs divers, avec grande vignette (chasse au tigre sur un éléphant), et 7 scènes de chasse (au faucon, à l'ours blanc, au loup, au crocodile, au jaguar, au serpent, au lion). Récits de chasses dans toutes les parties du monde, notamment en Amérique du Nord et en Amérique du Sud (chasses au buffle, à l'ours, au jaguar, au puma, au serpent). Très bon exempl., cartonnage (un peu fatigué) vert et blanc lithographié, représentant des attributs de chasse.

3034 bis HOFFMANN (Friedrich). — CHRISTBAUMCHEN Lieder Erzählungen und Fabeln. *Stuttgart, Thienemann, s. d.* [vers 1850], in-8, cart. papier gris impr., dos toile rouge. *(Cart. de l'éditeur).*
120 fr.

Chansons, contes et fables pour enfants. Ouvrage illustré de 32 gravures sur bois dans le texte.

DR HEINRICH HOFFMANN

3035 HOFFMANN (Heinrich). — DER STRUW-
WELPETER. *Frankfurt am Main, Rutten und
Lœning, s. d.* [vers 1880], in-4, cart. papier chamois, dos et coins toile rouge, illust. coul. *(Cart.
de l'éditeur).*   **50 fr.**

Célèbre ouvrage pour les enfants de 3 à 6 ans, qui a
connu un très grand succès. Plus de 400 éditions
ont été publiées jusqu'à ce jour. Edition ornée d'amusantes
figures coloriées à chaque page. *Etat de neuf.*

3036 HOFFMANN (Heinrich). — DER STRUW-
WELPETER. *Frankfurt am Main, Rutten und
Loening, s. d.* [vers 1885], in-4, cart. papier cha-
mois, illust. coul. *(Cart. de l'éditeur).*   **45 fr.**

Etat de neuf.

3038 HOFFMANN (Heinrich). — DER STRUW-
WELPETER. *Frankfurt am Main, Rutten und
Loening,* 1908, in-4, cart. papier bl. illustr. coul.
(Cart. de l'éditeur).   **35 fr.**

Etat de neuf.

3039 HOFFMANN (Heinrich). — DER STRUW-
WELPETER. *Frankfurt am Main, Rutten und
Loening, s. d.* [vers 1914], in-4, cart. papier cha-
mois illust. coul. *(Cart. de l'éditeur).*   **30 fr.**

Etat de neuf.

3040 HOFFMANN (Heinrich). — DER STRUW-
WELPETER. *Frankfurt a Main, Rutten und
Loening,* 1917, in-4, cart. papier blanc illust.
coul. *(Cart. de l'éditeur).*   **30 fr.**

Etat de neuf.

3041 HOFFMANN (Heinrich). — THE EN-
GLISH STRUWWELPETER. Pretty Stories and
Funny Pictures for Little Children. *London, Grif-*
fith, Farran, Browne and Co, the original English
Version, 4to. or. printed and coloured boards.
                                                700 fr.

FIRST EDITION IN ENGLISH and published in London. *Very rare.*

3042 HOFFMANN (Heinrich). — THE EN-
GLISH STRUWWELPETER or Pretty Stories
and Funny Pictures for Little Children. *London,
Agencies of the German Literary Society, n. d.,*
4to. or. printed and coloured boards. *(Back strip
broken).*   **50 fr.**

« Copyright edition, printed in Germany ». Forty seventh
Edition, with Dr Hoffmann's account of « How I came to
write Struwwelpeter ». The drawings are slightly variant
from the First English Edition, printed in London. *Fine
copy.*

3043 HOFFMANN (Heinrich). — IM HIMMEL
UND AUF ERDE. *Frankfurt am M., J. Rutten,
s. d.* [vers 1860], in-4, cart. percale viol., fil. à
froid. *(Cart. de l'époque).*   **200 fr.**

Dans le ciel et sur la terre. Recueil d'amusantes histoires
et rébus en vers pour les enfants. Il est orné de nombreuses
curieuses figures coloriées par *Graeff* et *Engel* et d'un joli
titre-frontispice composé d'amours, fleurs, feuillages et
volutes.

3045 HOFFMANN (Heinrich). — KING NUT-
CRACKER or the Dream of Poor Reinhold. A
Fairy Tale for Children. Freely rendered from the
German... by J. R. Planche, Esq. *Leipsig and
London, William Tegg, n. d.* [circa 1845], 4to.
or. printed wrappers.   **600 fr.**

Illustrated with 30 hand-coloured woodcuts of a quaint
and amusing character. Dr Hoffman is the famous author
of « Struwwelpeter ». *Fine copy.*

MRS BARBARA HOFLAND (1770-1844)

3046 HOFLAND (Mrs). — ADELAIDE or the Intre-
pid Daughter ; a tale including historical anecdotes of Henry the Great and the Massacre of
St. Bartholomew. *London, John Harris,* 1825,
12mo. or. full leather. *(Rubbed).*   **235 fr.**

Illustrated with 24 finely engraved plates.

3047 HOFLAND (Mrs). — THE AFFECTIONATE
BROTHERS. *London, A. K. Newman and Co,*
1829, sm. 12mo. or. half-leather, borads. *(Worn).*
                                                125 fr.

Engraved frontispiece engraved by S. Springsguth from
the drawing by E. Burney *((Slightly foxed)* entitled « My
Mother likes Prawns ». Tuer F. C. B. page 297 reproduces
this plate and in his introduction writes : *What will a modern
child say to a picture of a liberally bebuttoned self-satisfied
little prig who, suddenly remembering a weakness of his
mother's, invests his sixpence in prawns rather than gratify
the craving of his soul for a second-hand Horace ?*

3048 HOFLAND (Mrs). — THE CLERGYMAN'S WIDOW and her Young Family. *London, A. K. Newman and Co, n. d.* [circa 1830], sm. 12mo. or. half-calf, boards.					**60 fr.**

Finely engraved frontispiece and title.

3049 HOFLAND (Mrs). — ELLEN, THE TEACHER. A Tale for Youth. *London, J. Harris and Son,* 1824, sm. 12mo. or. half-leather, boards.					**40 fr.**

Engraved frontispiece. 4 page book list at end.

3050 HOFLAND (Mrs). — THE HISTORY OF A MERCHANT'S WIDOW and her Young Family. *London, A. K. Newman and Co,* 1826, small 12mo. or. half-leather, boards. *(Shabby).*					**50 fr.**

Illustrated with à charming, engraved frontispiece by *S. Springsguth* from the drawing by *E. Burney :* double title also engraved.

3051 HOFLAND (Mrs). — THE HISTORY OF AN OFFICER'S WIDOW, and her Young Family. *London, J. Harris and Son,* 1820, small 12mo. or. half-leather, boards.					**50 fr.**

Illustrated with an engraved frontispiece.

3052 HOFLAND (Mrs). — THE PANORAMA OF EUROPE or a New Game of Geography. *London, A. K. Newman, n. d.* [circa 1825], sm. 12mo. or. half-leather, boards.					**70 fr.**

Illustrated with a beautifully engraved frontispiece by *S. Springsguth* from the drawing by *H. Corbould.* Fine copy.

3053 HOFLAND (Mrs). — THE PANORAMA OF EUROPE or A New game of Geography. *London, A. K. Newman,* 1828, sm. 12mo. or. half-leather, boards.					**100 fr.**

Very fine copy, almost as new. Beautifully engraved frontispiece by *Springsguth* from the drawing by *Corbould.*

3054 HOFLAND (Mrs). — THE PANORAMA OF EUROPE or A New Game of Geography. *London, A. and K. Newman and Co, n. d.* [circa 1829], small 12mo. or. half-leather boards.					**50 fr.**

Illustrated with an engraved frontispiece by *Springsguth* from the drawing by *Corbould* different from preceding item.

3055 HOFLAND (Mrs). — REFLECTION. A Tale. *London, Longman, Rees, Orme, Brown and Green,* 1826, 12mo. or. boards. *(Back worn).*					**100 fr.**

FIRST EDITION. Engraved frontispiece.

3056 HOFLAND (Mrs). — THE SISTERS. A Domestic Tale. *London, Arthur Hall, n. d.* [circa 1840], sm. 12mo. or. blue cloth.					**35 fr.**

Engraved frontispiece *(slightly waterstained).*

3057 HOFLAND (Mrs). — THE SON OF A GENIUS. A tale from Youth. *London, J. Harris and Son,* 1818, sm. 12mo. or. half-leather, boards.					**100 fr.**

Engraved frontispiece. A note printed at beginning of chapter I reads : *The encomiums passed on this little work by many distinguished, literary characters, induced the Publishers to, lower the price, in the hope that it may have a more extensive circulation. May, 1816.*

3058 HOFLAND (Mrs). — THE SON OF A GENIUS. 1819, or. half-leather, boards.					**75 fr.**

Same frontispiece as preceding edition.

3059 HOFLAND (Mrs). — THE SON OF A GENIUS. A tale for Youth. New edition, carefully revised and enlarged by the author. *London, John Harris,* 1832, sm. 12mo. contemp. calf. *(Back rubbed).*					**60 fr.**

Frontispiece engraved by *H. Melville.*

3060 HOFLAND (Mrs). — WILLIAM AND HIS UNCLE BEN. A Tale, designed for the use of Young People. *London, Arthur Hall, Virtue and Co, n. d.* [circa 1835], sm. 12mo. or. red cloth.					**25 fr.**

Engraved frontispiece from the drawing by *Burney,* 12 page book list at end.

3061 HOFLAND (Mrs). — THE YOUNG CADET or Henry Delamire's Voyage to India, etc., etc. *London, John Harris, n. d.* (1827), 12mo. or. printed boards.					**180 fr.**

FIRST EDITION. Illustrated with 12 finely executed engravings. *Very fine copy.*

3062 HOFLAND (Mrs). — THE YOUNG CRUSOE. *London, A. K. Newman, n. d.* [circa 1830], sm. 12mo. or. half-leather boards.					**120 fr.**

Engraved frontispiece. *Fine copy.*

3063 HOFLAND (Mrs). — THE YOUNG CRUSOE. Another copy, or. half-leather, boards. *(Rubbed).*					**50 fr.**

Small stain on frontispiece. Some quires loose.

3064 HOFLAND (Mrs). — THE YOUNG PILGRIM or Alfred Campbell's Return to the East, and his Travels in Egypt, Nubia, Asia Minor, Arabia, Petrœa, etc., etc. *London, John Harris,* 1826, 12mo. or. half-leather, bards.					**200 fr.**

FIRST EDITION. Illustrated with 12 fine engravings. The book is inspired by the travel works of Captain Mangles, Major Campbell, and Sir F. Henniker. Two page book list at end. *Fine copy.*

3065 HOFSTETTER (J.-B.). — LA PETITE LECTRICE ou Lectures amusantes pour la jeunesse. *Vienne, J. Bermann, s. d.* (1846), in-8, cart. papier gris couv. impr. *(Cart. de l'éditeur).*					**250 fr.**

Recueil renfermant des contes, des anecdotes, trois petites comédies, etc. Il est orné de 6 figures coloriées. *Dos fatigué.*

3066 HOLIDAY PRESENT (THE). Containing Anecdotes of Mr and Mrs Jennet, and their Little Family..., etc. Second edition. *London, John*

Marshall and Co, n. d. [circa 1781], sm. 16mo. or. flowered-paper boards. *(Back strip missing).*
200 fr.

Frontispiece *(coloured by a child)* and 22 quaint woodcuts *(some partly coloured).* Leaves loose. LACKS 6 LEAVES *(pages 85-96).*

3067 HOLIDAY TALES. — THE BLIND MAN'S FRIEND and othe Tales. *Hudson, Ohio, Hudson Book Co,* 1855, sq. 12mo. or. printed wrappers.
75 fr.

Woodcut on front cover and vignette on last page. *Fine copy.*

3068 HOLTING (Gustav). — LEHRREICHE UND ANMUTHIGE ERZAHLUNGEN für Kinder von 7 bis 12 Jahren. *Berlin, Winckelmann, s. d.* (1846), in-16 carré, cart. papier *de l'édit.*
150 fr.

Neuf lithographies coloriées sur fond chamois. Récit destiné « aux enfants de 7 à 12 ans ». Cart. papier bleu et vieux rose orné de grecques. Sur le 1er plat, titre, sur le second : enfant emporté sur le dos d'un animal fabuleux. *Très bel exemplaire.*

3069 HOMBRON. — AVENTURES LES PLUS CURIEUSES DES VOYAGEURS. Coup d'œil autour du monde... *Paris, Belin-Leprieur et Morizot,* 1847, 2 vol. in-8, cart. toile violette, décors dorés, tr. dorées. *(Cart. de l'édit.).*
300 fr.

Quarante illustrations gravées sur bois hors-texte. Décors dorés représentant au premier plat, des Indiens, navire, etc., au dos, attributs maritimes, au second plat, un trois-mâts. Les décors sont signés : *Haarhaus.* L'auteur, l'un des compagnons de Dumont d'Urville pendant son voyage au pôle Sud et dans l'Océanie, a tiré cet ouvrage de relations anciennes et modernes et de documents recueillis par lui-même sur les lieux : Naufrage de la *Méduse,* Mungo-Park, Voyage au Cap de Bonne-Espérance, Christophe Colomb, Améric Vespuce, Cortez, Pizarre, Voyage sur le Mississipi, Naufrage et mort de La Pérouse, Dumont d'Urville, etc. Menues rousseurs. Bel exemplaire.

3070 HOME AMUSEMENTS. A Choice Collection of Riddles, Charades, Rebuses, Conundrums, Parlour Games, and Forfeits. By Peter Puzzlewell, Esq., of Rebus Hall. *London, Grant and Griffith, n. d.* [circa 1850], 16mo. or. cloth, gilt.
40 fr.

Polychrome frontispice. Sixteen page book list at end.

3071 HOME FOR THE HOLIDAYS, a pleasant remembrance of my early days. By the Editor of »The Playmate». *London, James Nelson and Co,* 1859, small quarto, or. blue cloth.
100 fr.

FIRST EDITION. Illustrated with 9 splendid hand-coloured plates engraved by GEORGE AND EDWARD DALZIEL from the drawings by KENNY MEADOWS. Pages loose.

3072 HOME STORY BOOK or Pictures, Poetry and Prose for Children. *Cleveland, J. B. Cobb and Co,* 1860, 8vo. or. blue cloth. *(Worn).*
35 fr.

Contains 6. Stories, same with separate titles dated 1856 by *Edward Wehnert* and *John Absolon.* Illustrated with many woodcuts. The last story (Goody Two-Shoes), *is defective at end.*

3073 HOMMAGE A L'AMITIÉ ou la Vertu récompensée. *Paris, Lefuel, s. d.* [vers 1800], in-16. *(Cartonnage et étui papier de l'éditeur).*
150 fr.

Titre gravé et 5 figures gravées, parmi lesquelles on remarque, très curieuse avec ses diables, celle des « deux bossus ». *Bel exemplaire.*

3074 HONEYSUCKLE (THE) or Poetical Sweets that never cloy, original and selected. *London, William Darlon and Son, n. d.* [circa 1825], sm. 12mo. or. half-leather, boards.
125 fr.

Charming frontispiece, hand-coloured, with engraved poetry, dated 1818. The volume is an anthology of contemporary child verse.

3075 HOOLE (Mrs B.). — LITTLE DRAMAS FOR YOUNG PEOPLE, on subjects taken from English History... *London, Longman, etc.,* 1810, 12mo. contemp. half-calf.
50 fr.

FIRST EDITION. The author had a boarding School at Harrogate, and she wrote these historical plays to be acted by her pupils.

3076 HOOLE (Charles). — CATONIS DISTICHA de moribus. Dicta insignia septem sapientum Graeciae... *London, J. Wilde,* 1706, in-12, basane foncée mouchetée. *(Rel. anc.).*
300 fr.

La traduction anglaise se trouve en face du texte latin. Intéressant recueil de préceptes moraux pour la jeunesse. Le titre, très long, est en anglais et en latin. Rare.

3077 HORNBOOK (Sir) or Childe Launcelot's Expedition. A Grammatico-Allegorical Ballad. *London, Joseph Cundall,* 1843, sq. 12mo. or. cloth. **100 fr.**

Illustrated with 4 hand-coloured plates. A very amusing book which in the guise of a Historical Poem, gives a playful version of English Grammar.

3078 HOROSCOPES (JEU D'). *S. l. n. d.* [vers 1850], 12 cartes (110×185 mm.), étui. **125 fr.**

12 cartes lithographiées et coloriées d'horoscopes généralement plaisants. Légende au-dessous de chaque figure.

3079 HORSE'S LEVEE (THE) or The Court of Pegasus intended as a Companion to the Butterfly's Ball, and the Peacock « At Home ». *London, J. Harris, Successor to E. Newbery,* 1808, sq. 16mo. or. printed wrappers. preserved in half-morocco case.
3.000 fr.

FIRST EDITION. Illustrated with 8 splendid engravings. Of the greatest rarity. A few slight fox stains, otherwise *very fine copy.*

3080 HOSTEIN (Hippolyte). — LES AMIS DE L'ENFANCE. *Paris, Vve Louis Janel, s. d.* [vers 1845], in-8, cart. toile bleue, décors dorés, tr. dorées. *(Cart. d'édit.).*
400 fr.

ÉDITION ORIGINALE. Magnifique frontispice colorié et douze hors-texte lithographiés sur fond chamois d'après les dessins de LOUIS LASSALLE. Superbe frontispice joliment colorié. Vignettes sur bois dans le texte. Jolie décoration architecturale et florale de motifs dorés sur le dos et les plats. Très bel exempl. d'un ouvrage illustré avec beaucoup de grâce. D'une rare fraîcheur.

3081 HOSTEIN (Hippolyte). — LES ENFANTS D'AUJOURD'HUI. *Paris, A. Desesserts, s. d.* [vers 1845], in-8. *(Cartonnage papier de l'éditeur).*
250 fr.

14 lithographies en couleurs de *Louis Lassalle* et nombreuses vignettes. Cartonnage romantique en chromoli-

thographie (Engelmann) : cathédrale sur fond crème, vignettes en couleurs dans les ogives. A noter dans ce volume : « Une soirée au théâtre, conte » et « Huit jours à Paris », pages curieuses, évocatrices d'une époque. Rousseurs. Cartonnage fatigué.

3082 HOSTEIN (Hippolyte). — LES ENFANTS D'AUJOURD'HUI. Demi-chagr. brun, dos à n. orné, plats toile, tr. dor. *(Rel. de l'époque).* **200 fr.**

Même ouvrage. Orné de 13 grandes lithographies (sur 14) par *Lassalle* finement coloriées.

3083 HOSTEIN (Hippolyte). — LES ENFANTS D'AUJOURD'HUI. *Paris, A. Desesserts, s. d.* [vers 1845], in-8. *(Cartonnage de l'éditeur).* **200 fr.**

Même ouvrage, mêmes illustrations, même cartonnage, mais plus fatigué : en partie déboîté, un feuillet détaché. Rousseurs.

3084 HOSTEIN (Hippolyte). — LES ENFANTS D'AUJOURD'HUI. *Paris, A. Desesserts, s. d.* [vers 1845]. *(Cartonnage papier de l'éditeur).* **300 fr.**

Même ouvrage, mêmes illustrations, même cartonnage, légèrement fatigué. Cet exempl. a les tr. dorées. Légères rousseurs.

3085 HOUSE THAT JACK BUILT (The History of the). A Diverting Story. *London, John Harris, n. d.* [circa 1825], post 8vo. or. printed covers, preserved in half-morocco case. **1.250 fr.**

Illustrated with 16 hand-coloured woodcuts and vignette on title. One page book list at end.

3086 HOUSE THAT JACK BUILT (THE ORIGINAL). First published in one thousand and one. *London, J. L. Marks, n. d.* [circa 1830], 8vo. or. printed wrappers. **250 fr.**

Illustrated with 7 hand-coloured woodcuts. From *Frank Funny's library.*

3087 HOUSSAYE (Arsène). — LA PANTOUFLE DE CENDRILLON. [*Paris*], *Victor Lecou, s. d.* (1851), pet. in-8 carré, cartonn. toile noire, dos orné, fers spéciaux, mosaïqués sur les plats, encadr. à froid, tr. dor. *(Cartonn. de l'édit.).* **180 fr.**

PREMIÈRE ÉDITION illustrée contenant le 1er tirage des vignettes sur bois par *Pouget, Nanteuil, Baron,* etc. Qq. rouss. *(Vicaire,* IV, 186).

3088 HOUSSAYE (Arsène). — LA PANTOUFLE DE CENDRILLON, ETC. *Même ouvrage, même édition,* cartonn. d'édit. toile grenat. **100 fr.**

Rousseurs. Fente à 1 f.

3089 HOUSSAYE (Arsène). — LE ROYAUME DES ROSES. *Paris, E. Blanchard,* 1851, in-8, cartonnage en chromolithographie. *(Cart. de l'éditeur).* **250 fr.**

Le texte daté de 1851 est de l'ÉDITION ORIGINALE, alors que le cartonnage de l'éditeur (1857) est postérieur. Frontispice et vignettes de Séguin. Caractères largement interlignés. Ravissant cartonnage de la plus grande rareté. 4 pages de catalogue à la fin.

3090 HOUSSAYE (Arsène). — LE ROYAUME DES ROSES. *Paris, E. Blanchard,* 1851, pet. in-8 carré, cartonn. toile noire, dos et plats ornés de fers spéciaux dorés, encadr. à froid, tr. dor. *(Cart. d'édit.).* **150 fr.**

ÉDITION ORIGINALE ornée de frontispice et vignettes sur bois par GÉRARD SÉGUIN *(Vicaire,* IV, 185). Cartonn. très frais.

3091 HOUSSAYE (Arsène). — LE ROYAUME DES ROSES. *Paris, Blanchard,* 1851, in-8 carré, broché, couv. illustrée. **100 fr.**

Même ouvrage, même édition. Bel exemplaire.

3092 HOUWALD (Ernst von). — BUCH FUR KINDER. *Leipzig, Georg Jaochim Goschen, s. d.* [vers 1830], pet. in-8, cart. papier chamois impr. *(Cart. de l'éditeur).* **60 fr.**

Livre pour les enfants. Recueil de comédies et contes. Ouvrage orné de 8 charmantes gravures finement gravées et coloriées, la première représentant deux amours dans une corbeille de fruits. Tome I seulement. *Bel exemplaire.*

3093 HOUX-MARC (Eugène). — GRAMMAIRE PITTORESQUE et comique dédiée à la Jeunesse, mettant en action par des sujets et des dessins amusants tous les éléments principaux de la Grammaire française. Ouvrage propre à rappeler les préceptes de la langue en récréant l'esprit. *Paris, Fournier, s. d.* [vers 1845], pet. in-8 de 32 pp., cartonn. pap. bleu ill. *(Cart. de l'édit.).* **800 fr.**

Curieux ouvrage entièrement lithographié composé d'un titre et de 32 sujets comiques lithographiés et coloriés, illustrant les exemples de grammaire de façon très spirituelle. Une figure représente un AÉRONAUTE malheureux tombant dans les airs. C'est une idée similaire qui a inspiré le livre récent de *Gus Bofa.* Cartonn. un peu fané.

3094 HOUX-MARC (Eugène). — LA VIE MILITAIRE DE FANFAN-LA-TULIPE. *Paris, Alphonse Desesserts, s. d.* [vers 1850], in-12. *(Cartonnage toile de l'éditeur).* **250 fr.**

Nombreuses et amusantes vignettes sur bois dans le texte. Gros texte largement interligné. Sur le premier plat, lithographie coloriée : conscrits apprenant à marcher, conduits par un caporal. Exemplaire très feuilleté. *Très rare.*

3095 HOW HAPPY OR FAIRY GIFTS ; proving the insufficiency of Beauty and Talents, Fortune, Rank, and Riches, to Secure Contentment. *London, John Harris, n. d.* [circa 1829]. **150 fr.**

Illustrated with 6 « superior » engravings by *H. Adlard* (slightly foxed). The 8 Fairy Stories are entitled « *Shrimpette, Eleanor, Almanzor, Prince Pironette, Sadak of the Desert, Florimond, Peronella, Fairy Gifts* ». 25 page book catalogue of John Harris for 1829, with critical notices, at end.

3096 HOWITT (Mary). — THE CHILDHOOD OF MARY LEESON. *London, Darton and Co, n. d.* [circa 1850], sm. 12mo. or. red cloth, gilt. **25 fr.**

Frontispiece and illustrated title-page by J. Absolon. *Fine copy.*

3097 HOWITT (Mary). — THE CHILDREN'S YEAR, with Four Illustrations by John Absolon, from the original designs by Mary Howitt. *London, Longman, Brown, etc*, 1847, half-leather. *(Back damaged)*. **70 fr.**

FIRST EDITION. Fine inside.

3098 **HOWITT (Mary)**. — FIRE-SIDE VERSES. *London, Darlon and Clark, n. d.* [circa 1845], small 4to. or. red cloth, gilt. *(Binding loose and tear in back)*. **250 fr.**

Illustrated with 8 charming hand-coloured lithographs.

3099 **HOWITT (Mary)**. — HOLIDAYS STORIES for the Young, comprising Mary Leeson. Paulina by the Author of « Easter Egg ». *London, Darlon and Co, n. d.* [circa 1855], or. cloth. *(Soiled)*. **20 fr.**

Illustrated with four plates (slightly foxed). Two page book list.

3100 **HOWITT (Mary)**. — MY UNCLE THE CLOCKMAKER. A Tale. *Neu York, D. Appleton and Co*, 1845, sm. 12mo. or. cloth, gilt back. **80 fr.**

Engraved frontispiece and vignette on title.

3101 **HOWITT (Mary)**. — NO SENSE LIKE COMMON SENSE or Some passages in the Life of Charles Middleton, Esq. *London, Thomas Tegg*, 1843, sm. 12mo. or. cloth, gilt. **50 fr.**

FIRST EDITION. Charming engraved frontispiece and title page. Part of the story takes place in America.

3102 **HOWITT (Mary)**. — TALES IN PROSE, for the Young. *London, Darlon and Clark, n. d.* [circa 1840], sq. 12mo. or. red cloth. **40 fr.**

Frontispiece and illustrated title in chromolithography. Numerous wood engravings in text. 16 page book list at end.

3103 **HOWITT (Mary)**. — TALES IN VERSE, for the Young. *London, Darlon and Son, n. d.* (1836), 12mo. or. stamped red leather, g. e. **180 fr.**

FIRST EDITION. Illustrated with frontispiece. Vignette on title and 8 charming plates all engraved on wood. small stain in margin of two pages.

3104 **HOWITT (Mary)**. — WHICH IS THE WISER ? *London, William Tegg, n. d.* [circa 1855], sm. 12mo. or. blue cloth, gilt. **40 fr.**

Charming frontispiece and vignette on title engraved on steel. 34 page book catalogue at end. *Very fine copy.*

3105 [**HUGHES (Mary)**]. — THE ALCHEMIST discovered, etc. *London, William Darlon*, 1825, 12mo. or. half-leather. **50 fr.**

Engraved frontispiece. Four page book list at end. *Fine copy.*

3106 [**HUGHES (Mary)**]. — THE METAMORPHOSES or Effects of Education. A Tale. *London, William Darlon, jun.* 1818, sm. 12mo. or. half-leather, boards. **125 fr.**

FIRST EDITION. Illustrated with an engraved frontispiece. 12 page book list at end. *Fine copy.*

3107 [**HUGHES (Mary)**]. — THE METAMORPHOSES or Effects of Education. *London, William Darlon*, 1822, sm. 12mo. or. half-leather, boards. **80 fr.**

Another copy. Ten page book list at end. « *Really clever stories of the Edgeworth type* ».

3108 [**HUGHES (Mary)**]. — THE ORNAMENTS DISCOVERED. A Story. *London, William Darlon, n. d.* (1822), sm. 12mo. or. half-leather, boards. **80 fr.**

Finely engraved frontispiece. *Fine copy.*

3109 [**HUGHES (Mary)**]. — THE ORNAMENTS DISCOVERED. Or. half-leather, boards. *(Corners worn)*. **60 fr.**

Another copy same edition. Slightly foxed.

3110 [**HUGHES (Thomas)**]. — TOM BROWN'S SCHOOL DAYS. By an Old Boy. *Cambridge, Macmillan and Co*, 1857, 8vo. or. cloth. [*Spine carefully rehinged by Sangorski and Sutcliffe and a piece supplied at head of spine*].

FIRST EDITION. uncut as issued. Complete with the single leaf of advertisements and the 24 page catalogue dated feb. 1857. One of the rarest of all the famous « Boys Books » of the 19th century and certainly one of the most popular.

TOGETHER WITH

[**HUGHES (Thomas)**]. — TOM BROWN AT OXFORD, 3 vols in-8vo. *Cambridge, Macmillan and Co*, 1861, or. cloth as published. [*Hinges and corners just a little rubbed*].
THE TWO WORKS. **18.000 fr.**

FIRST EDITION. Leaf of advertisements at end of vol. II and 24 page catalogue dated 12-11-61 at end of vol. 3. A fine sound and clean set.

3111 [**HUGHES (Thomas)**]. — TOM BROWN'S SCHOOL DAYS. By an Old Boy. *Cambridge, Macmillan and Co*, 1858, 8vo. or. blue cloth. **100 fr.**

Nice copy of the sixth edition *(tenth thousand)*. 24 page book list at end.

3112 **HUMBERT (A.)**. — LE CARNAVAL D'ARLEQUIN. Nouveau développé grotesque. *Pont-à-Mousson, Haguenthal, s. d.* [vers 1860], in-8, oblong, cartonn. polychrome et doré lithographié, avec sujet grotesque militaire sur le 1er plat et paysage sur le 2e plat. *(Carlonn. d'édil.)*. **300 fr.**

Album se dépliant, se composant d'un texte en vers et de 9 grandes lithographies grotesques COLORIÉES. *Très bel exemplaire* dans son cartonnage d'origine.

3113 **HUMBERT (A.)**. — LA JOURNÉE AUX PROVERBES. Nouveau développé grotesque. *Pont-à-Mousson, Haguenthal, s. d.* [vers 1860], in-8 oblong, cartonn. pap. doré et polychromé lithogr., sujet grotesque militaire sur le 1er plat, paysage sur le 2e plat. *(Carlonn. d'édil.)*. **300 fr.**

Très amusant et rare « *développé grotesque* », avec texte en vers et 9 grandes lithographies coloriées grotesques, illustrant des proverbes. *Bel exemplaire.*

3114 HUMBERT (A.). — UN VOYAGE EN LAN-
TERNE MAGIQUE. Nouveau développé grotesque. *Pont-à-Mousson, Haguenthal, s. d.* [vers
1860], in-8 oblong, cartonn. pap. doré et polychromé lithogr., avec sujet militaire grotesque
sur le 1er plat et paysage sur le 2e plat. *(Cartonn.
d'édit.).* **300 fr.**

Très curieux « *développé grotesque* » avec texte en vers
et 9 grandes lithographies COLORIÉES : costumes grotesques de Pologne, Grande-Bretagne, Russie, Alsace, etc.
Bel exemplaire. Cartonn. très frais.

3115 HUMPTY DUMTY (THE REAL HISTORY
OF). *London, Cowan and Standring, n. d.* [circa
1840], sm. 4to. or. printed wrappers. **180 fr.**

Illustrated with 4 hand-coloured woodcuts. Very large
type. *Fine copy.*

3116 HUNKLER. — RODOLPHE DE HABS-
BOURG, empereur d'Allemagne. *Limoges, Bar-
bou,* 1846. *(Cartonnage papier de l'éditeur).* **60 fr.**

PREMIÈRE ÉDITION. Titre et 3 pl. gravées par
ROUARGUE. Cartonnage romantique, filet, cadre avec
fleurons d'angles, motif central formé de rinceaux or sur
noir estampé à froid. Larges interlignes. Superbe cartonnage, rare et d'une fraîcheur irréprochable.

3117 HURRY (Mrs). — RATIONAL AMUSE-
MENT for leisure hours ; consisting of interesting
tales for the mental improvement of Youth. *London, J. Harris, Successor to Newbery,* 1807, 12mo.
contemporary calf. *(Good condition but rubbed).*
130 fr.

FIRST EDITION. Illustrated with engraved frontispiece
and 13 charming woodcuts vignettes executed in the
Bewick manner. Four page book list at end.

3118 HERALDS' (Sir Harry). — GRAPHICAL
REPRESENTATION OF THE CORONATION
REGALIA ; with the Costume of different Ranks.
London, J. Harris and Son, 1821, sm. 8vo. or.
printed wrappers preserved in half-morocco case.
500 fr.

Illustrated with 17 hand-coloured woodcuts of costumes
from the King to the Commoner.
PLANCHE 52.

3119 HYACINTH (THE) or Affection's Gift. A
Christmas, New Year, and Birth-day Present for
1849. *Philadelphia, Henry F. Anners,* 1849, 12mo.
or. red cloth, gilt. **50 fr.**

FIRST EDITION. Illustrated with 5 charming engravings. The text includes stories and poems by *Agnes Strickland, Mrs Hall, Mrs Opie, etc.* A few plates slightly foxed ;
covers very fresh.

3120 HYMNS FOR CHILDREN. — Selected and
altered with appropriate texts of Scripture. *Boston, Munroe and Francis,* 1825, sm. 12mo. or.
half-leather, boards. *(Back damaged).* **125 fr.**

FIRST EDITION. PRESENTATION COPY. Inscribed
« *J. W. Harris from his affectionate cousin the Compiler* ».

3121 HYMNS FOR INFANT MINDS. *Boston, Lincoln and Edmands,* 1825, 16mo. or. printed wrappers. **85 fr.**

Woodcut vignette of Adam and Eve on front wrapper.
Very fine copy.

3122 ILE (L') DES COLIBRIS. *S. l. n. d.* [vers 1825],
in-32. *(Cartonnage papier de l'éditeur, étui de l'époque).* **500 fr.**

Titre en lithographie sur fond teinté, 25 vignettes finement gravées dans le texte. Cartonnage mauve, filet or et
fleurons d'angles ; au centre, fée assise, sa baguette à la
main. L'étui illustré d'une lithographie or et bleu, sur fond
crème, cadre historié. Des colibris survolent le titre. *De
toute fraîcheur.*

3123 IMAGES COLORIÉES. [Vers 1865], in-16,
cart. papier. **125 fr.**

Recueil de 8 images se dépliant, représentant les quatre
éléments (une fillette dans un canot : l'eau, un petit garçon
enlevant un cerf-volant : l'air, etc.) et les quatre saisons
(le printemps : une fillette devant une corbeille de fleurs ;
l'été : autre fillette portant un panier de fruits, etc.). Costumes enfantins intéressants, vers 1865. Le cartonnage a
été exécuté postérieurement avec du papier d'époque,
rose orné de filets et fleurs dorés. D'une rare fraîcheur.

3124 IMAGES GRADUÉES pour les enfants du
premier âge. *Paris, Aubert, s. d.* [vers 1845].
(Cartonnage de l'éditeur). **250 fr.**

Recueil de 22 pl. gravées, plus le titre, une planche formant le premier plat du cartonnage. Modèles pour apprendre aux enfants à dessiner suivant la « méthode positive
de E. Seguin. » Rousseurs. *Cartonnage très frais.*

3125 IMAGE (L'). — Revue mensuelle illustrée
d'éducation, d'instruction et de récréation. *Paris,*
[*J.-J. Dubochel, Le Chevalier et Cie*], in-8. *(Cartonnage toile des éditeurs).* **150 fr.**

1re année 1847. Nombreuses vignettes dans le texte.
JEAN GIGOUX, GRANDVILLE, TONY JOHANNOT
ont fourni des dessins à cette revue. Cachet sur le faux-
titre et à la fin de la table des matières.

3126 IMAGE (L'). — Revue mensuelle illustrée,
d'éducation, d'instruction et de récréation. 3e
année, 1849, in-8, cart. toile violette, décors
dorés, tr. dorées. *(Cart. d'édit.).* **200 fr.**

Très nombreuses et belles gravures sur bois de DELA-
CROIX, GIGOUX, GRANDVILLE, etc. Belle impression
des « presses mécaniques de Plon frères ». TRÈS RARE
journal d'enfants : pages choisies de grands écrivains,
contes, voyages, sciences, etc. Grande plaque dorée signée
Haarhaus, sur le premier plat, reproduisant le titre-frontispice : dans un décor de feuillages, des enfants jouent,
une mère apprend à lire à un enfant qu'elle tient dans ses
bras, etc., etc. Très bel exemplaire.

3127 IMITATION (L') DE JÉSUS-CHRIST, tra-
duction nouvelle de M. l'abbé Dassance, avec des
Réflexions tirées des Pères de l'Église, et de Bos-
suet, Fénelon, Massillon et Bourdaloue ; illustrée
par MM. Tony Johannot et Cavelier, dédiée à
Monseigneur l'Archevêque de Paris. *Paris, L.
Curmer,* 1836, in-8, cartonnage à la Bradel de
Rivage. **150 fr.**

Frontispice en couleurs ; 10 pl. gravées par *Marckl,
Cousin, Lecomte, Mauduit, Rivet, Pollet, Revel, Dutillois,*
d'après les dessins de TONY JOHANNOT. Le titre et les
feuillets liminaires sont encadrés d'un double filet, le texte
de l'Imitation et des Réflexions de deux vignettes différentes dessinées par *Cavelier* et *Chenavard.* La couverture
utilisée pour le cartonnage de ton chamois est ornée d'un
cadre imp. en bistre, avec texte imprimé en vert ; au centre, cartouche L. C. Cadre répété au verso avec vignette
au centre à la place du texte. Splendide exemplaire, sans
une rousseur, de ce livre célèbre.

3128 IMPRESSIONS DE VOYAGES. — Promenades pittoresques en France. *Paris, Marcilly, s. d.* [vers 1835], 5 vol. in-12. *(Cartonnages papier de l'éditeur, tr. dorées, boîte de l'époque).* **1.500 fr.**

5 jolies gravures en aquatinte coloriée. Cartonnages blancs, cadre formé de rinceaux or en relief, au milieu duquel le titre lithographié, tr. dorées. Trois de ces cartonnages sont dans un état parfait de fraîcheur, deux autres le sont moins. Les côtés de la boîte ornés de rinceaux or en relief ; sur le dessus, cadre dentelé, papier vert, portant, lithographiés, le titre et le sous-titre. Egalement en aquatinte coloriée, y est reproduite la gravure représentant « une fête à Alger ». Cette boîte a été faite par l'éditeur pour les cinq fascicules qu'elle contient, alors qu'un autre exemplaire présenté dans un étui en comprend six. Légères rousseurs.

3129 IMPRESSIONS DE VOYAGES. — Promenades pittoresques en France. *Paris, Marcilly, s. d.* [vers 1835], 6 vol. in-12. *(Cartonnages papier de l'éditeur, étui de l'époque).* **1.000 fr.**

6 jolies et fines gravures en aquatinte. Cartonnages de couleurs différentes, dans les tons clairs, estampés à froid. Le titre lithographié au centre. *Etat de fraîcheur parfait.*

3130 IMPRESSIONS DE VOYAGES. — Promenades pittoresques en France. *Paris, Marcilly, s. d.* [vers 1835], 3 vol. in-12. *(Cartonnages papier de l'éditeur).* **500 fr.**

Biarritz..., Dieppe..., La Grande Chartreuse. Chaque volume est illustré d'une vue gravée à l'aquatinte et *coloriée.* Cartonnages blanc-ivoire, titre gravé, au milieu d'une guirlande de rinceaux d'or. *Beaux exemplaires.*

3131 INCARVILLE (Le P.). — ARTS, MÉTIERS ET CULTURES DE LA CHINE. Art du vernis. *Paris, A. Nepveu,* 1814, in-8, obl. *(Cartonnage papier de l'éditeur).* **600 fr.**

11 planches gravées et finement coloriées d'après les dessins originaux envoyés de Pékin, accompagnés des explications données par les missionnaires français et étrangers. Très bel exemplaire.

3132 INCIDENTS OF CHILDHOOD. *London, B. J. Holdsworth,* 1821, sm. 12mo. or. half-leather, boards. **200 fr.**

FIRST EDITION. Illustrated with a spirited frontispiece, and large vignette on title both engraved on copper. The vignette is exceedingly interesting and shows a boy talking to a country bookdealer whose sign reads : *Moth. Best prices given for old rags.* Underneath is the caption. *He seemed to be studying the title page.* Fine copy.

3133 INDESTRUCTIBLE READING BOOK (THE). Chiefly in words of one syllable. *London, W. Kent and Co, n. d.* [circa 1860], or. printed cloth. **100 fr.**

Illustrated with 13 woodcuts. Printed entirely or finely calendered cloth which looks exactly like paper. *Fine copy.*

3134 INDIA CABINET OPENED (THE) in which many Natural Curiosities are rendered A Source of Amusement to Young Minds, by the Explanation of A. M. other. *London, Harris and Son,* 1821, sm. 12mo. or. half-leather, boards. **50 fr.**

Illustrated with engraved frontispiece. *Very fine copy.*

3135 INFANT'S GRAMMAR (THE) or a Pic-nic Parly of the Parts of Speech. *London, John Har-*

ris, *n. d.* [circa 1825], sm. 8vo. or. printed wrappers, preserved in half-morocco case. **2.500 fr.**

Illustrated with 11 amusing hand-coloured woodcuts. Fine copy of this famous Children's nursery classic.

3136 INFANTS LIBRARY (THE). *London, John Marshall, n. d.* [circa 1810], 2 vols 2 1/4 × 1 3/4 inches, or. printed wrappers. **300 fr.**

Books 9 and 12, illustrated with 25 copper engravings, 13 of which show children's sports and games. *Tiny piece of corner of one book torn.*

3137 INFANT'S OWN BOOK (THE) or A Collection of the Old and Amusing Favourites..., etc., etc. Third edition. *London, D. Carvalho, n. d.* [circa 1835], 12mo. half-morocco. *(Mod. bind.).* **1.600 fr.**

Illustrated with nearly 150 hand-coloured woodcuts. The collection comprises : *Cock Robin, Old Dame Trot and her Comical Cat, Jack and Jill, House that Jack built, Jenny Wren, Butterfly's Ball, etc.* and 40 Popular *Ditties,* including Pat a cake, Ride a Cock Horse to Banbury Cross, High diddle diddle, Old Mother Hubbard, Little Jack Horner, Simplon Simon, etc., etc., also Riddles Enigmas, Charades and Conundrums.

3138 INFANT'S TOY BOOK of Easy Tales. *N. p., n. d.* [circa 1840], 12mo. wrappers. **200 fr.**

Illustrated with 21 delightful hand-coloured woodcuts. Large type : syllable spelling. *Fine copy.*

3139 IN SCHOOL AND OUT OF SCHOOL or the History of William and John. An interesting Tale. By One who knows Both. *London, Dean and Munday,* 1828, sm. 12mo. or. half-leather boards *(Rubbed).* **85 fr.**

FIRST EDITION. Interesting frontispiece engraved on copper by *S. Bellin* from the drawing by *R. Seymour.* 3 page book list at end.

3140 INTRODUCTION TO THE LATIN TONGUE (AN). For the Use of Youth. A new edition revised. *Eton, T. Pote,* 1785, post 8vo. or. cloth. **60 fr.**

Impressive title page with arms of Eton. Two page school-book list at end.

3141 IRISH GIRL (THE). — A Religious Tale, by the Author of Cœlebs Married. *London, George Walker,* 1814, small 12mo. or. half-leather, boards. **20 fr.**

Illustrated with an engraved frontispiece by *J. Archer* drawn by *E. T. Parris.* The story hangs on the conversion of a poor Irish girl to Protestantism.

3142 IRVING (Washington). — OLD CHRISTMAS. From the Sketch Book of Washington Irving. Illustrated by R. Caldecott. *London, Macmillan and Co,* 1876, 8vo. or. green cloth, gilt, g. e. **250 fr.**

FIRST EDITION. With many delightful illustrations by Caldecott. Dedication written on half-title. *Very fine copy.*

3143 IRVING (Washington). — RIP VAN WINKLE A posthumous writing of Diedrich Knickerbocker. Illustrated with Six Etchings on Steel, by CHARLES SIMMS, from drawings by FELIX DARLEY (New York). *London, Joseph Cundall,* 1850, 8vo. or. cloth, t. e. g. **60 fr.**

The 6 plates in outline, were reproduced by the agency of the DAGUERREOTYPE. Pages loose.

3144 **IRVING (Washington).** — VOYAGES ET AVENTURES DE CHRISTOPHE COLOMB, traduit par PAUL MERRUAU. Nouv. éd. *Tours, Mame,* 1866, in-12, demi-chagr. rouge, dos à n. orné, plats toile. *(Rel. de l'époque).* **10 fr.**

2 figures gravées. Coups de crayon sur les gardes.

3145 **IRVING (Washington).** — VOYAGES ET DÉCOUVERTES DES COMPAGNONS DE COLOMB. Traduit de l'anglais par HENRI LE-BRUN. Deuxième éd. *Tours, Mame et Cie,* 1841, in-12, plein chagrin vert. dos orné en long, plats décorés de deux larges motifs de fleurs, dorés, et d'encadrements à froid, tr. dorées. *(Rel. de l'époque).* **400 fr.**

Titre gravé (avec vignette signée F. TH. R.), vignette sur bois sur le titre typographique et 3 jolies figures sur acier. Intéressant *Americana* dans une jolie reliure de parfaite fraîcheur. Petit manque à une feuille de garde.

3146 **IRVING (Washington).** — VOYAGES ET DÉCOUVERTES DES COMPAGNONS DE CO-LOMB. Même ouvrage, même édition. *(Cart. papier de l'éditeur).* **50 fr.**

Cart. bleu, filet doré. *Bel exemplaire.*

3147 **IRVING (Washington).** — VOYAGES ET DÉCOUVERTES DES COMPAGNONS DE COLOMB, traduit de l'anglais par Henri Lebrun. *Tours, Mame,* 1851, in-12, cart. toile verte, décors dorés. *(Cart. de l'édit.).* **60 fr.**

4 gravures hors-texte. Plaque dorée représentant un navire. Bel exemplaire d'un ouvrage intéressant racontant les exploits d'Alonzo de Ojeda, Pedro Alonzo Nino, Vicente Yanez Pinzon, etc.

3148 **IRVING (Washington).** — VOYAGES ET DÉCOUVERTES DES COMPAGNONS DE CO-LOMB. *Tours, Mame,* 1854, in-12, bas. vert foncé, dos à n., plaque à froid et dorée, avec *ex-praemio* sur le 1er plat, tr. marb. *(Rel. de l'époque).* **50 fr.**

Même ouvrage que le précédent. 6e édition. *Bel exempl.*

IRVING (Washington). — Voir n° 1269 à 1272.

3149 **ISAAC JENKINS** (The History of) To which is added A Friendly Gift..., etc. *Dublin, Wm. Espy,* 1820, sm. 12mo. contemp. calf. **20 fr.**

6 quaint woodcuts.

3150 **JACK AND THE BEAN-STALK.** A Fairy Tale. *London, Dean and Munday, n. d.* [circa 1825], small 12mo. or. printed wrappers. **250 fr.**

Illustrated with a large folding frontispiece engraved on copper and hand-coloured. A few tears neatly repaired.

3151 **JACK AND THE BEAN-STALK.** — CINDE-RELLA. *New York, H. W. Hewet, n. d.* [circa 1850], two volumes bound in 1 vol. sm. 8vo. half-calf. **600 fr.**

Each work is illustrated with a coloured oil print *(early American, by Hewet)* and 9 woodcuts. Fine copy.

3152 **JACK AND THE GIANTS** (The Pleasant and Delightful History of). *Nottingham, Printed for the Running Stationers, n. d.* [circa 1780], 12mo. two parts complete in 1 vol. half-leather. *(Modern binding).* **400 fr.**

Illustrated with 10 crude woodcuts. Uncut copy of a rare chapbook.

3153 **JACK AND THE GIANTS** (The Story of). *London, Griffith and Farran,* 1858, small 4to. or. cloth, gilt. **75 fr.**

Illustrated with frontispiece, 6 plates and numerous illustrations by RICHARD DOYLE, engraved on wood by E. Dalziel and hand-coloured. *Fine copy.*

3154 **JACK, THE GIANT KILLER.** *Derby, Thomas Richardson, n. d.* [circa 1830], sm. 12mo. or. printed wrappers. **50 fr.**

Illustrated with two hand-coloured woodcuts as frontispiece. *Fine copy.*

3155 **JACK, THE GIANT KILLER** and Jack, and the Bean-Stalk, Re-written by a Lady. *London, Dean and Co, n. d.* [circa 1835], sm. 12mo. or. cloth. *(Soiled).* **500 fr.**

Illustrated with frontispiece and 14 other hand-coloured woodcuts of splendid execution. Small tear in inner margin of title. Variant of *Tuer (pages 459-462)* who quotes the edition of 1830.

3156 **JACK AND GILL.** — The Toyman's Tale for a Little Child. *London, Cowan and Standring, n. d.* [circa 1840], 8vo. or. printed wrappers. **80 fr.**

Illustrated with four hand-coloured plates. Very large type. *Fine copy.*

3157 **JACK AND GILL.** *London and Olley, Wm. Walker and Son, n. d.* [circa 1850], 8vo. or. printed wrappers. **180 fr.**

Illustrated with 8 hand-coloured woodcuts. Large type. From *The Illuminated Library for the Homes of Happy Childhood.* Fine copy.

3158 **JACKSON (John).** — RATIONAL AMUSE-MENT for winter evenings or A Collection of above 200 curious and interesting Puzzles and Paradoxes relating to Arithmetic, Geometry, Geography, etc., with their solutions, and four plates. Designed Chiefly for Young Persons. *London, Longman, etc.,* 1821, 12mo. or. boards, ticket. **125 fr.**

FIRST EDITION. *Fine copy.*

3159 **JACQUEMART (A.).** — FLORE DES DA-MES. Botanique à l'usage des dames et des jeunes personnes. *Paris, P.-J. Loss, E. Neuhaus,* 1840, in-12. *(Cartonnage toile de l'éditeur).* **600 fr.**

Frontispice, vignette de titre et 12 pl. dessinées et gravées par *Duménil,* finement coloriées. Le 1er titre orné d'une vignette est au nom de Belin-Leprieur et Morizot et n'est pas daté. Cartonnage toile noire, dos orné, bouquets de fleurs or et couleurs sur les pl., tr. dorées. *Très bel exemplaire.*

3160 **JACQUEMART (A.).** — FLORE DES DA-MES. Botanique à l'usage des dames et des jeunes personnes. *Paris, Loss, Neuhaus,* 1840, fort in-12, plein chagrin vert foncé, dos orné de fil.

dorés, droits et courbes, motifs rocaille, large cadre de filets gras et maigres, dorés et à froid, et composition de filets et motifs rocaille sur les plats, fil. int., gardes de moire, tr. dor. *(Rel. de l'époque)*. **500 fr.**

Charmant ouvrage orné d'un splendide titre gravé allégorique très finement colorié et rehaussé d'or, et de 14 planches de botanique gravées et dessinées par *Duménil*, très finement coloriées. Les noms des plantes sont *imprimés en or*, et les planches sont tirées sur beau papier vélin. Bel exemplaire dans une jolie reliure, très décorative.

3161 JACQUEMART (A.). — FLORE DES DAMES. Demi-chagrin vert. *(Rel. de l'époque)*. **200 fr.**

Même ouvrage que le précédent avec les planches coloriées, sauf le titre. *Bel exemplaire.*

3162 JACQUEMART (A.). — FLORE DES DAMES. Demi-veau rose, dos orn. en long, tr. marb. *(Rel. de l'époque)*. **250 fr.**

Même édition que le précédent. Bel exemplaire dans une charmante demi-reliure romantique, avec dos très décoratif.

3163 JACQUEMIN (Emile). — LA NATURE ET SES PRODUCTIONS ou Entretiens sur l'Histoire naturelle, la Géographie et la Géologie. *Paris, P.-C. Lehuby, s. d.* [vers 1845], in-12. *(Cartonnage papier de l'éditeur)*. **25 fr.**

PREMIÈRE ÉDITION. 3 planches gravées. Cartonnage romantique or et argent sur fond violet. Riches et larges rinceaux, au centre, groupe d'enfants estampé en argent. Le décor des deux plats est semblable. Type de cartonnage curieux et rare.

3164 JACQUIER (Frédéric). — RECUEIL DE FABLES. *Paris, chez l'Auteur,* 1865, in-12. *(Cartonnage papier de l'éditeur)*. **100 fr.**

Vingt-cinquième édition, ornée de 27 très beaux dessins de VICTOR ADAM, dont un frontispice et un cul-de-lampe, gravés par *Best* et *Hotelin.* Cartonnage papier vert, médaillon or, rocailles. Ces fables, données en prix, honorées d'appréciations élogieuses de puissants universitaires (dont l'auteur a reproduit les lettres en tête de son recueil) connurent un succès très vif.

3165 JANE AND HER TEACHER or the Sunday School of Ellington. *Philadelphia, American Sunday School Union, n. d.* [circa 1824], sm. 12mo. or. half-leather boards. **125 fr.**

Woodcut frontispiece and vignette on title. *Fine copy.*

3166 JANE SEATON or the Cornelian cross. A moral tale for Young people. By a Lady. *Glasgow, R. Griffin,* 1828, 12mo. or. half-leather, boards. **40 fr.**

Engraved frontispiece by W. Lizas. 3 page book list at end.

3167 JANET (François). — LA POUPÉE PARLANTE. Histoire extraordinaire et incroyable d'une poupée qui parle, agit, pense, chante et danse. *Paris, Magnin, Blanchard et Cie, s. d.* [vers 1850], in-4. *(Cartonnage toile rouge de l'éditeur)*. **150 fr.**

8 belles lithographies coloriées par *Sorrieu*, d'après les dessins de *Janet-Lange* et *Gustave Janet.*

3168 JANEWAY (James). — A TOKEN FOR CHILDREN, being An exact Account of the Conversion, holy and exemplary Lives, and Joyful Deaths, of Several Young Children. *Nottingham, J. Dunn,* 1806, 16mo. contemp. calf. **125 fr.**

Woodcut vignette. The first edition of this 17th century nursery classic appeared in 1671. A few edges stained otherwise fine copy.

3169 JANEWAY. — TOKEN FOR CHILDREN..., etc. *London, Religious Tract Society, n. d.* [circa 1820], 24mo. or. half-leather, wrappers. *(Bottom of back strip worn)*. **125 fr.**

Illustrated with 42 quaint woodcuts. Some by *Bewick.* Charming little edition.

3170 JANIN (Jules). — LA BRETAGNE. *Paris, Ernest Bourdin, s. d.* (1844), in-8. *(Cartonnage de l'éditeur)*. **600 fr.**

Illustré d'un titre-frontispice et de 19 planches gravées sur acier par *G Lévy, Outhewaite, Carrey,* d'après *J. Gigoux, Jules Noël, Bouquet, H. Bellangé, H. Rivière, Morel-Fatio.* 4 planches de blasons coloriés, 8 planches de costumes coloriés par *P. S. Germain* et 1 carte de la Bretagne. Nombreuses vignettes sur bois dans le texte. Cartonnage en chromolithographie de *G. Silbermann,* de Strasbourg, or, rouge, bleu et blanc sur fond crème, armes de France et blasons.
PREMIÈRE ÉDITION de ce beau livre, un des meilleurs de ceux que publia Bourdin. Exemplaire en parfait état, sauf des rousseurs sur les planches. Le cartonnage doit être fort rare. Vicaire indique seulement la couverture, d'ailleurs identique.

3171 JANIN (Jules). — LES SYMPHONIES DE L'HIVER. Illustrations de Gavarni. *Paris, Morizot,* 1858, gr. in-8, cart. toile bleue à décors polychromes, tr. dorées. **1.000 fr.**

ÉDITION ORIGINALE. Bel exemplaire (quelques minuscules rousseurs) d'un ouvrage recherché, illustré de 15 jolies gravures sur acier d'après les dessins de GAVARNI. Riche cartonnage en or, rouge, bleu d'outremer et vert sur fond marine, signé *Damole,* représentant, au 1er plat, une femme assise (allégorie de la musique), dans un cadre très orné et un motif floral au 2e plat. Cette allégorie est copiée du frontispice par Gavarni intitulé : « La Symphonie ». Cartonnage de toute beauté, d'une fraîcheur parfaite.

3172 JANIN (Jules). — LES SYMPHONIES DE L'HIVER. Illustrations de Gavarni. *Paris, Morizot,* 1858, gr. in-8, cart. toile bleue, décors dorés, tr. dorées. **300 fr.**

ÉDITION ORIGINALE. Le même ouvrage que le précédent. Même décoration, mais simplement or sur le fond noir du cart. Bel exemplaire sans rousseurs. Coiffes légèrement usées : la planche des Saltimbanques est finement coloriée *(par un amateur)*.

3173 JARDIN DES AMES SENSIBLES (LE). ALMANACH orné de jolies gravures. *Paris, Janet, s. d.* (1789), in-32, soie brochée, ornements métalliques dorés, miniatures, tr. dorées. *(Rel. de l'époque)*. **10.000 fr.**

Petit almanach entièrement gravé, avec 2 pages d'airs notés. Notre exemplaire possède un calendrier pour 1800 (imprimé). Titre gravé représentant des personnages, hommes et femmes en promenade dans un jardin et 10 (au lieu de 12) jolies compositions de Dorgez. Toutes ces gravures sont finement coloriées. *Grand-Carteret*, page 238, n° 922. La reliure, de soie blanche, est ornée sur chaque plat d'un charmant médaillon ovale bordé de cuivre, composé d'une miniature sous verre d'autant plus remarquable qu'elle représente un sujet enfantin : un jeune garçon auprès d'un tombeau, se lamente (sur le 1er plat) : je pleure sa mort et ma vie. Assis (au second plat), près d'une urne funéraire : je ne l'oublierai jamais. Ces médaillons sont entourés de perles de métal doré formant des filets et des ornements. Au verso du 1er plat, miroir ; au verso du 2e plat, petite pochette. *Très jolie et rare reliure.*

3174 JARDIN DES ENFANS (LE) ou Bouquets de famille... *La Haye, L. Van Cleef*, 1803, in-16, couverture imprimée. **40 fr.**

Frontispice gravé. « Complimens propres à exprimer l'amour et le respect des enfans envers leurs parens, dans différentes circonstances, telles que fêtes, anniversaires, premiers jours de l'an, etc., suivis de quelques modèles de lettres convenables à cet âge. » Mouillures. Les couvertures imprimées de cette époque sont peu communes.

3175 JARDIN DES PLANTES (LE). Compositions et dessins, par A. ADAM, texte par JULES ROSTAING. *Paris, Ducrocq, s. d.* [vers 1860], in-4 obl. *(Cartonnage papier de l'éditeur).* **200 fr.**

23 lithographies coloriées d'A. Adam (chaque planche contenant quatre ou cinq sujets) tirées chez Fernique. Déboîté. Rousseurs dans le texte.

3176 JARDIN DES PLANTES (LE). *(Cartonnage papier de l'éditeur)*, fers spéciaux. **300 fr.**

Même ouvrage, même édition que le précédent. Les planches non coloriées. Très bel exemplaire.

3177 JARDIN DES PLANTES. — LA MÉNAGERIE ET LA VALLÉE SUISSE EN ESTAMPES. Dessins d'après nature par Pauquet, lithographiés par Bocquin. *Paris, Bédelet, s. d.* [vers 1850], petit in-folio oblong, cart. toile bleue, décors polychromes, tr. dorées. *(Cart. de l'édit.).* **300 fr.**

20 jolies lithos en couleur, dont 1 frontisp. représentant la serre des plantes exotiques et 19 planches d'animaux. Plaque dorée de style floral avec médaillon rouge, bleu, vert et or. Bel exemplaire, mais le dos est fatigué.

3178 JAUFFRET (L.-F.). — LA JOURNÉE avec l'emploi du Temps. Ouvrage contenant les premiers élémens des connaissances utiles aux enfans qui commencent à lire. Deuxième édition corrigée. *Paris, Librairie d'Education Eymery*, 1825, in-12, broché, couv. pap. mouch. d'origine avec étiquette impr. au dos. **200 fr.**

Titre gravé avec vignette coloriée et 5 figures gravées non signées et coloriées. Chapitre sur l'Amérique. *Bel exemplaire.*

3179 JAUFFRET (L.-F.). — PETITE ÉCOLE DES ARTS ET MÉTIERS, contenant des notions simples et familières sur tout ce que les arts et métiers offrent d'utile et de remarquable. Ouvrage destiné à l'instruction de la jeunesse. *Paris, Eymery*, 1816, 2 vol. in-12, bas. porphyre, dos orné, pièces de couleur, pet. guirlande autour des pl., tr. marb. *(Rel. anc.).* **300 fr.**

Curieux petit ouvrage orné de 125 figures gravées (plusieurs figures par planche), représentant : les méthodes de *chasse* et de *pêche*, les instruments agricoles, moulins à vent (et leur mécanisme), cuisine, tournebroches, le confiseur, le limonadier-cafetier, la fabrication du chocolat, les différents tissages, etc. L'auteur, *Louis-François Jauffret* (1770-1850), avait, dit la *Biographie Rabbe*, un caractère aimable, un esprit orné qui le rendaient propre à parler à l'enfance, et il employa à son égard, dans ses ouvrages, le langage de Berquin. Rel. un peu frottée.

3180 JAUFFRET (L.-F.). — A FATHER'S FIRST LESSONS or A Day's Instructive Excursions ; containing the first elements of knowledge. *London, J. Souter, n. d.* [circa 1815] or. half-leather, boards. **160 fr.**

Illustrated with 5 remarkable woodcuts. Large type. Two page book list at end. *Fine copy.*
Planche 158.

3181 JAUFFRET (L.-F.). — THE LITTLE HERMITAGE a tale ; illustrative of the arts of civilized life. *London, Richard Phillips*, 1805, small 12mo. or. wrappers. **125 fr.**

FIRST EDITION.
Illustrated with two charming engravings.

3182 JAUFFRET (L.-F.). — VISITS TO THE MENAGERIE and the Botanical Garden at Paris, being an introduction to Natural History and Botany for the instruction of Young Persons. *London, R. Phillips and B. Tabart*, 1804, sm. 12mo. contemp. calf. **125 fr.**

FIRST EDITION IN ENGLISH. Illustrated with folding frontispiece showing : *The Lion of the menagerie, caressing his favourite spaniel*, and three other engraved plates. At end 4 page book list. Handsome binding in polished mottled calf.

3183 JÉHAN (L.-F.). — BOTANIQUE ET PHYSIOLOGIE VÉGÉTALE. *Tours, Mame*, 1847, in-8, cart. toile bleue, décors polychromes, tr. dorées. *(Cart. de l'édit.).* **130 fr.**

ÉDITION ORIGINALE. Frontispice et titre gravés par Outhwaire d'après DAUBIGNY. Quelques figures dans le texte. Très jolie décoration de fleurs et médaillons or, vert, rouge, orange et violet, d'une irréprochable fraîcheur. *Très bel exemplaire.*

3184 JENNY WREN. *Lond. and Otley, Wm. Walker and Son, n. d.* [circa 1850], 8vo. or. printed wrappers. **200 fr.**

Illustrated with 14 hand-coloured woodcuts and an alphabet. At end some Nursery Rhymes. Large type. From *The Illuminated Library for the Homes of Happy Childhood*. Fine copy.

3185 JERRY AND KITTY (THE COURTSHIP AND MARRIAGE OF). Illustrated with elegant engravings. *London, J. Harris*, Nov. 24, 1814, 16mo. each page of the work mounted in an album in-8vo. half-leather. *(Modern binding).* **300 fr.**

Illustrated with seven *(some missing)* amusing, engravings in contemporary hand-colouring. This seems to be a first edition, and as we are unable to trace another copy to make a comparison, we cannot say how many plates there should be. This copy has 7 only. *Tuer. F. C. B.*, pages 263-66.
Planche 126.

JEUX INSTRUCTIFS ET RÉCRÉATIFS, ETC.
AMUSING AND INSTRUCTIVE GAMES, ETC.

3186 **ABÉCÉDAIRE DU CHINOIS,** composé de 9 pièces géométriques. *S. l. n. d.* [vers 1830], 25 cartes (73 × 115 mm.), étui avec étiquette. **500 fr.**

25 cartes gravées et coloriées, ornées d'environ 200 figures. Cet alphabet contemporain des casse-têtes chinois dont la vogue fut si grande, en est la conséquence directe. Le dessus du couvercle orné d'une gravure coloriée : deux personnages, ancêtres du cubisme, dessinés géométriquement. *De toute fraicheur.*

3187 **ADVENTURES OF LORD PUDDING** and his companions on the journey through Switzerland on the cime of Mont Blanc in 64 stages. *N. p. (Germany)*, *n. d.* [circa 1830], sm. 4to. folding out to folio, or. slip case. **300 fr.**

Title printed in German, English and French. 64 engraved views, with hand-coloured view of the Mont Blanc in center. Slip case with 2 coloured views. Instructions in German pasted on back. *Fine copy.*

3188 **ALBUM** in-8 oblong, cartonnage [vers 1830] en papier vert. **300 fr.**

Contient une centaine de motifs découpés et ajourés, en noir et en couleurs, collés sur feuillets de papier bleu, jaune, rouge, noir, blanc... Les motifs représentent des paysages et des scènes enfantines en plein air. L'ajourage des feuillages est d'une jolie finesse d'exécution.

3189 **ALPHABETS PARISIENS.** *S. l. n. d.* [*Paris*, vers 1817], 16 cartes (87 × 129 mm.), étui. **125 fr.**

16 cartes gravées et coloriées postérieurement, contenant aux angles 4 lettres de l'alphabet, sujet central, au-dessous, texte imprimé. Le premier de ces alphabets a été inspiré par le scandale, dit la Guerre des Calicots, soulevé en juillet 1817 par la représentation au théâtre des Variétés de la revue de Scribe et Dupin : *Le combat des montagnes ou la Folie Beaujon. Les Calicots,* leurs moustaches et leurs éperons y étaient fort malmenés. Ce qui, avec leurs véhémentes protestations, explique ces amusantes caricatures. Les sujets des autres alphabets ne sont pas moins parisiens, tels la danse de M. et Mme Saqui, le café de Tortonnie *(sic)* etc.

3190 **AMUSEMENTS COPTOGRAPHIQUES.** *Wien, H. F. Muller, s. d.* [vers 1810], 38 figures découpées dans des feuilles de papier blanc et qui, projetées en ombre sur une surface blanche, représentent des sujets divers. Dans un papier de l'éditeur, à titre gravé. **300 fr.**

Deux ff. imprimés : manière de se servir des silhouettes et tables : Faune, Espagnol, portrait d'après Rembrandt, François Ier, Rousseau, Franklin, Meyerbeer, Cortez, Voltaire, etc.

3191 **ANAGRAMME** ou Jeu de mots. [Wortspiel], *S. l. n. d.* [vers 1830]. Boîte de l'éditeur. **500 fr.**

24 cartons (150 × 125 mm.), contenant, au centre, une figure coloriée et dans des cases (une lettre par case), des mots allemands et français, qu'il s'agit de reconstituer en

tirant une des 50 boules de bois, portant sur le dessus une lettre, contenues dans un sac. De petits morceaux de verre servent à marquer les lettres tirées. Une instruction imprimée est jointe au jeu. Sur le couvercle de la boîte, lithographie coloriée : devant la presse à bras d'une imprimerie du xvie siècle, un personnage, en costume de l'époque, regarde l'alphabet que lui soumet un maître imprimeur.

3192 **ANIMAUX COLORIÉS.** Album gr. in-8, cart. papier marbré genre Bradel. *(Cart. mod.).* **600 fr.**

Recueil complet de 14 planches dessinées par Desève et gravées par Pierron (vers 1800), chacune contenant 4 gravures coloriées, soit en tout 56 gravures de 7,5 × 11 cm., dont quatre représentent les quatre parties du monde et cinquante-deux des animaux. Ces 52 constituent *un jeu de cartes complet* EN FEUILLES non coupées, 13 cartes pour chaque partie du monde équivalant à chacune des « couleurs ». Sous chaque figure, légende explicative gravée. Bel exempl., rarissime en cette condition, d'un jeu de cartes instructif à l'usage des enfants.

3193 **BATAILLE** (JEU DE). [*Paris, imp. Mignerel*], 1820, étui de l'éditeur. **600 fr.**

52 cartes (30 × 80 mm.), gravées et coloriées où les couleurs sont remplacées par des officiers généraux et des troupes des différentes armes, pour mieux permettre aux enfants de jouer à la Bataille. Une notice indique la règle du jeu. Les faces de l'étui sont illustrées d'une gravure ; trophées militaires sur la première. Sur la seconde, sous le titre de *morale* : le revers de la médaille.

3194 **BŒRENSCHRONN.** Boîte en bois de 15 × 18 centimètres, couvercle à tirette recouvert d'une lithographie coloriée. Vers 1835. **100 fr.**

8 cartes représentant des figures comiques (lithos coloriées), texte flamand. Deux dés de porcelaine. Les légendes des cartes marquent clairement la règle du jeu.

3195 **BOISSIÈRE (Claude de).** — NOBILISSIMUS ET ANTIQUISSIMUS LUDUS PYTHAGOREUS (qui Rythmomachia nominatur) in utilitatem et relaxationem studiosorum comparatus ad veram et facilem proprietatem et rationem numerorum adsequendam nunc tandem per Claudium Buxerium Delphinatem illustratus. *Luteliae, ap. Gul. Cavellal,* 1556, petit in-8, demi-vélin. *(Rel. mod.).* **400 fr.**

Figures sur bois. Le titre de l'édition française qualifie l'ouvrage de « très utile à la récréation des esprits vertueux pour obtenir vraie et prompte habitude en tout nombre et proportion ». Claude de Boissière, mathématicien dauphinois (il latinisa son nom en Buxerius), écrivit plusieurs petits ouvrages de récréations et jeux mathématiques. A noter, sur le titre, sous l'adresse de Cavellat, on réclame : *abacus et calculi vœneunt...* ap. Joannem Gentil, le « jeu pythagorique » exigeant en effet, un damier et des jetons.

3196 **SOLDATS** (JEU DE). Boîte carton, [vers 1800]. 26 têtes de 45 mm. de hauteur, en bois tourné et coloriées. **20 fr.**

3197 **BRITISH GEOGRAPHICAL AMUSEMENT** or Game of Geography ; in a Most compleat and Elegant tour thro England, Wales, and the adjoining Ports of Scotland and Ireland. *London, Bowles,* 1780, 8vo. folding out to folio, mounted on cloth, or. slip case with ticket. **300 fr.**

Coloured map of England with directions on each side.

3198 **BRUDER ISACK** oder das Examen. *Wien, H.-F. Müller, s. d.* [vers 1825], 48 cartes 65×85 mm. dans l'étui de l'éditeur. **300 fr.**

48 cartes gravées et coloriées permettant de jouer de trois à seize personnes. Sujets divers : légende en allemand et en français.

3199 **BUSSCHE (Alexandre van den)**, dit Le Sylvain. — QUARENTA AENIGMAS en lengua espanolla... *En Paris, G. Beys,* 1581, 4 ff. lim. et 26 ff. — CINQUANTE AENIGMES FRANÇOISES... avec les expositions d'icelles. *Paris, G. Beys,* 1582, 4 ff. lim. et 54 ff., 2 ouvrages en un vol. in-8, maroq. rouge, dos orné de filets dorés et à froid, jeux de guirlandes dorées, tr. dorées. *(Raparlier).* **1.000 fr.**

Magnifiques exemplaires de deux ouvrages peu communs, dans une reliure de Raparlier, imitée des reliures du xvi siècle. Le mot de la première énigme espagnole et de la première énigme française est l'*alphabet. Brunet, I,* 412. *Suppl., I,* 188.

3200 **CARTE DEL NUOVO TESTAMENTO.** [Vers 1848], 48 cartes gravées sur bois et imprimées, de 69×105 mm. Conservées dans un étui cartonnage papier marbré de l'époque. **400 fr.**

Cartes italiennes. Chacune est ornée d'une gravure sur bois, d'un faire naïf qui rappelle les images populaires, accompagnée d'une notice. Le jeu (qui est complet), va de l'*Annonciation* à l'*Ascension.*

3201 **CARTES** (JEU DE). *S. l. n. d.* [vers 1796], 32 cartes (50×80 mm.), étui. **650 fr.**

32 cartes gravées et coloriées de l'époque du Directoire. Elles représentent les divers costumes du globe et quelques figures symboliques. Couleur et valeur indiquées dans un coin de la carte. Demandes et réponses.

3202 **CARTES** (JEU DE). 52 cartes, 82×123 mm. *S. l. n. d.* [vers 1840], étui. **250 fr.**

Jeu complet gravé et colorié. La valeur des cartes est indiquée à gauche, dans un petit rectangle. Les cartes portent en plus, et en plus grand, des illustrations ayant trait aux constellations, à des sujets mythologiques, familiers, botaniques, historiques, à des contes ou à des fables, etc. Un coin déchiré. Une carte gravée en noir est ajoutée, de même nature.

3203 **CARTES** (JEU DE). 42 cartes (57×90 mm.). *S. l. n. d.* [vers 1850], étui. **160 fr.**

42 cartes gravées et coloriées ; spécialement composées pour tirer les cartes. Les figures et les points sont remplacés par des vignettes représentant le sens attaché aux cartes par la chiromancie.

3204 **CARTES BOUFFONNES.** *Amsterdam et La Haye, F. J. Weygand, s. d.* [vers 1820]. Etui de l'éditeur. **500 fr.**

32 cartes gravées et coloriées (60×83 mm.), couleur et valeur indiquées dans le coin gauche, le reste de la carte illustré d'amusantes caricatures coloriées. Autre, représentant deux grotesques [Bobêche et Galimapré], sur le dessus de l'étui.

3204 *bis* **CARTES BOUFFONNES** (JEU DE). 55×74 millimètres. **40 fr.**

Ces cartes gravées et coloriées, figures grotesques, demandes et réponses en allemand et en français, coupées par le milieu (55×37 mm.), comprennent 22 têtes et bustes et seulement 17 parties inférieures du corps.

3205 **CARTES DES DÉPARTEMENTS FRANÇAIS,** gravées avec attributs allégoriques des productions du sol ou de l'industrie, des gloires locales, etc. et texte géographique. 69 cartes carton léger, de 8×13 centimètres. [Vers 1815]. **40 fr.**

Ces cartes sont numérotées jusqu'à 85. Il en manque 16.

3206 **CARTES GÉOGRAPHIQUES.** Mss. *S. l. n. d.* [antérieur à 1654]. *Boîte de l'époque.* **2.000 fr.**

52 cartes manuscrites (47×80 mm.) : la calligraphie est telle qu'on les croirait gravées. La couleur est indiquée au milieu de la carte pour les *as,* dans le coin gauche pour les autres valeurs. Les valets, dames et rois sont illustrés d'aquarelles originales, rehaussées de gouache, sur fond jaune (30 mm. de diamètre) d'une très jolie facture ; entre autres, les portraits de Montézuma, roi du Mexique, et de la reine Elizabeth, à qui la Virginie doit son nom. Chaque carte contient un texte calligraphié fournissant des renseignements précis sur les divisions politiques et administratives de l'époque. Véritable objet de collection d'une absolue fraîcheur. Ce manuscrit a été vraisemblablement établi pour un libraire qui le devait publier, à moins que ce ne fût pour l'éducation d'un prince.

3207 **CARTES GRAVÉES POUR ENFANTS,** *S. l. n. d.* [vers 1750], 58 cartes (47×66 mm.). **200 fr.**

58 cartes gravées, représentant des sujets variés, familiers, rustiques, mythologiques et d'assez nombreuses marines dans des encadrements rocailles. La dernière carte est chiffrée 70, il en manquerait donc une douzaine.

3207 *bis* **CARTES** [Madrigaux sur 2 rimes]. *S. l. n. d.* [vers 1820], 66 cartes (68×100 mm.). **50 fr.**

66 cartes, dont 63 gravées et coloriées, surmontées d'un vers, et 3 blanches.

3207 *ter* **CARTES GROTESQUES.** *S. l. n. d.* [vers 1796], 28 cartes (46×70 mm.), étui. **100 fr.**

28 cartes gravées et coloriées, d'origine hollandaise. Amusantes caricatures, hommes et femmes, sous des costumes variés.

3208 **CARTES** (JEUX DE), historiques, géographiques, etc. *Lille, imp. Vanackere, Paris, Latour, s. d.* (1796), 336 cartes (68×103 mm.), dans 7 étuis. **1.000 fr.**

Histoire romaine : notice et 48 cartes ; Monarchie française, 48 cartes ; Histoire grecque, 48 cartes ; la Fable, 48 cartes ; Histoire Sainte, notice et 48 cartes ; Géographie, notice, planisphère gravé et 48 cartes ; Nouveau Testament, 48 cartes. Chaque carte au-dessous d'une figure gravée dans un médaillon porte un texte imprimé. Légère déchirure à une carte géographique. Deux étuis sont fendus. Jeux bien complets, rares à trouver ainsi.

3209 CARTES INSTRUCTIVES (Dixième jeu de), contenant un abrégé de l'Histoire des empereur *(sic)*. *Paris, A. Renouard et Nicolle*, 48 cartes (66×113 mm.), étui de l'éditeur.   **100 fr.**

Une carte énonçant la règle du jeu et 47 cartes illustrées de portraits gravés, et au-dessous, de notices historiques imprimées. Etui portant le titre imprimé et illustré d'un portrait de Titus. Complet et très frais.

3210 CASSE-TÊTE CHINOIS (LE). *Paris, Gide, s. d.* [vers 1820], petit in-8, cart. papier vert illustré *de l'édit.*   **25 fr.**

323 figures gravées. Amusant casse-tête de l'époque où ce genre était florissant.

3211 CASSE-TÊTE CHINOIS de cinq cents figures symétriques [A Chinese Puzzle-Brain]. *S. l. n. d.* [vers 1840]. Boîte de l'éditeur.   **300 fr.**

12 tableaux dessinés et gravés par *A. Pawlowicz* indiquant les combinaisons qu'on peut obtenir avec sept morceaux de bois contenus dans une petite boîte jointe au jeu. Notice explicative. Couvercle de la boîte illustré d'une lithographie coloriée. Ce jeu fit fureur et les dessinateurs s'en emparèrent.

3212 CASSE-TETE EN PORTRAITS (LE). *Paris, Gandois, s. d.* [vers 1825], 15 cartes (77×128 mm.), étui de l'éditeur.   **200 fr.**

15 cartes finement gravées et coloriées, représentant les portraits qu'on peut obtenir avec les sept morceaux de bois d'ébène contenus dans l'étui. Portrait en réduction de Henri IV sur la première face de l'étui. Joli spécimen de ces casse-têtes dont la vogue fut si grande. Une carte manque, le jeu devait en compter 16.

3213 CENT ET UN RÉBUS CHARIVARIQUES (LES). *Paris, au Bureau du Charivari*, 1847, in-4 obl. *(Cartonnage papier, dos basane)*.   **60 fr.**

25 pl. gravées sur bois, chacune contenant 4 rébus (et un rébus sur le titre). A la fin du volume, explication des rébus. Sur le premier plat du cartonnage, on a collé le 1er plat de la couverture imprimée, or sur vert clair.

3214 CHACUN SON PAQUET. Jeu nouveau. *Paris, Gide fils, s. d.* [vers 1820], 39 cartes (70×50 mm.), étui de l'éditeur.   **160 fr.**

39 cartes gravées, dont une donnant l'explication et la règle du jeu. Les autres portent sur les hommes et les femmes présents des jugements que le hasard seul peut se permettre de proférer. Etui illustré d'une gravure coloriée : deux élégantes et un bossu, celui-ci porte son paquet sur le dos.

3215 CHAIN OF EVENTS IN ENGLISH HISTORY (A). *London, John Betts, n. d.* [circa 1830], 8vo. folding out to folio, mounted on cloth, in or. slip case with coloured ticket.   **250 fr.**

39 hand-coloured scenes engraved on copper. Showing historical scenes.

3216 CHARTE CONSTITUTIONNELLE EN ACTION. *S. l. n. d.* [vers 1815], 24 cartes, boîte de l'éditeur.   **1.000 fr.**

24 cartes gravées (70×105 mm). Chaque carte contient une planche gravée interprétant par les scènes et les personnages qui y sont représentés un des articles de la Charte gravés au-dessous. Sur le couvercle de la boîte, planche gravée et coloriée représentant Louis XVIII octroyant la Charte. Collection complète, en bel état, sauf une carte légèrement tachée. *Boîte restaurée.*

3217 CHEVAL BLANC (LE JEU DU). *S. l. n. d.* [vers 1835]. Boîte illustrée de l'éditeur.   **1.250 fr.**

5 lithographies coloriées, collées sur carton, placard contenant l'explication du jeu, 8 dés et 21 jetons en verre. Sur le couvercle de la boîte en carton, lithographie coloriée représentant une jeune femme jouant au « Cheval blanc » avec ses enfants. *Bel exemplaire.*

3218 CHEVALIER D'OR (LE). [Der Gold-Ritter]. *Wien, H. F. Muller, s. d.* [vers 1830], 13 cartes (80×106 mm.), étui avec étiquette gravée. **300 fr.**

13 cartes finement gravées et coloriées représentant le Chevalier d'or, les Chevaliers d'amour et d'infortune, etc. Une notice imprimée. rédigée en allemand et en français donne la règle du jeu.

3219 CHEVALIERS (JEU DES) ou la Conquête des drapeaux. *Paris, Gide fils, s. d.* [vers 1820], 60 cartes et boîte de l'éditeur.   **300 fr.**

10 cartes (355×558 mm.) gravées et finement coloriées représentant des chevaliers des divers ordres et 50 cartes (65×80 mm.) où sont gravés et coloriés les drapeaux et les armoiries des principaux royaumes de l'Europe. Sur le couvercle de la boîte, gravure coloriée : officier de carabiniers et chevalier revêtu de son armure. Complet, sauf deux cartes de joueurs et deux petites cartes, l'une d'Espagne, l'autre d'Autriche, qui manquent.

3220 CLARK. — MYRIORAMA. Collection of Many Thousand Landscapes. *London, Samuel Leigh*, 1824, in or. box with printed ticket *(2 sides broken)*.   **1.500 fr.**

16 landscape panels in coloured aquatint, each one adapting to the other and so forming many different landscape views of scenes in Great Britain.

3221 CLARK. — MYRIORAMA. Another copy with box remade, or. ticket pasted on.   **1.250 fr.**

Same coloured aquatint panels.

3222 CLOCHE ET MARTEAU [Das Glocken und Hammerspiel]. *S. l. n. d.* [vers 1820], 8 cartes (67×94 mm.). Boîte bois, étiquette lith. et coloriée.   **60 fr.**

8 cartes lithographiées et coloriées représentant la cloche, le marteau, etc. Légendes en allemand et en anglais. La boîte en bois ne contient qu'un seul dé.

3222 bis CLOCHE (LA) ET LE MARTEAU. *S. l. n. d.* [vers 1820], 5 cartes (72×110 mm.). *Boîte de l'époque.*   **100 fr.**

5 cartes gravées en aquatinte, représentant la cloche, le marteau, le cheval, etc. La boîte contient en outre 8 dés.

3223 CLORIS EN ROOSJE. *Amsterdam, C. Groos, s. d.* [vers 1850], in-32. *(Etui de l'éditeur).* **200 fr.**

42 lithographies, cartes (470×750 mm.) naïves lithographies coloriées. *Bel exemplaire.*

3224 COIFFURES ET CORSAGES. [Vers 1820], 31 aquarelles (110×125 mm.), boîte. **1.500 fr.**

31 jolis dessins en aquarelle. Un représente une tête de femme, les 30 autres différents corsages et coiffures, découpés de telle façon que la tête apparaît et ne forme qu'un avec le costume représenté. Boîte muette, recouverte de papier jaune, fleurs en relief, ton sur ton. Quelques indications à l'encre ont été notées avec soin au bas de certains costumes.

3225 [**COIFFURES** (JEU DE)]. Boîte contenant 60 cartes gravées (45 × 65 mm.) de la fin du XVIIIe siècle, plus de nombreux cartons (45 × 35) constituant le jeu dont l'explication manque. *Boîte de l'époque.* **1.000 fr.**

Curieux recueil de coiffures, contemporaines de la coiffure à la frégate et d'autres véritables monuments capillaires qui précédèrent la Révolution. Plus simples, des chapeaux de bergère évoquent le Petit Trianon et son hameau.
PLANCHE 60.

3226 COMBAT NAVAL. Planche en chromolithographie dépliante, collée sur carton. [Vers 1905]. **20 fr.**

Sorte de jeu d'oie représentant le combat de Tsoushima, pendant la guerre russo-japonaise, au cours duquel fut anéantie la flotte russe. Des navires flambent, un autre explose. Un sous-marin lance sa torpille.

3227 COMPONIUM PITTORESQUE. Collection de plusieurs milliers de paysages composés dans divers genres, accompagnée d'un Traité élémentaire du Paysage, par M. Brès. *Paris, Lefuel,* 1825. *(Boîte de l'éditeur).* **2.000 fr.**

« *Le Componium pittoresque* est un tableau formé de trente-six fragmens, au moyen desquels on peut composer deux fois autant de paysages différens qu'il y a de mots dans la langue française. Le calcul porte ce nombre à plus de deux cent mille... Pour se servir du *Componium pittoresque*, il suffit de placer sous le passe-partout trois fragmens quelconques, pris au hasard parmi les trente-six dont se compose l'ouvrage. » 36 rectangles gravés en couleurs et retouchés à la main, représentant des fragments de paysages 2 tableaux, formant cadres et notice explicative in-8, couverture imp. Boîte, côtés du couvercle, frise or ; sur le dessus : cadre or, feuilles de chêne, glands, etc., titre en lithographie, vignette coloriée : jeune fille, dessinant un tableau dont le *Componium* fournit le modèle. Exemplaire bien complet et de toute fraîcheur.

3228 CONSTELLATION HEUREUSE (LA). *Wien, J. Bermann et Sohn, s. d.* [vers 1820], carton gravé, colorié et dépliant. **300 fr.**

Dans des cadres historiés, hommes, animaux et choses sont représentés avec leurs attributs : le cœur pour l'Amour, le hochet pour l'enfant au berceau, la palette pour le peintre, la souris pour le chat, etc.

3229 CONTES EN ACTION. LE MÉRITE RÉCOMPENSÉ. *S. l. n. d.* [*Paris, Imp. H. Fournier,* vers 1835], Boîte de l'éditeur. **4.000 fr.**

Amusant jeu d'enfants consistant en 17 lithographies coloriées représentant les diverses parties d'un théâtre, plus 7 autres lithographies représentant les personnages. Le tout se glisse dans les rainures *ad hoc* d'une tablette de bois et permet d'établir une scène et ses acteurs. Une notice imprimée fournit le texte des contes appelés à être mis en action. Le couvercle de la boîte est illustré d'une lithographie coloriée : sur une table une jeune maman donne à ses enfants attentifs une représentation de ce petit théâtre familial. Cadre doré. De toute rareté. *Bel exemplaire.*

3229 bis COSTUMES (JEU DE). 71 cartes (73 × 98 mm.), dans un étui. [Vers 1789]. **200 fr.**

71 cartes, aquarelles originales, 70 représentent des bustes de personnages divers, une fenêtre pratiquée à la place du visage permettant de les compléter à l'aide d'une dernière carte, qui fournit le visage manquant.

3230 COTTAGE OF CONTENT (THE) or Right Roads and Wrong Ways. A Game. *London, William Spooner, n. d.* [circa 1840], large folio folding into 8vo. and mounted on cloth, or. cloth covers, with printed illustrated ticket. **350 fr.**

A very amusing and rare game with the sketches executed in the Cruikshank manner, and hand-coloured. The comical scenes, among other things, show old railroads, balloons, coaches, cricket and fishing scenes, and games, etc., etc.

3231 CRIS DE PARIS (LES). *S. l. n. d.* [*Paris, Berthellemot,* vers 1820], 49 cartes (55 × 82 mm.), étui de l'éditeur avec étiquette. **2.500 fr.**

1 carte blanche, 24 cartes, finement gravées et coloriées à la main, représentant les petits métiers de Paris et leurs cris, 24 cartes y correspondant sur lesquelles sont imprimées des pièces de vers relatives à chaque métier. Sur le dessus de l'étui, gravure coloriée : à une fontaine publique le porteur d'eau remplit ses seaux, à ses côtés, la marchande de poires d'Angleterre et le marchand de mottes. Cette édition documentaire, très rare complète, dans un parfait état. *De toute rareté.*

3232 DAS MADCHEN im melarischem Costüme. La fille en coustume *(sic)* pittoresque. The Girl in picturesque custom. Boîte carton de 15 × 185, centimètres. [Vers 1840]. **600 fr.**

Sur le couvercle, chromolithographie bordée de papier doré. Dans la boîte, poupée de papier en chromolithogr., découpée et collée sur carton. Cette poupée est en jupon, et on lui passe les robes, au nombre de 6, également chromolithographiées. Il y a aussi 6 chapeaux. Petit socle en buis pour camper la poupée. *Joli exemplaire d'une fraîcheur parfaite.*

3233 [**DÉCOUPURES**]. — LES JEUX ENFANTINS. Le Petit Jardin des Plantes. Les Bulles de savon. *Paris, H. Duru, s. d.* [vers 1840], boîte de l'éditeur. **750 fr.**

Lithographies coloriées collées sur bois et formant puzzle. Boîte carton : sur le couvercle, lithographie coloriée : les petits lapins. *Jig-saw puzzle.*

3234 DELLA BELLA (Stefano). [ETIENNE LE BEL]. — CARTE DES ROIS DE FRANCE. *Paris, H. Le Gras, s. d.* [vers 1650]. **125 fr.**

Collection de 18 cartes de 85 × 52 mm. Incomplète : carte de titre, n°s 1 à 5, 21, 28, 36, 53, 57 à 59, 61 à 65. Chaque carte est ornée de la figure d'un roi (le n° 1 étant Pharamond, le n° 65 le dernier de la collection, étant Louis XIV). Ces cartes célèbres ont été gravées par le grand artiste Stefano Della Bella, l'un des plus habiles graveurs de son temps (mort en 1664), pour faciliter à Louis XIV enfant l'étude de l'histoire. La dernière gravure parlant de la bataille de Rocroi et de la prise de Thionville permet de dater ces cartes entre 1643 et 1653 (où les Espagnols reprirent Rocroi). Très belles gravures. Très rares.

3235 DELLA BELLA (Stefano). [ETIENNE LE BEL]. — JEU DES FABLES. CARTES GRAVÉES. *Paris, H. Le Gras, s. d.* [vers 1650], conservées dans une boîte demi-mar. **1.250 fr.**

Collection complète de 52 cartes gravées, de 85 × 58 mm., plus une carte gravée, avec l'adresse du marchand et des figures symboliques. Chaque carte, sur papier mince, collée sur papier de l'époque est ornée d'une figure gravée, représentant un sujet de fable, avec légende explicative, valeur marquée en bas, sauf les valets, dames et rois dont le « sujet » explique assez la valeur : Jupiter, Junon et Mars étant les figures de cœur, Neptune, Pallas et Mercure étant les figures de trèfle, etc. Très rare et belle collection, exécutée par le célèbre graveur S. Della Bella, pour l'instruction de Louis XIV enfant. Voir le n° précédent.

3236 DELLA BELLA (Stefano). [ETIENNE LE BEL]. — JEU DES REYNES RENOMMÉES. *Paris, Henry Le Gras, s. d.* [vers 1650]. Cartes gravées de 87×55 mm., conservées dans une boîte demi-maroq. **1.500 fr.**

53 jolies cartes ornées d'une gravure et d'une légende explicative. Le jeu se compose de 4 séries de 13 cartes (plus une carte de titre) portant dans l'angle une épithète qualifiant la reine figurée : célèbre, vaillante, sainte, heureuse, malheureuse, capricieuse, habile, galante, impudique, bonne femme, cruelle, sage, pieuse. Non signé, ce jeu de cartes peut néanmoins être attribué avec certitude au célèbre graveur Della Bella. Voir les n°s précédents. Très rare, surtout ainsi complet.

3237 DELLA BELLA (Stefano). [ETIENNE LE BEL]. — GÉOGRAPHIE. *Paris, Henry Le Gras, s. d.* [vers 1650], cartes gravées de 84×55 mm., conservées dans une boîte demi-mar. **1.500 fr.**

53 jolies cartes ornées d'une gravure allégorique et d'une légende explicative. La collection, fort rare ainsi complète, se compose d'une carte de titre portant le planisphère, et de treize cartes pour chacune des parties du monde (Europe, Asie, Afrique et Amérique). Quoique non signées, ces gravures sont certainement du grand graveur Della Bella (1610-1664) et, comme les jeux précédents, ont dû servir à l'éducation de Louis XIV. Voir les n°s précédents.

3238 DÉPARTEMENTS DE LA FRANCE (LES), jeu magnétique. *Paris, Saussine, s. d.* [vers 1865], boîte de l'éditeur. **1.250 fr.**

Carton de 272×220 mm., aux angles lithographiés coloriées représentant des costumes régionaux. Cinq cercles concentriques de couleurs différentes portant les chefs-lieux des départements. Au centre, placé sur une plaque de verre, cercle sur lequel on place l'une des cinq palettes dont la couleur répond à l'un des cercles concentriques. La palette bien orientée, un petit génie, placé au-dessous du verre et mu magnétiquement, indique aussitôt de façon certaine le chef-lieu demandé. Le couvercle de la boîte est illustré d'une lithographie coloriée de B. Couder. *Très bel exemplaire* d'un jeu extrêmement rare qui rend amusante et facile aux enfants la connaissance des chefs-lieux de départements.

3239 DER SIEGESKRANZ. — La couronne triomphale. *Wien, H. F. Muller, s. d.* [vers 1830], boîte carton de 12,5×15,5 centimètres. **300 fr.**

Planche gravée et coloriée, collée sur carton et pliée en quatre, représentant les cases du jeu, en forme d'écus, avec chevaliers se battant en duel. Douze dés, douze marques et règle du jeu imprimée en français et en allemand. *Bel exemplaire bien complet.*

3240 DER SOLDAT, ein Wurfelspiel. *Berlin, Winckelmann und Sohne, s. d.* [vers 1860], 53×64 centimètres. Lithographié et colorié, collé sur toile et plié dans un étui orné d'une étiquette imprimée. **250 fr.**

Jeu dans le genre du jeu de l'oie. 67 cases, dont 28 ornées de lithographies à sujet militaire. *Très bel exemplaire.*

3241 DESTRUCTION OF JERUSALEM (THE). *London, E. Wallis, n. d.* [circa 1824], 8vo. opening out to folio, mounted on cloth, or. slip case with ticket. **250 fr.**

24 small hand-coloured engravings and 1 large illustration in center. Book of Rules (12 pages). *Fine copy.*

3242 DIE VIER JAHRSZEITEN, ein neues Gesellschaftliches Wurfel-und Pfandspiel. LES QUATRE SAISONS, nouveau jeu de société avec des dés et des gages touchés. *S. l. n. d.* [vers 1830], 29×33 centimètres, gravé, colorié, collé sur papier fort et replié, dans l'étui original carton vert, avec étiquette imprimée. **300 fr.**

On y joint la règle du jeu imprimée en hollandais.

3243 DOMINORAMA PARISIEN ou Scènes tragicomico-grotesques, combinées et exécutées d'après les différentes poses des dez du jeu de dominos. *A Paris, chez les Marchands de Nouveautés, s. d.* [vers 1825]. *(Boîle de l'éditeur).* **1.500 fr.**

27 cartes (8×95 mm.), représentant les dominos et 3 marques *(manquent l'as six et une marque)* illustrées de sujets comiques gravés et coloriés. Boîte à 4 compartiments, dentelle dorée sur les côtés et sur le dessus du couvercle où elle forme cadre. Titre gravé et colorié, vignette représentant également une scène comique. Amusant, très rare et dans un parfait état de conservation.

3244 DOMINO CHINOIS [Chinesisch Domino]. [Vers 1830], boîte de l'époque. **400 fr.**

28 dominos, dont les points sont figurés par des groupes coloriés de prétendus Chinois. La valeur réelle est indiquée dans les angles. Ces petites estampes sont collées sur des plaquettes de bois de 36×70 mm. Vignette coloriée sur le couvercle de la boîte.

3245 DOMINOS (JEU DE). [Domino Karten]. *S. l. n, d.* [vers 1840], 28 cartes (48×80 mm.), dans son enveloppe imprimée. **80 fr.**

28 cartes, gravées sur bois et coloriées, les points sont ornés d'un soleil et accompagnés d'attributs divers : cornes d'abondances, Amour bandant son arc, flèche et arc, etc. Complet, état de neuf.

3246 DOMINOS (JEU DE). *S. l. n. d.* [vers 1840], 28 cartes (48×80 mm.). **50 fr.**

Même jeu que le précédent. Exemplaire un peu moins frais et sans son enveloppe.

3247 DURU. — HISTOIRE DE FRANCE illustrée et mise en jeu. Boîte carton, 21×14×2,8 centimètres. [Vers 1835]. **500 fr.**

72 images de 12×9,5 centimètres, 36 sont lithographiées et ornées d'une scène historique coloriée, portant en outre un questionnaire ; les 36 autres, imprimées, portent les réponses en brèves notices. Série complète, en très bel état. La règle du jeu, imprimée, est collée dans le fond du couvercle. Le couvercle de la boîte (sans éclat) représente des sujets allégoriques lithographiés et coloriés.

3248 ETRENNES INSTRUCTIVES ET AMUSANTES. Jeu de dames. [Vers 1800]. **250 fr.**

Quatre damiers imprimés sur papier et collés sur toile dans une boîte carton en forme de livre in-8. Les pions sont contenus dans un sac de toile. Les règles de ces jeux sont imprimées sur une grande feuille. *Très rare ainsi complet.*

3249 ENGELBRECHT. — THÉATRE DES ENFANTS, 189 planches (205×170 mm. ; 200×163 mm.). *S. l. n. d.* [vers 1730-40], conservé dans une grande boîte à 2 compartiments. **15.000 fr.**

31 séries comprenant 189 planches coloriées, dessinées par *Wachsmuth* et autres, gravées par MARTIN ENGELBRECHT. Collées sur carton et découpées, ces planches

forment un véritable théâtre, qu'animent les personnages, avec manteau d'Arlequin, plateau, portants, toiles de fond, etc. Les sujets représentés sont nombreux et variés : par- terre d'eau, galeries, pastorales, comédies héroïques, bal- lets, chasse à courre, synagogue, combats, tentation de saint Antoine, Adoration des Mages, académie de manège, arche de Noé, tremblement de terre, etc., etc. Magnifique collection excessivement curieuse et d'une grande rareté.

3250 ENGELBRECHT. — THÉÂTRE DES EN-FANTS. 13 planches (200 × 170 mm.). *S. l. n. d.* [vers 1730]. **600 fr.**

2 séries de 6 à 7 planches (y compris le *rideau* et les *toiles de fond*) coloriées, dessinées par *Wachsmuth*, collées sur carton et découpées. Ces deux séries forment les planches 177 à 189 de l'ouvrage précédent.

3251 ENGELBRECHT. — THÉÂTRE DES EN-FANTS. *S. l. n. d.* [vers 1730-40], 34 cartes (192 × 140 mm.). Etui. **1.250 fr.**

34 planches gravées par Mart. Engelbrecht, coloriées et découpées, formant théâtre : portants, décors, ciels, toiles de fond et personnages. Adoration des bergers, les Rois Mages, le Jardin des Oliviers, le Calvaire, Fête galante dans un parc, Navires au milieu des glaces. Toutes ces estampes sont très curieuses et celles consacrées à des scè- nes de marine méritent une mention spéciale.

3252 EUROPE. *S. l. n. d.* [vers 1840]. Boîte de l'édi- teur avec étiquette. **1.250 fr.**

1 carte générale (185 × 140 mm.), 14 cartes particulières (100 × 142 mm.) gravées et coloriées, 8 planches coloriées, dessinées et gravées par *Villaeys*, représentant les princi- paux costumes de l'Europe. Sur le couvercle de la boîte : cadre or, papier vert, est reproduite la planche consacrée aux costumes de la Hollande. *Bel exemplaire.*

3253 EUROPEAN TRAVELLER. An Instructive Game. *London. E. Wallis, n. d.* [circa 1835], 8vo. opening out to folio, mounted on cloth, or. cloth covers. **300 fr.**

Pictorial map of Europe, finely-lithographed and hand- coloured. Each country illustrated with points of interest : ships in ocean, whales, icebergs, etc. *Fine copy.*

3254 EVENING AMUSEMENTS or A New Book of Games and Forfeits... ; with full and plain direc- tions for Crying the Forfeits, and numerous amu- sing and diverting penances... *London, Dean and Munday, n. d.* [circa 1826], sm. 8vo. or. printed wrappers. **150 fr.**

Charming hand-coloured frontispiece entitled *Calling the Forfeits.* The Games include *The Old Soldier, Short Answers, The Trenches, Evasion, How d'Ye do ?, Five Vowels, Contradiction, Key of the Garden-Gate, The Avary, Buffy in the Shades, and Whittington.*

3255 EXPRESS TRAIN (THE). A Christmas game. *London, Jarrold and Sons, n. d.* [circa 1835-40], post 8vo. or. printed wrappers. *(Id.).* **70 fr.**

VERY RARE. The first page gives the rules and Dra- matis Personae of *the Express Train, or The disasters of the Bumbo family,* adapted to the popular game of *The family coach.* The rest of the seven pages are devo- ted to *The Tale.* A Penny Booklet.

3256 EYER-SPIEL (DAS), ein unterhaltendes Gesellschaftspiel. *Wien, J. Bermann, s. d.* [vers 1845]. Etui de l'éditeur. **200 fr.**

6 cartes gravées et coloriées (52 × 83 mm.), permettant de jouer à l'aide de deux marques [qui manquent] au jeu des œufs. Une notice imprimée en fournit l'explication et la règle. *Bel exemplaire.*

3257 FAVORIT (JEU DE) pour des sociétés [Favorit- spiel für Gesellschaften]. *S. l. n. d.* [vers 1820], 15 cartes (81 × 111 mm.), étui avec étiquette illustrée. **500 fr.**

15 cartes finement gravées et coloriées à la main repré- sentant les principaux costumes de l'Europe centrale. Légendes en allemand et en français. Le titre indique que cinq dés sont nécessaires pour jouer à ce jeu. *Bel exempl.*

3258 FAVORITSPIEL FUR GESELLSCHAFTEN... *Wien, H. F. Muller, s. d.* [vers 1820], 15 cartes (81 × 111 mm.). Etui or. avec étiquette. **400 fr.**

Même jeu, mêmes illustrations que le précédent.

3259 FIGURES DÉCOUPÉES. 12 cartes (67 × 115 mm.), divisées en 36. *S. l. n. d.* [vers 1810], boîte. **180 fr.**

Caricatures gravées et coloriées, collées sur carton ; grosses têtes, petits corps. Elles sont coupées en trois mor- ceaux : haut de la tête, nez, bouche et corps. Ces différentes parties sont interchangeables et prêtent à de nombreuses transformations.

3260 FIGURES DÉCOUPÉES. 7 cartes (86 × 115 mm.), divisées en 21. *S. l. n. d.* [vers 1840]. Boîte. **180 fr.**

7 cartes lithographiées, coloriées, et collées sur carton, découpées en trois morceaux : tête, buste et bas du corps. Les différentes parties se raccordent et permettent de varier les ensembles.

3261 FLORA THE GAME OF FLOWERS. Many coloured pieces of wood in or. box 12 cent. square. *(One side missing).* **400 fr.**

Chart with 6 hand-coloured plates showing flowers to be made with the coloured pieces. Another chart in black and white for designs and instructions in French and Ger- man. One tiny piece missing.

3262 FLORA DAS BLUMENSPIEL. Same game as the preceding item, only 15 cent. square, or. box. *(One side missing).* **Vendu.**

6 hand-coloured plates. Box slightly warped.

3263 FLORA, le jouer *(sic)* à fleurs [The game of flowers]. *S. l. n. d.* [vers 1840]. Boîte de l'éditeur. **150 fr.**

Casse-tête comprenant un jeu de fragments de bois de différentes couleurs et une planche de modèles gravée et coloriée. Lithographie coloriée sur le couvercle de la boîte. *Bel exemplaire.*

3264 FORTUNIO AND HIS SEVEN GIFTED SER- VANTS. *London, W. Spooner,* 1846, 8vo. folding out to folio, mounted on cloth, in or. cloth case. **500 fr.**

Illustrated with a 14 very fine hand-coloured lithograph in the Cruikshank style. Instructions pasted on inside of cover. *Fine copy.*

3265 GAME OF GOOSE (ROYAL AND ENTER- TAINING). *London, Bowles and Carver, n. d.*

[circa 1780], mounted on cloth 12mo. folding out to folio slip case. *(New)*.   **500 fr.**

Engraved on copper and hand-coloured. OLIVER GOLDSMITH makes an allusion to this game in « The Deserted Village ».
The Pictures plac'd for Ornament and use
The twelve good rules, the royal game of goose.

3266 GAME OF HUMAN LIFE (THE NEW). With Rules for Playing, being the most agreable and Rational Recreation ever Invented for Youth of both Sexes. *London, July 14, 1790, J. Wallis, No. 16 Ludgate St and E. Newberry, Corner of St. Paul's Church Yard*, 8vo. folding out to folio, mounted on linen, in or. slip case with ticket.
1.250 fr.

Illustrated with 84 hand-coloured stages engravings showing the different ages of Man. *The Infant. The Child The Careless Boy, The Youth, The Gallant, The Duellist, The Flatterer, The Author, The Poet, The Geographer, The Good Father, The Drunkard, The Old Bean, The Joker, The Merry Fellow, The Immortal Man, etc.*, etc. Games published by E. Newbery are very rare. *Fine copy.*

3267 GAME OF HUMAN LIFE. As preceding number. *Another copy, fine.*   **1.250 fr.**

3268 GAME (NEW) of Universal History and Chronology. *London, John Wallis*, 1814, 8vo. folding out to folio and 1 vol. Explanations, or. wrappers, all in slip-case, with coloured ticket.   **250 fr.**

Over 100 scenes and portraits, engraved and hand-coloured, with portrait of King George IV in center. Among the pictures are, *Whaling, South America, Shakspeare, Montgolfier, War with America, Botany Bay, Napoléon, etc.*

3269 GAME OF USEFUL KNOWLEDGE. The Elegant and Instructive. Designed to Impart Information to the Minds of Youth of Both Sexes. *London, William Darton, n. d.* [circa 1830], 8vo. folding out to folio, mounted on cloth.   **200 fr.**

Illustrated with 51 hand-coloured engravings. The middle picture shows a schoolroom with master and pupils ; the other engravings show the useful objects, birds and animals, etc. of an instructive nature.

3270 GAME OF USEFUL KNOWLEDGE (The Interrogatory). *London, John Bells*, 1832, 8vo. in or. coloured, illustrated box.   **600 fr.**

143 cards with questions *(should be 144, No 144 missing)* and Key to Game, 1 vol. sm. 12mo. 34 pages. Two page catalogue at end. *Fine copy.*

3272 GEOGRAPHICAL TOUR THROUGH SCOTLAND. An Instructive Pastime. *London, Walker, for Wm. Darton jun.* 1812, 8vo. folding out to folio, mounted on cloth, or. slip case with ticket.
125 fr.

Hand-coloured map of Scotland with numbers on principal places.

3273 GEOGRAPHY OF ENGLAND AND WALES. Accusately Delineated on 52 Cards, including, the Boundaries, Extent, Products, Manufactures, etc., of each County. *London, J. Wallis*, 1799, size 4×2 1/2 ins in orig. case with label.   **100 fr.**

Instructions are missing.

3274 GLUCKSSTERN UND DER KARTENRING, ein neues Gesellschafts-Spiel. L'étoile heureuse et l'anneau de carte, nouveau jeu de société. *S. l. n. d.* [vers 1810]. Planche gravée, coloriée, colléc sur papier fort et repliée petit in-8 dans un étui cartonné de l'époque.   **100 fr.**

Le jeu, déplié, mesure 35×36 centimètres. Etiquette portant le titre collée sur l'étui.

3275 GRAMMATICAL GAME (A) in Rhyme By A Lady. *London, Printed for the author, and published by Darton and Harvey*, 1802, 12mo. or. wrappers and chart folding out to small folio, mounted on cloth, or. slip case with ticket.   **300 fr.**

The chart has 10 hand-coloured engravings. The booklet 28 pages with questions and answers in rhyme. *Fine copy.*

3276 HISTORICAL PASTIME or A New Game of the History of England from the, conquest to the Accession of George the Third. *London, John Harris*, 1803, 8vo. folding out to folio, mounted on linen in or. case with title ticket.   **300 fr.**

FIRST EDITION. Fine copy of this amusing game which traces the great events and people of British history in a series of minute hand-coloured engravings, with portrait of George III in center. Among the portraits are those of *Shakespeare, Isaac Newton and Alex. Pope.* Among the great events *Printing introduced 1468. Columbus's petition rejected, South Sea Bubble*, etc., the last disc being *War with America.* Besides these are all the portraits of the Kings and Queens of England.

3277 HISTORICAL PASTIME or New Game of the History of England. *London, E. Wallis*, 1828, 8vo. folding out to folio, mounted on cloth, with Rules and Directions, 1 vol. in-12, wrappers, or. slip case with printed ticket.   **300 fr.**

Hand-coloured portraits of sovereigns of England including fine large portrait of George IV in center. *Fine copy.*

3279 DE HUWELIJKS BEUNHAZEN, vrolijk Gezelschaps-spiel. *S. l. n. d.* [vers 1800], 16 cartes (75×92 mm.). étui.   **100 fr.**

16 caricatures gravées et coloriées touchant les fiançailles et le mariage. Notice imprimée, rédigée en hollandais, une de ces petites estampes reproduite sur l'étui *(fatigué).*

3280 [ISABEY (Eugène)]. — ENIGMES CHINOISES PERFECTIONNÉES ou l'Art de dessiner sans avoir appris. *Paris, Alph. Giroux, s. d.* [vers 1825], in-8 obl. rel. en basane pleine, fers à froid, tr. dorées. *(Rel. de l'époque).*   **700 fr.**

24 planches gravées à l'aquatinte par *Paul* et *Piringer*, d'après les dessins d'EUGÈNE ISABEY. L'ouvrage n'est pas signé de lui, mais la reliure porte comme titre, sur le premier plat : « Casse-tête *(sic)* d'Isabey » et les initiales de l'artiste figurent en outre sur la couverture, servant de titres, des livraisons. Exemplaire bien complet (les pl. de la 5e livraison n'ont pas été classées en ordre) et d'une extrême fraîcheur, d'une curiosité romantique rare et recherchée. Coins émoussés.

3281 JEDEN LAPPEN GEFALLT SEINE KAPPEN. *S. l. n. d.* [vers 1820]. Planche gravée et coloriée de 38,5×31 centimètres, collée sur carton et repliée en quatre.   **250 fr.**

Nombreux petits personnages comiques dans des rectangles numérotés. *Bel exemplaire.*

3282 JEU D'ASSAUT (LE). *S. l. n. d.* [vers 1823], carton dépliant, étui. **60 fr.**

Pl. gravée et coloriée. Forteresse entourée d'un tracé bastionné, qu'assiège l'artillerie. Des carrés traversés de diagonales représentent la marche de l'ennemi. Camp dans le bas. Succédané curieux du jeu de dames, dont une notice jointe fournit la règle.

3283 JEU DE BOG. *S. l. n. d.* [Second Empire], *carton dépliant.* **200 fr.**

Hexagone, papier, carton et toile, portant gravés en couleur les cartes du jeu de *Bog* : valet de carreau, dix de pique, roi de pique, as de trèfle et dame de cœur. Le centre de l'hexagone est découpé et permet de replier le jeu qui forme alors un trapèze de 300 mm. de base.

3284 JEU DE BOG. *S. l. n. d.* [Second Empire], carton dépliant. *Boîte.* **150 fr.**

Même jeu que le précédent, mais de dimension plus petite, la base du trapèze ne mesurant que 225 millimètres.

3285 JEU. — BOITE DE PHYSIQUE AMUSANTE, 32×22 centimètres. Boîte en carton ornée d'une chromolithogr. représentant une scène de prestidigitation devant une assemblée d'enfants. *Paris, lith. H. Jannin, Coquerel, édit.* [vers 1850]. **300 fr.**

La boîte contient les éléments des tours d'escamotage ordinaires : gobelets, bouteille aux bobines, piliers de Salomon, les anneaux prisonniers. Notice jointe, brochure de 10 feuillets.

3286 JEU DE CARTES ALLEMANDES. [Vers 1810]. 39 pièces gravées et coloriées de $3,7 \times 5,6$ centim. **20 fr.**

14 cartes représentent des hommes, 3 des femmes, mais elles sont coupées par le milieu. Les parties supérieures et inférieures étant interchangeables et le haut de la carte portant une question (en français et en allemand) dont la réponse est en bas, on voit les résultats comiques que l'on obtient en battant les cartes. Il y a, en outre, cinq moitiés supérieures de cartes. En tout 39 pièces.

3289 JEU DE CARTES HISTORIQUES. — HISTOIRE ROMAINE. 48 cartes de 69×102 mm., gravées sur bois et imprimées. Conservées dans un étui, cartonnage vert à dent. dorée, de l'époque. [Vers 1825]. **100 fr.**

Accompagné d'un avis aux pères de famille et aux instituteurs publics et particuliers (4 pp. imprimées sur papier, du format des cartes). Chaque carte est ornée d'un médaillon gravé sur bois, accompagné d'une notice imprimée. 48 cartes, de Romulus à Octave-Auguste. Jeu complet.

3290 [JEU DE CARTES NAPOLÉONIEN]. *S. l. n. d.* [vers 1814], *étui de l'époque.* **175 fr.**

32 cartes (95×130 mm.) représentant un jeu de piquet : en haut, dans un cercle, planche gravée et coloriée *(le coloris nous semble postérieur)* représentant, du siège de Toulon à la retraite de Russie, les étapes de l'épopée napoléonienne. Dans la partie inférieure : bustes (2 par carte) des célébrités qui illustrèrent le règne de l'Empereur. Etui papier marbré, pl. coloriée représentant la mort du prince Louis de Prusse à la bataille d'Iéna.

3291 JEU DE CARTES PERSAN de la fin du XVIII⁰ siècle. Boîte de $12,5 \times 7,5 \times 5$ centimètres recouverte de papier à fleurs de l'époque. **1.250 fr.**

La boîte contient en tout 44 cartes en matière souple et légère, vernies, noires au verso, les rectos étant ornés de personnages, femmes et enfants, dans le style persan,
dans des décors finement miniaturés, sur fonds rouge brillant, ivoire, or, etc. 10 cartes de $4,5 \times 6,5$ (2 figures différentes). 14 cartes de $5 \times 3,3$ (3 figures). 20 cartes de $6,1 \times 4$ (5 figures).

3292 JEU DE CHIFFRES. [France, XVIII⁰ siècle], étui de l'époque. **20 fr.**

9 cartons (250×227 mm.), se pliant en deux et contenant les séries de chiffres qui constituaient le jeu.

3293 JEU COMIQUE EN DEMANDES et en réponçes *(sic)* [Komisches Frag-und Antwortspiel], avec 24 dames pour changer. *S. l. n. d.* [vers 1835], boîte illustrée d'une gravure coloriée. **300 fr.**

24 figures gravées et coloriées (59×99 mm.). Chaque figure est divisée en 3 coupures de 59×30, 59×23 et 59×46 mm. Il s'agit de reconstituer les personnages et de faire cadrer les réponses avec les demandes.

3294 JEU EN DEMANDES ET RÉPONSES ENFANTINES, *s. d.* [vers 1860], 36 cartes (65×103 mm.). Boîte de l'éditeur. **400 fr.**

36 cartes enfantines lithographiées et coloriées. Légendes en allemand, anglais et français. Boîte carton à 2 compartiments, le couvercle illustré d'une lithographie coloriée.

3295 JEU DES DRAPEAUX. [Vers 1820]. 32 cartes de 64×102 mm., gravées et coloriées. Conservées dans un étui-livre à dos de basane fauve. **300 fr.**

Chaque carte figure des soldats portant la valeur de la carte comme un drapeau. Allemands (carreau), Français (cœur), Anglais (trèfle), Russes (pique). Tarotage mod.

3296 JEU DES ÉCOLIERS. *A Paris, chez Jean, s. d.* [vers 1812], carton dépliant. **500 fr.**

Grande planche finement gravée et montée sur carton (470×615 mm.). Les travaux, les distractions et les punitions de l'écolier occupent les cases généralement occupées par les figures du jeu d'oie. Très curieux au point de vue de la vie scolaire au début du XIX⁰ siècle.

3297 JEU. — L'ÉMULATION FRANÇAISE ou Description historiographique du royaume de France, l'itinéraire de Paris aux principales villes... mis en jeu. *Paris,* 1766. Carte gravée et coloriée, 56×44 centimètres. Etui moderne. **125 fr.**

Carte de France par Moithoy, 1766, entourée de petits compartiments avec renseignements géographiques. Jeu du genre de celui de l'oie.

3298 JEU D'ÉSOPE (NOUVEAU). *A Paris, chez Jean, s. d.* [vers 1800], carton pliant. **350 fr.**

Grande planche gravée et coloriée, montée sur carton ($588-460$ mm.), pliable en quatre. Les figures du jeu d'oie sont remplacées par les titres et les sujets des fables d'Esope.

3299 JEU DE FABLES pour la jeunesse ou Vingt fables de GELLERT mises en action, arrangées pour la jeunesse, par Antoine Sturm et traduites de l'allemand par l'abbé Libert. *Vienne, Frédéric Muller, s. d.* [vers 1820], in-8 obl., planche d'assemblage, couvert. muette, étui. **450 fr.**

Une enveloppe est jointe contenant : 1⁰ un tableau gravé et colorié, formant « toile de fond », où sont ménagées des rainures destinées à y glisser les languettes des personnages des fables ; 2⁰ 24 pièces mobiles gravées et coloriées représentant ces personnages. Trois pièces manquent.

3300 JEU DE LA FORTERESSE. Planche lithographiée et coloriée de 32×32 centimètres, collée sur carton et pliée en quatre. Fabrique d'estampes de *Gangel, à Metz* [vers 1840]. **70 fr.**

Se joue à peu près comme le jeu de dames. Vingt-quatre soldats assaillent une forteresse défendue par deux soldats. Aux angles, scènes militaires lithographiées : soldats prussiens et français. La règle du jeu, imprimée, collée au verso.

3301 JEU GÉOGRAPHIQUE instructif et amusant. *S. l. n. d.* [*Lille, Imp. de Broquel*, vers 1845], placard collé sur toile et « Nouvelles règles du Jeu géographique », in-8 de 8 pp. **60 fr.**

Composé sur le modèle du jeu de l'oie et soumis à des règles analogues, ce jeu contient 63 cases, chacune d'elles occupée par une carte géographique lithographiée.

3302 JEU DES GROTESQUES. [Vers 1820]. 32 cartes de 68×107 mm., gravées et coloriées. Conservées dans un étui-livre à dos de basane olive foncé. **350 fr.**

Figures grotesques coloriées à la main. Tarotage moderne. Jeu non cité par Henri D'Allemagne.

3303 JEU DE LA GUERRE. Dessiné par Darmet, imprimerie lithographique d'Engelmann. 4 lithographies coloriées collées sur carton. [Vers 1830]. **100 fr.**

Les lithogr. représentent le champ de bataille de Denain, le Bois de Boulogne, l'Hellespont et la Troade, et une carte fantaisiste : le Roi prisonnier et le Siège. Le jeu est inspiré des échecs. Cartes de 45×56 centimètres environ (elles ne sont pas toutes de mêmes dimensions), pliées en deux.

3304 JEU DE LA GUERRE. *Paris, Marielle. s. d.* [vers 1692], grand placard, 798×758 mm. **250 fr.**

53 figures (45×55 mm.), dont une planche plus grande [dessinée par Ant. Dieu] et la dédicace au Duc de Bourgogne, dessinées par Gilles de La Boissière et gravées par Pierre Le Paintre. Ce jeu fournit l'explication de « tout ce qui s'observe dans les marches et campements des armées ».

3305 JEU ROYAL DE LA VIE D'HENRI IV. *A Paris, chez Bassel, s. d.* [vers 1815], carton dépliant. **300 fr.**

Grande planche finement gravée et montée sur carton. La Restauration ayant succédé à l'Empire, c'est la vie de Henri IV que célèbrent maintenant les cases du jeu d'oie. Henri IV..., sans oublier Louis XVIII le Désiré ! Comme les précédents, le carton se plie en quatre.

3306 JEU DES HOMMES ILLUSTRES. *A Amsterdam, chez P. Morlier, s. d.* [vers 1650], 52 cartes (54×85 mm.), conservées dans une boîte demi-maroquin. **600 fr.**

Titre gravé, 52 cartes gravées, têtes des grands hommes, dans le coin gauche indication de la couleur et de la valeur de la carte. Au-dessous : gravée, notice biographique succincte. Outre la règle du jeu, des notices plus détaillées figurent dans l'opuscule joint : JEU DES HOMMES ET FEMMES ILLUSTRES, poètes, philosophes, etc., pour apprendre leur histoire. *A Amsterdam, chez J. Covens et C. Morlier, s. d.*, in-16. Titre rouge et noir, couverture illustrée, fort rare à l'époque, complet et en parfait état.

3307 JEU DES HOMMES ILLUSTRES. *A Amsterdam, chez P. Morlier, s. d.* [vers 1650], 50 cartes (54×85 mm.). **100 fr.**

Même jeu que le précédent, 2 cartes manquent : Perse et Prusias. Ni titre, ni notice.

3308 JEU de jaquet, échiquier, loterie. En forme de boîte se dépliant, fermant par un crochet, recouverte de papier noir à ramages, 12×11×3,8 centimètres. [Vers 1800]. **50 fr.**

L'un des panneaux porte un miroir. Plusieurs charnières sont en mauvais état.

3309 JEU DE LOTO. [Vers 1750]. Douze gravures coloriées collées sur carton. *(Etui).* **1.500 fr.**

Chaque gravure porte 9 figures naïves et amusantes, scènes de mœurs, scènes de la rue, arts et métiers, figures allégoriques, etc., coloriées et collées à l'époque sur des cartons recouverts de papier vert pâle à petits carrés et fleurons dorés. Les jeux de lot de cette époque sont presque introuvables.

3310 JEU DE LA MARINE (NOUVEAU). *A Paris, chez Jean, s. d.* [vers 1812], carton dépliant. **600 fr.**

Grande planche gravée et coloriée, montée sur carton (598×458 mm.). Le carton se replie en quatre. Toutes les expressions de marine, toutes les sortes de bateaux qui la composent, du canot au vaisseau amiral, occupent les cases réservées aux figures du jeu d'oie. Un superbe vaisseau amiral figure au-dessous de la règle du jeu, accompagné de la nomenclature de toutes ses parties.

3311 JEU DES MÉTAMORPHOSES D'OVIDE pour apprendre la Fable. *A Amsterdam, chez J. Covens et C. Morlier, s. d.* [vers 1650], 52 cartes (52×82 mm.). étui. **1.500 fr.**

52 cartes gravées, la gravure occupant le haut de la carte (50×45 mm.). Texte gravé au-dessous. La couleur et la valeur de la carte sont indiquées au haut de la planche. Est jointe au jeu une notice in-32, imprimée chez Covens et Mortier, en contenant la règle : couverture illustrée. *Exemplaire de toute fraîcheur. Rarissime.*

3312 JEU DU MONDE RENVERSÉ (LE). [Die verkehrte Welt]. *Wien, H. F. Muller, s. d.* [vers 1825], 32 cartes (60×100 mm.), étui de l'éditeur. **400 fr.**

32 cartes gravées et coloriées ; une barque voguant en plein ciel, un moulin la tête en bas au haut d'une colline, une femme battant son mari, etc., etc. Notice explicative du jeu. Etui, titre gravé. Ensemble des plus amusants. *Bel exemplaire.*
PLANCHE 150.

3313 JEU. — OMBRES CHINOISES. *Paris, Lion, édit., s. d.* [vers 1860]. Boîte carton de 30×40 centimètres. **700 fr.**

Boîte au couvercle orné d'une jolie chromolithographie de Destouches (une mère montrant à ses enfants un théâtre d'ombres animées au fronton duquel on lit : Séraphin, et sur lequel est projetée la célèbre pièce du Pont cassé). La boîte contient 50 silhouettes noires découpées, dont plusieurs articulées, et un décor rouge et or formant la scène. *Bel exemplaire.*

3314 JEU DE PATIENCE. — ALPHABET A FIGURES en jeu de patience. *S. l. n. d.* [vers 1830]. Boîte de l'éditeur. **400 fr.**

Planche gravée, coloriée, collée sur bois, découpée et formant puzzle. A chaque lettre (sauf x, y, z, lettres figurées) correspond un sujet commençant par cette lettre. Rinceaux et titre dorés sur le couvercle de la boîte. Manquent quelques petits fragments.

3315 JEU DE PATIENCE. — ATLAS GÉOGRA-PHIQUE. *Paris, J. Gaullier, éditeur, Maison Logerot, s. d.* [vers 1860]. Boîte carton de 24×32 centimètres.   **150 fr.**

3 cartes imprimées en couleurs : Mappemonde, France chemins de fer, Europe chemins de fer, collées sur bois et découpées. Boîte cartonnée papier vert, couvercle orné d'une grande chromolithographie. *Bel exemplaire.*

3316 JEU DE PATIENCE. — BOITE ILLUSTRÉE d'une image coloriée : Isabeau de Bavière, et contenant, collées sur bois, et formant puzzle deux images coloriées, l'une enfantine (2 sujets), l'autre représentant « la rencontre dans le parc » (époque Louis XIV).   **150 fr.**

Bel exemplaire.

3317 JEU DE PATIENCE. — LES AVENTURES DE SUZETTE. *Paris, Godoni, s. d.* [vers 1830]. Boîte de l'éditeur.   **650 fr.**

3 lithographies coloriées collées sur bois, découpées et formant puzzle, tirées chez *Ligny.* Une autre lithographie également coloriée est collée sur le couvercle de la boîte en carton, représentant une autre scène de ce petit roman contre-révolutionnaire. *Jig-saw puzzle.*

3318 JEU DE PATIENCE. — LE BON CHIEN. Colin-Maillard. Le Petit Chasseur. *S. l. n. d.* [vers 1860]. Boîte de l'éditeur.   **175 fr.**

3 gravures coloriées, collées sur bois, découpées et formant puzzle. Boîte carton, gravure coloriée sur le couvercle.

3319 JEU DE PATIENCE. — CARTES GÉO-GRAPHIQUES, 6 cartes gravées et coloriées, découpées et collées sur bois, dans une boîte de 31×24×5,7.   **600 fr.**

Mappemonde, par Frémin, vers 1850.
Europe divisée en États, 1829.
Europe, chemins de fer, par Frémin, vers 1855.
Amérique septentrionale, 1829.
Amérique méridionale, 1829 (manque un très petit morceau).
Asie, par Frémin, vers 1850 (manque un très petit morceau).
Océanie, par Frémin, vers 1850.
Ces cartes mesurent 28×21 centimètres. Par leur date, les cartes découpées de 1829 sont particulièrement intéressantes.

3320 JEU DE PATIENCE. — CHINESISCHE BILDER. Boîte carton, 27×37×1,5 centimètres. *Herausgegeben v. M. Trentsensky in Wien,* [vers 1840].   **1.000 fr.**

Lithographie en couleurs : cinq enfants chinois jouent à la main chaude dans un jardin. Sujet gracieux, mais jeu de patience difficile : 238 morceaux. Boîte recouverte de papier à fleurettes et oiseaux en couleurs sur fond noir. Image lithographiée et coloriée sur le couvercle. *En très bel état.*

3321 JEU DE PATIENCE. — LE COLIN-MAIL-LARD. Le Montreur d'ours, l'Arracheur de dents. *S. l. n. d.* [vers 1850]. *Boîte de l'éditeur.* **800 fr.**

3 lithographies coloriées, collées sur bois, découpées et formant puzzle. Sur le couvercle de la boîte, réplique également coloriée de l'arracheur de dents, lithographie plus petite que les deux autres.

3322 JEU DE PATIENCE. — L'ÉCOLE DES FILLES, l'École des garçons, la Main chaude. *Paris, Godoni, s. d.* [vers 1840]. Boîte de l'éditeur.   **800 fr.**

3 lithographies coloriées, collées sur bois, découpées et formant puzzle, tirées chez *Jannin.* Le couvercle de la boîte illustré d'une lithographie coloriée : *Le Colin Maillard.*

3323 JEU DE PATIENCE. — L'EUROPE, carte de Janvier, collée sur bois et découpée. *Paris, Lattré,* 1786, conservée dans une boîte en bois de l'époque, 31,5×22×6 centimètres.   **2.000 fr.**

Carte de l'Europe par le géographe Janvier, gravée, coloriée et découpée en 43 morceaux qui, réunis, mesurent 48×67 centimètres. L'éditeur Lattré mettait ainsi en vente, présentées en jeux de patience aux enfants, les cartes de son fonds. Son étiquette gravée est collée à l'intérieur de la boîte. *Très bel exemplaire, bien complet.*

3324 JEU DE PATIENCE. — FABLES DE LA FONTAINE. *Paris, Huel, s. d.* [vers 1840], boîte de l'éditeur.   **2.000 fr.**

3 lithographies coloriées de Pellerin, collées sur bois, découpées et formant puzzle. Fables de La Fontaine. Lithographie coloriée, image d'Épinal, sur le couvercle de la boîte. Très bel exemplaire. *De toute rareté.*

3325 JEU DE PATIENCE. — LES JEUX ENFAN-TINS. Le Petit Jardin des Plantes. Les Bulles de savon. *Paris, H. Duru, s. d.* [vers 1845]. Boîte de l'éditeur.   **750 fr.**

3 lithographies coloriées, collées sur bois, découpées et formant puzzle. Le couvercle de la boîte illustré d'une lithographie coloriée : *Les Petits Lapins.*

3325 bis JEU DE PATIENCE. — FIGURES BUR-LESQUES. Boîte de 25×13 centimètres. [Vers 1845].   **250 fr.**

4 lithographies coloriées représentant 9 types burles-ques : officier, chasseur, mendiant, bourgeois, moine, etc., mais à tête d'animal et à pieds fourchus. Chaque image, collée sur carton est découpée en cinq parties : des pieds à la ceinture, le buste, la bouche (ou le bec), la nuque, le sommet de la tête. Chacune de ces parties s'adapte à toutes les autres. Sur le couvercle de la boîte, chromolithogr. servant de modèle. Tarotage moderne. *Bel exemplaire.*

3326 JEU DE PATIENCE. — UNE LEÇON DE POLKA. Les Apprêts du bal. Les Rafraîchisse-ments du bal masqué. *Paris, Godoni, s. d.* [vers 1850]. Boîte illustrée de l'éditeur.   **500 fr.**

9 lithographies coloriées tirées chez *H. Jannin,* collées sur bois, découpées et formant puzzle. Une lithographie coloriée illustre le couvercle de la boîte : « Le bal masqué ». Il manque quelques fragments des *Apprêts du bal.*

3327 JEU DE PATIENCE. — PARIS, PLACE DU LOUVRE. *Paris, Vve Turgis, s. d.* [vers 1849]. Boîte cartonnage de l'éditeur.   **1.500 fr.**

Grande lithographie originale et coloriée de J. JOURDAN, tirée chez *Turgis* (395×511 mm.). Collée sur bois et décou-pée, formant puzzle, elle constitue un document d'icono-graphie parisienne des plus intéressants. Tandis que, par delà les quais, la Monnaie et l'Institut, on aperçoit Saint-Sulpice et le clocher de Saint-Germain-des-Prés, sous la colonnade du Louvre, la place non encore agrandie, appa-raît sous son aspect ancien. La lithographie est reproduite, également coloriée sur la boîte très soignée, intérieurement doublée de papier moiré paille.

3328 JEU DE PATIENCE. — LES PETITS AÉRO-NAUTES. Le Déjeuner de Jeanne. *Paris, Vve Vasseur, s. d.* [vers 1860]. Boîte de l'éditeur. **600 fr.**

2 lithographies coloriées, tirées chez *H. Jannin*, collées sur bois, découpées et formant puzzle. Sur le couvercle de la boîte : « Visite à la ferme », lithographie coloriée.

3329 JEU DE PATIENCE. — LE ROYAUME DE FRANCE, divisé par Gouvernements militaires, par Janvier. *Paris, Lattré,* 1788. Carte collée sur bois et découpée. Conservée dans une boîte de l'époque, 31 × 22,5 × 6 centimètres. **2.000 fr.**

Carte de France gravée et coloriée, découpée en 56 pièces qui, réunies, mesurent 48 × 66,5 centimètres. Intéressant jeu de patience. Voir le nº 3323 (l'Europe, par Janvier).

3330 JEU DE PATIENCE. — SCÈNES ENFAN-TINES. *Paris, Gosselin, s. d.* [vers 1845]. Boîte carton de 27 × 34 centimètres. **750 fr.**

3 images en chromolithographie, légendes en français et en espagnol, collées sur bois et découpées. Une quatrième chromolithographie représentant également une scène enfantine est collée sur le couvercle de la boîte. *Bel exempl.*

3331 JEU DE PATIENCE. — LE SEIGNEUR DU VILLAGE, la Marchande de jouets d'enfants [double]. *Paris, Godoni, s. d.* [vers 1840]. Boîte de l'éditeur. **1.000 fr.**

3 lithographies coloriées, collées sur bois, découpées et formant puzzle. Le couvercle de la boîte illustré d'une lithographie coloriée : Le Marquis de la Ville. *Très bel exempl.*

3332 JEU DE PATIENCE. — SOUVENIRS DE BRETAGNE. Boîte en carton, 57 × 30 × 2,5 centimètres. [Vers 1845]. **1.000 fr.**

Boîte contenant 3 lithographies coloriées de l'album de Célestin Deshays, découpées en jeu de patience. Le couvercle est orné d'une lithogr. coloriée, tirée du même album. Boîte bordée de bandes de papier en chromolithographie. *En très bel état et complet.*

3333 JEU DE PATIENCE. — TÊTES. Boîte carton de 20 × 16 centimètres. [Vers 1845]. **200 fr.**

Dix lithographies coloriées représentant des bustes d'hommes vus de profil ; ces images sont collées sur carton et chacune est découpée en sept pièces : buste, oreilles et front, œil, nez (en deux parties), bouche, menton. Chaque pièce peut s'appliquer à peu près à toutes les autres, mais il est amusant de rechercher à réunir toutes les pièces qui vont exactement ensemble. Sur le couvercle de la boîte, chromolithogr. servant de modèle. Tarotage moderne. Très bel exemplaire.

3334 JIG-SAW PUZZLE. ENGRAVINGS FOR TEACHING THE ELEMENTS OF ENGLISH HISTORY AND CHRONOLOGY, after the mannercf dissected maps for teaching Geography. *London, Caringlon Bowles, C. Dilly and Wm. Darlon,* 1787, preserved in or. oak box with engraved ticket. **1.250 fr.**

16 engraved portraits mounted on wood, of Sovereigns of England from William I to George II, cut out in irregular forms, with engraved text adapted, and border. Jig-saw puzzles of this period are very difficult to find, specially complete like the above. *Fine copy.*

3335 JIG-SAW PUZZLE QUEEN VICTORIA Ist, leaving the Palace to be crowned at Westminster Abbey, London, June 28th 1838. *London, W. Bilch, n. d.* [circa 1835], 8vo. in-or. wooden box with coloured cover. **600 fr.**

Coloured plate and complete jig-saw *(4 small corners broken)*.

3336 JIG-SAW PUZZLE. — THE UNITED STA-TES OF AMERICA for Teaching Youth Geography. *No Place, n. d.* [circa 1820], in or. wooden box. **300 fr.**

Map of the United States. *Each Division of the Map, neatly stained, and distinctly outlined with different colours.* One small piece missing, and small chip in border. *Fine copy.*

3338 JEU DE TÊTES. Boîte de 15 × 12 centimètres, en carton. [Vers 1835]. **150 fr.**

12 images gravées et coloriées, collées sur carton. Chacune représente un visage double, découpé en 3 parties interchangeables. On devine la drôlerie des visages ainsi obtenus. Tarotage moderne. *Très bel exemplaire.*

3339 JEU DE TÊTES. Boîte de 15 × 12 centimètres, en carton. [Vers 1835]. **150 fr.**

12 images gravées et coloriées. Comme le jeu précédent. Mais les figures sont différentes. Tarotage moderne.

3340 JEU. — TÊTES GROTESQUES et jeu de questions et réponses. Boîte carton de 14 × 9 centimètres. *S. l. n. d.* [vers 1820]. **100 fr.**

Images gravées et coloriées. 15 grandes, à sujets comiques, lettres de l'alphabet aux angles, 30 petites, à figures doubles, différentes selon qu'on les regarde d'un côté ou de l'autre, portant des questions ou des réponses. Jeu de société bien connu. Tarotage moderne. *Bel exemplaire.*

3341 JEU DE TÊTES. *Paris, Walilliaux, s. d.* [vers 1872], 11 cartons (185 × 152 mm.). **80 fr**

11 lithographies coloriées collées sur carton, représentant des groupes enfantins. Les têtes sont remplacées par de petits cercles découpés, portant des numéros de loto, où elles doivent s'insérer. Les têtes manquent sauf une. *Jeu d'une rareté insigne et introuvable complet.*

3342 JEUX DE SOCIÉTÉ (PETITS). Passe-tems du bel-âge. [*Paris*], *Augustin Legrand, s. d.* [vers 1818], 24 cartes (138 × 90 mm.), tr. dorées, étui de l'éditeur. **1.000 fr.**

24 cartes finement gravées et coloriées à la main, représentant les jeux d'action, de mémoire, d'esprit, d'attrape et les pénitences. Illustrations charmantes de composition, de coloris et de fraîcheur, précieuses au point de vue de l'histoire de la mode. *Charmante pièce de toute fraîcheur.*
PLANCHE 200.

3343 JOURNEY (THE) or Cross Roads to Conqueror's Castle. A New and Amusing Game. *London, W. Spooner, n. d.* [circa 1840], folio, folding into sq. 12mo. or. covers with illust. ticket. **350 fr.**

An amusing game with hand-coloured comical drawings in the Cruikshank style. Instructions for the game attached to inner cover.

3344 JOURNEY TO LINDLEY MURRAY'S (A). *London, John Bells, n. d.* [circa 1840], 8vo. folding out to folio, mounted on cloth, slip case. **200 fr.**

Illustrated with many hand-coloured scenes. Two page Rules and 10 page book list. *(Damp spotted).*

3345 **LITTLE DICKEY BIRDS.** A Game. *London, Standring and Co,* 1860, sm. 4to. folding out to double, or. boards with large printed label. **80 fr.**

Illustrated with 33 hand-coloured sketches drawn by James Barfoot on stone. *Fine copy.*

3346 **LIVRE DU DESTIN (LE).** Jeu de 32 cartes (65 × 108 mm.). *S. l. n. d.* [*Violet*, vers 1825], étui de l'éditeur avec étiquette. **500 fr.**

32 cartes lithographiées et coloriées. Chaque carte, en dehors de sa couleur et de sa valeur qu'elle porte dans l'angle gauche est illustrée en forme du sujet qu'elle représente, ce qui, avec la notice qui accompagne, permet au plus ignorant de tirer les cartes. Sur le premier plat de l'étui, en forme de livre, lithographie coloriée : une magicienne, sa baguette à la main, révèle à des profanes les secrets du livre du destin. *Bel exemplaire.*

PLANCHE 200.

3347 **LONDON (A SURVEY OF).** By a Party of Tarry-at-home Travellers. A New Game to Amuse and Instruct a Company of Friends. *London, Wm. Darlon,* 1820, 8vo. folding out to folio, mounted on cloth, slip case. **350 fr.**

Illustrated with 17 hand-coloured engravings of London and 40 page explanation booklet. *Fine copy.*

3348 **LONDON (A SURVEY OF).** Another copy. **250 fr.**

Lacks explanation booklet.

3349 **LOTO CHRONOLOGIQUE DES ROIS DE FRANCE.** *Paris, Narçon, s. d.* [vers 1880]. Boîte de l'éditeur. **250 fr.**

11 lithographies coloriées, tirées chez H. Jannin (7 sujets par lithographie), collées sur carton, représentant les rois de France et les chiffres du jeu de loto. Un sac de numéros. Couvercle de la boîte illustré d'une lithographie coloriée : Mérovée, Charlemagne, armoiries et trophées. *Bel exempl.*

3350 **LOTO GÉOGRAPHIQUE ET HISTORIQUE.** *S. l. n. d.* [vers 1840]. Boîte de l'éditeur. **500 fr.**

Grande lithographie coloriée, collée sur toile, le cadre formé par les numéros du jeu de loto, au centre, dans le ciel, ballon, pourvu d'une nacelle en forme de carène de navire, beaupré portant un drapeau ; gouvernail, surmonté du pavillon. Au-dessous : bateau à voiles et à vapeur, aubes, haute cheminée rapprochée de l'arrière ; train de chemin de fer : locomotive et son tender, deux wagons. Port, entrées de ville et de tunnel, personnages divers. 12 lithographies collées sur carton (205 × 141) 7 sur chacun, représentant des villes de France ; 12 cartes imprimées : notices sur les villes ; un numéro orné d'un ballon et un sac de numéros. Couvercle de la boîte chromolithographié de *Engelmann* et *Graf :* cadre historié, groupe d'enfants jouant au loto.

3351 **LOTO GÉOGRAPHIQUE DES 86 DÉPARTEMENTS.** *S. l. n. d.* [vers 1859]. Boîte de l'éditeur. **300 fr.**

19 lithographies collées sur carton (172 × 120 mm.), 5 figures sur chacune, représentant des costumes et des vues des départements, notices au dessous et deux sacs de numéros. Boîte à 2 compartiments. Sur le couvercle, lithographie coloriée : jeunes filles et garçonnets jouant au loto. *Bel exemplaire.*

3352 **MANSION OF HAPPINESS** (New Moral and Entertaining Game of the). Invented by GEORGE

FOX. *London, James Whittle, Oct. 1st* 1800, 8vo. folding out to folio mounted on cloth, slip case. **200 fr.**

Illustrated with 36 fine engravings and a larger one in center, showing the Mansion of Happiners.

3353 **MARCHANDS EN VOYAGE** (JEU DES)..*S. l. n. d.* [*Paris, Imp. Wittersheim*, vers 1840]. Boîte de l'éditeur avec étiquette. **600 fr.**

Barque à voile, les trois riches marchands et leurs trois domestiques : lithographies coloriées et découpées. Une notice donne la règle du jeu et la solution du problème qui se posait pour les trois voyageurs de ne pas se laisser dévaliser par leurs domestiques. Tous les costumes sont à remarquer et, au point de vue des modes, constituent un véritable document. La lithographie coloriée illustrant le couvercle de la boîte représente, sur la terrasse d'une villa, les adieux d'un des marchands à sa femme, au moment de son départ. *Bel exemplaire.*

3354 **MARTEAU (LE), LE CHEVAL ET LA CLOCHE.** Jeu d'Allemagne. *Paris, Gide fils, s. d.* [vers 1820], 5 cartes (90 × 135 mm.), boîte de l'éditeur. **150 fr.**

1 carte gravée contenant l'explication du jeu et 5 cartes finement gravées et coloriées. Le couvercle de la boîte orné d'une gravure coloriée représentant la cloche, le cheval et le marteau. Les dés prévus par la notice manquent.

3355 **MEUNG (Jean de).** — LE PLAISANT JEU DU DODECHEDRON DE FORTUNE, non moins récréatif que subtil et ingénieux. Renouvelé et changé de sa première édition. *A Paris, pour Vincent Serlenas,* 1560, in-4, maroquin bleu, filets dorés, dos orné à nerfs, dent. int., tr. dorées. (*Chambolle-Duru,* 1866). **3.000 fr.**

Magnifique exemplaire de cette rare édition (la seconde), de ce livre singulier, véritable « oracle des dames et demoiselles », composé par l'illustre auteur du *Roman de la Rose,* sous le règne et pour l'amusement de Charles V. Quelques fig. sur bois. 2 pages doubles imprimées en rouge et noir. Très bel exemplaire dans une reliure signée et datée. Le privilège de cette édition est *en vers.* Le titre et 12 pages sont ornés de magnifiques encadrements sur bois dans le style de Geoffroy Tory (l'un porte comme signature un C, d'autres ont des cartouches portant les initiales de Vincent Sertenas, le libraire, ou le nom de Robert Le Magnier, autre libraire dont Brunet cite un *Dodechedron* paru cette même année 1560).

3356 **MEUNG (Jean de).** — LE PLAISANT JEU DU DODECHEDRON DE FORTUNE. *Lyon, François Didier,* 1574, in-8, demi-toile grise genre Bradel. (*Rel. mod.*). **500 fr.**

Le même ouvrage que le précédent. La pagination et la composition des deux éditions sont identiques. Quelques mouillures claires. Trous de ver à la marge supérieure de quelques ff. au début.

3357 **MEUNG (Jean de).** — LE PLAISANT JEU DU DODECHEDRON DE FORTUNE, A *Lyon, par Jean Huguetan,* 1581, in-8, maroquin saumon, triple filet doré, dos orné à nerfs, dent. int., tr. dorées. (*Gruel*). **850 fr.**

Le même ouvrage que le précédent. Magnifique exemplaire. Quelques fig. sur bois. 2 pages repliées impr. en rouge et noir. Rarissime en aussi belle condition. *Brunet,* III, 1680.

3358 MIRROR OF TRUTH (THE). Exhibiting a Variety of Biographical Anecdotes and Moral Essays calculated to inspire a love of Virtue and abhorrence of vice. *London, John Wallis, n. d.* [circa 1810], 8vo. folding out to folio, mounted cloth, slip case, with ticket. **500 fr.**

Illustrated with 32 hand-coloured engravings. *Fine copy.*

3359 MODES. *S. l. n. d.* [vers 1845]. Boîte de l'éditeur. **400 fr.**

17 figures gravées, coloriées et découpées, dont un mannequin (jeune femme en jupon), qu'on peut revêtir de 7 toilettes différentes et coiffer de 2 chapeaux, 4 jeunes femmes en costumes de différentes époques et 3 garçonnets habillés à la mode de 1845. Le couvercle de la boîte illustré d'une planche coloriée, jeune femme en toilette du soir, entourée de sujets plus petits.

3360 MODES DE PARIS. Boîte carton de 16×21 centimètres, ornée d'une gravure de modes. [Vers 1825]. **400 fr.**

La boîte contient une poupée de papier, 8 robes et trois chapeaux. La poupée est en jupon et on lui *passe* les robes et on la coiffe. Petit socle acajou avec rainure où l'on peut camper la poupée. Toutes les pièces, gravées et coloriées, sont d'un goût charmant. Bel exemplaire. *La boîte est sans éclat.*

3361 MONARCHIE FRANÇAISE ou Collection des Rois de France. *Paris, Gide fils, s. d.* [vers 1825], 80 cartes (63×102 mm.), étui de l'éditeur. **600 fr.**

80 cartes, gravées et finement coloriées (70 rois et 10 reines). Elles portent, au verso, une notice historique imprimée. Boîte divisée en deux compartiments, le couvercle illustré d'une planche gravée et coloriée : faîte d'une cathédrale, sous l'ogive centrale, roi armé en guerre sur son palefroi caparaçonné, vitraux représentant en couleurs les rois de France. *Complet et très frais.*

3362 MONDE ET LES NATIONS (LE) [Welt und Volker]. *S. l. n. d.* [vers 1800], 16 cartes (67×111 mm.), boîte de l'éditeur. **300 fr.**

16 cartes gravées et coloriées, représentant des habitants des diverses parties du monde. « Jeu instructif pour la jeunesse » qui se joue avec quatre dés, dont une notice imprimée, rédigée en allemand et en français, donne la règle. Le couvercle de la boîte orné d'une gravure coloriée.

3363 MONKEY (THE). The new game of. *London, E. Wallis, n. d.* [circa 1810], folding game, into 8vo. or. slip case with ticket. **200 fr.**

The game folds out to folio size, and has numerous amusing hand-coloured engravings, with the rules of the game in center.

3364 THE MOST REMARKABLE EVENTS in the life of Moses and travels of the children of Israël from Egypt to the Land of Canaan. Grande gravure coloriée de 40,5×35 centimètres, collée sur toile et repliée en neuf, contenant 30 sujets. *London,* 1813. **300 fr.**

Moïse sauvé des eaux. Le Buisson ardent. Passage de la Mer Rouge. La manne. L'Horeb. Les tables de la loi. L'âne de Balaam, etc.

3365 MOULIN (JEU DU) avec ou sans musique. *Paris, Valilliau, s. d.* [vers 1835], 56 cartes (56×33 mm.), étui. **300 fr.**

56 cartes lithographiées et coloriées : le meunier, la meunière, la servante, etc., chaque figure est répétée 4 fois, et 3 cartes de musique notée (Canon du Moulin). Etui papier d'argent semé d'œillets et de myosotis ; sur le dessus de l'étui, lithographie coloriée représentant le moulin. *Bel exemplaire.*

PLANCHE 150.

3366 MUSICIENS GROTESQUES (LES). *Paris, Boullanger, s. d.* [vers 1830], boîte de l'éditeur. **1.500 fr.**

Deux personnages lithographiés, coloriés, découpés. L'homme joue de la contrebasse, la femme de la guitare. A l'aide d'une tirette, on les met en action. Ils scient et pincent leur instrument, hochent la tête. La femme, débordante un peu, lève au ciel des yeux inspirés. Son chien hurle et gratte ses puces. Lithographie coloriée sur le cartonnage. A l'intérieur : étiquette gravée de Boullanger fils, marchand papetier, à l'enseigne du Grand Livre, boulevart Montmartre. *De toute rareté.*

3367 MYRIORAMA oder Zusammensetz und vieler tausend der schönsten und verschiedenartigsten Landschaften. *Wien, H. F. Muller, s. d.* [vers 1845]. Boîte moderne avec étiquette de l'éditeur collée. **1.000 fr.**

4 planches gravées et coloriées (187×146 mm.), collées sur carton, divisées en 4 coupures (deux de 49×146 et deux de 43×146 mm.), à l'aide desquelles il faut reconstituer les paysages dessinés par l'artiste. Vignette gravée et coloriée au-dessous du titre sur le couvercle de la boîte.

3368 MYRIORAMA VAN GESIGTEN IN ITALIE. *Amsterdam, Gebrs. Van Arum, s. d.* [vers 1840], Boîte de l'éditeur. **600 fr.**

6 planches gravées par *D. Slûyter* et finement coloriées (268×199 mm.), divisées chacune en 4 coupures (66×199 mm.) à l'aide desquelles il faut reconstituer des vues d'Italie avec fabriques et personnages. Sur le couvercle de la boîte divisée en deux compartiments, planche coloriée, vue de Saint-Pierre de Rome, prise d'un premier plan rappelant la manière de Piranèse. Encadrement pompéien. Notice imprimée à l'intérieur du couvercle.

3369 MYTHOLOGIE (GRAND JEU DE LA). *S. l. n. d.* [vers 1800], 25 cartes (68×108 mm.). Etui avec étiquette gravée et coloriée. **125 fr.**

25 cartes gravées et coloriées (estampes de 62×47 mm.) ; au-dessous, texte gravé. Complet et en très bel état. *Tarotage moderne.*

3370 NAIN JAUNE (LE JEU DE). *S. l. n. d.* [vers 1850]. Boîte de l'éditeur. **175 fr.**

Boîte divisée en 5 compartiments, une carte collée au fond de chacun d'eux, au centre : le sept de carreau, le Nain jaune, un jeu de 52 cartes (35×50 mm.) gravées et coloriées, fiches et jetons. Sur le couvercle de la boîte, au milieu d'un médaillon or, le Nain jaune appuyé sur le sept de carreau (gravure coloriée).

3371 NAIN JAUNE (JEU DU). *S. l. n. d.* [vers 1820]. *(Boîte de l'époque).* **300 fr.**

Boîte bois, recouverte de papier rouge, couvercle à coulisse (230×277 mm.). Au fond de la boîte, planche gravée, coloriée à la main, portant les figures du Nain jaune : roi de cœur, dame de pique, valet de trèfle et dix de carreau. Au centre, le sept de carreau, le Nain jaune. Ces figures sont reproduites au fond de cinq corbeilles en carton qui garnissent la boîte. *De toute fraîcheur.*

3372 NEUES JAGD-SPIEL. *Nurnberg, C. Trummer, s. d.* [vers 1810]. Planche gravée, coloriée, collée sur carton, 34×30 centimètres. Pliée en quatre. **50 fr.**

Comme le jeu de l'oie. Règle gravée dans le bas de la carte. *Bel exemplaire.*

3373 NEUESTES EISENBAHN — DAMPFSCHIFF — POST UND REISE-SPIEL. *Stuttgart, Carl Hoffmann,* in-16 carré, étui orné d'une gravure coloriée. [Vers 1845]. **200 fr.**

Jeu dans le genre du jeu de l'oie. Grande planche gravée et coloriée de 54×44 centimètres. 84 cases ornées de sujets en rapport avec le jeu : gare de chemin de fer, auberge, diligences, chevaux de poste, etc. Très frais. Bel exemplaire dans son étui original, avec gravure coloriée représentant un voyageur cheminant à pied, son bagage sur le dos, un autre à cheval, et une diligence dont le conducteur sonne de la trompe : dans le fond, chemin de fer et navire à vapeur.

3374 NEW GAME OF GENIUS or Compendium of Inventions connected with the Arts, Sciences and Manufacturers. Accompanied by a Descriptive Book and designed for the Amusement and Instruction of Youth of Both Sexes. *London, Wallis, n. d.* [circa 1830], in-8vo. folding out to folio, mounted on cloth, or. cloth. **500 fr.**

37 splendid scenes in coloured aquatint showing the inventions and sciences, etc.. *Coal mining, Signals, Magic lantern, Camera Obscura, Steam boat, Balloon, Typesetting, Printing, Etching* and *Suspension bridge, etc.* 10 page explanation booklet. *Fine copy.*

3375 NEW GAME (THE) of the Ascent of Mont Blanc. *London, n. d.* [circa 1850], 12mo. folding out to folio, mounted on cloth in or. cloth boards. **400 fr.**

The game consists of successive scenes in a journey to Chamonix and the ascent of the Mont Blanc. *South Eastern Terminus, Folkstone, Boulogne, Amiens, Paris* (8 scenes of sights and monuments), *Dijon, Geneva, Chillon, Chamonix, St Gervais, Mer de Glace, etc., etc.,* are among the various well executed and hand-coloured lithographs. 20 page book of instructions.

3376 NEW ROYAL GEOGRAPHICAL GAME. Exhibiting a Tour through Europe. *London, Wallis,* 1811, 8vo. opening out to folio, mounted on cloth, preserved in or. slip case. **125 fr.**

Coloured map of Europe.

3378 NOUVEAU JEU IMPÉRIAL DE L'AIGLE. *S. l. n. d.* [vers 1812], carton dépliant. **350 fr.**

Grande planche gravée montée sur carton (470×615 mm.). Succédané du jeu d'oie. Les figures seules diffèrent. Le cartonnage se plie en quatre.

3379 NOUVEAU LAVATER (LE) ou Quatorze cents physionomies analysées. *Paris, s. d.* [vers 1813]. Boîte carton de 12,3×17 centimètres, couvercle orné d'une gravure coloriée, bordée de papier doré à rinceaux. **1.250 fr.**

Le jeu comporte un carton sur lequel on a collé un papier blanc gravé, orné d'une vignette coloriée, bordé de papier doré à fleurons, découpé au milieu pour l'insertion d'images qui, ainsi placées, font tableau dans son cadre. Ces images gravées et coloriées sont au nombre de 26 :

8 crânes, 8 bouches et 10 nez, avec lesquels on peut obtenir un très grand nombre de figures. La boîte contient aussi l'ouvrage suivant : L'Art de connaître les hommes, d'après Lavater, avec trente-deux planches coloriées. Paris, Saintin, 1813, in-16 carré, br., couv. muette. *Bel exemplaire.*

3380 NOUVEAUX SAVANTS DE SOCIÉTÉ (LES) ou Recueil de jeux, la plupart neufs et inconnus. Ouvrage dédié aux personnes de tout sexe et de tout âge qui veulent se récréer. *Paris, Barba,* 1801, in-12, demi-veau vert, tr. j. *(Rel. anc.).* **250 fr.**

Joli frontispice gravé non signé représentant le « *Jeu de la Chouette* ». L'ouvrage est dû à un *Américain qui* « *rend compte des amusemens de son pays* » et qui remarque dans son introduction que « *dans nos îles d'Amérique, et comme je crois dans toutes les autres colonies, l'objet principal est de s'occuper du désir et des moyens de s'enrichir* ». Jeu des NÈGRES et des SAUVAGES, leurs danses, instruments, etc. Bel exemplaire. Rare.

3381 OLD FAMILY COACH (THE). An amusing game for a large party of children. *London, Jarrold and Sons, n. d.* [circa 1835-40], post 8vo. or. printed wrappers. *(One penny).* **70 fr.**

The first page gives the rule and Dramatis personœ. The rest of the seven pages give *The Tate.* A Penny booklet.

3382 ORACLE DES DAMES (PETIT). *Paris, Marcilly, s. d.* [vers 1825], in-32 obl. *(Etui de l'éditeur).* **200 fr.**

Titre frontispice, note explicative et 36 cartes lithographiées, tr. dorées : « On en fait choisir quatre de couleurs différentes, et chaque quadrille donne un vers pour réponse. L'oracle peut répondre d'une infinité de manières ». Etui bleu, titre lithographié, vignette représentant une consultation de l'oracle. *Bel exemplaire.*

3383 ORACLE (L') DE TOUS LES TEMPS. *Paris, Tarin, s. d.* [vers 1855], album in-8 obl., cartonnage papier de l'éditeur, 20 cartes (88×156 mm.), boîte de l'éditeur. **1.250 fr.**

Illustrations par *De Moraine, Fontaine,* etc., gravées par *Dujardin.* Frontispice, encadrements, titre en chromolithographie, cartonnage, rébus imprimé en argent, par *Meyer,* sur papier violet ; sur le second plat : magicien expliquant un oracle. 20 cartes de fantaisie coloriées et rehaussées d'or. Boîte, papier violet, sur le couvercle de laquelle est reproduit en or le magicien. Le texte de la notice est décousu. *Très bel exemplaire.*

3384 ORACLE (L') DE TOUS LES TEMPS, illustré par Demoraine, Fontaine, etc. *Paris, Tarin, s. d.* [vers 1867], in-8 obl. *(Cartonnage papier de l'éditeur).* **100 fr.**

Vignettes de *Demoraine* et de *Fontaine,* encadrements de *Ch. Fichot,* gravés sur bois par *Dujardin.* Imprimé en bleu, se présente sous la forme d'un rébus. L'oracle — jeu amusant — répond aux plus indiscrètes questions que, dans une société, lui peuvent poser des jeunes filles. Rousseurs sur le faux titre.

3385 O'SULLIVAN (Mrs). — A GENEALOGICAL AND CHRONOLOGICAL GAME of the History of England. *London, Bowdeny and Kerby,* 1816, thin 8vo. orig. boards. **120 fr.**

Second edition, with large coloured folding chart of the Kings, Queens and members of the Royal Family.

3386 PANTOMIME (LA). Jeu de société à 4 personnes. *Vienne, H.-F. Muller, s. d.* [vers 1820], 12 cartes (49×72 mm.), étui avec étiquette gravée. **400 fr.**

12 cartes, 10 gravées et coloriées, légendes en allemand et en français, et 2 blanches. Notice explicative bilingue du jeu. *Très bel exemplaire.*
PLANCHE 150.

3387 LES PAPILLONS SYMPATHIQUES. Boîte carton de 26,5×26,5 centimètres. *Brevelé, V. Siès, inv. éditeur* [vers 1820]. **1.200 fr.**

Le jeu comprend un tableau portant quatre cercles vitrés sous lesquels courent des papillons aimantés qui s'arrêtent tantôt en face d'une des réponses inscrites sur le pourtour des circonférences, tantôt en face d'une autre. Les questions sont posées par 3 étiquettes mobiles ou par un tableau à deux faces, que l'on glisse dans un tiroir encastré dans la boîte. En outre, deux cartons imprimés contiennent, l'un une liste de réponses figurées sur le tableau par des numéros, l'autre les règles du jeu. Les deux tableaux et les papillons sont lithographiés et coloriés. *Bel exemplaire.*

3388 PARLOUR TRAVELLERS (THE) through Europe, adapted for elder pupils in Geography. *N. d.* [circa 1820]. **150 fr.**

Folding coloured map game mounted on linen, in case with coloured title label.

3389 PENCE TABLE (THE NEW GAME OF THE) being the most instructive, pleasing and easy method to teach children their « pence table », ever published Written by a Lady. *London, D. Carvalho, n. d.* [circa 1830], 8vo. folding out to folio, mounted on cloth. Slip case ticket with coloured woodcut. **400 fr.**

Illustrated with 15 splendid hand-coloured woodcuts, and directions. Explanation on separate sheet. *Very fine copy.*
PLANCHE 52.

3390 PETER PARLEY'S Royal Victoria Game of the Kings and Queens of England. *London, Darlon and Clark, n. d.* [circa 1840], 1 vol. in or. printed wrappers and folding game sheet mounted on cloth, 12mo. or. cloth, gilt. **300 fr.**

The game sheet has 36 hand-coloured portraits of English Kings and Queens.

3391 PETER PONDER'S BOOK OF PUZZLES for the Entertainment and Instruction of Young People. By a Friend to Innocent Mirth. *London, William Darlon, n. d.* [circa 1816], sm. 12mo. or. wrappers. **250 fr.**

FIRST EDITION. Illustrated with 18 woodcut puzzles. Two page full page book list at end. Fine copy.

3393 PETIT PHYSICIEN (LE). *S. l. n. d.* [vers 1830]. Boîte de l'éditeur. **400 fr.**

Boîte magique, divisée en 4 compartiments, contenant : un portefeuille magique renfermant 4 cartes gravées et coloriées (50×60 mm.) ; 6 autres cartes (50×80 mm.) ; un gobelet à surprises ; un tablier de prestidigitateur et une notice rédigée en allemand, français et anglais. Planche gravée et coloriée sur le couvercle de la boîte : deux dames en costumes de l'époque et leur cavalier assistent aux tours de cartes d'un physicien homme du monde.

3394 PICTURESQUE ROUND GAME of the Produce and Manufacturers of the Countres of England and Wales. *London, J. Passmore, n. d.* [circa 1830], 8vo. folding out to folio or. cloth slip case. **400 fr.**

Map of England in coloured aquatint with illustrations of products of each county. 20 page booklet of Explanation and or. counters.

3395 POLYORAMA ou 20, 922, 789, 888, 000 vues pittoresques dessinées par M. CLARK. *Paris, Gide, s. d.* [vers 1820]. *(Boîte de l'éditeur).* **1.250 fr.**

Planche en aquatinte en couleurs divisées en 16 parties égales (68×195 mm.), dont les diverses combinaisons, grâce à la puissance firmative atteignent le nombre de vues énoncé par le titre. Boîte divisée en quatre compartiments. Côtés du couvercle ornée d'une frise de rinceaux d'or, cadre de même sur le dessus. Titre gravé sur papier azur, vignette coloriée. Complet et en parfait état.

3396 PORTES ET FENÊTRES. LE PORTRAIT. *S. l. n. d.* [vers 1830] (75×86 mm.). **250 fr.**

Pochette gravée et coloriée : en tirant une languette de papier, on aperçoit le seul portrait qui ait encore charmé un cavalier en pantalon blanc collant, en habit bleu et en gilet rose. Ce n'est pas celui d'une élégante de l'époque, sous le bavolet de son grand chapeau vert, mais le sien même qui apparaît dans un miroir. Spécimen de ces « Portes et fenêtres » dont la vogue fut si grande sous la Restauration et sous la Monarchie de Juillet.
PLANCHE 150.

3397 QUATRE SAISONS (LES). [Die vier Jahreszeiten]. Jeu amusant. *S. l. n. d.* [vers 1840]. Etui de l'éditeur. **40 fr.**

Placard (270×305), illustré de lithographies coloriées, plié en six dans son étui, dont la face est également ornée d'une lithographie coloriée. Le jeu se joue avec des dés et est favorable au « vieillard en hiver » qui gagne « tout ».

3398 QUI EST LE VOLEUR ? [Who is the thief ?]. *S. l. n. d.* [vers 1825], 11 cartes (70×110 mm.), étui illustré et colorié. **250 fr.**

11 cartes lithographiées et coloriées, représentant le juge, l'officier de police, le geôlier, le volé, le voleur, des voisins et des voisines. Etui illustré d'une lithographie coloriée représentant la poursuite du voleur. Notice explicative lithographiée en anglais, français et allemand. *Etui fatigué.*

3399 RÉBUS. *S. l. n. d.* [vers 1840], 50 cartes (37×50 mm.), étui. **300 fr.**

50 cartes gravées et coloriées, la figure donnant la signification du rébus, dont l'énoncé est gravé au-dessous.

3400 RÉBUS CHARIVARIQUES. *Paris, Aubert et Cⁱᵉ, s. d.* [vers 1843], in-8 obl., demi-chagr. rouge, pl. toile, fers à froid et titre doré. **80 fr.**

86 pl. de rébus gravées sur bois. L'explication en est donnée à la fin du volume.

3401 RÉBUS. RECUEIL DE RÉBUS. [Vers 1810 à 1825], in-8, cart. papier de l'époque. **250 fr.**

131 vignettes gravées ou lithographiées représentant des rébus, collées dans un album sùr la 1ʳᵉ p. duquel on lit : Recueil de rébus ; à Mⁱˡᵉ Fanny Garnier, au Mans, le 15 novembre 1828. 56 de ces vignettes-rébus sont coloriées. Une série de 18, sur des mots historiques de maréchaux de l'Empire (avec la scène explicative du rébus) est particulièrement remarquable. A la fin de l'album, il reste une vingtaine de feuillets blancs.

3402 RÉCRÉATION EUROPÉENNE (LA) ou Jeu des Princes de l'Europe. *Paris, Crépy, s. d.* [vers 1780], deux cartes gravées, coloriées et collées sur toile molle, de 50×61 centimètres, repliées en quatre dans un étui papier moderne.   **250 fr.**

L'une des cartes forme le jeu proprement dit et est ornée des cartes d'Europe et de France et de 60 petits médaillons (cartes d'États et de Provinces). L'autre carte contient les notices gravées qui font de ce jeu un jeu instructif et les « ordre et loix du jeu ». Beaux exemplaires.

3403 RENARD (LE) ET LES POULES. Carton gravé, colorié et déployant. Etui.   **100 fr.**

Succédané du jeu de dames comme le « jeu de l'assaut » qui précède (n° 3282). L'étui, illustré d'une gravure coloriée, porte le titre en trois langues, allemand (pays d'origine du jeu), français et anglais.

3404 RENARD (LE) ET LES POULES. [Der Fuchs und die Hühner]. *S. l. n. d.* [vers 1804], Boîte de l'éditeur.   **150 fr.**

Jeu conçu sur le modèle du jeu d'assaut et autres jeux analogues. Carton de 300×315 mm. qui se plie en quatre, garni des carrés et des diagonales qui doivent suivre le renard et les poules et illustré de lithographies coloriées. Jeu bien complet, possédant son renard et ses huit poules, jetons et notice explicative du jeu. Sur le couvercle de la boîte, lithographie coloriée représentant le renard et les poules.

3405 REWARD OF MERIT (THE). A New, Moral and Entertaining Game of Merit. *London, J. Harris, Successor to Mrs Newbery*, December 10th, 1801, 8vo. folding out to folio, mounted on cloth or. slip case with ticket.   **600 fr.**

Invented by Geo. Fox. and illustrated with 37 finely hand-coloured engravings, each picture with two rhyming lines *You nibble things on Shelf and Tub, So Pay a Stake you pilf' ring Cub*, etc. Three stains, mostly in margin, otherwise brilliant.

3406 ROAD TO THE TEMPLE (THE) of Honour and Fame. A New Game. *London, J. Harris*, 1811, 8vo. folding out to folio, mounted on cloth or. slip case with coloured engraved ticket. **500 fr.**

Large scene in foreground and 40 other scenes, the last being the Temple of Honour. All engraved on copper and hand-coloured. *Fine copy.*

3406 bis [ROUE DE LA FORTUNE]. 59 petites estampes (63×32 mm.), découpées et collées sur papier [vers 1840]. Etui.   **100 fr.**

Sujets divers et souvent humoristiques. Les planches sont numérotées et devraient être au nombre de 60. Il en manque une.

3407 ROYAL GENEALOGICAL PASTIME (THE) of the Sovereigns of England... *London, E. Newbery and John Wallis*, 1791, 8vo. folding out to folio, mounted on cloth, in or. slip case.   **75 fr.**

Portraits of 4 Sovereigns and 47 shields engraved on copper and hand-coloured. Rules on each side. *Fine copy.*

3408 ROYAL-GEOGRAPHICAL AMUSEMENT or The Safe and Expeditions Traveller through all the Parts of Europe by Sea and Land ; an Instructive Game..., by Dr Journey. *London, Lauvie*

and Whittle, 1794, 8vo. opening out to folio, mounted on cloth, preserved in slip-case, or. ticket.   **200 fr.**

Coloured map of Europe, with text on each side. *Fine copy.*

3409 SAVANT DE SOCIÉTÉ (LE). — RECUEIL DE PÉNITENCES. 24 cartes (65×95 mm.). *S. l. n. d.* [vers 1825]. Boîte illustrée de l'éditeur.   **1.000 fr.**

12 cartes illustrées de gravures finement coloriées représentant les diverses pénitences et très exactement les costumes de l'époque ; 12 cartes gravées donnant l'explication des pénitences. Sur le couvercle de la boîte, gravure coloriée : autre pénitence. Rare et dans un parfait état de fraîcheur.

PLANCHE 200.

3410 SAVANT DE SOCIÉTÉ (LE). — RECUEIL DE PÉNITENCES, 21 cartes (65×95 mm.). *S. l. n. d.* [vers 1825]. Boîte de l'éditeur.   **600 fr.**

Même jeu, même gravure et même boîte que le précédent. 2 cartes et 1 explication manquent.

3412 SORCIER DES SALONS (LE). [Der Wörter-Zauberer]. *S. l. n. d.* [vers 1840]. Boîte illustrée de l'éditeur.   **600 fr.**

5 cartons (32×68 mm.) portant sur chaque face une jolie lithographie coloriée, surmontée d'une lettre de l'alphabet. Ces cartons impressionnent différemment l'aiguille d'une boussole, grâce à quoi on obtient des pronostications, dont un texte lithographié révèle le sens. Boîte à deux compartiments, le couvercle illustré d'une lithographie coloriée. L'explication imprimée du jeu manque.

3413 STELLA (Jacques). — LES JEUX ET PLAISIRS DE L'ENFANCE. *A Paris, chez Claudine Stella*, 1657, 51 planches rel. en demi-mar. *(Rel. mod.).*   **2.000 fr.**

51 planches, dont une de titre (145×112 mm.) tirées sur grand papier, dessinées par Jacques Stella, gravées par Claudine Bouzonnet Stella. Scènes à jeux enfantins charmants de diversité et de fantaisie. Les marges seules du titre ont subi de légères restaurations. Voir plus loin n° 5982.

3415 SYBILLE *(sic)* **DES SALONS (LA).** *Paris, Alph. Giroux, Gihant frères, s. d.* [vers 1840], étui.   **500 fr.**

52 cartes (75×110 mm.) lithographiées et coloriées, illustrées de sujets divers composant le jeu, dessinés par Mansion, une carte lithographiée en fournit l'explication. Bien complet, rare. *Bel exemplaire.*

3416 TEE-TO-TUM GAME. WHY ? WHAT AND BECAUSE or The Road to the Temple of Knowledge. *London, William Sallis, n. d.* [circa 1850], folio, mounted on card folding in two.   **80 fr.**

Many scenes (Astronomy, Chemistry, Shipwreck, Polar Bear, etc., etc.) lithographed and hand-coloured.

3417 TÉLÉMAQUE (JEU DE). 25 cartes (72×108 mm.). *S. l. n. d.* [vers 1820]. Boîte de l'éditeur.   **600 fr.**

25 cartes gravées et coloriées, les 24 premières représentant les Aventures de Télémaque et la dernière un buste

de Fénelon. Au-dessous de chaque gravure, texte finement gravé. La planche coloriée représentant Télémaque et Minerve est reproduite sur le couvercle de la boîte. *Très frais.*

3418 TÊTES GROTESQUES. *S. l. n. d.* [vers 1860]. Boîte.   **150 fr.**

Lithographies coloriées découpées en 43 morceaux, dont le haut de 6 grosses têtes. Les yeux, les nez, les bouches, etc., sont découpés à part et les visages difficiles à reconstituer.

3419 THÉATRE PITTORESQUE. *Paris, Chanvin, s. d.* [vers 1850]. Boîte.   **500 fr.**

Gravure coloriée, collée sur carton et découpée, représentant le Théâtre pittoresque, son décor et ses personnages. Le rideau s'ouvre, la scène gagne de la profondeur et les acteurs forment tableau.

3420 TOUR THROUGH ENGLAND AND WALES. A New Geographical Pastime. *London, Wallis,* 1794, 8vo. folding out to folio, mounted on cloth or. slip case with ticket.   **200 fr.**

Coloured map of England with printed directions on either side.

3421 GRAND TOURNOI (JEU DU). [Das grosse Turnirspiel]. *Wien, C. Barth, s. d.* [vers 1860], chromolithographie dépliante (900×480 mm.), collée sur toile.   **175 fr.**

Sorte de jeu d'oie dont le centre est illustré par une scène de tournoi. Des sujets adéquats, dont des armoiries et des têtes de mort, occupent la place des numéros du jeu d'oie.

3422 TRAVELLERS OF EUROPE (THE). *London, William Spooner,* 1852, small 4to folding out to large folio or. cloth covers, ticket, tui.   **400 fr.**

Map of Europe with various scenes of each country, lithographed and beautifully coloured by hand. A very handsome game.

3423 VERKLARING VAN HET SCHIMMELSPEL. [La Cloche et le Marteau]. *S. l. n. d.* [vers 1825], 5 cartes (72×111 mm.).   **75 fr.**

5 cartes finement gravées représentant la cloche, le marteau et le cheval. La boîte contient, en outre, 6 dés et une notice à l'intérieur du couvercle. Voir nᵒˢ 3222 et 3222 bis.

3424 VISITKARTEN ZUM LACHEN. *Wien, H.-F. Muller, s. d.* [vers 1830], 40 cartes (55×90 mm.), étui de l'éditeur.   **500 fr.**

40 cartes gravées et coloriées, contenant d'amusantes caricatures, hommes et femmes. La querelle des classiques et des romantiques avait gagné l'Europe Centrale et on en trouve ici l'écho. Notice imprimée. Etui fendu, titre gravé.
PLANCHE 150.

3425 VOYAGES DANS LES CINQ PARTIES DU MONDE. *Nuremberg, Jean George Klinger,* 1807, in-16, couvert. muette, boîte de l'éditeur. **800 fr.**

Description des différens peuples remarquables dans les cinq parties du monde. — Notice explicative du Jeu des nations · 5 petites cartes géographiques, gravées et coloriées, 30 planches gravées et coloriées représentant les divers costumes portés dans les cinq parties du monde, une pyramide gravée et coloriée, établie pour permettre le jeu et trois dés. Titre et gravure coloriée sur le couvercle de la boîte. Le jeu devrait compter 32 planches gravées : celles consacrées aux Chinois et aux Persans manquent.

3426 VOYAGE OF DISCOVERY (A). A New Christmas Game. *London, W. Spooner,* 1836, sq. 12mo. folding out to folio in or. cloth, boards, with coloured ticket.   **400 fr.**

Island and many handsome ships, form the basis of the plan of this game, finely lithographed and hand-coloured. Printed rules on inside of front cover. *Fine copy.*

3427 VOYAGE OF DISCOVERY (A). A New Christmas Game. Another copy.   **250 fr.**

Not so fresh.

3428 WADDLING FROG (THE GAPING, WIDE MOUTHED). A New and entertaining game of Questions and Commands. With proper directions for playing the game and Crying the Forfeits. *London, Dean and Munday, n. d.* [circa 1825], sm. 8vo. or. printed wrappers.   **1.500 fr.**

Illustrated with 15 splendid hand-coloured woodcuts ; with text of game (to the rhyme of *The House that Jack built*) under each. *Tuer. F. C. B., page* 466. Very fine copy.

3429 WALLIS'S COMPLETE VOYAGE round the World. A new geographical Pastime. *London, John Wallis,* 1802, planche gravée et coloriée, avec texte imprimé, de 61×49 centimètres. Collée sur toile et repliée en 12.   **125 fr.**

Dans un étui moderne en papier fantaisie, sur lequel on a collé l'étiquette gravée de l'étui ancien. Le jeu est en quelque sorte un circuit des capitales à travers le monde entier. *Bel exemplaire.*

3430 WANDERERS IN THE WILDERNESS (New Game of]. *London, Ed. Wallis, n. d.* [circa 1830], 8vo. folding out to large folio, mounted on cloth, or. slip case.   **300 fr.**

Coloured pictorial map of South America engraved in aquatint, showing South American Scenes. 12 page booklet of Rules. *Fine copy.*

3431 WONDER'S OF NATURE. Elegant and Instructive Game exhibiting the Wonders of Nature in each Quarter of the World. *Wallis, n. d.* [circa 1830], 8vo. folding out to folio, mounted on cloth, slip ease with ticket.   **250 fr.**

Illustrated with 26 hand-coloured engravings views of wonders of the world, including Niagara Falls, Mount Fuji. Hot Springs, Geysers, Volcanoes, etc., etc.

3432 WORLD WITH ITS INHABITANTS (THE). Small Globe *(40 mm. diam.),* and folding strip of 27 hand-coloured inhabitants of the Globe in National Costumes each on 30×43 mm. in or. box with coloured ticket, n. d. nor P.   **400 fr.**

Circa 1820.

3433 WUHLHUBER UND HEULMAIER oder der beiden Republikaner Reise-Abenteuer... *Prag, s.*

d. [vers 1850], planche gravée, coloriée et collée sur carton de 39×35 centimètres. Pliée en quatre. **350 fr.**

Étui de l'éditeur orné d'une lithographie coloriée représentant les deux héros du jeu, personnages comiques. Le jeu comporte des cases avec légendes devant lesquelles s'arrête une flèche que l'on fait tourner et qui est fixée au centre de la carte. Trou au centre, la flèche de cuivre est détachée.

3434 YOUNG TRAVELLER'S TOUR Thro'Europe. A Game. *N. d.* [circa 1840], sq. 8vo. folding out to large folio, mounted on linen, or. cloth. **400 fr.**

The game is an illustrated map of Europe, lithographed and hand-coloured. Each picture is characteristic of the country, and the sea has many sculing vessels.

═══════

3435 JEUNE DESSINATEUR (LE) ou Études de Paysages, de Fleurs et d'Animaux, accompagnées d'un texte sur ce genre de dessin. Ouvrage destiné à l'amusement de la Jeunesse. *Paris, Lecerf et P. Blanchard, s. d.* [vers 1825], in-8 oblong, demi-bas. fauve. *(Rel. de l'époque).* **60 fr.**

Titre gravé avec vignette *coloriée,* frontispice *colorié* représentant *Gessner* écrivant sa lettre sur le paysage, 16 pp. de texte et 21 planches gravées et *coloriées* : arbres, paysages, animaux, scènes, etc. Qq. lég. salissures, exemplaire feuilleté.

3436 JEUNE DESSINATEUR (LE) ou Etudes de paysages, de fleurs et d'animaux, accompagnées d'un texte sur ce genre de dessin. *Paris, J. Langlumé et Peltier, s. d.* [vers 1825], in-8 obl. *(Cartonnage papier de l'éditeur, vignette).* **50 fr.**

Frontispice, titre et 21 planches gravés. A noter entre autres modèles, « une fabrique » dans le sens que lui attachait le xviiie siècle et « une marine » : flottille et sémaphore. *Dos refait.*

3437 JEUNES NATURALISTES (LES) ou Cours élémentaire d'Histoire Naturelle, à la portée du premier âge ; traduit de l'anglais, par M. B. *Limoges, Barbou,* 1838, in-12, bas. grenat, dos orné, plaque à froid sur les plats, petit *ex-praemio* sur le 1er plat, tr. marb. *(Rel. de l'époque).* **150 fr.**

Illustré de 4 figures non signées : *La Pêche aux Perles, l'Eléphant, la Pêche à la baleine,* etc. Le 1er plat est en petite partie passé à la lumière, mais bel exemplaire.

3438 JEUX ET EXERCICES DES JEUNES GARÇONS. *Paris, L. de Bure, s. d.* [vers 1825], in-12. *(Cartonnage papier de l'éditeur).* **200 fr.**

8 vignettes coloriées (y compris celle collée sur le cartonnage), dessinées et gravées par *Pauquet.* Dos cassé, le premier plat détaché. Quelques rousseurs.

3439 JEUX ET EXERCICES DES JEUNES GARÇONS. Edition illustrée par PAUQUET. *Paris, A. Courcier, s. d.* [vers 1845], in-16 carré, cart. papier *de l'édit.* **750 fr.**

8 gravures coloriées représentant de jeunes garçons jouant à la toupie, aux billes, à la marelle, au cheval fondu, aux quilles, au cerf-volant, à l'assaut de la butte. La 1re gravure (frontisp.) figure deux enfants tenant l'un un

ballon, l'autre un cerceau. Vignettes sur bois sur le titre. Le texte décrit aussi les barres, la balle au mur, la balle empoisonnée, la bascule, les osselets, le saut du mouton, la main-chaude, le bilboquet, colin-maillard, le sabot, etc., etc. Cartonn. polychrome sur fond gris. *Très bel exemplaire.*

3440 JEUX DE LA JEUNESSE (LES) ou Nouvelle Méthode à Instruire les Enfans, en les Amusant par la Représentation des différens Jeux et Exercise du Corps, auxquels ils se livrent ; orné de 35 figures, avec des Explications sur les Avantages ou les Dangers qui peuvent résulter pour leur Santé de ces Jeux et Exercises. Par une Dame. *A Newmarket, R. Royers, n. d.* [circa 1814], sm. 12mo. or. half-leather, boards. **300 fr.**

Illustrated with 35 quaint and well executed woodcuts. The Introduction is in English and there is an « Avis des Editeurs François » in french. Large type. *Fine copy.*

3441 JEUX DES QUATRE SAISONS (LES) ou les amusements du jeune âge. *Paris, Alexis Eymery,* 1812, in-16, demi-mar. *(Rel. Rod.).* **600 fr.**

PREMIER TIRAGE. Frontispice, titre et 14 figures gravés sur cuivre et représentant des jeux d'enfants. Ouvrage inspiré d'un livre publié en Angleterre avec le plus grand succès. Les gravures sont également inspirées des illustrations sur bois de l'ouvrage anglais. *Bel exemplaire.*

3442 JEUX DES QUATRE SAISONS (LES) ou les amusements du jeune âge. *Paris, Eymery,* 1816, in-16, veau brun tacheté, dent. sur les plats. *(Rel. de l'époque).* **1.500 fr.**

Le même ouvrage que le n° précédent, mêmes illustrations, mais *coloriées.*

3443 JEWISH KINGS. — (A Compendium of the History of the) For the Amusement and Instruction of Youth. *London, Francis Westley,* 1821, sm. 12mo. or. half-leather, boards. **150 fr.**

Illustrated with 16 hand-coloured engravings. 3 page book list at end.

3444 JOB ET G. MONTORGUEIL. — JOUONS A L'HISTOIRE. La France mise en scène avec les joujoux de deux petits Français. *Paris, Boivin et Cie, s. d.* (1908), cartonnage toile bleue *de l'éditeur,* tr. dorées. **50 fr.**

Très amusants dessins de Job, reproduits en chromolithographie et à pleines pages, reconstituant, à l'aide de jouets, l'histoire de France depuis la « Gaule barbare » jusqu'à « Napoléon à Sainte-Hélène ». Texte de Georges Montorgueil. Cartonnage toile bleue où est reproduite une composition de Job résumant le volume.

3445 JOHN AND THE OAK TREE. *London, n. d.* [circa 1835], oblong 4to. or. printed wrappers. **200 fr.**

Illustrated with ten hand-coloured woodcuts. At end are two other poems *Buy my Sweet Bough-pots* and *Do not Beat the Donkey.* From Park's Library of Instruction and Amusement. Very rare, fine copy.

3446 JOHNNY GILPIN AND DICK WITTINGTON. *London, J. March, n. d.* [circa 1835], 8vo. or. printed wrappers. *(Torn, with no loss).* **100 fr.**

Illustrated with 12 highly hand-coloured woodcuts. Fingered copy.

3447 **JOHN POUNDS,** Mender of Shoes and Teacher of Children. A New Year's Gift, 1844. *Boston, Christian World*, 1843, sm. 12mo. or. printed wrappers. **140 fr.**

John Pounds while earning an existence by mending shoes ; as a school-master gratuitiously taught to some hundreds of poor children. 1766-1839. *Fine copy.*

3448 **JOHNSON (Effie). —** IN THE FIRE and other fancies. *London, Elkin Mathews*, 1892, 8vo. or. cloth. **60 fr.**

FIRST EDITION with a frontispiece by WALTER CRANE. Only 500 copies printed.

3449 **JOHNSTONE (Mrs). —** DIVERSIONS OF HOLLYCOT or the Mother's Art of Thinking. *Edinburgh, Oliver and Boyd*, 1828, sm. 12mo. or. half-leather boards. **100 fr.**

INSCRIBED COPY OF THE FIRST EDITION. « *To Miss H. Denver with the best regards of Clo F. Jonhstone, the Authoress.* »

3450 **JOLLY OLD MAN (THE)** who Sings Down Derry Down. *London, Dean and Sons, n. d.* [circa 1860], large 8vo. or. coloured boards. **250 fr.**

Illustrated with 8 hand-coloured woodcuts. On the last picture which is attached to the cover, is attached a carved face of the « jolly old man » about 1/2 inch high, which penetrates right through the book, to the front cover, the faces of the pictures being cut away, so that it fits exactly. *Fine copy.*

3451 **JONES (Mrs E. C.). —** THE INFANT SPEAKER. *Boston, Frederick B. Callender*, 1832, sq. 16mo. or. printed boards with woodcut. **300 fr.**

FIRST EDITION. Illustrated with 4 charming woodcuts, splendidly executed. Very fine copy.

3452 **JONES (Noel). —** HOW Mr DOLDRUM SPENT CHRISTMAS designed by « Dot » and imagined and etched by Noel Jones. *London, W. and T. Piper, n. d.* [circa 184-?], 16mo. or. printed coloured wrappers. **180 fr.**

The work consists of a folding series of 16 etched plates.

3453 **JOSEPH EN ESTAMPES** ou Extrait du poème de Joseph, par Bitaubé, mis en ordre pour l'intelligence du jeune âge. *Paris, Caillot*, 1832, in-8 obl. *(Cartonnage papier de l'éditeur).* **250 fr.**

Portr. et 12 pl. dessinées par *Martinet*, gravées par *Pauquet* et *Dupréel*. Les pl. ont été coloriées par des enfants. *Dos refait.*

3454 **JOSEPHINE. —** PLEASANT RHYMES FOR LITTLE READERS or Jottings for Juveniles. *London, Houlston and Wright*, 1686, 8vo. or. cloth, gilt. **30 fr.**

Illustrated with a splendid Kronheim print as frontispiece and two woodcuts. *Very fine copy.*

3455 **JOSEPHUS. —** THE WARS OF THE JEWS as related by Josephus adapted to the capacities of young persons. *London, Harris and Son*, 1823, 12mo. or. printed boards. **230 fr.**

FIRST ÉDITION. Illustrated with 24 engravings from the original designs by *Mr Brooke.*

3456 **JOSEPHUS. —** THE WARS OF THE JEWS. *London, Harris and Son*, 1824, second edition, or. printed boards. **100 fr.**

Same plates as the first edition. *Fine copy.*

3457 **JOUHANNEAUD (L'abbé Paul). —** ALBUM DES VOYAGES ANCIENS ET MODERNES. *Limoges et Paris, Martial Ardant*, 1858, gr. in-8, cart. toile noire, décor polychrome, tr. dorées. **150 fr.**

« Édition illustrée de portraits des différents peuples de la terre ». 23 lithos joliment coloriées : agrandissement de gravures qui avaient illustré des collections de voyages antérieurs : on a orné d'un châle la « jeune esclave de Paramaribo », primitivement très décolletée... Sur le 1er plat, au centre d'un décor architectural doré, grand médaillon blanc : un père bénit ses enfants qui partent en voyage. Dos et second plat ornés vert, or, rouge, blanc, jaune.

3458 **JOURNAL DES JEUNES PERSONNES.** *Paris*, 1835-1836, 2 volumes in-8, reliés en un, demi-bas. grenat. **500 fr.**

Tomes III et IV de la collection. 5 planches en noir d'histoire naturelle appartiennent seules en propre au *Journal des Jeunes Personnes* ; les 44 planches gravées et finement coloriées auquel ce volume doit son principal intérêt, sont empruntées : 7 à *La Mode*, « revue du Monde élégant », 37 au *Petit Courrier des Dames*, dans le nombre, un travestissement délicieux de GAVARNI. Parmi les collaborateurs du texte : Mme Emile de Girardin, Ernest Fouinet, Jules de Rességuier, vicomte Walsh, Xavier Marmier, Amédée Pichot, Comte Horace de Viel-Castel, etc.

3459 **JOURNAL DE LA JEUNESSE (LE). —** NOUVEAU RECUEIL HEBDOMADAIRE ILLUSTRÉ. *Paris, Hachette*, 1882, gr. in-4, toile rouge de l'éditeur, fers spéciaux, tr. dor. **50 fr.**

Très beau frontispice en chromolithographie par KATE GREENAWAY, nombreuses planches en couleurs par GUSTAVE DORÉ, WALTER CRANE, etc., et figures sur bois dans le texte.

3460 **JOYCE (Jeremiah). —** SCIENTIFIC DIALOGUES ; intended for the Instruction and Entertainment of Young People..., etc. *London, Baldwin and Cradock*, 1833, three vols. in-12mo. or. half-leather, boards. **90 fr.**

Illustrated with upwards of 170 woodcuts. The author was for many years Secretary of the Unitarian Society. The first edition appeared in 1807 : the above is with additions and improvements. *Nice set.*

3461 **JOYEUSE COMÉDIE (LA). —** Musée comique, folies, bigarrures et fantaisies artistiques. *Liége, Riga, s. d.* [vers 1840], in-8 obl. *(Cartonnage papier de l'éditeur).* **300 fr.**

Frontispice, titre (reproduit sur le cartonnage) et 12 lithographies coloriées, par VICTOR ADAM, GRANDVILLE et GAVARNI, texte par Mmes Alida de Savignac, de Salvage et la baronne de Norew. Bel exemplaire d'un recueil très rare et recherché. *Dos refait.*

3462 **JUGENDSPIELE** zur Erholung und Erheiterung Madchenspiele. *Tilsit, Sommerfeld, s. d.* [vers 1846], pet. in-8, cart. papier j. impr. *(Cart. de l'éditeur).* **150 fr.**

Recueil de jeux pour petites filles. Il est illustré de 10 figures coloriées. *Bel exemplaire.*

3463 **JUGENDSPIELE** zur Erholung und Erheiterung Knabenspiele. *Tilsit, Semmerfeld, s. d.* (1846)
pet. in-8, cart. papier impr. *(Carl. de l'éditeur).*
150 fr.

Recueil de jeux pour garçons. Il est illustré de 10 figures coloriées. *Bel exemplaire.*

3464 **JULIA WENTWORTH** or The Fatal Effects
of Folly and Disobedience. *London, Sherwood,
Jones and Co,* 1824, sm. 12mo. or. half-leather,
boards.   **125 fr.**

Illustrated with 6 splendid woodcuts and 6 charming
vignettes. *Fine copy.*

3465 **JULLIEN.** — ÉCOLE DE DESSIN. Cours
élémentaire et progressif d'études pour la figure.
Paris, Impr. Schneider, s. d. [vers 1860], in-8
oblong, cartonn. d'édit. pap. rose avec chromolithographie de *G. Paulon,* rehaussée d'or sur le
1er plat, par *A. Belin. (Cartonn. d'édit.).* **125 fr.**

Recueil de 22 lithographies par JULLIEN avec un texte
de 2 pp. à 2 colonnes relatif à l'étude de la figure. *Bel
exemplaire, cartonnage de toute fraîcheur.*

3466 **JUMEL (J.-C.).** — GALERIE DES ENFANS
ou les Motifs d'une noble émulation... pour servir
à l'éducation de la jeunesse. *Paris, Eymery,* 1813,
in-12, demi-bas. brune, dos orné, plats décorés de
guirlandes dorées. *(Rel. anc.).*   **50 fr.**

ÉDITION ORIGINALE. Six figures gravées. *Montaigne, Pascal, Newton, Descartes, Racine, Voltaire, Du
Guesclin, etc.*

3467 **JUMEL (J.-C.).** — GALERIE DES ENFANS,
pour servir à l'éducation de la Jeunesse. *Paris,
Eymery, Fruger,* 1852, in-12, bas. mouch., dos
orné, pet. guirlande autour des plats, tr. marb.
(Rel. de l'époque).   **30 fr.**

LE MÊME OUVRAGE QUE LE PRÉCÉDENT. Illustré de 6 figures regravées. Titre encadré.

3468 **JUVENILE CABINET OF AMUSEMENT
(THE),** consisting of Pleasing Fairy Tales. *Gainsbrough, Mozley and Co's Lilliputian Book-Manufactory, n. d.* [circa 1790]. Price Sixpence, small
16mo. or. coloured paper boards, preserved in
half-morocco case.   **2.000 fr.**

The first story in this little volume is an early adaptation
of Madame de Beaumont's « *Price Désir* » and which is
evidently the ENGLISH ORIGINAL OF CHARLES
LAMB'S « PRINCE DORUS ». The other stories are entitled « *The Fisherman and the Traveller* », *Venustula, a Fairy
Tale* », « *The Two Sisters* », and « *Prince Charmer* ». The
book is illustrated with a frontispiece and 11 quaint woodcuts. *Fine copy.*
PLANCHE 57.

3469 **JUVENILE FORGET ME NOT.** A Christmas,
New Year's and Birth-day Present, for Youth
of Both Sexes. Edited by FREDERIC SHOBERL.
London, Ackermann, 1831, 12mo. or. printed
boards, slip case.   **125 fr.**

Illustrated with 8 charming steel engravings, typical of
the period. *Fine copy.*

3470 **JUVENILE GAMES** for the four seasons. *Edinburgh, Oliver and Boyd, etc., n. d.* [circa 1820],
sm. 12mo. or. half-leather, boards.   **480 fr.**

FIRST EDITION. Frontispiece showing *Prudence
rewarding merit* and many remarkably well executed woodcuts illustrating the juvenile games. *Fine copy.* Tuer F.
C. B., pages 363-370.
PLANCHE 113.

3471 **JUVENILE GAMES** for the four seasons. Or.
half-leather, boards. *(End papers renewed).* **250 fr.**

Another copy same edition.

3472 **JUVENILE LIBRARY.** Five half-penny stories. *London, S. W. Partridge and Co, n. d.* [circa
1865], 24mo. in original coloured and printed
wrappers, as new.   **80 fr.**

Each with several woodcuts. *You can't straighten it,
Bennie Wilson's Anti-Society, With a Will, Joe, Pleasures
of the Country, Anecdotes of little Dogs.*

3473 **JUVENILE MAGAZINE (THE)** or an Instructive and entertaining Miscellany for Youth of
both sexes. *London, J. Marshall and Co,* 1788,
2 vols in-12mo. contemp. half-calf.   **1.800 fr.**

The 12 issues for the year 1788. Illustrated with 24 fine
plates (including maps) and two folding sheets of music.
Contains two letters from Dr JOHNSON : one to Miss
Susanna Thrale *(Dearest Miss Suzy...)* and other to Miss
Sophie Thrale. The magazine also contains several plays
for children. One of the plates for *The Affectionate Sisters,* is reproduced in Tuer's F. C. B., page 25.

3474 **JUVENILE PHILOSOPHY,** containing amusing and instructive discourses on HOGARTH'S
PRINTS of the industrious and idle apprentices ;
analogy between plants and animals, etc., etc.,
designed to enlarge the understandings of Youth...
London, Vernor and Hood, 1801, small 12mo. or.
half-leather, boards.   **60 fr.**

FIRST EDITION. Illustrated with a charming frontispiece engraved by Springsguth from the drawing by Corbould.

3475 **JUVENILE RAMBLER (THE)** in a series of
easy reading lessons. Designed for Children. *London, John Harris, n. d.* [circa 1825], 12mo. or.
printed boards.   **125 fr.**

The work is illustrated with many spirited woodcuts
showing scenes in many countries.

3476 **JUVENILE RAMBLER (THE)** in a Series of
easy reading lessons. Or. printed boards. *(Back
damaged, corners worn).*   **40 fr.**

Another copy, same edition. Leaves loose and slightly
spotted.

3477 **J. (R.).** — JUVENILE RAMBLES THROUGH
THE PATHS OF NATURE ; in which many
parts of the Wonderful Works of the Creation are
brought Forward and made familiar to the Capacity of every Little Miss and Master, who wishes
to become Wise and Good. *London, E. Newberry,
n. d.* [circa 1786], Price Sixpence, 16mo. or. flowered coloured paper boards. *(Back strip missing).*
200 fr.

Illustrated with frontispiece and many woodcuts in
text. LACKS 2 LEAVES *(pages 17-18, 31-32).* Welsh
cites an edition published by Harris n. d. with same collation and a copy of this edition in the Bodleian Library.

3478 **JUVENILE RAMBLES** through the Paths of Nature... ; And made familiar to the capacity of every little Miss and Master, who wishes to become wise and good. By the Author of the Toy-Shop. *Swaffham, Printed by and for F. Skill*, 1830, sm. 12mo. or. boards, ticket. **150 fr.**

Frontispiece and 12 charming woodcuts. The Preface says *This little book... was first published by the worthy E. Newbery, at St Paul's Churchyard, who was a true friend to Youth...* Charles Welsh speaks of a copy issued for E. Newbery in 1786. *Fine copy.*

3479 **JUVENILE SKETCH BOOK (THE)** or Pictures of Youth in a Series of Tales. *London, H. R. Thomas*, 1825, 12mo. or. leather binding. **75 fr.**

Frontispiece engraved by *R. Fenner* from the drawing by *J. Clover.* Charming engraved title page with large vignette.

3480 **JUVENILE VERSE AND PICTURE BOOK (THE).** *London, Frederick Warne and Co*, 1866, sm. 4to. or. red cloth, gilt, g. e. **80 fr.**

With numerous illustrations engraved in wood, by TENNIEL, WEIGALL, W. B. SCOTT, ETC., ETC. *Fine copy.*

3481 **JUVENILE WREATH (THE).** By the author of « The Flowers of the Forest ». *Wellington, Salop, Houlston and Son*, 1829, sm. 12mo. or. printed boards. **30 fr.**

Illustrated with a charming frontispiece. Two page book list at end.

3482 **KAMP (H. A. von). —** WINTERBLUMCHEN Erzählungen für die Jugend auch für das Kindlich gesinnte Alter. *Essen, G.-D. Badeker*, 1832, pet. in-8, cart. couv. chamois impr. *(Cart. de l'éditeur).* **30 fr.**

Recueil de petites histoires pour la jeunesse. Il est orné de 4 charmantes figures gravées au trait par *Hugelgen.* Dos cassé.

3483 **KARR (Alphonse). —** LES FÉES DE LA MER. *Paris, Blanchard*, 1851, in-8, carré, broché, couv. **250 fr.**

PREMIÈRE ÉDITION ILLUSTRÉE, décrite par *Vicaire*, IV, 640. Nombreuses vignettes sur bois par *Lorentz.* Très bel exemplaire.

3484 **KARR (Alphonse). —** LES FÉES DE LA MER. Toile noire, dos orné et mosaïqué, fers spéciaux sur les plats, dorés avec parties mosaïquées, encadr. à froid, tr. dor. *(Cartonn. d'édit.).* **150 fr.**

Même édition que le n° précédent. Rouss. à 1 f. Cart. sans éclat.

3485 **KARR (Alphonse). —** HISTOIRE D'UN PION, suivie de l'emploi du Temps, de deux dialogues sur le courage et de l'Esprit des Lois ou les Voleurs volés. *Paris, Blanchard*, 1854, in-8, carré, broché, couv. **200 fr.**

PREMIÈRE ÉDITION ILLUSTRÉE décrite par *Vicaire*, IV, 641, ornée de vignettes et illustrations à pleine page sur bois par GÉRARD SÉGUIN. *Très bel exemplaire non coupé.*

3486 **KARR (Alphonse). —** HISTOIRE D'UN PION... *Même ouvrage, même édition que le précédent*, cartonnage toile bleu foncé, dos orné de motifs dorés et coloriés, larges plaques spéciales dorées et coloriées sur les plats, tr. dorées. *(Cartonnage d'édit.).* **250 fr.**

Très bel exemplaire dans son cartonnage d'éditeur très frais *(dos fané).*

3487 **KEEPSAKE D'HISTOIRE NATURELLE. —** Description des Mammifères... avec introduction de M. CHARLES D'ORBIGNY. *Paris, Bazouge-Pigoreau, s. d.* [vers 1840], in-8, plein chagrin vert pomme, dos à n. plats, très orné, plats couverts d'un riche décor doré et à froid, coquilles, motifs rocaille, feuillages, fil. droits et courbes, tr. dor., dent. int. *(Rel. romantique).* **1.000 fr.**

Très beau « Keepsake », rare, orné de 140 dessins par *Victor Adam* (planches gravées par *Beaupré, Lalaisse, Truebe, Giroux, Durand, Gelée, etc.*).

SUPERBE RELIURE EN PLEIN CHAGRIN de coloris vif, et d'un très beau décor ; très fraîche. Un coin très lég. frotté.

3488 **KEEPSAKE DE LA JEUNESSE.** *Paris, Louis Janet, s. d.* [vers 1840], in-8, demi-bas. t. de nègre. **100 fr.**

Frontispice [reproduit sur le premier plat de la reliure] et 16 charmantes lithographies de *Louis Lassalle.* Le titre et la première page détachés. Rousseurs.

3489 **KEEPSAKE POUR 1842.** *Paris, publié par la Chronique, s. d.* (1841), in-32. *(Cartonnage de l'édit.).* **150 fr.**

Illustré de 62 vignettes sur bois non signées. Cartonnage en lithographie, paysage. Ce recueil contient des vers de *Victor Hugo, Lamartine, Roger de Beauvoir, Antony Deschamps, Edouard d'Anglemont, etc.* Rare et curieux.

3490 **KEEPSAKE FOR THE YOUNG** an Annual Present. *London, Edward Lacey, n. d.* [circa 1830], sm. 12mo. or. printed boards. *(Front cover detached).* **150 fr.**

Illustrated with 4 steel engravings. Unusual copy printed on different coloured papers, Blue, Green, Yellow and Pink.

3490 *bis* **KEEPSAKE GUINEAS (THE)** or The Best use of Money. By the author of the Juvenile Forget-me-not, etc. *London, Dean and Munday*, 1828, sm. 12mo. or. half-leather, boards. *(End papers renewed).* **50 fr.**

FIRST EDITION. Engraved frontispiece. 4 page book list at end.

EDWARD AUGUSTUS KENDALL (1776 ?-1842)

3491 [**KENDALL (E. A.)**]. — THE CANARY BIRD. A Moral Fiction. *London, E. Newbery*, 1799, or. half-vellum, boards.   **500 fr.**

FIRST EDITION. This work of Kendall is not mentioned by Welsh. At the end is a Note referring to « Keeper » and containing the « Memorial » inscribed on his grave. This copy has no frontispiece and we do not know if there should be one.

3492 **KENDALL (E. A.)**. — THE CRESTED WREN. *London, E. Newbery*, 1799, sm. 12mo. or. half-leather, boards. *(Back and corners rubbed)*.   **2.500 fr.**

FIRST EDITION. Illustrated with a finely engraved frontispiece on copper by *Taylor* and woodcut vignette on title. Charles Welsh must have seen only an imperfect copy, as he mentions no frontispiece. *On the reverse of the title is an intimation that in the motto on the title the word « golden » has been substituted for « hoary » in the quotation from Beattie's Ode to Retirement.* Fine copy of a most interesting work by the famous author of « *Keeper's Travels* ».

3493 **KENDALL (E. A.)**. — THE ENGLISH BOY AT THE CAPE an Anglo-African Story. *London, Whittaker and Co*, 1835, 3 vols. in-12 or. half-leather, boards.   **80 fr.**

Engraved frontispiece to each volume. *Fine copy.*

3494 **KENDALL (E. A.)**. — KEEPER'S TRAVELS IN SEARCH OF HIS MASTER. *Philadelphia, Johnson and Warner*, 1808, sm. 12mo. or. boards.   **250 fr.**

Engraved frontispiece. Early American edition. *Fine copy.*

3495 [**KENDALL (E. A.)**]. — KEEPER'S TRAVELS IN SEARCH OF HIS MASTER. *London, J. Harris*, 1817, sm. 12mo. or. half-leather, boards.   **150 fr.**

Engraved frontispiece. Early edition of this famous nursery classic. The first edition appeared in 1798, and was a huge success. Two page book list at end. *Fine copy.*

3496 **KENDALL (E. A.)**. — KEEPER'S TRAVELS IN SEARCH OF HIS MASTER. *Dublin, J. Jones*, 1821, sm. 12mo. contemp. calf. *(Joints weak)*.   **100 fr.**

The volume has bound in, three other works. *The Select Story Teller, A Collection of Shipwrecks, Anecdotes and Adventures*, 1822. *The History of the Honest Widow Riley, with an account of Mrs Bulkley*, 1820, and *Amusing Stories : A collection of Histories, Adventures and Anecdotes*, 1820. Five woodcuts altogether.

3497 [**KENDALL (E. A.)**]. — KEEPER'S TRAVELS in Search of his Master. *London, Baldwin and Cradock*, 1830, post 8vo. or. half-leather, boards.   **100 fr.**

Engraved frontispiece. Fine copy of this famous book.

3498 **KENDALL (E. A.)**. — PARENTAL EDUCATION or Domestic Lessons ; A Miscellany, intended for Youth. *London, T. Hurst*, 1803, 12mo. contemp. tree calf. *(Small hole in back)*.   **300 fr.**

FIRST EDITION. Engraved frontispiece by *Cooke* from the drawing by *Satchwell*, and many woodcut vignettes in text. The work contains 35 instructive stories. Armorial bookplate of John William Coope. *Fine copy.*

3499 **KENDALL (E. A.)**. — THE SWALLOW a fiction, interspersed with poetry. *London, E. Newberry*, 1800, small 12mo. or. half-vellum, boards.   **1.500 fr.**

FIRST EDITION. Illustrated with a charming engraved frontispiece. By the famous author of *Keeper's Travels*. Welsh quotes the book, but had never seen a copy. *Fine copy.*

═══════

3500 **KERNAHAN (Mary)**. — NOTHING BUT NONSENSE. *London, James Bowden*, 1898, or. coloured boards.   **30 fr.**

Many illustrations in colour by *Tony Ludovici*. Preface by *Coulson Kernahan*. Fine copy.

3501 **KEY TO KNOWLEDGE (A)** or things in common use simply and shortly explained. By a mother (author of « Always happy », etc.). *London, J. Harris and Son*, 1814, small 12mo. or. half-leather.   **65 fr.**

FIRST EDITION. Engraved frontispiece. The text is in the form a dialogue between mother and child, and touches on many useful subjects. *Amber, brandy, chocolate, diamonds, flax, glass, ivory, machinery, oils, paper, rum, silkes, starch, tobacco, vanilla, whalebone, etc., etc., are among the 105 subjects explained in text. Fine copy.*

3502 **KEY TO KNOWLEDGE (A)**. Fifth edition. Revised by the Author. 1824, or. half-leather, boards. *(Cover edges worn)*.   **30 fr.**

Engraved frontispiece entitled « *England* ».

3503 **KIDDER (D. P.)**. — KEEP YOUR PROMISES. *New York, Lane and Scott*, 1852, sm. 16mo. or. printed wrappers.   **25 fr.**

Woodcut frontispiece. *Fine copy.*

DOROTHY KILNER (1755-1836)

3504 [**KILNER (Dorothy)**]. — THE ADVENTURES OF THE PINCUSHION, designed chiefly for the Use of Young Ladies. *London, Thomas Hughes*, 1824, sm. 12mo. half-morocco, or. printed front wrappers preserved. *(Modern binding.)* **150 fr.**

Illustrated with 3 hand-coloured engravings. Florence Barry attributes this famous Children's classic, first published in 1788 to *Mary Jane Kilner*, and not *Dorothy*, as maintained by Mrs Field.

3505 [**KILNER (Dorothy)**]. — THE ADVENTURES OF A PINCUSHION designed chiefly for the use of Young Ladies. *London, John Harris*, 1828, sm. 8vo. or. printed wrappers. *(Rebacked)*. **100 fr.**

First issue of this edition, illustrated with four engravings on 2 plates. *Fine copy.*

3506 [**KILNER (Dorothy)**]. — THE LIFE AND PERAMBULATIONS OF A MOUSE. By M. P. *London, John Marshall, n. d.* [circa 1805], 12mo. 2 vols. bound in one half-morocco. *(Mod. binding)*. **800 fr.**

Each vol. with a charming frontispiece engraved on wood, and 10 quaint woodcuts in the 2 parts. The Author, wrote under several pseudonyms *Maryland Point* or *Mary Pelham*, or an S. S. besides M. P. distinguish Miss Kilner's work. *Fine copy.*

3507 [**KILNER (Dorothy)**]. — THE LIFE AND PERAMBULATIONS OF A MOUSE. By M. P. *London, Baldwin, Cradock and Joy*, 1815, 2 vols. in 1 vol. in sm. 12mo. contemp. full-calf, gilt. **500 fr.**

Illustrated with ten well executed woodcuts. This entertaining and instructive story is told by the mouse itself. *Fine copy.*
PLANCHE 158.

3508 **KILNER (Dorothy)**. — THE LIFE AND PERAMBULATIONS OF A MOUSE. *London, Grant and Griffith, Successors to Newbery and Harris*, 1850, sq. 12mo. or. coloured, printed boards. *(Back strip missing)*. **50 fr.**

Frontispiece engraved by *Percy Cruikshank*. The Favourite Library.

3509 **KILNER (Dorothy)**. — THE LIFE AND PERAMBULATIONS OF A MOUSE. *London, Griffith and Farran, n. d.* [circa 1880], sq. 12mo. or. cloth. **25 fr.**

Illustrated with a coloured frontispiece and title page. *The Favourite Library.*

3510 [**KILNER (Dorothy)**]. — MEMOIRS OF A PEG-TOP. By the Author of Adventures of a Pincushion. *London, John Marshall and Co, n. d.* [circa 1790], 16mo. or. flowered paper boards. *(Back strip missing)*. Preserved in half-morocco case. **2.000 fr.**

Illustrated with a frontispiece and 27 most charming woodcuts, well impressed. A few small stains throughout the volume, otherwise fine. Florence Barry claims that Jane and not Dorothy Kilner wrote this book.
PLANCHE 55.

3511 [**KILNER (Dorothy)**]. — THE RATIONAL BRUTES or Talking Animals. By M. Pelham. *London, J. Harris*, 1803, sm. 12mo. or. half-leather, boards. **300 fr.**

FIRST EDITION. Frontispiece engraved on copper. *(Small stain in margin)*. Much of the story is told by the animals themselves. Dorothy Kilner (1755-1836) was the famous author of « *Life and Perambulations of a Mouse. Memoirs of a Peg-Top* », etc., etc. One page book list at end.

3512 **KILNER (Dorothy)**. — THE REVIEW or Three Day's Pleasure. A Story written in the last century. By M. P. *London, John Marshall*, 1820, sm. 12mo. or. half-leather, boards. *(Rubbed)*. **250 fr.**

FIRST EDITION. Illustrated with 2 hand-coloured plates. 3 page book list at end.

═══════════

3512 bis KINDER LUSTFELD (DER), oder erste beledende Mittheilungen der Mutter am ihre Kleinen, zugleich als erstes unterhaltendes Lesebuch für Kinder... *Frankfurt am Main, Johann David Sauerlander*, 1827, in-16 carré, cartonnage papier rouge orangé. *(Cart. de l'époque)*. **80 fr.**

136 poèmes et récits d'une mère à ses enfants, et premier livre de lecture pour la jeunesse. *Joli exemplaire.*

3513 KINGS AND QUEENS (OUR) or the History of England in Miniature, for the Use of Children. *London, George Routledge and Sons, n. d.* [circa 1860], sm. 8vo. or. printed wrappers. **20 fr.**

Illustrated with 40 wood engravings of Kings and Queens of England. Fine copy.

3514 KINGS OF ENGLAND (Portraits and Characters of the). From William the Conqueror to George Third. *London, John Harris*, 1825-1830 (2 vols. for 2 parts), post 8vo. or. printed wrappers, preserved in half-morocco case. **600 fr.**

The two parts illustrated with 33 portraits of Kings and Queens, engraved in wood and hand-coloured. *Fine copies.*

CHARLES KINGSLEY (1819-1875)

3515 KINGSLEY (Charles). — GLAUCUS or The Wonders of the Shore. *Cambridge, Macmillan and Co*, 1855, 12mo. or. green cloth, gilt.   **400 fr.**

FIRST EDITION. 16 page book list at end. *Very fine copy.*

3516 KINGSLEY (Charles). — HEREWARD THE WAKE. « Last of the English ». *London, Macmillan and Co*, 1890, 8vo. or. red cloth.   **15 fr.**

3517 KINGSLEY (Charles). — THE HEROES or Greek Fairy for my Children. With eight Illustrations by the Author. *Cambridge, Macmillan and Co*, 1856, 8vo. or. red cloth, gilt.   **2.000 fr.**

FIRST EDITION with 8 wood engravings from the drawings by Kingsley himself. One page book list at end. *Very fine copy.*

3518 KINGSLEY (Charles). — MADAM HOW AND LADY WHY or First lessons in Earth Love for Children. *London, Bell and Daldy.* 1870; 8vo. or. blue cloth, gilt, g. e.   **600 fr.**

FIRST EDITION. Numerous illustrations engraved on wood. Two page advertisement at end. *Fine copy.*

3519 KINGSLEY (Charles). — TWENTY-FIVE VILLAGE SERMONS. Seventh edition. *London, Macmillan and Co*, 1866, 12mo. or. violet cloth. *(Back faded).*   **300 fr.**

PRESENTATION COPY from the author. Inscribed on title *Mrs Heynes with the sincere regards of C. Kingsley.* 88 page book catalogue at end. *Fine copy.*

3520 KINGSLEY (Charles). — THE WATER BABIES. A Fairy Tale for a Land-Baby. *London, Macmillan and Co*, 1863, sm. 4to. or. cloth.   **8.000 fr.**

FIRST EDITION, complete with the excessively rare leaf, *L'ENVOI*, at signature B1. The book is almost always found in poor state, due doubtless to its popularity on publication. *The above copy is one the finest offered for sale in a remarkably clean and fresh condition.*

3521 KINGSLEY (Charles). — THE WATER BABIES. *London, Macmillan*, 1863, or. green cloth. *(Slight stain on back covers).*   **2.500 fr.**

FIRST EDITION, without the rare « L'Envoi » leaf. Very good copy.

3522 KINGSLEY (Charles). — THE WATER BABIES. A Fairy Tale for a Land Baby. *London, Macmillan and Co*, 1883, 8vo. or. blue cloth.   **30 fr.**

Illustrations by Sir Noel Paton, and Percival Skelton.

3523 KINGSLEY (Charles). — WESTWARD HO ! The Voyages and Adventures of Sir Amyas Leigh,

Knight..., etc. *Boston, Ticknor and Fields*, 1855, contemp. half-morocco, gilt, g. e. [*On back are impressed in gilt, the initials of a Prince : L. N. M. surmounted with a closed crown*].   **1.250 fr.**

FIRST AMERICAN EDITION. Published the same year as the London edition. Interesting copy from a Royal provenance. FINE.

3524 KINGSLEY (Charles). — WESTWARD HO ! or the Voyages and Adventures of Sir Amyas Leigh, Knight... *London, Macmillan and Co, Ltd*, 1896, two vols. in-8vo. or. blue cloth, gilt.   **150 fr.**

First edition with illustrations by CHARLES E. BROCK. *Fine copy.*

——————

3525 KINNIBURGH (Robert). — PLATES FOR THE DEAF AND DUMB, as used in the Edinburgh Institution. *Edinburgh, William Oliphant*, 1820, 8vo. or. boards, uncut.   **300 fr.**

Illustrated with upwards of 400 quaint woodcuts, many of them by *Bewick.* Fine copy.

3526 KIPLING (Rudyard). — JUST SO STORIES FOR LITTLE CHILDREN. Illustrated by the Author. *London, Macmillan and Co*, 1902, 4to. orig. cloth.   **2.500 fr.**

1st ISSUE OF THE 1st EDITION, with only a little of the white lettering missing from back strip ; an exceptionally fine copy, almost mint. This is the only book that the author has illustrated.

3527 KIPLING (Rudyard). — KIM. *London, Macmillan and Co*, 1901, cr. 8vo. or. red cloth, gilt.   **600 fr.**

FIRST EDITION. Illustrated. *Fine copy.*

3528 KIRBY (M. and E.). — THE TALKING BIRD or the Little girl who knew what was going to happen. *London, Grant and Griffith*, 1856, 12mo. or. green cloth. *(Back slightly faded).*   **300 fr.**

FIRST EDITION. Illustrated with four full-page woodcuts by HABLOT K. BROWNE (Phiz). 16 page book list at end.

3529 KIRBY (M. and E.). — THE TALKING BIRD.   **250 fr.**

FIRST EDITION. Another copy. End paper torn out, otherwise fine copy.

3530 KIRTON (John W.). — BUY YOUR OWN CHERRIES. *Boston, J. M. Usher*, 1864, sm. 12mo. or. printed wrappers.   **15 fr.**

Frontispiece engraved on wood by Taylor.

3531 KLETKE (H.). — SPINNSTUBE MARCHEN. *Berlin, Hasselberg, s. d.* [vers 1840], in-12. *(Cartonnage papier de l'éditeur).* **150 fr.**

8 lithographies coloriées, dont le titre. Cartonnage romantique fond bleu pâle, arabesques, etc. Sur le premier plat, une étiquette de bibliothèque.

3532 KNOX (Kathleen). — FAIRY GIFTS or A Wallet of Wonders. *London, Griffith and Farran, n. d.* [circa 1882], 8vo. or. coloured illustrated boards. **180 fr.**

Counting the set of 9 Mme d'Aulnoy's Fairy Tales published in 1871, as one item, this is the third work illustrated by KATE GREENAWAY and the first in which her name figures on any title page. It contains four full page and 7 small woodcuts, engraved by her brother John Greenaway. The first edition, also undated was issued in 1874.

3532 bis KOCHEL (F.). — [HISTOIRES ENFANTINES]. 50 lithographies en feuilles (225×330 millimètres). **200 fr.**

Chaque lithographie est accompagnée d'un texte en allemand et en français qui l'explique et la commente.

3533 KRUMMACHER. — PARABOLES. Suite aux Contes du Chanoine Schmid. *Paris, Pilois-Levrault,* 1839, in-12, broché, couv. impr. **15 fr.**

Deux figures hors-texte gravées sur bois. L'introduction est de X. MARMIER. Petite fente à la couv.

3534 KUPFER-SAMMLUNG besonders zu E. P. Wilmsens Handbuch der Naturgeschichte für die Jugend und ihre Lehrer... *Berlin, C. F. Umelang,* 1831, in-folio oblong, le dos manque. *(Rel. de l'époque).* **300 fr.**

Préface du Dr Fr. Klug, directeur du Musée zoologique. Soixante-deux gravures très finement coloriées représentant environ 250 oiseaux, plantes, poissons, amphibies, minéraux, papillons, mammifères, etc. Bel exemplaire.

3535 LA BÉDOLLIÈRE. — HISTOIRE DE LA MÈRE MICHEL ET DE SON CHAT, par Emile de la Bédolierre *(sic). Paris, J. Hetzel, E. Blanchard,* 1853, in-8, demi-mar. à coins. *(Rel. mod.).* **125 fr.**

Frontispice et vignettes dans le texte par *Lorentz.* Mêmes illustrations que dans l'édition originale publiée en

1846, chez Hetzel, le titre reproduisant jusqu'à la faute d'orthographe commise dans le nom de l'auteur.

3536 LA BLANCHÈRE (H. de). — VOYAGE AU FOND DE LA MER. *Paris, Furne, Jouvet et Cie, s. d.* [vers 1865], in-8, demi-chag. rouge, dos à n. orné, plats toile, tr. dor. *(Rel. de l'époque).* **150 fr.**

ÉDITION ORIGINALE ornée de vignettes sur bois et de 16 grandes *lithographies en couleurs* extrêmement curieuses qui représentent le jeune héros de l'ouvrage guidé par une fée dans ses excursions sous-marines. *Bel exemplaire.*

3537 LABORIE. — APOLOGUES SACRÉS tirés de l'Écriture Sainte mis en vers. Ouvrage destiné à l'enfance. *Paris, Eymery,* 1818, pet. in-12, bas. porphyre, dos orné, pièces rouges, pet. guirlande autour des plats, tr. mouch. *(Rel. anc.).* **80 fr.**

Frontispice gravé, titre gravé avec vignette et 4 planches à 2 sujets par planche. Bel exemplaire portant la signature *Maurice de La Bédoyère.*
PLANCHE 155.

3538 LABOULAYE (Edouard). — CONTES BLEUS. *Paris, Furne,* 1864, in-8, demi-chagr. brun, dos à n. orné, plats toile, tr. dor. *(Rel. de l'époque).* **200 fr.**

ÉDITION ORIGINALE fort recherchée. Le texte est un classique du genre et les nombreuses vignettes de *Yan' Dargent,* gravées sur bois, sont en premier tirage. Bel exemplaire. *(Vicaire,* IV, 784).

3539 LABOULAYE (Edouard). — NOUVEAUX CONTES BLEUS. *Paris, Furne, Jouvet et Cie,* 1868, in-8, demi-chagr. rouge, dos à n. orné, plats toile, tr. dor. *(Rel. de l'époque).* **50 fr.**

ÉDITION ORIGINALE et *premier tirage* des illustrations de *Yan' Dargent,* gravées sur bois dans le texte et hors-texte. Frontispice (portrait du petit-fils de l'auteur, gravé sur acier). *Très bel exemplaire.*

3540 LA BRUYÈRE (LE PETIT) du jeune âge, en estampes. *Paris, Caillot, s. d.* [vers 1825], pet. in-8 oblong, cartonn. pap. glacé chamois avec titre gravé et vignette sur le 1er plat. *(Cartonn. d'édit.).* **300 fr.**

Titre gravé avec vignette, frontispice et 6 jolies planches gravées en taille-douce, non signées. *Bel exemplaire dans son cartonnage d'origine très frais.*

PAUL LACROIX (1806-1884)

3541 [LACROIX (Paul)]. — CONTES DU BIBLIOPHILE JACOB à ses petits-enfans. *Paris, L. Janet, s. d.* (1831), 2 vol. in-12, bas. marbr., dos orné, pièces rouges, guirlandes dorées autour des plats, tr. marb. *(Rel. de l'époque).* **350 fr.**

ÉDITION ORIGINALE *(Vicaire,* IV, 815) ornée d'une vignette sur bois, différente sur chaque titre, par *T. Johannot* et *Porret,* et de 6 lithographies hors-texte, non signées. Qq. très lég. rouss. à qq. ff. mais bel exemplaire en reliure d'époque de cet ouvrage recherché.

3542 [LACROIX (Paul)]. — CONTES DU BIBLIOPHILE JACOB à ses petits-enfans. *Paris, Louis Janet, s. d.* (1831), 2 vol. in-12, veau brique, fil. dor., plaque à fr., dos orn. en long, tr. dor. *(Rel. de l'époque).* **800 fr.**

Le même ouvrage que le précédent. Même édition. Mêmes illustrations. Très bel exemplaire du PREMIER TIRAGE dans une magnifique reliure romantique d'une nuance rare et de toute fraîcheur, avec un dos très décoratif.

3543 [**LACROIX (Paul)**]. — CONTES DU BIBLIO-
PHILE JACOB à ses petits enfants. *Même ouvrage,
même édition*, veau vert foncé, dos orné de fil. et
dent. dorés avec pointillés, ornements à froid,
fil. doré autour des plats, dent. à froid, dent. int.,
tr. dor. *(Rel. de l'époque).*   **1.200 fr.**

Exemplaire contenant les *figures finement coloriées.*
Vicaire signale qu'il a été tiré 3 exempl. sur g. pap. avec
les figures coloriées. *Bel exemplaire.*

3544 [**LACROIX (Paul)**]. — CONTES DU BIBLIO-
PHILE JACOB à ses petits enfants. *Paris, Louis
Janet, s. d.* (1831), 2 in-12, demi-veau grenat, dos
orné, tr. dorées. *(Couvertures du 1er vol. conservées).*   **900 fr.**

ÉDITION ORIGINALE. Autre exemplaire avec les
planches coloriées. Portrait joint. Plats de la reliure légèrement frottés.

3545 [**LACROIX (Paul)**]. — CONVALESCENCE
DU VIEUX CONTEUR, par P.-L. Jacob, bibliophile. *Paris, Louis Janet, s. d.* (1832), in-12, demi-
veau grenat foncé, dos sans nerfs orné de trois
rectangles d'arabesques et rinceaux dorés, plats
papier crème gaufré, tr. dorées, étui cartonn.
crème à fleurettes gaufrées. *(Rel. de l'ép.).*
                                                 1.000 fr.

ÉDITION ORIGINALE, conforme à la description de
Vicaire (IV, 818), ornée de cinq lithographies finement
coloriées à l'époque. Un des contes (et une litho) ont trait
aux *marionnettes.* Très bel exempl. de présent, joliment
relié dans le genre des *Keepsakes.* Rare dans cette condition.

3546 [**LACROIX (Paul)**]. — CONVALESCENCE,
ETC. *Même ouvrage, même édition que le précédent,*
moire bleu ciel, titre et fil. dorés au dos, tr. dor.,
étui. *(Cartonnage d'époque).*   **450 fr.**

Cinq lithogr. finement coloriées. La soie du cartonnage
est cassée aux mors et un peu fanée.

3547 [**LACROIX (Paul)**]. — CONVALESCENCE DU
VIEUX CONTEUR, par P.-L. Jacob, biblio-
phile. *Paris, Louis Janet, s. d.* (1832), in-12, veau
fauve, dos à nerfs, double encadr. à froid sur les
plats, filets noirs, petite dent. dorée intérieure et
sur les coupes. *(Lanne).*   **300 fr.**

ÉDITION ORIGINALE. Voir le n° précédent. Bel
exemplaire, malgré de menues rousseurs, dans une jolie
reliure d'époque, signée.

3548 [**LACROIX (Paul)**]. — CONVALESCENCE
DU VIEUX CONTEUR. Bas. polie jaspée, dos
bien orné, pièce rouge, guirlande autour des plats,
tr. marb. *(Rel. de l'époque).*   **300 fr.**

Autre exemplaire de l'ÉDITION ORIGINALE. Voir le
n° précédent. Très bel exemplaire, sans la moindre piqûre
ce qui est exceptionnel.

3549 [**LACROIX (Paul)**]. — LA MAIN DE DIEU.
Nouvelles historiques par le Bibliophile Jacob.
Paris, S. Marcilly, s. d. [vers 1850], in-4. *(Cart.
chromo).*   **800 fr.**

ÉDITION ORIGINALE. 11 magnifiques lithographies,
tirées chez *Lemercier* et coloriées. Cartonnage en chromolithographie, cadre historié et orné de fleurs, au milieu,
jeune femme en costume moderne agenouillée au pied du
berceau de son enfant en bas âge, et l'ange gardien. Les
nouvelles composant ce volume sont : *la Peste noire, l'Ange
des tours Notre-Dame, l'Enfant à la Crèche, la Bague de la
Reine.*

3550 [**LACROIX (Paul)**]. — PETIT BUFFON.
Histoire naturelle des Quadrupèdes, des Oiseaux,
etc., extraite des grands ouvrages de Buffon, Lacé-
pède et Olivier, par le BIBLIOPHILE JACOB.
Paris, Bureau Central des Dictionnaires, 1838,
4 vol. pet. in-12 carré, bas. polie grenat, dos très
orné, avec oiseaux, filet autour des plats, tr. marb.
(Rel. de l'époque).   **400 fr.**

ÉDITION ORIGINALE de cette compilation peu connue, du Bibliophile Jacob (non citée par *Vicaire*), ornée de
62 planches finement gravées, non signées. Très bel exempl.

3551 [**LACROIX (Paul)**]. — PETIT BUFFON.
Même ouvrage que le précédent. Paris, Didier, 1841,
4 vol. in-12 carré, demi-chagrin violet foncé,
dos orné de motifs rocaille, de fleurs, animaux
(oiseaux), etc. *(Rel. de l'époque).*   **250 fr.**

Très bel exemplaire de cette édition contenant les mêmes figures et, en plus, 4 titres gravés sur bois « *de style
romantique* », non signés. Les dos de la reliure, de toute
fraîcheur, sont très décoratifs.

3552 [**LACROIX (Paul)**]. — PETIT BUFFON.
Même ouvrage, même édition que le précédent, 4 vol.
in-12 carré, demi-veau poli brun, dos joliment
orné en hauteur de fleurs, feuillages, coquilles,
oiseaux et papillons. *(Rel. de l'époque).* **350 fr.**

Les dos de la reliure sont très décoratifs. (Un seul animal à une planche a été assez sommairement colorié).

3553 [**LACROIX (Paul)**]. — PETIT BUFFON.
Même ouvrage que le précédent. Paris, Didier,
1854, 4 vol. in-12 carré, demi-chag. vert, tr.
dorées.   **600 fr.**

Les illustrations sont en couleurs et la reliure offre cette
particularité que les animaux ornant les dos diffèrent suivant les volumes : singe, oiseaux, serpent, abeille. Joliment
exécutés, ces dos sont d'une fraîcheur extrême.

———————

3554 **LADDER TO LEARNING (Harry's)** with two
hundred and thirty illustrations. *London, David
Bogue,* 1850, sq. 12mo. or. red cloth, gilt, t. e. g.
                                                 300 fr.

FIRST EDITION. The book is divided into six parts :
*Harry's Horn-Books, Picture-Book, Nursery Songs, Nursery
Tales, Simple Stories* and *Harry's Country Walk* The
many woodcuts are hand-coloured. *Fine clean copy.*

3555 **L'ADORATION DES BERGERS.** — Images en
chromolithographie disposées en plans successifs
avec praticable et toile de fond. Dimensions, repliées : 8 × 12 centimètres. [Vers 1880].   **60 fr.**

Dans le fond, la crèche de Notre-Seigneur. Au premier
plan, bergers avec leurs troupeaux. Un ange apparaît au
fond et dit : Gloire à Dieu dans le Ciel (etc.). Fermé, ce
dépliant offre l'image d'une chapelle dont la porte s'ouvre
à deux battants.

3556 LADY GRIMALKIN'S CONCERT and Supper. *London, J. Harris,* 1809, sq. 16mo. or. printed wrappers, preserved in half-morocco case. **3.000 fr.**

FIRST EDITION. Illustrated with a frontispiece and 6 other hand-coloured engravings of great merit.
PLANCHE 145.

3557 LADY'S LAP-DOG (THE FRISKING, BARKING). A New Game of Questions and Commands. *London, John Marshall,* 1817, small 8vo. or. coloured wrappers with coloured, engraved ticket, preserved in half-morocco case. **1.800 fr.**

FIRST EDITION. Illustrated with frontispiece, vignette on title and 12 other amusing engravings, all hand-coloured. The game is based on rhym similar to *The House that Jack Built*. Fine copy.
PLANCHE 125.

3558 LA FITE (Mme de). — ENTRETIENS, DRAMES ET CONTES MORAUX à l'usage des enfans. *A Amsterdam, chez D.-J. Changuion,* 1796, 2 vol. in-12 rel. en 1, demi-bas. f., pièce cuir. *(Rel. anc.)* **100 fr.**

La première édition de ces deux volumes de Marie-Elisabeth Bouée, dame de Lafite, avait paru à La Haye, en 1781.

3559 LA FITE (Mme de). — ENTRETIENS, DRAMES ET CONTES MORAUX à l'usage des enfans. Nouvelle édition. *Paris, Billois,* 1809, 4 vol. pet. in-12, bas. polie mouch., dos très joliment orné, avec pièces et écussons rouges, petite guirlande autour des plats, tr. marb. *(Rel. anc.).* **400 fr.**

Bel exemplaire de cette édition ornée de 20 amusantes figures non signées. L'auteur, Marie-Elisabeth Bouée, dame de La Fite, naquit à Paris vers 1750 et mourut à Londres en 1794 ; ses Entretiens, Drames et Contes moraux, eurent de nombreuses éditions, et sont dédiés à « la Reine de la Grande-Bretagne ». Charmant exemplaire.

3560 LA FITE (Mme de). — ENTRETIENS, DRAMES ET CONTES MORAUX, etc. *Paris, Billois,* 1809, 4 vol. pet. in-12, bas. mouch., dos orné, pièces rouges, tr. marb. *(Rel. anc.).* **300 fr.**

Même ouvrage, même édition que le précédent. Bon exemplaire malgré qq. coins un peu frottés.

3561 LAFOND (Le Cap. G.). — VOYAGES AUTOUR DU MONDE et Naufrages célèbres. *Paris, Administr. de Librairie,* 1844, 8 vol. gr. in-8, demi-chag. bleu foncé, dos à n. orné, tr. marb. *(Rel. de l'époque).* **1.000 fr.**

Voyages dans les AMÉRIQUES, dans les Mers du Sud, de la Chine, Archipels de l'Inde, etc. Portrait de l'auteur gravé par *Lévy Gustave,* d'après *Demoussy,* vignettes sur bois sur les titres, et 79 planches gravées, en noir et *coloriées,* dont un grand nombre sur l'AMÉRIQUE.

JEAN DE LA FONTAINE (1621-1695)

3562 LA FONTAINE. — FABLES. *Paris, Bossange, Masson et Besson,* an VI (1796), 4 vol. in-8, maroquin rouge, cadres de jeux de filets dorés et d'anneaux entrelacés, éventails dorés aux angles, dos sans nerfs richement ornés au pointillé, dent. int., tr. dorées. *(Bozérian).* **23.000 fr.**

Magnifique exemplaire sur grand papier vélin, orné du frontispice et des 274 figures dessinées par Vivier, gravées par SIMON et COINY, dans une très jolie reliure à l'éventail, non signée, mais certainement de Bozérian et d'une fraîcheur parfaite.

3563 LA FONTAINE. — FABLES. *Paris, Alex. Briand,* 1812, 2 vol. reliés en 1 vol. in-16, demi-bas. brune, dos orné, pièce cuir et coins. *(Rel. anc.).* **60 fr.**

2 titres gravés et 2 planches contenant 3 figures par planche.

3564 LA FONTAINE. — FABLES. *Paris, Mame et Delaunay-Vallée,* 1825. 2 vol. in-32, cart. papier rose genre bradel, dos ornés de filets dorés. *(Cart. d'éd.).* **200 fr.**

6 figures hors-texte, gravées par Pourvoyeur, petites copies de Bergeret. Composition du texte et tirage excellents. Charmante petite édition imprimée en caractères microscopiques. *Exempl. d'une parfaite fraîcheur.*

3565 LA FONTAINE. — FABLES. Édition illustrée par J. David, T. Johannot, V. Adam, F. Grenier et Schaal ; précédées d'une notice historique par le baron Walckenaer. *Paris, Aubert,* 1842, 2 vol. in-8, maroquin rouge, dos orné à quatre nerfs, jeux de filets dorés et dent. à froid formant cadre, dent. int., tr. dorées. *(Rel. d'époque signée Cardinal).* **1.600 fr.**

Charmant exempl. dans une agréable reliure d'époque, de l'édition des *Fables,* dite *édition Bijou.* Un portrait, deux frontispices, douze têtes de livres gravées, avec un sujet de fable principal et d'autres dans l'encadrement. 11 gravures sur bois, hors-texte, d'après *Tony Johannot, Victor Adam, Schaal, Grenier, Lavielle.* Les frontispices têtes de livres sont de Schaal. Nombreuses vignettes sur bois, une par fable au moins, souvent deux.

3566 LA FONTAINE. — FABLES, avec des notes par Mme Amable Tastu. *Paris, Lehuby, s. d.* [vers 1845], petit in-8, cart. toile bleue, décors polychromes, tr. dorées. *(Cart. d'édit.).* **400 fr.**

20 dessins de Bouchot, gravés sur bois hors-texte par Trichon. Intéressante édition, bien complète, où une astérisque marque les fables « qu'on fait le plus ordinairement apprendre aux enfants ». Motifs or, blanc, orange, rouge, vert sur le dos et les plats : fleurons, médaillons, rinceaux, figures d'animaux. TRÈS BEL EXEMPLAIRE d'une fraîcheur parfaite, RARE, surtout en cet état.

3567 LA FONTAINE. — FABLES, précédées d'une notice historique, par le Baron WALCKENAER. *Paris, Belin-Le Prieur*, 1846, in-8, demi-chagr. grenat, dos orné sans nerfs, tr. dor. *(Rel. de l'époque).*   **260 fr.**

Charmantes illustrations (12 hors-texte et 12 vignettes). Portrait gravé. Dos très décoratif : singe, hibou, chat, oiseaux, guirlandes, etc. *(Vicaire, IV, 901).* Qq. rouss.

3568 LA FONTAINE. — FABLES ILLUSTRÉES, précédées de la vie d'Esope et accompagnées des notes de Coste. *Tours, Mame*, 1848, petit in-16, cart. toile noire, décors dorés. *(Cart. de l'éditeur).*   **50 fr.**

Très nombreuses vignettes gravées sur bois dans le texte. Jolie petite édition, fort bien imprimée, ou la moralité de chaque fable, imprimée en italique, s'impose au regard. *Bel exemplaire.*

3569 LA FONTAINE. — FABLES, illustrées de 100 gravures sur bois par Gavarny *(sic)*, E. Wattier, E. Bataille, J.-C. Demerville et de 10 lithographies par Ch. Delhomme et E. Bataille. *Paris, Libr. pittoresque de la jeunesse*, 1851, in-8, cart. toile bleue, décors polychromes, tr. dorées. *(Cart. de l'édit.).*   **1.250 fr.**

Les dix lithos hors-texte sont sur fond chamois ; les cent vignettes de Gavarni, etc., dans le texte. Portrait de La Fontaine gravé sur bois en frontisp. Très belle illustration, en excellent tirage. Carteret et Vicaire mentionnent une édition de la même année, avec les mêmes illustrations, chez Lecou et avec pagination différente, comme donnant les vignettes, etc., en 1er tirage. Mais ils ne citent pas la présente édition sortie des mêmes presses que celle de Lecou. La faute du nom de Gavarni, sur le titre, permet de penser que notre édition est la première en date. Elle est, en tout cas, d'une impression magnifique. Cartonnage très joliment décoré, sur le 1er plat, d'un motif architectural or, rouge, vert, jaune, outremer, violet, orange et blanc, avec buste de La Fontaine, figure allégorique de la Vérité, singe tenant une palette, renard tenant un livre, fleurs et attributs variés. Sur le dos, médaillons et compartiments polychromes : bustes de La F., d'Esope, scène du Renard et du Corbeau, etc. Au second plat, motif doré représentant le Loup et l'Agneau, mais en personnages humains, avec têtes d'animaux. Très bel exemplaire dans un cartonnage d'un goût décoratif exquis.

3570 LA FONTAINE. — FABLES. *Paris, Victor Lecou*, 1851, pet. in-8 carré, cartonn. toile, fers spéciaux dorés au dos et s. les plats, encadr. à froid, tr. dor. *(Cartonn. de l'éditeur).*   **80 fr.**

Nombreuses figures sur bois par *Gavarni, Wattier, J.-G. Demerville, E. Bataille.* Qq. rouss. lég. (Vicaire, IV, 902).

3571 LA FONTAINE. — FABLES. *Paris, Delarue*, s. d. (1852), 2 vol. in-12, cartonnés en 1. *(Cartonnage toile de l'éditeur).*   **175 fr.**

4 gravures sur bois par *Henry Emy* et nombreuses vignettes dans le texte par *Emy* et *Pauquet*, inspirées d'*Oudry*. Cartonnage toile noire, le titre entouré d'un riche médaillon à rocailles. Jolie édition dans un parfait état de fraîcheur.

3573 LA FONTAINE. — LE PETIT LA FONTAINE. *Paris, Marcilly*, [*Impr. de Firmin Didot*], s. d. [vers 1810], très pet. in-24 oblong (52×36 mm.), cartonn. pap. bleu ciel imprimé de motifs Empire, tr. dor., étui pap. bleu ciel portant le

titre dans une décoration de style, sujets tirés des fables. *(Cartonn. et étui d'origine).*   **Vendu.**

ÉDITION MINUSCULE des fables de La Fontaine à l'usage des enfants. Titre gravé avec vignette et 6 figures gravées. Très bel exemplaire de toute fraîcheur. Ex-libris F. Meunier.

3574 LA FONTAINE. — RECUEIL DES PLUS BELLES FABLES pour servir à l'instruction des jeunes gens. *Paris, Delarue, et Lille, chez Castiaux*, s. d. [vers 1820], in-12 broché, couv. illustrée.   **150 fr.**

Très rare petite *édition populaire*, sur papier vergé, illustrée de 40 figures sur bois (2 par planche). Exemplaire en parfait état avec sa couverture d'origine de toute fraîcheur.

3575 LA FONTAINE. — FABLES CHOISIES POUR LES ENFANTS. *Paris, Amédée Bédelet*, s. d. [vers 1845], in-12 carré. *(Cart. papier de l'éditeur).*   **125 fr.**

8 charmantes lithographies en couleurs. Vignettes sur bois dans le texte. Ce petit volume, qui fait partie de la « Bibliothèque du premier âge », contient 29 fables, précédées d'un gracieux avant-propos « aux petits enfants ». Cart. en chromolithographie. Sur le 1er plat, scène des Animaux malades de la peste. Sur des banderoles, titres des ouvrages composant la collection. Sur le second plat, décor peu commun de figures géométriques en couleurs. Mouillure claire dans un angle du texte. Autrement exemplaire très frais.

3575 bis LA FONTAINE. — FABLES... choisies pour les enfants, accompagnées de notes explicatives et précédées d'un aperçu sur la fable et les principaux fabulistes, par Elizabeth Müller. *Paris, Amédée Bédelet*, s. d. [vers 1847], in-8. *(Cartonnage papier de l'éditeur).*   **1.250 fr.**

12 planches gravées et coloriées dont un frontispice, et nombreuses vignettes dans le texte. Copies et imitations des dessins de Grandville. Cartonnage en chromolithographie représentant le Corbeau et le Renard. L'introduction de Mlle E. Muller est la même que celle de l'édition précédente.

3576 LAFONTAINE. — CHOIX DES PLUS JOLIES FABLES. *Paris, Delarue*, s. d. [vers 1860], in-16. *(Cartonnage papier de l'éditeur).*   **40 fr.**

Figures sur bois. A la suite : FLORIAN : CHOIX DES PLUS JOLIES FABLES. Même éditeur, illustrations analogues. *Bel exemplaire.*

3577 [LA FONTAINE]. — FABLES DE LA FONTAINE mises en action, par VICTOR CHOLET. Le Puissant tombé ou le Chêne et le Roseau. *Paris, Lavigne, A. Poilleux*, s. d. [vers 1840], pet. in-16, cart. couv. impr. col. *(Cart. de l'éditeur).*   **30 fr.**

De la *Bibliothèque du Premier Age.* Frontispice gravé.

3578 [LA FONTAINE]. — FABLES DE LA FONTAINE mises en action, par VICTOR CHOLET. A Trompeur, Trompeur et demi ou le Renard et la Cigogne. *Paris, Lavigne, A. Poilleux*, s. d. [vers 1840], pet. in-16, cart. papier j. illustr. de l'édit.   **30 fr.**

De la *Bibliothèque du Premier Age.* Frontispice gravé. *Bel exemplaire.*

3579 [**LA FONTAINE**]. — FABLES DE LA FON-
TAINE mises en actions, par VICTOR CHOLET.
Les Mauvaises Liaisons ou le Coq et le Renard.
Paris, Lavigne, A. Poilleux, s. d. [vers 1840], pet.
in-16, cart. papier j. illust. *de l'éditeur.*   **30 fr.**
   De la *Bibliothèque du Premier Age.* Frontispice gravé.
Bel exemplaire.

3580 [**LA FONTAINE**]. — FABLES DE LA FON-
TAINE mises en action, par VICTOR CHOLET.
Travail et paresse. *Paris, Lavigne, A. Poilleux, s. d.*
[vers 1840], pet. in-16, cart. papier vert illustré
de l'édit.   **20 fr.**
   De la *Bibliothèque du Premier Age.* Frontispice gravé.

3581 **LA GOURNERIE (Eug. de)**. — HISTOIRE
DE FRANÇOIS Ier et de la Renaissance. *Tours,
Mame,* 1847, in-8, cartonnage toile bleue, décor
doré, tr. dorées. *(Cart. de l'éditeur).*   **50 fr.**
   Titre gravé, vignette et 1 pl. dessinées par *Eug. Charpentier* et gravées par *Audibrand.* Cartonnage à décor
romantique : François Ier, ou sur rouge, au milieu d'une
panoplie surmontée d'un morion.

3582 **LAHARPE**. — ABRÉGÉ de l'Histoire générale
des Voyages..., par A. CAILLOT. *Paris, Ledentu,*
1833, 2 vol. in-12, veau bleu foncé, dos très orné
en long, grande plaque à froid sur chaque plat,
cadre doré, tr. marb. *(Rel. de l'époque).*   **35 fr.**
   Huit figures en taille-douce. Chapitres sur l'*Amérique.*
Qq. rouss. Reliure très fraîche. *Ex-praemio* sur les premiers
plats.

3583 **LAISNÉ (E.-V.)**. — L'INSURRECTION DU
CAP ou la Perfidie d'un Noir. *Paris, Fleuriau,*
1822, 2 part. en 1 vol. in-12, maroq. rouge à long
grain, dos orné de fil. et fleurs de lys, plats entourés de fil. et d'un large cadre formé de roses et
feuillages, avec fleurs de lys aux angles, dent. int.
tr. dor. *(Rel. d'époque. Étiquette de Carré).*
                                                1.000 fr.
   ÉDITION ORIGINALE ornée d'une lithographie signée :
Seb. Leroy (lithogr. de Langlumé). Laisné, de Tours, est
l'auteur du *Moraliste paternel* et de plusieurs autres ouvrages pour la jeunesse. Magnifique exemplaire dans une
charmante reliure de l'époque, de grand style et de fraîcheur parfaite, portant l'étiquette de CARRÉ, *relieur et
doreur, rue Mazarine, n° 62, à Paris.* Pièce splendide.

3584 **LAISNÉ (E.-V.)**. — LE MORALISTE PATER-
NEL ou Manuel de la Bonne Société offrant des
règles sûres pour se faire aimer, estimer, et pour
se bien conduire dans le Monde, par M. E.-V.
Laisné, de Tours. *Paris, Janel, s. d.* (1821), v. marbré, dos orné, pièce verte, guirlande dorée, dent.
int., tr. dor. *(Rel. de l'époque).*   **100 fr.**
   Titre gravé et 4 gravures, non signées, avant-lettre. A
la fin, 4 ff. de calendrier pour 1821. *Bel exemplaire.* Inconnu
à *Vicaire* et à *Grand-Carteret.*

3585 **LAISNÉ (E.-V.)**. — LE MORALISTE PA-
TERNEL ou Manuel de la Bonne Société. *Paris,
Louis Janel, s. d..* [vers 1822], in-16. *(Cartonnage
et étui papier de l'éditeur),* tr. dorées.   **250 fr.**
   Titre et 4 planches gravés. A l'exemplaire est joint, par
l'éditeur, un calendrier pour l'année 1822. *Bel exemplaire.*

3586 **LAISNÉ (E.-V.)**. — LE MORALISTE PA-
TERNEL ou Manuel de la Bonne Société. *Paris,
Louis Janel, s. d.* [vers 1822], in-16. *(Cartonnage
et étui papier de l'éditeur),* tr. dorées.   **250 fr.**
   Même ouvrage, même édition que le précédent, moins le
calendrier.

CHARLES AND MARY LAMB (1775-1834 : 1764-1847)

3587 **LAMB (Charles)**. — THE ADVENTURES
OF ULYSSES. A New edition. *London, M. J.
Godwin and Co,* 1819, 12mo. half-morocco. *(Mod.
bind.).*   **Vendu.**
   Engraved frontispiece with vignette by *Corbould* engra-
ved by *C. Healh.*

3588 **LAMB (Charles)**. — ALBUM VERSES, with
a few others. *London, Edward Moxon,* 1830, 8vo.
or. boards. *(Hinge restored).*   **5.000 fr.**
   FIRST EDITION. *From the dedication, which is to the
Young poet-publisher, William Moxon, it is evident that the
collection was brought together at his suggestion.* A number
of the poems are for young people. UNCUT and a few
pages unopened. *Fine copy.*
   PLANCHE 90.

3589 [**LAMB (Charles)**]. — BEAUTY AND THE
BEAST : *(London, printed for M. G. Godwin)*
n. d. (1811), square 16mo. original yellow wrappers, with woodcuts. Bound in red levant morocco,
gilt. *(By Rivière).*   **10.000 fr.**
   FIRST EDITION. Illustrated with 8 charming hand-
coloured plates. This is the « SURPRIZE » issue, and was
published without a title page and without the folding
sheet of « Beauty's Song » *(cf. Livingston, page XII, of
preface)* and has all the 11 points of the « surprize » issue
(cf. Livingston, page 117). The covers, however, in this
copy are slightly variant to others that have come to our
notice in *Luther S. Livingston's* bibliography and in catalogues. The wrappers are yellow. On the recto of the front
cover is the woodcut with *Go, be a beast ! Homer,* which
is repeated on the verso, but without the legend. The
lower cover is blank recto and verso. The plates have been
rebacked by the binder.

3590 **LAMB (Charles)**. — BEAUTY AND THE
BEAST or a Rough outside with a gentle Heart a

Poem. *London, George Redway*, 1886, sm. or. 8vo. vellum *(soiled)* uncut.   **75 fr.**

Reprint of the first edition (1811) with Preface and notes by *Richard H. shepherd*. No 75 of 100 copies.

3591 LAMB (Charles). — BEAUTY AND THE BEAST... with an Introduction by ANDREW LANG. *London, Field and Tuer, n. d.* [circa 1890], square 8vo. contemp. vellum.   **1.500 fr.**

SPECIAL COPY. Inscribed *This is one of two copies with the etched plates, of which but two sets of proofs were taken ; the other copy I gave to Mr And. Lang. AND. W. TUER.* The plates are in 4 different states. The book is a facsimile reprint of the first edition. Added to the volume are *four A. L. S. from Andrew Lang to Tuer*, referring to payments for his work in connection with the book. *Fine copy.*

3592 LAMB (Charles). — BEAUTY AND THE BEAST. *Field and Tuer*, or. black boards. **180 fr.**

Another copy of the same edition. Ordinary copy as issued.

3593 [LAMB (Charles)]. — THE BOOK OF THE RANKS AND DIGNITIES OF BRITISH SOCIETY. Chiefly intended for the Instruction of Young dersons. With Twenty-four coloured Engravings dedicated (by Permission) to Her Royal Highners the Princess Elizabeth. *London, Tabart and Co, at the Juvenile and School Library, n. d.* (1805), sm. 12mo. or. half-leather, boards (worn). Preserved in half-morocco case.   **6.000 fr.**

FIRST EDITION. Until Mr Clement Shorter published the facsimile edition of the above book (1924), collectors of Lamb were unaware of this hitherto unrecorded item. The book is mentioned in Lamb's letter to Thomas Manning, of january 2, 1810. *I have published a little book for children on titles of honour...* The discovery, however, is due to Mr Harold Halewood, a Preston bookseller, who in a 1924 catalogue first described a copy of the 1809 edition (the Second : see following item). Another copy of the work was later unearthed in London by a prominent New York book dealer, the same as the above copy (1805), with the plates dated 1805, which are the same as those used in the 1809 issue.

Our copy (like the Clement Shorter facsimile) has 25 plates, one more than announced on the title page. All are hand-coloured except one of the court dresses. The book is quite complete with the 36 page catalogue of Philip's publication at end. We add a copy of the facsimile reprint which gives the complete bibliography of the work. Outside the binding being rather worn. A very fine copy.

3594 [LAMB (Charles)]. — A BOOK EXPLAINING THE RANKS AND DIGNITIES OF BRITISH SOCIETY. Intended chiefly for the Instruction of Young Persons..., etc. *London, Tabart and Co*, 1809, sm. 12mo. or. half-leather, boards, preserved in half-morocco case.   **3.500 fr.**

SECOND EDITION, with a different collation to the 1805 issue. There are 16 extra pages (devoted to the rank of Knight) and some extra passages in the chapter on *A Sheriff of a County*. Otherwise the text is the same, word for word, except the title which reads *A book explaining the Ranks and Dignities* and not *The Book of Ranks and Dignities*. This second issue has also 24 coloured plates as announced on title (and not 25), one of the court dresses (the uncoloured plates of the first issue) having been abandoned. And there is no indication of this plate ever having

been utilised. The book being complete thus. *Very fine copy.*
PLANCHE 93.

3595 [LAMB (Charles)]. — FELISSA OR THE LIFE AND OPINIONS OF A KITTEN OF SENTIMENT. *London, J. Harris*, 1811, 12mo. or. boards *(uncut)* with printed ticket. *(Rebacked)*.   **6.500 fr.**

FIRST EDITION. Illustrated with 12 splendid hand-coloured plates. Besides its interest as a nursery classic this little book is a masterpiece in the literature of talking animals. *Felissa is a Kitten of Satire as well as of Sentiment. This Author* (Charles Lamb) *adopted the form of POMPEY THE LITTLE in order to ridicule cant and affection in general, and Rousseau's doctrine in particular ; yet the chief aim of the book (as the title-page shows) is to turn a child's thoughts from the hackneyed problems of juvenile conduct :* FLORENCE BARRY (who devotes almost 3 pages to the work). The book is now attributed to Charles Lamb, and is well worthy of his pen. A few slight stains, otherwise fine copy.
PLANCHE 93.

3596 [LAMB (Charles and Mary)]. — THE FIRST BOOK OF POETRY for the use of Schools. Intended as reading lessons for the younger classes. BY W. E. MYLIVS. *London, M. J. Godwin, at the Juvenile Library, 41, Skinner Street*, 1811, 12mo. or. calf binding *(restored)*, preserved in cloth case.   **6.500 fr.**

FIRST EDITION. « The volume contains 177 pieces selected from the various authors, twenty-two having been taken from the *Poetry for Children*. Of the *Poetry for Children* only a single edition was published. This *First Book of Poetry* was intended by Godwin to take its place. It went through many editions, the tenth being dated 1828. In addition to the twenty-two pieces by Charles and Mary Lamb which had been previously printed, this little book includes another, HERE FOR THE FIRST TIME PUBLISHED. This is a little poem of twenty-four lines printed on pages 19 and 20, with the title *A birthday thought*, and signed « M. L. » In the editions of 1818 and 1828 (and probably in others) this was altered to « C. L. ». This would indicate, apparently, that the editor in ascribing the authorship to Mary Lamb was in error, the error having been corrected in later editions. *(Bibliography of Charles and Mary Lamb, by Livingston).*

The two engraved plates are the same as in *Poetry for Children*, and recently, have been attributed to Blake. At end 4 page book list of M. J. Godwin. Fine tall copy measuring 170 mm.

3597 [LAMB (Charles and Mary)]. — THE FIRST BOOK OF POETRY. Another copy of the First Edition, contemp. calf binding.   **4.500 fr.**

Fine copy, but a little Shorter (158 mm.) small tear in inner margin of frontispiece restored.

3598 [LAMB (Charles)]. — THE HISTORY OF TELEMACHUS, The Son of Ulysses. Abridged from the French of Fenelon. *London, Tabart and Co*, 1805, small 12mo. or. yellow printed wrappers, preserved in half-morocco case. **1.500 fr.**

FIRST EDITION. Illustrated with 4 coloured plates. There is no doubt that Lamb was familiar with this book, and perhaps the Author, for he writes in his Preface to *The Adventures of Ulysses* as follows *This work is designed as a supplement to the Adventures of Telemachus : it treats of the conduct and sufferings of Ulysses, the « father of Telemachus ».* Six page book list at end. Fine copy.

3599 [**LAMB (Charles)**]. — TELEMACHUS. The same work as preceding number, only dated 1807, half-morocco, or. front. wrappers bound in. **600 fr.**

Three page book list (different from preceding number) at end.

3600 **LAMB (Charles and Mary)**. — Mrs LEICESTER'S SCHOOL or The History of Several Young Ladies, related by themselves. *London, M. J. Godwin, al the Juvenile Library,* 1809, 12mo. levant morocco. *(By Bedford).* **10.000 fr.**

FIRST EDITION, first issue. Tear in title-page skilfully repaired *(not affecting any text)* otherwise very fine copy entirely uncut.
PLANCHE 91.

3601 [**LAMB (Charles and Mary)**]. — Mrs LEICESTER'S SCHOOL or The History of Several Young Ladies, related by themselves. *London, M. J. Godwin and Co,* 1809, 12mo. half-calf. *(Modern binding).* **800 fr.**

SECOND EDITION, dated same year as the first issue, with same collation. Engraved frontispiece by *J. Hopwood* from the drawing by *W. Hopwood.* Foxed, but tall copy. 5 page book list at end of Mary Jane Godwin.

3602 [**LAMB (Charles and Mary)**]. — Mrs LEICESTER'S SCHOOL... *London, M. J. Godwin and Co,* 1810, 12mo. contemp. calf. **400 fr.**

THIRD EDITION.

3603 [**LAMB (Charles and Mary)**]. — Mrs LEICESTER'S SCHOOL... *London, M. J. Godwin and Co,* 1817, 12mo. contemp. blue calf, gilt back, gilt and blind roulette on sides. **400 fr.**

FIFTH EDITION. Charming binding, fine copy.

3604 [**LAMB (Charles and Mary)**]. — Mrs LEICESTER'S SCHOOL. *London, M. J. Godwin and Co,* 1825, 12mo. or. half-leather, boards. **400 fr.**

The 9th edition with a newly engraved frontispiece *(slightly foxed),* different from preceding editions. *Fine copy.*

3605 [**LAMB (Charles and Mary)**]. — Mrs LEICESTER'S SCHOOL. *London, Baldwin, Cradock and Joy,* 12mo. or. half-leather, boards. **300 fr.**

The 10th edition. Same frontispiece (slightly foxed) as the 9th edition published by M. J. Godwin, 8 page book list at end. *Fine copy.*

3606 **LAMB (Charles and Mary)**. — Mrs LEICESTER'S SCHOOL or The History of Several Young Ladies, related by themselves. *Philadelphia, King and Bavid,* 1843, 12mo. or. cloth. **80 fr.**

Slightly foxed. Library ticket inside front cover. Small piece off one corner.

3607 **LAMB (Charles and Mary)**. — Mrs LEICESTER'S SCHOOL. The Histories of Several Young Ladies, related by themselves. *London, Grant and Griffith,* 1848, 12mo. or. printed polychrome, boards, in a leather slip cover. **300 fr.**

Woodcut frontispiece designed by *Absolon,* engraved by *Green.* From the Favourite Library. Very fine copy, with the covers quite fresh. *Rare in this condition.*

3608 **LAMB (Charles and Mary)**. — Mrs LEICESTER'S SCHOOL, 1848, or. printed polychrome, boards. *(Rebacked).* **150 fr.**

Another copy, same edition.

3609 **LAMB (Charles and Mary)**. — Mrs LEICESTER'S SCHOOL. The Histories of Several Young Ladies. Related by themselves. *London, Grant and Griffith, Successors to Newbery and Harris, n. d.* [circa 1850], 12mo. or. red cloth, gilt. **50 fr.**

Frontispiece by *Absolon.* Very fresh copy with covers as new.

3610 **LAMB (Charles)**. — JEUNES PENSIONNAIRES (LES) ou Histoires de plusieurs jeunes demoiselles racontées par elles-mêmes. Traduction de l'anglais. Troisième édition. *Paris, Blanchard,* 1830, in-12, bas. marb., dos orné, pièce rouge, tr. marb. *(Rel. de l'époque).* **250 fr.**

Traduction d'un ouvrage célèbre anglais ayant pour titre : Mrs LEICESTER'S SCHOOL, ornée d'un titre gravé, avec vignette, et de 5 jolies figures non signées. L'une d'elles illustre « Le Voyage sur Mer », histoire d'une traversée d'Amérique en Angleterre. Bel exemplaire. Le titre gravé porte : 2e édition, ainsi que le titre du n° suivant, malgré nos recherches nous n'avons pu trouver d'édition antérieure. *Très rare.*

3611 [**LAMB (Charles)**]. — JEUNES PENSIONNAIRES (LES). *Paris, Pierre Blanchard,* 1830, in-12, broché, couv. muette. **300 fr.**

Même ouvrage, même édition que le précédent. *Bel exemplaire entièrement non rogné.*

3612 **LAMB (Charles)**. — PRINCE DORUS or Flattery put out of Countenance. A poetical version of an ancient tale. Illustrated with a series of elegant engravings. *London, M. J. Godwin,* 1811, small 4to., half-vellum. **250 fr.**

FACSIMILE REPRINT of the first edition, published by Field and Tuer, 1889. One of 500 copies printed numbered and signed by the publishers. Nine hand-coloured illustrations in facsimile. The original first is valued at £300.

3613 **LAMB (Charles)**. — PRINCE DORUS. Another copy of facsimile edition 1890-1, or. cloth. **70 fr.**

Fine copy of the ordinary issue.

3614 **LAMB (Charles)**. — TALES FROM SHAKESPEAR. Designed for the Use of Young Persons. *London, Thomas Hodgkins,* 1807, 2 vols. 12mo., blue levant morocco, gilt back, t. e. g. *(By Rivière).* **18.500 fr.**

FIRST EDITION, FIRST ISSUE *(with page [236] blank).* 20 plates engraved by WILLIAM BLAKE from the drawings by *Mulready.* Fine tall copy [7 inches].
PLANCHE 91.

3615 **LAMB (Charles)**. — TALES FROM SHAKESPEAR. The third Edition. *London, M. J. Godwin and Co,* 1816, 2 vols, contemp. morocco. *(Rebacked).* **1.200 fr.**

Same plates as first edition. *Fine copy.*

3616 **LAMB (Charles)**. — TALES FROM SHAKESPEAR. The fourth Edition. *London, M. J. God-*

win and Co, 1822, 2 vols. bound in 1 vol. in-12, half-calf, cloth.   **600 fr.**

> Same plates. Some plates slightly waterstained, otherwise fine copy.

3617 LAMB (Charles and Mary). — TALES FROM SHAKESPEARE designed for the Use of Young Persons. *London, Charles Till*, 1836, two vols. in-24, or. cloth, g. e.   **200 fr.**

> Frontispiece engraved on wood to each vol. Miniature edition printed in microscopic type.

3618 LAMB (Charles and Mary). — TALES FROM SHAKESPEARE. Designed for the Use of Young Persons... *London, Baldwin and Cradock*, 1838, post 8vo. or. cloth.   **150 fr.**

> Sixth edition, ornamented with 20 fine wood engravings by HARVEY.

3619 LAMB (Charles and Mary). — TALES FROM SHAKESPEARE. *London, Bickers and Son*, 1881, 8vo. or. cloth, gilt, t. e. g.   **40 fr.**

> With twelve illustrations in permanent photography from the Boydell Gallery. 16 page book list at end. *Fine copy.*

3620 LAMB (Charles and Mary). — TALES FROM SHAKESPEARE. *London, S. T. Freemantle*, 1901, 8vo. or. cloth, gilt, t. e. g.   **60 fr.**

> Introduction by ANDREW LANG. Illustrations by ROBERT ANNING BELL. *Very fine fresh copy.*

3621 LAMB (Charles and Mary). — POETRY FOR CHILDREN. Edited and Prefaced by Richard Herne Shepherd. *London, Basil Montagu Pickering*, 1872, post 8vo. or. blue cloth, gilt.   **70 fr.**

> At beginning 8 page catalogue of Basil Montagu Pickering. *Very fine copy.*

3622 LAMBIANA. — KING AND QUEEN OF CLUBS (The History of the) with some account of the cowardice of the knave ; relating how the King having gained a Victory over his Enemies, intended to feast his Lords with Syllabubs, but was hindered therefrom by the Roguery of the Knave. The plates designed and engraved by A. Watte. *London, W. Newbery, n. d.* [circa 1807], sq. 16mo. half calf. *(Modern binding).* **5.000 fr.**

> FIRST EDITION. Illustrated with 14 copper engravings by A. WATTE. The binder's knife has cut into the last line of two verses. The title and text is entirely engraved.

3623 LAMBIANA. — KING AND QUEEN OF SPADES (The History of), relating the Sad accident that occasioned the Queen's Death and the Grief of the King, and Knave, thereal also the Particulars of her Lying in State, Funeral Processions, etc. *London, W. Newbery, n. d.* [circa 1806], levant morocco. *(Modern binding).* **5.000 fr.**

> FIRST EDITION. Illustrated with 13 hand-coloured engravings and engraved title.
> *The King, and Queen, of Spades, behold*
> *Array'd in Scarlet, Blue, and Gold ;*
> *They as the day is fine and clear,*

> *Intend to chase the nimble Deer ;*
> *Not only them but all their court,*
> *Will likewise go and share the Sport.*
> FINE COPY.

3624 LAMBIANA. — KING AND QUEEN OF SPADES. Another copy, same as precedent. Levant morocco. *(Modern binding).*   **3.800 fr.**

> A little short at top, with some headings shaved. Otherwise fine copy, and very fine impressions ; also hand-coloured.

━━━━━━

3625 LAMBERT (Mme J.-J.). — LA FÉE SAGESSE. *Paris, Delarue, s. d.* [vers 1860], in-8 *(Cartonnage de l'éditeur)*, toile rouge, fers spéciaux, tr. dorées.   **400 fr.**

> 16 lithographies coloriées, dessins de *Telory*, tirées chez *Becquet*. Rousseurs légères.

3626 LAMBERT (Mme J.-J.). — LA FÉE SAGESSE. *Paris, Delarue, s. d.* [vers 1860], in-8. *(Cartonnage toile de l'éditeur).*   **175 fr.**

> 16 lithographies coloriées de *Telory*, tirées chez *Becquet*. Cartonnage toile violette décorée or : la fée Sagesse remettant un livre à sa protégée.

3627 LAMBERT (Mme J.-J.). — MÉDOR ET BLANCHETTE. *Paris, Delarue, s. d.* [vers 1860], in-12 carré, cart. toile grenat, tr. dorées. *(Cart. de l'éditeur).*   **50 fr.**

> 8 lithographies en couleurs hors-texte. Titre frappé en or dans un médaillon portant l'inscription : *Livres pour les petits enfants*. Texte imprimé en gros caractères.

3628 LAMBERT (Mme J.-J.). — MÉDOR ET BLANCHETTE. *Paris, Delarue, s. d.* [vers 1867], in-8, cartonnage imprimé de l'éditeur.   **60 fr.**

> Illustré de 8 gravures sur bois coloriées. Cartonnage en rouge et noir. *Bel exemplaire.*

3629 LAMBERT (Mme J.-J.). — MIGNONNE OU LA BONNE PETITE FILLE. *Paris, Delarue, s. d.* [vers 1867], in-8. *(Cartonnage de l'éditeur).* **60 fr.**

> Illustré de 8 gravures sur bois coloriées. Cartonnage rouge et noir. *Bel exemplaire.*

3630 LAMBERT (Mme J.-J.). — PETITES AVENTURES D'UNE POUPÉE. *Paris, Delarue, s. d.* [vers 1845], in-8, cart. toile rouge *de l'édit.*, tr. dorées.   **150 fr.**

> 16 lithographies en couleurs de Lelong représentant des épisodes de la vie de la poupée *Belle-à-Voir*. L'une représente *Belle-à-Voir* s'élevant en ballon. Plaque dorée sur le 1er plat, représentant des petites filles jouant avec une poupée. Cartonnage fané. Exempl. très lu.

3631 LAMBERT (Mme J.-J.). — PETITES HISTOIRES. *Paris, Delarue, s. d.* [vers 1850], in-8 oblong, cartonn. toile gaufrée violet foncé, cadres à froid, et grand fer doré, à personnages et titre sur le 1er plat, tr. dor. *(Cartonn. d'édit.).* **300 fr.**

> PREMIÈRE ÉDITION. Titre lithographié illustré et 15 lithographies signées TELORY. Très rare surtout en cartonnage d'origine avec fers spéciaux. *Très bel exempl.*

3632 LAMBERT (Marchioness de). — A MOTHER'S ADVICE to her son and daughter. *London, Vernor and Hood*, 1800, sm. 12mo. contemp. half-calf. *(Sides rubbed).*   **35 fr.**

Title and last page soiled. One of the most interesting books for children on the subject.

3633 LAMÉ FLEURY. — L'HISTOIRE DE LÀ DÉCOUVERTE DE L'AMÉRIQUE racontée aux enfants. *Paris, P. Dufarl*, 1836, petit in-16, dos et coins veau brun, dos sans nerfs orné de filets, nom du possesseur en queue. *(Rel. de l'époque).*   **50 fr.**

Le récit, à l'usage des enfants, des voyages de Colomb, de ses lieutenants, de Vespucce, etc., est précédé d'un exposé sur les voyages antérieurs, du moyen âge au xvᵉ siècle. Très bon exemplaire de ce petit livre rare.

3634 LAMPE MERVEILLEUSE (LA) ou Histoire d'Aladin. *Troyes, Garnier, s. d.* [vers 1750], in-8 demi-veau fauve, pièce cuir. *(Reliure moderne).*   **250 fr.**

A l'état de neuf, non coupé. La traduction des *Mille et Une Nuits* par Galland, avait paru pour la première fois à Paris, de 1704 à 1717. Voir Hélot, *Bibliothèque Bleue en Normandie*, n° 140. Très rare.

3635 LAND CREATION (THE) from the Monster, to the Monad. *London. R. Yorke Clarke and Co. n. d.* [circa 1845], sq. 12mo. or. gilt and illustrated boards. *(One joint cracked).*   **50 fr.**

Illustrated with 14 fine wood engravings *(boa-constrictor, killing crocodile, silkworn, etc.). Fine copy.*

3636 LANDELLS (E. and Alice). — THE GIRL'S OWN TOY-MAKER and book of recreation. *London, Griffith and Farran*, 1860, square 12mo. or. red cloth, gilt.   **75 fr.**

FIRST EDITION. Illustrated with upwards of two hundred wood engravings. 32 page book catalogue at end.

ANDREW LANG (1844-1912)

3637 LANG (Andrew). — THE ANIMALS STORY BOOK. *London, Longman's, Green and Co*, 1896, 8vo. or. blue cloth, gilt, g. e.   **70 fr.**

FIRST EDITION. Numerous illustrations by H. J. FORD. *Very fine copy.*

3638 LANG (Andrew). — THE BLUE POETRY BOOK. *London, Longman's, Green and Co*, 1891, 8vo. or. blue cloth, gilt, g. e.   **90 fr.**

FIRST EDITION. Numerous illustrations by H. J. FORD and LANCELOT SPEED. *Fine copy.*

3639 LANG (Andrew). — THE BOOK OF ROMANCE. *London, Longman's, Green and Co*, 1902, 8vo. or. blue cloth, gilt, g. e.   **75 fr.**

FIRST EDITION. 8 coloured plates and 44 illustrations by H. J. FORD. *Very fine fresh copy.*

3640 LANG (Andrew). — THE BROWN FAIRY BOOK. *London, Longman's, Green and Co*, 1904, 8vo. or. brown cloth, gilt, g. e.   **80 fr.**

FIRST EDITION. 8 coloured plates and numerous illustrations by H. J. FORD. *Very fine fresh copy.*

3641 LANG (Andrew). — THE GREEN FAIRY BOOK. *London, Longman's, Green and Co*, 1892, 8vo. or. blue cloth, gilt, g. e.   **90 fr.**

FIRST EDITION. Numerous illustrations by H. J. FORD. *Very fine copy.*

3642 LANG (Andrew). — THE LILAC FAIRY BOOK. *London, Longman's, Green and Co*, 1910, 8vo. or. lilac cloth, gilt, g. e.   **85 fr.**

FIRST EDITION. 6 coloured plates and numerous illustrations by H.J. FORD. *Very fine copy.*

3643 LANG (Andrew). — THE NURSERY RHYME BOOK. Illustrated by L. Leslie Brooke. *London, Frederick Warn and Co*, 1898, 8vo. or. cloth, gilt, g. e.   **40 fr.**

106 illustrations *(8 coloured by a young person),* otherwise fine copy.

3644 LANG (Andrew). — THE RED ROMANCE BOOK. *London, Longman's, Green and Co*, 1905, 8vo. or. red cloth, gilt, g. e.   **100 fr.**

FIRST EDITION. Eight coloured plates and 44 illustrations by H. J. FORD. *Very fine fresh copy.*

3645 LANG (Andrew). — THE RED TRUE STORY BOOK. *London, Longman's, Green and Co*, 1900, 8vo. or. red cloth, gilt.   **70 fr.**

FIRST EDITION. Numerous illustrations by HENRY FORD. *Fine fresh copy.*

3646 LANG (Andrew). — THE TRUE STORY BOOK. *London, Longman's, Green and Co*, 1893, 8vo. or. blue cloth, gilt, g. e.   **120 fr.**

FIRST EDITION. 100 illustrations by L. BOYLE, LUCIEN DAVIS, H. J. FORD, C. H. M. KERR and LANCELOT SPEED. Dedication on half-title. *Very fine fresh copy.*

3647 LANG (Andrew). — THE YELLOW FAIRY BOOK. *London, Longman's, Green and Co*, 1894, 8vo. or. yellow cloth, gilt, g. e.   **125 fr.**

FIRST EDITION. Numerous illustrations by H. J. FORD. *Very fine copy.*

3648 LANG (Andrew.) — THE BOOK OF PRINCES AND PRINCESSES. Edited by Andrew

Lang. *London, Longman's, Green and Co,* 1908, 8vo. or. blue cloth, gilt, g. e.   **100 fr.**

FIRST EDITION. 8 coloured plates and numerous illustrations by H. J. FORD. 6 pages advertisements at end. *Very fine fresh copy.*

3649 LANG (Mrs). — THE RED BOOK OF HE-ROES. Edited by Andrew Lang. *London, Longman's, Green and Co,* 1909, 8vo. or. red cloth, gilt, e. g.   **100 fr.**

FIRST EDITION. 8 coloured plates and numerous illustrations by A. WALLIS MILLS. Two page book list. *Very fine fresh copy.*

════

3650 LANGLÈS (L.). — LES VOYAGES DE SIND-BAD le Marin et la Ruse des femmes. Contes arabes. Traduction littérale accompagnée du texte et de notes. *Paris, Imprimerie Royale,* 1814, in-12, demi-bas. brune, dos orné, coins, tr. j. *(Rel. anc.).*   **125 fr.**

ÉDITION ORIGINALE de cette traduction « d'un ouvrage spécialement consacré à l'amusement, peut-être même à l'instruction de nos jeunes orientalistes ». *(Préface de l'auteur).* La moitié du volume contient le texte arabe. L'auteur est le fondateur de l'École des Langues orientales.

3651 LANGLOIS (Mme L.-P.). — LES PETITS MARCHANDS AMBULANS ou l'Éducation de la nécessité. *Paris, Alexis Eymery,* 1820, 3 vol. in-18, basane verte mouchetée, filet dentelé doré, dos orné sans nerfs, tr. marbrées. *(Rel. de l'époque).*   **150 fr.**

5 gravures. Histoire de trois enfants que la nécessité contraint à se faire marchands ambulants à travers la France. *Bel exemplaire.*

3652 LANGLOIS (Mme L.-P.). — LES PETITS MARCHANDS AMBULANS ou l'Éducation de la nécessité. *Gand, Busscher,* 1823, in-12, demi-bas. marb., dos orné, pièce verte, coins, tr. j. *(Rel. de l'époque).*   **125 fr.**

Deux jolies figures *lithographiées.* Les livres pour enfants illustrés par la lithographie dès cette date sont *extrêmement rares.* Bel exemplaire.

3653 LANGSTON (John). — LUSU POETICUS Latino-Anglicanus in usum scholarum or the more eminent sayings of the Latin Poets collected. *London, H. Eversden,* 1675, in-12, chagrin brun, dos à nerfs. *(Rel. janséniste mod.).*   **350 fr.**

Intéressant ouvrage contenant des milliers de citations de vers latins, avec le nom de l'auteur, traduites en anglais sur la page en regard. Bel exemplaire.

3654 LANTERNE MAGIQUE MORALE ET INS-TRUCTIVE (LA), recueil d'historiettes offert aux enfants. *Paris, Castel de Courval,* 1827, in-4, oblong, cart. papier rose *de l'époque.*   **1.500 fr.**

12 grandes superbes lithographies tirées par Engelmann et finement coloriées à la main, représentant : la première, la lanterne magique qu'un père fait fonctionner devant ses enfants ; les suivantes, les onze tableaux projetés par la lanterne magique. *Bel exemplaire.*

3655 LAPEYROUSE (LE PETIT). *Paris, Marcilly,* *s. d.* [vers 1820], in-12 oblong, demi-toile verte.   **300 fr.**

Titre gravé avec grande vignette *coloriée* représentant un conteur sur le pont d'un navire et 6 jolies planches gravées, non signées et *coloriées. Angleterre, Indoustan, Ceylan, Chine, Coromandel, Russie, Pérou, Mexique, Alger, etc.* Une très jolie figure coloriée représente une *course de taureaux.* Bel exempl. dans un cartonn. récent.

3656 LA ROCHÈRE (Comtesse de la). — LES DEUX COUSINS... *Tours, Mame,* 1853, in-8, cart. toile violette, décors polychromes, tr. dorées. *(Cart. de l'éditeur).*   **150 fr.**

8 lithographies en couleurs de Bayalos. *Les deux cousins* sont suivis de dix-huit courts récits, imprimés en gros caractères. Plaques or, vert, rouge et violet. Quelques rousseurs.

3656 bis LA ROCHÈRE (Comtesse de). — DOUZE CONTES POUR L'ENFANCE. Nouvelle édition. *Tours, Mame,* 1863, in-12, cartonn. toile chagr. violet. *(Cartonn. d'époque).*   **20 fr.**

Une figure gravée. Grosse typographie. *Ex-praemio* doré sur le 1er plat.

3657 LA ROCHÈRE (Comtesse de). — NOU-VELLES MORALES. Nouv. éd. *Tours, Mame,* 1857, in-12, bas. vert foncé, dos à n. très orné d'entrelacs, grande plaque dorée et à froid sur les plats, tr. marb. *(Rel. de l'époque).*   **75 fr.**

Illustré de 6 jolies figures par *H. Girardet* et *Delannoy. La tendresse d'une sœur,* épisode du siège de Rome. Bel exemplaire.

3658 LA ROCHÈRE (Comtesse de). — ROME. Souvenirs religieux, historiques, artistiques de l'Expédition française en 1849 et 1850. *Tours, Mame,* 1853, in-8, cart. toile bleue, décors dorés, tr. dorées. *(Cart. de l'édit.).*   **200 fr.**

Huit belles gravures sur cuivre de ROUARGUE. Très belle décoration dorée sur le dos et les plats : motifs architecturaux avec monuments de Rome dans des médaillons ; tiare rayonnante, missel, bannière, armoiries papales, écusson du Saint-Siège, crosse, etc. *Très bel exemplaire.*

3659 LAROUSSE (P.). — MÉTHODE lexicologique de lecture. *Paris, Larousse et Boyer, s. d.,* in-8, demi-chag. grenat, fil. à fr., dos orn. en long à petits fers, tr. dor. *(Rel. de l'époque).*   **300 fr.**

ÉDITION ORIGINALE de cet ouvrage offert à Napoléon III par le Ministre de l'Instruction publique pour la *première éducation du Prince Impérial.* Il est orné de petites vignettes gravées. Bel exemplaire dans une demi-reliure très décorative. *Dédicace autographe signée de P. Larousse.* TRÈS RARE.

3660 LAST DAYS OF BOOSY (THE). The Bearer of Little Henry. *London, Houlston and Stoneham,* 1842, sm. 12mo. half-leather, boards.   **25 fr.**

The engraved title states that the work is a *Sequel to Little Henry and his Bearer* (by Mrs Sherwood). Engraved frontispiece, slightly foxed.

3661 LA TOUR (Mme Charlotte de). — LE LAN-GAGE DES FLEURS. *Paris, Garnier frères,* 1858, in-12, demi-chag. vert, pl. toile, tr. dorées. **150 fr.**

12 pl. gravées de fleurs finement coloriées.

3662 **LAUGHTER BOOK (A)** for Little Folk. *London, George Roulledge and Co, n. d.* [circa 1870], sm. 4to. or. printed boards.   **60 fr.**

Illustrated with upward of 30 coloured drawings. The book is inspired by Dr Hoffman's Struwwelpeter. Tears in 2 leaves easily repaired.

3663 **LAURENT (H.-Charles).** — ESSAIS POÉTIQUES D'UN ÉCOLIER. *Paris, Delaunay el Warée,* 1832, in-12 carré, demi-veau poli brun, dos orné de grecques dorées et fleurons à froid, tr. mouch. *(Rel. de l'époque).*   **60 fr.**

ÉDITION ORIGINALE rare de ce petit ouvrage dû à un élève du collège Louis-le-Grand. Dédicace autographe signée « *A mon ami E. de Vogüé* ». Bel exemplaire.

3664 **LAURENT (L'Abbé).** — GALERIE EN ACTION de la Vie des Enfants ou l'Enfance pittoresque. *Limoges el Paris, Librairie des Bons Livres,* 1853, gr. in-8, cart. toile bleue, décors polychromes, tr. dorées. *(Carl. d'édil.).*   **300 fr.**

Trente-six lithos groupées par deux sur dix-huit planches hors-texte. Vignettes sur bois. Un conte est intitulé : Les Américains coureurs de bois. Une litho représente une chasse sur les bords du lac Huron. Une autre, une chasse dans les pampas. Le premier plat est orné d'un cadre or, rouge, bleu, vert, dans lequel un médaillon représente des enfants faisant l'aumône à un chemineau. Attributs divers : ballon, sabre, raquette, bilboquet, trompette, un livre ouvert, une plume d'oie, etc. Au second plat, petit médaillon rouge et or, variante du précédent : un jeune garçon fait l'aumône à un pauvre. Dos or, vert et rouge : un bateau, un personnage, etc. Déchirure au mors inférieur. *Bel exemplaire.*

3665 **LAURENT (L'Abbé).** — GALERIE EN ACTION de la Vie des Enfants. *Limoges el Paris,* 1853, gr. in-8, cart. toile verte, décors polychromes, tr. dorées. *(Carl. d'édil.).*   **400 fr.**

Le même ouvrage que le précédent. Mêmes illustrations. Même décoration du cartonnage (or, rouge, vert, rose). *Très bel exemplaire.*

3666 **LAURENT (L'Abbé).** — GALERIE EN ACTION de la Vie des Enfants... *Limoges el Paris,* 1853, gr. in-8, cart. toile bleue, décors polychromes, tr. dorées. *(Carl. d'édil.).*   **120 fr.**

Le même ouvrage que les précédents. Même cartonnage. L'illustration est un peu différente : 1 frontispice (retirage de celui de l'Enfance pittoresque et 15 lithos au lieu de 10, dont plusieurs cependant ne figurent pas dans les deux exemplaires ci-dessus décrits.

3666 *bis* **LAUTER (Franz).** — DAS MAHRLEIN VON FLETSCH UND WINZELCHEN. *Frankfurl a. M., Ullmann,* 1844, pet. in-8, cart. papier j. impr. *(Carl. de l'éditeur).*   **180 fr.**

Petit ouvrage tiré d'un roman d'*Eugène Sue*. Il est orné de 8 curieuses lithographies coloriées par *J.-B. Sonderland.* Bel exemplaire.

3667 **LAVATER MORAL (LE).** *Paris, Louis Janel, s. d.* [vers 1820], in-16 oblong, cartonnage papier, tr. dorées. *(Carl. el étui de l'édit.).*   **2.000 fr.**

Titre orné d'une vignette. 6 jolies planches gravées, finement coloriées et rehaussées d'or. Cartonnage crème, orné de larges cadres et d'une vignette, lithographies en couleurs. Décoration identique sur les deux plats. L'étui est orné de sujets allégoriques, lithographiés en couleurs : les

tons en sont fanés. Mais le petit volume qu'il contient est d'une *exquise el rarissime fraîcheur.* Les gravures (le Bavard, le Musard, la Femme colère, le Solliciteur avide, l'Intrigante, le Vaniteux) accompagnent un texte amusant, tantôt en prose, tantôt en vers, décrivant soixante-douze « caractères ».

3668 **LAVATER MORAL (LE).** *Paris, Louis Janel, s. d.* [vers 1820], in-16 obl. *(Carlonnage papier et élui de l'éditeur),* tr. dorées.   **1.500 fr.**

Le même ouvrage que le précédent. Cartonnage bleu, illustré d'une vignette reproduite sur les deux plats, au milieu d'un large cadre historié, tr. dorées. Titre estampé à froid sur les deux faces de l'étui. *Bel exemplaire.*

3669 **LEACH (F.).** — THE NOBLE EXILE. A tale founded on fact. *London, R. Harrild, n. d.* [circa 1820], sm. 12mo. or. half-leather boards.   **70 fr.**

Illustrated with frontispiece and vignette in the style of Bewick. The story is about a French Count's exile on his property in the West Indies.

3670 **LEAR'S BOOKS OF NONSENSE.** *London, Frederick Warne and Co, n. d.* 4 vols. 4to., coloured wrappers, Nos 83, 85, 89 and 90.   **70 fr.**

Illustrated with many funny sketches in colour. *Fine copies.*

3671 **LEAR (Edward).** — THE BOOK OF NONSENSE to which is added More Nonsense. With all the original pictures and verses. *London, Frederick Warne and Co, n. d.* [circa 1900], oblong 4to. or. cloth. wrappers.   **125 fr.**

Numerous illustrations by the Author illustrating the limericks. *Very fine copy.*

3672 **LEBRUN (Mme Camille).** — LA FAMILLE RAIMOND. *Paris, Marcilly, s. d.* [vers 1845], in-8, cart. toile bleue, décors dorés. *(Carl. de l'édil.).*   **250 fr.**

6 charmantes lithographies en deux teintes, finement coloriées à l'époque, fort intéressantes pour les gracieux costumes qu'elles représentent. Vignettes sur bois dans le texte. Exemplaire d'une fraîcheur irréprochable.

3673 **LEBRUN (Mme Camille).** — PETITES HISTOIRES VRAIES racontées aux enfants. *Paris, Marcilly, s. d.* [vers 1840], in-12 oblong, cartonn. bradel pap. à ramages et relief vert. *(Carlonn. d'époque).*   **600 fr.**

Orné de 12 charmantes lithographies *coloriées,* non signées, sur fond teinté. Chacune de ces petites histoires est à pagination séparée.

3674 **LEBRUN (Henri).** — ABRÉGÉ DE TOUS LES VOYAGES AU POLE NORD, depuis Nicolo Zeno jusqu'au capitaine Ross (1380-1835). *Tours, Mame,* 1839, in-12, cartonn. bradel papier à relief bleu, pièce rouge au dos. *(Carlonn. de l'ép.).*   **40 fr.**

PREMIÈRE ÉDITION. Vignette sur bois, sur le titre (traîneau tiré par les rennes) et nombreuses figures gravées sur bois d'après les dessins de *De Sainson : rennes, icebergs, baleine, esquimaux, phoque* et *morse,* etc. Intéressant AMÉRICANA (voyages de découvertes dans le Nord de l'Amérique). *Très bel exemplaire.*

3675 LEBRUN (Henri). — ABRÉGÉ DE TOUS LES VOYAGES AU POLE NORD, depuis les frères Zéni jusqu'à Tréhouard. *Tours, A. Mame et C^le,* 1852, in-12, cart. percale bleue, plats et dos orn. de fers spéciaux. *(Cart. de l'éditeur).* **60 fr.**

Édition ornée de 8 planches gravées sur bois d'après *Sainson.* Bel exemplaire sous un cartonnage très frais dont le premier plat est décoré d'une frégate.

3676 LEBRUN (Henri). — CONQUÊTE DU PÉROU et Histoire de Pizarre. *Tours, Mame,* 1841, in-12, basane vert olive, dos orné d'ornements rocaille dorés, plats décorés d'une grande plaque à froid, entrelacs de rosaces, tr. marb. *(Rel. de l'ép.).* **150 fr.**

PREMIÈRE ÉDITION. Titre gravé avec vignette, et 3 figures sur acier, non signées, qui sont ici en *premier tirage* et ont été maintes fois reproduites dans les rééditions. Plaque de reliure rare.

3677 LEBRUN (Henri). — CONQUÊTE DU PÉROU. Deuxième édition. *Tours, Mame,* 1842, in-12, basane polie grenat clair, dos orné en long, plats entièrement couverts d'un riche décor à froid et doré, tr. marb. *(Rel. de l'ép.).* **125 fr.**

Mêmes figures que l'édition originale. Intéressant AMÉRICANA en splendide état. Rare en pareille condition, malgré une tache à 1 f. et un très petit trou à un autre.

3678 LEBRUN (Henri). — VOYAGES ET AVENTURES DU CAPITAINE COOK. Nouv. éd. *Tours, Mame et C^le,* 1843, in-12, v. grenat, dos très orné en long, grande plaque « rocaille » à froid sur les plats, tr. marb. *(Rel. de l'époque).* **80 fr.**

2 jolies figures sur acier représentant Cook assistant à un Kava donné par Poulaho, et la mort de Cook. Reliure fraîche.

3679 LEBRUN (Henri). — VOYAGES ET DÉCOUVERTES DANS L'AFRIQUE CENTRALE et l'Afrique Septentrionale. *Tours, Mame,* 1853, in-12, basane polie violet foncé, dos orné, plaque à froid et dorée avec *ex-praemio* sur le 1er plat, tr. marb. *(Rel. de l'époque).* **20 fr.**

Un titre gravé avec vignette et 3 jolies figures gravées non signées. Découvertes des Portugais, les Français au Sénégal, etc. Bel exemplaire.

3680 LEÇONS DU CŒUR (LES). *Paris, A. Marcilly, s. d.* [vers 1845], 6 in-16. *(Cartonnage papier de l'éditeur),* étui de l'époque en demi-mar. **1.250 fr.**

6 charmantes gravures, 1 en tête de chacune des 6 parties : un mari, une mère, une femme, une sœur, une amie, une fille. Très joli cartonnage identique pour les 6 parties, chromolithographie dessinée et gravée par Martel. Vasque et jet d'eau, cadre à rocailles, supportant deux enfants assis qui se tournent le dos, fines arabesques d'or, rocailles. coquilles et roses. Cartonnages admirablement frais, à l'état de neuf.

3681 LEÇONS MATERNELLES (LES). *Paris, Marcilly, s. d.* [vers 1820], in-12 oblong, cartonn. pap. bleu orné, titre, bordures et vignette. *(Carlonn. d'origine).* **250 fr.**

Titre gravé avec vignette et 6 charmantes planches non signées. Vignettes sur bois en fin de chapitres. *Impr. de Firmin Didot.* Bel exemplaire.

3682 LECTURES CHOISIES. — DIMANCHE DES ENFANTS. *Paris, Vve L. Janet, s. d.* [vers 1845], in-8, demi-chagr. rouge à coins, dos orné en long. *(Rel. de l'époque).* **40 fr.**

Orné de 13 lithographies de *Lassalle* illustrant les textes de *Dubreuil de Marzan, E. Vaneeckout, E. Foa, J.-N. Bouilly,* etc. Montgolfier ou les aérostats. (Découverte et Missions du Paraguay, Christophe Colomb), etc.

3683 LECTURES POUR LES ENFANS ou Choix de petits contes également propres à les amuser et à leur faire aimer la vertu. *A La Haye, chez P.-F. Gosse,* 1776-1778, 3 parties reliées en un vol. in-16, veau moucheté, dos muet. *(Rel. anc.).* **250 fr.**

Trois parties, chacune ayant sa pagination. La troisième s'adresse non aux enfants, mais aux « jeunes gens ». Les pages 173-176 de cette troisième partie ont été interposées et placées à la fin de la seconde, mais l'exemplaire est complet.

3684 LEE (Mrs). — BRITISH ANIMALS. FOREIGN ANIMALS. *London, Grant and Griffith,* 1853, 2 vol. in-8, or. printed wrappers. **50 fr.**

Each vol. with 7 fine plates engraved on wood by HARRISSON WEIR. *Fine copies.*

3685 LEE (Mrs). — TWELVE STORIES of the Saying and Doings of Animals. *London, Grant and Griffith,* 1854, 8vo. or. cloth, gilt, g. e. **100 fr.**

Illustrated with 4 hand-coloured woodcuts. Eight page book list at end. *Fine copy.* Name on title.

3686 LE GALL (Olivier). — LA DUCHESSE ANNE. Histoire d'une frégate. *Tours, Mame,* 1853, in-12. *(Carlonnage papier de l'éditeur).* **85 fr.**

PREMIÈRE ÉDITION. 6 pl., dessinées par *Karl Girardet* et gravées par *Paul Girardet* représentant des scènes de marine. Cartonnage romantique, cadres, coquilles, rinceaux blancs, roses et verts sur or guilloché ; au milieu du 1er plat, chromolithographie représentant le lancement de la « *Duchesse Anne* ». Comme le cartonnage, les gravures sont de toute fraîcheur.

3687 LE GALL (Olivier). — LA MORALE EN HISTOIRES. *Paris, Belin-Leprieur et Morizot, s. d.* [vers 1848], in-8, cart. toile bleue, décors polychromes, tr. dorées. *(Cart. d'édit.).* **125 fr.**

ÉDITION ORIGINALE. Douze lithographies sur fond chamois par DERANCOURT. Contes : le Convict, Laure ou la Reconnaissance, Voyage dans Jupiter, Les Pêcheurs dans l'île de Sein, etc. Beau décor à la cathédrale, rouge, bleu d'outremer, vert, violet, ocre, blanc, sur le 1er plat. TRÈS BEL EXEMPLAIRE.

3688 LE GÉNIE DE L'INDUSTRIE. — Études et nouvelles sur les célèbres inventeurs et industriels... par feu Vanaud. *Paris, A. Bédelet, s. d.* [vers 1850], in-8, cart. toile bistre, ornements polychromes, tr. dorées. **250 fr.**

ÉDITION ORIGINALE. Cartonnage romantique à ornements or, vert et rouge. Médaillon doré au second plat. *Le titre-frontispice est rehaussé d'or et les onze lithos sont* EN COULEURS. Bel exemplaire.

3689 **LEGRAND (Augustin). —** ALBUM DE LA JEUNESSE. Mélange d'Histoire naturelle, minéraux, plantes, animaux, leur emploi dans la vie, etc., accompagné de courtes explications. *Paris, Gide fils, s. d.* [vers 1830], in-8 obl. *(Carlonnage papier de l'éditeur).* **400 fr.**

60 pl. gravées, dont quatre consacrées à la *baleine et au requin.* Vignette gravée collée sur le premier plat du cartonnage. Texte sur deux colonnes. *Cart. un peu fatigué.*

3690 **LEGRAND (Augustin). —** LES HABITANS DU MONDE. Galerie historique. Tableaux neufs et piquans, contenant un précis sur la position géographique de chaque nation, etc. *Paris, Gide fils, s. d.* [vers 1830], in-4 obl., cartonné dos toile. **80 fr.**

2 cartes et 16 pl. gravées, la plupart réunissant une demi-douzaine de sujets. La couverture rose, gravée, a été découpée et collée sur le premier plat du cartonnage.

3691 **LEGRAND (Augustin). —** RÉCRÉATIONS DE LA JEUNESSE. Choix d'anecdotes d'après nos plus célèbres voyageurs dans les quatre parties du Monde. *Paris, Ducessois, s. d.* [vers 1825], in-4, oblong, cartonn. pap. glacé rose avec plats ornés de gravures, titre et table au verso. *(Cartonn. d'édit.).* **650 fr.**

Recueil d'anecdotes illustrées chacune d'une grande figure en aquatinte (21 planches), *la plupart d'intérêt américain : les Loups et l'enfant, anecdote américaine, Chasse aux loups, anecdote américaine, Chasse du taureau sauvage en Amérique, Un Exilé en Sibérie chassant le renard, Danse à la Nouvelle-Hollande, Chasse de l'opossum, Pêche à la Nouvelle-Hollande, Supplice à la Nouvelle-Hollande, Chasse d'un porc-épic,* etc. Bel exemplaire. Dos refait. Cartonnage très frais.

3692 **LEIGH (Percival). —** THE COMIC ENGLISH GRAMMAR. A new and facetions Introduction to the English Tongue. *London, Richard Bentley,* 1851, 12mo. half-leather. **100 fr.**

Illustrated with many comic sketches by JOHN LEECH. *Fine copy.*

JOHN LEIGHTON (LUKE LIMNER) 1822-1912

3693 [**LEIGHTON (John)**]. — A CAUSTIC VALENTINE (by) Luke Limner. *London, Ackerman, n. d.* [circa 1849], 4to., half-leather, with title ticket on cover. **2.800 fr.**

JOHN LEIGHTON'S OWN COPY, with his book plates. The collection consists of 14 hand-coloured valentines. *The Mooner, The Saveall or Flintflayer, Snob's Valentino, The Sentimental Slut, Sot, The Hypocrite or Wolf in Sheep's Clothing, The Fung, An Accomplished Lady, A Miserable Man, The Shrew, A Young Gent, The Tabby, A Schemer.* THIRTEEN OF THE ORIGINAL DRAWINGS ARE ADDED, and bound in are two smaller valentines. *To My Friend* and *Spooney, All Fool's Day, April 1st 1849,* and *To California, the Modern Eldorado, A Run to get Gold. All Fool's Day,* 1849. « In passing must be mentioned (as perhaps indicating the artist's still Youthful exuberance) a series of 14 single-sheet coloured « Valentines » of the « comic » or satiric order, evidently done in 1848 as indicated by an inscriptions in a collection made by him « To the 'Shrewd' bard of 'Schemers' the 'Incubus' and 'Flintflayers' with the Artist's thanks for the effusions, Jan. 1849 ». The fact that these were published by Ackerman indicates how fashions and ideas have changed ». H. W. DAVIS.

3694 [**LEIGHTON (John)**]. — A CAUSTIC VALENTINE. *London, Ackerman, n. d.* [circa 1849], half-leather. **600 fr.**

Another set of the 14 Valentines as the writer of the verses above (two uncoloured). Presentation copy from the artist to Inscribed. *To the « Shrewd » bard of « Schemers » the Incubus » a « Flintflayers », with the Artist's thanks for the effusions, Jan.* 1849. This is the copy cited by Mr. *H. W. Davis.* See previous item.

3695 [**LEIGHTON (John)**]. — THE ANCIENT STORY OF THE OLD DAME AND HER PIG. A Legend of Obstinacy... Illustrated by Luke Limner Esq. *London, David Bogue, n. d.* [circa 1845], sq. 12mo., half-morocco. *(Mod. bind.).* **600 fr.**

PROOFS of the trial issue of the accepted plates, and 4 of the original drawings. Viz. : Illustrated covers, and 12 plates *(arabic numbering)* and covers and 12 plates *(Roman numbering).* The drawings consists of front and back covers, and plates 1 and 2. Fine collector's piece.

3696 [**LEIGHTON (John)**]. — THE ANCIENT STORY OF THE OLD DAME AND HER PIG. *London, David Bogue* [circa 1845]. **150 fr.**

Another set of proofs, trial issues, both Roman and Arabic numbering. 24 plates in all, no covers.

3697 [**LEIGHTON (John)**]. — CHRISTMAS COMES BUT ONCE A YEAR. Showing what Mr Brown did thought and intended to do, during that festive Season. Now first edited from the original MSS (Mess). By Luke Limner Esq. *London, William Tegg and Co,* 1850, sq. 12mo. or. yellow cloth, g. e. **4.500 fr.**

FIRST EDITION, to which is added 38 OF THE ORIGINAL WASH DRAWINGS, and FIVE TRIAL SKETCHES (never used) by the artist. Very fine copy, in the freshest of condition. SPLENDID COLLECTOR'S ITEM.

3698 [**LEIGHTON (John)**]. — CHRISTMAS COMES BUT ONCE A YEAR. Another copy, or. cloth. **250 fr.**

FIRST EDITION. Mint copy.

3699 [**LEIGHTON (John)**]. — CHRISTMAS COMES BUT ONCE A YEAR. Another copy. **150 fr.**

FIRST EDITION. Not so fine.

3700 **LEIGHTON (John).** — THE CRIES OF LON-
DON and Public Edifices in twenty six illustrations... *London, Grant and Griffith,* 1851, or. boards
with illustrations, enclosed in half-morocco case.
6.000 fr.

FIRST EDITION, special copy to which is added the
following items.
1. Series of 23 (out of 24) ORIGINAL DRAWINGS
and one variant drawing *(No 17, a first state)* by the artist.
2. Three original drawings *(different states)* of the cover,
by the artist.
3. Six trial Covers lettering coloured by the artist, also
a trial or. boards with a complete trial set of the plates
in two tones, bistre and black except one, *Burlington
House),* also a frontispiece and three titles *(trial proofs
coloured by artist).*
4. Enclosed in leather covers, with printed trial proof
impressed, a set of 70 plates in various states some with
remarks by the artist, also 7 fully coloured by hand of the
artist, trial proofs. *The pages of the book are loose.* FINE
COLLECTER'S PIECE.

3701 [**LEIGHTON (John)**]. — EIGHT VALEN-
TINES, published by *A. Park.* London, n. d.
[circa 1846]. **350 fr.**

A VERY RARE SET, all hand-coloured. The subjects
are lithographed and are composed of animals or insects,
etc., with human heads, and a « biting » verse under each
illustration.

3702 [**LEIGHTON (John)**]. — OUR TOM CAT AND
HIS NINE. Lives by Luke Limner Esq. *London,
Ackermann and Co, n. d.* [circa 1850], or. coloured
and printed boards. **2.000 fr.**

FIRST EDITION, to which is added the following
items. 1. THE ORIGINAL FIRST SKETCHES BY THE
ARTIST on four stiff boards (33 in all). 2. EIGHTEEN OF
THE ORIGINAL TRACINGS (revised) by the artist for
the final plates.
The work is illustrated with 32 hand-coloured drawings
by the author.

3703 [**LEIGHTON (John)**]. — OUR TOM CAT AND
HIS NINE LIVES. [*London, Ackermann and Co,
n. d.,* circa 1850], oblong 12mo. or. printed red
wrapper *(without the imprint and price and with
fleurons in corners),* and rebound in contemp.
boards. **500 fr.**

TRIAL COPY. The plates are without the text. *One of
two copies known.* Fine copy.

3704 [**LEIGHTON (John)**]. — OUR TOM CAT AND
HIS NINE LIVES. Same as above. **500 fr.**

TRIAL COPY, but two pink instead of red wrappers,
with advertisement on lower cover. *The second known copy.*

3705 [**LEIGHTON (John)**]. — OUR TOM CAT AND
HIS NINE LIVES. *London, Ackermann and Co,
n. d.* [circa 1850], oblong 12mo. or. red printed
wrappers. **100 fr.**

FIRST EDITION. Uncoloured.

3706 [**LEIGHTON (John)**]. — THREE VALEN-
TINES, published by *Dean and Co, London, n.
d.* [circa 1850]. **50 fr.**

Each subject, with engraved text, is hand-coloured.
Two dandies, and a donkey in maiden's clothes.

3707 **LEIGHTON (John).** — VALENTINE. 2 proofs
and the original drawing, 4to. **150 fr.**

A BRAZENFACED JACKANAPES. Original drawing
in sepia, 1 proof in black, and another hand-coloured. Text
in autograph.

3708 **LEIGHTON (John).** — VALENTINE. Original drawing and two proofs, 4to. **150 fr.**

THE EGREGIOUSLY EGOTISTICAL YOUNG LO-
VER. Original drawing in sepia, 1 proof in black, and another hand-coloured. Text in autograph.

3709 **LEIGHTON (John).** — VALENTINES. Two
original drawings. 8vo. **250 fr.**

MIC. NOBODIE and BUSY BODY. Original drawings,
one in colour and the other in sepia. Text in autograph.

LEIGHTON (John). — See Nos 155 to 158 and
1913-14.

3710 **LEINSTEIN (Mme).** — PUNCTUATION IN
VERSE or the Good Child's Book of Stops. *London, Dean and Munday, n. d.* [circa 1830], 12mo.
or. printed wrappers *(worn),* preserved in half-
morocco case. **1.500 fr.**

Illustrated with full page frontispiece and 11 woodcuts,
all hand-coloured. Tear repaired in one leaf. Tuer, F. C.
B., page 454.
PLANCHE 125.

3711 **LEINSTEIN (Mme).** — THE RUDIMENTS OF
GRAMMAR in verse or A Party to the Fair. *London, Dean and Munday, n. d.* [circa 1828], 12mo.
or. printed wrappers *(soiled),* preserved in half-
morocco case. **1.500 fr.**

Hand-coloured frontispiece showing Miss Syntax's
School and 12 hand-coloured amusing woodcuts in the
spirit of those executed for the Infant's Grammar, from
which work the book seems to be inspired.

ADJECTIVES

« To a very *nice* pastry-cook's soon they repaird',
Where cakes, jellies, and ices, were duly prepar'd
And the ADJECTIVES here, just to shew their *fine*
[taste,
Began to remark on the fruit and the paste :
They said this was *Sweet,* and that *sour,* that *old,*
That the spice-cakes were *hot,* and the ices were *cold,*
But some *rich candied* ginger seemed quite to their mind,
For they call'd it *delicious, delightful, refin'd.* »

A few pages slightly soiled. Few copies have survived.

3712 **LEINSTEIN (Mme).** — UNLUCKY JOHN
and his lump of Silver. A Juvenile Comic Tale.
Translated from the German into easy verse.
London, Dean and Munday, 1825, sm. 12mo.
boards. *(New).* **150 fr.**

FIRST ENGLISH EDITION. Illustrated with a frontispiece and 14 other hand-coloured woodcuts. *Fine copy,*

3713 **LEISURE HOUR IMPROVED (THE)** or
Moral Miscellanies, in Prose and Verse. Original
and Selected. *Ironbridge, William Smith,* 1809,
12mo. contemp. calf in two tones, gilt. **65 fr.**

FIRST EDITION. Illustrated with charming woodcut
frontispiece and vignette on title.

3714 [**LE JEUNE, SIEUR DE FRANQUEVILLE**]. — LE MIROIR DE L'ART ET DE LA NATURE, qui représente par des planches en taille-douce presque tous les ouvrages de l'art et de la nature, des sciences et des métiers, en trois langues, françoise, latine et allemande. *Paris*, 1691, gr. in-8, veau, dos à nerfs. (*Rel. anc.*). **1.500 fr.**

152 gravures dans le texte, signées Crespy ou M. F. Description des gravures sur trois colonnes, en français, en latin et en allemand. Ouvrage non cité par les bibliographes. Titre en français et en latin sur le 1er f., et en allemand sur le f. suivant. Plusieurs gravures particulièrement intéressantes : l'Amérique, les jeux d'enfants (la boule, l'anneau, les quilles, la toupie, les échasses...), la paume (première idée du tennis). Reliure légèrement frottée, la coiffe inférieure abîmée, mais bel exemplaire intérieurement, sauf déchirures, facilement réparables, et n'atteignant pas le texte, à quelques marges. De toute rareté.

3715 **LELAND (Charles G.)**. — JOHNNYKIN AND THE GOBLINS. *London, Macmillan and Co*, 1877, 8vo. or blue cloth, gilt, g. e. **100 fr.**

FIRST EDITION. Illustrated by the author with many wood engravings. Fine copy. This is one of works inspired by the success of Alice in Wonderland, and published in the same taste.

3716 **LE LASSEUR (Mme)**. — CONTES DE FÉES. *Paris, A. Valon, s. d.* (1876), in-8, cart. toile bleue, encad. fil. dent. centre orn. de fers spéciaux dor., tr. dorées. (*Rel. de l'éditeur*). **50 fr.**

ÉDITION ORIGINALE, ornée de 7 planches et de nombreuses illustrations dans le texte par *BERTALL*. Très bel exemplaire dans un cartonnage de toute fraîcheur orné d'une scène des *Aventures du Prince Etincelle* sur le premier plat.

3717 **LEMAIRE (H.)**. — BEAUTÉS D'HISTOIRE NATURELLE, d'Histoire Universelle, de Géographie, etc., ou Entretiens sur les volcans, les tremblements de terre, etc. *Paris, Belin-Mandar*, 1832, 2 vol. in-12, bas. marbrée, dos orné, pièces vertes, tr. marb. (*Rel. de l'époque*). **200 fr.**

C'est une réédition, sous un nouveau titre, des « *Récréations morales de l'Enfance* », illustrée des mêmes figures *à la manière noire*. La création, Découverte de l'Amérique, INVENTION DE L'AÉROSTAT, Instinct du Castor, Les Premiers Rois, Ruines d'Herculanum.

3718 **LEMAIRE (H.)**. — BEAUTÉS, VICTOIRES, BATAILLES et combats mémorables des Armées françaises, suivis d'anecdotes, mots héroïques, etc., depuis 1792 jusqu'en 1815. *Paris, Le Prieur*, 1819, 2 vol. in-12, bas. marb., dos finement orné, pièces rouges, pet. guirlande autour des pl., tr. mouch. (*Rel. de l'époque*). **300 fr.**

ÉDITION ORIGINALE ornée de 24 jolies figures en taille-douce. Une figure représente le vaisseau *Le Vengeur*. Quelques traits sur le combat de l'*Embuscade* avec une frégate anglaise en rade de New-York. Bel exemplaire malgré quelques taches au bord des marges.

3719 **LEMAIRE (H.)**. — CORRESPONDANCE MORALE D'UN PÈRE AVEC SON FILS ou Lettres d'un père à son fils et d'un fils à son père sur les moyens de surmonter les passions ordinaires aux jeunes gens et de disposer ces derniers à faire choix d'un état. *Paris, Belin-Mandar*, 1823, in-12, bas. mouch., dos bien orné, pièce verte, tr. marb. (*Rel. de l'époque*). **200 fr.**

ÉDITION ORIGINALE ornée de 3 jolies figures *à la manière noire*, intéressantes pour le costume et l'ameublement. *Bel exemplaire*.

3720 **LEMAIRE (H.)**. — CORRESPONDANCE MORALE D'UN PÈRE AVEC SON FILS... *Paris, Belin-Mandar*, 1823, in-12, demi-maroquin rouge à coins, dos orné à nerfs, monogramme doré sur le 1er plat. (*Rel. de l'époque*). **200 fr.**

Édition originale, comme le précédent. Mêmes illustrations. Très bel exemplaire. Le monogramme du 1er plat (C. M.) correspond à la signature C. Mesnand, datée de Rosny 2 septembre 1828, qui se trouve sur la garde.

3721 **LEMAIRE (H.)**. — LES EXEMPLES CÉLÈBRES ou Nouveau choix de faits historiques et d'anecdotes propres à orner la mémoire de la jeunesse et à lui inspirer l'amour de toutes les vertus qui peuvent faire le bonheur et la gloire de l'homme en société. Seconde édition. *Paris, Ledentu*, 1819, in-12, maroq. rouge à long grain, dos très orné de filets et fleurons, large dent. et encadrement autour des plats, guirlande dorée int., tr. dor. (*Rel. de l'époque*). **250 fr.**

Orné de 6 jolies figures gravées. *Bel exemplaire* dans une jolie reliure en maroquin d'époque.

3722 **LEMAIRE (H.)**. — LES EXEMPLES CÉLÈBRES ou Nouveau choix de faits historiques et d'anecdotes propres à orner la mémoire de la Jeunesse... *Paris, Ledentu*, 1823, in-12, bas. marb., dos orné, guirlande autour des pl., tr. marb. (*Rel. de l'époque*). **35 fr.**

Six figures gravées sur cuivre. Dos frotté : coiffe fatiguée.

3723 **LEMAIRE (H.)**. — GUIDE DE LA JEUNESSE à son entrée dans le monde ou le Retour des anciennes vertus. Leçons d'un oncle à ses neveux et à sa nièce. *Paris, Belin-Leprieur*, 1818, cartonn. papier marbré bleu, étiquette au dos. (*Cartonn. d'époque*). **150 fr.**

ÉDITION ORIGINALE, rare, ornée de 4 jolies figures gravées par *Choquet et Gossard*, fort intéressantes pour les *costumes*. Coins frottés.

3724 **LEMAIRE (H.)**. — GUIDE DE LA JEUNESSE. Veau vert poivré, dos orné, sans nerfs, dent. sur les plats. (*Rel. de l'époque*). **250 fr.**

Même édition, mêmes planches que le précédent. *Très bel exemplaire*.

3725 **LEMAIRE (H.)**. — PETIT ANACHARSIS ou Voyage du Jeune Anacharsis en Grèce, abrégé de J.-J. Barthélemy. *Paris, Lehuby*, 1836, in-12, bas. marbrée, dos bien orné, pièce rouge, pet. guirlande entourant les plats, *ex-praemio* doré sur le 1er plat, tr. marb. (*Rel. de l'époque*). **30 fr.**

Titre gravé, avec vignette, et 3 figures sur acier non signées. Très bel exemplaire.

3726 LEMAIRE (H.). — RÉCRÉATIONS MORA-
LES DE L'ENFANCE ou Entretiens de plusieurs
enfants avec leur père, etc. *Paris, Belin-Mandar,*
1823, 2 vol. in-12, bas. polie mouchetée, dos très
orné, pièces vertes, guirlande autour des plats,
tr. marb. *(Rel. de l'époque).* **450 fr.**

ÉDITION ORIGINALE illustrée de 6 jolies figures
à la manière noire, dont une des plus curieuses illustre
« L'INVENTION DE L'AÉROSTAT ». Important chapitre sur la *Navigation* (1 planche) et la découverte de
l'AMÉRIQUE. Bel exemplaire.

3727 LEMERCIER (Adrien). — LES BRAMINES
ou le Triomphe de la religion chrétienne. *Tours,*
Mame et Cie, 1840, in-16. *(Cartonnage papier de*
l'éditeur). **40 fr.**

1 planche gravée, cartonnage papier rouge, imitant le
veau.

3728 LEMERCIER. — LUCIEN ou Adversité et
Courage. *Tours, Pornin et Cie,* 1846, in-12, bas.
violet foncé, dos orné en long, plats très ornés
d'un décor doré et à froid, tr. marb. *(Rel. de*
l'époque). **200 fr.**

ÉDITION ORIGINALE. Titre gravé (vignette) et
3 figures sur acier, non signées. Intéressant et peu commun
« AMÉRICANA » : départ pour l'Amérique, nègres, muti-
nerie, incidents de navigation, etc. Bel exemplaire.

3729 LEMON (Mark). — THE ENCHANTED
DOLL. A Fairy Tale for Little People. *London,*
Bradbury and Evans, 1849, 8vo. or. printed boards.
(Rebacked). **40 fr.**

FIRST EDITION. Frontispiece, illustrated title and
illustrations in text by RICHARD DOYLE. End papers
renewed.

3730 LEMON (Mark). — LEGENDS OF NUMBER
NIP. Illustrated by Charles Keene. *London, Mac-*
millan and Co, 1864, 8vo. or. cloth, gilt. **50 fr.**

FIRST EDITION. Six full page illustrations. A few
pages badly opened.

3731 LEMON (Mark). — TINYKIN'S TRANS-
FORMATIONS. A Child's Story. *London, John*
Slark, n. d. [circa 1865]. **60 fr.**

FIRST EDITION. Numerous illustrations by *Charles*
Green.

3732 LE MONDE ET SES MERVEILLES. — GÉO-
GRAPHIE AMUSANTE ET INSTRUCTIVE...,
par MM. Ch. de Ribelle, F. Fertiault et Mme la
comtesse de Bassanville. *Paris, Amable Rigaud,*
1859, in-8, cart. toile vert olive foncé, décor doré,
tr. dorées. *(Cart. de l'édit.).* **400 fr.**

« Histoire, mœurs et coutumes des différents peuples
de la terre. Anecdotes, légendes et récits intéressants ».
Dix jolies lithographies de Hadamard, sur fond teinté,
dont sept ont été finement coloriées à l'époque. Plus une
planche lithogr. sur fond teinté représentant les planètes.
Joli décor doré représentant, au 1er plat, des monuments
arabes, chinois, égyptiens, grecs, celtiques ; au centre :
une sphère, un compas, etc., représentés aussi au deuxième
plat. Joli livre. Charmant exemplaire.

3733 LE MONDE ET SES MERVEILLES. — GÉO-
GRAPHIE AMUSANTE ET INSTRUCTIVE...
Paris, Rigaud, 1859, in-8, cart. toile violet, décor
doré, tr. dorées. **150 fr.**

Même ouvrage que le précédent. Mêmes illustrations,
mais toutes sur fond teinté. Mêmes décorations du cartonnage. *Très bel exemplaire.*

3734 LENEVEUX (Louise). — LES ANIMAUX
PARLANTS. *Paris, Vve Louis Janet, s. d. [vers*
1845], in-12, cart. toile verte, décors polychromes,
tr. dorées. *(Cart. d'édit.).* **1.250 fr.**

Douze charmantes lithographies de *LOUIS LASSALLE*
coloriées avec une exquise finesse : elles représentent des
personnages avec des têtes d'animaux. Vingt-quatre jolies
vignettes gravées sur bois dans le texte, sans compter les
fleurons et les lettres ornées. Elégante et claire typographie. Décor architectural or, rouge, vert, bleu d'outremer.
Pièce d'une qualité et d'une fraîcheur très rares.

3735 LENEVEUX (Louise). — LES ANIMAUX
PARLANTS. *Paris, Vve Louis Janet, s. d. [vers*
1845], in-12, cart. toile bleu-vert, décors dorés,
tr. dorées. *(Cart. d'édit.).* **800 fr.**

Le même ouvrage que le précédent, mêmes illustrations.
Cet exempl. est décoré sur le 1er plat d'un *grand motif*
doré représentant une des lithos de Louis Lassalle qui se
trouvent dans le volume. Le cartonnage est défraîchi.

3736 LENEVEUX (Louise). — LES FLEURS PAR-
LANTES. *Paris, Vve Louis Janet, s. d. [vers 1845],*
in-12, cart. toile bleue, décors dorés, tr. dorées.
(Cart. de l'édit.). **600 fr.**

Douze charmantes lithographies de *LOUIS LASSALLE*
coloriées à l'époque avec beaucoup de goût. Vignettes sur
bois dans le texte. Charmant ouvrage, où, dans une affa-
bulation enfantine, sont enseignés le langage des fleurs
et les éléments de la botanique. Les lithogr. représentent
des fleurs figurées par de gracieuses jeunes filles. Plaque
dorée à encadrement rocaille avec une fillette portant des
corbeilles de fleurs, dans un médaillon central formé par
une guirlande florale. Très bel exempl., rousseurs insignifiantes *passim* dans le texte, mais les illustrations sont
intactes.

3737 LENEVEUX (Louise). — LES FLEURS PAR-
LANTES. *Paris, Vve Louis Janet, s. d. [vers*
1845], in-12, bradel demi-toile dos et coins, couvert. illustrée et dos conserv., n. rogn. *(Champs).*
400 fr.

Même ouvrage que le précédent. *Très bel exemplaire*
malgré quelques rousseurs.

3738 LENEVEUX (Louise). — LES MERVEILLES
DE LA MER. *Paris, Vve Louis Janet, s. d. [vers*
1850], in-12, cart. toile bleue, décor doré, tr. dorées. *(Cart. de l'éditeur).* **600 fr.**

Douze très jolies lithographies en couleurs de *LOUIS*
LASSALLE. Petites vignettes sur bois dans le texte. Jolie
plaque dorée sur le 1er plat représentant deux enfants
dans la mâture d'un vaisseau (copie d'une des lithos).
Très bel exemplaire, malgré quelques très légères piqûres.

3739 LENEVEUX (Louise). — LES PETITS HABI-
TANTS DES FLEURS. *Paris, Vve Louis Janet,*
*s. d. [vers 1850], in-12, cart. toile violette, décors
dorés, tr. d. *(Cart. de l'édit.).* **800 fr.**

Douze charmantes lithographies sur fond chamois rehaussées en couleurs d'après les dessins de *A. Varin*. Les insectes musiciens, les fourmis maçonnes, papillon écrivant ses mémoires, les vers à soie, les chenilles processionnaires, libellules chassant les insectes, dévastation des récoltes par les sauterelles, serment de fidélité au roi des coléoptères, les hannetons, l'araignée, adresse à la reine des abeilles. Plaque dorée sur le 1ᵉʳ plat (libellule et sauterelle dans des guirlandes de fleurs). Menues rousseurs *passim* dans le texte. *Bel exemplaire.*

3740 LENEVEUX (Louise). — LES PETITS OISEAUX ARTISTES. *Paris, Vve Louis Janel et Magnin, s. d.* [vers 1850], petit in-8, cart. toile verte, décors dorés. *(Cart. de l'édit.).* **800 fr.**

12 charmantes lithographies coloriées sur fond chamois, signées *E. Lejeune*. Nombreuses vignettes sur bois dans le texte. Ces illustrations représentent des oiseaux et des personnages d'une grande finesse de dessin. Le coloris des lithos est d'un goût parfait. Entretiens d'un père avec ses enfants sur les mœurs des oiseaux, leur utilité, leur beauté. Minuscules rousseurs dans le texte. Plaque dorée représentant un grand oiseau dans un décor de fleurs et de rinceaux. Dans le décor architectural du dos, un épervier. Magnifique exemplaire.

3741 LE NOBLE (Eustache). — L'ÉCOLE DU MONDE ou Instruction d'un père à un fils, touchant la manière dont il faut vivre dans le monde, divisée en entretiens. *Paris, Jouvenel, Ballard et l'Auteur,* 1694-1695, 3 vol. in-12, v. brun, dos orné, tr. mouch. *(Rel. anc.).* **600 fr.**

Très rare et très curieux ouvrage, le meilleur de cet auteur d'après une ancienne note manuscrite. Ces 3 volumes sont constitués par la réunion de petites brochures, à l'usage des enfants, qui paraissaient une à une et de mois en mois *(Préface)*. Ces « *Entretiens* » sont ornés d'un portrait et de 17 figures en taille-douce, dont certaines comprennent 2 sujets gravés par *Ertinger*, illustrant des fables à la manière de La Fontaine. Rel. un peu fatiguée.

3742 LENTULO (Scipio). — LA GRAMMATICA... in latina lingua scritta, et hora nella italiana et

inglese tradotta da H. G. AN ITALIAN GRAMMAR written in latin by Scipio Lentulo... *London, Thomas Vautrollier,* 1587, in-12, dos et coins veau fauve. *(Rel. mod. fatiguée).* **1.250 fr.**

Grammaire italienne rédigée en anglais. Déchirures au titre et au dernier f. qui sont doublés. Trou de ver en marge. *De toute rareté.*

3743 LEON, Y GRILLO. *Cordoba, en la Oficina de D. Luis de Ramos y Coria, s. d.* (XVIIIᵉ siècle), in-4 de 4 pages n. ch., cart. **60 fr.**

Fable : *Le Lion et le Grillon.* Feuille de colporteur espagnol, très rare. Elle est ornée d'une vignette gravée sur bois, représentant un grillon et un lion.

3744 LEONARD (Eliza Lucy). — THE RUBY RING or the Transformations. *London, John Sharpe,* 1815, sq. 12mo. or. boards with printed ticket, preserved in half-morocco case. **1.600 fr.**

FIRST EDITION. Illustrated with eight splendidly etched plates, without doubt by a master hand. The book is dedicated to the Princesses Augusta, Elizabeth, Mary and Sophia.

3745 LEONARD (Eliza Lucy). — THE RUBY RING. 1816. *(Second édition).* Or. boards. **125 fr.**

Same plates as the first edition (TWO MISSING).

3746 L'ÉPINE (Ernest) [Manuel]. — HISTOIRE AUSSI INTÉRESSANTE QU'INVRAISEMBLABLE DE L'INTRÉPIDE CAPITAINE CASTAGNETTE, neveu de l'Homme à la tête de bois. *Paris, Hachette et Cⁱᵉ,* 1879, in-4. *(Cartonnage toile bleue, décor et tr. dorées, de l'éditeur).* **80 fr.**

Illustré de 43 vignettes sur bois par GUSTAVE DORÉ. Les vignettes à pleine page sont comprises dans la pagination. Vignettes dans le texte. 4ᵉ édition : la faute, signalée par Georges Vicaire dans la seconde, a été corrigée.

Mᵐᴱ LEPRINCE DE BEAUMONT (1711-1780)

3747 LEPRINCE DE BEAUMONT (Mᵐᵉ). — ÉDUCATION COMPLETTE ou Abrégé de l'Histoire ancienne mêlée de géographie et de chronologie, à l'usage de la Famille Royale de feu S. A. R. la Princesse de Galles. Nouvelle édition, revue et corrigée. *Amsterdam, D.-J. Changuion,* 1777, 3 vol. in-12, v. marbré, dos à n. orné, fleurons, fil. pièces de couleur, tr. r. *(Rel. anc.).* **100 fr.**

Bel exemplaire.

3748 LEPRINCE DE BEAUMONT (Mᵐᵉ). — MAGASIN DES ADOLESCENTES ou Dialogues d'une sage gouvernante avec ses élèves de la première distinction, pour servir de suite au Magasin des Enfans. Cinquième édition. *Lyon, Jacquenod,* 1768,

4 part. en 2 vol. in-12, demi-veau fauve, dos sans nerfs orné, pièces vertes, tr. j. *(Rel. anc.).* **200 fr.**

Édition peu commune de ce célèbre « *magasin* » qui parut d'abord périodiquement à Londres et dans lequel se trouve le fameux conte de la BELLE ET LA BÊTE, qui reste un des chefs-d'œuvre du genre. Dans cet ouvrage, l'auteur a eu l'idée de faire de ses contes une récompense aux enfants sages et c'est après nous avoir fait assister à la conversation entre l'institutrice et ses élèves qu'elle nous conte *La Belle et la Bête* ou *Le Prince Chéri* (cf. Latzarus, p. 38). Usure à la reliure, bon état intérieur.

3749 LEPRINCE DE BEAUMONT (Mᵐᵉ). — MAGASIN DES ADOLESCENTES, etc. *Lyon, P. Bruyset-Ponthus,* 1778, 4 parties en 2 vol. in-12, bas. marb., dos très orné, tr. r. *(Rel. anc.).* **125 fr.**

Bel exemplaire de cette bonne édition que l'on ne trouve que très rarement en bon état *(2 ex-libris anciens de Paulo).*

3750 LEPRINCE DE BEAUMONT (Mme). — MA-
GASIN DES ADOLESCENTES ou Dialogues
entre une sage gouvernante et plusieurs de ses
élèves de la première distinction. *Bruxelles, B.
Le Francq,* 1789, 4 vol. in-12, demi-bas. maroq.
à long grain vert foncé, dos ornés de grecques dorées, coins, tr. marb. *(Rel. anc.).*   **600 fr.**

Rare édition de ce fameux « *Magasin* », un des classiques
du genre. Elle est ornée de 9 amusantes figures sur cuivre
tirées en bistre (celles des T. III et IV sont répétées). Très
bel exemplaire.

3751 LEPRINCE DE BEAUMONT (Mme). — LE
MAGASIN DES ADOLESCENTES ou Dialogues entre une sage gouvernante et ses élèves,
pour servir de suite au Magasin des Enfants. *Paris,
Imp. Stéréotype de Mame,* 1811, 4 vol. pet. in-12,
bas. marb., dos très ornés, pièces rouges, pet. guirlande autour des plats, tr. marb. *(Rel. anc.).*
    500 fr.

Rare édition de ce célèbre ouvrage, un des classiques
du genre, ornée de 4 jolis frontispices gravés (2 sujets par
frontispice) et coloriés à l'époque. Une partie du tome II
a trait à l'*Amérique*. Rouss. dans le coin de qq. ff. du tome
IV. Edition stéréotype faite au moyen de matrices mobiles en cuivre d'après le procédé d'Herhan. *Bel exemplaire.*

3752 LEPRINCE DE BEAUMONT (Mme). — LE
MAGASIN DES ADOLESCENTES ou Dialogues entre une sage gouvernante et ses élèves,
pour servir de suite au Magasin des Enfans.
Nouv. éd. *Paris, Billois,* 1811, 4 parties en 2 forts
vol. in-12, bas. olive, dos très ornés, pièces et
écussons rouges, guirlande autour des plats, tr.
dor. *(Rel. anc.).*   **600 fr.**

Bel exemplaire de cet ouvrage classique, orné de 4 jolis
frontispices dessinés et gravés par *Texier.*

3753 LEPRINCE DE BEAUMONT (Mme). — MA-
GASIN DES ENFANS ou Dialogues d'une sage
gouvernante avec ses élèves de la première distinction. *Lyon, J.-B. Reguilliat,* 1763 ; *Londres,*
1761, 4 parties en 2 vol., veau marbré, dos ornés
à nerfs, tr. rouges. *(Rel. anc.).*   **150 fr.**

Le 1er vol. est formé du tome I, en deux parties, de
l'édition de Lyon, 1763, qui est la 3e de l'ouvrage. Le
second vol. contient les tomes II et IV de l'éd. de Londres.
Ces différentes parties se complètent et donnent un texte
qui se suit sans lacune. Légères différences dans les reliures. Très bon exemplaire d'un ouvrage célèbre et dont
tous ceux qui ont écrit sur l'éducation des enfants ont dit
les mérites. C'est dans le Magasin des enfants qu'a pour
la première fois paru *la Belle et la Bête.*

3754 LEPRINCE DE BEAUMONT (Mme). — MAGA-
SIN DES ENFANS ou Dialogues d'une sage gouvernante avec ses élèves de la première distinction.
Cinquième édition. *Paris, Compagnie des Libraires,* 1776, 4 parties en 2 vol. in-12, demi-veau
fauve, dos ornés de fleurons, tr. j. *(Rel. anc.).*
    150 fr.

Rare édition de ce célèbre « magasin ». Titres un peu
salis. Tome II un peu plus grand que le premier, mais
dans la même reliure.

3755 LEPRINCE DE BEAUMONT (Mme). — MA-
GASIN DES ENFANS ou Dialogues entre une
sage gouvernante et plusieurs de ses élèves de la
première distinction, etc. *Paris et Francfort,
Esslinger,* 1788, 4 part. en 2 vol. pet. in-12, demi-
bas. marb., dos très ornés, pièces rouges et vertes,
tr. j. *(Rel. anc.).*   **150 fr.**

Bel exemplaire.

3756 LEPRINCE DE BEAUMONT (Mme). — MA-
GASIN DES ENFANS ou Dialogues d'une sage
gouvernante avec ses élèves. *Paris, Le Prieur,*
1807, 4 vol. in-16, bas. marb., dos ornés, pièces
rouges et bleues, tr. jasp. *(Rel. anc.).*   **400 fr.**

Édition ornée de 18 figures en taille-douce par *Huot.*
Qq. pet. taches et *déchirure à 2 ff. enlevant deux ou trois
mots.*

3757 LEPRINCE DE BEAUMONT (Mme). — LE
MAGASIN DES ENFANS ou Dialogues d'une
sage gouvernante avec ses élèves. Nouvelle édition. *Paris, Billois,* 1808, 4 parties en 2 vol. pet.
in-8, bas. fauve marbr., dos finement ornés avec
pièces rouges et vertes, tr. jasp. *(Rel. anc.).* **300 fr.**

Ouvrage dans lequel on donne un abrégé de l'Histoire
sacrée, de la Fable, de la Géographie, etc., le tout rempli
de réflexions utiles et de *Contes moraux* pour amuser agréablement les enfants et écrit d'un style simple à leur portée.
On y trouve le conte de *la Belle et la Bête*, qui a paru pour
la première fois dans ce recueil. Orné de deux *cartes*
se dépliant et de 8 jolies figures dessinées et gravées
par *Huot.* Bel exemplaire.

3758 LEPRINCE DE BEAUMONT (Mme). — MA-
GASIN DES ENFANS ou Dialogues d'une sage
gouvernante avec ses élèves. *Paris, Vauquelin,*
1815 (le titre porte gravé *La Flèche, Voglet,* 1811),
4 tomes en 2 vol. pet. in-12, bas. marb., dos très
ornés, pièces rouges et vertes, tr. jasp. *(Rel. anc.).*
    300 fr.

Jolie édition de cet ouvrage classique dans ce genre,
illustrée de 4 titres gravés, avec vignettes, et de 4 figures
gravées non signées de style naïf. Belles reliures avec très
jolis dos.

3759 LEPRINCE DE BEAUMONT (Mme). — MA-
GASIN DES ENFANTS. *A La Flèche, de l'impr.
de P.-I. Voglet,* 1811, 4 tomes en 2 vol. petit in-
12, bas. marbrée, dos ornés, étiq. rouge et verte,
tr. jaspées. *(Rel. anc.).*   **450 fr.**

Même édition que le précédent. Bel exemplaire.

3760 LEPRINCE DE BEAUMONT (Mme). — LE
MAGASIN DES ENFANTS, revu et augmenté
de nouveaux contes, par Mme Eugénie Foa. Illustrations de Th. Guérin. *Paris, Charles Warée,*
1844, in-8, demi-basane, dos orné de filets. *(Rel.
de l'ép.).*   **90 fr.**

6 lithos hors-texte sur fond chamois et un frontispice
tiré en noir sur papier de Chine. Notice sur Mme Leprince
de Beaumont, signée Eugénie Foa, autre fécond auteur
de livres pour la jeunesse. « On ne peut trop louer, dit
Hoefer, la pureté de principes, la droiture et la force de
raison qui ont dicté ces livres, les meilleurs peut-être que
l'on puisse mettre entre les mains des jeunes filles. »

3761 LEPRINCE DE BEAUMONT (Mme). — LE MAGASIN DES ENFANTS, avec une notice sur l'auteur, par Mme Eugénie Foa. Troisième édition. *Paris, Morizot, s. d.* [vers 1850], demi-chagrin noir, dos à n. orné, plats toile, fil. à froid, tr. dor. *(Rel. de l'époque).* **80 fr.**

Orné de 10 belles lithographies sur fond teinté par *Fornique,* d'après *Delhomme, Mouilleron, Petit,* et nombreuses vignettes sur bois par *Gavarni, Guérin, Wattier,* etc. Qq. rousseurs.

3762 LEPRINCE DE BEAUMONT (Mme). — LE MAGASIN DES JEUNES DAMES ou Instruction pour les jeunes personnes qui entrent dans le monde et se marient ; leurs devoirs dans cet état envers leurs enfans. *Paris, A. Egron,* 1817, 4 vol. in-32, veau raciné, dos ornés, tr. jaunes. *(Rel. de l'époque).* **300 fr.**

4 jolies figures finement gravées et non signées. Rare dans cet état de fraîcheur.

3763 LEPRINCE DE BEAUMONT (Mme). — MAGASIN DES PAUVRES, artisans, domestiques et gens de la Campagne. *Leide, Jacqueau et Douzi,* 1769, 2 vol. in-12, v. marbré, dos à n. ornés de fil. et fleurons, pièces de couleur, tr. r. *(Rel. anc.).* **80 fr.**

Bel exemplaire de ce célèbre « Magasin » qui parut d'abord périodiquement à Londres.

3764 LEPRINCE DE BEAUMONT (Mme). — LE PRINCE CHÉRI, CONTE. *Epinal, Pellerier et Cie, s. d.* [vers 1870], in-12, br., couv. illustrée. **30 fr.**

Impression populaire de colportage ornée de 18 grandes figures sur bois. *Bel exemplaire.*

3765 LEPRINCE DE BEAUMONT (Mme). — LE PRINCE DÉSIR, conte. *S. l. n. d.* [vers 1800], pet. in-12 de 12 pp., sans couv. **125 fr.**

Rare petite impression populaire décrite dans la *Bibliothèque Bleue en Normandie,* du Dr *Hélot.* Couverture-titre avec ornements typographiques répétés. Second plat encadré de vignettes de *Fournier,* portant une vignette Renaissance et un fleuron. Provient sans doute de *Chalopin à Caen.* Bel exemplaire.

3766 LE PRINCE (Xavier). — LES JEUX DES JEUNES GARÇONS représentés en 25 gravures à l'aqua-tinta... avec l'explication détaillée des règles de chaque jeu, accompagnés de fables nouvelles par MM. LE FRANC, ARMAND GOUFFÉ, etc., et suivis d'anecdotes relatives à chaque jeu. *Paris, Nepveu (Impr. Firmin Didot),* 1822, in-8 oblong, demi-bas. verte, dos orné, tr. j. *(Rel. de l'époque).* **1.500 fr.**

Titre gravé avec vignette au pointillé et 25 très belles planches à l'aquatinte, dont 3 en couleurs et 22 tirées en sépia, signées X. LE PRINCE, 1821, représentant des scènes de jeux : *la chasse aux papillons, les châteaux de cartes, les osselets, les billes, la toupie, le cerf-volant,* etc. Exempl. auquel on a ajouté 13 planches à l'aquatinte coloriées, formant un deuxième état des pl. correspondantes en sépia. Un léger coloriage à un personnage. Cassures aux mors et aux coiffes. *Belle typographie de Didot.*

3767 LESLIE (Miss). — AMERICAN GIRL'S BOOK or Occupation for play hours. *Boston, Munroe and Francis,* 1841, sq. 12mo. or. boards. *(Back strip missing and shabby).* **150 fr.**

Illustrated with upwards of 80 woodcuts. The work is divided into 3 parts which embraces *Sports and Pastimes, Plays with Toys, Little Games with Cards, Riddles, Amusing Work, Pincushions, Neddle Books, Reticules Varieties.* This third part tells how to make handy things for the young girl, and is well illustrated. Small tear in margin of frontispiece.

3768 LESLIE (Miss). — NURSERY STORIES or Tales of Truth and Cautions for Children, with fine cuts. *London, n. d.* [circa 1830], sm. 12mo. boards. **40 fr.**

4 plates engraved on wood. Fingered copy with first and last page somewhat soiled.

3769 LESLIE (Miss). — TALES OF TRUTH or Cautions for Children. Easy, pleasing and instructive Stories. *London, Edward Lacy, n. d.* [circa 1840], small 12mo. or. cloth. **30 fr.**

Illustrated with six full page well executed woodcuts. Large type.

3770 LESPÈS (Léo). — LES CONTES DU JOUR DE L'AN, pour 1852. *Paris, l'Editeur,* 1852, in-8, demi-chagr. brun, dos à n. orné de fil. *(Rel. de l'époque).* **250 fr.**

ÉDITION ORIGINALE ornée de 16 figures *(costumes)* hors-texte gravées et *coloriées* par *Girardet, Monnin, Portier, Desjardins,* etc., d'après *Compte-Calix, Sharles, K. Girardet.*

3771 LESPÈS (Léo). — LES CONTES DU JOUR DE L'AN. *Paris, chez l'Editeur,* 1853, in-8, br., couvert. illustrée, crème et verte, larges rinceaux or et bistre, formant cadre. **200 fr.**

16 pl. dessinées par COMPTE-CALIX, *Sharles, K. Girardet,* et gravées par *Girardet, Varin, Desjardins,* etc. Léo Lespès, quand il écrivit ces Contes n'était pas encore devenu le « Timothée Trimm » du *Petit Journal. Bel exempl.*

3772 LESSONS FOR CHILDREN. Parts I to IV. *London, J. Johnson,* 1801-1803, 4 parts in one vol. in-small. 16mo. old calf. **500 fr.**

Very rare with the four parts complete, which were issued serapately. Big type. The advertisement reads « *This little publication was made for a particular child, but the public is welcome to the use of it.* »

3773 LESSONS OF LOVE or Family Instruction written by a Mother for her Children. *London, Baldwin, Cradock and Joy,* 1821, sm. 12mo. or. half-leather, boards. **75 fr.**

Charming frontispiece engraved on copper. Showing a boy reading to a girl. Dedication on title page. *Very fine copy.*

3774 LE TELLIER (Ch.-C.). — LA NOUVELLE ABEILLE DU PARNASSE ou Choix de morceaux tirés de nos meilleurs poètes à l'usage des

Maisons d'Éducation. *Paris, Belin-Leprieur, 1839,* pet. in-12, bas. mouch., dos orné, pièce verte, tr. marb. *(Rel. de l'époque).* **60 fr.**

Joli frontispice allégorique gravé, non signé. Ce petit recueil contient des pièces de *Mme Deshoulières, Florian, Delille* (Découverte de l'Amérique), *Legouvé, Millevoye, Luce de Lancival,* etc. Bel exemplaire.

3775 LÉVÊQUE (Louise Cavelier, dame). — LE PRINCE DES AIGUES-MARINES et le Prince Invisible. Contes. *Paris, Couslelier, 1744,* in-12, bas. fauve, dos orné, tr. r. *(Rel. anc.).* **1.500 fr.**

Contes de fées fort rares et très recherchés. Edition décrite par *Cohen* (643), ornée d'un fleuron sur le titre, de deux vignettes par *Cochin* en tête de chaque conte et de 5 figures par le même, gravées par *Duflos,* en premier tirage. Coiffes et coins un peu usés.

3776 LÉVÊQUE (Louise Cavelier, dame). — LE PRINCE DES AIGUES-MARINES et le Prince Invisible. Contes. *Paris, Couslelier, 1744,* in-12, veau, dos orné. *(Rel. anc.).* **600 fr.**

1 fleuron, 2 vignettes et 5 jolies figures par *Cochin.* —

Cohen, 643. Barbier, III, 1022. Coiffes restaurées. *Bel exemplaire à grandes marges.*

3777 LIEBEN KINDER WANDERUNG (DER) durch Haus, Hof und Garten. *Neu Ruppin, Gustav Ruhn, s. d.* [vers 1835], in-12. *(Cartonnage papier de l'éditeur).* **75 fr.**

8 lithographies coloriées. Cartonnage lithographié. Encyclopédie enfantine et familière. Le dos fatigué. Noms sur le titre.

3777 bis LIEBMANN (Gustav). — DIE AUSWANDERER NACH AMERICKA, oder der viedergefundene Bruder. *Weimar, Bernhard Friedrich Boigt, 1836,* in-12 carré. *(Cartonnage papier de l'éditeur),* dos toile. **800 fr.**

4 lithographies coloriées. Légères rousseurs.

3778 LIEFDE (J.). — A TALE OF A LIFE OF TRIALS. Translated from the Dutch. *London, Dean and Son, n. d.* [circa 1850], sm. 12mo. or. cloth, gilt. **30 fr.**

FIRST EDITION. Illustrated with a frontispiece and vignette engraved on wood and hand-coloured.

ÉDOUARD LIÈVRE

3779 LIÈVRE (Edouard). — AVENTURES DU PETIT HOUILLON. *Paris, s. d.* [vers 1865], in-4 obl. *(Cartonnage papier de l'éditeur).* **600 fr.**

20 jolies lithographies coloriées d'*ÉDOUARD LIÈVRE,* tirées chez *Becquet.* Par chagrin d'amour, le jeune Houillon s'est engagé pour sept ans. Ses débuts au régiment ne sont pas heureux, et, de brigade en brigade, ne tardent pas à le conduire aux compagnies de discipline, où le jeune Houillon compte poursuivre le cours de ses Mémoires. L'artiste a su tirer de cette simple histoire le plus heureux parti : rien de plus charmant que ces enfants, finement et spirituellement costumés en militaires de tous grades. *Bel exemplaire.*

3780 LIÈVRE (Edouard). — COMÉDIES DE MOLIÈRE représentées par Edouard Lièvre. *Paris, Marlinet, s. d.* [vers 1850], in-4 obl. *(Cartonnage toile de l'éditeur),* larges rinceaux d'or entourant le titre, tr. dorées. **2.500 fr.**

Titre et 11 lithographies en deux tons et coloriées d'ÉDOUARD LIÈVRE, tirées chez *Lemercier.* Charmant album où, portant les costumes du répertoire, des enfants, joliment dessinés et campés interprètent les œuvres de Molière. Superbe exemplaire d'une fraîcheur exceptionnelle. *De toute rareté.*

3781 LIÈVRE (Edouard). — COMÉDIES DE MOLIÈRE représentées par Edouard Lièvre. *Paris, Marlinet, s. d.* [vers 1850], in-4 obl., cousu. **600 fr.**

Même ouvrage que le précéden!. Les lithographies en deux tons ne sont pas coloriées et le titre et la lithographie l'illustrant forment le premier plat de la couverture. Bel exemplaire, très rare avec sa couverture.

3782 LIÈVRE (Edouard). — EN CRIMÉE. *Paris, Marlinet, s. d.* [vers 1855], in-4 obl., cartonnage toile, pour lequel on a utilisé sur le premier le titre doré du cartonnage de l'éditeur. **1.200 fr.**

ÉDITION ORIGINALE. 16 lithographies en deux tons et coloriées d'*ÉDOUARD LIÈVRE* (dont le titre), tirées chez *Lemercier.* La fraternité des armes avant l' « entente cordiale ». Anglais et Français sous leurs uniformes respectifs; highlanders, matelots, chasseurs de la garde. zouave set grenadiers auxquels le talent de l'artiste et les grâces de l'enfance ont prêté tout leur charme. Bel exemplaire sur lequel trois légères déchirures ont été réparées avec soin.

3783 LIÈVRE (Edouard). — EN ITALIE. *Paris, Marlinet, s. d.* [vers 1860], in-4, cartonné toile. **1.500 fr.**

ÉDITION ORIGINALE. 16 grandes lithographies en deux tons et coloriées d'ÉDOUARD LIÈVRE, tirées chez *Lemercier.* Cartonnage refait en utilisant le titre doré du cartonnage de l'éditeur. Exemplaire très rare avec la planche représentant les Autrichiens à leur « entrée en Piémont » dévalisant un paysan italien et vidant ses poches. Une raison de convenance diplomatique fit supprimer cette lithographie lors d'un second tirage. Délicieux album où, joliment costumés en zouaves et en bersagliere, des enfants fraternisent, tandis que leur élégance n'empêche pas de petits Autrichiens à l' « uniforme blanc » de connaître l'amertume de la défaite.

3784 LIÈVRE (Edouard). — EN ITALIE. *Paris, Marlinet, s. d.* [vers 1860], in-4 obl. *(Cartonnage de l'éditeur),* larges rinceaux d'or sur le premier plat entourant le titre, tr. dorées. **1.200 fr.**

Même ouvrage que le précédent, contenant également 16 lithographies d'*ÉDOUARD LIÈVRE :* la dernière ayant été reproduite sur le titre, pour remplacer la lithographie supprimée. *Très bel exemplaire.*

3785 LIÈVRE (Edouard). — LES DOUZE MOIS.
Paris, Véginet, s. d. [vers 1865], in-4 obl., cartonnage à la Bradel, couvert. conservée, raccommodage au 2e plat.   **200 fr.**

12 charmantes lithographies en couleurs par EDOUARD LIÈVRE tirées en couleurs par *Lemercier,* représentant, des scènes enfantines : les étrennes (janvier), le carnaval (février), soldats (mars), le terme (avril), etc. *Bel exempl.*

3786 LIÈVRE (Edouard). — L'ÉDUCATION DE L'ENFANCE. [*Paris, Magasin de l'Enfance, s. d.,* vers 1860], in-12. (*Cartonnage papier de l'éditeur*).   **250 fr.**

16 charmantes lithographies en couleurs, dépliantes, d'*ÉDOUARD LIÈVRE,* tirées chez *Becquet frères.* Cadre or sur le 1er plat. Un des jolis recueils, et de toute fraîcheur, de l'artiste.

———

3787 LIFE AND ADVENTURES OF A FLY (THE). Supposed to have been written by himself. *London, E. Newbery, n. d.* [circa 1789], sm. 16mo. or. flowered-paper boards with ticket. (*Back strip missing*).   **350 fr.**

Frontispiece engraved on wood by BEWICK (signed) and 10 charming woodcuts (*one coloured by a child*) in text. Welsh quotes this edition from E. Newbery's list of 1789. *In the Bewick collection, the cuts on pp. 28 and 73 are ascribed by HUGO to Bewick.* Hugo's copy must have been defective as the frontispiece is signed by Bewick, and is not mentioned. At end 7 page book list. LACKS TWO LEAVES (pages 97-98 and 111-112). Otherwise fine copy.

3788 LIFE AND ADVENTURES OF A FLY (THE). Supposed to have been written by himself. *London, Printed in the Year,* 1790, 16mo. half-morocco. (*Modern binding*).   **600 fr.**

Woodcut frontispiece and 12 quaint woodcuts (mostly coloured by a child). 3 page book list at end.

3789 LIFE AND ADVENTURES OF A FLY (THE). Supposed to have been written by himself. *London, Jas. Imray, n. d.* [circa 1805], 16mo. or. wrappers preserved in half-morocco case. **800 fr.**

Illustrated with eight copper plates. One of the most amusing moral tales for children, the first edition of which was published by Newbery. *Fine copy.*
PLANCHE 69.

3790 LIFE OF LAFAYETTE (THE STORY OF THE) as told by a Father to his Children. By the author of the « Children's Robinson Crusoé ». *Boston, Hilliard, Gray, Little and Wilkins,* 1831, 12mo. or. half-leather.   **100 fr.**

FIRST EDITION. Fine full lenght portrait of Lafayette engraved on stone. A few slight stains.

3791 LIFE OF LINNŒUS (A SKETCH OF THE LIFE OF) in a series of letters designed for Young

Persons. *London, Harvey and Darton,* 1827, sm. 12mo. or. half-leather boards.   **40 fr.**

FIRST EDITION. Engraved frontispiece showing Linnœus on his first journey to Lapland (*slightly foxed*). Fine copy.

3792 LIFE OF LINNŒUS (A Sketch of the) in a Series of Letters... *London,* 1827, or. cloth. **30 fr.**

Same edition as preceding number. *Fine copy.*

3793 LILLIE'S CANARY. *New York, Geo. A. Leavitt, n. d.* [circa 1835], sq. 16mo. or. cloth, gilt back.   **125 fr.**

Frontispiece, vignette on title and 32 quaint woodcuts. Each page has a little story the two last being about *Major Andre* and *General Marion,* episodes in the War of Independence.

3794 LILY DOUGLAS. A Simple Story... *Edinburgh, William Oliphant,* 1824, sm. 12mo. or. printed boards. (*Back strip missing*).   **20 fr.**

Engraved frontispiece by *C. Thomson.* Fine copy.

3795 LIMMING (W.). — GOOD AND BAD or Which to follow, and what to avoid. Related chiefly in monosyllables and adapted to the Infant Capacity. *London, Dean and Munday, n. d.* [circa 1830], half-morocco. (*Modern binding*).   **600 fr.**

Frontispiece and 8 handsome hand-coloured plates. Fine copy but a little short.

3796 LINE UPON LINE or A Second Series of the Earliest Religious Instruction The Infant Mind is capable of recewing. With verses illustrative of the subjects. By the Author of the « Peep of Day ». *New York, John S. Taylor and Co,* 1844, 12mo. or. cloth.   **40 fr.**

Splendid frontispiece engraved on wood.

3797 LINNET'S LIFE (THE). Twelve poems. *London, Whittaker,* 1822, 12mo. or. half-leather, boards.   **150 fr.**

FIRST EDITION. Each poem is illustrated with a charming engraving. Frontispiece showing the linnet. *Very fine copy.*

3798 LINNET'S LIFE (THE). Twelve poems. Or. half-leather.   **30 fr.**

Another copy. The plates have been coloured by a later hand and the pages are slightly foxed.

3799 LIONESS'S BALL (THE), being a companion to the Lion's Masquerade. *London, C. Chapple, n. d.* [circa 1810], square 16mo. half-morocco. (*Modern*).   **500 fr.**

FIRST EDITION. Illustrated with a frontispiece and four other engraved plates, all in contemporary colouring. Small tear at one corner in margin restored.

3800 LITERARY BOX (THE), containing the Contributions of the Evelyn Family, consisting of instructing and amusing tales, in prose and verse, suited to all ages. By the author of « The Welcome

Visitor ». *London, John Harris*, 1824, 12mo. or. half-leather, boards. *(Back strip renewed)*. **250 fr.**

FIRST EDITION. Illustrated with 12 fine engravings *(one plate torn and neatly repaired)*.

3801 LITERARY MISCELLANY, containing preceptive, etc., pieces, verse..., etc. *Manchester, G. Nicholson*, 1797, sm. 12mo. or. printed wrappers. **100 fr.**

FIRST EDITION. The title is illustrated with a beautiful vignette engraved on copper by *J. Bottomley*, Jun. from the drawing by *W. Craig*, entitled « Retirement ». The book opens with « The Golden Verses of Pythagoras » and contains other poems by *Mrs Barbauld, Burns, Scott,* and *Benjamin Franklin, etc.* Fine copy.

3802 LITERARY MISCELLANY (THE) on Cards. *Bradford, George Nicholson*, n. d. [circa 1840], 18 cards in or. printed slip case. **20 fr.**

Poetry and stories on cards.

3803 LITERATURE AND ART (SOUVENIR OF). To the King's most Gracious Majesty this Volume is by Permission most respectfully Inscribed. *London, Edward Lacy*, n. d. [circa 1830], sm. 12mo. or. cloth. **100 fr.**

Engraved frontispiece by *C. Heath* from the drawing by *J. M. Wright* and 18 splendid woodcuts, being enigmatical representations of English towns. The book also has several tales, the last and longest entitled « *The History of Mr Rightway and his Pupils* ». Cover and plate loose.

3804 LITHOGRAPHIANA (LE). — RECUEIL DE CARICATURES amusantes, d'Anas, de Reparties, Bons mots, Plaisanteries et Petites Anecdotes. *Paris, chez Aubert, Galerie Vero-Dodal, s. d.* (1835), in-8, cart. rouge, titre frappé en or sur le premier plat. *(Cart. de l'époque)*. **800 fr.**

ÉDITION ORIGINALE. Ouvrage curieux et très rare. Il est orné d'un très joli titre lithographié et colorié (scènes d'enfants) et de 24 ff., chacun avec une lithographie coloriée d'après GRANDVILLE, PIGAL et PHILIPON. Texte imprimé sur deux colonnes, encadré d'un filet noir. *Bel exemplaire.*

3805 LITTLE BANTAM BLUE or the Christmas Visit. *London, E. Wallis*, n. d. [circa 1835], 12mo. or. printed wrappers. **200 fr.**

8 amusing hand-coloured plates. *Fine copy.*

3806 LITTLE BOOK OF ANIMALS (THE) or Select and amusing anecdotes of various animals. *London, Darton and Clark*, n. d. [circa 1840], small 24mo. contemp. full mosaic morocco, gilt. **100 fr.**

Illustrated with 4 finely executed etchings. The work is printed on blue tinted paper. Charming copy in a delightful romantic binding.

3807 LITTLE BO-BEEP (The History of). Illustrated by JOHN ABSOLON. *London, Addey*, n. d. [circa 1850], sm. 8vo. or. printed wrappers. **15 fr.**

10 illustrations engraved on wood.

3808 LITTLE BOY'S BOOK. *London, Simpkin, Marshall and Co*, n. d. [circa 1840], 16mo. or. printed wrappers. **10 fr.**

Four woodcuts. Half-penny booklet. *Fine copy.*

3809 LITTLE BOY'S OWN BOOK (THE) of Sports and pastimes. *London, David Bogue*, 1855, square 12mo. or. red cloth, gilt. **60 fr.**

Illustrated with many woodcuts. The contients are *Minor Sports, Cricket, The Angler, Singing birds, Rabbits, Pigeons, Banteems ; Guinea Pigs, Draughts, Legerdemain, The deaf and dumb alphabet, The riddler.*

3810 LITTLE CURRICLE (THE) of Yellow Pasteboard ; with a variety of infantile tales... *London, J. Harris, successor to E. Newbery*, 1803, 12mo. contemp. half-leather. **60 fr.**

Frontispiece and numerous woodcuts *(coloured by a young person)*.

3811 LITTLE DICK (THE STORY OF) and his Playthings, showing how a Naughty Boy became a Good one ; being an exemple for all Little Masters and Misses in the British Empire. *Glasgow, J. Lumsden and Son*, 1823. **500 fr.**

FIRST EDITION. Illustrated with 9 splendid woodcuts. At end a short story *of a Good and Bad Boy, James and John.* Very fine copy.
The story is in rhyme
> *There was a pretty boy,*
> *Whose name was Little Dick,*
> *He long'd for every toy,*
> *And romp'd on grandpa's stick. etc.*

PLANCHE 158.

3812 LITTLE DOG TRIM (The Adventures of) and his Funny Companions. *London, G. Marshal*, n. d. [circa 1810], 12mo. or wrappers, with coloured, engraved ticket. *(Back strip broken)*. Preserved in half-morocco case. **1.500 fr.**

Illustrated with 16 amusing hand-coloured plates engraved on copper, with engraved text under each.
> *The Pig a fiddle got by chance,*
> *Puss danc'd the rope full well,*
> *The Cock he jump'd upon her head,*
> *The Dog did fortune's tell.*

Fine copy.

3813 LITTLE ELIZA (THE HISTORY AND ADVENTURES OF). A Companion to Little Fanny. *London, J. Aldis*, 1810, 16mo. or. printed wrappers in slip case. **650 fr.**

Illustrated with 7 hand-coloured cut-outs showing Little Eliza in her different stages of life. This type ot cut-out has no moveable head, and each figure is complete in itself.

3814 LITTLE ELLA AND THE FIVE KING and other Fairy tales with illustrations by HENRY WARREN. *Edinburgh, Edmonston and Douglas*, 1861, sm. 8vo. or. cloth. **30 fr.**

8 plates and several vignettes. Henry Warren, was President of the New Society of Painters in Water Colour, 1839-1873. A few pages loose.

3815 LITTLE GIRL TO HER FLOWERS (A) in verse. *London, Harvey and Darton*, 1828, sm. 8vo. or. printed boards *(back reinforced)*, preserved in half-morocco case. **850 fr.**

FIRST EDITION. Illustrated with 17 delightful hand-coloured woodcuts.

3816 LITTLE GOODY GOOSECAP (The entertaing history of), containing a variety of amusing and instructive adventures. *London, John Harris, n. d.* (1828), 12mo. half-leather. *(Modern binding).* **200 fr.**

FIRST EDITION. Two engraved plates (faintly foxed) showing four subjects.

3817 LITTLE GOODY GOOSECAP. Another copy or. printed wrappers. *(Rebacked).* **200 fr.**

One plate and front wrapper slightly water-stained. 4 page book list at end.

3818 LITTLE JACK (The entertaining and Instructing History of). *Glasgow, Lumsden and Son, n. d.* [circa 1810], sm. 12mo. or. wrappers. *(With ticket).* **400 fr.**

Illustrated with 8 fine plates and engraved vignette on title. Abridgement edition of Thomas Day's famous story. PLANCHE 60.

3819 LITTLE JACK OF ALL TRADES or Mechanical Arts described, in prose and verse, suited to the capacities of Children. *London, Harvey and Darton,* 1823, 12mo. **300 fr.**

FIRST EDITION. Illustrated with 45 engravings showing the different trades. At end 4 page book list.

3820 LITTLE JACK HORNER. *London, Wm. Walker and Son,* 8vo. or. printed wrappers. *(Small tear in upper margin).* **50 fr.**

8 hand-coloured woodcuts. Tiny hole in 2 leaves.

3821 LITTLE JOHN (STORY OF). *Boston, Putnam and Hunt,* 1829, sq. 12mo. or. printed wrappers. **150 fr.**

Charming vignette on front cover and woodcut frontispiece. Large type. Covers and title page slightly foxed otherwise fine copy.

3822 LITTLE LUCY. The invalid or Nursery Dialogues. *London, Darton and Harvey,* 1835, sm. 12mo. or. cloth. **25 fr.**

Engraved frontispiece. Two pages loose.

3823 LITTLE MAID (THE) AND THE GENTLEMAN or We are Seven. *York, J. Kendrew, n. d.* [circa 1820], 32mo. or. printed wrappers. *(With woodcuts).* **40 fr.**

Illustrated with 12 quaint woodcuts. Penny chapbook. *Fine copy.* PLANCHE 63.

3824 LITTLE MEG'S CHILDREN. By the Author of « Jessica's First Prayer », « The Children of Cloverly », etc. *London, The Rel. Tract Soc., n. d.* [circa 1880], sq. 12mo. or. maroon cloth, gilt. **100 fr.**

Illustrated with many drawings engraved on wood. *Fine copy.*

3825 LITTLE MERCHANT (THE) or The History of John Harris. *London, Dean and Son, n. d.* [circa 1840], 12mo. or. printed wrappers. **80 fr.**

Illustrated with 14 hand-coloured woodcuts. From the *Nurse Rockbaby's Pretty Story Books* series.

3826 LITTLE READER (THE) A Progressive Step to Knowledge. *London, John Harris, n. d.* [circa 1835], sq. 16mo. half-morocco. *(Mod. bind.).* **250 fr.**

Illustrated with 17 most charming hand-coloured woodcuts. Margin of first plate repaired, corners of first few leaves stained.

3827 LITTLE READING BOOK (A) for Young Children. *London, John W. Parker, n. d.* [circa 1820], small 12mo. or. printed wrappers. **60 fr.**

Illustrated with 19 quaint woodcuts, some by BEWICK. Large type. *Fine copy.*

3828 LITTLE RED RIDING HOOD. *London, Darton and Hodge, n. d.* [circa 1860], large 8vo. or. coloured wrappers. **50 fr.**

Illustrated with 8 plates in chromolithography. *Fine copy.*

3829 LITTLE THOMAS DELLOW. — The Adventures of the celebrated. Who was stolen from his Parents on the 18th of November, 1811, and restored to them on the 3nd of january, 1812. *London, Wm. Darlon,* 1812, sq. 16mo. half-mor. *(Modern binding).* **500 fr.**

FIRST EDITION. Illustrated with 8 copper engravings, a large woodcut, and a woodcut vignette. Juvenile book list on last page. The copy is a little short and some titles of the engravings have been cut into.

3830 LITTLE TRADESMAN (THE) or A Peep into English Industry. *London, William Darton, n. d.* [circa 1824], 12mo. or. half-leather, boards. **250 fr.**

Illustrated with 24 interesting engravings showing the trades of London. A few pages stained from pressed flowers.

3831 LITTLE WARBLER (THE) of the Cottage and her dog Constant, by a lover of Children. *London, J. Harris,* 1816.
MOTHERLESS MARY. A tale shewing that goodness even in poverty is score to meet its proper reward. *London, J. Harris,* 1818, 2 works bound in 1 vol. 12mo. or. half-leather boards, *(Marble papere renewed).* **600 fr.**

FIRST EDITION. Each work has 6 charming engravings in contemporary colouring. At end publishers list of 3 other works by same author Viz. : *Arthur and Alice, Whim and contradiction. Walter and Herbert,* all dated 1816. Very nice copy, with a few insignifiant fox marks.

3832 LITTLE WARBLER (THE). *London, W. S. Johnson, n. d.* [circa 1830], 1 1/3×2 1/4 inches, or. blue printed wrappers. **50 fr.**

N° 1. Thirty six pages of dainty poems for children.

3833 LITTLE WOMAN, HER DOG AND THE PEDLAR (Adventures of the). *London, J. L. Marks, n. d.* [circa 1830], sm. 8vo. or. printed wrappers. **300 fr.**

Illustrated with 11 brilliantly hand-coloured woodcuts. One corner of book slightly damaged : a few stains *passim.*

3834 **LIVRE D'AMOUR** ou Folastreries du vieux tems. *Paris, Louis Janet, s. d. (1821), in-12. (Cartonnage papier de l'éditeur, étui).*   **1.500 fr.**

Titre : lithographie coloriée ; 6 planches gravées et coloriées d'après les dessins en couleurs d'*Auguste Garnerey*. Cartonnage rose lithographié à la cathédrale, le titre répété sur le second plat, dos orné, tr. dorées. Poésies de Clément Marot, Clotilde de Surville, François Ier, Charles d'Orléans, Alain Chartier, Thibaut de Champagne, etc. Avec un vocabulaire des mots « dont l'intelligence est moins facile » et de courtes notices biographiques. Imprimé chez Firmin Didot, c'est là « un joli type du livre de la période romantique ». Rare et justement recherché, surtout sous son cartonnage original. Très bel exemplaire.

3835 **LIVRE DES ENFANS (LE)** ou Idées générales et définitions des choses dont les enfants doivent être instruits. *A Mannheim, chez Nicolas Pierron, 1753, in-12, v. marron, dos orné, tr. rouges. (Rel. anc.).*   **200 fr.**

Titre et texte encadrés d'un double filet. Gros caractères. Véritable encyclopédie morale de l'enfance, complétant les traités de civilité.

3835 *bis* **LIVRE DES ENFANS (LE)** et des jeunes gens sans études ou Idées générales des choses qu'ils ne doivent pas ignorer. *A Paris, chez Charles-Pierre Berton, 1781, pet. in-12, veau moucheté, dos orné. (Rel. anc.).*   **100 fr.**

Nouvelle édition publiée par M. Feutry, de la Société philosophique de Philadelphie.

3836 **LIVRE DES ENFANS (LE)** par tous les écrivains et artistes français et étrangers. *Paris, au Bureau, 1834, 2 vol. petit in-16, brochés, couv. imprimée.*   **60 fr.**

Nombreuses figures sur bois. Tomes I et III (96 et 63 pp.), contenant des récits historiques, des anecdotes morales, des bons mots, etc. Charmants exemplaires de cette publication à *un sou* la livraison. *Rare.*

3837 **LIVRE DES ENFANS (LE)...** *Paris, 1834, petit in-16, broché, couv. imp.*   **20 fr.**

Le même ouvrage que le précédent. Tome III seul. Exemplaire irréprochable. Rare.

3838 **LIVRE DE FAMILLE** ou Lectures récréatives propres à l'instruction et à la bonne éducation des enfans et des adolescens... *Paris, Dufart, 1809, 4 vol. veau raciné, dos ornés, pièces cuir. (Reliure de l'époque).*   **250 fr.**

36 pl. gravées, dont 4 frontispices. Retirage des planches de l'édition Renouard des œuvres complètes de Berquin.

3839 **LIVRE D'IMAGES PARLANTES** pour amuser les chers bébés. Avec des voix caractéristiques d'enfants et d'animaux. *Paris, s. d. [vers 1885], gr. in-4, cartonn. toile de l'édit.*   **600 fr.**

Album-boîte en forme de livre composé de 8 chromolithographies avec pièce de vers correspondant sur la page en regard. Ces feuillets sont en carton mince. Ils précèdent une boîte à musique dont les côtés dorés imitent la tranche d'un livre et qui contient autant de musiques différentes qu'il y a de lithos. Pour chaque litho, il suffit de tirer une ficelle à bouton d'os et l'on entend le coq chanter, l'âne braire, l'agneau bêler, les oiseaux pépier, etc., les enfants dire papa et maman. Cartonn. toile rouge décoré sur le 1er plat d'une chromolithographie représentant une mère montrant « le livre d'images parlantes » à ses enfants. Exemplaire d'un type de livres devenu rare, surtout avec le mécanisme musical intact.

3840 **LIVRE DES JEUNES BRAVES (LE)** ou Etrennes militaires. Recueil d'anecdotes remarquables, de beaux faits d'armes, de traits généreux, etc. *Paris, Rapilly, Ch. Painparré, Collin de Plancy, 1823, in-8 obl., demi-mar. à coins. (Couvertures imprimées conservées).*   **500 fr.**

Exemplaire exceptionnel contenant 12 planches coloriées (au lieu de 11 qu'annonce le titre). Biographies et faits d'armes dédiés « aux enfants des héros français ». *Bel exemplaire.*

3841 **LIVRE DES JEUNES BRAVES (LE)** ou Etrennes militaires. *(Couverture imprimée).*   **100 fr.**

Même ouvrage que le précédent et, comme lui, contenant 12 planches, mais en noir, au lieu de 11 indiquées par le titre. Etat de neuf, non coupé.

3842 **LIVRE DES JEUNES BRAVES (LE)** ou Étrennes militaires. *(Couverture imprimée).* **30 fr.**

Même ouvrage que le précédent. Ne contenant que onze planches comme l'indique le titre.

LIVRES MAGIQUES

3843 **AMBIGU MAGIQUE** à l'usage de ceux qui n'ont pas la berlue. *S. l. n. d.* [XVIIIe siècle], in-8 broché.   **600 fr.**

26 sujets gravés et coloriés, se répétant (soit 52 gravures). Ces gravures sont placées de telle sorte qu'en feuilletant le volume en se reportant aux encoches de la tranche extérieure, on aperçoit toujours la même, la seule que semble contenir l' « Ambigu magique ». Ces dessins du XVIIIe siècle sont précieux au point de vue de l'histoire du costume. L'artiste n'a pas reculé devant des calembours, au demeurant assez faciles : le Père Turbateur, l'abbé Tise et l'abbé Quille, la Mère Luche, etc.

3844 **AMBIGU COMIQUE.** *S. l. n. d.* [vers 1781], in-8 dérelié.   **500 fr.**

28 sujets gravés et coloriés se répétant (soit 56 gravures). Album conçu d'après le même principe que le précédent. Costumes du règne de Louis XVI. Types populaires : le marchand d'orviétan, le montreur de lanterne magique, la vieillesse, etc.

3845 **AMBIGU COMIQUE**. *S. l. n. d.* [fin du xviiie siècle], in-12 carré. **1.250 fr.**

28 sujets gravés et coloriés se répétant (56 gravures). Album conçu d'après le même principe que le précédent. Types de la Foire et de la rue : le grand Sauteur, le Seigneur Polichinelle, le Seigneur Pantalon, etc., oiseaux, paysages, etc.

3846 **LIVRET MAGIQUE**. *S. l. n. d.* [vers 1780], in-12 carré, couv. papier mod. **300 fr.**

14 figures gravées et coloriées répétées cinq fois, à la façon des *livrets magiques*. Soit en tout 70 gravures d'uniformes de cavaliers et fantassins russes et prussiens. Légendes gravées en allemand. *Déchirure à une page.*

3847 **LIVRE MAGIQUE (PETIT)**. *S. l. n. d.* [vers 1830], in-32 (42×61 mm.), couvert. imprimée. **500 fr.**

70 figures gravées, curieuses par les uniformes et les costumes de l'époque représentés. Le titre usagé. Quelques griffonnages à l'encre et au crayon. Le dos cassé et les couvertures sont salies. C'est le plus petit livre magique publié.

3848 **LIVRET MAGIC (LE)**. [Das Herenbüchlein. — The little magic book]. *S. l. n. d.* [vers 1835], in-16, couvert. muette, *élui de l'éditeur*. **80 fr.**

83 lithographies en noir et coloriées. Etui illustré d'une lithographie coloriée. Lithographies d'une jolie exécution composant, tel qu'il a été expliqué, un livre magique. *Bel exemplaire.*

3849 **LIVRE MAGIQUE**. *S. l. n. d.* [vers 1840], in-8 chagr. noir. *(Rel. frottée)*. **125 fr.**

Recueil de gravures sur bois coloriées dans le goût des précédents. Un bateau à vapeur à aubes en fixe la date approximative.

3850 **LIVRE MAGIQUE (LE)** tombé de la lune 1500 ans avant la création du monde et retrouvé en 1848. *Metz, Dembour et Gaugel, s. d.* (1848), in-12, couvert. illustrée. **500 fr.**

19 sujets gravés sur bois, coloriés à la main et se répétant. Ces gravures sont placées de telle sorte qu'en feuilletant le volume, en se reportant aux encoches de la tranche extérieure, on aperçoit toujours la même, la seule que le « livre magique » semble contenir. Très curieux et rare ouvrage, sorti des presses de Dembour et Gaugel, les célèbres imprimeurs d'images populaires.

_____

3851 **LIVRE POUR UNE PETITE FILLE BIEN SAGE**. *Paris, Nepveu*, 1824, in-8 obl., demi-bas. f. *(Rel. de l'époque)*. **100 fr.**

12 lithographies (visiblement coloriées par des enfants) dessinées par M. et Mme Colin et par M. Aubry, tirées chez Langlumé, vignettes et culs-de-lampe. Le texte a été imprimé par Jules Didot l'Aîné en *trente caractères* « depuis les plus gros et les plus simples [les gros caractères gras de Didot], jusqu'aux plus petits [les microscopiques] et aux plus compliqués ». Véritable curiosité typographique spécialement destinée « à perfectionner les enfants dans la lecture, et à leur inspirer le goût du dessin ». Ouvrage d'une rareté insigne, malgré l'enluminage défectueux des lithographies et deux feuillets qui manquent. [*Pages 48-49 et 54-55*].

3852 **LOBSTER'S VOYAGE TO THE BRAZILS (THE)**. Illustrated with elegant and appropriate engravings. *London, J. Harris, Successor to E. Newbery*, 1808, sq. 16mo. or. printed wrappers, preserved in half-morocco case. **3.000 fr.**

FIRST EDITION. Illustrated with 8 amusing plates engraved on copper. Tuer. F. G. B. Page 181. *Very rare, fine copy.*

3853 **LOCKE (John)**. — DE L'ÉDUCATION DES ENFANS. Traduit de l'anglois par Pierre Coste. *Amsterdam, Henri Schelte*, 1708, in-12, maroquin citron aux armes, tr. dorées. *(Rel. anc.)*. **2.500 fr.**

PREMIÈRE TRADUCTION FRANÇAISE du célèbre ouvrage de l'illustre philosophe anglais, où se trouvent en germe la plupart des idées sur l'éducation que J.-J. Rousseau développa dans l'*Emile*. Très bel exemplaire, relié sans doute par Padeloup, en maroq. citron, dos sans nerfs orné à la grotesque, étiquette de maroq. noir pour le titre, dent. dorée sur les plats et intérieurs. AUX ARMES DE LOUIS-HYACINTHE BOYER DE CRÉMILLES, lieutenant général des armées du roi, grand-croix de Saint-Louis.

3854 **LOCKE (John)**. — DE L'ÉDUCATION DES ENFANS, traduit de l'anglois par M. COSTE. Nouvelle édition, à laquelle on a joint la Méthode observée pour l'éducation des Enfans de France. *Londres et Paris, Servière*, 1783, 2 vol. in-12, veau marbré, dos orné, tr. r. *(Rel. anc.)*. **50 fr.**

Bonne édition de ce célèbre et capital ouvrage qui fut traduit en français par Coste dès la première édition anglaise. Moins brillant que l'*Emile* de J.-J. Rousseau, le traité de Locke est aussi moins paradoxal ; et peut-être n'est-il pas interdit de penser que le philosophe de Genève y a puisé la première idée de son livre (*Hoefer*, XXI, 434 sq.). Portrait de Locke gravé. *Dos frottés.*

3855 **LOHR (J.-A.-C.)**. — ERSTE LEHREN UND BILDER, oder unterhaltende Verstandesbeschäftigungen zunächst für Kinder, welche noch nicht lesen. *Leipzig, Gerhard Fleischer, s. d.* [vers 1810], in-8, demi-toile noire bradel à coins, plats ornés de gravures coloriées, collées, de la couverture du vol. broché. *(Rel. allemande moderne)*. **500 fr.**

Intéressant ouvrage : jeux d'enfants, scènes de la vie des sauvages, mobiliers, vêtements. 50 planches gravées et finement coloriées, représentant plus de cent sujets (la plupart sont des scènes de jeux). *Très bel exemplaire malgré une déchirure à une page, avec manque de texte.*

3856 **LOHR (J.-A.-C.)**. — FABELBOEK voor de Jeugd... *Te Groningen, W. Van Bœkeren*, 1821, in-12, cart. papier *de l'édit.* **50 fr.**

6 gravures hors-texte. Cartonn. beige orné de décors imprimés en noir, avec médaillon représentant la fable du renard et de la cigogne. Les gravures évoquent aussi des fables de La Fontaine. Le volume contient 80 fables. *Bel exempl., non rogné.*

3857 **LOHR (J.-A.-C.)**. — TANDELEYN UND SCHERZE FUR UNSERE KINDER. *Leipzig, Gerhard Fleischer, s. d.* [vers 1815], in-8, cart. papier marbré illustr., dos et coins toile rouge. *(Cart. mod.)*. **600 fr.**

Petites histoires pour les enfants. Ouvrage orné d'un titre gravé avec vignette coloriée et de 8 planches gravées et finement coloriées par *Rosmoesler*, représentant des scènes enfantines. Les couvertures originales illustrées et coloriées ont été collées sur les plats du cartonnage, elles représentent des jeux d'enfants dans un médaillon encadré. *Tome 1ᵉʳ seulement, qq. taches.*

3858 LONDON, a descriptive poem. Second edition, corrected. *London, William Darton,* jun. 1812, square 12mo. modern mottled calf or. printed covers bound in at end. *(Rivière).*   **700 fr.**

> Illustrated with 8 engraved views of London. Four page book advertisement at end.

3859 LONDON (A description of), containing a Sketch of its History and Present State. And of all the most celebrated Public Building, etc. *London, William Darton, n. d.* [circa 1824], sm. 8vo. or. printed wrappers, preserved in half-morocco case.   **500 fr.**

> Illustrated with 12 hand-coloured engravings. Fine copy.

3860 [LONDON]. — THE HISTORY OF GOG AND MAGOG, The Champions of London ; containing an account of the Origin of many Things relative to that City. A tale by Robin Goodfellow. *London, J. Souter,* 1819, small 12mo. or. half-leather, boards.   **300 fr.**

> FIRST EDITION. Illustrated with 2 copper plates, one showing *Humbug the Giant seizing the Princess Londona,* and the other *The Giant Humbug slain. Fine copy.*

3861 LONDON AND WESTMINSTER (The Curiosities of). Described in Four Volumes. Embellished with Elegant Copper Plates. *London, F. Newbery,* 1771, 4 vols. bound in 2 vols. sm. 16mo. or. half-vellum, boards, with or. leather tickets. **2.000 fr.**

> FIRST EDITION. Illustrated with 24 copper plates *(views of London)* and 2 woodcuts of Gog and Magog.
> *Of this edition we have only seen Vols I and II. It was frequently reprinted, as we have an edition of Vols I-II, for E. Newbery, 1786 ; another of vol. III, n. d. ; and of Vol. IV., 1782 and 1793, all for the same publisher. The pagination differs slightly in these. CHARLES WELSH.*
> The above copy therefore, with the 4 vols. dated 1771, is of the greatest rarity, and perhaps unique. *Fine copy.*

3862 LONDON (A VISIT TO), containing a description of the Principal Curiosities in the British Metropolis. By S. W. Author of a Visit to the Farm House, and the Puzzle for a curious Girl. *London, Tabart and Co,* 1805, sm. 12mo. or. half-leather, boards.   **600 fr.**

> FIRST EDITION. Illustrated with 6 plates showing scenes in London, and above other things a view of TABART'S JUVENILE LIBRARY, IN NEW BOND-STREET. This plate illustrating chapter XIII. *A visit to the Juvenile Library,* shows the publisher's enterprise in advertising his shop, the instructive text enumerating the choice children's books for sale there.

3863 LONDON (A VISIT TO). 1808. Another copy.   **300 fr.**

> Same plates as the 1805 edition, including the TABART'S JUVENILE LIBRARY. *Fine copy.*

3864 LONDON (A VISIT TO). *London, William Darton, n. d.* [circa 1828], sm. 12mo. A new edition with additions and improvements by T. H. or. half-leather, boards.   **45 fr.**

> 18 views of London engraved on Steel (slightly foxed).

3865 LONDON (The wonders of the British Metropolis ; being an instructive and amusing sketch of). *London, Thomas Tegg, n. d.* [circa 1820], small 12mo. or. printed wrappers.   **40 fr.**

> Illustrated with 8 quaint woodcut views of London.

3866 LONELY DOVE (THE) of the Hurons. *London, Religious Tract Society, n. d.* [circa 1870], 12mo. or. cloth.   **10 fr.**

> Illustrated with frontispiece in chromolithography. The tale takes place in *Canada.* 16 page book list at end.

3867 LONG (Lady Catherine). — THE STORY OF A DROP OF WATER. *London, G. Routledge and Co,* 1858, 16mo. or. cloth.   **20 fr.**

> FIRST EDITION. Woodcut frontispiece. *Fine copy.*

3868 LONG (Mᵐᵉ Zélia). — EMMA ou la Prière d'une mère par l'auteur des Récits d'une grand'-mère. *Paris, Delay, et Genève, Béroud,* 1844. *A la suite : Du même auteur :* Tableaux de Famille. *Genève, Béroud,* 1843, 2 ouvr. en 1 vol. in-12, demi-chagrin vert foncé à coins, dos ornés en long, tr. jasp. *(Rel. de l'époque).*   **40 fr.**

> ÉDITIONS ORIGINALES. Une jolie lithographie de *Coindre.* Bel exempl. malgré qq. lég. rouss.

3869 LONGCHÈNE (De). — LE MONDE SOU-TERRAIN ou Merveilles géologiques. Troisième éd. *Tours, Mame,* 1846, in-12, papier vert foncé, dos orné, plaque à froid. *(Cartonnage de l'époque).*   **25 fr.**

> Illustré de 1 titre gravé avec vignette et de 3 jolies figures. *Mines d'or et d'argent en Amérique, les Mines du Mexique, la Houille,* etc.

3870 LONGCHÈNE (De). — LE MONDE SOU-TERRAIN ou Merveilles géologiques. *Tours, Mame,* 1865, in-12, cart. toile verte, décors dorés. *(Cart. de l'édit.).*   **25 fr.**

> 1 titre gravé avec vignette et 3 gravures : mines de *Wielizka,* roches basaltiques, grotte d'Antiparos (sauvetage de mineurs au fond d'un puits). Plaques dorées. *Très bel exemplaire.*

3871 LORMIAN (Baour de). — L'ATLANTIDE ou le Géant de la Montagne bleue. Poème en quatre chants, recueilli et publié par M. Baour de Lormian. *Paris, Brunot Labbe, s. d.* [vers 1812], in-12, veau fauve, dos orné de fil. quadrillés, bouquets de fleurs, pièces de maroq. rouge, large guirlande de pampres entourant des plats, guirlande int., tr. dor.. *(Rel. anc.).*   **800 fr.**

> Titre gravé avec vignette au pointillé par *Duthé* et 4 jolies figures gravées par *Pigeot, Delvaux, Janet* et *Bovinet* d'après les dessins de *A. Desenne.* Précieux exemplaire portant la DÉDICACE AUTOGRAPHE : « *Offert par l'auteur à M. Bouilly-Lormian* ». Charmante reliure, de toute fraîcheur.

3872 LOS RIOS (Epitacio J. de). — COMPENDIO DE LA HISTORIA DE MEXICO desde antes de la conquista hasta los tiempos presentes... para la instruccion de la juventud, Publicala SIMON BLANQUEL. *Mexico, La Voz de la Religion*, 1852, in-12, carré, demi-bas. brune, dos orné de motifs rocaille dorés, tr. mouch. *(Rel. de l'époque)*. **300 fr.**

IMPRESSION DE MEXICO. Résumé de l'Histoire du Mexique *à l'usage de la Jeunesse*, orné de 16 *jolies lithographies* représentant des épisodes de l'histoire du Mexique, des portraits des empereurs et des rois avec leurs emblèmes, portrait d'*Auguste Iturbide*. Bel exemplaire.

3873 LOST CHILD (THE). — A CHRISTMAS TALE. Founded upon a Fact. *London, J. Harris, successor to E. Newberry*, 1810, 12mo. contemp. half-calf. *(Shabby)*. **10 fr.**

Five plates. Some pages soiled, 2 plates with slight tears in margins. Four page book list at end. The tale is in the form of a poem in five parts. *(One plate missing ?)*.

3874 LOUDON (Jane). — THE YOUNG NATURALIST'S JOURNEY or The Travels of Agnes Merton and her Mamma. *London, George Routledge and Co*, 1851, sq. 12mo. or. red cloth, gilt, g. e. **100 fr.**

Illustrated with 15 well executed plates engraved in wood and 5 woodcuts in text. Jane Loudon (1807-1858), horticultural and miscellaneous writer published *The Mummy, a Tale of The Twenty-Second Century*, which may have furnished some of the ideas of Lytton's *Coming Race*, 1827. *Fine copy*.

3875 LOWTH (Robert). — ENGLISH GRAMMAR (A Short Introduction to) with critical notes. *London, Printed : HARTFORD, Re-printed, and Sold by Nathaniel Patten, A few Rods North of the Court-House*, 1783, 12mo. or. old calf over wooden boards. **700 fr.**

Rare American school book in fine condition.

3876 LUCINDA. — THE ORPHAN or the Costumes. A Tale. Exhibited in a series of dresses. *London, S. and J. Fuller*, 1812, sq. 16mo. or. printed wrappers. **1.600 fr.**

FIRST EDITION. Illustrated with 6 cut out dresses and two headpieces into which fit a movable head and bust. *Fine copy*.

3877 LUMMUS (Aaron). — Dr CALEB (The Life and adventures of) who migrated from Egypt, and afterwards practising physic in the Land of Canaan and elsewhere : An Allegory ; Designed principally to amuse and edify Young People. *Boston, Printed for the Author by Lincoln and Edmands*, 1822, 16mo. old calf. **250 fr.**

FIRST EDITION. At end, list of subscribers to the work with reccommendations by *Timothy Merritt, Phineas Peck, Shipley W. Wilson, Daniel Fillmore* and *Ephraim Wiley*. Tear in one leaf.

3878 LYALL (Edna). — THE HISTORY OF SIR THOMAS THUMB. Illustrated by J. B. *Edinburgh, Thomas Constable and Co*, 1855, 8vo. or. green cloth, gilt. **60 fr.**

FIRST EDITION. Illustrated with many fine plates and vignettes engraved by the *Dalziel Bros*.

3879 LYNCH (W. R.). — THE WORLD DESCRIBED in easy verse, illustrative of the Situation, manners, and produce of all nations, for the use of Young Persons. *London, Sir Richard Phillips and Co*, 1820, 12mo. or. half-leather, boards. *(Headband damaged)*. **125 fr.**

FIRST EDITION. Large folding map and 24 finely executed woodcuts (2 coloured by posterior hand). 36 page book list at end.

3880 LYRE (THE). A selection of popular psalm and hymn times, with appropriate vignetts. *London, R. Miller, n. d. [circa 1818]*, or. half-leather. *(Shabby)*. **800 fr.**

FIRST EDITION. Illustrated with many beautifully coloured engraved vignettes with text and music all engraved. The songs include « MY FATHER » and « MY MOTHER ». At end is a dedication plate with vignette and music to the *Princess Charlotte Augusta of Wales born 1796 who died in childbed in 1817, with a fragment of the Funeral Hymn*. Interesting. 12 page book catalogue at end.

3881 M... (L'Abbé). — LE PETIT BERGER. Imité de l'allemand. *Paris, Gaume*, 1836, petit in-16, cart. papier *de l'édit*. **20 fr.**

Vignette sur bois sur le titre, reproduite sur le cartonnage à fond gris orné d'un cadre romantique. Deuxième édition revue.

3882 MACDONALD (W. R.). — SIMPLE STORIES, for the amusement and instruction of youth. *London, Darton and Clark, n. d. [circa 1835]*, 12mo. or. cloth. **60 fr.**

Illustrated with 8 hand-coloured lithographs. A few light stains.

3883 [MACKARNEAS (Mrs)]. — « A MERRY CHRISTMAS ». *London, W. N. Wright*, 1853, 12mo. or. printed wrappers. **25 fr.**

Fine copy.

3884 [MACKARNEAS (Mrs)]. — OLD JOLLIFFE. Not a Goblin Story. THE SEQUEL TO OLD JOLIFFE. Written in the Same Spirit by the Same Spirit. *London, W. N. Wright*, 1851-54, two vols. or. green wrappers. **40 fr.**

Fine copies.

3885 [MACKARNEAS (Mrs)]. — « ONLY ». *London, George R. Wright*, 1856, 12mo. or. printed wrappers. **25 fr.**

Fine copy.

3886 [MACKARNEAS (Mrs)]. — « ONLY ». *Another copy*, 1850. **25 fr.**

Fine copy.

3887 [MACKARNEAS (Mrs)]. — THE STAR IN THE DESERT. *London, W. N. Wright*, 1853, 12mo. or. printed wrappers. **25 fr.**

Fine copy.

3888 [MACKARNEAS (Mrs)]. — A TRAP TO CATCH A SUNBEAM. *London, Wright and Co*, 1859, 12mo. or. printed wrappers. **25 fr.**

Fine copy.

3889 **MACLEOD (Norman).** — THE GOLD THREAD. *London, Alexander Strahan and Co,* 1863, sq. 8vo. or. cloth, gilt. **40 fr.**

Illustrated with 7 full page illustrations and 5 vignettes engraved in wood by the *Dalziel Bros and Paterson* from the drawings by *J. D. Watson, Gourlay Steell* and *J. Macwhirter.* This fairy story first appeared in *Good Words.*

3890 **MADELAINE (Stephen de La).** — APRÈS LE TRAVAIL, contes sous la feuillée. *Paris, Lehuby, s. d.* [vers 1842], in-12, cart. percale bleue, encad. de fil. à fr., fers dor., dos orn. en long, tr. jasp. *(Cart. de l'éditeur).* **60 fr.**

Édition ornée de 3 jolies figures gravées sur acier horstexte. *Mr. Stephen,* littérateur et musicien, fut attaché à la chapelle et à la musique particulière de Charles X. Malgré ses premiers succès dans la carrière, il l'abandonna pour l'administration et la littérature. Il publia de nombreux petits romans d'éducation.

3891 **MADOU.** — QUARANTE RÉBUS. *Paris,* 1837, in-4, rel. demi-bas. f. **50 fr.**

40 pl. lithographiées d'après les dessins de *Madou,* chez *Fourquemin.* Légères rousseurs. Le 1er plat de la couverture manque et le dos est en mauvais état. Mais les dessins de *Madou,* très joliment reproduits, constituent un remarquable recueil de lithographies romantiques. Les solutions des rébus, imprimées sur le second plat, conservé, de la couverture, sont collées sur la garde du volume.

3892 **MAGASIN D'ÉDUCATION ET DE RÉCRÉATION** et Semaine des Enfants réunis, publiés par Jean Macé, P.-J. Stahl, Jules Verne. *Paris, J. Hetzel et C1e,* 1880-1894, 30 vol. in-8. *(Cartonnages toile de l'éditeur),* fers spéciaux, tr. dorées. **1.250 fr.**

Collection complète du tome XXXI au tome LX de cette intéressante publication, remarquablement illustrée où ont paru toutes les éditions pré-originales de JULES VERNE.

3893 **MAGASIN DES ENFANTS (NOUVEAU).** *Paris, Delay et Hachette, et Genève, S. Guers,* 1841-1849, 4 vol. in-12, cartonn. toile chagr. grenat, dos orné et plaques dorées à entrelacs sur chaque plat. *(Cartonn. d'époque)* **75 fr.**

Ce « Magasin » écrit à la manière des célèbres magasins de Mme *Leprince de Beaumont* se compose de fascicules à pagination séparée illustrés chacun d'une vignette gravée sur bois. Bel exemplaire.

3894 **MAGASIN DES FÉES** ou Contes de fées de Perrault, de Mme Leprince de Beaumont, de Fénelon et de Mme d'Aulnoy. *Paris, Didier,* 1845, in-8. *(Cartonnage toile noire de l'éditeur),* décor polychrome, tr. dorées. **350 fr.**

Portr., vignette de titre et nombreuses figures, avec encadrements, dessinés par *A. Levasseur* et gravées par Andrew Best Leloir, lettres ornées, culs-de-lampe. Cartonnage orné sur le premier plat, au milieu d'une guirlande de fleurs, grand'mère lisant des contes à ses petits enfants. Bonne édition collective, bien imprimée et justement recherchée. *Bel exemplaire.*

3895 **MAGICAL CARDS (THE)** or LE SECRET IMPENETRABLE. *N. p.* [*London*], 1829, 19 cards in a slip case. **60 fr.**

Each card has 10 maxims.

3896 **MAGIC LANTERN (THE)** or Amusing and instructive exhibitions for Young People. By the Authoress of Short Stories, Summer Rambles, etc. *London, Tabart and Co, n. d.* [circa 1806], 12mo. or. half-leather, boards. *(Shabby).* **1.250 fr.**

Illustrated with a frontispiece and 10 quaintly coloured plates. *Slightly foxed.*

3897 **MAGIC LANTERN (THE).** Blue levant morocco, gilt back, g. e. **1.250 fr.**

Another copy, same edition. Fine copy.

3898 **MAGIC PICTURE BOOK (THE).** *London, A. N. Myers and Co, n. d.* [circa 1860], 4to. or. coloured wrappers. **350 fr.**

Illustrated with two folding out plates at top, bottom and one side transforming the scene, and two extra plates on verso of each folding one, all executed in chromolithography. The two scenes are the *Zoological Gardens* and *Pauline, or the Little Housekeeper.* An amusing child's book of a kind that few have survived.

3899 **MAID AND THE MAGPIE (THE)** or Annette of Palaiseau. A Juvenile Drama. Adapted to Hodgson's Scenes and Characters. *London, Orlando Hogdson, n. d.* [circa 1815], sm. 8vo. or. printed wrappers. **80 fr.**

Hand-coloured frontispiece engraved on copper. *Fine copy.*

3900 [**MAILLY (Le Chevalier de)**]. — LES ILLUSTRES FÉES. Contes galants. Dédié aux Dames. *A Paris, au Palais, M.-M. Brunet,* 1698, in-12, 4 ff. n. ch., 338 pp. ch. et 1 f. n. ch. (catalogue), v. brun, dos à n. orné, tr. jasp. *(Rel. anc.).* **2.500 fr.**

ÉDITION ORIGINALE de ces contes qui furent, jusqu'à présent attribués, par les bibliographes, à MADAME D'AULNOY, notamment par *Barbier* (II, 891) et par *Claudin* (*Cat. Rochebilière,* I, 546). Grâce aux recherches de *M.-E. Storer* (160 et sq.) on peut affirmer que ces contes sont, sans aucun doute, du Chevalier de Mailly ; ils furent plusieurs fois réimprimés, notamment en même temps que 9 contes de Mme d'Aulnoy, en 1749, ce qui explique cette confusion. Illustré de 8 figures sur bois, à mi-page. Lég. rousseurs au titre et aux premiers ff. Bon exemplaire dans sa reliure d'origine et contenant à la fin le f. de *Catalogue,* très important car il permet l'attribution de ces contes au Chevalier de Mailly, l'auteur des « *Aventures et Lettres galantes...* »

3901 **MAISON QUE PIERRE LE GRAND A BATIE (JEU RÉCRÉATIF DE LA),** dédié à mes petits enfants. *Paris, Delarue, s. d.* [vers 1820], in-16, broch., titre collé sur la couverture. Conservé dans une boîte demi-maroquin. **800 fr.**

10 gravures sur bois coloriées (le frontispice n'étant que la répétition de la première). Gros caractères largement interlignés. Le jeu, qu'on pourrait appeler le jeu des qui et des que, consiste, étant donné une phrase initiale : « Voilà la maison que Pierre le Grand a bâtie », à y joindre des incidentes précédées de qui ou de que. *Bel exemplaire de toute rareté.*

3901 *bis* **MAISON QUE PIERRE A BATIE** (VOILA LA). *S. l. n. d.* [vers 1815], in-16 carré, cartonné papier. *(Cartonnage de l'époque).* **350 fr.**

Même ouvrage que le précédent. Édition antérieure de quelques années, illustrée de 10 planches gravées et coloriées. Une onzième, également coloriée est collée sur le premier plat du cartonnage. L'édition ne comportait pas d'autre titre que la première phrase et l'exemplaire est complet ainsi. Frais et en très bel état.

3902 MAITRE DE DESSIN (LE). *Paris, s. d.* [vers 1850], in-4 obl. *(Cartonnage papier de l'éditeur).*
100 fr.

39 lithographies par *Hubert*, tirées sur fond teinté par *Becquet*. Les 14 premières à titre d'exercices, contiennent le même sujet sans ombres et avec ombres. Suivent de grandes planches terminées et d'un effet tout à fait artistique. Servant de titre, le cartonnage est illustré d'une chromolithographie or, rouge et bleu : personnages de la Renaissance, rinceaux or et bleu, attributs de la peinture et du dessin.

3903 MALAN (C.). — HISTOIRES D'UNE GRAND'MÈRE pour les enfants de tout âge *Mayence, Joseph Scholz; Paris, Guérin-Muller, s. d.* [vers 1860], in-12. *(Cartonnage de l'éditeur).*
100 fr.

Illustré de 4 lithographies coloriées. Frontispice en chromolithographie : enfants lisant. Au second plat : bouquet de roses. Dos légèrement abîmé. Texte largement interligné. Les lithographies, très jolies, sont de toute fraîcheur. *Bel exemplaire.*

MME MALLÈS DE BEAULIEU (MORTE EN 1825)

3904 MALLÈS DE BEAULIEU (Mme). — CONTES D'UNE MÈRE A SA FILLE. Seconde édition augmentée de plusieurs contes. *Paris, Libr. d'Education Pierre Blanchard,* 1820, 2 vol., bas. marb., dos orné, pièces noires, tr. marb. *(Rel. de l'époque).*
125 fr.

Illustré de 2 titres gravés (avec vignettes) et de 18 figures gravées, dont une a trait à une aventure se passant à l'*Ile de France.* Cassures aux mors de la reliure.

3905 MALLÈS DE BEAULIEU (Mme). — CONTES D'UNE MÈRE A SA FILLE. *Même ouvrage, même édition,* bas. fauve marbrée, dos orné, pièces rouges, guirlande dorée, tr. dorées. *(Rel. de l'époque).*
85 fr.

Bon exemplaire malgré une légère usure aux coiffes.

3906 MALLÈS DE BEAULIEU (Mme). — CONTES A MA JEUNE FAMILLE. *Paris, P. Blanchard,* 1819, in-12, cartonn. bradel, pap. marbré. *(Cartonn. de l'époque).*
400 fr.

ÉDITION ORIGINALE ornée d'un titre gravé (vignette) et de 5 figures gravées. Une représente la fête de Saint-Denis (manèges, baraques foraines, etc.). Une autre un enfant au milieu de ses jouets.

3907 MALLÈS DE BEAULIEU (Mme). — CONTES A MA JEUNE FAMILLE. *Même ouvrage, même édition,* demi-v. marbré à coins, dos finement orné, pièce rouge, *ex-praemio* sur le 1er plat, tr. j. *(Rel. de l'ép.).*
350 fr.

Très bel exemplaire.

3908 MALLÈS DE BEAULIEU (Mme). — LA JEUNE PARISIENNE au village..., pour l'instruction de la jeunesse. *Paris, Bargeas,* 1823, in-12, bas. marb., dos à n. orné, guirlande autour des plats, tr. marb. *(Rel. de l'ép.).*
200 fr.

ÉDITION ORIGINALE ornée d'un titre gravé avec vignette et de 3 figures gravées. Mme Mallès de Beaulieu mourut à Nontron (Dordogne), en 1825 ; elle avait écrit de nombreux livres pour la jeunesse, dont le célèbre *Robinson de douze ans.*

3909 MALLÈS DE BEAULIEU (Mme). — LE LA BRUYÈRE DES JEUNES DEMOISELLES, ou principaux caractères des jeunes personnes. Ouvrage utile et amusant. IIe éd. *Paris, P. Blanchard,* 1823, in-12, basane vert olive foncé, dos orné, guirlande autour des plats, tr. marb. *(Rel. de l'époque).*
180 fr.

Illustré d'un titre gravé et de cinq figures non signées, très intéressantes pour les *costumes.* Rel. un peu usagée.

3910 MALLÈS DE BEAULIEU (Mme). — LE LA BRUYÈRE DES JEUNES DEMOISELLES ou principaux caractères des jeunes personnes. *Paris, P.-C. Lehuby,* 1834, in-12, bas. olive, dos orné sans nerfs, pièce cuir. *(Rel. d'époque).*
200 fr.

4 planches gravées, précieuses au point de vue de l'histoire de la mode. *Bel exemplaire.*

3911 MALLÈS DE BEAULIEU (Mme). — LE LA BRUYÈRE DES JEUNES DEMOISELLES ou principaux caractères des jeunes personnes. *Paris, P.-C. Lehuby,* 1836, in-12, demi-bas. verte, dos orné et coins. *(Rel. de l'ép.).*
175 fr.

Même ouvrage que le précédent, 5e édition. Charmante reliure.

MALLÈS DE BEAULIEU (Mme). — Voir n°s 1319 et 4942 à 4949.

═══════

3912 MALLET (Mme Marie). — LE BONHOMME JUSTICE. *Paris, A. Desesserts, s. d.* [vers 1845], in-4. *(Cartonnage papier de l'éditeur).*
300 fr.

9 lithographies en deux tons, tirées chez *Destouches*, vignette de titre, vignettes dans le texte imprimé en gros caractères. Cartonnage en chromolithographie : au milieu d'un riche médaillon or, le Bonhomme Justice, assis sous un chêne, raconte ses histoires à deux enfants. *Rousseurs passim.*

3913 MALLET (Mᵐᵉ Marie). — LES CONTES DU BONHOMME ÉTRENNES. *Paris, Desesserls, s. d.* [vers 1860], gr. in-4, cart. papier de *l'édil.*
300 fr.

Un titre-frontispice et 177 grandes et petites vignettes soigneusement gravées sur bois. Belle impression en gros caractères. Le cartonnage, à fond blanc, est orné de rinceaux dorés et de sujets divers en vert, rose, bleu, or, représentant des jouets : polichinelle, cheval-bascule, tambour, raquettes, poupées, damier, livres, etc. Grande image en chromolithogr. sur le 1ᵉʳ plat, représentant le Bonhomme Étrennes ouvrant son livre devant des enfants. Sur le second plat, cette image est remplacée par un très beau décor d'arabesques dorées, de feuillages et fleurs, vert et rouge et d'un fleuron en éventail bleu, vert et or. Un morceau du dos manque ; les mors sont fragiles.

3914 MALLET (Mᵐᵉ Marie). — LES CONTES DE LA MÈRE ÉTRENNES. *Paris, Alph. Desesserls, s. d.* [vers 1855], in-4. *(Cartonnage papier de l'éditeur).*
400 fr.

9 grandes lithographies en deux tons de *Louis Lassalle,* tirées chez Destouches au nom de l'éditeur Vermot et nombreuses vignettes. Cartonnage en chromolithographie de *Louis Lassalle* représentant une ronde d'enfants autour de la Mère Étrennes. *Quelques piqûres.*

3915 MALLET (Mᵐᵉ Marie). — LE LIVRE DES PETITS GARÇONS. *Paris, Desesserls, s. d.* [vers 1835], in-12. *(Cartonnage papier de l'éditeur).*
125 fr.

14 lithographies de *Bertrand,* curieuses au point de vue de l'histoire du costume : enfant de troupe tambour, collégien en habit et chapeau à haute forme, jeune aveugle portant l'habit des Quinze-Vingts. Texte en gros caractères largement interligné. Sur le cartonnage lithographié colorié représentant un groupe d'enfants. *Bel exemplaire.*

3916 MALLET (Mᵐᵉ Marie). — QUINZE JOURS DE TRAVERSÉE ou Voyage en Amérique. *Paris, Alph. Desesserls, s. d.* [vers 1850], gr. in-8, cart. toile bleue, décors polychromes, tr. dorées. *(Cart. de l'éd.).*
300 fr.

Dix lithos de LOUIS LASSALLE, sur fond chamois. Vignettes sur bois. Sur le 1ᵉʳ plat, décor rouge, or et bleu : dans un cadre de feuillages exotiques, deux hommes, dont un Chinois, armés de fusils, travaillent de la pelle et de la pioche, sur les bords d'un fleuve. Dos rouge, or, vert, bleu de roi sur fond bleu marine. Au second plat, un trois-mâts, vu par l'arrière, portant dans une voile l'inscription : Histoire d'un navire. *Bel exemplaire.*

3917 MALO (Charles). — L'AMI DES JEUNES DEMOISELLES. *Paris, Louis Janet, s. d.* [vers 1824], in-16. *(Cartonnage et étui papier de l'éditeur).*
100 fr.

Vignette et titre gravés, 6 figures finement gravées. Cartonnage et étui bleu clair, filets et cadre or, formant une large dentelle, tr. dorées. Fortes rousseurs.

3918 MALO (Charles). — LES CAPITALES DE L'EUROPE. Promenades pittoresques. *Paris, Marcilly, s. d.* (1829), 8 vol. in-12. *(Cartonnages papier de l'éditeur, étui de l'époque).*
1.400 fr.

Berlin, Constantinople, Londres, Madrid, Paris, Rome, Saint-Pétersbourg, Vienne. Chacun des volumes est accompagné d'une planche finement gravée et coloriée. Cartonnages de couleurs diverses, dans les tons clairs, estampés à froid au milieu, titre en lithographie. *De toute fraîcheur.*

3919 MALO (Charles). — LES CAPITALES DE L'EUROPE. Promenades pittoresques. *Paris, Marcilly, s. d.* (1829), 8 vol. in-12. *(Carlonnages papier de l'éditeur, étui).*
1.000 fr.

Même ouvrage, mêmes illustrations que le précédent. Exemplaire très frais. Légères rousseurs.

3920 MALO (Charles). — LES CAPITALES DE L'EUROPE. Promenades pittoresques. *Paris, Marcilly, s. d.* (1829), 8 vol. in-12. *(Carlonnages papier de l'éditeur. Boîte de l'époque).*
1.800 fr.

Même ouvrage, mêmes illustrations que le précédent. Grande boîte à 2 compartiments ; sur les côtés, guirlande formée de losanges et fleurons or ; sur le dessus, cadre : guirlande de feuilles d'acanthe, coquilles dans les angles ; papier vert, lithographie coloriée ovale ; au-dessous du titre, paysage symbolique réunissant dans une même composition des vues des principales grandes villes. Superbe exemplaire dans une très jolie boîte.

3921 MALO (Charles). — LES CAPITALES DE L'EUROPE. *Paris, Marcilly, s. d.* (1829), 4 vol. in-12. *(Carlonnages papier de l'éditeur).*
275 fr.

Berlin, Londres, Madrid, Vienne. Chaque volume est illustré d'une planche gravée, finement coloriée. Cartonnages clairs, estampés à froid, titres lithographiés. *Bel exemplaire.*

3922 MALO (Charles). — SCÈNES DE LA VIE D'HOMMES CÉLÈBRES. *Paris, A. Marcilly, s. d.* (1843), in-8, cart. toile bleue, décors dorés. *(Cart. d'édit.).*
100 fr.

Douze jolies lithos de VALERIO, sur fond chamois et rehaussées de couleurs. Parmi les contes de ce volume : les Folies de Salomon de Caux, l'Enfance de Schiller, le *Requiem* de Mozart, un Trait de Garrick, l'Enfer du Dante, le Tombeau de Gœthe, un Sermon de Diderot. Dos et plats ornés d'un décor de fleurons, filets et rinceaux dorés. *Bel exemplaire.* Menues rousseurs au verso des planches.

3923 MALO (Charles). — SCÈNES DE LA VIE D'HOMMES CÉLÈBRES. *Paris, Marcilly, s. d.* (1843), in-8, cart. toile bleue, décors dorés. *(Cart. d'édit.).*
40 fr.

Même ouvrage que le précédent. Bel exempl., mais le 1ᵉʳ plat est déboîté. *Rousseurs.*

3924 MAMMA'S ABSENCE or « The Written Rules ». *London, Samuel Bagster and Sons,* 1854, sq. 12mo. or. cloth, gilt.
50 fr.

FIRST EDITION. Illustrated with 8 line engravings. *Fine copy.*

3925 MAMMA'S TALES for Good Children. *London, A. Park, n. d.* [circa 1830], 8vo. or. printed wrappers.
200 fr.

Illustrated with 8 hand-coloured woodcuts. *Fine copy.*

3926 MAN IN THE MOON (THE) and Another Tale for Children at Christmastide. *London, W. Swan Sonnenschein and Co, n. d.* [circa 1880].
100 fr.

Illustrated with 6 splendid plates (2 double page) executed in chromolithography.

3927 MANCEAU (Mᵐᵉ). — L'ANGE DE PAIX. *Paris, Marcilly Aîné, s. d.* [vers 1830], 2 vol. in-12, cart. pap. bleu moiré gr., fers aux angles, dos orn., tr. dor. *(Cart. de l'époque)*.   **150 fr.**

ÉDITION ORIGINALE de ce recueil de scènes enfantines et de petites histoires. Elle est ornée de 2 titres gravés et de 6 jolies figures sur acier hors-texte. Exemplaire dans un cartonnage romantique avec des plats très décoratifs. *Une coiffe fatiguée.*

3928 MANCEAU (Mme). — L'ANGE DE PAIX. *Paris, A. Marcilly, s. d.* [vers 1845], gr. in-8, cart. percale noire, plats orn. d'une grande plaque, dos orn. en long, tr. dor. *(Cart. de l'éditeur)*.   **100 fr.**

Édition ornée de 12 jolies lithographies finement coloriées par *Valério.* Charmant cartonnage avec plats et dos très décoratifs. *Bel exemplaire.*

3929 MANCEAU (Mme). — CÉLINE ou l'Influence d'un beau caractère. 3e édition. *Paris, Lehuby, s. d.* [vers 1840], in-12, demi-percaline à coins grenat. *(Carlonn. de l'époque)*.   **20 fr.**

Titre dans encadrement gravé sur bois, 3 fig. gravées non signées. Mouillures.

3930 MANCEAU (Mme). — CONTES D'UNE GRAND'MAMAN. *Paris, Marcilly Aîné, s. d.* [vers 1830], pet. in-12, cartonn. moiré vert, pièce rouge. *(Carlonn. d'époque)*.   **250 fr.**

Charmant recueil contenant, à pagination et titres séparés, les contes suivants : *La Bonne Fée, Le Frère et la Sœur, La Fête de Famille, Le Petit Auvergnat secouru, La Pièce de cinq francs, La Piété filiale.* Chacun de ces contes est illustré d'une jolie figure non signée. Titre général gravé avec vignette. Cartonn. un peu frotté.

3931 MANCEAU (Mme). — CONTES D'UNE GRAND'MAMAN. *Paris, Marcilly, s. d.* [vers 1835], in-16, cart. papier moiré grenat à la bradel. *(Cart. de l'ép.)*.   **70 fr.**

Titre et 5 pl. gravés représentant des scènes enfantines. *Charmante pièce.*

3932 MANCEAU (Mme). — LES DEUX AMIES DE PENSION. LES TROIS SŒURS, suite des Deux amies de pension. *Paris, Marcilly, s. d.* [vers 1830], 2 vol. pet. in-12, cartonn. bradel, pap. moiré noir, dos ornés. *(Carlonnage d'époque)*.   **100 fr.**

Réunion de ces deux charmants petits ouvrages comportant chacun un titre gravé avec vignette et 4 jolies figures de *Manceau.*

3933 MANCEAU (Mme). — LES DEUX AMIES DE PENSION. *Paris, Marcilly, s. d.* [vers 1830], in-16, cart. à la bradel. *(Cart. de l'époque)*. **45 fr.**

Titre et 4 charmantes planches gravés. *Bel exemplaire.*

3934 MANCEAU (Mme). — LES DEUX PETITES VOISINES. *Paris, Marcilly, s. d.* [vers 1835], in-16, cart. papier moiré grenat, à la bradel. *(Carl. de l'ép.)*.   **50 fr.**

Titre et 5 pl. gravés : enfants, poupées et jouets. *Charmante pièce.*

3935 MANCEAU (Mme). — PRÉVENTION ET SENTIMENT ou Lettres d'une jeune personne à son institutrice. *Paris, I. Pesron, 1834, in-12, car-

tonn. bradel, papier moiré bleu foncé. *(Carlonn. de l'époque)*.   **80 fr.**

ÉDITION ORIGINALE ornée d'un titre (avec vignette) et de 3 jolies figures gravées par *Montaut d'Oléron.* Bel exemplaire.

3936 MANCEAU (Mme). — TRAITS HISTORIQUES, fables et contes dédiés à la Jeunesse. *Paris, Brunot-Labbé, 1832, in-12, bas. polie fauve, dos très orné, guirlande autour des plats, tr. marb. *(Rel. de l'époque)*.   **150 fr.**

ÉDITION ORIGINALE. Titre gravé avec vignette et 5 figures gravées par *Manceau.* A la fin de la table a été collée à l'époque la carte de visite de *M. Manceau, graveur, rue de l'Arbalète, n° 5.* Très bel exemplaire.

3937 MANCEAU (Mme). — LES TROIS SŒURS. Suite des Deux amies de Pension. *Paris, Marcilly, s. d.* [vers 1830], pet. in-12, cartonn. bradel noir, dos orné. *(Cartonnage d'époque)*.   **30 fr.**

Titre gravé et 4 jolies figures de *Manceau.* Cartonn. frotté. *Légèrement déboîté.*

3938 MANCEAU (Mme). — LES TROIS SŒURS. *Paris, Marcilly, s. d.* [vers 1835], in-16, cart. papier moiré bleu, à la Bradel. *(Cart. d'ép.)*.   **40 fr.**

Titre et 4 pl. gravés. L'une d'elles représente une salle de classe avec les fillettes autour de l'institutrice. Les titres détachés.

3939 MANGIN (Arthur). — L'AIR ET LE MONDE AÉRIEN. *Tours, A. Mame et Fils, 1865, in-8. *(Cartonnage de l'éditeur)*, toile rouge, fers spéciaux, tr. dorées.   **60 fr.**

23 gravures sur bois par *Freeman, Yan d'Argent, Desandré, Guignet, Lix, Oudinot, Richard* et nombreuses vignettes dans le texte. L'air, les phénomènes de l'air, le monde aérien. Décor orné rocaille, parmi les ornements du 1er plat : un aérostat. *Bel exemplaire.*

3940 MANT (Alicia C.). — THE CANARY BIRD. *London, J. Harris, 1817, 12mo. or. half-leather, boards. *(Shabby)*.   **100 fr.**

FIRST EDITION. Illustrated with a charming frontispiece.

3941 [MANT (Alicia C.)]. — THE PARENT'S POETICAL ANTHOLOGY ; being a selection of English poems... sentiments of Young Readers. *London, Longman, Rees, etc., 1832, 8vo. contemp. calf, gilt.   **80 fr.**

Third edition with additions. Poems by *Pope, Addison, Johnson, Goldsmith, Chatterton,* etc., etc.

3942 MANUSCRIPT. — JUVENILE REPOSITORY. *Fort Bristol, Printed and Published Daniel Manuscript March to December 1807, 1 vol. 12mo. contemp. boards.   **2.500 fr.**

Interesting magazine made by children and entirely written by hand. 175 pages including General Index. The articles include « Geography of Africa and America. Medical Anecdotes. Innoculation. Stereotype Printing. Steam Engine. Telegraph, etc., etc. The signatures (which have an Index) include such names and pseudonyms as « Comicus, Sir Mr. Placed. Quiz. Rusticus. Zelia. Meanwell. Arabella Ferguson. Enos-Cribb. Mania, etc., etc. ». On page

165 is a « State of the Accounts of the Editor of the Juvenile Repository to December 1807. »

D^r	£	S	D			C	R
To Amount of sub	2	5	10	By writing Paper	0	19	4
Scriptions	»	13	3	By blue do	»	1	3
To various presents	2	0	6	By hand for wri-			
To receipt of Ad-				ting	»	6	
vertisements	»	»	6	By balance	4	1	6
To values of Stock							
of Papers	»	8	»				
	£5	8	1		£5	8	1

A most interesting unique collector's item.

3943 MAPS (A LITTLE BOOK OF), to be referred to when My Father or Mother talks with me about *Geography. London, William Darton,* 1821, sq. 8vo. or. boards with printed ticket. **80 fr.**

Part III. Containing 5 large folding maps outlined in colours. *Eastern* and *Western Hemispheres. Denmark. Russia* and *West Indies.*

3944 [MARAIZE (Sophie de)]. — L'AMIE DE TOUS LES ENFANS ou Récréations morales de l'Enfance, contenant des Contes moraux, des Historiettes amusantes, etc. *Paris, Belin-Le Prieur,* 1819, 2 part. en 1 fort vol. in-12, demi-bas. mouch. pièce rouge, tr. jasp. *(Rel. de l'époque).* **150 fr.**

ÉDITION ORIGINALE ornée de 6 jolies figures non signées. *Bel exemplaire.*

3945 [MARAIZE (Sophie de)]. — L'AMIE DE TOUS LES ENFANS. 2 vol. in-12, veau raciné, dos ornés sans nerfs, pièces de cuir, dentelle sur les plats, tr. marb. *(Rel. de l'époque).* **250 fr.**

Même édition que le précédent. *Exemplaire de toute fraicheur.*

3946 MARCET (Jane). — MARY'S GRAMMAR ; interspersed with stories, and intended for the use of Children. *London, Longmans, Orme, Brown, Green and Longman,* 1840, sm. 12mo. or. half-leather. **25 fr.**

Mrs Marcet was of Swiss birth and her books for the young has a great success. Macaulay praised her *Conversations on Political Economy,* 1816.

3947 MARCEL (Pierre). — JOSEPH ET ISIDORE ou le Danger des mauvaises compagnies. *Tours, Mame,* 1842, in-12, carton. pap. bleu, dos orné, plaque à froid sur les plats. *(Cartonn. de l'époque).* **50 fr.**

1 figure gravée, 1 vignette sur le titre. *Bel exemplaire.*

3948 MARCHAL (Charles). — LES SOLDATS SANCTIFIÉS. *Lille, L. Lefort,* 1861, in-12, cart. percale, gr. plaque dor. *(Cart. de l'éditeur).* **10 fr.**

Frontispice gravé par *Monin,* d'après *Cabasson.* Joli cartonnage très frais.

3949 MARCHANT DE BEAUMONT. — BEAUTÉS de l'Histoire de la Hollande et des Pays-Bas. Ouvrage consacré à l'instruction de la Jeunesse. Deuxième édition. *Paris, Eymery,* 1818, in-12, bas. polie marbrée, dos très richement orné, pièce rouge, guirlande autour des plats, tr. marb. *(Rel. de l'époque).* **85 fr.**

Orné de 6 jolies gravures. Chapitres sur la *Compagnie des Indes,* la marine hollandaise, la découverte du *microscope,* les peintres, etc. Très bel exemplaire.

3950 MARION (D.). — AIMONS LES ANIMAUX. *Lausanne, imp. Corbaz et Rouillier,* 1862, in-12. *(Cartonnage papier de l'éditeur).* **250 fr.**

8 lithographies coloriées. Cartonn. vieux rose et crème. Le dos déboîté. « Ouvrage couronné par la Société protectrice des animaux, à Lyon ». *Très bel exemplaire en parfait état.*

3951 MARION (D.). — AIMONS LES ANIMAUX. *Lausanne, imp. Corbaz et Rouillier,* 1862, in-12. Cartonnage papier de l'édit. **125 fr.**

Le même ouvrage, même cartonnage. Déboîté, un mors fendu. Cartonnage moins frais mais l'intérieur est très frais. Les lithos sont coloriées.

3952 MARIETTE ET FIDO. *Epinal, Pellerin et Cie, s. d.* [vers 1880], in-8, *couvert. illustrée.* **10 fr.**

8 grav. sur bois coloriées, gros caractères, larges interlignes. Histoire d'une petite fille et d'un bon chien qui la sauve. *Bel exemplaire.*

3953 MARIN (Le Père). — THÉODULE ou l'Enfant de Bénédiction. Modèle pour la Jeunesse. Nouvelle édition. *Paris, Boisle,* 1823, pet. in-12, bas. fauve marb., dos orné, pièce rouge, tr. marb. *(Rel. de l'époque).* **30 fr.**

Titre gravé avec vignette et 3 figures. *Bel exemplaire.*

3954 MARLÈS (De). — ALFRED ou le Jeune Voyageur en France. Ouvrage dédié à la Jeunesse. *Paris, Didier,* 1835, in-12, bas. mouch., dos orné, pièce rouge, tr. marb. *(Rel. de l'époque).* **250 fr.**

ÉDITION ORIGINALE d'un ouvrage qui a eu le plus grand succès et de nombreux imitateurs. Orné de 4 jolies figures, dont trois à la manière noire : *le Pont de Bordeaux, Pont d'Espagne, Cathédrale et Préfecture d'Alby, Ile des Peupliers.* Bel exemplaire, malgré quelques piqûres.

3955 MARLÈS (De). — ALFRED ou le Jeune Voyageur en France. *Paris, Didier,* 1837, in-12, v. marron, dos orné sans nerfs, fil. sur les plats et décoration à froid, tr. jasp. *(Rel. de l'ép.).* **125 fr.**

Deuxième édition. Titre imprimé en rouge et en noir, 4 jolies gravures tirées en aquatinte. Rousseurs. *Charmante reliure.*

3956 MARLÈS (De). — ALFRED ou le Jeune Voyageur en France. Troisième édition. *Paris, Didier,* 1839, in-12, demi-chagrin vert, dos orné en hauteur de motifs rocaille, fleurs et feuillages, plats pap. chagr. vert, fil. *(Rel. de l'époque).* **85 fr.**

Très bel exemplaire de cet ouvrage contenant ce que chaque département offre de remarquable en Antiquités, Coutumes locales, Monuments, Etablissements utiles, Curiosités, etc. Titre en rouge dans encadrement gravé sur bois par *Porret* et 4 très jolies figures *à la manière noire.*

3957 MARLÈS (De). — ALFRED ou le Jeune Voyageur en France. 4e éd. *Paris, Librairie d'Education de Didier,* 1841, in-12, maroq. à long grain grenat, dos à n., plats bien ornés, large motif doré de style rocaille, avec oiseaux dorés sur les plats, dent. int., tr. dor. *(Rel. de l'époque).* **500 fr.**

4 jolies figures gravées, à la manière noire : *Pont d'Es-*

pagne, *Pont de Bordeaux, Lac de Gaube, Fontainebleau.* Superbe exemplaire. Les plaques qui ornent les deux plats sont d'un grand intérêt décoratif et un très bel exemple du style de cette époque. Il est exceptionnel de rencontrer des « livres de prix » dans des reliures aussi soignées. Le centre du 1er plat porte l'*ex-praemio* doré : « *Institution de M*lle *E. Dujac, Boulogne-sur-Mer* ».

3958 MARLÈS (De). — GUSTAVE ou le Jeune Voyageur en Espagne. *Tours, Mame*, 1843, in-12, bas. mouch., dos orné, pièce noire, guirlande dorée autour des plats, tr. marb. (*Rel. de l'époque*). **80 fr.**

ÉDITION ORIGINALE, ornée d'un titre gravé (vignette) et de 3 figures, non signées : *course de taureaux, Mosquée de Cordoue*, etc. Bel exemplaire, malgré les figures brunies.

3959 MARLÈS (De). — GUSTAVE ou le Jeune Voyageur en Espagne. *Tours, Mame*, 1848, in-12, cart. toile verte, décor doré, tr. dorées. (*Cart. de l'éditeur*). **30 fr.**

Le même ouvrage que le précédent. Quatrième édition. Mêmes illustrations. Plaques dorées de style rocaille sur les plats. *Bel exemplaire sans rousseurs.*

3960 MARLÈS (De). — HISTOIRE DE MARIE STUART, reine d'Écosse. *Tours, Mame*, 1846, in-12. (*Cartonnage papier de l'éditeur*). **25 fr.**

Titre et 3 pl. gravés. Cartonnage romantique, décoration or et vert sur fond blanc, cadre et médaillon, au centre oiseau sur une branche. Type de cartonnage clair agréable à l'œil.

3961 MARLÈS (De). — MERVEILLES DE LA NATURE et de l'Art. Amérique. Seconde édition. *Paris, Fruger el Brunel*, 1836, 2 vol. in-12, bas. grenat, dos ornés, plaque à froid sur les plats, fil. dorés, tr. marbr. (*Rel. de l'époque*). **50 fr.**

Les deux volumes relatifs à l'AMÉRIQUE ornés de 8 gravures non signées : *Lac de Guatavita, Pont de Péripe, Passage d'une rivière au Brésil, Pont naturel d'Icononzo, Pyramide de Cholula, Village aux bouches de l'Orénoque, Volcan de Jorullo*, etc. Bel exemplaire, sauf une pet. déchirure dans la marge d'un f. n'endommageant pas le texte.

3962 MARLÈS (De). — OSCAR ou le Jeune Voyageur en Angleterre, en Écosse et en Irlande, etc. Édition revue. *Paris, Didier*, 1846, in-12, bas. vert foncé, dos orné, cadre de fil. entourant les plats, tr. jasp. (*Rel. de l'époque*). **20 fr.**

Orné de 3 figures gravées non signées. *Londres, la Police, les Théâtres, l'Abbaye de Westminster*, etc.

3963 MARMADUKE MULTIPLY'S MERRY METHOD OF MAKING MINOR MATHEMATICIANS or the multiplication table. *London, Grant and Griffith, n. d.* [circa 1830], square 16mo. original blue cloth. **800 fr.**

Late but scarce edition of this amusing multiplication table published by the successors of J. Harris, who's first edition was issued in 1816. It is illustrated with 69 interesting hand-coloured engravings ; under each plate being a multiplication rhyme.
Three times 7 are 21. Dear Ma'am pray see my dog and gun. 16 page publishers children's book list at end. *Tuer.* O. F. C. B. Pages 289-304.

3964 MARMADUKE MULTIPLY'S MERRY METHOD OF MAKING MINOR MATHEMATICIANS. *London, Griffith and Farran, Late Grant and Griffith, n. d.* [circa 1832]. Another copy or green cloth. **600 fr.**

3965 MARMONTEL. — CHOIX DES PLUS JOLIS CONTES MORAUX anciens et nouveaux. *Paris, Sainlin*, 1817, 2 in-16, v. moucheté, dos ornés, pièces cuir, dent. extér. et intér., tr. dorées. (*Rel. de l'époque*). **200 fr.**

PREMIER TIRAGE. 8 jolies planches gravées par *Delignon*, d'après *Chasselat*. Très jolie édition se recommandant par la finesse des gravures et la pureté du texte imprimé chez Didot l'Aîné. *Bel exemplaire.*

3966 MARMONTEL'S TALES, Selected and Abridged, for the Instruction and Amusement of Youth by Mrs PILKINGTON. *London, Vernor and Hood*, 1799, post 8vo. contemp. calf. (*Joints cracked*). **125 fr.**

Illustrated with 26 fine woodcuts, some by BEWICK, and a frontispiece engraved on copper. Small tear in one margin (not affecting text). Cf. *Hugo's Bewick Collector* 1866, page 63.

3967 MARQUAM (H.). — PROMENADE EN AMÉRIQUE ou Scènes instructives et pittoresques propres à faire connaître aux enfants les mœurs, les coutumes, les monuments et les beautés naturelles de cette partie du monde. *Paris, Lehuby*, 1838, pet. in-12, demi-percaline bradel impr., à coins, pièce rouge. (*Rel. de l'époque*). **250 fr.**

Petit ouvrage « imité de l'Anglais », orné d'un titre gravé avec vignette et de 3 planches gravées (6 sujets). Intéressant *américana enfantin*, en bel exemplaire.

3968 MARQUAM (H.). — PROMENADE EN ASIE ou Scènes instructives et pittoresques propres à faire connaître aux enfants les mœurs, les coutumes, etc. *Paris, Lehuby*, 1837, in-12, bas. mouch., dos orné, pièce rouge, tr. marb. (*Rel. de l'époque*). **180 fr.**

ÉDITION ORIGINALE. Ornée d'un titre gravé (avec vignette) et de 6 jolies figures (2 par planche) dont une représente la *Cueillette du thé*.

3969 MARQUAM (H.). — PROMENADE EN ASIE. *Paris, Lehuby, s. d.* [vers 1838], pet. in-12, cartonn. pap. vert foncé, fil. dorés au dos, plaque à froid sur chaque plat, tr. mouch. (*Cart. de l'époque*). **150 fr.**

Un titre gravé avec vignette et 6 figures (2 par planche), l'une d'elles représentant la *Cueillette du thé*. Bel exempl.

3970 MARRYAT (Captain F.). — MASTERMAN READY or the Wreck of the Pacific. Written for Young People. *London, Longman, Orme, Brown, Green and Longmans*, 1841-42, 3 vols. 12mo. or. cloth. **4.500 fr.**

FIRST EDITION, FIRST ISSUE. Vol. I with publisher's 16 pp. cat. dated Feb. 1841. Vol II. 16 page Pub. Cat. (maybe two cat. each of 16 pp.) dated April 1842. Vol III. Pub. 30 page cat. dated 1842. First issue throughout. *Very good copy.*

3971 MARRYAT (Captain F.). — MASTERMAN
READY or The Wreck of the Pacific. Written for
Young People. *London, Bell and Daldy*, 1867,
8vo. or. green cloth.   **40 fr.**

Illustrated with 93 engravings on wood. From Bohn's
illustrated library. *Very fine copy.*

3972 [MARRYAT (Captain F.)]. — Mr MIDSHIP-
MAN EASY by the Author of « Japhet, in Search
of a Father », etc. *London, Saunders and Otley*,
1836, 3 vols. 8vo. or. boards uncut. *(Rebacked).*
                                                 7.500 fr.

FIRST EDITION, 8 page cat. *(12mo.)* of Hamilton,
Adams and Co, in vol I. 2 page ads. in vol II and 2 page
ads. in vol III. One or two negligeable damp spots. *Fine
copy.*

3973 MARRYAT (Captain F.). — THE MISSION
or Scenes in Africa. Written for Young People.
New York, D. Appleton, 1845, 2 vols. 12mo. or.
cloth.   **250 fr.**

FIRST AMERICAN EDITION. Frontispiece to each
volume. At end of Vol. I,24 page book list. Very nice copy.

3974 MARSAL (Pierre). — LE DOIGT DE DIEU.
Limoges, Barbou, 1853, petit in-16, cart. papier
de l'édit.   **25 fr.**

Une gravure. Cartonnage bleu de ciel orné de branches
de feuillages dorées. Image en chromolithogr. sur le 1er
plat ; bouquet or, blanc, bleu et rouge sur le second plat.
Charmant petit cartonn. d'une exquise fraîcheur.

3975 MARTIN (Louis-Aimé). — LANGAGE ET EM-
BLÈME DES FLEURS. *Paris, Ador et Cie*, 1835,
in-16, veau grenat, dos orné, doubles fil. et fleurons d'angles, plaque à froid sur les plats, dent.
intér., tr. dorées.   **850 fr.**

13 planches finement gravées et coloriées. Jolie édition
de cet ouvrage contenant le système et le langage des
fleurs, leur histoire et origine mythologique, ainsi que les
plus jolis vers composés à ce sujet. *Bel exemplaire.*

3976 MARTIN (Louis-Aimé). — LETTRES A
SOPHIE sur la Physique, la Chimie et l'Histoire
naturelle, avec des notes par M. PATRIN, de
l'Institut. Cinquième édition. *Paris, Nicolle*, 1818,
4 vol. in-12, cartonn. bradel pap. gaufré bleu
foncé, dos ornés, tr. j. *(Cartonn. de l'époque).*
                                                   100 fr.

Quatre frontispices gravés par *Gibèle* et *Prudhomme*,
d'après *Bergeret* et *Dunant*, celui du tome IV représente
le *Navire aérien qui s'approche et aborde doucement au pied
du château*. Il illustre le chapitre intitulé : Hélie et Béatrix
ou Connaissances des anciens sur les ballons.

3977 MARTIN (Louis-Aimé). — LETTRES A
SOPHIE sur la Physique, la Chimie et l'Histoire naturelle, avec des notes par M. PATRIN,
de l'Institut. *Paris, Nicolle*, 1820, 4 vol. pet.
in-8 carré, bas. marbrée, dos joliment ornés de
semis d'étoiles, pièces rouges, tr. jasp. *(Rel. de
l'ép.).*   **150 fr.**

Le même ouvrage que le précédent. Charmante édition
de ce classique, ornée de 5 jolies figures par *Desenne, Mot-
tet, Bergeret, Gibèle, Dunant, Prudhomme.* Le frontispice
du tome IV représente le *Navire aérien.* Le très beau frontispice du tome I, en premier tirage, ne se trouve pas dans
l'éd. de 1818.

3978 MARTIN (Louis-Aimé). — LETTRES A
SOPHIE sur la Physique, la Chimie et l'His-
toire naturelle. Avec des notes par M. PATRIN.
Nouvelle édition, corrigée et augmentée. *Paris,
Lefèvre*, 1822, 2 vol. in-8, cartonn. bradel, pap.
vert, pièces rouges, n. rognés. *(Cart. d'époque).*
                                                   400 fr.

Bel exemplaire entièrement non rogné et en grande
partie non coupé de cet ouvrage orné de 6 jolies planches,
gravées en couleurs et rehaussées par *Barrois* et *Guyard*,
d'après *Huet* et *Bessa*, l'élève de *Redouté.*

3979 MARTIN (Louis-Aimé). — LETTRES A
SOPHIE sur la Physique, la Chimie et l'Histoire
naturelle, avec des notes par M. Patrin. *Paris,
Gosselin et Froment*, 1825, 4 vol. in-16, maroquin violet à long grain, dent. à froid et mince
filet doré en hachures, dos ornés à nerfs, filet
sur les coupes, dent. int., tr dorées. *(Brigandat).*
                                                   600 fr.

4 frontispices de Desenne. Très bel exemplaire dans une
agréable reliure de l'époque, signée d'un nom estimé,
d'une œuvre qui eut un vif succès, puisque cette édition
est la 9e.

3980 MARTIN (Louis-Aimé). — LETTRES A SO-
PHIE... *Paris, Gosselin et Froment*, 1825, 4 vol.
in-16, basane beige, plaque à froid et filet noir
sur les plats, dos ornés à nerfs, filet sur les coupes,
dent. int., tr. dorées. *(Rel. de l'époque).*   **350 fr.**

La même édition que le précédent, mêmes frontispices.
Très bel exemplaire, malgré d'insignifiantes rousseurs en
quelques endroits.

3981 MARTIN (Louis-Aimé). — LETTRES A
SOPHIE, etc. Onzième édition augmentée de la
Théorie du Calorique rayonnant. *Paris, Ledentu*,
1833, 2 vol. in-8, demi-chagr. vert, dos ornés de
fil. dorés et à froid, tr. mouch. *(Rel. vers 1850).*
                                                    80 fr.

Bel exemplaire orné de 6 jolies planches gravées en couleurs, les mêmes que celles de l'éd. précédente.

3982 MARTIN (Louis-Aimé). — LETTRES A
SOPHIE, etc. Onzième édition, etc. 2 vol. in-8,
veau poli brun, dos ornés en hauteur de motifs
dorés, fil. dor. autour des pl., grande plaque à
froid dans le grand style romantique couvrant les
plats, tr. marb. *(Rel. de l'époque).*   **250 fr.**

Même ouvrage, même édition que le précédent dans une
jolie reliure romantique de beau style (PLAQUES DE
THOUVENIN).

3983 MARTIN (Louis-Aimé). — MORALISTES DE
LA JEUNESSE, précédés de Contes, Historiettes
en vers et en prose et de morceaux d'Histoire
naturelle, ornés de gravures. Nouvelle édition.
Paris, Jourdan, s. d. [vers 1825], pet. in-12, bas.
marb., dos orné, pièce rouge, tr. marb. *(Rel.
d'époque).*   **100 fr.**

Titre gravé avec portrait de *La Bruyère* en médaillon,
et deux charmantes figures dessinées et gravées par *Legrand*, dans le style des maîtres du xviiie siècle. Ce petit
ouvrage, rare, contient deux pièces de *Miss Edgeworth.*
Bel exemplaire.

3984 MARTIN AND JAMES (The History of) or the Reward of Integrity, designed for the Improvement of Children. *London, Darlon and Harvey,* 1806, sm. 16mo. wrappers, preserved in half-morocco case. **700 fr.**

FIRST EDITION. Engraved frontispiece and 7 woodcuts in text. The title page is also engraved, and executed with great dignity of composition. *Fine copy.*
PLANCHE 243.

3985 MARTIN (William). — THE BOOK OF SPORTS. Containing In-Door Sports, Short Games, Recreations, Conundrums, Charades, etc., etc. For Boys and Girls. *London, Darlon and Co,* 1850, sm. 12mo. or. chromolithographie boards. **60 fr.**

FIRST EDITION. Frontispiece engraved on wood showing Magic Lantern and numerous woodcuts throughout the volume. Two page book list at end. *Fine copy.*

3986 MARTIN (William). — THE PARLOUR BOOK or Familiar Conversations on Science and the Arts... *London, Darlon and Clark, n. d.* [circa 1840], sq. 16mo. or. red cloth. *(Back shabby).* **400 fr.**

Illustrated with 15 hand-coloured lithographs. The author also wote under the pseudonym of « *Peter Parley* ».

3987 MARTIN (William). — THE PARLOUR BOOK or Conversations in Science and the Arts. For the Young. *London, Darlon and Co, n. d.* [circa 1850], sq. 12mo. or. red cloth, gilt. **100 fr.**

Illustrated with 4 plates and many woodcuts in text. The Parlour Book was issued in a series with continued pagination. This is no 2, dedicated by the author, William Martin (who was one of the PETER PARLEYS) to the Duchess of Sunderland.

3988 MARTINEAU. — GALERIE MORALE et instructive ou les Soirées de la Famille. *Paris, l'Auteur et Tourneux,* 1821, 2 vol. in-12, cartonn. bradel pap. rose gaufré, dos ornés de fil., guirlande dorée autour des pl., monogram. doré sur le 1er plat, tr. dor. *(Carl. de l'ép.).* **1.000 fr.**

ÉDITION ORIGINALE ornée de 2 frontispices gravés par *Michon*, d'après *Coquantin*. Précieux exemplaire dans un joli cartonnage d'époque portant sur chaque premier plat le MONOGRAMME DORÉ DE LA DUCHESSE DE BERRY, et à l'intérieur l'ex-libris gravé de sa *Bibliothèque de Rosny.*

3989 MARTINEAU (Harriet). — THE PEASANT AND THE PRINCE. *London, Routledge and Co,* 1856, 12mo. or. red cloth, gilt. **50 fr.**

FIRST EDITION. Harriet Martineau (1796-1860) was a first rate writer of children's stories and author of *The Settler's at Home, The Crofton Boys,* and *Feats on the Fiord,* three works that have hardly lost their popularity to day. Frontispiece engraved in wood by *Dalziel. Fine copy.*

3990 MARY AND HER CAT in words not exceeding two Syllables. *London, William Darlon, n. d.* [circa 1823], sm. 12mo. or. printed wrappers, preserved in half-morocco case. **500 fr.**

FIRST EDITION. Illustrated with a folding frontispiece and 4 other engraved plates in contemporary colouring. One page book list at end. *Fine copy.*

3991 MARY'S SCRAP BOOK. By a Lady. *London, Wm. S. Orr and Co,* 1838, sq. 16mo. or. cloth. **150 fr.**

FIRST EDITION. Illustrated with 6 hand-coloured plates of flowers, etc. *Fine copy.*

3992 MASSELIN (J.-G.). — LE MONDE EN MINIATURE ou les Contrastes de la vie humaine. *Paris, A. Eymery, s. d.* [vers 1820], in-8 oblong, cartonn. bradel, pap. crème gaufré, titre doré au dos. *(Cartonn. d'origine).* **250 fr.**

Titre gravé avec vignette, frontispice allégorique et 18 jolies planches gravées par *Aze,* d'après les dessins de *Bergeret.* Qq. rouss. Coins du cartonn. frottés.

3993 MASSELIN (J.-G.). — LE MONDE EN MINIATURE. Demi-toile bradel grise, pièce de titre, tr. dor. *(Rel. mod.).* **180 fr.**

Même ouvrage que le précédent. Bel état.

3994 MASSELIN (J.-G.). — LE MONDE EN MINIATURE. Couvert. factice. **100 fr.**

Même ouvrage que le précédent, mêmes planches.

3995 MASSON (J.-R.). — ENCYCLOPÉDIE DES ENFANS ou Abrégé de toutes les Sciences à l'usage des écoles des deux sexes. *Paris, Bossange,* an XIII, 1804, fort vol. in-8, bas. marb., dos bien orné, pièce rouge, tr. r. *(Rel. anc.).* **100 fr.**

Célèbre ouvrage orné d'une *Mappemonde* et de 10 planches représentant 107 figures, gravées par *P.-F. Tardieu.* Une importante partie a trait à l'AMÉRIQUE. Bel exemplaire.

3996 MASSON (J.-R.). — ENCYCLOPÉDIE DES ENFANS... *Paris, Bossange,* 1807, in-8, demi-bas. fauve, tr. jasp. *(Rel. vers 1830).* **50 fr.**

Même ouvrage que le précédent. Bel exemplaire.

3997 MASSON (Michel). — LES ENFANTS CÉLÈBRES ou Histoire des enfants de tous les siècles et de tous les pays, etc. 3e édition. *Paris, Didier,* 1842, in-12, basane violette, dos bien orné, plaque à froid sur les plats, *ex-praemio* doré sur le premier plat, tr. marb. *(Rel. de l'époque).* **75 fr.**

Illustré de 7 figures sur bois, hors-texte, sur papier teinté par *Markl, Brown, Bréval,* et d'un encadrement sur bois au titre. *Louis XVII, Napoléon II; Linné, Jeanne d'Arc, Lulli, Rameau, etc.* Bel exemplaire.

3998 MASSON (Michel). — LES ENFANTS CÉLÈBRES ou Histoire des enfants de tous les siècles et de tous les pays. *Paris, Didier,* 1855, in-8, demi-veau vert, dos orn. *(Rel. de l'époque).* **25 fr.**

Orné de 17 figures sur fond teinté.

3999 MASSON (Michel). — LES ENFANTS CÉLÈBRES. *Paris, Didier,* 1861, in-12, cart. percale rouge, plats et dos orn. de fers spéciaux, tr. dor. *(Carl. de l'éditeur).* **40 fr.**

Édition ornée de 8 lithographies en deux teintes. Exemplaire dans un cartonnage très frais signé *Engel et Schaeck,* dont le premier plat est décoré de 2 enfants, canon, hallebarde, piques, palette, tableau, etc.

4000 **MASTER SHARPWIT'S PUZZLE-CAP** : being a Choice Collection of Riddles and Charades, calculated to enliven the fancy and exercise ingenuity of Youth. *London, R. Harrild, n. d.* [circa 1810], sm. 12mo. or. printed wrappers.   **100 fr.**

Illustrated with 40 woodcuts, some by *Bewick*. The riddles and charades are in the form of short poems each adorned with an engraving. The answers are on the last page. *Fine copy, rare.*

4001 **MASTER TOMMY CHERRY** (The Entertaining and Instructive History of). Brother to the Celebrated Miss Polly Cherry. Adorned with cuts. The Second Edition. *London, J. Hawkins, n. d.* [circa 1770] [Price One Penny], or. flowered-paper wrappers, preserved in half-morocco case.
1.250 fr.

Illustrated with 10 quaint woodcuts. 4 page book list at end. Very rare early penny juvenile. On the title :
The History read of Master Cherry,
'Twill make you good as well as merry ;
'Twill entertain as well as any,
Altho' the Price is but a Penny.

4002 **MATÉRIAUX DU JEUNE ARTISTE.** *Paris, Ch. Boivin, London, E. Gambart et C*ie*, s. d.* [vers 1845], in-4 obl. *(Cartonnage papier de l'éditeur).*
100 fr.

20 pl., modèles lithographiés, la plupart ombrées, quelques-unes seulement au trait, par *Albert Adam, Ch. Rivière* et autres, tirées chez *Lemercier* et *A. Godard*. A citer les marines de *Rivière* : bords de Seine, de Marne et de Loire (Blois) ; Saint-Valéry-en-Caux, les falaises d'Etretat, barques et scènes de pêche, gondole, navire de guerre, breack, chaloupe de naufragés, lancement d'un bateau, paquebots à aubes, etc. Ce recueil doit un grand intérêt aux dessins d'après nature de Ch. Rivière.

4003 **MATTHEWS (Mrs C.).** — LESSONS OF TRUTH. With cuts by BEWICK. *York, T. Wilson and R. Spence*, 1802, sm. 12mo. or. boards. *(Rebacked).*   **200 fr.**

FIRST EDITION. The book contains. *The Rose or The History of Ellen Selwyn. Adelaide, A Tale,* and *The Sisters.* Nine woodcuts by *Bewick*. At end, four page book list.

4004 **MATINÉES DE PRINTEMPS (LES).** *Paris, Marcilly, s. d.* [vers 1825], petit in-18, cart. papier vert moiré. *(Cart. de l'époque).*   **60 fr.**

Charmant titre-frontisp. et 4 gravures hors-texte de *Nargeot,* d'après les dessins de *Duboulot. Bel exemplaire.*

4005 **MAUKISCH (Eduard).** — BILDER AUS DER WELTGESCHICHTE. *Leipzig, Verlag von Fischer und Fuchs, s. d.* [vers 1840], pet. in-4, cart. papier gris illust. *(Cart. de l'éditeur).* **125 fr.**

Tableaux de l'histoire générale pour la jeunesse. Ouvrage orné de 8 planches coloriées dont une représente la mort du maréchal Lannes.

4006 **MAVOR (William).** — CATECHISM OF BOTANY or An Easy Introduction to the Vegetable Kingdom : for the Use of Schools and Families. *New York, Samuel Wood and Sons,* 1820, sm. 12mo. original printed wrappers.   **75 fr.**

FIRST EDITION. Very fine copy.

4007 **MAXWELL (Caroline).** — THE FAITHFUL NURSE or Fidelity Rewarded, in the History of Master Simpson. *London, T. Hughes, n. d.* (1825), sm. or. printed wrappers.   **500 fr.**

FIRST EDITION. Illustrated with 3 hand-coloured engravings. Caroline Maxwell was the grand-daughter of Richard Brinsley Sheridan, and in 1827, married the Hon. G. C. Norton. In 1877 she became Lady Stirling. Mrs Norton was a brilliant writer and later in life she won a high standing as a poetess. In her early years, at the age of 13, she wrote « *The Dandies' Rout* », which had a great success. At end, interesting 8 page book list. *Fine copy.*

4008 **MAY-DAY** or Anecdotes of Miss Lydia Lively. Intended to improve and amuse the Rising Generation. *London, John Marshall,* 1793, 12mo. or. half-leather, boards. *(Back broken).*   **125 fr.**

Slightly foxed.

4009 **MAY-DAY** in Our Village. A Book for Girls. By a Clergyman's Wife. *London, James Nisbel,* 1863, sm. 12mo. or. cloth.   **30 fr.**

Two woodcuts printed in colour. *Fine copy.*

4010 **MAYHEW (THE BROTHERS).** — ACTING CHARADES or Deeds not words, a Christmas game to make a long evening short. *London, D. Bogue, n. d.* [circa 1850], sq. 12mo. or. red cloth, gilt, g. e.   **300 fr.**

FIRST ISSUE with plates well impressed. Illustrated with hand-coloured frontispiece and title vignette, and numerous quaint silhouette woodcuts throughout the text by H. G. HINE. *Fresh copy.*

4011 **MAYHEW (THE BROTHERS).** — ACTING CHARADES. *Bogue* [circa 1851], or. red cloth.
200 fr.

Another copy, same plates, etc.

4012 **MAZURE (A.).** — ILLUSTRATIONS, RUINES ET SOUVENIRS DES CAPITALES anciennes et modernes. *Paris, P.-C. Lehuby, s. d.* [vers 1850], in-12. *(Cartonnage toile de l'éditeur).* **300 fr.**

8 lithographies coloriées tirées chez *Lemercier*. Cartonnage toile marron, dos orné, fers à froid, au milieu du 1er plat, motif décoratif or, avec compartiments verts et carmins. Tr. dorées. *Bel exemplaire* bien que le cartonnage soit légèrement fané.

4013 **MAZURE (A.).** — LE PORTEFEUILLE DU JEUNE AMATEUR de la Nature, de l'Histoire et de l'Art. Amérique et Océanie. *Paris, Lehuby,* 1839, in-12, bas. polie verte, dos orné en long, jolie décoration de filets et fleurons autour des plats, tr. dor. *(Rel. de l'époque).*   **150 fr.**

ÉDITION ORIGINALE. Titre dans encadrement gravé sur bois et 3 jolies figures gravées : *Iles de l'Amirauté,* NEW-YORK, MEXICO. — Important AMÉRICANA : *Etats-Unis, Canada, Antilles, Guyane, Brésil, Etats Hispano-américains, Mexique, etc.* Catalogue de Lehuby (12 pp.). Mouill. aux derniers ff.

4014 **MAZURE (A.).** — LE PORTEFEUILLE, ETC. Amérique et Océanie. *Même ouvrage, même édition que le précédent,* cartonn. bradel pap. grenat chagriné. *(Cartonn. de l'époque).*   **125 fr.**

Bel exemplaire (avec le *catalogue*).

4015 MAZURE (A.). — LE PORTEFEUILLE DU JEUNE AMATEUR DE LA NATURE, de l'Histoire et de l'Art. Europe, Asie, Afrique, Amérique et Océanie. *Paris, Lehuby,* 1839-42, 5 vol. in-12, demi-chagrin violet foncé, dos sans nerfs, richement orné en hauteur d'un grand motif romantique doré, plats pap. chagrin imitant le chagrin violet foncé couverts d'une ornementation romantique dorée et à froid, tr. dor., étui. *(Rel. de l'époque).* **500 fr.**

Un titre gravé sur bois à chaque volume et nombreuses planches gravées. L'Europe comprend les 2 premiers volumes et le dernier est consacré à l'AMÉRIQUE et à l'Océanie ; il contient une vue de NEW-YORK, une vue de MEXICO, etc. *Très bel exemplaire dans une jolie reliure, de toute fraîcheur.*

4016 MEMOIRS OF DICK, The little pony ; intended for the instruction and amusement of little masters, and misses. Supposed to be written by himself. *London, Arnold, n. d.* [circa 1823], small 12mo. or. cloth. **100 fr.**

Engraved frontispiece and 18 finely engraved quaint woodcuts. At end 2 page book list.

4017 MEMOIRS OF THE LITTLE MAN AND THE LITTLE MAID, with some interesting particulars of their lives. *London, Tabart and Co,* 1818, sq. 16mo. or. boards, preserved in half-morocco case. **2.000 fr.**

Illustrated with 12 amusing hand-coloured engravings. *Tuer. F. C. B. pages* 183-196. Fine copy.
PLANCHE 49.

4017 bis MÉMORABLES FREDAINES D'UN SINGE, histoire plaisante suivie des Aventures de dame Trotte, de sa chatte et de son chien, traduites de l'anglais. *Paris, Amédée Bédelel, s. d.* [vers 1850], in-16. *(Cartonnage de l'éditeur).* **1.000 fr.**

Illustré de 6 lithographies coloriées, inspirées des gravures anglaises, non signées et de nombreuses vignettes dans le texte. Cartonnage en chromolithographie, le singe attachant sur une chaise un chat qui se met en colère ; attributs d'étude et de jeu. Très bel exempl. de cet amusant petit ouvrage, tiré du grand classique anglais *Dame Trot and her wonderful Cat.* Les livres français pour les enfants, inspirés des livres anglais de la même époque, sont extrêmement rares, surtout en bel état, leur destination les ayant livrés aux plus mauvais traitements.

4018 MEMORY. By the author of « Margaret Whyte », « The Two Lambs », etc., etc. *Wellington, Salop,* 1824, 12mo. or. printed boards. **65 fr.**

FIRST EDITION. Engraved frontispiece. Four page book list at end. *Fine copy.*

4019 MÉNAGERIE AMUSANTE (LA). *Paris, P.-C. Lehuby, s. d.* [vers 1830], in-8 obl. *(Cartonnage papier illustré de l'éditeur).* **200 fr.**

Vignette de titre, et 11 très jolies planches gravées. Leçons d'Histoire naturelle, se terminant par les animaux savants, à l'usage de la jeunesse. *Dos refait.* Quelques mouillures.

4020 MÉNAGERIE (LA) ET LA VALLÉE SUISSE EN ESTAMPES. [Jardin des Plantes]. Dessins d'après nature par *Pauquet,* lithographiés par *Bocquin. Paris, Amédée Bédelel, s. d.* [vers 1850], in-4 obl. *(Cartonnage* toile rouge *de l'éditeur,* titre et tr. dorés). **300 fr.**

18 lithographies coloriées de *Bocquin,* d'après les dessins de *Pauquet,* 140 vignettes sur bois dans le texte, imprimé sur 2 colonnes. *Bel exemplaire.*

4021 MÉNARD (Théophile). — LA FAMILLE DORIVAL ou l'Influence du bon exemple. *Tours, Mame,* 1848, in-12, cart. toile bleue, décors dorés. *(Cart. de l'éditeur).* **35 fr.**

PREMIÈRE ÉDITION. 6 gravures de *K. Girardet.* Motifs de style rocaille sur les plats. *Bel exemplaire.*

4022 MÉNARD (Théophile). — FERRÉOL ou les Passions vaincues par la religion. *Tours, Mame,* 1847, in-12, cart. papier *de l'édil.* **75 fr.**

Titre gravé avec vignette et 3 gravures. Joli cartonnage à fond blanc avec deux larges encadrements bleus, torsades et feuillages dorés. Dans un médaillon ovale au milieu du 1er plat, image en chromolithographie, signée Sorrieu. *Exemplaire d'une irréprochable fraîcheur.*

4023 MÉRITE DES JEUNES MÈRES (LE) ou Leur bonheur dans l'éducation de leurs enfants. *Paris, Lefuel, s. d.* [vers 1830], in-16. *Cartonnage à la Bradel (moderne),* tr. dorées, étui. **100 fr.**

Titre gravé, 12 charmantes gravures au pointillé, apparemment antérieures à la publication du volume, dans la note de Prudhon. Vers et proses à la louange des jeunes mères.

4024 MERRIWELL (Mark). — MY OWN ANNUAL. A Gift Book for Boys and Girls. *London, Chapman and Hall,* 1847, 8vo. or. red cloth, gilt, g. e. **60 fr.**

FIRST EDITION. Hand-coloured frontispiece and vignette on title and 100 other illustrations throughout the volume (one plate foxed) 4 page book list at end. A few leaves loose. Covers very fresh.

4025 MERVEILLES DE LA NATURE VIVANTE. *Paris, Alexis Eymery, s. d.* [vers 1825], pet. in-4 oblong, demi-bas. grenat foncé, dos orné. *(Rel. de l'époque).* **300 fr.**

Titre gravé avec vignette *coloriée,* frontispice colorié, 32 planches gravées et *coloriées* contenant plus de 800 animaux de tous genres exécutées avec le plus grand soin par les plus habiles artistes de Paris. L'auteur écrivit également : *La Galerie industrielle.*

4026 MÉRY (Joseph). — CONSTANTINOPLE et la Mer Noire. *Paris, Belin-Leprieur et Morizot,* 1855, gr. in-8, percaline toile bleu foncé, fers spéciaux dorés de style oriental, mosaïques de couleurs unies, tr. dor. *(Cartonn. d'édit.).* **300 fr.**

PREMIER TIRAGE décrit par *Carteret (Livres ill.,* 404), orné de 21 figures hors-texte gravées par *Rouargue frères,* dont plusieurs coloriées. Qq. lég. rouss. Cartonn. frais.

4027 MÉRY (Joseph). — CONSTANTINOPLE. *Même ouvrage, même édition que le précédent,* cartonn. toile noire avec le même décor oriental doré et polychrome. *(Cart. d'édit.).* **250 fr.**

Qq. lég. rouss. Petite fente à un mors. Plaque très brillante et de couleurs très vives.

4028 MÉRY (Léopold). — EMMANUEL ou la Domination portugaise dans les Indes orientales au xvie siècle. *Tours, A. Pornin,* 1846, in-12, cart. toile noire, décor doré. *(Cart. de l'édit.).* **30 fr.**

PREMIÈRE ÉDITION. 4 gravures. Ouvrage intéressant, agréablement écrit, d'une typographie très nette. Petits motifs dorés sur les plats. Très bel exemplaire.

4029 M. H. — THE LITTLE VISITORS. In words composed chiefly of one and two Syllables. *London, Darton, Harvey and Darton,* 1815, small 12mo. or. half-leather, boards. **125 fr.**

FIRST EDITION. Illustrated with four engraved plates. Two page book list at end.

4030 MICE AND THEIR PIC-NIC (THE). A Good moral tale, etc., by a Looking-Glass maker. *London, Printed for the author, by W. and T. Darton,* 1810, square 16mo. modern mottled calf. *(Rivière).* **500 fr.**

FIRST EDITION. Illustrated with a frontispiece and five plates engraved on wood.

4031 MICHAUD ET POUJOULAT. — HISTOIRE DES CROISADES abrégée à l'usage de la Jeunesse. *Paris, Didier,* 1844, in-12, demi-chagrin fauve, dos orné, pl. pap. gaufré. *(Rel. de l'époque).* **40 fr.**

Orné de 4 figures sur bois par VICTOR ADAM.

4032 MICROSCOPE (THE WONDERS OF THE) or An Explanation of the Wisdom of the Creator in objects comparatively minute : adapted to the Understanding of Young Persons. *London, Printed (by assignment) for William Darton,* 1823, sm. 12mo. or. half-leather, boards. *(Back rubbed).* **300 fr.**

FIRST EDITION. Illustrated with 5 remarkable plates, four of them folding, and two (the Flea and the Louse) extending to about 19 × 12 inches. Five page book list at end and Darton's engraved advertisement.

4033 MIDOLLE (J.). — RECUEIL D'ÉCRITURES gothiques, tirées des Manuscrits du Moyen âge et suivies de Modèles d'Écritures modernes de tous genres, gravées par Mlle ALINE GUILBERT. *Paris, Guilbert,* 1836, in-12 oblong, cartonn. pap. rose muet. *(Cartonn. d'origine).* **120 fr.**

Curieux petit recueil d'un titre et de 27 planches entièrement gravées ; la 1re indique la « tenue de la plume et de la main » dans la « méthode expédiée ». Bel exempl. sauf qq. très lég. rouss.

4034 MILLE ET UNE NUITS (LES) ou Choix de contes revus et corrigés pour la jeunesse chrétienne. *Limoges, Paris, Martial Ardant,* 1856, gr. in-8, cart. toile noire, décors polychromes, tr. dorées. *(Cart. d'édit.).* **180 fr.**

4 lithographies hors-texte sur fond chamois. Recueil des plus célèbres contes de cet ouvrage fameux : Histoire du pêcheur, Aventures du calife Haroun-al-Raschid, Histoire du Petit Bossu, de Sindbad le Marin, du Dormeur éveillé, d'Ali-Cogia, d'Ali-Baba, d'Aladin. Même motif décoratif sur les deux plats : dans un cadre floral or, rouge, bleu de ciel et outremer, petit panorama doré d'une ville d'Orient. Décor floral polychrome sur le dos, avec mosquée, minaret et palmier.

4035 MILLE ET UNE NUITS (LES PLUS JOLIS CONTES DES), choisis et revus pour les enfants. *Paris, Amédée Bédelet, s. d.* [vers 1860], in-8. *(Cartonnage papier de l'éditeur).* **175 fr.**

7 charmantes lithographies coloriées. Joli cartonnage en chromolithographie *(dos fatigué).* Introduction d'Elizabeth Müller.

4036 MILLER (Thomas). — THE BABES IN THE WOOD. A New Version of the Old Ballad. *London, David Bogue, n. d.* [circa 1860], 8vo. mottled calf. or. printed wrappers preserved. *(Rivière).* **400 fr.**

FIRST EDITION. Illustrated with 21 woodcuts engraved by Vizetelly. The author (1807-1874) became a bookseller in 1841, and was granted a pension by Disraeli. In the *Little Mary's Books* series. Fine copy handsomely bound.

4037 MILLER (Thomas). — THE COUNTRY YEAR BOOK, descriptive of the seasons ; rural scenes and rustic amusements ; birds, insects, and quadrupeds. *London, Chapman and Hall,* 1847, two vols. 8vo. or. green cloth, gilt backs. **200 fr.**

FIRST EDITION. Each volume is illustrated with an exquisite woodcut designed by B. FOSTER and printed in colours by *Vizetelly Bros ;* two title borders in colour and many well executed wood engravings. *Very fine fresh copy.*

4038 MILLER (Thomas). — THE POETICAL LANGUAGE OF FLOWERS or the Pilgrimage of Lover. *London, David Bogue,* 1847, 12mo. or. green morocco with gilt decoration on back and sides and large central gilt subjects on each cover, as issued, g. e. **1.250 fr.**

FIRST EDITION. Illustrated with 12 exquisite hand-coloured plates of flowers, executed with remarkable taste and finesse. Unusual copy, in a romantic binding of the greatest freshness and the finest of condition. At end 24 page book catalogue.

4039 MILLEVOYE (Charles). — L'AMOUR MATERNEL. *Paris, Lefuel, Delaunay, s. d.* [vers 1820], in-16, veau f., dos orné, pièce cuir, grecque, filet et dent. sur les plats, dent. intér., tr. dorées. *(Rel. de l'époque).* **300 fr.**

Titre et 6 jolies figures dessinées par *Hubert* et gravées par *Bovinet.* Larges interlignes. Bel exemplaire dans une reliure exquise.

4040 MILLEVOYE (Charles). — L'AMOUR MATERNEL. Maroquin bleu foncé, dos plats fil. dor., dent. sur les plats, tr. dorées. *(Rel. de l'époque).* **150 fr.**

Même ouvrage, mêmes illustrations que le précédent. Bel exemplaire.

4041 [MILLIN (A.-L.)]. — LA MYTHOLOGIE mise à la portée de tout le monde, ornée de 108 figures en couleurs, dessinées et gravées par les plus habiles artistes de la Capitale. Ouvrage indispensable à l'Éducation de la Jeunesse. *Paris, Délerville,* 1793, 12 vol. pet. in-12, veau brun jaspé, dos ornés de fil. et fleurons, pièces rouges, triple cadre de fil. autour des plats, tr. dor. *(Rel. anc.).* **3.000 fr.**

Charmant ouvrage illustré de 108 figures gravées par *Mixelle,* en joli et fin coloris d'époque, sur papier bleuté

(Cohen, 746). Joli exemplaire dans une fraîche reliure d'époque (un très petit défaut à 2 coiffes, très facilement réparable).

4042 MILLON-JOURNEL (Mᵐᵉ Émilie). — LES ENFANS DU VIEUX CHATEAU, ouvrage destiné à l'instruction et à l'amusement de la Jeunesse. Deuxième édition. *Paris, Vve Renard,* 1824-1832, 40 tomes en 20 volumes pet. in-12, demi-bas. bleu foncé, dos orné de fil. dorés et à froid, tr. jasp. *(Rel. de l'époque).* **500 fr.**

Important ouvrage que l'on trouve rarement complet. Il contient des contes tirés des Mille et Une Nuits, des extraits de la Mythologie, histoire des Flibustiers, voyages en Afrique, en Sibérie, voyage dans une vieille bibliothèque, des éléments de botanique, de chimie, etc., un conte intitulé : La femme de Robinson, des extraits des voyages de La Pérouse et de Mᵐᵉ de Jonchère en Amérique septentrionale, etc. *Bel exemplaire.*

4043 MILLOT (Hugues). — DAMIS ou l'Éducation du Cœur. *Paris, Chauvin,* 1820, in-12, bas. fauve marbrée, dos orné, pièce rouge, petite guirlande autour des plats, tr. marb. *(Rel. anc.).* **100 fr.**

ÉDITION ORIGINALE ornée de deux jolies figures par *Chasselat* et *Ambroise Tardieu,* dédié « Au Roy » et portant au verso du titre la signature autographe de l'auteur. *Bel exemplaire.*

4044 MILNE (A.-A.). — A GALLERY OF CHILDREN. *Philadelphia, David Mckay, Co, n. d.* (1925), large 4to. or. coloured cloth. **75 fr.**

Many charming coloured plates by Saida [H. Willebeek Le Mair]. *Very fine copy.*

4045 MINCE PIES for Christmas, and for all merry seasons ; consisting of Riddles, Charades, Rebuses, Transportations and Queries ; intended to gratify the Mental Taste, and to exercise the Ingenuity of all Sensible masters and misses. B an Old Friend. *London, Tabart and Co,* 1807, small 12mo. or. half-leather boards. **400 fr.**

Illustrated with an amusing engraved frontispiece showing children eating mince pies. This is explained by the following note : *The Editor, as a suitable encouragement to his young Readers, to exert their skill in solving Enigmas and Problems in this Work, recommends that Mince Pies, in all regular families, shall be divided in the proportion of the number of solutions made by the several candidates.* 6 page book list at end. Very fine copy.

4046 MINERVE DES DAMES (LA). *Paris, Lefuel, s. d.* [vers 1820], in-16. *(Cartonnage et étui papier de l'éditeur),* tr. dorées. **1.500 fr.**

Vignette de titre et 30 planches finement gravées et coloriées. Cartonnage crème, lithographié, représentant sur les deux plats, au milieu d'une guirlande florale formant cadre, le temple de l'Amour. Etui de même couleur, également lithographié, paysage, grands arbres formant cadre, Amour ailé, au milieu en plein ciel. Véritable traité d'*Iconologie morale.* « L'*Iconologie,* comme on le sait, est la science qui nous donne la connaissance des attributs, symboles ou hiéroglyphes nécessaires pour caractériser les vertus, les vices, les passions, et personnifier différens êtres intellectuels ». Forme un pendant aux *Arabesques mythologiques* de la Comtesse de Genlis, sans offrir cependant aucune ressemblance avec elles. Superbe exemplaire, remarquable par la fraîcheur, ses illustrations et son cartonnage.

4047 MINET-BLEU ET LOUVETTE, suivi du Navire volant. *Troyes, Baudot, s. d.* [vers 1835], in-16, br., couverture imprimée. **85 fr.**

Volume de colportage. Bibliothèque bleue. Sur la couv. vignette sur bois représentant un navire à voiles.

MINIATURE BOOKS
LIVRES MINUSCULES

4048 BIJOU ALMANAC (ENGLISH) for 1839, Poetically Illustrated by L. E. L. *London, A. Schloss,* 20×13 mm. or. wrappers in or. slip case, preserved in or silked line and covered case, g. e. **800 fr.**

Illustrated with engraved portraits.
PLANCHE 288.

4049 BIJOU ALMANAC (ENGLISH) for 1839. Another copy, or. black leather gilt, or. slip case, g. e. **600 fr.**

Same portraits as preceding item.

4050 BIJOU ALMANAC (ENGLISH) for 1842. Poetically illustrated by the Hon. Mrs Norton. *London, A. Schloss,* 20×13 mm. or. green and white leather with gilt insignia of the Prince of Wales, or. slip case, g. e. **600 fr.**

Illustrated with engraved portraits. The leaves are loose *(as usual).* Fine copy.
PLANCHE 288.

4051 BIJOU ALMANAC (ENGLISH) for 1842. Another copy, or. maroon leather with green inlay, or. slip case, g. e. **500 fr.**

Same portraits.
PLANCHE 288.

4052 ALMANACH (MINIATURE) for the Year of our Lord 1827. Being the Third after Leap Year. Calculated for the Meridian of Boston « Much in a Little ». *Boston, Richardson and Lord, n. d.* (1827), 2×3 inches, or. wrappers. **40 fr.**

Last leaf slightly defective, with loss of a few letters, otherwise fine copy.

4053 ALMANACK (MINIATURE) for the Year of Our Lord 1836. Being Bissextile or Leap Year. Calculated for New England. « Much in little ». *Boston, Lemuel Gulliver, n. d.* (1836), 1 3/4×2 3/4 inches, or. wrappers. **75 fr.**

Fine copy.

4054 **ALMANACH AUF DAS JAHR 1837.** *Carlsruhe, C.-F. Muller,* 20 × 13 mm. or. wrappers in or. slip case, g. e. **200 fr.**

Numerous illustrations.

4055 **AMOUR (L') ET LES BELLES.** Pour l'année 1818. *Paris, Marcilly, s. d.* (1818), 16 × 25 mm., maroq. vert, dos orné, fil. et dentelle sur les pl., motif décoratif au centre, tr. dorées. **1.500 fr.**

8 vignettes, texte et calendrier gravés. Chansons, entre autres, celle de « la Pudeur », satire avant la lettre des modes actuelles :
Ne pas tout dire est une adresse,
Ne pas tout montrer est un art,
Le voile ôté, tout charme cesse,
Entr'ouvert il plaît au regard...
L'exemplaire porte sur la première page de garde cette mention manuscrite : « DONNÉ A DUMAS PAR COLNET ».
Planche 288.

4056 **AMOUR ET GLOIRE,** 1827. [*Paris, Marcilly,* 1826], 18 × 25 mm., maroq. rouge, dos orné, guirlande et motif central sur les pl. *(Rel. de l'époque).* **350 fr.**

8 vignettes, texte et calendrier gravés. Chansons sentimentales : l'Absence, l'Orage, l'Ingénue, etc. L'exemplaire appartenant à la collection Georges Salomon, décrit par Grand-Carteret, était au nom de E. Jourdan et non de Marcilly. *Rel. un peu défraîchie.*

4057 **ANACRÉON** (LE PETIT). *Paris, Marcilly, s. d.* (1828), in-64 (30 × 50 mm.). *(Cartonnage et étui papier de l'éditeur, tr. dorées).* **300 fr.**

Titre lithographié et 5 charmantes lithographies. Texte imprimé par Firmin Didot auquel est joint un Calendrier pour 1829. Cartonnage rose illustré, guirlande de fleurs formant cadre, au milieu, Cupidon, le bras appuyé sur une lyre, levant une coupe de la main droite. Etui rose, lithographié dans le même goût. Exemplaire merveilleux de fraîcheur, de toute rareté dans cet état.

4058 **BABIOLES AMUSANTES.** Petites étrennes nouvelles pour l'an 1806. *Paris, Marcilly, s. d.* (1805), 18 × 28 mm., maroq. rouge, dos orné, fil. et guirl. sur les pl., lyre au centre, tr. dorées. *(Rel. de l'époque).* **600 fr.**

12 figures et calendrier gravé. L'exemplaire, décrit par Grand-Carteret, est celui de 1807. *Très frais.*
Planche 288.

4059 **BEAUX JOURS DU JEUNE AGE (LES).** *Paris, Marcilly, s. d.* [vers 1835], in-32 obl. *(Cartonnage papier de l'éditeur, étui).* **300 fr.**

Titre gravé, vignette et 7 figures gravées. Cartonnage rose, titre lithographié.

4060 **BIBLE DE L'ENFANCE,** ornée de 48 figures. *Paris, Denn,* 1829, pet. in-12, bas. marb., dos orné, pièce verte, roulette sur les coupes, tr. marb. *(Rel. de l'époque).* **200 fr.**

Très rare *édition minuscule* (53 × 64 mm.), ornée de 48 figures hors-texte gravées en taille-douce. *(Impr. de Guelon-Moreau, à Rheims).* Bel exemplaire dans sa reliure d'époque très fraîche.

4061 **BIBLIOTHÈQUE EN MINIATURE** pour la jeunesse. *Paris, Gide frères, s. d.* [vers 1820], 5 vol. in-32 carré, *cartonnage rouge de l'époque,* dans une boîte, couvercle verre. **1.000 fr.**

Les volumes composant cette collection sont : LA BOTANIQUE, CONTES MORAUX, HISTOIRE DE FRANCE, HISTOIRE DES INSECTES, HISTOIRE DES QUADRUPÈDES. Chaque volume est illustré de 4 figures gravées et coloriées.

4062 **BIBLIOTHÈQUE EN MINIATURE.** *Paris, Marcilly, s. d.* [vers 1835], 6 vol. in-32, couvert. lithographiées, dans un *étui de l'époque.* **500 fr.**

Titre gravé, vignette et 1 figure gravée dans chaque volume. La collection est composée de : BERQUIN, *Variétés* ; DEMOUSTIER, *Mythologie* ; LA FONTAINE, *Fables* ; FLORIAN, *Mélanges* ; MILLEVOYE, VOLTAIRE, *Poésies.*

4063 **BIBLIOTHÈQUE EN MINIATURE.** *Paris, Marcilly, s. d.* [vers 1835], 6 vol. in-32, couvertures lithographiées, dans un *étui de l'époque.* **450 fr.**

Même ouvrage, mêmes gravures que le précédent.

4064 **CABINET OF LILLIPUT.** — INSTRUCTIVE STORIES. Two volumes. *London, J. Harris, Successor to E. Newberry,* 1802, 3 × 3 inches, or. boards. *(Rebacked).* **600 fr.**

Engraved frontispieces. The two vols. are *The Spoilt Children,* etc., and *Juliet and Emmeline.* One title ticket of front cover missing.

4065 **CABINET OF LILLIPUT.** — INSTRUCTIVE STORIES. *London, J. Harris,* 1802, 3 × 3 inches, or. boards with ticket. *(Rebacked).* **300 fr.**

Engraved frontispiece. *Julia and the Dog, Good Behaviour to Servants, Industry of the Ant.*

CABINET OF LILLIPUT. — See 998.

4065 *bis* **CALENDER** auf das Jahr nach Jesu Christ unsers Heilandes Geburt 1804. *Augsburg, J.-Pet. Ebner u-Sohn, s. d.* [vers 1803], in-32 (47 × 75 mm.), veau fauve, plaque à froid, tr. dorées. *(Rel. de l'époque).* **1.000 fr.**

12 figures gravées avant la lettre, représentant des scènes de ROBINSON CRUSOE, plus titre et frontispice A la fin, 4 pages de papier spécial pour notes au crayon.

4066 **CARNET DE BAL,** ivoire découpé, 33 × 48 mm. [Vers 1830]. **250 fr.**

3 figures finement gravées (26 × 41 mm.) ; gardes moire, crochet acier pour attacher le carnet à la ceinture. Une partie du dos manque.

4067 **CLASSIQUES EN MINIATURE.** *Paris, Roux-Dufour et Froment* (puis : *Dufour*), 1825-1827, 26 vol. in-32 reliés en 24. Cartonnages bradel papier rouge. *(Rel. de l'époque).* **1.250 fr.**

De l'imprimerie de Jules Didot l'Aîné. Charmante collection en caractères microscopiques. Elle comprend : Vieux poètes français. — Malherbe. — Corneille (portrait), 4 vol. — Jean Racine (portrait), 4 vol. — Molière (portrait), 8 vol. — Boileau (portrait), 2 vol. en un. — Louis Racine. — Regnard. — Destouches. — J.-B. Rousseau (portrait). — Gresset. Les portraits sont gravés au pointillé, ceux de Corneille et Racine par Hopwood. Charmant exemplaire sans rousseurs, en cartonnage de toute fraîcheur.

4067 *bis* **CORAN** miniature. *S. l. n. d.* [vers 1880] (19×27 mm.), chagr. rouge, arabesq. or., tr. dorées. *(Rel. de l'époque).* **250 fr.**

Boîte argent niellé, arabesques et inscription arabe. Légère tache d'huile.

4068 COSTUMES DE DIFFÉRENTS PEUPLES. *S. l. n. d.* [vers 1825], in-64 (30×40 mm.), *étui de l'éditeur.* **800 fr.**

20 cartes illustrées de lithographies coloriées, représentant des costumes divers. Etui en papier vert, titre lithographié. Collection complète difficile à réunir.

4069 [**COSTUMES SUISSES**]. *S. l. n. d.* [vers 1850], in-32. *(Carton. de l'époque).* **80 fr.**

Suite de 20 lithographies coloriées, pl. dépliante, représentant les costumes des divers cantons de la Suisse.

4070 CRECERELLE (Bernard). — THE LILLIPUTIAN BOOK of Beauty. A Christmas Present. *London, Robert Tyas,* 1841, 30×40 mm. or. cloth gilt. **75 fr.**

Portraits of beautiful women, engraved on steel.

4071 CRIS DE PARIS (LES). *Paris, Marcilly, s. d.,* [vers 1825], in-64 (25×37 mm.), étui de l'éditeur, taché. **600 fr.**

Titre lithographié et 27 cartes illustrées de fines lithographies coloriées consacrées aux personnages de la rue et aux cris de Paris. Etui, titre lithographié. De ces cris, combien sont oubliés, le marchand d'eau et le marchand d'encre datent d'une autre époque.

4072 DESCRIPTION OF VARIOUS OBJECTS (A). Vol. II. *Philada, printed, B. Graves for J. Johnson,* 1803, or. boards. **300 fr.**

Vol. 2 only.

4073 EMPLOI (L') DU TEMPS. — Étrennes enfantines pour l'an 1814. *Paris, Marcilly, s. d.* (1813), 17×25 mm., maroq. vert, dos orné de fleurs de lis, guirlande sur les pl. formant cadre, fleur au centre, tr. rouges. *(Rel. de l'époque).* **400 fr.**

Recueil de chansons, suivi d'un calendrier [15 août : Assomption. S. Napoléon]. 8 planches gravées.

4074 ENFANT (L') DES QUATRE ÉLÉMENTS. *Paris, D. Eymery, s. d.* [vers 1820], 4 vol. in-32. *(Cartonnages papier et boîte de l'éditeur).* **1.500 fr.**

L'air, l'eau, le feu, la terre. Chaque volume est illustré d'une lithographie coloriée et de deux vignettes en noir. Cartonnage blanc, or et bleu, semblable pour les 4 parties. Au milieu du premier plat, dans un médaillon, vignette coloriée : enfant lisant, assis, un atlas sur ses genoux. A côté de lui, globe terrestre, compas, etc. Sur le 2e plat : faisceau formé de tambour, cerf-volant, raquettes, etc., au-dessous, sabretache et sabre. Tr. dorées. Boîte octogonale à 4 compartiments. Côtés du couvercle, frise formée de rinceaux or. Sur le dessus, au centre, vignette retournée du cartonnage, autour, en 4 compartiments, scènes diverses également lithographiées et coloriées.

4075 ENFANTINES. *Paris, Marcilly, s. d.* [vers 1840], in-64 (23×46 mm.), bas. verte, guirlande à la roulette et fleurons d'angle, tr. dor. **125 fr.**

Vignette de titre et 6 figures gravées. Recueil de vers et de prose, dans lequel on remarque la pièce consacrée par Marceline Desbordes-Valmore à sa fille Ondine et un poème d'Anaïs Ségalas.

4076 ÉTRENNES DE MINERVE à l'adolescence. *Paris, Janel, s. d.* (1805), in-32, maroq. rouge à longs grains, dos orné, fil. et dentel. sur les pl., tr. dorées. *(Rel. de l'époque).* **550 fr.**

Frontispice et 13 jolies figures finement gravées. Recueil de poésies, le plus souvent galantes, précédé et suivi d'un « Calendrier pour l'année 1806 ».

4077 EXERCICE DU CHRÉTIEN. *Paris, Carouge,* 1737, 18×36 mm., veau mouchet., dos orné, tr. rouges. *(Rel. de l'époque).* **400 fr.**

Un des plus petits minuscules de cette époque.

4078 FABULISTE DU JEUNE AGE. *Paris, Marcilly* [vers 1825], 26×40 mm., dos velours violet, pl. ivoire, gardes moire, tr. dorées. *(Rel. de l'époque).* **250 fr.**

Vignette de titre et 5 figures finement gravées. Fables en prose. *Très bel exemplaire.*

4079 FABULISTE DU JEUNE AGE (LE). *Paris, Marcilly, s. d.* (1850), in-64 (25×36 mm.). *(Cartonnage et étui papier de l'éditeur).* **200 fr.**

Vignette de titre et 5 figures finement coloriées. Cartonn. noir, décoré or, tr. dorées, étui marron.

4080 FABULISTE DU JEUNE AGE (LE). *Paris, Marcilly, s. d.* (1850), in-64 (25×36 mm.). *(Cartonnage papier de l'éditeur).* **200 fr.**

Même ouvrage, mêmes illustrations que le précédent. Cartonnage bleu, décoré or, cadre et motif central, tr. dorées.

4081 FAVORI DES ENFANS (LE). Almanach pour 1809. *Paris, Janel, s. d.* (1808), 15×22 mm., maroq. rouge, dos orné, dentelle sur les pl., chien passant au centre. *(Rel. de l'époque).* **600 fr.**

8 vignettes, texte et calendriers. « Chansons, Devises pour les demoiselles » et « pour les garçons ».
PLANCHE 288.

4082 FÉERIES MORALES (LES). *Paris, Marcilly, s. d.* [vers 1835], in-32. *(Cartonnage papier de l'éditeur).* **150 fr.**

Titre gravé (vignette) et 4 figures finement gravées. Cartonnage papier vert, estampé à froid, illustré d'une vignette. Magnifique exemplaire, de toute rareté dans cet état de fraîcheur et sous son cartonnage original.

4083 FÉERIES MORALES (LES). *Paris, Marcilly, s. d.* [vers 1835], in-32, demi-bas. fauve, dos orné. *(Rel. de l'époque).* **75 fr.**

Même ouvrage, mêmes illustrations que le précédent. Légères rousseurs.

4084 FÉERIES MORALES (LES). *Paris, Marcilly, s. d.* [vers 1835], in-32, demi-bas. brune, dos orné. *(Rel. de l'époque).* **50 fr.**

Même ouvrage, mêmes illustrations que le précédent. Légères rousseurs.

4085 GALERIE MYTHOLOGIQUE (PETITE). *Paris, Marcilly, s. d.* [vers 1820], in-64 (40×55 mm.). *(Etui de l'éditeur).* **500 fr.**

25 cartes, y compris le titre, illustrées au recto d'une vignette coloriée et contenant, imprimée au verso, la notice la concernant. Etui vert, titre lithographié sur papier jaune.

4086 GALERIE MILITAIRE (PETITE). *Paris, Marcilly, s. d.* [vers 1830], in-32. *(Cartonnage papier de l'éditeur).* **400 fr.**

Suite dépliante de 26 figures gravées et coloriées, représentant les divers uniformes des armées européennes.

4087 GALERIE MILITAIRE (PETITE). *Paris, Marcilly, s. d.* [vers 1825], in-32. *(Cartonnage papier de l'éditeur).* **400 fr.**

Même ouvrage, mêmes illustrations, mais en noir, que le précédent. Le cartonnage est plus frais. Réparation et mouillure à la première planche. *Très frais.*

4088 GIGANTIC HISTORIES. — FOUR VOLUMES (3 1/4×2 1/4 inches aprox.). *London, Printed for Tho. Boreman, Bookseller, near the Two Giants in Guildhall,* 1741, or. boards *(1 vol. mod. calf),* preserved in half-morocco case. **4.500 fr.**

Each work is illustrated with several woodcuts, and has a list of Children Subscribers to the work : about 130 or so Subscribers to each vol. The titles are as follows :
THE HISTORY AND DESCRIPTION OF THE FAMOUS CATHEDRAL OF ST. PAUL'S LONDON, 2 vols.
CURIOSITIES IN THE TOWER OF LONDON, 2 vols. *(One bound in mod. calf).*
Each vol. has advertisements at end. The importance of these tiny volumes for the History of Children's Books is evident as they are the forerunners of the *Lilliputian Magazine* published by Newbery in 1752. There is no doubt that few of these children's treasures have survived, as they were thumbed to pieces in the long years that have elapsed since their publication.
PLANCHE 114.

4088 bis GIGANTIC HISTORY (THE). — Volume the Second. Which completes The History of Guildhall. London. With other curious matters. *London, Tho. Boreman,* 1740, green calf. *(Modern binding).* **600 fr.**

Frontispiece engraved on wood. Subscribers list, like preceding item. Second vol. of the work *(issued separately).* Fine copy.
PLANCHE 114.

4089 HEURES DE LA COUR, contenant les offices, vêpres, hymnes et prières de toute l'année. *Paris, Veuve Cuissart,* 1642 [pour 1742], in-64 (25×46 mm.), bas. f., dos orné, fil. sur les pl., fermoir, tr. rouges. *(Rel. anc.).* **600 fr.**

Contient un tableau des « festes mobiles » pour les années 1742-1751.

4090 HISTORY OF ENGLAND (MINIATURE). *London, Goode Bros, n d.* [circa 1840], 30×25 mm. or. printed wrappers. **120 fr.**

Entirely engraved on stone : numerous portraits of Kings and Queens, also views. *Fine copy.*

4091 ILLUSTRATED BIBLE (THE) also verses, entitled Railway to Heaven. *London, Goode Bros, n. d.* [circa 1890], 2 1/4×1 3/8 inches, or. printed wrappers. **20 fr.**

Numerous plates in half-tone.

4092 JEUX DE L'AMOUR (LES). Année 1820. *Paris, s. d.* (1819), 15×24 mm., maroq. vert, dos orné, fil. et dentel. sur les pl., fleur tigée au centre, tr. dorées. *(Rel. de l'époque).* **600 fr.**

Vignette de titre et 8 figures gravées ainsi que le texte et le calendrier. Romances se rapportant toutes à l'Amour. PLANCHE 288.

4093 JEUX DE L'AMOUR (LES). Année 1820. *Paris, s. d.* (1819), 10×25 mm., maroq. rouge, dos orné, fil. à la roulette sur les pl., et fleur au centre, tr. dorées. *(Rel. de l'époque).* **400 fr.**

8 vignettes et texte gravés. Exemplaire sans éclat.

4094 JEUX DE L'ENFANCE (LES). *S. l. n. d.* [*Paris, imp. de Firmin Didot,* vers 1825], in-32. *(Cartonnage papier de l'éditeur, étui).* **300 fr.**

Titre lithographié sur fond teinté et 11 lithographies. Cartonnage papier vert, décoré or. Polichinelle, cerceau, jouets, au-dessus d'arabesques entourant le titre. *Très bel exemplaire.*

4095 JOUJOU AMUSANT (LE). — Almanach nouveau pour l'année 1802. *Paris, Marcilly, s. d.* [1801], 18×26 mm., maroq. vert, dos orné, dentel. sur les pl. et large motif central, tr. dorées. *(Rel. de l'époque).* **500 fr.**

12 vignettes, texte et calendrier gravés. D'après l'exemplaire de la collection du marquis de Fayolle, Grand-Carteret fixe à cet almanach la date de 1803, alors que notre exemplaire porte à deux reprises, sur le titre et en tête du calendrier, celle de 1802. Il s'agit cependant bien du même almanach, les deux exemplaires commençant par la « Chanson du Tambour de basque », dont Grand-Carteret reproduit le texte. *Rel. légèrement fatiguée.*

4096 JUVENILE COSSAKS. Two volumes Robinson Crusoe and Cinderella. *London, n. d.* [circa 1880], each vol. 2×3 1/2 inches, or. ill. col. wrappers. **100 fr.**

These « Cossaks » which were very popular in our parent's days, are now very difficult to find. They were given away at parties.

4097 KALENDER AUF DAS JAHR 1808. *Wien,* 50×20 mm. or. wrappers in a case in imitation of a biscuit, measuring 145×30 mm., g. e. **1.250 fr.**

This is the only example of this tiny and peculiar almanach in its « Biscuit » case that has come to ous notice.

4099 LEBRUN (Mme Camille). — LE ROYAUME DES NAINS. *Paris, Marcilly, s. d.* [vers 1850], in-32. *(Cartonnage et étui papier de l'éditeur).* **160 fr.**

7 charmantes figures gravées, avant la lettre de *G. de Montaut.* Cartonnage blanc, or et bleu, titre dans un médaillon historié. Lithographie de l'étui en partie effacée. *De toute fraîcheur.*

4100 LEGRAND (Augustin). — GÉOGRAPHIE. *Paris, Mallez, s. d.* [vers 1825], in-32, couvert. lithographiée. — HISTOIRE DE FRANCE. *Paris, Mallez, s. d.* [vers 1825], in-32, couvert. lith. *(Étui).* **180 fr.**

La *Géographie* contient une carte gravée et repliée ; l'*Histoire de France*, 7 planches gravées, donnant les portraits des rois de France, de Pharamond à Charles X.

4101 LÉON (Mme Camus). — LOUISE, nouvelle. *Paris, Camus Léon, s. d.* [vers 1820], in-32, couvert. gravée *(étui).* **300 fr.**

6 planches gravées et coloriées. Cette plaquette offre cette particularité que le titre, les figures et le texte ont été collés sur une bande de papier dépliante.

4102 LONDON ALMANACK for 1782. 2 1/4×1 3/8 inches, or. inlaid morocco in red, black and white, gilt, g. e. or. slip case to match. **1.800 fr.**

Engraved throughout with view of the PANTHEON, Oxford St. *Fine copy, very fresh.*
PLANCHE 288.

4103 LONDON ALMANACK for 1806. 2 1/4×1 3/8 inches. Or. inlaid morocco in red black and white, gilt, or. slip case to match. **700 fr.**

Engraved throughout with view of LONDON DOCKS. *Fine copy.*
PLANCHE 288.

4104 LONDON ALMANACK for 1811. 2 1/4×1 3/8 inches. Or. black morocco pocket book binding. **600 fr.**

Engraved throughout with view of Covent Garden Theatre. *Fine copy.*

4105 LONDON ALMANACK for 1823. 2 1/4×1 3/8 inches. Or. inlaid morocco in black, white and red. g. e. or. slip case to match. **600 fr.**

Engraved throughout with view of Quadrant in REGENT STREET. *Fine copy.*
PLANCHE 288.

4106 LONDON ALMANACK 1841. 2 1/4×1 3/8 inches. Or. inlaid morocco in red, white and brown, heavily gilt. g. e. or. slip case to match. **1.500 fr.**

Engraved throughout with view of BUCKINGHAM PALACE. *Fine copy, with binding very fresh.*
PLANCHE 288.

4107 LONDON ALMANACK 1850. 2 1/4×1 3/8 inches. Or. inlaid morocco in red and brown, heavily gilt, g. e. or. slip case to match. **700 fr.**

Engraved throughout with view of FISHMONGERS AND POULTERERS INSTITUTION. *Fine copy very fresh.*

4108 LONDON ALMANACK 1852. 2 1/4×1 3/8 inches. Or. inlaid morocco in yellow, red, blue, white and green gilt, g. e. or. slip case to match. **300 fr.**

Engraved throughout with view of MARBLE ARCH. Leaves loose. *Binding very fresh.*

4109 LONDON ALMANACK for 1856. 2 1/4×1 3/8 inches. Or. red morocco pocket book binding, with gilt clasp. **160 fr.**

Engraved throughout with view of THE QUEEN'S PAVILION, ALDERSHOT.

4110 MILLS (Alfred). — NATURAL HISTORY OF FORTYEIGHT QUADRUPEDS... *London, Darlon, Harvey and Darlon,* 1815, 22 1/4×2 3/8 inches, or. red leather. **250 fr.**

Illustrated with 48 copper plates by Alfred Mills.

4110 bis MILLS (Alfred). — PICTURES OF ENGLISH HISTORY in miniature. *London, Darlon, Harvey and Darlon,* 1815, 2 vols. 2 1/4×2 3/8 inches, or. black leather. **Vendu.**

90 fine engravings by Alfred Mills. *Fine copy.*

4111 MILLS (Alfred). — PICTURES OF ENGLISH HISTORY in miniature. *London, Darlon, Harvey and Darlon,* 1815, 2 1/4×2 3/8 inches, or. red leather. **125 fr.**

VOL. 1 ONLY. 45 engravings.

4112 MILLS (Alfred). — PICTURES OF ROMAN HISTORY in miniature... with Explanatory Anecdotes. *London, Darlon, Harvey and Darlon,* 1817, 2 1/4×2 3/8 inches, or. red leather. **250 fr.**

Illustrated with 48 copper engravings by Alfred Mills.

4113 MILLS (Alfred). — PORTRAITS OF THE SOVEREIGNS OF ENGLAND, From Egbert to the present Time... With some Account of their Lives. *London, Darlon, Harvey and Darlon,* 1817, 2 1/4×2 3/8 inches, or. red leather **200 fr.**

Illustrated with 45 engraved portraits of the Sovereigns of England, by Alfred Mills.

4114 MIROIR DE L'ADOLESCENCE (LE). *Paris, Janet, s. d.* (1817), in-32. *(Cartonnage papier de l'éditeur),* tr. dorées, étui. **250 fr.**

Titre, vignette, et 6 figures gravées sur pierre. Ce recueil d'ariettes est accompagné d'un « Calendrier pour l'année 1818 ». *Très bel exemplaire.*

4115 MOLIÈRE. — ŒUVRES COMPLÈTES. *Paris, Roux-Dufort et Froment,* 1826, 8 vol. in-32, veau rouge, dos plats ornés, fil. et dentel., double fil. or et grecque à froid sur les pl., tr. marbrées. *(Reliure de l'époque).* **1.250 fr.**

De la collection les « Classiques en miniature », véritable petit chef-d'œuvre typographique de Jules Didot Aîné. Très rare dans cette *reliure de l'époque*. Très bel exemplaire, de toute fraîcheur.

4116 MORALE DU CŒUR (LA). *Paris, Janet, s. d.* (1813), in-32. *(Cartonnage et étui papier de l'éditeur),* tr. dorées. **180 fr.**

Titre et vignette ; 6 figures gravées. « Calendrier pour l'année 1814 ». Parmi les « fêtes observées en France », on remarque à la date du 15 août : Assomption, S. Napoléon ». *De toute fraîcheur.*

4117 **OUR SAVIOUR'S** Last Discourse to his Disciples. *New Bedford, Mass., Charles Taber and Co,* 1857, 2 1/4 by 2 5/8 inches, or. printed wrappers.
25 fr.

4118 **PAROISSIEN DES PETITES DEMOISELLES.** *S. l. n. d.* [*Imp. Rignoux,* vers 1860], in-64 (33×49 mm.). *(Cartonnage et étui papier de l'éditeur).*
100 fr.

5 figures gravées. Cartonnage blanc, cadre formé de rinceaux, croix au milieu, tr. dorées. Etui blanc. *De toute fraîcheur.*

4119 **PETIT ASTROLOGUE EN BELLE HUMEUR (LE),** oracles en vaudevilles pour les garçons et demoiselles, les hommes et les dames mariés et veufs. *Paris, Vauquelin, s. d.* [vers 1810], in-32 carré. *(Cartonnage de l'éditeur),* tr. dorées. **300 fr.**

Frontispice gravé, dessiné par Amot, et vignette de titre. Recueils d'oracles en vers, parfois assez piquants, que termine un « casier cabalistique ». A demi déboîté.

PEOPLE OF ALL NATIONS. — See No 404 and 405.

4120 **PETIT CONTEUR (LE).** *Paris, Marcilly, s. d.* [vers 1835], in-32. *(Cartonnage papier de l'éditeur).*
100 fr.

Titre gravé (vignette) et 4 figures finement gravées. Cartonnage blanc, aux angles, arabesques bleu et or, médaillon quadrillé bleu, au milieu, le titre, or sur blanc. A pris place dans ce recueil, empruntée à Rigolet de Juvigny, la « Méprise de Piron » à la porte de la Conférence.

4121 **PETIT CONTEUR (LE).** *Paris, Marcilly, s. d.* [vers 1825], in-32. *(Cartonnage papier de l'éditeur, étui).*
150 fr.

Même ouvrage, mêmes illustrations que le précédent. Exemplaire de toute fraîcheur.

4122 **PETIT CONTEUR D'ANECDOTES (LE).** *Paris, Marcilly, s. d.* [vers 1825], in-32 obl. (38×50 mm.). *(Cart. et étui de l'éditeur),* tr. dorées.
400 fr.

Titre et vignette ; 6 figures gravées avant la lettre. Cartonnage vert, lithographié, étui de même. *De toute fraîcheur.*

4123 **PETIT FABULISTE (LE).** *Paris, s. d.* [vers 1820], 19×24 mm., maroq. rouge, dos orné, double filet formant cadre sur les pl., au centre : chien passant, tr. dorées. *(Rel. de l'ép.)* **400 fr.**

6 vignettes. Fables en prose. *Très frais.*
PLANCHE 288.

4124 **PETIT FABULISTE (LE).** *Paris, Marcilly, s. d.* [vers 1835], in-32. *(Cartonnage papier de l'éditeur).*
200 fr.

Titre gravé (vignette) et 4 figures finement gravées. Cartonnage à la Bradel, papier rose, filet et double filet verts, fleurons aux angles, guirlandes de fleurs au-dessus et au-dessous du titre. Cartonnage de toute fraîcheur.

4125 **PETIT FABULISTE (LE).** *Paris, Marcilly, s. d.* [vers 1835], in-32, chagr. rouge, dos orné,
60 fr.

Même ouvrage, mêmes illustrations que le précédent, mais coloriées. Légères rousseurs.

4126 **PETIT NATURALISTE (LE).** *Paris, Marcilly, s. d.* [vers 1825], in-32 obl. *(Cartonnage et étui papier de l'éditeur).* **300 fr.**

Titre et vignette gravés ; 11 figures finement gravées. Texte imprimé par Firmin Didot. Cartonnage et étui roses, illustrés sur les 2 faces de vignettes gravées représentant des animaux différents. Très bel exemplaire portant sur les pages de garde les ex-libris gravés de F. Meunié et de Jacques Vieillard.

4127 **PETIT NATURALISTE (LE).** *Paris, Marcilly, s. d.* [vers 1835], in-32 obl. *(Cartonnage papier de l'éditeur, étui de l'époque).* **600 fr.**

Titre gravé (vignette coloriée) et 11 figures gravées et finement coloriées. Cartonnage rose lithographié (étui de même). Fraîcheur parfaite.

4128 **PETIT PAROISSIEN DE L'ENFANCE (LE).** *Paris, Marcilly, s. d.* [vers 1806], 18×24 mm., maroq. vert, dos orné, 2 fil. et 1 guirlande sur les pl., calice au centre, tr. dorées. *(Rel. de l'ép.).*
450 fr.

5 figures gravées. Impression microscopique de Firmin Didot ; 2 ff. sont malheureusement mangés des vers. *Très frais.*
PLANCHE 288.

4129 **PETIT PAROISSIEN DE L'ENFANCE (LE).** *Paris* [*Impr. Firmin Didot*], *s. d.* [vers 1820], 18×26 mm., maroq. rouge, dos orné, fil. et dent. sur les pl., ostensoir au centre, tr. dorées. *(Rel. de l'ép.* **400 fr.**

4 figures gravées, d'une extrême finesse. L'impression, remarquable de clarté, est la même que celle de l'édition de 1806. Les gravures diffèrent. *Très frais.*
PLANCHE 288.

4130 **PETIT PAROISSIEN DE LA JEUNESSE.** *Paris, Marcilly, s. d.* [vers 1850], in-64 (25×38 mm.). *(Cartonnage papier et étui de l'éditeur),* tr. dorées. **100 fr.**

Frontispice et 4 planches finement gravées. Cartonnage et étui en papier rouge, dentelle or.

4131 **PETIT TROUBADOUR (LE).** Almanach pour 1811. *Paris, Janet, s. d.* (1810), 17×25 mm., maroq. rouge, dos orné, dentelle sur les pl., aiguière au centre, tr. dorées. *(Rel. de l'ép.).* **800 fr.**

8 vignettes, texte et calendrier gravés, ainsi que l'annonce de Janet occupant le dernier verso. Chansons et ariettes, « Devises pour les demoiselles » et « pour les garçons ». L'exemplaire de la collection Georges Salomon décrit par Grand-Carteret est « pour 1818 ». Dans celui-ci, (1811), la Saint Napoléon est indiquée non au 15 août, se confondant avec l'Assomption, mais au vendredi 16 août. *Ex. très frais.*

4131 *bis* **PETITE GALERIE MYTHOLOGIQUE.** *Paris, Marcilly, s. d.* [vers 1820], 25 cartes (40×52 mm.), étui de l'éditeur. **600 fr.**

25 cartes finement gravées et coloriées.

4132 PETITS MONTAGNARDS (LES). *S. l. n. d.,* (1821), 17×23 mm., maroq. rouge, dos orné, fil., fleurons et rose sur les pl., tr. dorées *(Rel. de l'ép.).* **1.250 fr.**

Vignette de titre et 7 figures gravées. Recueil de chansons, suivi d'un calendrier gravé. Ex. très frais.
PLANCHE 288.

4133 PLAISIRS DE LA CAMPAGNE (LES). *Paris, Marcilly, s. d.* [vers 1825], in-32. *(Cartonnage el élui papier de l'éditeur).* **300 fr.**

Titre et vignette, 7 figures gravées. Cartonnage bleu, estampé à froid, titre lithographié. *Très frais.*

4134 QUATRE SAISONS (LES). *S. l. n. d.* [vers 1825], 4 cahiers in-32, couvert. lithogr. *(Elui de l'éditeur).* **150 fr.**

4 lithographies coloriées. Mouillures dans la 4e lith. Titre lith. sur l'étui. Les couvertures sont un peu défraîchies ; l'étui fatigué.

4135 QUATRE SAISONS (LES). *S. l. n. d.* [vers 1825], 4 cahiers in-32, couv. lithographiées. *(Elui de l'éditeur).* **500 fr.**

Le même ouvrage que le précédent. L'étui est défraîchi, mais les 4 cahiers sont d'une exquise fraîcheur.

4136 QUEEN (THE) a memorial of the Coronation. [*London*], 1838, 2 3/8 by 2 7/8 inches, or. full leather, gilt, g. e. **75 fr.**

Steel engraved portrait of Queen Victoria as frontispiece.

4137 SAINT-PIERRE (Bernardin de). — PAUL ET VIRGINIE. *Paris, Marcilly, s. d.* (1835), in-32, maroq. t. de nègre, dos plat orné, sur les pl. double fil., motif floral doré, formé de vrilles et de fleurs stylisées, dentel. intér., tr. dorées. *(Reliure de l'époque).* **1.500 fr.**

Vignette de titre et 6 figures finement gravées. Délicieuse édition imprimée par Firmin Didot en caractères microscopiques. Les exemplaires au nom de Marcilly sont devenus très rares, une grande partie de l'édition, demeurée en feuilles, ayant été rachetée par la librairie Lucien Dorbon et mise dans le commerce avec un titre de relais à son nom. *Exemplaire d'une fraîcheur parfaite, dans une reliure de toute beauté.*
PLANCHES 288.

4138 SÉRIE DE 8 VOLUMES MINUSCULES, imprimés en caractères microscopiques. 30×38 millimètres. *Paris, Pairault,* 1895-1897, brochés, couv. impr., non coupés. **125 fr.**

CHARLES NODIER : La Filleule du Seigneur, Histoire du chien de Brisquet, contes illustrés par *M. Moisand.*
JULES CLARÉTIE : Boum Boum, illustré par *Ch. Jonas.*
PERRAULT : Le Petit Poucet, illustrations de *Steinlen.*
LES RONDES DE L'ENFANCE, illustr. de *Steinlen.*
H. BUFFENOIR : Jeanne d'Arc, illustr. de *G. Marie.*
Mme D'AULNOY : Fortunée, conte illustré par *F. Régamey.*
HÉGÉSIPPE MOREAU : La Souris Blanche, conte illustré par *Henri Pille.*
VOLTAIRE : Jeannot et Colin, conte illust. par *Steinlen.*

4139 SOIRÉES DE L'ENFANCE (LES). *Paris, Marcilly, s. d.* [vers 1825], in-32. *(Cartonnage papier de l'éditeur).* **300 fr.**

Titre et vignette gravés ; 7 figures finement gravées, amusantes comme composition, costumes et coiffures. Cartonnage rose, estampé à froid, titre lithographié. *Bel exemplaire.*

4140 TABLEAU EN MINIATURE DE L'HISTOIRE ROMAINE, avec des Anecdotes explicatives. *Paris, Guyot el De Pelafol,* 1816, petit in-24, bas. marb., dos orné d'entre-deux, fleurons et pièce rouge, dent. sur les coupes, tr. mouch. *(Rel. de l'ép.).* **250 fr.**

Très rare *édition minuscule* (53×63 mm.) ornée de 48 figures en taille-douce non signées. *(Impr. d'A. Egron.)* Fente superficielle à un mors. Bel exempl. cependant.

4140 bis TABLEAUX EN MINIATURE DE L'HISTOIRE GRECQUE, avec les Descriptions. *Paris, Guyot el De Pelafol,* 1816, pet. in-24, bas. marb., dos orné d'entre-deux, rosaces et pièce rouge, dent. sur les coupes, tr. mouch. *(Rel. de l'ép.).* **250 fr.**

Très rare *édition minuscule* (53×63 mm.) ornée de 48 figures hors-texte en taille-douce. *(Impr. d'A. Egron.)* Bel exemplaire dans sa reliure d'époque, très fraîche.

═══════

4141 MIROIR DES DAMES ET DE LA JEUNESSE (LE) ou Leçons de toutes les vertus qui honorent les deux sexes. Ouvrage tiré d'un manuscrit indien, rempli de maximes et de sentences appropriées à tous les âges et à tous les rangs. *Paris, Le Fuel el Delaunay, s. d.* (1812), in-12 carré, demi-maroq. vert, dos orné à nerfs, non rogné. *(Bernasconi).* **300 fr.**

20 lithographies d'une exquise finesse. Charmant ouvrage, adaptation d'un ouvrage anglais. Jolie impression de Firmin Didot en lettres cursives. Exemplaire d'une irréprochable fraîcheur.

4142 MIROIR DES ENFANTS (LE). — Estampes Morales où sont représentés les principaux défauts et les meilleures qualités de l'enfance. Dixième édition. *Paris, P.-C. Lehuby (Typogr. Firmin Didot), s. d.* [vers 1840], pet. in-8 oblong, cartonn. pap. glacé bleu foncé, avec titre et ornementation impr. en argent. *(Cartonn. d'édil.).* **400 fr.**

Orné de 16 sujets et 8 planches hors-texte gravées sur cuivre, non signées, et COLORIÉES. *Grosse typographie de Didot.* Extrêmement rare dans son cartonnage d'éditeur.

4143 MIRROR OR A LOOKING GLASS (THE) for Young People of both Sexes ; To make them Wise, Good, and Happy. Consisting of A Choice Collection of Fairy Tales. By Mother Goose. *Newcastle upon Tyne, T. Saint, n. d.* [circa 1763], sm. 12mo. contemp. calf. *(Joints cracked).* **600 fr.**

13 quaint woodcuts. *(Some tinted by a Child).* This rare work may have a frontispiece missing, but we do not know.

4144 MIRVAL (C.-H. de). — PROMENADES DANS PARIS et Description de ses monuments anciens. *Paris, P.-C. Lehuby, s. d.* [vers 1845], in-12, couvert. impr. et gravée. **25 fr.**

3 pl. gravées, dont, en frontispice, un portrait de Napoléon. Les principaux monuments, Histoire de Paris, depuis son origine jusqu'à la déchéance de Charles X.

4145 **MISS AND HER DOLL** or the New Year's Gift. *London, Didier and Tebbett, at the Juvenile Library of English, French and Italian Books,* 1807, 16mo. heliotrope levant morocco. *(Modern).* **1.250 fr.**

Illustrated with seven hand-coloured engravings ; and title entirely engraved. This is the third edition with a preface and a moral explanation of each engraving.

4146 **MISTER (Mary). —** THE ADVENTURES OF A DOLL. Compiled with the hope of affording amusement and instruction. *London, Darlon and Harvey,* 1816, sm. 12mo. or. half-leather, boards. *(Back damaged).* **85 fr.**

FIRST EDITION. Charming frontispiece engraved on copper showing a child sleeping with her doll.

4147 **MITFORD (Mary Russell). —** AMERICAN STORIES for Little Boys and Girls ; intended for Children under ten years of age. *London, Whittaker, Treacher and Co,* 1831-32, 3 vols. in-12, or. stamped leather. **180 fr.**

Each vol. with engraved frontispiece and title page. (water stained and slightly foxed). Covers of two vols. loose.

4148 **MOIS (LES)** ou Leur Origine figurée en douze gravures. *Paris, Lefuel, s. d.* [vers 1824], in-16. *(Cartonnage rose de l'éditeur),* tr. dorées. **200 fr.**

Titre gravé, 12 très jolies planches au pointillé, gravées par Pomel. L'éditeur a joint au volume un calendrier pour 1824, dont chaque trimestre est surmonté d'une figure finement gravée. Cartonnage et étui roses. *Très bel exemplaire.*

4149 [**MOIS (LES)**]. *S. l. n. d.* [vers 1850], in-16. *(Cartonnage papier de l'éditeur).* **75 fr.**

12 lithographies coloriées dépliantes représentant les plaisirs de chaque mois. Cartonnage vert clair, estampé or.

4150 **MOISSY (DE). —** LES JEUX DE LA PETITE THALIE ou Nouveaux petits drames dialogués sur des proverbes, propres à former les mœurs des Enfans et des Jeunes Personnes, depuis l'âge de cinq ans jusqu'à vingt. *Paris, Bailly,* 1764, in-8, veau f. mouch., dos orné de fil., tr. mouch. *(Rel. anc.).* **500 fr.**

ÉDITION ORIGINALE ornée d'un joli frontispice d'*Eisen,* gravé par *de Ghendt,* en premier tirage (*Cohen,* 710). *La Poupée, Les Gourmandes, Les Deux Médecines,* etc. Très bel exemplaire.

4151 [**MOISSY (DE)**]. — LES JEUX DE LA PETITE THALIE, etc. Nouvelle édition revue par M. BERQUIN. *Paris, Belin,* 1797, pet. in-8, demi-veau fauve à coins, fil. au dos, pièce rouge, tr. j. *(Rel. anc.).* **125 fr.**

Bel exemplaire de cette édition contenant un frontispice d'après *Eisen* (copié sur celui de l'édition originale), gravé par *Bassompierre.* Petit *ex-praemio* doré sur le premier plat.

4152 **MOLIÈRE. —** ŒUVRES CHOISIES. Édition épurée, illustrée de 20 dessins de M. Célestin Nanteuil. *Paris, Lehuby,* 1846, petit in-8, cart. toile violet, décors polychromes, tr. dorées. *(Cart. de l'édit.).* **250 fr.**

PREMIER TIRAGE. Les vingt dessins de NANTEUIL sont gravés sur bois hors-texte par Brevière, Trichon, etc. Décors allégoriques en or, rouge, vert et bleu sur le 1er plat et le dos, joli motif architectural au second plat. Plaque signée Haarhaus. Dans cette « édition épurée », qui fait partie de la *Bibliothèque littéraire de la Jeunesse,* le titre même de l'*Amour médecin* a été *épuré* en celui de *Le faux médecin.* Bel exempl. d'une édition peu commune, malgré quelques rousseurs. *Vicaire,* V, 922.

4153 **MOLIÈRE. —** ŒUVRES CHOISIES. Édition épurée. *Paris, Lehuby,* 1846, petit in-8, veau recouvert d'un riche décor polychrome, tr. dorées. *(Rel. de l'édit.).* **2.000 fr.**

Le même ouvrage que le précédent, mêmes illustrations. Riche reliure romantique, dos orné, or guilloché, vert, bleu et violet. Très belle plaque polychrome : cadre et médaillon quadrilobés, compartiments à fleurs et motif central. Légères rousseurs. Dos légèrement passé. Reliure remarquable, ces riches décorations à fond d'or, qui ornent presque toujours des cartonnages toile, se trouvant ici sur une reliure en veau.

4154 **MOLLEVAUT (C.-L.). —** LES FLEURS, poème en quatre chants. *Paris, Arthus Bertrand, s. d.* [vers 1818], in-12. *(Cartonnage papier de l'éditeur).* **1.000 fr.**

Vignette de titre et 4 planches dessinées par *Bessa,* gravées en couleurs par *Gabriel,* plus une planche en noir, dessinée par *Chasselat,* gravée par *Couché fils.* Musique notée [*Boieldieu*]. La couverture imp. forme le cartonnage. Le titre annonce 9 gravures. Très rare avec son cartonnage imprimé.

4155 **MOLLEVAUT (C.-L.). —** LES FLEURS. *(Cart. papier de l'éditeur).* **600 fr.**

Même ouvrage, mêmes planches que le numéro précédent. Nom gratté dans la marge du titre. Bel exemplaire.

4156 **MONGET. —** LES HOCHETS moraux ou Contes pour la première enfance. *Paris, Lambert et Baudouin,* 1781, petit in-12, dos vélin. *(Cart. de l'époque).* **100 fr.**

Deux feuillets ont été refaits à la main. Exemplaire curieux en ce qu'il porte des corrections manuscrites faites certainement à l'époque de la Révolution : les mots *Mon Dieu !* sont partout effacés et remplacés par « Hélas », ou quelque autre équivalent prosodique. Cependant la dédicace à Leurs Altesses Sérénissimes Mademoiselle d'Orléans et Mademoiselle de Chartres est intacte.

4156 bis **MONGET. —** LES HOCHETS MORAUX, ou Contes pour la première enfance. *Paris, Lambert et Baudouin,* 1781. Petit in-12 *(Cart. de l'ép.).* **300 fr.**

Le même ouvrage que le précédent. Exemplaire complet, sans modifications manuscrites.

4157 **MONGET. —** LES HOCHETS MORAUX ou Contes pour l'Enfance, dédiés à LL. AA. SS. Mademoiselle d'Orléans et Mademoiselle de Chartres. Nouvelle édition. *Paris, Rémont,* 1815, 2 tomes en 1 vol. pet. in-12, bas. marb., dos orné, pièces couleurs, tr. marb. *(Rel. anc.).* **90 fr.**

Recueil de contes en vers orné de 3 figures gravées. Lettre du duc d'Enghien à *Lafayette* (février 1782). *Bel exemplaire.*

4158 *bis* **MONKEY'S FROLIC (THE).** — A Humorous Tale. *London, Harris and Son, n. d.* [circa 1825], sm. 8vo. or. printed wrappers, preserved in half-morocco case. **1.250 fr.**

Illustrated with 16 humerous hand-coloured woodcuts. Name on title. *Fine copy.*
PLANCHE 122.

4159 **MONKEY'S FROLIC (THE).** *London, John Harris, n. d.* [circa 1825], or. printed wrappers. *(Back strip worn, label on front wrapper).* **1.000 fr.**

Another copy, same plates, hand-coloured.

4160 **MONNIOT (Mlle).** — UNE JOURNÉE DU PETIT ALFRED. *Paris, Martinet-Hautecœur,* 1862, in-4. *(Cartonnage papier de l'éditeur).* **100 fr.**

8 grandes lithographies tirées en 2 tons chez *Godard.* Cartonnage rouge, titre or, dos toile. Rousseurs. Texte intéressant, imprimé en gros caractères. Par le célèbre auteur du *Journal de Marguerite.*

4161 **MONSIEUR DE LA PALICE.** *S. l. n. d.* [*Paris,* Lith. Lemercier, vers 1855], in-4. *(Cartonnage papier de l'éditeur).* **120 fr.**

16 lithographies coloriées de *Télory,* accompagnées d'un texte également lithographié. Cartonnage illustré et en couleurs de Télory. Ce qui est fréquent chez Télory, ces illustrations rappellent souvent, par leur fantaisie, le faire de Gustave Doré. Le titre semble manquer. Dos refait et gardes changées.

4162 **MONTAGUE (W.).** — THE YOUTH'S ENCYCLOPEDIA OF HEALTH WITH GAMES AND PLAYROUND AMUSEMENTS. *London,* W. Emans, 1828, stout 12mo. or. cloth. *(Shabby).* **50 fr.**

Folding frontispiece, engraved title and 74 plates of games, sports (including 70 pages on Angling), scientific amusements, etc., 496 pages. The plate index indicates 4 plates of Heraldry « at End », but this copy has only one. Some plates slightly waterstained.

4163 **MONTEMONT (Albert).** — VOYAGE DANS LES CINQ PARTIES DU MONDE où l'on décrit les principales contrées de la terre, les curiosités naturelles, etc. *Paris, Selligue,* 1828, 6 vol. in-12, bas. marb., dos ornés, pièces rouges, tr. marb. *(Rel. de l'époque).* **300 fr.**

Important ouvrage orné de 35 cartes gravées se dépliant. Un volume entier est consacré à l'AMÉRIQUE. Bel exemplaire portant, sur le 1er plat de chaque tome, l'inscription dorée : AU CHEV^er A. PONTÉ. Qq. lég. rouss.

4164 **MONTEMONT (Albert).** — VOYAGE DANS LES CINQ PARTIES DU MONDE, etc. *Même ouvrage, même édition que le précédent,* veau fauve, dos orné. *(Rel. de l'époque).* **200 fr.**

Très bel exemplaire avec la première carte (mappemonde) se dépliant.

4165 **MONTHLY MONITOR.** [*London, Bentley, n. d.,* circa 1830], post 8vo. **250 fr.**

Illustrated with 12 charming hand-coloured woodcuts with a verse under each. *(The faces of two Children of one plate obliterated).* The prose is about the 12 months.

4166 [**MONTHS (THE)**]. *No place, imprint or date* [circa 1820], post 8vo. or. wrappers, preserved in half-morocco case. **700 fr.**

Illustrated with 12 charming hand-coloured woodcuts. Each picture represents a characteristic scene of each month in the year, with the order of the month, the number of days and an appropriate verse under each subject. *Fine copy, crisp as new.*

4167 [**MONTOLIEU (Mme la baronne Isabelle de)**]. — CAROLINE DE LICHTFIELD, par Mme de ***, publié par le traducteur de Werther. *Liège, F.-J. Desoer,* 1786, 2 in-12, v. marb., dos ornés, pièces cuir, tr. jaspées. *(Rel. anc.).* **80 fr.**

2e édition de ce roman (la première est de 1785) souvent réimprimé, qui, à partir de 1813, porta la signature de Mme de Montolieu, dont c'est sans contredit le meilleur ouvrage. Cette femme auteur Suisse (1751-1832), amie de Mme de Genlis, donna la première traduction française du *Robinson Suisse* et en écrivit une continuation pleine de mérite.

4168 **MONTOLIEU (Mme la baronne Isabelle de).** — CAROLINE DE LICHTFIELD ou Mémoires d'une Famille prussienne. Troisième édition originale *(sic)* revue et corrigée. *Paris, Arthus Bertrand,* 1815, 3 vol. in-12, demi-maroquin rouge à long grain, dos sans nerfs ornés de fil., fleurons et pet. guirlandes dorés, plats pap. gaufré imitant parfaitement le maroquin rouge à long grain, encadrement doré, armoiries sur chaque plat, tr. j. *(Rel. anc.).* **4.000 fr.**

Un frontispice en tête de chaque tome ; celui du t. II signé *Gauthier.* Musique à la fin du tome III. Magnifique exemplaire dans une charmante reliure, de toute fraîcheur, aux armes de la DUCHESSE DE BERRY, avec, à l'intérieur de chaque volume, l'ex-libris de sa *Bibliothèque de Rosny.* On sait l'intérêt que la duchesse de Berry portait aux questions d'éducation et d'enseignement.

4169 **MONTOLIEU (Mme la baronne Isabelle de).** — CAROLINE DE LICHTFIELD, etc. Quatrième édition. *Paris, Arthus Bertrand,* 1821, 2 tomes en 1 vol. in-12, maroquin rouge à long grain, dos richement orné, nerfs plats, grands motifs dorés et à froid, encadrement de fil. dorés et d'une dent. à froid autour des plats, fil. int., tr. dor. *(Rel. de l'ép., de Héring).* **1.000 fr.**

Même ouvrage que le précédent. Edition ornée d'un portrait gravé par *Delvaux,* d'après *Rath,* et de 3 figures gravées d'après *Chasselat.* Planches de musique gravée à la fin. Bel exemplaire dans une charmante reliure signée HERING.

4170 **MONTOLIEU (Mme la baronne Isabelle de).** — CAROLINE DE LICHTFIELD... *Même ouvrage, même édition que le précédent,* 2 vol. in-12, veau poil bleu, dos à nerfs ornés de fil., ornements dorés et à froid, large encadrement sur les plats composé de filets dorés, et larges dentelles à froid, rosaces dorées aux angles, pet. guirlande dorée int., tr. dor. *(Rel. de l'époque).* **800 fr.**

Magnifique exemplaire dans une charmante reliure, de grand style, non signée mais certainement due à un maître. Fraîcheur parfaite.

4171 MONTROND (Maxime de). — JEANNE D'ARC. *Lille, L. Lefort,* 1860, in-8, cart. papier vert, large dent. dos orn. *(Cart. de l'éditeur).* **10 fr.**

Frontispice gravé sur bois. Dos et coins fatigués.

4172 MONTROND (Maxime de). — LES MARINS LES PLUS CÉLÈBRES. *Lille, Lefort,* 1860, in-12, basane polie violet foncé, dos orné, plaques à froid sur les plats, tr. marb. *(Rel. de l'époque).* **60 fr.**

Un frontispice gravé représentant un *combat naval.* Les principaux chapitres sont relatifs à *Duquesne, Tourville, Jean Bart, Bougainville, La Peyrouse, etc.* Bel exemplaire.

4173 MONTROND (Maxime de). — MES SOUVENIRS. *Lille, Paris, Lefort,* 1864, in-8, cart. percale grenat, grande plaque dorée, dos orn. *(Cart. de l'éditeur).* **10 fr.**

Frontispice gravé sur bois. Quelques rousseurs. *Cart. très frais.*

4174 MOORAT (Joseph S.). — YE BOOKE of NURSERY RHYMES. Set to Music by Joseph Moorat and illustrated by Paul Woodraffe. *N. p. n. d.* [circa 1890], 2 vols. oblong 4to. or. printed silk on boards. **100 fr.**

The first vol. on Japan paper; the second vol. a dedication copy from the artist. Each vol. is handsomely illustrated and contains Nursery Rhymes with Music. *Fine copies.*

4175 MOORE (N. Hudson). — CHILDREN OF OTHER DAYS. Notable Pictures of Children of Various Countries and Times after Paintings by Great Masters. *New York, Frederick A. Stokes Co, n. d.* (1905), 4to. or. cloth, gilt. **40 fr.**

FIRST EDITION. 35 plates from paintings by the Great masters. *Very fine copy.*

4176 MORAL AND ENTERTAINING STORIES for Youth. Selected by a Friend. *Uxbridge, T. Lake,* 1804, sm. 12mo. or. half-leather, boards. **300 fr.**

FIRST EDITION. Charming frontispiece engraved on copper by *Barlow.* This copy is from the library of JANE TAYLOR, the celebrated author of Juvenile Literature and bears her signature and library number « *Jane Taylor,* Book I, 225 ». *Fine copy.*

4177 MORAL ESSAYS IN PRAISE OF VIRTUE. *Dublin, J. Jones,* 1821, sm. 12mo. or. old calf. *(Joints cracked).* **40 fr.**

2 full page woodcuts, and some vignettes engraved on wood. *Fine copy.*

4178 MORAL SKETCHES FOR YOUNG MINDS. *London, E. Newbery, the Corner of St. Paul's Church Yard,* 1797, sm. 16mo. or. flowered-paper boards, preserved in half-morocco case. **1.500 fr.**

Engraved frontispiece and 6 plates engraved on copper Charles Welsh quotes the edition of 1790, Pp. IV+176. This copy, Pp. IV+180. *A Variety of Short essays on most of the moral duties of Life. Originally written in French by a Pen which Death has long silenced.* Extrait from Preface.

4179 MORALE EN ACTION (LA) ou Choix de faits mémorables et d'anecdotes instructives, propres à faire aimer la Sagesse... *Dôle, J.-B. Joly, imp.,* 1823, 2 vol. in-16. *(Cartonnage papier de l'éditeur, étui).* **150 fr.**

Nouvelle édition illustrée de 2 vignettes de titre et de 8 figures finement gravées. Les titres gravés sont au nom de Marcilly, libraire à Paris. Cartonnage à la Bradel, papier rouge sang, dos ornés, pièces noires, décor argent et or, cadre historié soutenant une lampe et supportant une croix. Cartonnage exquis dans un état de fraîcheur parfait.

4180 MORALE DU JEUNE AGE (LA) ou Choix de Fables, Contes et Histoires analogues à ses devoirs et à ses goûts. 3e édition. *Paris, Genels,* 1814, 2 part. en 1 vol. in-12, bas. polie mouch., dos fauve très orné, pièce rouge, guirlande autour des plats, tr. dor. *(Rel. anc.).* **500 fr.**

Charmant petit ouvrage, en 2 parties, orné de 48 très jolies gravures en taille-douce (titre gravé). Le frontispice du tome I représente la scène d'un *théâtre pour enfants* où se joue la fable : *le Corbeau et le Renard.* Le recueil est composé de *Fables,* par *Berquin, Florian, La Fontaine, La Motte, Aubert, etc.,* de *Contes de Fées,* de *Perrault,* etc. *Bel exemplaire.*

4181 MORALE DU JEUNE AGE (LA) ou Choix de Fables... *Paris, Genels,* 1814, 2 vol. in-12, basane polie mouchetée, dos ornés, tr. dorées. *(Rel. anc.).* **600 fr.**

Le même ouvrage que le précédent, mêmes illustrations. Charmant exemplaire relié en deux volumes, d'une fraîcheur irréprochable.

4182 MORALE EN RÉBUS (LA). *Paris, s. d.* [vers 1845], in-12 carré, cart. papier *de l'édit.* **150 fr.**

22 pages contenant chacune un rébus lithographié en nombreuses figures. Une page à la fin donne les phrases en clair. Cartonnage papier chagriné vert, grande image lithographiée occupant presque tout le 1er plat et. bordée d'un filet de papier doré. Elle représente une mère montrant à deux petits enfants la vitrine d'un marchand d'estampes. Déboîté, mais d'une fraîcheur parfaite.

4183 MORE CHILDREN THAN ONE (The Histories of) or Goodness better than Beauty. *London, John Marshall, n. d.* [circa 1790], sq. 16mo. or. flowered-paper, boards, preserved in half-morocco case. **3.000 fr.**

Illustrated with a frontispiece and 17 splendid woodcuts. The advertisement reads : *The little book now presented to the public, has no other merit to boast, than that of being calculated, to engage the* attention *of Children, at the same time that it is totally free from the prejudical nonsense of* Witches, Fairies, Fortune-Tellers, Love *and* Marriage, *which too many are loaded with ; and as far more unintelligible, are consequently, less interesting to the infant reader than the incidents relating to a child,* a plum-cake, *or a* rattle ; *which, as they have all been seen and felt, can be much better understood.* At end, 2 page book list. *Fine copy.*

PLANCHE 74.

4184 MORE (Hannah). — ESSAYS on various subjects, principally designed for young ladies. A new edition with a memoir of the author. *Chiswick, C. Whittingham,* 1820, sm. 12mo. contemp. calf. gilt. **30 fr.**

Illustrated with a handsome engraved title with vignette. Finely printed at the Chiswick Press. *Fine copy.*

4185 **MORE (Hannah).** — THE PILGRIMS. Parley the Porter. The Servant man turned soldier. The Valley of Tears. The Grand assizes. *London, Sold by J. Evans and Sons, n. d.* [circa 1820], post. 12mo. or. half-leather, papers renewed. **160 fr.**

Collection of five chapbooks with many woodcuts, bound together. Dedication copy inscribed. *To my dear little friend miss Pigott, this small token of affection is presented by her affectionate friend. The author Hannah More, Berley Wood, July 1824.*

4186 **MORE SHORT STORIES** in words of two Syllables. By the Author of « Short Stories in one Syllable ». *London, J. Harris,* 1808, 12mo. or. half-leather, boards with or. ticket. *(Back rubbed).* **60 fr.**

FIRST EDITION. Engraved frontispiece *(tinted by a child).*

4187 **MORE TRIFLES !** for the Benefit of the Rising Generation. By the Author of « Juliana », etc., etc. *London, J. Harris,* 1804, post. 12mo. contemp. calf. **90 fr.**

FIRST EDITION. Illustrated with engraved frontispiece *(four ribbon bows added by a child's hand to four figures)* showing an audience watching an actor recite.

4188 **MOREL-VINDÉ (Ch.-G.).** — LA MORALE DE L'ENFANCE ou Collection de Quatrains moraux mis à la portée des enfants, et rangés par ordre méthodique. Cinquième édition, corrigée et augmentée. *Paris, P. Didot Aîné,* 1800, in-12 carré, broché, couv. pap. rose d'origine. **30 fr.**

Ce petit ouvrage a eu de nombreuses éditions ; on l'a même traduit en latin. Joli frontispice de Coiny. *Bel exemplaire.*

4189 **MORET (Eugène)** et **CAMILLE SCHNAITER.** — LES MIETTES DE LA SCIENCE distribuées à la jeunesse. *Paris, Amable Rigaud, s. d.* [vers 1855], in-8. *(Cartonnage toile rouge de l'éditeur),* titre et tr. dorées. **50 fr.**

8 lithographies en deux tons tirées chez *Becquet,* bandeaux et vignettes. Gros caractères. Larges interlignes. *Rousseurs.*

4190 **MORIN (Edmond).** — ALBUM DES JEUNES DEMOISELLES. *Paris, Aubert, s. d.* [vers 1850], in-8 oblong, cart. papier *de l'édit.* **200 fr.**

21 charmantes lithographies enfantines. La première (titre-frontispice) est reproduite sur la couverture papier vert. Joli petit album. *Bel exempl.,* mais le cartonnage est sans éclat.

4191 **MORIN (Edmond).** — COURS ET ÉTUDES D'ANIMAUX, d'après V. ADAM, COOPER et autres. *Paris, Aubert, s. d.* [vers 1845], in-8 obl., cart. papier *de l'éditeur.* **80 fr.**

Recueil de 24 très belles lithographies. Le cartonnage illustré de groupes et de têtes d'animaux sert de titre. A la fin, catalogue de 16 pp. des publications de la maison Aubert.

4192 **MORIN (Edmond).** — PETITS PRIX DE SAGESSE (No 2). *Paris, Aubert et Cie, s. d.* [vers 1840], in-16 obl., couvert. illustrée. **50 fr.**

27 lithographies d'*Edmond Morin,* tirées chez *Aubert :* scènes enfantines. Première couverture déchirée.

4193 **MORING (Michel).** — ALBUM DU JEUNE VOYAGEUR. *Paris, A. Desesserts, s. d.* [vers 1850], gr. in-4, cart. papier *de l'éditeur.* **1.000 fr.**

11 magnifiques lithographies de LOUIS LASSALLE sur fond chamois : scènes de la vie française, bretonne, espagnole, suisse, romaine, napolitaine, grecque, russe, écossaise, océanienne et chinoise. Chaque planche contient plusieurs personnages ; costumes intéressants. Texte agréablement écrit, imprimé en gros caractères. Vignettes sur bois. Cartonn. à fond blanc presque entièrement recouvert d'un très beau décor en chromolithographie ; dans un encadrement de petits sujets variés (château au bord d'un fleuve, bateau à vapeur, chalet suisse, ballon, moulin à vent) et de rinceaux dorés, grande image (scène exotique) de Louis Lassalle. Sur le second plat, au lieu de cette image, grand médaillon polychrome de style rocaille. Superbe exemplaire d'une fraîcheur irréprochable.

4194 **MORING (Michel).** — LA JEUNESSE HISTORIQUE ET CÉLÈBRE. Episodes, récits et nouvelles. *Paris, L. Vermot, s. d.* [vers 1850], in-4. *(Cartonnage papier de l'éditeur).* **250 fr.**

11 lithographies en deux tons, tirées chez *Destouches.* Vignette de titre. Imprimé en gros caractères. Cartonnage en chromolithographie, le premier plat détaché. *Quelques piqûres.*

4195 **MORING (Michel).** — RÉCRÉATIONS HISTORIQUES DE L'ENFANCE. Histoire de France. *Paris, Alphonse Desesserts, s. d.* [vers 1850], in-8, cartonnage en chromolithographie. *(Cart. de l'éditeur).* **2.000 fr.**

Illustré de 18 lithographies coloriées, non signées. Gros texte largement interligné. Cartonnage en chromolithographie d'une riche composition. Lambris de pourpre surmonté de l'aigle impériale, casque de chevalier, armes de France aux trois lys d'or, tambours, trophée. Couverture de toute beauté. Magnifique exemplaire de toute fraîcheur. Episodes de l'Histoire de France sous forme de « récréations ».

4196 **MORING (Michel).** — RÉCRÉATIONS HISTORIQUES DE L'ENFANCE. Histoire de France. *Même ouvrage, même édition,* cartonn. identique. **800 fr.**

Très frais. Quelques rousseurs au dos des lithographies.

4197 **MORING (Michel).** — RÉCRÉATIONS HISTORIQUES DE L'ENFANCE. Histoire de France. *Même ouvrage, même édition,* cartonn. identique. **100 fr.**

Gravures en noir. Dos réparé. Légères rousseurs.

4198 **MORING (Michel).** — LA VEILLÉE DE NOEL ou les Récits de la Fileuse. *Paris, A. Marcilly, s. d.* [vers 1840], in-4. *(Cartonnage toile marron de l'éditeur),* titre doré. **100 fr.**

12 belles lithographies à pleines pages tirées en deux tons chez *Lemercier.* L'une d'elles représente Bonaparte et Carnot questionnant Jacquart sur son invention.

4199 **MORITZ (Karel Philip).** — PROEVE EENER KORTE BEOEFFENDE REDENEERKUNDE voor de Jeugd. *Amsterdam, Schalekamps,* 1799, pet. in-8, cart. papier marbré. *(Cart. de l'époque).* **800 fr.**

PREMIER TIRAGE. Premiers exercices de lecture pour les enfants. Ouvrage illustré de 64 figures finement gravées par *Huyser*, d'après *Chodowiecki* sur 7 planches. Plusieurs de ces gravures sont *d'une grande finesse* et représentent de charmantes scènes.

4200 MORLENT (Joseph). — LES ROBINSONS FRANÇAIS ou la Nouvelle Calédonie. *Tours, Mame*, 1856, in-8, cart. papier *de l'édit.* **15 fr.**

PREMIÈRE ÉDITION. Frontispice lithographié de *Lovieille*. Cart. papier noir orné de plaques dorées.

4201 MORLEY (Christopher). — THE ROCKING HORSE. *New York, George H. Doran Company, n. d.* (1919), or. paper boards with tickets. **250 fr.**

Very fine copy as new, of this collection of poems for children.

4202 MORTIMER (Thomas). — A GRAMMAR, illustrating the principles and practise of trade and Commerce, for the use of Young Persons intended for Business. *London, Richard Phillips*, 1810, sm. 12mo. or. **300 fr.**

FIRST EDITION. Folding frontispiece showing the Royal Exchange. The author wrote many books on economics and business including, *Every Man his own Broker*, the *Dictionary of Commerce*, etc., etc.

4203 MOSAIQUE DES DAMES. *Paris, Marcilly, s. d.* [vers 1840], in-32. *(Carlonnage papier de l'éditeur).* **65 fr.**

Titre gravé (vignette) et 4 figures finement gravées. Cartonnage bleu de ciel, cadre et rinceaux estampés à froid, titre doré. Calendrier pour 1841. Rousseurs. Cartonnage rare et d'une parfaite fraîcheur.

4204 MOTHER BUNCH'S FAIRY TALES, for the Amusement of little Masters and Misses. *London, Jas. Imray, n. d.* [circa 1805], sm. 16mo. or. wrappers, preserved in half-morocco case. **600 fr.**

Illustrated with 8 copper plates (including charming vignette on engraved title). The stories are *Prince Lupin, Princess Frutilla* and *Yellow Dwarf*. Fine copy.

4205 MOTHER BUNCH'S FAIRY TALES. Published for the Amusement of all those Little Masters and Misses who, by Duty to their Parents, and Obedience to their Superiors, aim at becoming Great Lords and Ladies. *Glasgow, J. Lumsden and Son, n. d.* [circa 1805], 24mo. or. wrappers, preserved in half-morocco case. **750 fr.**

Frontispiece engraved on wood and 6 naïve plates engraved on copper and printed in light green. *Fine copy.*

4206 MOTHER BUNCH (The Celebrated Tales of) as originally related. *London, John Harris, n. d.* (1820), 12mo. or. half-leather. **200 fr.**

Three curious, engraved plates, two of which, show people transported in the air : two in a chariot drawn by birds, and one flying on a bird. *Very fine copy.*

4207 MOTHER BUNCH AND TOM HOP O'MY THUMB. *London, E. Wallis, n. d.* [circa 1830], 12mo. or. printed wrappers. **400 fr.**

8 hand-coloured woodcuts. *Fine copy.*

4208 MOTHER'S CARE REWARDED (A) in The correction of those defects most general in Young People, during their education. *London, William Darton, n. d.* (1824), or. half-leather, boards. *(Rubbed).* **45 fr.**

Illustrated with 3 charming engravings. Engraved advertisement of William Darton at end.

4209 MOTHER GOOSE (Interesting History of). *London, Printed for the Booksellers, n. d.* [circa 1840], oblong 4to. or. wrappers. **80 fr.**

SPECIMEN PROOF. Illustrated with 8 hand-coloured woodcuts.

4210 MOTHER GOOSE and the Golden Eggs. *London, Dean and Son, n. d.* [circa 1845], 8vo. or. printed wrappers. **40 fr.**

Illustrated with 8 splendid hand-coloured woodcuts. Much fingered copy, with one or two small tears *(not affecting text).*

4211 MOTTE FOUQUÉ (De La). — SINTRAM AND HIS COMPANIONS from the German... *London, James Burns, n. d.* [circa 1870], 12mo. or. cloth, gilt, t. e. g. **30 fr.**

10 illustrations by H. C. Selous. A few leaves loose.

4213 MUCHLER (K.). — LEHRREICHE ERZAH-LUNGEN FUR KINDER. *Berlin, J.-G. Hasselberg, s. d.* [vers 1820], pet. in-8, cart. papier bleu impr. *(Cart. de l'éditeur).* **180 fr.**

Recueil orné d'un titre gravé avec charmante vignette et de 8 figures coloriées par *Weber*, représentant des scènes enfantines.

4214 MUIRANCOURT (Mme** J. de). — HISTO-RIETTES A MES NEVEUX.** *Paris, Caillot, s. d.* [vers 1820], in-16. *(Couvert. imprimée de l'éditeur).* **80 fr.**

ÉDITION ORIGINALE. 4 pl. gravées. Larges interlignes. Cinq histoires morales, dont une a pour cadre la Campagne de Russie, racontées par une tante à ses neveux.

4215 MULLER (Alexandre). — VOYAGE EN ALSACE ET EN LORRAINE. *Rouen, Mégard*, 1857, in-12. *(Carlonnage toile marron de l'éditeur).* **20 fr.**

4 pl. gravées : Bar-le-Duc, Metz, Cathédrale de Strasbourg, Jeanne d'Arc. Cartonn. décoré de croix et fleurons dorés et à froid. *Bel exemplaire.*

4217 MULLER (Elisabeth). — LE MONDE EN ESTAMPES. Types et costumes des principaux peuples de l'univers ; lithographiés par J. Bocquin, d'après les dessins de MM. Leloir et Fossey. Texte par Elisabeth Müller. *Paris, Amédée Bédelel, s. d.* [vers 1850], in-4, obl., demi-basane bleue. *(Rel. de l'ép.).* **125 fr.**

PREMIER TIRAGE. 22 grandes planches lithographiées *(au lieu de 23)* par *J. Bocquin*, tirées en 2 tons et coloriées chez *Lemercier*, d'après les dessins de *Leloir* et *Fossey*. Très nombreux sujets de costumes de tous les pays du monde. Rousseurs *passim*. MANQUE 1 FEUILLET (pages 39-40). Réparation à une planche.

4218 MULLER (Elisabeth). — LE MONDE EN ESTAMPES. Géographie pittoresque. Types et costumes lithographiés d'après les tableaux de MM. Leloir et Fossey. *Paris, Bédelet, s. d.* [vers 1860], in-4 oblong, cart. toile rouge percal., titre frappé en or, dos chagrin, tr. dorées. *(Rel. de l'édit.).* **300 fr.**

Le même ouvrage que le précédent. 23 jolies lithographies en couleurs. 51 pages de texte. Légèrement déboîté.

4219 MULLER (Elisabeth). — LE MONDE EN ESTAMPES. *(Cartonnage toile de l'éditeur),* tr. dorées. **150 fr.**

Même ouvrage, même édit. que le précédent. Les lithographies, tirées en deux tons, ne sont pas coloriées. *Bel exemplaire.*

4220 MULLER (Elisabeth). — PLAISIR ET SAVOIR. Huit jours au Musée de Versailles... *Paris, Amédée Bédelet, s. d.* [vers 1853], in-8 carré, cart. toile violette, décors polychromes, tr. dorées. *(Cart. de l'édit.).* **250 fr.**

Douze jolies gravures en couleurs hors-texte, non signées. L'ouvrage est une suite d'entretiens familiers sur l'Histoire de France entre un grand-père et ses petits enfants. Jolie décoration or, rouge, vert, blanc et outremer : plaque composée de deux piques supportant des écussons armoriés, avec banderolles, aigles, couronne impériale, croix d'honneur, armes de France et couronne royale, bouclier, etc. Au second plat, dans un médaillon, quatre petits écussons : Compiègne, Versailles, Saint-Germain-en-Laye, Fontainebleau. *Bel exemplaire de toute fraîcheur.*

4221 MULLER (Elisabeth). — PLAISIR ET SAVOIR... *Paris, A. Bédelet, s. d.* [vers 1853], in-8, cart. toile violette, décors polychromes, tr. dorées. *(Cart. de l'édit.).* **300 fr.**

Le même ouvrage, mêmes illustrations. Cart. décoré d'une plaque polychrome semblable à celle du n° précédent. Le second plat est orné d'un écusson or, rouge et bleu sur un bouclier, etc. *Bel exemplaire.*

4222 MULLER (Elisabeth). — PLAISIR ET SAVOIR. *Paris, Amédée Bédelet, s. d.* [vers 1853], in-8, cartonnage en chromolithographie. *(Cart. de l'édit.).* **250 fr.**

Même édition, mêmes gravures. Cartonnage lith. colorié, blasons, armures, boucliers, armes de France. *Cartonnage rare.*

4223 MUNGO OR THE LITTLE TRAVELLER, to which is annexed, The Seven Wonders of the World. *Dublin, J. Jones,* 1822, sm. 12mo. or. calf. **60 fr.**

Illustrated with seven woodcuts *(Falls of Niagara, Pyramids, etc.). Fine copy.*

4224 [MURAT (Comtesse de)]. — I. CONTES DE FÉES, dédiéz à Son Altesse Sérénissime Madame la Princesse Doüairière de Conty, par Mme la comtesse de M***. *Paris, au Palais, chez Cl. Barbin,* 1698, in-12, de 4 ff. n. ch. et 408 pp. ch. *Ensemble,* II. LES NOUVEAUX CONTES DES FÉES, par Mme de M***. *Paris, Cl. Barbin et Ricœur,* 1710, in-12, 1 f. pour le titre et 104 pp.

ch., 2 ouvr. en 1 vol. in-12, v. f., dos à n. orné, pièce rouge, tr. jasp. *(Rel. anc.).* **3.000 fr.**

ÉDITION ORIGINALE de ces célèbres contes de fées comprenant : *Le Parfait Amour, Anguillette, Jeune et Belle.* Ces 3 contes, composant le premier recueil de cet auteur, sont de beaucoup les meilleurs (*M.-E. Storer,* p. 150). Ils furent souvent réimprimés avec les *Nouveaux Contes,* qui sont joints dans cet exemplaire, en 2° édition. Ces Nouveaux Contes sont : *Le bonheur des Moineaux* (en vers), *Le Palais de la Vengeance, Le Prince des Feuilles, L'Heureuse Peine.* (*Rochebilière,* 545). Bel exemplaire. Un coin émoussé.

4225 [MURAT (Comtesse de)]. — CONTES DE FÉES, etc. *Même ouvrage, même édition que le précédent* (I), maroquin poli rouge, dos à nerfs très finement orné, encadrement de 3 fil. autour des plats, large dent. int., tr. dor. *(Thibaron-Joly).* **2.000 fr.**

ÉDITION ORIGINALE. Magnifique exemplaire très grand de marges, 156 mm. (*Rochebilière,* 545).

4226 [MURAT (Comtesse de)]. — LES NOUVEAUX CONTES DE FÉES, par Mme de M***. *Paris, Cl. Barbin et Ricœur,* 1700, in-12, 1 f. pour le titre et 104 pp. ch., maroquin rouge, dos à n. jansén., dent. int., tr. dor. *(Masson-Debonnelle).* **800 fr.**

Superbe exemplaire de cette rare édition. Voir n° précédent.

4227 [MURAT (Comtesse de)]. — HISTOIRES SUBLIMES ET ALLÉGORIQUES, par Mme la Comtesse D***, dédiées aux fées modernes. *Paris, Florentin et Pierre Delaulne,* 1689, 2 parties en un vol. in-12, veau brun. *(Rel. anc. restaurée).* **800 fr.**

ÉDITION ORIGINALE. Rare. 6 ff., 232 et 212 pp. Souvent attribué à Mme d'Aulnoy, cet ouvrage est indiscutablement de Mme de Murat. Mlle Elisabeth Storer (*La Mode des Contes de Fées,* pp. 140-159) consacre à l'auteur et aux *Histoires sublimes* un important chapitre.

4228 MUSAEUS (J.-C.-A.). — CONTES POPULAIRES DE L'ALLEMAGNE, traduits par A. CERFBEER DE MÉDELSHEIM [Première partie]. *Paris, Havard,* 1846, pet. in-8 carré, cartonn. toile bleue, fers spéciaux dorés au dos et sur les plats, encadr. à froid, tr. dor. *(Cartonn. d'édit.).* **200 fr.**

ÉDITION ORIGINALE illustrée de 300 vignettes « allemandes » gravées sur bois. (*Vicaire,* V, 1205). Très bel exemplaire.

4229 MUSÉE DE L'ENFANCE ou Galerie d'animaux sauvages et domestiques de tous les pays. *Paris, Alexis Eymery,* 1817, in-8 obl. *(Cartonnage papier de l'éditeur).* **500 fr.**

Charmant frontispice, titre et 16 planches gravées et coloriées. Accompagné d'une « Notice historique sur leurs mœurs [des animaux], leur industrie, leurs habitudes, etc., suivi d'une nomenclature d'animaux les plus généralement connus dans les quatre parties du monde ». *Dos refait.*

4230 MUSÉE DES DAMES (LE) et des demoiselles. *Paris, Marcilly, s. d.* [vers 1825], 6 vol. in-12. *(Cartonnages papier de l'éditeur, boîte de l'époque).* **2.500 fr.**

Règne animal, règne minéral, règne végétal. 1 lithographie coloriée par volume et vignettes. Exemplaire de toute beauté sous son cartonnage jaune paille, avec, au centre une lithographie coloriée, résumant le contenu du volume. Grande boîte, divisée en deux compartiments, non moins remarquable. Sur les côtés, guirlande de fleurs et de fleurons ; sur le dessus, cadre formé de fleurons, coquilles aux angles, fond jaune paille, que surmonte le titre. Grande lithographie coloriée ovale ; de deux jeunes femmes en costumes de l'époque, une, un filet à la main, cherche à attraper des papillons, l'autre place dans une corbeille des fruits que lui passe une petite fille. Oiseau dans une volière, ruches d'abeilles, perroquet, arbres et lauriers dans leurs caisses.

PLANCHES 297.

4231 MUSÉE DES DAMES (LE) et des demoiselles. *Paris, Marcilly, s. d.* [vers 1825], 6 vol. in-12. *(Cartonnages papier de l'éditeur, boîte de l'époque).*   **1.500 fr.**

Même ouvrage, mêmes illustrations que le précédent. Exemplaire incomparable de fraîcheur sous son cartonnage rose. Boîte : feuilles de chêne et glands, or en relief ; sur le dessus, cadre formé d'une guirlande, coquilles aux angles, papier rose, titre lithographié.

4232 MUSÉE DES DAMES (LE) et des demoiselles. *Paris, Marcilly, s. d.* [vers 1825], 6 vol. in-12. *(Cartonnages papier de l'éditeur, boîte de l'époque).*   **1.250 fr.**

Même ouvrage, mêmes illustrations que le précédent. Exemplaire superbe de fraîcheur sous un cartonnage vert clair, contenu dans une boîte : les côtés, décor pompéien or en relief, cornes d'abondance ; le dessus, cadre or, dendelle forme de fleurons, petits Polichinelles dans les angles, papier crème portant le titre lithographié. *Boîte légèrement frottée.*

4233 MUSÉE DES DAMES (LE) et des demoiselles. *Paris, Marcilly, s. d.* [vers 1825], 6 vol. in-12. *(Cartonnages papier de l'éditeur, boîte de l'époque).*   **1.000 fr.**

Même ouvrage, mêmes illustrations que le précédent. Très bel exemplaire, malgré quelques légères rousseurs, sous son cartonnage mauve. Boîte, les côtés, décor pompéien or en relief, cornes d'abondance ; sur le dessus : cadre formé de fleurons, coquilles aux angles, papier bleu de ciel, titre lithographié.

4234 MUSÉE DES DAMES (LE) et des demoiselles. *Paris, Marcilly, s. d.* [vers 1825], 6 vol. in-12. *(Cartonnages papier de l'éditeur, étui).*   **500 fr.**

Même ouvrage, mêmes illustrations que le précédent. Cartonnages en papiers de couleurs différentes dans des tons clairs. Plats estampés à froid, titres lithographiés. Légères rousseurs. *Cartonnage très frais.*

4235 MUSÉE DES DAMES (LE) et des demoiselles. *Paris, Marcilly, s. d.* [vers 1835], 5 volumes in-12. *(Cartonnages papier de l'éditeur, boîte de l'époque).*   **1.000 fr.**

Même ouvrage, mêmes illustrations que le précédent. Exemplaire de toute fraîcheur sous des cartonnages de papiers de diverses couleurs, dans des tons clairs. Au centre de chaque volume : une lithographie coloriée, résumant son contenu. Boîte sur les côtés, large guirlande or en relief, sur le dessus cadre formé de fleurs, fleurons aux angles. Titre lithographié sur papier mauve. Un montant intérieur de la boîte manque, les coins légèrement frottés. Cette boîte n'a été faite que pour 5 volumes. Afin de compléter la collection nous ajoutons le sixième (les oiseaux) sous un cartonnage différent.

4236 MUSÉE DES DAMES ET DEMOISELLES. *S. l. n. d.* [vers 1830], 2 vol. in-12. *(Cartonnages papier de l'éditeur).*   **160 fr.**

Règne animal, Règne végétal. Une planche gravée et coloriée dans chaque volume. Cartonnages clairs, estampés à froid. Titres lithographiés. *Bel exemplaire.*

4237 MUSÉE DES ENFANS. *Paris, Aubert, s. d.* [vers 1833], in-8, demi-chagr. rouge *(Rel. de l'ép.).*   **250 fr.**

6 numéros de ce journal pour enfants, contenant de nombreuses gravures sur bois d'après les dessins de *Eugène Forest, Jules Arnout, Geille, H.-G. Fontallard, Pigal, F. Delarue, Bourdet, Bouchot, Vattier, etc.* Très amusant ensemble où on trouve 35 dessins de Bouchot illustrant les principaux épisodes des *Aventures de Jean-Paul Choppart,* le célèbre roman de Louis Desnoyers.

4238 MUSÉE DE LA JEUNESSE ou Choix de contes, fables, allégories et d'essais moraux, propres à former l'esprit et le cœur de la jeunesse, à l'usage des deux sexes, pris dans les meilleurs auteurs anglais, traduits par J.-F. André (des Vosges). *Paris, Le Prieur,* 1812, mar. vert à longs grains, dos orné, sans nerfs, filets sur les pl., dentelles extérieure et intérieure, tr. dorées. Au milieu du 1er plat : « Excellence pour les histoires » *(Rel. de l'ép.).*   **300 fr.**

8 jolies planches gravées. Légères rousseurs.

4239 MUSES ET FÉES. — Histoire des femmes mythologiques, dessins par G. STAAL, texte par MÉRY et le COMTE FOELIX. *Paris, G. de Gonet, s. d.* (1851), gr. in-8, cart. toile noire, décors polychromes, tr. dorées. *(Cart. de l'édil.).* **500 fr.**

ÉDITION ORIGINALE. Douze lithographies (frontispice compris), légèrement coloriées : les Génies de l'Olympe, les Nymphes, les Houris, les Ondines, Isis, la Korrigan, la Fée, etc. *Vicaire,* V, 772. — Décoration or, rouge, argent, vert, outremer, représentant sur le 1er plat une Willis (sylphide du Nord) et une Nymphe, inspirées de lithographies contenues dans le volume. Dos joliment orné or, vert, rouge et outremer. Motif floral polychrome sur le second plat. Très bel exemplaire d'un ouvrage rare en cette condition.

4240 MUSSET (Alfred de) et **P.-J. STAHL** (Hetzel). — VOYAGE OU IL VOUS PLAIRA. *Paris, Marescq et Cie, Gustave Havard,* 1853, gr. in-8. *(Cartonnage toile de l'éditeur).*   **200 fr.**

37 pl. hors-texte dessinées par TONY JOHANNOT, gravées sur bois par *Brugnot, Andrew, Best et Leloir, Piaud,* etc. ; vignettes gravées sur bois dans le texte. Cartonnage toile marron, tr. jasp. *Bel exemplaire.*

L'édition originale du *Voyage où il vous plaira* chez Hetzel, « ouvrage supérieurement exécuté, charmant comme texte et comme illustrations », date de 1843. Marescq et Havard en publièrent en 1852, une seconde édition imprimée chez Schneider. Celle-ci, datée de 1853 et imprimée chez Simon Raçon, doit donc constituer la troisième.

4241 MUSSET (Paul de). — MONSIEUR LE VENT ET MADAME LA PLUIE. *Paris, Hetzel,* 1846, pet. in-8 carré, cartonn. toile bleue, dos orné, fers spéciaux sur chaque plat, motifs à froid, tr. dor. *(Cartonn. d'édit.).*   **60 fr.**

ÉDITION ORIGINALE ornée de vignettes sur bois de *Gérard Seguin.* (*Vicaire,* V, 1315). Cartonn. un peu fané.

4242 MUSSET (Paul de). — MONSIEUR LE VENT ET MADAME LA PLUIE. *Paris, Hetzel, s. d.*

[vers 1880], in-8 carré, cart. toile rouge, tr. dor. *(Cart. de l'éditeur).* **25 fr.**

De la Petite Bibliothèque Blanche. Très nombreuses vignettes sur bois de Gérard Seguin. Cartonnage orné d'un médaillon en chromolith. sur toile représentant M. le Vent soufflant sur une guérite et renversant le factionnaire. Joli exemplaire de ce chef-d'œuvre de Paul de Musset.

4243 **MYRTLE (Harriet).** — THE LITTLE FOUNDLING, and othe tales. A Story Book for Summer. Written for young children. *London, Joseph Cundall, n. d.* [circa 1840], sq. 12mo. or. red cloth. **75 fr.**

FIRST EDITION. Lithographed frontispiece. Large type. *Fine copy.*

4244 **MYRTLE (Harriet).** — THE LITTLE SISTER. *London, Addey and Co,* 1852, oblong 8vo. half-morocco *(New binding).* **250 fr.**

FIRST EDITION. Illustrated with 16 remarkable handcoloured etchings by H. J. SCHNEIDER. *Fine copy, rare.*

4245 **MYRTLE (Harriet).** — THE PLEASURES OF THE COUNTRY. Simple stories for Young People. *London, Cundall and Addey,* 1851, sm. 4to. or. cloth, gilt. g. e. **400 fr.**

FIRST EDITION. Eight hand-coloured plates by JOHN GILBERT. *Fine copy.*

4246 **MYRTLE (Harriet).** — THE WATER LILY. *London, Thomas Bosworth,* 1854, 8vo. or. printed green boards. *(Back broken).* **50 fr.**

FIRST EDITION. Many woodcut illustrations by Hablot K. Brown (« Phiz »).

4247 **NADAUD (Gustave).** — [Chansons]. *Paris, au Ménestrel, s. d.* [vers 1845], in-4. *(Cartonnage papier de l'éditeur).* **75 fr.**

6 lithographies originales par CÉLESTIN NANTEUIL, JOREL, CHAM, illustrant le *Voyage aérien, Rose-Claire-Marie, Mon héritage, Paris, Jaloux, Jaloux ! Mes Mémoires,* de Gustave Nadaud. Musique notée. Titre imprimé or. Cartonnage papier blanc gaufré, grande plaque dorée sur le premier plat, tr. dorées. *Très bel exemplaire.*

4248 **NAPIER (Mrs C.).** — MORAL STORIES FOR CHILDREN. Part the First *(book complete thus).* *London, Bowdery and Kerby,* 1819, sm. 12mo. or. half-leather, boards. **60 fr.**

FIRST EDITION. Illustrated with 4 charming plates. The book is dedicated to *The Hon. Lady Frances Theophila Anne Hastings, eldest daughter of the Right Honorable the Earl and Countess of Huntingdon.* Large type.

4249 **NARDOUET (Mme la comtesse de).** — PETITE BIBLIOTHÈQUE PORTATIVE de la Jeunesse ou Choix d'anecdotes historiques, instructives et amusantes tirées des meilleurs auteurs. Troisième édition. *Paris, Langlumé,* 1833, in-12, demi-pap. veau bleu, tr. mouch. *(Rel. de l'époque).* **30 fr.**

Orné de 4 jolies figures à la manière noire. *Bel exempl.*

4250 **NATURAL HISTORY.** *London, J. Marshall, n. d.* [circa 1802], 64mo. or. boards with printed ticket. *(Back cover missing).* **80 fr.**

Title page missing. Illustrated with 85 engravings of animals, birds, fishes and plants.

4251 **NATURAL HISTORY** (An abridgement of) for the Use of Children. *London, Francis Wilson, n. d.* [circa 1815], sm. 12mo. or. printed wrappers. **125 fr.**

Frontispiece, vignette on title and 26 woodcuts by Bewick. *Fine copy.*
PLANCHE 115.

4252 **NATURAL HISTORY OF BIRDS,** containing A Familiar Survey of the Feathered Creation, for the Amusement and Instruction of Youth. *London, John Chappel, n. d.* [circa 1820], sm. 12mo. or. printed wrappers. *(With woodcut).* **60 fr.**

Hand-coloured frontispiece and 14 splendidly executed woodcuts of birds. *Fine copy.*

4253 **NAUBERT (Christine-Bénédicte).** — LINDORF ET CAROLINE ou les Dangers de la crédulité, traduit par Duperche. *Paris, Ouvrier,* 1802, 3 vol. in-12, demi-veau, dos orn. de pièces de mar. r. et v., tr. marb. *(Rel. de l'époque).* **100 fr.**

Histoire du fils unique d'un père immensément riche. *Christine Naubert,* romancière allemande (1757-1819), est l'auteur de nombreux romans, la plupart historiques, qui eurent à leur apparition un très grand succès. *Très bel exemplaire.*

4254 **NAUFRAGÉS (LES) AU SPITZBERG** ou les Salutaires effets de la confiance en Dieu. *Tours, Mame,* 1839, in-12, bas. marb., dos orné, pièce rouge, tr. marb. *(Rel. de l'époque).* **100 fr.**

PREMIÈRE ÉDITION ornée d'un titre gravé avec vignette et 3 figures gravées. Intéressante relation enfantine sur les *terres polaires :* le Groenland, les Esquimaux, la chasse à la baleine, etc. Qq. rouss.

4255 **NELK (L'Abbé).** — LE CHAPEAU, imité de l'allemand. *Paris, Gaume,* 1836, petit in-16, cart. papier *de l'édit.* **20 fr.**

Vignette sur bois sur le titre (reproduite sur le cartonnage à fond jaune, orné d'un cadre romantique). 2e édition revue.

4256 **NELK (L'Abbé).** — LA PENSÉE, imité de l'allemand. *Paris, Gaume,* 1836, petit in-16, cart. papier *de l'édit.* **20 fr.**

Vignette sur bois sur le titre, reproduite sur le cartonnage à fond jaune, orné d'un cadre romantique. Deuxième édition revue.

4257 **NÉRAUD (Jules).** — BOTANIQUE DE MA FILLE, revue et complétée par JEAN MACÉ. *Paris, Hetzel, s. d.* [vers 1880], in-8, plein chagr. bleu foncé, dos sans nerfs très orné, large encadr. de dent. et grecques dorées sur les plats, bouquet de fleurs et titre sur chaque plat, dent. int., tr. dor. *(Rel. de l'époque).* **800 fr.**

Nombreuses figures gravées sur bois d'après les dessins de *Lallemant.* Magnifique exemplaire.

4258 **NESBITT (M. L.).** — GRAMMAR-LAND or Grammar in Fun for the Children of Schoolroomshire. *London, Houlston and Sons,* 1877, 8vo. or. red cloth, gilt. **30 fr.**

Frontispiece and illustrated initials. A very amusing book which teaches grammar.

4259 NEUESTE BILDERFIBEL FUR GUTE KIN-
DER. [Vers 1850], in-12, broché, couv. coloriée.
60 fr.

Courts récits enfantins. 8 pages sont remplies de dessins
sur bois coloriés : animaux, outils et ustensiles domestiques.

4260 NEUVILLE (François de). — LOISIRS AR-
TISTIQUES. Etrennes à la jeunesse. *Paris, Challamel, s. d.* [vers 1845], in-4, cart. papier *de l'édit.*
125 fr.

12 belles planches gravées ou lithographiées, par *Alès,
Dubois, Génot, Gigoux, Gsell, Gudin, Gué, etc.* Elles représentent les églises de la Trinité et Saint-Martin de Vendôme, le rocher de Monaco, scène d'abordage en mer, etc.
Vignettes sur bois dans le texte. Nouvelles et notices. Cartonnage papier beige à petits dessins géométriques à froid.
Etiquette lithographiée or sur papier blanc collée sur le
1er plat. *Très bel exemplaire.*

4261 NEW CASKET (THE). Gift book for all Seasons. *London, Religious Tract Society, n. d.* [circa
1850], 12mo. or. red cloth, gilt, g. e. **125 fr.**

Illustrated with four beautiful plates in colour by the
Kronheim process, two of which show humming birds and
parrots.

4262 NEW CHILDREN'S FRIEND (THE) or Pleasing Incitements to Wisdom and Virtue... calculated to entertain, fortify, and improve the Juvenile Mind. Translated chiefly from the German.
London, J. Harris, 1806, sm. 12mo. or. half-leather, boards. *(Marble papers renewed).* **100 fr.**

Charming frontispiece. One of the tales is about Piz-
zaro's voyage to South America in search of gold.

4263 NEW CHILDREN'S FRIEND (THE). *London,
J. Harris,* 1806, sm. 12mo. or. half-leather boards.
(Back damaged). **80 fr.**

Another copy.

4264 NEW COBWEBS TO CATCH LITTLE FLIES.
London, Religious Tract Soc., 1839, sm. 12mo. or.
half-leather, boards. **75 fr.**

Illustrated with numerous woodcuts *(one coloured by
a child).* Each part has Stories in from 2 to 6 letters and
2 to 4 syllables.

4265 NEW HISTORY OF ENGLAND (A), from the
Invasion of Julius Cœsar, to the Battle of Waterloo. *Stourbridge, Hemind and Tallis,* 1816, sm.
16mo. or. printed boards. *(Worn).* **65 fr.**

Illustrated with a frontispiece engraved in wood and
34 woodcuts (Sovereigns of England) in text.

4266 NEW PANTOMIME, called Harlequin and
Mother Goose, or the Golden Egg, now performing with unbounded Applause at the theatre
Royal, Covent Garden : wherein is fully described
the transformations, scenes, etc., also the Songs...,
etc. *London, John Fairburn, n. d.* [circa 1815],
post 8vo. **150 fr.**

Hand-coloured frontispiece showing *Mr Simmons in
the Character of Mother Goose.*

4267 NEW PICTURE-GALLERY. *Guben, F. Fechner, n. d.* [circa 1840], sm. 12mo. or. coloured and
printed wrappers. **125 fr.**

Child's picture book illustrated with 100 objects in lithograph and hand-coloured. Titles under each picture in
English, German and French. *Fine copy.*

4268 NEWTON (John). — EBENEZER. A Memorial
of the Lord's Unchangeable Goodness under changing dispensations..., etc. *London, Houlston and
Son, n. d.* [circa 1815], sm. 16mo. or. printed
wrappers. **20 fr.**

2 page book list at end.

4269 NIELD (W. A.). — THE JUVENILE MUSI-
CAL LIBRARY. Consisting of National Stories,
newly set to Music..., etc. *London, Allan, Bell
and Co,* 1834, oblong 8vo. or. printed boards.
(Enclosed in cloth slip case). **800 fr.**

FIRST EDITION. Illustrated with 60 woodcuts from
the drawings by GEORGE AND/OR ROBERT CRUIK-
SHANK. The book contains, for the voice. 1. John Gilpin,
by Cowper. 2. Elegy on Madame Blaize, *by Goldsmith.*
3. The Fakenham Ghost, *by Bloomfield.* 4. The House
that Jack Built, etc. For the piano forte. 5. Rondino, *by
Steibelt.* 6. Rondino, *by Mozart.* Fine copy.

4270 NIERITZ (Gustave). — LES ÉMIGRANTS.
Narration pour les enfants et leurs amis. *Paris,
Belin-Leprieur et Morizot, s. d.* (1848), gr. in-12,
cart. percale noire, plats et dos orn. de fers spéciaux, tr. dor. *(Cart. de l'éditeur).* **150 fr.**

Histoire d'un menuisier allemand en Amérique. Elle est
ornée de 8 jolies lithographies en deux teintes par *Derancourt.* Exemplaire dans un cartonnage signé Lenègre, très
frais, dont les plats sont décorés de jolies plaques par
Haarhaus. Qq. rousseurs. *Nieritz,* littérateur allemand presque aussi populaire que le chanoine Schmid, est l'auteur
de nombreux ouvrages destinés à la jeunesse. *Bel exemplaire.*

4271 NIERITZ (Gustave). — LES ÉMIGRANTS...
Paris, Belin-Leprieur et Morizot, s. d. (1848), gr.
in-12, cart. percale br.; plats et dos orn. de fers
spéciaux, tr. dor. *(Cart. de l'éditeur).* **80 fr.**

Même édition que la précédente. Les lithographies sont
FINEMENT COLORIÉES. Légèrement piqué. Cart.
défraîchi. Mouillures à quelques feuilles.

4272 NIERITZ (Gustave). — LES ÉMIGRANTS...
Paris, Belin-Leprieur et Morizot, s. d. (1848), petit
in-8, cart. toile noire, décors dorés, tr. dorées.
(Cart. de l'édit.). **300 fr.**

Même édition que la précédente. Les lithographies
sont coloriées. Plusieurs de ces jolies illustrations représentent des Indiens d'Amérique. La préface est signée
Ch. Paya. Le nom du traducteur n'est pas indiqué. Décor
doré genre cathédrale, signé *Haarhaus.* TRÈS BEL EXEM-
PLAIRE.

4273 NIERITZ (Gustave). — LES ENFANTS
D'EDOUARD. *Paris, Belin-Leprieur et Morizot,
s. d.* (1849), in-8, cart. percale bleue, plats et dos
orn. de fers spéciaux mosaïqués, tr. dor. *(Cart. de
l'éditeur).* **125 fr.**

Traduction de Mlle *Aline Désir* revue et augmentée d'un
précis historique de la guerre des Deux Roses, par *J.-B.-J.
Champagnac.* Elle est ornée de 8 très jolies lithographies
finement coloriées. Cart. sans éclat.

4274 **NINGAM (E.).** — MADEMOISELLE ZI-NETTE ou Journée d'une petite fille bien sage avec sa poupée. *Paris, Magnin, Blanchard et Cie, s. d.* [vers 1867], in-4 obl. *(Cartonnage toile de l'éditeur).* **200 fr.**

Titre et 19 grandes lithographies coloriées d'*Albert Chéreau*, tirées chez *Godart*. Cartonnage toile marron, titre or. Quelques rousseurs.

4275 **NINGAM (H.) ET A CHÉREAU.** — VOYAGES CURIEUX D'UNE POUPÉE. *Paris, Vve Magnin, s. d.* [vers 1867], in-4 obl. *(Cartonnage toile de l'éditeur)*, titre doré. **250 fr.**

24 lithographies coloriées de *A. Chéreau*. Le naufrage d'une poupée et ses aventures chez les Sauvages. Dos déboîté.

4276 **NIOGRET (Eug.).** — ANNETTE ou l'Enfant de la Charité. *Paris, Lehuby,* 1839, in-12, demi-bas. brune, coins, dos orné, tr. jasp. *(Rel. de l'ép.).* **100 fr.**

Titre dans encadrement sur bois et 3 jolies figures. A la fin, intéressant *catalogue de la Librairie de l'Enfance Lehuby* (12 pp.), constituant un important document pour la bibliographie des livres d'enfants.

4276 *bis* **NOBLE, PRANCING, CANTERING HORSE (THE).** A New Game of Questions and Commands. *London, D. Carvalho, n. d.* [circa 1825], sm. 8vo. or. wrappers with coloured engraved ticket, preserved in half-morocco case. **1.500 fr.**

Illustrated with vignette on title and 14 hand-coloured engravings, one showing a balloon ascension. Fine copy.

4277 **NODIER (Charles).** — LE LIVRE DES JEUNES PERSONNES. Extraits de prose et de vers... avec préface de M. Ch. Nodier. *Bruxelles, Société Littéraire Belge,* 1838, 2 vol. in-8 demi-maroq. à long grain vert foncé, dos à n., plats ornés, coins, tr. mouch. *(Rel. de l'ép.).* **150 fr.**

Édition rare de ce recueil contenant des morceaux de *Chateaubriand,* Mme *Desbordes-Valmore, Hugo, Lamartine,* Mme *de Staël, etc.* Trois figures lithographiées, non signées. Très bel exempl. dans une fraîche demi-reliure de style. Qq. lég. rouss.

4278 **NODIER (Charles).** — TRÉSOR DES FÈVES ET FLEUR DES POIS. Le Génie Bonhomme. Histoire du chien de Brisquet. *Paris, Hetzel,* 1844, petit in-8 carré, cartonn. toile bleu foncé, dos orné de motifs dorés, encadrement à froid autour de chaque plat, fer doré spécial au centre, tr. dor. *(Cartonn. d'édit.).* **150 fr.**

PREMIÈRE ÉDITION illustrée et, sous ce titre, faisant partie de la Collection du *Nouveau Magazine des Enfants.* Frontispice et nombreuses vignettes gravées sur bois d'après TONY JOHANNOT. Préface de *P.-J. Stahl.* (*Vicaire,* VI, 112).

4279 **NODIER (Charles).** — TRÉSOR DES FÈVES, ETC. *Même ouvrage, même édit. (Cartonn. d'édit.).*

Un peu déboîté. **100 fr.**

4280 **NODIER (Charles).** — TRÉSOR DES FÈVES. *Même ouvrage, même édition. (Cartonn. d'édit.).*

Un peu dérelié et déboîté. **50 fr.**

4281 [**NODOT (Paul-François)**]. — HISTOIRE DE MÉLUSINE, princesse de Lusignan et de ses fils..., desquels l'illustre maison de Lusignan tire son origine. *Paris, Vve Claude Barbin,* 1700, in-12, veau marbré, dos orné, pièce cuir. *(Rel. anc.).* **600 fr.**

La préface, dédiée « A Son Altesse Royale Mademoiselle » est surmontée, en bandeau, d'une planche gravée emblématique. La première édition de l'*Histoire de Mélusine* avait paru en 1698. Nodot s'est beaucoup servi pour sa rédaction, la modernisant, la romançant et la dénaturant, de la chronique de Jean d'Arras, rédigée au xvie siècle, et aussi des *Entretiens du comte de Gabalis,* de l'abbé Montfaucon de Villars.

4282 **NOISY (C.-B.).** — LES FEMMES CÉLÈBRES DE LA RÉVOLUTION. *Rouen, Mégard,* 1860, in-8, cart. toile vert foncé, décors polychromes, tr. dorées. *(Cart. de l'édit.).* **35 fr.**

4 gravures de *Buland* représentant Marie-Antoinette au tribunal révolutionnaire, l'assassinat de la princesse de Lamballe, Elisabeth Cazotte protégeant son père, l'arrestation de Charlotte Corday. Type de cartonnage rare, orné d'un large cadre de mascarons rocaille disposés d'une façon originale.

4283 **NOISY (C.-B.).** — JOSÉ ou l'Enfant de la Providence. *Rouen, Mégard et Cie,* 1858, in-12, cart. percale br., plats orn. de losanges à fr. avec fleurons dor., dos orn. en long, tr. dor. *(Cart. de l'éditeur).* **10 fr.**

De la collection : *Bibliothèque morale de la Jeunesse.* Frontispice gravé.

4284 **NORMANDIE.** [La France en miniature]. *Paris, Marcilly* [vers 1840], in-16. *(Cartonnage papier de l'éditeur).* **125 fr.**

2 planches gravées et coloriées ; l'une d'elles est reproduite, également coloriée sur le premier plat du cartonnage. Filets or et fleurons aux angles.

4285 **NORRIS (Emilia Marryat).** — THE CHILDREN'S PIC-NIC and what came of it. *London, Griffith and Farran,* 1868, 8vo. cr. cloth, gilt. *(Worn).* **60 fr.**

Four hand-coloured plates by Augusta Marryat. 32 page book catalogue at end. Flyleaf torn out.

4286 **NORTHERN REGIONS** or A Relation of Uncle Richard's Voyages for the Discovery of a North-West Passage... *London, J. Harris,* 1825, sm. 8vo. or. printed boards. **400 fr.**

FIRST EDITION. Illustrated with 24 splendid engravings of Northern Scenes and a folding map. The book is an abridged account of the famous northern expeditions of the period, with details and manners of the Esquimaux and North American Indians, etc. *Fine copy.*

4287 **NORTON (Hon. Mrs).** — AUNT CARRY'S BALLADS FOR CHILDREN. Adventures of a Wood Sprite. The Story of Blanche and Brutikin. *London, Joseph Cundall,* 1847, 4to. or. cloth, g. e. **90 fr.**

FIRST EDITION. Illustrated with 7 *(should be 8)* remarkable plates by JOHN ABSOLON printed in colour.

4288 **NORTON'S STORY BOOK (Mrs).** Composed for the Amusement of her Children to which are added Instructions for the proper Application of the Stories. *London, J. Marshall and Co, n. d.* [circa 1790], sm. 16mo. or. flowered-paper wrappers. *(Back strip missing).* Preserved in half-morocco case.   **2.500 fr.**

17 splendid woodcuts, several very interesting for the feminine fashions. Two page book list at end. *Fine copy.*
Planche 76.

4288 bis NORTON'S STORY BOOK (Mrs). *London, John Marshall, n. d.* [circa 1780], 16mo. or. flowered-paper boards. *(Back strip missing).*   **300 fr.**

17 charming, well-executed woodcuts. Two page book list at end. LACKS 2 LEAVES *(frontispiece and title page).* The text and Editor's Address is complete.

4289 NOS JOLIS ANIMAUX. Petites leçons pour de petits lecteurs. *Toulouse, Société des livres religieux,* 1873, in-12. *(Cartonnage papier de l'éditeur).*   **20 fr.**

6 chromolithographies et vignettes sur bois dans le texte. Larges interlignes. Le premier plat, en chromolithographie, est détaché.

4290 NOSEGAY, FOR THE TROUBLE OF CALLING (A) or Sports of Childhood. *London, W. Darton, jun.* 1813, 12mo. or. printed wrappers, preserved in half-morocco case.   **700 fr.**

FIRST EDITION. Illustrated with 36 spirited woodcuts executed by THURSTON, showing games, including cricket, ballooning, etc. Tuer, F. C. B. page 261. *Fine copy.*

4291 NOUGARET (P.-J.-B.). — BEAUTÉS DE L'HISTOIRE DE RUSSIE, contenant tout ce qu'il y a de plus curieux et de plus remarquable dans les Annales de cette nation, etc. Ouvrage destiné à l'instruction de la jeunesse. Seconde édition. *Paris, Belin-Le Prieur,* 1820, in-12, v. mouch., dos orné, petite guirlande autour des plats, tr. marb. *(Rel. de l'ép.).*   **175 fr.**

Orné de 12 jolies figures en taille-douce non signées. *Très bel exemplaire.*

4292 NOUGARET (P.-J.-B.). — LE RAYNAL DE LA JEUNESSE ou Précis de l'Histoire intéressante des établissements des Européens dans les deux Indes. Ouvrage consacré à l'amusement de la jeunesse. *Paris, A. Eymery,* 1821, in-12, bas. marbr., dos bien orné, pièce rouge, guirlande autour des pl., tr. j. *(Rel. anc.).*   **200 fr.**

ÉDITION ORIGINALE de cet ouvrage célèbre dû au littérateur et agent politique qui produisit une infinité de livres de ce genre qui eurent tous maintes éditions. Six figures en taille-douce. C'est un abrégé du grand ouvrage de *Raynal* et un intéressant *américana.* Très bel exemplaire. *Ex-praemio* sur le 1er plat.

4293 [NOUGARET (P.-J.-B.)]. — THÉATRE A L'USAGE DES COLLÈGES, des Écoles Royales militaires et des pensions particulières. *Paris, Defer de Maisonneuve,* 1789, 2 vol. in-12, demi-bas. marb., dos orné, pièces de couleurs, tr. r. *(Rel. anc.).*   **130 fr.**

ÉDITION ORIGINALE contenant, entre autres pièces : *Gulliver chez les Lilliputiens, L'Assemblée des Animaux. Athalie arrangée pour être représentée par des jeunes gens, etc.* Forte rousseur au tome I. Bon exempl. malgré les coiffes usées.

4294 NOUVEAU CHOIX de jolies histoires, intéressantes et morales, *Paris, J. Langlumé et Peltier,* 1830, petit in-16, broché, couv. muette.   **125 fr.**

4 gravures hors-texte. Anecdotes historiques et autres : Trait de justice, Une femme sauve toute une place de la fureur de l'ennemi. La calomnie punie. Anecdote attendrissante *(sic).* Bel exemplaire entièrement non rogné.

4295 NOUVEAU LIVRE DES PETITS GARÇONS. Chasses, pêches, marines, combats, etc. *Paris, Bédelet, s. d.* [vers 1845], in-12, broché, couv. en chromolith.   **300 fr.**

Illustré de 6 gravures coloriées, dont une, le frontispice, reproduisant l'illustration de la couverture : enfant pêchant à la ligne. Second plat : attributs d'étude et de jeu. Texte largement interligné. *Très bel exemplaire.*

4296 NOUVEAU MAGASIN DES ENFANTS (LE), par Alexandre Dumas et Alphonse Karr. *Paris, J. Hetzel,* 1860, in-8. *(Cartonnage toile de l'éditeur),* fers spéciaux, tr. dorées.   **100 fr.**

ÉDITION ORIGINALE. Frontispice, vignette de titre et 300 vignettes dans le texte par BERTALL et *Lorentz.* Cette quatrième série du Nouveau Magasin des enfants contient : *Histoire d'un casse-noisette* et *Les Fées de la mer.* Bel exemplaire.

4297 NOUVEAU MONDE (LE). *Paris,* [*Magasin de l'Enfance*], *s. d.* [vers 1855], in-12. *(Cartonnage papier de l'éditeur).*   **300 fr.**

16 lithographies dépliantes admirablement dessinées et coloriées. Le Nouveau Monde est symbolisé par des costumes humains : le renard déguisé en avocat, le lion en roi, l'âne en savant, le cheval en sportsman, etc. Exemplaire très frais d'un recueil amusant et peu commun.

4298 NOUVEL ABRÉGÉ DE TOUS LES VOYAGES AUTOUR DU MONDE, depuis Magellan jusqu'à d'Urville et Laplace (1519-1832). *Tours, Mame,* 1846, 2 vol. in-12, cart. toile bleue, décors dorés. *(Cart. de l'édit.).*   **100 fr.**

8 gravures (le titre en indique seize, par erreur très certainement) représentant les principaux épisodes des voyages célèbres de *Cook, Freycinet, Drake, Bougainville* etc. Très intéressant récit de tous les grands voyages de découvertes, depuis *Magellan* jusqu'à *Dumont d'Urville et Laplace.* Trois-mâts doré sur les plats. *Très bel exempl.*

4299 NOUVELLE GÉOGRAPHIE EN ESTAMPES. Revue pittoresque de l'Univers... par A. VANAULT, CH. RICHOMME et A. CASTILLON. Ouvrage dédié à la jeunesse. *Paris, A. Bédelet, s. d.* [vers 1860], gr. in-8, cart. toile noire, décors polychromes, tr. dorées. *(Cart. de l'édit.).*   **500 fr.**

12 lithos en couleurs de A. Leloir, Hadamar et P. de Saint-Germain, représentant les types et costumes. Nouvelles, contes, légendes et aperçus historiques sur les mœurs, usages, costumes des différents peuples. Décor rouge, or, vert, olive et violet ; une femme, tenant une sphère, personnifie la Géographie, dans un cadre de fleurs et de feuillages. Dans le fond, monuments divers : cathédrale, mosquée, pagode... Bel exemplaire.

4300 **NOUVELLE PASQUILLE** sur les Amours de Lucas et Claudine. *Lélis, P.-G. Goderfe,* 1812, in-12, broché de 12 pp., couv. imprimée sur même papier que le texte. **25 fr.**

Rare impression populaire de colportage. Provient du fonds de Chalopin, dit le Dᴿ *Hélot* dans sa *Bibliothèque bleue en Normandie* (nº 171).

4301 **NOUVION (M**ˡˡᵉ **J.-A. de).** — LE MIROIR BRETON. *Paris, A. Courcier, s. d.* [vers 1855], in-12. *(Cartonnage papier de l'éditeur).* **300 fr.**

6 jolies lithographies coloriées par [A.-A.] *Adam.* Cartonnage passe-partout en chromolithographie avec médaillons à sujets divers. Gros caractères, largement interlignés.

4302 **NOVELTY** for the New Year. *London, J. Fairburn, n. d.* [circa 1820], 16mo. or. printed wrappers. **30 fr.**

Illustrated with 10 quaint woodcuts. Large type. *Fine copy.*

4303 **NURSERY CALCULATIONS** or A Peep into Numbers. *London, W. Belch, n. d.* [circa 1815], 12mo. or. wrappers with engraved and hand-coloured ticket, preserved in half-morocco case. **1.250 fr.**

Illustrated with frontispiece and 21 plates engraved on copper and hand-coloured. Two line verse under each picture.

> *Three dozen, counts for thirty six*
> *They 're naughty boys, who fight with sticks*
> *One hundred shillings, make five pound*
> *In Gamester's pockets, seldom found.*
> *Thirty pence, is half a crown*
> *Ann, bought a doll in London town, etc., etc.*

Two page book list. *Fine copy.*
PLANCHE 95.

4304 **NURSERY LESSONS** IN WORDS OF ONE SYLLABLE. *London, Harvey and Darlon,* 1830, 12mo. or. printed wrappers. **200 fr.**

Illustrated with 8 quaint hand-coloured woodcuts. *Fine copy.*

4305 **NURSERY LESSONS** in Words of One Syllable. *London, Darlon and Harvey,* 1838, 12mo. or. printed wrappers. **300 fr.**

Illustrated with 8 hand-coloured woodcuts.

4306 **NURSERY MORALS,** chiefly monosyllables. By the author of « Always happy », etc., etc. *London, J. Harris,* 1818, sm. 12mo. or. half-leather, boards. **80 fr.**

FIRST EDITION. Two page book list at end.

4307 **NURSERY OFFERING (THE)** or Children's Gift for MDCCCXXXV. *Edinburgh, Waugh and Innes,* 1835, sq. 12mo. or. pressed leather *(Front cover loose).* **500 fr.**

FIRST EDITION. Illustrating with 7 hand-coloured plates, and 5 woodcuts. A most charming child's book.

4308 **NURSERY RHYMES** set to Music. II « Juvenile Amusements », in one vol. folio. [*London, n. d.,* circa 1790]. **200 fr.**

Hush-aby Baby, Cock a doodle doo, Little Jack Horner, Tell Tale Tit, Goosey goosey gander, The Miller he grinds his Corn, Mary white will ne'er g'right, Lavender blue diddle diddle. Little Tom Tucker and *Speack a little louder.*

4309 **NURSERY RHYMES (NEW COMICAL)** and Funny Stories. *London, Ward, Lock and Tyler, n. d.* [circa 1855], 8vo. **150 fr.**

Illustrated with 45 full page wood engravings.

4310 **NUS (Eugène)** et **ANTONY MÉRAY.** — LES NOUVEAUX JEUX FLORAUX. Principes d'analogie des fleurs. *Paris, de Gonel, s. d.* (1852), in-8, cart. toile noire, décors polychromes, tr. dorées. *(Carl. de l'édit.).* **400 fr.**

ÉDITION ORIGINALE. Huit gravures par CH. GEOFFROY, hors-texte, tirées en bistre avec la lettre. Curieux ouvrage : « Science nouvelle, dit le sous-titre, ou véritable art d'agrément à l'aide duquel on peut découvrir soi-même les emblèmes naturels de chaque végétal. » Ouvrage RARE, que Vicaire, qui ne l'a pas vu, cite d'après Brivois. Décoration or, rouge, violet et bleu, plaque signée *Damote,* représentant une joueuse de lyre dans un cadre de feuillages. TRÈS BEL EXEMPLAIRE.

4311 **NYON (Eugène).** — AME ET GRANDEUR. *Tours, R. Pornin et C*ˡᵉ, 1846, in-12. *(Cartonnage papier de l'éditeur).* **80 fr.**

PREMIÈRE ÉDITION. Titre et 3 pl. gravés. Cartonnage romantique, médaillon et motif central or et vert, fleurons de même couleur aux angles. Joli cartonnage très frais.

4312 **NYON (Eugène).** — LE BAZAR DES RÉCRÉATIONS. Dessins par Bertrand. [Prime offerte aux abonnés du Conseiller des Enfants]. *Paris, s. d.* [vers 1840], in-8 obl., couvert. imprimée. **35 fr.**

8 planches de *Bertrand* reproduites par un nouveau procédé tenant de la galvanoplastie qui donnent un intérêt particulier à cette publication. Texte largement interligné imprimé sur 2 colonnes. Les jeux décrits dans cette 3ᵉ série du *Bazar des récréations* sont le Chat, le Furet, le Diable boiteux, les Casse-têtes, le Cache-chance, Cache-tampon, le Jeu des couleurs et le Berger.

4313 **OCEAN AND ITS INHABITANTS (THE)** with their Uses to Man. *London, Darlon and Clark, n. h.* [circa 1840], small 4to. or. red cloth gilt. **500 fr.**

FIRST EDITION. Illustrated with ten hand-coloured lithographic plates showing a variety of subjects of great interest. *Whaling* (4 plates), *Fishing, Turtles and Seals,* etc., with the products manufactured from them. This is the one of the first types of attractive and instructive nursery books, in large type written in easy style and language and with long words divided into syllables.

4314 **OFFICER'S DAUGHTERS (THE)** or The History of Emily and Kitty. *London, n. d.* [circa 1815], sm. 12mo. or. printed wrappers. *(Detached).* **45 fr.**

Illustrated with folding frontispiece (2 plates) and 2 other plates engraved on copper. Two small tears in margin of two leaves.

4315 **OGRE AND LITTLE THUMB (THE)** or The Seven-League Boots. A new Ballet of Action, Performed at the Theatre Royal Covent-Garden, wherein is fully described the Scenes, decorations, etc., also the Songs. *London, T. and R. Hughes, n. d.* (1807), post 8vo. half-morocco. *(Mod. bind.).*   **300 fr.**

Highly hand-coloured frontispiece.

4316 O'HARA (Kane). — TOM THUMB. A Burletta, altered from Henry Fielding by Kane O'Hara.

RHODES (William Barnes). — Bombastes Furioso. A Burlesque Tragic Opera *(Both)* with designs by George Cruikshank. Two works bound in one vol. in-12 half-morocco, g. e.   **125 fr.**

BOTH FIRST EDITIONS, FIRST ISSUES. Tom Thumb has the pp. 29-30 numbered 21-22, but has one page ads (should be 3). *Fine copy.*

4317 OISEAUX ET LES FLEURS (LES). — ALBUM, dédié aux Jeunes Demoiselles renfermant un choix des plus jolis oiseaux et des plus belles fleurs. *Paris, Langlumé, s. d.* [vers 1840], pet. in-8 oblong, cartonn. pap., avec lithogr. coloriée et rehaussée d'or sur le 1er plat, et ornements lithogr. avec vignette et rehauts d'or sur le 2e plat. *(Cart. d'édit.).*   **500 fr.**

Orné de 24 très jolies planches en lithographie, très *finement coloriées*, représentant des *oiseaux exotiques* et des fleurs. Bel exemplaire.

4318 O'KEEFFE (Adelaïde). — NATIONAL CHARACTERS exhibited in Forty Geographical Poems. *Limington, Printed for Darton, Harvey and Darton, London,* 1818, sm. 12mo. or. half-leather, boards.   **350 fr.**

FIRST EDITION. Illustrated with 8 well engraved and impressed plates. The work is dedicated to Ladies Susan and Louisa Somerset, daughters of the Duchess of Beaufort. The author was daughter of *John O'Keeffe,* dramatist and the author of the famous Song *I am a Friar of Orders Grey* in his opera « Merry Sherwood ». One of the poems is entitled « THE PHILADELPHIAN BOOKSELLER ». Other poems about North and South America. *Fine copy.*

4319 OLD DADDY LONGLEGS. [The Comical Courtship and sad fate of]. *London, Dean and Co, n. d.* [circa 1835], large 8vo. or. printed wrappers.   **60 fr.**

Illustrated with 7 remarkable hand-coloured woodcuts. Much-fingered copy with a few tears *(repaired).*

4320 OLD DAME TROT and her Cat (The Comic Adventures of). Correctly printed from the Original in the Hubbar donian Library. *London, J. Harris and Son,* 1822, sm. 8vo. or. printed wrappers. *(Back wrapper damaged).* Preserved in half-morocco case.   **1.500 fr.**

PROBABLY THE FIRST EDITION. Illustrated with a frontispiece and 16 other woodcuts, all handsomely coloured by hand.
PLANCHE 52.

4321 OLD DAME TROT (THE COMICAL ADVENTURES OF) and her comical cat. *Paris, Truchy, French and English Library,* 1838. — FURTHER

ADVENTURES OF DAME TROT AND HER COMICAL CAT. *Idem.* 2 vols. oblong 16mo. or. boards, preserved in half-morocco case.   **800 fr.**

Each volume is illustrated with 8 quaint plates in contemporary brilliant hand-colouring. *Very fine copies.*
PLANCHE 123.

4322 DAME TROT (FURTHER ADVENTURES OF) and her comical cat. *Paris, Truchy, French and English Library,* 1838, oblong 16mo. or. boards, preserved in half-morocco case.   **500 fr.**

Illustrated with 8 quaint, hand-coloured plates. Front cover loose otherwise fine copy.

4323 OLD DAME TROT AND HER CAT. *London and Olley, Wm. Walker and Son, n. d.* [circa 1850], 8vo. or. printed wrappers.   **200 fr.**

Illustrated with 8 hand-coloured woodcuts. Large type. From *The Illuminated Library, for the Homes of Happy Childhood.* Fine copy.

4324 « OLD GINGERBREAD » and the Schoolboys. *London, Smith, Elder and Co,* 1858, sm. 8vo. or. cloth, gilt. *(Shabby).*   **100 fr.**

Four coloured plates by the *Baxter* or *Kronheim* process. The pages are loose in binding. 8 page book list at and.

4325 OLD KING COLE or Harlequin and the Fiddler's Three. *London, Ducombe, n. d.* [circa 1820], sm. 16mo. or. printed wrappers.   **200 fr.**

Illustrated with a hand-coloured folding plate showing Harlequin, Columbine and Clowns in a comic butcher's shop. Penny booklet of 120 pages.

4326 OLD MAN HIS SON AND HIS ASS (THE). *London, W. Belch, n. d.* [circa 1815], 12mo. or. wrappers with engraved and coloured label, preserved in half-morocco case.   **1.500 fr.**

FIRST EDITION. 8 highly-coloured engravings. Very fine copy of this famous Fable in rhyme. The last verse.
The poor man and his son,
When the mischief was done,
Many sighs, many tears, did let fall,
And found to their cost,
That their Ass they had lost,
In the fruitless attempt to please all.

4327 OLD MOTHER HUBBARD AND HER DOG (The Comic adventures of). A CONTINUATION OF THE COMIC ADVENTURES OF OLD MOTHER HUBBARD AND HER DOG by S. C. M. *London, J. Harris, June 1-1805 and Jan. 1st 1806.* 2 vols. bound in one, sq. 16mo. or. half-leather.   **5.000 fr.**

FIRST EDITION. Each work is illustrated with 15 engraved plates (30 altogether) and with text also engraved. The first work has a dedication plate engraved as follows. *To F... B... Esqr... M. P. County of... at whose suggestion and at whose House these notable Sketches were designed, this volume is with all suitable deference Dedicated by his Humble Servant S. M. C.* Fine copy. Very rare.

4328 OLD MOTHER HUBBARD AND HER DOG. *London, Dean and Munday. n. d.* [circa 1825], small 12mo. or. printed wrappers, preserved in half-morocco case. **650 fr.**

Illustrated with sixteen neatly hand-coloured woodcuts of fine execution. *Rare edition of this famous nursery classic.* Very fine copy.

4329 OLD MOTHER HUBBARD AND HER DOG (The Comic Adventures of) in which are shown The Wonderful Powers that Good Old Lady possessed in the education of her favourite animal. *London, John Harris, n. d.* [circa 1830], or. printed wrappers, preserved in half-morocco case. **1.500 fr.**

16 splendid hand-coloured woodcuts. 1 page book list at end. A few slight fox marks otherwise very fine copy.

4330 OLD MOTHER HUBBARD AND HER DOG. *London and Olley, Wm. Walker and Son, n. d.* [circa 1830], 8vo. or. printed wrappers. **200 fr.**

Illustrated with 8 hand-coloured woodcuts. Large type. From *The Illuminated Library, for the Homes of Happy Childhood.* Series. *Fine copy.*

4331 OLD MOTHER HUBBARD AND HER DOG. The Comic Adventures of in which are shown the Wonderful Powers that Good Old Lady possessed in the Education of her Favourite Animal. *London, Griffith and Farran, n. d.* [circa 1850], 12mo. or. printed yellow cloth wrappers. **300 fr.**

Illustrated with 15 hand-coloured woodcuts. Each page is rebacked with linen (as published) making an indestructible book. *Fine copy.*

4332 OLD MOTHER HUBBARD AND HER DOG. *London, Ward and Lock, n. d.* [circa 1860], 4to. or. printed wrappers. **120 fr.**

Illustrated with 14 splendid hand-coloured wood engravings. *Aunt Affable's pretty play-books* Copy mounted on cloth.

4333 OLD WOMAN AND HER PIG (The remarkable Adventures of an). An ancient Tale in a Modern Dress. *London, John Harris, n. d.* [circa 1830], sm. 8vo. or. printed wrappers, preserved in half-morocco case. **1.500 fr.**

Illustrated with 14 brilliantly hand-coloured woodcuts. *Very fine copy.*

4334 OLD WOMAN AND HER PIG (The remarkable adventures of an). *Paris, Truchy, French and English Library,* 1838, oblong 16mo. or. boards with ticket, preserved in half-morocco case. **500 fr.**

Illustrated with 8 quaint hand-coloured plates. *Fine copy.* PLANCHE 123.

4335 OLD WOMAN AND HER PIG (AN). *Paris,* 1838, another copy, same edition, preserved in half-morocco case. **450 fr.**

Ticket on front cover missing, but fine copy.

4336 OLD WOMAN AND HER SILVER PENNY. *London, Dean and Munday, n. d.* [circa 1830], sm. 16mo. or. printed wrappers. **130 fr.**

A version of the *Old Woman and her Pig.* Vignette on front wrapper and 8 delightful woodcuts. Penny item. *Fine copy.*

4337 OLD WOMAN (THE ACCOUNT OF THE) who sold fruit ; Shewing how she got Tipsey, her fruit Stolen, and her Reformation. *London, Didier and Tebbell,* 1807, 16mo. or. printed wrappers, preserved in half-morocco case. **1.500 fr.**

Twelve hand-coloured copper plates with engraved text under each.

4338 OLD WOMAN (THE) AND HER THREE SONS. *London, J. Harris,* 1815, sq. 16mo. or. wrappers with ticket, preserved in half-morocco case. **2.500 fr.**

FIRST EDITION. Illustrated with 16 hand-coloured engravings. The text is also engraved. The last verse reads.
This famous Old Woman took three Drams
  Hollands and Brandy and Rum
Alas in her stomach they made Such a strife
That they stopped up her breath and that ended her life
So she came to her death by her three Drams
  Hollands and Brandy and Rum.
« Limerick » metre is first found in the « History of Seven Wonderful Old Women » [circa 1810]. This work is similar.

4339 OLIVER OPTIC. — THE DO-SOMETHINGS *Boston, Lee and Shepard,* 1863, 12mo. or. cloth, gilt back. **50 fr.**

Frontispiece engraved on wood and four other woodcuts, one to each chapter. Very large type. *The Riverdale Story Books.* A few leaves loose, but clean copy.

4340 OMBROMANIC. [*Paris, Lith. Saint-Aubin,* 1860], in-8. *(Cartonnage à la bradel de l'éditeur),* couvert. illustrée, le 1er plat conservé. **40 fr.**

1re série. 18 lithographies représentant les figures qu'on peut obtenir sur un mur avec l'ombre de ses mains, « charmante distraction » pour la jeunesse. *Bel exemplaire.*

4341 OMDAT ik u Lief Heb. *Te Leiden, bij P. J. Trap, s. d.* [vers 1835], petit in-16 carré, cartonn. papier *de l'édit.* **100 fr.**

6 charmantes gravures à sujets enfantins, coloriées. *Très bel exemplaire.*

4342 ONDERWATER. — VERLUSTIGINGEN voor de Jeugd. *Leyden, Trap,* 1819, pet. in-16, cart. papier jaune impr. de l'éditeur. *(Cartonn. de l'éditeur).* **250 fr.**

Amusements pour la jeunesse. Orné de 6 jolies planches hors-texte coloriées, représentant des scènes d'enfants. *Bel exemplaire.*

4343 OPIE (Mrs). — ÉTRENNES AUX JEUNES GENS ou Nouveaux contes moraux, traduits de l'anglais par Mme Elisabeth DE BON. *Paris, A. Eymery,* 1818, 2 vol. in-12, bas. mouch., dos très ornés avec pièces rouges, petite guirlande autour des plats, tr. marb. *(Rel. anc.).* **180 fr.**

ÉDITION ORIGINALE de cette traduction ornée de 4 figures gravées, *avant la lettre.* Bel exemplaire.

4344 ORANGER ET L'ABEILLE (L'), suivie *(sic)* de la Reine de l'Ile des Fleurs. *Troyes, Baudot,* *s. d.* [vers 1800], in-12, br. sous couv. pap. bleu illustré d'origine.   **75 fr.**

CONTES DE FÉES. Rare impression populaire de colportage sous sa couverture d'origine, illustrée d'une vignette sur bois.

4345 ORIGINAL STORIES from real life ; with conversations calculated to regulate the affections, and form the mind to truth and goodness. *Chiswick, C. Whittingham,* 1820, sm. 12mo. or. half-leather, boards.   **60 fr.**

Illustrated with numerous charming woodcut vignettes. At end 2 page book list.

4346 ORME (Daniel). — THE LADIES SCHOOL or the Approach of the Holydays, by a Young Lady. Embellished : with engravings *Designed, Engraved, Published and Sold by D. Orme.* [London], 1810, sq. 16mo. or. printed wrappers, preserved in half-morocco case.   **1.800 fr.**

FIRST EDITION. Frontispiece and 6 other hand-coloured engravings, beautiful in composition and colour. The subjects are : *The School, The Walk, The Task, Blindman's Buff, Music, Dancing, Going Home.* The artist and publisher, Daniel Orme (1766-1832 ?), was portrait, painter and engraver to George III ; he exhibited at the Royal Academy (1797-1801) and at Manchester. *Fine copy.*

4347 ORPHAN (THE) or The Entertaining History of Little Goody Goosecap. Containing a Variety of Adventures calculated to Amuse and Instruct the Lilliputian World. By Toby Teachem. *London, John Marshall and Co, n. d.* [circa 1780], sm. 16mo. or. flowered-paper wrappers. *(Back damaged).* Preserved in half-morocco case.   **3.000 fr.**

Frontispiece and 33 charming woodcuts. On pages 12, 13 and 14 is « A NEW INVENTED ALPHABET ».

A
Was an Angler, who fish'd in a Brook
B
Was a Blockhead, who ne'er learn'd his book,
C
Was a Captain, a very bold man
D
Was a drunkard say all that you can. Etc., etc.

At end 3 page book list. On last page of the Story (blank) is inscribed « *Flora Brown her Book 1786* ». FINE COPY.
PLANCHE 54.

4348 ORPHAN (THE). *London, John Marshall,* [circa 1780], another copy. Same edition.
                                        2.000 fr.

Small section of margin of first two pages torn, easily repaired. *Fine copy.*

4349 ORPHANS OF INDIA (THE). A Tale for Young People. *London, R. Miller, n. d.* [circa 1815], small 12mo. or. printed boards.   **300 fr.**

Illustrated with five hand-coloured plates and vignette engraved title. The reading is in syllables.
PLANCHE 156.

4350 ORPHANS OF INDIA (THE). Another copy same edition, or. printed boards. *(Rebacked).*
                                        225 fr.

Same coloured plates.

4351 ORSINI (Mme Virginie). — HEURES DE L'ENFANCE, poésies. *Paris, Delloye, s. d.* (1839), in-8, cartonnage toile grenat, décors polychromes, tr. dorées. *(Cart. de l'éditeur).*   **70 fr.**

Titre gravé et 26 planches gravées au lieu de 31 que devrait contenir l'ouvrage, 4 pp. de musique manquent également. Sur le premier plat du cartonnage, riche décor romantique or, bleu, rouge et vert entourant le titre en gothique.

4352 OSPRINGE (Emily). — AMIABLENESS, AVARICE and Despondency. *London, Edward Lacy, n. d.* [circa 1830], sm. 12mo. or. printed boards.   **50 fr.**

Illustrated with a charming frontispiece engraved on copper and woodcuts. *Fine copy.*

4353 OSPRINGE (Emily). — EDUCATION, FEARFULNESS and Independance. *London, Edward Lacey, n. d.* [circa 1830], sm. 12mo. or. printed boards. *(Back damaged).*   **50 fr.**

Book VII of the Parlour Stories. Finely engraved frontispiece and many finely executed wood engravings in text.

4354 OSPRINGE (Emily). — FAVOURITISM, VIRTUE and Contentment. *London, Edward Lacy, n. d.* [circa 1830], sm. 12mo. or. printed boards.   **40 fr.**

Frontispiece engraved on copper and woodcuts. *Fine copy.*

4355 OSPRINGE (Emily). — INDUSTRY, SECRESY and Revenge. *London, Edward Lacy, n. d.* [circa 1830], sm. 12mo. or. printed boards.   **40 fr.**

Book IX of the Parlour Stories. Illustrated with a charming frontispiece engraved on copper, and many finely executed wood engravings in text. *Fine copy.*

4356 [OSPRINGE (Emily)]. — PEDANTRY, SUPERSTITION and Temperance. Instructive stories for Young People. *London, Edward Lacey, n. d.* [circa 1830], small 12mo. or. printed boards.   **40 fr.**

Illustrated with an engraved frontispiece, two plates and numerous woodcut vignettes in text. This volume contains Parlour Stories No XXXVII to XXXIX, in the series.

4357 OSPRINGE (Emily). — PUNCTUALITY, SENSIBILITY and disappointment. *London, Edward Lacy, n. d.* [circa 1830], sm. 12mo. or. printed boards. *(Cover loose).*   **40 fr.**

Book V of the Parlour Stories. Finely engraved frontispiece, and many wood engravings in text.

4358 OSPRINGE (Emily). — SINGULARITY, PATRIOTISM and Artifice. *London, Edward Lacy, n. d.* [circa 1830], sm. 12mo. or. printed boards.   **40 fr.**

Frontispiece engraved on copper and woodcuts. Small tears (not serious) in 2 pages.

4359 OURLIAC (Edouard). — LE PRINCE COQUELUCHE, son histoire intéressante et celle de son compagnon Moustafa. *Paris, Hetzel*, 1846, pet. in-8 carré, cartonn. toile noire, dos et plats ornés de fers spéciaux dorés, avec parties mosaïquées de couleurs vives, encadr. à froid, tr. dor. *(Cartonn. de l'édit.).* **400 fr.**

ÉDITION ORIGINALE contenant le premier tirage des nombreuses vignettes sur bois de *Delmas*. Très bel exemplaire de toute fraîcheur.

4360 OURLIAC (Edouard). — LE PRINCE CO-QUELUCHE, etc. *Même ouvrage, même éd.,* cartonnage d'édit. un peu différent comme fers, au dos et au 2e plat. **400 fr.**

Exemplaire de toute fraîcheur.

4361 OURLIAC (Edouard). — LE PRINCE CO-QUELUCHE, etc. *Paris, Hetzel*, 1855, in-8 carré, cartonn. toile grenat, fers spéciaux au dos et sur les plats, tr. dor. *(Cartonn. d'édit.).* **125 fr.**

Même ouvrage que le précédent, avec les mêmes vignettes qui, cependant, sont indiquées sur le titre comme étant de *Eugène Lacoste*, particularité signalée par *Vicaire*, VI, 289. Bel exemplaire.

4362 OURLIAC (Edouard). — LE PRINCE CO-QUELUCHE, etc. *Même ouvrage, même éd.,* cartonn. d'édit. **150 fr.**

Bel exemplaire avec le cartonn. très frais décoré des mêmes fers que le précédent.

4363 OXFORD [The costumes of the members of the University of). *London, N. Willhock, n. d.,* [circa 1830], 16mo. or. cloth. **400 fr.**

Seventeen hand-coloured aquatint engravings of the costumes of Oxford University from « Scholar » to « Chancellor ».

4364 PALGRAVE (Francis T.). — WENTWORTH GRANGE (The Five Days Entertainment). *London, Macmillan and Co,* 1868, sm. 4to. half, brown levant morocco, back gilt., t. e. g. **450 fr.**

FIRST EDITION. 17 illustrations by ARTHUR HUGHES engraved on wood with vignette on title engraved on copper. The author, son of Sir Francis Palgrave the historian, was at one time private secretary to Ewart Gladstone. He was professor of Poetry at Oxford from 1885-95, and wrote many critical essays and poems. This book is dedicated to his three children and is a collection of entertaining Fairy Stories. *Fine copy.*

4365 PALTOCK (Robert). — THE LIFE AND ADVENTURES OF PETER WILKINS, among the Flying Nations in the South Seas. Taken from his own mouth, in his passage to England, off Cape Horn, in America, in the ship Hector ; by R. S. a passagern. *London, Joseph Thomas, etc.,* 1839, sq. 16mo. or. cloth, gilt. *(The Childs Library).* **250 fr.**

Illustrated with a frontispiece engraved on wood showing Wilkins in his flying chair and many woodcut vignettes in text. The first edition of this fantastic flying tale dates back to 1749. It was published by Robert Dodsley, but this is the first time the work (which went through many editions) appears with the name of the author, Robert Paltock, on the title page. Two page book list at end.

4366 PANIER DE FRUITS (LE) ou Descriptions botaniques et Notices historiques des principaux fruits cultivés en France. Ouvrage destiné aux jeunes gens. *Paris, Perlet,* 1807, in-8, demi-veau vert, dos plat orné. *(Rel. de l'époque).* **500 fr.**

24 jolies planches, dessinées par *Prêtre*, gravées par *Maradan* et coloriées. Comme la *Corbeille de fleurs*, cet ouvrage parut par livraisons mensuelles du 30 mai 1806 au 30 avril 1807 et contient également des contes et des poésies. Reliure similaire à celle de la Corbeille. La couleur seule varie. *Ex-praemio* gravé. Collection très rare et en parfait état.

4367 PANIER DE FRUITS (LE). *Paris, Perlet,* [1807], 3 fasc. in-8, couvert. gravée. **160 fr.**

Même ouvrage que le précédent. 1re, 2e et 3e livraisons ; 6 planches gravées et coloriées.

4368 PAPA'S GIFT or Instructive Lessons for Good Children. *London, S. Fairburn, n. d.* [circa 1830], or. printed wrappers, with woodcut. **30 fr.**

Illustrated with a quaint woodcut to each of the eight Stories. The titles are as follows : *Napoléon crossing the Alps. Crossing the bridge of Lodi.* — *Nelson at the Nile. Death of Nelson.* — *My pretty greyhound.* — *My dog Carlo.* — *My Child ! My Child.* — *It's saved ! It's saved.*

4369 PAPA'S LOG or A Voyage to Rio de Janeiro. *London, published for the Author by Grant and Griffith,* 1845, 4to. or. printed wrappers, e. g. **700 fr.**

FIRST EDITION. Illustrated with 15 hand-coloured plates. The text is in the form of verse.

4370 PAPA'S PRESENT or Pictures of animals with descriptions in verse. *London, Darton, Harvey and Darton,* 1819, sq. 16mo. or. red printed wrappers. **500 fr.**

FIRST EDITION. Illustrated with 12 hand-coloured engravings showing different animals.

4371 PAPA'S TALES about the Sun and Stars. *London, A. Park, n. d.* [circa 1850], large 8vo. or. printed wrappers. **125 fr.**

Illustrated with 8 hand-coloured woodcuts. From the « Humpty Dumpty Tales ». *Fine copy.*

4371 bis PAPILLONS (LES), leur histoire, la manière de leur faire la chasse et de les conserver. Ouvrage amusant et instructif, orné de figures représentant un choix des plus beaux Papillons d'Europe. Dédié à la Jeunesse. *Paris, P. Blanchard, Lecerf, s. d.* (1823), in-4 obl., cart. papier rose imprimé. *(Cart. de l'édit.).* **600 fr.**

Par Amédée-Eugène Balland. Cf. *Barbier,* III, 772. Beau frontispice et six planches, gravés et coloriés. La couverture du cartonnage donne les figures lithographiées des instruments nécessaires à la chasse et à la conservations de papillons. Rare. Bel exemplaire.

4372 PAQUERETTES (LES), contes dédiés à ses petits enfants, par Mme Anaïs F***, suivis des Aventures d'une Poupée, écrites par elle-même. *Limoges et Paris, Martial Ardant,* 1857, gr. in-8, cart. toile noire, décors polychromes, tr. dorées. *(Cart. de l'édit.).* **80 fr.**

Quatre lithographies hors-texte. Large décoration de style rocaille, or, rouge, vert et jaune. Sur le second plat, vase de fleurs or, rouge, vert et outremer. Deux cahiers un peu déboîtés, mais bel exemplaire.

4373 **PARAFARAGARAMUS** ou Croquignole et sa famille. Folie dédiée aux écoliers par l'Auteur du Croque-Mitaine, des Fagots de M. Croque-Mitaine, etc. *Paris, Ledoux et Tenré,* 1817, in-12 broché, couv. d'origine pap. marbré, étiquette au dos, conservé dans une boite demi-maroquin. **300 fr.**

Très rare petit ouvrage orné d'un frontispice et de 3 figures gravées non signées. Bel exemplaire de la Bibliothèque de *Pierre Louys.*

4374 **PARENT'S CABINET (THE)** or Amusement and Instruction. *London, Smith, Elder and Co,* 1832, sm. 12mo. or. half-leather. **60 fr.**

Illustrated with 35 woodcuts. One story is entitled *Ruth, the American Girl* and another *Uncle John in Canada.*

4375 **PARENT'S CABINET (THE)** of Amusement and Instruction. *London, Smith, Elder and Co,* 1833, sm. 12mo. or. half-leather, cloth. **50 fr.**

Illustrated with a frontispiece and upwards of 40 woodcuts, and one map of America illustrating. *The Discovery of America.*

4376 **PARENT'S CABINET (THE)** of Amusement and Instruction. *London, Smith, Elder and Co,* 1834, sm. 12mo. or. half-leather, cloth. **50 fr.**

Illustrated with a frontispiece, upwards of 30 woodcuts and two maps of America, one to illustrate *Uncle John's Shipwreck,* and the other *The Discovery of the Pacific Ocean.* Two page book list at beginning.

4377 **PARENTY (L'abbé).** — HISTOIRE DE FLORENCE DE WERQUIGNŒUL, première abbesse de la Paix Notre-Dame, à Douai, etc. *Lille, L. Lefort,* 1846, in-12. *(Cartonnage papier de l'éditeur).* **15 fr.**

PREMIÈRE ÉDITION. 1 portrait en lithographie. Cartonnage romantique, décoration or sur fond blanc, rocailles et fleurs.

4378 **PARESSE ET TRAVAIL.** *Paris, A. Marcilly,* s. d. [vers 1835], in-16. *(Cartonnage de l'éditeur).* **180 fr.**

Illustré de 14 lithographies de VICTOR ADAM. Cartonnage orné d'une lithographie de V. ADAM, collée sur bradel bleu, encadrement or gaufré. *Très bel exemplaire.*

4379 **PARFAIT AMOUR (LE),** conte nouveau tiré des Fées. *A Troyes, chez Garnier, s. d.* [vers 1790], in-12 en feuilles. **100 fr.**

Bibliothèque bleue. Volume de colportage de 60 pages, en feuilles, non coupé, rare en cette condition.

4380 **PARIS (L'abbé).** — ELEMENTS OF GEOGRAPHY. Translated from the French *(by James Birchall).* Manchester, Haydock and Wardle,* 1805, 12mo. or. wrappers. **120 fr.**

FIRST EDITION in English. Illustrated with coloured vignette on title, and many diagrams in text. *Fine copy.*

4381 **PARIS DES ENFANTS** ou Promenades et plaisirs récréatifs dans la capitale et aux environs. *Pont-à-Mousson, Haguenthal, s. d.* [vers 1850], alb. obl. (9×27 cent.). *(Cartonnage papier de l'éditeur).* **800 fr.**

24 lithographies coloriées (2 par page) tirées chez *Haguenthal.* Cartonnage noir, sur le premier plat duquel est collée une vignette coloriée. Sans parler de la place de la Bourse où des enfants pouvaient jouer à Colin-Maillard ce recueil est amusant au point de vue de l'iconographie des environs de Paris : Montmartre et ses moulins, le Bois de Boulogne où l'on se promenait à âne, la Fête de Romainville, chère à Paul de Kock, les châteaux de Neuilly et de Meudon, évocation d'un passé déjà quasi oublié.

4382 **PARIS.** — PETITE HISTOIRE de Paris et ses environs. *Paris, Aubert, s. d.,* pet. in-16, br. couv. grise illustr. **15 fr.**

Édition enfantine. Nombreuses vignettes de *Ch. Vernier* dans le texte.

4383 **PARLIAMENT IN THE PLAY-ROOM.** By A. L. O. E. *London, T. Nelson and Sons,* 1861, 12mo. or. cloth, gilt. *(Back faded).* **30 fr.**

FIRST EDITION. Frontispiece engraved on wood. 8 page book list at end.

4384 **PARR (William).** — HARRY AND HIS MOTHER ; a monitory Tale, intended chiefly for youth. *London, W. Darton, n. d.* [circa 1812], or. wrappers with woodcuts, preserved in half-morocco case. **800 fr.**

FIRST EDITION. Illustrated with vignette on title, 15 well engraved half-page copper cuts, and 12 fine half-page woodcuts by THURSTON whose admirable illustrations for Shakespeare and Falconer's Shipwreck are classics in the history of wood engraving. At end 6 page book list. *Fine copy.*

4385 **PAYAN (J.-B.).** — ARITHMÉTIQUE DES PARESSEUX. *Paris, Garnier,* 1829, in-24, maroquin rouge, dos orné, dent. dorée sur les plats, petite dent. int., tr. dorées. *(Rel. de l'époque).* **500 fr.**

Frontispice gravé (enfants, tableau noir, perroquet). Petit livre rare, par un éducateur qui a laissé plusieurs traités d'instruction qui eurent de la vogue. Rare, surtout dans une reliure maroquin du temps.

4386 **PARRY (J. D.).** — THE ANTHOLOGY ; an Annual reward book for youth, consisting of amusing and instructive selections from the best authors. *London, Whittaker, Treacher and Co,* 1829, 12mo. or. boards, ticket. **70 fr.**

FIRST EDITION. The work is divided into five parts. I. *Curiosities in zoology, botany, etc.* II. *Tales, apologes, and anecdotes.* III *Voyages and travels.* IV *Moral, eloquent, and miscellaneous extracts.* V. *Poetry.* Charming hand-coloured frontispiece (wreath of flowers). Fine copy.

4387 **PATTY PRIMROSE** or The Parsonage House. By the Author of « A Visit for a Week », etc. *London, Darton, Harvey and Darton,* 1816, sm. 12mo. **50 fr.**

FIRST EDITION. Engraved frontispiece. Fine copy.

4388 PASQUIER (M.). — PETITES HISTOIRES pour de Jeunes Enfans. Contenu *(sic)* en neuf leçons. Ouvrage traduit de l'anglois. *Dublin, George Perrin*, 1798, square 16mo. contemp. brown calf. *(Worn)*. **500 fr.**

> EXCESSIVELY RARE. Illustrated with a woodcut frontispiece and 12 woodcuts in text *(3 coloured by a child's hand)*. Large type. Two marginal tears, not affecting text.
> PLANCHE 158.

4389 PATHS OF LEARNING (THE) strewed with Flowers or English Grammar Illustrated. *London, Harris and Son*, 1820, sm. 8vo. or. printed wrappers, preserved in half-morocco case. **2.500 fr.**

> Illustrated with 16 amusing hand-coloured engravings, illustrating grammar. At beginning an alphabet. Tuer F. C. B. Pages 301-306. *Fine copy.*

4390 PATHS OF LEARNING (THE) Strewed with Flowers or English Grammar Illustrated. Another copy, same edition. **400 fr.**

> Lacks title-page and 2 plates. *Fine copy.*

4391 P.-C.-B. — LES JEUNES VOYAGEURS EN EUROPE ou Description raisonnée des divers pays compris dans cette partie du monde. Traduit de l'anglais. *Paris, Lelong*, 1823, 5 vol. pet. in-8 carré, demi-veau fauve, dos orné style romantique, pièces et filets noirs, nerfs plats, coins, tr. marb. *(Rel. de l'époque)*. **300 fr.**

> ÉDITION ORIGINALE de cette traduction ornée de 15 planches gravées et rehaussées de couleurs (par *Perrot* et *Migneret*) représentant les cartes des divers pays d'Europe dans les encadrements allégoriques. Bel exemplaire. Les pièces de titre portent : *Les Jeunes Voyageurs en France.*

4392 PEACOCK (Lucy). — THE ADVENTURES OF THE SIX PRINCESSES OF BABYLON, in their Travels to the Temple of Virtue. An Allegory. *London, Printed for the Author, by T. Bensley*, 1785, 4to. boards. *(Modern binding)*. **1.250 fr.**

> FIRST EDITION. With list of subscribers and signature (autograph) of the author Lucy Peacock, at end of work. The book which is a charming Fairy Tale is dedicated to Her Royal Highness the Princess Mary. *Fine copy.*

4393 PEACOCK (Lucy). — THE ADVENTURES OF THE SIX PRINCESSES OF BABYLON..., etc. *London*, 1786, 4to. half-loth. *(Modern binding)*. **600 fr.**

> Another copy but second edition. Also signed by the Author. *Fine copy.*

4394 PEACOCK (Lucy). — AMBROSE AND ELEANOR or The Adventures of Two Children deserted on an Uninhabited Island. Translated from the French, with alterations, adapting it to the perusal of youth. *London, J. Johnson and J. Harris*, 1807, 12mo. contemp. calf. *(Worn)*. **100 fr.**

> Abridged translation of the famous story of *Fanfan and Lolotte.*

4395 PEARL BRACELET (THE), intended for the Amusement of Children. Chiefly in words not exceeding two syllables. By the Author of «Botanical Rambles», etc. *London, J. E. Evans, n. d.* [circa 1820], sm. 12mo. or. printed wrappers. **75 fr.**

> Illustrated with 10 quaint woodcuts. *Fine copy.*

4396 PEARSON (Miss). — A FEW WEEKS AT CLAIRMONT CASTLE. *London, Dean and Munday*, 1828, sm. 12mo. or. half-leather, boards.

> Engraved frontispiece *(tinted by a child)*. The stories are « The White Lie, The Pedigree. The Spring Gun ; and the Fugitive ».

4397 PEASANTS OF CHAMOUNI (THE). Containing an attempt to reach the summit of Mont Blanc... *London, Baldwin, Cradock and Joy*, 1826, sm. 12mo. half-leather, boards. **25 fr.**

> Illustrated with an engraved frontispiece by *W. Collard* (foxed) from the drawing by *Harvey*. 6 page book list at end.

4398 PEDLARS (THE). *Dublin, Benlham and Hardy*, 1826, sm. 12mo. contemp. calf. **45 fr.**

> Illustrated with finely engraved woodcut frontispiece, vignette on title and sketch of *Darby Brady's cottage.*

4399 PEEP AT THE ESQUIMAUX (A) or Scenes on the Ice. To which is annexed, A Polar Pastoral. *London, H. R. Thomas*, 1825, sm. 8vo. contemp. half cloth with or. ticket on front cover. *(Rebacked)*. **300 fr.**

> FIRST EDITION. Illustrated with 20 full page plates and 20 vignettes all in contemporary hand-colouring. 4 page book list at end.

4400 PEEP INTO NATURAL HISTORY. *J. Fairburn, n. d.* [circa 1845], sm. 12mo. full cloth. *(Modern binding)*. **150 fr.**

> Illustrated with frontispiece and 32 hand coloured quaint woodcuts. This work is done in the chapbook manner. *Very rare.*

4401 PEGGY AND PATTY (The Affecting Story of) or The Sisters of Ashdale. An interesting tale of Innocence Deceived. *London, S. Fisher*, 1825, long. 16mo. or. printed boards. **100 fr.**

> Beautifully engraved frontispiece by Wilson from the drawing by Viven. Vignette on title. Very fine copy in perfect state, uncut.

4402 PELLICO (Silvio). — MES PRISONS ou Mémoires de Silvio Pellico. Traduction nouvelle par M. l'abbé Bourassé. *Tours, Mame*, 1860, in-12, cart. papier *de l'édit.* **100 fr.**

> Titre et 2 pl. gravées : Pellico, enchaîné, écoutant l'arrêt de sa condamnation à quinze ans de carse duro ; Pellico dans sa cellule. Cartonnage romantique, rinceaux or sur fond blanc et bleu. Sur le 1er plat image en chromolithographie représentant Silvio Pellico enchaîné dans la cour de sa prison.

4403 PENHOET (Olivier et Tanneguy de). — POLICHINELLE, drame en trois actes. *Paris, Bureau* *de l'Histoire populaire d'Angleterre*, 1836, in-12. *(Cartonnage de l'éditeur).* **1.000 fr.**

ÉDITION ORIGINALE. Illustré de 20 vignettes sur bois d'après les dessins de GEORGES CRUISHANCK *(sic)*, y compris le frontispice et la vignette du titre. Cartonnage bleu où est répétée cette vignette. Texte largement interligné. *Olivier et Tanneguy de Penhoet seraient*, selon *Quérard*, le pseudonyme de *Olivier Mainguet* et *Anatole Chabouillet*, le futur Conservateur du Cabinet des Médailles. Exemplaire remarquable de fraîcheur. Cet amusant volume est d'une extrême rareté.

4404 PEOPLE OF ALL NATIONS. A Useful Toy, for Girl or Boy. *London, Darton and Harvey,* 1806, 2 3/8 by 2 3/4 inches, or. half-leather, boards, preserved in half-morocco case. **1.250 fr.**

FIRST EDITION. Illustrated with 61 engraved plates, showing different nations and each with a letter of the alphabet. Each illustration has a one page description ; we quote the following as typical. *A Jew : this appears to be a dealer in clothes ; the Jews were a very respectable people ; many of them are great merchants, but at present they are scattered all over the globe.* Fine copy.

4405 PEOPLE OF ALL NATIONS. A Useful Toy, for Girl or Boys. *London*, 1813, or. printed boards, preserved in half-morocco case. **1.000 fr.**

Same work as preceding number *(end papers renewed)*. Under the letter « V » is described : *A Virginian is generally dressed after the manner of the English ; but this is a poor African, and made a Slave of to cultivate the earth, for growing rice, tobacco, sugar, etc.*

4406 PERCY (Stephen). — ROBIN HOOD and his merry foresters. *London, Henry G. Bohn*, 1850, square 8vo. or. red cloth, gilt, g. e. **125 fr.**

Illustrated with 6 spirit hand-coloured lithographs by *John Leighton.* Fine copy.

4407 PERHAPS NOT ! Approved by the Committee of Publication from the London edition. *Boston, Mass, Sabbath School Society*, 1846, sm. 16mo. or. printed wrappers. *(Woodcut on lower cover).* **25 fr.**

Frontispiece engraved on wood *(small part margin torn off).* Slightly foxed.

CHARLES PERRAULT (1628-1703)

4408 PERRAULT (Charles). — HISTOIRES OU CONTES DU TEMPS PASSÉ, avec des Moralitez, par le Fils de Monsieur Perreault *(sic)* de l'Académie François *(sic)*, *(sphère), suivant la copie, à Paris*, 1700, in-12, 4 ff. n. ch. pour frontisp., titre et épître et 176 pp. maroquin fauve, dos à nerfs orné de fil. dorés et à froid, fleurons dorés, large encadrement de fil. dorés et à froid avec fleurons d'angle autour des pl., fil. int., tr. dor. *(Rivière and Son).* **7.500 fr.**

Édition de la plus grande rareté signalée seulement par *Brunet* (Supp. II, 205) qui n'en vit que l'exemplaire du baron Pichon ; encore la décrit-il avec erreur en disant que le frontispice est gravé sur bois. Ce frontispice « *Contes de la Mère Loye* » copie de celui de l'édition de 1697, est gravé en taille-douce ainsi que les 8 vignettes en tête de chaque conte : *La Belle au Bois dormant, Le Petit Chaperon Rouge, La Barbe Bleue, Le Maistre Chat ou le Chat Botté, Les Fées, Cendrillon ou le* (sic) *Petite Pantoufle de verre, Riquet à la Houppe, Le Petit Poucet.* La dédicace « *A Mademoiselle* », qui occupe 4 pp. est signée P. DARMANCOUR, le fils puîné de Charles Perrault, qui mourut cette même année, et qui était donné comme l'auteur de ces contes. *(Cf. M.-E. Storer*, 93 et sq.). Très bel exemplaire de cette édition rarissime, inconnue de *M.-E. Storer.* Il est exceptionnel, ainsi que le remarque *Claudin (Cat. Rochebilière*, p. 285), de rencontrer les Contes de Perrault en bel état, presque tous les exemplaires ayant passé entre les mains des enfants.
PLANCHES 4, 37.

4409 PERRAULT (Charles). — HISTOIRES OU CONTES DU TEMS PASSÉ. Avec des Moralitez, par le Fils de Monsieur Perreault *(sic)*, de l'Académie François *(sic). Suivant la copie de Paris, Amsterdam, Jacques Desbordes*, 1708, in-12, de

iv ff. n. ch. et 175 pp. ch., bas. f. mouch., dos à n., tr. mouch. *(Rel. anc. dane un étui).* **3.500 fr.**

Édition extrêmement rare, signalée dans le *Supp. de Brunet* (II, 206). Frontispice gravé « *Contes de ma Mère Loye* », sphère sur le titre, épître signée *P. Darmancour*, et 8 vignettes à mi-page, illustrant *La Belle au Bois Dormant, Petit Chaperon Rouge, La Barbe Bleue, Le Maistre Chat ou le Chat Botté, Les Fées, Cendrillon ou la Petite Pantoufle de verre, Riquet à la Houppe, Le Petit Poucet.* Bel exemplaire dans sa reliure du temps, un peu fanée, et avec qq. légères éraflures, mais très pure. Parfait état intérieur.

4410 PERRAULT (Charles). — HISTOIRES OU CONTES DU TEMS PASSÉ, avec des Moralitez, par M. Perrault. Nouvelle édition augmentée d'une Nouvelle, à la fin. *A La Haye* [*Paris, Couslelier*], 1742, in-12, 4 ff. n. ch., frontisp., titre rouge et noir, dédicace et 137 pp. ch., maroquin fauve, dos à n. très finement orné, pièces vertes, triple filet doré entourant les plats, dent. int., tr. dorées. **6.500 fr.**

Célèbre et rare édition, très recherchée, où paraissent pour la première fois les jolies vignettes en-tête de *De Sève*, gravées par *Fokke*, utilisées à nouveau en 1781 par *Lamy.* 1 frontispice et 8 vignettes, la dernière illustrant le conte de Mlle LHÉRITIER : *l'Adroite Princesse*, annoncé sur le titre (*Brunet*, IV, 508, Supp. II, 206, *Rochebilière*, 539. *Cohen*, 788. *M.-E. Storer*, 271). Très bel exemplaire, très grand de marges (155 mm.) ; une très petite et très habile restauration à l'angle int. d'un f.

4411 PERRAULT (Charles). — HISTOIRES OU CONTES DU TEMS PASSÉ, avec des Moralitez, par M. Perrault. Nouvelle édition augmentée

d'une Nouvelle, à la fin. *Suivant la copie de Paris,
A Amsterdam, Jacques Desbordes*, 1742, in-12,
4 ff. n. ch. pour frontisp., titre rouge et noir, et
dédicace, et 184 pp. ch., demi-chagr. poli bleu
foncé à coins, dos à n., fleurons, plats toile, tr. dor.
2.000 fr.

Rarissime édition, inconnue de *Brunet*, et de *M.-E. Storer*.
C'est une contrefaçon inconnue de l'édition de *La Haye
(Paris, Coustelier)*, 1742, certainement beaucoup plus
rare que celle-ci. Elle est illustrée d'un frontispice en taille-
douce, copié naïvement sur celui de l'édition de La Haye
et de 8 figures, à mi-page, qui sont également de naïves
copies des vignettes de *Sève*. Le dernier conte : *L'Adroite
Princesse, ou les Avantures de Jinette*, est de Mlle LHÉ-
RITIER ; il ne comporte pas de vignette. Bel exemplaire.

4412 PERRAULT (Charles). — HISTOIRES OU
CONTES DU TEMS PASSÉ, avec des Moralitez.
1742, in-16, mar. rouge, dos orné, filets à chaud et
à froid sur les plats, double filet intér., tr. dorées.
(*Rivière and Son*). **3.000 fr.**

La même édition que le n° précédent. Exemplaire très
grand de marges, hauteur 142 mm. *Très bel exemplaire.*

4413 PERRAULT (Charles). — CONTES DES
FÉES, par Ch. Perrault, de l'Académie Françoise,
etc. Nouvelle édition. *Paris, Lamy*, 1781. — Grisélidis, Peau d'Ane et Les Souhaits ridicules.
Contes par Perrault. Nouvelle édition. *Paris,
Lamy*, 1781, 2 part. en 1 vol. in-12 XXXII-279 pp.
et 149 pp. plus le frontispice, maroquin poli chaudron, dos à n. orné de fil. et fleurons, double fil.
doré encadrant les plats, dent. int., tr. dor.
6.500 fr.

Édition très recherchée contenant un frontispice et
12 vignettes en-tête. L'éditeur Lamy s'est servi, pour son
édition des cuivres gravés par *Fokke*, d'après *Sève*
pour l'édition de 1742 et qu'il a fait retoucher. Comme il
n'y en avait pas pour les contes de *Griséiidis* et de *Peau
d'Ane*, il fit exécuter deux vignettes par *Martinet* qui sont
répétées aux contes des *Souhaits ridicules* et de *Peau
d'Ane* en vers. (*Cohen*, 789). Très bel exemplaire, TRÈS
GRAND DE MARGES (haut. 159 mm.).

4414 PERRAULT (Charles). — CONTES DES
FÉES, etc. *Paris, Lamy*, 1781. — Grisélidis, etc.
Paris, Lamy, 1781, 2 part. en 1 vol. gr. in-12,
veau fauve, dos très orné de fil. et entrelacs, large
dent. autour des plats, dent. int., tr. dor. (*Bozérian*). **15.000 fr.**

Même édition que la précédente. EXEMPLAIRE SUR
GRAND PAPIER FORT DE HOLLANDE. RARISSIME.
Reliure signée : P. BOZÉRIAN restaurée au dos. Splendide état intérieur (hauteur 176 mm.) sans la moindre
rousseur, avec les vignettes en merveilleux tirage, surtout
celles de *Martinet* qui sont ici en toutes premières épreuves.

4415 PERRAULT (Charles). — CONTES DES
FÉES, etc. Nouvelle édition. *Paris, Fournier*,
1781, in-12, 1 f. de frontispice, XXXII ff. et 424 pp.
ch., maroquin bleu, dos à nerfs orné de filets,
triple filet doré entourant les plats, doublure de
maroquin chaudron couvert d'un riche décor,
doubles gardes dont une de moire, tr. dor.
5.000 fr.

Même édition que la précédente, avec les mêmes illus-

trations, mais avec les nom et adresse de *Fournier*, et à
pagination continue ainsi que l'indique *Cohen* (790). Au
verso du titre se trouve l'indication des *tirages en grand
papier. Très bel exemplaire*, dans une reliure avec une
magnifique doublure.

4416 PERRAULT (Charles). — CONTES DES
FÉES, contenant : Le Chaperon Rouge, les Fées,
la Barbe-Bleue, etc. *Paris, H. Tardieu (Impr.
Didot Jne)*, an IX (1800), veau brun clair, dos à
n. orné de filets et fleurons, plats provenant d'une
rel. du XVIe siècle avec ornementation centrale
de feuillages et initiales, NON ROGNÉ. **1.250 fr.**

Édition fort rare ornée de 12 gravures par *Canu*. Elle
contient, ainsi que l'indique une courte préface, les trois
contes en vers découverts par *M. de Paulmy* ; c'est donc
une *édition complète* des contes de Perrault, contenant, en
outre, donné comme étant de Perrault, *L'Adroite Princesse* de Mlle LHÉRITIER. Les 6 dernières pages sont
occupées par un *catalogue* et le dernier f. par les étiquettes
destinées aux exemplaires brochés.

4417 [PERRAULT (Charles)]. — HISTORIES OR
TALES OF PAST TIMES, told by Mother Goose.
With Morals. Written in French by M. Perrault,
and Englished by G. M. Gent. *London, J. Harris,
Successor lo E. Newbery*, at the original Juvenile
Library, *n. d.* [circa 1803], 16mo. or. printed
boards. (*Front cover loose*). **1.000 fr.**

Frontispiece engraved on wood, and 8 quaint woodcuts
in text. The last tale « The discret Princess » has a separate
title. LACKS LAST LEAF, with a 3rd morality to this
story. English Perraults of this date are of the greatest
rarity.

Planche 72.

4418 PERRAULT (Charles). — CONTES DES
FÉES, ornée (*sic*) de figures. *Paris, Duprat-
Duverger*, 1808, pet. in-12, veau poli fauve, dos
orné en long d'un motif doré et de filets noirs,
plats couverts d'une très belle plaque à froid « à la
cathédrale », entourés d'un filet noir avec petites
rosaces dorées aux angles, dent. int. à froid, tr.
marb. (*Rel. romantique*). **800 fr.**

Petite édition extrêmement rare ornée d'un titre gravé
avec vignette et de 10 figures gravées sur cuivre (2 par
planche), de style naïf. Très bel exemplaire, dans une
reliure exceptionnelle pour ce genre d'ouvrages.

4419 PERRAULT (Charles). — CONTES DES
FÉES, etc. *Paris, Nepveu, s. d.* (1810), gr. in-4
oblong, cartonn. bradel pap. gris, étiquette au
dos. (*Carlonn. anc.*). **1.000 fr.**

Rarissime suite en noir, du titre et des 10 figures illustrant l'édition précédente, tirée à quelques exemplaires
seulement *sur grand papier vélin fort*. Très belles épreuves.
Bel exemplaire.

4420 PERRAULT (Charles). — CONTES DES
FÉES, imprimés par Firmin Didot, etc. *Paris,
Nepveu, s. d.* [vers 1810], in-4 oblong, cartonn.
pap. rose glacé illustré d'une lithogr. sur le 1er
plat. (*Carlonnage d'édit.*). **1.000 fr.**

Édition de toute rareté, ornée d'un titre gravé et colorié
et de 10 superbes figures, gravées par *Adrien Godefroy*,
d'après ses dessins et ceux de CHASSELAT. Belle typo-

graphie de DIDOT (les *moralités* sont en *cursive* et *bâ-tarde*). Vignettes sur bois. Mouill. et couv. un peu frottée. Dos refait.

4421 PERRAUT *(sic)* **(Charles).** — CONTES DES FÉES, contenant : la Belle et la Bête, le Prince Charmant, les Trois Souhaits, avec des Moralités. *Dôle, P. Prudont, s. d.* [vers 1810], pet. in-12 br., couv. muette d'origine.   **250 fr.**

Rare impression populaire de colportage. *Très bel exemplaire.*

4422 PERRAULT (Charles). — HISTORIES OR TALES OF PAST TIMES TOLD BY MOTHER GOOSE. With Morals. Written in French by M. Perrault, and Englished by. G. M. GENT. *London, J. Harris, n. d.* [circa 1810], sm. 12mo. or. boards with ticket. *(Back strip missing)*, preserved in half-morocco case.   **2.500 fr.**

Illustrated with frontispiece and 8 other woodcuts. The stories are *Red Riding Hood. The Fairy. Blue Beard. The Sleeping Beauty. Puss in Boots. Cinderilla. Riquet with the Tuft. Little Thumb,* and with a separate title « THE DISCREET PRINCESS *or the Adventures of Finetta, A Novel. Dedicated to the Right Hon. Lady Masy Montague* ». The translation is by GUY MIEGE, who made the first English translation in 1719. Up to recent times the credit for the English translation has been given to Robert Samber, but this has now been disproved. *Fine copy.*

4423 PERRAULT (Charles). — CONTES DES FÉES. *Paris, Salmon, s. d.* [vers 1815], in-12, bas. marb., dos orné, pièce verte, guirl. autour des plats, tr. dor. *(Rel. anc.).*   **300 fr.**

Petite édition très rare ornée d'un titre gravé avec vignette : « Il était une fois un Roi... », et 11 figures gravées, non signées. La 1re (frontispice) représente « La Danse des Fées ».

4424 PERRAULT (Charles). — CONTES DES FÉES. *Paris, Thiériot et Belin,* [*Sentis, Stéréotype Tremblay*], *s. d.* [vers 1820], pet. in-12, bas. marb., dos orné, tr. marb. *(Rel. anc.).*   **300 fr.**

Titre gravé avec vignette et 11 figures hors-texte gravées, non signées, en longueur. Bel exemplaire.

4425 PERRAULT (Charles). — CONTES DES FÉES. *Paris, Le Fuel, s. d.* [vers 1825], in-12 oblong, veau marbré, dos orné, dent. dorée. *(Rel. de l'époque).*   **1.800 fr.**

Frontispice, titre et 12 planches de *Séb. Leroy,* gravés par Noël jeune et joliment coloriés. Charmante édition. Sauf salissures à deux pages, bel exemplaire.

4426 PERRAULT (Charles). — CONTES DE PERRAULT [lithographiés], par Hte LECOMTE. *Paris, Delpech, s. d.* [vers 1830], pet. in-fol. oblong, cartonn. bradel pap. marbré bleu.   **2.000 fr.**

SUITE RARISSIME de 12 SPLENDIDES LITHOGRAPHIES COLORIÉES de H. Lecomte, avec légende lithogr. Couverture lithographiée conservée (un peu salie). Grandes marges. *Hyacinthe Lecomte* qui naquit à *Nice* en 1797 et mourut à *Paris* en 1858, était élève de *Girodet.*

4427 PERRAULT (Charles). — CONTES DES FÉES en estampes. *Paris, Caillot, s. d.* [vers 1830], in-8 oblong, basane rouge ornée de motifs dorés. *(Rel. de l'ép.).*   **300 fr.**

12 gravures, dont un titre (avec vignette représentant une mère faisant la lecture à ses enfants). Plats encadrés d'une dentelle dorée. Aux angles, petit médaillon doré représentant la fable du Renard et du Corbeau. Au milieu du 1er plat, motif doré représentant un oiseau défendant son nid contre un aigle. Exempl. un peu feuilleté.

4427 *bis* PERRAULT (Charles). — CONTES DES FÉES. *Paris, J. Langlumé et Pellier, s. d.* [vers 1830], petit in-12, cart. de l'époque, papier grenat à ramages, conservé dans une boîte demi-maroquin.

Charmante petite édition, précédée d'une notice sur Perrault, et illustrée de 5 planches, chacune portant deux figures gravées et coloriées, et un titre gravé avec vignette coloriée. Les coins du cartonnage un peu émoussés, mais l'intérieur est d'une fraîcheur sans reproche.

4428 PERRAULT (Charles). — CONTES, précédés d'une notice sur l'auteur, par PAUL-L. JACOB, bibliophile ; et d'une Dissertation sur les Contes de Fées, par M. LE BARON WALCKENAER. *Paris, L. Mame,* 1836, in-8, cartonn. de l'édit. pap. vert imprimé et illustré.   **1.500 fr.**

Édition très rare et fort recherchée, décrite par *Vicaire,* VI, 540. Illustrée de 170 vignettes dessinées par TONY JOHANNOT, A. DEVÉRIA, GIGOUX, N. THOMAS, CÉLESTIN NANTEUIL et GIRAUD, et gravées par LACOSTE JEUNE. Vicaire signale une couverture *bleue ;* celle qui couvre le cartonnage de notre exemplaire est *verte* et conforme à la description de Vicaire comme disposition de typographie et de vignettes. Très beau livre romantique, rare, surtout en cartonnage d'origine. Qq. lég. saliss. au cartonnage et coins un peu frottés.

4429 PERRAULT (Charles). — CONTES. *Même ouvrage, même éd.,* veau brun clair, dos sans nerfs, orné en long, de fil. et motifs romantiques, grande plaque « à la cathédrale », à froid couvrant chaque plat, filet doré entourant les plats, tr. dor. *(Rel. de l'époque).*   **1.800 fr.**

Bel exemplaire dans une reliure romantique de grand caractère. Qq. rouss. légères. Très rare en reliure « à la cathédrale ».

4430 PERRAULT (Charles). — CONTES. Nouvelle édition. *Paris, Postel,* 1838, in-12, cartonn. bradel pap. bleu. *(Cartonn. d'époque).*   **60 fr.**

Curieuse édition contenant les mêmes jolies figures que celles de l'édition de Mame, 1836. (Voir ci-dessus n° 4428). Ces vignettes sur bois sont gravées par *Lacoste jeune,* d'après les dessins de *T. Johannot, Devéria, Gigoux, Thomas, C. Nanteuil,* etc. Inconnu de *Vicaire.* Cartonn. usagé.

4431 PERRAULT (Charles). — CONTES DES FÉES. Edition illustrée. *Paris, A. Courcier, s. d.* [vers 1840], pet. in-8 carré, cartonn. de l'édit. en pap. ill. en chromolith. *(Cartonn. d'époque),* conservé dans une boîte demi-mar.   **750 fr.**

Édition extrêmement rare, ornée de 8 figures hors-texte gravées et *coloriées,* non signées, dans la manière des figures illustrant les livres d'enfants anglais à la même époque. Vignette sur bois sur le titre *(Impr. Arbieu, à Poissy).*

Cartonnage d'origine, illustré de fleurs et scènes diverses par la chromolithographie *(A. Cordier)*. Qq. lég. mouill.

4432 PERRAULT (Charles). — CONTES DES FÉES. *Tours, R. Pornin,* 1842, pet. in-12, cart. papier *de l'édit.* **125 fr.**

Un frontispice gravé (La magie blanche). Cart. noir orné de rinceaux rocaille et d'un médaillon floral dorés. Manque au dos. *Très rare.*

4433 PERRAULT (Charles). — CONTES DES FÉES, ornés de gravures nouvelles. *Paris, L. de Bure, s. d.* [vers 1845], in-16 carré, demi-basane grenat, coins. *(Rel. anglaise).* **250 fr.**

8 gravures coloriées, les mêmes que dans l'édition Courcier. Cette édition contient : Barbe Bleue, le Petit Chaperon Rouge, la Belle au Bois dormant, le Chat Botté, Cendrillon, Riquet à la Houppe, le Petit Poucet et Peau d'Ane. Très légère mouillure à un coin.

4434 PERRAULT (Charles). — CONTES DES FÉES. *Paris, Fonteney et Pellier, s. d.* [vers 1845], in-32, cartonnage de l'éditeur. **300 fr.**

Illustré de 5 jolies lithographies non signées, y compris la vignette du titre. Cartonnage lithographié : groupe d'enfants. Au second plat : deux enfants et mouton.

4435 PERRAULT (Charles). — LES CONTES DES FÉES. Illustrés par J.-C. Demerville. *Paris, Librairie pittoresque de la Jeunesse,* 1847, in-8, cart. toile bleue, plats et dos ornés de motifs dorés, tr. dorées. **800 fr.**

Titre rouge et noir orné d'une vignette. Nombreuses vignettes sur bois dans le texte. 7 lithographies sur fond teinté, dont 6 finement coloriées à la main. La décoration du 1er plat représente des personnages des contes de fées. Le petit médaillon du 2e plat, un paysan « racontant des histoires » à deux enfants. Bel exemplaire malgré quelques rousseurs.

4436 PERRAULT (Charles). — LES CONTES DES FÉES. Illustrés par J.-C. Demerville. *Paris, Belin-Leprieur et Morizot,* 1847, gr. in-8, cart. papier *de l'édit.* **500 fr.**

13 lithogr. en couleurs sur fond chamois. Titre lithographié en rouge et noir. Cart. décoré d'une plaque architecturale or, rouge, vert et noir sur fond crème (chromolith. de Lemercier). Coins abîmés, coiffes restaurées. Intérieurement magnifique exempl. De toute rareté dans le cart. de l'éditeur.

4437 PERRAULT (Charles). — CONTES DES FÉES. *Paris, Bernardin Béchel, s. d.* [vers 1850], in-12, cart. papier *de l'édit.* Conservé dans une boîte demi-maroquin. **1.000 fr.**

Frontispice, titre gravé avec vignette du Petit Chaperon Rouge et dix gravures hors-texte de Desandre et Varin. Vignettes gravées sur bois. Cartonnage polychrome sur fond crème orné de rinceaux, médaillon de titre et personnages or, rouge, bleu. Sur le second plat, vignette en couleurs du *Petit Chaperon Rouge.* Très bel exemplaire de cette édition très rare.

4438 PERRAULT (Charles). — CONTES DES FÉES. *Paris, Bernardin Béchel, s. d.* [vers 1850], in-12, cart. papier *de l'édil.* **600 fr.**

Le même ouvrage, même édition, même cartonn. que le n° précédent. Excellent exemplaire, mais d'une fraîcheur moins éclatante. Les coiffes et un coin légèrement usés.

4439 PERRAULT (Charles). — CONTES, précédés d'une notice sur l'auteur par le bibliophile Jacob et suivis d'une dissertation sur les Contes des Fées, par le baron Walckenaer. *Paris, Magnin, Blanchard, s. d.* [vers 1850], gr. in-8, demi-chagrin rouge, dos orné à nerfs, plats toile chagrinée, tr. dorées. *(Rel. de l'époque).* **500 fr.**

Magnifique édition, non citée par Vicaire et Carteret. 2 ff., xv-130 pp. et 1 f. de table. Les pages 1 à 134 sont en papier fort et portent le texte des Contes, entièrement gravé et splendidement illustré à chaque page par *Pauquet, Marvy, Jeanron, Jacque, Beaucé, Jules Compagnon,* avec frontispice général, bistre à reflets cuivrés, et un frontispice gravé en bistre pour chacun des contes. En réalité, c'est l'ÉDITION CURMER de 1843 avec un titre de relai, accompagnée de la notice et de la dissertation qui avaient paru pour la première fois dans l'édition Mame de 1836. Très bel exemplaire.

4440 PERRAULT (Charles). — LES CONTES DES FÉES. *Paris, Amédée Bédelet, s. d.* [vers 1850], cartonnage en chromolithographie, tr. dorées. *(Cart. de l'édit.).* **5.000 fr.**

Orné de 10 gravures sur acier coloriées et d'un grand nombre de vignettes sur bois d'après les dessins de MM. PAUQUET. Cartonnage en chromolithographie : or, argent, bleu et rouge sur fond blanc. Cartonnage en chromolithographie remarquable exécuté par J. Mayer, d'une fraîcheur parfaite.

4441 PERRAULT (Charles). — LES CONTES DES FÉES, précédés d'une notice sur l'auteur. *Paris, A. Bédelet, s. d.* [vers 1850], in-8, demi-chagr. brun, dos à n. orné, plats toile, tr. dor. *(Rel. de l'époque).* **450 fr.**

Même édition que le n° précédent, avec les pl. col. Très beau tirage. Plats de la reliure tachés.

4442 PERRAULT (Charles). — CONTES DES FÉES. *Paris, Bernardin-Béchel, s. d.* [vers 1860], in-12, broché, couv. lithogr. d'origine. **60 fr.**

Édition de colportage ornée de fig. sur bois hors-texte et de nombreuses vignettes dans le texte. Qq. lég. rouss. Couv. un peu fanée.

4443 PERRAULT (Charles). — CONTES DES FÉES. *Paris, Aubert, s. d.* [vers 1850], in-8 obl. *(Cartonnage papier de l'éditeur).* **800 fr.**

Magnifiques illustrations d'EDMOND MORIN. Titre (reproduit sur le premier plat du cartonnage) et 29 grandes lithographies. Deuxième série. Cartonnage refait avec premier plat de la couv. or. collé.

4444 PERRAULT (Charles). — LES CONTES DES FÉES. Illustrés de 150 gravures par Tony Johannot, Devéria, Thomas, Célestin Nanteuil, J.-C. Demerville, Gigoux et de 10 lithographies par Bataille. *Paris, Victor Lecou,* 1851, in-8, cart. toile verte, décors polychromes, tr. dorées. *(Cart. de l'édit.).* **600 fr.**

Premier tirage. Les lithogr. sont tirées sur fond chamois. En plus des illustrations mentionnées au titre, portrait de Perrault gravé sur bois en frontispice. Le 1er plat est orné d'une belle plaque or, rouge, bleue et verte, signée Haarhaus, représentant les principaux personnages des Contes. Cartonnage très frais mais un peu fatigué.

4445 PERRAULT (Charles). — CONTES illustrés par Grandville, Gérard-Séguin, Gigoux, Lorentz, Gavarni et Bertall. *Paris, E. Blanchard,* 1851, in-8, cart. demi-toile bleu de ciel bradel, coins, couv. illustrée cons., entièrement non rogné. *(Rel. mod.).*   **1.000 fr.**

PREMIER TIRAGE. Très bel exemplaire (minuscules rousseurs, tout à fait négligeables) de cette édition illustrée avec un goût charmant. De la collection intitulée : *Nouveau magasin des enfants. Carteret,* III, p. 448.

4446 [PERRAULT (Charles)]. — CONTES, précédés d'une préface par J.-T. de Saint-Germain. *Paris, Théodore Lefèvre, s. d.* [vers 1855], in-8, demi-maroq. vert, dos et coins, dos orné, tr. dorées. *(David).*   **200 fr.**

PREMIER TIRAGE. Titré noir et rouge, vignette de titre et nombreuses vignettes dans le texte. Édition recherchée et peu commune. Bel exempl., l'un des 10 numérotés sur vergé (n° 8).

4447 [PERRAULT (Charles)]. — LES CONTES DE PERRAULT. Dessins par Gustave Doré, préface par J.-P. Stahl. *Paris, J. Hetzel, Firmin Didot,* 1862, in-fol. *(Cartonnage toile de l'éditeur),* fers spéciaux.   **1.000 fr.**

PREMIER TIRAGE. Frontispice, titre noir et rouge avec vignette et 40 grandes compositions de GUSTAVE DORÉ, gravées sur bois par *Pizan, Pannemaker, Pierdon, Brevière, Maurand, Bœtzel, Hébert, E. Deschamps, Dumont, Delduc, Fagnon.* Ces dessins sont tirés sur fond teinté Chine. Un des beaux volumes illustrés par Doré. Rare et recherché en édition originale. Bel exemplaire en dépit de légères rousseurs. Sur un f. de garde, inscription gothique dorée : *à Mlle Adèle Blacque, souvenir de la Saint-Jean.*

4448 PERRAULT (Charles). — LES CONTES DES FÉES en prose et en vers. Deuxième édition revue et corrigée sur les éditions originales et précédée d'une lettre critique par Ch. Giraud. *Lyon, Louis Perrin,* 1865, in-8, maroquin bleu de ciel, cadre de cinq filets dorés sur les plats, dos à nerfs, orné de cadres de filets et de fleurons (Chat Botté) dans les compartiments, filets sur les coupes, riche dent. intér., tr. dorées. *(Trautz-Bauzonnel).*   **1.600 fr.**

MAGNIFIQUE EXEMPLAIRE, l'un des 30 sur *papier de Chine.* Portrait de Perrault, vignette avec portrait, frontispice gravé, fleuron, en deux états sur chine (bleu et noir) ; et 3 gravures *(Barbe Bleue, le Petit Poucet, Peau d'Ane)* en quatre états sur chine et vélin teinté. L'illustration comprend, en outre 12 vignettes dans le texte, toutes ici en double état (épreuve bleue sur chine hors-texte), plus une troisième épreuve bleue sur chine, d'une vignette différente, pour le *Chaperon Rouge* et le *Petit Poucet.* La lettre critique de Charles Giraud est une importante étude sur les contes de fées. *Vicaire,* VI, 546.

4449 PERRAULT (Charles). — LES CONTES DES FÉES en prose et en vers. Deuxième édition..., précédée d'une lettre critique par Ch. Giraud. *Lyon, Louis Perrin,* 1865, in-8, demi-maroq. vert à coins, dos orné à nerfs, tête dorée. *(Rel. de l'époque).*   **400 fr.**

Le même ouvrage que le précédent. Mêmes illustrations hors-texte sur vélin et 12 vignettes dans le texte. Bel exempl. sur papier de Hollande.

4450 PERRAULT (Charles). — LES CONTES DES FÉES en prose et en vers. Deuxième éd. revue et corr... et précédée d'une lettre critique par Ch. Giraud. *Lyon, Louis Perrin,* 1865, in-8, en feuilles dans un emboîtage *de l'édit.*   **250 fr.**

La même édition que le n° précédent. Exemplaire en ff. très rare en cette condition et d'une fraîcheur irréprochable. Sur papier vergé. Illustré du portrait par Annedouche, de la vignette avec portrait d'après Eisen, frontispice d'après Gerlier, trois gravures hors-texte et nombreuses vignettes dans le texte.

4451 PERRAULT (Charles). — LES CONTES. *Paris, Garnier, s. d.* [vers 1870], gr. in-4, percaline rouge, plat sup. orné d'un grand fer doré, signé *Paul Souze,* avec portrait de Perrault et sujets tirés des contes, ornements en noir au 2e plat, tr. dor. *(Cartonn. d'édit.).*   **60 fr.**

Belle édition contenant le premier tirage des gravures en *chromolithographie* par T. LIX et des vignettes de *G. Staal, Yan d'Argent, Tofani, etc.* Un peu déboîté.

4452 PERRAULT (Charles). — CONTES, d'après les textes originaux avec notice, notes et variantes et une étude sur leurs origines et leur sens mythique, par Frédéric Dillaye. *Paris, Lemerre,* 1880, in-8 br., couv. impr.   **100 fr.**

PREMIER TIRAGE. Texte encadré d'un filet rouge. Excellente édition. Très bel exemplaire, non coupé, sur papier de Hollande.

4453 PERRAULT (Charles). — HISTORIES OR TALES OF PAST TIMES TOLD MOTHER GOOSE, with Morals. Written in French by M. Perrault and Englished by G. M. Gent. Newly edited by J. Saxon Childers. *London, The Nonesuch Press,* 1925, 12mo. or. half-cloth, fancy papers.   **200 fr.**

Illustrated with 8 hand-coloured woodcuts. Facsimile edition of the original English version by *Guy Miege,* published in 1719, formerly throught to have been translated by *Mr Samber.* Unopened, as new.

4454 PERRAULT (Charles). — BARBE-BLEUE (LA), conte. *S. l. n. d.* [vers 1800], in-24 br., couv. impr. faisant partie du cahier.   **50 fr.**

Édition de colportage, variante du n° 22 de Hélot, *Bibl. bleue en Normandie.* En-tête gravé sur bois ; sur le second plat de la couverture, gravure du Sage de la Grèce et autre vignette sur bois, différente de celle mentionnée par Hélot. *Bel exemplaire.*

4455 [PERRAULT (Charles)]. — HISTOIRE DE BARBE-BLEUE qui égorgea ses femmes. *Leipsic, Baumgaerler, s. d.* [vers 1835], pet. in-8 oblong, cartonn. pap. jonquille imprimé. *(Cartonn. d'édit.).*   **300 fr.**

Charmant et très rare petit album à l'usage des jeunes Allemandes apprenant le français. Il est illustré de 10 très belles figures gravées, hors-texte, finement coloriées, illustrant le texte de Perrault (avec notes en allemand). Très bel exemplaire.

4456 [PERRAULT (Charles)]. — BELLE AU BOIS DORMANT (LA). Le Petit Chaperon Rouge.

Pont-à-Mousson, Haguenthal, s. d. [vers 1845], cartonnage de l'éditeur. *(Dos restauré).* **125 fr.**

Illustré de 8 lithographies [2 par planche] sur fond teinté. Cartonnage en chromolithographie : le loup tirant la chevillette, motifs décoratifs et vue de ville au bord d'un fleuve. Gros caractères, largement interlignés.

4457 [**PERRAULT (Charles)**]. — LA BELLE AU BOIS DORMANT, d'après Charles Perrault, avec illustrations par Arthur Rackham. *Paris, Hachette et C¹ᵉ, s. d.,* in-4. *(Carlonnage de l'éditeur).* **200 fr.**

10 illustrations en couleurs et 60 en noir (silhouettes) par ARTHUR RACKHAM. Tiré à 400 exemplaires numérotés et signés par l'artiste.

4458 [**PERRAULT (Charles)**]. — CENDRILLON ou Le Petit Soulier Vert. *Paris, Delarue, s. d.* [vers 1850], in-12 obl. *(Carlonnage papier de l'éditeur).* **200 fr.**

Pour ce texte, imité de Perrault et imprimé sur deux colonnes, on a utilisé le titre gravé (vignette) et les 7 figures gravées (coloris moderne) de l'édition in-16 de Lefuel. Vignette (diligence au galop) sur le titre imprimé.

4459 [**PERRAULT (Charles)**]. — CENDRILLON d'après Charles Perrault, avec illustrations par Arthur Rackham. *Paris, Hachette, s. d.,* in-4. *(Carlonnage toile de l'éditeur).* **250 fr.**

Frontispice en couleurs, 9 planches en trois teintes et 53 en noir (silhouettes), par ARTHUR RACKHAM. Tiré à 500 exemplaires numérotés et signés par l'artiste.

4460 [**PERRAULT (Charles)**]. — CENDRILLON. 8 verres de LANTERNE MAGIQUE. 21,7×5,4 centimètres. [Vers 1860]. **500 fr.**

Résumé par l'image du conte de Perrault. Série complète.

4461 **PERRAULT (Charles)**. — FAERNE (GABRIEL). — CENT FABLES choisies des anciens auteurs, mises en vers latins et traduites par M. Perrault. Nouvelle édition. *Londres, Darres, Du Bosc,* 1743, in-4, demi-mar., coins. *(Rel. mod.).* **200 fr.**

Belle édition ornée de 100 vignettes gravées, à mi-page, non signées (*Cohen*, 371, *Brunet*, II, 1160) de cette traduction due à Perrault. Exemplaire grand de marge, mais avec quelques essais de coloriage des figures qu'un lavage ferait facilement disparaître.

4462 [**PERRAULT (Charles)**]. — HISTOIRE DE PEAU D'ANE. *Toulouse, Impr. de Desclassan et Navarre, s. d.* [vers 1800], in-12, broché, couv. muette. **125 fr.**

Rare impression populaire. Vignette sur le titre.

4463 **PERRAULT (Charles)**. — HISTOIRE DE PEAU D'ANE. *London, Eragny Press,* 1902, 8vo. or. flowered-paper boards. **400 fr.**

3 illustrations by *T. Sturge Moore* and frontispiece, borders and ornamentals letters by *Lucien Pissaro*, 200 copies only for sale. Printed on hand-made paper. *Fine copy, unopened.*

4463 *bis* **PERRAULT (Charles)**. — PEAU D'ANE. *Rouen, Lecrène-Labbey, s. d.* [vers 1825], pet. in-12, couverture imprimée. **125 fr.**

Rare impression de colportage.

4464 **PERRAULT DU JEUNE AGE (LE)**. *Paris, L. Janet (Impr. Jules Didot Aîné), s. d.* [vers 1820], pet. in-8 obl., cartonn. pap. vert clair glacé avec titre et vignette gravée sur le 1ᵉʳ plat. *(Cartonn. d'origine, dos restauré).* **600 fr.**

Titre gravé avec vignette représentant un enchanteur au milieu d'enfants et 6 jolies figures hors-texte gravées non signées. L'introduction, en tête de l'ouvrage, porte : « *L'arrière-petit-fils de Perrault aux petits enfants ses lecteurs* ». Ces *imitations* des célèbres contes s'intitulent : *Le Cornet d'ivoire, le Pavillon enchanté, Zoraïde, Le Nain bleu, Le Petit Pâté, Le Lorgnon magique,* etc. Qq. lég. rouss. Restaurations au cartonn. TRÈS RARE.

4465 [**PERRAULT (Charles)**]. — LITTLE RED RIDING-HOOD ; and the Surprising Adventures of Puss in Boots. Two Pleasing Stories. For the Entertainment of Children. *Gainsborough, Mozley and Co's Lilliputian Book-Manufactory, n. d.* [circa 1785], 32mo. or. flowered-paper wrappers, preserved in half-morocco case. **1.250 fr.**

Frontispiece and 9 quaint woodcuts. 18th century penny chapbook. *Very fine copy.*

4466 **PERRAULT (Charles)**. — LE MAITRE CHAT ou le Chat Botté, conte tiré des fées. *Rouen, Lecrène-Labbey, s. d.* [vers 1790], in-24, broché, couv. muette. **300 fr.**

Édition de colportage, différente, quoique publiée par le même imprimeur, de celle mentionnée par Hélot, *Bibl. bleue en Normandie,* nº 150. 12 pages. P. 9 commence le conte intitulé *Les Fées.* Deux vignettes sur bois. Bel exemplaire.

4467 **PERRAULT (Charles)**. — PEAU D'ANE. Conte des fées. *Rouen, Lecrène-Labbey, s. d.* [vers 1810], in-8, broché. **100 fr.**

Impression rare de colportage. Cité par le Dʳ *Hélot* (*Bibl. bleue en Normandie,* nº 187 [2]).

4468 **PERRAULT (Charles)**. — LE PETIT CHAPERON ROUGE. Conte. *Paris et Limoges, Martial Ardant,* 1855, pet. in-8 oblong, cartonn. pap. bleu ciel, à reliefs dorés, feuillages, ornementations Louis XV, etc., vignette gravée et coloriée au centre du 1ᵉʳ plat. *(Cartonn. d'édit.).* **600 fr.**

Très rare édition enfantine imprimée en GROSSE TYPOGRAPHIE sur papier très fort et ornée de 4 charmantes lithographies *coloriées,* non signées. Bel exemplaire dans son joli cartonnage d'origine.

4469 **PERRAULT (Charles)**. — LE PETIT CHAPERON ROUGE, dessiné et gravé par EDGAR TITGAT. *Bruxelles, C. Van Oest et C¹ᵉ,* 1921, sm. 4to. or. col. parchment boards. **500 fr.**

16 hand-blocked woodcuts and text by Edgar Titgart in colours. One of 40 copies *(with the woodblocks in 2 states, coloured and uncoloured)* printed on China Paper, and signed by the artist. *Fine copy.*

4470 **PERRAULT (Charles)**. — POPULAR TALES, edited from the original editions, with introduction, etc., by ANDREW LANG. *M. A. Oxford, At the Clarendon Press,* 1888, sm. 4to. or. half-vellum. **350 fr.**

FIRST EDITION. Large paper copy printed on Holland paper. Two portraits of Perrault. *Fine copy.*

4471 PERRAULT (Charles). — PUSS IN BOOTS, AND DIAMOND AND TOADS... From the French of C. Perrault. *London, Pinnock and Maunder, n. d.* [circa 1820], sm. 12mo. or. printed wrappers. *(Slip case).* **300 fr.**

Engraved frontispiece *(foxed).* Corner of front cover slightly damaged.

4472 [PERRAULT (Charles)]. — RECUEIL DE PLUSIEURS PIÈCES D'ÉLOQUENCE et de Poésie présentées à l'Académie Françoise pour les prix de l'année 1691, avec plusieurs discours qui y ont esté prononcez, et plusieurs pièces de Poesie qui y on esté leues en différentes occasions. *Paris, J.-B. Coignard,* 1691, in-12, de 6 ff. n. ch. et 324 pp. ch., v. brun, dos à n. orné, tr. mouch. *(Rel. anc.).* **3.000 fr.**

Recueil rare et très important puisqu'il contient l'ÉDITION ORIGINALE de LA MARQUISE DE SALLUSSES, OU LA PATIENCE DE GRISÉLIDIS, par Monsieur PERRAULT (p. 145 à 202). Cette pièce fut lue devant l'Académie Française le jour de la fête de Saint Louis, en 1691, par l'abbé Lavau, à l'occasion de la réception de Fontenelle, et recueillit de nombreux applaudissements. La Patience de Grisélidis parut en éd. séparée peu après, la même année, puis en 1694 avec le Conte de Peau d'Asne. (Voir *M.-E. Storer,* 85 et sq.).

4473 PERRAULT (Charles). — RECUEIL DE PLUSIEURS PIÈCES D'ÉLOQUENCE, etc. *Même ouvrage, même édition que le précédent,* v. brun mouch., dos à n. orné, tr. mouch. *(Rel. anc.).* **2.500 fr.**

Bel exemplaire. Qq. pet. restaurations très habiles à la reliure. Une petite tache sur la tranche.

4474 [WALCKENAER (C.-A. de)]. — LETTRES SUR LES CONTES DE FÉES attribués à Perrault et sur l'origine de la féerie. *Paris, Baudouin,* 1826, in-12, bas. grenat, dos orné en hauteur, grande plaque dorée et à froid couvrant les plats. *(Rel. de l'époque).* **200 fr.**

ÉDITION ORIGINALE (couvertures conservées), remboîtée dans une reliure d'époque, de ce très important ouvrage de critique sur les Contes de Perrault et sur leur origine (les fées en Bretagne, les bardes, le folklore scandinave, les troubadours, les ogres, etc.). Voir *M.-A. Storer. La Mode des Contes de Fées,* p. 48.

=====

4475 PERRIN (M.). — FABLES AMUSANTES, suivies d'une Table générale et particulière des mots et de leur signification en anglois. *Londres, C. Law, etc.,* 1812, 12mo. old calf. **15 fr.**

Illustrated with woodcut frontispiece and vignette. Five page book list at end.

4476 PET LAMB (THE) in Rhythm ; intended as an innocent exercise for the Memory of Children. To which are added. The Ladder of Learning. By J. B. (John Britton ?). *London, William Darlon, n. d.* [circa 1824], 12mo. green cloth. *(Later binding).* **600 fr.**

Illustrated with 24 quaint engravings on copper. Interesting large type. The *Pet Lamb* is written on the plan of « The House that Jack Built » and begins.
This is the Lamb, that lost its Dam.
This is Ann, who had the Lamb, that lost its Dam.
This is the Can, in which little Ann, did feed the Lamb, that lost its Dam, and was a Pet Lamb, etc., etc.
The *Ladder to Learning* is also built up on the same plan. A very interesting Juvenile. *Fine copy.*

4477 PET LAMB (THE) and Other Stories for Our Little Friends. *New York, James G. Gregory, n. d.* [circa 1850], 8vo. or. cloth. **300 fr.**

Coloured frontispiece and title *(early American Oil process by N. Orr)* and 8 woodcuts. Fine copy.

PETER PARLEY BOOKS

4478 PETER PARLEY. — TALES ABOUT AMERICA AND AUSTRALIA... revised by the Rev. T. Wilson. *London, Cassell, Peter and Galpin, n. d.* [circa 1850], post 8vo. or. cloth, gilt. **80 fr.**

Illustrated with a coloured map and many woodcuts.

4479 PETER PARLEY'S ANNUAL. — A Christmas and New Year's Present for Young People. *London, Darlon and Co,* 1850, large 16mo. or. red cloth, gilt, g. e. **250 fr.**

FIRST EDITION. Coloured frontispiece showing *Penn's Treaty with the Indians,* and extra coloured title page. Numerous woodcuts in text and 6 splendid plates on steel, one representing *California and the Gold Regions* and another *The Electric Light,* showing one of the first used outdoors in London. *Very fine copy.*

4480 PETER PARLEY'S ANNUAL. [Juvenile Tales and other Stories, selected from]. *London, J. S. Lingham,* 1848, sq. 12mo. or. cloth, gilt. **65 fr.**

Illustrated with a frontispiece drawn by *John Absolon,* printed in colours by *Reynolds and Collins,* and many woodcuts.

4481 PETER PARLEY'S BOOK OF GYMNASTICS, a legacy to promote the health and long life of his youthful friends. *London, S. Lingham, n. d.* [circa 1840], 16mo. or. cloth. *(Faded).* **80 fr.**

Illustrated with four engraved plates showing Tug-of-war : parallel bar : calisthenics and wrestling. The text is interspersed with many tiny and amusing woodcuts showing gymnastic exercises.

4482 PETER PARLEY'S BOOK OF POETRY [by *S. G. Goodrich*]. Revised with Additions. *London, Darton and Clark, n. d.* [circa 1850], or. cloth, gilt. *(Faded and loose)*. **60 fr.**

Illustrated with 16 engravings on wood.

4483 PETER PARLEY. — THE BOOK OF TRADES, ARTS AND PROFESSIONS, relative to Food, Clothing, Shelter, Travelling, and Ornament. For the use of the Young. *London, Darton and Co, n. d.* [circa 1840], sq. 16mo. or. red cloth. *(Back worn)*. **100 fr.**

Illustrated with 16 plates. Some pages slightly yellowed.

4484 PETER PARLEY. — CHEERFUL CHERRY or Make the best of it. With other Tales. *London, Darton and Co, n. d.* [circa 1845], 12mo. or. blue cloth, gilt. **70 fr.**

Illustrated with 2 engraved plates and many woodcuts. At end *Reviews and literary notices* (36 pages). Fresh copy.

4485 PETER PARLEY. — A GRAMMAR OF MODERN GEOGRAPHY. *London, Thomas Tegg and Son*, 1838, square 12mo. or. dark green cloth, gilt. **125 fr.**

FIRST EDITION. Illustrated with many woodcuts. *Very fine copy.*

4486 PETER PARLEY. — INQUISITIVE JACK and his Aunt Mary, with illustrations by S. WILLIAMS. *London, Darton and Hodge, n. d.* [circa 1845-50], 12mo. or. violet cloth, gilt. **50 fr.**

Illustrated with an engraved frontispiece and title page and many woodcuts in text. Back faded.

4487 PETER PARLEY'S OWN LIFE (The Story of) from the Personal Narrative of the late SAMUEL GOODRICH (« Peter Parley »). Edited by his Friends and Admirer, FRANK FREEMAN. *London, Sampson Low, Son and Co*, 1863, sm. 8vo. contemp. half-morocco. **80 fr.**

Six plates engraved on wood. Samuel Goodrich, was the originator of Peter Parley, and for many years held the post of United States Consul at Paris, where, in 1854 he wrote this autobiography. *Fine copy.*

4488 PETER PARLEY. — PERSEVERE AND PROSPER or the Siberian Sable-Hunter. *London, Darton and Co, n. d.* [circa 1845], 12mo. or. red cloth, gilt. **200 fr.**

Illustrated with 2 engraved plates and many woodcuts *some of which are by George Cruikshank*. At end « Reviews and literary notice ». *Fresh copy.*

4489 PETER PARLEY'S PRIMER, and Ladder to Learning or Alphabet in Verse. *London, Edward Lacy, n. d.* [circa 1835], 8vo. or. printed wrappers, preserved in cloth case. **500 fr.**

Illustrated with 25 woodcuts, 24 of which (one to each letter of alphabet) are hand-coloured. *Fine copy. Very scarce.*

4490 PETER PARLEY (THE TALES OF) ABOUT AMERICA. THIRD EDITION. *Boston, Carter and Hendee*, 1830, sq. 16mo. or. half-leather, boards. **Vendu.**

Illustrated with a frontispiece engraved on copper, engraved title and numerous woodcuts in text. One page 39 :
But there are people in New York from all parts of the world. I saw some French people there, the first I have ever seen. They came from France in Europe. Frenchmen are very polite. Here is a picture of a Frenchman addressing a lady. An early Goodrich Peter Parley.

4491 PETER PARLEY. — TALES ABOUT AMERICA and Australia. New edition... Revised by the Rev. T. Wilson. *London, Darton and Hodge*, 1862, 12mo. or. blue cloth, gilt. **50 fr.**

Illustrated with two coloured maps of America and Australia, and many woodcuts. *Fine fresh copy.*

4492 PETER PARLEY'S TALES ABOUT ANCIENT ROME, with some account of Modern Italy. Illustrated by a map and numerous engravings. *Boston, Carter, Hendee and Co*, 1833, sq. 16mo. or. printed boards. *(Back worn)*. **1.250 fr.**

FIRST EDITION. Map and many interesting woodcuts. Woodcut on title *(tinted with red chalk)*. Slightly foxed throughout. The work is by SAMUEL G. GOODRICH, whose entry of the book in the Clerk's Office of the District Court is on the verso of the title. NATHANIEL HAWTHORNE is credited with having helped to write parts of certain Peter Parley books, and although we cannot say for certain if he had anything to do with the present work, we draw the reader's attention to the following note, printed at the end of the introduction.

NOTE

It is perhaps proper to say that a part of this volume has been written by a friend, in the absence of the author, on account of ill health. Whether the friend was Nathaniel Hawthorne it is difficult to say. Outside this bibliographical question the book is VERY RARE.

4493 PETER PARLEY. — TALES ABOUT BOYS. At Home and Abroad. *London, Richard T. Browyer, n. d.* [circa 1835], sq. 16mo. or. cloth. **60 fr.**

Engraved frontispiece by H. Rolls from the painting by E. P. Stephanoff. *The Lost Sea Boy. Humility. The Snake Charner. The Young Reformer. Self Conduct. Sincerity*, etc., etc.

4494 PETER PARLEY. — TALES ABOUT CHRISTMAS. Second edition, corrected and enlarged. *London, Thomas Tegg*, 1840, sq. 12mo. or. red cloth, g. e. **150 fr.**

Illustrated with numerous well executed wood engravings. One page book list at end. Fine copy.

4495 PETER PARLEY. — TALES ABOUT EUROPE, ASIA, AFRICA AND AMERICA. *London, Tegg*, 1835, sq. 12mo. or. cloth. **75 fr.**

137 engravings on wood. *Fine copy.*

4496 PETER PARLEY. — TALES ABOUT GREAT BRITAIN AND IRELAND. *London, Thomas Tegg*, 1845, 16mo. or. red cloth, gilt, g. e. **100 fr.**

Illustrated with 100 illustrations and a map engraved on wood. On page 340, picture of an aerial ship. *Fine fresh copy.*

4497 PETER PARLEY.— TALES ABOUT PLANTS. *London, Thomas Tegg, 1839, sq. 12mo. or. cloth, gilt.* **75 fr.**

Illustrated with upwards of 70 woodcuts.

4498 PETER PARLEY'S TALES ABOUT ROME AND ITALY. *London, T. Allman, 1842, sq. 16mo. or. cloth.* **40 fr.**

Frontispiece engraved on copper and woodcut vignette on title. *Fine copy.*

4499 PETER PARLEY. — TALES ABOUT ROME and Modern Italy. *London, Thomas Teqq and Son, 1839, sq. 12mo. or. green cloth.* **60 fr.**

Illustrated with many woodcuts and a map.

4500 PETER PARLEY'S TALES ABOUT THE SON OF THE SEA. And other interesting matters. *London, T. Allman, n. d. [circa 1840], sq. 16mo. or. cloth.* **50 fr.**

Frontispiece engraved on wood, and vignette on title. *Fine copy.*

4501 PETER PARLEY. — TALES ABOUT THE SUN, MOON AND STARS. *London, Thomas Tegg and Son, 1837, sq. 12mo. or. printed boards.* **60 fr.**

Illustrated with many woodcuts. The first Chapter is entitled *Parley tells about a balloon.* Two page book list at end.

4502 PETER PARLEY. — TALES ABOUT THE SUN, MOON AND STARS. The Third Edition with great editions and improvements. *London, Thomas Tegg and Son, 1838, sq. 16mo. or. cloth. (Faded).* **50 fr.**

Illustrated with many woodcuts throughout the volume.

4503 PETER PARLEY'S TALES ABOUT THE WIDOW'S Family including Little Arthur's Round Table, The Young Scotchman, etc. *[London], Richard T. Bowyer, n. d. [circa 1840], 12mo. or. cloth.* **40 fr.**

Illustrated with a frontispiece engraved by *W. Greatbach* from the painting by *H. Howard, R. A.*

4504 PETER PARLEY'S TALES FOR YOUTH. *London, Thomas Holmes, n. d. [circa 1840], sq. 16mo. or. cloth, gilt, e. g. (Dulled).* **40 fr.**

The work is divided into two parts each with an engraved frontispiece. The Tales include *The Mask. The Princess. The Brothers of Bourdeaux. Tropic Storms. The Lost Sea Boys. The Snake Charmer. Self Conduct. Etc.*

4505 PETER PARLEY. — TALES OF ANIMALS. Comprising Quadrupeds, Birds, Fishes, Reptiles and Insects. *London, Thomas Tegg and Son, 1835, 12mo. or. cloth, ticket.* **60 fr.**

Engraved frontispiece and numerous woodcuts of animals, birds and fishes, etc.

4506 PETER PARLEY. — TALES OF THE UNITED STATES OF AMERICA..., with comparative views of other Countries. *London, Thomas Tegg and Son, 1838, square 16mo. or. sage-green, cloth, gilt.* **150 fr.**

Engraved frontispiece showing : Treaty between Penn and the Indians, and engraved vignette on title. Two maps and woodcuts in text.

4507 PETER PARLEY'S VISIT TO LONDON, during the Coronation of Queen Victoria. *London, Charles Tilt, 1839, 16mo. or. cloth, gilt, g. e.* **100 fr.**

6 fine plates engraved on stone, woodcut vignette of Queen Victoria on title-page and vignette of a steam-carriage on last page. Two page book list. *Fine copy.*

4508 PETER PARLEY. — WHAT TO DO AND HOW TO DO IT or Morals and manners taught by examples. *London, Darton and Co, n. d. [circa 1840], 12mo. or. cloth. (Soiled a lillle).* **60 fr.**

Illustrated with a chromo-lithographic title and two charming frontispieces engraved in two tones, and many woodcuts in text.

4509 PETER PARLEY. — WHAT TO DO, and How to do it or Morals and Manners taught by examples. *London, Cassell, Petter and Galpin, n. d. [circa 1850], 12mo. or. cloth. (Shabby).* **60 fr.**

Illustrated with a frontispiece and vignette on title and upwards of 50 small woodcuts in text.

4510 PETER PARLEY. — WIT BOUGHT or the Life and adventures of Robert Merry. *London, Darton and Co, n. d. [circa 1842], 12mo. or. red. cloth, gilt.* **150 fr.**

Illustrated with 2 engraved plates and many woodcuts. This work has *the protest advertisement written by S. E. Goodrich of Boston* [author of the original Peter Parley book] dated 1842 pasted in. At end *Reviews and literary notice.* Fresh copy.

4511 PETER PARLEY'S WONDERS OF THE EARTH, Sea and Sky. *London, Darton and Clark, n. d. [circa 1835], 16mo. or. cloth.* **100 fr.**

Illustrated with frontispiece and illustrated title in aquatint and coloured. 18 lithographed plates and many woodcuts.

4512 PETER PARLEY'S WONDERS OF THE SEA AND SKY. Edited by the *Rev. T. Wilson. London, Darton and Co, n. d. [circa 1850], sq. 12mo. or. cloth, gilt.* **40 fr.**

Illustrated with many woodcuts including scenes of Whaling, fishes, etc.

PETER PARLEY. — Voir n° 1384.

═══════

4513 PETER AND PATTY. Revised by D. P. Kidder. *New York, Sunday-School Union, n. d. [circa 1840], 24mo. or. half-leather, boards.* **75 fr.**

Frontispiece and one plate engraved on wood.

4514 PETER PRATTLE'S FARM. *London, T. H. Munday, n. d. [circa 184 ?], 8to. or. printed wrappers with woodcut.* **80 fr.**

Illustrated with 5 large hand-coloured woodcuts.

4515 PETER PUZZLEWELL. — THE PHŒNIX or A Choice collection of Riddles and Charades. *London, J. Harris and Son, n. d.* [circa 1825], sm. 8vo. or. printed covers, preserved in half-morocco case. **500 fr.**

Illustrated with 32 hand-coloured woodcuts. Solutions of riddles at end, and 2 page book list before title. Slightly stained here and there.
PLANCHE 122.

4516 PETER THOMPSON (THE HISTORY OF). In two parts. *Birmingham, n. d.* [circa 1835], 12mo. or. boards. **20 fr.**

Illustrated with vignette on title.

4517 PETER THOUGHTFUL. — THE BRIGHTON GIFT or Repository of moral and entertaining tales... for the amusement and instruction of Juvenile readers. *Brighton, H. R. Allree, 1809*, small 12mo. or. half-leather, boards. **25 fr.**

FIRST EDITION. Although the title says *embellished with elegant engravings,* this copy has only an engraved frontispiece. *Rare.*

4518 PETIT CONTEUR DES ENFANS (LE) ou Choix d'histoires et d'anecdotes instructives et amusantes. *Paris, à la Librairie d'Education, s. d.* [vers 1825], in-16, bas. grenat, dos orné, fers à froid et fil. sur les pl., tr. jasp. *(Rel. de l'ép.).* **50 fr.**

Titre avec vignette et 3 pl. gravées. Plusieurs de ces contes sont extraits d'auteurs célèbres : Berquin, Mme Pauline Guizot, née Meulan...

4519 PETIT CONTEUR DES ENFANS (LE) ou Choix d'histoires et d'anecdotes instructives et amusantes. *Paris, à la Librairie d'Education, s. d. (Impr. Ardant et fils, Limoges)* [vers 1835], petit in-16, broché, couv. impr. beige pâle. **60 fr.**

Charmant exemplaire, non coupé, d'une fraîcheur rarissime. 4 gravures, dont le titre orné d'une vignette représentant le vieux conteur et son jeune auditoire. La couverture est ornée de dessins de *Jules David,* gravés sur bois par *Godard.*

4520 PETIT COURRIER DES ENFANS. *Bruxelles, s. d.* (1836), in-4 oblong, demi-bas. brune. *(Rel. de l'époque).* **250 fr.**

Tête de collection (les six premiers mois) de ce journal à l'usage des enfants, illustré de jolies lithographies horstexte dont une d'intérêt *américain : Les Petits Brésiliens et la Pêche aux Oiseaux.* Articles de *Bouilly, Nodier,* etc. Sans tomaison au dos. Très rare.

4521 PETIT MENDIANT (LE) ou la Récompense du Travail. *Strasbourg, Vve Levrault, 1850*, pet. in-12, cartonn. *de l'époque* en pap. jaune avec ornements lith. d'origine. **15 fr.**

Titre lithographié et 1 figure lithographiée. Dos cassé.

4522 PETIT DESSINATEUR (LE). *S. l. n. d.* [vers 1830], 20 cartes (72×53 mm.), emboîtage papier de l'éditeur. **600 fr.**

20 fines gravures, les unes à la manière noire, les autres en sanguine et en deux tons. Cartons de diverses couleurs pour exécuter des copies. Emboîtage papier bleu clair estampé à froid, titre lithographié. Le tout enveloppé dans un papier rose : titre et vignette lithographiés. *Très frais.*

4523 PETIT SAVANT DE SOCIÉTÉ (LE). Ouvrage dédié à la jeunesse des deux sexes... Recueil extrait des manuscrits de M. Enfantin, corrigé et augmenté par M. de Belair. *Paris, Caillot, s. d.* [vers 1810], 4 vol. in-16, couvertures imprimées, non rognées. **300 fr.**

8 figures gravées. Ce recueil contient « la manière de jouer tous les jeux innocens dont on s'amuse en société, et les pénitences qui s'y ordonnent, avec la manière de s'y conformer en les exécutant ». *Très rare.*

4524 PETIT VOYAGEUR DE LA JEUNESSE ou Costumes des principaux peuples de l'Europe... Ouvrage propre à être mis entre les mains des jeunes gens des deux sexes. *Paris, J. Langlumé et Pellier, 1830*, in-8 carré, cart. bradel olive. *(Rel. de l'époque).* **1.000 fr.**

Ouvrage orné de 32 planches formant 64 figures coloriées de la *France, Espagne, Suisse, Autriche, Russie, Turquie, Grèce, Allemagne, Laponie,* etc. Dos fatigué.

4525 PETIT VOYAGEUR EN EUROPE. Deuxième édition, revue et corrigée par *J. L***. Paris, Langlumé et Pellier, 1833*, in-16, cartonnage de l'éditeur. **600 fr.**

Illustré de 16 gravures coloriées. Cartonnage gravé : un couple danse la tarentelle, assise, une femme joue de la guitare, accompagnée d'un cavalier qui les regarde. Texte largement interligné. Fraîcheur parfaite. Très intéressant par les costumes représentés.

4526 PETITE ENCYCLOPÉDIE DE L'ENFANCE. *Paris, Louis Janet, s. d.* [vers 1835], petit in-8 oblong, cart. papier de l'éditeur. **250 fr.**

Joli album ; titre-frontisp. avec gracieuse vignette et planches gravées, chacune représentant deux sujets : travaux industriels, beaux-arts. Texte instructif sans ennui. Cart. clair gris-bleu orné d'un cadre romantique lithographié. Cassure au second plat, mors fragiles. *Bel exempl.*

4527 PETITE ENCYCLOPÉDIE MILITAIRE. *Paris, Marcilly, s. d.* [vers 1830], in-12 oblong, cartonn. bradel pap. moiré vert foncé, dos orné. *(Cartonn. d'origine).* **100 fr.**

Titre lithographié avec vignette par *Courtin* et 7 lithographies du même artiste. Jolis culs-de-lampe sur bois. Bel exemplaire.

4528 PETITE ENCYCLOPÉDIE MILITAIRE. *Paris, Marcilly, s. d.* Même ouvrage, même éd. que le précédent, même cartonn. **250 fr.**

Exemplaire avec les figures *coloriées.*

4529 PETITE GALERIE des inventions et découvertes utiles et curieuses. *Paris, Amédée Bédelet, s. d.* [vers 1850], in-16, demi-maroquin grenat avec coins, fil., dos orn. en long. *(Rel. mod.).* **125 fr.**

Intéressant recueil pour enfants comprenant des articles sur *les ballons, chemins de fer,* etc. Il est orné d'un frontispice et de 7 jolies lithographies richement coloriées. *Déchirure à la marge d'une planche.*

4530 PETITE GÉOGRAPHIE VIVANTE. *Paris, A. Courcier, s. d.* [vers 1845], in-16. *(Cartonnage de l'éditeur).* **150 fr.**

Illustré de 6 gravures coloriées et non signées représentant des types des différentes contrées. Cartonnage en chromolithographie : paysages divers, chameau dans le désert.

4531 PETITES FAMILLES (LES). *Paris, Marcilly,* 1842, 6 vol. in-32. *(Cartonnages papier de l'éditeur, étui de l'époque).* **1.000 fr.**

6 figures finement gravées. Cartonnages estampés à froid, en papiers de diverses couleurs, dans les tons clairs. Etui rose, sur lequel est collé le titre lithographié au milieu de rinceaux or. *Très bel exemplaire.*

4532 PETITES FAMILLES (LES). *Paris, Marcilly,* 1842, 3 vol. in-32. *(Cartonnages papier de l'éditeur, étui de l'époque).* **750 fr.**

3 planches finement gravées. Cartonnage rose estampé à froid, titre lithographié. Etui carton rose, titre lithographié collé, rinceaux or. Légères rousseurs. Les 3 premiers volumes de la série. *Charmante pièce de toute fraîcheur.*

4533 PETITES LEÇONS DE POLITESSE pour servir à la première éducation de l'enfance. *Paris, Marcilly, s. d.* [vers 1820], 16 cartes (70 × 105 mm.). Etui de l'éditeur. **600 fr.**

Une carte de titre gravée et 15 cartes gravées et coloriées à la main. Texte imprimé au-dessous de chaque gravure. *Charmante pièce.*

4534 PETITS ARTISANS (LES). *Paris, Marcilly, s. d.* [vers 1825], 6 vol. in-16. *(Cartonnages et étui de l'éditeur).* **1.250 fr.**

Petites filles, la petite chanteuse, la petite laitière, petits garçons, le petit rémouleur, le petit patronet. Chaque volume est illustré de deux lithographies originales, l'une sur fond teinté, en frontispice, de *Valerio,* l'autre, plus petite, en noir et d'une extrême finesse, appliquée sur le cartonnage. Ceux-ci de couleurs diverses, dans des tons clairs sont, d'autre part, estampés à froid. La lithographie en deux tons du « petit rémouleur » est reproduite sur l'étui : le bonnet de l'enfant rehaussé de quelques traits roses. *Superbe exemplaire, d'une parfaite fraîcheur.*

4535 PETITS CONTES D'UNE POUPÉE. *S. l. n. d.* [*Paris, typ. de Firmin Didot, vers 1820*], 4 vol. in-32. *(Cartonnages papier et boîte de l'éditeur).* **1.250 fr.**

Chaque volume est illustré de 2 lithographies en deux tons, coloriées, dont une est reproduite sur le couvercle de la boîte. Cartonnages : rinceaux d'or entourant le titre sur papiers rose, vert, blanc et bleu. Bel exemplaire, malgré quelques légères rousseurs. *Charmante pièce.*

4536 PETITS CONTES D'UNE POUPÉE. *S. l. n. d.* [*Paris, typ. de Firmin Didot, vers 1820*], 4 vol. in-32. *(Cartonnages papier et boîte de l'éditeur).* **600 fr.**

Même ouvrage, mêmes illustrations que le précédent, mais exemplaire moins frais. Cartonnage blanc, rinceaux or formant cadre et entourant le titre. Boîte carton, sur les côtés du couvercle, guirlande de fleurs, crème, vert et or, sur le dessus vert estampé à froid ; lithographie coloriée : des fillettes balancent la poupée.

4537 PETITS CONTES MIS EN ACTION ILLUS-TRÉS. *Paris, J. Langlumé, s. d.* [vers 1845], in-16. *(Cartonnage papier de l'éditeur).* **400 fr.**

12 charmantes lithographies coloriées, y compris celle collée sur le 1er plat du cartonnage se rapportant à la dernière nouvelle du volume. *Bel exemplaire.*

4538 PETITS FRANÇAIS (LES). *Paris, Librairie pittoresque de la Jeunesse,* 1842, gr. in-12, demi-chagrin rouge, dos à nerfs très orné, plats toile rouge chagrinée, non rogné, couv. cons. *(Rel. de l'époque).* **1.500 fr.**

ÉDITION ORIGINALE de cet ouvrage DE TOUTE RARETÉ que *Vicaire* (VI, 562) dit n'avoir pu rencontrer complet. Le texte est de Mmes E. Foa, Th. Midy et de A. Achard, J. Caboche-Demerville, L. Couaille, etc. Frontispice et 23 figures sur bois hors-texte, et nombreuses vignettes dans le texte, en 1er tirage, par GAVARNI, GÉNIOLE, H. MONNIER, DAUMIER, NANTEUIL, etc. « *Les Petits Français* » ont paru en livraisons, ce qui explique la rareté de l'ouvrage complet. Notre exemplaire est vraiment EXCEPTIONNEL : il est dans une demi-reliure d'époque, avec sa COUVERTURE ILLUSTRÉE JAUNE conservée, non rogné, avec tous les papiers de soie roses conservés.

4539 PETITS FRANÇAIS (LES). *Paris, Libr. pittoresque de la Jeunesse,* 1842, in-12, demi-veau vert foncé, dos orné en long. *(Rel. de l'époque).* **300 fr.**

Même ouvrage, même éd. que le précédent. Bon exemplaire malgré une déchirure dans la marge d'un f. aisément réparable. Qq. très lég. rousseurs à qq. ff., les papiers des plats ont été changés.

4540 PETITS MILITAIRES (LES JEUX DES). Scènes divertissantes et morales, destinées à l'instruction et à l'amusement de la jeunesse. *Paris, P. Blanchard,* 1825, in-8 oblong, cartonnage d'origine avec les deux plats gravés. **100 fr.**

Un titre gravé et colorié et 11 figures gravées et coloriées non signées représentant des scènes de jeux militaires enfantins. Qq. ff. un peu salis, et une partie du titre typographique déchirée, enlevant seulement une lettre. Dos refait. *Très rare.*

4541 PETITS PRIX DE SAGESSE [No 10]. *Paris, Aubert et Cie, s. d.* [vers 1840], in-16 obl. *(Cartonnage papier de l'éditeur).* **150 fr.**

27 lithographies coloriées tirées chez *Aubert.* Le cartonnage est illustré d'une jolie lithographie en deux tons. *Dos refait.*

4542 PETITS SOINS (LES). *Paris, Janet, s. d.* (1819), in-32. *(Cartonnage et étui papier de l'éditeur).* **200 fr.**

Titre et vignette gravés et 8 planches gravées. La partie du texte formant les « Petits soins » proprement dits est, elle-même, gravée. L'éditeur y a joint, imprimés, des « chansons nouvelles » et un calendrier pour 1820. Cartonnage et étui muets, tr. dorées. Les figures sont très fines. Exemplaire en parfait état.

4543 PETITS VOYAGEURS (LES) ou les Epreuves de la jeunesse. Imitation de l'anglais par M. B***. *Paris, Lefuel, s. d.* (1828), in-16, cartonnage à la bradel, tr. dorées. **200 fr.**

Vignette de titre gravée et finement coloriée *(postérieurement)* : brick en pleine mer et 11 figures gravées et coloriées dont deux représentent des marines. L'éditeur a joint au volume un calendrier de 1828.

4544 PETITS VOYAGEURS (LES) ou les Epreuves de la jeunesse. *Paris, Marcilly, s. d.* [vers 1830], in-16, cart. à la bradel. **150 fr.**

Le même ouvrage. Les gravures sont en noir. *Bel exempl.*

4544 *bis* **PFERD FUR KNABEN (DAS).** *Leipsig, Theodor Geeger*, 1802, in-4, couvert. étiquette gravée [dos factice].

1re partie seulement. 5 planches dessinées et gravées par *Geyffert von Tennecker*, dont le frontispice colorié et la vignette de titre. A la fin 2 pages de catalogue de Th. Geeger.

4545 PHENINGER (Gustav). — WEIHNACHTS-BLUTHEN. EIN TASCHENBUCH FUR DIE JUGEND. *Stuttgart, Belser*, 1856, pet. in-8, cart. toile br., plat et dos orn. de fers spéciaux. *(Cart. de l'éditeur).* **80 fr.**

Dix-neuvième année de cet annuaire : *Bluettes de Noel.* Il est orné de 8 lithographies coloriées. Il comprend des contes de différents auteurs. *Qq. rousseurs.*

4546 PHÉNOMÈNES (LES) et les curiosités de la nature. Texte par Munerelle, dessins par Lemaî-tre. *Strasbourg, Derivaux ; Paris, Mme Arthus Bertrand, Marlinon*, 1856, in-4. *(Cartonnage toile de l'éditeur)*, fers spéciaux, tr. dorées. **250 fr.**

Vignette de titre, 37 lithographies en couleurs tirées chez H. Lemaître à Strasbourg. *(Les Chutes du Niagara, le Chimborazo, Un Pont naturel en Virginie, etc.).*

4547 PHÉNOMÈNES (LES) et les curiosités de la nature. In-4, cartonné toile. **150 fr.**

Même ouvrage, mêmes planches que le précédent.

4548 PHILLIP QUARLL. — THE ENGLISH HER-MIT (Adventures of). *London, J. Bysh, n. d.* [circa 1815], sm. 8vo. or. printed wrappers. **850 fr.**

Excessively rare, most copies of this popular edition with a child's Alphabet running through is having been fingered to pieces. Illustrated with 8 hand-coloured engravings. Inner margin of the first two leaves slightly deffective, with the loss of two words. One of the most popular books of the period. Engraved text.

4549 PHILOMATHI MUSAE JUVENILES. *Coloniae Ubiorum, ap. Jodoc. Kalcovium*, 1645, petit in-8, vélin. *(Rel. anc.).* **100 fr.**

Titre-frontispice gravé. Poèmes latins dédiés par l'auteur, nommé tantôt Philomathus, tantôt Philomusus (Guillaume de Furstenberg, chanoine de Trèves et de Munster), à un jeune seigneur d'une illustre famille. *Bel exemplaire.*

4550 PHILOSOPHER'S STONE (THE). A Tale. By the Author of « The Smuggler's Son », etc. *London, John Harris, n. d.* [circa 1828], sm. 12mo. or. half-leather, boards. *(Corners worn).* **35 fr.**

Engraved frontispiece.

4551 PICARDET (C.-N.). — ESSAI SUR L'ÉDU-CATION DES PETITS ENFANS. *Dijon, Huche-rot*, 1756, pet. in-8, maroquin vert olive, dos orné de fil. et fleurs, large guirlande entourant les plats, pet. dent. int., gardes de soie verte, tr. dorées. *(Rel. anc.).* **600 fr.**

ÉDITION ORIGINALE. Très bel exemplaire dans une jolie reliure maroquin de l'époque auquel on joint l'ex-libris de l'auteur.

4552 PICTURE GALLERY (THE) explored or An account of various ancient customs and manners interspersed with Anecdotes and Biographical Sketches of Illustrious Characters. *London, Harvey and Darton*, 1824, 12mo. or. printed boards. **150 fr.**

FIRST EDITION. Illustrated with 9 finely engraved plates showing 18 subjects. *Very fine copy.*

4553 PICTURE RIDDLER. *Boston, G. W. Cottrell, n. d.* [circa 1845], sq. 12mo. or. cloth wrappers, gilt. **125 fr.**

Illustrated with numerous woodcuts *(some coloured by a child).* Each riddle is answered by a picture. *Very fine copy, with covers as new.*

4554 PICTURES AND SONGS for The Little Ones at Home, by the Editors of the « Children's Paper ». *London, Thomas Nelson, n. d.* [circa 1860], small 4to. or. red cloth, gilt. **50 fr.**

Illustrated with 15 dainty lithographs in colour pasted in gilt frames. *Fine copy.*

4555 PICTURESQUE TRAVELS in Asia, Africa, America, etc., etc., with a variety of interesting anecdotes. *Edinburgh, Oliver and Boyd, n. d.* [circa 1825], sm. 12mo. or. half-leather, boards. *(Back shabby).* **125 fr.**

Illustrated with a frontispiece and 10 splendid woodcuts, showing different costumes. Half of the work is devoted to *Anecdotes relative to the Inhabitants, Natural History, etc., etc.*

4556 PIESSE (G. W. Septimus). — CHYMICAL MAGIC, Natural and Physical, intended for the instruction and entertainment of Juveniles during The Holiday Vacation. *London, Longman, Brown, etc.*, 1859, 12mo. or. multicoloured cloth. **100 fr.**

Illustrated with a magic frontispiece, blank, the author's portrait appearing with the application of warmth *(margin slightly burnt)* and numerous woodcuts in text. 30 page book list at end. A most entertaining book. *Fine fresh copy.*

4557 PIETER OF DE GEVOLGEN DER ON-KUNDE. *Amsterdam, Ten Brenk en de Vries*, 1822, pet. in-8, br., couv. cons. **30 fr.**

Intéressante histoire pour enfants. Ouvrage orné d'un titre-frontispice gravé et de 2 charmantes figures gravées par Weelward, d'après Meurs. Dos cassé.

4558 PIGEON ET LA COLOMBE (LE), conte nouveau, par Mme D***. *Troyes, de l'Impr. de la cit. Garnier, s. d.* [vers 1795], in-12, veau fauve, tr. rouges. *(Rel. mod.).* **150 fr.**

Conte de fées. Edition de colportage. 96 pp. Hélot, *Bibl. bleue en Normandie,* no 194, cite une édition de Rouen qui a le même nombre de pages. *Très bel exemplaire.*

4559 PILKINGTON (Mrs). — BIOGRAPHY FOR BOYS or Characteristic Histories..., etc., etc. *London, J. Harris*, 1815, sm. 12mo. or. half-leather, boards. *(Rubbed).* **80 fr.**

Engraved frontispiece *(slightly foxed).*

4560 PILKINGTON (Mrs). — HISTORICAL BEAU-TIES FOR YOUNG LADIES. Intended to lead the Female Mind to the love and practise of Moral

Goodness. Designed principally for the Use of Ladies Schools. *London, E. Newbery,* 1798, contemp. tree calf. *(Joints cracked).* **400 fr.**

FIRST EDITION. Engraved frontispiece by *Hawkins* from the drawing by *Thurston* an 34 woodcuts in the Bewick Style. *(4 of which have been coloured at a later date)* 2 page book list of Vernor and Hood at end. Walsh quotes only the 2nd edition of 1799.

4561 PILKINGTON (Mrs). — THE TALES OF THE CASTLE or The Noble Emigrants, A Story of Modern Times. *London, J. Harris,* 1814, small 12mo. or. half-leather, boards. **60 fr.**

Engraved frontispiece.

4562 PILKINGTON (Mrs). — TALES OF THE COTTAGE or Stories Moral and amusing for Young Persons. *London, J. Harris,* 1816, sm. 12mo. or. half-leather, boards. **80 fr.**

Engraved frontispiece. 4 page book list at end.

4563 PILPAY. — FABLES. *London, Baldwin, Cradock, etc.,* 1818, 12mo. half-morocco. *(Modern binding).* **400 fr.**

Illustrated with 60 finely executed woodcuts. Bilpay or Bidpay was an Indian Bramin, and his fables were printed as early as the xvth century. With Aesop he influenced all the later fabulists. *Massinger* and *Beaumont* and *Fletcher* borrowed from the story of the *Dervish and the Thief;* the first in his play of the Guardian, and the latter in *Woman Pleased.* Fine copy.

4564 PILPAY. — FABLES. *London, Rivington, etc.,* 1789, 12mo. contemp. calf. *(Joints cracked).* **175 fr.**

Engraved frontispiece and 54 engravings on 18 plates. Pillpay was an Indian Philosopher whose works exercised a great influence on later fabulists.

4565 PINARD (L'Abbé). — GATIENNE ou Courage d'une Jeune Fille. 2e éd. *Tours, Mame,* 1842, in-12, bas. violet foncé, dos orné, plats décorés dans un très beau style de motifs dorés et à froid genre Thouvenin, tr. marb. *(Rel. de l'époque).* **125 fr.**

Orné d'un titre gravé avec vignette et de 3 jolies figures non signées. Bel exemplaire dans une jolie reliure.

4566 PINARD (L'Abbé). — LE GÉNIE DU CATHOLICISME ou Influence de la religion catholique sur les productions de l'intelligence. *Tours, Mame,* 1854, in-8, cart. toile bleue, décors polychromes, tr. dorées. *(Cart. d'édit.).* **60 fr.**

4 gravures hors-texte (dont un titre-frontispice) de K. GIRARDET. Joli décor rocaille. Très bel exemplaire.

4567 PINARD (L'Abbé). — GILBERT ou le Poète malheureux. Deuxième édition. *Tours, Mame,* 1841, in-12, bas. maroquinée à long grain violet foncé, dos orné de filets, jolie décoration dorée de beau style sur les plats, tr. dor. *(Rel. de l'époque).* **40 fr.**

Un titre gravé avec vignette et 3 jolies figures non signées. Bel exemplaire. Rare en semblable état.

4568 [PINCHARD (Mrs)]. — THE BLIND CHILD or Anecdotes of the Wyndham Family written for the Use of Young People, by a Lady. *London, E. Newbery,* 1791, 12mo. contemp. calf., gilt back. **500 fr.**

FIRST EDITION. Charming frontispiece engraved on copper. 2 page book list at end. *The Principal aim of the author is to repress that excessive softness of heart which too frequently involves its possessor in a train of evils, and which is by no means true sensibility, that exquisite gift of heaven.*

4569 [PINCHARD (Mrs)]. — DRAMATIC DIALOGUES, for the use of young persons. *London, E. Newbery,* 1792, 2 vols. 12mo. half-leather. *(Later binding).* **1.500 fr.**

FIRST EDITION. Illustrated with 6 engraved plates. *These are not intended like similar works by Madame de Genlis for performances, but they were published in the belief that young persons are easily captivated by this style of writing. This Style avoiding the repetition of « Said he » and « Said she ».* CHARLES WELSH, pages 206-7.

4570 [PINCHARD (Mrs)]. — THE TWO COUSINS, A Moral Story for the use of Young Persons..., etc. *London, E. Newbery,* 1794, 12mo. contemp. calf. **700 fr.**

FIRST EDITION, with engraved frontispiece. « A well told story of how a spoiled child was reformed ». Four page book list at end, in which are advertised Newberry's abridged editions of *Clarissa, Pamela,* and *Tom Jones ;* also *The Looking-Glass for the Mind.*

4571 [PINCHARD (Mrs)]. — THE TWO COUSINS. *E. Newbery,* 1798, 12mo. or. half-leather, boards. **200 fr.**

Same collation as the first edition with book list.

4572 PINNOCK (W.). — THE FIRST CATECHISM FOR CHILDREN ; containing Such Things as are requisite to be known at an early Age : being an Introduction to General Knowledge. *Newbery, W. Pinnock,* n. d. [circa 1815], sm. 12mo. or. printed wrappers. **250 fr.**

Third edition. Pinnock's catechism deals of Knowledge of all Kinds. In chapter XXXVIII, which is on the subjects of *Bread.*
Q. What is *French bread ?*
A. To a half bushel of fine flour are added ten eggs, and a pound and a half of fresh butter, and as much yeast. The whole mass is tempered with new milk, pretty hot ; it then lies half an hour to rise, which done, is made into loaves or rolls, and washed over with an egg, beaten with milk ; but the oven must be of a gentle heat. This is called *French bread.* » This looks like a recipe for a *brioche.* 6 page book list at end. *Fine copy.*

4573 PINNOCK'S CATECHISMS FOR CHILDREN. *London, Geo. B. Whittaker,* 1822-30, small 12mo., 86 volumes bound in-12, contemp. half calf. **1.500 fr.**

Illustrated with frontispieces, engraved titles, woodcuts and maps, etc. The titles are as follows. *First Catechism. General Knowelge. Logic. Rhetoric. Mental Philosophy. Natural Theology. Evidences Christianity. Hist. of England, of Scotland, of France, of Ireland. Roman History of Greece. Hist. of America, North and South. Bible and Gospel. Sacred Geography. Christian Religion. Scriptural History. Hist. of Jews. Religious Denominations. Duty of Children. Morality. Chronology. Universal Hist. Modern Hist. Astronomy. Use of the Globes, 2 parts. Geography. Ancient Geo-*

graphy. British Geography, 2 parts. 3. Ireland. 4. America. 5. America. English Grammar. French do. Italian do. Spanish do. Latin do. Greek do. Hebrew do. German do. Poetry. Music. Drawing. Architecture. Perspective. Painting in oil. Mineralogy. Geology. Chemistry. Electricity. Medecine. Anatomy. Natural History. Ornithology. Ichthiology. Conchology. Botany. Horticulture. British biography. Classical biography. Heraldry. Mythology. Agriculture. Trade and Commerce, British Law. Arithmetic. Algebra, 2 parts. Geometry. Land surveying. Mechanics. Navigation. Zoology. Mammalia. Birds. Fishes. Reptiles. Insects. Mollusca. Crustacea, etc. VERY RARE COLLECTION OF THIS REMARKABLE SERIES FOR CHILDREN. *Fine copy.*

4574 PIRATE BLACKBEARD (THE). [*London*], *n. d.* [circa 1800], square 16mo. modern calf.   **650 fr.**

Sixteen pages with engraved text at top and contemporary coloured engraved plates on each page illustrating the wicked exploits of the Pirate Blackbeard, with a happy ending. The work was issued without a title page but probably with printed covers.

4575 PITOLET (Mme **A.).** — LES SEPT PÉCHÉS ET LES SEPT VERTUS DE L'ENFANCE, suivis de Contes. *Paris, Fonteney et Peltier,* 1859, in-32. *(Cartonnage de l'éditeur).*   **40 fr.**

Illustré de 5 lithographies non signées, soigneusement coloriées avec des crayons par un enfant. Cartonnage en chromolithographie : enfants jouant à la campagne, décor romantique ; bouquet de fleurs.

4576 PLANCHE (J. R.). — FAIRY TALES. *London, Geo. Routledge and Sons,* 1869, 2 vols 8vo. or. red cloth, gilt, g. e.   **160 fr.**

Vol. I. Tales translated from the French of *Perrault, de Villeneuve, de Caylus, de Lubert, de Beaumont.* Vol. II. From the French of *Countess d'Aulnoy. Nice set,* each volume profusely illustrated.

4577 PLEASING INSTRUCTOR (THE) or Entertaining Moralist... To which are prefixed New Thoughts on Education. *Newcastle, Tho. Slack,* 1768, 12mo. contemp. calf. *(Joints cracked).*   **125 fr.**

Sixth edition enlarged and improved. The work consists of Selected Essays, Relations, Visions and Allegories collected from the most eminent English Authors. On page 365 is a poem *The Atheist and Acorn,* printed in black letter. PLANCHE 71.

4578 PLEASING MORALIST, ETC. [*London, Marshall ?,* circa 1780 ?], 16mo. or. flowered-paper boards. *(No back, and detached).*   **50 fr.**

Illustrated with 20 well executed woodcuts *(some coloured by a Child).* LACKS 8 LEAVES *(frontispiece, title-page, pages 33-361, 45-50, 59-60).*

4579 PLEASURE IMPROVED. By being made a Guide to Useful Knowledge, Religion and Politeness or an Account of Mrs Wishwell's Scholars Performance. At their leaving School for the Holidays. *London, Printed for the Author,* 1777, sm. 12mo. contemp. calf.   **300 fr.**

First edition. Fine copy.

4580 PLUTARQUE DE LA JEUNESSE (LE) ou Abrégé des vies des plus grands hommes de toutes les nations, par Pierre Blanchard. *Paris, Belin-*

Leprieur et Morizot, s. d. [vers 1848], gr. in-8, cart. toile bleue, décors dorés, tr. dorées. *(Cart. de l'éditeur).*   **60 fr.**

Frontispice et très nombreuses fig. sur bois dans le texte représentant les bustes d'hommes célèbres. Le *Plutarque de la Jeunesse,* publié par Pierre Blanchard, en 1802, connut un tel succès que l'idée vint à un éditeur habile de le publier de nouveau en l'améliorant. La présente édition comprend non seulement toutes les *vies* anciennes de Plutarque, mais celles de *Bernardin de Saint-Pierre, Byron, Christophe Colomb, Copernic, Cromwell, d'Aguesseau, Galilée, Gassendi, Jean Bart, Marlborough, Newton, Pascal, Schiller,* Mme *de Staël, etc.* Belle plaque dorée à médaillons dans un décor floral. *Très bel exempl.*

4581 POCCI-RAUMER. — ALTE UND NEUE KINDER LIEDER. *Leipzig, Gustav Mayer, s. d.* [vers 1860], in-8, br.   **260 fr.**

Chansons anciennes et modernes pour les enfants. Ouvrage orné d'un titre-frontispice gravé sur bois par *Kruger* et de 47 figures sur bois dans le texte. Musique notée. *Bel exemplaire.*

4582 POCCI (Franz). — BLAUBART. *Munchen, Christian Kaiser, s. d.* [vers 1840], pet. in-8, de 1 f. n. ch., 16 pp. ch., br., couv. illustr. cons.   **275 fr.**

PREMIÈRE ÉDITION. Barble Bleue. Frontispice et 16 figures sur bois de *Pocci. Etat de neuf.*

4583 POCCI (Franz). — DAS LUSTIGE MARLEIN VON KLEINEN FRIEDER. *S. l. (Munchen, Georg Franz),* 1838, pet. in-8, br., couv. papier chamois illust., cons.   **200 fr.**

PREMIER TIRAGE des amusantes illustrations de *Pocci.* Bel exemplaire.

4584 POE (Edgar). — LA MILLE ET DEUXIÈME NUIT. Conte inédit. Illustré par And. Gill. *(Paris, Libr. du Petit Journal* [vers 1869], in-4, cart. papier de l'édit.   **100 fr.,**

Titre-frontispice (reproduit sur le 1er plat du cartonnage) et 36 vignettes gravées sur bois d'après les dessins d'ANDRÉ GILL. Conte fantastique illustré par le célèbre caricaturiste. Les notes qui suivent le texte révèlent le nom du traducteur : « *Traduit librement d'Edgar Poe par le Grand Jacques* ». *Très bel exemplaire.*

4585 POE (Edgar). — LA MILLE ET DEUXIÈME NUIT. [*Coulommiers, imp. de A. Moussin, s. d.,* vers 1869], in-4. *(Cartonnage papier de l'imprimeur).*   **60 fr.**

Autre exemplaire du précédent. La couverture est coloriée. Tache d'encre sur le titre.

4586 POEMS on Various Subjects, for the Amusement of Youth. *London, John Marshall, n. d.* [circa 1780], 12mo. or. half-leather, boards.   **1.000 fr.**

Illustrated with 28 charming woodcuts. PLANCHE 158.

4587 POEMS, Selected from the works of approved authors. *Dublin, C. Bentham,* 1822, sm. 12mo. contemp. calf. *(Joints cracked).*   **80 fr.**

Illustrated with 8 woodcuts. The work is an abridged children's anthology and includes : *The Butterfly's Ball, John Gilpin, The Children in the Wood* and other Nursery classics.

4588 POETICAL FABULATOR (THE) or Beauties in Verse. Selected from the most eminent authors. *York, T. Wilson and R. Spence*, 1803, small 12mo. or. boards. *(Joints loose).* **250 fr.**

Illustrated with 25 woodcuts by BEWICK. Two page book list at end. *Fine copy.*

4589 POETICAL TASK BOOK (THE), consisting of original pieces, stories, tales and narratives..., etc., designed for the use of schools, and of young persons generally. *London, Hodgson and Co, n. d.* [circa 1820]. **100 fr.**

Illustrated with many quaint woodcuts. One page book list at end. *Fine copy.*
PLANCHE 115.

4590 POETRY MADE FAMILIAR and easy to Young Gentlemen and Ladies, and embellished with a great Variety of the most Shining Epigrams, Epitaphs, Songs, Odes, Pastorals, etc., from the best Authors. Being the fourth volume of the Circle of the Sciences, etc. Published by the King's Authority. The Fifth Edition. *London, Thomas Carnan, successor to J. Newberry*, 1788, small 16mo. or. half-vellum, boards. **1.500 fr.**

The work is dedicated to the Princess Augusta by JOHN NEWBERRY, who probably wrote and compiled the book with the aid of OLIVER GOLDSMITH. At the end is a *Dictionary of Rhymes* (57 pages), and a 3 page book list. The title is misleading and the work is complete in one volume, the *Circle of the Sciences* referring to a series. Cf. *Welsh. Fine copy.*

4591 POETRY OF THE AFFECTIONS. *London, Darton and Clark, n. d.* [circa 1838], 16mo. or. full-leather, with gilt and inlay. **25 fr.**

Charming frontispiece engraved on steel. Contains Selections from *Southey, Scott, Walter Raleigh, Milton, Byron, Coleridge, Dryden, Shakespeare, Ben Johnson, Goldsmith, Spencer, Cowper, Burns, Pope, Barbauld, etc., etc.*

4592 POETRY OF FLOWERS (THE), containing brief but beautiful illustrations of flowers to which Sentiments have been assigned. *London, James Williams*, 1845, sm. 12mo. or. gilt and pink decorated wrappers. **50 fr.**

FIRST EDITION. Illustrated with a beautiful hand-coloured frontispiece (bouquet of flowers). *Fine copy.*

4593 POETRY WITHOUT FICTION for Children, between the ages of three and seven ; with the conversations of a mother with her children, intended to make the latter comprehend what they learn, and to convey such instruction as may arise out of each subject. By... a Mother. *London, Baldwin, Cradock and Joy*, 1823, small 12mo. or. half-leather, boards. **100 fr.**

FIRST EDITION. Engraved frontispiece. In the preface the author says : *I have never seen any work upon this plan for infants, although the idea is taken from a little work entitled, « Poetry Explained », by Richard Lovell Edgeworth, esq.* (the father of Maria Edgeworth). Two page book list at end. Title slightly foxed.

4594 POET'S DREAM (THE). A Tale of Christmas. *London, Houlston and Stoneman*, 1853, 12mo. or. cloth, gilt, e. g. *(Lower cover shabby).* **25 fr.**

Illustrated with 7 woodcuts.

4595 POISLE-DESGRANGES (J.). — CENT ET UNE FABLES. *Paris, Lehuby, s. d.* [vers 1854], in-8, cart. toile bleue, décors polychromes, tr. dorées. *(Cart. de l'éditeur).* **500 fr.**

Huit lithographies imprimées en couleurs de RAUNHEIM. 3e édition augmentée, avec une préface de *F. Fertiault* et une lettre de *Viennet*. Décor rouge, vert, outremer, olive et or, composé d'une plaque de rinceaux et mascarons. Dos et second plat dans le même style. Très bel exemplaire, très frais, d'un ouvrage peu commun qui connut un vif succès.

4596 POLICHINELLE INSTITUTEUR. Sur le théâtre duquel on voit figurer Mlle Fanfreluche, Rustaud, M. Brise-Ménage, etc., par l'auteur des Fagots de M. Croquemitaine. *Paris, Thoisnier-Desplace*, 1830, in-16, br., couv. muette orig. **300 fr.**

Frontispice, titre et 1 planche gravés. Bel exemplaire de la 4e édition. *De toute rareté.*

4597 POLITE ACADEMY (THE) or School of Behaviour for Young Gentlemen and Ladies. Intended as a foundation for Good Manners and Polite address, in Masters and Misses... The Tenth Edition. *London, Darton and Harvey, B. Crosby and B. C. Collins, n. d.* [circa 1790], 16mo. or. coloured-paper boards *(bock missing),* preserved in half-morocco case. **2.000 fr.**

Illustrated with 12 engravings. The work treats of behaviour : gives rules for walking, bowing, dancing the minuet, etc., indecent practises ; the real use and advantages of dancing : a version of *Beauty and the Beast*, and an extract from Dodsley's *The Toy Shop.*, etc., etc. The paper is grey.
PLANCHE 60.

4598 POLITE ACADEMY (THE) or School of Behaviour, etc. Or. flowered-paper boards. *(Back missing, and shabby).* **400 fr.**

Another copy, same edition (probably). *Title-page missing.*

4599 POLITE LITTLE CHILDREN (THE). By the Author of « The Two Lambs », etc. *Wellington, Salop*, 1822, 12mo. or. printed wrappers. **40 fr.**

Illustrated with 6 charming woodcuts and vignette on title.

4600 POLITICAL ECONOMY (Conversations on). In which the elements of that science are familiarly explained. *London, Longman, Hurst, Rees, Orme and Brown*, 1821, 8vo. or. boards, ticket. **40 fr.**

The work is written in dialogue, between a mother and her daughter. *Fine copy, uncut.*

4601 POOR COCK ROBIN (The Death and Burial of). *N. place, n. d.* [circa 1840], 12mo. wrappers. **35 fr.**

Illustrated with 13 hand-coloured woodcuts.

4602 POOR COCK ROBIN. *London, Darton and Hodge, n. d.* [circa 1860], large 8vo. or. coloured wrappers. **60 fr.**

Illustrated with 7 coloured plates.

4603 POPKINS AND THE PERFORMING PIG.
London, W. F. Wheeler and Co, 1852, sq. 12mo.
or. printed cloth covers.   **100 fr.**

Indestructible Book, printed on cloth. Illustrated with
4 woodcuts. Cloth books of this period are very rare. *Fine
copy.*

4604 POPULAR FAIRY TALES for the Young.
London, Darlon and Co, n. d. [circa 1860], 8vo. or.
cloth, gilt.   **85 fr.**

Illustrated with 32 plates in chromo-lithography. *Babes
in the wood. Jack the giant-killer. Cinderella. Puss in boots.*

4605 PORTE-FEUILLE DES ENFANS (LE). Mélange intéressant d'Animaux, Fruits, Fleurs, Habillemens, Plans, Cartes et autres Objets, dessinés et gravés sous la direction de M. Cochin...
Paris, Goguée et Née de la Rochelle, Nyon, etc.,
1784-1796, fort volume in-4, demi-basane fauve,
non rogné. *(Rel. de l'époque).*   **1.000 fr.**

Les vingt premiers fascicules (tout ce qui a paru ?) de
ce « portefeuille » qui constitue une véritable encyclopédie à l'usage de la jeunesse, où la géographie et l'histoire
naturelle tiennent une grande place. Sur les 129 planches
qu'il contient, toutes d'une grande finesse, certaines sont
d'un intérêt particulier, qu'elles touchent l'histoire du costume ou du vieux Paris, notamment en ce qui concerne le
palais des Tuileries, la place Louis-XV et les Champs-
Elysées.

4606 PORTEFEUILLE DES ENFANTS (LE). *Paris,
Goguée et Née de la Rochelle,* 1784, et années suiv.,
fort in-4, vélin vert, étiq. mar. rouge. *(Rel. de
l'époque).*   **1.000 fr.**

Le même ouvrage que le précédent, mais relié méthodi-
quement, en réunissant les fascicules, non dans l'ordre
de publication, mais selon les matières qui y sont traitées.
Très rare.

4607 PORTRAIT de feu Monseigneur le Dauphin.
Paris, Lottin l'Aîné, 1766, in-8, demi-vélin ivoire
bradel, tête dorée. *(Rel. mod.).*   **250 fr.**

Titre dessiné par Cochin et gravé par Miger, 2 portraits-
vignettes gravés par Lempereur et 1 cul-de-lampe dessiné
et gravé par Miger. — *Cohen*, 818 (indique la date 1764,
par erreur ?). « Portrait » (éloge) du dauphin, père de
Louis XVI, dédié à Louis XVI alors enfant. Sur le faux-
titre, d'une main de l'époque, cette note : Cet ouvrage
attribué d'abord à M. Collé, lecteur de M. le duc d'Orléans,
est de M. le duc de Saint-Mégrin, fils de M. le duc de La
Vauguyon, gouverneur de Mgr le dauphin et des princes
ses frères. *Très bel exemplaire sur grand papier, non rogné.*

4608 POUJOULAT (M.). — RELIGION, HIS-
TOIRE, POÉSIE. *Tours, A. Mame el Cie,* 1843,
in-8, cartonnage en chromolithographie. *(Cart.
de l'éditeur).*   **80 fr.**

Frontispice et titre gravés. Riche cartonnage de toute
beauté représentant les armes de France, un hérault
d'armes écrivant les fastes de la France ; au-dessous le
roi et un gentilhomme, fleurs, rinceaux, encadrement. Au
dos : blason surmonté d'un morion. C'est un spécimen
remarquable de cartonnage polychrome. Cachet à l'encre
violette sur les titres.

4609 POUPÉE BIEN ÉLEVÉE (LA), suivie de la
Lanterne magique des petits enfants. *Paris, Lehuby, s. d.* [vers 1845], petit in-8, cart. toile violette, décor doré. *(Cart. de l'édit.).*   **250 fr.**

12 charmantes lithos sur fond chamois (les costumes des
enfants sont très intéressants), par *Ch. de Saillet et Ch.
Lemercier.* Impression en gros caractères. Vignettes sur
bois dans le texte. Dos du cartonnage fané. *Très rare.*

4610 POUPÉE BIEN ÉLEVÉE (LA), suivie de la
Lanterne magique des petits enfants. *Paris, Lehuby, s. d.* [vers 1840], in-12, demi-chagr. violet
foncé, dos à n. orné, tr. dor. *(Rel. de l'époque).*
                                          125 fr.

Titre dans un encadrement gravé sur bois, 12 figures
lithographiées à fond teinté par *Ch. Lemercier*, lettres
ornées et culs-de-lampe gravés sur bois. *Grosse typographie.*

4611 POUPÉE BIEN ÉLEVÉE (LA), suivie de la
Lanterne magique des petits enfants. *Paris, Lehuby, s. d.* [vers 1850], in-8, cart. toile noire,
décors polychromes, tr. dorées. *(Cart. d'édit.).*
                                          400 fr.

12 lithographies de *Jules David*, sur fond chamois, gravées par *Trichon.* Texte en gros caractères. Charmant
ouvrage : l'héroïne est une poupée dont deux petites
filles font l'éducation. La Lanterne magique contient sept
historiettes morales. Plaque rouge, vert, or et outremer,
représentant, dans un riche décor de feuillages, la petite
fille guidant les pas de sa poupée. Plaque et lithos remarquables pour leur grâce et la précision des costumes d'enfants. *Très bel exemplaire.*

4612 PRADEL (Eugène de). — CONTES ET NOU-
VELLES d'un prisonnier à ses enfants. *Paris,
Hocquart et Daubrée,* 1825, in-12, bas. fauve mouch.,
dos doré, pièces de couleur, pet. guirlande dor.
autour des plats, pet. dent. int., tr. dorées. *(Rel.
de l'époque).*   **300 fr.**

ÉDITION ORIGINALE. Bel exemplaire de ces contes
dus à un « *improvisateur* » qui fut condamné à six mois
d'emprisonnement à Sainte-Pélagie pour son volume :
« *Les Elincelles* » ; il y composa ces contes destinés aux
enfants. Ornée de dix jolies figures *à la manière noire*, non
signées.

4613 PRADEL (Eugène de). — CONTES ET NOU-
VELLES. *Le même ouvrage, même édition,* demi-
maroq. vert à coins, dos à n. janséniste, tête
dorée, n. rogné. *(Pagnant).*   **125 fr.**

Très bel exemplaire avec les figures sur papier fin.

4614 PRATT (Mr). — PITY'S GIFT. A Collection
of Interesting Tales, to excite the Compassion
of Youth for the Animal Creation. Selected by
a Lady. *London, T. N. Longman and E. Newbery,*
1798, 12mo. contemp. calf. *(Joints cracked).*
                                          400 fr.

FIRST EDITION. Welsh quotes the second edition
only, published same year. Illustrated with 15 charming
woodcuts. One page book list at end. Name written across
title page. *Fine copy.*

4615 PREMIÈRES CONNAISSANCES A L'USAGE
DES ENFANTS QUI COMMENCENT A LIRE.
Paris, Pierre Blanchard, 1822, pet. in-12, demi-
bas. verte, dos orn. *(Reliure de l'époque).* **250 fr.**

Édition ornée d'un titre gravé avec vignette coloriée,
d'un frontispice colorié et de 4 planches gravées et coloriées représentant les planètes, des animaux, les dieux et
les peuples de l'antiquité. Gros caractères.

4616 PREMIÈRE LEÇON D'ANGLAIS A LOUISA AUVERNY. *Bordeaux, P. Teycheney*, 1834, in-8, oblong, cartonn. demi-toile verte, tr. jonquille. *(Cart. de l'époque).*   **500 fr.**

3 jolies lithos sur Chine monté. Méthode simple qui permet à une fillette de six ans d'apprendre l'anglais au cours d'entretiens familiers avec sa bonne : mots et phrases usuels. *Très rare.*

4617 PREMIER LIVRE DES PETITS ENFANS (LE) ou Petites leçons de lectures très faciles, suivies de Petites histoires intéressantes pour le premier âge. *Paris, Théodore Lefèvre, s. d.* [vers 1850], in-32, cart. *de l'éditeur.*   **300 fr.**

Illustré de 3 jolies gravures en couleurs et d'une vignette en couleurs par *Bodin* sur le titre gravé. Lettres ornées. Gros caractères, larges interlignes. Cartonnage en chromolithographie : une mère et ses deux enfants. Sur le second plat : un petit garçon et deux fillettes.

4618 PREMIER LIVRE DES PETITS ENFANTS ou Petites leçons de lecture très faciles, suivies de petites histoires intéressantes pour le premier âge. *Paris, Théodore Lefèvre, s. d.* [vers 1850], petit in-16, cart. papier *de l'édit.*   **125 fr.**

4 lithographies sur fond chamois. Texte imprimé en gros caractères. Cartonn. crème orné sur le 1er plat d'une chromolithographie reproduisant une des lithos hors-texte. *Très bel exemplaire.* Malgré l'identité du titre avec celui du n° précédent, le texte et les illustrations sont différents.

4619 PREMIERS MUGUETS (LES). *Paris, Ch. Meyrueis*, 1853, petit in-12, br., couv. bleue illustrée.   **15 fr.**

20 pages. Vignette sur bois en tête, reproduite sur la couverture. « Publications pour la jeunesse, n° 13 », de l'impr. protestante Meyrueis.

4620 PRESENT FOR INFANTS (A) or Pictures for the Nursery. *London, Darton, Harvey and Darton*, 1819, 12mo. or. printed vrappers. *(Back strip broken).* Preserved in half-morocco case. **1.250 fr.**

FIRST EDITION. Illustrated with 23 delightful hand-coloured engravings. Faint water stain on title page.

4621 PRESENT FOR THE YOUNG (A). *London, J. Davis, etc.,* n. d. [circa 1820], sm. 12mo. or. half-leather, boards. *(Back rubbed).*   **100 fr.**

Illustrated with upwards of 60 woodcuts, a number by *Orlando Jewitt.*

4622 PRESENT FOR YOUNG CHURCHMEN (A). *London, James Burns*, 1843, sq. 16mo. or. cloth.   **40 fr.**

Illustrated with 40 woodcuts of birds, animals, scenes, etc. Some of the stories are about America and Africa.

4623 PRETTY CAGE OF BIRDS (A). *London and Otley, Wm. Walker and Son,* n. d. [circa 1850], 8vo. or. printed wrappers.   **135 fr.**

Illustrated with 8 hand-coloured woodcuts. Large type. From *The Illuminated Library for the Homes of Happy Childhood.* Fine copy.

4624 PRETTY LITTLE POEMS for Pretty Little Children. *Gainsborough, H. Mozley,* n. d. [circa 1780], small 16mo. levant morocco binding. *(Modern).*   **2.500 fr.**

FIRST EDITION. Illustrated with a frontispiece engraved on wood (signed W. G.) and 43 quaint woodcuts. The books contains 31 charming little nursery songs. Fine copy.
PLANCHE 72.

4625 PRETTY PORTRESS OF WINDSOR LODGE or Filial Affection Rewarded... *London, William Darton,* n. d. [circa 1820], sm. 12mo. or. half-leather boards.   **80 fr.**

Illustrated with three copper engravings. Darton' engraved advertisement at end.

4626 PRIMROSE PRETTY FACE (The Renowned History of) who By her Sweetness of Temper and Love of Learning, was raised from being the Daughter of a poor Cottager, to great Riches, and the Dignity of Lady of the Manor. For the Benefit and Imitation of those pretty little Boys and Girls, who by learning their Books, and obliging Mankind, Would to Beauty of Body, add Beauty of Mind. *London, Printed in the Year when all little Boys and Girls should be good, and sold by John Marshall and Co,* n. d. [circa 1775], 16mo. or. flowered-paper, boards. *(Back strip missing).*   **500 fr.**

Charming frontispiece engraved on wood showing Primrose Prettyface spinning at her father's door, her scholars sitting round her, and 30 splendid woodcuts in text. Two page book list at end. LACKS ONE LEAF (pages 11-12), otherwise fine copy.

4627 PRIMROSE PRETTYFACE (The renowned History of) who by her Sweetners of Temper and Love of Learning, was raised from being the Daughter of a poor Cottager, to great Riches, and the Dignity of Lady of the Manor. Set forth for the Benefit and Imitation of those pretty little Boys and Girls, who by learning their Books and obliging Mankind, Would to Beauty of Body, add Beauty of Mind. *London, J. Marshall and Co,* n. d. [circa 1789], 16mo. or. flowered-paper, boards, preserved in half-morocco case.   **2.800 fr.**

Illustrated with an engraved frontispiece showing *Primrose surrounded by her little scholars.* And 30 splendid woodcuts. At end 5 page book list including the full page advertisement of *The Juvenile Magazine.* Small hole *(3/8 of inch square)* through page 47 with the loss of about six words of a poem, otherwise *very fine copy.*
PLANCHE 76.

4629 PRINCE LEE BOO (THE HISTORY OF). A Native of the Pelew Islands. Brought to England by Capt. Wilson. *London, E. Newbery,* n. d. [circa 1792], sm. 12mo. or. half-vellum, boards. *(Back worn),* preserved in half-morocco case. **1.500 fr.**

Illustrated with a portrait and 5 engraved plates *(one repeated),* which have been well coloured by a later hand. 6 interesting page book list at end : *Books printed for E. Newbery... for... all the Good Little Masters and Misses of Great-Britain, Ireland and America.*
Prince Lee Boo was the Pelew Islander brought back to England by Captain Wilson, after the wreck of the « Antelope », and who died in England in 1784 from smallpox.

4630 PRINCE LEE BOO (THE HISTORY OF).
with an account of the Pelew Islands. *London-Printed for the proprietors, n. d.* [circa 1790], 16mo. or. coloured marble-papers, preserved in half, morocco case. **600 fr.**

Illustrated with ten charming woodcuts.

4631 PRINCE LEE BOO (The Pleasing, Interesting and Affecting History of). With an Account of the Pelew Islands and the Manners and Customs of the Inhabitants. *Banbury, W. Rusher, n. d.* [circa 1800], sm. 16mo. or. boards. *(Rebacked)*. **400 fr.**

Woodcut portrait of Lee Boo as frontispiece *(blank strip of margin cut)* and 7 woodcuts. *Fine crisp copy.*

4632 PRINCE LEE BOO of the Pelew Islands. *London, W. Belch, n. d.* [circa 1812], 12mo. or. wrappers with hand-coloured engraved ticket (Showing « *The Prince leaving the Island* »). **400 fr.**

8 hand-coloured plates engraved on copper with engraved text under each subject. Last leaf slightly defective in margin with loss of some letters. *Otherwise fine copy.*

4633 PRINCE LEE BOO (The Pleasing, Interesting and Affecting History of). With an Account of the Pelew Islands. *London, William Darton, 1816,* sm. 12mo. or. printed wrappers. *(Slightly water-stained)*. **300 fr.**

4 splendid plates in first impression. *Fine copy.*

4634 PRINCE LEE BOO (THE HISTORY OF). *London, Harris and Son, 1814,* sm. 12mo. or. half-leather. **85 fr.**

Engraved frontispiece.

4635 PRINCE LEE BOO (THE HISTORY OF). To which is added, the Life of Paul Cuffee. A Man of Colour. *London, John Arliss, 1818,* sm. 12mo. or. half-leather, boards. *(Shabby)*. **65 fr.**

Three woodcuts including portrait. Fly leaves torn out.

4636 PRINCE LEE BOO (THE HISTORY OF). *London, Harris and Son, 1819,* sm. 12mo. or. half-leather. *(Shabby)*. **60 fr.**

Same frontispiece.

4637 PRINCE LEE BOO (THE HISTORY OF). Same work dated 1822. **75 fr.**

Engraved frontispiece. *Fine copy.*

4638 PRINCE LEE BOO (THE HISTORY OF). *London, John Harris, 1827,* sm. 12mo. or. half-leather, boards. *(Corners worn)*. **30 fr.**

Engraved frontispiece. Six page book list at end.

4639 PRINCE LEE BOO (THE HISTORY OF). *London. John Harris, 1832,* or. cloth. **25 fr.**

Same frontispiece as the 1827 edition. *Fine copy.*

4640 PRINCESSE CARPILLON (LA), conte amusant. *Troyes, Baudot, s. d.* [vers 1780], in-24, br., couv. impr. avec vignette sur bois. **125 fr.**

96 pp. La couv. au nom de Baudot est de 1810 environ. Il n'y a pas de f. de titre. En-tête gravé sur bois. Le second plat de la couverture indique, comme en vente à la même librairie, une liste de contes de fées très répandus alors en éditions populaires : par exemple la *Biche au bois, l'Ecole des Pères, la Grenouille bienfaisante, Minet Bleu, le Prince Lutin, le Prince Marcassin, etc.,* que l'on trouvera ici. *La Princesse Carpillon,* non citée par Barbier, est connue du Dr Hélot, *La Bibliothèque bleue en Normandie,* n° 203.

4641 PROMENADES AMUSANTES d'une jeune famille dans les environs de Paris, avec des remarques historiques et des anecdotes sur les lieux les plus célèbres. *Paris, Lecerf et Blanchard, s. d.* [vers 1819], in-8 oblong, cartonn. pap. crème imprimé, vignette sur bois au verso. *(Cartonn. d'édit.)*. **1.000 fr.**

ÉDITION ORIGINALE. Titre gravé avec vignette, frontispice et 12 très jolies planches gravées non signées : *Saint-Cloud, Lagny, Charonne, Saint-Denis, Charenton, Surène, Versailles, etc.* Dos cassé.

4642 PROMENADES DE JEUNES ENFANTS au Jardin des Plantes. *Paris, Amédée Bédelet, s. d.* in-12. *(Cartonnage de l'éditeur)*. **200 fr.**

Illustré de 8 planches coloriées non signées. Cartonnage en chromolithographie : paon, flamant et canard ; attributs d'étude et de jeu. Large typographie interlignée. Dos fatigué.

4643 PROMISED VISIT (THE) Including an Account of the various Methods of Manufacturing Paper in different Countries. To which are annexed. Fitfy Questions, with a views to impress the subjects on the Youthful Mind. *London, Harvey and Darton, 1821,* sm. 12mo. half-leather, boards. **80 fr.**

Engraved frontispiece. Two pages slightly soiled.

4644 PROPIAC (Le Chevalier de). — LES CURIOSITÉS UNIVERSELLES faisant suite aux Merveilles du monde, contenant..., etc. Ouvrage destiné à l'amusement de la jeunesse. *Paris, Eymery, 1830,* 2 vol. in-12, bas. marb., dos très ornés, pièces vertes, pet. guirlande autour des plats, tr. marb. *(Rel. de l'époque)*. **100 fr.**

Intéressant ouvrage orné de 10 figures gravées dont une des plus curieuses représente un « *Habitant distingué de l'Ile Noukahiwa tatoué et armé* ». Chapitres sur l'*Imprimerie chinoise,* les sources du *Paraguay,* le lac de *Titicaca,* les pyramides du *Mexique,* le *Mississipi, etc.* Bel exempl.

4645 PROPIAC (Le Chevalier de). — HISTOIRE SAINTE A L'USAGE DE LA JEUNESSE..., destinée à l'usage des Jeunes Personnes. Seconde édition. *Paris, Gérard, 1822,* 2 vol. in-12, bas. mouch., dos ornés, pièces rouges, guirlande autour des plats, tr. dor. *(Rel. de l'époque)*. **40 fr.**

Orné de 8 gravures non signées. Bel exemplaire dans une jolie reliure. Le Chevalier de Propiac est l'auteur d'un grand nombre de livres élémentaires pour la jeunesse : il naquit à Dijon en 1759 et mourut en 1823. *(Hoefer, XLI, 89)*.

4646 PUBLIC BUILDINGS (THE) OF WESTMINSTER, described by the author of « Wars of the Jews », etc. *London, John Harris, 1831,* sq. 16mo. or. half-cloth. **80 fr.**

FIRST EDITION. Illustrated with 12 charming steel engravings showing London buildings. Plates very slightly foxed. *The Little Library.*

4647 **PUJOL (Mme Nancy Alboize du).** — NOU-VELLES LEÇONS DE MORALE, sous la forme d'anecdotes ou Six défauts et six qualités. *Paris, Belin-Le Prieur, 1829, in-12, demi-bas. grenat à coins, dos orné. (Rel. de l'époque).* **50 fr.**

Orné de 4 jolies figures non signées, fort intéressantes pour les *costumes.* Bel exemplaire, sauf qq. lég. rouss. aux premiers ff.

4648 **PUJOULX (J.-B.).** — PROMENADES AU MARCHÉ AUX FLEURS ou le Botaniste du Second Age. *Paris, Lepelit, 1811, fort vol. in-12, bas. marb., dos richement orné, pointillé d'or, pièce de maroq., pet. guirlande autour des plats, tr. mouchetées (Rel. de l'époque).* **450 fr.**

ÉDITION ORIGINALE ornée d'un charmant frontispice dessiné par *Monet* et gravé par *Adam,* représentant le marché aux fleurs, avec personnages, très finement colorié, et de 12 planches botaniques coloriées. L'auteur *Pujoulx,* naquit dans la Gironde en 1762 et mourut à Paris en 1821, ayant écrit pendant les dernières années de sa vie un certain nombre de livres d'Histoire naturelle élémentaire à l'usage des enfants. Deux coins un peu usés. Bel exemplaire néanmoins.

4649 **PUNCH AND JUDY** (The Comical Drama of). *London, E. Wallis, n. d. (1835), post. 8vo. or. printed wrappers, preserved in half-morocco case.* **500 fr.**

Illustrated with 8 hand-coloured woodcuts. *Fine copy.*

4650 **PUNCH AND JUDY.** *N. place, n. d. [circa 1840], 4to. oblong, or. wrappers.* **75 fr.**

SPECIMEN PROOF. Illustrated with amusing, but crudely executed woodcuts.

4651 **PUNCH AND JUDY.** *London and Olley, Wm. Walker and Son, n. d. [circa 1850], 8vo. or. printed wrappers.* **225 fr.**

Illustrated with 8 hand-coloured woodcuts. Large type. From *The Illuminated Library for the Homes of Happy Childhood.* Fine copy.

4652 **PUNCH AND JUDY** (The Wonderful Drama of) and their Little Dog Toby as performed to overflowing balconies at the corner of the Street. Corrected and revised from the original manuscript in the possession of the King of the Cannibal Islands..., etc. By Papernose Woodensconie, Esq. With Illustrations by « The Owl ». *London, H. Ingram and Co, 1854, sq. 8vo. or. coloured wrappers.* **300 fr.**

FIRST EDITION. Illustrated with 25 splendid illustrations engraved on wood. The text is an acting version, and a verse under each picture. Two page book list at end. A few slight fox marks.

4653 **PUNCH AND JUDY SHOW.** Twelve coloured plates, sm. 12mo. or. printed wrapper folding out. (1879). **20 fr.**

Opens out. Penny item.

4654 **PUNCH'S MERRY PRANKS.** A Little Play for Little People. *London, William Tegg [also Leipzig, Volckmar], n. d. [circa 1850], 4to. or. printed boards.* **300 fr.**

FIRST EDITION. Illustrated with 13 hand-coloured plates.

4655 **PUNCH'S MERRY PRANKS.** A Little Play for Little People. **125 fr.**

Another copy. Second edition. *Front cover detached.*

4656 **PUNISHMENT OF LUXURY.** True Beauty, and other Tales for the Amusement and Instruction of Youth. *London, Dean and Munday, n. d [circa 1825], sm. 16mo. or. printed wrappers.* **30 fr.**

4 woodcuts. Twopenny chapbook.

4657 **PUSS IN BOOTS** (The Surprising Adventures of) or The Master Cat. *London, John Harris, 1837, sm. 8vo. or. printed wrappers.* **800 fr.**

Illustrated with 14 hand-coloured woodcuts and vignette on title. One page book list at end. *Fine copy.*

4658 **PUSS IN BOOTS.** Illustrated by Otto Speckter. *London, John Murray, 1856, sq. 8vo. or. printed wrappers.* **80 fr.**

Illustrated with 11 fine wood engravings by *Otto Speckter.*

4659 **PUZZLEBRAINS (Peregrine).** — CHRISTMAS AMUSEMENT or The Happy Association of Mirth and Ingenuity. Being an elegant collection of original charades, riddles, etc., culled from the vase of Fancy at Condundrum Castle. *London, E. Newberry, 1799, sm. 12mo. or. boards. (Loose).* **650 fr.**

FIRST EDITION. Engraved frontispiece. Has a curious preface, asking for contributions to the Vase of Fancy at Conundrum Castle. *Mr Puzzlebrains is a near relation of Peter Puzzlewell, Esq., whose production in 3 vols, were published a short time since by E. Newbery, and have been honoured with extensive circulation and flattering applause.* Small stain on title page.

4660 **PUZZLE FOR A CURIOUS GIRL (A).** *London, B. Tabart, 1803, small 12mo. or. half-leather. (Shabby).* **250 fr.**

Ornamented with 12 charming half-page vignettes engraved on copper. At end 3 page book list in which figure books for children by Mr Trimmer, Priscilla Wakefield, Elisabeth, Somerville and Oliver Goldsmith, etc. *An anonymous story called. « A Puzzle for a Curious Girl » deserves to be placed. The chain of results which spring from a Child's idea that her mother is Keeping a Secret from her, her guesses at the mystery, and statements to other people, are followed with most genuine cleverness...* Mrs FIELD.

4661 **PUZZLES VERSUS PUZZLES.** A New Game or The Seven puzzles, designed for the entertainment of children in winter evenings, etc. *London, William Darton, n. d. [circa 1820], 8vo. folding out to large 4to. mounted on linen.* **250 fr.**

Illustrated with four charming hand-coloured engravings and a coloured diagram.

4662 **QUATRE ÉLÉMENS (LES).** *S. l. n. d. [Paris, imp. de Maulde et Renou, vers 1830], 4 vol. in-32. (Cartonnages papier de l'éditeur, étui).* **600 fr.**

L'air, l'eau, le feu, la terre. Outre une vignette sur la couverture, chacun de ces petits volumes contient 2 figures finement gravées. A noter dans le 1er volume le gonflement d'un ballon, tandis qu'un navire vogue, toutes voiles déployées. *De première fraîcheur.*

4663 **QUATRE ÉLÉMENS (LES).** S. l. n. d. [Paris, imp. de Maulde et Renou, vers 1830], 4 vol. in-32. (Cartonnages papier de l'éditeur, étui de l'époque). **500 fr.**

Même ouvrage, mêmes illustrations que le précédent. Exemplaire très frais.

4664 **QUATRE ÉLÉMENS (LES).** S. l. n. d. [Paris, imp. de Maulde et Renou, vers 1830], 4 vol. in-32. (Cartonnages de l'éditeur, étui moderne). **300 fr.**

Même ouvrage, mêmes illustrations que le précédent. Exemplaire un peu moins frais.

4665 **QUATRE ÉLÉMENS (LES).** S. l. n. d. [Paris, imp. de Maulde et Renou, vers 1830], 4 vol. in-32. (Cart. de l'édit., étui). **800 fr.**

Même ouvrage que le précédent, mêmes illustrations, MAIS COLORIÉES. Les cartonnages diffèrent, non illustrés, ils sont ornés de rinceaux d'or sur papier de différentes couleurs. Exemplaire très frais.

4666 **QUATRE FILS AYMON (LES).** Montbéliard, Deckherr frères, s. d. [vers 1810], petit in-4, demi-maroq. vert foncé. (Rel. mod.). **60 fr.**

Impression populaire, ornée d'une grande gravure sur bois représentant les quatre fils Aymon (135 × 170 mm.). 120 pages à 2 col. Voir n° 126 de la Bibliothèque bleue en Normandie, du Dr Hélot.

4667 **QUEEN VICTORIA** (PANORAMIC VIEW OF THE PROCESSION OF). On the 10th of February, 1840 Through the State-Apartments of St. James Palace, to the Altar of the Chapel-Royal, to solemnize her marriage with His Royal Highness Prince Albert, of Saxe-Cobourg and Gotha. London, William Spooner, n. d. [circa 1840], oblong, 12mo. folding out to 12 feet, or. cloth covers. **1.000 fr.**

Title (broken and repaired) and 17 folding scenes of the procession, drawn on stone and hand-coloured.

4668 **QUILLER-COUCH (Arthur).** — THE SLEEPING BEAUTY and other Fairy Tales. From the Old French. London, Hodder and Stoughton, n. d., 4to. or. cloth. gilt. **150 fr.**

FIRST EDITION. With 29 splendid coloured plates by EDMOND DULAC. Fine copy.

4669 [**QUITTENTON (Richard M. H.)**]. — GIANT-LAND : being the Complete History of the Adventures of Tim Pippin. By Richard Quiz. Illustrated by « Puck ». London, James Henderson, n. d. [circa 1860], large 4to. or. red cloth, gilt, g. e. **1.000 fr.**

With 92 remarkable full-page illustrations engraved on wood. This romantic book of fairy tales and adventures was one of the most popular nursery books of the period, and very few complete copies have survived. The cover is loose.

4670 **« QUIZ ».** — SKETCHES OF YOUNG LADIES, in which these interesting members of the animal kingdom are classified..., etc. London, Chapman and Hall, 1838, post 8vo. or. printed boards. **80 fr.**

Illustrated with 6 etchings by « PHIZ » (Hablot Brown).

4671 **RACHEL RIVERS** or What a Child may do. London, Religious Tract Society, n. d. [circa 1860], sm. 12mo. or. cloth, gilt. **15 fr.**

FIRST EDITION. Frontispiece in chromo-lithography.

4672 **RAILTON (Fanny).** — LILY AND THE LIFT and other Stories. London, Seeley and Co, n. d. [circa 1905], sm. 4to. or. cloth. **120 fr.**

FIRST EDITION. Illustrated with many illustrations by the author, who was the wife of Herbert Railton, the etcher. DEDICATION COPY INSCRIBED. To Maggie Kinsey by proxy Fannie Railton, 1905.

4673 **RAIN CLOUD (THE)** or An Account of the Nature, Properties, Dangers, and uses of Rain, in Various parts of the World. London, Soc. Prom. Christian Knowledge, 1846, 16mo. or. cloth. (Back faded). **40 fr.**

27 woodcuts. Fine copy.

4674 **RAMBERT (E.).** — POÉSIES ET CHANSONS D'ENFANTS. Les Quatre Saisons. Genève et Bâle, H. Georg, 1871, in-8, cartonnage toile violet-gris de l'éditeur. **40 fr.**

Trois poèmes par saison. La cantate finale est particulièrement remarquable.

4675 **RANDON.** — MESSIEURS NOS FILS ET MESDEMOISELLES NOS FILLES. Paris, Philippon, s. d. [vers 1860], in-4. (Cartonnage toile de l'éditeur). **350 fr.**

Titre et 20 lithographies coloriées de Randon, tirées chez Fernique. C'est une autre sorte d' « enfants terribles » et non moins amusants. Les uniformes de l'époque et particulièrement ceux des « enfants de troupe » prêtent à ce recueil un intérêt particulier. Bel exemplaire.

4676 **RANKIN (Emily).** — ELLEN CAMERON. A Tale. London, Joseph Cundall, 1845, 12mo. or. red cloth. **80 fr.**

Coloured frontispiece, with uncoloured state added, lithographed by J. Erxleben. The work, which is about a child's life in India, is dedicated to Harriet Martineau, famous writer of Juvenile Literature (1796-1860).

4677 [**RASPE (Erich)**]. — BARON MUNCHAUSEN. The surprising Travels and Adventures of..., etc., etc., a Voyage into the Moon and Dog Star..., etc. A Sequel..., etc. Halifax, Milner and Sowerby, 1851, 16mo. or. red cloth, gilt. **75 fr.**

Engraved frontispiece and title designed by H. Corbould and engraved by C. Heath. Fine copy.

4678 **RASPE (Erich).** — DES FREIH. V. MUNCHHAUSEN WUNDERBARE REISEN UND ABENTEUER ZU WASSER UND ZU LANDE. Göttingen, 1873, pet. in-8, cart. papier vert ill., dos percale. (Cart. de l'éditeur). **125 fr.**

Traduit de l'anglais par Burger. Édition ornée de 16 gravures sur bois, d'après les dessins à la plume de Hosemann. Bel exemplaire malgré quelques légères rousseurs.

4679 [**RASPE (Erich)**]. — AVENTURES DU BARON DE MUNCHAUSEN. Traduction nouvelle de Théophile Gautier fils. Paris, Furne, Jouvet el C^{le}, *s. d.* [vers 1875], in-4. *(Cartonnage toile de l'éditeur)*, fers spéciaux, tr. dorées.   **120 fr.**

Dessins de Gustave Doré, gravés sur bois. *Bel exempl.*

4680 RASPE (Erich). — DES FREIHERRN VON MUNCHHAUSEN Wunderbare Abenteuer... *München, Braun et Schneider, s. d.* [vers 1905], petit in-4, cart. papier de l'édit.   **35 fr.**

25 gravures sur bois coloriées occupant la moitié des pages dont l'autre moitié retrace les aventures du fameux baron de Munchhausen. *Bel exemplaire.*

4681 RATISBONNE (Louis). — LA COMÉDIE ENFANTINE. *Paris, Collection Hetzel, Michel Lévy, 1861,* in-8, cart. toile grenat, décors dorés, tr. dorées. *(Cart. d'édit.).*   **100 fr.**

ÉDITION ORIGINALE et premier tirage. Dix vignettes hors-texte et nombreuses vignettes dans le texte, par *Gobert, Froment, etc.* Sur le premier plat, décor doré : 4 enfants avec cerceau, sabre de bois, poupée. Au dos, enfant avec cerceau. Sur le second plat, médaillon floral avec oiseau. Bel exemplaire d'une œuvre charmante et classique dans la littérature enfantine.

4682 RATISBONNE (Théod.). — ALLÉGORIES à l'usage des petits et des grands enfants. *Paris, V. Palmé, 1877,* in-8, demi-chagrin bleu, dos à n. orné, plats toile, fers spéciaux, tr. dor. *(Rel. de l'édit.).*   **100 fr.**

Orné de 70 gravures dessinées par *Vierge et Bertrand,* gravées par *A.-D. Soupey.* Bel exemplaire.

4683 RAU (Héribert). — REISEBESCHREIBUNGEN Naturschilderungen und Erfindungen. *Stuttgart, Rudolph Chelius, 1855,* in-8, cart. papier gris illust. *(Cart. de l'éditeur).*   **150 fr.**

Voyage instructif pour la jeunesse. Il est orné d'un frontispice et de 5 jolies lithographies finement coloriées dont une représente un charmeur d'animaux.

4684 REACH, HANNAY AND SMITH. — CHRISTMAS CHEER in three courses, etc., etc. *London, Ward and Lock, n. d.* [circa 1860], or. printed boards. *(Shabby and loose).*   **15 fr.**

Illustrated by *Henning, Hine,* and *Phiz* with many woodcuts.

4685 READINGS (Merry) for Boys and Girls. *Glasgow, Jas. Gibb and Co, n. d.* [circa 1860], sm. 12mo. or. coloured wrappers.   **10 fr.**

4686 REAL STORIES takin from the Narratives of Various Travellers. *London, Harvey and Darton,* 1827, ms. 12mo. or. half-calf, boards. *(Rubbed).*   **30 fr.**

Engraved frontispiece (Plantation Scene). 4 page book list at end.

4687 RECLUSE (THE) or Old British Officer, and his Faithful Servant, an interesting Tale for Youth. *London, R. Harrild, n. d.* [circa 1808], sm. 12mo. or. half-leather, boards.   **135 fr.**

Frontispiece, vignette on title and 3 splendid woodcuts all by BEWICK. Very small section of corner of several pages cut off, otherwise *fine copy.*

4688 RECLUSE (THE) or Old Father Green-Mantle, and Little Frank Miller, interspersed with passages from the Sacred History, calculated to improve and entertain The Juvenile Mind. *London, T. Knott,* 1820, sm. 12mo. or. half-leather, boards.   **130 fr.**

FIRST EDITION. Illustrated with 3 curious engraved plates. Large type. *T. Knott,* the publisher was also the inventor of a transparent slate, with copies. At end 3 page book list.

4689 RÉCRÉATION (LA), CONTES. *Paris, Belin-Leprieur,* 1833, petit in-16, broché, couv. muette originale avec étiquette, non rogné.   **100 fr.**

4 gravures hors-texte, dont le très joli titre avec vignette montre des enfants jouant au cerceau, au volant et un petit garçon marchant sur des échasses. Très bel exempl., très petites rousseurs insignifiantes.

4690 RÉCRÉATIONS DE LA CAMPAGNE (LES) ou Petites historiettes, ornées de jolies gravures et de musique nouvelle. *Paris, Lecerf, P. Blanchard, A. Giroud,* 1821, in-8 oblong. *(Cartonnage papier de l'éditeur).*   **300 fr.**

9 planches exquises gravées, dont une double, musique notée. Cartonnage gravé, frotté. *Piqûres passim.*

4691 RECTOR AND HIS PUPILS (THE), being a Sequel to the Academy or Picture of Youth. *London, J. Harris,* 1810, 12mo. contemp. calf. *(Joints cracked).*   **85 fr.**

FIRST EDITION. Engraved frontispiece. One page book list at end.

4692 RECTOR AND HIS PUPILS (THE). *London, J. Harris,* 1810, 17mo. or. half-leather, boards. *(Rubbed).*   **25 fr.**

FIRST EDITION. Engraved frontispiece *(ink of writing on verso has penetrated into the engraving).*

4693 RECUEIL DE PETITS CONTES en prose et en vers ; de saillies, anecdotes, vers pour album, calembours, réparties spirituelles, énigmes, etc., suivies de complimens pour anniversaires, jour de l'an, mariages, publié à l'usage de l'adolescence par J.-L. Delpech. *Liegnitz, Imp. royale, chez E. D'oench,* 1838, in-12. *(Couvert. lith. de l'éditeur).*   **70 fr.**

Planches de rébus. *Bel exemplaire.*

4695 RECUEIL des plus jolis jeux de société dans lequel on trouve les gravures d'un grand nombre d'énigmes chinoises, et l'explication de ce nouveau jeu. *Paris, Audol,* 1818, in-12, demi-v. fauve, dos orné, pièce rouge, tr. marb. *(Rel. anc.).* **150 fr.**

Frontispice gravé représentant : les Montagnes Aériennes, les Montagnes Russes, le Saut du Niagara, et 11 planches gravées pour les énigmes chinoises. Bel exemplaire de *Pierre Louys,* avec sa griffe ex-libris sur le faux titre. Intéressant et copieux catalogue de *Audot* à la fin (12 pp.).

4696 REDGAP. — THE FACES IN THE FIRE ; A Story for the Season. *London, Willoughby and Co, n. d.* [circa 1850], 12mo. or. red cloth *(Back missing).*   **25 fr.**

FIRST EDITION. Illustrated with a finely engraved frontispiece, and two other plates, hand-coloured and several charming woodcut vignettes, all by *T. H. Nicholson.*

4698 REICHE (Charles Christopher). — FIFTEEN DISCOURSES on the Marvellous Works in Nature delivered by a Father to his Children... *Philadelphia, Printed for the Author, by James and Johnson,* 1791, 12mo. old calf. *(Front cover loose).* **300 fr.**

FIRST EDITION. Some of the « Discourses » are *On herbs, and trees. On the Seasons for Sowing and Reaping. On man, in general and, in particular his Bones, Arteries, Veins, Heart, Ears and Nose, On the Tongue, Hair, Eye-Lids, Eye-Brows, and Eyes, of Men. On Theoretic Atheists. On Practical atheists, etc.* Slightly foxed.

4699 REINHOLD (Carolina). — DAS ABEND-GLOCKCHEN, oder die Stunde der Erzählung unterhaltender Anekdoten für die liebe Jugend. *Nürenberg, Bauer und Raspe,* 1828, pet. in-8 obl., cart. papier chamois impr. *(Carl. de l'éditeur).* **200 fr.**

La Clochette du soir, recueil de contes pour la jeunesse. Il est orné de 4 figures coloriées. *Bel exemplaire.*

4700 REINHOLD (Carolina). — DIE HERBSTA-BENDE. *Nordlingen, Beck, s. d.* [vers 1820], in-8 carré, cart. bradel papier racine, dos orné avec pièces de mar. grenat. *(Carl. de l'époque).* **150 fr.**

Les Soirées d'automne, contes pour les enfants. Ouvrage orné de 4 figures gravées et coloriées, par *Wunser,* d'après *Voltz,* représentant des scènes enfantines. Intéressant pour les costumes et coiffures de l'époque.

4701 RELICS OF ANTIQUITY, exhibited in the ruins of Pompei and Herculaneum... By the author of « Fruits of Enterprise »..., intended for the use of Young Persons. *London, J. Harris, St Paul's, n. d.* [circa 1825], 12mo. or. printed boards. **100 fr.**

Illustrated with 12 finely engraved plates. The text is compiled from works by *Swinburne, Addison, Goldsmith, Forsyth, Melmoth, Lempriere,* and *Atherstone, etc.* 4 page book list at end. Fine copy.

4702 RÉMOND (Jules). — POLICHINELLE, farce en trois actes pour amuser les grands et les petits enfants. *Paris, Delarue, s. d.* [vers 1860], in-16, cart. à la bradel demi-toile, dos et coin. **250 fr.**

9 vignettes naïves par *Math. Gringoire,* gravées sur bois. Larges interlignes. *Très rare.*

4703 RÉNAL (A.). — LE BERQUIN DU HAMEAU ou le Conteur des bords du Rhône. *Paris, P.-C. Lehuby, s. d.* [vers 1845], in-12, couverture passe-partout imp. et lith. **25 fr.**

3 pl. gravées par *Villerey,* d'après les dessins de *Dubou-lor.* Mouillure. Scènes « historiques, esquisses biographiques et récits intéressants tirés de notre histoire ancienne et moderne ».

4704 RÉNAL (A.). — LES VEILLÉES DES JEUNES ENFANTS ou Historiettes instructives et amusantes, propres à concourir à l'éducation morale de l'enfance. *Paris, Lehuby,* 1836, petit in-12, broché, couv. imprimée avec vignette. **125 fr.**

4 gravures. Un des récits est intitulé : *Enfance de Walter Scott.* Très bel exempl. entièrement non rogné.

4705 RENNEVILLE (Mme de). — BEAUTÉS DE L'HISTOIRE DU JEUNE ÂGE, etc. *Paris, Thiériot et Belin,* 1821, in-12, bas. marbr., dos orné, pièce rouge, guirlande autour des plats, tr. j. *(Rel. de l'époque).* **35 fr.**

8 figures gravées non signées *(naufrages, etc.).* Ex-praemio doré sur le 1er plat. Très bel exemplaire.

4706 RENNEVILLE (Mme de). — LES BONS PETITS ENFANTS ou Portraits de mon fils et de ma fille. Contes et dialogues à la portée du jeune âge. *Paris, Ledentu,* 1827, 2 vol. in-16, bas. mouch., dos ornés, pièces vertes, tr. marb. *(Rel. de l'époque).* **120 fr.**

Édition originale, rare, ornée de 8 jolies figures gravées non signées. Pet. déchirure dans la marge de 2 ff. sans endommager le texte.

4707 RENNEVILLE (Mme de). — LES BONS PETITS ENFANTS ou Portraits de mon fils et de ma fille. *Paris, Ledentu,* 1827, 2 in-16, bas. moucheté, dos ornés, pièces cuir, tr. jasp. *(Rel. de l'époque).* **120 fr.**

Édition originale. 8 jolies planches gravées.

4708 [RENNEVILLE (Mme de)]. — CAPRICES DE L'ENFANCE ou Etrennes aux petits enfants ; composés de contes et d'historiettes, par Mme de R***. *Paris, A. Eymery,* 1822, in-12, cart. à la bradel demi-toile. *(Carlonnage de l'époque).* **800 fr.**

32 gravures en 4 planches (8 sujets par planche). Cet exemplaire contient en plus une suite coloriée des planches, sauf de la troisième.

4709 RENNEVILLE (Mme de). — CONTES A MA PETITE FILLE et à mon petit garçon pour les amuser, leur former un bon cœur et les corriger des petits défauts de leur âge... Ed. augmentée du Prince Adolphe, par Mme W. *Paris, Langlumé et Peltier,* 1839, in-12, bas. marb., dos orné, pièce rouge, tr. marb. *(Rel. de l'époque).* **250 fr.**

Titre gravé avec vignette et 24 figures (2 par planche) très bien gravées dans un style naïf. *Grosse typographie.* Bel exemplaire.

4710 RENNEVILLE (Mme de). — CONTES A MA PETITE FILLE, ETC. *Paris, Th. Lefèvre, s. d.* [vers 1840], in-12. *(Carlonnage papier de l'éditeur).* **40 fr.**

Même ouvrage, mêmes figures que le précédent. Vignette sur le titre coloriée au crayon. Rel. fatiguée. Rousseurs *passim.*

4711 RENNEVILLE (Mme de). — LE CONTEUR MORALISTE ou le Bonheur par la vertu. Contes. Nouvelle édition. *Paris, Belin-Le Prieur,* 1820, in-12, bas. marb., dos orné, pièce rouge, tr. marb. *(Rel. de l'ép.).* **130 fr.**

Orné de 4 figures gravées non signées : le Petit Ivrogne corrigé, la Petite Orgueilleuse punie, le Petit Voleur repentant, Trait de sensibilité du jeune René. *Bel exemplaire.*

4712 RENNEVILLE (Mme de). — LE CONTEUR MORALISTE. *Paris, Belin-Le Prieur,* 1834, in-12,

bas. fauve, dos orné, dentelle extér., médaillons à froid sur les pl., tr. dorées. *(Rel. de l'époque)*.
75 fr.

Le même ouvrage que le précédent. 4 planches gravées. *Bel exemplaire.*

4713 RENNEVILLE (Mme de). — LE CONTEUR MORALISTE. Veau raciné, dos orné, fers dorés d'une maison d'éducation sur le 1er plat. *(Rel. de l'époque)*.
35 fr.

La même édition que la précédente. Petite déchirure dans la marge de la 1re page. Légères rousseurs.

4714 RENNEVILLE (Mme de). — LES DEUX ÉDUCATIONS ou le Pouvoir de l'exemple. *Paris, A. Eymery*, 1813, in-12, demi-veau vert, dos orné, pièce rouge, tr. marb. *(Rel. vers 1825)*.   **250 fr.**

ÉDITION ORIGINALE ornée d'un titre gravé avec vignette, d'un frontispice et de 4 planches gravées et COLORIÉES, à 2 figures par planche. *Bel exemplaire.*

4715 RENNEVILLE (Mme de). — LES DEUX ÉDUCATIONS ou le Pouvoir de l'exemple. 2e éd. *Paris, A. Eymery*, 1818, in-12, demi-bas. marb., dos orné, pièce rouge, petits coins, tr. j. *(Rel. de l'ép.)*.
180 fr.

Illustré d'un titre gravé (vignette), d'un frontispice et de 4 figures non signées (2 sujets par figure). *Bel exempl.*

4716 RENNEVILLE (Mme de). — LES ESPIÈGLE-RIES DE L'ENFANCE ou l'Indulgence mater-nelle. Contes et historiettes propres à être donnés aux enfans de l'âge de six à huit ans. *Paris, Nadau*, 1824, in-16. *(Couverture illustrée de l'éditeur)*.
120 fr.

4 pl. dessinées et gravées par ROUARGUE. Amusante couverture où une gravure sur bois représente une rue pavée, une lanterne suspendue au milieu, aboutissant à une fontaine monumentale. Petite mouillure à quelques feuilles, autrement *bel exemplaire.*

4717 RENNEVILLE (Mme de). — GALERIE DES JEUNES VIERGES ou Modèle des vertus qui assurent le bonheur des femmes. *Paris, Belin*, 1834, in-12, bas. marb., dos orné, pièce verte, tr. marb. *(Rel. de l'époque)*.
250 fr.

Illustré d'un titre gravé, avec vignette, et de 3 jolies figures, non signées et fort intéressantes pour les *costumes*. Une importante histoire a trait à la *« Fondation des hospitalières et des Ursulines du Canada en 1639 »* ; on y trouve l'*anecdote singulière d'une Algonquine* (1643). La dernière histoire, celle de *« Mesdemoiselles de Saint-Janvier »* a aussi un intérêt d'AMERICANA. *(Saint-Domingue, la Révolte des Nègres, New-York, etc.)*. Dos un peu frotté, qq. éraflures.

4718 RENNEVILLE (Mme de). — LES LEÇONS DE L'AMOUR MATERNEL ou la Récompense du Travail. Contes propres à exciter l'émulation des enfans pour les actions vertueuses. *Paris, Denn*, 1828, pet. in-12, bas. marb., dos orné, pièce verte, tr. marb. *(Rel. de l'époque)*. **100 fr.**

Orné de 5 figures non signées. Petite restauration à un mors.

4719 RENNEVILLE (Mme de). — LA MÈRE GOU-VERNANTE ou Principes de Politesse fondés sur les qualités du cœur. *Paris, Belin-Le Prieur*, 1828, in-12, bas. mouch., dos orné, tr. marb. *(Rel. de l'époque)*.
150 fr.

Illustré d'un titre gravé avec vignette et de trois jolis figures gravées.

4720 RENNEVILLE (Mme de). — LE PETIT CHAR-BONNIER DE LA FORÊT NOIRE, conte moral à l'usage des enfans, suivi de Didier, etc. *Paris, Ledentu*, 1835, in-16, bas. fauve tachetée, tr. jasp. *(Rel. de l'ép.)*.
50 fr.

4 planches gravées.

4721 RENNEVILLE (Mme de). — LE PRÉCEP-TEUR DES ENFANS ou Livre du second âge, dédié aux pères et mères de famille, etc. *Paris, Haut-Cœur*, 1822, in-12, bas. marb., dos orné, pièce brune, tr. marb. *(Rel. de l'époque)*.   **50 fr.**

Orné de 4 figures gravées non signées. Sophie de Senneterre, dame de Renneville, naquit à Caen en 1772 et écrivit de nombreux ouvrages pour l'enfance et la jeunesse. Bel exemplaire.

4722 RENNEVILLE (Mme de). — RENÉ ou l'Élève reconnaissant. *Paris, Lavigne, A. Poilleux, s. d.* [vers 1840], pet. in-16, cart. papier gris *de l'éditeur*.
25 fr.

L'auteur de ce petit ouvrage est née à Caen, en 1772, morte à Paris, en 1822. Ses parents ayant été ruinés par les événements politiques, elle fit usage de ses connaissances littéraires pour écrire de nombreux ouvrages destinés à la jeunesse. Frontispice gravé. *Bel exemplaire.*

4723 RENNEVILLE (Mme de). — LE RETOUR DES VENDANGES. Contes moraux et instruc-tifs à la portée des enfants de différents âges. Seconde édition revue et corrigée. *Paris, Genels*, 1820, 4 part. en 2 vol. pet. in-12, bas. jasp., dos très ornés, pièces rouges, pet. guirlande autour des pl., tr. marb. *(Rel. de l'ép.)*.   **400 fr.**

Orné de 16 jolies figures non signées. *Bel exemplaire.*

4724 RENOUVILLE (Comtesse de). — LE PÈRE CONTE-TOUJOURS. *Paris, Courcier, s. d.* [vers 1845], gr. in-8 carré, cart. toile bleue, tr. dorées. *(Cart. d'édit.)*.
500 fr.

ÉDITION ORIGINALE. Histoires enfantines, impri-mées en gros caractères et illustrées de neuf lithographies en couleurs très jolies. Décor floral (or, bleu, blanc, violet, rouge), au centre duquel un enfant cueille des fleurs. Coiffes un peu fatiguées. Minuscules rousseurs *passim* dans le texte. Cependant bel exempl. TRÈS RARE.

4725 RENOWNED HISTORY (THE) OF THE WHITE CAT, and other Interesting Stories. *London, E. Newbery, n. d.* [circa 1795], sm. 16mo. or. flowered-paper, boards. *(Back strip missing)*, preserved in half-morocco case. **2.000 fr.**

Illustrated with a frontispiece and 10 other quaint woodcuts. The other tales are *Story of Miss Johnson* and *Story of the Golden Head. Fine copy.*
PLANCHE 80.

4726 RESBECQ (Adolphe de). — LES JOURS DE BONHEUR. *Paris, Marcilly Aîné, s. d.* [vers 1830], in-12 obl., cart. bradel papier mauve moiré, dos orn., pièce mar. v. *(Cart. de l'époque).* **100 fr.**

Recueil composé de 5 petites histoires à pagination séparée : *Le Véritable ami, La Bonne Leçon, Henri corrigé, La Fête du Petit Garçon* et *L'Ignorant orgueilleux.* Il est orné de 5 charmantes planches gravées représentant des scènes enfantines.

4727 RESBECQ (Adolphe de). — LE PORTE-FEUILLE DE POLICHINELLE. *Paris, Marcilly, s. d.* [vers 1840], in-32. *(Cartonnage et étui papier de l'éditeur).* **750 fr.**

Titre gravé et 27 autres vignettes gravées dans le texte, dont une à pleine page. Cartonnage grenat, filet et Polichinelle estampé en or. Etui titre entouré d'arabesques lithographiées. *Très bel exemplaire.*

4728 RÉSERVAT (F. de). — PASSE-TEMPS DU JEUNE AGE ou Histoires amusantes. *Limoges-Paris, F.-F. Ardant,* 1860, in-8, *cartonnage papier de l'éditeur,* tr. dorées. **100 fr.**

4 grandes lithographies coloriées. Cartonnage bleu et or, cadre historié, semis de fleurs, compartiment pointillé or, entourant un médaillon avec bouquet de fleurs au milieu. Une mouillure à une feuille.

4729 RÉSERVAT (F. de). — LE PETIT CONTEUR ou Récréations du jeune âge. *Limoges, Paris, Ardant frères,* 1860, gr. in-8, cart. papier de l'éditeur. **180 fr.**

4 lithographies coloriées. Cart. papier bleu de ciel orné de jeux de filets et de fleurettes dorées, motif floral au centre, rose, bleu, vert, violet et or au premier plat. Joli cartonnage très décoratif. *Bel exemplaire.*

4730 RETSZCH. — BUERGER'S BALLADS (Outlinis to). Lenora, The Songs of the Brave Man and the Parson's Daughter of Taubenhayn. *Leipsic, Ernest Fleischer,* 1840, oblong 4to. or. half-leather, with ticket. *(Shabby).* **60 fr.**

Fifteen plates in outline. Text in German and English.

4731 REUBEN RAMBLE'S. TRAVELS THROUGH THE COUNTIES OF ENGLAND. With Maps and Historical Vignettes. *London, Darton and Clark, n. d.* [circa 1840], sm. 4to. or. red cloth, gilt. **400 fr.**

Most charming hand-coloured frontispiece and illustrated title page and 40 maps surrounded by many well executed, hand-coloured drawings typical of the county. Large type. *Very fine fresh copy.*

4732 REVUE CATHOLIQUE DE LA JEUNESSE. *Paris, aux Bureaux de la Bibliothèque Nouvelle,* (1850-1851), 2 vol. in-8, cartonnages toile bleue, décors dorés, tr. dorées. *(Cart. de l'éditeur).* **100 fr.**

Les deux premières années, 1850-1851, de cette intéressante publication dirigée par *Eugène Veuillot* qui en rédigea l'avertissement. Hagiographie, histoire, voyages, nouvelles et poèmes, elle contenait tout ce qui pouvait intéresser, instruire et amuser ses jeunes lecteurs. Nombreuses illustrations gravées sur bois hors-texte et dans le texte. Cartonnage joliment décoré de sujets frappés en or : le catéchisme, les jeux d'enfants, la lecture, la géographie. *Très bel exemplaire.*

4733 REVUE DE L'ÉDUCATION NOUVELLE. — JOURNAL DES MÈRES ET DES ENFANTS. *Paris, Rev. de l'Educ.,* 1848-1854, 6 vol. gr. in-4, demi-basane verte. *(Rel. de l'époque).* **1.000 fr.**

Collection très rare ainsi complète, contenant des textes de *Isabelle Meunier, la princesse Belgiojoso, Marie Carpentier, Mme Amable Tastu, Ulliac Trémadeure, A. Montgolfier, Alphonse Karr,* H. DESBORDES-VALMORE, etc. Nombreuses planches lithographiées et *coloriées* à double page relatives aux arts, à l'industrie, etc. : *cuisine, boulangerie, atelier de tourneur, les fruits de France, le raisin, le sucre, le papier, le coton, la soie, le verre, la marine, le chemin de fer,* etc. Musique. Bel exemplaire.

4734 REVUE DE L'ÉDUCATION NOUVELLE. — JOURNAL DES MÈRES ET DES ENFANTS. *Paris, Revue de l'Education,* 1848-1852, 4 vol. gr. in-4, demi-chagrin vert, dos ornés à nerfs, tr. marbrées. *(Rel. de l'ép.).* **500 fr.**

Le même ouvrage que le précédent. Les quatre premiers vol. de la collection. Bel exemplaire. Un coin usé.

4735 REWARD OF MERIT (THE). A Poetical Present. *London, Fairburn, n. d.* [circa 1840], 16mo. or. printed wrappers. **15 fr.**

Illustrated with 4 woodcuts. Penny booklet. *Fine copy.*

4736 REWARD OF TRUTH (THE) and Punishment of Deceit, with other Tales for the Education and Amusement of Youth. *London, Dean and Munday, n. d.* [circa 1825], sm. 16mo. or. printed wrappers. **30 fr.**

4 woodcuts. Twopenny chapbook.

4737 REYNARD (Francis). — HISTORY MADE EASY or A Genealogical Chart of the Kings and Queens of England. *Reading, n. d.* (1817), 12mo. folding out to folio, mounted on cloth in slip case with ticket. **80 fr.**

Engraved and hand-coloured chart done in a handsome manner.

4738 REYRE (L'Abbé). — L'ÉCOLE DES JEUNES DEMOISELLES ou Lettres d'une mère vertueuse à sa fille avec les réponses de la fille à sa mère. *Paris, Boiste,* 1825, 2 vol. in-12, demi-maroq. vert à long grain, dos très ornés de filets, rosaces, etc., dorés, plats pap. gaufré imitant à s'y méprendre le maroquin vert à long grain, guirlande dorée, tr. jasp. *(Rel. de l'époque).* **500 fr.**

Orné de 2 titres gravés avec vignettes et de 6 figures non signées. Joseph Reyre (1735-1812) écrivit plusieurs ouvrages pour la jeunesse, rédigés dans un style facile, clair et naturel, dont « *l'Ecole des Jeunes Demoiselles* » qui lui fit accorder une pension par l'assemblée du clergé. *Magnifique exemplaire dans une charmante reliure, de toute fraîcheur.*

4739 REYRE (L'Abbé). — LE FABULISTE DES ENFANS et des Adolescens ou Fables Nouvelles pour servir à l'instruction et à l'amusement de la Jeunesse. Quatrième édition. *Lyon, Rusand,* et *Paris, Audot,* 1812, in-12, bas. marb., dos orné de rosaces et pièce rouge, tr. marb. *(Rel. anc.).* **150 fr.**

Ouvrage orné de 8 figures non signées (une curieuse figure représente une scène de *foire,* avec *bateleurs*). Il eut beaucoup de succès et fut maintes fois réimprimé, bien que, d'après *Hoefer*, l'auteur ne s'y montre pas toujours poète et qu'il a plus le souci de donner des leçons profitables que de sacrifier aux grâces. *Bel exemplaire.*

4740 RHIND (W. G.). — THE SIX DAYS OF CREATION... describing the natural history of each days mercies, with particular reference to the illustration of scriptural truth. *London, Samuel Bagster and Sons*, 1848, or. green cloth, gilt, back. **150 fr.**

This is the third edition, revised, with newly engraved plates. This is not as the title is apt to indicate, a work on the Scriptures. It teaches the history of the creation in a manner that enlightens the young mind on the physical geographical, historical, and scientific properties on the earth. The finely engraved plates show different phases of the globe, the frontispiece being *A geographical clock* with volvil. *Fine copy.*

4741 RHYMES FOR MY CHILDREN. By a Mother. *London, Smith, Elder and Co*, 1835, 12mo. or. cloth. *(Shabby)*, g. e. **40 fr.**

Illustrated with a frontispiece and upwards of 20 charming woodcuts. Small piece torn off two corners. Four page book list at end.

4742 RIBELLE (Charles de). — HISTOIRE DES SIÈCLES et des principales inventions et découvertes. *Paris, Amable Rigaud, s. d.* [vers 1855], in-4. *(Cartonnage papier de l'éditeur)*, dos toile. **600 fr.**

8 lithographies en deux tons, coloriées à la main : une consacrée à la découverte de l'Amérique, dans une autre, anticipation de l'avenir, à côté d'un phare éclairant Paris de ses feux, s'élève un ballon. Vignettes dans le texte. L'auteur a pris le masque du Juif Errant pour raconter cette histoire, et est figuré sous cette forme sur le cartonnage lithographié et colorié. *Légères rousseurs.*

4743 RIBELLE (Charles de). — L'ŒUVRE DE DIEU. La Terre et ses productions. *Paris, Amable Rigaud, s. d.* [vers 1860], in-8. *(Cartonnage toile de l'éditeur)*, fers spéciaux, tr. dorées. **160 fr.**

11 grandes lithographies coloriées et une sur fond chamois. Vignettes. *Quelques rousseurs.*

4744 RICARD (Mgr). — CHRISTOPHE COLOMB. *Tours, A. Mame et Fils,* 1894, in-4. *(Cartonnage toile de l'éditeur).* **30 fr.**

24 gravures sur bois dessinées par *Baldo* et gravées par Méaulle. Histoire de la vie et des découvertes de Christophe Colomb écrite d'après les travaux les plus récents. *Bel exemplaire.*

4745 RICCOUS. — LE BOUGAINVILLE DE LA JEUNESSE ou Nouvel abrégé des voyages dans l'Amérique, contenant la description des mœurs et coutumes des peuples de ce continent, extraits des voyages de BOUGAINVILLE, COOK, etc. 4e édition. *Paris, Belin,* 1834, in-12, bas. marb., dos orné, tr. marb. *(Rel. de l'ép.).* **100 fr.**

Titre gravé avec vignette et 3 figures gravées. Bel exemplaire de cet AMERICANA peu commun. Une pet. rouss. au titre et à la première pl.

4746 RICHARD WHITTINGTON AND HIS CAT (The History of). Embellished with cold Engravings. *London, Hodgson and Co*, 1824, small 12mo. or. printed wrappers. **200 fr.**

FIRST ISSUE OF THIS EDITION. Illustrated with engraved frontispiece, vignette on title and one other plate showing Whittington as Lord Mayor all in contemporary colouring.
PLANCHE 156.

4747 RICHARDSON (Samuel). — CLARISSE HARLOWE. Traduction nouvelle et seule complète par LETOURNEUR, sur l'édition originale revue par Richardson. *Paris, Lemarchand,* 1802, 14 vol. in-12, cartonn. bradel pap. vert, tr. j. *(Rel. d'époque).* **250 fr.**

Gentille édition ornée de 14 figures gravées par BOVINET, d'après HUOT. *Bel exemplaire.*

4748 RICHARDSON (Samuel). — PAMELA (History of) or Virtue Rewarded. Abridged from the Works of Samuel Richardson, Esq. Adorned with copper Plates. *London, Printed for E. Newberry, at the Corner of St. Paul's Church-Yard, n. d.* [not after 1792], or. flowered-paper, boards. *(Back missing)*, preserved in levant morocco case. **20.000 fr.**

Illustrated with 6 copper engravings by JOHN LODGE. At end Newberry's 10 page book catalogue. Among the books advertised are Bewick's *Looking Glass for the Mind. Dramatic Dialogues, vol. I.* — *Lord Chesterfield's Maxims.* — *History of Joseph Andrews.* — *Tom Jones.* — *Clarissa.* — *Sir Charles Grandison, abridged.* — *Mother Bunch's Fairy Tales.* — *Gulliver's Travels, etc., etc.* Of the greatest rarity, fine copy.

4749 RICHARDSON (Samuel). — PAMELA (The History of) or Virtue Rewarded. Abridged from the Works of Samuel Richardson, Esq. *London, F. Newbery, n. d.* [circa 1776], sm. 16mo. or. flowered-paper, boards. *(Back strip missing).* **3.000 fr.**

Six copper plates. In this early edition published by *Francis Newbery*, a six page book catalogue is at the beginning of the work commencing on the verso of « To the Parents and Guardians » and finishing on the recto of the « Contents » leaf. ONE LEAF (pages 97-98) MISSING.

4750 RICHARDSON (Samuel). — PAMÉLA ou la Vertu récompensée, traduit de l'anglais par M. l'abbé Prévost. *Paris, Lepetit,* 1793, 12 in-16, v. moucheté, dos sans nerfs, pièces de cuir, fil. extér., tr. bleues. *(Rel. anc.).* **1.000 fr.**

EXEMPLAIRE DE PREMIER TIRAGE. 12 jolies planches gravées non signées. Le premier roman de Samuel Richardson, qui, alors âgé de cinquante ans, s'était, jusquelà, contenté d'imprimer les autres. Pope disait du roman de *Paméla* « qu'il ferait plus de bien que vingt volumes de sermons ». Bel exemplaire. (COHEN, 891).

4751 RICHARDSON (Samuel). — PAMELA (The History of) or Virtue Rewarded. Abridged from the Works of Samuel Richardson, Esq. *London, E. Newberry, at the Corner of St Paul's Church-Yard, n. d.* [circa 1793], sm. 16mo. or. flowered-paper, boards. **2.000 fr.**

Six copper plates. At end *Books for Young People, printed for, and Sold by E. Newbery, at the Corner of St. Paul's Church-Yard, London (10 pages).* ONE LEAF (pages 155-56) MISSING.
PLANCHE 79.

4752 **RICHARDSON (Samuel).** — THE HISTORY OF SIR CHARLES GRANDISON. Abridged from the Works of Samuel Richardson, Esq. ; Author of Pamela and Clarissa. A New Edition, adorned with Copper Plates. *London, E. Newbery, at the Corner of St. Paul's Church-Yard,* 1783, sm. 16mo. or. flowered-paper, boards. *(Back strip missing).* Preserved in morocco case. **18.000 fr.**

Frontispiece (slightly coloured by a child) and 4 plates by J. LODGE. Charles Welsh, in his work on Newbery, knows of the existence of this book (a third edition) only by E. Newbery's list for 1789. *Fine clean copy.*

PLANCHE 78.

4753 **RICHECOURT (Comtesse A.-B. de).** — LA POUDRE MERVEILLEUSE DE PERLINPIN-PIN. *Paris, Courcier, s. d.* [vers 1845], gr. in-8 carré, cart. toile bleue, décors polychromes, tr. dorées. *(Cart. d'édit.).* **500 fr.**

ÉDITION ORIGINALE. Deux lithographies hors-texte richement coloriées. Texte imprimé en gros caractères. La Poudre de Perlinpinpin permet à deux enfants, George et Jeanne, de se transporter dans des mondes enchantés : *le Meunier de Chambon, la Fontaine d'Orchaise, la Fée Simplette.* Vignettes dans le texte. Menues rousseurs. Décor rouge, vert, orange, blanc, azur et outremer (motif architectural, signé *Lenègre, ri.*). TRÈS RARE.

4754 **RICHECOURT (Comtesse A.-B. de).** — LA POUDRE MERVEILLEUSE DE PERLINPIN-PIN. *Paris, Courcier, s. d.* [vers 1845], in-8, cartonnage papier *de l'éditeur.* **100 fr.**

Le même ouvrage que le précédent. Les lithographies sont sur fond chamois. Amusant cartonnage en chromolithographie : un berger et son chien à la campagne ; paysage romantique, château précédé de moulin à eau. Le vovolume a été emboîté à l'envers dans le cartonnage.

4755 **RICHMOND (Rev. Legh).** — THE DAIRY-MAN'S DAUGHTER ; an Authentic and Interesting Narrative. *Penrith, Joseph Allison,* 1821, sm. 12mo. or. printed boards. *(Back broken).* **100 fr.**

Rare impression well printed in a bold type of this famous tale, and written by the author when curate in the Isle of Wight. The first edition appeared in 1809. Frontispiece engraved on wood.

4756 **RICHMOND (Rev. Legh).** — THE DAIRY-MAN'S DAUGHTER. An Authentic Narrative. *London, Seeley, Jackson and Halliday,* 1855, 8vo. or. cloth. gilt. **75 fr.**

Charming edition of this famous story illustrated with 17 splendid wood engravings from the drawings by BIRKET FOSTER and others. *Fine copy.*

4757 **RICHOMME (Charles).** — CONTES CHINOIS, précédés d'une histoire pittoresque de la Chine. *Paris, Vve Louis Janet, s. d.* [vers 1844], in-8, cart. toile bleue, décors dorés, tr. dorées. *(Cart. de l'édit.).* **150 fr.**

Charmantes illustrations : six gravures sur bois par BRETON et six lithos sur fond chamois hors-texte, par LOUIS LASSALLE. Nombreuses vignettes dans le texte, Deux pages de caractères chinois. Jolie impression. Décor de rinceaux et fleurs dorés sur les plats et le dos. MAGNIFIQUE EXEMPLAIRE, d'une rare fraîcheur.

4758 **RICHOMME (Charles).** — CONTES CHINOIS. *Paris, Vve Louis Janet, s. d.* [vers 1844], in-8, cartonnage en chromolithographie, tr. dorées. *(Cart. de l'édit.).* **500 fr.**

Même ouvrage, mêmes figures. Cartonnage d'une grande finesse, or, bleu, bistre et plan sur fond crème. Groupes, attributs divers, rinceaux et arabesques, tr. dorées. Joli livre, dont le cartonnage est d'un goût charmant et rare. Légères rousseurs.

4759 **RICHOMME (Charles).** — CONTES CHINOIS. *Même ouvrage, même édit.* **280 fr.**

Cartonnage identique, mais moins frais : les tranches ne sont pas dorées. *Bel exemplaire.*

4760 **RICHOMME (Charles).** — LES DOUZE ÉTOILES, précédées de l'Histoire des femmes en France. Keepsake. *Paris, A. Fourmage, s. d.* [vers 1840], carton. en lithographie. *(Cart. de l'époque).* **250 fr.**

Illustré de 14 lithographies de Louis Lassalle, dont le titre reproduit sur le cartonnage. Larges interlignes. Catalogue aux deux dernières pages. Très bel exemplaire malgré quelques rousseurs.

4761 **RICHOMME (Charles).** — FRANÇOIS Ier et le seizième siècle. Contes et nouvelles historiques. *Paris, Louis Janet, s. d.* [vers 1836], pet. in-8 carré, demi-bas. maroq. grenat, plats papier avec titre impr. dans encadr. *(Rel. de l'éditeur).* **600 fr.**

ÉDITION ORIGINALE ornée de 6 charmantes lithographies de *Lassalle* en merveilleux coloris d'époque. Bel exemplaire dans son *cartonnage d'origine.* Rare.

4762 **RICHOMME (Ch.)** et **ALFRED VAN-HOLD.** — GÉOGRAPHIE EN ESTAMPES. Nouvelles et études géographiques. *Paris, A. Fourmage, s. d.* [vers 1840], in-8, cart. papier *de l'édit.,* tr. dorées. **600 fr.**

17 très belles lithographies coloriées de Louis Lassalle. Beau cartonnage blanc mat orné d'un grand motif rocaille lithographié avec personnages coloriés. *Très bel exemplaire, malgré quelques rousseurs.*

4763 **RICHOMME (Charles).** — HISTOIRE DE NAPOLÉON, écrite pour la jeunesse. *Paris, L. Janet, s. d.* [vers 1860], demi-veau gris à coins, dos à n. orné, pièce verte, pl. toile, tr. mouch. *(Rel. de l'époque).* **150 fr.**

ÉDITION ORIGINALE ornée de 5 jolies figures gravées et lithographiées d'après JULES DAVID.

4764 **RICHOMME (Charles).** — PIERRE ET FANCHETTE ou le Frère et la Sœur, nouvelle pour le jeune âge. *Paris, A. Fourmage [et Aubert],* s. d., in-8, cartonnage en lithographie. *(Cart. de l'époque).* **100 fr.**

Illustré de 9 lithographies d'après les dessins de Louis Lassalle. Cartonnage lithographié d'une grande finesse ; rocailles et fleurs ; biniou et violle. Larges interlignes. Rousseurs.

4765 **RICHOMME (Charles).** — PIERRE ET FANCHETTE ou le Frère et la Sœur. *Même ouvrage, même édit.* **100 fr.**

Rousseurs.

4766 RICHOMME (Mme Fanny). — CONTES QUI N'EN SONT PAS ou les Féeries de la nature. *Paris, Ducessois, s. d.* [vers 1835], pet. in-8 carré, demi-bas. grenat, plats pap., titre imprimé. *(Rel. de l'édit.).* **800 fr.**

ÉDITION ORIGINALE, ornée de 16 charmantes planches lithographiées de *Lassalle*, en très joli COLORIS d'époque. Le dernier conte est l'histoire du *Diamant*. Bel exemplaire, dans sa demi-reliure d'origine. Coins un peu usés.

4767 RICHOMME (Mme Fanny). — LE GAMIN DE PARIS OU L'ENFANT DE GENEVIÈVE. *Paris, Mme Vve Louis Janet, s. d.* [vers 1850], in-16, br., couv. papier bl. impr., non coupé. **300 fr.**

PREMIÈRE ÉDITION ornée de 10 jolies lithographies par LASSALLE, représentant des jeux : *le Bilboquet, les bulles de savon, l'arc, le château de cartes, les quilles, le cheval fondu, le cerf-volant, les billes, la toupie et la bascule. Très bel exemplaire.*

4768 RICHOMME (Mme Fanny). — PARIS MONUMENTAL ET HISTORIQUE, depuis son origine jusqu'à 1789. Ecrit pour la jeunesse et les gens du monde. *Paris, Vve Louis Janet, s. d.* [vers 1845], in-8, cart. toile bleue, décors dorés, tr. dorées. *(Cart. d'édit.).* **160 fr.**

Bel exemplaire de tout premier tirage (voir l'*erratum*). Seize lithographies de *Janet Lange* et *Arnout*, représentant des vues, intérieurs et costumes : ces dernières, au nombre de huit, sont finement coloriées. Très nombreuses vignettes sur bois dans le texte. Décors dorés : ceux du 1er plat, représentent les armes de Paris entourées de médaillons : Clovis, Saint Louis, la Madeleine, Saint-Sulpice, le château de Versailles, etc. *Très beau cartonnage.*

4769 RICHOMME (Mme Fanny). — PARIS MONUMENTAL ET HISTORIQUE, depuis son origine jusqu'à 1789... *Paris, Vve Louis Janet, s. d.* [vers 1845], in-8, cart. toile bleue, décors dorés, tr. dorées. *(Cart. d'édit.).* **200 fr.**

Bel exemplaire de tout premier tirage, comme le précédent. Les décors dorés diffèrent : grande plaque dorée sur le 1er plat, représentant la Seine, bateliers et pêcheurs, le Palais-Bourbon, les Invalides et Saint-Sulpice dans un raccourci panoramique : Au second plat, motif doré : les Invalides. *Très beau cartonnage.*

4770 RICHOMME (Mme Fanny). — LE PLAISIR ET LE TEMPS ou Huit jours de vacances. *Paris, Louis Janet, s. d.* [vers 1836], pet. in-8 carré, demi-bas. vert foncé, plats papier. *(Rel. d'édit.).* **250 fr.**

ÉDITION ORIGINALE ornée de 10 charmantes lithographies de *Lassalle* représentant des *jeux d'enfants:* le cerceau, le colin-maillard, les quatre coins, le volant, la main-chaude, etc. Bel exempl. malgré qq. très lég. rouss. et un très petit défaut dans un angle inf.

4771 RICHOMME (Mme Fanny). — LE PRISME. Causeries de ma tante Marguerite. *Paris, Mallez Aîné, s. d.* [vers 1830], petit in-12, cart. toile rouge de l'édit., tr. dorées. **600 fr.**

4 jolies gravures coloriées. 9 causeries dialoguées sur les sujets les plus variés. Le cartonnage est postérieur, et a dû être fait pour une mise en vente d'exemplaires de ce petit ouvrage vers 1865. Charmant exempl. d'une fraîcheur irréprochable.

4772 RIDDLE BOOK (THE). *London, Griffith and Farran,* 1861, 8vo. or. cloth, gilt. **40 fr.**

FIRST EDITION. Thirty two page book catalogue at end. *Fine copy.*

4773 RIDDLES FOR THE NURSERY. *New York, Kiggins and Kellogg, n. d.* [circa 1840], sm. 16mo. or. printed wrappers. **75 fr.**

Illustrated with 6 woodcuts *(one signed W. Howland).* Fine copy.

4774 RIGGE (Ambrose). — A SCRIPTURE CATECHISM for Children. Collected out of the whole Body of the Scriptures, for the instructing of Youth with the Word of the Lord in the Beginning..., etc. *London, Mary Hinde,* 1772, sm. 12mo. old calf. **85 fr.**

At end 4 page book list of Mary Hinde.

4775 RIGHT AND WRONG. — Exhibited in the History of Rosa and Agnes. Written for her Children by a Mother. *London, J. Harris,* 1815, sm. 12mo. or. half-leather, boards. **30 fr.**

FIRST EDITION. Engraved frontispiece *(hair of two Children coloured).*

4776 RILEY. — EMBLEMS, natural, historical, fabulous, moral and divine ; for the improvement and pastime of youth..., for the use of schools. Written for the amusement of a young nobleman. Third edition. *London, E. Newberry,* 1779, 12mo. or. old calf. *(Front cover loose back strip missing).* **600 fr.**

1 Engraved frontispiece and many fine woodcuts by BEWICK throughout the volume.
PLANCHE 158.

4777 RILEY. — EMBLEMS. Fourth edition, 1781, old calf. *(Rebacked).* **450 fr.**

Another copy, same woodcuts.

4778 RILEY. — EMBLEMS. Seventh edition, 1793, calf. *(Modern binding).* **250 fr.**

Same woodcuts. *Fine copy.*

4779 RIQUET WITH THE TUFT. A Tale for the nursery. *London, B. Tabart,* 1809, 16mo. or. yellow wrappers, preserved in half-morocco case. **750 fr.**

Illustrated with three engravings in contemporary colouring. This is a charming example of the distinct nursery classic which was fingered to pieces. Short of margin, the last line on page 20 being slightly shaved. Three page book list at end.

4780 RITSON (Mrs.). — SPRING FLOWERS or Easy Lessons, for Young Children, not exceeding Words of two Syllables ; with lessons for Sundays, and Hymns. *London, J. Harris and Son,* 1820, sm. 8vo. half-morocco. *(Modern binding).* **600 fr.**

FIRST EDITION. 15 quaint hand-coloured engravings. A tear across a page carefully repaired, otherwise fine.

4781 RIVAL CRUSOES (THE) or The Shipwreck, also a Voyage to Norway ; and the Fisherman's

Cottage. Founded on Facts. *London, John Harris, 1836*, sm. 12mo. or. half-leather. *(Rubbed)*.
30 fr.

Two interesting engraved plates as frontispiece. 6 page book list at end.

4782 **RIVERBANK** or The Clifford Family. *London, T. Nelson and Sons*, 1859, sm. 12mo. or. cloth.
20 fr.

Frontispiece and vignette on title. At end a poem entitled *The Life-Boat*.

4783 **ROAD TO LEARNING (The Ready).** *London, E. Billing, n. d.* [circa 1830], or. printed yellow wrappers, with woodcuts. **100 fr.**

Illustrated with 7 quaint woodcuts. Large type. A B C, etc. Price *One Halfpenny*.

4784 **ROBERT GUSTAVE (Mme).** — NOUVELLES PETITES ÉTUDES DE LA NATURE ou Entretiens d'une mère avec ses enfants sur la Botanique, l'Agriculture et l'Histoire naturelle, mêlés de réflexions morales sur les merveilles de la Nature, tirées des ouvrages de BERDARDIN DE SAINT-PIERRE. *Paris, Thieriol et Belin*, 1824, pet. in-12, bas. fauve marbrée, dos orné, pièce rouge, tr. marb. *(Rel. de l'époque)*. **125 fr.**

Charmant petit ouvrage orné d'un titre gravé avec vignette, d'un frontispice à personnages et de 3 planches techniques dont une grande se dépliant *(système botanique de Linné)*. Bel exempl. sauf une petite éraflure au 2e plat.

4785 **ROBERT (Mme).** — LES ONDINS, conte moral. *Londres et Paris, Delalain, et Dijon, Coignard*, 1768, 2 part. en 1 vol. in-12, bas. marb., dos orné de fil. et fleurons, pièce rouge, tr. rouges. *(Rel. anc.)*. **400 fr.**

ÉDITION ORIGINALE très rare de ce *conte de fées*, par Marie-Anne de Roumier, dame Robert. Des rois, des princesses, des fées, des magiciennes, des génies, etc. Défaut à la coiffe supérieure.

4786 **ROBERTSON (LE)** DE LA JEUNESSE. Abrégé de l'Histoire d'Amérique, depuis la découverte de l'Amérique jusqu'à nos jours. Nouvelle édition. *Tours, Mame*, 1843, in-12, bas. polie violet foncé, dos orné, plaque à froid, tr. marb. *(Rel. de l'époque)*. **60 fr.**

2 jolies figures gravées : *Colomb prend possession de San Salvador* et *Cortez et les députés de Montezuma.* Intéressant AMÉRICANA. Bel exemplaire.

4787 **ROBIDA (A.).** — LE VOYAGE DE M. DUMOLLET. Texte et dessins par A. Robida. *Paris, Georges Decaux, s. d.* (1883), in-8. *(Cartonnage toile de l'éditeur)*. **30 fr.**

12 planches hors-texte de ROBIDA dont 7 en couleurs ; nombreuses et amusantes vignettes du même, en noir et en couleurs. Un des recueils les plus amusants de Robida, pouvant être mis entre toutes les mains. *Petite fente au dos*.

4788 **ROBILLARD.** — LES QUINZE NOUVELLES DE L'ENFANCE, petites histoires morales et amusantes. *Paris, Pierre Blanchard*, 1823, 2 in-16, rel. en 1, demi-v. fauve, dos ornés. *(Rel. de l'époque)*. **60 fr.**

ÉDITION ORIGINALE. 2 titres et 6 jolis planches gravées. Une des Nouvelles se passe à Saint-Domingue. *Fortes rousseurs.*

4789 **ROBILLARD.** — LES QUINZE NOUVELLES DE L'ENFANCE. Troisième édition. *Paris, Lehuby*, 1836, in-12, bas. mouch., dos orné, pièce verte, tr. marb. *(Rel. de l'époque)*. **125 fr.**

Mêmes figures que l'édition originale.

4790 **ROBIN HOOD** (The extraordinary Life and Famous Exploits of)..., etc., etc. *Manchester, J. Gleave and Son*, 1826, 8vo. sewn. **50 fr.**

Illustrated with 2 engravings.

4791 **ROBIN HOOD'S GARLAND.** Being a compleat History. Of all the Notable and Merry Exploits, performed by Him and his Men, on divers Occasions..., etc. *London, E. Midwinter, n. d.* [circa 1720], sm. 12mo. old calf. *(About 1800)*. **1.500 fr.**

Illustrated with a frontispiece and 25 quaint woodcuts. The « history » is written in verses and each « exploit » was supposed to be sung to well-known tunes of the time. Early chapbook.
PLANCHE 61.

4792 **ROBIN (THE)** of Woodside Lodge. A true tale written for her nieces, Anne and Kate, by Aunt E. *London, Charles Haselden*, 1854, square 12mo, or. green cloth, gilt. **60 fr.**

FIRST EDITION. Very fine copy of this charming work, illustrated with 8 lithographs in which each representation of the robin is coloured.

ROBINSON CRUSOE AND ROBINSONADES
DANIEL DE FOÉ (1660-1731)

4793 **[FOE (Daniel de)].** — ROBINSON CRUSOÉ (La vie et les avantures surprenantes de), contenant entre autres événemens, le séjour qu'il a fait pendant vingt et huit ans dans une Isle déserte, située sur la Côte de l'Amérique, près de l'embouchure de la grande rivière *Oroonoque*. Le tout écrit par lui-même, traduit de l'Anglois [par SAINT-HYACINTHE et VAN EFFEN]. *A Amsterdam, chez L'Honoré et Chatelain*, 1720-1721, 3 vol. in-12, maroq. bleu poli, dos richement ornés, large dent. int., tr. dor. *(Chambolle-Duru)*. **10.000 fr.**

ÉDITION ORIGINALE de la traduction française,

conforme à la description de *Cohen* (404) : titres rouges et noirs, fleurons *sur cuivre de Bernard Picard* sur chaque titre, une grande mappemonde gravée, se dépliant, répétée à chacun des tomes I et II, et 21 figures par *Bernard Picard* dont une seule est signée. *Cohen* oublie de signaler que dans cette édition, *le tome I ne comporte pas d'indication de tomaison sur le titre*, et que le tome II, de même que le tome III, portent un titre différent : La vie et les aventures, etc., contenant son retour dans son Isle, et ses autres nouveaux voyages. — Le tome III s'intitule : Réflexions sérieuses et importantes de Robinson Crusoé, faites pendant les Aventures *(sic)* surprenantes de sa vie, avec sa Vision du Monde Angélique, etc. (1721). A signaler encore dans cette première édition une faute qui a été corrigée dans les éditions suivantes : le mot de rappel dans le bas de la dernière page de préface est « Les », au lieu de « La » [*vie et les avantures*]. Les fleurons et culs-de-lampe sont également différents. Les gravures qui ornent cette édition sont celles qui ont presque toujours été copiées, plus ou moins heureusement, dans la plupart des éditions postérieures : il convient de remarquer à quel point elles sont merveilleusement en harmonie avec le texte qu'elles illustrent, et font ainsi de cet ouvrage, capital quant au texte, UN DES PLUS BEAUX LIVRES DE VOYAGES A FIGURES DU XVIIIᵉ SIÈCLE. Magnifique exemplaire de toute fraîcheur et sans le moindre défaut. *Brunet*, II, 566, *Supp.*, I, 356.

4794 [**FOE (Daniel de)**]. — ROBINSON CRUSOÉ. *Même édition que le précédent*, 3 vol. in-12, cartonn. bradel papier marbré orange, tr. mouch. *(Cartonn. anc.).* **8.000 fr.**

Bel exemplaire de l'ÉDITION ORIGINALE, bien complet, auquel on a ajouté une troisième carte. Qq. parties du cartonnage lég. frottées.
PLANCHE 82.

4795 [**FOE (Daniel de)**]. — ROBINSON CRUSOÉ (La vie et les avantures surprenantes de). Réflexions sérieuses et importantes... avec sa vision du Monde Angélique. *Amsterdam, L'Honoré et Chatelain*, 1720-21, 3 vol. in-12, maroquin rouge, dos à n. richement ornés, 3 fil. autour des plats, large dent. int., tr. dor. *(Brany).* **2.800 fr.**

Magnifique exemplaire comprenant les tomes II et III en ÉDITION ORIGINALE et le tome I en seconde édition (on a gratté la mention 2ᵉ édition et le I à la date). Figures de l'édition originale (2 mappemondes).
PLANCHE 82.

4796 [**FOE (Daniel de)**]. — ROBINSON CRUSOÉ [La vie et les avantures surprenantes de]. Réflexions sérieuses et importantes... avec sa vision du Monde Angélique. *Amsterdam, L'Honoré et Chatelain*, 1721, 3 vol. in-12, v. brun mouch., dos à n. ornés, pièces de couleurs, tr. r. *(Rel. anc.).* **1.500 fr.**

Seconde édition pour les deux premiers volumes et ÉDITION ORIGINALE pour les *Réflexions sérieuses*, illustrées des mêmes figures que celles de l'édition originale (*Cohen*, 404) avec la *mappemonde* répétée (2 fois dans le tome I). *Bel exemplaire.*

4797 [**FOE (Daniel de)**]. — ROBINSON CRUSOÉ (La vie et les avantures surprenantes de). A Amsterdam, *chez L'Honoré et Chatelain*, 1720-1721, 3 vol. in-12, reliure recouverte de papier escargot, tr. rouges. **800 fr.**

Même ouvrage, mêmes illustrations que le précédent. Les tomes I et III appartiennent à l'édition originale, le tome II à la contrefaçon reconnaissable à ce que le fleuron, d'ailleurs très différent du titre est gravé sur bois et non

sur cuivre (*Cohen*, p. 405). La grande mappemonde gravée qui devrait être répétée dans les tomes I et III manque, par contre, elle figure dans le tome III où ce n'est pas sa place. Exemplaire dont la reliure a été refaite : du papier a été susbtitué au veau qui la constituait anciennement.

4798 **DEFOE (Daniel).** — ROBINSON CRUSOE (The Life and Strange Surprising Adventures of). Who lived eight and twenty Years all alone in an un-inhabited Island on the Coast of America, near the Mouth of the Great River of Oroonoque..., etc. *London, W. Taylor at the ship in Pater-Noster Row*, 1719, 8vo. contemp. calf. *(Small hole in leather of front cover).* **2.500 fr.**

Fine engraved, frontispiece. Four page book list at end. 3rd edition printed same year as the 1st. *Very fine tall copy.*

4799 **DEFOE (Daniel).** — ROBINSON CRUSOE. *London*, 1719, old calf. *(Joints cracked and shabby).* **950 fr.**

Another copy of the 3rd edition. Frontispiece trimmed, mounted, and stained in margin which is reinforced. A few stains throughout the volume. From the library of Prof. H. Ulrich.

4800 [**FOE (Daniel de)**]. — ROBINSON CRUSOÉ [La vie et les avantures surprenantes de], etc. Réflexions sérieuses... avec sa vision du Monde Angélique. *Amsterdam, L'Honoré et Chatelain et Zacharie Chatelain*, 1721-26-27, 3 vol. in-12, veau marbré, dos ornés de filets dorés, pièces de maroq. lavall. pour les titres, les tomaisons, et un important monogramme d'époque composé des lettres C et S ornées et entrelacées, encadr. de 3 fil. autour des pl., tr. marb. *(Rel. anc.).* **1.000 fr.**

Le tome I est en troisième édition, le tome II en copie de la troisième édition (fleuron du titre sur bois) et les « Réflexions curieuses » en ÉDITION ORIGINALE. Deux mappemondes se déplient au tome I. Les figures sont celles de l'originale (celles du tome II sont en copie). Curieux exemplaire dans une jolie reliure d'époque aux dos ornés d'une manière peu banale et portant un monogramme indiquant une provenance que nous n'avons pu identifier.

4801 [**FOE (Daniel de)**]. — ROBINSON CRUSOE (Het Leven en de wonderbare Gevallen van), behelzende onder andere ongehoorde uit komsten een verhaal van zyn agt en twintig jaarig verblyf op een onbewoond Eiland, gelegen op de Kust van America, by de mond van de Rivier Oronooque, etc. *Amsterdam, Jansoons van Waesberge*, 1735-36, 3 forts vol. pet. in-8 carré, le 1ᵉʳ demi-bas. rose, les 2 autres vélin hollandais. *(Rel. anc.).* **1.000 fr.**

Traduction hollandaise ornée de 28 jolies figures gravées en taille-douce, d'une mappemonde se dépliant (répétée aux 2 premiers volumes), la même que dans l'originale française, et d'une grande *vue perspective*, se dépliant, *de l'Ile de Robinson Crusoé.* Mouillures et piq. de ver dans la marge int. d'un vol.

4802 **DEFOE (Daniel).** — ROBINSON CRUSOE (The Wonderful Life and Most Surprising Adventures of) of York, Mariner, etc., etc. Faithfully Epitomized from the Three Volumes, and adorned with Cuts suited to the most Remarkable

Stories. *London, C. Hitch, etc., etc.,* 1759, small 12mo. full calf. *(Modern binding).* **800 fr.**

Illustrated with full page woodcut as frontispiece and 23 half page woodcuts in the naïve style. Two page book list at end. *Excessively rare,* abridged, and popular edition.

4803 [**FOE (Daniel de)**]. — ROBINSON CRUSOÉ (La vie et les Avantures surprenantes de), contenant son retour dans son Isle, ses autres nouveaux voyages et ses réflexions. Traduit de l'Anglois. Nouvelle édition. *Paris, Cailleau, Dufour et Cuissard,* 1761, 3 vol. in-12, v. marbré, dos à n. ornés de fleurons, pièces de titre, tr. r. *(Rel. anc.).* **Vendu.**

PREMIÈRE ÉDITION IMPRIMÉE EN FRANCE, très rare, ornée de 14 jolies figures gravées non signées. Le frontispice du tome III (placé dans cet exemplaire en tête du tome II) est une curieuse composition allégorique. La figure de la « *Vision du Monde Angélique* » inspirée par celle de l'édition originale française est cependant d'une composition toute différente et des plus curieuses. Le privilège fut accordé au libraire parisien Cailleau en 1758, mais cette édition ne parut qu'en 1761. *Dottin, Robinson Crusoé,* II, 402. Bon exemplaire.

4804 [**FOE (Daniel de)**]. — ROBINSON CRUSOÉ (La Vie et les Aventures de), contenant sa naissance, son évasion de chez ses Père et Mère, les voyages qu'il fit sur mer, et son séjour dans le Brésil. Traduit de l'Anglois. *Amsterdam, Aux Dépens de la Compagnie,* 1765, 4 part. en 2 vol. in-12, v. marbré, dos à n. ornés, pièces rouges et vertes, tr. r. *(Rel. anc.).* **500 fr.**

Titre rouge et noir et 12 figures non signées. La 2e part. porte : la Vie, etc., contenant le séjour qu'il a fait pendant vingt-huit ans dans une Ile déserte, située sur la côte d'*Amérique,* près de l'embouchure de la grande rivière *Oroonoque.* La 3e partie : contenant son retour dans son Isle, et ce qui s'y passa pendant son absence. La 4e partie..., contenant ce qui se passa dans l'*Isle de Madagascar,* son séjour à *Bengale,* son voyage dans la *Chine,* etc. *Bel exemplaire.*

4805 [**FOE (Daniel de)**]. — ROBINSON CRUSOÉ. Nouvelle imitation de l'anglois par M. FEUTRY. *A Amsterdam et se trouve à Paris, chez Panckoucke,* 1766, 2 vol. in-12. Demi-maroq. rouge à long grain, dos ornés. *(Rel. mod.).* **1.500 fr.**

ÉDITION ORIGINALE, extrêmement rare de cette imitation de Robinson Crusoé qui eut à l'époque le plus grand succès et de multiples éditions qui sont toutes devenues fort rares. C'est vraiment le premier Robinson Crusoé *à l'usage des enfants.* Dans la préface de sa 6e édition *(voir n° 4806 ci-dessous)* le « rédacteur » dit que cette *refonte,* demandée par *Rousseau,* était déjà bien avancée en manuscrit avant la première édition d'*Emile ;* ...« Quelques lecteurs trouveront peut-être mauvais, dit-il encore, qu'on eût osé toucher à ce roman ; ils peuvent s'en tenir à l'ancienne traduction. » Malgré les dires de l'auteur, et sans aucun doute, d'après *M. P. Dottin (Robinson Crusoé,* II, 405), c'est la publication de l'*Emile* (1762) qui détermina Feutry à faire imprimer son œuvre. Très bel exemplaire.

4806 [**FOE (Daniel de)**]. — ROBINSON CRUSOÉ. Nouvelle imitation de l'anglais par M. FEUTRY, *de la Société philosophique de Philadelphie.* Sixième édition revue et corrigée avec le plus grand soin. *Paris, Mérigot,* 1791, 2 vol. in-12 brochés, non rognés, couv. pap. rose d'origine. **600 fr.**

Même ouvrage que le précédent. Jolie édition rare, surtout dans sa brochure d'origine, ornée de deux frontispices gravés non signés.

4807 [**FOE (Daniel de)**]. — ROBINSON CRUSOÉ. (La Vie et les Aventures surprenantes de), contenant son retour dans son isle, ses autres nouveaux voyages et ses Réflexions. Traduit de l'Anglois. Nouvelle édition. *Paris, Laurent Prouet,* 1768, 6 tomes en 3 vol. gr. in-12, v. marbré, dos ornés, pièces rouges et vertes, tr. marb. *(Rel. anc.).* **600 fr.**

Titres rouges et noirs. 14 figures non signées. Bon exemplaire, coins un peu frottés.

4808 [**FOE (Daniel de)**]. — ROBINSON CRUSOÉ (La Vie et les Aventures surprenantes de), contenant son retour dans son isle, ses autres nouveaux voyages et ses Réflexions. Traduit de l'Anglois. Nouvelle édition. *Amsterdam, Z. Chatelain et Fils,* 1772, 2 vol. gr. in-12, veau écaille, dos très ornés, pièces vertes et rouges, tr. marb. *(Rel. anc.).* **300 fr.**

Édition ornée de figures gravées non signées. Chaque tome est divisé en 2 parties avec 2 titres, mais pagination suivie. Superbe exemplaire.

4809 [**FOE (Daniel de).**] — ROBINSON CRUSOÉ (La Vita e le Avventure di). Storia Galante, che contiene tra gli altri avvenimenti il soggiorno Ch' Egli fece per ventott' anni in un'Isola deserta situata sopra la costa dell' America vicino all' imboccatura della gran riviera Oroonoca. Il tutto scritto da lui medesimo. Traduzione dal Francese. *Venezia, Domenico Occhi,* 1774, 2 vol. in-8, cartonnage italien blanc, non rognés. *(Cartonn. anc.).* **300 fr.**

MAGNIFIQUE EXEMPLAIRE, à toutes marges, de fraîcheur absolue. Deux frontispices gravés : *Robinson Crusoé* (costume) et *Robinson se dispose a un scondo viaggio.* Traduction italienne faite sur la traduction française. Voir n° 4822 une autre édition de cette traduction.

4810 [**FOE (Daniel de)**]. — ROBINSON CRUSOÉ (La Vie et les Aventures surprenantes de), contenant sa naissance, son évasion de chez ses père et mère, les voyages qu'il a faits sur mer, et son séjour dans le Brésil. Traduit de l'Anglois. Nouvelle édition. *Amsterdam, Z. Chatelain,* 1779, 4 tomes en 2 vol. in-12, v. marbr., dos à n. ornés, pièces rouges, tr. r. *(Rel. anc.).* **300 fr.**

Édition ornée de 12 figures en taille-douce copiées sur celles de l'édition originale, et signées *F. G. Scotin.* Bon exemplaire.

4811 **DEFOE (Daniel).** — ROBINSON CRUSOE (The Life and most surprising Adventures of) of York, Mariner,... etc. *Paris, G. G. A. Sloupe,* 1780, 12mo. contemp. half-calf. *(Rubbed).* **450 fr.**

First English edition printed in Paris. Errata leaf at end. *Interior spotless.*

4812 [**DEFOE (Daniel)**]. — ROBINSON CRUSOE (Life and Adventures of). Who lived Eight and Twenty Years... THE FURTHER ADVENTURES OF..., etc. *London, J. Buckland, etc.,* 1784, 2 vols. in-12mo. contemp. calf. **500 fr.**

Illustrated with a frontispiece, folding map and 11 splendid plates. This in the 16th edition. *Fine copy.*

4813 [**FOE (Daniel de)**]. — ROBINSON CRUSOÉ (La vie et les aventures surprenantes de), contenant son retour dans son isle, ses autres nouveaux voyages et ses réflexions. Traduit de l'anglois. Nouvelle édition. *Lyon, A. Leroy,* 1784, 2 vol. in-12, demi-bas. brune, pièce au dos. *(Rel. anc.).*
150 fr.

Édition populaire, très curieuse, ornée de 2 frontispices et de 10 figures, copies de celles de l'édition originale.

4814 [**FOE (Daniel de)**]. — ROBINSON CRUSOÉ (La Vie et les Aventures surprenantes de), contenant, entre autres événemens, le séjour qu'il a fait, pendant 28 ans, dans une isle déserte, située sur la côte d'Amérique, près l'embouchure de la grande rivière Oronooque. *Londres,* 1785, 4 vol. pet. in-12, demi-veau vert foncé à nerfs, fleurons dorés, pièces de titre. *(Rel. anc.).* **500 fr.**

Jolie et rare édition ornée de 12 figures gravées, copiées sur les figures de l'édition originale française. Tache d'humidité aux premiers ff. du t. III. Coins frottés.

4815 [**FOE (Daniel de)**]. — LEVENSGESCHIEDENIS EN LOTGEVALLEN VAN ROBINSON CRUSOE, behelzende, onder andere ongehoorde uitkomsten, een verhaalvan zijn agt-en-twintig jaarig verblijf op een onbewoond eiland, gelegen op de Kust van America, bij den mond van de rivier Oronoque, etc. Nieuwe verbeterde nitgaue. *Amsterdam en Rotterdam, J. Allart,* 1791, 3 vol. in-8, demi-veau fauve à coins, dos à n. orné de fil. dor. et pièces de titre, n. rogné. *(Rel. anc.).*
800 fr.

Traduction hollandaise. Frontispice gravé, non signé, en tête du tome I (Robinson en costume de chasse), grande mappemonde gravée se dépliant, et 17 très belles figures en taille-douce, non signées. Bel exemplaire *à toutes marges.*

4816 [**FOE (Daniel de)**]. — ROBINSON CRUSOÉ (La Vie et les Aventures surprenantes de), écrites par lui-même. Traduit de l'anglois. Nouvelle édition rare. *Paris, F. Dufart,* et *Genève, Didier,* 1792, 4 part. en 2 vol. in-12, bas. polie marbrée, dos très ornés avec pièces rouges et vertes, tr. mouch. *(Rel. anc.).* **450 fr.**

Jolie et rare édition ornée de 12 figures gravées en taille-douce, très bonnes copies des planches de Bernard Picard pour l'édition originale. Très bel exemplaire (un très petit défaut au haut d'un mors).

4817 **DEFOE (Daniel)**. — ROBINSON CRUSOE (The Life and Adventures of). *London, C. Cooke, n. d.* [circa 1793], 3 vols. in sm. 12mo. or. half-leather, boards. **350 fr.**

Six engraved plates by *W. Hawkins, Grainger and Saunders* from the drawings by *Corbould* and *Allen.* (Some slightly foxed).

4818 [**FOE (Daniel de)**]. — ROBINSON CRUSOÉ (La Vie et les Aventures surprenantes de), contenant son retour dans son Isle, ses autres nouveaux Voyages et ses Réflexions. Traduit de l'Anglais. Nouvelle édition. *A Nismes, J. Gaude,* an III, 4 vol. pet. in-12, bas. marb., dos ornés de grecques, guirlandes et coupes de fleurs, pièces pour titre et tomaison, tr. jasp. *(Rel. anc.).* **200 fr.**

Très rare *impression de Nîmes.* Cette édition est illustrée de 4 figures en taille-douce (une en tête de chaque volume) qui ont subi un essai de coloriage.

4819 [**FOE (Daniel de)**.] — ROBINSON CRUSOÉ (La Vie et les Aventures de). Traduites de l'Anglois. Nouvelle édition. *Vannes, J.-M. Galles, s. d.* [vers 1795], 4 tomes en 2 vol. pet. in-12, bas. fauve marb., tr. r. *(Rel. anc.).* **300 fr.**

Très rare *édition vannetaise* ornée de 4 charmants frontispices dessinés et gravés par *Prévost.* L'avant-propos, en tête de l'édition, est un extrait de l'*Emile* (Liv. III). Qq. pet. déchirures restaurées, sans perte de texte. Une pièce de titre manque à un dos. Un peu d'usure à la reliure.

4820 [**FOE (Daniel de)**]. — ROBINSON CRUSOÉ (Avantures surprenantes de), traduites de l'anglois. Nouvelle édition, contenant son retour dans son Isle, ses autres nouveaux Voyages et ses Réflexions. *Paris, Louis,* 1796, 4 vol. in-12, bas. porphyre, dos ornés, pièces rouges, pet. dent. autour des plats et int., tr. dor. *(Rel. vers 1820).* **250 fr.**

Jolie édition, rare, ornée de 12 figures gravées, non signées. Bel exemplaire malgré quelques rousseurs.

4821 [**FOE (Daniel de)**]. — ROBINSON CRUSOÉ (Avantures surprenantes de). *Même édition que le précédent,* 4 vol. in-12, brochés, couvertures muettes, pap. bleu d'origine, étiquettes impr. au dos. **85 fr.**

Couvertures un peu salies. Déchirure au faux titre du tome I n'enlevant pas de texte. Rare en brochure d'époque.

4822 [**FOE (Daniel de)**]. — ROBINSON CRUSOE (La Vita e le Avventure di), etc. *Venezia, D. Occhi,* 1799, 2 tomes en 1 vol. in-8, demi-bas. verte à grain, dos orné, pièce rouge, petits coins, tr. j. *(Rel. vers 1820).* **100 fr.**

Deux frontispices gravés. Qq. rouss. Même traduction, même éditeur que le n° 4809.

4823 [**FOE (Daniel de)**]. — ROBINSON CRUSOÉ (La Vie et les Aventures surprenantes de), contenant son retour dans son Isle, et ses autres nouveaux voyages. *Paris, Le Prieur,* an IX, 1801, 4 vol. pet. in-12, bas. f. marb., dos ornés, avec pièces de couleurs, pet. guirlande dorée autour des pl., tr. mouch. *(Rel. anc.).* **500 fr.**

Charmante édition, ornée de 12 figures gravées, non signées, qui sont de bonnes réductions des merveilleuses figures de l'édition originale en français. Dans sa « préface » l'auteur annonce que « la traduction n'est pas scrupuleusement littérale et que l'on a fait de son mieux pour y aplanir un peu le style raboteux qui dans l'original sent un peu trop le matelot *(sic)* pour satisfaire la délicatesse française... » Cette préface est d'ailleurs celle de l'édition originale (trad. de *Saint-Hyacinthe* et *Van Effen*). Très bel exemplaire.

4824 [**ROBINSON CRUSOE**]. CALENDER auf das Jahr nach Jesu Christi unsers heilandes Geburt 1804. *Augsburg, J. Pet. Ebner,* 64mo. or. stamped, calf, g. e. **1.000 fr.**

Engraved frontispieces *(one with embracing Cupids)* and 12 plates engraved on copper, showing scenes from the story of Robinson Crusoe. Memorandum cards bound at end. *Fine copy.*

4825 ROBINSON CRUSOÉ, mélodrame en trois actes à grand spectacle, par R.-C. Guilbert-Pixérécourt. *Paris, Barba,* 1805, in-8, demi-veau f., dos orné et coins. *(Rel. de l'époque).* **600 fr.**

ÉDITION ORIGINALE de ce mélodrame, dont *Alexandre Piccini* et *Gérardin Lacour* avaient écrit la musique. Représenté pour la première fois sur le théâtre de la Porte-Saint-Martin, le 10 vendémiaire an XIV, il y obtint un grand succès, et de 1805 à 1857 n'obtint pas moins de 366 représentations à Paris et de 386 en province. Exemplaire de toute fraîcheur et de toute rareté, surtout avec LA PLANCHE COLORIÉE, D'APRÈS FRÉDÉRIC, REPRÉSENTANT L'ACTEUR TALON DANS LE RÔLE DE VENDREDI.

4826 [DEFOE (Daniel).] — ROBINSON CRUSOE (The Life and Surprising Adventures of) of York, Mariner ; who lived Eight and Twenty Years all alone in an uninhabited Island on the Coast of America..., etc., etc. *Wellinglon, F. Houlslon and Son,* 1806, sm. 12mo. **400 fr.**

Illustrated with 6 fine woodcuts, possibly by Bewick.

4827 [FOE (Daniel de)]. — ROBINSON CRUSOÉ (La Vie et les Aventures surprenantes de). *Paris, Bossange, Masson el Besson,* 1808, 2 vol. in-12, bas. marb., dos ornés de trophées dorés et pièces rouges, tr. r. *(Rel. anc.).* **600 fr.**

Édition rare ornée de 8 curieuses figures sur cuivre non signées. *Très bel exemplaire.*

4828 [FOE (Daniel de)]. — ROBINSON CRUSOÉ. *Même édition que le précédent,* bas. marb., dos orné, pièces et écussons de couleurs, tr. marb. *(Rel. anc.).* **400 fr.**

Dos un peu fanés, et une coiffe un peu usée.

4829 [FOE (Daniel de)]. — ROBINSON CRUSOÉ. *Même édition que le précédent,* basane marbrée, dentelle dorée, dos orné, tr. dor. *(Rel. de l'époque).* **400 fr.**

Très bel exemplaire, d'une fraîcheur rare.

4830 [FOE (Daniel de)]. — ROBINSON CRUSOÉ (Aventures surprenantes de), traduites de l'anglais. Nouvelle édition, revue, corrigée avec soin ; augmentée, pour la première fois, de notes relatives à la Géographie, à l'Histoire naturelle, et de l'explication des termes de marine. *Paris, Duprat-Duverger, Impr. Stéréotype Mame,* 1810, 4 tomes en 2 vol., pet. in-12, bas. marbr., dos très ornés, pièces rouges. *(Rel. anc.).* **125 fr.**

Édition *stéréotype,* rare, ornée de 4 figures (un frontispice pour chaque tome). En tête se trouve la « Vie de Daniel de Foë », extrait de l'édition de *A.-G. Labaume,* (in-8, *Panckoucke).* Coins et coiffes frottés.

4831 [FOE (Daniel de)]. — ROBINSON CRUSOÉ (Aventures de). *Paris, Delacour,* 1811, 4 vol. in-18, demi-bas. fauve mouch., dos très ornés avec pièces roses et bleues, tr. j. *(Rel. de l'époque).* **350 fr.**

Charmante édition ornée de 20 figures en taille-douce (les 4 titres sont gravés et portent chacun une vignette différente). *Très bel exemplaire.*

4832 FOE (Daniel de). — ROBINSON CRUSOÉ (Aventures de). *Paris, Delacour,* 1811, 4 tomes en 2 vol. in-18, dos basane vert olive ornés sans nerfs. *(Rel. de l'époque).* **300 fr.**

Même ouvrage, même éd., que le n° précédent. Joli exemplaire très frais. Les fleurons du dos représentent un arrosoir, une pelle et un rateau entourés de guirlandes. Les vingt gravures sont amusantes et naïves.

4833 FOE (Daniel de). — ROBINSON CRUSOÉ (Aventures de). *Paris, Alexis Eymery,* 1813, 2 vol. in-12, basane racine, dos sans nerfs orn. *(Rel. de l'époque).* **850 fr.**

PREMIER TIRAGE DES GRAVURES DE CETTE ÉDITION. Deux titres gravés avec vignettes, deux frontispices et 12 planches avec 2 figures par planche.

4834 [FOE (Daniel de)]. — ROBINSON CRUSOÉ (Histoire de la vie de), traduit de français en arménien par le Père MINAR PEJIJKIAN, des Mekhitaristes du Couvent de Saint-Lazare à Venise. *Venise, Impr. du Couvent de Saint-Lazare,* 1817, pet. in-8, demi-veau poli vert olive, dos joliment orné de fil. dorés et à froid et de fleurons à froid, pièce de titre maroq. noir, tr. jasp. *(Rel. romantique).* **300 fr.**

Très rare édition de cette traduction *en langue arménienne* entièrement imprimée à Venise en caractères arméniens. Joli frontispice gravé. Très bel exemplaire dans une jolie demi-reliure romantique.

4835 [DEFOE (Daniel)]. — ROBINSON CRUSOE (The Adventures of) A New and Improved Edition. *London, John Harris,* n. d. (1818), sm. 12mo. half-morocco. *(Modern binding).* **400 fr.**

Illustrated with 12 engraved plates. A few plates slightly foxed.

4836 [DEFOE (Daniel)]. — ROBINSON CRUSOE (The Life and Adventures of). *Derby, Henry Mozley,* n. d. [circa 1820], sm. 12mo. or. printed wrappers. **225 fr.**

Illustrated with 5 remarkable full page woodcuts signed W. G. and 4 smaller ones. *Fine copy.*

4837 DEFOE (Daniel). — ROBINSON CRUSOE (The Life and... Adventures of). *Dublin,* n. d. [circa 1820], contemp. calf. *(Slit in one joint).* **100 fr.**

Frontispiece and five plates engraved on wood. *Fine copy.*

4838 [FOE (Daniel de)]. — ROBINSON DE J.-J. ROUSSEAU ou Aventures de Robinson Crusoé. *Paris, Caillot, s. d.* [vers 1820], in-12, broché, couv. impr. **500 fr.**

Titre gravé orné d'une vignette et frontisp. gravé. Très intéressant ouvrage : c'est le roman de Daniel de Foë refait par un Français, en tenant compte des critiques de Rousseau dans l'*Emile.* Préface très intéressante, énonçant des vues pédagogiques remarquables sur la valeur de l'ouvrage. Nombreuses notes géographiques. Index. Très bel exemplaire entièrement non rogné. La *couverture* porte : « Nouveau Robinson de la jeunesse ou Aventures de Robinson Crusoé ». Non cité par Dottin.

4839 [**FOE (Daniel de)**]. — ROBINSON CRUSOÉ (Vie et Aventures de). Nouvelle édition revue et corrigée, ornée du portrait de l'auteur et de dix-huit gravures. *Paris, Verdière,* 1821, 2 vol. in-8, demi-veau poli fauve, dos ornés de filets, dentelles et motifs dorés et à froid, tr. marbr. *(Rel. romantique).* **300 fr.**

Belle édition, omise par *Vicaire,* illustrée d'un portrait par *Delvaux,* d'une grande mappemonde gravée se dépliant, et de 18 figures gravées par *Delvaux,* d'après *Stothart,* et par *Dupréel* et *Delignon,* d'après *J.-B. Duviviez.* En tête on trouve une « *Vie de Daniel de Foë* », par A.-G. LA-BAUME *(bibliographie),* la « *Préface du premier traduc-teur* », une « *Vie de Thémiseul de Saint-Hyacinthe* » et une « *Explication de termes de Marine* ». Bon exemplaire, dos très lég. frottés.

4840 FOE (Daniel de). — ROBINSON CRUSOÉ (La Vie et les Aventures de). Traduites de l'anglais par THÉMISEUL DE SAINT-HYACIN-THE. Nouvelle édition corrigée avec soin... et augmentée de la Vie de l'Auteur, par P. B***. *Paris, Libr. d'Education, P. Blanchard,* 1821, 2 vol. gr. in-12, dos très joliment ornés, pièces et écussons rouge et bleu, pet. guirlande entourant les plats, tr. marb. *(Rel. de l'époque).* **800 fr.**

Belle édition ornée de 2 titres gravés, avec 2 vignettes différentes (trophées allégoriques) et de 10 figures « copiées sur celles de la belle édition de *Stochdale* (1790) », gravées sur cuivre et non signées. Dans la « Préface » l'éditeur annonce que « cette édition est imprimée avec beaucoup plus de soin que celles qui ont été faites depuis longtemps et que la correction n'a pas été négligée ». La vie de Daniel de Foë comprend une *bibliographie* de ses œuvres. *Très bel exemplaire.*

4841 FOE (Daniel de). — ROBINSON CRUSOÉ, etc. *Même édition que le précédent, même reliure,* tranches dorées. **850 fr.**

Bel exemplaire.

4842 [**FOE (Daniel de)**]. — ROBINSON CRUSOÉ (Aventures de). Nouvelle édition, revue, corrigée, enrichie de notes indispensables pour l'intelligence du texte, par F. I.... *Paris, Libr. d'éducation A. Eymery,* 1822, 2 vol. gr. in-12, bas. verte, dos très ornés, pièces rouges, pet. guirlande autour des pl. et int., tr. dor. *(Rel. de l'époque).* **500 fr.**

Les mêmes gravures que l'édition de 1813. Voir n° 4833. Deux titres gravés avec vignettes, 2 frontispices à pleine page, et 24 figures (2 par planche) gravées sur cuivre non signées. « Cette édition, dit la préface, est une des plus correctes qui aient paru jusqu'à présent ; on a eu soin d'élaguer certains morceaux qui ne convenaient pas à nos jeunes lecteurs, et d'ajouter de courtes notes nécessaires pour l'intelligence du texte. C'est la première traduction qu'on trouvera divisée en chapitres avec un sommaire et une table, etc. ». *Bel exemplaire.* Coins très lég. frottés.

4843 FOE (Daniel de). — ROBINSON CRUSOÉ (Aventures de). *Paris, Alexis Eymery,* 1822, 2 vol. in-12, cart. bradel papier marbré. *(Cart. de l'époque).* **200 fr.**

La même édition que le n° précédent. Manque 1 planche et le titre gravé du tome II est en double.

4844 [**FOE (Daniel de)**]. — ROBINSON DE JEAN-JACQUES ROUSSEAU ou Aventures de Robinson Crusoé, d'après le plan tracé par le Philosophe de Genève. *Paris, Chaignieau,* 1823, 2 tomes en 1 volume petit in-12, demi-bas. marb., dos orné, pièce rouge, tr. marbr. *(Rel. de l'époque).* **1.000 fr.**

PREMIÈRE ÉDITION extrêmement rare non signalée par *P. Dottin,* de cette adaptation de Robinson Crusoé, d'après les principes énoncés par J.-J. Rousseau dans l'*Emile.* En tête du tome I se trouve une longue préface où l'auteur reproduit le passage de Rousseau relatif à Robinson ; il cite le Robinson de *Campe* auquel il reproche la forme dialoguée ; il a fait les recherches les plus exactes pour ne placer dans l'île du Robinson de J.-J. Rousseau que les productions des îles qui bordent, comme la sienne, la côte de l'*Amérique Méridionale* sur la *mer des Caraïbes,* etc. A la fin un « *Dictionnaire des mots les moins usités* » et une copieuse table des matières par paragraphes. Bel exempl. en demi-rel. d'époque.

4845 [**FOE (Daniel de)**]. — PETIT ROBINSON ou les Aventures de Robinson Crusoé arrangée *(sic)* pour l'amusement de la jeunesse par M. HENRI LEMAIRE. *Paris, Alexis Eymery,* 1825, petit in-16, cart. papier quadrillé vert foncé. *(Cart. de l'époque).* **50 fr.**

4 gravures (dont le titre). Édition pour la jeunesse, mais conçue (ainsi que l'explique la préface) sur un plan tout à fait différent de celui de Campe. *Bel exemplaire.*

4846 FOE (Daniel de). — ROBINSON CRUSOÉ (Aventures de). Traduction de Thémiseul de Saint-Hyacinthe. Edition Mignonne. *Paris, Lugan,* 1826-27, 4 vol. très petit in-12, cartonn. bradel, papier mauve, fil. au dos et sur les plats. *(Cartonn. d'époque).* **500 fr.**

Charmante édition *de très petit format,* très bien imprimée et ornée de 10 figures gravées par *Paul Legrand,* d'après les dessins d'*Ulysse Denis.* Très rare.

4847 [**FOE (Daniel de)**]. — ROBINSON CRUSOÉ (Aventures de). Traduction nouvelle. *Paris, Froment et Læquien,* 1828, 2 vol. in-12, demi-bas. vert olive, dos ornés de filets et entre-deux dorés, fleurons à froid, tr. marb. *(Rel. de l'époque).* **250 fr.**

Deux titres gravés avec vignettes, et 10 figures gravées non signées. *Bel exemplaire,* malgré quelques petites mouillures très pâles.

4848 [**FOE (Daniel de)**]. — ROBINSON CRUSOÉ, etc. *Même édition que le précédent,* bas. porphyre, dos orné, pièces rouges, pet. guirlande autour des plats, tr. marb. *(Rel. de l'époque).* **125 fr.**

Le titre gravé porte 1828 et le titre typographique 1829. Coins lég. usés.

4849 FOE (Daniel de). — ROBINSON CRUSOÉ (Aventures surprenantes de), traduites de l'anglais. *Paris, Dabo-Butscherl,* 1829, 4 tomes en 2 vol. in-18, dos basane olive ornés de filets dorés et d'ornements à froid, tr. marbrées. *(Rel. de l'époque).* **300 fr.**

8 superbes gravures et titres gravés. Ceux-ci portent l'adresse : *Masson,* 1822. Edition stéréotype. C'est la même traduction que celle de *Delacour,* 1811. « Avec des notes relatives à la géographie, à l'histoire naturelle et l'explication des termes de marine ». *Bel exemplaire.*

4850 [**FOE (Daniel de)**]. — ROBINSON CRUSOÉ (Vie et Aventures de). Nouvelle édition, revue et corrigée. *Paris, Corbet Aîné*, 1829, 2 vol. gr. in-12, demi-bas. bauve, dos ornés, pièces de titre noires (remplacées), tr. mouch. *(Rel. de l'époque).* **250 fr.**

Édition rare ornée de 2 titres gravés avec vignettes et 4 jolies figures gravées par *Lecomte, Larcher, Sixdeniers* et *Lefebvre*, d'après *Devéria*. Un court avant-propos est signé *F. d'A*. Quelques rousseurs.

4851 [**DEFOE (Daniel)**]. — ROBINSON CRUSOE (The Life and most Surprising Adventures of), of York, Mariner. *New York, George G. Siekels,* 1829, sm. 12mo. contemp. full leather. *(Shabby and joints cracked).* **300 fr.**

Illustrated with 6 etched plates. *Very scarce.*

4852 [**FOE (Daniel de)**]. — ROBINSON CRUSOÉ (La Vie et les Aventures de). *Paris, Louis Janet, s. d.* [vers 1835], 2 vol. pet. in-8 carré, maroq. à long. grain grenat, dos ornés de guirl. dorées et de fleurons à froid, fil. doré entourant les plats, et grande plaque à froid sur chaque plat, dent. int. tr. dor. *(Rel. de l'époque).* **1.250 fr.**

Jolie édition de toute rareté, inconnue à *Vicaire*, imprimée par *Ducessois*, et ornée de 16 charmantes lithographies hors-texte finement *coloriées* par *Louis Lassalle*. Bel exemplaire dans une jolie et fraîche reliure pleine, en maroquin, de l'époque.

4853 **DEFOE (Daniel)**. — ROBINSON CRUSOE (The Life and Adventures of) from the original work of Daniel Defoe. A New edition, carefully adapted to Youth. *New York, C. Wells*, 1836, sq. 12mo. contemp. morocco in the american romantic style, gilt. **2.000 fr.**

FIRST EDITION of this adaption for children written by S. G. GOODRICH, the originator of PETER PARLEY. Illustrated with 24 well executed woodcuts. At end is a « Biographical Notice of Daniel Defoe ». A few light stains passim, otherwise fine copy. *Very rare.*

4854 **DEFOE (Daniel)**. — ROBINSON CRUSOE (The Life and Adventures of), of York, Mariner, with a sketch of the Life of Daniel Defoe. *Halifax, Hartley and Walker*, 1837, 16mo. or. cloth. **300 fr.**

Illustrated with 6 splendid woodcuts by Starling. This edition was printed at HALIFAX, NOVA SCOTIA. Fly leaf torn out.

4855 **FOE (Daniel de)**. — ROBINSON CRUSOÉ (Aventures de). Traduction nouvelle. Edition illustrée par Grandville. *Paris, Fournier*, 1840, in-8, demi-ch. violet foncé, dos à nerfs orné de filets et motifs dans les angles des caissons, plats papier chagriné, encadr. de filets gras et maigres, tr. dorées. *(Rel. de l'époque).* **700 fr.**

PREMIER TIRAGE. Frontispice gravé sur bois par Brévière, d'après Grandville et Français, tiré sur chine volant et 40 planches hors-texte, également gravées sur bois avec légendes. Vignettes dans le texte. Bel exemplaire, sauf de minuscules rousseurs tout à fait négligeables, de l'un des meilleurs livres de Grandville. Coins légèrement frottés.

4856 **FOE (Daniel de)**. — ROBINSON CRUSOÉ (Aventures de). *Paris, Fournier*, 1840, in-8, demi-chagrin rouge, dos orné en hauteur de motifs rocaille dorés et à froid, plats pap. chagrin rouge. *(Reliure de l'époque).* **700 fr.**

Le même ouvrage que le précédent. Même édition. Bel exemplaire en reliure d'époque au dos très orné et très décoratif. Très menues rousseurs, sans aucune gravité.

4857 **FOE (Daniel de)**. — ROBINSON CRUSOÉ (Aventures de). Traduction nouvelle. *Paris, Lehuby, s. d.* (1842), in-8, cartonn. toile bleu foncé de l'éditeur, fers spéciaux au dos avec parties roses, vertes, bleues et jaunes, grande plaque dorée sur le 1er plat, signée *Liebherre*. Robinson en costume de chasse, avec couleurs jaune, verte, mauve, bleue, rouge, petite plaque spéciale au 2e plat : Robinson jeté sur son rocher, encadr. à froid autour des plats, tr. dor. *(Cartonn. d'édit.).* **Vendu.**

Belle édition ornée de planches sur bois hors-texte, tirées sur fond teinté par *Trichon, Bertrand, Bouchot*, etc. Qq. lég. rouss. Bel exemplaire dans son cartonnage d'origine très frais.

4858 **FOE (Daniel de)**. — ROBINSON CRUSOÉ (Aventures de). Traduction nouvelle. *Paris, Lehuby*, 1843, pet. in-8, demi-toile brune. *(Cartonn. d'époque).* **75 fr.**

Titre dans un encadrement allégorique de paysages tropicaux, fruits et oiseaux, par *C. Lemercier*, et 20 grandes figures sur bois, tirées *sur papier de Chine*, gravées par *Trichon, Bertrand et Poujet*, d'après *Bouchot*, dans des encadrements allégoriques.

4859 **FOE (Daniel de)**. — ROBINSON CRUSOÉ (Aventures de), traduites par Mme AMABLE TASTU, précédées d'une notice par M. Philarète Chasles et suivies d'une notice sur le matelot Selkirk, sur l'île de Juan-Fernandez, sur les Caraïbes et les Puelches, par F. Denis, et d'une dissertation religieuse, par l'Abbé Laboureur. Nouvelle édition revue et corrigée. *Paris, Didier*, 1845, gr. in-8, cartonn. toile verte, dos orné de fers spéciaux dorés (Robinson en costume de chasse, attributs divers), signées *Engel et Schaek*, grande plaque spéciale dorée, signée *Haarhaus* (Robinson en costume de chasse), encadrement à froid sur les plats, tr. dor. *(Cartonn. d'époque).* **500 fr.**

Belle et rare édition, non citée par *Vicaire*, ornée de 20 planches hors-texte gravées sur acier dans des encadrements allégoriques par *De Sainson* et *Chailloy*, d'une vignette sur bois au titre, d'un portrait de Daniel de Foë gravé sur bois par *Chevauchet*, d'après *Devéria* et de très nombreuses vignettes, bandeaux, culs-de-lampe, lettres ornées, gravées sur bois, par *Boulanger, N. Thomas, Chevauchet, Best, Devéria, Forest, Lacoste, Marville*, etc. Qq. rouss. à qq. ff. *Bel exemplaire dans son cartonnage d'éditeur, très frais.*

4860 **FOE (Daniel de)**. — ROBINSON CRUSOÉ (Aventures de), etc. *Même édition que le précédent*, cartonn. bleu foncé, dos orné en hauteur d'une plaque spéciale signée : *Engel et Schaeck* : Robinson en costume de chasse et attributs divers, parties coloriées en bleu, vert, rouge, blanc, grande plaque spéciale sur le 1er plat : Robinson partant pour la chasse, dans un encadrement de fleurs et feuillages colorés de plusieurs teintes de vert, jaune, blanc, etc., plaque spéciale au 2e plat : bateau dans un médaillon rehaussé de couleurs, encadr. à froid, tr. dor. *(Cartonn. d'édit.).* **Vendu.**

Bel exemplaire dans un cartonnage de toute fraîcheur, orné de très jolies plaques spéciales rehaussées de couleurs très vives.

4861 FOE (Daniel de). — ROBINSON CRUSOÉ (Aventures de), etc. *Même édition que le précédent,* cartonnage toile bleu marine, fers spéciaux, dos orné, sur le premier plat cadre et fleurons d'angles mosaïqués, Robinson à la chasse sous son parapluie, tr. dorées. *(Cart. de l'édit.).* **650 fr.**

27 pl. gravées sur acier d'après Sainson et 250 vignettes sur bois gravées par *A. Best, Porret, Lacoste jeune, Belhatte, Chevauchet, Guillaumot, Provost,* etc., d'après *N. Thomas,* CÉLESTIN NANTEUIL, *G. Jadin,* BOULANGER, *Lorentz, Eug. Forest,* A. DEVÉRIA, *Loubon, G. Marville, etc.*

Il est à remarquer que ces 250 gravures, de même que la préface de Philarète Chasles et les deux notices qui suivent les *Aventures,* sont empruntées à la traduction de Pétrus Borel (Paris, Francisque Borel et Alexandre de Varenne, 1836) qui, lors de sa publication en livraisons, en 1835, avait fait concurrence à la traduction de Mme Amable Tastu.

4862 FOE (Daniel de). — ROBINSON CRUSOÉ (Aventures de). Edition revue et corrigée par une Société d'ecclésiastiques. *Tours, Mame,* 1845, 2 vol. in-12, cart. papier *de l'édit.* **500 fr.**

8 gravures. Cartonnage violet foncé orné d'une plaque dorée de style rocaille avec fleurs argentées et nombreux oiseaux dorés. Beau type de cartonnage. Bel exemplaire.

4863 FOE (Daniel de). — ROBINSON CRUSOÉ (Aventures de). Traduction nouvelle. *Paris, Libr. de l'Enfance, Lehuby,* 1850, 2 vol. in-12, cartonn. toile verte, dos dorés très ornés, grandes plaques dorées encadrant les plats. *(Cartonn. d'édit.).* **60 fr.**

Orné de 8 figures sur bois hors-texte par *Trichon* et *Bouchot.* Dans son « Avant-propos », le traducteur dit qu'il croit « avoir amélioré le livre en le débarrassant surtout dans la dernière partie de tout le fatras qui le surchargeait sans aucun profit pour le lecteur ». Rare en cartonnage d'origine.

4864 FOE (Daniel de). — ROBINSON CRUSOÉ (Aventures de). Traduction nouvelle. Edition illustrée par J.-J. GRANDVILLE. *Paris, Garnier,* 1853, in-8, cartonn. toile bleu foncé, fers spéciaux dorés au dos : attributs de chasse et jardinage, animaux, plaque spéciale dorée sur le premier plat : Robinson en costume de chasse, signée *Liebherre,* plaque spéciale dorée sur le 2e plat (habitation dans un arbre), encadr. à froid sur chaque plat. *(Cartonn. d'éditeur).* **450 fr.**

Belle édition non citée par *Vicaire,* ornée d'un frontispice gravé sur bois par *Brévière,* d'après *Grandville* et de nombreuses vignettes sur bois d'après *Grandville.* Bel exemplaire dans son cartonn. d'éditeur, à fers spéciaux, très frais.

4865 DEFOE (Daniel). — ROBINSON CRUSOÉ (THE HISTORY OF). Abridged for the use of schools and private instruction. The second edition corrected by J. W. L. F. IPPEL. *Amsterdam, G. Portielje and Son,* 1855, 12mo. or. printed wrappers. **50 fr.**

Third edition, with considerable alterations and improvements. Edition for use in Holland with *Explanation of the most difficult words and phrases* in Dutch.

4866 FOE (Daniel de). — ROBINSON CRUSOÉ (Aventures de). *Paris, Fréd. Cantel, s. d.* [vers 1860], in-8. *(Cartonnage papier de l'éditeur).* **150 fr.**

1 gravure, cartonnage romantique à décor floral or, rose, bleu et vert, sur fond crème. Au centre, dans un médaillon, identique sur les deux plats, paysage tiré en bleu. Quelques piqûres.

4867 FOE (Daniel de). — ROBINSON CRUSOÉ (Aventures de). Traduction nouvelle. *Paris, Magnin-Blanchard, s. d.* [vers 1860], in-8, plein chagrin rouge, dos orné de deux plaques spéciales : animaux, plantes, attributs de chasse et de jardinage, plats encadrés de fil. dor. gras et maigres, avec grande plaque centrale, signée *A. Lenègre* et *A. Souze :* Robinson en costume de chasse, large dent. int., tr. dor. *(Reliure plein chagrin de l'éditeur).* **1.500 fr.**

Magnifique édition illustrée de 26 grandes lithographies « très soignées », et coloriées, par *A. Coppin.* Très bel exemplaire dans sa reliure d'éditeur, en plein chagrin, très fraîche. Extrêmement rare et recherché en semblable condition.

4869 FOE (Daniel de). — ROBINSON CRUSOÉ (Aventures de), suivies d'une notice sur Selkirk et les Caraïbes par M. Ferdinand Denis. Illustrations par GAVARNI. *Paris, Morizot, s. d.* (1861), demi-chagr. brun, dos à n. orné de fil. et fleurons, plats toile, encadr. à froid, tr. dor. *(Rel. de l'éd.).* **280 fr.**

Belle édition fort recherchée pour les 16 planches horstexte gravées sur acier, d'après GAVARNI, par *Rouargue* et *Willmann* (*Vicaire,* III, 751). Bel exemplaire.

4870 FOE (Daniel de). — ROBINSON CRUSOÉ (Vie et Aventures de). Traduction de PETRUS BOREL. *Paris, Jouaust,* 1878, 4 vol. in-12, demi-maroq. poli vert foncé à coins, dos à n. ornés de fleurons, n. rognés, tête dorée. *(Gruel).* **500 fr.**

Excellente et belle édition accompagnée de *notes,* décrite par *Vicaire,* III, 752 et I, 593, ornée d'un portrait de D. de Foë gravé par *Flameng* et de 8 eaux-fortes par *Mouilleron.* Importante notice sur Daniel de Foë, par *Hermile Reynald.* Très bel exemplaire dans une très fraîche reliure de Gruel.

4871 [FOE (Daniel de)]. — ROBINSON CRUSOÉ (Aventures de). *S. l. n. d.* [*Paris, vers 1890*], in-4 de 16 pages, couv. souple illustrée impr. en couleurs. **30 fr.**

Résumé très succinct à l'usage des tout jeunes enfants. 8 grandes illustrations à pleine page, gravées sur bois et imprimées en couleurs. Vignettes dans le texte.

4872 FOE (Daniel de). — ROBINSON CRUSOÉ (La vie et les Aventures étranges et surprenantes de). Bois, dessinés, gravés et mis en couleurs par

Pierre Falké. Préface par Pierre Mac Orlan. *Paris, Jonquières*, 1926, 3 vol. in-4, maroquin tête de nègre, dos sans nerfs, bandes maroq. noir mosaïquées, deux motifs en losanges l'un dans l'autre, bleu, grenat, rouge et jonquille sur fond d'or, au milieu des plats, têtes or mat, filets intér., gardes de tabis, couv. et dos conservés, étuis doublés de peluche. *(Kieffer).* **6.500 fr.**

Magnifique exemplaire numéroté sur vergé de Tallende, dans une splendide reliure mosaïquée de Kieffer, d'un style original de grand goût. Très belle édition complète, tirée à 151 exempl. et épuisé, dont la préface de Mac Orlan augmente encore l'intérêt bibliophilique et littéraire.

4872 bis FOE (Daniel de). — ROBINSON CRUSOÉ... Préface par Pierre Mac Orlan. *Paris, Jonquières*, 1926, 3 vol. in-4º, brochés, couv. illustrées, étuis. **3.000 fr.**

Exemplaire broché de l'édition ci-dessus.

JOACHIM-HEINRICH CAMPE
(1746-1818)

4873 CAMPE. — LE NOUVEAU ROBINSON, pour servir à l'amusement et à l'instruction des enfants. *Hambourg, J.-G. Virchaux*, 1779, 2 vol. in-12, veau fauve. *(Rel. anc.).* **1.000 fr.**

Frontispice gravé. Première traduction française. D'après l' « envoi », au début du livre, elle serait l'œuvre de Virchaux. M. Dottin, p. 444, écrit cependant : « La première traduction fut faite en français (1779) à Hambourg même, par les soins de Campe qui la destinait aux écoliers ». Un plat du 1er vol. détaché.

4874 CAMPE. — ROBINSON THE YOUNGER. From the German. *Hamburgh, C. E. Bohn*, 1781, 12mo. contemp. calf. **600 fr.**

This is the first English version of Campe's *Robinson der Yüngere* translated by the author himself. The translation is very different from that made for Stockdale's edition of 1788. Some water stains at the beginning of the volume.

4875 CAMPE. — IL NUOVO ROBINSON per servir di divertimento, ed istruzione della gioventu. Tradotto in italiano dall' originale tedesco. *Halle, Giov. God. Heller*, 1787, 2 parties en un vol. in-12, demi-bas., coins. *(Rel. de l'époque).* **500 fr.**

Vignette gravée sur le titre de la première partie. Traduction italienne de Giov. Crist. Schrœder, la première en cette langue de l'œuvre célèbre de Campe qui fut traduite, à peine parue, dans la plupart des langues civilisées. Très bel exemplaire. Rel. en très bon état, avec éraflures au dos.

4876 CAMPE. — THE NEW ROBINSON CRUSOE ; an Instructive and entertaining History, for the Use of Children of both sexes. Translated from the French. Embellished with Thirty-two beautiful Cuts. *London, John Stockdale*, 1788, two vols. in 12mo. half calf. *(Binding of about 1810).* **12.500 fr.**

OF THE GREATEST RARITY. FIRST EDITION printed in England, of Campe's famous version of Robin-son Crusoe for Children. The four volumes are illustrated with 32 woodcuts executed by JOHN BEWICK. It was this work (written in dialogue between father and children), that helped to popularise « Robinson Crusoe » as an instructive nursery Book ; which hitherto had been considered more as a book of adventure. Mr Edward Newton, in his interesting work *The Book Collecting Game* (pages 62-3), probably owing to the rarity of this work (complete in four volumes), makes a curious error as to the authorship of the work. He claims that the work is by WYSS, and the first part of an early translation of the *Swiss Family Robinson*, having been shown the first two volumes. As Wyss's book did not appear in print until 1812 and 1813 (Zurich : in German), he considers the existence of this work as a bibliographical puzzle. The preface, however, of this work clearly states that the book was written by CAMPE, and translated into English from the French version of the original. Dr G. Andreae in his work *The Dawn of Juvenile Literature in England* (Amsterdam, 1925), says. « *It* (the Robinson der Jüngere (1779) by Campe), *served Wyss with material for the Swiss Family Robinson... I found a translation of Campe's work into English from the French as the fruits of my search in the British Museum as late as 1788* », (referring to this edition). The translation is quite different from Campe's own English version printed at Hamburg in 1781. THE WORK IS ONE OF THE RAREST, OF ALL BOOKS ILLUSTRATED BY JOHN BEWICK. Fine copy.

4877 [CAMPE]. — THE NEW ROBINSON CRUSOE. *London, John Stockdale*, 1789, 12mo. half-morocco, t. e. g. *(Modern binding).* **800 fr.**

This is the second edition in one vol. small type, 265 pages, with same Bewick cuts. 6 page book list at end. *Fine copy.*

4877 bis [CAMPE]. — THE NEW ROBINSON CRUSOE. Another copy of the Second edition in original boards, uncut. *(Covers loose).* **1.250 fr.**

4878 CAMPE. — ROBINSON DER JUNGERE zur angenehmen und nutzlichen Unterhattung für Kinder. *Frankfurt und Leipsig*, 1781, 2 vol. in-12, cartonnés papier en un. **180 fr.**

Frontispice gravé avant la lettre et vignette de titre.

4879 CAMPE. — ROBINSON THE YOUNGER. Illustrated by German Notes for the use of those which are learning the English. In two volumes. *Francfort upon the Main, J. J. Kessler*, 1789, 12mo. contemp. half-leather. **100 fr.**

Fine copy. The pagination continues throughout the 2 vols.

4880 [CAMPE]. — LE NOUVEAU ROBINSON, pour servir à l'Amusement et à l'Instruction des enfans de l'un et de l'autre sexe. Ouvrage traduit de l'allemand. *Amsterdam, G. Dufour*, 1790, 2 vol. in-12, cartonn. bradel pap. mouch., tr. j. *(Cartonn. d'époque).* **100 fr.**

Édition rare ornée de 2 frontispices gravés par *B. de Bakker* et précédée d'une importante *préface.* Un peu d'usure au cartonnage.

4881 [CAMPE]. — LE NOUVEAU ROBINSON, etc. *Même ouvrage, même édition que le précédent,* 2 tomes en 1 vol. in-12, v. marbré, dos richement orné, pièce rouge, petit cartouche sur le 1er plat, tr. r. *(Rel. anc.).* **125 fr.**

Bel exemplaire.

4882 [CAMPE]. — LE NOUVEAU ROBINSON... *Même ouvrage, même édition que le précédent,* 2 tomes en 1 vol. in-12, veau brun, tr. r. *(Rel. anc.).* **80 fr.**

Reliure très fatiguée ; 1er plat détaché. Bel état intérieur.

4883 CAMPE. — LE NOUVEAU ROBINSON, pour servir à l'amusement et à l'instruction des enfans. Traduit de l'allemand, enrichi de remarques allemandes à l'usage de ceux qui apprennent le français. Troisième édition. *Francfort-sur-le-Mein, Kesler,* 1791, in-12, bas. brune, dos orné. *(Rel. anc.).* **85 fr.**

Édition rare, *à l'usage des écoliers,* de cette traduction par *J.-B. Engelmann,* avec de nombreuses notes en allemand au bas des pages. *Ex-praemio* frappé à froid et daté 1793 sur le 1er plat.

4885 CAMPE. — ROBINSON DER JUNGERE zur angenehmen und nutzlichen Unterhaltung für Kinder. *München, Johann Baptist Strobel,* 1781, 2 parties en 1 vol. pet. in-8, demi-vélin bl., avec coins. *(Rel. anc.).* **180 fr.**

Le même ouvrage que le précédent. Édition ornée de 2 vignettes sur les titres dont une représentant le départ de Robinson et de 5 figures gravées par *Weissenhahn.*

4885 bis CAMPE. — ROBINSON DER JUNGERE. *Wien und Linz, Johann Thomas Edeln von Trattnern,* 1802, 2 vol. in-8, cart. papier marbré. *(Cart. de l'époque).* **125 fr.**

Le même ouvrage que le précédent. Édition ornée d'un frontispice gravé.

4886 CAMPE. — LE NOUVEAU ROBINSON, pour servir à l'amusement et à l'instruction des enfants de l'un et de l'autre sexe. *Paris, Poinçot,* 1792, 2 vol. in-12, demi-veau fauve, dos ornés sans nerfs, coins. *(Rel. anglaise vers 1800).* **350 fr.**

30 gravures de Deny, d'après les dessins de Desrais. Une gravure (no 14), déchirée, a été restaurée médiocrement. Traduction de l'Abbé Grandmottet, très estimée de Campe lui-même, qui en fait l'éloge dans la préface de la 7e édition. Voir Dottin, *Daniel de Foe,* pp. 444-445.

4887 CAMPE. — LE NOUVEAU ROBINSON, pour servir à l'amusement et à l'instruction des enfans. Traduit de l'allemand. *Berne, Société Typographique,* 1794, in-12, cartonn. pap. marbré, pièce de titre, tr. jasp. *(Cartonn. anc.).* **400 fr.**

ÉDITION ORIGINALE de cette traduction. Jolie édition, rare et recherchée, ornée d'un frontispice et de 3 jolies figures par *Dunker.* La traduction est due à Aug. Simon d'Arnay. *Barbier,* III, 512. *Longchamps,* 566, *Cohen,* 200. Bel exemplaire.

4888 [CAMPE]. — JOACH. HENR. CAMPE ROBINSON SECUNDUS. Tironum causa latinitate donatus a Philippo Julio LIEBER KUHNIO, iterum recensitus et copiosiori indice instructus a Ludevico Frider GEDIKE, etc. *Editio tertia. Zullichoviae, Fromann,* 1794, in-12, cartonn. bradel bleu clair. *(Cartonn. anc.).* **60 fr.**

PREMIÈRE TRADUCTION latine du Nouveau Robinson accompagnée d'un *lexique* latin-allemand, imprimée à *Züllichau* (Prusse).

4889 CAMPE. — LE NOUVEAU ROBINSON. Livre de lecture pour les enfans, faisant partie de l'encyclopédie universelle à leur usage. Traduit de l'allemand, revu et corrigé sur la septième édition originale par L'ABBÉ J.-D. GRANDMOTTET. Quatrième édition. *La Haye, J.-C. Leeuwestyn, s. d.* [vers 1795], in-12, bas. marb., dos à n. orné de fleurons, dent. autour des plats et fleuron au centre, tr. jasp. *(Rel. anc.).* **125 fr.**

Édition ornée de 4 charmantes figures non signées, gravées au pointillé. Cette traduction, due à l'*Abbé Grandmottet,* reçut les éloges de *Campe* lui-même dans la préface de sa 7e édition *(Dottin,* II, 444). Bel exemplaire.

4890 CAMPE. — LE NOUVEAU ROBINSON, etc. *Même ouvrage, même édition que le précédent,* cartonné, non rogné. **60 fr.**

Exemplaire entièrement non rogné sous cartonnage factice.

4891 [CAMPE]. — ROBINSON KOLONIE. Een vervolg van J. H. Campe's Robinson Crusoé, geschikt ten dienste der jeugd. Door C. HILDEBRANDT. *Te Amsterdam, J. Doll,* 1808, in-12, demi-bas. mouch., dos orné, pièces de couleur. *(Rel. anc.).* **70 fr.**

Traduction hollandaise par *P.-G. Witsen Geybeck* d'une *suite* écrite en allemand par *C. Hildebrandt* au Robinson de *Campe.*

4892 [CAMPE]. — ROBINSON CRUSOEUS, latine scripsit F.-J. GOFFAUX, humaniorum litterarum Professor in Lycaeo imperiali. Quarta editio. *Parisis, A. Delalain,* 1813, in-12 bas. f. marb., dos orné, pièce rouge, tr. marb. *(Rel. anc.).* **300 fr.**

Curieuse traduction latine du Robinson de *Campe* due à un professeur français (1755-1836) ; cet ouvrage eut de nombreuses éditions *(Hœfer,* XXI, 60), qui toutes sont devenues rares. Celle-ci est ornée d'un frontispice gravé, signé *N. B.* et de 9 charmantes figures gravées, non signées,

4893 CAMPE. — LE NOUVEAU ROBINSON, pour servir à l'amusement et à l'instruction des enfans. Traduction revue et corrigée d'après la dernière édition de l'original allemand, enrichie de notes allemandes et d'un vocabulaire complet par J.-B. ENGELMANN. Quatrième édition entièrement retouchée. *Francfort-sur-le-Mein, F. Wilmans,* 1814, in-12, cartonn. anc. **85 fr.**

Édition *scolaire* de cette traduction avec des notes copieuses et un important *vocabulaire.* Défaut du cartonnage.

4894 CAMPE. — ROBINSON THE YOUNGER. Translated from the German by John Timaeus. *Brunswick, Printed for the Schulbuchhandlung,* 1816, 12mo. contemp. half-leather. **100 fr.**

New edition revised and corrected by CHARLES WAGNER, Professor of Greek and Latin languages at the University of Marburg.

4895 CAMPE. — ROBINSON THE YOUNGER for the Use of Young Persons. Translated from the German. *Zutphen, C. A. Thieme,* 1816, 12mo. or. half-leather. **60 fr.**

Revised and corrected, to which is added a Dutch explanation of the words.

4896 [**CAMPE**]. — ROBINSONS COLONIE. Fortsetzung von Campe's Robinson. Ein unterhaltendes Lesebuch für Kinder, von G. HILDEBRANDT. *Leipzig,* 1817, in-8 allongé, broché, couv. rose impr. de l'édit. **100 fr.**

Une *robinsonnade* pour la jeunesse écrite comme suite au Robison de *Campe.* Une jolie figure gravée par *Blaschke.* Rare sous sa couverture d'éditeur.

4897 **ROBINSON CRUSOÉ (LE NOUVEAU).** *Paris, Le Fuel, s. d.* [vers 1820], petit in-12, broché, couv. muette. **400 fr.**

Un titre gravé avec vignettes et 8 gravures très fines, avant toute lettre et sans doute de la main d'un maître. Adaptation du roman de Daniel de Foë, non citée par Barbier ni par Dottin. *Très bel exemplaire entièrement non rogné.*

4898 **CAMPE.** — ROBINSON CRUSOÉ. (Handleiding tot de natuurlijke opvoeding ; of), ten dienste der Jeugd. Vierde druk. *Te Amsterdam, Brink et de Vries,* 1820, in-12, demi-bas. rouge à long grain et à coins. *(Rel. anc.).* **250 fr.**

Rare traduction hollandaise du Robinson de *Campe,* ornée de 6 charmantes figures gravées non signées. Qq. défauts au cartonnage.

4900 **CAMPE.** — ROBINSON DER JUNGERE. Ausgabe der letzten Hand. *Wien, Bauer,* 1821, 2 vol. in-12 carré, demi-toile brune à coins, tr. mouch. *(Carlonn. d'époque).* **150 fr.**

Bel exemplaire. Deux jolis frontispices gravés par *F. Weber.*

4901 [**CAMPE**]. — THE NEW ROBINSON CRUSOE ; an Instructive and entertaining History. *Dublin, William Espy,* 1822, sm. 12mo. full contemp. calf. **250 fr.**

Illustrated with six quaint woodcuts. *Rare.*

4902 [**CAMPE**]. — ROBINSON CRUSOE (El nuevo) Historia Moral é Instruction, para uso y entretencimento de los jovenes. Traducida dés ingles al castellano por DON JUAN DE OTERO. *Nueva-York, Imprenta de Jose Desnoues,* 1824, sm. 12mo. contemp. calf. **500 fr.**

A translation into Castelan for Children, printed in New York.

4903 **CAMPE.** — ROBINSON THE YOUNGER. Translated from the German original to which is added a Danish explanation of the words. *Copenhagen, C. Steen,* 1830, sm. 12mo. contemp. half-leather. *(Sides rubbed).* **250 fr.**

Revised and corrected by *C. Will.* Scarce edition printed in Denmark.

4904 [**CAMPE**]. — THE NEW ROBINSON CRUSOE, an instructive and entertaining history, for the use of children of both Sexes. *London, Houlston and Co, n. d.* [circa 1835], 12mo. or. cloth. **200 fr.**

Illustrated with 32 woodcuts copied from *Bewick's* woodcuts of the rare Stockdale edition of 1788, although the publisher makes no mention of this. One corner repaired otherwise very fine copy.

4905 **CAMPE.** — THE HISTORY OF ROBINSON for the use of Young Persons. Translated from the German... to which is added a Dutch explanation of the words. *Utrecht, Bij Pelit and Co,* 1847, half-cloth, ticket. **65 fr.**

Dutch-English vocabulary (131 pages). At end.

JOHANN-DAVID-RUDOLF WYSS
(1781-1830)

4906 [**WYSS**]. — DER SCHWEIZERISCHE ROBINSON, oder der schriffbrüchige Schweizer-Prediger und seine Familie. Ein lehrreicher Buch für Kinder und Kinder-Freunde zu Stadt und hand. Herausgegeben von JOH. [ANN] RUDOLF WYSS. *Zurich, Orell-Füssli und Compagnie,* 1812-1813, 2 vol. pet. in-8, cartonn. bradel pap. marbré, tr. jasp. *(Carlonn. de l'époque),* conservé dans une boîte demi-maroquin. **30.000 fr.**

ÉDITION ORIGINALE extrêmement rare du *Robinson Suisse* raconté oralement par le pasteur *J.-D. Wyss,* aumônier des troupes suisses à Berne, pour l'instruction de ses enfants, et publié, avec des commentaires et des développements, par son fils *Johann Rudolf Wyss,* professeur à l'Université de Berne. *M. P. Dottin* (II, 419) dit que la première publication s'en fit à Zurich, en juillet 1813. Notre exemplaire porte au 1er tome la date de 1812 (1813 au 2e vol.), conformément à la description de *Longchamp,* 3318. Un frontispice au tome I, gravé par *H. Lips* et une carte se dépliant, non signée, en tête du tome II. Bel exemplaire, grand de marges, dans un cartonn. d'époque. Qq. lég. rouss.
FIRST EDITION OF THE SWISS FAMILY ROBINSON.

4907 **WYSS.** — THE FAMILY ROBINSON CRUSOE or Journal of a Father shipwrecked, with his wife and children, on an uninhabited island. Translated from the German of M. Wiss. *London, Printed for M. J. Godwin and Co, At the Juvenile Library, 41, Skinner-Street,* 1814, 12mo. contemp. calf. **20.000 fr.**

FIRST EDITION, of the first translation into English of the Swiss Family Robinson, published by Mary Jane Godwin, Lamb's publisher. Mr Edward Newton in his interesting work *The Book Collecting Game* speaks of another issue with the same date in two volumes, corresponding probably with the copy in the British Museum. THERE IS NO COPY OF THE ABOVE EDITION IN THE BRITISH MUSEUM, and although the two volume issue is of the greatest rarity, this one volume edition is the only copy that we have been able to trace anywhere. For comparison we give the collation of each issue.

B. M. COPY	OUR COPY
VOL. I. Title with « Vol. I. » A 2. « Contents Vol. I. ».	Same but *without* « Vol. I ». « Contents » *without* « Vol. I. »
PREFACE. IV-XVII. INTRODUCTION. XIX-XXII.	PREFACE. VII-XIX. INTRODUCTION. XXI-XXIV.
PAGES 1-144. Text. « End of Vol. I. » VOL. II. With same title as Vol. I but with « Vol. II ». Pages 1-202.	PAGES 1-144. This point is the end of chapter 6. Continuation. Pages 145-346.

PAGE 202. « The end ».
PRINTERS IMPRINT at bottom of page.
EDITOR'S NOTE. Same
No CATALOGUE.

ILLUSTRATIONS. 4 plates.

PAGE 346. « The end ».
PRINTER'S IMPRINT. Same.
EDITOR'S NOTE. Same.
A CATALOGUE (12 pages) of M. J. Godwin's books for Children.
ILLUSTRATIONS. 4 plates.

The EDITOR'S NOTE at the end of each issue reads as follows.

The editor of this work promises, in a note annexed to the Conclusion, that the Continuation of the story shall be given to the Public in the following season. As soon as the German copy of the continuation can be procured, the translation of it shall be made and published. Meanwhile it may be observed, that though as a story it is at present incomplete, as an exercice for the improvement of knowledge and ingenuity for children, it is entirely fit for use.

Both issues are printed by Richard and Arthur Taylor, Shoe-Lane, London. Both issues are translations of the *first volume only* of Wyss's book although the whole work in 2 volumes (1812 and 1813) had already appeared.

It is difficult to say for certain which of these two issues is the very first. Traditionally a 2 vol. edition would proceed one in a single volume. Yet it is curious that the publisher, having a second volume in view at an early date, should print the first part in two volumes. Perhaps, foreseeing that the second translation was to be delayed [as it was, until 1816], the publisher may have brought out a 2 vol. edition to conform in format with the 2 vol. edition in German. The catalogue at the end of our copy does not mention Wyss's book at all. The plates in our copy are bright and well impressed, and in no way enfeebled by anterior impression. The only conclusion we can come to is that these two issues were printed at dates very close together, and that either one or the other was withdrawn. The great rarity of the one vol. issue leaves us to believe that perhaps it was the suppressed issue.

Mr Newton (page 61. Book collecting Game) writes *Knowing what we now know of the composition of the firm of M. J. Godwin and Company in 1816, it is interesting to think that Shelley's money may have financed the translation and publication of the first edition of that famous book* Swiss Family Robinson). The hinges of the binding have been restored : there are a few slight stains throughout the volume, but the book is a very tall copy.

4908 WYSS. — LE ROBINSON SUISSE ou Journal d'un père de famille naufragé avec ses enfans, traduit de l'allemand de Mr. Wiss *(sic)*, par Mᵐᵉ DE MONTOLIEU. *Gand, G. de Busscher et Fils*, 1821, 2 vol. in-12, brochés, couverture vermillon impr.   **200 fr.**

Très rare édition de cette traduction, ornée de 4 figures à la manière noire. Bel exemplaire broché avec les couvertures vermillon imprimées. (Non cité par *Dottin*). *(La carte de l'Isle manque).*

4909 WYSS. — LE ROBINSON SUISSE ou Journal d'un père de famille naufragé avec ses enfans, traduit de l'allemand de M. Viss *(sic)*, par Mᵐᵉ DE MONTOLIEU. Quatrième édition. *Paris, Arthus Bertrand*, 1824-30, 5 vol. in-12, demi-v. brun à coins, dos sans nerfs à froid, pièces rouges, tr. jasp. *(Rel. de l'époque).* **250 fr.**

Édition rare ornée d'une « carte de l'île déserte » se dépliant et de 5 figures gravées par *A. Tardieu*, d'après *Choquet* et *Chazal*. Les tomes IV et V sont datés 1830, et portent sur le titre : « *... Continué par Madame Isabelle Baronne de Montolieu* ». Ils sont précédés d'une préface adressée à *M. J. Rodolphe Wyss*, dans laquelle Mᵐᵉ de Montolieu explique comment elle a été amenée à donner une *suite* au Robinson Suisse. M. *Dottin* (II, 422) ne signale

qu'une seule réimpression de cette *Suite* en 1829 (voir nᵒ 4910 de ce catal.). Il n'a donc pas rencontré celle-ci, datée de 1830. Bel exemplaire dans une demi-reliure suisse d'époque.

4910 WYSS. — LE ROBINSON SUISSE ou Journal d'un père de famille naufragé avec ses enfans, traduit de l'allemand de M. Viss *(sic)*, et terminé par Mᵐᵉ la baronne ISABELLE DE MONTOLIEU. Nouvelle édition. *Paris, Arthus Bertrand*, 1829, 5 vol. in-12, demi-bas. maroq. à long grain vert foncé, dos ornés de fil., pet. coins, tr. j. *(Rel. de l'époque).* **600 fr.**

Orné de 11 figures gravées d'après *Choquet* et d'une carte gravée se dépliant. Cette édition serait, d'après *M. Dottin* (II, 422), la seule réimpression de cette *Continuation*, ingénieuse et bien écrite, publiée d'abord en 1824. Très bel exemplaire.

4910 *bis* WYSS. — LE ROBINSON SUISSE..., traduit de l'allemand de M. Viss *(sic)* et terminé par Mᵐᵉ la baronne ISABELLE DE MONTOLIEU... Nouv. éd. *Paris, Arthus Bertrand*, 1829, 5 vol. in-12, dos basane. *(Rel. de l'époque).* **400 fr.**

Le même ouv., même édition que le précédent. Les illustrations sont les mêmes. Menues rousseurs.

4911 WYSS. — LE ROBINSON SUISSE ou Journal d'un père de famille naufragé avec ses enfans, traduit de l'allemand de M. Viss *(sic)* et terminé par Mᵐᵉ la baronne Isabelle de Montolieu... *Paris, Arthus Bertrand*, 1830, 5 vol. in-12, bas. marbrée, dent. dorée, dos ornés sans nerfs, tr. marbrées. *(Rel. de l'époque).* **600 fr.**

8 fig. gravées de Chasselat et 1 carte (repliée) de l'île, par Allès. Sur l'importance de cette œuvre dans la littérature enfantine et de la continuation de Mᵐᵉ de Montolieu dans la vogue du Robinson Suisse, cf. Paul Dottin, *Robinson Crusoé*, pp. 422-424. Magnifique exempl. dans une agréable reliure d'époque de toute fraîcheur.

4912 WYSS. — LE ROBINSON SUISSE (Der Schweizer Robinson) ou Naufrage d'une pauvre famille suisse dans une île déserte, avec la suite donnée par l'auteur lui-même. Nouvelle traduction de l'allemand par M. JULES LAPIERRE. *Paris, Audin*, 1834, 4 vol. in-12, bas. marb., dos très ornés avec pièces vertes, pet. dent. autour des pl., tr. marb. *(Rel. de l'époque).* **500 fr.**

PREMIÈRE ÉDITION de cette traduction contenant la *Suite* de Robinson Suisse écrite par Wyss lui-même. « Le traducteur a cru devoir élaguer quelques longueurs qui jetaient parfois de l'embarras dans la narration, et préférer la forme plus vive, beaucoup plus animée du drame, à la forme *dialogale* qu'affectent les Allemands, et qui convient moins au goût des lecteurs français ». (Voir à ce sujet : *Dottin*, II, 423). Orné de 10 figures gravées, non signées et d'une carte. Bel exemplaire en reliure d'époque.

4913 [WYSS]. — LE ROBINSON SUISSE ou Journal d'un père de famille naufragé avec sa femme et ses enfans, par Mᵐᵉ la baronne ISABELLE DE MONTOLIEU. Nouvelle édition. *Paris, Arthus Bertrand*, 1835-36, 5 vol. in-12, bas. polie marbrée, dos ornés, pièces rouges, pet. guirlande dorée autour des plats, tr. marb. *(Rel. de l'époque)*. **500 fr.**

Belle édition, ornée de 12 charmantes figures gravées par *A. Tardieu, Laderer, Delvaux*, d'après *Chasselat* et *Choquet*, et d'une *carte de l'île* se dépliant, gravée par *A. Tardieu*. TRÈS BEL EXEMPLAIRE.

4914 WYSS. — LE ROBINSON SUISSE ou Histoire d'une famille suisse naufragée. Traduit de l'allemand sur la dernière édition, par FRÉ-DÉRICK MULLER. Deuxième édition. *Tours, Mame*, 1838, 2 vol. in-12, bas. brune mouch., dos ornés, tr. marb. *(Rel. de l'époque)*. **100 fr.**

Édition ornée de 8 charmantes gravures de *Beyer*, d'après *de Sainson*. Cette traduction est beaucoup plus exacte que les précédentes. *(Dottin*, II, 423). Bel exempl.

4915 WYSS. — LE ROBINSON SUISSE ou Récit d'un père de famille jeté par un naufrage dans une Ile déserte avec sa famille et ses enfants. Traduction nouvelle contenant la suite donnée par l'auteur allemand, par Mme FRIAS-DES-JARDINS. *Paris, Librairie d'Education*, 1838, 2 vol. in-12, demi-bas. verte, dos ornés, tr. marb. *(Rel. de l'époque)*. **100 fr.**

Deux titres dans encadrements gravés sur bois, quatre figures gravées non signées, et une carte de l'île. Cette traduction n'est pas signalée par *M. Diddin*. Mouill. à 1 pl. et défaut au dos d'un tome.

4916 WYSS. — LE ROBINSON SUISSE. Histoire d'une famille suisse jetée par un naufrage dans une île déserte, avec la Suite donnée par l'auteur lui-même. Nouvelle traduction de l'allemand par Mme ELISE VOIART. 3e édition. *Paris, Didier*, 1840, 2 vol. in-12, bas. verte, dos ornés de motifs rocaille et oiseau dorés, grandes plaques à froid sur les plats, tr. dor. *(Rel. de l'époque)*. **150 fr.**

Édition rare ornée de 8 jolies figures gravées, non signées et d'une « carte de l'Ile déserte ». Dos un peu fané. Quelques rousseurs.

4917 [WYSS]. — LE ROBINSON SUISSE. *S. l. n. d.* [vers 1840], in-8 oblong, cart. papier vert genre bradel. *(Cart. mod.)*. **150 fr.**

Album composé de 16 planches lithographiées par *Fernique, à Paris*, et coloriées à l'époque. Elles représentent 37 sujets, qui évoquent les épisodes principaux du roman de Jean-Rodolphe Wyss. Des légendes succinctes, dont la suite forme une analyse du livre, sont lithographiées au bas de chaque planche. Le recueil est complet mais a été très feuilleté. Traces de doigts. Petites déchirures réparées. TRÈS RARE.

4918 WYSS. — LE ROBINSON SUISSE, traduit de l'allemand par Mme ELISE VOIART, précédé d'une introduction de M. CHARLES NODIER. *Paris Lavigne*, 1841, in-8, demi-v. poli vert, dos richement orné de motifs rocaille, fleurs et oiseau, tr. marb. *(Rel. de l'époque)*. **400 fr.**

PREMIER TIRAGE. Belle édition décrite par *Vicaire*, VII, 1174, ornée de 6 planches gravées sur bois, tirées sur Chine, par *Lemercier*, et de 200 vignettes sur bois dans le texte, d'après les dessins de *Lemercier*. Cette traduction, plus exacte que les précédentes, a eu, dit *M. Dottin* (Robinson Crusoé, p. 423) les honneurs d'une remarquable introduction de *Charles Nodier*. Bel exemplaire dans une fraîche demi-reliure d'époque très décorative.

4919 WYSS. — LE ROBINSON SUISSE ou Histoire d'une famille suisse naufragée. Traduit de l'allemand sur la dernière édition, par Frédérick Müller... *Tours, Mame*, 1842, 2 vol. in-12, basane vernie chocolat ornée de rinceaux à froid sur les plats et dorés sur le dos. *(Rel. de l'édit.)*. **100 fr.**

8 gravures par Beyer d'après les dessins de M. de Sainson. 4e édition de Mame. *Bel exemplaire*.

4920 WYSS. — LE ROBINSON SUISSE ou Histoire d'une famille suisse naufragée. Traduit de l'allemand sur la dernière édition par Frédérick Müller... *Tours, Mame*, 1842, 2 vol. in-12, basane marbrée, dent. dorée, dos ornés, tr. marbrées. *(Rel. de l'époque)*. **160 fr.**

8 gravures sur acier par Beyer, d'après les dessins de Sainson. 4e édition. *Bel exemplaire*.

4921 WYSS. — THE SWISS FAMILY ROBINSON or Adventures of a Father and Mother and four sons in a Desert Island... *London, Simpkin, Marshall and Co*, 1845, 8vo. orig. cloth. *(Back faded)*. **160 fr.**

12th edition, 12 splendid woodcuts engraved by Willis and a map. Few sections loose.

4922 WYSS. — LE ROBINSON SUISSE ou Journal d'un père de famille naufragé avec ses enfants, traduit... par Mme la baronne de Montolieu. *Paris, Didier*, 1851, 2 vol. in-12, cart. toile noire, décors polychromes, tr. dorées. *(Cart. de l'édit.)*. **250 fr.**

8 gravures et carte gravée pliée de l'île déserte. Le frontispice est copié sur celui de l'éd. originale de Zurich. Cartonnage à décor architectural or, outremer et rouge, avec petits personnages allégoriques et figures d'instruments d'étude : lorgnette, sphère, compas, équerre, etc. Menues rousseurs *passim*, tout à fait négligeables. *Bel exemplaire*.

4923 WYSS. — LE ROBINSON SUISSE ou Histoire d'une famille suisse naufragée. Traduit de l'allemand, par Frédérick Müller. *Tours, Mame*, 1860, 2 vol. in-12, cart. toile bleu-noir, décors polychromes, tr. dorées. *(Cart. de l'édit.)*. **100 fr.**

24 gravures sur bois d'après K. GIRARDET. Douzième édition illustrée. Plaques architecturales or, orange et violet. Les seconds plats sont ornés de médaillons représentant un ballon, un bateau et une locomotive (or, rouge et vert). Exemplaire d'une irréprochable fraîcheur.

4924 WYSS. — LE ROBINSON SUISSE. Traduction nouvelle. *Paris, Vermol, s. d.* [vers 1860], in-8, demi-chagr. vert, dos à n. orné, plats toile verte chagrinée, ornements à froid, tr. dor. *(Rel. de l'époque)*. **500 fr.**

Belle édition non citée par *Vicaire*, ornée de 8 grandes lithographies hors-texte, en couleurs, de *Hadamard*. Bel exemplaire.

4925 WYSS. — LE ROBINSON SUISSE. *Même édition*, même reliure en demi-chagr. violet foncé. **500 fr.**

Bel exemplaire.

4926 WYSS. — THE SWISS FAMILY RO-BINSON. *London, Frederick Warne, n. d. (1864)*, 12mo. or. cloth. **50 fr.**

Illustrated with 8 coloured plates in chromo-lithography.

4927 BERTIN (T.-P.). — CRUSOE AMBROSE ou les Aventures surprenantes d'un fils unique. Ouvrage traduit de l'anglais. *Paris, Brasseur Aîné*, 1811, pet. in-12, demi-bas. f. à coins, tr. j. *(Rel. anc.).* **250 fr.**

ÉDITION ORIGINALE de cette *robinsonade enfantine* peu connue, illustrée d'un titre gravé avec *vignette* et de 7 figures gravées non signées. Grosse typographie. Petit manque dans la marge de qq. feuillets.

4928 [DUCRAY-DUMINIL]. — LOLOTTE ET FANFAN ou les Aventures de deux enfans abandonnés dans une île déserte, rédigées et publiées sur des manuscrits anglais, par M. D*** du M***. *A Charle's Town, et Paris, Maradan*, 1788, 4 part. en 2 vol. in-12, veau porphyre, dos à nerfs très ornés, pièces rouges, tr. mouch. *(Rel. anc.).* **500 fr.**

Célèbre ouvrage qui connut un grand succès et fut traduit en plusieurs langues. Dans son *Avant-propos* l'auteur avertit les lecteurs que *Robinson Crusoé*, production d'ailleurs fort estimable, ne l'a nullement aidé dans son ouvrage. *Hœfer* cite une édition en 1787, mais celle-ci cependant nous paraît être l'ORIGINALE, ornée de 2 figures, non signées, de BINET, signalées par *Cohen* (p. 333). Bel exemplaire. Pet. rouss. à l'angle de 2 ff. du tome II.

Voir n° 2290.

4929 EMMA, der Weibliche Robinson. *Stuttgart, Imle et Krauss*, 1837, in-12, de 1 f., 244 pp., plus 4 pp. de catalogue, bradel toile *de l'époque.* **125 fr.**

2e édition de ce « Robinson féminin », non mentionné par M. Paul Dottin dans son étude sur Robinson Crusoé. 3 lithographies coloriées. Rousseurs. Robinsonade généralement inconnue et de toute rareté.

4930 FOA (Eugénie). — LES NOUVEAUX RO-BINSONS. Aventures extraordinaires de deux enfants qui cherchent leur mère. *Paris, Bédelet, s. d. (1865 ?)*, in-8, cart. papier *de l'édit.* **600 fr.**

ÉDITION ORIGINALE. 8 très jolies lithographies en couleurs d'A. Duruy. Cartonnage à fond chamois orné de rinceaux, entrelacs et fleurs rouges, gris-bleu, or. M. Dottin (Robinson Crusoé, p. 427) assigne à cette robinsonade la date de 1865. Le livre nous paraît antérieur. Bel exempl. intérieurement, mais déboîté avec dos abîmé.

4931 FOUINET (Ernest). — LE ROBINSON DES GLACES. Dédié à S. M. la Reine des Français. *Paris, Désirée Eymery*, 1835, in-8, couvert. imp. et illustrée. **1.500 fr.**

ÉDITION ORIGINALE. 4 gravures sur bois tirées sur papier rose. Parmi les nombreuses imitations que fit éclore le succès de *Robinson Crusoé* et du *Robinson Suisse*, Ernest Fouinet fut seul à se dégager de la préoccupation de se mettre à la portée des enfants et de leur inculquer de pieuses pratiques ou des connaissances encyclopédiques. « Le Robinson des glaces, dont le succès fut mérité, contient une analyse psychologique, très fine et très poussée, du caractère d'un naufragé condamné à vivre solitaire sur les terres arctiques ; le dépeloppement de la vie intérieure, que doit comporter toute robinsonade digne de ce nom, constitue l'élément le plus intéressant de cet ouvrage qui

témoigne d'un réel talent ». *(Paul Dottin).* Très bel exemplaire de l'édition originale, de toute rareté sous sa couverture illustrée, un des premier spécimens du genre.

4932 FOUINET (Ernest). — LE ROBINSON DES GLACES. *Paris, Désirée Eymery*, 1835, in-12, veau vert, dos plat orné, fil. or sur les pl. et grande plaque à froid, cadre, rinceaux, médaillon, dentel. intér., tr. dorées. *(Reliure de l'époque).* **1.000 fr.**

Même édition, mêmes gravures que le précédent. Dos légèrement fané. Jolie reliure.

4933 FOUINET (Ernest). — LE ROBINSON DES GLACES. *Limoges el Paris, Martial Ardant*, 1851, in-8, cart. toile vert foncé, décors polychromes, tr. dorées. *(Cart. d'édit.).* **50 fr.**

7 gravures sur bois hors-texte (l'une représente la pêche à la baleine). Décor identique sur les deux plats : assemblage de fleurons, or, violet, vert ; dos orné rouge, orange, vert et or. Menues rousseurs.

4934 FOUINET (Ernest). — LE ROBINSON DES GLACES. *Limoges el Paris, Martial Ardant*, 1858, gr. in-8, cart. toile noire, décors polychromes, tr. dorées. *(Cart. de l'édit.).* **200 fr.**

4 lithographies hors-texte sur fond chamois. Cartonnage orné d'une belle plaque dorée sur le 1er plat (Robinson revenant de la chasse), avec jolis compartiments symétriques formant un cadre, dorés, rouges, bleus, blancs, orange, olive. Sur le second plat, dans un joli médaillon rocaille, or, vert, bleu et rouge, Robinson en costume de chasse. *Très bel exemplaire* de cette robinsonade estimée, qui contient « une analyse psychologique très fine et très poussée ». (Dottin, *Daniel de Foe et ses romans*, p. 247).

4935 L. P. D*.** — LE MODERNE ROBINSON ou Naufrage et aventures du Comte D***. *Paris, Pillot*, an IX, 1801, 2 part. en 1 vol. in-12, bas. porphyre, dos très orné, pièce rouge. *(Rel. anc.).* **250 fr.**

Très rare *robinsonade*, inconnue à *Barbier* et à M. *Dottin*. Ornée de 2 charmants frontispices non signés. *Bel exempl.*

4936 LEMAIRE (Henri). — PETIT ROBINSON ou les Aventures de Robinson Crusoé arrangées pour l'amusement de la Jeunesse. *Paris, Au Sage Franklin, P. Blanchard*, 1810, pet. in-12, demi-bas. polie marbrée, dos orné de fil. et rosaces, pièce rouge, coins. *(Rel. anc.).* **400 fr.**

ÉDITION ORIGINALE rare de cette nouvelle adaptation de Robinson Crusoé, destinée à concurrencer le Nouveau Robinson de Campe. Titre gravé, avec vignette, et 5 jolies figures non signées. Très bel exemplaire.

4937 LEMAIRE (Henri). — PETIT ROBINSON, etc. *Même ouvrage.* Deuxième édition revue et corrigée, *même date*, broché, non rogné, couv. pap. marbré d'époque avec étiquette impr. au dos. **150 fr.**

Bel exemplaire.

4938 LEMAIRE (Henri). — PETIT ROBINSON, etc. 2e éd. *Même ouvrage, même édition*, demi-bas. brune à coins. *(Rel. de l'ép.).* **60 fr.**

Qq. taches et déchirure au titre sans perte de texte. Reliure fanée.

4939 LEMAIRE (Henri). — PETIT ROBINSON, etc. 5e édition. *Même ouvrage que le précédent. Paris, A. Eymery,* 1821, pet. in-12, veau fauve poli, dos orné de fil., fil. ondulé autour des pl., tr. jasp. *(Rel. de l'époque).* **125 fr.**

Titre gravé avec vignette et 5 figures. *Très bel. exempl.*

4940 LEMAIRE (Henri). — PETIT ROBINSON, etc. 6e édition. *Même ouvrage. Paris, A. Eymery,* 1822, in-12 bas. marb., dos orné, pièce rouge, tr. marb. *(Rel. de l'ép.).* **80 fr.**

Titre gravé avec vignette et 5 figures. *Bel exemplaire.*

4941 KLEINE ROBINSON OF DE LOTGEVALLEN (DE), van Robinson Crusoe, tot nut en vermaak der Jeugd, van H.-H. Lemaire. *Deventer, A. J. Van den Siglenhorst,* 1823, cart. *papier de l'édit.* **85 fr.**

Vignette de titre et 5 planches gravées.

4942 MALLÈS DE BEAULIEU (Mme). — LE RO-BINSON DE DOUZE ANS. Histoire curieuse d'un jeune mousse abandonné dans une île déserte. IIe édition. *Paris, P. Blanchard,* 1820, in-12, bas. marbrée, dos orné, pièce verte. *(Rel. de l'époque).* **150 fr.**

Orné d'un titre gravé avec vignette et de 5 figures gravées, non signées. Le « *Robinson de 12 ans* » est une des *Robinsonades* à l'usage de la jeunesse qui connurent le plus de succès. Il fut un des concurrents les plus dangereux du *Robinson Suisse* (*Dottin*, II, 421). Qq. lég. tâches.

4943 MALLÈS DE BEAULIEU (Mme). — LE RO-BINSON DE DOUZE ANS, etc. Cinquième édition. *Paris, Blanchard,* 1824, in-12, bas. marb., dos orné, pièce rouge. *(Rel. de l'époque).* **125 fr.**

Mêmes figures que le n° précédent. Bel exemplaire malgré quelques piqûres.

4944 MALLÈS DE BEAULIEU (Mme). — LE RO-BINSON DE DOUZE ANS. *Paris, Lehuby,* 1834, in-12, basane marbrée, dent. dorée, dos orné. *(Rel. de l'époque).* **60 fr.**

Douzième édition. Mêmes gravures. On a mis comme page de garde à la fin un feuillet portant les étiquettes préparées pour le dos de la couverture muette originale. Exempl. feuilleté. Très menues rousseurs. Reliure un peu frottée.

4945 MALLÈS DE BEAULIEU (Mme). — LE RO-BINSON DE DOUZE ANS. *Paris, P.-C. Lehuby,* 1838, in-12, bas. marb., dos orné, pièce cuir. *(Rel. de l'époque).* **150 fr.**

Mêmes planches (regravées) que l'édition précédente.

4946 MALLÈS DE BEAULIEU (Mme). — DER ZWOLFJAHRIGE ROBINSON LEHRREICHE und unterhaltende Geschichte eines auf eine unbewohnte Insel verschlagenen französischen Schiffsjungen. Aus dem Französischen der Frau Mallès von Beaulieu. Nach der dreizehnten Pariser Ausgabe. *Stuttgart, Karl Erhard,* 1836, in-12 carré, cartonn. bradel, pap. marb. d'époque. **300 fr.**

Très rare traduction allemande du *Robinson de douze ans*, ornée d'un titre gravé avec vignette coloriée, et de cinq charmantes figures gravées et finement coloriées, non signées.

4947 MALLÈS DE BEAULIEU (Mme). — LE RO-BINSON DE DOUZE ANS. *Paris, P.-C. Lehuby, s. d.* [vers 1850], in-8, cart. percale verte, plats et dos orn. de fers spéciaux mosaïqués, tr. dorées. *(Cart. de l'éditeur).* **200 fr.**

Histoire d'un jeune mousse français abandonné dans une île déserte. Elle est ornée de 8 lithographies en couleurs. Cartonnage orné d'une charmante plaque : fleurs, feuillages, etc. *Plats passés.*

4948 MALLÈS DE BEAULIEU (Mme). — LE RO-BINSON DE DOUZE ANS. *(Cartonnage toile de l'éditeur).* **250 fr.**

Même ouvrage, même édition que le précédent. Cartonnage toile noire, mosaïqué vert, jaune, rouge et bleu. Tr. dorées. *Ex. très frais.*

4949 MALLÈS DE BEAULIEU (Mme). — LE RO-BINSON DE DOUZE ANS. 23e Edition. *Paris, Ducrocq, s. d.* [vers 1860], in-8, demi-chagr. brun, dos à n. orné, plats toile chagr. brune, fil. à froid, tr. dor. *(Rel. de l'ép.).* **100 fr.**

Mêmes planches en couleurs. *Très bel exemplaire.*

4950 MALLÈS DE BEAULIEU (Mme)]. — FÉLIX, DER ROBINSON VON 12 JAHREN. Eine merkwürdige und für die Jugend sehr lehrreiche Geschichte eines aufeiner um ewohnten Insel verschlagenen jungen Matrosen nach dem Französischen von Dr Karl Dielitz. *Berlin, Winckelmann u. Sohne, s. d.* [vers 1820], in-12, cartonné demi-toile, **300 fr.**

8 lithographies coloriées, y compris celle du titre. Version allemande du roman de Mme Mallès de Beaulieu, publié en 1818, que le traducteur et l'éditeur ont cru inutile de nommer.

4951 NOUVRAY (Mme de). — ROBINSON DU JEUNE AGE ou Aventures les plus curieuses de Robinson Crusoé. *Paris, Langlumé et Peltier, s. d.* [vers 1845], pet. in-12, cartonné pap. orné de sujets coloriés et argentés. *(Cartonn. d'édit.).* **180 fr.**

Curieuse et rare *Robinsonade* enfantine, non citée par *Dottin,* illustrée d'un titre gravé avec vignette et de 6 figures signées *Bosredon.* Bel exemplaire dans son cartonnage d'éditeur.

4952 PAUL (Adrien). — LE PILOTE WILLIS pour faire suite au Robinson suisse. *Tours, Mame,* 1855, 2 vol. in-12, cart. papier *de l'édit.* **1.200 fr.**

ÉDITION ORIGINALE. 24 gravures sur bois horstexte. Cartonnage à fond vert et or, décoré de guirlandes dorées et de fleurs bleues et rouges. Images en chromolithographie représentant deux scènes de l'ouvrage sur le 1er plat de chaque volume. Premier plat déboîté au tome I, détaché au tome II. Une petite partie du dos du t. I manque. Intérieurement, l'exempl. est très propre. Il est extrêmement rare de rencontrer l'édition originale de cette œuvre célèbre dans un cart. papier aussi bien conservé. Les menus défauts signalés sont aisément réparables. Nous avons préféré laisser l'exemplaire pur de toute restauration. Sur cette robinsonade très intéressante et qui fut rapidement traduite en anglais et en français, voir Dottin, *Daniel de Foë,* p. 324.

4953 PAUL (Adrien). — LE PILOTE WILLIS pour faire suite au Robinson Suisse. *Tours, Mame,* 1855,

2 vol. in-12, cart. toile bleue, décor polychrome, tr. dorées. *(Cart. de l'édit.).* **800 fr.**

Autre exemplaire de l'ÉDITION ORIGINALE. Plaques or, rouge, violet, vert, de style rocaille avec guirlandes de feuillage au 1er plat mascarons avec bateau, locomotive et ballon au second plat. Magnifique exemplaire.

4954 VERENET (G.-C.). — LE ROBINSON HOLLANDAIS ou Journal d'un marin naufragé. Ouvrage amusant et moral en prose et en vers rédigé par l'éditeur du Mnémonique, etc. *Amsterdam, Jacobus Radink, s. d.* [vers 1824], in-12, cartonn. pap. imprimé de l'éditeur. **200 fr.**

Curieuse Robinsonade hollandaise dont *Verenet* avoue n'être que le « rédacteur ». C'est sans doute une imitation du « Robinson hollandais » paru en 1743. Beau titre gravé avec vignette et 3 figures gravées et dessinées par *Portman*. Rare en cartonnage d'origine.

4955 VERENET (G.-C.). — LE ROBINSON HOLLANDAIS, etc. *Même ouvrage que le précédent. Amsterdam, Schmidts,* 1824, in-12, demi-toile chagr. noir, tr. mouch. *(Rel. de l'époque).* **100 fr.**

Même édition que le précédent avec le nom d'éditeur modifié sur le titre gravé, et une date.

==========

4956 ROCH. — LE PETIT BUFFON POÉTIQUE, Tiré de La Fontaine, Delille, Roucher, Esmenard, Campenon, etc., avec les principales divisions de la classification de M. le baron CUVIER. *Paris, Le Brun,* 1832, in-12, cartonn. bradel papier imprimé d'origine, étiquette au dos. *(Cartonnage d'éditeur).* **80 fr.**

Charmant petit ouvrage orné de 12 jolies figures (y compris une vignette sur le titre gravé) par *Cazenave*. Exemplaire dans son cartonnage d'éditeur légèrement fatigué.

4958 ROCKSTROH-BRUGUER. — LE PETIT ARCHITECTE ou Tracé linéaire... à l'usage de la jeunesse. *Gand, G. de Busscher et Fils,* 1823, in-12, cart. couv. rose illustr., tr. marb. *(Cart. de l'éditeur).* **450 fr.**

Petit cours d'application du tracé linéaire à l'art de représenter toutes sortes d'objets en papier ou en carton. Il est orné de 2 jolies vignettes lithographiées par *Kierdorff* sur les plats de la couverture dont une représentant des amours érigeant une colonne et de planches hors-texte. (Le titre indique par erreur 23 planches, mais on ne trouve pas mention de cette 23e planche dans le texte). Bel exemplaire. *Très rare.*

4959 ROCK-WORK MODELLING (THE BOYS BOOK OF) or How to make Grottos, Cascades and Waterfulls, from materials to be found in every home. *London, Dean and Son, n. d.* [circa 1850], or. coloured boards. *(Worn and stained).* **75 fr.**

Illustrated with 7 hand-coloured woodcuts.

4960 RODE (Gérard de). — LE GONDOLIER DE KENNESSE. *Paris, Arnauld de Vresse, s. d.* [vers 1845], in-8, cartonnage toile verte *de l'éditeur,* titre et tr. dorées. **100 fr.**

10 jolies lithographies coloriées tirées chez *Roche*. Vignettes sur bois. Légères rousseurs.

4961 ROIS ET REINES DE FRANCE EN ESTAMPES (LES), représentant par ordre chronologique leurs portraits et costumes depuis Pharamond jusqu'à nos jours. *Paris, Martinet-Hautecœur, Amédée Bédelet, s. d.* (1853), in-4 obl. *(Cartonnage papier de l'éditeur).* **600 fr.**

23 grandes lithographies en couleurs d'EUGÈNE LEJEUNE, tirées chez Godard. Texte explicatif indiquant les dates et faits principaux des règnes des rois et reines. Cartonnage crème en chromolithographie de *Lemercier*. Guirlande, trophée d'armes, blasons de souverains que domine celui de la ville de Paris. Cartonnage très frais, et l'intérieur d'une remarquable fraîcheur.

4962 ROIS ET LES REINES DE FRANCE EN ESTAMPES (LES), représentant par ordre chronologique leurs portraits et costumes depuis Pharamond jusqu'à nos jours, avec texte explicatif... *Paris, Martinet-Hautecœur, s. d.* (1853), in-8 oblong, cart. toile bleue, décors polychromes, tr. dorées. *(Cart. d'édil.).* **250 fr.**

Ouvrage différent du précédent, malgré la similitude des titres. Vingt grandes lithographies coloriées d'EUGÈNE LEJEUNE. Sur le 1er plat, décor de rinceaux et mascarons or, rouge, orange et vert, avec écusson, bannière, carquois, casque de chevalier et armes de France (or et azur) surmontées d'une couronne royale (or et rouge). Ces armes, qui comportent *cinq* fleurs de lys, sont d'ailleurs fantaisistes. Bel exemplaire.

4963 ROLLIN MODERNE (LE) ou Abrégé de l'Histoire ancienne et romaine à l'Usage de la Jeunesse. *Paris, Lavigne, s. d.* [vers 1835], in-12, bas. polie bleu foncé, dos orné, large encadrement à froid et doré, de beau style, autour des plats, tr. dor. *(Rel. de l'époque).* **130 fr.**

Très bel exemplaire. Orné de 4 jolies figures sur cuivre, en très beau tirage.

4964 ROMAGNY (Ch.). — L'AMI DE LA JEUNESSE. *Rouen, Mégard et Cie,* 1857, in-12, cart. percale bleue, encadrement de fil. à froid, centre dor., des orn. en long, tr. jasp. *(Cart. de l'éditeur).* **20 fr.**

De la Collection : « *Bibliothèque morale de la jeunesse* ». Frontispice gravé.

4965 ROMAN HISTORY (STORIES FROM) by a Lady. *London, Harvey and Darton,* 1825, 12mo. or. printed boards. **60 fr.**

Illustrated with 29 well engraved plates showing 58 subjects taken from Roman history.

4966 ROMANS POUR LA JEUNESSE. — RÉUNION DE 11 VOLUMES. *Belin-Le Prieur, Didier, Mame,* 1838-1847, in-12, demi-veau marron, dos ornés de fers dorés sans nerfs. *(Rel. de l'époque).* **500 fr.**

Réunion intéressante dans une très fraîche reliure uniforme :
Blanche ou le Triomphe de l'éducation du cœur, par Mme L. Bernier. Belin-Le Prieur, 1838, 4 gravures.
Etienne et Valentin ou Mensonge et Probité, suivi de l'Histoire de Jean-Marie, par Mlle Ulliac Trémadeure. Didier, 1840, 4 belles gravures.
Rose et Joséphine, par Mme M. G. E. Mame, 1843, 4 gravures.
Virginie ou la Vierge chrétienne, par le R. P. Michel-Ange Marin. 2 tomes en 1 vol. Mame, 1843. 4 gravures.

Aurélie ou le Monde et la Piété, par M. D. d'Exauvillez. Mame, 1843, 4 gravures (brunies).

Ernestine ou les Charmes de la vertu, par Mme Césarie Farrenc. Mame, 1844, 4 gravures.

Aline et Marie ou les Jeunes Parisiennes en Suisse, par Mme R. S***. Mame, 1844. 4 gravures.

Marie ou l'Ange de la Terre, par Mlle Fanny de V. Mame, 1845. 4 gravures.

Anna ou la Piété filiale, par M. de Marlès. Mame, 1846, 4 gravures.

Mathilde et Gabrielle. Mame, 1847, 4 gravures.

L'Orpheline de Moscou, par Mme Woillez. Mame, 1847. 4 gravures.

4967 [ROSCOE (William)]. — THE BUTTERFLY'S BALL and the Grasshopper's Feast. *London, J. Harris, jan. 1st 1807,* square 16mo. or. printed wrappers with cuts *(Rubbed)*, preserved in levant morocco case. **10.000 fr.**

FIRST EDITION, FIRST ISSUE, published jan. 1st, 1807 with title and text engraved. This issue is totally different from the so called « first edition » printed (and not engraved) same year which is really a second issue. The printed wrapper has woodcuts of a Butterfly and a Grasshopper. On recto of upper cover, and, besides text of the title, has the line « *Specially written for the use of his Children* ». The verso of the lower wrapper has a list of Harris publications. The work is illustrated with 12 hand-coloured engravings totally different from the second issue of the work. The second issue has the text printed and not engraved and in many respects is different or variant.. William Roscoe (1753-1831), writer on Statistics, is said to have attended a civic entertainment, of which he afterwards wrote a playful, account for the amusement of his children. Fine copy.

4968 [ROSCOE (William)]. — THE BUTTERFLY'S BALL and the Grasshopper's Feast... to which is added, an original poem, entitled, A Winter's Day, by Mr Smith, of Stand. *London, J. Harris, 1808,* square 16mo. or. wrappers, preserved in half-morocco case. **1.800 fr.**

This is probably the third edition and the text and plates are the same as the second issue with *printed title*, dated 1807. Illustrated with full page frontispiece and 7 other copper plates. *Tuer F. C. B. pages 146-148, edition of 1807.*

4969 [ROSCOE (William)]. — THE BUTTERFLY'S BALL. *Olley, William Walker and Sons, n. d. [circa 1850],* 12mo. or. printed wrappers. **25 fr.**

Nine quaint woodcuts. Large type. This is a different version.

4970 ROSE ET BLANCHE ou les Petits Moutons. *Paris, A. Marcilly, s. d. [vers 1830],* in-32. *(Cartonnage papier et étui de l'éditeur).* **200 fr.**

12 lithographies et leur encadrement. Cartonnage crème décoré bistre et bleu. Etui rose, titre lithographié. *Bel exemplaire.*

4971 ROSE BUD (THE). A LOVE GIFT FOR YOUNG HEARTS, FOR 1855. Edited by Mrs C. A. Soule. *Boston, A. Tompkins, 1855,* sm. 8vo. or. green cloth, gilt, g. e. **65 fr.**

4 plates engraved on Steel. *Fine copy.*

4972 ROSELLY DE LORGUES. — VIE ET VOYAGES DE CHRISTOPHE COLOMB, d'après des documents authentiques tirés d'Espagne et d'Italie. *Paris, Morizot, s. d. (1862),* gr. in-8, cart. toile violette, décors polychromes, tr. dorées. *(Cart. de l'édit.).* **800 fr.**

ÉDITION ORIGINALE. Quatorze gravures en premier tirage, d'après les dessins de Rouargue (scènes de la vie et des expéditions de Colomb). Décor rouge, bleu, vert et or : au 1er plat, gerbes florales ; au dos, fleurons et rinceaux ; au second plat, un trois-mâts. L'ouvrage du comte Antoine Roselly de Lorgues, d'un intérêt considérable pour l'histoire de la découverte de l'Amérique, est le premier ouvrage sérieux sur Chr. Colomb, et était resté le seul, avec celui de Campe, jusqu'au tout récent livre de Marius André, qui a renouvelé la matière. *Très bel exempl.*

4973 ROSETTA'S BIRTHDAY, written for the entertainment and instruction of Little Girls. *London, William Darton, n. d. [circa 1824],* sm. 12mo. or. printed wrappers. **60 fr.**

Illustrated with two plates, hand-coloured at a later date. We cannot say for certain, but it is our belief that there should be a frontispiece. Large type.

4974 ROSINE OU LA FEMME COURAGEUSE. *Paris, Lavigne, A. Poilleux, s. d. [vers 1840],* pet. in-16, cart. papier j. illust. *de l'éditeur.* **20 fr.**

De la *Bibliothèque du Premier Age.* Frontispice gravé

4975 ROSS (Mr). — THE AMERICAN LATIN GRAMMAR or A complete Introduction to the Latin Tongue..., etc., etc. Revised and corrected and new Republished for the use of the Grammar-Schools throughout the United States. *Newburyport (U. S. A.), John Mycall, n. d. (1870),* sq. 12mo. or. old calf on wooden boards. *(Back broken).* **400 fr.**

Grammar formed from the writings of *Lilly, Ruddiman, Phillips, Holmes, Bp. Wettenhall, Cheever, Clarke, Ried, etc.* Small hole in one leaf affecting a few letters.

4976 ROSTAING (Jules). — LE CAPITAINE SABRE-DE-BOIS. *Paris, Delarue, s. d. [vers 1860],* in-12 carré, cart. toile bleue, tr. dorées. *(Cart. de l'éditeur).* **50 fr.**

8 lithographies en couleurs hors-texte. Titre frappé en or dans un médaillon portant l'inscription : « Livres pour les petits enfants ». Texte imprimé en gros caractères.

4977 ROSTAING (Jules). — LE CAPITAINE SABRE-DE-BOIS. *Paris, Delarue, s. d. [vers 1860],* in-12 carré, cart. toile grenat, tr. dorées. *(Cart. de l'édit.).* **50 fr.**

Le même ouvrage que le précédent. La couleur du cartonnage diffère seule.

4978 ROSTAING (Jules). — LE CAPITAINE SABRE-DE-BOIS. *Paris, Delarue. s. d. [vers 1867],* in-8, cartonnage imprimé de l'éditeur. **60 fr.**

Illustré de 8 gravures sur bois coloriées. Cartonnage rouge et noir. *Bel exemplaire.*

4979 ROSTAING (Jules). — LE CAPITAINE SABRE-DE-BOIS. *Paris, Delarue, s. d. [vers 1867],* in-8, cartonnage de l'éditeur. **60 fr.**

Même ouvrage, même édition.

4980 ROSTAING (Jules). — LES DESCENDANTS DE JOCRISSE, histoires pour rire. *Paris, Vve Louis Janet el Magnin, s. d.* [vers 1850], in-8, cart. toile violette, décor et tr. dorés. *(Carl. de l'édit.).* **150 fr.**

12 lithographies sur fond chamois par *LOUIS LASSALLE.* Vignettes sur bois, lettres ornées. Plaques dorées sur le dos et les plats. *Bel exemplaire.*

4981 ROSTAING (Jules). — LES GLOIRES DE L'ENFANCE. *Paris, Magnin, Blanchard, s. d.* (vers 1850), in-8, cart. toile bleue, décors dorés, tr. dorées. *(Carl. de l'éditeur).* **150 fr.**

12 lithographies hors-texte de LOUIS LASSALLE, sur fond chamois et coloriées. Récits sur l'enfance de personnages célèbres : Amyot, Linné, Carême, Pascal, Rollin, Rembrandt, Poussin, Ambroise Paré, Walter Scott, etc., écrits avec grâce et esprit par Jules Rostaing (pseudonyme de M. Alhoy), Alfred des Essarts, Henri de Bornier, etc. Cartonnage orné sur le premier plat d'une plaque représentant des enfants, une palette, une croix, de la musique, des armes, etc. (signé : Engel et Schaeck). *Bel exemplaire.*

4982 ROSTAING (Jules). — LA JEUNESSE DES MARIONNETTES. *Paris, Marlinel-Haulecœur, s. d.* [vers 1850], in-4 obl. *(Cartonnage papier de l'éditeur).* **400 fr.**

ÉDITION ORIGINALE. 10 magnifiques lithographies de HENRI TÉLORY, tirées chez *Fernique*, et couverture illustrée par le même, représentant les personnages de la comédie italienne : Colombine, Pierrot, Polichinelle, Pantalon, Scaramanche ; le mariage d'Arlequin et de Colombine. Texte imprimé sur deux colonnes. Exemplaire de toute fraîcheur, très rare avec son cartonnage, de ce volume justement recherché comme tous les albums illustrés par Télory.

4983 ROSTAING (Jules). — LE MARQUIS DE CARABAS. *Paris, Delarue, s. d.* [vers 1855], in-8 oblong, cartonn. toile violet foncé, grande plaque dorée sur le 1er plat reproduisant une lithogr. de l'ouvrage. *(Carlonn. de l'éditeur).* **800 fr.**

ÉDITION ORIGINALE ornée de 16 très belles lithographies par *TÉLORY.* Cartonnage d'origine extrêmement frais.

4984 ROSTAING (Jules). — LE MARQUIS DE CARABAS. **500 fr.**

Autre exemplaire du même ouvrage, même édition. Exemplaire moins frais. Une feuille de garde manque.

4985 ROSTAING (Jules). — LE SEIGNEUR POLICHINELLE. *Paris, Delarue, s. d.* [vers 1860], in-8, cartonnage toile verte, décor doré, tr. dorées. *(Carl. de l'éditeur).* **300 fr.**

16 lithographies coloriées, titre compris, de *TÉLORY,* tirées chez *Becquet frères.* Sur le 1er plat, plaque dorée représentant Polichinelle et M. Crin-Crin. Légères mouillures au bas de quelques pages.

4986 [ROSTAING (Jules)]. — LE SEIGNEUR POLICHINELLE. *Paris, Delarue, s. d.* [vers 1860], in-8. *(Cartonnage toile de l'éditeur),* fers spéciaux, tr. dorées. **400 fr.**

Même ouvrage, mêmes illustrations que le précédent. *Bel exemplaire.*

4987 ROSTAING (Jules). — VOYAGE DANS LES DEUX AMÉRIQUES ou les Neveux de l'Oncle Tom. *Paris, Vve Louis Janet, s. d.* [vers 1860], in-8, demi-chagr. violet foncé, dos à n. orné, pl. toile ornée à froid, tr. dor. *(Rel. de l'époque).* **400 fr.**

ÉDITION ORIGINALE de cet *Américana* fort rare. Illustré de 13 superbes lithographies *coloriées* (au lieu de 12 annoncées sur le titre ; le frontispice est en double), relatives aux *Etats-Unis,* aux *Grands Lacs,* au *Canada, Pérou, Mexique, Guatémala, Chili, Brésil, Buenos-Ayres, la Plata, les bords de l'Orénoque* (costumes). Bel exempl.

4988 ROSTAN (Ernest). — LES BEAUX JOURS DE LA VIE. Promenades à travers la France. Scènes de ville, de campagne et de mer. *Limoges, Barbou, s. d.* [vers 1855], gr. in-8, demi-chagr. brun, dos à n. orné, pl. toile, fil. dor. sur les plats, tr. dor. *(Rel. de l'époque).* **50 fr.**

Orné de 4 grandes lithographies non signées, sur fond teinté. *Bel exemplaire.*

4989 ROUD (F.-C.). — PETITES ÉTRENNES MORALES offertes à la Jeunesse néerlandaise. *Rollerdam, Meusing,* 1837, in-12, demi-toile verte. *(Cartonnage de l'époque).* **25 fr.**

Ouvrage en deux parties à pagination séparée. Orné de 4 jolies lithographies. *Mouillure à une planche.*

4990 ROUJOUX (Chevalier de). — LE MONDE EN ESTAMPES ou Géographie des cinq parties du monde, précédé d'un précis de Géographie universelle. Ouvrage consacré à l'instruction et à l'amusement de la jeunesse... *Paris, A. Nepveu,* 1828, fort in-8 oblong, demi-veau fauve, coins, dos à nerfs. *(Rel. mod.).* **500 fr.**

Frontispice, 12 cartes et 73 planches de costumes, sites, scènes de mœurs *(au lieu de 75),* gravées et très finement coloriées à l'époque, représentant près de 150 sujets. Très rare, surtout aussi joliment colorié.

4991 ROUJOUX (Chevalier de). — LE MONDE EN ESTAMPES ou Géographie des cinq parties du monde... *Paris, A. Nepveu,* 1828, fort in-8 oblong, dos veau brun orné, plat papier orné de la reproduction du frontispice. *(Rel. mod.).* **300 fr.**

Le même ouvrage que le précédent. Très bel exemplaire d'une fraîcheur parfaite et grand de marges. Planches et cartes en noir. *Manque malheureusement la sphère armillaire et 10 planches sur 75.*

4992 ROUND TABLE (THE) or King Arthur's Feast. *London, John Arliss, n. d.* [circa 1830], sm. 12mo. **200 fr.**

Illustrated with 17 splendid woodcuts. *Fine copy.*

4993 ROUSSEAU (J.-J.). — EMILE ou de l'Éducation. *Amsterdam, Jean Néaulme,* 1762, 4 vol. in-12, bas. marbrée, dos ornés, pièces rouges et vertes, tr. r. *(Rel. anc.).* **900 fr.**

ÉDITION ORIGINALE in-12 ornée de 5 figures d'*Eisen* gravées par *Le Grand, Pasquier* et *de Longueil* en premier tirage *(Cohen, 903, Le Petit, 564).* L'influence de l'*Emile* sur la littérature enfantine a été considérable. C'est de l'*Emile* que date la vogue immense de Robinson Crusoé. Berquin et Mme de Genlis sont, en matière d'éducation, disciples de Rousseau. Mais c'est surtout en Angleterre que les idées du citoyen de Genève présidèrent à la floraison d'une littérature enfantine abondante (par ex. Thomas Dai, l'auteur de *Sandford et Merten*).

4994 ROUSSEAU (J.-J.). — EMILE ou de l'Éducation. *Amsterdam, Jean Néaulme*, 1765, 4 tomes en 2 vol. in-12, bas. marb., dos ornés à la grotesque, pièces de couleurs, tr. marb. *(Rel. anc.).* **400 fr.**

Réimpression de l'édition originale, avec les 5 figures signalées au n° précédent. Bel exemplaire. Les dos de la reliure sont très décoratifs.

4995 ROUSSEAU (Mlle M.-V.). — CONTES DE LA JEUNE TANTE. *Paris, Caillot, s. d.* [vers 1830], in-12, bas. mouch., dos doré, pièce rouge, guirlande aut. des plats, tr. marb. *(Rel. anc.).* **100 fr.**

Titre gravé, avec vignette, et trois figures gravées sur cuivre, d'un style très naïf, et intéressantes pour les costumes et le mobilier. Rousseur à une page. *Bel exemplaire.*

4996 ROUSSEAU (Mlle M.-V.). — CONTES DE LA JEUNE TANTE... Bas. marb., dos orné, pièce verte, tr. marb. *(Rel. de l'époque).* **75 fr.**

Même ouvrage et même éd. que le précédent.

4997 ROWSE (Elizabeth). — OUTLINES OF ENGLISH HISTORY in verse. *London, Darton, Harvey and Darton*, 1811, small 12mo. or. half-leather, boards, ticket. **100 fr.**

Engraved frontispiece. *Fine copy.*

4998 ROY (J.-J.-E.). — HISTOIRE DE BOSSUET, évêque de Meaux, d'après le cardinal de Beausset. Seconde éd. *Tours, Mame*, 1840, in-12, v. vert foncé, dos très orné en long, belle plaque sur les plats, fil. doré, tr. marb. *(Rel. anc.).* **150 fr.**

Titre gravé (vignette) et 3 figures sur acier. Bel exempl. dans une jolie reliure.

4999 ROY (J.-J.-E.). — HISTOIRE DE BOSSUET, évêque de Meaux, d'après le cardinal de Beausset. *Tours, Mame et Cie*, 1858, in-12. *(Cartonnage papier de l'éditeur).* **100 fr.**

Même ouvrage. Cartonnage romantique, or sur blanc, rinceaux et cadres, bouquets de roses. Au centre, vignette coloriée, portrait en pied de Bossuet, d'après Rigaud. De toute fraîcheur.

5000 ROY (J.-J.-E.). — HISTOIRE DE LA CHEVALERIE. *Tours, A. Mame et Cie*, 1846, in-12, cart. percale bleue, plats et dos orn. de fers spéciaux. *(Cart. de l'éditeur).* **30 fr.**

Titre gravé avec vignette et 3 planches hors-texte. Bel exemplaire dans un cartonnage très frais dont le premier plat est décoré d'une armure.

5001 ROY (J.-J.-E.). — HISTOIRE DE FÉNELON, archevêque de Cambrai, d'après le cardinal de BEAUSSET. *Tours, Mame*, 1840, in-12, veau vert foncé, dos orné en long, plaque à froid sur les plats, fil. dor., tr. marb. *(Rel. anc.).* **100 fr.**

Titre gravé sur acier (vignette) et 3 figures sur acier. Bel exemplaire, dans une reliure très fraîche.

5002 ROY (J.-J.-E.). — HISTOIRE DE JEANNE D'ARC, dite la Pucelle d'Orléans. Seconde éd. *Tours, Mame*, 1840, in-12, bas. polie bleu, dos bien orné, très belle plaque « à la cathédrale » frappée à froid sur les plats, tr. marb. *(Rel. de l'époque).* **500 fr.**

Magnifique exemplaire de toute fraîcheur. Orné d'un titre gravé avec vignette et de 3 figures (l'une est signée *Robierre*, une autre *K. G.*).

5003 RUCHE (LA). Journal d'études familières, par Mmes L.-Sn. Belloc et Ad. Montgolfier. *Paris, s. d.* [1836-1840], 3 in-8, demi-bas. rouge, dos ornés. *(Rel. de l'époque).* **300 fr.**

De l'origine, 15 novembre 1836 à décembre 1839. Collection complète. 20 lithographies, 8 gravures et 8 bois. La plupart des lithographies sont de LOUIS BOULANGER, quelques-unes de LOUIS LASSALLE. Musique notée. Complet, sauf une lithographie qui manque au tome III. Véritable cours par correspondance, la *Ruche* constitua une tentative intéressante et les illustrations de LOUIS BOULANGER sont d'un romantisme absolu. *Rousseurs.*

5004 RUDIMENTS OF REASON or The Young Experimental Philosopher, being a Series of Family Conferences in which the causes and effects of the various phenomena that nature daily exhibits are rationally and familiarly explained. *London, E. Newbery*, 1793, 3 vols. insm. 12mo. or. half-leather, boards with tickets. **350 fr.**

FIRST EDITION. At end of 3rd vol. « Definitions of terms of Science, etc. The preface is signed S. G. *Fine copy.*

5005 RUGBY MAGAZINE (THE). *London, William Peckering, July*, 1835 *to nov.* 1837, two vols. 8vo. contemp. half-morocco. **200 fr.**

At end of vol. II alphabetical index for both vols.

5006 RURAL TALES FOR YOUTH. *London, James March, n. d.* [circa 1830], large 8vo. or. printed wrappers. **350 fr.**

N° 7, of « March's Library of Instruction and Amusement ». Illustrated with 8 brilliantly coloured woodcuts.

5007 [RUSSELL (John)]. — THE ADVENTURES OF THE GUILDFORD JACK-DAW. Interspersed with Anecdotes of some Little Good and Bad Boys. For the use of children. *Guildford, Printed for J. Russell and Sold, by J. Evans..., etc. London, n. d.* [circa 1794], small 12mo. levant morocco by Wood, or. wrappers bound in. **2.200 fr.**

FIRST EDITION. Finely engraved frontispiece on copper and 15 woodcuts in text. At the end is another story *The Conceited Magpye* in verse (4 pages). The work is by John Russell, Bookseller of Guildford, and four times Mayor of that town where he died in 1804. Watermark of paper bears date 1794 (p. 35). The frontispiece is probably by his son *John Russell*, the celebrated portrait painter. PRESENTATION COPY FROM THE AUTHOR TO HIS FRIEND Mr LUCY, being inscribed on front wrapper as follows. *Mr Josiah Lucy, from his friend and neighbour, J. R.* Three of the cuts show Scenes in Guildford : on page 3 St. Catherine's Chapel (ruin) : page 5, Execution in High Street ; page 9, Losely House, near Guildford. *Very fine copy.*

5008 RUTH ELMER. A Tale for School Girls. THE BASKET OF FLOWERS or Piety and Truth Triumphant. *London, Frederick Warne and Co, n. d.* [circa 1860], 2 vols. in-16mo. or. green cloth, gilt. **50 fr.**

Each with coloured frontispiece printed in the Kronheim style. *Very fine copies, as new.*

5009 S*** (Mme M.-R.). — ALINE ET MARIE ou les Jeunes Parisiennes en Suisse. *Tours, Mame,* 1840, in-12, bas. mouch., dos orné, pièce verte, tr. marb. *(Rel. de l'époque).* **125 fr.**

ÉDITION ORIGINALE ornée d'un titre avec vignette *(Le Chalet)* et 3 charmantes figures gravées, par *Gouget,* représentant des épisodes d'*alpinisme,* et une jolie vue du *village d'Interlaken.* HELVETICA.

5010 SACRED ALBUM (THE). A Religious Souvenir. *London, W. and H. Rock, Simpkin, Marshall and Cie, n. d.* [circa 1850], 4to or. stamped leather, richly decorated with blind and gilt designs (chimerias, baskets of flowers, eagle and serpent, etc.), gilt edges. *(Splendid Romantic binding).* **1.250 fr.**

A remarkable example of composition and typography of the period. Engraved title in bistre, 32 of the pages have charming embossed designs (flowers, etc.) and frames around the text which is printed in small or diamond type. 10 coloured pages with text and numerous blank coloured pages with embossed or engraved frames for m. s. contributions. 4 full page engravings (religious subjects). The work consists of Juvenile Poems or Stories. *Very fine copy in pristine state.*

5011 SAD FATES OF RICHARD, LUCY AND JOHN. *London, Dean and Son, n. d.* [circa 1850], sm. 4to. or. printed wrappers. **125 fr.**

Illustrated with 8 hand-coloured woodcuts by Alfred Crowquill. English Struwwelpeters series.

ALEXANDRE DE SAILLET (1811-1866)

5012 SAILLET (Alex. de). — LES ENFANTS CHEZ TOUS LES PEUPLES ou la Famille de l'armateur. *Paris, Desesserts, s. d.* [vers 1840], in-8, cart. toile bleu foncé avec motif doré, tr. dorées. **300 fr.**

ÉDITION ORIGINALE. 20 lithographies coloriées à l'époque. Nombreuses vignettes sur bois, dont plusieurs coloriées postérieurement. Grand motif doré sur le 1er plat : garçonnet jouant au bilboquet, fillette sautant à la corde. *Bel exemplaire.* Les lithos coloriées sont d'une fraîcheur rare.

5013 SAILLET (Alex. de). — LES ENFANTS CHEZ TOUS LES PEUPLES. *Paris, Desesserts, s. d.* [vers 1840], in-8, cart. toile violette, décoration polychrome à personnages, tr. dorées. **80 fr.**

ÉDITION ORIGINALE. Voir le n° précédent. Exempl. lavé et remis dans son cartonnage. *La litho du Jeune Quaker américain manque.* La décoration rouge, vert et or représente des personnages et des scènes du livre.

5014 SAILLET (Alex. de). — LES ENFANTS CHEZ TOUS LES PEUPLES. *Paris, Desesserts, s. d.* [vers 1840], in-8, cartonnage papier. *(Chromolith. d'Engelmann et Graf, carl. de l'édit.).* **2.500 fr.**

Le même ouvr. que le précédent. Rousseurs tout à fait négligeables. Cartonnage d'un goût exquis et d'une très rare fraîcheur. Les plats et le dos sont recouverts de rinceaux dorés sur fond blanc, où se détachent de nombreux petits personnages en couleurs, qui sont les héros du livre. Le titre, au premier plat, également en couleur : l'or, le rouge, le bleu, le vert, le jaune, le noir, etc., sur fond blanc font de ce cartonnage un très beau spécimen de la chromolithographie de l'époque, peut-être unique.

5015 SAILLET (Alex. de). — LES ENFANTS CHEZ TOUS LES PEUPLES. *Paris, Alphonse Desesserts, s. d.* [vers 1840], in-8. *(Carlonnage loile de l'éditeur).* **300 fr.**

Même ouvrage, mêmes illustrations que le précédent. Les illustrations sont dans un état de fraîcheur irréprochable. Quelques rousseurs dans le texte.

5016 SAILLET (Alex. de). — LES ENFANTS PEINTS PAR EUX-MÊMES. Types, caractères et portraits de JEUNES FILLES. *Paris, Desesserts,* 1842, in-8, demi-chagr. noir, dos à n. orné, plats toile chagr. noire ornée à froid, tr. dor. *(Rel. de l'époque).* **70 fr.**

Un frontispice lithographié *(Destouches)* et 34 jolies planches lithographiées par *Legrand* et de *Saillet* (au lieu de 36 annoncées à la table). Nombreuses vignettes et lettres ornées gravées sur bois dans le texte. Rousseurs.

5017 SAILLET (Alex. de). — LES ENFANTS PEINTS PAR EUX-MÊMES (Jeunes Filles). *Même ouvrage, même édition que le précédent,* demi-chagr. bleu foncé à coins, dos orné en long de filets dorés. *(Rel. de l'époque).* **200 fr.**

1 frontispice et 36 figures lithographiées. Bel exemplaire sans rousseurs. Reliure avec très joli dos.

5018 SAILLET (Alex. de). — LES ENFANTS PEINTS PAR EUX-MÊMES (Jeunes Filles). *Même ouvrage, même éd. que le précédent,* demi-chagr. violet foncé, dos à n. très orné, tr. dor. *(Rel. de l'époque).* **125 fr.**

Bel exemplaire, sans rousseurs, bien complet du frontispice et des 36 planches, en *très beau tirage.*

5019 SAILLET (Alex. de). — LES ENFANTS PEINTS PAR EUX-MÊMES. Sujets de composition donnés à ses élèves (Garçons). *Paris, Desesserls*, 1841, in-8, cart. polychrome *de l'édit.* **1.000 fr.**

Un frontispice lithographié et 32 lithographies hors-texte par de Saillet. Cartonnage polychrome d'une rareté insigne dans cet état de fraîcheur. Les plats et le dos sont décorés de motifs vert, rouge, bleu et or sur fond crème. *Petite fente à un mors.*

5020 SAILLET (Alex. de). — LES ENFANTS PEINTS PAR EUX-MÊMES (Garçons). *Même ouvr., même éd.* demi-chagr. vert foncé, dos à n. orné, plats toile, tr. dor. *(Rel. de l'époque).* **500 fr.**

Exemplaire *avec les lithographies* (frontispice et 32 planches) *finement coloriées et gommées.* Qq. lég. rouss. Rare avec les fig. col.

5021 SAILLET (Alex. de). — LES ENFANTS PEINTS PAR EUX-MÊMES [Garçons]. *Même ouvrage, même éd.,* demi-veau violet foncé, dos très orné, tr. jasp. *(Rel. de l'époque).* **250 fr.**

Figures en noir. Bel exemplaire avec un très joli dos décoratif.

5022 SAILLET (Alex. de). — LES ENFANTS PEINTS PAR EUX-MÊMES. (Garçons). *Paris, Desesserls*, 1841, in-8, demi-chagr. brun, dos à n. orné, fil. entourant les plats, motifs d'angles, tr. dor. *(Rel. de l'époque).* **170 fr.**

Un frontispice lithographié et 32 lithographies hors-texte par de Saillet. Très bel exemplaire.

5023 SAILLET (Alex. de). — LES ENFANTS PEINTS PAR EUX-MÊMES. (Garçons). *Même ouvr., même éd.,* demi-chagr. lavall. à coins, dos orné, tr. dor. *(Rel. de l'époque).* **125 fr.**

Figures en noir. Bel exemplaire. Quelques rousseurs insignifiantes.

5024 SAILLET (Alex. de). — LES ENFANTS PEINTS PAR EUX-MÊMES. (Garçons). *Même ouvrage, même éd.,* demi-chagr. violet foncé, dos orné, plats pap. moiré, dent. autour des plats, tr. dor. *(Rel. de l'époque).* **80 fr.**

Qq. rouss. Coins frottés. 1 frontispice et 31 pl.

5025 SAILLET (Alex. de). — LES FÉERIES INDUSTRIELLES. *Paris, E. Ducrocq, s. d.* [vers 1855], in-8 obl. *(Cartonnage toile de l'éditeur),* tr. dorées. **500 fr.**

16 très belles lithographies coloriées par *H. TÉLORY,* rappelant par leur fantaisie Gustave Doré, tirées chez *Lemercier.* Ce cauchemar n'est pas un conte de fées, car la réalité s'y présente « sous des circonstances fantastiques, sans cesser toutefois d'être vraies ». Transporté au pays des géants, après Rabelais et Swift, Hercule Lambert y renouvelle, mais sous une autre forme, les douze travaux du demi-dieu. La science lui permet de les mener à bien : microscope, photographie, vapeur, électricité, toutes les *féeries industrielles* sont ainsi contées, jusqu'à ce que, nouvel Icare — le temps de l'aviation n'était pas encore venu — l'enfant s'enlève en ballon dans les airs. *Très bel exemplaire.*

5026 SAILLET (Alex. de). — LES FÉERIES INDUSTRIELLES. Cart. toile percale. *(Rel. de l'éd.).* **325 fr.**

Même ouvrage, même édition. Rousseurs, le cartonnage sans éclat.

5027 SAILLET (Alex. de). — LES JEUNES FRANÇAIS de toutes les époques, types et nouvelles historiques, études de mœurs, éducation, occupations, conditions civiles, etc. *Paris, Lehuby, s. d.* (1846), grand in-8, cart. toile bleue, mosaïque polychrome, tr. dorées. *(Carl. de l'édit.).* **150 fr.**

18 lithographies sur fond teinté de *Jules David, Mouilleron et Janet-Lange.* Bel exempl. du 1er tirage (avec l'*erratum*). Cartonnage joliment décoré de grands motifs architecturaux or, bleu, rouge rose, vert. Grand médaillon floral au dos. Très frais.

5028 SAILLET (Alex. de). — LES JEUNES FRANÇAIS... Cart. toile bleue, mosaïque polychrome, tr. dorées. *(Carl. de l'édit.).* **125 fr.**

Le même ouvrage que le précédent. Le cartonnage en est une variante. Le décor du 1er plat comporte des personnages, le médaillon du dos est architectural. Bel ex. du premier tirage *(erratum).* Rousseurs au titre. *Cartonnage très frais.*

5029 SAILLET (Alex. de). — LES JEUNES FRANÇAIS de toutes les époques... Cart. toile bleue, mosaïque polychrome, tr. dorées. *(Carl. de l'édit.).* **250 fr.**

Magnifique exemplaire. 18 lithographies sur fond teinté. Cartonnage polychrome d'une grande richesse décorative, orné d'arabesques et de médaillons verts, rouges, bleus, or. Fraîcheur irréprochable. Voir les nos précédents.

5030 SAILLET (Alex. de). — LES JEUNES FRANÇAIS de toutes les époques. Veau recouvert d'un décor polychrome, tr. dorées. *(Rel. de l'édit.).* **2.250 fr.**

Le même ouvrage que le précédent. Riche reliure or guilloché, noir, vert, bleu et rouge, cadre à rocailles, médaillon et motif central, fleurs et feuillages. Magnifique reliure de toute fraîcheur, d'un type rare. Rousseurs *passim.*

5031 SAILLET (Alex. de). — MÉMOIRES D'UN CENTENAIRE, dédiés à ses arrière-petits-enfants. *Paris, Desesserls, s. d.* [vers 1850], in-8, cart. toile bleue, décors dorés, tr. dorées. **250 fr.**

ÉDITION ORIGINALE. Vingt lithographies par *Vogel,* finement coloriées. Nombreuses vignettes sur bois. Le grand décor architectural doré du 1er plat contient un garçonnet qui joue au bilboquet et une petite fille qui saute à la corde. Fortes rousseurs aux premières et dernières pages. Les illustrations sont d'une fraîcheur irréprochable.

5032 SAILLET (Alex. de). — MÉMOIRES D'UN CENTENAIRE. *Paris, Desesserls, s. d.* [vers 1850], demi-bas. verte à grain long, dos orné de fil. dorés, plats pap. chagr. brun. *(Rel. d'époque).* **160 fr.**

Même ouvrage que le précédent, mêmes planches. Petite fente au dos.

5033 SAILLET (Alex. de). — MÉMOIRES D'UN CENTENAIRE. *Paris, A. Desesserls, s. d.* [vers 1850], in-8. *(Cartonnage papier de l'éditeur).* **125 fr.**

Même ouvrage, mêmes illustrations que le précédent. Cartonnage chromolithographié par *Séguin* : papier crème, dos orné, encadrement formé de rinceaux, aux angles, réductions en couleurs de quatre des lithographies de *Vogel.* Frontispice et titre restaurés.

5034 SAILLET (Alex. de). — MÉMOIRES D'UN CENTENAIRE. *Paris, Desesserts, s. d.* [vers 1850], in-8, demi-chagr. rouge, dos à n. orné. *(Rel. de l'époque).*   **100 fr.**

Même ouvrage que le précédent, orné de 19 très belles lithographies *coloriées* (MANQUE LE FRONTISPICE). Nombreuses vignettes sur bois.

5035 SAILLET (Alex. de). — LE MÉRITE DES ENFANTS. *Paris, Ledentu fils,* 1845, in-8, demi-chag. vert, plats toile orn. de fers spéciaux, dos orn. de comp. de fil., tr. dor. *(Rel. de l'éditeur).*   **125 fr.**

ÉDITION ORIGINALE, elle est ornée de 20 lithographies de *Charles de Saillet* et de nombreuses vignettes sur bois d'après *Brugnot, Guillaumot, Castan, Cherrier, Bara et Gérard, Pannemaker, Belhate, Prud'homme, Moussay, Gowland, etc.*

5036 SAILLET (Alex. de). — LE MÉRITE DES ENFANTS. Galerie anecdotique des Enfants de Berquin, Jauffret, Bouilly, etc., de Mmes de Genlis, Leprince de Beaumont, Campan, Miss Edgeworth, etc. *Paris, Lehuby,* 1846, in-8, demi-chagrin. *(Rel. de l'époque).*   **40 fr.**

Quinze lithos sur fond chamois (au lieu de 20 indiquées à la table) d'après les dessins de CHARLES DE SAILLET. *Plats passés.*

———

5037 SAINT-AULAIRE (A.). — VOYAGE PITTORESQUE A TRAVERS LE MONDE. (Récréations instructives). *Paris, Aubert, s. d.* [vers 1845], in-4. *(Cartonnage papier de l'éditeur).*   **200 fr.**

24 pl., plus le titre, dessinés et lithographiés par *A. Saint-Aulaire,* tirés chez Aubert (une demi-douzaine de sujets environ par planche, représentant des types et des paysages des diverses parties du monde. Cartonnage illustré d'une lithographie romantique, à la cathédrale, de *Saint-Aulaire,* paysages et costumes exotiques. Les légendes sont rédigées en français et en anglais. *Bel exemplaire.*

5038 SAINT-AULAIRE (A.). — VOYAGE PITTORESQUE A TRAVERS LE MONDE. *Paris, Aubert, s. d.* [vers 1845], in-4. *(Cartonnage papier de l'éditeur).*   **125 fr.**

Même ouvrage, même édition. Un plat détaché.

5040 SAINTINE (X.-B.). — LA MÈRE GIGOGNE et ses trois filles. Causeries et contes d'un bon papa sur l'Histoire naturelle et sur les objets les plus usuels. *Paris, Hachette,* 1864, in-8, demi-chagr. vert, plats toile, tr. dor. *(Rel. de l'époque).*   **60 fr.**

Nombreuses vignettes sur bois par *Foulquier, Faguet, etc.*

5041 SAINT-JUIRS. — LE PETIT NAB [Contes de toutes les couleurs]. Dessins de Grasset. *Paris, Ludovic Baschel,* 1882, in-8, cartonnage toile rouge, avec grande image en chromolithographie recouvrant le premier plat. *(Cart. de l'édit.).*   **60 fr.**

Les illustrations d'EUGÈNE GRASSET, tirées par *Gillet* (23 en couleurs et 27 en noir), lettres ornées donnant un intérêt particulier à ce volume de René Delorme, signé de son pseudonyme de Saint-Juirs.

5042 SAINT-JUIRS. — LE PETIT NAB. *Paris, Ludovic Baschel,* 1882, in-8. *(Cartonnage papier de l'éditeur).*   **50 fr.**

Même ouvrage, même édition. Le cartonnage diffère, le dos seul étant en toile.

5043 SAINTE-MARTHE (Scévole de). — TRADUCTION DE LA PŒDOTROPHIE ou Poème [latin] sur l'éducation des enfans en bas âge. *Paris, Barrois l'Aîné,* 1777, in-16, veau mouchet., dos orné sans nerfs, pièce cuir, dent, sur les plats.   **75 fr.**

Intéressantes idées sur l'éducation de ce Scévole de Sainte-Marthe (1536-1623) pour qui Ronsard, son contemporain, avait la plus grande estime, écrivant à Baïf : « Grands dieux *(Dii boni)* ; quel livre viens-tu de m'envoyer composé par notre Sainte-Marthe ? Non, ce n'est pas un livre, ce sont les Muses elles-mêmes. » L'édition originale des *Pœdotrophiœ, sive de puerorum educatione* avait été publiée en 1580.

BERNARDIN DE SAINT-PIERRE (1737-1814)

5044 SAINT-PIERRE (Bernardin de). — LA CHAUMIÈRE INDIENNE, suivie du Café de Surate et du Voyage en Silésie. *Paris, de l'impr. de P. Didot l'Aîné,* 1807, petit in-12, maroquin bleu, orné de dentelles or et à froid, dos orné à nerfs, tr. dorées. *(Bibolet).*   **600 fr.**

Très bel exempl. sur papier vélin, dans une reliure charmante de Bibolet, d'une jolie édition.

5045 SAINT-PIERRE (Bernardin de). — PAUL ET VIRGINIE. *Paris, de l'impr. de Monsieur (chez Didot),* 1789. — LA CHAUMIÈRE INDIENNE. *Paris, P.-Fr. Didot,* 1791, 2 vol. in-18, maroquin rouge à dentelle, dos sans nerfs, pointillé sur les coupes, dent. int. *(Derome).*   **10.000 fr.**

Réunion TRÈS RARE en une reliure uniforme de cette qualité des PREMIÈRES ÉDITIONS des deux chefs-d'œuvre de B. de Saint-Pierre. *Paul et Virginie,* dont c'est la première édit. séparée, est illustré de 4 jolies fig. de Moreau et Vernet, *qu'on ne trouve pas dans tous les exempl.* Ces deux ouvrages sont ici sur papier vélin d'Essonne et la Chaumière indienne est rare sur ce papier. *Très beaux exemplaires,* d'une fraîcheur irréprochable, ornés de l'ex-libris gravé de Sir Francis Baring, baronnet, et conformes à la description de Le Petit, 571 et 572.

5046 **SAINT-PIERRE (Bernardin de).** — PAUL ET VIRGINIE. *Paris, de l'impr. de Monsieur, 1789,* in-18, maroquin rouge, dent. dorée, dos sans nerfs, pet. dent. sur les coupes et intér., tr. dorées. *(Rel. anc.).* **2.500 fr.**

PREMIÈRE ÉDITION séparée. Exemplaire orné des quatre figures de Moreau et Vernet *(voir le n° précédent).* On a gratté sur le titre le *prix* imprimé de l'exemplaire, qui est sur *papier vélin d'Essonne.* Reliure un peu passée, ors partiellement effacés, cachet couronné, à l'encre, sur le titre.

5047 **SAINT-PIERRE (Bernardin de).** — PAUL ET VIRGINIE. *Paris, Imprimerie de Monsieur, 1789,* in-12, xxxvi pp., prélim. chiff. et 243 pp. ch., maroquin rouge, dos orné de fil. èt pet. rosaces, guirlande autour des plats, pet. dent. int., tr. dor. *(Rel. anc.).* **2.000 fr.**

ÉDITION ORIGINALE séparée très recherchée. Elle est ornée de 4 charmantes figures. Les trois premières sont de *Moreau,* gravées, l'une par *Girardet,* la seconde par *Halbout,* datée de 1789, la troisième par *de Longueil.* La quatrième est de *Joseph Vernet,* datée de 1788 et gravée par *de Longueil.* Exemplaire sur *papier vélin d'Essonne* contenant, d'après *Cohen* (931), *les plus belles épreuves des figures. Le Petit,* 571. Maroquin ancien un peu fané. Petit monogramme couronné sur le titre.

5048 **SAINT-PIERRE (Bernardin de).** — PAUL ET VIRGINIE. *Paris, de l'impr. de Monsieur, 1789,* in-18, demi-maroquin bleu, dos orné à nerfs, coins, tête dorée. *(Darlaud frères).* **1.700 fr.**

ÉDITION ORIGINALE séparée. Exempl. sur papier écu fin, avec les figures. D'une fraîcheur charmante. *Voir les n°ˢ précédents.*

5049 **SAINT-PIERRE (Bernardin de).** — PAUL ET VIRGINIE. *Paris, Le Petit et Guillemard, s. d.* [vers 1791], pet. in-12, bas. marb., dos orné de fil. et petits fleurons, fil. autour des plats. *(Rel. anc.).* **100 fr.**

Jolie petite édition, copie de l'édition originale, orné d'un charmant titre frontispice gravé et de 5 figures non signées, dont 4 sont de bonnes copies des figures de *Moreau le Jeune* pour la 1ʳᵉ édition (1789). La préface est celle de 1789. A la fin se trouve la comédie « *Paul et Virginie* » [par *Fr. de Favière*].

5050 **SAINT-PIERRE (Bernardin de).** — PAUL ET VIRGINIE. *Londres, Machell Stace, 1795,* in-12, bas. fauve marbrée, dos orné, pièce rouge, tr. j. *(Rel. anc.).* **125 fr.**

Bel exemplaire de cette édition peu commune.

5051 **SAINT-PIERRE (Bernardin de).** — PAOLO E VIRGINIA. *In. Firenze, nella Stamperia Molini, 1795,* 2 vol. in-12, demi-v. fauve, dos ornés, pièces noires, tr. marb. *(Rel. vers 1840).* **125 fr.**

Traduction italienne, accompagnée du texte français et précédée de « *Paul et Virginie, comédie en 3 actes en prose mêlée d'ariettes, représentée par les Comédiens, le 15 janvier 1791* ». (72 pp.), [par *Fr. de Favière*]. Très bel exemplaire.

5052 **SAINT-PIERRE (Bernardin de).** — PAUL AND VIRGINIA. Translated from the French of Bernardin Saint-Pierre ; by HELEN MARIA

WILLIAMS. *n. p.* [*London*], 1795, large 8vo. contemp. mottled calf, gilt. **800 fr.**

FIRST EDITION. This translation (considered the first, although some attempts of a mediocre nature appeared at anterior dates) is considered the best early English version. The Authoress, Helen Maria Williams (1762-1827). Upholder of Political Equality and of the Rights of Women, was imprisoned by Robespierre during the French Revolution. It was during the Revolution, and in Paris, that she made this translation. *Very fine copy.*

5053 **SAINT-PIERRE (Bernardin de).** — PAUL AND VIRGINIA... translated by HELEN MARIA WILLIAMS. *London, G. G. and J. Robinson, 1795,* 12mo. contemp. half-calf. **150 fr.**

Same work as above with London imprint of same year. *Fine copy.*

5054 **SAINT-PIERRE (Bernardin de).** — PAOLO E VIRGINIA. Seconda edizione corretta, e presentata al Liceo Republicano. *Parigi, Hautboul, anno III (1796),* in-12, bas. marb., dos orné de fil. et pet. rosaces, guirlande, tr. j. *(Rel. anc.).* **300 fr.**

Seconde édition et la PREMIÈRE ÉDITION DE LA TRADUCTION COMPLÈTE en italien, faite sur le texte de 1789, par le citoyen *Blanvillain.* Deux figures gravées par *Poisson.*

5055 **SAINT-PIERRE (Bernardin de).** — PAUL ET VIRGINIE. *Londres, Impr. de Baylis, 1797,* in-8, demi-bas. f. à coins, dos orné de fil., pièce rouge. *(Rel. anc.).* **200 fr.**

Édition rare ornée de 5 jolies figures gravées par *Liagec* et *M. E. L. Fᵐᵉ Lefebvre.* Un mors restauré.

5056 **SAINT-PIERRE (Bernardin de).** — PAUL AND VIRGINIA, translated by HENRY HUNTER. *Philadelphia, A. Small, 1808,* pet. in-8, bas. marb., dos orné de fil., pièce rouge, tr. jasp. *(Rel. anc.).* **50 fr.**

Frontispice gravé par *Lawson.* Rare impression de *Philadelphie* avec 2 pages de catalogue des ouvrages imprimés pour *Birch et Small.*

5057 **SAINT-PIERRE (Bernardin de).** — PAUL ET VIRGINIE. *A Genève, 1815,* pet. in-12, veau vert, dent. à fr., dos orn. de fers dor. et à fr., avec pièce de mar. n., dent. int. à fr. *(Rel. de l'époque).* **50 fr.**

Frontispice gravé. Exemplaire dans une charmante reliure avec un dos très décoratif. Coins frottés.

5058 **SAINT-PIERRE (Bernardin de).** — PAUL AND VIRGINIA, translated from the French. *Paris, Lefebvre, 1816,* in-12, bas. marb., dos très orné, pièce rouge, tr. j. *(Rel. anc.).* **60 fr.**

Frontispice gravé par *de Longueil,* d'après *Moreau le Jeune* (de l'édition de 1789). Dans son « Advertisement » le traducteur (?) a compris dans cette édition plusieurs pages que *Miss William* n'avait pas fait figurer dans sa traduction. Il a supprimé aussi les *sonnets* qu'elle y avait joints. Bel exemplaire.

5059 [**SAINT-PIERRE (Bernardin de)**]. — PAUL ET VIRGINIE EN IMAGES. [Vers 1820]. Collection complète de 25 cartes gravées et coloriées, de 7×11 cm., collées sur papier fort de l'époque. **600 fr.**

Intéressante collection, qui témoigne du succès vraiment populaire du récit de B. de Saint-Pierre. Chacun de ces naïfs dessins est accompagné d'un fragment du roman qui l'explique. *Très rare, surtout ainsi complet.*

5060 SAINT-PIERRE (Bernardin de). — TA KATA ΠΑΥΛΟΝ ΚΑΙ ΒΙΡΓΙΝΙΑΝ μεταφρασθέντα ἐκ τοῦ γαλλικοῦ ὑπό Ν. Σ. Π. Ἐν Παρισίοις, ἐκ τᾶς τυπογρ. Φιρμινοῦ Διδότου, ᾳωχδ'. (1824), petit in-12, br., couv. muette orig., étui. **150 fr.**

PREMIÈRE ÉDITION de cette traduction en grec moderne, par M. Rikkolos. Bel exemplaire, très frais et bien complet. Quelques variantes insignifiantes dans la typographie du titre, où le traducteur est désigné par ses initiales.

5061 SAINT-PIERRE (Bernardin de). — TA KATA ΠΑΥΛΟΝ ΚΑΙ ΒΙΡΓΙΝΙΑΝ μεταφρασθέντα ἐκ τοῦ γαλλικοῦ. Ἐν Παρισίοις, ἐκ τᾶς τυπογρ. Φιρμινοῦ Διδότου, ᾳωχδ'. (1824). petit in-12, br., couv. muette orig., étiquette. **60 fr.**

Même édition que le précédent. Bel exemplaire non coupé, mais avec rousseur *passim*, auquel manquent les pages 5-8 (dédicace du traducteur).

5062 SAINT-PIERRE (Bernardin de). — PAUL ET VIRGINIE. *S. l. n. d.* [vers 1830], in-12. *(Cartonnage papier de l'éditeur).* **800 fr.**

Suite de 23 jolies lithographies (110×143 mm.) finement coloriées, tirées chez *Formentin et Cⁱᵉ*, évoquant les principaux épisodes du roman. Une courte légende résume la scène et est placée au-dessous de chacune. Une 24ᵉ lithographie, collée sur le cartonnage sert de titre. Un fragment de la guirlande ou du cartonnage manque.

5063 SAINT-PIERRE (Bernardin de). — PABLO Y VIRGINIA. Traduccion Castellana. *Paris, Pillet Aîné,* 1834, in-12, bas. marb., dos orné, pièce rouge. *(Rel. anc.).* **30 fr.**

Traduction ornée de 2 figures gravées (le titre en annonce 5). Qq. rouss.

5064 SAINT-PIERRE (Bernardin de). — PAUL ET VIRGINIE, suivi de la Chaumière indienne. *Paris, Jules Laisné, Ch. Vimont,* 1834, in-8, demi-chag. grenat avec coins, fil. à froid. *(Rowbotham).* **40 fr.**

Édition renfermant un essai historique sur la vie de *Bernardin-de-Saint-Pierre,* par M. *Aimé-Martin.* Elle est ornée d'un portrait gravé par *Bertonnier* et de 9 vignettes gravées par *G. Cobould,* d'après *H. Cobould.* Reliure usagée.

5065 [SAINT-PIERRE (Bernardin de)]. — [PAUL AND VIRGINIA]. A New method for studying the French language. *London, Principal Booksellers,* 1835, 2 vols. bound in one or. half-cloth. *(Back damaged).* **75 fr.**

On one side is the French text with literal English translation, word by word, under neath. On the other side the pure translation of the story.

5066 SAINT-PIERRE (Bernardin de). — PAUL ET VIRGINIE, suivi de la Chaumière Indienne, du Café de Surate, des Voyages de Codrus, avec un vocabulaire. *Paris, Henriot,* 1837, in-8, demi-

veau fauve, dos à n. orné, pièces noires, tranches mouch. *(Rel. de l'époque).* **40 fr.**

Édition portant la même date et offrant la même collation que celle citée par *Vicaire* (VII, 68). Vignettes dans le texte gravées sur bois par *Lacoste fils* et *Guillamot, Lesestre, Chevauchet, Loiseau, Chevrier, H. Laxardo,* etc., d'après *Laville, Trimolet,* etc. Qq. rouss. Une coiffe usée.

5067 SAINT-PIERRE (Bernardin de). — PAUL AND VIRGINIA. With an original Memoir of the Author. *London, W. S. Orr and Co,* 1839, cr. 8vo. contemp. half-morocco, g. e. **300 fr.**

330 illustrations with many plates on China paper, mounted titles of which are on thin protecting paper. *Fine copy.*

5068 [SAINT-PIERRE (Bernardin de)]. — PAUL ET VIRGINIE. Edition revue et corrigée pour la jeunesse. *Paris, Gaulier frères, s. d.* [vers 1840], in-16. *(Cartonnage papier de l'éditeur).* **300 fr.**

6 lithographies en deux tons de *Ch. Letaille,* DÉCOUPÉES. Lithographie coloriée sur le premier plat du cartonnage. Rousseurs. Dos refait.

5069 SAINT-PIERRE (Bernardin de). — PAUL AND VIRGINIA from the French. Elisabeth or The Exiles of Siberia, from the French of MADAME COTTIN. To which is added The Indian Cottage, from the french of BERNARDIN DE SAINT-PIERRE. *London, Scoll,* 1840, in-12, toile bleue de l'éditeur décorée à froid. *(Cartonn. d'époque).* **40 fr.**

Bel exemplaire de cette jolie petite édition ornée d'un titre gravé avec vignette et d'un frontispice par *H. Courbould* et *C. Heath.*

5070 SAINT-PIERRE (Bernardin de). — PAUL ET VIRGINIE, suivi de La Chaumière Indienne. *Paris, L. Janel (impr. Jules Didot), s. d.* [vers 1840], in-12, bas. polie brune, dos orné en hauteur de motifs rocaille et oiseau, grande plaque à froid sur les plats, tr. dor. *(Rel. de l'époque).* **125 fr.**

Titre gravé (avec portrait) et 5 figures par *Desenne,* gravées par *Blanchard, Lecomte* et *Larcher.* Belle *typographie de Didot.* Légères restaurations à la reliure.

5071 SAINT-PIERRE (Bernardin de). — PAUL ET VIRGINIE, suivi de La Chaumière Indienne et de Morceaux choisis des Études de la Nature, avec une notice sur la vie de l'auteur. Troisième édition revue et purgée avec soin par une société d'ecclésiastiques. *Tours, Mame,* 1841, in-12, bas. violet foncé, dos orné de motifs rocaille et bateau, plaque à froid couvrant les plats, tr. marb. *(Rel. de l'époque).* **200 fr.**

Titre gravé avec vignette par *F. Th. Ruhierre* et 3 jolies figures. *Très bel exemplaire,* avec dos au bateau.

5072 SAINT-PIERRE (Bernardin de). — PAOLO E VIRGINIA. *Parigi, Baudry,* 1841, in-12, demi-veau rose poli, dos joliment orné en hauteur de motifs rocaille dorés, pièce noire, tr. mouch. *(Rel. de l'époque).* **100 fr.**

Charmante édition, imprimée par *Renouard* et ornée d'un joli frontispice gravé par *Delvaux,* d'après *Choquet.* Bel exemplaire.

5072 bis SAINT-PIERRE (Bernardin de). — PAUL ET VIRGINIE, suivi de La Chaumière Indienne. Édition miniature. *Paris, H. Lebrun*, 1842, pet. in-8 carré, demi-veau vert à petits coins, dos à nerfs, ornementation dorée romantique, tr. mouchetées. *(Rel. de l'époque).* **90 fr.**

Jolie et rare édition, non citée par Vicaire, ornée de très nombreuses vignettes sur bois (titres, bandeaux, lettres ornées, etc.) par *Calmelet, Lacoste, Guillaumot, Collignon, Beals, Quartley*, etc., et de planches hors-texte également sur bois, tirées sur papier teinté, des mêmes auteurs.

5073 SAINT-PIERRE (Bernardin de). — PAUL ET VIRGINIE (suivi de La Chaumière Indienne). *Paris, Picard, s. d.* [vers 1845], in-12, cart. papier de l'édit. **200 fr.**

Trois figures hors-texte gravées sur bois avec encadrements en rouge, bleu et olive. 48 vignettes sur bois dans le texte, pour la plupart de Laville. La *Chaumière Indienne*, dont la pagination « suit », a été reliée sans titre. Cartonnage romantique violet foncé à fines décorations or et argent. Coiffes un peu fatiguées, petit manque à un coin.

5074 SAINT-PIERRE (Bernardin de). — PAUL ET VIRGINIE, précédé d'un essai philosophique et littéraire par D'ALBANÈS. *Paris, G. Havard*, 1845, pet. in-8 carré, cartonn. toile noire, fers spéciaux dorés et à froid, tr. dor. *(Cartonn. d'édit.).* **80 fr.**

Jolie édition, décrite par *Vicaire* (VII, 70) ornée de 100 vignettes de *BERTALL* dans le texte, et d'un frontispice aussi gravé sur bois. L'ouvrage avait d'abord paru en 20 livraisons.

5075 SAINT-PIERRE (Bernardin de). — PAUL ET VIRGINIE... *Même édition que le précédent. Havard*, 1845, in-8, cartonn. bradel demi-toile grise, non rogné, couv. cons. **80 fr.**

Bel exemplaire.

5076 SAINT-PIERRE (Bernardin de). — PAUL ET VIRGINIE, suivi de la Chaumière Indienne et de morceaux choisis des Études de la Nature. *Tours, Mame*, 1846, in-12. *(Cartonnage papier de l'éditeur).* **400 fr.**

Titre et 3 pl. gravés. Cartonnage romantique, cadre ovale et motif or au centre, rocailles or aux angles sur fond violet. Légères rousseurs. Très rare sous un cartonnage papier.

5077 [SAINT-PIERRE (Bernardin de)]. — PAUL ET VIRGINIE. 10 verres de LANTERNE MAGIQUE. 20 × 4,7 centimètres. [Vers 1850]. **300 fr.**

Les dix épisodes principaux du roman de Bernardin de Saint-Pierre. Série complète, très rare.

5078 SAINT-PIERRE (Bernardin de). — PAUL ET VIRGINIE, suivi de la Chaumière Indienne et de morceaux choisis des Études de la Nature. *Tours, Mame*, 1853, in-12. *(Cartonnage papier de l'éditeur),* tranches dorées. **600 fr.**

Titre et 2 pl. gravés. Cartonnage romantique or et blanc, sur fond bleu. Au centre, vignette coloriée représentant Paul et Virginie courant sous l'averse. Magnifique exemplaire, rare dans cet état de fraîcheur.

5079 SAINT-PIERRE (Bernardin de). — PAUL ET VIRGINIE, suivi de la Chaumière Indienne. *Paris,*

Furne, 1854, gr. in-8, cart. toile bleue, décors polychromes, tr. dorées. *(Cart. de l'édit.).* **1.200 fr.**

7 portraits gravés sur acier, 19 vignettes gravées sur bois et carte de l'Ile-de-France hors-texte. Les portraits sont avec la lettre. Nombreuses vignettes dans le texte. Toutes ces illustrations sont magnifiquement reproduites de l'édition Curmer. Les portraits sont de LAFITTE, TONY JOHANNOT et MEISSONIER. Les bois hors-texte sont de PAUL HUET, TONY JOHANNOT et FRANÇAIS. La carte de l'Ile-de-France, coloriée, est de H. Dufour, gravée par Dyonnet. Très beau cartonnage, décoré d'une plaque polychrome or, rouge, vert, blanc, violet, représentant plusieurs épisodes de l'ouvrage, Paul, Virginie, la servante, le nègre Domingue ; au fond le Saint-Géran. Motif ovale au second plat : Paul dénichant un nid et l'offrant à Virginie (or, vert, rouge, bleu). Les deux plats signés : *Liebherre*. Dos orné de médaillons polychromes : portrait de B. de Saint-Pierre, etc. Magnifique exemplaire d'une irréprochable fraîcheur.

5080 SAINT-PIERRE (Bernardin de). — ŒUVRES CHOISIES. Paul et Virginie, suivi de la Chaumière Indienne, etc. *Paris, Vialal*, 1854, in-8, demi-bas. verte, tr. mouch. *(Rel. de l'époque).* **125 fr.**

Édition rare, non citée par Vicaire, ornée de nombreuses figures sur bois dans le texte et hors-texte et d'un beau frontispice lithographié par *Néel*, d'après *Desenne*. Très bel exemplaire.

5081 SAINT-PIERRE (Bernardin de). — PAUL ET VIRGINIE. Traduction en arménien par le prêtre Ambroise Calfayan (prince de Lusignan). *Paris, Dj. Aramian*, 1856, in-8, demi-chagrin brun, dos orné, plats percal. chagr. brun, filets à froid, tr. dorées. *(Rel. de l'époque).* **200 fr.**

Rare traduction arménienne ornée de jolies vignettes gravées sur bois dans le texte. Quelques rousseurs. Bel exemplaire auquel on a ajouté cinq planches gravées sur chine monté, par Corbould et Wedgwood, provenant d'une édition française.

5082 SAINT-PIERRE (Bernardin de). — PAUL ET VIRGINIE. Trad. en arménien... *Paris, Aramian*, 1856, in-8, demi-chagrin rouge, dos orné, tr. dor. *(Rel. de l'époque).* **100 fr.**

Le même ouvrage que le précédent. Le faux-titre manque. Pas de planches ajoutées. *Quelques piqûres.*

5083 SAINT-PIERRE (Bernardin de). — PAUL ET VIRGINIE. Traduit [en arménien], par Manouck bey Asvazadourian. 2e éd. *Venise, Imprimerie de Saint-Lazare*, 1859, in-12, broché, couv. muette, non coupé, dans un étui papier marbré avec étiquette maroquin. **125 fr.**

Bel exemplaire d'une agréable édition en arménien, ornée d'un titre et d'un frontispice gravés et de quatre jolies gravures de Bernasconi.

5084 SAINT-PIERRE (Bernardin de). — PABLO Y VIRGINIA. Traduccion Castellana. *Paris, Garnier*, 1865, in-12, percaline verte, dos et plats ornés de motifs dorés spéciaux. *(Cartonn. d'édit.).* **40 fr.**

Petite édition peu commune ornée de nombreuses vignettes gravées sur bois. Cartonn. d'éditeur un peu fané. Déchirure à une page.

SAINT-PIERRE (Bernardin de). — Voir nos 959 et 4137.

5085 SAINTES (A.-E. de). — DÉLASSEMENS DE MON FILS. *Paris, Librairie d'Education d'Eymery,* 1831, 2 vol. in-12, bas. fauve, dos orné, pièces de couleur, plats couverts d'une grande plaque « *à la cathédrale* » à froid, tr. dor. *(Rel. anc.).* **250 fr.**

ÉDITION ORIGINALE. Titres gravés. 12 jolies figures sur acier. Type de reliure peu commun ; en bel état sauf dos légèrement fané.

5085 bis SAINTES (A.-E. de). — LE PASSE-TEMPS DE LA JEUNESSE ou Recueil moral, instructif et amusant. *Paris, Eymery, Fruger et C¹ᵉ,* 1833, demi-bas. maroq. grenat à coins, dos à n. plats très orné, pièce verte. *(Rel. de l'époque).* **100 fr.**

ÉDITION ORIGINALE. Ornée de 4 jolies figures non signées. Chapitres sur le *café,* la circulation du sang, le passage sous la *Tamise,* trait de courage d'une princesse indienne, etc. Bel exemplaire.

5086 SAINTES (A.-E. de). — PETIT-PIERRE ET MICHELETTE ou les Deux orphelins. Histoire véritable, à l'usage de la Jeunesse. *Paris, l'Auteur et Le Huby,* 1834, in-12, demi-bas. brune, pièces de couleur au dos, tr. j. *(Rel. de l'époque).* **150 fr.**

ÉDITION ORIGINALE ornée de 4 jolies figures gravées non signées. L'histoire se passe dans la vallée de Montmorency et en Auvergne. Bel exemplaire.

5087 SAINTIN (C.). — NOUVEL ATLAS DES ENFANS et des commençans ou les Premiers élémens de la géographie mis à la portée du plus jeune âge et démontrés d'une manière si claire et si simple qu'il suffit de savoir lire pour les comprendre, etc. *Paris, Saintin, s. d.* (1810), in-8, demi-mar. *(Rel. neuve).* **400 fr.**

Rare ouvrage géographique pour enfants, imprimé en *grosse typographie,* orné de deux planches gravées et coloriées contenant 24 sujets (48 personnages) représentant les habitants et les costumes les plus singuliers et les plus curieux des quatre parties du monde (6 figures relatives à l'*Amérique*) et de 8 belles cartes gravées et coloriées se dépliant, dont deux sont relatives à l'AMÉRIQUE. *Bel exemplaire.*

5088 SAINT SERNIN (Mˡˡᵉ). — HEALTHFUL SPORTS FOR YOUNG LADIES ; illustrated by eleven elegant engravings, from the drawings by J. DUGOURE, daughtsman to His Majesty the King of France..., and interspersed with original poetry and anecdotes. *London, R. Ackermann, n. d.* (1822), long 8vo. or. half-leather, boards with leather ticket. *(Back rubbed).* **800 fr.**

FIRST EDITION. One of the most beautiful books for young people illustrated with Dugoure's remarkable engravings. The Sports described and illustrated are *The Swing Blowing Bubbles. The Shuttlecock and the See-saw. The games of Thread-myneedle, and the Wolf. The Cup-and-ball, the Devil, the Solitaire, Emigrant, Dominos, etc. Hide-and-Seek. Blindman's Buff, and Hot-cockles. The Hoop and the Skipping-rope. Bowls, Nine-pins, and Siam. Fine copy.*

5089 SALVAGE (Mᵐᵉ de). — LES BURLESQUES ou le Mauvais genre. *Paris, E. Fayé, s. d.* [vers 1850], in-12. *(Cartonnage papier de l'éditeur).* **100 fr.**

6 amusantes lithographies coloriées de *E. Pillet,* tirées chez *J. Rigo.* Elégant cartonnage en chromolithographie *(dos refait).*

5090 SALVAGE (Mᵐᵉ de). — LA FILLE DU SOLDAT AVEUGLE. Deuxième édition. *Paris-Limoges, Martial Ardant,* 1845, in-12, demi-bas. rouge, dos bien orné, style romantique, plats pap. moiré. *(Rel. de l'époque).* **100 fr.**

Joli titre avec vignette et 3 figures gravées [d'après *Martinet*]. Bel exemplaire.

5091 SALZMANN (C. G.). — LA BONNE FAMILLE ou la Morale mise en action. Traduit de l'allemand par H.-L. M. *Paris, Pierre Blanchard,* 1825, 2 vol. in-12, bas. marb., dos ornés, guirlande dorée, tr. marb. *(Rel. de l'époque).* **80 fr.**

PREMIÈRE ÉDITION de cette traduction, illustrée de 2 titres gravés avec vignette et de 4 figures non signées.

5092 SALZMANN (C. G.). — ELEMENTS OF MORALITY, for the Use of Children ; with an Introductory address to parents. Translated from the German [BY MARY WOLLSTONECRAFT]. Illustrated with fiffy copper plates [BY WILLIAM BLAKE]. *London, J. Johnson,* 1791, three vols. in-12mo. mottled calf. *(Modern binding).* **4.000 fr.**

FIRST EDITION. The fifty remarkable plates by WILLIAM BLAKE are well impressed. Two page book list at end of Vols I and III. Directions for plates at end of Vols II and III. *Fine copy.*

5093 SALZMANN (C. G.). — GYMNASTICS FOR YOUTH or a Practical Guide to Healthful and Amusing Exercises for the Use of Schools. An Essay toward the necessary improvement of Education, chiefly as it relates to the Body freely translated from the German... *London, J. Johnson,* 1800, 8vo. contemp. mottled calf. *(Joints cracked and Slightly wormed).* **1.000 fr.**

FIRST ENGLISH EDITION. Illustrated with folding frontispiece and 9 splendid plates by WILLIAM BLAKE. There is reason to believe that perhaps MARY WOLLSTONECRAFT HAD SOMETHING TO DO WITH THIS TRANSLATION. Salzmann's work concerns every type of sport from gymnastics to field sports ; games, dancing and military exercices, etc. A few water stains and 5 tiny holes in one plate *(Running and Leap-frog)* and tear in margin of another. Tall copy.

5094 SALZMANN (C. G.). — GYMNASTICS FOR YOUTH. *London,* 1800, calf, gilt. *(Modern binding).* **1.250 fr.**

Another copy, same edition, same plates. *Fine copy.*

5095 SALZMANN (C. G.). — GYMNASTICS FOR YOUTH. *Philadelphia, P. Byrne,* 1803, 8vo. half-morocco. *(Modern binding).* **500 fr.**

FIRST AMERICAN EDITION, with same plates, by BLAKE. Slightly foxed throughout.

5096 SAMSON (J.). — NOUVELLE MORALE DU JEUNE AGE ou le Phénix des Fabliers. *Paris, Thiériot et Belin,* 1823, 2 vol. pet. in-12, bas.

marbrée, dos orné, pièces rouges, tr. marb. *(Rel. de l'époque)*. **250 fr.**

Charmant et rare petit ouvrage orné de 72 curieuses figures en taille-douce. Contient les fables de *La Fontaine, Florian, Dorat, de Belloy, Lamotte, Bérenger*, etc. *Très bel exemplaire.*

5097 SAND (George). — HISTOIRE DU VÉRI-TABLE GRIBOUILLE. Vignettes par Maurice Sand. Gravures de Delaville. *Paris, E. Blanchard,* 1851, in-8 anglais, cart. toile noire, décors dorés, tr. dorées. *Cart. (de l'édit.)*. **1.000 fr.**

ÉDITION ORIGINALE de ce charmant ouvrage, dédié par l'auteur à une petite fille, « pour qu'il l'amuse pendant quelques heures de son heureuse convalescence ». Premier tirage des jolis dessins de MAURICE SAND. Plaque dorée représentant, dans un riche décor architectural, Gribouille qui s'est jeté dans la mare pour n'être pas mouillé par la pluie, et des gens entassés à une fenêtre pour le regarder. *Très bel exempl., de toute fraîcheur.*

5098 SAND (George). — HISTOIRE DU VÉRI-TABLE GRIBOUILLE. *Même ouvrage, même éd.,* cartonn. d'édit., toile grenat, fers spéciaux. **250 fr.**

ÉDITION ORIGINALE. Cartonn. fané. Légères piqûres. (Les fers sont différents de ceux du n° précédent).

5099 SANDAL WOOD BOX (The History of a). Written by Itself. A Tale for Youth. Not Printed for Publication. [*Printed by Bell and Bain, Glasgow*], n. d. [circa 1840], 4to. or. cloth. *(Back slightly worn)*. **80 fr.**

The work is *dedicated to my daughters. Fine copy.*

5100 SANDHAM (Miss). — THE ADOPTED DAUGHTER. A Tale for Young Persons. *London, J. Harris,* 1815, 12mo. contemp. mottled calf. *(Back damaged)*. **100 fr.**

FIRST EDITION. Engraved frontispiece. At end J. Harris' 6 page catalogue. Under n° 24 is listed. *Peter Piper's Practical Principles of Plain and Perfect Pronunciation, with Pleasing Pretty Pictures.*

5101 SANDHAM (Miss). — THE ADOPTED DAUGHTER. 1815, 12mo. contemp. calf. **100 fr.**

Another copy, fine, but contains no book list.

5102 SANDHAM (Miss). — THE BOY'S SCHOOL or Traits of Character in Early Life. *London, John Souler,* n. d. [circa 1821], 12mo. or. boards. *(Uncut, back worn)*. **60 fr.**

Charming frontispiece engraved on copper showing school cricket episode. *Fine copy.*

5103 SANDHAM (Miss). — THE HAPPY FA-MILY AT EASON HOUSE. Exhibited in the Amiable Conduct of the Little Nelsons and their Parents. Interspersed with Select Pieces of Poetry. *Southampton, T. Baker,* 1824, 12mo. or. printed boards. **50 fr.**

Charming frontispiece engraved on copper *(which is reproduced from same plate on front cover)*, showing the Happy Family. Two page book list. *Fine copy.*

5104 SANDHAM (Miss). — THE PERAMBULA-TIONS OF A BEE and a Butterfly, in which are

delineated those smaller traits of character which escape the observation of larger Spectators. *London, B. Tabart and Co,* 1812, small 12mo. or. half-leather. *(Papers renewed)*. **150 fr.**

FIRST EDITION. Illustrated with three engraved plates.

5105 SANDHAM (Miss). — THE SCHOOL-FEL-LOWS. A Moral Tale, for young ladies. *London, J. Souler,* 1822, 12mo. or. half-leather, boards. **40 fr.**

Splendid frontispiece engraved on wood. 14 page book catalogue at end.

5106 SANDHAM (Miss). — LES SŒURS JUMEL-LES ou les Avantages de la religion ; traduit de l'anglais par Mme E. DE BON. Seconde édition. *Paris, P. Blanchard,* 1824, in-12, demi-bas. vert foncé à coins, dos orné, tr. jasp. *(Rel. anc.)*. **35 fr.**

Illustré d'un titre gravé (vignette) et de 3 figures très intéressantes pour le costume et l'ameublement. *Bel exempl.*

5107 SAUCIÉ (D.). — HISTOIRE DE LA LITTÉ-TURE FRANÇAISE. *Tours, Mame,* 1851, in-8, cart. toile bleue, décors polychromes, tr. dorées. *(Cart. d'édit.)*. **80 fr.**

Frontispice de K. GIRARDET, gravé sur cuivre. Louis XIV à l'Académie française. Joli cartonnage. *Très bel exemplaire.*

5108 SAUQUET (Mme A.). — L'AMIE DES JEU-NES PERSONNES. *Rouen, Mégard et Cie,* 1860, in-12, cartonnage toile verte, décor doré. *(Cart. de l'éditeur)*. **10 fr.**

2 planches gravées.

5110 SAVANT DE SOCIÉTÉ (LE), OUVRAGE DÉDIÉ A LA JEUNESSE. Première partie... Recueil tiré des manuscrits de Mme de B***. *Paris, Michelet,* 1809, petit in-8, demi-toile bradel, non rogné. *(Cart. mod.)*. **200 fr.**

3 gravures hors-texte, dont 2 représentent deux *pénitences* (le baiser à la capucine et le voyage à Cithère) et un frontispice représentant une dame (costume très intéressant) tenant en main un rouleau sur lequel on lit : Jeux... L'ouvrage (le titre porte 1re partie, mais la seconde a-t-elle paru ? Nous n'en avons pas trouvé mention dans les bibliographies) contient « la description exacte de tous les jeux innocents qui se pratiquent en société et des pénitences qui s'y ordonnent... » *Bel exemplaire.*

5111 SAVIGNAC (Mlle A. de). — LES CONTES BLEUS. *Paris, Louis Janet, s. d.* [vers 1830], 2 vol. in-32, v. rouge, dos et pl. ornés de fers à froid, tr. dorées. *(Rel. de l'époque)*. **600 fr.**

3 gravures coloriées dans le premier volume, 3 en noir dans le second. Charmant exemplaire, dans une jolie reliure, d'un ouvrage devenu rare.

5112 SAVIGNAC (Mlle A. de). — LES CONTES BLEUS. *Paris, Louis Janet, s. d.* [vers 1830], 2 vol. in-32, veau lavallière, dos et plats ornés de fers à froid, tr. dorées. *(Rel. de l'époque)*. **600 fr.**

Même édition que le précédent. 3 jolies gravures en noir dans le 1er vol., 3 dans le second. Charmant exemplaire de toute fraîcheur.

5113 SAVIGNAC (Mme Alida de). — HISTOIRE D'UNE PIÈCE DE CINQ FRANCS racontée par elle-même. *Paris, Gide fils, s. d.* [vers 1820], 4 vol. in-12, couvert. lith. et illustr., étui.   **600 fr.**

8 charmantes figures gravées et coloriées. Légères rouss.

5114 SAVIGNAC (Mme Alida de). — HISTOIRE D'UNE PIÈCE DE CINQ FRANCS racontée par elle-même. *Paris, Gide fils, s. d.* [vers 1820], 4 vol. in-12, couvert. lithographiées et coloriées. *(Sans étui).*   **150 fr.**

Même ouvrage, mêmes illustrations que le précédent. Exemplaire moins frais : mouillures, rousseurs, les couvertures sont défraîchies.

5115 SAVIGNAC (Mme Alida de). — MANUSCRIT TROUVÉ DANS UN VIEUX CHÊNE. *Paris, Gide fils, s. d.,* [vers 1820], 4 vol. in-12, *couvert. lith. et boîte de l'époque.*   **2.000 fr.**

4 planches gravées et coloriées. Très jolies couvert. lith. et coloriées : perroquets, guirlandes de fleurs, frise Renaissance. Boîte à 2 compartiments sur les côtés, guirlande or ; sur le dessus : cadre or, fond bleu lithographie coloriée. La découverte du manuscrit dans un chêne, paysage et groupe d'enfants ; jeux divers dans les angles, dont une Montgolfière. *Bel exemplaire.*

5116 SAVIGNY (L'Abbé Laurence de). — LE BONHEUR DES ENFANTS. *Paris, Aubert, s. d.* [vers 1840], in-8, cartonn. pap. chagrin d'époque.   **100 fr.**

Rare ouvrage orné de nombreux bandeaux, lettres ornées et vignettes gravées sur bois : *Tellier et Thomson, Célestin Nanteuil, Gavarni,* DAUMIER, et de lithographies hors-texte non signées. Usure au cartonnage.

5117 SAVIGNY (L'Abbé Laurence de). — LE LIVRE DES JEUNES FILLES. Jeux. Récréations. Exercices, etc., etc. *Paris, Gustave Havard, s. d.* (1847), pet. in-8 carré, demi-chag. bleu avec coins, fil. à fr., dos à nerfs, couv. chamois ill. cons. *(Amand).*   **500 fr.**

ÉDITION ORIGINALE, premier tirage. Ce petit livre est un cours classique sur l'art de mettre à profit les récréations. Il est illustré de nombreuses vignettes sur bois par *E. Frère.* Le premier plat de la couverture est orné de *scènes enfantines.* Bel exemplaire dans une demi-reliure signée *(Vicaire,* VII, 399). *Très rare avec les couvertures.*

5118 SAVIGNY (L'Abbé Laurence de). — LE LIVRE DES JEUNES FILLES. *Paris, G. Havard, s. d.* (1847), pet. in-8 carré, cartonn. toile noire, dos orné, fers spéciaux avec parties mosaïquées de couleurs vives, tr. dor. *(Cartonn. d'éditeur).* **500 fr.**

Même ouvrage que le précédent. Bel exemplaire.

5119 SAVIGNY (L'Abbé de). — LE LIVRE DES JEUNES FILLES. Couvert. illustrées.   **400 fr.**

Même ouvrage, même édition. Bel exemplaire, malgré quelques piqûres.

5120 SAVIGNY (L'Abbé de). — LE LIVRE DES JEUNES FILLES. Cartonn. toile noire d'édit. avec fers spéciaux.   **180 fr.**

Même ouvrage, même édition. Fers dorés ternis, 1 f. de garde manque.

5121 SAVILL (J. Fancit). — PLUTARCH'S LIVES, abridged, selected and adapted for Youth..., etc. *London, R. Hill,* 1823, sm. 12mo. or. half-leather, boards.   **50 fr.**

FIRST EDITION. Illustrated with a curious frontispiece, engraved on wood.

5122 SCÈNES ENFANTINES. *S. l. n. d.* [vers 1840], 2 cahiers in-12 obl., sous couverture factice. **80 fr.**

12 lithographies coloriées, en 2 séries, tirées chez *Aubert.*

5123 SCENES AT HOME or A Sketch of a plain family. By S. W... *London, B. Tabart and Co,* 1810, sm. 12mo. or. half-leather, boards.   **100 fr.**

FIRST EDITION. Illustrated with two well engraved plates. *Fine copy.*

5124 SCENES FROM NATURE. *London, W. Belch, n. d.* [circa 1815], 12mo. or. wrappers, with illustrated ticket, « The Angry Cook », preserved in half-morocco case.   **650 fr.**

Illustrated with 8 hand-coloured engravings. Engraved text. The verses are. *The Woodman. The Frighten'd Horse. The Stubborn Ass. The Mower. The Mischievous Monkeys. The Laundress. The Happy Meeting. The Beggar.* PLANCHE 95.

5125 SCÈNES PARISIENNES. Album de la jeunesse. *Paris, Martinet-Hautecœur, Amédée Bédelet, s. d.* [vers 1845], in-4 obl. *(Cartonnage de l'éditeur).*   **500 fr.**

Recueil de 16 lithographies en 2 tons et coloriées, jeux et bal d'enfants, scènes empruntées à divers théâtres, Folies dramatiques, Jardin Turc, Cirque olympique, Hippodrome, Porte-Saint-Martin, Gaîté, etc. Particulièrement curieux au point de vue de l'histoire du théâtre et en particulier de l'ancien Hippodrome. Cartonnage un peu défraîchi, le coin supérieur a été mouillé. *Très rare.*

5126 SCENES IN RUSSIA..., also the Manners and customs of the Cossacks and Kalmucks. *London, J. and E. Wallis,* 1814, sm. 12mo. or. half-leather, boards.   **100 fr.**

Illustrated with 14 well impressed plates engraved on copper. Three page book list at end.

5127 SCENES OF INDUSTRY, displayed in the Beehive and the Ant-Hill..., etc. *London, John Harris,* 1830, 12mo. or. half-leather, boards. **125 fr.**

Illustrated with 18 engravings showing life of Bee, etc. The work also contains *Wonders of the Insect World.* Eighteen page book list at end. *Fine copy.*

5128 SCENES OF INDUSTRY, etc. Another copy, or. printed boards.   **70 fr.**

One plate loose. Some pages foxed.

5129 SCHOPPE (Mme Amélie). — MÉLANGES ou Recueil d'historiettes amusantes et instructives pour l'enfance. Traduit de l'allemand de Mme Amélie Schoppe, née Weise, par HENRY DABIN. *Berlin, Amelang,* pet. in-8, cartonn. pap. bleu, imprimé. *(Cart. d'édit.).*   **300 fr.**

Charmant ouvrage orné de 7 charmantes figures gravées en taille-douce et finement coloriées, dans des encadrements allégoriques (plusieurs sujets par planche). *Bel exemplaire dans son cartonn. d'origine.*

5130 SCHÉRER (Léonce). — CROQUADES. Histoire de rire. *Paris, Th. Lefèvre, s. d.* [vers 1856], in-8 obl. *(Cartonnage papier de l'éditeur).* **10 fr.**

24 amusantes lithographies en deux tons de *Léonce Schérer*, tirées chez *Paulon*. Sur le cartonnage, grande lithographie de Schérer. Déboîté. Mouillure sur le cartonnage fatigué. *Exemplaire médiocre.*

5131 SCHÉRER (Léonce). — LES DÉLASSEMENTS COMIQUES. *Paris, Th. Lefèvre, s. d.* [vers 1865], in-8 obl. *(Cartonnage papier de l'éditeur).* **200 fr.**

Titre et 23 lithographies originales de *L. Schérer*, sur fond teinté, tirées chez *G. Paulon*. La couverture, illustrée par Schérer, est antérieure à la publication et encore au nom de J. Langlumé, prédécesseur de Lefèvre. Les lithographies sont remarquables de fraîcheur.

5132 SCHIFFAHRTS-BILDERBUCH oder : Nautischer Kinder freund. *Leipzig, in der Juniussischen Buchandlung, s. d.* [vers 1800], in-4, cart. papier gris. *(Cart. de l'époque).* **500 fr.**

Ouvrage orné de 6 planches gravées et coloriées, représentant des radeaux, bateaux, etc. Dos cassé.

CHANOINE CHRISTOPHE SCHMID (1768-1854)

5133 SCHMID (Chanoine). — THE WONDERFUL DOCTOR. An Eastern Tale. *Philadelphia, H. Mc Grath*, 1866, 16mo. or. cloth, gilt, back. **50 fr.**

American edition of this famous Alsatian writer's work, 16 woodcuts. *Fine copy.*

5134 SCHMID (Chanoine). — LA BAGUE TROUVÉE ou les Fruits d'une bonne éducation. Traduit par L. FRIEDEL. Deuxième édition. *Tours, Mame*, 1843, in-12, cartonn. pap. bleu imprimé, plats ornés. *(Cartonn. d'édit.).* **25 fr.**

Bel exemplaire. Une figure gravée.

5135 SCHMID (Chanoine). — LA BARQUE DU PÊCHEUR. Traduit de l'allemand par CHRISTIAN. *Paris, Langlois et Leclercq*, 1842, in-12, cartonn. d'édit. pap. bleu imprimé. **20 fr.**

1 fig. gravée et vignette sur le titre. Dos manque.

5136 SCHMID (Chanoine). — LE BON FRIDOLIN et le Méchant Thierry. Traduit de l'allemand par Louis Friedel. Deuxième édition. *Tours, Mame*. 1858, in-12, bas. maroq. vert, dos orné. *(Rel. de l'époque).* **35 fr.**

Vignette sur bois au titre et fig. gravée en frontispice. Bel exemplaire.

5137 [SCHMID (Chanoine)]. — LA CHAPELLE DE LA FORÊT. Conte pour les enfants, par l'auteur des Œufs de Pâques. *Paris, Levrault*, 1832, in-12 cartonn. d'origine pap. vert avec lithogr. sur le 1er plat. **50 fr.**

PREMIÈRE ÉDITION ornée d'un titre lithogr. et de 2 lithogr. hors-texte. Cartonn. d'origine très frais.

5138 SCHMID (Chanoine). — Choix d'histoires morales. Imité de l'allemand. *Paris, Gaume*, 1836, petit in-16, cart. papier de l'édit. **20 fr.**

Vignette sur bois sur le titre, reproduite sur le cartonnage à fond vert orné d'un cadre romantique. Première édition de cette adaptation.

5139 SCHMID (Chanoine). — CONTES, traduction de A. Cerfbeer de Medelsheim. Illustrations par Gavarni. *Paris, A. Royer*, 1843, deux parties en un vol., gr. in-8, cart. papier de l'édit. **650 fr.**

Frontispice sur chine monté, portrait et 21 lithographies hors-texte sur fond teinté par Gavarni. Nombreuses vignettes sur bois dans le texte. Très belle édition, d'une typographie remarquable. Joli cartonnage blanc-crème décoré d'une guirlande florale en couleurs, dessinée par Cagniard (sur le 1er plat) et d'une corbeille de fleurs soutenue par deux papillons, dans un cadre de filets dorés avec fleurs aux angles (sur le 2e plat). Magnifique exemplaire. On a relié à la fin 4 pages de musique gravée d'Adam : *Le matin sur les montagnes*, Royer, éditeur.

5140 SCHMID (Chanoine). — CONTES. Traduction nouvelle. 1re série pour les enfants de 7 à 11 ans. *Paris, Lehuby, s. d.* (1843), in-8, plein chagrin rouge, dos orné en long d'arabesques dorées, large cadre de fil. à froid autour des plats, et grande plaque dorée formée d'arabesques et motifs en spirale, tr. dor. *(Rel. de l'époque).* **300 fr.**

Belle édition, inconnue à *Vicaire*, ornée de 20 planches gravées sur bois d'après *Marckl*. Elle contient : le Ver luisant, les Œufs de Pâques, la Bague trouvée, etc. Très bel exemplaire dans un plein chagrin d'époque, très frais. Exceptionnel en pareille condition.

5141 SCHMID (Chanoine). — CONTES. *Paris, P.-C. Lehuby, s. d.* (1843), in-8, cart. percale bleue, plats et dos orn. de fers dor. et à fr. *(Cart. de l'éditeur).* **25 fr.**

Même édition que le précédent. *Bel exemplaire.*

5142 SCHMID (Chanoine). — CONTES. Traduction nouvelle. *Paris, P.-C. Lehuby, s. d.* [vers 1850], 2 vol. in-8, rel. demi-chagr. de l'édit., plats toile, tr. dorées. **60 fr.**

Chacun des volumes contient 20 dessins de *Marckl*, gravés sur bois en deux tons et gouachés par divers. La 1re série, destinée aux enfants de 7 à 11 ans est reliée en demi-chagrin bleu, la seconde (de 11 à 14 ans) en chagr. grenat. *Très bel exemplaire.*

5143 SCHMID (Chanoine). — LES CONTES A L'ADOLESCENCE. Ouvrage autorisé par l'Université. *Paris, Pitois-Levrault et Cie*, 1839, in-12, cartonn. bradel pap. vert moiré, pièce au dos. *(Cartonn. d'époque).* **30 fr.**

Titre lithographié avec charmante vignette, frontispice et portrait lithographié par *Porret* et *colorié*. Tome I seul, paru séparément.

5144 SCHMID (Chanoine). — LA CROIX DE BOIS. Imité de l'allemand. *Paris, Gaume, 1836,* petit in-16, cart. papier *de l'édit.* **20 fr.**

Vignette sur bois sur le titre, reproduite sur le cartonnage à fond gris, orné d'un cadre romantique. 4ᵉ édition revue.

5145 SCHMID (Chanoine). — EUSTACHE. Histoire des premiers temps du Christianisme. Traduit de l'allemand par Christian. *Paris, Langlois et Leclercq, s. d.* [vers 1847], in-32, cartonnage en chromolithographie. *(Cart. de l'édit.).* **100 fr.**

Illustré de 2 gravures sur bois non signées. Charmant cartonnage en chromolithographie, ange au pied d'une croix instruisant des enfants. *Bel exemplaire.*

5146 SCHMID (Chanoine). — LES FRUITS D'UNE BONNE ÉDUCATION. Contes dédiés aux enfants et aux amis de la jeunesse. Traduit de l'allemand par le Dʳ Didier. *Paris, Bureau de l'Observateur,* 1841, in-12, cartonn. bradel pap. bleu gaufré, ornements dorés sur les plats. *(Cartonn. d'édit.).* **20 fr.**

PREMIÈRE ÉDITION de cette traduction « sur l'édition originale publiée à Augsbourg en 1841 ». Frontispice gravé par *Pfitzer.*

5147 SCHMID (Chanoine). — HISTOIRES TIRÉES DE L'ÉCRITURE SAINTE. *Paris, Pilois-Levrault et Cⁱᵉ,* 1839, in-16, cart. à la bradel. **50 fr.**

2 planches gravées sur bois et coloriées.

5148 SCHMID (Chanoine). — HISTOIRE DE HENRI D'EICHENFELS. Contes pour les enfans par l'auteur des Œufs de Pâques. *Strasbourg, Paris, Levrault,* 1832, in-32. *(Couverture cartonnée de l'éditeur).* **130 fr.**

Illustré de 6 lithographies par F.-G. Levrault. Couverture bleue et titre lithographiés, portant des vignettes différentes. Gros caractères, largement interlignés. Parfait état. Rare avec la couverture.

5149 [SCHMID (Chanoine).] — L'INONDATION, par l'auteur des Œufs de Pâques, traduit par l'Abbé Macker. *Strasbourg, Vve Levrault,* 1841, in-16. *(Cartonnage papier de l'éditeur).* **25 fr.**

Frontispice et titre lithographiés, lithographie illustrant le cartonnage crème, le petit Gaspard dans son berceau sur le *Rhin* débordé.

5150 SCHMID (Chanoine). — LE JEUNE ERMITE. Conte pour les enfans, par l'auteur des Œufs de Pâques. *Paris, Strasbourg, Levrault,* 1831, in-32. *(Couverture cartonnée de l'édit.).* **180 fr.**

Illustré de 4 lithographies de F.-G. Levrault. Couverture bleue et titre gravé, vignettes en lithographie. Texte largement interligné. Parfait état. Rare avec sa couverture.

5151 SCHMID (Chanoine). — LES ŒUFS DE PAQUES. Contes pour les enfans. Traduit de l'allemand de l'auteur du petit livre intitulé : Comment le jeune Henri apprit à connaître Dieu. *Paris, Strasbourg, Levrault,* 1830, in-32. *(Cartonnage de l'édit.).* **125 fr.**

Illustré de 6 lithographies coloriées de F.-G. Levrault. Second titre, lithographié, avec vignette, daté de 1832. Cartonnage rose, lithographié. Rousseurs.

5152 SCHMID (Chanoine). — LES ŒUFS DE PAQUES, suivi de Théodora. Traduit de l'allemand par *Louis Friedel. Paris et Lyon, Périsse,* 1839, pet. in-12, bas. marbr., dos orné, pièce de titre, tr. marb. *(Rel. de l'époque).* **50 fr.**

Frontispice gravé et vignette sur bois ornant le titre. *Très bel exemplaire* de ce conte classique.

5153 SCHMID (Chanoine). — LE ROSIER, imité de l'allemand. *Paris, Gaume,* 1837, petit in-16, cart. papier *de l'édit.* **20 fr.**

Vignette sur bois sur le titre (reproduite sur le cartonnage à fond gris orné d'un cadre romantique). Premier tirage de cette petite édition.

5154 SCHMID (Chanoine). — LE SERIN, imité de l'allemand. *Paris, Gaume,* 1835, petit in-16, cart. papier *de l'édit.* **20 fr.**

Vignette sur bois sur le titre (reproduite sur le cartonnage à fond jaune orné d'un cadre romantique). 3ᵉ édit.

5155 SCHMID (Chanoine). — LE SERIN... *Paris, Gaume,* 1835, petit in-16, cart. papier *de l'édit.* **20 fr.**

Le même que le nᵒ précédent. Cartonnage rose.

5156 SCHMID (Chanoine). — LA VEILLE DE NOEL. Traduit de l'allemand par Louis Friedel. Deuxième édition. *Tours, Mame,* 1837, in-12, basane maroq. vert à long grain, dos orné en long. *(Rel. de l'époque).* **35 fr.**

Vignette sur bois au titre et une figure gravée en frontispice. Bel exemplaire.

5157 [SCHMID (Chanoine).] — LE VER LUISANT. Conte pour les Enfans par l'auteur des Œufs de Pâques. Ouvrage autorisé par l'Université. *Paris et Strasbourg, Levrault,* 1832, in-12, bas. maroq. vert, souple, dos orné, dent. à froid, et fil. doré autour des pl., tr. dor. *(Rel. de l'époque).* **125 fr.**

PREMIÈRE ÉDITION de cette traduction, ornée d'un titre gravé avec vignette. Très bel exemplaire ; rare en semblable condition.

5158 SCHMID (Chanoine). — LE VER LUISANT et la Chapelle de la Forêt. Imité de l'allemand. *Paris, Gaume,* 1835, pet. in-16, cart. papier *de l'éditeur.* **20 fr.**

Vignette sur bois sur le titre (reproduite sur le cartonn. à fond bleu orné d'un cadre romantique). 3ᵉ édition.

5159 [SCHMID (Chanoine)]. — LA VERTU [mise] EN ACTION ou Recueil de Contes instructifs et amusans, propres à former le cœur et l'esprit de la Jeunesse, extraits de l'allemand, de Schmid et autres. [par E. H.]. *Paris, Langlumé et Pellier,* 1834, pet. in-12, bas. mouch., dos orné, pièce verte, tr. marbr. *(Rel. de l'époque).* **100 fr.**

Jolie petite édition, peu commune, ornée d'un titre gravé avec vignette et de 3 figures, finement gravées, non signées.
PLANCHE 173.

SCHMID (Chanoine). — Voir nᵒˢ 1447 à 1465.

SCHOOL BOOKS. - LIVRES SCOLAIRES

5160 **ADAMS (John).** — THE YOUNG LADY'S AND GENTLEMAN'S ATLAS, for assisting them in the Knowledge of geography. *London, Darton, Harvey and Darton,* 1812, 8vo. or. half-leather. *(Shabby).* **100 fr.**

FIRST EDITION. Illustrated with a folding map of world and many other maps all in contemporary colouring.

5161 **ALBERTUS MAGNUS.** — PULCERRIMUS TRACTATUS de modo opponendi et respondendi. *S. l. n. d. (Coloniae, Henric. Quentell,* circa 1493], petit in-4 gothique de 30 ff., demi-vélin, coins. *(Rel. mod.).* **2.500 fr.**

Hain *492. Gesamt-K. 697. Schreiber 3.052. Ne se trouve pas dans Pellechet. — Belle gravure sur bois occupant les trois quarts du 1er feuillet : le maître, saint Thomas d'Aquin, est assis à gauche et deux élèves sont assis par terre devant lui. En haut, la banderole : *Accipies tanti doctoris dogmata sancti.* Gravure originale, souvent copiée et imitée, décrite par Schreiber, page LXXV. Un petit trou de ver en marge. Mouillures claires à quelques ff. Bel exemplaire. *Très rare.*
PLANCHE 3.

5162 **ASCHAM (Roger).** — THE SCHOOLMASTER : Shewing A Plain and Perfect Way of teaching the Learned Languages. Revised... by James Upton. *London, W. Innys,* 1743. 8vo. old calf. *(Worn).* **165 fr.**

The Author was Preceptor to Queen Elizabeth. 16 page book catalogue at end. *Fine copy.*

5163 **ASH (John).** — GRAMMATICAL INSTITUT or An Easy Introduction to Dr Lowth's English Grammar : designed for the use of schools..., etc. *London, Charles Dilly,* 1786, sm. 12mo. contemp. calf. *(Much worn).* **20 fr.**

Six page book list at end.

5164 **[BERQUIN].** — PIÈCES CHOISIES DE L'AMI DES ENFANS de Berquin, à l'usage des écoles. *Londres, G. Durand, T. Boosey, etc.,* 1818, in-12, bas. f., mouchetée. *(Rel. de l'époque)* **60 fr.**

Précédé d'une notice sur Berquin que terminent ces
Vers sur la mort de Berquin
« *Berquin n'est plus ! le destin trop sévère*
Malgré nos vœux aux beaux arts l'a ravi.
Enfants, pleurez tous votre père,
Infortunés, pleurez tous votre ami ».

5165 **[BEWICK].** — HISTORY OF ENGLAND [A Compendious], from the Invasion of the Romans, to the War with France in 1794... *London, J. Robinson,* 1794, 12mo. old calf. *(Shabby and worn).* **60 fr.**

FIRST EDITION. With 32 woodcuts of Kings and Queens by Bewick. *Clean copy.*

5166 **BIBLICAL CATECHISM (A)** designed for Infant Sabbath Schools. No 4. *Boston, Mass. Sabbath School Soc., n. d.* [circa 1840], sm. 12mo. or. printed wrappers. **40 fr.**

Frontispiece engraved on wood. *Fine copy.*

5167 **BINGHAM (Caleb).** — THE AMERICAN PRECEPTOR ; being a new Selection of Lessons for Reading and Speaking, designed for the Use of Schools. *Boston, Manning and Loring,* 1802, 12mo. or. boards. **100 fr.**

Fine copy.

5168 **BINGHAM (Caleb).** — THE COLUMBIAN ORATOR ; containing a variety of Original and Selected Pieces ; together with the Rules ; calculated to improve youth... in the... art of Eloquence. *Boston, Caleb Bingham,* 1817, 12mo. contemp. calf. **85 fr.**

Yellow stain on first 68 pages.

5169 **BLEASE (H. J.).** — BRITISH GEOGRAPHY (A System of) for the use of Schools..., illustrated with thirty-six beautiful engravings. *London, Darton, Harvey and Darton,* 1820, sm. 12mo. or. half-leather, boards. **100 fr.**

The copper engravings have great charm and show the beauty spots of England. The book also contains 300 questions for the exercise of pupils. *Very fine copy.*

5170 **BLÉGNY (Etienne de).** — LES ÉLÉMENS ou Premières instructions de la Jeunesse. *Paris, au Palais, J. de Nully,* 1735, in-8, v. marbré, dos à nerfs, tr. r. *(Rel. anc.).* **400 fr.**

Curieux et rare ouvrage dû à un *Expert juré écrivain pour les vérifications des Ecritures contestées ;* il est divisé en 8 parties : Méthode pour bien écrire. Exemples de toutes sortes d'écritures (40 planches de *calligraphie,* avec ornements, animaux, feuillages, fleurs, amours, etc., gravées par *C.-A. Beroy*). Petites instructions sur les bonnes mœurs. Règles de l'orthographe. Formulaire de Billets. Essai de lettres convenables à de jeunes gens. Traité d'Arithmétique. Portrait de l'auteur. Bon exemplaire (qq. petites restaurations à la reliure).

5171 **BLÉGNY (Etienne de).** — LES ÉLÉMENS, etc. Nouvelle édition. *Paris, Cavelier,* 1751, in-8, v. marbré, dos à n. orné, tr. r. *(Rel. anc.).* **300 fr.**

Même ouvrage que le précédent contenant également le portrait de l'auteur et la partie gravée de *calligraphie.* Bel exemplaire. Petite mouill. à qq. ff.

5172 **BOSSUT (Abbé).** — The First French and English Grammar ; containing every thing essential, and nothing superfluous. *London, G. and W. B. Willaker,* 1824, sm. 12mo. or. cloth. **40 fr.**

8 page book list at end. Small blank corner of one leaf torn.

5173 **BUCHANAN (James).** — A NEW POCKET-BOOK for Young Gentlemen and Ladies or A Spelling Dictionary of the English Language... *London, R. Baldwin,* 1757, 12mo. contemp. calf. **50 fr.**

Also contains a *Catalogue of the most usual Christian Names of Men and Women.* 5 page book list at end.

5174 **BUTLER (William).** — ARITHMETICAL TABLES designed for the use of Young Ladies. *Shacklewell, printed by the author,* 1820, small 12mo. or. wrappers. **35 fr.**

CONTENTS. Arithmetical tables. Currency tables. Tables of Weights and Mesures. Scripture measures of lengh. Jewish, Roman and, Grecian coins and momies. A table of Kings and Queens since the Conquest. Birth days of the Royal Family Astronomical characters. Population of the United Kingdom, Stamps for receipts. A Table of fares... to which Hackney coaches are entitled, etc.

5175 **CANTALYCIUS (J.-B.) [VALENTINO].** — CANONES CREVISSIMI GRAMMATICES et Metrices pro rudibus pueris. *Rome, Marcellus Sieber, alias Franck,* 1519, in-4, vélin ivoire, tr. marb. *(Rel. anc.).* **2.000 fr.**

Ouvrage grammatical *à l'usage des écoliers.* Très beau titre imprimé en rouge et noir, dans une très belle bordure, gravée sur bois *imprimée en rouge,* ce qui est très rare. (Ratdolt n'imprima que 3 ou 4 encadrements en rouge, et, semble-t-il, à titre d'essais). Au dernier f. se trouve un *alphabet grec* avec la prononciation. *Brunet* ne signale pas cette édition (I, 1548). Très bel exemplaire (le f. de titre paraît un peu court, mais c'est que la bordure employée était trop grande pour le format).

5176 **CATECHISM OF THE WESLEYAN METHODISTS (THE)** ... No I. For children of tender years. *New York, J. Emory and B. Waugh,* 1829, sm. 12mo. or. printed wrappers. **30 fr.**

Quaint woodcut on front wrapper.

5177 **CATECHISM (THE)** of the Wesleyan Methodists compiled and published by order of the British Conference. Revised and adapted to the use of families and Schools... No II. For Children of Seven years... *New York, George Lane,* 1841, sm. 12mo. or. printed wrappers. *(With woodcul : back worn).* **50 fr.**

A few pencillings in margins.

5178 **CATO.** — [DISTICHA DE MORIBUS, LAT.-GERM.]. Catho cum glosa et moralisatione unacum materna lingua per... LEB. BRANT rythmatice translatus, etc. *Coloniae, Herm. Bœmgarl de Kelwich,* 1502, in-4, demi-chagrin grenat à coins, plats toile. *(Rel. mod.)* **2.500 fr.**

Édition très rare d'un des livres *à l'usage des écoliers* qui eurent la plus grande célébrité, contenant la *traduction allemande,* peut-être dans le dialecte de Cologne ; cela semble correspondre avec le texte de la plus ancienne édition connue (Cologne, Guldenschaff, c. 1477) ; voir *Murray, German Cat.,* 463. Très belle et grande marque d'imprimeur à la fin. Bel exemplaire, grand de marges.

5179 **CHAMBAUD (L.).** — FABLES CHOISIES A L'USAGE DES ENFANS... *Londres, Jean Nourse,* 1769, in-12, bas. jasp., fil. à froid. *(Rel. anc.).* **100 fr.**

Ouvrage à l'usage des enfants et des personnes qui commencent à apprendre la langue française. Il comprend un index alphabétique de tous les mots traduits en anglais et une petite grammaire française. Préface en anglais. *Bel exemplaire.*

5180 **CHRISTIAN CATECHISM (THE),** containing answers in scripture language to many important questions ; with prayers and hymns, for Sunday Schools. By a friend to Youth. *Hingham (U. S. A.)., Farmer and Brown... Printers,* 1829, sm. 12mo. or. wrappers. **40 fr.**

5181 **CICERO.** — DUO ELECTISSIMI M. T. Ciceronis Epistolarum familiarium libri XIV ad Terentiam uxorem et XVI ad Tironem libertum suum, etc. *Lipsiac, V. Shumann,* 1518, in-4, demi-vélin, *(Rel. mod.).* **1.200 fr.**

Belle impression de Leipzig en caractères romains d'un opuscule *à l'usage des écoliers.* Bel encadrement gravé sur bois entourant le titre avec les armes de Saxe et de Leipzig. Coll. : 20 ff. y compris le dernier blanc. Marque d'imprimeur à l'avant-dernier f. Bel exempl. grand de marges.

5182 **CICERO.** — SYNONIMA AD LUTIUM VETURIUM et Stephani Flisci Soncinensis viri Lacialis lingue... *Leipzig, Val. Schumann,* 13 janv. 1515, petit in-4 de 60 ff., demi-vélin. *(Rel. mod.).* **600 fr.**

Titre rouge et noir en gothique et romain, portant la date 1514, orné de jolies bordures gravées sur bois, dont l'une porte les armes de Saxe et de Leipzig. Caract. gothiques. Intéressant ouvrage, non cité par Proctor, contenant des opuscules de B. Facius, S. Fliscus, F. Niger sur les synonymes latins. Il est dédié par Tacuinus aux étudiants *(adolescentibus studiosis).* Exemplaire à grandes marges.

5183 **COCKER'S ARITHMETIC,** etc. The Forty-Sixth Edition. *London, A Bellsworth, etc.,* n. d. [circa 1725], 12mo. mottled calf. *(Modern binding).* **500 fr.**

With the woodcut portrait of Cocker. *Cocker's popularity was mainly due to the entirely unphilosophic character of his book. He gave rules without wasting any space on the reasons for them, the exact opposite to what De Morgan did a century later. But Cocker taught the modern « a danda » method of division instead of the old « scratch » or « galley » method.* (MURRAY). Small repair on inner margin of portrait, otherwise very fine copy of this school classic.

5184 **COCKER'S ARITHMETIC.** *London,* 1741, The Fiftieth Edition. Contemp. calf. *(Joints cracked).* **400 fr.**

Fine copy.

5185 **COCKER'S ARITHMETIC.** *London,* 1745, The Fifty-First edition, contemp. calf. *(Joints cracked)* **300 fr.**

Small tear in blank hart of a margin, otherwise fine copy.

5186 **COCKER'S ARITHMETIC.** *London,* 1753. The Fifty-Fourth Edition. Contemp. calf. *(Worn and cracked).* **150 fr.**

Well fingered copy.

5187 **COCKER'S ARITHMETIC.** *London,* 1758. Fifty-fifth Edition. Contemp. calf. *(Joints cracked).* **360 fr.**

Fine clean copy with the portrait exceptionally well impressed.

5188 COMENIUS (Joh. Amos). — ORBIS SEN-
SUALIUM PICTUS. Visible World or a Nomenclature, and Pictures of all the Chief things that,
are in the World... Translated into English By
CHARLES HOOLE, M. A. For the Use of Young
Latin Scholars. *London, Printed for Aaron Ward,
at the King's Arms in Lillle-Britain,* 1729, 12mo.
old calf. *(Rebacked).* **500 fr.**

The *Orbis Pictus* was originally written in «High Dutch»
and Latin, and was first translated into English by Hoole
in 1658. It was reprinted in America in 1812. In his preface Comenius delclares his desire to *entice witty children* by pictures, that so scare-crows may be taken out
of Wisdom's Gardens. This is the *« Eleventh Edition Corrected, and the English made to answer word for word to
the Latin.* It is illustrated with a portrait of Comenius
and many plates engraved in copper. In later editions [the
1777 edition for example, a page of which is reproduced
by Mrs Field] the pictures were engraved on wood. *Fine
copy.*

5189 CONDILLAC (L'Abbé de). — COURS D'ÉTU-
DE POUR L'INSTRUCTION DU PRINCE DE
PARME, aujourd'hui Son Altesse Royale l'Infant
D. Ferdinand. Duc de Parme, etc. *Genève,
F. Dufart, el Lyon, Bruysel,* 1789, 16 vol. in-12,
bas. écaille, dos très ornés, pièces rouges et vertes,
tr. mouch. *(Rel. anc.).* **600 fr.**

Bel exemplaire de cet ouvrage capital, contenant la
Grammaire, l'Art d'écrire, l'Art de Raisonner, l'Art de
Penser, Histoire Ancienne, Histoire Moderne, de l'étude
de l'Histoire. Portrait de l'auteur gravé par *Lardy.*

5190 COOK (Increase). — THE AMERICAN ORA-
TOR or Elegant Extracts in Prose and Poetry ;
intended for the Use of Schools and Academies
to which are prefixed A Dissertation on Oratorical
Delivery and the Outline of Gesture.. *New Haven,
Increase Coope,* 1811, 12mo. contemp. calf. **80 fr.**

FIRST EDITION. Foxed.

5191 COUNSELS OF WISDOM (THE) or A Collection of the Maxims of Solomon... Faithfully translated out of French. *London, F. Shadd,* 1680,
12mo. contemp. red morocco, gilt back and sides,
g. e. **700 fr.**

The work also contains « MAXIMS FOR THE CON-
DUCT OF CHILDREN » (33 pages). *Fine copy.*

5192 COURS D'ARITHMÉTIQUE, fait par Dominique Marcellin, élève des Frères des Écoles chrétiennes de Marseille, année 1829. Mss. cuir de
Russie, dos orné, double dentelle sur les plats,
titre estampé sur le premier plat, dentel. intérieure. *(Rel. de l'époque).* **250 fr.**

Manuscrit écrit sur papier jaune (240×476 mm.). Titre
encadré d'un double filet. Manuscrit remarquable comme
composition et comme écriture pour un enfant de quatorze ans. Reliure frottée.

5193 COUVAY (Louis). — LE DESPAUTAIRE
(sic) EN TABLES dans lesquelles ses receptes
et ses règles sont tellement disposées que le
seul ordre y sert de glosse et d'interprétation.
Paris, chez l'auleur el P. Marielle, s. d. [vers
1660], gr. in-8, vélin. *(Rel. anc.).* **600 fr.**

Ouvrage entièrement gravé, comprenant 32 planches,
blanches au verso, un certain nombre de vignettes illustrant le texte. Rare adaptation du *Despaulère,* la célèbre
grammaire latine du grammairien flamand Van Pauteren
(1460-1524). Très bel exempl. avec le rare ex-libris de
Marie-Louise-Elisabeth d'Orléans, duch. de Berry, fille du
Régent (1695-1719).

5194 COUVAY (Louis). — PREMIÈRE PARTIE
DE LA GRAMMAIRE LATINE, contenant les
communes qualités des noms, selon le rapport
qu'ils ont aux personnes ou aux choses signifiées..,
Ouvrage enrichy de quantité de petits tableaux.
qui ne doivent pas moins réjouyr la veüe, que
soulager l'esprit de ceux qui voudront s'en servir.
A Paris, s. d. [vers 1670]. — SECONDE PARTIE,
contenant la manière de bien décliner... — Les
quantités disposées par Tables et par figures en
taille-douce... *A Paris, chez l'auleur el Pierre
Marielle, s. d.* (1672), 3 ouvrages en un vol. petit
in-4, vélin. *(Rel. mod.).* **750 fr.**

Ces ouvrages de Louis Couvay, médecin et pédagogue,
sont ainsi composés : la Grammaire, dédiée à Mgr le D'Au-
fin *(sic),* comprend 8 pp. imprimées et 21 planches gravées
de texte et figures. La seconde partie comprend 1 titre et
16 planches gravées. Les *Quantités,* 32 planches gravées.
Les très nombreuses petites vignettes de la Grammaire
sont jolies et certaines amusantes. Toutes ces planches
sont dues à Jean Couvay, graveur, frère de l'auteur. Très
bel exemplaire.

5195 [DESPAUTÈRE (Jean)]. — MÉTHODE nouvelle et très exacte pour enseigner et apprendre
la première partie de Despautère, etc., expliqué
par figures en taille-douce..., par L. C. D. E. M.
[LOUIS COUVAY, *docleur en médecine*]. *Paris,
J. Gaillard,* 1649, in-8, vélin souple. *(Rel. anc.).*
600 fr.

Ouvrage rare, orné de jolies vignettes sur cuivre dont
l'objet est de faciliter aux enfants l'intelligence des exceptions aux règles générales (17 planches comprenant une
grande quantité de sujets). Portrait du Duc d'Anjou,
gravé par *J. Couvay,* frère de l'auteur. Une pl. endommagée
(en grande partie effacée). *Brunet,* II, 639. *Hœfer,* XII, 295.

5196 DILWORTH (Thos). — THE SCHOOLMAS-
TER'S ASSISTANT, being a compendium of
Arithmetic both Practical and Theoretical, in five
parts. *London, R. and H. Causlon,* 1781, 8vo. orig.
sheep. **300 fr.**

Fine copy, unusual with a book of this description :
engraved portrait of author who was a schoolmaster at
Wapping. 2 page of Schoolmasters recommanding book :
folding table and extra leaf of publisher's list at end.

5197 DONATUS (Ælius). — DE OCTO PARTIBUS
ORATIONIS editio secunda : cum Servii et Sergii
poctissima interpretatione suis locis inserta. Ejus-
dem Donati de barbarismo et solœcismo. Ex
secunda emissione. *Parisiis, Rob. Stephanus,* 1534,
cuir de Russie, grenat, dos à n. très orné, doré et à
froid, large cadre de filets dorés et dentelle à froid
formée de palmettes, dent. int., tr. dor., gardes de
vélin. *(Reliure romantique de Purgold).* **1.000 fr.**

Belle et rare édition de cette œuvre du célèbre grammairien romain, élève de saint Jérôme. Ce petit ouvrage
eut un nombre prodigieux d'éditions, certaines antérieures
à l'invention des caractères mobiles (*Hœfer,* XIV, 530), et
fut entre les mains de tous les écoliers. (*Répert. des Ouvrages
pédag. du XVIe s.,* p. 214 et sqq.). Cet exemplaire, portant l'ex-libris de *Renouard,* est celui même signalé par
Brunet, II, 807. *Très bel exemplaire.*

5198 DUPIN (L.). — GÉOMÉTRIE STÉRÉOMÉ-
TRIQUE ou Collection de polyèdres réguliers et
irréguliers en carton pour faciliter l'étude des
corps, suivie d'un texte donnant les surfaces et
volumes des polyèdres. *Paris, L. Mathias,* 1842,
brochure in-8 de 38 pages, couv. lithographiée et
une boîte. **150 fr.**

La boîte en carton, en forme de volume in-8° contient
52 pièces en carton, dépliées, avec quoi l'on obtient les
figures décrites et expliquées dans la brochure. Manquent
le Dodécaèdre régulier, le prisme triangulaire oblique et
la pyramide quadrangulaire droite. *Rare.* La boîte a besoin
d'être réparée.

5199 EBRARDUS. — MODUS LATINITATIS.
Nurembergae, Jérome Holtzel, 1500, petit in-4,
maroquin lavallière clair, filet doré, dos à nerfs,
filet doré sur les coupes et double filet doré intérieur, étui. *(Rel. mod.).* **5.500 fr.**

Hain, *6549, Schreiber, 3883 (deux exempl. dont un
seul complet), Census de Winship, p. 89 (un seul ex., celui
de la biblioth. Morgan). Édition rarissime. Magnifique
exemplaire, bien complet (48 ff.), avec le 1er f. contenant
deux superbes gravures sur bois : celle du r° représente le
maître en chaire et neuf élèves, celle du verso saint Jérôme
à genoux, tourné vers la gauche, en prière devant un cru-
cifix. Le lion s'est couché au milieu du premier plan ; à un
arbre de droite est accroché le vêtement du saint ; dans
le fond à gauche, une ville. Saint Jérôme était le patron
de Jérôme Holtzel qui s'est à plusieurs reprises servi de ce
bois comme marque d'imprimeur. Le *Modus latinitatis*
d'Udalrichut Ebrardus fut imprimé vingt-trois fois au
moins, de 1487 à 1500, ce qui atteste le succès de cette
grammaire écrite en latin et en allemand.

5200 [ÉDUCATION]. — PRINCIPES POUR DON-
NER UNE BONNE ÉDUCATION AUX EN-
FANS, tirés des meilleurs auteurs, et confirmés
par des exemples anciens et nouveaux. *Carpen-
tras, Quenin,* 1781, in-12, bas. marb., dos à n.
orné, tr. r. *(Rel. anc.).* **35 fr.**

Ouvrage inconnu à *Barbier* contenant des chapitres sur
les mauvais livres, la danse, la comédie, les jeux, la civilité
et la politesse. Une coiffe usée.

5201 [ERASME]. — SELECTA COLLOQUIA PUE-
RILIA in gratiam tenellae Juventutis. Editio
novissima aliis auctior et accuratior. *Cadomi,
J.-C. Pyron,* 1753, in-12, vélin souple. *(Rel. anc.).*
60 fr.
Impression de *Caen* à l'usage des écoliers.

5202 ESTIENNE (Charles). — DE RECTA LATINI
SERMONIS PRONUNCIATIONE ET SCRIP-
TURA LIBELLUS... *Pictavii, ex off. Marnefiorum
fratrum,* 1538, in-8, vélin. *(Rel. anc.).* **300 fr.**

La préface est adressée par Ch. Estienne « aux jeunes
gens qui étudient les bonnes lettres » *(adulescentulis bona-
rum litterarum studiosis).* Édition inconnue de La Boura-
lière, qui consacre une importante bibliographie aux Mar-
nef de Poitiers. Mouillure à la partie supérieure des premiers feuillets.

5203 ESTIENNE (Robert). — LA MANIÈRE DE
TOURNER EN LANGUE FRANÇOISE les ver-
bes actifs, passifs, gérondifs, supins et participes ;
item les verbes impersonnels... *Paris, Rob. Estienne,* 1538, in-12, cartonnage papier marbré
moderne. **800 fr.**

30 pages. Opuscule peu commun de l'un des illustres
imprimeurs érudits de la famille Estienne. *Barbier,* III, 30,
indique seulement la date 1540. Notre exemplaire est de
juillet 1538 (voir l'achevé d'imprimer).

5203 bis [ESTIENNE (François)]. — LES PRINCI-
PES ET LES PREMIERS ÉLÉMENTS DE LA
LANGUE LATINE par lesquels tous jeunes
enfans seront facilement introduicts à la cognois-
sance d'icelle. *Paris, Rob. Estienne,* 1546, petit
in-8 de 8 feuillets, vélin souple. *(Rel. mod.).*
800 fr.

Grammaire latine élémentaire, avec questions en français et réponses en vers latins mnémoniques. Bel exempl.

5204 EXERCITIUM PUERORUM grammaticale per
dictas distributum. *Cologne, Henricus Quentell,*
1499, in-4 de 113 ff. (au lieu de 114, le titre
manque), veau fauve orné de jeux de filets à
froid et d'un rectangle de fleurons estampés,
dos à nerfs, tr. rouges. *(Rel. mod. imitant l'anc.).*
2.500 fr.

Grammaire latine, avec commentaires en allemand, suivie de l'Institution de la Confrérie des Rose-Croix, en
1475. Ouvrage dont Hain décrit six éditions ; celle-ci, dont
la rareté est insigne, lui a échappé, ainsi qu'à Copinger,
Proctor, Pollard, Burger, etc. On n'en cite que deux
exempl. (Voullième, 410 et Schreiber, 3929) ce qui ne peut
surprendre, étant donné l'usage qu'en faisaient les enfants et leur peu de soin. Jolie impression gothique. Bel
exemplaire rubriqué.

5205 FAMILIAR FORMES OF SPEAKING, Composed for the use of Schools, formerly fitted for
the exercise of a private School only, now published for common use. Partly gathered, partly
composed. *London, Printed by J. R. for T. Hel-
der at the Sign of the Angel in Little Britain,* 1678,
small 16mo. or. calf. **250 fr.**

This rare school book has an interesting chapter entitled *Short forms belonging to play,* in which are dialogues
in Latin and English pertaining to Hand Ball, Bowls,
Jumping and Running, Swimming, Hunting, Cards, Tables
and Divers Sports. *Fine copy.*

5206 FAMILIAR FORMS OF SPEAKING, Compos'd
for the Use of Schools. *London, J. Sprint, at the
Bell...,* 1715, sm. 12mo. old calf. *(Back damaged).*
100 fr.

« *Twentieth Edition, Corrected and Amended, and Somewhat Englarged* ».

5207 FIRST LESSONS in English Grammar..., etc.,
adapted to the capacities of children from six to
twelve... *London, Longman, etc.,* 1815, sm. 12mo.
or. half-leather, boards. **80 fr.**

Interleaved with blank paper, as issued. A simplified
grammar for very young people. *Fine copy.*

5208 FISHER (George). — THE INSTRUCTOR :
Young Man's Best Companion... *London, The
Booksellers,* 1792, 12mo. contemp. cal. **90 fr.**

An engraved folding plate of mathemathical Figures
and woodcut diagrams of Dials, Compass and Solar System. A few worm holes, mostly in margins.

5209 [GAILLARD (G.-H.)]. — RHÉTORIQUE
FRANÇOISE A L'USAGE DES JEUNES DE-
MOISELLES, avec des exemples tirés, pour la

plupart, de nos meilleurs orateurs et poètes modernes. Quatrième édition. *Paris, Bauche, 1771,* in-12, v. marbré, dos à nerfs orné. *(Rel. anc.)*. **30 fr.**

Célèbre ouvrage maintes fois réimprimé dû à ce publiciste français, né à Ostel en 1726, mort en 1806. On trouve dans cet ouvrage « *à l'usage des jeunes demoiselles* » de curieuses pièces, assez inattendues, notamment un « *Sonnet sur l'Avorton* » *(sic)*. Bel exemplaire.

5210 [**GARNIER (Antoine)**]. — LES RUDIMENS DE LA LANGUE LATINE, avec des règles pour apprendre facilement et en peu de tems à bien décliner et conjuguer, pour l'utilité et le soulagement des Maîtres et des Enfans. Nouvelle édition. *Sens, A. Jannot, 1731,* in-8, vélin souple. *(Rel. anc.)*. **125 fr.**

208 pp. ch. Antoine Garnier, de Langres, mourut vers 1710 ; sa grammaire latine eut de multiples éditions. (*Barbier*, IV, 394). Titre un peu sali. Piqûre de ver.

5211 GRAECORUM EPIGRAMMATUM florilegii novi interpretatio Latina, adduntur et alia Veterum Graecorum Poemata Latine versa, in usum Scholarum. *Londini, Benj. el Lam. Tooke, 1721,* in-16, basane fauve. *(Rel. anglaise de l'époque)*. **35 fr.**

Choix de 86 distiques, 88 strophes de quatre vers, 88 de six vers, 52 poésies plus longues, Héro et Léandres (de Musée), les vers dorés de Pythagore, les poèmes de Bion et Moschus. Exemplaire d'une fraîcheur rare, pour un livre mis entre les mains d'un écolier (signature et date, April 30th 1745, sur la garde).

5212 GRAMMAR (AN ENGLISH) or A Plain Exposition of Lilie's Grammar In English, with easie and profitable Rules for parsing and making Latine. Very Usefull for all Young Scholars... *London, Felix Kingston, 1641,* 12mo. old calf. *(Repaired)*. **350 fr.**

Small defect in margin of page 87 affecting a few words.

5213 GRAMMAR (A Short Introduction of) Generally to be used. Compiled and set forth for the bringing up of all those that intend to attain to the Knowledge of the Latine Tongue..., etc. *Oxford, Al the Theatre, 1692,* 12mo. old calf, label. *(Renewed)*. **500 fr.**

Engraved frontispiece showing students galthering fruit from a tree *(of Knowledge)*. Interleaved copy with blank paper for Oxford Students. *Fine copy.*

5214 GREENWOOD (James). — THE LONDON VOCABULARY, English and Latin... For the Use of Schools. *London, J. F. and C. Rivington, 1777,* 12mo. or. cloth. **600 fr.**

The Seventeenth edition. Illustrated with 26 quaint woodcuts. The book is really an abridgement of the *Orbis Pictus*, originally written in « High Dutch », and Latin, by *Jan Amos Komensky*, and translated into English by *Charles Hoole* in 1658. The last edition was in 1777. James Greenwood, noted Grammarian, become master of St. Paul's School, London, a post which he held until his death in 1737. *Fine copy.*
PLANCHE 71.

5215 GREENWOOD (James). — THE LONDON VOCABULARY. *Rivington, 1782,* or. cloth. **500 fr.**

Another copy, 18th edition. *Fine copy.*
PLANCHE 71.

5216 GREENWOOD (James). — THE LONDON VOCABULARY. *Rivington, 1791,* or. cloth. **300 fr.**

Another copy, 20th edition. A few pages soiled.

5217 GREENWOOD (James). — THE LONDON VOCABULARY. *T. Longman, 1797,* or. cloth. **400 fr.**

Another copy, 21st edition. *Fine.*

5218 HAMPTON (Barnab.). — PROSODIA CONSTRUED and the meaning of the most difficult words therein contained, plainly illustrated ; being an addition to the construction of Lilie's Rules, and of like necessary use. *London, Will. Norton, 1701.* — (A la suite) : THE TREATISE OF THE FIGURES... by John Stockwood. *London, Will. Norton, 1699,* 2 vol. reliés ensemble, in-16, veau brun. *(Rel. anglaise de l'époque)*. **325 fr.**

Deux petits ouvrages de prosodie et de grammaire latines, à l'usage des écoliers anglais.

5219 HODDER (James). — ARITHMETICK or That Necessary Art made most easie. Revised, etc., by Henry Mose. *London, R. Chiswell, 1685,* sm. 12mo., half-calf. *(Modern binding)*. **150 fr.**

Last leaf slightly defective in margins.

5220 HODGES (R.). — A SPECIAL HELP TO ORTHOGRAPHIE or The true-writing of English. Consisting of such words as are alike in sound, and unlike both in their signification and writing. *London, R. Coles, 1643,* sm. 4to., old half-calf. **300 fr.**

It is said that some of the innovations in Spelling made by Hodges are now generally adopted.

5221 HOLLIBAND (Claudius). — A TREATISE FOR DECLINING OF VERBES, which may be called the second chiefest worke of the French tongue. *London, George Miller, 1641,* sm. 12mo. old calf. *(Front cover loose)*. **60 fr.**

An early English-French text book on verbs. *Fine clean copy.*

5222 HOOLE (Charles). — CHILDREN'S TALK, English and Latine, Divided into several Clauses... That Children by the help of their Mother-Tongue, may more easily learn to discourse in Good Latine amongst themselves. *London, Company of Stationers, 1681,* 12mo. old calf. **800 fr.**

The author (1610-1667) was master of Rotherham School ; rector of Great Ponton, 1642 ; later taught in London and became rector of Stock, Essex. He wrote many school books.

5223 HOOLE (Charles). — SENTENCES FOR CHILDREN (Sententiae Pueriles) English and Latin. Collected out of Sundry Authors long since, by LEONARD CULMAN ; and now Translated into English, by Charles Hoole : For the first Entrers into Latin. *Boston, Printed, for N. Buttolph, B. Eliot, D. Henchman and G. Phillips, 1723,* 12mo. old calf on or. wooden boards. *(Worn)*. **3.500 fr.**

FIRST AMERICAN EDITION, AND ALSO THE FIRST SCHOOLBOOK OF ITS KIND PRINTED IN

AMERICA. Charles Hoole, also translated the « Orbis Pictus » of Comenius. The text of the above work is in Latin with the English version opposite. Some corners dogeared and corner defective with the loss of 2 or three letters. A number pages waterstained. *Of the greatest rarity.*

5224 INSTITUTIO GRAECAE GRAMMATICES compendiaria, in usum regiae scholae Westmonasteriensis... *Londoni, Rogerus Norton*, 1685, in-16, veau brun. *(Rel. anglaise de l'ép.).*   **50 fr.**

Grammaire grecque à l'usage des élèves de l'École royale de Westminster. Exemplaire déboîté, la reliure est en mauvais état. Titre taché.

5225 INSTITUTIONES LOGICAE, in usum Juventutis Academicae Dubliniensis. *Dublini, ap. S. Helsham*, 1681, petit in-8, veau brun. *(Rel. angl. de l'époque).*   **50 fr.**

Intéressante Logique à l'usage des étudiants de Dublin. *Ex-dono* manuscrit de 1683 sur le titre. Deux planches doubles gravées représentant les « figures » du raisonnement. Rare. Ex-libris anglais du xixe siècle.

5226 IRVING (C.). — A CATECHISM OF BOTANY ; Containing a description of the most familiar and Interesting Plants, arranged according to the Linnœan system..., adapted to the use of Schools in the United States. *New York, F. and R. Lockwood*, 1824, sm. 12mo. or. printed wrappers.   **100 fr.**

Second American edition improved and enlarged. Engraved frontispiece of plants. Title slightly foxed. otherwise very fine copy.

5227 ISOCRATES. — ORATIO ISOCRATIS pulcherrima in qua praecepta a juvenibus observanda continentur... e graeco in latinum versa per PHILIPPUM BEROALDUM juniorem. *Bologna, Bened. Hectoris [Faelli]*, 1502, in-4, de 12 ff. (le dernier blanc), non relié, couv. papier marbré.   **450 fr.**

Belle impression en caractères ronds. Grandes marges.

5228 JEAN (Alexandre). — ARITHMÉTIQUE AU MIROIR, par laquelle on peut (en quatre vaccations de demie heure chacune) pratiquer les plus belles règles d'icelle... *S. l.*, 1649, petit in-8, vélin. *(Rel. anc.).*   **600 fr.**

16 pages imprimées expliquant la méthode, 55 pages gravées : livres, sols, deniers, liquidations d'intérêts, réduction d'obole pite et demie, etc., et 17 pages gravées : fractions de l'aune. Ouvrage curieux et peu commun.

5229 LA CHAISE (J.). — NEUES FRANZOSISCHES A. B. C. UND LESEBUCH. *Leipzig, S. L. Crusius*, 1799, in-8, br. couv. muette, non coupé.   **250 fr.**

Très intéressante méthode de français, à l'usage des écoliers allemands, par un professeur de langue française de l'Université de Leipzig. Exercices de lecture, conjugaisons, petit lexique. Ouvrage conforme à la célèbre grammaire de Wailly et au dictionnaire de l'Académie française. *Très bel exemplaire à l'état de neuf.*

5230 [LACTANTIUS]. — LITERA PYTHAGORAEY, cum divina L. Lactantii Cœlii Firmiani explanatione. *Lugduni, Seb. Gryphius*, 1536, in-8 carré, de 22 pp. ch. et 2 ff. n. ch., maroq. havane, dos à n. jansén., dent. int., tr. dor. *(Andrieux).*   **500 fr.**

Belle et rare impression de Gryphe avec la marque sur le titre et sur le dernier f. *(Baudrier, VIII, 95).* Cet ouvrage, en usage dans les écoles au xvie siècle, est dédié « aux adolescents studieux ». Bel exemplaire.

5231 LAMENNAIS. — LE GUIDE DU PREMIER AGE. *Bruxelles, à la Librairie catholique*, 1828, in-16, demi-bas. marron, dos et coins. *(Rel. de l'ép.).*   **300 fr.**

ÉDITION ORIGINALE. Reliure frottée. De toute rareté.

5232 LAMENNAIS. — LE GUIDE DU PREMIER AGE. *Paris, H. Delloye*, 1838, petit in-16 carré, cartonnage papier, étiquette imprimée. *(Cart. de l'époque).*   **100 fr.**

Ouvrage rare et peu connu du célèbre abbé F. de Lamennais. Exempl. d'une fraîcheur irréprochable provenant de la mense de l'évêché de Quimper et de Léon.

5233 LANE (A.). — A KEY TO THE ART OF LETTERS or English a Learned Language..., etc. *London, Ralph Smith*, 1705, contemp. black morocco, with gilt tooling on back and sides in the mearne style.   **1.000 fr.**

Fine copy in a beautiful binding.

5234 LATIN GRAMMAR (A Short introduction to). For the Use of the University and Academy of Pennsylvania, in Philadelphia. *Boston, John W. Folsom,* 1790, 12mo. contemp. calf. *(Rubbed).*   **150 fr.**

Tear at one corner, not affecting text.

5235 LEONARD (Levi W.). — THE LITERARY AND SCIENTIFIC CLASS BOOK, embracing the leading facts and principles of Science. KEENE N. H., *J. and J. W. Prentiss*, 1831, 12mo. contemp. sheep.   **100 fr.**

Seven plates illustrating the principles of Electricity, Hydraulics, Optics, Astronomy, etc.

5236 LILY (William). — LILLIES GRAMMAR (Animadversions upon) or Lily Scanned. An Extract of Grammatical Problems..., etc., etc. *London, Richard Hawkins*, 1625, sm. 12mo. old calf.   **250 fr.**

William Lily, noted grammarian was high-master of St. Paul's School. London, 1512-22. Worm holes in lower margins, not affecting text. *Cf. Mrs Field, page 169.*

5237 LOCKE (John). — Some thoughts concerning Education. *London, F. Baker*, 1710, 12mo. old calf.   **175 fr.**

Early edition of Locke's great work. *Fine copy.*

5238 [LOWTH (Robert)]. — A SHORT INTRODUCTION TO ENGLISH GRAMMAR, with Critical Notes. The Second Edition, Corrected. *London, A. Millar*, 1763, 12mo. contemp. calf.   **125 fr.**

The Author (1710-1787), was made Bishop of London in 1777.

5239 LUCIEN DE SAMOSATE. — DIALOGI SE-LECTI inter caeteros styli praestantia, rerumque in iis contentarum dignitate praecipui, nova... interpretatione Latina donati... ab omni denique obscuritate ac difficultate vindicati, opera ac studio G. S. P. M. S. *l. (Londini), Henric. Hill,* 1684, in-24, basane fauve. *(Rel. de l'ép.).* **30 fr.**

Intéressante édition classique. Le texte grec de chaque dialogue est suivi de sa trad. latine et de copieuses notes en latin expliquant les hellénismes et les difficultés du texte.

5240 MANCINELLUS (Antonius). — CARMEN DE FLORIBUS auctum et cultivis. CARMEN DE FIGURIS. HEXAMERON epigramatum. *Venise, J. Tacuinus de Tridino,* 3 mars 1507, petit in-4, vélin souple. *(Rel. mod.).* **550 fr.**

Ouvrages à l'usage des étudiants. Voir le Répertoire des ouvrages pédagogiques du xvie siècle (Impr. Nationale, 1886), p. 416-418. Trous de ver en marge des premiers ff.

5241 MANCINELLUS (Antonius). — DONATUS MELIOR. De arte libellus. Catonis Commentariolus... *Venise, G. de Fontaneto,* 1521, in-4, vélin souple. *(Rel. mod.).* **700 fr.**

L'humaniste italien Mancinelli (1452-1506) est l'auteur de nombreux ouvrages pédagogiques souvent imprimés à l'époque. Édition non citée dans le Répertoire des ouvr. pédag. du xvie siècle. Fig. sur bois sur le titre (un maître et sept élèves), lettre ornée. *Bel exempl.,* malgré quelques très petits trous de ver.

5242 MANN (H.) AND PEABODY (Eliz.). — Moral Culture of Infancy, and Kindergarten Guide. With Music for the Plays. *New York, J. W. Schemerhorn and Co,* 1870, 8vo. or. cloth. *(Back faded).* **125 fr.**

Frontispiece and 10 pages of music. *Fine copy.*

5243 MARTIN (Benjamin). — AN INTRODUCTION TO THE ENGLISH LANGUAGE and Learning. *London, W. Owen,* 1754, contemp. morocco, gilt back and dentelle on sides, g. e. **100 fr.**

The book is in 3 parts. The second deals with grammar and the third lessons on the sciences, etc. From the library of the King, with «duplicate» stamp on verso of title. *Fine copy in a splendid binding.*

5244 MASSON (Arthur). — AN ENGLISH SPELLING BOOK, for the Use of Schools. In Three Parts. *Edinburgh, Printed for the Author,* 1757, 8vo. contemp. calf. **80 fr.**

Second edition, improved.

5245 MULTIPLICATION TABLE (THE). *London, Routledge, Warne and Routledge,* n. d. [circa 1850], 8vo. or. printed wrappers. **50 fr.**

Two coloured illustrations and visible tables with red and black dots. *Fine copy.*

5246 MURMEL (Johannes). — GRAMMATICE... quibusdam ab Joanne Bugenhagenio additis cum nominum et verborum declinatione... *Lipsiae, ex aedibus Valentini Schumann,* 1518, petit in-4 gothique de 15 ff., vélin. *(Rel. mod.).* **500 fr.**

Bordure de titre gravée sur bois. Marque typographique gravée sur bois (à la fin). Jean Murmel, poète et humaniste néerlandais, mourut à Déventer en 1517. Mouillure dans la marge intérieure.

5247 MURRY (Ann.). — MENTORIA or the Young ladies instructor..., etc., etc. *London, J. Mawman...,* etc., 1814, post 8vo. or. full calf. **45 fr.**

Two plates. (Geography and geometry). A general school book for young girls.

5248 MURRAY (Lindley). — ENGLISH EXERCISES adapted to English Grammar... designed for the benefit of Private Learners, as well as for the Use of Schools. *Boston, James Loring,* 1816, sm. 12mo. or. half-leather, wooden boards. *(Worn).* **60 fr.**

Title slightly foxed. 6 page book list at end.

5249 MURRAY (Lindley). — THE ENGLISH READER or Pieces in prose and poetry, Selected from the Best Writers... *New York, Collins and Co,* 1819, 12mo. contemp. calf. *(Rubbed).* **50 fr.**

Slightly foxed.

5250 NEUE FIEBEL ODER LESE-SCHREIB UND RECHENBUCH zum ersten Unterricht der Kinder. *Nürnberg, G. N. Raspe,* 1783, in-8, en feuilles non coupées. **250 fr.**

Fleuron sur le titre. Exemplaire extraordinaire non rogné et non coupé.

5251 NOMENCLATURA TRILINGUIS. ANGLO-LATINO-GRAECA or A short vocabulary, English, Latin and Greek..., etc. Composed for the Benefit of the English Youth, by P. K. *London, George Conyers, at the Golden Ring, in Little-Britain Price Is.,* n. d. [circa 1690], 12mo. contemp. calf. **270 fr.**

«The Ninth Edition. Carefully Revised and Corrected, by R. C. containing many Hundred Words more than any other Book of this Kind.» Small hole in title affecting two or three words.

5252 NOUVEAU TRAITÉ D'ÉDUCATION divisé en deux parties dont la première contient le devoir des parents, et la seconde le devoir des enfants, enrichi des Fables de divers Autheurs qui ont du raport aux Vertus et aux Vices dont on traitte. *Amsterdam, Estienne Roger,* 1716, 2 vol. in-12 carré, dos à n. ornés, pièce rouge, tr. marb. *(Rel. anc.).* **250 fr.**

Ouvrage extrêmement rare et curieux, orné de 2 frontispices allégoriques (coloriés à l'époque), représentant des jardiniers soignant de jeunes arbres, et illustré de 126 curieuses figures, à mi-page, gravées sur cuivre par G. Quineau Jn. La plupart des fables sont tirées d'*Esope,* et de *La Fontaine.* Titres doublés, qq. taches rousses. *Manque 1 f. du tome II.*

5253 NOVUM VESTIBULUM LATINO-GALLICO-BELGICUM, columnis dispositum et figuris illustratum. INTRODUCTION nouvelle à l'étude latine, à la françoise et à la flamande... NIEUWE Inleydinge tot de lateynsse, franse, en Duytse tale. *Amsterdam, Pierre Mortier*, 1686, in-8, vélin. *(Rel. anc.).* **300 fr.**

Frontispice gravé représentant plusieurs petites scènes et, au milieu, le maître instruisant ses élèves. Ce frontisp. porte le titre : *La Porte des langues*. Vocabulaire par questions et réponses, sur trois colonnes, illustré de 35 planches gravées représentant de très nombreux sujets. Exemplaire très feuilleté. Quelques planches sont abîmées en marge. Quelques scènes coloriées d'une main enfantine.

5254 [**OTIS (James)**]. — THE RUDIMENTS OF LATIN PROSODY : with A Dissertation on Letters, and the Principles of Harmony, in Poetic and Prosaic Composition. *Boston, N. E. Benj. Mecom*, 1760, 12mo. contemp. calf. **1.250 fr.**

FIRST EDITION. *Fine copy.*

5255 ΟΝΟΜΑΣΙΚΟΝ ΒΡΑΧΥ. Sive, nomenclatura Brevis Anglo-Latino-Grœca. In Usum Scholœ Westmonasteriensis. Per F. G..., etc. *London, Richard Royston*, 1672, 8vo. contemp. calf. **450 fr.**

The work also has « Examples of the Five Declensions of Nouns ; with the words in *Propria quœ maribus* and *Quœ genus* reduced to each Declension. »

5256 **PHILIPPE (Théodore)**. — ARITHMÉTIQUE SIMPLIFIÉE ou Prompt-Compteur, approuvé par l'Académie des Sciences, le 2 mars 1846. *Paris*, 1846, in-12 broché de 12 pages et une tablette encadrée d'acajou. *(Etui de l'ép. en papier à ramages).* **400 fr.**

La brochure contient l'instruction pour se servir du Prompt-Compteur. La tablette imprimée recto et verso sur carton (24 × 14 centimètres) permet, à l'aide de réglettes, de faire les quatre opérations élémentaires et de calculer l'escompte et l'intérêt. L'auteur prit pour 15 ans un brevet d'invention S. G. D. G. Depuis, les règles à calculer s'en sont inspirées. *Très bel exemplaire.*

5257 **PIBRAC**. — TETRASTICHA graecis et latinis versibus expressa, authore Florente Christiano. *Luteliae, apud Fed. Morellum*, 1584, in-4, demi-vélin. *(Rel. mod.).* **400 fr.**

Chaque quatrain est en français, latin et grec. Cette édition en contient cent-vingt-six. *Brunet, IV, 629.*

5258 **PIBRAC**. — VIDI FABRI PIBRACII... Tetrasticha graecis et latinis versibus expressa Florente Christiano Authore. *Luteliae, F. Morellus*, 1584, in-8, vélin souple ivoire, ornement à froid au centre de chaque plat. *(Rel. anc.).* **400 fr.**

ÉDITION ORIGINALE fort rare de cette traduction en vers grecs et latins par FLORENT CHRÉTIEN des fameux *Quatrains de Pibrac*, livre qui pendant plusieurs siècles a été le maître commun de la jeunesse (*Hœfer*, XL, 42). Cette édition comporte également le *texte français*, « où, dit M. Feugère, des leçons de piété et de justice étaient données en si beaux vers que la rouille et le temps n'y trouveraient que mordre ». Bel exemplaire, réglé. *(Répert. des ouvrages pédag. du XVIe s., 511).*

5259 **PIKE (Nicolas)**. — ARITHMETIC (A New and Complete System of) composed for the Use of the Citizens of the United States. *Newbury-Port, John Mycall*, 1788, 8vo. or. mottled calf. **400 fr.**

FIRST EDITION, with errata leaf at end. Title-page yellowed otherwise fine copy.

5260 **PRIMITIVA LATINAE LINGUAE,** Germanice explicata, gallice accommodata. *Nurnberg, Georg Peter Monath*, 1761, in-8, cart. papier doré à ramages. *(Cart. anc.).* **500 fr.**

Dictionnaire latin-allemand-français pour la jeunesse. Il est illustré de 1.700 figures finement gravées.

5262 **PYLADES (Jo. Fr. Buccardus)** Brixianus. CARMEN SCHOLASTICUM cum diphtongis denuo impressum et emendatum. *Milan, Matt. Besulius (Bezozzo)*, novembre 1508, petit in-4 gothique, *cartonnage mod.* **600 fr.**

Rare grammaire latine en vers de Giov. Fr. Boccardo, né à Brescia, mort au début du XVIe siècle. Voir le Répertoire des Ouvrages pédagogiques du XVIe siècle (Impr. Nationale, 1886), p. 534. Titre orné d'une bordure gravée sur bois, avec figures du Christ, de Moïse, d'Adam et d'Eve et, dans le bas, une école. Marque typographique de Matt. Besozzo (deux enfants portant une étoile). Bel exemplaire. Petite tache d'encre sur le colophon : nous lisons 1508.

5263 **RECORDE (Robert)**. — ARITHMETICK or The Ground of Arts...., augmented by JOHN DEE .. since enlarged by John Mellis. *London, Joseph Cranford*, 1658, 12mo. old calf *(Worn).* **500 fr.**

Enlarged edition of Recorde's famous book. He was the first writer in English on arithmetic.

5264 **ROOT (Evastus)**. — AN INTRODUCTION TO ARITHMETIC for the use of Common Schools. *Norwich (Conn.), Thomas Hubbard*, 1796, in-8vo. orig. wooden boards. *(Broken).* **400 fr.**

2nd edition. A few pages stained. Deals with Compound addition, reduction, barter rule, of three, promissory notes, etc. One promissory note reads as follows.
« Mr TRISTRAM SHANDY, SIR. PAY. RODERIC. RANDOM, SIXTY FIVE DOLLARS, AND PLACE THE SAME TO MY ACCOUNT, VALUE RECEIVED. PETER PINDAR. »

5265 **SAULNIER (I.)**. — NOUVELLE GRAMMAIRE ITALIENNE ET ESPAGNOLE, déclarée par notre langue françoise. Par le moyen de laquelle on pourra aisément et en peu de temps apprendre lesdites langues selon leur prononciation et orthographe. *Paris, Jean Corrozel*, 1625, in-12, vélin. *(Rel. anc.).* **250 fr.**

L'auteur, « médecin et interprète du Prince de Condé, faisant profession des dites langues (ital. et espagnole) et Cosmographie », est inconnu des biographes. Ouvrage rare.

5266 **SCHURMAN (Anna-Maria a)**. — OPUSCULA, HEBRAEA, GRAECA, LATINA, GALLICA, PROSAICA ET METRICA. *Lugduni Batav., Elzevir*, 1648, petit in-8, veau brun, dos sans nerfs, tr. rouges. *(Rel. anc.).* **550 fr.**

Portrait dessiné et gravé par elle-même de la femme la plus savante de son siècle. Voir *Hœfer*, XLIII, 602. Ce recueil, publié par le célèbre Spannheim, a eu trois éditions en quelques années. Celle-ci est la première. Voir *Brunet*, V, 230. *Bel exemplaire.*

5267 **SCOTT (William)**. — LESSONS IN ELOCUTION or A Selection of Pieces, in Prose and Verse, for the Improvement of Youth in Reading and

Speaking..., etc. *Hartford, Hudson and Goodwin,* 1806, 12mo. contemp. tree calf. **100 fr.**

Has 4 woodcuts illustrating the elements of gesture. *Fine copy.*

5268 SÉNÈQUE. — DE REMEDIIS FORTUITO-RUM. Manuscrit du xve siècle. In-4, maroquin bleu, dent. dorée. *(Rel. du XVIIe siècle).*
3.000 fr.

Manuscrit de 7 ff. sur vélin, les deux derniers blancs. Lettres romaines rouges et noires. Belle initiale en couleurs composée d'un dragon et d'un cygne. Texte que l'on trouve rarement en ms. Les trois premières pages contiennent un PETIT TRAITÉ DE PONCTUATION par GASPARINUS PERGAMENSIS (1370-1431) l'un des principaux restaurateurs des lettres latines, à qui l'on doit, avec la découverte ou la publication de manuscrits de Quintilien et de Cicéron, des ouvrages pédagogiques, notamment un traité *de l'Orthographe. Bel exemplaire.*

5269 SHORTER CATECHISM (THE). *Philadelphia, J. van Court,* 1844, sm. 16mo. or. printed wrappers. **20 fr.**

The cover, with woodcut, is dated 1832.

5270 SUISSE. — CARTE EN RELIEF, par Ed. Beck, de Berne, 1853. 42 cm. × 26,5 ; avec le cadre 45,5 × 29,5 cm. Sur fond de bois. La carte se plie en deux, sur des charnières. **80 fr.**

Intéressante carte en relief au 900.000e, par cantons, en différentes couleurs. Les chemins de fer, les bateaux à vapeur sur les lacs, les champs de bataille, etc., sont indiqués.

5271 SUMMARY VIEW (A) of the evidences of Divine Revelation : exhibited in the form of a Catechism. Designed for the use of Sabbath Schools. By a Clergyman of Mass. *Boston, Marsh, Capen and Lyon, and Carter and Hendee,* 1830, sm. 12mo.
125 fr.

FIRST EDITION. Very fine copy.

5272 SWAN (W.). — THE DISTRICT SCHOOL READER or Exercices in Reading and Speaking ; designed for the Highest Class in Public and Private Schools. *Boston, Charles C. Lillle,* 1846, 8vo. contemp. calf. *(Joints cracked).* **100 fr.**

FIRST EDITION. Contains pieces by *W. C. Bryant, Washington Irving, Longfellow, G. B. Emerson, Daniel Webster, John Q. Adams, S. G. Goodrich,* and prominent English authors, etc. *Some pages waterstained.*

5273 TABLEAU EXPLICATIF DES SYMBOLES. *S. l. n. d.* [vers 1820], placard gravé collé sur toile, sous cartonnage factice. **30 fr.**

Explication des symboles, au nombre de 44, qui, sur des médaillons, indiquent l'histoire et les circonstances d'un règne.

5274 TABLE BOOK (SOUTHERN). A New Selection of Arithmetical Tables..., etc., for the use of Schools and Private Tuition. *Charleston, William R. Babcock,* 1857, sq. 16mo. or. printed wrappers. **60 fr.**

On verso of lower cover is a charming woodcut of a young scholar. Very fine copy.

5275 TRUCHIUS (Vinc.). — ISAGOGE ad scansionem carminum ; collectanea sententiarum Bœtii, Martialis, Jo. Cantalycii, Ovidii. *Turin, Nic. Benediclus et Ant. Ranolus,* 1518, in-4, vélin. *(Rel. anc.).* **1.250 fr.**

Bel exemplaire d'un ouvrage rare non cité par les bibliographes. Jolie impression en romain, initiales ornées, bordure de titre gravée sur bois dans le style des bordures du siècle précédent. Recueil intéressant de vers de plusieurs auteurs, parmi lesquels Gio. Batt. Cantalicio, cardinal et poète italien mort en 1514, auteur d'un recueil d'*Epigrammata,* de *Canones grammatices et metrices, etc.* (non cité dans le Répertoire des Ouvrages pédagogiques du xvie s.).

5276 TURNER (R.). — ARTS AND SCIENCES (An Easy Introduction to) being a Short, but comprehensive System of Useful and Polite Learning, ...etc. *London, Rivington, etc.,* 1814, sm. 12mo. contemp. calf. *(Back broken).* **50 fr.**

3 engraved plates and 44 woodcuts of Mythological Deities, Animals, Birds, Fishes *(two of whales),* and some scientific diagrams.

5277 TURNER (William). — EXCERPTA EX. P. OVIDII NASONIS with English Notes ; Fitted for the Use of Schools. *London, J. Osborn and T. Longman,* 1727, 12mo. old calf. **30 fr.**

Corners rounded, otherwise fine copy.

5278 VALLA (Nicolas). — VOCABULARIUM VULGARE cum latino apposito... *Veneliis, J. Tacuinus,* 1515. — **MANCINELLUS.** OPERA OMNIA cum explan. Ascensii (Donatus melior, Catonis de moribus, de arte libellus), *Ibid.,* G. de Rusconibus, 1519. — **ALEXANDER** (Gallus seu de Villa Dei). DOCTRINALE cum Commento. *Ibid.,* P. de Juarengiis, 1512, 3 vol. en un in-4, vélin. *(Rel. anc.).* **1.500 fr.**

Les deux premiers ouvrages ont un titre rouge et noir. Jolie bordure Renaissance sur le titre du second volume qui possède aussi une très belle initiale historiée. Sur le titre du troisième ouvrage, fig. sur bois représentant un ange (marque d'imprimeur). Le deuxième ouvrage se termine, après le colophon, par *sequuntur Regulae,* ce qui semble appeler une suite. Mancinellus (Antonius), humaniste italien (1452-1506). Villa Dei (Alexandre de Villedieu), du commencement du xiiie siècle : son Doctrinal connut, dans les écoles, une vogue qui ne se démentit pas jusqu'au milieu du xvie siècle. Nicolas Valla, docteur en droit et chanoine, mourut en 1573 à vingt-deux ans. *Beaux exemplaires.*

5279 WALKER (William). — A DICTIONARY OF ENGLISH AND LATIN IDIOMS... The Sixth edition. *London, W. Taylor,* 1712, 12mo. contemp. calf. **250 fr.**

Engraved frontispiece. *Fine copy.*

5280 WALKER (William). — A NEW DICTIONARY OF ENGLISH PARTICLES With a Praxis upon the same. *London, Robert Panlot, n. d.* [circa 1673], 12mo. old calf. **185 fr.**

Engraved title-page. Small corner torn not affecting text.

5281 WALKER (William). — A TREATISE OF ENGLISH PARTICLES : Shewing Much of the Variety of their Significations and Uses in English ; and how to render them according to the Propriety and Elegancy of the Latine. With a Praxis upon the same. *London, T. Garlhwail,* 1663, 12mo. old calf. *(Leather lickel renewed).*   **400 fr.**

FIRST EDITION. Fine title with arms. The author was head-master of South and Grantham Schools ; vicar of Colsterworth. *Fine copy.*

5282 WEBSTER (Noah). — AN AMERICAN SE-LECTION of Lessons in Reading and Speaking calculated to improve the Minds and refine the Taste of Youth..., etc., etc. *Boston, Isaiah Thomas,* 1799, 12mo. or. wooden boards covered with old leather slip.   **150 fr.**

Woodcut portrait of Noah Webster. Pages brouwed as usual. Isaish Thomas was the famous printer of the First American Edition of *Goody Two-Shoes.*

5283 WINGATE'S ARITHMETIC, Containing A Plain and Familiar Method, for attaining the Knowledge and Practice of Common ARITHME-TICK... enlarged... by JOHN KERSEY. *London, J. Williams,* 1673, 12mo. old calf, joints weak.   **300 fr.**

Edmund Wingate (1596-1656), mathematician and legal writer, also became teacher of English to Princess (afterwards Queen) Henrietta Maria in Paris [c. 1624]. He wrote works in French and English. *Fine copy.*

━━━━━━

5284 SCHOOL-BOY'S DIVERSIONS, describing many new and popular Sports with proper directions for engaging in them. *London, A. K. Newman and Co, n. d.* [circa 1820], 12mo. or. printed wrappers, preserved in half-morocco case. **750 fr.**

FIRST EDITION. Illustrated with a fine folding frontispiece and two other well engraved plates, from the designs by *R. Stennett.* A few stains in margins, etc. *Tuer, O. F. C. B.,* pages 326-330 *(showing 2nd edition).*

5285 SCHOOL-BOYS DIVERSIONS. *London, n. d.* [circa 1820], or. printed wrappers. *(Corner of lower wrapper damaged).* Another copy.   **1.250 fr.**

FIRST EDITION. with plates hand-coloured.

5286 SCHOOL OF INDUSTRY (THE) and Frugality or Highway to the Temple of Honour ; containing Fourteen Instances of Men and Women who have risen in the World from humble Occupations ; being Bright examples for all Children. *London, Hodgson and Co, n. d.* [circa 1820], sm. 12mo. or. printed wrappers. *(Loose).*   **250 fr.**

Illustrated with coloured frontispiece and 15 other hand-coloured woodcuts.

5287 SCIENCE DU BIEN (LA), par Castellan, Eugénie Foa, comtesse de Bazanville, Michelant et Louis Durand. *Paris, Arnauld de Vresse, s. d.,* cartonnage en lithographie. *(Carl. de l'édit.).*   **280 fr.**

Illustré de 4 lithographies et de vignettes non signées. Très joli cartonnage or, bleu et rose sur fond crème.

5288 SCOTT (Walter). — TALES OF A GRAND-FATHER ; being stories taken from Scottish History... *London, Cadell and Co,* 1829-30, The 3 series complete in 9 vols. in-12, half-leather, boards. *(Backs rubbed).*   **50 fr.**

Each vol. with an engraved frontispiece and title. The second and third series are FIRST EDITION. Few plates slightly foxed.

5289 SCRAP BOOK in-4to., green cloth *(Shabby).* [Circa 1830-50].   **400 fr.**

30 leaves different coloured of linen, covered recto and verso with scraps the majority of which have been cut out of old Children's books. Woodcuts, lithographs and engravings, hand-coloured. Several ABC series and illustrations from chapbooks, March's Series, etc.

5290 SCRIPTURE HISTORY ABRIDGED. In which it is designed to give Children such a taste..., to Study the Sacred Scriptures. *Walerville (U. S. A.), William Haslings,* 1828, sm. 12mo. or. wrappers.   **40 fr.**

Very fine copy.

5291 SEAS, SHIPS, AND ADVENTURES, being sketches and pictures for youthful instruction and amusement. *London, R. York Clarke and Co, n. d.* [circa 1850], sq. 12mo. or. illustrated and gilt boards, in fine fresh state.   **130 fr.**

Illustrated with 16 splendid woodcuts of whales, sea monsters, etc. *Fine copy.*

5292 SEDGWICK (Miss). — A LOVE TAKEN FOR CHILDREN. *London, T. Tegg, and Son,* 1838, sm. 16mo. or. cloth, g. e.   **30 fr.**

Dedicated to Elizabeth Howard of Boston at whose request the book was written. *Very fine fresh copy.*

5293 SÉGALAS (Mme Anaïs). — ENFANTINES, Poésies à ma fille. *Paris, Mme Vve Louis Janel, s. d.* (1844), in-8, cart. soie verte, dos orn. en long, fers spéciaux, tr. dor. *(Rel. de l'éditeur, élui).*   **600 fr.**

ÉDITION ORIGINALE ornée de 7 charmantes planches finement gravées sur acier, d'après *Rochard, Hollis, Drummond, Edwin Landseer.* Bel exemplaire dans un cartonnage de toute fraîcheur. *Superbe pièce.*

SÉGUR (Comtesse de). — Voir n⁰ˢ 676 à 695 (Bibliothèque Rose).

5294 SÉGUR (Comte Louis-Philippe de). — JEANNE D'ARC, épisode historique. *Paris, Eymery, Fruger el Cⁱᵉ,* 1829, in-16, basane fauve tachetée, tr. jaspées. *(Rel. de l'époque).*   **100 fr.**

2 gravures (Jeanne en prison), Jeanne faite prisonnière. Un avis de l'éditeur explique que ce récit est extrait de la grande *Histoire Universelle* du comte de Ségur. Un demi-siècle plus tard on extraira de même, de la grande *Histoire* de Michelet, une « Jeanne d'Arc » à l'usage des écoliers. *Bel exemplaire.*

5295 SÉGUR (Paul de). — NOUVEAUX CONTES MORAUX pour servir à l'instruction et à l'amusement de l'enfance. Traduit librement de l'allemand. *Paris, Eymery,* 1823, in-12, demi-veau fauve, dos à nerfs orné de fil. dorés et rosaces à froid, tr. j. *(Rel. de l'époque)*. **100 fr.**

ÉDITION ORIGINALE de ce petit ouvrage, fort rare, dû à « M. Paul de Ségur, élève externe au Collège Royal de Louis-le-Grand, et dédié à son grand-père, M. le comte de Ségur, Pair de France, de l'Académie française ». Le frontispice gravé par *Lejeune*, d'après *Martinet*, illustre « *Gorgo ou le Bon Nègre* ». Américana. *Bel exemplaire*.

5296 SEIDEL (C.-A.). — FEIERABENDE. *Leipzig, Friedrich August Leo*, 1801, in-12 carré, cart. papier vert illustr. *(Cart. de l'édit.)*. **300 fr.**

Contes pour les petits enfants. Ouvrage orné de 24 jolies planches gravées et coloriées par *Boettger Dreus*, représentant des scènes enfantines, plantes, fruits, animaux, etc. Les plats du cartonnage sont finement décorés dans le style Directoire, amours, corbeilles de fleurs, etc. *Ex-libris de la Bibliothèque d'Ailly.*

5297 SELECT RHYMES FOR THE NURSERY, with copper-plate engravings. *London, Darton, Harvey and Darton*, 1819, 12mo. or. printed wrappers. *(Soiled)*. **450 fr.**

FIRST EDITION. Illustrated with 20 charming vignettes. Tears in two pages : a small bit torn out of a blank margin, and one leaf defective *(with the loss of two lines of verse)*. Some pages rather soiled.

5298 SELECT RHYMES FOR THE NURSERY. *Boston, Munroe and Francis*, n. d. [circa 1820], sm. 12mo. or. half-leather, boards. **600 fr.**

FIRST EDITION. Illustrated with 36 quaint woodcuts. *Fine copy.* PLANCHE 159.

5299 SELECTION of the Much-Admired Poems, My Father, My Mother, My Brother, and My Sister ; with the Father's address to his children ; in imitation of Cowper. *Banbury, J. G. Rusher*, n. d. [circa 1820], sm. 12mo. or. printed wrappers. **60 fr.**

Woodcut frontispiece. *Fine copy.*

5300 SELWYN (A.). — A NEW YEAR'S GIFT or Domestic tales for children. *London, William Cole*, 1825, sm. 12mo. original half-leather, boards. **60 fr.**

FIRST EDITION. Two plates, one of which is repeated.

5301 SELWYN (A.). — TALES OF THE VICARAGE. *London, John Harris*, 1824, sq. 12mo. or. cloth, ticket. *(Back missing)*. **50 fr.**

FIRST EDITION. Illustrated with four engraved plates.

5302 UNE SEMAINE D'UNE MAISON D'ÉDUCATION de Londres..., par une Dame de distinction. *Londres, L. Galabin*, 1797, in-12, veau raciné, dos orné, pièce cuir, tr. rouges. *(Rel. de l'époque)*. **60 fr.**

Lectures tirées des Incas de Marmontel, « histoires agréables » et dialogues entre l'auteur et ses élèves. *Fente à un mors.*

5303 SENSES (THE). *London, Rel. Tract Soc.*, n. d., [circa 1835], 16mo or. cloth, gilt, g. e. **40 fr.**

Illustrated with numerous woodcuts some of an anatomical nature. *The eye, The tongue. The hand. The ear. The sense of smell.* Fine copy.

5304 [SÉRAPHIN (FEU)]. — HISTOIRE DE CE SPECTACLE, depuis son origine jusqu'à sa disparition. 1776-1870. *Lyon, N. Scheuring*, 1875, in-8, maroq. vert olive, dos à nerfs, orné de filets et fleurons, plats décorés de jeux de filets dorés, tête dorée, tr. ébarbées, couv. cons. **500 fr.**

Intéressante notice sur ce curieux personnage ; répertoire des pièces de marionnettes et d'ombres chinoises, texte de dix de ces pièces, chacune ornée d'une vignette gravée. Très bel exempl. dans une jolie reliure.

5305 SÉRAPHIN. — THÉATRE ou les Ombres chinoises, dialoguées, commentées, abrégées et moralisées pour les enfans. *Paris, Eymery*, 1816, 2 vol. in-16, brochés, couv. muette orig. **800 fr.**

14 figures en taille-douce et 15 planches gravées sur bois, d'après Duplat et Bénard, dont une reproduit le frontisp. en taille-douce. 4ᵉ éd., revue, corrigée et augmentée de deux dialogues. *De toute rareté.*

5306 SERIES OF EASY LESSONS (A) on the Lord's Prayer. *Hartford (Conn.), D. F. Robinson and Co*, 1829, sq. 16mo. or. printed wrappers. **250 fr.**

FIRST EDITION. Finely excuted woodcut of a child praying as frontispiece. *Very fine copy.*

5307 SERMONS TO CHILDREN To which are added Short Hymns suited to Subject. By a Lady. *London, Simpkin and Marshall*, n. d. [circa 1810], 16mo. contemp. calf. *(Back worn)*. **60 fr.**

Eight well engraved copper plates : engraved title. *Fine copy.*

5308 SEVEN FAMOUS CHAMPIONS (History of the) of Christendom... *London, L. Hawes, etc.*, 1766, sm. 12mo. contemp. calf. *(Back restored)*. **500 fr.**

A very rare chapbook illustrated with over 40 crude woodcuts (some repeated) the woodblocks of some dating as for back as the early 17th century. The work is in 3 parts, the third part being the *History of St. George's three Sons, Guy, David and Alexander.* PLANCHE 61.

5309 SEVEN CHAMPIONS OF CHRISTENDOM (The History and Surprising Adventures of). *Derby, Thomas Richardson*, n. d. [circa 1835], sm. 8vo. **50 fr.**

10 hand-coloured woodcuts by ORLANDO JEWITT. Large type. A few stains.

5310 SEVEN WONDERFUL BROTHERS (THE). *London, Dean and Son*, n. d. [circa 1835], 8vo. or. printed wrappers. **500 fr.**

Illustrated with 11 hand-coloured woodcuts. Brother Sunshine's on Shilling untearable books *(mounted on linen)*. A most amusing Fairy Story.

5311 SÉVIGNÉ (Mᵐᵉ de). — NOUVEAU CHOIX DES LETTRES, spécialement destiné aux petits séminaires et aux pensionnats de demoiselles, par l'Abbé Allemand. *Tours, Mame,* 1859, in-8, cart. toile bleue, décors polychromes, tr. dorées. *(Cart. d'édit.).*   **125 fr.**

Un portrait gravé, signé *M*^me^ *Florensa,* et un titre-frontispice gravé avec jolie vignette représentant Mme de S. et ses amis naviguant sur la Loire. Décors rocaille rouge, or, bleu de ciel et orange sur le 1er plat ; décor à la cathédrale rouge, vert, bleu de ciel et or sur le second plat ; dos très orné grenat, orange, olive, or et vert. *Bel exemplaire.*

5313 SEYMOUR (Mrs W. Wood). — EASTER HOLIDAYS AT CEDAR GROVE. *New York, Daniel Dana Jr.,* 1859, 12mo. or. cloth, gilt.
                                                       50 fr.

Frontispiece and extra illustrated title. Tear in one page. 4 page book list at end.

5314 SHADOWS. *London, Darton and Co, n. d.* [circa 1850], sm. 4to. or. printed and coloured wrappers.
                                                       100 fr.

Illustrated with 8 hand-coloured lithographs. An indestructible book printed on paper rebacked with linen. *Fine copy.*

5315 SHAKESIDES (W.). — WELCOME, an Acting Charade. In Three Comediettas, intended to enliven long evenings, especially when « The Dear Boys and Girls » are at Home for the Holidays. *London, Rock and Payne,* 1850, sq. 12mo. or. leather, gilt.   **125 fr.**

FIRST EDITION. 3 finely engraved etchings by T. H. ONWHYN. *Fine copy.*

5316 SHAKESPEARE (W.). — DRAMATIC TALES founded on Shakespeare's Plays, to which is added The Life of this eminent poet by Joseph Graves. *London, J. Duncombe, n. d.* [circa 1830], 24mo. half-calf. *(Modern binding).*   **600 fr.**

Illustrated with a magnificent engraved portrait of Shakespeare from a painting in the possession of the Duke of Somerset (dated 1610) and 10 splendid folding plates in aquatint. The collection comprises : *Henry VIII. Othello. Hamlet. Titus Andronicus. King John. Henry IV. As you like it. All's well that ends well. Measure for measure* and *Richard the third.* Fine copy.

5317 SHAKSPEARE'S. — DRAMATIC WORKS. In five volumes. *London, T. Tegg, etc.,* 1838, 5 vols. in-32mo. or. red cloth, gilt, g. e.   **600 fr.**

Illustrated British Classics, with many beautifully executed engravings. Miniature edition, with microscopic type. *Very fine fresh set with cloth as new.*

5317 *bis* [SHARPE (Mrs)]. — DAME WIGGINS OF LEE, and her Seven Wonderful Cats. A Humerous Tale. Written, principally by a Lady of Ninety. *London : Dean and Munday,* 1823,

or. printed wrappers, preserved in half-morocco case.   **3.500 fr.**

FIRST EDITION. Of the greatest rarity. Illustrated with a frontispiece and 16 hand-coloured woodcuts from the drawings of R. STENNET. *Tuer, F. C. B., pages* 413-416. Fine copy.
PLANCHE 122.

5318 [SHARPE (Mrs)]. — DAME WIGGINS OF LEE, and her Seven Wonderful Cats. *London, A. K. Newman, n. d.* [circa 1824], sm. 8vo. or. printed wrappers, preserved in half-morocco case.   **1.250 fr.**

Same hand-coloured plates. Child scribblings on end papers. Fine copy.
PLANCHE 122.

5319 [SHARPE (Mrs)]. — DAME WIGGINS OF LEE and her Seven Wonderful Cats. Another copy. *Dean and Munday, n. d.* [circa 1825].   **1.000 fr.**

Pen scribblings on two blank pages.
PLANCHE 122.

5320 [SHARPE (Mrs)]. — DAME WIGGINS OF LEE, and her Seven Wonderful Cats. A Humerous Tale by a Lady of Ninety. *London, Thos. Dean and Co, n. d.* [circa 1838], sq. 12mo. or. cloth.   **250 fr.**

Illustrated with full page frontispiece, vignette on title and 15 plates all hand-coloured. Large type. At end four page book list. Loose in covers.

5321 SHARPE (R. S.). — OLD FRIENDS IN A NEW DRESS. *London, Grant and Griffith,* 1849, 8vo. or. cloth.   **50 fr.**

The fables of Aesop are here turned into easy verse, each poem being illustrated with a wood engraving. *Fine copy.*

5322 SHELLS AND PEBBLES. A Story for Children. *London, Soc. for Promoting Christian Knowledge, n. d.* [circa 1840], 12mo. or. printed wrappers.   **25 fr.**

Frontispiece and 13 woodcuts in text showing seaweed and shells, etc. *Fine copy.*

5323 SHEPHERD BOY (THE). Embellished with 12 engravings. *London, R. Miller, n. d.* [circa 1810], 2 1/2 × 2 1/2 inches, 12 cards.   **300 fr.**

Twelve hand-coloured engravings *(including title)* with an engraved verse under each picture.

5324 SHEPHERD BOY (THE) or Rural Scenes. *London, A. Park, n. d.* [circa 1830], 8vo. or. printed wrappers.   **175 fr.**

Illustrated with 8 splendid hand-coloured woodcuts. *Fine copy.*

Mrs SHERWOOD (1775-1851)

5325 **SHERWOOD (Mrs).** — BROTHERLY LOVE ; shewing that as merely human it may not always be depended upon. *London, Darton and Co*, 1851, sq. 12mo. or. cloth, gilt, g. e. *(Rubbed)*. **70 fr.**

Published in collaboration with Mrs Sherwood's daughter, Mrs STREETER, the year Mrs Sherwood died, and probably a first edition. Illustrated with four plates in chromolithography. 4 page book list at end.

5326 **SHERWOOD (Mrs).** — A DRIVE IN THE COACH through the Streets of London. A Story founded on fact. *Wellington, Salop, F. Houlston and Son*, 1819, 12mo. or. printed wrappers. **80 fr.**

Illustrated with a frontispiece and five woodcuts showing Julia and her Mamma's drive through London. Vignette on title.

5327 **SHERWOOD (Mrs).** — ERMINA. *London, Houlston and Son*, 1831, sm. 12-mo. or. half-leather boards. **85 fr.**

FIRST EDITION. Engraved frontispiece *(slightly foxed)* and 15 woodcuts in text. Printed by Whittingham at the Chiswick Press. *Fine copy.*

5328 **SHERWOOD (Mrs).** — THE FLOWERS OF THE FOREST. *London, Religious Tract Soc.*, n. d. [circa 1837], contemp. half-leather. **50 fr.**

Illustrated with a frontispiece and 10 charming woodcuts.

5329 **SHERWOOD (Mrs).** — THE GIPSEY BABES. A Tale of the last Century. *London, Houlston and Son*, 1835, sm. 12mo. or. printed wrappers. *(Slightly soiled)*. **20 fr.**

Engraved frontispiece. Six page book list at end. Faint stain at corner of frontispiece.

5330 **SHERWOOD (Mrs).** — THE GIRL'S KEEPSAKE. *London, Darton and Clark, n. d.* [circa 1830], sm. 12mo. or. cloth. gilt back. **60 fr.**

Chromolithographic half-title and two engraved frontispieces *(slightly waterstained)* on tinted ground. *Fine copy.*

5331 **SHERWOOD (Mrs).** — THE HEDGE OF THORNS. *London, J. Hatchard and Son*, 1840, sm. 12mo. or. cloth. **40 fr.**

Very fine copy.

5332 **SHERWOOD (Mrs).** — THE HISTORY OF EMILY AND HER MOTHER. *Wellington, Salop*, 1825, sm. 12mo. or. printed boards. *(Front cover detached)*. **50 fr.**

FIRST EDITION. Charming frontispiece engraved on copper. Two page book list at end. *Fine clean copy.*

5333 **SHERWOOD (Mrs).** — THE HISTORY OF HENRY MILNER. A Little Boy, who was not brought up according to the fashions of the world. *London, J. Hatchard and Son*, 1824, 12mo. or. boards, printed ticket. *(Uncut)*. **50 fr.**

Charming frontispiece showing « Henry reading to the hay makers. » *Fine copy.*

5334 **SHERWOOD (Mrs).** — THE HISTORY OF LITTLE HENRY AND HIS BEARER. *Wellington, Salop*, 1821, bound up with THE LITTLE WOODMAN AND HIS DOG CAESAR, 1821, sm. 12mo. contemp. half-calf. **60 fr.**

Each work with frontispiece and numerous woodcuts.

5335 **[SHERWOOD (Mrs)].** — THE HISTORY OF SUSAN GRAY as related by A. Clergyman ; designed for the benefit of Young Women when going to service, etc. *Dublin, Martin Keene*, 1810, sm. 12mo. or. half-leather boards. **20 fr.**

5336 **SHERWOOD (Mrs).** — THE IDIOT BOY. *London, Houlston and Wright, n. d.* [circa 1855], 16mo. Sewn. **15 fr.**

Illustrated with five quaint woodcuts. In the « Penny » Series.

5337 **SHERWOOD (Mrs).** — INTIMATE FRIENDS *London, Houlston and Stoneman*, 1842, sm. 12mo. or. cloth. **50 fr.**

Illustrated with a charming frontispiece engraved on copper.

5338 **SHERWOOD (Mrs).** — AN INTRODUCTION TO GEOGRAPHY. Intended for Little Children. *London, Houlston and Son*, 1834, sm. 12mo. or. half-leather, boards. **50 fr.**

Fifth edition. *Fine copy.*

5339 **SHERWOOD (Mrs).** — LITTLE GEORGE AND HIS PENNY. *London, Houlston and Sons, n. d.* [circa 1860], 16mo. sewn. **15 fr.**

Illustrated with five quaint woodcuts. *Fine copy.*

5340 **SHERWOOD (Mrs).** — THE LITTLE WOODMAN, and his dog Cœsar. *Wellington, Salop*, 1821, sm. 12mo. or. printed boards. *(Rebacked)*. **100 fr.**

Illustrated with a frontispiece and many fine woodcuts. At end 2 page book list.

5341 **SHERWOOD (Mrs).** — THE LITTLE WOODMAN. Another copy, contemp. calf. *(Joint cracked)*. **50 fr.**

Frontispiece slightly torn in inner margin.

5342 **SHERWOOD (Mrs).** — THE LITTLE WOOD-MAN, and his dog Cœsar. *London, Houlston, n. d.* [circa 1853], sm. 12mo. or. cloth, gilt. **30 fr.**

Same illustrations as the 1821 edition. *Fine copy.*

5343 **SHERWOOD (Mrs).** — OBEDIENCE. *Berwick, Thomas Melrose,* 1830, sm. 12mo. or. printed boards. **100 fr.**

FIRST EDITION. Engraved frontispiece by *W. H. Lizars.* Large type. Fine copy.

5344 **SHERWOOD (Mrs).** — THE OLD COBLER OF THE COTTAGE : to which is added, the Idler. *London, Darton and Clark, n. d.* [circa 1840], or. cloth. **60 fr.**

Illustrated with 3 fine plates engraved on stone. *Fine copy.*

5345 **SHERWOOD (Mrs).** — THE ORPHAN BOY. *London, Houlston and Son,* 1833, sm. 12mo. or. printed wrappers. **60 fr.**

Illustrated with 7 splendid woodcuts. Two page book list at end.

5346 **SHERWOOD (Mrs).** — THE PULPIT AND THE DESK. *London, Houlston and Son,* 1829, sm. 12mo. or. printed wrappers. **40 fr.**

Engraved frontispiece.

5347 **SHERWOOD (Mrs).** — THE RED BOOK. *London, Religious Tract Society, n. d.* [circa 1830], sm. 12mo. or. cloth, g. e. **40 fr.**

Frontispiece and 5 woodcuts. *Fine copy.*

5348 **SHERWOOD (Mrs).** — THE ROSE. A Fairy Tale. *Wellington, Salop, F. Houlston and Son,* 1829, 24mo. or. printed wrappers. *(Rebacked).* **25 fr.**

Frontispiece and 5 woodcuts. Two page book list at end.

5349 **SHERWOOD (Mrs).** — SHANTY THE BLACK-SMITH. A Tale of other Times. *London, Darton and Clark, n. d.* [circa 1835], sm. 12mo. or. half-leather. **60 fr.**

Illustrated with 2 plates engraved on stone. *Fine copy.*

5350 **SHERWOOD (Mrs).** — SHANTY THE BLACKSMITH. A Tale of other times. *London, Darton and Clark, n. d.* [circa 1840], or. cloth. *(Shabby).* **20 fr.**

Engraved frontispiece and engraved title with vignette.

5351 **SHERWOOD (Mrs).** — THE SUNDAY SCHOOL MAGAZINE. *London, Knight and Lacey,* 1824, 16mo. contemp. morocco. *(Rubbed).* **25 fr.**

Engraved frontispiece and many woodcuts in text.

5352 **SHERWOOD (Mrs).** — THEOPHILUS AND SOPHIA (The History of). *London, Houlston and Son,* 1836, sm. 12mo. or. half-leather, boards. **50 fr.**

Engraved frontispiece, slightly foxed. 4 page book list at end.

5353 **SHERWOOD (Mrs).** — THE THUNDER-STORM. *London, Houlston, n. d.* [circa 1840], 16mo. wrappers. **15 fr.**

5 quaint woodcuts. Twopenny booklet. *Fine copy.*

5354 [**SHERWOOD (Mrs)**]. — THE TWO SISTERS or Ellen and Sophia. [*London*], *Religious Tract Society,* 1827, or. half-leather. **60 fr.**

Illustrated with an engraved frontispiece and 12 well executed woodcuts.

5355 **SHERWOOD (Mrs).** — THE VIOLET LEAF. *Berwick, Thomas Melroe,* 1835, sm. 12mo. or. printed wrappers. *(Back strip missing).* **25 fr.**

Engraved frontispiece by W. H. Lizars. *Fine copy.*

5356 **SHERWOOD (Mrs).** — THE WISHING CAP. *London, Houlston and Sons, n. d.* [circa 1840], 16mo. or. printed wrappers. **25 fr.**

Frontispiece and 6 quaint woodcuts. Twopenny booklet. *Fine copy.*

5357 **SHERWOOD (Mrs).** — THE WRECK OF THE WALPOLE. *London, Darton and Clark, n. d.* [circa 1840], sm. 12mo. or. printed wrappers. *(Shabby).* **15 fr.**

Coloured frontispiece. Small tear in margin of last leaf.

5358 **SHIPWRECK OF THE ALCESTE (THE)** also the Shipwreck of the Medusa... *Dublin, E. Tute,* 1822, sm. 12mo. contemp. full calf. *(Back cracked).* **40 fr.**

Illustrated with 4 woodcuts.

5359 **SHIPWRECKED SAILOR-BOY (THE)** or An Orphan's Troubles. A Tale. *London, A. K. Newman and Co,* 1828, sq. 16mo. or. half-leather, boards. **50 fr.**

Illustrated with 3 splendid engravings *(It looks as if there might have been a fourth).* A few small ink-stains on one page.

5360 **SHORT STORIES** IN WORDS OF ONE SYLLABLE. By the Author of Summer Rambles. *London, E. Lloyd,* 1801, 12mo. or. half-leather, boards. **600 fr.**

FIRST EDITION. Engraved frontispiece. Large type. This is a very early date for a one-syllable story book. *Fine copy.*

5361 **SICK LITTLE ROBIN (THE),** and his Kind Little Nurse, Jenny Wren. *London, Dean and Co, n. d.* [circa 1850], 8vo. or. printed wrappers. **60 fr.**

With 6 hand-coloured woodcuts. Very large type. Uncle Buncle's series.

5362 **SILLERY-BRULART (Mme de).** — LEÇONS D'UNE GOUVERNANTE A SES ÉLÈVES ou Fragmens d'un journal, qui a été fait pour l'éducation des enfants de Monsieur d'Orléans, *Paris,*

Onfroy, Née de la Rochelle, 1791, 2 vol. in-12, veau tachet., dos ornés. *(Rel. de l'époque).* **100 fr.**

Mme de Sillery-Brulart était la gouvernante de Mlle d'Orléans.

5363 SILVER BLOSSOMS To Produce Golden Fruit for the Young and Good or Golden Keys to Good Old Proverbs. By the author of Spring Flowers, etc. *London, Thomas Dean and Son, n. d.* [circa 1835], 12mo. or. cloth, gilt, g. e. *(Back damaged).* **100 fr.**

Frontispiece and vignette on title lithographed in two tones, and 6 other charming plates. 12 page book list at end.

5364 SILVER-VOICE. A Fairy Tale being The Adventures of Harry's Mother, Harry's Sweetheart, and Harry himself. *London, Field and Tuer, The Leadenhall Press, n. d.* [circa 1886], 8vo. or. printed wrappers. *(Browned, back strip missing).* **40 fr.**

10 hand-coloured illustrations.

5365 SILVIO PELLICO. — ŒUVRES CHOISIES. Traduction nouvelle revue pour l'usage de la jeunesse, par Mme Woillez. *Tours, Mame, 1851*, in-8, cart. toile bleue, décors polychromes, tr. dorées. *(Cart. d'édit.).* **200 fr.**

Mes Prisons. Des devoirs des hommes. Ildegarde. Lettres inédites. Intéressante *notice.* Quatre gravures sur acier par K. GIRARDET. Beau décor architectural polychrome, or, orange, bleu vif, bleu-gris, olive, vert clair, vert-gris, rouge, au premier plat. Dos orné de rinceaux et mascarons or, bleu pâle, vert, orange. Grand motif rocaille au second plat. TRÈS BEL EXEMPLAIRE.

5366 SIMÉON ou le Petit Musicien voyageur, par A.-E. de Saintes. *Paris, Eymery, 1838*, in-12, demi-bas. fauve. **50 fr.**

Titre et 3 pl. gravés. Relié à la suite, du même auteur : MICHAEL, le petit Chevrier du Mont Perdu. *Paris-Limoges, Martial Ardant, s. d.* [vers 1840], in-12. Titre et 3 pl. gravés.

5367 SIMON (Achille). — LA PIEUSE COMTESSE, illustrée de quatre grandes lithographies par Victor Adam. *Pont-à-Mousson, Haguenthal, s. d.* [vers 1840], in-4. *(Cartonnage papier de l'éditeur).* **300 fr.**

Quatre grandes lithographies de VICTOR ADAM, tirées chez *Haguenthal.* Cartonnage romantique crème, or et vert. Cadre et rinceaux d'or, roses et feuillages, paysage joliment composé, au premier plan passeroses en fleurs. Au centre, lithographie coloriée, chevalier faisant ses adieux à sa « dame » et à ses enfants. Sur le second plat, en noir, moulin au bord de l'eau. Texte en gros caractères largement interlignés. Exemplaire remarquable par son magnifique cartonnage de toute rareté, et par les belles lithographies de VICTOR ADAM.

5368 SIMPLE SIMON (THE NEW ADVENTURES OF). *London, J. L. Marks, n. d.* [circa 1830], 8vo. or. printed wrappers. **250 fr.**

Illustrated with 7 hand-coloured woodcuts. From the « Frank Funny Library ».

5369 SIMPLE STORIES. A very easy Reading-Book, with coloured pictures. *London, Harvey*

and Darton, 1840, 12mo. or. printed wrappers, preserved in half-morocco case. **450 fr.**

Illustrated with 4 charming hand-coloured wood engravings. Large type. *Fine copy.*

5370 SIMPLE STORIES, in Words of One Syllable for Little Boys and Girls. By the Author of « Stories of Old Daniel ». *London, Grant and Griffith, Successors to John Harris, n. d.* [circa 1830], sm. 8vo. or. printed wrappers. **800 fr.**

Illustrated with 12 delightful, hand-coloured woodcuts. Large type. *Fine copy.*

5371 SIMPLE TALES of Every day Subjects. *London, Harvey and Darton*, 1824, sm. 12mo. or. half-leather, boards. **150 fr.**

FIRST EDITION. Illustrated with 4 finely executed engravings. Contents : *A stitch in time saves nine.* — *The story-teller.* — *The Spendthrift.* — *Augustus.* — *The loiterer.* — *Good-humour rewarded.* — *The discontented boy.*

5372 SINDBAD THE SAILOR (The History of) containing An Account of his several Surprising Voyages and Miraculous Escapes. *Gainsbrough, H. and G. Mozley*, 1798, sm. 16mo. or. flowered-paper wrappers. *(Back strip missing).* **100 fr.**

5 full page woodcuts. LACKS 2 LEAVES *(The woodcut frontispiece and last leaf).*

5373 SINDBAD THE SAILOR (The Wonderful Voyages of). Being a history of his astonishing travels, adventures and Shipwrecks. *Glasgow, J. Lumsden and Son, n. d.* [circa 1840-45], 16mo. or. printed wrappers. **150 fr.**

Illustrated with 11 hand-coloured woodcuts. Of the series of *Lumsden and Son's improved edition of coloured twopenny books embellished with numerous engravings.* Fine copy.

5374 SINDBAD THE SAILOR. *London, Routledge, Warne and Routledge, n. d.* [circa 1860], large 8vo. or. coloured wrappers. **125 fr.**

Illustrated with 8 hand-coloured woodcuts. Aunt Mavor's toy Books. *Fine copy.*

5375 SINGERIES HUMAINES (LES). — PETIT MUSÉUM COMIQUE ET GROTESQUE. *Paris, Louis Janet, s. d.* [vers 1820], in-8 oblong, cartonn. pap. crème avec décor gravé approprié au sujet du livre. *(Carlonn. d'origine).* **1.000 fr.**

Titre gravé avec vignette et 12 planches très bien gravées en taille-douce et très amusantes, représentant des scènes du « Monde » ses singes : *Malbrouck ou la Lanterne magique, le Peintre à la Mode, le Commerce ambulant, le Bal paré, le Fashionable, le Jour de barbe, le Petit Concert d'Amateurs, etc.* Cartonn. sali auquel il manque le dos. Petit manque dans la marge d'un f. n'atteignant pas le texte. Deux ou trois planches ont été un peu coloriées au crayon. Extrêmement rare.

5376 SINGE VERT (LE), suivi de Plus-Belle-que-Fée. Contes nouveaux. *S. l. n. d.* [vers 1780], in-12, veau beige, tr. rouges. *(Rel. mod.).* **60 fr.**

Pas de titre. 36 pages. Impression populaire. La dernière page imprimée en caractères plus petits pour « tenir » en 36 pages. *Bel exemplaire.*

5377 SINNETT (Mrs Percy). — HERDSMEN AND TILLERS of the ground or Illustrations of Early Civilization. *London, Chapman and Hall, 1847,* sq. 8vo. or. cloth, gilt. *(Faded).* **125 fr.**

FIRST EDITION. Illustrated with 4 hand-coloured wood engravings by H. Vizetelly.

5378 SINNETT (Mrs Percy). — A STORY ABOUT A CHRISTMAS in the Seventeenth Century. *London, Chapman and Hall, 1846,* sq. 12mo. or. red cloth, gilt, g. e. **90 fr.**

FIRST EDITION. Illustrated with two hand-coloured plates. Stain on edge of one plate and title : fly leaf torn out, otherwise fine copy.

5379 SITTLICHE GEMALDE GUTER UND BOSER KINDER. *Nürnberg, Schneider, 1796,* pet. in-8, cart. papier rose orn. *(Cart. de l'éditeur).* **650 fr.**

Tableaux de bons et mauvais enfants. Ouvrage orné de 6 splendides planches gravées par *Vogel,* représentant des scènes enfantines et costumes. Cartonnage fatigué.

5380 SIX AGES DE LÉONTINE (LES). *Paris, Marcilly, s. d.* [vers 1825], 6 vol. in-12. *(Cartonnages papier de l'éditeur, boîte de l'époque).* **2.000 fr.**

6 planches *coloriées* dessinées par *Dubouloz* et gravées par *Nargeot.* Cartonnages papier crème estampé à froid. Sur chaque volume, vignette lithographiée et coloriée adéquate à l'âge de l'héroïne. Grande boîte à 2 compartiments : sur les côtés, guirlande or en relief ; sur le dessus, cadre or, formé de fleurons, et fleurons d'angles. Lithographie coloriée, bergère et son mouton, au-dessous du titre, appliquée sur fond bleu. *Cartonnages de fraîcheur parfaite.*
PLANCHE 297.

5381 SIX AGES DE LÉONTINE (LES). *Paris, Marcilly, s. d.* [vers 1825], 6 vol. in-12. *(Cartonnages papier de l'éditeur, boîte de l'époque).* **600 fr.**

Mêmes planches, mais non coloriées, gravées. Cartonnages papier mauve, plats estampés à froid, titres en lithographie. Légères rousseurs. Boîte : côtés ornés d'une guirlande de cornes d'abondance, or en relief ; sur le dessus, guirlande formée de fleurons, avec des coquilles dans les angles. Titre en lithographie sur papier vert clair. Vignette représentant une bergère et son mouton. *Exemplaire frais.*

5382 SIX HISTOIRES POUR LA PREMIÈRE ENFANCE ; adaptées de manière à faciliter l'étude de la langue françoise aux plus jeunes élèves, par une mère, pour l'usage de sa petite famille. *London, M. J. Godwin and Co, at the City Juvenile Library, 41, Skinner Street, where may be had the same work in English, 1819,* 12mo. or. brown printed wrappers, preserved in half-morocco case. **1.000 fr.**

FIRST EDITION IN FRENCH. Illustrated with 6 charming hand-coloured engravings. This rare specimen of French book for children published by Lamb's publisher Mary Jane Godwin, the Stepmother-in-law of Shelley, has a four page (including back cover) list of *New books for Children* at end. Fine copy.

5383 SKETCHES AT THE SEA SIDE. *London, Kershaw and Son, n. d.* [circa 1850], ob. 12mo. or. ill. wrappers. **50 fr.**

Illustrated with 6 amusing etchings showing bathing scenes. Some faint water stains.

5384 SLEEPING BEAUTY (The History of the). *Otley, William Walker, n. d.* [circa 1830], sm. 12mo. or. printed wrappers. **70 fr.**

Illustrated with a frontispiece and 12 other woodcuts. *Fine copy.*

5385 SMALL BEGINNINGS or The Way to get on. *London, James Hogg and Sons, n. d.* [circa 1860], 12mo. or. cloth. *(Slightly soiled).* **30 fr.**

8 illustrations, engraved on wood. 4 page book list at end.

5386 SMITH (Albert). — THE FAMOUS HISTORY OF KASPERL, and the Adventures he met with on his travels. *London, Egyptian Hall, Piccadilly and Joseph Myers and Co, 1857,* oblong 16mo. or. printed wrappers. **175 fr.**

FIRST EDITION. Illustrated with 6 amusing silhouettes. The author (1816-60) contributed largely to Punch and was the author of *Christopher Tadpole* and other humorous works. He was also famous for his entertainments at Egyptian Hall, from where this book was issued.

5387 SMITH (Charlotte). — MINOR MORALS, interspersed with Sketches of Natural History, Historical Anecdotes, and Original Stories. *London, A. K. Newman, 1825,* sm. 12mo. or. half-leather, boards. *(Library ticket on front cover).* **20 fr.**

Engraved frontispiece.

5388 SMITH (Charlotte). — A NATURAL HISTORY OF BIRDS, intended chiefly for young persons. *London, Whittingham and Arliss, 1816,* two vols. in one vol., 12mo. or. half-leather, boards. **160 fr.**

Illustrated with many copper engravings showing different species of birds. Charlotte Smith (1749-1806) was the Sister of Mrs Dorset, author of the *Peacock at home.*

5389 SMITH (Mrs Charlotte). — A NATURAL HISTORY OF BIRDS, intended chiefly for Young Persons. *London, John Arliss, 1819,* 2 vols. 12mo. or. printed boards uncut. **250 fr.**

Another copy, same plates. *Fine.*

5390 SMITH (Charlotte). — RURAL WALKS : in dialogues intended for the use of Young Persons. *Dublin, P. Wogan, 1795,* 12mo. contemp. half-leather ticket on upper cover with « *Countess of Shannon* » in gilt. *(Joint restored).* **400 fr.**

FIRST EDITION. Inscribed on end paper. *Sarah Boyle from Gd. Mamma Shannon.* On title *S. Boyle.* The Countess of Shannon was wife of HENRY BOYLE, Earl of Shannon, privy counsellor, chancellor of the exchequer, etc., etc. (1682-1764).

5391 SMITH (J.). — THE JUVENILE TELL-TALE. *London, Dean and Munday, n. d.* [circa 1820], sm. 12mo. boards. *(New).* **300 fr.**

FIRST EDITION. Illustrated with 18 quaint hand-coloured woodcuts. *Tuer. O. F. C. B., pages 272-274.* Fine copy.

5392 SMITH (Thomas). — LE CABINET DU JEUNE NATURALISTE ou Tableaux intéressants de l'Histoire des animaux..., traduit de l'anglais. *Paris, Maradan*, 1810, 6 vol. in-12, bas. polie fauve, marbrée sur les plats, dos très finement ornés d'animaux dorés : oiseau, éléphant, phénix, lion, large guirlande de roses dorée autour des plats, pet. guirlande int., tr. dor. *(Rel. anc.).* **1.500 fr.**

Très bel exemplaire de l'ÉDITION ORIGINALE. Cet ouvrage qui eut un grand succès ainsi qu'en témoignent ses rééditions successives, est illustré de 65 belles figures gravés par *F. Maradan*, la plupart avec personnages. Chaque tome comporte un titre gravé, orné d'une jolie vignette. Très curieuse reliure d'un type rare avec les dos très décoratifs, en parfait état de conservation.

5393 SMITH (Thomas). — LE CABINET DU JEUNE NATURALISTE, etc. *Paris, L. Tenré*, 1821, 6 vol. in-12, demi-bas. brune, dos ornés, avec pièce rouge, coins, tr. j. *(Rel. de l'époque).* **150 fr.**

Même ouvrage que le précédent, avec les mêmes planches. *Bel exemplaire.*

5394 SMYTHE (Elizabeth Anne). — THE ADVENTURES OF ORPHAN HENRY or The Sure Road to Wealth and Happiness. *London, Knevett, Arliss and Baker*, n. d. [circa 1820], sm. 12mo. or. printed boards. **300 fr.**

Illustrated with 8 splendid woodcuts of Henry in the different parts of life. One page book list at end.

5395 SMYTHE (Elizabeth Anne). — THE CAVERN or The Two Sisters. An Interesting Tale, from the French of Madame de Herbster. *London, Whittingham and Arliss*, 1816, sm. 12mo. or. half-leather. *(Front cover missing).* **60 fr.**

FIRST EDITION. Charming hand-coloured frontispiece showing a music scene (harp and spinet) of the period.

5396 SNOWDROP (THE) or Poetry for Henry and Emily's library. *London, John Harris*, 1832, sm. 8vo. or. stamped souple cloth, gilt, preserved in half-morocco case. **600 fr.**

Illustrated with 12 charming hand-coloured woodcuts. Small tear (easily repaired) on page 31. Leaves loose.

5397 SOAVE (Francesco). — ANECDOTES ET CONTES MORAUX pour l'instruction de la jeunesse ; traduits de l'italien par T. G... *Paris, Billois*, 1807, 2 vol. in-16, veau marbr., dos ornés, pièces cuir, dentel. extér. et intér., tr. dorées. **300 fr.**

34 jolies pl. finement gravées et un frontispice. Manquent dans le tome II la fin du conte XXVII et le conte XXVIII tout entier (pp. 125-128) ainsi que la gravure l'accompagnant. *Très bel exemplaire.*

5398 SOBERSIDES (Solomon). — CHRISTMAS TALES for the Amusement and Instruction of Young Ladies and Gentlemen in Winter Evenings. *London, J. Marshall and Co*, n. d. [circa 1790], 16mo. or. flowered-paper boards. *(Back strip missing).* Preserved in half-morocco case. **2.500 fr.**

Illustrated with a frontispiece and 25 woodcuts. A few corners water-stained. Several of the stories are taken from Oriental Tales.

PLANCHE 74.

5399 SOIRÉES DES ENFANS. *Paris, Lecerf, P. Blanchard*, s. d. (vers 1820], in-8 oblong, dos veau. *(Cart. de l'ép., fatigué).* **100 fr.**

Titre gravé avec vignette et onze planches de sujets enfantins. Le petit Ramoneur, le petit Rapporteur et le Revenant, le petit Fanfaron. Exemplaire un peu feuilleté. Mouillure claire.

5400 SOIRÉES INSTRUCTIVES et amusantes, par Mme de ***. *Tours, Mame*, 1860, petit in-16, cart. papier de l'édit. **100 fr.**

Une gravure sur bois. Cart. bleu de ciel orné d'une belle plaque dorée à fleurs et dentelles. Image en chromolithographie *(enfants)* sur le 1er plat. Joli cartonnage, très décoratif et d'une exquise fraîcheur.

5401 SOMERS (Emma C.). — PRETTY POEMS FOR MY CHILDREN. *London, Thomas Nelson*, 1848, sq. 16mo. or. cloth, gilt. **80 fr.**

Frontispiece in chromolithography. Many pleasing woodcuts. The work printed in blue. An anthology of juvenile poems by *Wardsworth, Watts, Charlotte Smith, Cowper, Mrs Hemans, Mrs Barbauld, etc., etc. Fine copy.*

5402 SOMERVILLE (Elizabeth). — THE NEW CHILDREN IN THE WOOD or the Welch Cottagers. A Tale. *London, B. Crosby and Co*, 1802, small 12mo. or. half-leather, ticket. **160 fr.**

FIRST EDITION. Finely engraved frontispiece. Book list of B. Crosby for 1802 (2 pages) after preface. *Fine copy.*

5403 SOMERVILLE (Elizabeth). — THE NEW CHILDREN IN THE WOOD. Or. half-vellum, boards, ticket. *(Corners worn).* **135 fr.**

FIRST EDITION. Another copy. Frontispiece *(slightly foxed).*

5404 SOMERVILLE (Elizabeth). — THE VILLAGE MAID or Dame Burton's moral Stories for the instruction and amusement of Youth. *London, Vernor and Hood, Poultry*, 1801, sm. 12mo. or. half-leather, boards. *(Corners worn).* **125 fr.**

FIRST EDITION. Illustrated with an engraved frontispiece.

5405 SOMERVILLE (Elizabeth). — THE VILLAGE MAID. 1801. Another copy. **80 fr.**

FIRST EDITION. Binding worn and rather shabby.

5406 SONGS FOR THE NURSERY, collected from the Works of the Most Renowned Poets, and adapted to Favourite National Melodies. *London, William Darton*, 1825, sq. 16mo. or. printed wrappers, preserved in half-morocco case. **1.250 fr.**

Illustrated with 24 hand-coloured engravings picturing the classical Nursery Rhymes. The first edition appeared in 1818. Five page book list at end.

5407 SOULIÉ. — HONNEUR ET PATRIE. Contes pour les enfants. *Pont-à-Mousson, Haguenthal ; Paris, Guérin-Muller et Cie*, 1864, in-12. *(Cartonnage de l'éditeur).* **50 fr.**

Illustré de 2 gravures sur bois de *Belin*, sur fond teinté. Cartonnage en chromolithographie. Joli groupe d'enfants lisant et tenant des livres.

5408 SOUTHEY (Robert). — THE STORY OF THE THREE BEARS. *London, Addey, n. d.* [circa 1850], sm. 8vo. or. printed wrappers. **20 fr.**

7 illustrations by *John Absolon* and *Harrison Weir.*

5409 SOUVENIRS DE LA BRETAGNE. (Costumes lithographiés en couleurs). *Paris, F. Sinnett, s. d.* [vers 1845], in-12, cart. papier toile rouge *de l'édit.,* titre or. **150 fr.**

25 lithographies dépliantes de C. Maurice, d'après les dessins de E. Carduco (?) les noms ont été entamés par le ciseau du relieur. Charmantes planches en couleurs sur fond chamois représentant des costumes d'hommes et de femmes de Landivisiau, Plougastel, Lambezelec, Roscoff, Saint-Pol, Morlaix, Ouessant, Douarnenez, etc. *Bel exemplaire.*

5410 SOUVENIRS D'UN PETIT VOYAGEUR. *Paris, Marcilly, s. d.* [vers 1835], in-32, bradel demi-veau vert, dos orné. **100 fr.**

Titre gravé et vignette et 4 planches finement gravées. Les coiffes légèrement défectueuses.

5411 SOUVESTRE (Mᵐᵉ Nanine). — TROIS MOIS DE VACANCES. *Tours, Mame,* 1846, in-12, basane vert foncé, dos orné, filets dorés autour des plats, tr. marb. *(Rel. de l'époque).* **125 fr.**

ÉDITION ORIGINALE ornée d'un titre gravé avec vignette et de trois charmantes figures, très intéressantes pour les *costumes.* L'une représente un *bateau à vapeur* sur un fleuve. *Ex-praemio* doré sur le premier plat.

5412 SOVEREIGNS OF ENGLAND (THE) from William the Conqueror to Victoria. *London, Read and Co, n. d.* [circa 1850], oblong 12mo. or. cloth with printed and coloured ticket as title. **60 fr.**

Illustrated with 36 hand-coloured woodcuts, showing Kings and Queens. A few leaves loose.

5413 SOYER (L.-C.). — GUILLAUME TELL. Treize compositions gravées par RIBAULT, d'après C. ŒSTERLEY, précédé d'une analyse du drame de SCHILLER. *Paris, Ribault, Audot, Bossange père,* 1833. -- Ensemble : VOIART (Mᵐᵉ Elise). Faust, d'après les dessins de RET-ZOCH, avec une analyse du drame de GŒTHE. *Paris, Audot,* 1829. — Ensemble : DU MÊME AUTEUR. Le Dragon de l'Ile de Rhodes, avec une traduction littérale, et vers par vers de la Ballade de SCHILLER, intitulée : Der Kampf mit dem Drachen. *Paris, Audot,* 1829. — Ensemble. DU MÊME AUTEUR : Fridolin, avec une traduction, etc., *même date, même éd.,* ensemble 4 ouvrages en 1 vol. petit in-8 oblong, demi-maroq. vert à coins, dos orné, tr. mouch. *(Rel. de l'époque).* **125 fr.**

Importante réunion d'ouvrages rares, illustrés de très nombreuses et très belles figures au trait, par *Branch, Trueb, Ribault.* Qq. lég. rouss. à qq. ff.

5414 SPANIEL (BIOGRAPHY OF) to which is annexed The Idiot : A Tale. *London, A. K. Newman and Co,* 1826, sm. 12mo. or. half-leather, boards. *(Joint weak).* **30 fr.**

FIRST EDITION. Engraved frontispiece by Hopwood *(slightly foxed).* 4 page book list at end.

5415 SPECTACLES INSTRUCTIFS (LES) ou les Serins hollandais, les moineaux francs du Palais-Royal, etc., par Mᵐᵉ B***, née de V***. *Paris, A. Nepveu,* 1817, in-16, veau fauve, dos orné, pièce cuir, dent. sur'les pl. et dent. intérieure, tr. dorées. *(Rel. de l'ép.).* **2.500 fr.**

8 charmantes planches finement coloriées d'après les dessins de *J.-D. Dugourc* et vignettes. Rarissime avec les planches en couleurs, dont une, délicieuse, représente les moineaux et la marchande du Palais-Royal qui leur donne à manger. Un exemplaire des *Récréations instructives* a, d'ailleurs, récemment figuré à l' « Exposition du Palais-Royal » au Musée des Arts décoratifs. *Bel exemplaire.*
PLANCHE 152.

5416 SPELLING BOOK (Mavor's New London). *London and Belper, John Rosewarne, n. d.* [circa 1845], 12mo. or. printed wrappers. **30 fr.**

Illustrated with 10 quaint woodcuts and covers illustrated. *Fine copy.*

5417 SPENSER. — THE FAERIE QUEENE. With Illustrations by WALTER CRANE. *London, George Allen,* 1895-97, 6 vols in 4to. or. blue cloth, as issued with front covers of parts bound in, preserved in original cloth case. **18.500 fr.**

FIRST EDITION with Crane illustrations. Special copy to which are added 15 of the original drawings, 6 of which are full page illustrations as follows.

Vol. I.	Cover of Canto 1. Full page.	
Vol. I.	Page 60.	
Vol. I.	Page 80.	
Vol. III.	Page 578.	
Vol. IV.	Title page.	Full page.
Vol. IV.	Page 809.	Full page.
Vol. IV.	Page 811.	
Vol. IV.	Page 854.	Full page.
Vol. IV.	Page 872.	
Vol. IV.	Page 873.	Full page.
Vol. IV.	Page 893.	Full page.
Vol. V.	Page 1083.	
Vol. V.	Page 1142.	
Vol. V.	Page 1261.	
Vol. VI.	Page 1319.	

Each drawing is carefully mounted and preserved in a folding passepartout, all fitting in a half-morocco box. FINE COLLECTOR'S PIECE.

5419 SPÉRAT (Mᵐᵉ de S.). — LE LIVRET COULEUR DE ROSE ou Historiettes et contes nouveaux pour le premier âge. Seconde édition revue et corrigée. *Paris, Ledentu,* 1824, pet. in-12, bas. marb., dos orné, pièce rouge, tr. marb. *(Rel. de l'époque).* **250 fr.**

Charmant petit ouvrage, orné d'un frontispice et de 10 figures (2 par planche). Rare. Un peu d'usure aux coins et coiffes. Dos un peu frotté.

5420 SPÉRAT (Mᵐᵉ de S.). — LE MIROIR DE LA JEUNESSE ou le Jeune âge instruit par ses propres erreurs et ses propres vertus. Historiettes et contes nouveaux. *Paris, Ledentu,* 1825, pet. in-12, bas. marb. vert olive, dos bien orné, pièce rouge, pet. guirlande autour des pl., tr. marb. *(Rel. de l'époque).* **200 fr.**

ÉDITION ORIGINALE rare de ce charmant petit livre orné d'un frontispice et de 8 jolies figures (2 par planche) non signées. Mᵐᵉ de S. Spérat est également l'auteur du *Livret couleur de rose*, et de plusieurs autres ouvrages pour l'enfance. Bel exemplaire.

5421 SPÉRAT (Mme de S.). — LES VEILLÉES EN FAMILLE. Historiettes et contes nouveaux pour le second âge... Seconde éd. revue et corrigée. *Paris, Ledentu*, 1832, petit in-16, broché, couv. muette. **125 fr.**

Un frontispice et 4 gravures, contenant chacune deux sujets. Bel exempl. entièrement non rogné.

5422 SPINOLA (Hugues de). — VIES DE MARINS CÉLÈBRES, anciens et modernes, Français et étrangers. *Paris, Lebailly*, 1839, in-12, veau grenat orné à froid. *(Rel. de l'époque).* **80 fr.**

Portraits lithographiés de *Christophe Colomb, Cook, Jean Bart, Lapérouse.* Biographies de ces grands marins et de trente autres. *Vasco de Gama, Tourville, Duquesne, d'Estrées, Duguay-Trouin, Bougainville, Suffren, Anson,* etc. Dos orné de jeux de filets dorés. Filet doré sur les plats. *Jolie plaque.*

5423 SPORTS FOR LITTLE GIRLS. *London, Dean and Co, n. d.* [circa 1835], 12mo. or. wrappers. **250 fr.**

Illustrated with a frontispiece *(signed Pickering),* and 12 hand-coloured woodcuts. *Fine copy.*

5424 SPORTS FOR LITTLE GIRLS. *London, Dean and Co,* or. wrappers. **200 fr.**

Another copy, same as preceding no. A few slight stains.

5425 STAHL (P.-J.). — ALEXANDRE LE GRAND. *Paris, J. Hetzel, s. d.* [vers 1872], in-8. *(Cartonnage papier de l'éditeur).* **80 fr.**

8 dessins coloriés de *Frœlich.* Cartonnage colorié, au milieu, dans un médaillon : le jeune Alexandre haranguant ses soldats.

5426 STAHL (P.-J.). — BONSOIR PETIT PÈRE. Dessins par Lorentz Frœlich. *Paris, J. Hetzel, s. d.* [vers 1867], in-8, cartonnage papier *de l'édit.* **30 fr.**

24 dessins (plus le frontispice) de *Frœlich* gravés sur bois par *Matthis.* Sous son pseudonyme de P.-J. Stahl, l'éditeur J. Hetzel a été, à son époque, un des grands amuseurs de l'enfance. *Bel exemplaire.*

5427 STAHL (P.-J.). — CERF-AGILE. Histoire d'un petit sauvage. Dessins de Frœlich. *Paris, J. Hetzel, s. d.* [vers 1875], in-8, *cartonnage de l'éditeur.* **50 fr.**

21 dessins de *Frœlich* (plus le titre et une vignette sur la couverture), gravés sur bois par Matthis. Aventures d'un petit garçon que la lecture de Cooper fait se déguiser en chef indien. Comment il tatoue la bonne de ses parents et ce qu'il en advient. *Bel exemplaire.*

5428 STAHL (P.-J.). — L'ÉCOLE BUISSON-NIÈRE ET SES SUITES. *Paris, J. Hetzel, s. d.* [vers 1880], in-8. *(Cartonnage toile de l'éditeur).* **30 fr.**

Frontispice, vignette de titre et 22 dessins gravés sur bois de G. Jundt. Cartonnage toile rouge, fers spéciaux de *Lenègre,* or et noir, cadre, entrelacs, médaillon, au milieu duquel, estampée or, une scène de l'*Ecole buissonnière.* Tr. dorées. *Très bel exemplaire.*

5429 STAHL (P.-J.). — LES JUMEAUX. Dessins de Lorentz Frœlich. *Paris, J. Hetzel et Cie, s. d.* [vers 1883], in-8. *(Cartonnage papier de l'éditeur).* **60 fr.**

Texte de J. Hetzel. 22 dessins de *Frœlich,* gravés sur bois par Matthis, plus le frontispice et la vignette de titre. *Bel exemplaire.*

5430 STAHL (P.-J.). — MADEMOISELLE LILI AUX EAUX. Dessins par Lorentz Frœlich. *Paris, J. Hetzel, s. d.* [vers 1880], in-8. *(Cartonnage toile de l'éditeur),* titre et tr. dorés. **50 fr.**

22 dessins de *Frœlich,* plus le frontispice, gravés sur bois par *Matthis. Bel exemplaire.*

5431 STAHL (P.-J.). — MADEMOISELLE MOU-VETTE. Dessins par Lorentz Frœlich. *Paris, J. Hetzel, s. d.* [vers 1865], in-8, cartonnage papier de l'éditeur. **30 fr.**

42 dessins, plus le frontispice, de *L. Frœlich,* gravés sur bois par *Matthis.* Texte de J. Hetzel. Histoire d'une petite fille désobéissante qui, ayant, par espièglerie, quitté sa bonne, se perd aux Champs-Elysées. *Bel exemplaire.*

5432 STAHL (P.-J.). — NOUVELLES ET SEU-LES VÉRITABLES AVENTURES DE TOM POUCE. *Paris, J. Hetzel,* 1844, in-8. *(Cartonnage toile de l'éditeur).* **150 fr.**

ÉDITION ORIGINALE. Nombreuses et amusantes vignettes de BERTALL et de *Leblanc.* Cartonnage toile bleue, décorée or, au milieu du 1er plat, jeune fille en buste lisant. Le sujet central flanqué d'abeilles. Tr. dorées. A signaler parmi les caricatures « attribuées à Tom Pouce, faisant partie de l'album du Roi », Thiers en « grand homme d'Etat », Balzac : « Origine de la Comédie humaine » et le « Melon » avant André Gill. Malgré quelque relâchement dans la couture, exemplaire et cartonnage très frais.

5433 STAHL (P.-J.). — NOUVELLES ET SEU-LES VÉRITABLES AVENTURES DE TOM POUCE, imitées de l'anglais, etc. *Paris, Hetzel,* 1845, pet. in-8 carré, cartonn. toile violet, fers spéciaux, tr. dor. *(Cartonn. d'édit.).* **40 fr.**

Nombreuses vignettes sur bois dans le texte par *Bertall.* Cartonnage un peu fané. Qq. rousseurs et salissures dans le texte.

5434 STAHL (P.-J.). — NOUVELLES ET SEU-LES VÉRITABLES AVENTURES DE TOM POUCE... *Même ouvr.* Quatrième éd. *Bruxelles, Hetzel,* 1853, pet. in-8 carré, cartonn. toile bleue de l'édit., fers spéciaux, tr. dor. *(Cartonn. d'édit.).* **200 fr.**

Bel exemplaire.

5435 STAHL (P.-J.). — LE RÊVE DE MAITRE AMBROISE. *Paris, J. Hetzel, s. d.* [vers 1870], in-4. *(Cartonnage papier de l'éditeur).* **75 fr.**

10 dessins de *Frœlich* gravés sur bois et coloriés. Cartonnage illustré. De la « Bibliothèque de Mlle Lili et de son cousin Lucien ».

5436 STANBRIDGE (John) 1463-1510. — TITLE PAGE ONLY of what is no doubt an unrecorded edition of « THE LONGE ACCYDENCE NEWLY

CORRECTED ». *Possibly printed by W. de Worde* [circa 1520]. **1.500 fr.**

Below title is a large woodcut, well designed though naïve in conception, 124×90 mm. showing A SCHOOL-MASTER WITH BIRCH IN LEFT HAND AND POINTING TO BOOK WITH HIS RIGHT : 8 YOUNG PUPILS IN GOWNS and with long hair are before him, one standing, the rest seated. On the verso : « *(H) Owe many partes of reason ben there ? Eyght which eyght ? Nowne, pronown verbe...* » black letter. The woodcut we have not met with before. The only edition of the *Long Accidence* hitherto recorded is from the unique. Grenville copy in the B. M. (G. 7561) with, similar title but according to Hazlitt 11/576 the type is within a ribbon : printed by W. de Worde 1520 ? THE WOODCUT IS QUITE DIFFERENT FROM ABOVE, which leads us to believe that the above is also unique.

5437 **[STEELE (Sir R.)]. —** THE ENGLISHMAN. Being the Sequel of the Guardian. *London, Sam. Buckley*, 1714, 8vo. orig. calf, gilt pan. on sides. **400 fr.**

FIRST EDITION. Large paper copy. No 26. On page 168 is the ACCOUNT OF ALEXANDER SELKIRK, THE PROTOTYPE OF « ROBINSON CRUSOE », first publi-shed 5 years later, in 1719. Steele met him personally, see D. N. B. *Fine clean copy.*

5438 **STEIN (Margarethe Wulff). —** MARIENS TAGEBUCH. *Berlin, Winckelmann und Shone, s. d.* [vers 1850], in-8 carré, cart. papier col. illust. *(Cartonnage de l'éditeur).* **75 fr.**

PREMIÈRE ÉDITION, elle est ornée de 8 lithographies coloriées, représentant des scènes enfantines. *Très bel exemplaire.*

5439 **STEINLEN. —** CONTES A SARA. Compositions de Steinlen. Titres et gravures sur bois par A. Desmoulins. *Paris, Desmoulins,* 1899, in-4. *(Cartonnage papier en couleurs de l'éditeur).* **40 fr.**

ÉDITION ORIGINALE. Nombre des dessins de ces contes écrits pour Sarah Salis, fille du « gentilhomme cabaretier », avaient paru dans le journal le *Chat Noir*, dont, avec Willette et Caran d'Ache, Steinlen assura le succès. Titres en sépia, rose, vert, bleu, etc. Exemplaire à l'état de neuf.

STELLA (Jacques et Claudine). — Voir nos 3413 et 5982.

ROBERT LOUIS STEVENSON (1850-1894)

5440 **STEVENSON (Robert Louis). —** A CHILD'S GARDEN OF VERSES. *London, Longmans, Green and Co*, 1885, sm. 8vo. or. cloth. **9.000 fr.**

FIRST EDITION and a fine copy. Beautifully fresh and clean inside and covers only very slightly rubbed at top and bottom of spine. Copies were issued with gilt edges and some entirely uncut. This is one with top edge gilt, others uncut.

5441 **STEVENSON (Robert Louis). —** A CHILD'S GARDEN OF VERSES. Illustrated by CHARLES ROBINSON. *London, John Lane*, 1896, 8vo. or. green cloth. **325 fr.**

First issue with Robinson's drawings. *Very fine fresh copy.*

5442 **STEVENSON (Robert Louis). —** A CHILD'S GARDEN OF VERSES. *New York and London, G. P. Putnam's Sons, n. d.* [circa 1906], 12mo. or. soft red leather, gilt. **15 fr.**

Engraved frontispiece of Robert Louis Stevenson from the medallion by A. Saint-Gaudens. No 139, of the Ariel booklets. As new.

5443 **STEVENSON (Robert Louis). —** TREASURE ISLAND. *London, Cassell and Co*, 1883, 8vo. or. green cloth. [*A few small marks on cloth, on hinge slightly rubbed, otherwise very fresh*]. **17.500 fr.**

FIRST EDITION. Map as frontispiece. 4 page book list at end. *Fine copy.*

5444 **STORIES BY A MOTHER** for the use of her own children. *London, Harvey and Darton*, 1820, square 12mo. or. half-leather. **300 fr.**

Frontispiece and five charming plates : Consult *Tuer, F. C. B., page* 296 for the 1818 edition with same plates. *Fine copy.*

5445 **STORIES FROM SWITZERLAND.** *London, Religious Tract Society*, 1840, sm. 12mo. or. half-leather, boards. *(Joints cracked).* **35 fr.**

Illustrated with 74 quaint woodcuts, some in the *Bewick* style.

5446 **STORY OF THE LITTLE MOUSE** that made itself a house in a Christmas Cake. *London, Dean and Co, n. d.* [circa 1838], sm. 4to. or. printed wrappers. **200 fr.**

Illustrated with 8 hand coloured woodcuts. Large type. « Aunt Affable's » series.

5447 **STORY OF THE MERRY COBBLER** or What good a little boy can do. *London, Dean and Co, n. d.* [circa 1838], sm. 4to. or. printed wrappers. **180 fr.**

Illustrated with 8 hand-coloured woodcuts. Large type. In the « Aunt Affable's » series. Two small tears in book.

5448 **STORIES OF OLD DANIEL** or Tales of Wonder and Delight... The second edition. *London, M. J. Godwin*, 1810, 12mo. contemp. calf, gilt back. **500 fr.**

Finely engraved frontispiece by *Springsguth* from the drawing by *H. Corbould*. The author in the preface writes the followings passage : *I have endeavoured to afford my* *young readers (to borrow the words af a simple and elegant writer*) little foretastes of the great pleasure which awaits them in their elder years,* with a note « * *Charles Lamb: see Preface to Tales from Shakespeare.* » Being published by M. J. Godwin, Lamb's publisher it may be possible that Charles or Mary Lamb, may have helped with, or written this work. However, there is no documentary or bibliographical evidence.

5449 **STORIES SELECTED** from the History of England, from the Conquest to the Revolution. For Children. *London, John Murray,* 1819, small 12mo. or. half-leather boards. *(Joints weak).* **20 fr.**

The preface is signed J. W. C. Each historical event is chosen, and interestingly told as a Child's Story.

5450 **STORIES OF THE YOUNG ROBBER** and PUSS IN BOOTS. *Glasgow, n. d.* [circa 1840], wrappers. **10 fr.**

Vignette on title. At the end is an Anecdote in verse entitled *The Lawyer and the Chimney Sweeper.*

5451 **STORY-TELLER (THE).** A Collection of Original Tales. *London, John Harris, n. d.* [circa 1826], sq. 16mo. or. boards with ticket. **125 fr.**

Illustrated with 25 charming woodcuts *(several partly coloured by a child).* Two page book list at end. *Fine copy.*

5452 **STORY TELLER (THE),** Containing A Choice Selection of Amusing and Entertaining Stories. *Glasgow, Printed for the Booksellers,* 1850, 12mo. or. printed wrappers. **15 fr.**

Woodcut vignette on title. *Prince Lupin. Yellow Dwarf. Three Wishes. Puss in Boots. Three Beggars. Soldier's Wife. Jack Easy.* Penny Booklet.

HARRIET BEECHER STOWE (1812-1896)

5453 **STOWE (Mrs Harriet Beecher).** — UNCLE TOM'S CABIN or Negro Life in the Slave States of America. *London, C. H. Clarke and Co,* 1852, large 8vo. orig. cloth *(one hinge torn),* uncut. **100 fr.**

Early edition, published the same year as the first. Scene from the story blind-stamped on front cover.

5454 **STOWE (Mrs Harriet Beecher).** — UNCLE TOM'S CABIN or Life among the Lowly. *London, H. G. Bohn,* 1853, 12mo. or. green paper boards. *(Fresh as new).* **30 fr.**

Early shilling edition. *Fine copy.*

5455 **STOWE (Mᵐᵉ Henriette Beecher).** — LA CASE DU PÈRE TOM ou Vie des Nègres en Amérique. Traduction de La Bédollière. *Paris, Gustave Barba,* 1853, in-12. *(Cartonnage toile de l'éditeur),* fers spéciaux, tr. dorées. **125 fr.**

9 gravures sur bois. Edition de cette traduction publiée la même année que l'édition in-8. *Bel exemplaire.*

5456 **STOWE (Mrs Harriet Beecher).** — LA CASE DE L'ONCLE TOM, de Mᵐᵉ Stowe, racontée aux enfants par Mᵐᵉ Arabella Palmer. Traduit de l'anglais par M. Alphonse Viollet. *Paris, Amédée Bédelet, s. d.* [vers 1855], petit in-8 carré, cart. papier, tr. jaspées. *(Cart. de l'édit.).* **1.500 fr.**

Huit lithographies hors-texte coloriées sur fond teinté. Charmant cartonnage en chromolithographie de toute rareté, décoré d'un cadre de rinceaux dorés avec des bouquets de roses, au centre duquel il y a l'oncle Tom causant avec la petite Eva assise sur ses genoux. Second plat orné d'un double cadre de filets rouge lie de vin et or. Exemplaire très frais ; le cartonn. et les lithos hors-texte ont beaucoup de grâce. Certainement l'une des premières, sinon la première adaptation à l'usage des enfants, de ce roman dont on sait l'immense succès. Livre d'autant plus rare que ses jeunes lecteurs n'en ont guère laissé susbister que des exemplaires en morceaux.

5457 **STOWE (Mrs Harriet Beecher).** — LA CASE DE L'ONCLE TOM ou Tableaux de l'esclavage dans les Etats-Unis d'Amérique. Traduction nouvelle par OLD NICK et ADOLPHE JOANNE, etc. *Paris, Delahays,* 1857, gr. in-8, demi-chagr. vert foncé, dos à n. orné, plats toile, tr. dor. *(Rel. de l'époque).* **200 fr.**

Portrait de l'auteur, « d'après une photographie », gravé sur bois par *H. Anelay* et *Henry Linton,* vignette sur le titre, et nombreuses figures sur bois dans le texte, d'après les dessins de GEORGE CRUIKSHANK. *Bel exemplaire.*

5458 **STOWE (Mrs Harriet Beecher).** — UNCLE TOM'S CABIN or Life Among the Lowly. *London, Frederick Warne and Co, n. d.* [circa 1860], 16mo. or. cloth. **40 fr.**

Illustrated with 6 chromolithographs.

5459 **STOWE (Mᵐᵉ Henriette Beecher).** — LA CASE DE L'ONCLE TOM ou Vie des Nègres en Amérique. Traduction de La Bédollière. *Paris, G. Barba (Panthéon Populaire), s. d.* [vers 1860], in-4, cart. bradel demi-toile de l'époque. *(Cart. frotté).* **200 fr.**

La première édition de cette traduction avait paru en 1853 chez Barba. Celle-ci est augmentée D'UNE NOTICE DE GEORGE SAND et contient dans le texte de nombreuses « illustrations anglaises » gravées sur bois.

5460 **STRASSLE (Franz).** — GESCHICHTE UND BILDER FUR DIE KIENDHEIT. *Schw. Hall und Leipzig, W. Nitzschke, s. d.* [vers 1850], in-8, cart. demi-toile. *(Cart. de l'éditeur).* **80 fr.**

Petites histoires pour les enfants. Edition ornée d'un titre-frontispice colorié et de 7 lithographies coloriées représentant des scènes enfantines : rêve de Noël, Bonhomme de neige, Mardi gras, Pâques, la Fée des Roses, etc.

5461 [**STRICKLAND (Agnes).**] — THE MOSS-HOUSE. A tale in which many of the works of nature are rendered a source of amusement to Children. *London, William Darton, n. d.* (1823), 12mo. or. half-leather.   **250 fr.**

New édition : revised with beautifully engraved frontispiece and five plates, one of which shows BENJAMIN FRANKLIN conducting electricity from the clouds with the aid of a kite during a thunder-storm. *Fine copy.*

5462 STRICKLAND (C. P.). — REFORMATION or The Cousins. *London, James Woodhouse,* 1819, small 12mo. or. half-leather boards. *(Shabby).*   **150 fr.**

FIRST EDITION. Illustrated with a charming engraving by *A. Mills,* and a woodcut vignette of the Shop of James Woodhouse on title.

5463 [**STRICKLAND (Susannah)**]. — THE KEEP-SAKE GUINEAS or the Best Use of Money. *London, Dean and Munday,* 1828, sm. 12mo. or. half-leather, boards.   **50 fr.**

FIRST EDITION. Illustrated with an amusing frontispiece engraved on copper, showing dogs and a monkey parading in costumes. 4 page book list at end.

5464 STURM. — REFLECTIONS ON THE WIS-DOM, POWER AND GOODNESS OF GOD. Selected from Sturm's Reflections. *Dublin, Christopher Bentham,* 1820, sm. 12mo. or. calf.   **20 fr.**

Frontispiece, vignette on title and woodcuts in text. *Fine copy.*

5465 SUGAR-PLUM (THE) or Sweet Amusement for Leisure Hours. Being an Instructive and Entertaining Collection of Stories. To which is added, The History of Mr Ashfield. Embellished with elegant cuts. *London, Printed for A. Millar, W. Law and R. Cater, n. d.* [circa 1789], 16mo. or. coloured paper boards. *(Back strip missing).*   **300 fr.**

Illustrated with a frontispiece and woodcuts to each tale. *King Lear, and his Three Daughters. Florio and Florella. The History of King All-Good. The American Merchant. Little Polly Meanwell, who was afterwards Queen of Petulia, etc.* TWO LEAVES (PAGES 39-42) MISSING.

5466 SUISSE EN MINIATURE (LA). [*Paris, Marcilly, s. d.,* vers 1830], 5 cahiers in-32, couvert. lithographiées, étui de l'époque.   **3.000 fr.**

40 jolies lithographies gravées en couleurs et finement rehaussées à la main : costumes de la Suisse. Exemplaire d'une extrême fraîcheur avec ses couvertures boîte, guirlande de coquilles, vert sur vert, titre en lithographie, vignette coloriée. *Magnifique pièce.*

5467 SUJETS GRACIEUX. *S. l. n. d.* [vers 1845], in-4 oblong. *(Cartonnage toile bleue de l'éditeur).*   **80 fr.**

Recueil de 10 lithographies, par *Jules Champuyne* et *Amédée Charpentier,* soigneusement emmargées et encadrées de filets d'or. Groupes de jeunes femmes, de jeunes filles et d'enfants. Quelques rousseurs dans les marges, les pl. sont indemnes et de toute fraîcheur.

5468 SULLIVAN (W. F.). — EARLY HABITS or the Effects of Attention and Neglect ; exemplified in the history of Master Thomas Towardley, and Laurence Lacey, alias lazy. *London, Willingham and Arliss,* 1816, sm. 12mo. or. half-leather.   **400 fr.**

Illustrated with two delightful line engravings, signed W. H. B., in brilliant contemporary colouring. At end publisher's two-page book list. *Fine copy.*

5469 SULLIVAN (W. F.). — THE YOUNG TRUANTS ; an interesting and instructive Lesson for the Youth of both Sexes. *London, A. K. Newman and Co,* 1817, 12mo. or. printed wrappers. *(Back strip missing).*   **400 fr.**

FIRST EDITION. Folding frontispiece and 2 plates of fine execution all engraved on copper.

5470 SULLIVAN (W. F.). — YOUNG WILFRED or the Punishment of Falsehood. A Tale of truth and Caution, for the benefit of the rising generation. *London, Dean and Munday,* 1821, 12mo. half-leather, boards. *(Modern binding).*   **400 fr.**

Illustrated with large folding frontispiece and two other engraved plates. The author (1756-1830), son of Francis Stoughton Sullivan, famous jurist, was professor at Trinity College, Dublin. He also wrote poems and farces. *Tuer, F. C. B.,* pages 399-402. *Fine copy.*

5471 SUMMER RAMBLES or Conversations Instructive and Entertaining, for the Use of Children. By a Lady. Authoress of « Short Stories, in one Syllable ». *London, B. E. Lloyd and Son,* 1822, post 8vo. or. half-leather, boards. *(Marble papers renewed).*   **300 fr.**

Illustrated with 12 engravings of great charm. Large type. *Fine copy. Tuer, O. F. C. B.,* pages 33-42.

5472 SUMMER RAMBLES, illustrative of the pleasures derived from the study of natural history with plates. *London, Hamilton, Adams and Co,* 1834, 12mo. or. green cloth, gilt back.   **125 fr.**

FIRST EDITION. Illustrated with an engraved frontispiece and 8 hand-coloured plates. Errata, and eight page book list at end. Faint water-stain at corner of a few leaves, otherwise fine fresh copy.

5473 SURVILLE (Mme Laure). — LE COMPAGNON DU FOYER. *Paris, L. Janet, Magnin, Blanchard et Cie, s. d.* [vers 1850], in-12, cart. percale br., plats et dos orn. de fers spéciaux, tr. dor. *(Cart. de l'éditeur).*   **250 fr.**

ÉDITION ORIGINALE, elle est ornée de 4 jolies lithographies en deux teintes par *Hadamard.* Mme *Surville,* née *Laure de Balzac,* est la sœur d'*Honoré de Balzac.* Les contes de Mme *Surville,* insérés d'abord sous divers pseudonymes dans le *Journal des Enfants,* offrent, avec une touche plus douce et plus délicate, quelque chose des qualités d'observation et d'imagination de son frère. Exemplaire dans un joli cartonnage doré.

5474 SUS (Gustav). — SWINEGELS REISEABENTEUER ! Ein lustiges Bildermärchen für frohliche Kinder. *Braunschweig, Fr. Vieweg und Sohn,* 1857, in-4, cart. papier souple reproduisant le titre. *(Cart. de l'édit.).*   **60 fr.**

12 amusantes gravures sur bois à trois quarts de page. Texte en vers. Le dernier f. porte une réclame pour une réédition du *Robinson* de Campe, avec un spécimen des illustrations. *Bel exemplaire.*

JONATHAN SWIFT (1667-1745)

5475 [**SWIFT**]. — VOYAGES DE GULLIVER. *Paris, Gabriel Martin*, 1727, 2 part. en 1 vol. in-12, maroquin bleu, dos à n. orné, cadre de 3 fil. autour des plats, dent. int., tr. dor. *(Cuzin)*. **1.000 fr.**

Magnifique exemplaire de la première édition de Paris, conforme à la description de *Cohen* (964), avec l'adresse de *G. Martin*.

5476 [**SWIFT**]. — VOYAGES DE GULLIVER. *Paris, H.-L. Guérin*, 1727, 2 parties en un vol. in-12, veau fauve, dos à nerfs orné. — LE NOUVEAU GULLIVER ou Voyage de Jean Gulliver, fils du capitaine Gulliver, traduit d'un manuscrit anglois, par M. L. D. F. *Paris, Vve Clouzier, François Le Breton*, 1730, 2 parties en un vol. in-12, veau brun, dos à nerfs orné. *(Reliures anciennes)*. Ensemble 2 vol. **1.200 fr.**

Réunion précieuse de la 1re édition publiée en France à l'adresse de H.-L. Guérin avec qui G. Martin avait partagé le privilège ; et de la *suite* par l'Abbé P.-F. Guyot-Desfontaines, et qui est excessivement rare. Le 1er ouvrage est illustré de 4 figures non signées en très beau tirage. *Bel exemplaire dans une fraîche reliure en veau fauve, à grandes marges.* Petite trace de clou dans la marge inférieure de quelques feuillets. *Cohen*, 964. — La suite est en deux parties à pagination suivie, 12 ff., 272 pp., 2 ff. Bel exemplaire.

5477 **SWIFT**. — THE ADVENTURES OF CAPTAIN GULLIVER in a Voyage. To the Islands of Lilliput and Brobdingnac. Abridged from the Works of the Celebrated Dean Swift. Adorned with cuts. *London, Printed for P. Osborne and T. Griffin, in St. Paul's Church-Yard, and J. Mozley Grainsbrough*, 1785, sm. 16mo. or. flowered-paper boards. *(Back strip missing)*. Preserved in half-morocco case **2.500 fr.**

Illustrated with a frontispiece and 19 woodcuts. Welsh, in his appendix *(Newbery's Life)*, speaks of an edition published by *E. Newbery* and mentioned in Newbery's list, about 1789. One leaf (G 2) slightly defective with the loss of about four or five words. Otherwise fine clean copy. PLANCHE 75.

5478 [**SWIFT**]. — VOYAGES DE GULLIVER. *Paris, Impr. de Didot l'Aîné, an V*, 1797, 4 part. en 2 vol. pet. in-12, demi-maroq. vert à coins, dos à n. ornés, tête dorée, n. rogné. *(Niedrée)*. **1.500 fr.**

Bel exemplaire en PAPIER VÉLIN de cette jolie édition fort recherchée, illustrée d'un frontispice et de 9 jolies figures dessinés par *Lefebvre* et gravés par *Masquelier* en deux états, avec lettre et AVANT-LETTRE. *Cohen*, 965.

5479 [**SWIFT**]. — VOYAGES DE GULLIVER. *Paris, Genels Jeune*, 1822, 4 vol. pet. in-12, veau f. marbré, dos bien ornés, pièces vertes, guirlande autour des pl., guirlande int., tr. dor. *(Rel. de l'époque)*. **550 fr.**

Charmante petite édition, peu commune, ornée de 4 jolis frontispices non signés. *Bel exemplaire.*

5480 [**SWIFT**]. — VOYAGES DE GULLIVER. *Paris, Genels Jeune*, 1822, 4 tomes en 2 vol. pet. in-12, bas. f. mouch., dos ornés, pièces rouges, pet. guirlande dorée autour des pl., tr. dor. *(Rel. de l'époque)*. **500 fr.**

Même édition, mêmes figures que le précédent. *Bel exemplaire.*

5481 [**SWIFT**]. — VOYAGES DE GULLIVER. *Paris, Corbel Aîné*, 1829, 4 tomes en 2 vol. pet. in-12, bas. polie mouch., dos très ornés, pièces vertes, guirlande autour des pl. et fil. ondulé int., tr. dor. *(Rel. de l'époque)*. **150 fr.**

Très bel exemplaire de cette jolie petite édition ornée de 8 figures, les mêmes que dans l'édition de 1822. *Bel exemplaire.*

5482 **SWIFT**. — VOYAGES DE GULLIVER dans des contrées lointaines. Trad. nouv. précédée d'une notice biographique et littéraire par Walter Scott. *Paris, Garnier, Fournier*, 1841, in-12, cart. toile noire, décors dorés, tr. dorées. *(Cart. de l'éd.)*. **100 fr.**

8 dessins de Grandville gravés sur bois hors-texte. Excellent tirage. Plaque dorée architecturale et florale. Exemplaire d'une parfaite fraîcheur.

5483 **SWIFT**. — VOYAGES DE GULLIVER dans les contrées lointaines. Nouv. éd. corrigée et revêtue de l'approbation de M. l'abbé Lejeune... *Paris, Lehuby, s. d.* (1843), in-8, cart. toile bleue, décors polychromes, tr. dorées. *(Cart. de l'édit.)* **300 fr.**

20 très beaux dessins de Bouchot gravés sur bois (hors-texte sur fond chamois), par *Brugnot, Chevin, Trichon, Pouget et Budzilowicz*. « Le soin tout religieux (dont se flatte l'éditeur) avec lequel on a retranché de cet ouvrage tout ce qui peut blesser la morale » fait de cette édition un intéressant spécimen de livre « expurgé » à l'usage de la jeunesse. Certains passages, qu'on retrouvera aisément, sont, non pas retranchés, mais travestis complètement. Quelques pages *du texte* ont des rousseurs. Plaque signée *Lenègre, rel.* (or, outremer, rouge, blanc et vert) représentant Gulliver et l'armée de Lilliput. Joli cartonnage très frais.

5484 [**SWIFT**]. — VOYAGES DE GULLIVER en dessins par E. MORIN. *Paris, Aubert! s. d.* [vers 1850], petit in-4 oblong, cart. papier *de l'édit.* **400 fr.**

30 jolies planches lithographiées en couleurs, retraçant l'histoire de Gulliver à Lilliput, à Brobdignac et chez les

Houynhnhnms... 12 planches comportent deux sujets. La 1re planche (titre-frontispice) est reproduite en noir sur le 1er plat du cartonnage gris clair. 1er plat détaché. Mouillures claires aux premiers ff.

5485 SWIFT. — VOYAGES DE GULLIVER dans des contrées lointaines. Traduction nouvelle. *Paris, Garnier,* 1852, in-8, cart. toile bleue, décors dorés, tr. dorées. *(Cart. de l'édit.).*   **250 fr.**

Frontispice et très nombreuses vignettes sur bois par GRANDVILLE. Menues rousseurs au commencement et à la fin. Plaque dorée de Liebherre sur le 1er plat (scène du livre). Dos représentant une autre scène du livre. TRÈS BEL EXEMPLAIRE.

5486 SWIFT. — VOYAGES DE GULLIVER à Lilliput et à Brobdingnac. Édition abrégée à l'usage des enfants. *Paris, Hachette,* 1853, in-12, cart. toile bleue, décors polychromes, tr. dorées. *(Cart. de l'édit.).*   **300 fr.**

Remarquables illustrations de *E. Forest,* gravées sur bois par *Pouget* dans le texte. La fig. de Gulliver enlevé par un aigle s'orne d'un *ballon* inattendu. Excellente impression de la *Biblioth. des Chemins de fer* (6e série, *Livres illustrés pour les enfants*). Décor or, rouge, vert, représentant le héros et l'armée de Lilliput qui défile entre ses jambes (d'après le dessin de Grandville). Même motif, d'un dessin différent, au second plat. Exemplaire assez feuilleté, dans un cartonnage d'une parfaite fraîcheur. *Très rare.*

5487 SWIFT. — VOYAGES DE GULLIVER. Traduction de l'Abbé Desfontaines revue par Rémond. *Paris, Delarue, s. d.* [vers 1855], in-12, cart. chromolithographié *de l'édit.*   **175 fr.**

Illustré de 130 dessins hors-texte et dans le texte, par *N. Emy* et *Télory.* Cartonnage lith. et en couleurs, de toute rareté, représentant l'armée de Lilliput défilant entre les pieds de Gulliver.

5488 SWIFT. — VOYAGES DE GULLIVER dans des contrées lointaines. Traduction nouvelle précédée d'une notice par Walter Scott. *Paris, Garnier frères,* 1856, gr. in-8, cart. toile noire, décors polychromes, tr. dorées. *(Cart. de l'édit.).* **800 fr.**

Très nombreuses fig. sur bois de Grandville. Excellent tirage. Très menues rousseurs. Plaque or, rouge, vert, orange et outremer REPRODUISANT LE DESSIN DE GRANDVILLE placé au frontispice : allégories des différents voyages de Gulliver : sphère, compas, livre dans un cadre de rinceaux, feuillages et fleurons. Très bel exemplaire, avec les admirables illustrations de GRANDVILLE.

5489 [SWIFT]. — GULLIVER'S VOYAGES. *Otley, Walker and Sons, n. d.* [circa 1860], 12mo. or. coloured and printed wrappers.   **15 fr.**

Four quaint woodcuts.

5490 SWIFT. — VOYAGES DE GULLIVER. Traduction de l'Abbé Desfontaines revue, corrigée et précédée d'une introduction par Jules Janin. *Paris, Morizot,* 1862, in-8, cart. toile violette, décors polychromes, tr. dorées. *(Cart. de l'édit.).*   **1.250 fr.**

PREMIER TIRAGE. Seize illustrations hors-texte, d'après GAVARNI, gravées sur acier par Ed. Willmann, Outhwaite, Ch. Collin. *Vicaire,* VII, 720. Vignette sur bois sur le titre. Joli cartonnage, orné d'une plaque signée

A. Souze. or, rouge, vert, blanc, violet reproduisant le frontispice dans un cadre floral avec médaillons inspirés par le texte du livre. Très légères traces pâles de mouillure à quelques pages, mais très bel exemplaire.

5491 SWIFT. — GULLIVER'S TRAVELS into several remote nations of the world. *New York, James Miller, n. d.* [circa 1865], or. red cloth, gilt back.   **65 fr.**

Illustrated with eight woodcuts from the drawings by H. K. BROWNE. *Fine copy.*

5492 SWIFT. — VOYAGES DE GULLIVER. Traduction nouvelle et complète par B.-H. Gausseron. *Paris, A. Quantin, s. d.* (1884), in-8, *cartonnage toile de l'éditeur,* fers spéciaux, tr. dorées, couvert. illustr. et dos conservés.   **100 fr.**

PREMIÈRE ÉDITION. Couvert. vignette de titre et nombreuses illustrations en couleurs dans le texte par *V. Armand Poirson.* Première traduction complète et exacte faite sur le texte anglais, des voyages de Gulliver. Jusque-là, on avait été réduit à la version de l'Abbé Desfontaines, plus ou moins complétée et rajeunie. *Bel exempl.*

5493 SWIFT. — LE GULLIVER DES ENFANTS ou Aventures les plus curieuses de ce voyageur. *Paris, Amédée Bédelet, s. d.* [vers 1850], in-16. *(Cartonnage en chromolithographie de l'éditeur).*   **1.000 fr.**

Illustré de 8 lithographies coloriées par *Pauquet.* Cartonnage représentant trois enfants : deux garçons lisant et une fillette sa poupée dans les bras, attributs d'étude et de jeu. Résumé succinct des Voyages de Gulliver à l'usage des enfants. Cassure au dos, mais ex. très frais. Pièce d'une insigne rareté et d'une fraîcheur irréprochable.

5494 [SWIFT]. — LE GULLIVER DES ENFANTS ou Aventures les plus curieuses de ce voyageur. *Paris, Amédée Bédelet, s. d.* [vers 1860], pet. in-8. *(Cartonnage papier de l'éditeur).*   **300 fr.**

8 figures gravées et coloriées. Cartonnage illustré en chromolithographie. Gulliver à Brobdingac. Extraits expurgés à l'usage des enfants. *Très rare.*

5495 [SWIFT]. — LE GULLIVER DES PETITS ENFANTS. Voyages de Gulliver dans l'île de Lilliput, à Brobdingnac, pays des géants, à Laputa. Edition nouvelle, revue et arrangée par A. des Tilleuls. *Paris, Bernardin Béchet, s. d.* [vers 1880], in-16. *(Cartonnage toile de l'éditeur),* tr. dorées.   **40 fr.**

10 gravures sur bois d'après les dessins d'ADRIEN MARIE. Édition abrégée et expurgée du chef-d'œuvre de Swif. *Bel exemplaire.*

SWIFT. — GULLIVER'S TRAVELS. See N° 1558.

_____

5496 SYDENHAM SINDBAD (THE). A Narrative of his seven journeys to Wonderland. *London, J. and C. Brown, n. d.* [circa 1850], 8vo. cloth, with or. coloured pictorial wrappers pasted on.   **50 fr.**

Plates by Kenny Meadows. *Fine copy.*

5497 [**SYMBOLISME DES FLEURS**]. *S. l. n. d.*
[vers 1820]. **25 fr.**

4 planches gravées et coloriées, collées sur carton, consacrées au myrte, à la tulipe, à l'immortelle et à la violette. Des vers accompagnent chaque sujet, ainsi que diverses illustrations botaniques.

5498 SYMES (E. H.). — TALES TO MY DAUGHTER..., containing The Bunch of Cherries... The Straw Hat. The Starling and the Green Shoes..., translated from the French. *London, Dean and Munday*, 1818, 12mo. or. printed wrappers, preserved in half-morocco case. **600 fr.**

FIRST EDITION. Illustrated with on large folding plate and two others, handsomely engraved by J. CREWKSHANK *(sic)*. *Fine copy.*

5500 TABLEAU DE L'ENFANCE ou Petite revue des défauts et des qualités des enfants de huit à dix ans..., par l'auteur du Retour des Vendanges, etc. *Paris, Haut-Cœur et Gayet*, 1824, in-16, veau raciné, dos orné sans nerfs, pièce cuir, fil. et dent. sur les plats, tr. dorées. *(Reliure de l'époque).* **75 fr.**

4 figures gravées, dont un frontispice et une vignette de titre. Coins émoussés.

5501 TAILLARD (Constant). — L'ÉCOLE DES ENFANS DE FRANCE ou Choix des Actions les plus mémorables des Français, depuis Charlemagne jusqu'à nos jours. Ouvrage utile et intéressant pour tous les âges, et propre à inspirer l'amour de toutes les vertus. *Paris, F. Denn*, 1827, 2 vol. in-12, bas. mouch., dos orné, pièces rouges, guirlande autour des pl., tr. dor. *(Rel. de l'époque).* **50 fr.**

ÉDITION ORIGINALE ornée de 8 figures gravées non signées. Qq. taches. La première fig. du t. I a subi un essai de coloriage.

5502 [**TAILLARD (Constant)**]. **—** LES JEUNES VOYAGEURS ou Lettres sur la France en prose et en vers, etc., par L. N. A*** et C. T***. *Paris, Lelong*, 1821, 6 vol. pet. in-8 carré, demi-veau vert amande, dos bien orné de motifs dorés et à froid de style romantique, tr. marb. *(Rel. de l'époque).* **600 fr.**

ÉDITION ORIGINALE de ce célèbre ouvrage, ornée de 88 gravures signées *Blanchard*, d'après *A.-M. Perrot*, coloriées, offrant la carte générale de France (se dépliant) les cartes particulières des départements dans des compositions allégoriques où figurent les productions du sol et de l'industrie, les curiosités naturelles, les noms des hommes célèbres, etc. Petit cachet sur chaque titre. Bel exemplaire, dans une fraîche demi-reliure d'époque, avec des dos très décoratifs.

5503 [**TAILLARD (Constant)**]. **—** LES JEUNES VOYAGEURS EN FRANCE, etc. Même ouvrage, même éd. que le précédent, 6 vol. pet. in-8 carré, brochés, couv. muette. **500 fr.**

Bel exemplaire de l'ÉDITION ORIGINALE rare dans sa couverture de brochure muette, en papier bleu avec *étiquette imprimée* au dos.

5504 TAILLARD (Constant). — LES SOIRÉES DU PENSIONNAT ou Entretiens amusants sur les différens genres de composition poétique. *Paris, Masson*, 1824, in-12, bas. marb., dos orné, pièce rouge, tr. marb. *(Rel. de l'époque).* **200 fr.**

ÉDITION ORIGINALE ornée d'un titre gravé, et de 3 figures non signées. L'ouvrage commence par une amusante publicité pour le « *Pensionnat de Mademoiselle Daubanel, 96, rue du Fg. du Roule* ».

5505 TAILLARD (Constant). — LES SOIRÉES DU PENSIONNAT, etc. *Paris, Masson*, 1824, in-12, dos orné de cornes d'abondance, pet. guirlande autour des plats, tr. marb. *(Rel. de l'époque).* **125 fr.**

Même ouvrage, même édition que le précédent. Jolies figures. Cet exemplaire ne comporte pas la publicité du « Pensionnat de Mlle Daubanel ».

5506 TALES OF BOYS AS THEY ARE. By the Author of Lives of Learned and Eminent Men. *London, Baldwin, Cradock and Joy*, 1823, sm 12mo or. half-leather, boards. **60 fr.**

FIRST EDITION. Engraved frontispiece by W. Collard from the drawing by W. Harvey. The tales are « *The Noise, The Refusal, The Heap of Stones* ». Four page book list at end. *Fine copy.*

5507 TALES OF THE FAIRIES [THE HISTORY OF THE]. Newly done from the French..., etc. *London, J. Bew*, 1781, sm. 12mo. contemp. calf. *(Slightly wormed.).* **300 fr.**

Contains : 1. *Graciosa and Prince Percinet.* 2. *The Blue Bird and Florina.* 3. *Prince Avenant, and the Beauty with Locks of Gold.* 4. *The King of the Peacocks.* 5. *Prince Non pareil.* 6. *The Orange Tree, and its beloved Bee.* Fine copy.

5508 TALES OF SCHOOL or Sketches of the Manners and Characters of Youth. By a Mother : written for the Amusement and Edification of her own Children. *London, William Cole, n. d.* [circa 1820], sm. 12mo. or. half-leather, boards. **125 fr.**

Illustrated with 4 splendid plates engraved on copper. *Fine copy.*

5509 TALES OF THE SCHOOL-ROOM by The Editor of « The Parting Gift », etc., etc. *London, William Darton and Son, n. d.* [circa 1835], or. stamped leather. **60 fr.**

FIRST EDITION. Hand-coloured lithograph as frontispiece. In the « dedication », the author *(signed « Z »)* claims that Lamb's *Mrs Leicester's School*, inspired the present work.

5510 TALE OF THE WINDS AND THE WAVES (A). A Mournful Chant of Merrie Christmas. *London, E. Atchley*, 1849, post 8vo. or. green cloth, gilt. *(Faded).* **25 fr.**

FIRST EDITION. Illustrated with 7 well executed wood engravings, some signed *H. Sears.*

5511 TARDIEU-DENESLE (Mme). — NOUVELLE MYTHOLOGIE de la Jeunesse par demandes et par réponses, réduite à ce qui peut être enseigné aux jeunes gens des deux sexes, etc. *Paris, Tardieu-Denesle*, 1816, 2 vol. in-12, bas. marbrée, dos

orné, pièces de couleurs, tr. marb. *(Rel. de l'ép.).*
50 fr.

Illustré de 85 figures en taille-douce. Contient aussi les emblèmes et symboles des fleurs, des animaux et des couleurs. *Bel exemplaire.*

5512 TASTU (Mme Amable). — ÉDUCATION MORALE POPULAIRE imitée de l'Italien de CÉSAR CANTU. *Paris, Didier,* 1841, 4 part. en 2 vol. in-12, plein chagrin violet, dos ornés en hauteur d'un beau décor doré et à froid (entrelacs de filets et jets d'eau), cadres dorés, de style rocaille, et à froid entourant les plats, dent. int., tr. dor. *(Rel. de l'époque).* **500 fr.**

ÉDITION ORIGINALE des ouvrages suivants : *L'Honnête Homme. Le Portefeuille d'Ambroise. Le Bon Petit Garçon. M. Bonhomme,* avec une notice intitulée : *Des Livres pour la Jeunesse.* Huit jolies figures lithographiées par *L. Lassalle* et *Cattier.* Bel exemplaire dans une fraîche reliure EN PLEIN CHAGRIN, avec un très beau décor de grand style. Rare, surtout en pareille condition.

5513 TASTU (Mme Amable). — LECTURES DES JEUNES FILLES ou Leçons et modèles de littérature en prose (et en vers). *Paris, Librairie d'Education de Didier,* 1842, 2 vol. in-12, plein chagrin bleu foncé, dos ornés en hauteur de motifs dorés et à froid, grande plaque dorée, de style rocaille, sur les plats, cadre à froid, dent. int., tr. dor. *(Rel. de l'époque).* **500 fr.**

Recueil contenant des morceaux de *P.-L. Courier, Lamennais, Mme de Staël, Lamartine, Vigny, G. Sand, Nodier, Mérimée, Hugo, Chateaubriand, J. Chénier, Desbordes-Valmore, A. Chénier, Sainte-Beuve,* etc. — 2 titres à encadrement sur bois, et 2 portraits sur acier. Charmantes reliures, en plein chagrin, de fraîcheur parfaite.

5514 TASTU (Mme Amable). — POÉSIES par Mme Amable Tastu. *Paris, A.-J. Denain,* 1833, in-12, veau vert, dos orné sans nerfs, doubles et triples fil. sur les pl., fleurons aux angles des filets intér., dent. intér., tr. jasp. *(Rel. de l'ép.).* **150 fr.**

Cinquième édition de ces poésies, dont l'originale avait paru en 1826, chez Ambroise Dupont. Titre entouré d'une vignette et nombreuses vignettes en tête des pièces composant ce recueil. Exemplaire très frais d'une jolie édition devenue rare dans une délicieuse reliure de l'époque.

5515 TASTU (Mme Amable). — POÉSIES NOUVELLES par Mme Amable Tastu. *Paris, Denain et Delamare,* 1835, in-12, veau vert, dos orné sans nerfs, doubles et triples filets, fleurons aux angles des fil. intér., dent. intér., tr. jasp. *(Rel. de l'ép.).* **300 fr.**

ÉDITION ORIGINALE. Titre dans un médaillon supporté par deux enfants, vignette en tête de chaque poème. Exemplaire de toute fraîcheur de l'édition originale dans sa reliure de l'époque.

5516 TASTU (Mme Amable). — VOYAGE EN FRANCE. *Tours, Mame,* 1846, gr. in-8, cart. toile bleue, décors dorés. *(Cart. d'édit.).* **500 fr.**

ÉDITION ORIGINALE. Quatre gravures hors-texte, de Rouargue. Carte routière de France, gravée hors-texte. Jolies vignettes gravées sur bois dans le texte. Décors dorés : sur les plats, dans un cadre d'arbres, un voyageur, assis, regarde passer une diligence sur une route ; dans le fond, une église. Parmi les attributs du dos, navire à vapeur, locomotive. Premier plat de la couverture en polychromie conservé. Il représente, dans un fond architectural, des écussons armoriés, des anges tenant des cornes d'abondance, des statues de saint Louis et Charlemagne et, dans des médaillons ovales, de petits personnages en costumes provinciaux. TRÈS BEL EXEMPLAIRE.

THE TAYLOR FAMILY

5517 [TAYLOR (Ann).] — MAGIC LANTERN (Signor Topsy-Turvy's wonderful) or The World turned upside down. *London, Tabart and Co,* 1810, sq. 16mo. or. half-leather, boards. *(Shabby).* Preserved in half-morocco case. **2.000 fr.**

FIRST EDITION. Illustrated with 24 remarkable engravings, inspired by the French 18cent. popular prints of *Le Monde Renversé.* « *The Cook Cooked. The Horse turned Driver. The Boy turned Giant. The Fish turned Fishers* », etc. By the author of the famous poem *My Mother.* A few stains throughout the volume. Small tear at corner of one leaf and in margin of another. One page book list at end. *Tuer, F. C. B.* pages 217-221.
PLANCHE 145.

5518 [TAYLOR (Ann).] — MY MOTHER. A Poem Embellished with designs. By a Lady. Engraved by P. W. TOMKINS, Engraver to her Majesty. *London, P. W. Tomkins, n. d.* [1807], 4to. ful. morocco. **3.000 fr.**

FIRST EDITION. Engraved title and nine beautiful plates, impressed on tobacco coloured paper. LADY HA-

MILTON is said to have posed for the beautiful illustrations. *Fine copy.*
PLANCHE 20.

5519 TAYLOR (A. and J.). — ORIGINAL POEMS, for Infant Minds, by several young persons. *London, Harvey and Darton,* 1820-21, 2 vols. in 1 vol. sm. 12mo. contemp. calf. *(Rebacked).* **150 fr.**

Engraved frontispiece to each vol. Eight page book list at end. The first edition of this work, published in 1805, is one of the rarest children's books.

5520 TAYLOR (A. and J.). — RHYMES FOR THE NURSERY. By the Author of « Original Poems ». *London, Strahan and Co,* 1870, sq. 16mo. or. red cloth, gilt, g. e. **50 fr.**

Illustrated with 16 wood engravings by JOHN GILBERT. Eight page book list at end. *Fine copy.*

5523 TAYLOR (Emily). — THE BOY AND THE BIRDS. *London, Darton and Harvey,* 1835, sq. 16mo. or. cloth, gilt. *(Back faded),* g. e. **75 fr.**

Illustrated with 17 splendid plates by THOMAS LAND-SEER engraved on wood. 6 page book list at end. Stitching loose.

5524 TAYLOR (Emily). — LETTERS TO A CHILD on the Subject of Maritime Discovery. *London, Harvey and Darton,* 1820, sm. 12mo. or. half-leather, boards. *(Back rubbed).* **150 fr.**

FIRST EDITION. Illustrated with an engraved frontispiece showing the *Arrival of Columbus on the Shores of America.* The whole work is devoted to American discoveries.

5525 TAYLOR (Emily). — LETTERS TO A VERY LITTLE GIRL ; FROM HER AUNT. *London, Harvey and Darton,* 1820, sm. 12mo. or. printed wrappers, preserved in half-morocco case. **300 fr.**

FIRST EDITION. Illustrated with an engraved frontispiece showing. *Alexander Selkirk in the Island of Juan Fernandez* (as the real Robinson Crusoe) and three other plates. *Fine copy.*

5526 TAYLOR (Isaac). — BEGINNINGS OF EUROPEAN BIOGRAPHY. The Latter Ages. From the invention of printing to the present time. *London, John Harris, n. d.* [circa 1832], sm. 8vo. or. printed boards. **100 fr.**

24 plates engraved on steel. Chapters on American War of Independence, Napoleon Bonaparte, Descartes, Galileo, Guttenberg, Lavoisier, Washington, etc., etc. *Fine copy.*

5527 [TAYLOR (Isaac)]. — CITY SCENES or A Peep into London, for Children. *London, Darton, Harvey and Darton,* 1814, half-morocco. *(Modern binding).* **700 fr.**

Elaborately engraved title with view of St. Paul's and 77 quaint engravings showing views and London characters, fashions, vendors, etc. *Fine copy.*
PLANCHE 156.

5528 [TAYLOR (Isaac)]. — CITY SCENES or A Peep into London, for Children. *London, Darton, Harvey and Darton,* 1818, small 12mo. or. half-leather boards. **600 fr.**

Elaborate engraved title with view of St. Paul's and 76 quaint engravings showing views and London characters, fashions, vendors, etc., etc.

5529 TAYLOR (Isaac). — THE MINE. *London, John Harris,* 1832, sq. 16mo. or. half-leather. *(Back rubbed).* **40 fr.**

FOURTH EDITION. Illustrated with 17 plates engraved on copper *(a few plates loose).* This little work familiarises young people with all types of mining in all parts of the world. *The Little Library.*

5530 TAYLOR (Isaac). — THE MINE. *London,* 1832. Another copy, same edition. **30 fr.**

Back damaged. A few plates slightly foxed.

5531 TAYLOR (Isaac). — THE MINE. *London,* 1832, Another copy, same edition. **60 fr.**

Fine copy.

5532 TAYLOR (Isaac). — THE MINE. *London,* 1831. Another copy. Third edition. **75 fr.**

Very fine copy.

5533 TAYLOR (Isaac). — THE MINE. *London,* 1834. Another copy. Fifth edition. **60 fr.**

Fine copy.

5534 TAYLOR (Isaac). — SCENES IN AFRICA AND AMERICA, for the Amusement and Instruction of Little Tarry-at-home travellers. *London, John Harris, n. d.* (1829), sm. 8vo. or. printed boards. **250 fr.**

Illustrated with 96 finely executed engravings showing scenes in Africa and America and two maps. At end 24 page book list. *Fine copy.*

5535 TAYLOR (Isaac). — SCENES IN AMERICA, for the amusement and Instruction of little Tarry-at-home travellers. *London, John Harris,* 1821, 12mo. or. printed boards. *(Shabby).* **600 fr.**

Illustrated with a folding map of America and 84 engravings depicting scenes in the history of discovery, and life in America. The chapter on the United States has 12 plates among which are plates depicting the *Purchase of Pennsylvania by William Penn: Dr Franklin with his electrical kite and Washington's entrance into Pennsylvania.* Some pages soiled.

5536 TAYLOR (Isaac). — SCENES IN AMERICA. *London,* 1824, or. printed boards. *(Joints cracked).* **400 fr.**

Same plates as the first edition.

5537 TAYLOR (Isaac). — SCENES IN AMERICA. *London,* 1824, 12mo. or. printed boards. *(Back broken, front cover detached).* **350 fr.**

Another copy, same edition.

5538 TAYLOR (Isaac). — SCENES IN ASIA, for the amusement and instruction of Little Tarry-at-home Travellers. *London, J. Harris and Son,* 1822, 12mo. or. printed boards. *(Edges worn).* **250 fr.**

Illustrated with 84 coloured engravings and a coloured folding map. Two page book list at end.

5539 TAYLOR (Isaac). — SCENES IN ASIA. Another copy. *(Back rubbed).* **250 fr.**

Same edition.

5540 TAYLOR (Isaac). — SCENES IN ASIA. 1822, or. printed boards. **180 fr.**

Same edition, same plates *uncoloured.* Fine copy.

5541 TAYLOR (Isaac). — SCENES IN ASIA, 1821, or. printed boards. *(Shabby).* **60 fr.**

Second edition. Plates uncoloured. Well thumbed copy.

5542 TAYLOR (Isaac). — SCENES OF BRITISH WEALTH, in Produce, Manufactures, and Commerce for the Amusement and Instruction of Little Tarry-at-Home Travellers. *London, Harris and Son,* 1823, 12mo. or. boards. *(Entirely uncut and unopened).* **135 fr.**

FIRST EDITION. The author takes father and children through the great commercial centres of the United Kingdom. One of the most instructive and entertaining Juveniles. *Very fine copy.*

5543 TAYLOR (Isaac). — SCENES OF BRITISH WEALTH. Another copy. Or. printed boards. **100 fr.**

FIRST EDITION. Fine copy.

5544 TAYLOR (Isaac). — SCENES IN ENGLAND. For the Amusement and Instruction of Little Tarry-at-Home Travellers. *London, J. Harris and Son,* 1823, 12mo. or. printed boards. **300 fr.**

Illustrated with 14 coloured engravings and a coloured map of England. A charming little book.

5545 TAYLOR (Isaac). — SCENES IN EUROPE, for the Amusement and Instruction of Little Tarry-at-Home Travellers. *London, J. Harris,* 1819, 12mo. half-calf. *(Modern binding).* **100 fr.**

Illustrated with 84 hand-coloured engravings. Three page book list at end. *Fine copy.*

5546 TAYLOR (Isaac). — SCENES IN EUROPE. *J. Harris,* 1825, 12mo. or. printed boards. *(Lower cover stained).* **200 fr.**

Another copy same work. This edition has a map added.

5547 TAYLOR (Isaac). — THE SHIP. *London, John Harris,* 1831, sq. 16mo. or. half-leather, boards. **75 fr.**

Second edition. Illustrated with 16 engraved plates. The work is an instructive book on ships and their construction. *Little Library.*

5548 TAYLOR (Isaac). — THE SHIP. *London,* 1833. Same work as preceding no. **75 fr.**

Third edition.

5549 TAYLOR (Jefferys). — THE FARM. A New Account of Rural Toils and Produce. *London, John Harris,* 1832, 16mo. or. half-leather, boards. *(Back worn).* **80 fr.**

FIRST EDITION. Illustrated with 8 engravings *(some slightly foxed)* and 26 woodcuts. *The Little Library.*

5550 TAYLOR (Jefferys). — THE FOREST or Rambles in the Woodland. *London, John Harris,* 1835, 16mo. or. half-leather, cloth. **75 fr.**

Illustrated with 16 fine plates and 14 woodcuts. *The Little Library.*

5551 TAYLOR (Jefferys). — HARRY'S HOLIDAY or The Doings of One who had Nothing to Do..., with a Preface by Miss Jane Taylor..., etc. *London, Rest Fenner,* 1818, sm. 12mo. old calf, rebacked. **130 fr.**

FIRST EDITION. Engraved frontispiece. A few pages and the plate foxed, and a few tears repaired. The book was written by one of the Younger members of the famous Taylor family.

5552 TAYLOR (Jefferys). — RALPH RICHARDS. The Miser. *London, Baldwin, Cradock and Joy,* 1821, sm. 12mo. **135 fr.**

FIRST EDITION. Curious engraved frontispiece by TAYLOR himself.

5553 [TAYLOR (Jefferys)]. — RURAL SCENES of A Peep into the Country for Children. *London,*

Harvey and Darton, n. d. (1813), small 12mo. contemp. calf. *(Hinge restored).* **600 fr.**

Illustrated engraved title, and 87 quaint copper engravings. *Tuer, O. F. C. B.* pages 134-136. *Fine copy.* PLANCHE 156.

5554 TAYLOR (Joseph). — THE DOG (The General Character of) illustrated by A Variety of original and Interesting Anecdotes. *London, Harvey and Darton,* 1821, sm. 12mo. or. half-leather, boards. *(Library ticket on front cover).* **75 fr.**

FIRST EDITION. Engraved frontispiece. 6 page book list at end. *Fine copy.*

5555 TAYLOR (Mrs and Jane). — CORRESPONDENCE between A Mother and Her Daughter at School. *London, Taylor and Hessey,* 1821, 12mo. contemp. red calf, gilt back and sides, blind tooling in centers. *(Spines slightly rubbed).* **100 fr.**

Most charming frontispiece engraved on copper by *C. Heath* from the drawing by *W. Hilton.* 4 page book list at end. *Fine copy.*

5556 TAYLOR (Mrs). — THE FAMILY MANSION. A Tale. *London, Taylor and Hessey,* 1820, 12mo. or. boards, uncut. *(Back worn).* **50 fr.**

Engraved frontispiece by *Freeman* from the drawing by *W. Hilton.* Title page loose.

5557 [TAYLORS (THE)]. Rhymes for the Nursery. By the Authors of « Original Poems ». *London, Harvey and Darton,* 1820, sm. 12mo. or. half-leather, boards. **100 fr.**

Engraved frontispiece coloured (by a child). At end 6 page book list.

5558 [TAYLOR]. — THE TRAVELLER. *London, J. Harris, n. d.* [circa 1820], 12mo. or. printed boards. *(Back rubbed).* **350 fr.**

SECOND EDITION. 42 hand-coloured plates. Four page book list at end.

5559 TAYLOR (John Edward). — THE MOUSE AND HER FRIENDS. With other stories. *London, Chapman,* 1855, 8vo. or. printed boards. *(Rebacked).* **50 fr.**

FIRST EDITION. Engraved frontispiece in two tones. The stories are adaptions of Pilpay's fables.

———

5559 bis TAYLOR (Charles). — A FAMILIAR TREATISE ON DRAWING, for Youth... for the Instruction of Young Persons... *London, Sherwood, etc.,* 1822, 4to. cloth. *(Modern binding).* **250 fr.**

33 plates from the designs by *Bartolozzi, Brown, Mortimer, Poussin, Vandyke, etc.* 6 of these plates are beautiful engravings, the rest being drawing studies. A few pages foxed in the margins.

5559 ter TAYLOR (Rev. C. B.). — A FIRESIDE BOOK or the Account of a Christmas Spent at Old Court. *London, J. A. Hessey,* 1828, cr. 8vo., mod. boards. **80 fr.**

FIRST EDITION. Etched frontispiece by *George Cruikshank.*

5560 TAYLOR (Mme). — ELISABETH ET ÉMI-
LIE. Conte moral traduit de l'anglais par Mlle ***.
Seconde édition. *Paris, Lugan,* 1825, pet. in-12,
demi-veau poli gris, à coins, pièce rouge et fil.
dorés au dos, tr. mouch. *(Rel. de l'époque).* **40 fr.**

Joli fontispice gravé par *Rouargue.* Mme Taylor est
l'auteur d'un grand nombre d'ouvrages pour la jeunesse,
écrits dans le genre de ceux de Miss Edgeworth. *Bel exempl.*

5561 TEACHER'S OFFERING (THE) or Sunday
School Monthly Visitor for 1843. *London, Thomas Ward and Co,* n. d., 16mo. contemp. half-
leather. **35 fr.**

Illustrated with an engraved frontispiece after the
painting by Reynolds and upwards of 90 quaint woodcuts.
Fine copy.

5562 TEA-TABLE DIALOGUES, between Miss
Thoughtful, Miss Sterling, Miss Prattle, Mast.
Thoughtful, Master Goodwill, Master Foplin,
wherein is delineated the Charms of Innocence and
Virtue, and the Pleasures of Rural Amusements.
*London, T. Carnan, at No. 65, St. Paul's Church-
Yard,* 1772, sm. 16mo. or. flowered-paper, boards.
(Rebacked, end-papers renewed). Preserved in
half-morocco case. **1.500 fr.**

FIRST EDITION. Illustrated with 12 charming and
well-impressed woodcuts. According to Charles Welsh
« John Newberry » (Appendix II, p. 313) this little work
was entered at Stationer's Hall by T. Carnan *(John Newberry's step-son)* in June 21, 1771, which leads us to believe that this is the first edition. *Fine copy.*
PLANCHE 72.

5563 TEICHLER (C.). — DIE GESCHWISTER.
Eine Sammlung Kleiner Erzählungen für Kinder
von 7 bis 8 jahren. *Berlin, Winckelmann und
Sohne,* s. d. [vers 1850], in-8 carré, cart. papier
imp. en couleur. *(Cart. de l'éditeur).* **100 fr.**

Recueil de petits contes pour enfants de 7 à 8 ans. Il
est orné de 9 lithographies coloriées représentant des
scènes enfantines. Dos cassé.

5564 TELESCOPE (Tom). — THE NEWTONIAN
SYSTEM of Philosophy, explained by familiar
objects... for the Use of Young Ladies and Gentlemen. A New improved edition... by William Magnet. *London, Ogilvy and Son,* 1798, sm. 12mo.
contemp. sheep. **500 fr.**

4 engraved plates and many woodcuts in text showing
scientific objets : armillary sphere, balloon, microscope,
air pump, etc. The earlier editions of the work were published by John Newbery and his successors.

5565 TELESCOPE (Tom). — THE NEWTONIAN
SYSTEM of philosophy, explained by familiar
objects... for the Use of Young Persons. *London...,
Harvey and Darton,* 1806, 12mo. original half-
leather, boards. *(Shabby).* **300 fr.**

Frontispiece and 3 plates and many woodcut illustrations in text showing scientific objects : armillary sphere,
balloon, microscope, air-pump, etc.

5566 TELESCOPE (Tom). — THE NEWTONIAN
SYSTEM. Another copy, 1812, or. half-leather,
boards. *(Back rubbed).* **180 fr.**

Same plates and cuts as the 1806 edition.

5567 TELL-TALE (THE) an Original Collection
of Moral and Amusing Stories. *London, Harris
and Son,* 1823, sm. 8vo. or. printed boards. **200 fr.**

FIRST EDITION. Illustrated with 12 finely executed
engravings. The stories are *Arphu or the Fairy Kitten.* —
The little water-carrier. — *The midsummer holidays.* —
The blind highland piper. — *A day at Hampstead fair.* —
Excursion to the farm.— *Harvest home, and the Primrose girl.*
2 page book list at end.

5568 TEMPLE OF FANCY (THE) or Choice Riddles,
enigmas, charades, and conundrums, calculated
to amuse the minds of youth. *London, Whittingham and Arliss,* n. d. [circa 1825], sm. 12mo.
half-leather, boards. **150 fr.**

FIRST EDITION. Frontispiece and amusing title border engraved on wood : text with many charming woodcuts in the Bewick style. Solutions at end.

5569 TENDRESSE MATERNELLE (LA). *Paris,
Lefuel,* s. d. [vers 1825], in-12, broché, couv. pap.
marbré d'origine, étiquette impr. au dos, conservé dans une boîte demi-maroquin. **350 fr.**

Titre gravé avec vignette gravée au pointillé TIRÉE
EN SÉPIA et 9 figures au pointillé tirées en *sépia,* gravées par *Pomel,* d'après *Leroy.* Très bel exemplaire, en
partie non coupé, sur papier vélin.

5570 TENNYSON (Hallam). — JACK AND BEAN-
STALK. English Hexameters. *London, Macmillan and Co,* 1886, sm. 4to. or. cloth. **90 fr.**

FIRST EDITION. Illustrated with many sketches by
RANDOLPH CALDECOTT.

5571 TER BELOONING en tot Vermaak der Jeugd.
Met Platen. De vier Getijden des Jaars. *Leyden,
P.-J. Trap,* s. d. [vers 1840], petit in-16 carré,
cart. papier souple *de l'édit.* **100 fr.**

6 lithographies coloriées. Petite gravure sur bois sur le
titre (répétée sur la couverture). Impression en gros caractères. *Bel exemplaire d'une parfaite fraîcheur.*

5572 TERREBASSE (A. de). — HISTOIRE DE
BAYARD, dit le Bon Chevalier sans peur et sans
reproche. Nouv. éd. *Tours, Mame,* 1851, in-12, bas.
polie vert foncé, dos à n. orné, plaque à froid,
ex-praemio doré sur le 1er plat, tr. marb. *(Rel. de
l'époque).* **15 fr.**

Bel exemplaire. Orné de 2 figures de *Girardot* et *Danois.*

5573 TESTAMENTO DE LA ZORRA. *Cordoba, en
la Imprenta de Don Luis de Ramos y Coria,* s. d.
(XVIIIe siècle), in-4 de 8 pages, n. ch., cart. **60 fr.**

Fable : *Le Testament de la Renarde.* Rare édition populaire espagnole de colportage, ornée d'une vignette gravée
sur bois représentant un notaire et une renarde.

5574 THACKERAY (W. M.). — THE FOUR
GEORGES : Sketches of Manners, morals, court
and town life. *London, Smith, Elder and Co,* 1861,
8vo. or. green cloth. **300 fr.**

FIRST EDITION. Illustrated with many woodcut plates and illustrations. 16 page book list at end. End papers
renewed. *Very fine fresh copy.*

5575 THACKERAY (W. M.). — THE ROSE AND THE RING or The History of Prince Giglio and Prince Bulbo. A Fireside Pantomime for Great and Small Children. By Mr M. A. Titmarsh. *London, Smith, Elder and Co*, 1855, 8vo. green leather, gilt. *(Bound by W. H. Ware).* **900 fr.**

FIRST EDITION, with many amusing sketches by the author.

5576 THATCHER'S WIFE (THE) or An Account of Mary Cramps. *London, J. Nisbet*, 1820, sm. 12mo. wrappers. *(Modern).* **30 fr.**

Engraved frontispiece.

5577 THÉNOT. — L'AQUARELLE, précédé du Dessin au crayon et d'un Traité de lavis. Douze belles planches avec texte explicatif. *Paris, Martinet, s. d.* [vers 1850], in-4 obl. *(Cartonnage papier de l'éditeur).* **150 fr.**

5 lithographies en 2 tons et 7 en couleurs, dessinées et gravées par *Thénot,* tirées chez *Lemercier.* Sur le cartonnage, paysage décoratif, entourant le titre dessiné et lithographié par *Thénot.*

5578 THÉODORE ou le Jeune Croisé, par Miss Cl... *Paris, Louis Janet, s. d.* [vers 1820], in-16. *(Cartonnage et étui papier de l'éditeur),* tr. dorées. **400 fr.**

Titre et vignette gravés ; 4 planches finement gravées. Cartonnage rose, dos et plats à la cathédrale. Étui de même couleur, portant sur les deux plats le titre au milieu d'un large cadre. *Très bel exemplaire.*

5578 *bis* THIERWELT (DIE). — [LE RÈGNE ANIMAL]. *Vienne, H.-F. Müller, s. d.* [vers 1840], in-8 et planche dépliante (1.150 × 1.020 mm.), étui de l'éditeur. **60 fr.**

Grande planche gravée, coloriée et collée sur toile représentant les diverses espèces du règne animal.

5579 THOMAS REDIVIVUS or A Compleat History of Life and Marvellous Actions of TOM THUMB. In three Tomes. Interspersed with that Ingenious Comment of the late Dr Wagstaff : and Annotations by Several Hands. To which is prefix'd Historical and Critical Remarks on the Life and Writings of the Author. *London, for R. Walker, at the White-Hart, adjoining to the Anodyne Necklace, without Temple-Bar,* 1729, price 1s 6d folio, mottled calf, gilt. *(Bound by Rivière).* **7.500 fr.**

FIRST EDITION. According to Lowndes « Dr Wagstaff's comment was written to ridicule that of Mr Addison in the Spectator, upon the Ballad of Chevy-Chase, and is inserted in his Works ». The Heber copy was incomplete and only contains the first part.
And in four Minutes grew so fast that he became so tall, As was the Plowman's thumb in length, and so she did him
[*call*
Tom Thumb, the which the Fairy Queen did give to him for
[*Name...*

5580 THOMPSON (D'Arcy W.). — NURSERY NONSENSE or Rhymes without Reason. *London, Griffith and Farran, Successors to Newbery and Harris,* 1865, 8vo. or. blue cloth, gilt. **100 fr.**

With many amusing, hand-coloured illustrations by C. H. Bennett. 32 page book catalogue at end. *Very fine copy.*

5581 THREE BIRTH-DAYS (THE) or a Cure for ill-temper. *London, J. Wallis,* 1812, small sm. 12mo. or. half-leather, boards. *(Papers renewed).* **300 fr.**

FIRST EDITION. Illustrated with four engraved plates.

5582 THREE INSTRUCTIVE TALES for Little Folk. By C. P. *London, J. Harris (Successor to E. Newbery),* 1805, or. flowered-paper wrappers. **200 fr.**

Illustrated with frontispiece and 8 woodcuts. At end interesting 10 page book list.

5583 THURTLE (Frances). — ASHFORD RECTORY or The Spoiled Child Reformed, containing a Short introduction to the sciences of Architecture and Heraldry, with a particular account of the Grecian and Roman Games, etc., etc. *London, N. Hailes,* 1818, 8vo. boards. *(Modern binding).* **80 fr.**

Uncut copy. Illustrated with engraved frontispiece.

5584 TIMES AND SEASONS. [*London*], *Hodgson, n. d.* [circa 1815], 12mo. or. wrappers with hand-coloured ticket, preserved in half-morocco case. **650 fr.**

Illustrated with 8 hand-coloured engravings, each with an engraved verse. The titles are *Spring. Summer. Autumn. Winter. Morning. Evening. Saturday night. Sunday morning.* Fine copy.
PLANCHE 95.

5585 TIMES AND SEASONS. [*London*], *Hodgson, n. d.* [circa 1815], 12mo. or. wrappers with coloured woodcut. *(Added).* Another copy. **500 fr.**

Fine copy.

5586 TIMOTHY WILDMAN (TRAVELS AND ADVENTURES OF) in Europe, Asia, Africa, and America ; Wherein many of the principal Cities and Towns in the World, are faithfully described. *London, J. Luffman, n. d.* [circa 1790], 12mo. or. flowered-paper, boards, preserved in half-morocco case. **1.250 fr.**

FIRST EDITION. Engraved frontispiece showing *Timothy attacks and kills a Royal Tiger.* In chapter III the diamond mines of South Africa are mentioned. *Fine copy.*

5587 TINY LIBRARY (THE). A Weekly Journal for the Entertainment and Instruction of Young Persons. *London, C. Wood and Co,* four volumes bound in two (Nos I-LXIV) 1846-1847, square 12mo or. red cloth, gilt, g. e. **500 fr.**

Illustrated with numerous woodcuts. The Tiny Library was a children's magazine of 16 pages published weekly, price one penny. It has now become difficult to find, specially in such fresch condition.

5588 TINY LIBRARY (THE). A Weekly Journal... *London,* vol. I (Nos I-XVI), 1846, sq. 12mo. contemp. cloth. *(Shabby).* **90 fr.**

Illustrated with many woodcuts. See preceding no.

5589 TIRPENNE (J.-L.). — PETIT ALBUM DU PAYSAGISTE. *Paris, A. Fourmage, s. d.* [vers 1850], in-8 obl. *(Cartonnage papier de l'éditeur).* **80 fr.**

26 lithographies (2 par planche) au trait, ombrées ou coloriées. Le cartonnage imprimé sert de titre.

5590 [TISSOT]. — CHEFS-D'ŒUVRE DES FABULISTES FRANÇAIS. Choix des deux cents fables les plus propres à l'instruction de l'enfance, etc. *Paris, Bureau Central des Diclionnaires, s. d.* (1837), pet. in-8 carré, bas. marbrée, dos orné, pièce rouge, guirlande autour des plats, tr. marb. *(Rel. de l'ép.).* **135 fr.**

Deux titres à encadrements gravés sur bois (les animaux des fables), et très nombreuses vignettes et culs-de-lampe. gravés sur bois par *Cauvelet, Brown, Lavieille*, etc. Ce choix de fables de *La Fontaine, Florian, Aubert, Lamothe, Arnault, Le Bailly, Naudet,* Mme *Jolineau* et *Bressier*, est précédé d'une Lettre de M. TISSOT, de l'Académie française. Encadrement gravé sur bois au dernier f. *(catalogue).* Impression curieuse.

5591 TITY AND MIRTILLO or the Advantages of Affability. *Wellington, F. Houlston, n. d.* [circa 1815], sm. 12mo. wrappers. *(Modern).* **40 fr.**

6 charming woodcuts.

5592 TODIÈRE. — CHARLES VI, les Armagnacs et les Bourguignons. *Tours, Mame,* 1848, in-8, cart. toile bleue, décor polychrome sur les plats et le dos, tr. dorées. *(Carl. de l'éditeur).* **80 fr.**

Quatre gravures sur acier de Pigeot d'après K. Girardet. Le décor (rouge, vert et or) représente au 1er plat, des armes et écussons armoriés, au second plat des mascarons, au dos des rinceaux, etc. Quelques rousseurs pâles mais bel exemplaire.

5593 TODIÈRE. — CHARLES VI, les Armagnacs et les Bourguignons. *Tours, Mame,* 1848, in-8, cart. toile bleue, décor doré. *(Carl. de l'édil.).* **60 fr.**

Le même ouvrage que le précédent. Même décoration au 1er plat et au dos, mais sans couleurs. Médaillon doré au second plat, représentant des armes de chevalerie, des écussons, etc. Bel exempl. sans rousseurs.

5594 TOILET (THE). *London, N. Hailes Piccadilly, and D. Jennings Poullon,* 1821, sq. 16mo. or. printed boards, in or. slip case. **1.500 fr.**

FIRST EDITION, FIRST ISSUE, with the Hailes and Poulton imprint *(which has been crossed out with a stroke of the pen, by the editor or author).* The work is illustrated with 12 coloured engravings with super-imposed flaps. concealing further text of each subject. *Fine copy.*

5595 TOILET (THE). *London, Published by the Aulhor, and Sold by W. Sams, Booksellers to H. R. H. The Duke of York, No 1, St. James Slreel,* 1821, sq. 16mo. or. printed stiff wrappers. **800 fr.**

FIRST EDITION, SECOND ISSUE, with substituted title page *(pasted in on strip)* bearing the imprint of the *author.* Otherwise the collation is identical with preceding number. One flap missing. *Fine copy.*

5596 TOKEN OF REMEMBRANCE (A) from A Mother to her Absent Children ; comprising Simple Tales, Dialogues, and Easy Poetry, adapted to the Capacities of Young Children. *London, William Darlon,* 1822, sm. 12mo. or. half-leather, boards. *(Rubbed).* **125 fr.**

FIRST EDITION. Illustrated with 3 charming plates. Engraved « Tribute of Regard », at beginning and William Darton's engraved advertising plate at end. Some pages slightly foxed.

5597 TOM, THE PIPER'S SON (The Adventures of). *London, D. Carvalho, n. d.* [circa 1830], post 8vo. or. printed wrap., preserved in half-morocco case. **650 fr.**

Illustrated with 12 hand-coloured woodcuts. Large type. *Fine copy.*
PLANCHE 52.

5597 bis TOM, THE PIPER'S SON. *London and Olley, Wm. Walker and Son, n. d.* [circa 1850], 8vo. or. printed wrappers, preserved in half-morocco case. **200 fr.**

Illustrated with 8 hand-coloured woodcuts. Large type. From. *The Illuminated Library for the Homes of Happy Childhood.* Fine copy.

5598 TOM THUMB [The Pretty and Entertaining History of] with His wonderful Escape from the Cow's Belly. *Olley, W. Walker, n. d.* [circa 1820], sm. 16mo. or. printed wrappers. **45 fr.**

12 quaint woodcuts. Penny chapbook. *Fine copy.*

5599 TOM THUMB THE MIGHTY (The Life and Adventures of). To which is added the Entertaining History of Puss in Boots. *London, Dean and Munday,* sm. 12mo. boards. *(Modern).* **350 fr.**

Coloured folding frontispiece in 3 compartments, two of which are by GEORGE CRUIKSHANK and the other by ROBERT. Title a little soiled.

5600 TOM THUMB (The History of). To which is added, The Sleeping Beauty. *London, J. Bysh, n. d.* [circa 1830], sm. 12mo. or printed wrappers. **125 fr.**

Folding frontispiece engraved on copper with 6 hand-coloured scenes.

5601 TOM THUMB (The History of). *N. place, n. d.* [circa 1850], 8vo. in sheets. **50 fr.**
Proofs of a chapbook, with 8 amusing woodcuts.

TOM THUMB. — See Nos 610 and 5579.

5602 TOM TICKLE'S FAMILY HISTORY. Versified by Himself. *London, J. Harris and Son, n. d.* [circa 1822], small 8vo. or. printed wrappers. *(Front cover damaged),* preserved in half-morocco case. **2.000 fr.**

Illustrated with 16 hand-coloured plates. One page book list at end. *Very fine copy.*

5603 TOM TICKLE'S FAMILY HISTORY. Versified by Himself. Another copy same edition. **600 fr.**

Some pages stained. Tear in one page without gravity. *Well thumbed copy.*

5604 TOM TRIP'S MUSEUM or A Peep at the Quadruped Race, 3 parts. A Peed at the Feathered Creation, 2 parts. *London, J. Harris and Son, n. d.* [circa 1825], together 5 parts in 1 vol. 12mo. or. printed boards. *(Back cover stained)*.   **1.000 fr.**

Illustrated with 76 finely executed woodcuts of animals and birds, beautifully coloured by hand. The book was inspired by Goldsmith's *Tommy Trip's History of Beasts and Birds*, the first edition of which was published by J. Newbery and B. Collins [1748 ?]. At end, 4 page book list.

5605 TOMMY TRIP'S MUSEUM or A Peep at the Feathered Creation. Part I. The Quadruped Race. Part II. *London, John Harris, n. d.* [circa 1830], 2 vols. small 8vo. or. printed wrappers.   **300 fr.**

Illustrated with 30 hand-coloured woodcuts of birds and animals. Small tear in cover of Part I, otherwise fine copies.

5605 *bis* TOMMY TRIP'S VALENTINE GIFT. A Plan to enable Children of all Sizes and Denominations. To behave with, Integrity, and Humanity..., etc. *Gainsborough, Mozley's Lilliputian Book Manufactory*, 1791, sm. 16mo. boards. *(Modern)*.   **250 fr.**

Fine frontispiece and several quaint woodcuts in text. LACKS 2 LEAVES (pages 15-16, 115-116). PLANCHE 68.

5606 TOMKINS (Thomas). — POEMS OF VARIOUS SUBJECTS... The Beauties of English Poetry. *London, J. Harris*, 1811, sm. 12mo. or. half-leather, boards. *(Rubbed)*.   **35 fr.**

Selection from the poetry of *Goldsmith, Pope, Gay, Addison, Milton, Young, Cotton, Shakespeare*, etc., etc.

5607 TOUR THROUGH ENGLAND (A) described in a series of letters from a young gentleman to his sister. *London, William Darton*, 1821, small 12mo. or. half-leather, boards.   **100 fr.**

Illustrated with a frontispiece showing *Cambridge*, a map of England, and five other well engraved plates showing *Exeter Cathedral, Worcester, York, London and Oxford*. At the beginning a charmingly engraved « token of esteem ». At end William Darton's engraved plate.

5608 TOUR (A) TO GREAT ST. BERDARD'S and round Mont Blanc... Intended for Young Persons from ten to fourteen Years of Age. *London, Harvey and Darton*, 1827, 12mo. or. cloth, paper ticket.   **75 fr.**

FIRST EDITION. Illustrated with an engraved map and 16 engravings from sketches made by the author. *Fine copy.*

5609 TOURNAMENT (THE). A Mock-Heroic Ballad. With Eight illustrations by ALFRED CROWQUILL. *London, Thomas M'Lean*, 1839, sq. 12mo. or. printed wrappers. *(Rebacked)*. Preserved in half-morocco case.   **750 fr.**

FIRST EDITION. Illustrated with 8 hand-coloured etchings by Crowquill. PLANCHE 49.

5610 TOURREIL (L. de). — PANORAMA DES ENFANS. La morale, la religion, la science et les arts mis à la portée des enfans. *Paris, Fisher fils et Co, s. d.* [vers 1850], in-12, cart. percale verte,

dent. à fr., centre doré avec sujet, dos orné en long, tr. dor. *(Cart. de l'éditeur)*.   **80 fr.**

Charmant petit recueil orné d'un frontispice, 5 jolies figures finement gravées par *Chevalier, Cooke, Rolls, Greatbatch, Finden*, d'après *Thompson, Clater, Chatfield, Farrier et Boys* et de vignettes sur bois dans le texte. Exemplaire dans un joli cartonnage très frais. *Qq. rousseurs.*

5611 TOY-SHOP (THE) or Sentimental Preceptor, containing some Choice Trifles, for the Instruction and Amusement of every Little Miss and Master. *London, E. Newbery, the Corner of St. Paul's Church-Yard, n. d.* [circa 1788], sm. 16mo. or. flowered-paper boards, preserved in half-morocco case.   **5.000 fr.**

The dedication is signed R. J. Illustrated with a frontispiece and 15 delightful woodcuts. The story ends *The toyman then presented them with a catalogue of many of the little books sold by Newbery... Horace and his Sister sat down to read the following list, of which they afterwards purchased many, and consequently became the wisest and most learned of all their little acquaintances.* At end Newbery's interesting book catalogue (6 1 2 pages). Title and frontispiece slightly foxed, otherwise *very fine copy, with boards perfectly preserved.* PLANCHE 75.

5612 TOY-SHOP (THE) or Sentimental Preceptor, containing some choice trifles for the Instruction and Amusement of every little Miss and Master. A New Edition carefully revised by E. H. Barker, Esq. *Swaffham, F. Skill*, 1830, sm. 12mo. or. half-leather, boards.   **250 fr.**

Illustrated with a frontispiece and 12 splendid woodcuts. The first edition of this popular Juvenile was published by *E. Newbery* about 1787. *Very fine copy*, with a charming gilt back.

5613 TRANSMIGRATIONS OF INDUR (THE), an Indian Brachman, Through the Bodies of an Antelope, Wild Goose, Dormouse, Elephant..., etc. *London, Houlston and Co, n. d.* [circa 1820], sm. 16mo. or. printed wrappers.   **40 fr.**

Illustrated with 10 fine woodcuts. Two page book list at end. *Very fine copy.*

5614 TRAVELLER (THE) or An Entertaining journey round the habitable globe ; being a novel and easy method of studying geography. *London, J. Harris and Son, n. d.* (1820), 12mo. or. printed, boards.   **500 fr.**

FIRST EDITION. Illustrated with 42 hand-coloured plates, consisting of views of cities, costumes and two maps. Among them are two finely executed early views of NEW YORK AND BUENOS AYRES.

5615 TRAVELLER (THE) or An Entertaining Journey, etc., or. printed boards. *(Browned and rubbed)*.   **200 fr.**

Same edition, same plates, as preceding item, but *uncoloured.*

5616 TRAVELS IN THE EASTERN COUNTIES OF ENGLAND (Reuben Ramble's). *London, Darton and Co, n. d.* [circa 1840], 8vo. or. printed. wrappers.   **150 fr.**

Illustrated with many hand-coloured drawings framing coloured maps of Norfolk, Leicester, Huntingdonshire, Northamptonshure, Cambridgeshire, Nottinghamshire, Rutlandshire, and Lincolnshire.

5617 TRAVELS IN SOUTH AMERICA. *Dublin, J. Jones*, 1824, sm. 12mo. contemp. full calf. **130 fr.**

Illustrated with 6 quaint woodcuts. The frontispiece shows « Catching the Wild Bull in South America ». *Fine copy, scarce.*

5618 TRAVELS IN SOUTH-WESTERN ASIA. *Dublin, J. Jones*, 1823, or. calf. **40 fr.**

Illustrated with 3 full page woodcuts. *Fine copy.*

5619 TRAVELS Over the Land and Over the Sea. *London, Darton and Clark, n. d.* [circa 1835], sm. 12mo. or. cloth. **130 fr.**

Illustrated with two hemisphere maps and 15 hand-coloured plates, showing costumes of different nations with a description under each.

5620 TRAVIÈS (Edouard). — BUFFON EN ES-TAMPES. [Types du règne animal]. Texte par HENRI-A. DE CONTY. *Paris, Ledot Aîné, A. de Vresse, s. d.* [vers 1850], in-4, obl. *(Cartonnage toile marron de l'éditeur)*, titre et tr. dorés. **300 fr.**

24 pl. en lithogr. en couleurs (46 figures) d'EDOUARD TRAVIÈS, tirées chez *Becquet*. Cet album formait la seconde série du *Buffon en estampes*, dont la première était épuisée. Frère du créateur de Mayeux, *Edouard Traviès* était connu comme aquarelliste et comme peintre d'animaux. Ces lithographies admirables de dessin et de facture justifient pleinement sa réputation. *Bel exemplaire.*

5622 TRÉSORS DU BONHEUR SUR TERRE. *Lyon, Pintard Jeune, s. d.* [vers 1850], in-4. *(Cartonnage papier de l'éditeur).* **100 fr.**

Grande lithographie en noir occupant la page de titre (reproduite sur le cartonnage) et 12 grandes lithographies coloriées à la main. Légèrement déboîté. *Bel exemplaire.*

5623 TRILBY (Joë). — AVENTURES ET MAL-HEURS DE FORTUNÉ L'HEUREUX. *Limoges, Barbou frères, s. d.* [vers 1860], pet. in-8. *(Cartonnage papier de l'éditeur).* **125 fr.**

Titre et 11 gravures sur bois coloriées d'*Alfred Rousseau*. La gravure du titre est reproduite sur le 1er plat du cartonnage en chromolithographie, et sur le 2e plat figure également en chromo, une autre gravure. Gros caractères largement interlignés. *Très bel exemplaire.*

Mrs TRIMMER (1741-1810)

5624 TRIMMER (Mrs). — FABULOUS HISTO-RIES designed for the Instruction of Children, respecting their treatment of animals. *London, Whittingham and Arliss*, 1815, 12mo. clot. *(Modern binding).* **200 fr.**

Illustrated with 8 finely executed woodcuts by BEWICK. *Fine copy entirely uncut.*

5625 TRIMMER (Mrs). — FABULOUS HISTO-RIES or the History of the Robins..., etc. *London, N. Hailes*, 1818, 12mo. or. half-calf. **160 fr.**

Same BEWICK woodcuts as the 1815 edition. *Fine copy.*

5626 TRIMMER (Mrs). — FABULOUS HISTO-RIES. *London, N. Hailes*, 1821, 12mo. contemp. calf. **130 fr.**

Another copy. Same illustrations.

5627 TRIMMER (Mrs). — A GEOGRAPHICAL COMPANION to Mrs Trimmer's..., abridged histories... to render the Study of History more interesting to Children, etc., in three parts. *London, B. Tabart*, 1802, tall 12mo. or. half-leather. *(Papers renewed).* **500 fr.**

FIRST EDITION. Contains nine hand-coloured folding maps including the *World, the American Continent* and a very large map of the *United Kingdom*. The maps have no names of places indicated but are divided into coloured sections which are numbered, and explained in the page text.

5628 TRIMMER (Mrs). — LESSONS ; containing a General Outline of Ancient History. *London, J.*

Harris, 1817, sm. 12mo. old calf. *(Joints cracked).* **90 fr.**

Illustrated with forty woodcuts.

5629 TRIMMER (Mrs). — LESSONS ; containing a General Outline of Ancient History. 1823, contemp. calf. *(Back broken).* **30 fr.**

Same woodcuts as preceding edition.

5630 TRIMMER (Mrs). — A NATURAL HIS-TORY of the most remarkable quadrupeds, birds, fishes, serpents, reptiles and insects. *Chiswick, Whittingham for Thomas Tegg, London*, 1826, 2 vols. 16mo. contemporary calf, gilt. **125 fr.**

Numerous finely executed woodcuts by *Bewick* of animals, etc., throughout the two volumes which are beautifully printed. *Fine copy.*

5631 TRIMMER (Mrs). — A NATURAL HIS-TORY, 1830. 2 vols 16mo. or. printed boards. **30 fr.**

Another copy. Small section cut away *(a name)* from each half-title. *Fine copy.*

5632 TRIMMER (Mrs). — ROMAN HISTORY (A Description of a set of prints of). *London, Baldwin, Cradock and Joy, etc.*, 1817, two vols. sm. 16mo. contemp. calf. *(Joints cracked).* **60 fr.**

Text (large type) and 64 engravings in the second vol.

5633 TRIMMER (Mrs). — ROMAN HISTORY. (Lessons of...). *London, J. Harris*, 1818, sm. 12mo. contemp. calf. **50 fr.**

Illustrated with 40 well executed woodcuts. *Fine copy.*

5634 [TRIMMER (Mrs)]. — A SERIES OF PRINTS
OF ENGLISH HISTORY designed as Ornaments
for those Apartments in which Children receive
the first Rudiments of their Education. *London,
John Marshall, n. d.* [circa 1815], contemp. calf.
(Back broken).   **40 fr.**

64 engraved plates.

5635 TRUMER *(sic)* **(Mary).** — ABRÉGÉ D'HIS-
TOIRE NATURELLE, contenant la description
des principaux Quadrupèdes, Oiseaux, Poissons,
Serpents, Reptiles et Insectes ; traduit de l'anglais, par M. GERSON HESSE. *Toul, Carez,*
1826, 2 vol. pet. in-12, bas. marb., dos ornés, pièces vertes, guirlande autour des plats, tr. marb.
(Rel. de l'époque).   **100 fr.**

ÉDITION ORIGINALE de cette traduction, ornée
dans le texte d'une grande quantité de vignettes gravées
sur bois sur lesquelles le traducteur attire l'attention dans
sa préface, disant que « la taille-douce et la lithographie
ne peuvent remplir toutes les conditions nécessaires à la
reproduction prompte, exacte, fidèle, et surtout écono-
mique... La gravure en relief, dit-il, offrait tous ces avantages précieux et à quelques faibles exceptions près, on
la bornait cependant à l'imagerie grossière, à la domi-
noterie, etc. ». Bel exemplaire.

─────────────

5636 TRIP TO THE CRYSTAL PALACE (A). At
Sydenham : described in a letter from Charles
Merrivale to his friend Oliver Wentworth. *London,
Henry Lea, n. d.* (1855), or. printed cloth
wrappers.   **125 fr.**

Illustrated with 9 hand-coloured woodcuts. *Fine copy.*

5637 TRIP TO THE ZOOLOGICAL GARDENS (A)
or A Peep into the Feathered Tribe. Part I. *London, John Bysh, n. d.* [circa 1835], 12mo. or. printed wrappers.   **125 fr.**

8 hand-coloured woodcuts of birds. *Fine copy.*

5638 TRIUMPHS OF STEAM (THE) or Stories
from the Lives of Watt, Arkwright, and Stephen-
son. By the Author of « Might not Right », « Our
Eastern Empire ». *London, Griffith and Farran,*
1859, sq. 12mo. or. cloth, gilt.   **70 fr.**

FIRST EDITION. Illustrated with 4 fine plates by
JOHN GILBERT, 2 vignettes by *J. Greenaway*, and a
drawing of Watt's steam-engine, all engraved on wood.
32 page book catalogue at end. *Fine copy.*

5639 TROGOFF (Comtesse de). — LES RÉCITS
DE L'ANNÉE, historiettes et nouvelles dédiées
à la jeunesse. *Paris, Lehuby, s. d.* [vers 1850],
petit in-8, cart. toile violette, décors polychromes,
tr. dorées. *(Cart. de l'édit.).*   **125 fr.**

8 lithographies en couleurs de *J. Champagne.* Douze
contes, pour chacun des mois de l'année. Jeux de mascarons dorés, bleus, rouges et olive sur le premier plat, vase
de fleurs bleu et or au second plat. Légères rousseurs
passim.

5640 TROUBLES ARISING (THE) from being
too Late ; the History of Two Sisters. *London,*

Thomas Dean and Son, n. d. [circa 1850], or.
12mo. printed wrappers.   **20 fr.**

FIRST EDITION. Illustrated with 19 woodcuts.

5641 TRUE HISTORY OF A LITTLE BOY (THE)
who cheated himself. Founded on fact, by a Young
Naval Officer. *London, William Darton,* jun. 1813,
sq. 16mo. half-morocco. *(Modern binding).* **600 fr.**

FIRST EDITION. Illustrated with 12 copper engravings.

5642 TRUE STORIES FROM ANCIENT HIS-
TORY ; chronologically arranged. From the Creation of the World to the Death of Charlemagne. *London, J. Harris and Son,* 1821, 2 vols. in-
12mo. or. printed boards.   **60 fr.**

Fine copy.

5643 TRUE STORIES. 1820, contemp. calf. *(Rubbed).*   **20 fr.**

Another copy, same frontispiece as 1st Ed. 12 page book
list at end.

5644 TRUE STORIES FROM MODERN HISTORY,
chronologically arranged from the Death of Charlemagne to the Battle of Waterloo. By a Mother,
Author of « Always Happy », etc. *London, J.
Harris, n. d.* [circa 1824], 12mo. or. half printed
boards.   **80 fr.**

24 engravings on 12 plates. *Fine copy.*

5645 TRUE STORIES or Interesting Anecdotes of
Children..., by the Author « of Lessons for Young
People in Humble Life ». *York, Longman, etc.,*
1810, sm. 12mo. contemp. calf. *(Rebacked).* **45 fr.**

Fine frontispiece engraved by *Heath* from the drawing
by *Corbould (foxed).* 4 page book list at end. End papers
renewed.

5646 TRUSLER (John). — HOGARTH MORA-
LIZED. Being A Complete Edition of Hogarth's
Works. Containing near Fourscore Copper-Plates...
and A Comment on their Moral Tendency. Calculated to improve the Minds of Youth, and convey
Instruction, under the Mask of Entertainment.
Now First Published... *London, S. Hooper, etc.,*
1768, 8vo. half-calf. *(Binding of about 1840, one
joint cracked).*   **750 fr.**

FIRST EDITION. The Hogarth plates in miniature are
beautifully engraved, with great charm, by *Corbould and
Dent,* the work being printed and plates well impressed
on thick paper. At end *An Index of the Plates in this
Work, as they were published in Numbers, with their Prices.*
Fine copy.

5647 TRUSLER (John). — PROVERBS EXEM-
PLIFIED and illustrated by Pictures from Real
Life... designed as a Succession-Book to Aesop's
Fables, After the Manner, and by the Author of
Hogarth Moralized. *London, Literary Press,* 1790,
12mo. sight calf. t. e. g. in the 18th century style.
(By Bedford).   **1.800 fr.**

FIRST EDITION illustrated with 49 splendid woodcuts
executed by JOHN BEWICK. It is curious to note, that
one of them (page 165) is copied from Moreau Le Jeune's

plate for « L'Amant guéri » in the Chansons de Laborde, Paris, 1773. Very tall uncut copy in the finest of state. *Tuer, F. C. B., pages 27-30.*

5648 [**TUCKER (Charlotte)**]. — NORAH'S TRIAL. A tale by A. L. O. E. *London, Gall and Inglis, n. d.* [circa 1865], sm. 12mo. or. coloured wrappers. **10 fr.**

Frontispiece. The authoress went to India as Zenana missionary in 1875, and died at Amritsar in 1893.

5649 **TUER (Andrew W.)**. — OLD FASHIONED CHILDREN'S BOOKS (Stories from). *London, The Leadenhall Press, Ltd,* 1899-1900, 8vo. or. blue cloth, gilt, t. e. g. **1.000 fr.**

FIRST EDITION. Adorned with 250 amusing cuts. Presentation copy from the author to his wife, inscribed TO « THE BEST-LOVED WOMAN », FROM ANDREW. NOV. 1899.

5650 **TUER (Andrew W.)**. — OLD FASHIONED CHILDREN'S BOOKS (Stories from). *London, Leadenhall Press,* 1899-1900, 8vo. or. cloth, gilt. **250 fr.**

250 amusing cuts. *Fine copy.*

5651 **TUER (Andrew W.)**. — OLD LONDON CRIES and the cries of to day with heaps of quaint cuts. *London, Field and Tuer,* 1885, square 16mo. or. boards with labels, ties. **50 fr.**

Hand-coloured frontispiece and many woodcuts throughout the work taken from different editions of the « London Cries ». *Fine copy.*

5652 **TUER (Andrew W.)**. — FORGOTTEN CHILDREN'S BOOKS (Pages and Pictures from). *London, The Leadenhall Press, Ltd,* 1898-99, 8vo. or. blue cloth, gilt. **250 fr.**

FIRST EDITION. 400 illustrations of rare children's books. Complete with the « First edition » card and the slip concerning the large paper copies. Also sample of the *real* Dutch paper. *Fine copy.*

5653 **TUER (Andrew W.)**. — PAGES AND PICTURES FROM FORGOTTEN CHILDREN'S BOOKS. *London, The Leadenhall Press,* 1898-99, 4to. In a magnificent Cosway binding by Riviere. Slip case. *(See description below).* **7.500 fr.**

Same work as preceding item. LARGE PAPER COPY, WITH PRESENTATION INSCRIPTION READING. *To J. Potter Briscoe, with the Kind regards of. And W. Tuer, oct.* 1898. The beautiful Cosway binding is of rose-wood levant morocco. In center of each cover, and the middle of a large gilt motive, and protected by glass, a charming coloured miniature executed on ivory. The two miniatures, entitled « Ma chère Amie » and « Les Petits Savoyards » are the work of Miss C. B. Currie who has copied them from the engravings by J. M. Delattre (1787). Magnificent copy.

5654 **TUTHILL (Mrs)**. — I WILL BE A GENTLEMAN : a book for boys. *Boston, Wm. Crosby and H. P. Nichols,* 1845, sm. 12mo. or. red cloth. **60 fr.**

Illustrated with a frontispiece engraved on wood. Four page book list at end. Slit at joint.

5655 **TWAMLEY (Louisa Anne)**. — OUR WILD FLOWERS. *London, Charles Tilt,* 1839, 8vo. Rose coloured morocco, with gilt designs on back and sides, g. e., as issued. **1.250 fr.**

FIRST EDITION. Illustrated with a frontispiece and 12 beautiful plates of flowers, all hand-coloured, from drawings by the author. Charming copy, of the greatest freshness in a fine romantic binding, as published.

5656 **TWELFTH CAKE**. — A JUVENILE AMUSEMENT consisting of Little Ballads to be Sung by the following characters.

VIZ

King	Simon Pure
Queen	Ballad Singer
Sailor's Wife	Punch, etc.
Match Girl	Harlequin

with a Finale and Introduction. The Music composed by Reginald Spoffart. *London, Longman and Broderip, n. d.* [circa 1790], folio. **800 fr.**

Each song has an engraved picture of the singer at beginning (8 in all). Large cake with same characters on title. One page music list at beginning. *Fine copy.*

5657 **TWO COUSINS (THE)**. And other Tales by the Author of «Poetic Sketches». *London, Chapman and Hall,* 1837, sq. 12mo. or. cloth. **120 fr.**

FIRST EDITION. Illustrated with 4 charming woodcuts. *Fine copy.*

5658 **TWO CREATIONS (THE)**. Nature and Art. *London, R. York Clark and Co, n. d.* [circa 1845], sq. 12mo. or. gilt and illustrated boards. **50 fr.**

Illustrated with 18 fine wood engravings showing wonders of the world *(St. Peters, Niagara Falls, etc.). Fine copy.*

5659 **TYPOGRAPHIE**. — Liste de quelques noms les plus célèbres du Vieux Testament. *Strasbourg, Jonas Lorenz, s. d.* [vers 1770], pet. in-8 oblong. de 84 pp., demi-vélin. *(Carlonn. anc.).* **150 fr.**

Petit ouvrage imprimé en très beaux et grands *caractères cursifs* et *ornements typographiques* de *Fournier* sur le titre. « *Ces feuilles,* dit la Préface, *destinées à former la jeunesse à la lecture et à l'écriture du caractère dont elles sont imprimées, pourront en même temps lui servir de guide dans l'Histoire sainte* ». Bel exemplaire. Petites éraflures au v° du dernier f.

5660 **TYTLER (Mlle A.-F.)**. — GRAVE ET GAI. ROSE ET GRIS. Traduit par Mmes LOUISE SW. BELLOC et ADÉLAIDE MONTGOLFIER, *Paris, L. Janet, s. d.* (1837), 2 vol. in-12 carré, demi-bas. marron, plats pap. titre imprimé. *(Rel. d'édit.).* **250 fr.**

ÉDITION ORIGINALE de cette traduction. Ornée de 8 jolies lithographies par *Lassalle,* très curieuses comme documents sur les costumes et l'ameublement. Bel exemplaire dans sa demi-reliure d'origine (petite cassure à un mors).

5661 **TYTLER (Mlle A.-F.)**. — GRAVE ET GAI, etc. *Même ouvrage, même édition que le précédent.* 2 vol. in-12 carré, bas. maroq. verte, dos ornés de fil. dorés et ornements à froid, grande plaque à froid sur chaque plat, fil. doré, initiales gothiques H. B. au centre du 1er plat du tome I, dent. int., tr. dor. *(Rel. de l'époque)*. **600 fr.**

Charmant exemplaire dans une fraîche et jolie reliure de l'époque.

5662 TYTLER (Mlle A.-F.). — GRAVE ET GAI, etc. *Même ouvrage, même édition que le précédent.* 2 vol. in-12 carré, demi-bas. grenat, couv. cartonnée imp. *de l'édit.* **1.000 fr.**

EXEMPLAIRE AVEC LES PLANCHES COLORIÉES.

5662 bis TYTLER (Mlle A.-F.). — GRAVE ET GAI, etc... *Même ouvrage, même édition que le précédent.* 2 vol. in-12 carré, maroquin grenat à long grain, dos ornés de filets dorés, filet doré sur les plats, plaque de filets, rocaille et rosaces estampées, dent. int., tr. dorées, le nom : *Valérie* frappé en lettres gothiques dorées sur les plats. *(Rel. de l'époque)*. **1.500 fr.**

Très bel exempl. avec les planches coloriées, dans une jolie reliure pleine de l'époque. Quelques insignifiantes rousseurs.

SOPHIE ULLIAC-TRÉMADEURE (1794-1862)

5663 ULLIAC-TRÉMADEURE (Mlle). — ADÈLE OU LA PETITE FERMIÈRE. Ouvrage amusant et moral à l'usage de la Jeunesse, 3e édit. *Paris, Didier,* 1836, pet. in-12, bas. marb., dos orné, tr. marb. *(Rel. de l'époque)*. **50 fr.**

Orné d'un titre gravé (avec vignette) et de 3 figures dessinées et gravées par *Montaut.*

5664 ULLIAC-TRÉMADEURE (Mlle). — ADOLPHE OU LE PETIT LABOUREUR. Ouvrage amusant et moral à l'usage de la Jeunesse. 3e édition. *Paris, Didier,* 1836, in-12, br., couv. illustrée. **40 fr.**

Un joli frontispice allégorique gravé par *Danois,* d'après *May,* illustre ces « *Contes aux Jeunes Agronomes* ». Qq. rousseurs.

5665 ULLIAC-TRÉMADEURE (Mlle). — ASTRONOMIE ET MÉTÉOROLOGIE à l'usage des jeunes personnes. *Paris, Didier,* 1854, in-8, cart. toile verte, décors polychromes, tr. dorées. *(Cart. d'édit.)*. **200 fr.**

Beau frontispice en couleurs et sept planches astronomiques sur fond teinté, de G. Montaut, gravés sur cuivre. Beau décor de style rocaille or, rouge, vert, bleu d'outremer. *Très bel exemplaire.*

5666 ULLIAC-TRÉMADEURE (Mlle). — BIBLIOTHÈQUE DE LA JEUNE FILLE. Laideur et Beauté. Quelques leçons d'histoire naturelle. *Paris, Desforges, s. d.* [vers 1845], 2 vol. in-8, bas. mouch., dos ornés, pièces rouges et vertes, guirlande autour des pl., tr. mouch. *(Rel: de l'époque)*. **250 fr.**

Le 1er volume est orné de 12 belles lithographies par *Montaut,* le 2e de 8 planches gravées et *coloriées* (polypes, insectes, papillons, etc.). *Bel exemplaire.*

5667 ULLIAC-TRÉMADEURE (Mlle). — BIBLIOTHÈQUE DE LA JEUNE FILLE. Quelques leçons d'Histoire naturelle. *Paris, Desforges, s. d.* [vers 1845], in-8, demi-chag. vert, dos à n. orné, fil. autour des pl., tr. dor. *(Rel. de l'époque)*. **125 fr.**

Belle édition ornée de 8 superbes planches gravées et coloriées par *Gabriel Montaut* (papillons, insectes, anémones de mer, etc.). Bel exemplaire.

5668 ULLIAC-TRÉMADEURE (Mlle). — CLAUDE OU LE GAGNE-PETIT. *Paris, Didier et Cle,* 1861, in-12, cart. percale rouge, plats et dos orn. de fers spéciaux, tr. dor. *(Cart. de l'édit.)*. **50 fr.**

Ouvrage couronné par l'*Académie française;* il est orné de 4 figures gravées par *Mme Thorel,* d'après *Lassalle.* Mlle Sophie Ulliac-Trémadeure, femme de lettres, est née en 1794 et morte en 1862. Bel exemplaire dans un cartonnage très frais.

5668 bis ULLIAC-TRÉMADEURE (Mlle). — CONTES AUX JEUNES ARTISTES. *Paris, Didier,* 1839, in-12, br., couvert. impr. **40 fr.**

4 planches gravées. Premier titre imprimé en rouge, avec encadrement lithographique.

5669 ULLIAC-TRÉMADEURE (Mlle). — CONTES AUX JEUNES NATURALISTES. Les animaux domestiques. *Paris, Libr. d'Education de Didier,* 1837, in-12, veau vert, dos décoré en long d'ornements dorés, belle plaque à froid sur chaque plat, filet noir, tr. mouch. *(Rel. anc.)*. **300 fr.**

ÉDITION ORIGINALE ornée de 4 jolies figures sur acier, non signées. Bel exemplaire dans une très fraîche reliure, portant de jolies plaques à froid. Cet ouvrage, ainsi que l'auteur le dit dans sa préface, sert comme d'introduction amusante à un second ouvrage plus important : « *Les Jeunes Naturalistes* » (paru en 1838).

5670 ULLIAC-TRÉMADEURE (Mlle). — CONTES AUX JEUNES AGRONOMES. Ouvrage instructif et moral à l'usage de la jeunesse. 4e édition. *Paris, Didier,* 1837, basane maroquinée grenat foncé à coins, dos à nerfs plats ornés, pièce verte, tr. mouch. *(Rel. de l'époque)*. **60 fr.**

Titre imprimé en rouge dans encadrement gravé sur bois, et 4 charmantes figures de *May* et *Danois,* dont une représente des enfants aux vendanges. Très bel exemplaire avec une *étiquette de relieur* d'Amsterdam (*A. V. Rossum, Hof-Bœkbinder*).

5671 ULLIAC-TRÉMADEURE (Mlle). — ÉMILIE OU LA JEUNE FILLE AUTEUR. Ouvrage dédié aux jeunes personnes. *Paris, Librairie d'Education de Didier*, 1837, in-12, v. violet, dos orné, large encadrement à froid sur les plats, dent. int., tr. dor. *(Rel. anc.).*   **250 fr.**

ÉDITION ORIGINALE avec le titre imprimé en rouge dans un encadrement gravé sur bois. 3 jolies figures sur acier, non signées. Amusant ouvrage dans lequel l'auteur s'efforce de décourager les « jeunes personnes » qui se sentiraient attirées par la littérature. *Bel exemplaire.*

5672 ULLIAC-TRÉMADEURE (Mlle). — ÉMILIE OU LA JEUNE FILLE AUTEUR. Ouvrage dédié aux jeunes personnes. *Paris, Libr. d'Education de Didier*, 1841, in-12, bas. verte, dos orné en long, cadre de fil. doré sur les plats. *(Rel. anc.).* **60 fr.**

Titre imprimé en rouge avec encadr. gravé sur bois, et 4 très jolies figures sur acier, non signées, intéressantes au point de vue des costumes et des intérieurs romantiques. *Ex-praemio* doré sur le 1er plat. Bel état.

5673 ULLIAC-TRÉMADEURE (Mlle). — EMMELINE OU LA JEUNE MUSICIENNE. *Paris, Didier*, 1839, pet. in-12, veau poli vert, dos orné, guirlande autour des plats. *(Rel. de l'époque).*   **50 fr.**

Titre en rouge dans encadrement gravé sur bois par *Porret* et joli frontispice gravé non signé. *Bel exemplaire.*

5674 ULLIAC-TRÉMADEURE (Mlle). — ENTRETIENS FAMILIERS SUR L'HISTOIRE NATURELLE. Quadrupèdes, Oiseaux, Reptiles, Poissons, Coquillages, Insectes, Animaux, Plantes, Végétaux, Minéraux. *Paris, Didier*, 1838, 8 part. en 4 vol. in-12, demi-chagrin vert, dos ornés de motifs rocailles avec animaux (écureuil, éléphant, oiseau), pl. pap. chagr., tr. jasp. *(Rel. de l'époque).*   **300 fr.**

Même ouvrage que le précédent, 1re édition de ce format orné de 8 titres à encadrement sur bois et de 16 planches finement gravées. Très bel exemplaire dans une reliure à dos très décoratif.

5675 ULLIAC-TRÉMADEURE (Mlle). — ENTRETIENS FAMILIERS SUR L'HISTOIRE NATURELLE. *Même ouvrage, même édition que le précédent.* 4 vol. in-12, demi-chagrin bleu foncé, dos ornés de feuillages et animaux (oiseau, singe, papillon), plats pap. chagr., tr. dor. *(Rel. de l'époque).*   **500 fr.**

Joli exemplaire avec les *figures coloriées* dans une demi-reliure, très fraîche, à dos très décoratifs.

5676 ULLIAC-TRÉMADEURE (Mlle). — ÉTIENNE ET VALENTIN ou Mensonge et Probité, etc. Troisième éd. *Paris, Libr. d'Education de Didier*, 1842, in-12, demi-chagr. bleu foncé, dos bien orné en long, plats pap. chagr. *(Rel. anc.).* **100 fr.**

4 jolies figures sur acier. Très bel exemplaire.

5678 ULLIAC-TRÉMADEURE (Mlle). — LES JEUNES NATURALISTES ou Entretiens sur l'Histoire naturelle. *Paris, Libr. de l'Education de Didier*, 1838, 2 vol. in-12, basane verte, dos bien ornés en long, jolie plaque à froid sur les plats, fil. doré, pet. dent. int., tr. dor. *(Rel. anc.).* **500 fr.**

ÉDITION ORIGINALE. Titres imprimés en rouge avec encadrement gravé sur bois, et 16 jolies figures (2 sujets par figure) gravées sur acier, non signées. Très bel exempl.

5679 ULLIAC-TRÉMADEURE (Mlle). — LES JEUNES NATURALISTES ou Entretiens sur l'Histoire naturelle. 3e éd. *Paris, Didier*, 1841, 2 forts vol. in-12, veau poli violet foncé, dos ornés en hauteur d'entrelacs et filets dorés avec fleurons azurés, cadre doré autour de la large plaque à froid couvrant les plats, dent. int., tr. dor. *(Rel. anc.).*   **150 fr.**

16 jolies figures sur acier (2 sujets par planche), non signées. Bel exemplaire malgré qq. lég. rouss. Reliure très fraîche.

5680 ULLIAC-TRÉMADEURE (Mlle). — LES JEUNES NATURALISTES... *Paris, Didier*, 1845, 2 vol. in-12, cart. toile verte, décors dorés. *(Cart. de l'édit.).*   **75 fr.**

Le même ouvrage que le précédent. Mêmes illustrations. 4e édition. Motifs dorés sur les plats et le dos. *Très bel exemplaire.*

5681 ULLIAC-TRÉMADEURE (Mlle). — LES JEUNES NATURALISTES. *Paris, Didier*, 1857, 2 vol. in-12, demi-chagrin violet foncé, dos ornés, plats percal. chagr., fil. à froid, tr. mouch. *(Rel. de l'époque).*   **40 fr.**

Même ouvrage, mêmes figures. Sixième édition. *Ex-praemio* sur les premiers plats. *Bel exemplaire.*

5682 ULLIAC-TRÉMADEURE (Mlle). — MARIE ou la Jeune institutrice, suivi de Simples histoires. *Paris, Didier, et Cie*, 1854, in-8, demi-chagr. bleu, pl. toile, tr. dorées. *(Rel. de l'époque).* **125 fr.**

EXEMPLAIRE DE PREMIER TIRAGE, contenant 12 lithographies coloriées par *H. et G. de Montaut*, tirées chez *Auguste Bry*. Très intéressantes au point de vue des costumes. Légères rousseurs.

———

5683 UNCLE BUNCLE'S NEW STORIES ABOUT ANIMALS. *London, Dean and Co*, n. d. [circa 1835], sm. 4to. or. printed wrappers. **80 fr.**

Illustrated with 7 hand-coloured woodcuts. Large type.

5684 UNCLE BUNCLE'S YOUNG FRIENDS. *London, Dean and Munday*, n. d. [circa 1830], sm. 4to. or. printed wrappers. **50 fr.**

Illustrated with 7 hand-coloured woodcuts. Very large type. Cover slightly torn.

5685 UNCLE CHARLES. — THE BOY'S BOOK OF SPORTS AND GAMES. The little boy's own book. *London, T. J. Allman*, n. d. [circa 1850], square 12mo. or. red cloth, gilt, g. e. *(Stain on front cover).* **60 fr.**

Rules and directions for games and amusements. And directions for breeding rabbits, birds, pigeons, etc. Illustrated with many woodcuts by *Henry Sears*.

5686 UNCLE CHARLES. — THE BOY'S BOOK OF SPORTS AND GAMES. *London,* 1850. **125 fr.**

Another copy with same plates, but coloured by hand.

5687 UNCLE GEORGE. — PARLOUR PASTIME FOR THE YOUNG... *London, James Blackwood,* 1857, 8vo. or. cloth, gilt. **40 fr.**

FIRST EDITION. Frontispiece. The book consists of Pantomime and Dialogue Charades, Fire-Side Games, Riddles, Enigmas, Charades, Conundrums... and Parlour Magic.

5688 UNCLE PHILIP'S. — CONVERSATIONS WITH CHILDREN about habits and mechanical employments of inferior animals. *London, Thomas Tegg,* 1834, 12mo. or. cloth, ticket. **30 fr.**

Illustrated with an engraved frontispiece and illustrated title. Numerous woodcuts in text. An instructive and entertaining work.

5689 UNCLE TIMOTHY'S PICTURE BOOK. *London and Olley, Wm. Walker and Son, n. d.* [circa 1850], or. printed wrappers. **150 fr.**

Illustrated with 8 hand-coloured woodcuts. Large type. From *The Illuminated Library for the Homes of Happy Childhood.* Fine copy, rare.

5690 UN CONTE PAR JOUR ou la Semaine du Grand-Papa. *Paris, Marcilly, s. d.* [vers 1825], 7 vol. in-12 obl. *(Cartonnages papier de l'éditeur, boîte de l'époque).* **2.000 fr.**

7 planches coloriées avant la lettre. Cartonnages en papiers de couleurs diverses dans des tons clairs, estampés à froid, titres lithographiés. Salissure dans la marge du tome I. Boîte sur les côtés, guirlande de fleurons or en relief ; sur le dessus, cadre formé de fleurons, titre lithographié au-dessus d'une lithographie coloriée, représentant un grand-père contant des histoires à ses petits-enfants.

5691 UN CONTE PAR JOUR ou la Semaine du Grand-Papa. *Paris, Marcilly, s. d.* [vers 1825], 7 vol. in-12 obl. *(Cartonnages papier de l'éditeur, étui).* **1.000 fr.**

Même ouvrage, mêmes illustrations que le précédent. Rousseurs.

5692 UNDERHILL (D. C.). — NEW TABLE-BOOK or Tables of Arithmetic made easier. *New York, Richard Marsch, n. d.* (1846), sm. 16mo. or. printed wrappers. **200 fr.**

Illustrated with numerous quaint woodcuts illustrating the rules of arithmetic. *Very fine copy.*
PLANCHE 50.

5693 UNITED STATES (HISTORY OF) No I or Uncle Philip's Conversations with the children about Virginia. *New York, Harper and Brothers,* 1861, 12mo. or. cloth. **50 fr.**

Frontispiece showing Sir Walter Raleigh smoking tobacco in England, and vignette on title showing captain Smith, both engraved on steel, and 3 wood engravings.

5694 UNIVERS (L') EN MINIATURE ou les Voyages du petit André sans sortir de sa chambre, par A. C. D. S. et Mᵉ D. S. *Paris, Désirée Eymery,* 1839, 4 vol. in-16. *(Cartonnages à la bradel de l'époque),* tr. dorées. **500 fr.**

1 carte gravée et coloriée, 35 charmantes figures gravées et coloriées, paysages, types et costumes. Les coins émoussés. L'ouvrage comprend : Europe, 2 volumes ; Asie, Afrique, Amérique, Océanie.

5695 USE OF SIGHT (THE) or I wish I were Julia, intended for the instruction and amusement of Children. *London, William Darton and Son, n. d.* (1824), 12mo. or. half-leather. **70 fr.**

By the author of *The Moss House, etc.* Illustrated with three charming plates. Small tear in 3 margins.

5696 UTILITY or Sketches of Domestic Education. By the Author of « Simple Pleasures », etc. *London, Harlon, Harvey and Darton,* 1815, 12mo. contemp. tree calf. *(One joint cracked).* **90 fr.**

FIRST EDITION. Engraved frontispiece. Two page book list at end.

5697 UTILITY. 1815, 12mo. old calf. *(Shabby and back broken).* **40 fr.**

Another copy, FIRST EDITION. Few pages loose.

5698 V** (Mˡˡᵉ Fanny de). —** LAURE ET ANNA ou la Puissance de la foi sur le caractère. *Tours, Mame,* 1845, in-12, demi-bas. rouge, dos très orné de motifs rocaille. *(Rel. de l'époque).* **25 fr.**

Un titre gravé avec vignette et 3 fig. non signées. *Bel exemplaire.*

5699 VAILLANT (J.-J.) et **A. de LIMOURS. —** SOIRÉES D'AUTOMNE, nouvelle morale en action. *Paris, Lehuby,* 1843, gr. in-8, cart. toile bleue, décors polychromes, tr. dorées. *(Cart. de l'édit.).* **250 fr.**

20 belles lithos hors-texte sur fond chamois par *Carot (A. Robert).* Nombreuses vignettes sur bois d'une grande finesse. Jolie décoration or, outremer, violet, rouge et vert. riches motifs architecturaux sur le premier plat. Très bel exemplaire.

5700 VAILLANT (J.-J.) et **A. de LIMOURS. —** SOIRÉES D'AUTOMNE... *Paris, Lehuby,* 1843, gr. in-8, cart. toile bleue, décors dorés. *(Cart. de l'édit.).* **75 fr.**

Le même ouvrage que le précédent. Cartonnage à motifs dorés. Bel exemplaire contenant 36 lithographies hors-texte, donc beaucoup plus abondamment illustré que le précédent, mais exécutées avec moins de finesse.

5701 VALENTIN (F.). — ABRÉGÉ DE L'HISTOIRE DES CROISADES (1095-1291). *Tours, Mame,* 1847, in-12, cart. toile bleue, décors dorés, tr. jaspées. *(Cart. édil).* **25 fr.**

4 gravures sur acier hors-texte. Bon ouvrage d'un auteur qui écrivit plusieurs livres d'histoire pour la jeunesse. Jolis motifs d'armes de chevalerie sur le 1ᵉʳ plat et le dos. Décor floral au second plat. Bel exempl. d'une fraîcheur irréprochable.

5702 VALENTIN (F.). — LES ARTISANS CÉLÈBRES. *Tours, Mame,* 1847, in-12, basane grenat, dos à n. orné, plaque à froid et dorée sur les plats, tr. marb. *(Rel. de l'époque).* **125 fr.**

Orné d'un titre gravé avec vignette représentant *Parmentier* présentant à Louis XVI un bouquet de fleurs de *pomme de terre.* Trois jolies figures par *Girardet* et *Rubierre :* Inauguration de la statue de GUTENBERG à Strasbourg, le premier bateau à vapeur lancé sur l'*Hudson* par *Fulton,* etc. Chapitres sur *Vaucanson, Palissy, Bodoni, Aloys Senefelder, etc.* Bel exemplaire.

5703 VALENTIN (F.). — HISTOIRE D'ANGLE-TERRE abrégée de Lingard, Hume et Smollet, etc., 3e édition. *Paris, Didier,* 1840, in-12, bas. bleu foncé, dos orné en long, grande plaque à froid sur les plats, tr. dor. *(Rel. de l'époque).*
40 fr.

4 figures de *Sainson.* Bel exemplaire.

5704 VALENTIN (F.). — LES PEINTRES CÉLÈ-BRES. *Lyon et Paris, Périsse ; Tours, Mame,* 1843, in-12, cart. toile noire, décors dorés. *(Cart. de l'édit.).*
30 fr.

4 gravures. Intéressant petit volume où sont cités plus de trois cents peintres de tous les temps. Agréablement composé et écrit. Jolis motifs dorés dans un cadre à rinceaux à froid. *Très bel exemplaire.*

5705 VALENTIN (F.). — VOYAGES ET AVEN-TURES DE LAPÉROUSE. Troisième édition. *Tours, Mame,* 1842, in-12, bas. polie mouch., dos orné en hauteur, pièce verte, guirlande dorée autour des plats, tr. marb. *(Rel. de l'époque).*
150 fr.

Intéressant AMERICANA illustré d'un titre gravé et de 3 figures sur acier. La côte du Brésil, île de Pâques, Hawaï, exploration de la côte d'Amérique, etc. Bel exemplaire.

5706 VALENTINE AND ORSON (The famous history of). The two Sons of the Emperor of Greece. The Sixteenth Edition, Newly Corrected and Amended ; with New Cuts, lively Expressing the History. *London, James Hodges, at the Looking-Glass on London-Bridge,* 1736, 12mo. old calf.
800 fr.

Frontispiece and 20 quaint woodcuts. Slightly foxed otherwise *fine copy.* One page advertisement on verso of title. Very rare chapbook.

5707 VALENTINE AND ORSON (The Surprising History of). *London, J. L. Marks, n. d.* [circa 1840], sm. 12mo. or. printed wrappers. **40 fr.**
Hand-coloured frontispiece. Penny booklet. *Fine copy.*

5708 VALENTINE AND ORSON. A Fairy Tale. *London, Grant and Griffith, n. d.* [circa 1845], sq. 12mo. or. printed wrappers. **150 fr.**
Illustrated with 4 hand-coloured woodcuts. *Fine copy.*

5709 VALENTINES. Collection of 5, mounted on Sheets. [Circa 1850]. **150 fr.**
Gauffered and embossed white background on which are coloured flowers cut out of paper ; and other ornamentation in gilt, etc. *Fine specimens.*

5710 VALENTINE'S GIFT (THE) or A Plan to enable Children of all Denominations, to behave with Honour. Integrity. and Humanity..., etc., etc. *Glasgow, J. Lumsden and Son, n. d.* [circa 1815], sm. 12mo. or. wrappers with engraved title ticket.
500 fr.

Illustrated with 14 remarkable woodcuts by BEWICK. *(One tinted by a child).* The text copied from the 18th century edition, contains the story of « Old Zigzag ». Also has the list of famous Newberry Children's books introduced into the story, including *Tommy Trip* and *Goody Two-Shoes.* Fine copy.

5711 VALLEY OF DIAMONDS (THE) or Harlequin Sindbad. A grand Pantomimical Tale, with a neat frontispiece. *London, E. Thomas, etc.,* 1815, price six-pence 8vo. wrappers. *(Modern).*
150 fr.

Illustrated with a large folding, and quaint hand-coloured frontispiece, showing an eagle carrying Sindbad into the Valley of Diamonds.

5712 VAN ALPHEN (H.). — POETRY FOR CHILDREN. Translated into English Verse, by F. G. Millard. *London, Partridge and Co,* 1856, sm. 8vo. or. green cloth. **50 fr.**
FIRST ENGLISH EDITION. Frontispiece engraved on wood. The author was born at Gouda 1746 and died in 1802. He was distinguished for the high position he held in life, and his juvenile poems passed through a great number of editions in Holland.

5713 VANAULD (Alfred). — L'ÉCOLE DES VER-TUS. Courage, science, humanité. Nouvelles et études historiques. *Paris, Amédée Bédelet, s. d.* [vers 1850], in-8, cart. toile bleue, décor polychrome, tr. dorées. *(Cart. d'édit.).* **125 fr.**
ÉDITION ORIGINALE. Sept lithos hors-texte sur fond chamois par *A. Giraud.* Motif architectural or, blanc, vert, rouge et outremer. Joli dos à la cathédrale. *Bel exemplaire de toute fraîcheur.*

5714 VANAULD (Alfred). — L'ÉCOLE DES VER-TUS. *(Cartonnage toile de l'éditeur).* **300 fr.**
Même ouvrage que le précédent, mais avec les planches coloriées. Rousseurs *passim. Très bel exemplaire.*

5715 VANAULD (Alfred). — LE GÉNIE DES ARTS... *Paris, Amédée Bédelet, s. d.,* in-8 cart. toile bleue, décors polychromes, tr. dorées. *(Cart. de l'édit.).* **500 fr.**
ÉDITION ORIGINALE. « Etudes et nouvelles sur les plus célèbres peintres, sculpteurs, poètes et orateurs. Ouvrage dédié à la jeunesse ». Le même ouvrage que le précédent, avec titre légèrement modifié. Mêmes illustrations : le coloris est différent et le frontisp. n'est pas rehaussé de couleurs. Très menues rousseurs *passim.* Joli cartonnage, très décoratif, grande plaque rouge, bleu, vert, *copie du frontispice.*

5716 VANAULD (Alfred). — PANORAMA DES PEUPLES. Lectures illustrées, nouvelles et contes historiques, précédés d'études raisonnées sur la partie originale des mœurs, arts, coutumes et superstitions des différents pays. *Paris, Bédelet, s. d.* [vers 1850], cartonnage en lithographie. *(Cart. de l'éditeur).*
500 fr.

Illustré de 17 lithographies sur fond teinté de *Louis Lassalle.* Le cartonnage, lithographié et colorié à la main. est au nom de Fourmage, éditeur. Quelques rousseurs.

5717 VANCOUVER. — HISTOIRE DES VOYA-GES DANS TOUTES LES PARTIES DU MON-DE. Nouvelle édition. *Paris, Librairie Universelle,*

1843, 9 tomes en 4 volumes, in-12, demi-bas. violet, dos très ornés de motifs dorés romantiques, tr. marb. *(Rel. de l'époque)*. **500 fr.**

Ornée de 9 jolies planches de costumes, gravées en brun foncé et finement coloriées à l'époque. Importants passages relatifs à l'*Amérique*. Bel exemplaire, dans une charmante reliure.

5718 VAN DER BURCH (Émile). — LE PETIT NEVEU DE BERQUIN. Théâtre d'Éducation pour le second âge. *Paris, Aug. Imbert*, 1825, 2 vol. in-12, bas. marb., dos ornés, pièces rouges, tr. marb. *(Rel. de l'époque)*. **150 fr.**

ÉDITION ORIGINALE, illustrée de 2 jolis frontispices gravés par *H. Traversier*, d'après *Chasselat*. L'ouvrage est dédié « *A. M. J. N. Bouilly* ». Rel. un peu fanée.

5719 [VAN DER BURCH (Mme)]. — SIX MOIS A PARIS ou le Guide sentimental de la Jeunesse dans la Société, par l'auteur d'Une année de Bonheur, etc. *Paris, Ledentu*, 1822, fort vol. in-12, bas. marb., dos très orné, pièce noire, pet. guirlande autour des plats, tr. marb. *(Rel. de l'ép.)*. **150 fr.**

ÉDITION ORIGINALE ornée de 6 jolies figures non signées.

5720 [VAN DER BURCH (Mme)]. — SIX MOIS A PARIS. *Même ouvrage, même édition que le précédent*, bas. fauve mouch., dos très orné, pièce verte, pet. dent. autour des plats et int., tr. dor. *(Rel. de l'époque)*. **150 fr.**

Bel exemplaire.

5721 [VAN DER BURCH (Mme)]. — SIX MOIS A PARIS. *Même ouvrage, même édition que le précédent*, bas. brune, dos orné, pet. guirlande autour des pl., tr. marb. *(Rel. de l'époque)*. **75 fr.**

Qq. cahiers un peu déreliés.

5722 VAN DER HOOP (A.). — BEDORVEN KINDEREN. Schetsen. *Leyden, P. Engels*, 1858, in-16 carré, cart. toile orange, décor doré, tr. dorées. *(Cart. de l'édit.)*. **70 fr.**

Très joli frontispice lithographié sur Chine monté. Le motif doré sur le 1er plat représente un gamin jouant de la vielle. Poésies enfantines en hollandais. Bel exemplaire.

5723 VANHOVE (Mlle). — L'AIMABLE INSTITUTEUR. *Paris, Belin-Leprieur, s. d.* [vers 1825], bas. mouch., dos orné, pièce rouge, pet. guirlande dorée autour des plats, tr. dor. *(Rel. de l'époque)*. **80 fr.**

Très bel exemplaire de cet ouvrage orné d'un titre gravé avec vignette et de 3 figures gravées, de très beau tirage, et fort curieuses pour les détails qu'elles donnent sur le costume et l'ameublement de l'époque. L'auteur, Mlle *Vanhove*, était très vraisemblablement la femme de *Talma*.

5724 VANHOVE (Mlle). — LES RÉCRÉATIONS DE LA JEUNESSE ou Nouveaux contes moraux, pour servir à l'instruction et à l'amusement des deux sexes. *Paris, Mme Lechard, P. Blanchard, Locard et Davi*, 1821, in-16, v. f. moucheté, dos orné, tr. peigne. *(Rel. de l'ép.)*. **60 fr.**

7 charmantes planches gravées.

5725 VAN SANDWIJK (G). — PRENTEN-MAGAZIJN voor de Jeugd, Vierde Jaargang. *Te Purmenende, J. Schuitemaker*, 1845, petit in-4, dos et coins vélin blanc. *(Rel. de l'époque)*. **200 fr.**

4e année d'une revue destinée aux enfants de Hollande. Ce volume de 194 pages, est orné de 120 gravures sur bois et contient des récits patriotiques, des lettres adressées des possessions hollandaises au delà des mers, des poésies morales, des récits de distractions enfantines (notamment des pièces d'ombres chinoises, comme le Pont cassé du théâtre Séraphin), de scènes de prestidigitation, un résumé de l'Ecriture Sainte, des tableaux d'histoire naturelle. L'illustration est intéressante. Bel exemplaire.

5726 VARIETY or Stories for Children from the Age of Seven Years to Twelve. Founded on Facts. Dedicated to the Author's Little Friends Kate and Fanny. *London, John Harris and Son*, 1823, or. printed boards. *(Back slightly rubbed)*. **300 fr.**

Illustrated with 24 beautifully engraved plates.

5727 VARIETY or Stories for Children. Second edition. *London, John Harris*, 1825, 12mo. or. printed boards. **200 fr.**

Same plates as preceding No. From the libraries of Edward Newdigate, and Mary Agnes Thornton, with their armorial bookplates. Very fine copy.

5728 VAUGHAN (H.). — COLLECTION OF 20 PROOFS of woodcuts executed by H. Vaughan, for Children's books (one in duplicate), sizes 3×3 1/2 inches with full margins 4 1/2×8 inches. [Circa 1830]. **60 fr.**

Fine impression.

5729 VEILLÉES AMÉRICAINES ou Lectures d'un cultivateur à ses enfans. *Paris, an II de la République (Impr. Boiste)*, 2 vol. pet. in-12 carré, demi-bas. brune, dos ornés, coins de vél. vert, tr. marb. *(Rel. anc.)*. **250 fr.**

Très rare ouvrage d'un grand intérêt comme AMERICANA: Origine d'un Établissement près du col d'Ashby, dans les *Montagnes Bleues*, en *Virginie*; Voyage à *Québec*; Histoire d'Oderaï et du Cœur-Piqué dont le manuscrit écrit sur les écorces d'arbres fut remis à un Français, coureur des bois, qui avait pénétré jusque chez les *Sioux* et le vendit au Cultivateur. Bel exemplaire.

5730 VEILLÉES D'HIVER (LES). *Paris, Marcilly, s. d.* [vers 1830], pet. in-12, cartonn. bradel pap. gaufré rose, pièce de titre au dos. *(Cart. de l'ép.)*. **500 fr.**

Charmant et rare petit ouvrage, orné d'un titre avec vignette et de 5 jolies figures par GIRARDET. Bel exemplaire.

5731 VEILLÉES LITTÉRAIRES (LES), par MM. l'abbé de Savigny, Léon Guérin, Ortaire Fournier, L. Michelaut, T. Castellan et Mme Eugénie Foa. *Paris, Arnauld de Vresse, s. d.* [vers 1855], in-8, cartonnage illustré et colorié. *(Cart. de l'édit.)*. **200 fr.**

Illustré de 4 lithographies et de vignettes d'*Adolphe Menut, Victor Adam, Beaume, David (Jules), Devéria,*

Dollet, Francis, Forest, Grenier, Janet-Lange, Johannot, Julien, Madou, Léon Noël, Camille Roqueplan et autres. Cartonnage : lithograph. coloriée, bistre, rouge, bleu, vert, et rose ; rinceaux, groupes d'enfants.

5732 VEILLÉES LITTÉRAIRES (LES), par MM. l'abbé de Savigny, Léon Guérin, Ortaire Fournier, L. Michelaut, T. Castellan et Mme Eugénie Foa. *Paris, Arnauld de Vresse, s. d.* [vers 1855], in-8, cartonnage toile noire, décor polychrome, tr. dorées. *(Cart. de l'éditeur).* **180 fr.**

Le même ouvrage que le précédent. Sur le premier plat, grand médaillon doré à rocailles, entourant le titre, compartiments vert clair. *Exemplaire très frais.*

5733 VEILLÉES DU VILLAGE (LES). *Epinal, Pellerin, s. d.* [vers 1860], petit in-16, br., couv. jaune impr. **40 fr.**

Petit ouvrage populaire dû à l'éditeur des célèbres images d'Epinal. Recueil de contes et d'énigmes.

5734 VENNING (Mary Anne). — A GEOGRAPHI-CAL PRESENT being descriptions of the principle countries of the World. *London, Darlon, Harvey and Darlon,* 1818, sm. 12mo. or. half-leather. **700 fr.**

Second edition. Sixty plates in contemporary hand colouring representing costumes of the various inhabitants. 26 PAGES AND 10 PLATES ARE DEVOTED TO AMERICA. Fine, clean tall copy.

5735 VENNING (Mary Anne). — A GEOGRA-PHICAL PRESENT. *London,* 1820, sm. 12mo. or. half-leather, boards. **500 fr.**

Another copy. Third edition.

5736 VENTUM (H.). — THE HOLIDAY RE-WARD or Tales to instruct and amuse good children, during Christmas and Midsummer vacations. *London, J. Harris,* 1814, sm. 12mo. or. half-leather, boards. **50 fr.**

FIRST EDITION. Splendid frontispiece engraved on copper. 8 page book list at end. *Fine copy.*

5737 VENTUM (H.). — TALES FOR DOMESTIC INSTRUCTION. Containing the histories of Benn Hallyard ; Hannah Jenkins..., etc. *London, J. Harris (successor to E. E. Newbery),* 1806, sm. or. half-leather, boards, ticket. *(Shabby).* **125 fr.**

FIRST EDITION. Engraved frontispiece. 8 page book list at end. *Fine copy.*

5738 VENTUM (H.). — TALES OF DOMESTIC INSTRUCTION. 1806, or. half-leather, boards, ticket. **125 fr.**

Another copy. FIRST EDITION. 6 page book list at end.

5739 VERENET (G.-C.). — L'INVALIDE OU L'AMI DU JEUNE AGE, avec des détails sur le sol, les productions, les curiosités, les mœurs et les coutumes des habitans du Canada. *Amsterdam, G. Portielje,* 1826, in-12, cartonn. pap. crème décoré. *(Cart. de l'édil.).* **250 fr.**

ÉDITION ORIGINALE de cet ouvrage orné d'un titre gravé avec très jolie vignette à la manière noire, repré-

sentant la Boîte d'Optique gravée par *Hoogkamer,* d'après *Œsterhuis* et de 5 grandes figures hors-texte à la manière noire des mêmes artistes. L'ouvrage a trait presque entièrement au CANADA. G. C. Verenet est l'auteur du *Robinson Hollandais.* Très bel exemplaire dans son cartonnage d'origine.

5740 VERENET (G.-C.). — L'INVALIDE, etc. *Même ouvrage, même édition, même cartonnage que le précédent.* **180 fr.**

Déboîté. Cartonnage un peu fané.

5741 VERENET (G.-C.). — L'INVALIDE, etc. *Même ouvrage, même édition, même cartonnage que le précédent.* **150 fr.**

Déboîté. Qq. mouill. et rouss.

5742 VERGERIUS. — DE INGENUIS MORIBUS et liberalibus studiis adolescentie liber. MANUS-CRIT exécuté à *Milan* [vers 1470], petit in-4, demi-maroquin grenat à la bradel. **2.000 fr.**

Ms. sur vélin. 22 ff. écrits en lettres romaines par un scribe italien. Initiale enluminée or, bleu, vert et rouge et armoiries rouge, vert, bleu, grenat sur la première page. A la fin, de la main du scribe : *Finivit die XXVIII mensis Augusti in Milano scriptum.* Sur le dernier f., plusieurs signatures de possesseurs anciens. Petrus Paulus Vergerius, né à Capo d'Istria en 1349, mort en 1428, écrivit plusieurs ouvrages de pédagogie. Son traité *De Ingenuis moribus* obtint une telle vogue qu'on alla jusqu'à l'expliquer dans les écoles. La plus ancienne édition imprimée semble être de 1472. Hain et Copinger en citent 28 éditions au XVe siècle, nombre considérable. C'est assez souligner l'importance de ce manuscrit sur vélin, certainement antérieur à l'édition princeps.

5743 VERTOT (L'Abbé de). — HISTOIRE DES CHEVALIERS DE MALTE. *Tours, Mame,* 1847, in-12, bas. vert foncé, dos orné, plats ornés d'une plaque dorée et à froid, tr. marb. *(Rel. de l'époque).* **50 fr.**

Illustré d'un titre gravé avec vignette, de 2 figures gravées par *Rubierre* et d'une carte de Rhodes et de Malte gravée par *Gouget.*

5744 VERY LITTLE TALES FOR VERY LITTLE CHILDREN in Single Syllables of four and five letters. Second Series. *London, Henry Washbourne,* 1846, sq. 16mo. or. cloth. *(Faded).* **100 fr.**

Illustrated with 7 woodcuts *(3 coloured by a child).* Large type.

5745 VEUILLOT (Louis). — LES FRANÇAIS EN ALGÉRIE. Souvenirs d'un voyage fait en 1841. *Tours, Mame,* 1845, cartonnage papier polychrome. *(Cart. de l'édit.).* **500 fr.**

ÉDITION ORIGINALE. Trois gravures sur acier et titre gravé avec vignette. Intéressant cartonnage polychrome de style allégorique où se détachent sur un fond d'architecture arabe, les armoiries des princes qui lancèrent les expéditions contre les Barbaresques ; des paysages et monuments algériens, un officier français portedrapeau, un soldat arabe, etc. Très frais. Type de cartonnage rarissime

Louis Veuillot séjourna en Algérie comme secrétaire du général Bugeaud. Il en rapporta, avec son livre de Souvenirs, ses idées sur le rôle de l'officier, dont on sait qu'il fait l'un des pivots de son ordre social catholique.

5746 VEUILLOT (Louis). — LES.FRANÇAIS EN ALGÉRIE. Deuxième édition. *Tours, Mame,* 1847, in-8, cartonnage toile bleu foncé, avec motifs dorés. *(Cart. de l'éditeur).* **80 fr.**

Le même ouvrage que le précédent. Dos orné d'un motif représentant un soldat arabe et les armes de France. Sur le premier plat, officier français, avec hausse-col et couvre-nuque, tenant son cheval par la bride. Médaillon au second plat. Bordures à froid. Quelques rousseurs.

5747 VEUILLOT (Louis). — LES PÈLERINAGES DE SUISSE. *Tours, Mame,* 1847, in-8, cartonnage toile bleue, décor doré, tr. dorées. *(Cart. de l'éditeur).* **40 fr.**

Titre et 3 planches finement gravées par *Outhwaile,* d'après les dessins de *Karl Girardet.* Sur le premier plat, un paysage alpestre. Intéressant ouvrage de Louis Veuillot, dont la curieuse dédicace attestait, en 1839, la récente conversion. Légères rousseurs. *Ex. très frais.*

5748 VICISSITUDE or the Life and Adventures of Ned Frolie. An original Comic Song. For the entertainment of all Good Boys and Girls in the British Empire. *Glasgow, J. Lumsden and Son,* 1818, sm. 12mo. or. coloured wrappers. **650 fr.**

Illustrated with engraved frontispiece and 3 other hand-coloured plates. The verses are to the tune of « Fie let us haste to the bridal ». *Very fine copy.*

5749 VIE DE SAINT BERNARD, suivie des vies de saint Dominique, de saint Bruno et de saint Benoît. *Lille, L. Lefort,* 1862, in-12, cart. percale rose plats et dos orn. *(Cart. de l'éditeur).* **10 fr.**

Frontispice gravé d'après *Cabasson.* Bel exemplaire dans un cartonnage très frais et richement décoré.

5750 VILLAGE SCHOOL (THE) or A Collection of Entertaining Histories for the Instruction and Amusement of all Good Children. *London, J. Marshall and Co, n. d.* [circa 1785], 2 vols. bound in 1 vol. 16mo. half-morocco. *(Modern binding).* **1.500 fr.**

Frontispiece engraved on copper to each vol. and 39 well executed woodcuts *(one shows a Game of cricket).* Fine copy.

5751 VILLENEUVE (A.). — LES ÉTOILES ANIMÉES. *Paris, Mme Vve Louis Janet, s. d.* [vers 1850], in-12, cart. percale noire, plats et dos orn. de fers spéciaux, tr. jasp. *(Cart. de l'éditeur).* **300 fr.**

Ouvrage orné de 12 jolies lithographies finement coloriées. Exemplaire dans un joli cartonnage très frais dont le premier plat est décoré de la reine des étoiles, *Vénus,* entourée de fleurs, feuillage, etc. *Qq. légères rousseurs.*

5752 VIRTUE IN A COTTAGE. *London, John Marshall, n. d.* [circa 1780], 24mo. or. flowered-paper, boards. *(Back strip missing).* **50 fr.**

Woodcut frontispiece and woodcuts in text. 3 page book list at end. Lacks 8 leaves *(title, pages 5-6, 19-30).*

5753 VISIONS IN VERSE, for the Entertainment and Instruction of Younger Minds. *London, J. Dodsley,* 1790, sm. 12mo. old calf. *(Shabby).* **60 fr.**

Engraved frontispiece by *Grignion.*

5754 VISIONS IN VERSE. *London, Vernor and Hood,* 1798, 16mo. contemp. calf. *(Hinge weak).* **125 fr.**

Illustrated with 6 splendid engraved plates from the drawings by THURSTON. *Fine copy.*

5755 VISIT TO THE BAZAAR (A) by the author of the little warbler of the cottage, Juliet, etc. *London, J. Harris,* 1818, 12mo. original printed boards *(worn),* preserved in half-morocco case. **2.500 fr.**

FIRST EDITION. Illustrated with 32 delightful hand-coloured engravings showing the different counters in the bazaar : Jeweller, milliner, shoe maker, print-seller, etc., etc. *Tuer, F. C. B. pages* 307-312, where he quotes only the third edition.

5756 VISIT TO THE BAZAAR (A.). Another copy, or. printed boards, preserved in half-morocco case. **1.500 fr.**

FIRST EDITION, with plates *uncoloured.*

5757 VISIT TO THE BAZAAR (A). Another copy, 1820, or. printed boards. *(Rubbed).* **600 fr.**

Third edition. *Plates uncoloured.*

5758 VISIT TO THE BAZAAR (A). Another copy, 1820, or. printed boards *(Shabby).* **200 fr.**

Third edition, with *plates coloured.* Three plates *(Bookseller, Hosier and Fruiterer)* missing.

5759 VISIT TO THE EXIBITION (A) in eight Changeable pictures showing its beautiful objects of art, and how they were made. *London, Dean and Son, n. d.* [circa 1855], 4to. or. printed wrappers. **200 fr.**

Illustrated with 8 changeable pictures showing Sculpture, Pottery, Jewelry, Carved work, Glass, Metal work, Silk Fabrics, Machinery as shown at the Exhibition.

5760 VISIT TO A FORM HOUSE (A) or An Introduction to various subjects connected with rural economy, by S. W. author of « A visit to London ». *London, William Darlon,* 1820, sm. 12mo. or. half-leather, boards. **125 fr.**

This is the 7th edition revised and corrected by T. H. Frontispiece and 8 interesting plates showing farm life. Eight page children's book list at end.

5761 VOCABULAIRE DES ENFANTS, dictionnaire pittoresque. *Paris, chez Auberl, marchand d'estampes,* 1839, in-8. *(Cartonnage papier de l'éditeur).* **2.500 fr.**

PREMIÈRE ÉDITION. Illustrée d'un grand nombre de petits dessins par *H. Emy, Grandville, Meissonier, Trimolet, Charlet, Samy, H. Daumier, H. Monnier, Gavarni, J. Gigoux, Pauquet, etc.* Cartonnage à la bradel en chromolithographie vert clair, or et crème sur fond bleu, cadre à larges rinceaux, surmonté d'amours, entourant le titre. Très bel exemplaire de l'édition originale dans son cartonnage, dont les plats sont impeccables. Les coiffes seules sont légèrement fatiguées.

5762 VOCABULAIRE DES ENFANTS, dictionnaire pittoresque. *Paris, Auberl,* 1839, in-8. *(Cart. de l'édit.).* **2.250 fr.**

Même ouvrage, même édition. Bel exempl. malgré quelques rousseurs, avec les couvertures de toute fraîcheur.

Le titre porte la mention « 2e édition » quoiqu'il n'ait pas subi la modification indiquée dans l'Avertissement. Le dos porte : « 1re édition ».

5763 VOCABULAIRE DES ENFANTS, dictionnaire pittoresque. *Paris, chez Aubert,* 1839, in-8, cartonnage en chromolithographie. *(Cart. de l'édit.).* **2.000 fr.**

Même ouvrage, même cartonnage, très frais.

5764 VOCABULAIRE DES ENFANTS, dictionnaire pittoresque. *Paris, Aubert,* 1839, in-8. *(Cartonnage de l'éditeur).* **400 fr.**

Même ouvrage, même édition que le précédent. Le dos et les plats de la couverture ont été collés sur le cartonnage et forment une variante du cartonnage. Rousseurs.

5765 VOIART (Elise) et TASTU (Amable). — LES ENFANTS DE LA VALLÉE D'ANDLAU ou une Famille chrétienne. *Paris, Didier et Cie,* 1859, 2 vol. in-12. *(Cartonnages toile de l'éditeur).* **50 fr.**

2e édition, 8 pl. gravées. « Notions familières sur la Religion, la Morale et les Merveilles de la nature ». Bel exempl.

5766 VOIART (Elise) et TASTU (Amable). — LE LIVRE DES ENFANTS. Contes des fées choisis pour récréer [les enfants] en exerçant leur imagination et pour former leur goût, etc. *Paris, Paulin,* 1836-1838, 6 parties en 2 vol. pet. in-8 carré, demi-chagrin vert, dos ornés en long de motifs dorés romantiques, plats pap. chagriné. *(Rel. de l'époque).* **1.000 fr.**

Série complète des 6 parties décrites par *Vicaire* (V, 343). Les fables sont de *Perrault, Mme d'Aulnoy, de Caylus, la Princesse de Beaumont, La Fontaine,* etc. Nombreuses et très jolies vignettes sur bois par *Grandville, Gérard-Seguin, Lorentz, Levasseur, Baron, Gigoux, Meissonier, Traviès.* Ces 6 volumes sont décrits par *Brivois. Bel exempl.*

5767 VOYAGE AUTOUR DU MONDE DE L'AS-TROLABE ET DE LA ZÉLÉE, sous les ordres du contre-amiral Dumont d'Urville, pendant les années 1837, 38, 39 et 40. *Paris, Berquet et Pélion,* 1844, 2 vol. gr. in-8, cart. toile bleue, décors dorés, tr. dorées. *(Cart. d'édit.).* **200 fr.**

Trente lithos hors-texte et un fac-similé d'autographe de Dumont d'Urville. Ce récit de la célèbre expédition du grand navigateur a été rédigé par Elie Le Guillou, chirurgien-major de la *Zélée.* Très intéressant ouvrage, bien illustré, enrichi de notes scientifiques par F. Arago. Décors de rinceaux et fleurons dorés. Petites rousseurs à quelques ff. du t. I. *Bel exemplaire.*

5768 UN VOYAGE A PARIS ou le Paris des enfants, avec ses environs. *Paris, Pont-à-Mousson, Haguenthal,* 1850, in-8. *(Cartonnage papier de l'éditeur).* **300 fr.**

32 lithographies (2 par page) tirées chez *Haguenthal.* Cartonnage noir, fers à froid. Réédition partielle du *Paris des enfants* auquel on a joint quelques nouvelles vignettes ; puis la Révolution de 1848 est passée par là, changeant des noms : le Palais Royal est devenu Palais National ; la place Royale : place des Vosges ; le pont Royal : pont National ; la place de la Concorde, place de la Révolution... Cet album, joliment illustré, constitue un amusant témoignage de changements qui durèrent peu et de certains ridicules. Exemplaire de toute fraîcheur.

5769 VOYAGES DANS L'OCÉAN PACIFIQUE recueillis par N.-A. KUBOLSKI. *Tours, Mame,* 1854, in-12. *(Cartonnage papier de l'éditeur).* **35 fr.**

PREMIÈRE ÉDITION. 1 gravure sur bois. Cartonnage romantique or et bleu clair. Quelques rousseurs. *Bel exemplaire.*

5770 VOYAGES DU PETIT ANDRÉ EN EUROPE, par A.-E. de Saintes-France. *Limoges-Paris, Martial Ardant,* 1852, in-16. *(Cartonnage papier de l'éditeur).* **50 fr.**

4 figures gravées en 2 planches. Cartonnage or guilloché guirlande de feuilles de lierre formant fleurons aux angles, motif central. *Bel exemplaire.*

5771 VOYAGEUR ANGLAIS (LE) autour du monde habitable. Traduit de l'anglais par René Périn. *Paris, Alexis Eymery,* 1826, in-8 obl., carton. demi-toile. *(Cart. mod.).* **350 fr.**

Orné de 45 gravures coloriées avec soin représentant les vues des principales villes capitales du monde *(dont plusieurs d'Amérique)* et les costumes de leurs habitans. Nouvelle méthode amusante et instructive pour étudier la géographie. Sur le 1er plat du cartonnage on a collé une gravure coloriée représentant un personnage en habit et en chapeau à haute forme montrant de la main un navire qui gagne le large, sur le second plat les deux hémisphères.

5772 VOYAGEUR (PETIT) EN ASIE, EN AFRIQUE ET EN AMÉRIQUE. Deuxième édition revue et corrigée par J. L.***. *Paris, Langlumé et Peltier,* 1833, pet. in-12 carré, demi-veau grenat à coins, dos orné à nerfs, tête dorée, non rogné. *(Rel. moderne de style romantique).* **125 fr.**

Rare petit ouvrage orné de 16 jolies planches de costumes coloriées dont un grand nombre ont trait à l'Amérique. Une très lég. mouill. à qq. ff. Un nom sur le faux-titre. Charmant exemplaire bien relié.

PRISCILLA WAKEFIELD (1751-1832)

5773 WAKEFIELD (Priscilla). — DOMESTIC RE-CREATION or Dialogues illustrative of Natural and scientific subjects. *London, Darton and Harvey,* 1805, 12mo. or. half-leather, boards. **150 fr.**

FIRST EDITION. Charming frontispiece and four other engraved plates illustrating scientific subjects. The contents contains dialogues on insects, solar microscope, animalcules, light and colours, Singing of birds, etc., etc. 4 page book list at end. *Fine copy.*

5774 WAKEFIELD (Priscilla). — DOMESTIC RE-CREATION or Dialogues illustrative of Natural and Scientific subjects. *London, Darton, Harvey* and *Darlon*, 1813, sm. 12mo. or. half-leather, boards. *(Back damaged)*.   **50 fr.**

Engraved frontispiece and 4 other plates. Two page book list at end.

5775 WAKEFIELD (Priscilla). — INSTINCT DISPLAYED ; exemplifying tho extraordinary sagacity of various species of the Animal Creation. *London, C. F. Cock, n. d.* [circa 1820], sm. 12mo. or. half-leather, boards.   **20 fr.**

Illustrated with 5 woodcuts. Two small holes burnt in one page affecting a few words.

5776 WAKEFIELD (Priscilla). — AN INTRODUCTION TO BOTANY, in a Series of Familiar Letters... to which is added, The Pleasures of Botanical Pursuits, A Poem, By Sarah Hoare. *London, Harvey and Darlon,* 1823, post 8vo. or. boards, ticket.   **50 fr.**

Uncut and unopened copy illustrated with nine hand-coloured plates. *Fine copy.*

5777 WAKEFIELD (Priscilla). — THE JUVENILE TRAVELLERS ; containing the Remarks of a Family during A Tour through the principal States and Kingdoms of Europe : with an account of their. Inhabitants, Natural Productions and Curiosities. *London, Darlon and Harvey,* 1801, 12mo. or. boards with printed ticket. *(Uncut)*.   **450 fr.**

FIRST EDITION. Folding coloured map of Europe. Mrs Wakefield (1751-1832), besides publishing educational works for children, was a prominent philanthropist and quakeress. She instituted a lying in charity and a savings bank.

5778 WAKEFIELD (Priscilla). — THE JUVENILE TRAVELLERS. Another copy dated 1802, contemp. half-morocco. *(Back rubbed)*.   **80 fr.**

Copious notes at end.

5779 WAKEFIELD (Priscilla). — MENTAL IMPROVEMENT or the Beauties and wonders of Nature and Art, in a series of instructive conversations. *London, Harvey and Darlon,* 1823, two vols. small 12mo. or. half-leather, boards.   **70 fr.**

The conversations treat of the most instructive and entertaining subjects. *The Whale, Salmon Fishery, Painting on Glass, The Silk-worm, India Rubber, Navigation, Coffee, Telescope, Mines of South America, etc., etc.* Very fine copy.

5780 WAKEFIELD (Priscilla). — SKETCHES OF HUMAN MANNERS..., intended to illustrate the characters, religion and singular customs, of the inhabitants of different parts of the World. *London, Harvey and Darlon,* 1826, 12mo. or. half-leather, boards.   **50 fr.**

Handsome, engraved frontispiece. *The North American warrior. The British Merchant,* etc., etc. *Fine copy.*

5781 WALSH (Le Vicomte). — SAINT LOUIS ET SON SIÈCLE. *Tours, Mame,* 1854, in-8, cart. toile bleue, décors polychromes, tr. dorées. *(Cart. de l'édit.)*.   **200 fr.**

Un titre gravé orné d'une vignette et sept gravures hors-texte par Rouargue. Grande décoration or, rouge, bleu, vert, violet : au 1er plat, saint Louis sur son trône ; au dos, médaillon et écusson ; au second plat, armes de France. Insignifiantes rousseurs à quelques pages. Magnifique exemplaire d'un livre joliment imprimé et illustré, dans un cartonnage décoratif d'une fraîcheur parfaite.

5782 WALTER AND THE PRIZE and Other Stories. *London, The Religious Tract Society, n. d.* [circa 1855], small 12mo. or. cloth, gilt.   **50 fr.**

FIRST EDITION. Illustrated with a remarkable KRONHEIM print, executed with the finest detail. *Fine copy.*

5783 WARD (Catherine). — THE DANDY FAMILY or the Pleasures of a Ball Night. *London, G. Marlin, n. d.* [circa 1815], 12mo. or. col. wrappers, with engraved and coloured ticket, preserved in half-morocco case.   **1.500 fr.**

FIRST EDITION. Illustrated with 16 hand-coloured copper plates ; engraved text under each plate. Three of the plates show the hobby horse. *Fine copy.*

5784 WARD (Marcus). — ROYAL ILLUMINATED LEGENDS. *London, Marcus Ward, n. d.* [circa 1880], 8 vols. bound in 1 vol. in-long 4to. cloth or. coloured wrappers preserved. *(Covers loose)*.   **80 fr.**

Each vol. with many coloured plates and music. The titles are *The Sleeping Beauty. Pocahontas. The Hind of the Forest. Puss in Boots. Cinderella. The Fair One. Lady Ouncebelle and King Alfred and Othere.*

5785 WARDEN (W.). — THE PLEASANT WALK IN SPRING ; Including the Story of the Poor Old Soldier, and the History of Orphan Henry. *London, A. K. Newman and Co,* 1824, 12mo. or. printed wrappers, preserved in half-morocco case.   **550 fr.**

Illustrated with 10 delightful, hand-coloured woodcuts.

5786 WARÉE (Charles). — LA VIVANDIÈRE DES ZOUAVES. *Paris, Gustave Richard, s. d. :* [vers 1860], in-12. *(Carlonnage papier de l'éditeur)*.   **20 fr.**

4 lithographies coloriées de *Philipp.* Texte largement interligné. Deux des lithographies du volume reproduites sur les plats.

5787 WATER-MELON (THE). *New York, William Wood and Co, n. d.* [circa 1840], 24mo. or. red cloth, gilt.   **75 fr.**

Woodcut frontispiece. *Fine, fresh copy.*

5788 WATERS OF THE EARTH (THE). *London, Relig. Tract Soc., n. d.* [circa 1840], 16mo. or. cloth, gilt, g. e.   **40 fr.**

Frontispiece and 9 other plates engraved on wood. Chapters : *The Dewdrop. The Spring. The Lake. The River. The Sea.*

Dʀ ISAAC WATTS (1674-1748)

5789 WATTS (Isaac). — DIVINE SONGS attempted in Easy Language for the Use of Children... The Seventeenth Edition, with some additional composures. *London, James Brackstone, 1740,* 12mo. or. calf. *(Back damaged).* **700 fr.**

The « Additional Composures ». A SLIGHT SPECIMEN OF MORAL SONGS first appeared in the 16th edition published same year. Title page slightly defective with loss of part of the letters REN of *Children*. Two corners torn. The last leaf has *Books published by the Author for the Use of Chidren (sic)*. A note on the last page of the text reads « *Note*. All the *Songs* which are added to this Edition may be had alone for the Price of One Penny, by those who have bought the former Editions. » Wilbur M. Stone quotes this edition in his typewritten supplement of October 1929.

5789 bis WATTS (Isaac). — DIVINE SONGS ATTEMPTED IN EASY LANGUAGE, for the Use of Children. Ornamented with Cuts. Matt. XXI, 16. Out of the Mouths of Babes and Sucklings thou hast perfected Praise. *London, Printed for, and Sold by the Booksellers and Stationers, Price Sixpence, n. d.* [circa 1790], or. flowered-paper, boards, preserved in half-morocco case. **1.250 fr.**

Frontispiece engraved on wood and 35 quaint woodcuts splendidly executed. Fine copy, exceptionally rare with the flowered-paper boards so fresh. *Not in Wilbur Macey Stone.*

5790 WATTS (Isaac). — DIVINE SONGS, attempted in Easy Language for the Use of Children. *Pontefract, B. Boothroyd, 1803, sm. 12mo. or.* boards. **250 fr.**

Frontispiece engraved on wood. Very rare impression, unknown to Wilbur Stone.

5790 bis WATTS (Isaac). — DIVINE SONGS attempted in Easy language for the Use of Children. *Southwark, Nathl. and John Muggeridge, n. d.* [circa 1805], sm. 12mo. or. half-leather, boards. **500 fr.**

This edition has the frontispiece and 31 woodcuts copied from the preceding edition [circa 1790] and has also 41 other small woodcuts illustrating a « Hieroglyphic » sermon. *Fine copy. Not in Wilbur Macey Stone.*

5791 WATTS (Isaac). — DIVINE SONGS attempted in Easy language for the Use of Children. To which is added the Beggar's Petition. *London, James Ridgway, 1810, 12mo.* contemporary calf, gilt back and fillet border on sides. **2.000 fr.**

Illustrated with a fine frontispiece and 40 magnificently engraved plates by *W. Worthington* from the designs by *Bromley*. « *Dʳ Watt's verse was... a great deliverance to the children, brought up on the atrocious doggrel of the Janeway School. They could understand both the ideas and the words in which these were clothed, and the rhythm and rhyme were such as to lodge the verse readily, in a child's memory* ».

FIELD (Mrs E. M.), « The Child and his book, » who devotes pages 258-262 to Dʳ Isaac Watts. Two portraits of Dʳ Watts (one a proof) added to this copy. Wilbur Stone quotes this edition in his, typewritten supplement of october 1929. *Very fine copy.*

5792 WATTS (Isaac). — DIVINE SONGS attempted in Easy Language for the Use of Children. *Maidenhead, G. W. Wetton, 1812, sm. 12mo.* original printed wrappers. **125 fr.**

Fine mint copy of this rare impression of Dʳ Watt's famous classic. Unknown to Wilbur Macey Stone.

5793 WATTS (Isaac). — DIVINE SONGS FOR CHILDREN. *Banbury, J. G. Rusher, n. d.* [circa 1814], sm. 16mo. or. wrappers. *(Torn).* **50 fr.**

Penny edition three woodcuts on covers.

5794 WATTS (Isaac). — MORAL SONGS FOR CHILDREN. *Banbury, J. G. Rusher, n. d.* [circa 1814], sm. 16mo. or. wrappers. **100 fr.**

Penny edition, same as preceding item. *Very fine copy, uncut and unopened.*

5795 WATTS (Isaac). — DIVINE SONGS attempted in easy language, for the Use of Children. *London, Barfield, 1816, 12mo.* contemp. full calf. **75 fr.**

One page book list at end. Noted in Wilbur Macey Stone.

5796 WATTS (Isaac). — DIVINE SONGS FOR CHILDREN. *Reading, J. Rusher, n. d.* [circa 1818], sm. 16mo. or. printed wrappers. **60 fr.**

Threepenny edition. *Very fine copy.*

5797 WATTS (Isaac). — SONGS DIVINE AND MORAL for the Use of Children. *Alnwick, W. Davison, n. d.* (1825), sm. 16mo. orig. printed wrappers. **100 fr.**

With frontispiece and 5 small woodcuts in the text. *Fine copy.*

5798 WATTS (Isaac). — DIVINE AND MORAL SONGS, in easy language. *Devonport, J. Johns, 1825, sm. 12mo.* or. printed boards. *(Shabby).* **50 fr.**

Illustrated with 36 woodcuts. One leaf defective (pages 39-40) with loss of a dozen words. This edition not in *Wilbur Macey Stone.*

5799 WATTS (Isaac). — DIVINE SONGS attempted in Easy Language for the Use of Children. *Derby, Henry Mozley and Sons, n. d.* [circa 1825], sm. 12mo. or. printed boards. **40 fr.**

Illustrated with 37 splendid woodcuts by Orlando Jewitt. *One leaf (pages 61-2) torn out. Not in Wilbur Stone.*

5800 WATTS (Isaac). — DIVINE SONGS in Easy Language for Children. *Braintree, J. F. Shearcroft, n. d.* [circa 1835], small 12mo. or. printed boards. **150 fr.**

Illustrated with a frontispiece and 39 woodcuts. Mr Wilbur Stone, in a typewritten supplement to his bibliography, quotes an edition by the same printer as circa 1840.

5801 WATTS (Isaac). — DIVINE AND MORAL SONGS with a Sketch of the Author's Life. *Watchet, Thomas Whitehorn,* 1837, sm. 12mo. or. printed wrappers. **150 fr.**

Frontispiece and 6 woodcuts. *Not in Wilbur Macey Stone.*

5802 WATTS (Isaac). — DIVINE AND MORAL SONGS for Children. *London, Religious Tract Soc.,* 1839, sm. 12mo. or. half-leather. **50 fr.**

Illustrated with 70 charming woodcuts. Unknown to Wilbur Stone who describes a similar edition with 72 pages as above, dated 1834.

5803 WATTS (Isaac). — DIVINE AND MORAL SONGS. *London, Rel. Tract Soc., n. d.* [circa 1860], 8vo. or. green cloth, gilt. *(Shabby),* g. e. **30 fr.**

Two Kronheim prints, and many woodcuts *(several coloured by a child).* Fingered copy, one print torn and repaired.

5804 WATTS (Isaac). — FIRST CATECHISM and Prayers. *London, R. Davis, n. d.* [circa 1820], 24mo. or. printed wrappers. **20 fr.**

Half-penny Booklet.

5805 WATTS (Isaac). — FOUR CATECHISMS FOR CHILDREN. *New York, American Tract Society, n. d.* [circa 1860], sm. 16mo. or. printed wrappers. **35 fr.**

Illustrated with 15 woodcuts. *Fine copy.*

5806 WATTS (Isaac). — MORAL SONGS for Children. *Banbury, J. G. Rusher, n. d.* [circa 1815], sm. 16mo. or. printed wrappers. *(Front one torn).* **30 fr.**

PENNY EDITION. Three woodcuts on covers.

5807 WATTS (Isaac). — MORAL SONGS (A Specimen of). Adapted to the capacities of Children. *Chelmsford, I. Marsden, n. d.* [circa 1818], sm. 16mo. or. printed wrappers. **45 fr.**

Penny edition. *Fine copy.*

5808 WATTS (Isaac). — PLAIN AND EASY CATECHISM for Children, and Preservative from the Sins and Follies of Childhood and Youth, etc. *Exeter (U. S. A.), Henry Ranlet,* 1792, 12mo. or. wrappers. *(Loose).* **350 fr.**

Also contains the *Shorter Catechism of the Assembly of Divines at Westminster with explanatory notes.*

5809 WATTS (Isaac). — PLAIN AND EASY CATECHIMS for Children. To which are added, A small collection of Prayers and Hymns. *Brattleboro' (U. S. A.), Holbrook and Fessenden,* 1823, 16mo. or. wrappers. **60 fr.**

Printed on grey paper. *Very fine copy.*

5810 WATTS (Isaac). — PRAYERS FOR INFANTS, Children and Youth. *Chelmsford, I. Marsden, n. d.* [circa 1820], sm. 16mo. or. printed wrappers. **50 fr.**

Penny edition. Woodcut vignette on title and woodcut on back cover. *Fine copy.*

WATTS (Isaac). — Voir nᵒˢ 1666-67 et Addenda.

5811 WAUGH (Ida). — WEE BABIES. Poetry by Amy E. Blanchard. *London, Griffith and Farran, n. d.* [circa 1882], 4to. or. coloured boards. **60 fr.**

48 coloured drawings by Ida Waugh.

5811 bis WAYS of Pleasantness and Paths of Peace. *London, Hodgson, s. d.* [vers 1840], in-16, cart. impr. de l'édit. **125 fr.**

Frontispice et figures sur bois à chaque page. Bel exempl. PLANCHE 71.

5812 WEATHERLEY (F. E.). — THE ILLUSTRATED CHILDREN'S BIRTHDAY-BOOK. *London, W. Mack, n. d.* [circa 1890], square 16mo. or. red leather. **25 fr.**

Illustrated with 12 coloured plates and numerous sketches in black and white by *Kate Greenaway, Kate Coleman, Robert Barnes, Miss Bennet, etc.* Fine copy.

5813 WEBB (Mrs). — LOYAL CHARLIE BENTHAM. — THE CHILDREN'S ISLAND. A True Story edited by L. Nugent. *London, James Hogg and Sons, n. d.* [circa 1865], 12mo. or. cloth, gilt. **30 fr.**

Hand-coloured frontispiece. 4 page book list at end.

5814 WEBER (J.). — AUS DER THIERWELT. In Bildern und Reimen für die lieben Kleinen. *Dresden, Rudolf Kuntze, s. d.* [vers 1850], in-8, cartonnage dos toile. *(Cart. de l'édit.).* **60 fr.**

12 lithographies coloriées par *Heinrich Hoffmann,* tirées chez *Braunsdorf* à Dresde. Poésies enfantines allemandes.

5815 WEBSTER (Noah). — THE PROMPTER or Common Sayings, and subjects, which are full of Common sense, the best sense in the world by Noah Webster, author of the effects of Slavery, etc. To which is added. THE WAY TO WEALTH BY B. FRANKLIN, L. L. D. *Coventry, Pratt, Smith and Lesson,* 1808, 12mo. boards. *(New).* **250 fr.**

Illustrated with an engraved frontispiece *An Old Maid in the Fidgets.* The second part of the book by Benjamin Franklin has a separate title. *The Way to Wealth, as clearly shown in the Preface of an Old Pennsylvania Almanach, intitled Poor Richard Improved.* Uncut copy.

5816 WELCH CONJURER (THE). *London, G. Marlin, n. d.* [circa 1815], sm. 8vo. or. title ticket preserved, half-leather. *(Modern binding).* **1.200 fr.**

FIRST EDITION. Illustrated with 16 hand-coloured engravings and one on title ticket. *Fine copy.*

5817 **WELCOME VISITOR (THE)** or The Good uncle : a collection of original stories, etc., displaying virute and heroism in early life. *London, John Harris,* 1832, sm. 12mo. or. half-leather, boards. **40 fr.**

Engraved frontispiece. *Fine copy.*

5818 **WELL-BRED DOLL (THE).** Intended for the Amusement of Children. *London, John Souter,* 1819, sq. 16mo. or. half-leather, boards. **1.000 fr.**

FIRST EDITION. Illustrated with ten copper-plate engravings. The text is divided into syllables for very young children. A few light water-stains throughout the volume, otherwise fine. Advertisement on last page. PLANCHE 49.

5819 **WELSH (Charles).** — A BOOKSELLER OF THE LAST CENTURY. Being some Account of the Life of John Newbery, and of the Books he published, with a Notice of the later Newberys. *London, Griffith, Farran, Okeden and Welsh, successors to Newbery and Harris, etc.,* 1885, Royal 8vo. or. cloth. **250 fr.**

Charles Welsh's important work on the Newberys and their successors, indispensable as a Bibliography of the subject, and very necessary to all collectors of all Newbery items in their gaily flowered-paper boards or otherwise : *Newbery was the first publisher who introduced the regular system of Juvenile Library, and gave children books in a more permanent form than the popular chapbooks of the period.* CHARLES WELSH. Fine copy, uncut and unopened.

5820 **WELSH COTTAGE (THE).** *Wellington, Salop,* 1820, 12mo. half contemp. leather. *(Joints weak ; and Shabby).* **30 fr.**

FIRST EDITION. Finely engraved frontispiece by *Radclyffe,* drawn by *Green.* A few stains.

5821 [**WESTON (Stephen)**]. — A VISIT TO LONDON : containing a Description of the Principal Curiosities in the British Metropolis. *London, William Darton, n. d.* [circa 1828], or. half-leather, boards. **50 fr.**

New edition with « *Additions and Improvements by T. H.* » (T. Hodgeskin). Illustrated with 18 engravings showing views of London, and two charming woodcuts.

5822 **WETZELL (Mme).** — LES CAUSERIES D'ENFANTS, suivies de Petites Historiettes. *Paris, Théodore Lefèvre, s. d.* [vers 1855], in-16. *(Cartonnage papier de l'éditeur).* **150 fr.**

Titre et 3 gravures coloriés. Gros caractères largement interlignés. Cartonnage en chromolithographie. Charmant petit ouvrage très frais.

5823 **WETZELL (Mme).** — CONTES A MES PETITS ÉLÈVES. *Paris, Langlumé,* 1846, in-12, demi-veau rouge, dos orné de grecques dorées, plats papier chagrin en entrelacs. *(Rel. de l'époque).* **180 fr.**

ÉDITION ORIGINALE. Grosse typographie. 1 titre gravé avec vignette et onze planches à deux sujets par planche en très beau tirage. Qq. salissures à qq. ff. Rare.

5824 **WETZELL (Mme).** — CONTES A MES PETITS ÉLÈVES. *Paris, Th. Lefèvre, s. d.* [vers 1860], in-12, cart. papier *de l'édit.* **300 fr.**

Titre gravé avec vignette et 11 jolies planches gravées représentant 22 sujets. Jolie impression en gros caractères. Cartonnage papier à fond jaune orné d'un décor en chromolithographie représentant dans un cadre rustique deux jeunes filles près d'un étang où nage un cygne. *Exemplaire d'une fraîcheur irréprochable.*

5825 **WETZELL (Mme).** — LA PETITE FAMILLE. Secondes lectures. *Paris, J. Langlumé, s. d.* [vers 1840], in-16. *(Cartonnage papier de l'éditeur).* **50 fr.**

2 gravures sur bois, coloriées, par *Follet,* d'après les dessins de VICTOR ADAM, nombreuses vignettes dans le texte. Cartonnage illustré, portant simplement le titre de « Secondes Lectures », au nom de Théodore Lefèvre. Déboîté avec manque de dos, la première page détachée.

5826 **WHEN WE WERE YOUNG.** *Boston, D. Lothrop and Co, n. d.* [circa 1865], sm. 12mo. or. coloured cloth. **50 fr.**

Illustrated with four wood engravings.

5827 **WHIMS AND ADDITIES** FOR THE YOUNG. With Humerous Illustrations by H. HEATH. *London, Samuel Saunder,* 1828, sm. 12mo. or. printed boards. *(Back broken).* **500 fr.**

FIRST EDITION. Illustrated with 12 etchings by H. Heath.

5828 **WHITE CAT** (The Surprising Story of the), with a beautiful engraving. *London, Orlando Hodgson, n. d.* [circa 1815], small 16mo. or. printed wrappers. **40 fr.**

With a hand-coloured engraving as frontispiece. *Fine copy.*

5829 **WHITE (A.) AND STARK (R.).** — THE INSTRUCTIVE PICTURE BOOK. *Edinburgh, Edmonton and Douglas,* 1857, 2 vols. small folio, or. printed and coloured boards. **650 fr.**

The first volume deals with Four footed animals, Birds, Fishes, Reptiles, with 10 elementary plates of Miscellaneous Objects. The second volume (which is written by Charlotte M. Yonge) treats of the Vegetable World. The two volumes together are illustrated with 61 plates, beautifully coloured by hand and showing upwards of 400 subjects. One of the most pleasing and Instructive books for children.

5830 **WHITE (Eliza).** — GERTRUDE or Thoughtlessness and Inattention corrected. A Tale. *London, Harvey and Darton,* 1823, sm. 12mo. or. half-leather, boards. *(Rubbed).* **25 fr.**

Engraved frontispiece. 2 page book list at end.

5831 **WHITSUNTIDE PRESENT (THE)** for Little Masters and Misses or The History of Master George and Miss Charlotte Goodchild. To which are added Rules for Behaviour, and the Reward of Virtue, an instructive story. By your old Friend Nurse Allgood. *London, John Marshall and Co, n. d.* [circa 1780], [Price One Penny], 24mo. or. flowered-paper, wrappers, preserved in half-morocco case. **1.250 fr.**

Illustrated with 16 quaint woodcuts. Two pages have Alphabets. Early penny juvenile.

5832 **WHITTINGTON AND HIS CAT** (The Renowned History of). *London, G. Marlin, n. d.* [circa 1805], sm. sq. 16mo. or. printed wrappers, preserved in half-morocco case. **1.250 fr.**

Illustrated with 12 crude hand-coloured plates engraved on copper, with engraved text under each picture. *Fine copy.*

5833 **WHITTINGTON AND HIS CAT.** *London, John Harris, n. d.* [circa 1830], sm. 8vo. or. printed wrappers, preserved in half-morocco case. **650 fr.**

Illustrated with 14 hand-coloured woodcuts, and vignette on title. Large type. Small tear repaired.

5834 **WHITTINGTON AND HIS CAT.** *London, John Harris,* or. wrappers *(rebacked),* preserved in half-morocco case. **650 fr.**

Another copy, same edition. *Fine.*

5835 **WHITTINGTON AND HIS CAT** (THE VERITABLE HISTORY OF). *London, Chapman and Hall,* 1847, 8vo. or. printed wrappers. **35 fr.**

Three coloured woodcut plates by Dalziel. *Fine copy.*

5836 **WIEDEMANN (Franz).** — IN UNGARN. *Dresden, Louis Ehlermann, s. d.* [vers 1870], pet. in-8, cart. ill. en couleurs. *(Cart. de l'éditeur).* **50 fr.**

De la collection : *Bibliothèque illustrée de la Jeunesse.* 3 lithographies coloriées. Bel exemplaire.

5837 [**WIESENHUTTEN (Baronne F.-H.)**]. — LYDIE DE GERSIN ou Histoire d'une jeune anglaise de huit ans, pour servir à l'instruction et à l'amusement des jeunes françaises du même âge. Nouvelle édition. *Paris, Billois,* 1808, pet. in-12, bas. fauve marbrée, dos orné et semé d'étoiles, pièce rouge, pet. guirlande autour des pl. *(Rel. de l'ép.).* **300 fr.**

Édition peu commune d'un texte classique, souvent réimprimé, parfois sous le nom de *Berquin.* Orné d'un frontispice et de 14 figures gravées, de style naïf (2 par planche). Charmant exemplaire dans une reliure en parfait état et au dos très décoratif.

5838 [**WIESENHUTTEN (Baronne F.-H.).** — LYDIE DE GERSIN, etc. *Paris, Ledentu,* 1822, pet. in-12, bas. marb., dos orné pièce verte, pet. guirlande autour des pl., tr. marb. *(Rel. de l'ép.).* **100 fr.**

Même ouvrage que le précédent, avec les mêmes planches de tirage un peu postérieur. Rel. un peu frottée.

5839 **WILKINSON (Sarah).** — COLLECTION OF THREEPENNY BOOKLETS. *London, Ann Lemoine, etc., n. d.* [circa 1806], 16mo. half-morocco. *(Modern binding).* **100 fr.**

The Foundling of the Forest; The Travellers; both by Sarah Wilkinson. *Hero and Leander; Ali Baba and the Forty Thieves; The Jewish Magician.* Each piece with an engraved frontispiece *(some slightly waterstained).*

5840 **WILKINSON (Sarah).** — THE CHATEAU OF MONTVILLE or The Golden Cross. An original romance. *London, T. Hughes, n. d.* [circa 1803], 12mo. wrappers. *(Modern).* **30 fr.**

Finely engraved frontispiece by *E. Burnford.* Uncut copy fine. Small corner torn off frontispiece.

5841 **WILKINSON (Sarah).** — THE HISTORY OF CRAZY JANE. *Alnwick, W. Davison,* 1818, sm. 12mo. or. printed wrappers. **300 fr.**

FIRST EDITION. Illustrated with a beautiful frontispiece and vignette engraved on copper and 3 finely executed woodcuts. *Fine copy.*

5842 **WILKINSON (Sarah).** — VILLAGE RAMBLES or Visits to the Manor-House. Calculated to amuse and instruct the youthful Mind. *London, B. Mace, n. d.* (1802), sm. 12mo. or. half-leather, boards. *(Back broken).* **600 fr.**

FIRST EDITION. Illustrated with 6 oval aquatints, coloured by hand. This is one of the earliest known books for children with aquatint engravings.

5843 **WILLIE WRIGHT** (The History of Little). *Printed for the Booksellers (at Birmingham by W. Pratt), n. d.* [circa 1840], or. printed wrappers. **40 fr.**

Illustrated with 8 naïve and well-impressed woodcuts by BEWICK.
PLANCHE 115.

5844 **WILMSEN (F.-P.).** — MIRANDA. *Berlin, C.-Fr. Amelang, s. d.* (1825), gr. in-12 carré, demi-veau vert, dos orn. en long. *(Rel. de l'époque).* **500 fr.**

Recueil de pièces de vers, de voyages, d'histoires, etc., pour la jeunesse. Il est orné d'un titre gravé avec une charmante vignette coloriée et de 11 splendides figures gravées et finement coloriées par *L. Meyer* et *Laurens,* d'après *L. Wolf.* Déboîté.

5845 **WINDSOR CASTLE** (A Short description of) and list of paintings..., etc. *Windsor, W. F. Taylor, n. d.* [circa 1835], 8vo. or. cloth. **300 fr.**

Folding panoramic view of Windsor Castle and grounds executed in coloured aquatint, and measuring 5 3/4 inches by 6 feet 3 inches. 9 pages of text.

5846 **WINTER** or The Comforts of a Fire-Side. *London, J. T. Ward,* 1807, sm. 12mo. or. printed wrappers. **140 fr.**

Illustrated with 13 quaint woodcuts. *Fine copy.*
PLANCHE 115.

5847 **WINTER VACATION (A)** or Holidays in the Country. Intended for the Amusement of Children. *London, Harvey and Darton,* 1821, small 12mo. or. half-leather, boards. **200 fr.**

FIRST EDITION. Illustrated with 6 well-engraved plates. A charming book.

5848 **WISDOM IN MINIATURE** or the Pleasing Instructor, being a collection of Sentences, Divine, Moral and Historical. *London, Lane and Newman,* 1804, 32mo. contemp. sheep. **40 fr.**

Engraved frontispiece. Name in ink on title *(slightly soiled).*

5849 **WISDOM IN MINIATURE** or the Young Gentleman and Lady's Pleasing Instructor, being a Collection of Sentences, Divine, Moral, and Historical... Intended not only for the use of Schools, but as a Pocket Companion for the Youth of both Sexes. *London, William Lane at the Minerva Press*, 1794, sm. 16mo. contemp. leather.

100 fr.

Engraved frontispiece. The text is selected from the *Writings of many ingenious and learned Authors*.

5850 **WOILLEZ (Mme).** — LÉONTINE ET MARIE ou les Deux éducations. *Tours, Mame*, 1846, in-12, cart. toile bleue, décors dorés, tr. jasp. *(Cart. d'édit.).*

35 fr.

1 titre gravé avec vignette et 3 gravures hors-texte sur acier par *K. Girardet*. Bel exemplaire.

5851 **WOILLEZ (Mme).** — VIES ET AVENTURES DES VOYAGEURS extraites des relations les plus curieuses et faisant suite au Nouveau voyageur de la Jeunesse. *Paris, J. Langlumé et Peltier*, 1832, in-12, bas. mouch., dos orné, tr. marb. *(Rel. de l'époque).*

150 fr.

ÉDITION ORIGINALE. Intéressant AMERICANA illustré d'un titre gravé avec vignette *(Bougainville au milieu des habitants d'Otahti)* et de 3 figures non signées dont une représente le *Radeau de la Méduse*. Chapitres sur les *Aventures du capitaine Viaud, Wilson aux îles Pelew, Naufrage de la Méduse, Voyages de Cook, Voyages de La Pérouse, etc.*

5852 **WOLFF (J.-H.).** — DIE JUNGEN WELT-KENNER oder die Welt in Kleinen. Ein Bilderbuch technologischen, geographischen, natur-historischen und moralischen Inhalts zur nothigen Kenntniss für Kinder. *Leipzig, W. Lauffer, s. d.* [vers 1810], in-12, cart. papier marbré. *(Cart. mod.).*

500 fr.

Intéressant ouvrage, divisé en *soirées*, ou le père donne à ses enfants des *leçons de choses*. 24 tableaux, en douze planches hors-texte, représentant 244 petits sujets gravés et coloriés, dont la nomenclature en allemand, latin et français, se trouve au début de l'ouvrage. Bel exemplaire.

5853 **WOLLSTONECRAFT (Mary).** — MARIE ET CAROLINE ou Entretiens d'une institutrice avec ses élèves. Traduit de l'anglais. *Paris, Denlu, an* VII (1799), in-12, cart. papier de l'époque. **300 fr.**

PREMIÈRE ÉDITION de la traduction des célèbres *Original stories* parues en 1791 (voir le n° suivant). Elle est ornée de copies des belles planches de Blake, au nombre de 4. *Il en manque une.* Bel exemplaire. Très rare.

5854 **WOLLSTONECRAFT (Mary).** — ORIGINAL STORIES from Real Life ; with conversations calculated to regulate the affections, and form the Mind to Truth and Goodness. *London, J. Johnson*, 1791, 12mo. levant morocco, gilt. *(By Zaehnsdorf).*

2.800 fr.

FIRST EDITION. With 6 plates by WILLIAM BLAKE. At end 3 page catalogue of Johnson's books for Children. Mary Wollstone craft, the eminent author of *Vindication of the Rights of Women* and the famous pamphlet written in reply to Burke, wrote several works for children. *Fine copy.*

5855 **WOLLSTONECRAFT (Mary).** — THOUGHTS ON THE EDUCATION OF DAUGHTERS with Reflections on Female Conduct, in the More important Duties of Life. *London, J. Johnson*, 1787, 12mo. contemp. calf, gilt.

FIRST EDITION, bound up with.

WOLLSTONECRAFT (Mary). — ORIGINAL STORIES. First edition with Blake plates. *The two works.* **4.500 fr.**

5856 **WONDERFUL ESCAPES !** containing The Narrative of the Shipwreck of the Antelope Packet..., etc. An Extraordinary Escape from the effects of a Storm..., in North America. *Dublin, Richard Grace*, 1822, sm. 12mo. contemp. full-calf. **125 fr.**

Illustrated with 5 woodcuts. The work is of great American interest also containing the *Loss of the Lady Hobart Packet, on an Island of Ice. Loss of the American Ship Hercules*, etc.

5857 **WORLD ABRIDGED** (General History of the). For the use of Young Persons. *Huddersfield, Brook and Lancashire*, 1802, 16mo. or. half-leather boards. **45 fr.**

The work has a second part entitled *Changes in the Manners of Mankind.*

5858 **WORLD'S FAIR (THE)** or CHILDREN'S PRIZE GIFT BOOK of the Great Exhibition of 1851, describing the beautiful inventions and manufactures exhibited therein ; with Pretty Stories about the People who have made and sent them ; and how they live when at home. *London, Thomas Dean and Son, n. d.* [circa 1851], 8vo. or. cloth, gilt, g. e. **75 fr.**

FIRST EDITION. Hand-coloured frontispiece and title *(slightly foxed)*, and 37 woodcuts in text. Twenty-one page book catalogue at end. Fly leaf torn out.

5859 **WORLD AND ITS HISTORY (THE).** *London, Edward Wallis, n. d.* [circa 1840], 8vo. folding out folio, mounted on cloth, or. cloth case. *(Slightly soiled).* **200 fr.**

Many hand-coloured scenes of events. Booklet with rules, 24 pages.

5860 **WORLD AND ITS INHABITANTS (THE)** or the Travels and Adventures of Reuben Ramble. *London, Darton and Clark, n. d.* [circa 1840], 8vo. or. printed wrappers. **130 fr.**

Illustrated with maps and many views and scenes around the world, engraved on stone and hand-coloured.

5861 **WORLD TURNED UPSIDE-DOWN (THE).** *London, n. d.* [circa 1805], sq. 16mo. or. wrappers with label. *(Label partly damaged)*, preserved in half-morocco case. **2.750 fr.**

Illustrated with 16 hand-coloured copper plates with text also engraved. This comical Child's book, which was very much in vogue at the time, but now is excessively rare, is inspired by the French *Images Populaires* of the 18th century. One corner of the front wrapper and two first pages slightly cut, not affecting any text.

5862 **WORLD TURNED UPSIDE-DOWN (THE).** *London, Dean and Munday, n. d.* [circa 1820], small 12mo. or. printed wrappers with woodcut. **250 fr.**

Illustrated with many curious woodcuts inspired by the popular French versions of « Le Monde renversé ». *Fine copy.* Twopenny chapbook.
PLANCHE 113.

5863 **WORLD TURNED UPSIDE-DOWN (THE)** or No News and Strange News. *York, J. Kendrew, n. d.* [circa 1815], 32mo. or. printed wrappers. **200 fr.**

Illustrated with 29 quaint woodcuts. ABC at beginning. Penny chapbook. *Very fine copy.*
PLANCHE 63.

5864 **WRAY (Leopold).** — THE QUARRELSOME DOG, translated frefly *(sic)* from the German. *Leipzig, Engelmann ; London, Myers and Co, n. d.* [circa 1840], long 12mo. or. printed boards. *(Back strenghtened, crack in front cover).* **125 fr.**

Illustrated with 12 amusing hand-coloured woodcuts. Five page book list at end.

5865 **WRAY (Leopold).** — THE QUARRELSOME DOG. Another copy, modern cloth with or. wrappers stuck on. **100 fr.**

Fine copy.

5866 **YELLOW SHOE-STRING (THE)** or the Good Effects of Obedience to Parents. *London, William Darton, n. d.* [circa 1821], 12mo. or. printed wrappers. **200 fr.**

FIRST EDITION. Handsome folding frontispiece, and two other quaint plates. Large type. *Fine crisp copy.*

5867 **YOUNG (J.).** — THE PERILS OF PAUL PERCIVAL. *London, Harvey and Darton, n. d.* [circa 1841], contemp. green morocco, gilt back, and elaborate gilt motives on sides, g. e. *(Fine romantic binding).* **125 fr.**

8 plates engraved on wood. 24 page book catalogue at end. *Fine copy.*

5868 **YOUNG (J.).** — THE PERILS OF PAUL PERCIVAL. Or. cloth gilt, g. e. *(Back faded).* **70 fr.**

Another copy. Illustrated with 8 engraved plates *(slightly spotted).* Four page book list at end.

5869 **YOUNG BOTANISTS (THE)** in thirteen dialogues. *London, Richard Phillips,* 1810, sm. 21mo. or. half-leather, boards. **125 fr.**

FIRST EDITION. Illustrated with 11 hand-coloured plates of flowers. The text was *derived from Rousseau's Letters on Botany, and from that enchanting work, "The Studies of Nature".* Thirteen page book list at end. *Fine copy.*

5870 **YOUNG TRAVELLERS (THE)** or A Visit to the Grandmother. Containing, with a variety of incidental topies, a sketch of the elements of zoology, botany, mineralogy, and other branches of natural history. By a Lady. Second edition. *London, M. J. Godwin and Co,* 1816, 12mo. contemp. half-calf. *(Shabby).* **125 fr.**

Frontispiece by Corbould. Stain on title.

5871 **YOUNG TRAVELLERS (THE)** or A Visit to Oxford. By a Lady, Author of Victims of Pleasure, etc., etc. *London, Williams and Co,* 1818, 12mo. cont. calf, gilt on back and sides. **250 fr.**

FIRST EDITION. Illustrated with an engraved frontispiece showing Oxford and Another plate entitled *Mother Goose.* Fine copy.

5872 **YOUTHFUL JESTER (THE)** or Repository of Wit and Innocent Amusement, containing Moral and Humourous Tales ; Merry Jests, Laughable Anecdotes, and Smart Repartees. The whole being as innocent at it is entertaining. *London, J. Harris, by J. Crowder,* 1804, 16mo. or. flowered-paper, boards. **1.500 fr.**

Illustrated with a frontispiece and 12 woodcuts. Some of the anecdotes concern *Dr Johnson, Garrick, Shridan, etc.* Magnificent copy in perfect state.

5872 *bis* **YOUTHFUL RECREATIONS.** *London, Printed by W. Darton and J. Harvey,* 1801, 36mo. or. wrappers, preserved in half-morocco case. **600 fr.**

Engraved frontispiece with large vignette and 15 plates of games engraved on copper. *Fine copy.*

5873 **YOUTHFUL SPORTS.** *London, Darton and Harvey,* 1801, sm. 12mo. or. wrappers. **300 fr.**

FIRST EDITION. Engraved title with vignette and 22 copper plates showing sports. *Lacks 2 leaves of text* (A 1 and A 6), but plates complete. Corners of a few leaves frayed, and a few stains in margins. Of the greatest rarity. *Tuer, F. C. B., pages 71-82.*

5874 **YOUTHFUL TRAVELLERS (THE)** or Letters chiefly descriptive of scenes visited by some Young People during A Summer Excursion, Designed as examples of the epistolary style for children. *London, William Darton,* 1823, sm. 12mo. or. half-leather, boards. **100 fr.**

FIRST EDITION. Engraved frontispiece and two other plates. Dedication on title page. *Fine copy.*

5875 **YOUTH'S CABINET OF NATURE (THE)** for the Year ; containing curious particulars characteristic of each Month, intended to direct Young People to... observing Nature. *London, R. Harrild,* 1823, sm. 12mo. or. half-leather, boards. **100 fr.**

FIRST EDITION. Illustrated with a frontispiece and 13 splendid woodcuts by BEWICK. *Fine copy.*

5876 **YOUTH'S CABINET OF NATURE (THE).** Or. half-leather, boards. *(Back damaged).* **70 fr.**

Another copy, same edition. Front cover loose.

5877 **ZIEHNERT (J.-G.).** — GEMALDE AUS DEM WEIBLICHEN GESCHAFTSKREISE. *Pirna, August Robert Friese, s. d.* [vers 1830], in-8 carré, cart. toile grise bradel. *(Cart. de l'édit.).* **150 fr.**

Petit manuel de ménagères pour jeunes filles de 9 à 15 ans. Il est illustré de 16 planches dont 5 coloriées. *Bel exemplaire.*

5878 **ZIEHNERT (J.-G.).** — JUGENBILDER in 44 grossen und kleinen Erzahlungen und Gedichten. *Leipzig, A. R. Friese, s. d.* [vers 1820], in-12, cart. papier rose illust. *(Cart. de l'éditeur).* **50 fr.**

Petites histoires et pièces de vers pour la jeunesse. Ouvrage orné d'un charmant frontispice colorié représentant des musiciennes de village. *Bel exemplaire.*

5879 ZIEHNERT (J.-G.). — SCHERZ UND ERNST. *Leipzig, A.-R. Friese, s. d.* [vers 1820], in-12, cart. papier bl. illust. *(Cart. de l'éditeur).*
80 fr.

Petites histoires, pièces de vers et voyages pour la jeunesse. Ouvrage orné d'un frontispice colorié représentant un roi nègre sur son trône, entouré de chefs. *Bel exemplaire.*

5880 ZIEHNERT (Widor). — NEUES BILDER-ALLERLEI für gute Kinder. Bestehend in 14 fein coloristen und 14 schwarzen Blättern mit 100 Zeichnungen aus dem Natur und Kungstgebiete. *Annaberg, Rudolph et Dieterici, s. d.* [vers 1837], in-4 oblong, cart. papier gris imprimé.
400 fr.

14 planches gravées et coloriées et 14 autres, semblables, mais en noir. Les notices descriptives indiquent les coloris à employer pour les enluminer. *Bel exemplaire.*

BOITES DE BAPTÊME, ETC.
DE LA FIN DU XVIIIᴱ SIÈCLE A 1830

5881 BOITE RECTANGULAIRE à couvercle parallélipipédique. 16 × 9,8. Hauteur 8,4 centimètres. [Vers 1800]. **1.500 fr.**

Boîte d'un type rare. Les parois latérales sont en verre déformant. Les angles sont garnis de papier blanc à rayures vertes et de papier doré. Le fond, plus grand (17 × 11) est raccordé aux parois par un large papier doré posé en oblique. Le couvercle, intérieurement doublé d'un miroir, est formé d'un caisson vitré parallélipipédique, dont la face supérieure, qui porte à droite et à gauche deux étroits miroirs, est bombée en son milieu et protège un joli décor de cœurs enchaînés l'un à l'autre, carquois, torche, guirlandes, en fils d'or, perles, nacre, etc.

5882 BOITE RECTANGULAIRE. 12 × 8,2 × 3,4 centimètres. [Vers 1830]. **400 fr.**

Couvercle de verre bombé, orné de cadres de fils dorés et d'arabesques de perles. Au milieu, sur un carré de verre bleuté, petit monument, temple du souvenir, à colonnades de fils dorés enroulés, à toit de nacre, contenant un cœur en fil doré sur table de nacre. Boîte en papier bleu à fleurettes blanches. Petite bordure de papier doré. *Quelques défauts.*

5883 BOITE RECTANGULAIRE. 10 × 6,3 × 4,7 centimètres. [Vers 1820]. **1.000 fr.**

Couvercle et parois latérales en verre. Le fond est en satin rose capitonné. Les angles de la boîte sont ornés de papier doré. Le couvercle en verre bombé est orné d'un cadre très fin, de fils d'or et perles. Au milieu, carré de verre bleuté avec l'inscription en perles : *Amitié.*

5884 BOITE RECTANGULAIRE. 8,8 × 6 × 3,2 centimètres. [Vers 1830]. **150 fr.**

Couvercle de verre bombé, orné de fils d'or formant cadre, de perles groupées par trois, de guirlandes de perles martelées. Au milieu, carré de verre rouge portant l'inscription en perles martelées : *Don du* [cœur], ce mot étant formé d'un cœur dessiné avec des fils d'or. Boîte en papier blanc avec bordures de papier doré. Le fond de la boîte est en verre. *Quelques défauts.*

5885 BOITE RECTANGULAIRE. 10,5 × 7 × 3,5 centimètres. [Vers 1830]. **300 fr.**

Couvercle (se rabattant, maintenu vertical par deux rubans), à verre bombé, orné de cadres et d'arabesques de fils d'or avec, au milieu, sur fond peint en vert, une harpe faite de perles de différentes grosseurs, de fils d'or et de petits morceaux de métal. Boîte en papier jaune et argenté. Dans le fond, miroir (terni). *Quelques défauts.*

5886 BOITE RECTANGULAIRE. 10,8 × 7,4 × 3 centimètres. [Vers 1820]. **200 fr.**

Couvercle à verre bombé, orné d'un riche décor de perles dans un cadre de fils d'or très fins, avec deux médaillons ovales, l'un sur fond vert représentant un bouquet de perles et de fils d'or, l'autre la lettre Y, en perles, sur fond rouge. Boîte papier. Le décor du couvercle décrit est irréprochablement conservé, mais la boîte est fatiguée.

5887 BOITE RECTANGULAIRE. 8,3 × 5,5 × 3,2 centimètres. [Vers 1830]. **200 fr.**

Couvercle de verre bombé orné de fils d'or, de perles, de verres de couleur formant des guirlandes, corbeilles, pilastres, une grande flèche. Au milieu, petit sujet en métal représentant une jeune femme assise, la tête appuyée sur le bras replié. Boîte en papier rose à bordures de soie vert foncé et de papier argenté.

5888 BOITE EN FORME DE CŒUR. 10 × 9 × 3,5 centimètres. [Vers 1830]. **1.000 fr.**

Couvercle de verre bombé orné d'arabesques de perles ; dans un médaillon central en losange, en verre vert, bouquet de fleurs figuré par des fils d'or et des perles. Boîte bordée de papier violet, blanc et or.

5889 BOITE CIRCULAIRE. Diamètre : 8 centimètres. Hauteur : 2, 5. [Vers 1820]. **250 fr.**

Couvercle bombé en verre, orné de dessins en fils d'or. Au centre, petite corbeille imitant la vannerie, avec fleurs en étoffe. Boîte papier rose à cercle de papier doré.

5890 BOITE EN LOSANGE. 8 centimètres de hauteur, 3,2 cent. d'épaisseur. [Vers 1820]. **1.800 fr.**

Couvercle de verre, bombé. Aux angles, médaillons en forme de cœur et nacrés sur lesquels sont peints des bouquets de fleurs. Au centre, entouré de perles et de fils d'or en arabesques, sur un carré de verre bleu, petit monument en nacre, perles et fils d'or, surmonté d'une urne d'où s'échappent des flammes figurées par des fils d'or et des fils rouges. Boîte bordée de joli papier doré. Fond en verre.

5891 BOITE EN FORME DE PANIER. Dimensions extrêmes : 18 5×11. Hauteur : 5 centimètres. [Vers 1820]. **1.000 fr.**

Boîte hexagonale, le couvercle plus grand que le fond. Avec une anse dont les attaches sont fixées aux extrémités d'un axe sur lequel jouent deux couvercles symétriques, ornés de verres bombés et de décors identiques, de fils d'or, de perles et de corbeilles florales en papier, soie et perles, sur fond rose. Tous les angles de la boîte sont garnis de papier jaune à baguette noire. Les six faces de la paroi latérale sont recouvertes de plaques de verre. *Une petite fente.*

5892 PETIT MEUBLE A TIROIR (Boîte en forme de). Dimensions extrêmes : 12,5 centimètres de largeur. 16,5 de hauteur. [Vers 1798]. **3.500 fr.**

Curieux objet. Il comprend un socle posé sur quatre pieds et dans lequel s'ouvre un tiroir dont le fond est orné d'une gravure en couleur sous verre (femme rêvant au pied d'un arbre, sur un banc rustique), — un autre socle plus petit posé sur le premier et bordé d'un papier à colonnades dorées, — sur ce second socle, une statuette en biscuit représentant un amour enchaîné qui tend les mains dans un geste de supplication. Cette statuette est enfermée dans une cage de verre, que l'on peut recouvrir ou découvrir à volonté d'une autre cage de verre, celle-ci mobile, aux angles ornés de papier doré, aux côtés ornés de lyres, étoile en papier doré et dont le côté avant sous verre bombé, est orné d'un riche décor de perles, fils d'or, petits objets métalliques représentant une pendule et des bouquets de fleurs sur une cheminée.

5893 BOITE RECTANGULAIRE. 12×6×3,5 centimètres. [Vers 1820]. **250 fr.**

Couvercle de verre bombé orné de fils d'or et de perles dessinant des arabesques. Au milieu dans un médaillon en losange de verre peint en rouge, fleur de perles. Boîte papier bleu de ciel bordée de papier doré. *Quelques défauts.*

5894 BOITE RECTANGULAIRE. 17,5×12×4,5 centimètres. [Vers 1810]. **2.000 fr.**

Couvercle (se rabattant sur charnière de papier doré), à verre bombé, orné d'un joli décor de filets dorés en fils serrés très fins, d'arabesques de perles, et au milieu, dans un cadre de perles et de fils d'or, d'une corbeille où des perles grosses et petites et du papier découpé imitent les fleurs. Boîte en papier doré. Dans le fond de la boîte, miroir.

5895 BOITE ELLIPSOIDALE. 14×7×4 centimètres. [Vers 1800]. **2.000 fr.**

Couvercle de verre bombé orné d'un joli cadre de fleurettes de papier rose et vert, de perles et de fils d'or, entourant une harpe en relief, faite de morceaux de nacre, de fils d'or et de perles. Sous la harpe, rébus en perles et fils d'or, formé de lettres et de notes musicales. Très jolie boîte, d'une irréprochable fraîcheur, bordée de papier vert clair presque entièrement recouvert de papier doré à fleurs.

5896 BOITE EN FORME DE CŒUR. Dimensions extrêmes : 8×9 centimètres. Hauteur : 2,5. [Vers 1830]. **400 fr.**

Couvercle de verre bombé décoré d'arbres en fils d'or et perles, de maisons en nacre et fils d'or et d'une colonne de nacre surmontée d'une corbeille de fleurs en perles. Boîte en papier doré à bordures de papier d'argent. Dans le fond, miroir (terni et fêlé). *Quelques défauts.*

5897 BOITE RECTANGULAIRE. 9,5×6,5×2,8 centimètres. [Vers 1820]. **1.000 fr.**

Couvercle de verre bombé orné de fils d'or et de petites perles groupées par sept, formant des cadres ; au milieu est ménagé un rectangle de verre bleuté où le mot *Amitié* est écrit en perles. Boîte bordée de joli papier doré.

5898 BOITE RECTANGULAIRE. 10,5×7×3 centimètres. [Vers 1830]. **200 fr.**

Couvercle de verre bombé. Cadres de fils d'or, arabesques de perles. Au milieu, sur un rectangle de verre bleu pâle, bouquet de perles et de fils d'or. Boîte en papier jaune à larges bordures de papier rose.

5899 BOITE CIRCULAIRE. Diamètre : 7 centimètres. Hauteur : 3. [Vers 1825]. **300 fr.**

Couvercle bombé en verre, orné d'arabesques de perles et fils d'or ; au centre, lyre de perles. Boîte papier rose à dentelles de papier doré.

5900 BOITE CIRCULAIRE. Diamètre : 7,8. Hauteur : 2,7 centimètres. [Vers 1798.] **3.000 fr.**

Couvercle très légèrement bombé, en verre, orné d'une couronne de fleurettes de papier bleu bordées de fils d'or, avec 3 perles blanches sur chaque fleurette ; de deux triangles de fils d'or, l'un dans l'autre, d'un compas maçonnique surmonté d'un bonnet phrygien rouge d'où partent des rayons de fils d'or flamboyants. Boîte richement bordée de papier doré. Le fond est en verre. Curieux décor révolutionnaire.

5901 BOITE CIRCULAIRE. Diamètre : 16,5. Hauteur : 2,5 centimètres. [Vers 1820]. **1.600 fr.**

Couvercle de verre bombé orné d'un double cadre de fils d'or rehaussé de guirlandes, arabesques et bouquets de fils d'or et de perles. Au milieu, sur un rectangle de verre vert, inscription en perles : *Don du [cœur]*, ce dernier mot étant figuré par un cœur peint et bordé de fils d'or. Ce verre bombé est entouré d'une torsade de peluche en trois couleurs. Boîte en papier doré recouvert circulairement de papier argenté orné d'une grecque.

5902 BOITE RECTANGULAIRE. 10,5×7×3 centimètres. [Vers 1820]. **1.800 fr.**

Couvercle de verre très légèrement bombé, orné de bouquets de fleurs peints dans des médaillons en forme de cœur et nacrés. Torches et carquois peints en bleu, avec perles et fils d'or. Flèches et arbalètes. Boîte papier jaune à bordures de papier doré. Très jolie boîte, d'une fraîcheur irréprochable.

5903 BOITE RECTANGULAIRE. 20×14,5×8,5 centimètres. [Vers 1800]. **2.500 fr.**

Boîte fermant à clef. Le couvercle et le fond sont un peu plus grands que la caisse elle-même. Quatre pieds métalliques vissés. Boîte dorée aux parois recouvertes de papier or et argent. Couvercle, intérieurement doublé d'un miroir, et décoré d'un riche motif sous verre bombé, représentant des guirlandes, des dessins, une corbeille de fleurs, en perles, fils d'or, nacre, dans un large cadre surélevé et débordant.

5904 CORNET EN SATIN. Hauteur 18. Diamètre en haut : 4,5 centimètres. [Vers 1820]. **300 fr.**

Cornet à dragées, en satin blanc recouvert d'une résille de fils blancs. Ornements métalliques dorés : rosace de perles, bouquets. LE COMTE D'ARTOIS (Charles X en 1824) imprimé et colorié sur le satin blanc et entouré d'un cadre ovale de perles de métal doré. Fermeture à coulisse de ruban.

5905 CORNET EN SATIN. Hauteur : 28. Diamètre en haut : 7 centimètres. [Vers 1810]. **300 fr.**

Cornet à dragées, à couvercle de verre bombé orné d'un bouquet de fleurs en papier et en peluche. (Le verre bombé est fêlé. Il manque un petit morceau.) Le cornet est en carton recouvert de soie bleu de ciel ornée de guirlandes florales de papier argenté et de deux petites gravures coloriées. *Quelques cassures.*

5906 BOITE CIRCULAIRE. Diamètre : 13,5. Hauteur : 3,5 centimètres. [Vers 1820].   **2.000 fr.**

Couvercle de verre orné, au centre, d'un verre bombé recouvrant un sujet d'intérieur : commode avec corbeille de fleurs, perroquet sur son perchoir, le tout en perles, fils d'or, papier découpé, plumes, etc. Boîte en papier doré. A l'intérieur : compartiments.

5907 BOITE RECTANGULAIRE. 10,2 × 6,8 × 3,7 centimètres. [Vers 1830].   **1.600 fr.**

Couvercle de verre légèrement bombé, orné de jolis cadres de fils d'or, d'arabesques de perles avec, au milieu, une large corbeille en verre teinté mat où des fils d'or et des perles figurent des fleurs. Boîte papier vert à bordures de papier bleu de ciel et or.

5908 BOITE CIRCULAIRE. Diamètre : 17. Hauteur : 4 centimètres. [Vers 1825].   **450 fr.**

Couvercle en verre bombé, à joli et très riche décor de fils métalliques, de perles, de fleurs en étoffe, soie, etc., formant des guirlandes, des arabesques, une grande corbeille. Le verre plat, qui double le verre bombé, a lui-même été doublé par un carton bleu-gris qui accuse le relief des ornements. La boîte est entièrement bordée de papier doré. *Quelques petits défauts.*

5909 BOITE OCTOGONALE. 16 × 12 × 3 centimètres. [Vers 1830].   **350 fr.**

Couvercle (se rabattant, maintenu vertical par deux rubans) à verre légèrement bombé, orné d'arabesques de perles et de fils d'or, anse, au milieu, dans un cadre de grosses et de petites perles, sur fond de verre peint en rouge, une pendule minuscule, cadran porcelaine, soutenu par des fils d'or. Boîte bordée de soie, fanée. *Quelques défauts.*

5910 BOITE RECTANGULAIRE. 8,7 × 6 × 3 centimètres. [Vers 1830].   **75 fr.**

Couvercle de verre bombé orné de fils d'or et de perles formant des cadres et des petits bouquets. Au milieu, sur un carré de verre rouge, des perles, des fils d'or, de petits morceaux de métal argenté et doré forment une harpe. Le verre bombé est fêlé. Boîte en papier jaune avec bordures de papier vert clair. *Cassure et quelques défauts.*

5911 BOITE RECTANGULAIRE. 9,8 × 6,7 × 3 centimètres. [Vers 1800].   **2.000 fr.**

Couvercle de verre bombé orné de filets d'or formant un grand cadre à trois compartiments. Les compartiments extrêmes contiennent une torche flamboyante, de fils d'or, de perles et de fils rouges, le compartiment du milieu, le plus large, porte, entouré de perles et de fleurettes de papier bleu, un petit motif dessiné en relief et peint sur un médaillon circulaire, représentant Cupidon, juché sur une ancre et qui transperce un cœur perché au sommet d'une falaise. Boîte en papier doré. Dans le fond, miroir. Fraîcheur parfaite.

5912 BOITE EN FORME D'ÉTOILE à six branches, de 15,5 centimètres dans la plus grande dimension. Hauteur : 3,4. [Vers 1815].   **350 fr.**

Boîte en papier vert clair à bordure de papier doré. Le centre du couvercle porte un cercle de verre bombé, bordé de perles et de peluche, de 7, 8 centimètres, qui recouvre une rose et ses feuilles, en étoffe de couleur, dans un cadre de fils dorés et de perles. Intérieur à six compartiments.

5913 BOITE CIRCULAIRE. Diamètre : 10,3. Hauteur : 3,5 centimètres. [Vers 1810].   **2.000 fr.**

Couvercle orné d'un verre bombé bordé de perles, de peluche et recouvrant un bateau de verre à mâts de fils d'or, maison en fils d'or, etc. Boîte papier rose à riche ornementation de papier doré.

BIBELOTS DIVERS. - BOITES D'ENFANT. - JOUETS. - MOULES DE PAINS D'ÉPICE, ETC.

5914 CARNET SOUVENIR. *Paris, s. d.* [vers 1860], plats ivoire (70 × 105 mm.). Au centre dans un médaillon, bouquet de fleurs, perles sous verre, gardes moire, tr. dorées.   **300 fr.**

Figure de titre gravée ; 4 pages de papier spécial pour notes. *Petite cassure à un verre.*

5915 BOITE A OUVRAGES D'ENFANT. 34 × 46 × 11 centimètres. Boîte en bois recouverte de papier doré à rinceaux en relief, couvercle orné d'une belle lithographie coloriée sous verre (32 × 20,5 cm.) représentant un village près d'un lac, montagnes au second plan. [Vers 1840].   **5.000 fr.**

Magnifique boîte de style romantique, admirablement conservée. A l'intérieur du couvercle, grande glace (30 × 18 centimètres) encadrée d'une large bande de papier doré à rinceaux. Cette glace, fixée par un petit crochet, se soulève et masque un portefeuille. La boîte contient un caisson qui peut s'enlever, et laisse, même en place, un espace libre dans le fond. Ce caisson comprend neuf compartiments aux couvercles de papier fantaisie bordé de papier doré, une pelote à épingles en peluche rose vif et deux compartiments également de peluche, et un grand compartiment central contenant ciseaux (cassés), étui à aiguilles, poinçon, flacon à odeur, dévidoirs et cure-ongles en nacre (les petits ciseaux et le dé manquent), le tout recouvert d'un sachet de soie. Sous ces compartiments, et dans le fond de la boîte, douze petits tiroirs dissimulés. Très belle pièce d'une fraîcheur exceptionnelle.

5916 BOITE A PAPIER, en forme d'album (122 × 85 mm.), veau vert, plats décorés de dentelle et de médaillon or, fers à froid. [*Allemagne*, vers 1820], côtés dorés, imitant des tranches.   **200 fr.**

A l'intérieur deux gravures sur papier bleu, l'une illustrant l'envers du couvercle, l'autre protégeant le papier, tranches dorées (116 × 75 mm.).

5917 BOITE A PAPIER en forme d'album, 170 × 96 mm., veau vert, filets or et décor à froid sur les plats, côtés dorés, imitant des tranches. [*Allemagne,* vers 1825]. **120 fr.**

A l'intérieur, gravure coloriée destinée à recouvrir le papier.

5918 BOITE en forme d'album (160 × 90 mm.), veau gris olive, larges filets sur les plats, cadre à rinceaux or, plaque à froid, côtés dorés, imitant des tranches. [*Allemagne,* vers 1840]. **250 fr.**

A l'intérieur, copies manuscrites sur divers papiers de poésies allemandes.

5919 BOITE A PAPIER en forme d'album (155 × 92 mm.). Dos et bordure des plats maroquin rouge, filets et dent. or, Sur les pl., gravures tirées sur satin blanc : chien et enfant, paysage. Côtés dorés imitant des tranches. [*Allemagne,* vers 1850]. **300 fr.**

A l'intérieur, gravure coloriée, recouvrant du papier de même dimension (144 × 75 mm.), à tr. dorée.

5920 BOITE A PAPIER en forme de livre 115 × 80 mm., plats fond blanc, cadre et médaillon rocailles or, au milieu bouquet de fleurs coloriées, côtés dorés imitant les tranches. [*Allemagne,* vers 1830], étui. **300 fr.**

A l'intérieur, lithographie coloriée, encadrée or, jeunes femmes et enfants dans un parc, 123 × 70 mm., papier de même format, miroir.

5921 BOITE ROMANTIQUE en forme de livre. 80 × 122 millimètres. [Vers 1825]. **300 fr.**

Dos papier doré à la cathédrale. Plats papier café au lait avec joli sujet miniaturé et la légende : *Balcon sous Louis XIV.* Les plats sont recouverts d'une plaque de verre et bordés de papier doré. Les fausses tranches (3 côtés de la boîte) sont recouverts de papier doré. A l'intérieur, petit miroir. Très joli bibelot.

5922 BOITE papier blanc et or, couvercle orné d'un empiècement velours grenat décoré de motifs rocaille papier doré et encadrant une chromolithographie qui représente un petit garçon, une petite fille et un chien dans un canot sur une rivière. 125 × 80 millimètres. [Vers 1840]. **300 fr.**

A l'intérieur, carton orné d'une litho coloriée, avec l'inscription *Zur Erinnerung,* et 28 feuillets papier blanc de l'époque, à tranches dorées, 105 × 63 millimètres. A l'intérieur du couvercle, petit miroir. *Fraîcheur rare.*

5923 CHARLES MALO. — GUIRLANDE DE FLORE. Boîte blanche et or. 6,8 × 10 centimètres. [Vers 1820]. **200 fr.**

Charmante boîte recouverte de papier blanc, protégé par des verres sur le couvercle et le dessous. Bordure et angles de papier doré à pointillé et fleurons. Le couvercle est orné en outre d'une guirlande florale lithographiée et coloriée, entourant le titre. Il est à noter que ces boîtes, qui portent le nom de petits ouvrages de l'époque, sont trop petites pour les contenir.

5924 BOITE A OUVRAGES D'ENFANT. 23 × 31 × 16 centimètres. Boîte en bois recouverte de papier blanc à fleurettes, oiseaux, papillons dorés. Quatre pieds dorés. Couvercle orné d'une peinture originale sous verre représentant un jeune homme présentant des bijoux à une jeune femme assise

qui esquisse de la main un geste de refus. [Vers 1830]. **1.100 fr.**

Très jolie boîte, vide, avec grand miroir à l'intérieur du couvercle ; poignée métal doré. Bordures du couvercle et du fond en large papier doré. La peinture du couvercle, aux couleurs vives et au dessin ingénu, est charmante.

5925 BOITE OCTOGONALE EN PAPIER BLANC, ornée d'une litho coloriée. 15,5 × 20 centimètres. [Vers 1840]. **125 fr.**

Boîte à dragées. Le couvercle, bordé de plissés de fils blancs et or est orné d'une litho coloriée représentant deux jeunes filles assises dans la campagne. Cette litho est encadrée de fils de soie. A l'intérieur, papier-dentelle conservé.

5926 PETITE BOITE A COUVERCLE ORNÉ D'UNE LITHO SOUS VERRE. 14 × 9,5 × 6,5 centimètres. [Vers 1840]. **450 fr.**

Charmante boîte en forme de coffret, décorée de papier à fleurettes blanc et or, largement bordée de papier doré. Couvercle bombé orné d'une lithographie coloriée sous verre, représentant deux jeunes filles près d'une source. A l'intérieur, miroir.

5927 BOITE A CAISSON ET COMPARTIMENTS, ornée d'une litho coloriée sous verre. 30 × 25,5 × 8,5 centimètres. [Vers 1850]. **1.500 fr.**

Jolie boîte décorée de papier bleu de ciel à rayures dorées. Serrure et clef. Sur le couvercle, litho coloriée (une mère tient dans ses bras son bébé, près d'une chaumière). Cette litho est encadrée d'une large bande de papier doré uni entre deux petits filets de papier doré à fleurettes qui en font comme un tableau. A l'intérieur, caisson en papier moiré, orné au fond d'une très fine litho coloriée (enfants et poissons rouges). Sous ce caisson mobile, le fond de la boîte comporte douze compartiments.

5928 BOITE ORNÉE D'UNE LITHO COLORIÉE. 33 × 23 × 6 centimètres. [Vers 1850]. **180 fr.**

Boîte décorée de papier vert à rosaces blanches, au couvercle orné d'une lithographie coloriée représentant des enfants jouant dans un jardin près de leur mère. A l'intérieur du couvercle est collée une litho représentant le Grand Théâtre de Bordeaux. Le fond de la boîte est plus large que le couvercle (29 × 19) ce qui donne aux angles une forme d'éperon.

5929 BOITE EN PAPIER BLANC ornée d'une chromolithographie. 15,5 × 21,5 × 2,7 centimètres. [Vers 1840]. **400 fr.**

Jolie boîte dont la litho qui orne le couvercle (légèrement bombé) est encadrée de papier doré et de petits motifs floraux métalliques dorés aux angles. Personnages en costumes du XVIIe siècle : une jeune fille confie un secret à un jeune homme. Dans la boîte se trouve une quinzaine de gravures de mode découpées.

5930 BOITE EN PAPIER BLANC IVOIRE ornée d'une chromolithographie. 20 × 27,5 × 3,5 centimètres. **80 fr.**

Boîte à bonbons. Couvercle légèrement bombé, découpé au milieu, ménageant la place de la litho placée dessous et qui représente deux jeunes femmes contemplant deux colombes. Le papier ivoire du couvercle est décoré de larges rinceaux or et vieil argent qui forment un cadre à la litho. *Couvercle détaché.*

5931 BOITE EN PAPIER BLANC ET VERT, ornée d'une chromolithographie. 23,5 × 31 × 3 centimètres. [Vers 1840]. **350 fr.**

Boîte à bonbons. L'intérieur porte deux étiquettes de *Raymond, confiseur-distillateur, Au Fidèle Berger, rue de l'Ancienne-Comédie* Papier blanc à feuillages vert et or. Sur le couvercle, chromolithographie encadrée de filets dorés, et représentant une fillette qui, ayant coiffé son chien de son propre chapeau, lui présente un miroir.

5932 BOITE CIRCULAIRE, couvercle orné d'une gravure coloriée sous verre. Diamètre : 16,2. Hauteur : 2,5 centimètres. [Vers 1840]. **300 fr.**

Boîte bordée de papier doré. Curieuse gravure coloriée sous verre, sur le couvercle : c'est une mosaïque de sujets différents, comme d'images jetées sur une table et se recouvrant à moitié les unes les autres. *On y reconnaît les sujets de fables de La Fontaine.*

5933 BOITE-MINIATURE en forme de livre. 5,5×8,×1,5 centimètres. **50 fr.**

Petite boîte recouverte de peluche bleue, les plats sont bordés de papier doré. Papier doré imitant les nerfs du dos. Fausses tranches dorées. A l'intérieur, petit miroir.

MOULES A PAIN D'ÉPICE
GINGERBREAD MOULDS

5934 GINGERBREAD MOULD. *French.* Late 18th century. Wood 11×60 cent. **500 fr.**

Four figures. Chickens, a cat and a dog, each being 12 cent. high. The feathers and fur are exceedingly well executed, fine example. Slightly wormed.

5935 GINGERBREAD MOULD. *French,* 18th cent. Wood 14×38 cent. **600 fr.**

Two men mounted on horses, elaborately ornamented dresses and trappings. *Fine example.*

5936 GINGERBREAD MOULD. *French.* Early 18th cent. Wood 12×44 cent. **125 fr.**

An early example consisting of 6 rows of figures of men and women. 4 in a row, 6 cent. high, crudely carved. Slightly wormed.

5937 GINGERBREAD MOULD. *French.* 18th century. Wood 12×22 cent. **80 fr.**

A very deeply cut oblong mould with diamond design.

5938 GINGERBREAD MOULD. *French.* Late 18th century. Wood 13×37 cent. **300 fr.**

A bloch of 26 curious moulds of fishes, animals, leaves, fruits, and geometrical designs. A very curious example. Worm holes.

5939 GINGERBREAD MOULD. *French.* Late 18th cent. Wood 6×42 cent. **250 fr.**

Three men, each 12 cent. high. The first in a beaver hat the second a soldier standing « At Ease » and the third at the salute. Worm holes.

5940 GINGERBREAD MOULD. *French.* 18th cent. Wood 12×42 cent. **125 fr.**

Six heart shaped moulds with different center designs, each 5 cent. high and 6 oblong moulds, with simple repetition designs few worm holes.

5941 GINGERBREAD MOULD. *French.* Early 19th cent. Wood 8×26 cent. **300 fr.**

Naïve figure of an old woman, with elaboratealy ornamented dress. *Fine example.*

5942 GINGERBREAD MOULD. *French.* Early 19th century. Wood 12×46 cent. **800 fr.**

A fine example, 3 soldiers on horseback, each 12 cent high. The first is a bugler, the second is holding a spy glass to his eye and the third, is wearing a plumed helmet, and holding a sabre.

5943 GINGERBREAD MOULD. *French.* Early 19th century. Wood 9×55 cent. **700 fr.**

An interesting example, reminiscent of country life. There are three men depicted, the first holding a glass just about to drink, the second is a poacher holding a dead hare and the third is a game keeper with his dog at his feet. Each figure is 16 cent. high and is very cleverly carved. *Worm holes.*

5944 GINGERBREAD MOULD. *French.* Early 19th century. Wood 15×33 cent. **800 fr.**

Naïve figure of man, very cleverly and elaborately carved. He holds in his hand a large glass. Magnificent specimen. A few worm holes.

5945 GINGERBREAD MOULD. *French.* Early 19th century. Wood 9×56 cent. **800 fr.**

Four soldier on horseback different uniforms each being 9 1/2 cent high. *Fine specimen.*

5946 GINGERBREAD MOULD. *French.* Early 19th century. Wood 28×30 cent. **250 fr.**

Octogonal shape with deeply cut circular design of initials. S. M. R. surmounted with a closed coronet and six stars of each side, with palm leaves below.

5947 GINGERBREAD MOULD. *French.* Early 19th century. Wood 9×39 cent. **450 fr.**

Three Soldiers on horseback different uniforms, each figure 10 cent. high : worm holes.

5948 GINGERBREAD MOULD. *French.* Late 18th century. Wood 12 1/2×15 cent. **80 fr.**

Simple design. Slightly wormed.

5949 GINGERBREAD MOULD. *French.* Early 18th cent. Wood 11×13 cent. **100 fr.**

Rotative motif. Slightly wormed.

5950 GINGERBREAD MOULD. *French.* 18th cent. Wood size 19 1/2×8 1/2 cent. **100 fr.**

Square design with holes in center. Slightly wormed.

5951 GINGERBREAD MOULD. *French.* Early 18th cent. Wood size 12 1/2×10 cent. **100 fr.**

Heart design with spray motif. Slightly wormed.

5952 GINGERBREAD MOULD. *French.* Late 18th cent. Wood size 10 1/2×16 cent. *(Very deep).* **80 fr.**

Naïve leaf design. Very slightly wormed.

5953 GINGERBREAD MOULD. *French.* 18th cent. Wood size 12×24 cent. **250 fr.**

Raspberry design in four compartments. Slightly wormed.

5954 NEEDLE CASES (CHILDREN'S). TWO BOXES, each (44×22×14 mm.) or. red morocco, silver paper interiors. *Drilled ey'd Needles*, in gilt, gilt tooling on sides. [Circa 1820]. **125 fr.**

Fine, fresh condition.

5955 TRANSPARENT SLATE. Oak frame with ground glass and 12 prints, 12mo. [Circa 1840]. **60 fr.**

The 12 prints have numerous objects engraved in wood. On back is instructions.

5956 LANTERNE MAGIQUE. 2 verres de 21,5×5,2 centimètres. [Vers 1860]. **30 fr.**

Têtes grotesques d'hommes et de femmes, quatre sur chaque verre.

5957 LANTERNE MAGIQUE. 2 verres de 21,5×5,4 centimètres. [Vers 1860]. **30 fr.**

Scène de drame. Scène de vaudeville.

5958 LANTERNE MAGIQUE. Verre de 20,4×4,7 centimètres. [Vers 1850]. **20 fr.**

Scène enfantine. Sur un mur, *Graffiti*; têtes de soldats, inscription *Vive la République*.

5959 LANTERNE MAGIQUE. Verre de 21,7×5,5 centimètres. [Vers 1850]. **15 fr.**

Cinq têtes grotesques de militaires.

LANTERNE MAGIQUE. Voir PERRAULT, Cendrillon, n° 4460.

LANTERNE MAGIQUE. Voir SAINT-PIERRE (Bernardin de). Paul et Virginie, n° 5077.

5960 MOBILIER DE POUPÉE. 10 pièces en noyer verni à filet noir. [Vers 1830]. **1.250 fr.**

Canapé et quatre chaises, recouverts de velours rose capitonné, pieds courbés. Secrétaire à tablette se rabattant, petits et grands tiroirs, miroir. Armoire vitrée avec miroir au fond et deux tiroirs sous la porte. Guéridon à bascule. Glace de muraille, montée sur un panneau, entre deux colonnettes. Longueur du canapé : 17 cm. Hauteur de l'armoire, 16 cm. Diamètre du guéridon, 8,5 cm.

5961 PETIT MEUBLE DE POUPÉE. TABLE A TIROIR recouverte d'une lithographie coloriée sous verre entourée de miroirs. [Vers 1840]. **300 fr.**

Jolie petite table en hêtre plaqué ; dimensions extrêmes : 15 cm. de long, 9,5 de large, 12,5 de hauteur. Pieds courbes réunis à mi-hauteur par une tablette aux côtés incurvés. La litho représente des enfants et un marchand de friandises : « A tout coup l'on gagne ». Bordures de petit papier doré collées.

5962 OMBRELLE DE POUPÉE. Longueur : 24 cm. Diamètre : 17 centimètres. [Vers 1850]. **100 fr.**

Ombrelle de soie blanche, recouverte d'une dentelle noire, large bordure de soie grenat plissée. Manche en fer. Poignée en os sculpté. Anneau en os.

5963 POUPÉE GRECQUE ANTIQUE (VIᵉ siècle av. J.-Ch.). Hauteur : 16 centimètres. **1.800 fr.**

Poupée en terre cuite. Tête très fine. Les bras et les jambes articulés. Les mains et les pieds ont été restaurés. Il est d'ailleurs presque impossible de rencontrer une poupée antique aux membres tout à fait intacts.

5964 SERVICE A CAFÉ et à thé pour enfants. 25 pièces. Epoque Directoire. **4.000 fr.**

10 tasses avec soucoupes, cafetière, théière, sucrier, pot à lait, grand bol-compotier. Toutes ces pièces, en fine porcelaine de Paris *(de Dagoty)*, blanche à filet doré, sont décorées de scènes peintes, d'un goût exquis, représentant des jeux d'enfants. Tout le service est intact, sauf le sucrier, qui a été réparé.

PLANCHE 336.

GRAVURES

5965 ALPHABET ILLUSTRÉ. *Paris, Desesserts*, [vers 1840], placard collé sur carton (45×27 centimètres). **50 fr.**

12 lithographies coloriées de Michel Delaporte, tirées chez Castille représentant les 12 premières lettres de l'alphabet, de A (acteur) à L (libraire).

5966-5967 ROUSSEAU. — LES ENFANTS JOYEUX OU LES APPRÊTS DU DINER. — LE TRAVAIL OU LES ENFANTS LABORIEUX. Deux estampes gravées en couleurs de Prot d'après les dessins de Rousseau. *Paris, chez Noël, s. d.* [vers 1800]. Ensemble : **3.000 fr.**

Très jolies gravures se faisant pendant (33×24,5 les Enfants ; 33×25,5 le Travail), dans de jolies cadres semblables, de l'époque, en bois doré et orné, de 49×43 centimètres.

5968-5969 VOILA COMMENT LES ENFANTS VIENNENT. — PETIT FRÈRE ARRIVÉ DE NOURRICE. Deux estampes gravées en couleurs se faisant pendant. [Vers 1810]. 33×25,5 centimètres. Avec les cadres : 49,5×43,5. Ensemble : **2.000 fr.**

La première gravure est de *Parfait Augand*, d'après le dessin de *Firmin*. La seconde est de *Ch.-F. Noël*, d'après le dessin de *Chasselat*. Cadres en bois doré.

5970-5971 BOILLY. — AH ! LES MÉCHANTS ENFANTS. — LA PERRUQUE DE GRAND-PÈRE. Deux lithogr. coloriées de Delpech. Signées : Boilly, 1825. Ensemble : **1.500 fr.**

21×16 centimètres. Avec les cadres pitchpin à baguette noire : 39,5×31,5.

5972-5975 AUBRY (Ch.). — QUATRE LITHO-GRAPHIES coloriées de Delpech, 1824, d'après les dessins d'Aubry. Cadres de bois de pitchpin à double filet noir, 30,5×39 centimètres.

Ensemble : **1.250 fr.**

La barbe du sapeur. Les papillottes. Le remède. Les petits acteurs. Chacune de ces lithos, sans les marges, a environ 15,5×20,5 centimètres.

5976 LINDER. — ATTENDS ! POLISSON, JE VAIS T'EN DONNER DU MAITRE D'ÉCOLE. Lithographie coloriée de Régnier et Bettannier. [Vers 1750]. **300 fr.**

49,5×37 centimètres. Avec le cadre pitchpin à double filet noir : 76×63,5. Très jolie pièce du *Musée des mœurs en action.*

5976 bis LINDER. — ATTENDS ! POLISSON, JE VAIS T'EN DONNER DU MAITRE D'ÉCOLE. **200 fr.**

La même litho que le n° précédent. Non encadrée. Belle épreuve.

5977 DUBOULOZ. — BAISSEZ LES YEUX ! VOUS PERDRIEZ LA VUE ! — BAST ! J'EN RISQUE UN. Lithographie coloriée de Régnier, Bettannier et Morlon. [Vers 1850]. **250 fr.**

49,5×37 centimètres. Avec le cadre pitchpin à double filet noir : 76×63,5. Très jolie pièce du *Musée des mœurs en action.*

5978-5979 DÉSANDRÉ. — LES CANARDS AU BOIS DE BOULOGNE. — LE THÉATRE DE GUIGNOL AUX CHAMPS-ÉLYSÉES. Deux lithogr. coloriées de Régnier, Bettannier et Morlon. [Vers 1855]. Ensemble : **1.000 fr.**

48,5×36 centimètres. Avec le cadre pitchpin à double filet noir : 76×64.

5980-5981 HOT COCKLES. HUNT THE SLIPPER. Deux gravures anglaises. [Vers 1790]. Ovales. 158×130 millimètres. Avec le cadre Louis-Philippe, pitchpin à filets noirs : 32,5×27 centimètres. Ensemble : **500 fr.**

Jolies gravures représentant des jeux d'enfants : la main chaude et la cachette (exactement : cherchez le soulier).

5982 STELLA (Claudine). — LA MERELLE *(sic)* ET LE CERF-VOLANT. LE PALET. LES QUILLES. LE SABOT. Quatre sujets gravés sur cuivre de 1657. **500 fr.**

Chacun 14,5×12 centimètres. Avec le cadre bois vieil or moucheté : 25,5×23,8. Ces jolies gravures de Claudine Stella (1630-1697) font partie de l'album *Les jeux et plaisirs de l'enfance*, publié en 1657, et dont un exemplaire est décrit plus haut, n° 3413.

5983 BEAUMONT (E. de). — LES ENFANTS DE LA PROVIDENCE. 12 lithographies coloriées sur fond chamois. *Paris, et New-York, Goupil, Vibert et C*ie, *s. d.* [vers 1850], 14,5×17,5 centimètres. Avec marges : 34×46. La série : **325 fr.**

Marchand d'allumettes chimiques. Pêcheurs de crevettes. Saltimbanques. Marchand de singes. Chiens savants. Chan-teuses des rues. Ramoneurs. Berger. Groom. Mousse. Marchandes de balais. Marionnettes. De ces charmantes lithos, qui mettent en scène des enfants, nous vendons séparément : N° 1 : march. d'allumettes. N° 2 : pêcheurs de crevettes. N° 5 : chiens savants. N° 7 : ramoneurs.

Chaque : **30 fr.**

5984 BOILLY. — L'ENFANCE. Deux lithographies coloriées de Delpech. [Vers 1825], dans des cadres pitchpin à baguette noire. **1.000 fr.**

17×25 centimètres environ, plus les marges. Jolies et amusantes lithos, différentes malgré l'identité des titres.

5985 JACQUAND. — LA PETITE ARMÉE. — LE PETIT GARDE NATIONAL. Deux lithographies coloriées par Léon Noël. *Imp. lith. de Lemercier, s. d.* [vers 1830]. **100 fr.**

26×31 centimètres. Avec les marges 33×43. Belles épreuves de ces jolies compositions, représentant des enfants qui « jouent au soldat ».

5986 TABLEAUX DE PARIS. — GYMNASE NOR-MAL MILITAIRE ET CIVIL. *Impr. lith. de Demanne, s. d.* [vers 1820], 26,8×17,8 centimètres. Avec les marges : 33×24,5. **40 fr.**

Jolie lithographie coloriée. Sous la surveillance d'un moniteur en uniforme militaire, des enfants aussi en uniforme, font la course. Portique, mât où des gymnastes s'exercent devant des spectateurs.

5987 CHILDREN FEEDING FOWLS. — CHIL-DREN FEEDING DUCKS. W. HAMILTON pinxit. A. GABRIELLI sculpsit [vers 1780]. Deux gravures ovales 16,5×14. Avec les marges : 24,5×17 centimètres. **500 fr.**

Curieuses épreuves dont les vêtements des personnages ont été découpés et remplacés par des morceaux plissés de soie de couleurs. *Marges un peu salies.*

5988 ALPHABET ILLUSTRÉ. *Metz, de Gangel, s. d.* [vers 1855]. Feuille de 31×40 centimètres. **35 fr.**

Ornée au recto de 26 lettres lithographiées, ornées et coloriées, chacune étant accompagnée de plusieurs mots-exemples divisés en syllabes.

5989 CARRACHE (A.). — [JEUX D'ENFANTS]. Quatre gravures collées sur deux ff. de papier ancien. Chaque gravure : 56 de long×11,5 de haut. Dans l'angle de l'une, on lit : *Berey, au bout du Pont Neuf, proche les Augustins.* **800 fr.**

Excellent tirage de l'époque *(vers 1590).* Ces gravures représentent les jeux suivants : la natation, les quilles, la bague à pieds, la bascule, le cheval fondu, le pet-en-gueule. *Très rare.*

5990 DÉSANDRÉ. — ENFANTILLAGES. Partie fine. Colin-Maillard. La Tricheuse. 3 lithographies coloriées de Régnier. *Paris, Dardoize, impr. lith. de Becquet frères.* [Vers 1840]. **125 fr.**

15,5×19,5. Avec marges : 27,5×31,5 centimètres. Trois charmantes lithographies ; les enfants sont en costumes Louis XV.

5991 LELOIR (H.). — LES QUILLES (jeux). Lithographie coloriée d'Alexandre David. *Imp. Lemercier, s. d.* [vers 1840]. **20 fr.**

15×21 centimètres. Avec les marges : 29,5×38. Des enfants en costume ancien jouent aux quilles sur une terrasse dominant un lac.

5992 DUPLESSIS-BERTAUX. — CRIS DES MAR-
CHANDS AMBULANTS DE PARIS. Suite de
12 gravures de 8×10,5 centimètres, à grandes
marges. **1.000 fr.**

Très belles épreuves. 4 planches sont AVANT LA LET-
TRE ET LE NUMÉRO : Titre. Marchande de fleurs. Por-
teurs d'eau. Marchand de melons. Les autres sont AVANT
LA LETTRE : Pauvre demandant l'aumône. Marchande
de prunes. Cardeuses de matelas. Marchands de parapluies
et de soufflets. Lingère au petit crochet [chiffonnière].
Marchand de tisane. Marchande de plantes.

5993 DUPLESSIS-BERTAUX. — MÉTIERS DE
PARIS. *S. l. n. d.* [*Paris*, vers 1796]. Suite de
12 gravures de 8×10,5 centimètres à grandes
marges. **1.000 fr.**

Très belles épreuves, toutes AVANT LA LETTRE ET
LE NUMÉRO : Titre. Afficheur. Tonnelier. Couvreur.
Charpentier. Menuisier. Charron. Scieur de bois. Gagne-
petit. Rémouleur. Porteur d'eau. Savetier. Décrotteur et
ramoneur.

5994 ALOPHE. — PASSÉ, PRÉSENT, AVENIR.
Lithographie coloriée de Alophe d'après son tableau. *Paris, Goupil*, 1861. **80 fr.**

28×31,3 centimètres, marges non comprises, tirée chez
Lemercier. Charmante scène de famille représentant les
trois âges.

5995 AVENTURES DE BRILLANTINE (LES). *Paris, Langlumé, s. d.* [vers 1825], placard 54,5×34
centimètres 5). **150 fr.**

9 planches gravées et coloriées (135×80 mm.) destinées
à l'illustration du volume publié sous ce titre, représentant
les aventures et la vie quotidienne de la poupée Brillantine.

5996 BEAUME. — LA BALANÇOIRE. Lithogra-
phie coloriée de Doussault. *S. l. n. d.* (1833). **60 fr.**

18×12,5 centimètres, marges non comprises. Épreuve
hors-texte extraite de l'*Artiste*.

5997 BIARD. — LE BON GENDARME. Planche
gravée. *Paris, Jazel, Aumont, s. d.* [vers 1835].
100 fr.

59×46 centimètres. Belle estampe, gravée par Jazet de
ce tableau qui, en 1835, obtint un succès de fou rire, grâce
à la vérité du désespoir des jeunes baigneurs, pris en fla-
grant délit d'attentat à la morale publique et dont le
gendarme emporte les vêtements déposés sur la berge.

5998 BLANCHE. *Franckfurt am M., Ed. Gust.
May, s. d.* [vers 1855]. **30 fr.**

Lithographie coloriée (23,5×35 centimètres, cadre et
marges non compris). Légende en allemand, en anglais,
en italien et en français.

5999 BOILLY. — LA PERRUQUE DU GRAND-
PÈRE. LE BONNET DE LA GRAND'MÈRE.
Deux lithographies coloriées de Delpech, signées
L. Boilly. *S. l. n. d.* [vers 1825]. **900 fr.**

16×21 centimètres, marges non comprises.

6000 BOILLY. — LE BONNET DE LA GRAND'-
MÈRE. Lith. coloriée de Delpech, signée L.
Boilly. **300 fr.**

14,6×25 centimètres, marges non comprises. Les marges sont salies. Des enfants coiffent un petit chien du bonnet de leur grand'mère.

6001 BOILLY. — LE PETIT JALOUX. Lith. coloriée de Delpech, signée : L. Boilly, 1826. **350 fr.**

26×34,5 centimètres, marges comprises. Exemplaire de
toute fraîcheur. Mère tenant un enfant dans ses bras. Charmante pièce.

6003 CERF-VOLANT. — LE LÉGER, placard
découpé, dessiné et colorié au pochoir. *S. l. n. d.*,
[vers 1860]. **25 fr.**

43,6×83 centimètres : clown dansant, entouré d'une
guirlande de feuilles et de fruits.

6004 CERF-VOLANT. — NAPOLÉON. Placard
découpé, dessiné et colorié au pochoir. *S. l. n. d.*
[vers 1860]. **200 fr.**

75×102 centimètres. Napoléon, coiffé du petit chapeau,
la main gauche dans le gilet, entouré d'une guirlande de
feuilles et de fruits. État de neuf.

6005 CERF-VOLANT. — LE VOLAGE. Placard
découpé, dessiné sur bois et colorié au pochoir.
S. l. n. d. [vers 1860]. **30 fr.**

57,5×83 centimètres ; clown tenant une pomme à la
main, entouré d'une guirlande de feuilles et de fruits. État
de neuf.

6006 CERF-VOLANT. — SANS-SOUCI. Placard
découpé, dessiné et colorié au pochoir. *S. l. n. d.*
[vers 1860]. **50 fr.**

72×99 centimètres. Polichinelle, entouré d'une guirlande de feuilles et de fruits.

6007 COMPTE-CALIX. — SCÈNES ENFANTINES.
Paris, Impr. Moine, s. d. [vers 1850], encadrées.
80 fr.

4 planches gravées par L. Guerdet et Frévat, et coloriées (19,3×24 centimètres). Époque de la crinoline et
des volants. Ombrelles et chapeaux Second Empire.

6008 DAUMIER. — [ENFANTS ET PARENTS].
2 lithographies coloriées, dans la manière de
Daumier. *Paris, Aubert, s. d.* [vers 1845]. **100 fr.**

25×16,5 centimètres, extraites d'un album tiré chez
Aubert.

6009 DESANDRÉ. — LA BALANÇOIRE A
LA CAMPAGNE. Lithographie coloriée de Régnier, Bettannier et Morin. *Paris, Bulla frères, s. d.*
[vers 1864]. **150 fr.**

Lithographie coloriée tirée chez Lemercier, 48×35 centimètres, marges non comprises.

6010 DESANDRÉ. — DANS MON BEAU
CHATEAU. — ENTREZ DANS LA DANSE.
2 lithographies coloriées par Régnier et Bettannier.
Paris, Delarue, s. d. [vers 1867]. **280 fr.**

2 grandes lithographies, 52×35 centimètres (marges
non comprises), tirées chez Delarue. Deux rondes dansées
par des enfants en costumes de l'époque. Marges salies,
celles du bas légèrement déchirées.

6011 DÉSANDRÉ. — ENFANTILLAGES. *Paris,
E. Dardoize, s. d.* [vers 1865], 3 lithographies coloriées de Régnier. **150 fr.**

Partie fine. Colin-Maillard. La Tricheuse. 3 lithographies
coloriées (19×15×16 centimètres), cadres et marges non
compris), tirées chez Becquet.

6012 DÉSANDRÉ. — UN BON CŒUR. Lithographie coloriée de A. Pascal. *Paris, E. Dardoize, s. d.* [vers 1860]. **35 fr.**

24×31 centimètres, cadre et marges non compris, tirée chez Becquet. Fillette faisant la charité à une pauvresse.

6013 DEVÉRIA (A.). — DÉPART POUR L'ÉCO-LE. — RETOUR DE L'ÉCOLE. Deux lithographies coloriées. *Paris, Boivin, s. d.* [vers 1835]. **400 fr.**

16×28 centimètres, marges non comprises. Epreuves tirées chez *C. Motte.*

6014 DORÉ (Gustave). — C'EST UNE GRAVE AFFAIRE ! ! ! Lithographie coloriée de Régnier, Bettannier et Morlon. *Paris, Bulla, s. d.* [vers 1850]. **100 fr.**

Lithographie coloriée (48,5×37,5 centimètres, marges non comprises), tirée chez Lemercier. Dans une clairière, la tabatière à la main, le garde champêtre morigène des enfants qui, agenouillés, lui demandent grâce d'avoir dérobé du bois. Les marges un peu salies.

6015 ENFANTS TERRIBLES (LES). *Metz, Gangel, s. d.* [vers 1865]. **15 fr.**

Image populaire (32,5×41,5 centimètres), gravée sur bois et coloriée.

6016 FELON (Joseph). — LE MARCHAND DE CO-CO. — LES PAUVRES PETITS SAVOYARDS, 2 lithographies coloriées. *Paris, Sinnell, s. d.* [vers 1850]. **80 fr.**

2 lithographies (17,5×21,5 centimètres, cadres et marges non compris), tirées chez J. Rigo et Cⁱᵉ.

6017 FELON (Joseph). — REGRET. *Paris, Bès et Dubreuil, s. d.* [vers 1860]. **40 fr.**

Lithographie originale coloriée, 24,8×34,6, marges non comprises. Une jeune mère et son enfant regardent s'enfuir de leur cage des colombes auxquelles elles viennent de rendre la liberté.

6018 FEROGIO. — LE MARCHAND DE FIGU-RINES. Lithographie coloriée. *Paris, Gihaut, s. d.* [vers 1850]. **40 fr.**

Lithographie (26,5×18,5 centimètres, cadre et marges non compris), tirée chez Auguste Bry.

6019 [FILLETTE A LA PÊCHE]. Lithographie coloriée. *Paris, Goupil et Cⁱᵉ,* 1861. **100 fr.**

Médaillon (39×46 centimètres) tiré chez Dopter, représentant de face un buste de fillette en bleu, large chapeau de paille, tenant une pêche dans ses mains.

6020 FIRST STEP (THE). [Le premier pas]. *Frankfurt am M., Ed.-Gust. May, s. d.* [vers 1855]. **30 fr.**

Lithographie coloriée (24×35 centimètres, cadre et marges non compris). Légende en allemand, en anglais et en français.

6021 GABÉ. — OH ! QU'ILS SONT GENTILS. Lithographie coloriée de Gilbert. *Paris, Dusacq,* [vers 1860]. — **HILLEMACHER.** — LA POSTE ENFANTINE. Litho coloriée de Thielley. *Paris, Dusacq et Cⁱᵉ,* 1861. **160 fr.**

1º Lithographie coloriée. Des enfants regardent une couvée d'oiseaux qu'un gamin, encore grimpé dans un arbre, vient de dénicher. 2º Litho coloriée. Au bord d'un lac, deux gamins tirent une voiture d'enfant que la mère dirige. Ensemble, deux lithos (52×39 centimètres, marges non comprises), tirées chez Becquet. Marges un peu salies.

6022 GABÉ. — PETIT FRÈRE CHÉRI. Lithographie en couleurs de Régnier. *Paris, Morier, s. d.* [vers 1860]. **30 fr.**

Lithographie tirée en couleurs par Becquet (40,5×30 centimètres, marges non comprises). Au bord de la mer, la marée montant, deux enfants gagnent le pied de la falaise, l'un d'eux, un garçon, tenant à califourchon sur ses épaules le petit frère chéri.

6023 LENFANT. — TÉMÉRITÉ PUNIE. Lithographie coloriée de Charpentier. *Paris, Morier, s. d.* [vers 1850]. **100 fr.**

Lithographie coloriée (29,5×36 centimètres, marges non comprises). Dans la cour d'une ferme, une mère poule menace de sauter au visage d'un gamin et d'une gamine qui lui ont pris un de ses poussins. Les marges un peu salies.

6024 LELOIR (H.). — LES QUILLES. Lithographie coloriée de Alex. David. *Paris, Desmaisons-Cabasson; London, E. Gambart, Junin and Co, s. d.* [vers 1865]. **20 fr.**

Lithographie coloriée (21×16 centimètres, cadre et marge non compris), tirée chez Lemercier.

6025 LINDER. — VAINQUEUR ET VAINCU. Lithographie coloriée de Régnier, Bettannier et Morlon. *Paris, F. Delarue, s. d.* [vers 1865]. **70 fr.**

Lithographie (45×34 centimètres, marges non comprises) tirée chez Delarue : deux gamins à leur première pipe ; l'un, assis, est malade, l'autre fume triomphalement la sienne. Légère mouillure. Petite déchirure dans les marges.

6026 MÈS. — L'ENFANCE. Lithographie coloriée par Régnier et Bettannier. *Paris, E. Morier, s. d.* [vers 1867]. **125 fr.**

Lithographie coloriée (45×33,5 centimètres, marges non comprises), tirée chez Becquet. Autour d'un berceau les parents s'extasient. Marges un peu salies, légère mouillure.

6027 POULBOT. — « GOSSES » à la campagne. *S. l. n. d.* [vers 1910]. **10 fr.**

Lithographie originale de Poulbot (32×24 centimètres), tirée en sanguine.

6028 POUPÉE-MANNEQUIN. *S. l. n. d.* [époque Louis XV]. **30 fr.**

Planche gravée et coloriée (29×32,5 centimètres), représentant un mannequin masculin dont les différentes parties (chapeau, tête et buste, bras, culottes, jambes) peuvent être découpées. Les détails du costume sont nettement indiqués.

6029 PRUDHON. — L'ATTENTION. — LA LEC-TURE. 2 estampes gravées en couleurs par Bourgeois, appliquées sur bristol. *Paris, Chaise jeune, s. d.* [vers 1808]. **800 fr.**

35×40 centimètres. Belles estampes, d'une extrême fraîcheur, imprimées par Rémond, fournissant un exemple saisissant de l'art et de la manière de Prudhon. Deux enfants nus, dont l'un tient un livre.

6030 **RICHETER (H.).** — LE VACARME DANS L'ÉCOLE. Gravure tirée en aquatinte de Jazet. *Paris, Jazet, s. d.* [vers 1850]. **25 fr.**

Belle épreuve : 34×23,5 centimètres, marges non comprises.

6031 **SCÈNE ENFANTINE.** *Loudon,* septembre 1807. Gravure coloriée et encadrée. **35 fr.**

14,5×24,6 centimètres. Jeune femme assise sur un banc de jardin, décolletée, la taille haute, chapeau bleu et écharpe rose. Egalement vêtu de blanc, un enfant est appuyé contre elle, le pantalon droit et en dents de scie lui descendant jusqu'aux chevilles.

6032 **SCÈNES ENFANTINES** (Nos 1 et 2). *Paris, Voirin, s. d.* [vers 1840], placard 42×51 mm. **100 fr.**

12 sujets lithographiés coloriés (105×90 mm.) sur un grand placard, représentant des scènes enfantines.

6033 **SCÈNES ENFANTINES :** MÈRES ET FILLET-TES. Deux planches gravées, coloriées et encadrées (21,5×29 centimètres) extraites de l'*Observateur des Modes* et *La Mode* [vers 1815 et 1835]. **60 fr.**

Jolie scène enfantine : mère, fillette, avec militaire à l'arrière-plan. L'autre gravure montre des modes de l'époque (1835) dont les costumes offrent par leur ampleur un curieux contraste avec la première.

6034 **SCÈNES ENFANTINES.** *Paris, impr. Leroy, Gilquin, s. d.* [vers 1868-1870], encadrées. **180 fr.**

3 planches gravées par Anaïs Toudouze d'après Bonnard et Huard, coloriées et encadrées (41,8×30,7 centimètres). Les modes marquent déjà la fin du Second Empire : la crinoline n'est déjà plus qu'une « tournure », seul le bas blanc a survécu. Amusante vision de la voiture aux chèvres, attelée à la daumont, aux Champs-Elysées.

6035 **SLEEPING CHILDREN (THE).** [Les Enfants dormeurs]. *Frankfurt a M., Ed. Gust. May, s. d.* [vers 1860]. **30 fr.**

Lithographie coloriée (24×34,5 centimètres, cadre et marges non compris). Légende en allemand, en anglais, en italien et en français.

6036 **TOURS ET DANSES DES PREMIERS ACRO-BATES** d'Europe. *S. l. n. d.* [vers 1825]. Placard 24,7×32 centimètres. **30 fr.**

36 sujets gravés, de 4×6 centimètres, représentant autant d'acrobaties. Légende en rébus au-dessous de chacun d'eux.

ADDENDA

6037 **A APPLE PIE** (THE HISTORY OF) written by Z. See how they wait with anxious eye, In hopes to taste the Apple Pie. *London, O. Hodgson, n. d.* [circa 1816], sm. 8vo. or. wrappers, preserved in half-morocco case. **2.500 fr.**

Engraved frontispiece with large coloured vignette and twelve hand-coloured engravings, illustrating letters of the alphabet. Fine copy of a very rare edition earlier than that cited by Tuer.

6038 **ADELAIDE.** — ORIGINAL POEMS, calculated to Improve the Mind of Youth. Part I. *Philadelphia, Johnson and Warner,* 1810, 12mo. or. wrappers. (*Rebacked*). **100 fr.**

Frontispiece and 8 plates engraved on copper. Tears in margins of several pages and slightly stained. *Part I only.*

6039 **ADVENTURES OF MOTHER GOOSE (THE).** *London, Hogdson and Co, n. d.* [circa 1816], sq. 24mo. or. printed wrappers, preserved in half-morocco case. **1.250 fr.**

Illustrated with 12 hand-coloured plates engraved on copper. Engraved text.

*Now all alive the folks appear
Vauxhall abounds with love and cheer
While Columbine and Harlequin
Their merry gambols too begin.*

Fine copy.

6040 **ADVENTURES (THE)** OF THE INDUS-TRIOUS COBLER, his scolding wife, and their daughter. *Philadelphia, Wm. Charles,* 1814, sq. 16mo. or. printed wrappers *(lower wrapper torn)*, preserved in half-morocco case. **2.500 fr.**

Illustrated with 8 hand-coloured engravings. Engraved text. The last verse contains a « Puff » on the publisher's books. *The Lady was delighted to see her merry books and soon instructed her to read in Charles's pretty-Books.* Fine copy.

6041 **ALHOY (Maurice).** — LE CHAPITRE DES ACCIDENTS. *Paris, Soulié,* 1845, in-8 obl. (*Cartonnage toile de l'éditeur*). **300 fr.**

Vignette de titre et 24 lithographies en deux tons d'après les dessins de VICTOR ADAM. Très rare, Vicaire cite seulement ce volume sous la date de 1843 d'après le catalogue d'Otto Lorenz et n'indique que 21 lithographies.

6042 **ALIQUIS.** — THE FLIGHT OF THE OLD WOMAN who was tossed up in a basket. *London, D. Bogue, n. d.* [circa 1840], 8vo. folding out to seven feet long, or. coloured illustrated boards. **600 fr.**

Seven folding scenes etched on copper and hand-coloured. Text on verso of cover.

6043 **ALLENT (B.).** — LES ANIMAUX INDUS-TRIEUX. Ouvrage instructif et amusant destiné à la jeunesse. *Paris, P.-C. Lehuby,* 1836, in-12, bas. verte poivrée, dos plat orné, pièce cuir, sans nerfs. (*Reliure de l'époque*). **30 fr.**

Frontispice et titre gravés, 6 planches finement gravées.

6044 **AMERICAN ACADEMY OF COMPLIMENTS** or the Complete American Secretary... With a Collection of the Newest Songs. *Philadelphia, Godfrey Deshons,* 1796, sm. 12mo. or. boards. **80 fr.**

Printed on grey paper. *Fine copy.*

6045 **ALPHABET** avec exercices méthodiques sur les principales difficultés de la lecture. *Paris, Amédée Bédelet, s. d.* [vers 1845], in-12, couv. factice papier vert protégeant le premier plat de la couv. orig. conservé. **100 fr.**

La couverture originale illustrée en lithographie et coloriée représente des fleurs et un papillon et porte le titre : *Fleurs et Papillons, alphabet.* 8 planches hors-texte lithogr. et coloriées. Exercices de lecture précédés de plusieurs alphabets typographiques.

6046 **ALPHABET** [des prénoms]. *S. l. n. d.* [vers 1840], in-12 carré, cartonnage papier vert orné d'une litho coloriée, dos cassé. **125 fr.**

24 lithos coloriées se dépliant (la 25e, lettre Z. orne la couverture). Sujets enfantins : Anatole et Agathe apprennent l'arithmétique ; Bathilde brode ; ... Eugène apprend l'équitation ; ... Joseph jardine, etc. Ces légendes sont aussi en anglais. Cartonnage sans éclat, mais les lithos, d'un coloris naïf, sont très fraîches.

6047 **ALPHABET** de l'Histoire des animaux, orné de 27 gravures. *Paris, Lebigre,* 1836, petit in-12. *(Carl. mod.).* **150 fr.**

Frontispice et titre (avec vignette représentant la ménagerie du Jardin des Plantes) gravés. Alphabet en très gros caractères et syllabaire. Quatre planches gravées représentant 25 animaux, auxquels sont consacrées des notices élémentaires.

6048 **ALPHABET DE MONUMENTS DE PARIS.** *A Paris, chez tous les Marchands de Nouveautés, Impr. Lemercier, Bénard et Cie, s. d.* [vers 1840], in-12 oblong, cart. toile orné d'une litho collée. **160 fr.**

24 lithos se dépliant, représentant des monuments de Paris par ordre alphabétique (Arc de Triomphe, Bourse, Colonne Vendôme, etc.). La lithographie supplémentaire collée sur la couverture représente le panorama des Champs-Elysées. *Rare.*

6049 **ALPHABET (GRAND)** divisé par syllabes françoises de deux, trois et quatre lettres chacunes etc. Pour instruire avec plus grande facilité les enfans à bien lire. Extrait de l'art. II de la troisième partie de l'École paroissiale. *Paris, Gabriel-Charles Berton,* 1744, petit in-16 carré recouvert d'un parchemin du XVIe siècle, conservé dans une boîte demi-maroquin. **1.000 fr.**

Livret intéressant et rare, contenant les principes élémentaires du latin et les instructions d'un père à son fils, ajoutés aux leçons de lecture et exercices de vocabulaire énoncés au titre. Le parchemin de la couverture est un fragment de quittance des rentes de l'hôtel de ville.

6050 **ALPHABET ILLUSTRÉ.** *Metz, impr., lithographie de Gangel, s. d.* [vers 1850]. **25 fr.**

Placard lithographié et colorié, 40 × 35 centimètres. Chaque lettre accompagnée d'un sujet y répondant ; au-dessous, mots divisés par syllabes. L'Alphabet commence par Aigle et finit par Waterloo.

6051 **ALPHABET MAGIQUE.** *S. l. n. d.* [vers 1840], petit in-4 cart. papier vert *de l'édit.* **500 fr.**

Alphabet de 24 lettres à pièces mobiles. Douze lettres seulement sont apparentes à la fois et, à l'aide de tirettes, on les transforme en douze autres lettres. Les ornements lithographiés et coloriés de chaque figure sont très gracieux. Sous chaque lettre, exercices d'épellation et phrases-modèles. Rare, surtout complet, comme est notre exempl.

6052 **ANDERSEN.** — CONTES, traduits du danois par D. Soldi, avec une notice biographique par X. Marmier. *Paris, Hachette et Cie,* 1856, in-12. *(Cartonnage toile de l'éditeur),* tr. dorées. **400 fr.**

PREMIER TIRAGE. 40 vignettes par BERTALL. Très rare sous son cartonnage original. Très frais malgré quelques légères rousseurs.

6053 **APPLES OF GOLD** in Pictures of Silver. A Number of Original Poems, to amuse the young and please the good. *London, William Cole, n. d.* [circa 1825], sm. 12mo. or. printed wrappers. **65 fr.**

Frontispiece and many small woodcuts, hand-coloured. *Fine copy.*

6054 **AZAIS (M. et Mme).** — LE NOUVEL AMI DES ENFANS. *Paris, Alexis Eymery,* 1825, 12 vol. in-16, demi-basane olive, tr. marbrées. *(Rel. de l'époque).* **600 fr.**

Deuxième édition, revue, corrigée, augmentée. 47 gravures hors-texte.

6055 **[BALLAND (Amédée - Eugène)].** — LES PAPILLONS ; leur histoire, la manière de leur faire la chasse et de les conserver. *Paris, Pierre Blanchard, Lecerf, s. d.* (1823), in-8 obl. *(Cartonnage illustré papier rose de l'éditeur).* **1.000 fr.**

Voir plus haut n° 4371 *bis.* Frontispice gravé et colorié, avant la lettre (la chasse aux papillons) et 5 planches finement gravées et coloriées représentant un choix des plus beaux papillons d'Europe. *Cartonnage d'une incomparable fraîcheur,* filets en faisceaux et papillons sur leurs étendoirs.

6056 **BALLY (Louise-Eugénie).** — L'OASIS DES JEUNES VOYAGEURS. Nouvelles algériennes. *Paris, P.-C. Lehuby, s. d.* [vers 1850], in-12, cartonnage toile de l'éditeur, tr. dorées. **200 fr.**

8 belles planches lithographiées en couleurs tirées chez *Lemercier.* Cartonnage toile, motif central or avec compartiments vert et rouge. *Rare.*

6057 **BATTLEDORE (NEW)** No 2. *Derby, J. and C. Mozley, n. d.* [circa 1820], as issued, preserved in half-morocco case. **300 fr.**

Recto has alphabets and syllable lessons. Verso with 13 quaint woodcuts. *Fine copy.*

6058 **BATTLEDORE (NEW)** No 3. *Derby, J. and C. Mozley, n. d.* [circa 1820] as issued, preserved in half-morocco case. **250 fr.**

Recto has alphabets and syllable lessons. Verso large alphabet and 3 woodcuts. *Fine copy.*

6059 **BATTLEDORE (NEW).** No 4. *Derby, J. and C. Mozley, n. d.* [circa 1820] as issued, preserved in half-morocco case **300 fr.**

Recto has 2 large alphabets ; verso with 27 quaint woodcuts. *Fine copy.*

6060 BATTLEDORE (NEW) No 7. *Derby, J. and C. Mozley, n. d.* [circa 1820] as issued, preserved in half-morocco case. **250 fr.**

Recto has alphabets and syllable lessons. Verso with large alphabet and 3 woodcuts. *Fine copy.*

6061 BEAUTY AND THE BEAST. A Tale for the Nursery. *London, T. Hughes, n. d.* [circa 1820], sm. 12mo. or. printed wrappers. **125 fr.**

Folding frontispiece with 3 hand-coloured engraved plates.

6062 BÉGIN (Émile). — VOYAGE PITTORES-QUE EN ESPAGNE ET EN PORTUGAL. *Paris, Belin-Leprieur et Morizot, s. d.* (1852), gr. in-8, cart. toile noire, décors dorés, tr. dorées. **250 fr.**

ÉDITION ORIGINALE. 36 planches hors-texte, signées Rouargue frères, dont 10 coloriées *(Vicaire en indique 38)*. Belle plaque dorée couvrant le 1er plat : dans un riche encadrement de fleurs et fruits espagnols et rinceaux dorés, écussons armoriés et divers attributs pittoresques : croix rayonnante, épée, mandoline, éventail, tambourin, castagnettes, châle, flèche, yatagan et turban de Maure. Dos orné dans le même style. SPLENDIDE EXEMPLAIRE.

6063 BELLE ET LA BÊTE (LA), féerie à grand spectacle en 7 actes et 49 tableaux. *Paris, Émile Guérin, s. d.* [vers 1900], 24×32 cm. **100 fr.**

Couverture illustrée en couleurs. Volume composé comme le Petit Chaperon rouge (voir plus loin, n° 6190). D'une fraîcheur parfaite.

6064 BERQUIN. — L'AMI DES ENFANTS. *Paris, Pissot et Théophile Barrois,* 1782, 6 vol. in-16, veau marbré, dos ornés. *(Rel. de l'époque).* **2.000 fr.**

Première année complète. Douze numéros en six volumes. Bel exemplaire très frais. Sept numéros sont de la première édition. Les autres de la seconde ou de la troisième, parues la même année que la première.

6065 BERQUIN. — L'AMI DES ENFANS. *Genève,* 1796, 8 tomes pet. in-12, reliés en 4 volumes, demibas. fauve. *(Reliure de l'époque).* **100 fr.**

44 figures gravées sur bois. Légères déchirures à deux pages. Édition très rare et curieuse, incomplète du dernier volume contenant les tomes IX et X.

6066 BONS GÉNIES (LES). *Paris, Thomaron, s. d.* [vers 1860]. *Boîte de l'éditeur* (un peu défraîchie). **200 fr.**

36 cartes (85×110 mm.) lithographiées et coloriées, représentant les personnages et les horoscopes du jeu ; explication imprimée. Boîte carton (320×246 mm.). Couvercle illustré d'une lithographie coloriée : on vient, à l'aide des Bons Génies, dire la bonne aventure à un nouveau-né.

6067 BRITISH MONARCHS, with some of the Principal Facts of English History in Rhyme. *York, W. Alexander and Son,* 1824, sm. 12mo. or. printed wrappers. **10 fr.**

Slightly foxed.

6068 BURSILL (Henry). — HAND SHADOWS (A Second Series). To be thrown upon the wall ; consisting of novel and amusing figures formed by the hand. *London, Griffith and Farran,* 1860, or. printed boards. *(Back broken).* **125 fr.**

18 hand-coloured plates demonstrating the Shadows.

6069 CHARLOTTE AND FRANCIS (The interesting history of) or The Reward of Kindness to Old Age. *London, A. K. Newman and Co, n. d.* [circa 1820], 16mo. or. printed wrappers. **60 fr.**

Illustrated with 14 charming woodcuts. Twopenny chapbook.

6070 CHAVANNES DE LA GIRAUDIÈRE (H. de). — SIMON LE POLLETAIS. Esquisses de mœurs maritimes. *Tours, Mame,* 1856, in-12. *(Cartonnage papier de l'éditeur).* **150 fr.**

Le même ouvrage que le n° 1160. Excellent tirage des jolies gravures et vignettes d'après Morel-Fatio. Cartonnage à fond crème richement décoré de motifs floraux verts et rouges et d'un décor architectural doré. Sur le 1er plat, image en chromolithographie (frégate, voiles déployées, sortant d'un port) Exemplaire d'une irréprochable fraîcheur.

6071 CHESSMAN (Daniel). — A MORAL CATECHISM adapted to the capacity of children, etc. *Hallowell (U. S. A.), Goodale, Glazier and Co,* 1822, 16mo. or. wrappers. **25 fr.**

Fine copy.

6072 COMTE. — THÉÂTRE. *Paris, Bréaulé,* 1829-1830, 6 vol. in-16, demi-veau bleu, dos ornés de filets dorés et rinceaux dorés et à froid, tr. marbrées. *(Rel. de l'époque).* **600 fr.**

De la collection intitulée : *Répertoire dramatique de l'enfance.* Ces six volumes contiennent 24 pièces de divers auteurs, comédies, vaudevilles, etc., représentées en 1829 et 1830 sur le *Théâtre des jeunes acteurs* de M. Comte. 8 gravures. Voir plus haut, n° 1832 (les pièces sont différentes).

6073 CONTENTED COTTAGER (THE) or Moral Lessons from Nature. *London, John Arliss,* 1810, sm. 12mo. or. printed wrappers. **65 fr.**

Illustrated with 32 quaint woodcuts.

6074 [CORNELIUS (Elias)]. — THE LITTLE OSAGE CAPTIVE, an authentic narrative : to which are added some interesting letters, written by Indians. *York,* 1824, sm. 12mo. or. half-leather. boards. **125 fr.**

Frontispiece engraved on copper, and plate showing *View of Brainerd.* 2 page book list at end. An interesting American story.

6075 COTTAGE GARDEN (THE) or The Infant Tutor. *London, Dean and Munday, n. d.* [circa 1820], 16mo. or. printed wrappers. **80 fr.**

Frontispiece and 12 charming woodcuts.

6076 CRIES OF LONDON (THE). *London, W. Cole, n. d.* [circa 1820], 2 1/2×2 1/2 inches, or. printed wrappers, preserved in half-morocco case. **300 fr.**

12 Cries engraved on copper. Engraved text. *Fine copy.*

6077 DANTREYGAS (P.). — HISTOIRE DES NAUFRAGES CÉLÈBRES ou Extrait fidèle des relations tant anciennes que récentes des naufrages et aventures les plus remarquables des marins, depuis le xve siècle jusqu'à nos jours. *Paris, Limoges, Martial Ardant,* 1840, 2 vol. in-12, veau fauve, dos plats ornés, plats estampés à froid, dentelle extérieure.   **125 fr.**

   2 jolies gravures à la manière noire. *Reliure romantique charmante.*

6078 [**DEFOE (Daniel)**]. — COLONEL JACK. The History of a Boy that never went to school. By the Author of Robinson Crusoe. *London, M. J. Godwin and Co,* 1818, sm. 12mo. or. printed boards. *(Back strip broken).*   **500 fr.**

   Engraved frontispiece *(slightly tinted)*. At end, interesting 12 page book list of Marie Jane Godwin, Lamb's publisher.

6079 [**DEFOE (Daniel)**]. — ROBINSON CRUSOE (The Life and Adventures of). The York Mariner. *Edinburgh, Oliver and Boyd,* n. d. [circa 1825], sm. 12mo. or. printed boards.   **160 fr.**

   Illustrated with a frontispiece and 9 delightful woodcuts, well impressed.

6080 [**DEFOE (Daniel)**]. — ROBINSON CRUSOE (The Life and most surprising adventures of) who resided on an uninhabited island upwards of twenty-eight years. *London, R. Harrild,* n. d. [circa 1825], sm. 12mo. or. half-leather, boards.   **100 fr.**

   Frontispiece and 4 splendid woodcuts. Small stain on 4 pages, otherwise fine copy.

6081 **DUFRESNE (Abel)**. — NOUVEAUX CONTES A HENRIETTE. *Paris, Blanchard,* s. d. [vers 1820], in-16, veau marbré, dent. dorée. *(Rel. de l'époque).*   **20 fr.**

   Titre gravé avec vignette par J.-M. Fontaine, d'après Devéria. Frontispice des mêmes artistes. Gros caractères. Couture de quelques cahiers relâchée. Exemplaire très lu. Voir plus haut nᵒˢ 2308 à 2311 (particulièrement 2310).

6082 **EDGEWORTH (Maria)**. — LITTLE PLAYS, being an additional volume of the Parent's Assistant. *Philadelphia, Thomas T. Ash,* 1827, sm. 12mo. or. half-leather, boards. *(Back broken).*   **80 fr.**

   Two plates engraved on copper.

6083 **EVERGREEN CHAPLET (THE)**. A Christmas Gift. *Boston, Hilliard, Gray and Co,* 1841, sq. 12mo. or. cloth, gilt.   **125 fr.**

   Frontispiece and 12 charming woodcuts.

6084 **ELLIOTT (Marie)** (Collection of works by), translated into French by A. F. ED. LÉPÉE, Professeur de Langue Française à Londres. *London, chez William Darton,* n. d. [circa 1829], bound in one vol. sm. 12mo. contemp. half-calf.   **280 fr.**

   The titles are « LE POULET BLANC », folding frontispiece and 2 plates. « LE PETIT MATELOT », folding frontispiece and 2 plates. « LA PETITE BOUFFONNE », folding frontispiece and 2 plates. « LA PETITE ENTRE-METTEUSE », 4 plates. « IL N'EST RIEN TEL QUE LE TEMPS PRÉSENT », 2 plates. « ANNE PARESSEUSE », 2 plates. « LA PETITE MARIE », 5 plates. « L'ENFANT GOURMAND », (2 plates). « LE FAINÉANT CORRIGÉ », folding frontispiece and 2 plates. Some of the plates are partly coloured by a child. All in large type. These translations are very scarce.

6085 **ELLIOTT (Mary)**. — NO TIME LIKE THE PRESENT. *London, William Darton,* n. d. [circa 1826], sm. 12mo. or. printed wrappers. *(One corner worn).*   **80 fr.**

   Folding frontispiece and 2 plates engraved on copper; large type.

6086 **ELLIOTT (Mary)**. — PEGGY AND HER MAMMY. *London, William Darton,* 1819, 12mo. or. printed wrappers, preserved in half-morocco case.   **500 fr.**

   FIRST EDITION. Folding frontispiece and two other plates engraved on copper. 5 page book list at end. *Fine copy.*

6087 **ELLIOTT (Mary)**. — WILLIAM'S SECRET. *London, William Darton,* 1819, 12mo. or. printed wrappers, preserved in half-morocco case. **500 fr.**

   FIRST EDITION. Folding frontispiece and 2 other plates well engraved on copper. 4 page book list at end. *Fine copy.*

6088 **ENAULT (Louis)**. — ANGLETERRE, ÉCOSSE, IRLANDE. Voyage pittoresque. *Paris, Morizot,* 1859, in-8. *(Cartonnage toile spéciale de l'éditeur).*   **400 fr.**

   EXEMPLAIRE DE PREMIER TIRAGE. 16 planches (vues de villes), dessinées par *Beaucé, W. H. Bartlett, T. Allom,* etc., gravées par *Outhwaite, E.-I. Roberts, T.-A. Prior, E. Benjamin,* etc., et 4 planches coloriées, dessinées par GAVARNI, gravées par *Ed. Willmann.* Cartonnage toile tête de nègre, dos orné. Grand motif décoratif or sur le premier plat, flanqué d'un chevalier et d'un highlander ; armoiries du Royaume-Uni sur le second plat ; tr. dorées. Rousseurs. *Cartonnage de toute fraicheur signé :* A. SOUZE.

6089 **ENAULT (Louis)**. — L'INDE PITTORES-QUE. *Paris, Morizot,* 1861, in-8. *(Cartonnage toile spéciale de l'éditeur).*   **1.250 fr.**

   EXEMPLAIRE DE PREMIER TIRAGE. 20 planches dessinées et gravées par ROUARGUE frères et OUTH-WAITHE, dont 4 coloriées. Cartonnage toile tête de nègre, dos orné ; sur le premier plat, grande plaque or, vert, rouge, blanc, bleu et orange. Vue, flanquée d'un parsi et d'une bayadère ; musicienne or et rose sur le second ; tr. dorées. De même que l'exemplaire de la Bibliothèque Nationale décrit par Vicaire, celui-ci ne contient que 20 gravures et non 21 annoncées par la Bibliographie de la France. Légères rousseurs. *Magnifique cartonnage d'une fraicheur extraordinaire signé :* A. LENÈGRE.

6090 **ENTERTAINING GUIDE (THE)** and agreable companion to all Good Boys and Girls. *London, Hodgson and Co,* n. d. [circa 1825], sm. 12mo. or. printed wrappers.   **150 fr.**

   Frontispiece and 14 hand-coloured quaint woodcuts.

> *Whether at top, or taw, or ball*
> *In all things labour to excel;*
> *If tis worth while to play at all,*
> *It is worth while to do it well.*

   Fine copy.

6091 **FAIRY RHYMES.** *New York, Sheldon, Lampart and Blakeman,* n. d. [circa 1840], sq. 16mo. or. printed wrappers.   **50 fr.**

   Illustrated with numerous quaint woodcuts. From Kriss Kringle's Library. A few slight tears in some inner margins easily repaired. Slightly foxed.

6092 FAMILIAR LESSONS FOR CHILDREN, intended as an early introduction to useful knowledge. *London, Darlon and Harvey*, 1806, 12mo. or. printed wrappers, preserved in half-morocco case.
325 fr.

Illustrated with 20 quaint copper engravings.

6093 [FITZGERALD (Robert Allen)]. — JERKS IN FROM SHORT-LEG. By Quid. *London, Harrisson*, 1866, sm. 4to or. blue cloth, gilt. **100 fr.**

An amusing comical book on cricket. Some of the funny sketches show caricatures of famous cricketers of the time : *Willsher, G. Parr, Tredecroft, Mc. Caules, Ratliff, A. Lubbock, Fitzgerald, W. A. Nicholson, etc.* The illustrations are by *W. H. du Bellew.*

6094 FLORIAN. — ESTELLE ET NÉMORIN, pastorale. Nouv. éd. enrichie de jolies lithographies coloriées. *Melz, impr., lilhographie el fabrique d'images de Gangel, s. d.* [vers 1840], in-16, br., couv. pap. glacé jaune imprimée. **50 fr.**

9 lithographies coloriées et rehaussées d'or. Intéressante impression populaire (timbre de colportage du département de la Moselle). Couv. sans éclat. Dos cassé. Rare.

6095 FOA (Eugénie). — CONTES A MA SŒUR LÉONIE. Heures de récréation. *Paris, Louis Janet, s. d.* [vers 1825], pet. in-12, demi-bas. bleue, dos plat, les plats formés des couvertures. *(Reliure de l'éditeur).* **100 fr.**

6 lithographies originales de LOUIS LASSALLE, tirées chez *Lemercier.* Bel exemplaire malgré quelques légères rousseurs.

6096 FOA (Eugénie). — NOUVEAUX CONTES HISTORIQUES ET MORAUX. *Paris, Librairie pittoresque de la Jeunesse*, 1847, in-12. *(Cartonlonnage papier de l'éditeur).* **125 fr.**

EXEMPLAIRE DE PREMIER TIRAGE. Frontispice, titre et 8 lithographies en deux tons de *C. Delhomme*, tirées chez *Fernique.* Vignettes et lettres ornées. Le frontispice est reproduit sur le cartonnage crème.

6097 FOA (Eugénie). — LES PETITS SAVANTS, contes historiques dédiés à la jeunesse. *Paris, Amédée Bédelel, s. d.* [vers 1845], petit in-8, cart. toile violette, décors dorés, tr. dorées. *(Cart. de l'édit.).* **125 fr.**

Cujas, Montesquieu, Pothier, Franklin, Vaucanson, Jacquard, Dupuytren. Récits d'épisodes de la jeunesse de ces grands hommes. 8 lithos en deux teintes signées A. Duruy. A la fin, catalogue intéressant du fonds de l'éditeur Bédelet (8 pages). Très bel exemplaire, où l'on a conservé le feuillet de papier vert clair annonçant le changement de domicile de la librairie Bédelet.

6098 FOÉ (Daniel de). — ROBINSON CRUSOÉ (La Vie et les Aventures surprenantes de)... *A Londres*, 1784, 4 vol. in-18, basane marbrée, tr. marbrées, dos sans nerfs. *(Rel. vers 1800).*
650 fr.

13 fig. gravées par C.-I.-B. Chatelain, d'après Bernard Picart. Mappemonde gravée et repliée. Jolie édition de CAZIN, très bien imprimée. Bonne reliure sans éclat, mais intérieur d'une fraîcheur sans reproche.

6099 FOREIGN SPORTS. *London, W. Belch, n. d.* [circa 1815], 12mo. or. wrappers with hand-coloured engraved ticket, preserved in half-morocco case. **1.500 fr.**

Illustrated with 8 hand-coloured plates engraved on copper. Engraved text.

AMERICAN ELK
The Hunter's on the Mountain go,
To throw their darts at him below,
Or in vain the chace would be;
On one who can so swiftly flee.
Fine copy.

6100 FRANKLIN'S WAY TO WEALTH or « Poor Richard Improved, etc. ». A new edition : corrected and enlarged by BOB SHORT... *London, W. Darton, Jun. n. d.* (1819), sm. 12mo. gr. printed wrappers, preserved in half-morocco case. **400 fr.**

Illustrated with 12 quaint copper engravings. Very rare, fine copy.

6101 FUNNY OLD MAN who had Apples to Sell. *London, E. Wallis, n. d.* (1816), sq. 16mo. or. printed wrappers *(back strip missing)*, preserved in half-morocco case. **1.800 fr.**

Frontispiece and 15 hand-coloured plates engraved on copper.

6102 GEISZLER (Rudolf). — DAS DEUTSCHE A B C BUCH. Eine Anleitung zum Schreiben und Lesenlernen. *Stullgart, Julius Hoffmann, s. d.* [vers 1880], in-4, cartonnage papier, dos toile, de l'éditeur. **100 fr.**

24 planches en chromolithographie. Outre l'alphabet, exemples de lecture fournis par des textes manuscrits et imprimés, morceaux choisis, vers et prose, composés en divers caractères.

6103 [GOODRICH (S. G.)]. — CHILD'S OWN BOOK OF AMERICAN GEOGRAPHY. By the Author of Peter Parley's Tales. *Boston, James B. Dow*, 1837, sq. 12mo. or. printed wrappers. *(2 ink Spots on front cover).* **280 fr.**

Illustrated with 60 engravings on wood and 18 coloured maps. *Fine copy.*

6104 GRIMM. — FAIRY TALES. A New translation by Mrs Edgar Lucas with illustrations by ARTHUR RACKHAM. *London, Archibald Constable, n. d.* (1900), sq. 8vo. or. printed cloth. **80 fr.**

Frontispiece in colour and many illustrations in black and white by Arthur Rackham. *Fine copy.*

6105 GUIGNOL. — THÉATRE LYONNAIS DE GUIGNOL, publié pour la première fois, avec une introduction et des notes. *Lyon, N. Scheuring*, 1865-1870, 2 vol. in-8, demi-chagrin brun, non rognés, têtes dorées. *(Rel. de l'époque).* **1.000 fr.**

20 pièces du Guignol lyonnais, chacune ornée d'une vignette à l'eau-forte de J.-M. Fugère. Intéressante introduction, érudite et pittoresque. Les deux séries sont en reliure uniforme, mais le second volume est plus haut que le premier. TRÈS RARE.

6106 GUSTAVUS AND THE MACAW. A Story to teach children the proper value of things. Translated from the German. *Boston, Munroe, Francis and Parker, n. d.* [circa 1830], or. printed boards. *(Rubbed and back broken).* **25 fr.**

A few stains.

6107 **HAMILTON (Gustavus).** — THE ELEMENTS OF GYMNASTICS, for Boys, and of calisthentics, for young Ladies. *London, Poole and Edwards*, 1827, sm. 12mo. or. green leather. *(2 slight ebraisons).* **200 fr.**

FIRST EDITION. Illustrated with 43 copper engravings (3 folding). At end 7 page book list. *Fine copy.*

6108 **HEWINS (Caroline M.).** — A MID-CENTURY CHILD, and Her Books. *New York, The Macmillan Company*, 1926, 12mo. or. cloth, gilt. **30 fr.**

Many illustrations, some in colour. Fine copy.

6109 **HISTOIRE DE FRANCE.** [*Paris, lith. Marie, s. d.,* vers 1848]. Boîte de l'éditeur. **550 fr.**

JEU DE PATIENCE, formé de 2 planches lithographiées et coloriées (338×270 mm.) représentant les portraits des rois de France. Sur le couvercle de la boîte, grande lithographie coloriée ; Henri IV rejoignant la chasse, ramenant sur la croupe de son cheval un paysan.

6110 **HISTOIRE DES QUATRE FILS AYMON,** très-nobles, très-hardis et très-vaillans chevaliers. *Épinal, Pellerin*, 1836, in-8, demi-bas. verte. *(Reliure de l'époque),* couvert. rose illustrée conservée. **600 fr.**

Édition populaire, imprimée sur deux colonnes et illustrée de 8 gravures sur bois à pleine page. Rare en aussi bel état, surtout avec les 2 plats illustrés de la couverture.

6111 **HISTOIRE DES REINES DE FRANCE.** *Paris, Lion, s. d.* [vers 1853]. Boîte de l'éditeur. **650 fr.**

JEU DE PATIENCE, formé de 3 grandes planches lithographiées et coloriées (410×270 mm.), représentant les portraits des reines de France, depuis l'origine de la monarchie jusqu'au Second Empire. Notice biographique jointe, sur le couvercle de la boîte, grande lithographie coloriée : la France et ses reines.

6112 **HISTOIRE ROMAINE (L'),** depuis la fondation de Rome jusqu'à Constantin, réduite en jeu, pour l'instruction de la jeunesse. Par le S^r le Maître. *S. l. n. d.* [vers 1720], gravure in-plano de 58×80 centimètres. **30 fr.**

Jeu en 56 tableaux, conçu dans l'esprit du jeu de l'oie, avec la règle gravée dans le cartouche central. Notice gravée dans chacun des 56 tableaux.

6113 **HISTORIETTES ET CONTES** à ma petite fille et à mon petit garçon. *Lille, Castiaux, Paris, Delarue, s. d.* [vers 1825], in-12, demi-mar. couv., imp. conservées. *(Rel. mod.).* **600 fr.**

Frontispice, titre et sept planches lithographiés et coloriés, chacune des pl. représentant deux sujets. Petites vignettes sur bois dans le texte. Ouvrage rare, imprimé en gros caractères.

6114 **HISTORY OF ENGLAND (THE)** from the Invasion of Julius Cœsar, to the Year 1815. *London, Darton, Harvey and Darton*, 1817, sq. 16mo. or. printed wrappers. **35 fr.**

Woodcut frontispiece *(hand-coloured by a child).* Fine copy.

6115 **HISTORY OF INSECTS AND REPTILES.** *New York, S. M. Crane*, 1847, sm. 16mo. or. printed wrappers. **30 fr.**

Illustrated with 16 well executed woodcuts. *Fine copy.*

6116 **HOBBY HORSE (THE)** or The High Road to Learning ; being a Revival of that Favourite Alphabet « A was an Archer, and Shot at a Frog ». *London, John Harris, n. d.* [circa 1824], or. printed boards, preserved in half-morocco case. **3.000 fr.**

Illustrated with 24 splendid hand-coloured woodcuts each illustrating a letter of the Alphabet on opposite page. Very rare. *Fine copy.*

6117 **HOFLAND (Mrs).** — ADELAIDE or the Intrepide Daughter. A Tale, including historical anecdotes of Henry the Great and the Massacre of St. Bartholomew. *Boston, Munroe and Francis, n. d.* [circa 1830], 12mo. or. printed cloth. **65 fr.**

Frontispiece with two plates engraved on copper *(foxed).* Fine copy.

6118 **HOSTEIN (Hippolyte).** — CARACTÈRES ET PORTRAITS DE LA JEUNESSE. *Paris, A. Desesserts, s. d.* [vers 1840], in-8. *(Cartonnage papier de l'éditeur).* **250 fr.**

Frontispice, 10 lithographies en 2 tons, tirées chez Decan et Lebref et vignettes de *Louis Lassalle.* Cartonnage crème ; sur le premier plat, le frontispice est reproduit, colorié, encadré de larges rinceaux d'or, sur le second, vase Renaissance et bouquet de fleurs colorié, entre deux panneaux, contenant, sur fond d'or, des volubilis.

6119 **HUGHS (Mrs).** — THE MOTHER'S BIRTHDAY or the Broken Vase ; for Little Boys and Little Girls. *Philadelphia, Lindsay and Blakston*, 1849, sq. 16mo. or. cloth, gilt. **125 fr.**

Hand-coloured frontispiece. Large type. 6 page book list at end. *Fine fresh copy.*

6120 **HYMNS FOR CHILDREN.** *Northampton (U. S. A.), A. R. Merrifield*, 1842, 24mo. or. printed wrappers. **20 fr.**

6 quaint woodcuts. Penny chapbook.

6121 **HYMNS FOR LITTLE CHILDREN.** First American Edition. *Philadelphia, H. Hooker, n. d.* [circa 1840], or. cloth wrappers. **20 fr.**

A few pages scribbled on *(easily rubbed out)* and foxed.

6122 **HYMNS IN PROSE FOR CHILDREN.** By the Author of Lessons for Children. *London, Printed*, 1799, 12mo. or. half-leather, boards. **100 fr.**

The preface is signed A. L. Q. *Fine copy.*

6123 **INFANT'S ALPHABET (THE).** *London, A. K. Newman and Co, n. d.* [circa 1830], sm. 12mo. or. printed wrappers, preserved in half-morocco case. **300 fr.**

Alphabet (upper and lower case) each letter illustrated with a quaint hand-coloured woodcut.

6124 **IRISH HEART (AN)** Founded on fact. *Boston, William S. Damwell*, 1836, 12mo. or. printed wrappers. *(Back broken, and lower wrapper missing).* **30 fr.**

Slightly stained.

6125 **JACK MARTIN** (The History of) and his Seven Brothers, drawn from real life, and intended to display the Blessings attending on early virtue, and the sarrows annexed to early vice. *London, R. Harrild, n. d.* [circa 1820], sm. 12mo. or. half-leather, boards. **65 fr.**

Illustrated with 5 splendid woodcuts. *Fine copy.*

6126 JACK, THE BROWN-BOY (The History of). *London, S. Carvalho, n. d.* [circa 1820], sq. 16mo. or. printed wrappers, preserved in half-morocco case. **300 fr.**

Illustrated with 4 hand-coloured engraved plates *(Scribblings by a child on blank verso of plates)*.

6127 JACK, THE GIANT KILLER. *London, Dean and Munday, n. d.* [circa 1820], sm. 16mo. or. printed wrappers. **60 fr.**

10 quaint woodcuts. Penny chapbook. *Fine copy.*

6128 JACK THE GIANT KILLER, relating how he overcame several huge giants, etc., to which is added the Noble Basket Maker. *London, Orlando Hodgson, n. d.* [circa 1820], or. printed wrappers. **150 fr.**

Illustrated with 8 hand-coloured woodcuts.

6129 JAMES TALBOT and The Suspected Boy. *Boston, Wm. Crosby and H. P. Nichols,* 1845, sm. 12mo. or. red cloth, gilt. **30 fr.**

Frontispiece engraved on wood. *Fine copy.*

6130 JANEWAY (James). — A TOKEN FOR CHILDREN being an exact account of the conversion, Holy and Exemplary Lives, and Joyful Deaths of Several Young Children. *London, J. Barfield,* 1809, sm. 12mo. or. calf. **60 fr.**

Two parts in one vol. with continued pagination. *Very fine copy.*

6131 JEMMY'S JOURNEY. *Boston, Wm. J. Reynolds,* 1847, 12mo. or. printed wrappers. **50 fr.**

Illustrated with 20 woodcuts. *Fine copy.*

6132 JEU DE L'AMOUR ET DE L'HYMÉNÉE. *S. l. n. d.* [vers 1792], placard gravé et colorié [58 × 45,5 centimètres]. **200 fr.**

Jeu d'oie gravé et colorié, les « règles du jeu » surmontées du faisceau de licteur et du bonnet phrygien. Les illustrations du jeu et les gravures illustrent les angles encore complètement xviiie siècle, comme composition et comme coloris.

6133 JEU DU CADRAN de la montre géographique. *S. l. n. d.* [vers 1796], planche gravée et coloriée. **250 fr.**

22 × 34 centimètres, marges non comprises. Jeu établi sur la correspondance des heures différentes dans les cinq parties du monde.

6134 JEU DE LA CLOCHE BLANCHE (LE). Placard lithographié et colorié. *S. l. n. d.* [vers 1840]. **25 fr.**

32 × 32 centimètres. 5 lithographies 12 centimètres. 5 × 8 centimètres et explication du jeu en espagnol. Les dessins représentent, au contraire, des costumes français.

6135 JEU DE LA CHOUETTE (LE). *S. l. n. d.* [vers 1790], placard 41,5 × 51,5 centimètres), gravé et colorié. **60 fr.**

Succédané du jeu d'oie. Se joue également avec des dés, la chouette y remplissant un rôle prépondérant. Sujets gravés et coloriés, dont un scatologique. Chansons du temps.

6136 JEU DE LA CONVERSATION. *Paris, Aubert, s. d.* [vers 1780], planche gravée et coloriée. **100 fr.**

53 × 5 × 47,7 centimètres. Les règles du jeu d'oie appliquées à celles de la civilité. Pièce rare et de toute fraîcheur.

6137 JEU DE LA FORTERESSE. *Metz, imp. Gaugel, s. d.* [vers 1845], planche gravée et coloriée collée sur carton dépliant (315 × 315 mm.). **45 fr.**

Succédané du jeu d'assaut. Tracé bastionné, assiégé en haut par deux canons servis par des artilleurs français. Dans le bas, deux groupes d'état-major allemand.

6138 JEU DE LOTO. Vers 1750. Dans une boîte carton de l'époque. 23 × 28 × 12 centimètres. **3.000 fr.**

Douze cartons portant 108 figures, finement gravées et teintées en rose. Les légendes, d'ailleurs encore lisibles, de deux figures scatologiques, ont été recouvertes de fleurons coloriés. Les jetons sont formés par des olives de bois noir, dans lesquelles sont enroulés les numéros, imprimés sur de petits morceaux de parchemin. Tous ces jetons sont contenus dans une grande poche de brocart vert, communiquant par un orifice articulé en ivoire, avec une boîte circulaire en ivoire, à couvercle bombé articulé, dans laquelle sont ménagées des ouvertures. On obtient le passage d'une olive dans la boîte d'ivoire en secouant le sac de brocart. Puis, on ouvre la boîte et l'on déplie le parchemin roulé dans l'olive. Très belle pièce d'un grand intérêt de curiosité.

6139 JEU DE L'OYE (LE) renouvelé des Grecs. *S. l. n. d.* [vers 1770], planche gravée et coloriée. **150 fr.**

42,5 × 34 centimètres. L'antique jeu d'oie avec son explication et ses règles. Les marges manquent.

6140 JEU DE MÉDUSE (Nouveau). *S. l. n. d.* [vers 1815], planche gravée et coloriée. **20 fr.**

41 × 41 centimètres, marges non comprises. Amusantes caricatures gravées et coloriées représentant des types et des costumes de l'époque. RETIRAGE MODERNE.

6141 [JEU DU CAMP]. *S. l. n. d.* [vers 1815]. Gravure in-plano de 37 × 51 centimètres. **40 fr.**

Jeu inspiré du jeu de dames. Il est orné de deux figures gravées, représentant, l'une des officiers à cheval, l'autre des soldats coiffés du bonnet à poil, devant des tentes aux enseignes surmontées de la fleur de lys. Armes royales de France dans un médaillon. Le jeu découpé est sans marges.

6142 JEU DU GRAND-HOMME. *S. l. n. d.* [vers 1833]. Gravure in-plano de 52 × 70 centimètres. **250 fr.**

Jeu en 63 tableaux, inspiré du jeu de l'oie. Chacun de ces tableaux comporte un sujet gravé, ÉPISODES DE L'HISTOIRE DE NAPOLÉON. En outre, aux angles, sujets représentant les adieux de Fontainebleau, le retour de l'île d'Elbe et, sous le titre « Le Ciel les rassemble », le roi de Rome rejoignant dans l'immortalité Napoléon Ier. Pièce fort intéressante et rare.

6143 JOURNAL DES ENFANTS, rédigé par toutes les sommités littéraires et enrichi de dessins, composés et gravés par les meilleurs artistes. *Paris, 1832-1846,* 14 tomes en 7 vol. gr. in-8, demi-veau lavall., dos ornés sans nerfs. *(Rel. de l'époque).*
3.000 fr.

Collection complète. Intéressant exemplaire en rel. uniforme (sans éclat), où ont été conservées les annexes : patrons à broder, modèles de dessins sur papier jaune, etc. Couvertures de livraisons. Portraits gravés de littérateurs écrivant au *Journal des Enfants :* Jules Janin, Frédéric Soulié, Louis Desnoyers, etc. Innombrables gravures et vignettes sur bois dans le texte. Presque tous les écrivains qui, pendant cette période, ont écrit pour l'enfance, ont collaboré à ce périodique célèbre, où ont notamment paru pour la première fois *Les Aventures de Jean-Paul Choppart,* avec des dessins de Grandville. Les tables des matières ont été refaites à la main (à l'époque) pour quelques volumes.

6144 JUVENILE TATLER (THE) by A Society of Young Ladies, Under the Tuition of Mrs Teachwell. *London, J. Marshall and Co,* 1789, 12mo. or. calf. *(Hinges cracked).*
300 fr.

FIRST EDITION. Charming frontispiece engraved on copper. At end *A complete Catalogue of Mrs Teachwell's Books, Printed and Sold by J. Marshall and Co* (2 pages). Fine copy.

6145 [KILNER (Dorothy)]. — THE HOLIDAY PRESENT ; containing anecdotes of Mr and Mrs Jennet, and their little family... by M. P. *London, John Harris,* 1828, sm. 8vo. or. printed wrappers.
75 fr.

Two plates, each with 2 steel engravings.

6145 bis KLEINE LIEDER FUR KINDER, mit Melodien zum Singen beym Klavier. *Leipsig,* 1777, in-8 obl., plein maroquin moderne. **2.500 fr.**

Titre gravé et 12 planches de musique notée et gravée, chaque planche contenant une vignette finement gravée. Exemplaire d'une extrême fraîcheur, mais rogné un peu court du bas.
In seinem Aufsatz "Eine Liedersammlung des XVIII. Jahrhunderts" sagt Max Friedlaender über dieses Werk : Von besonderem Interesse ist die zwölf Nummern enthaltende Sammlung mit dem gestochenen Titel : "Kleine Lieder für Kinder... Leipzig 1777", *welche ein Unikum darzustellen scheint.* Keine einzige Bibliothek enth lt meines Wissens ein Exemplar, und auch in der Literatur jener oder der sp teren Zeit wird die Ausgabe nirgends erw hnt, woraus man schliessen könnte, dass nur ein [?] Exemplar gestochen worden ist... Von den Bl ttern ist stets nur die Vorderseite bedruckt, was bei den sonstigen Liederausgaben des 18. Jahrhunderts nirgends vorkommt. Einige Texte dieser Lieder für Kinder sind übrigens ganz und gar nicht kindlich.., und die anonyme Sammlung scheint nicht etwa nur aus Originalkompositionen zu bestehen : Nr. IV "Selbst die glücklichste der Ehen", stammt n mlich von Georg Benda in Gotha und ist aus dessen i. J. 1776 entstandenem Singspiel « Walder » entnommen...

6146 LA PEROUSE [VOYAGES AND ADVENTURES OF]. To which is added the Life of Hatem Tai or The Generosity of an Arabian Prince. *London, J. Bysh,* n. d. [circa 1830], or. printed wrappers, preserved in half-morocco case. **400 fr.**

Illustrated with 8 hand-coloured woodcuts. *Fine copy.*

6147 LA ROCHÈRE (Comtesse Eug. de). — ROME. Souvenirs religieux, historiques, artistiques de l'Expédition française de 1849 et 1850. *Tours, Mame et C^{le},* 1853, in-8. *(Cartonnage toile spéciale de l'éditeur).*
600 fr.

8 planches gravées par *Rouargue,* Th. *Ruhierre, Outhwaite,* P. *Girardet,* etc., d'après les dessins de *Rouargue, Karl Girardet,* etc. Cartonnage toile bleue, dos orné représentant l'obélisque ; sur le premier plat : cadre or formant portique avec médaillons vert, rose, bleu et orange contenant des vues de Rome estampées en or. Grand motif central timbré de la tiare pontificale. Au milieu du second plat, clefs de saint Pierre sur champ d'or, couronne murale et étoile. Tr. dorées. Légères rousseurs. *Magnifique cartonnage de toute fraîcheur signé:* HAARHAUS.

6148 LASSALLE (Louis). — GÉOGRAPHIE EN ESTAMPES. [*Paris,* A. *Bédelet,* vers 1845], in-8, chagrin rouge, motifs floraux dorés, dos sans nerfs, tr. dorées. *(Bouligny).*
800 fr.

Petit album de 16 exquises lithographies de Louis Lassalle, coloriées sur fond teinté (Imprimerie d'Aubert et Cte). Costumes de l'Inde, de la Turquie, de l'Espagne, de l'Algérie, etc. Très bel exemplaire dans une jolie reliure de l'époque, non signée, mais certainement de Boutigny.

6149 LAUREL (THE), containing Beautiful Pieces ; calculated to Please and Instruct the Youthful Mind. *London, J. Arliss,* n. d. [circa 1820], 16mo. or. printed wrappers.
40 fr.

Frontispiece and 18 quaint woodcuts. A few leaves foxed.

6150 LEINSTEIN (Mme). — MAMMA'S TALES or Pleasing Stories of Childhood, adapted to the Infant Mind. *London,* A. K. *Newman and Co,* n. d. [circa 1830], 12mo. or. printed wrappers, preserved in half-morocco case.
550 fr.

Frontispiece and 13 charming woodcuts, beautifully hand-coloured. Tuer, O. F. C. B., page IX.

6150 bis LEPRINCE DE BEAUMONT (Mme). — THE YOUNG MISSES MAGAZINE ; containing Dialogues between A Governess and Several Young Ladies of Quality, her scholars..., etc., etc. Translated from the French... *Edinburgh, William Anderson,* 1791, 2 vols. in small 12mo. contemp. calf.
500 fr.

Engraved frontispiece to each volume. The Young Misses' Magazine « consists of 'Dialogues of a wise Governess with her Pupils', and was almost certainly inspired by Miss Fielding's *Governess.* The studies of Madame de Beaumont's pupils, under the names of *Ladi Sensée, Ladi Spirituelle, Ladi Tempête,* etc., although they represent types, are made from life. » The story of Beauty and the Beast first appeared in this interesting work.

6151 LIFE AND DEATH (THE) OF MISS DEBORAH DIDDLE, of Daisy Mead Green, and Sir Oliver Go Softly, of Gooseberry Hall. *London, Hodgson,* n. d. [circa 1820], small 8vo. or. wrappers with illustrated and hand-coloured ticket, preserved in half-morocco case.
2.500 fr.

Engraved and illustrated title-page and 12 hand-coloured amusing plates. Engraved text. Very rare, fine copy.

6152 LIFE AND NATURE (SCENES FROM) for the Amusement and Entertainment of Children. *London,* W. *Belch,* n. d. [circa 1820], 12mo. or.

printed wrappers *(back strip worn)*, preserved in half-morocco case.   **600 fr.**

Hand-coloured frontispiece engraved on copper and 24 other uncoloured plates. The work is divided into two parts « ENTERTAINING VIEWS » and « RURAL SCENES ». Engraved text. Fine copy.

6153 **LIFE OF JOSEPH (THE).** The Son of Israel. In eight books. Chiefly designed for the Use of Youth. *Printed at Worcester, Massachussetts by Isaiah Thomas, Jun. September, 1801,* 12mo. boards. *(Modern).*   **125 fr.**

The publisher was the son of Isaiah Thomas the famous publisher of the first American Edition of Goody Two Shoes. A few leaves slightly water-stained.

6154 **LITTLE DESERTER (THE)** or Holiday Sports ; a Tale : dedicated to all good boys. *Edinburgh, Oliver and Boyd, n. d.* [circa 1825], sm. 12mo. or. printed wrappers.   **250 fr.**

Frontispiece and 14 splendid woodcuts engraved by AUSTIN.

6155 **LITTLE RED RIDINGHOOD** [The Affecting Story of]. *London, G. Martin, n. d.* [circa 1815], small 16mo. or. printed wrappers, preserved in half-morocco case.   **1.250 fr.**

Illustrated with 12 hand-coloured plates engraved on copper. Engraved text, in verse.

6156 **LITTLE SUSAN AND HER LAMB.** A Story for Children. *Boston, Wait, Greene and Co, n. d.* [circa 1825], sm. 12mo. or. printed wrappers.
                                                    25 fr.

Woodcut on lower wrapper. 6 pages.

6157 **LITTLE SUSAN AND HER LAMB.** *London, J. Davis, n. d.* [circa 1830], sm. 16mo. or. printed wrappers.   **20 fr.**

14 quaint woodcuts. Front cover and title page stained

6158 **LOST POCKET BOOK (THE).** A Scottish Tale founded on facts. By the Author of « The Rushbearing ». *London, Houlston and Son, 1831,* 12mo. or. printed wrappers. *(Back worn).* **15 fr.**

Charming, engraved frontispiece.

6159 **MAMMA'S GIFT,** containing the stories of the Little Liar, the Disobedient Girl, The White Goat... *Edinburgh, Oliver and Bayd, n. d.* [circa 1825], sm. 12mo. or. printed boards.   **100 fr.**

Illustrated with 16 well executed woodcuts. Fine copy.

6160 **MAMMA'S PRESENT OF PICTURES.** *London, Harvey and Darton, n. d.* [circa 1820], oblong 12mo. or. printed wrappers, preserved in half-morocco case.   **400 fr.**

Illustrated with 31 copper engravings. *(Balloon, Pine Apple, Sedan Chair, Huxter, etc., etc.)* and two ABCs. *Fine copy.*

6161 **MARMIER (Xavier).** — VOYAGE PITTORESQUE EN ALLEMAGNE, partie septentrionale. *Paris, Morizot, 1860,* in-8. *(Cartonnage toile spéciale de l'éditeur).*   **600 fr.**

EXEMPLAIRE DE PREMIER TIRAGE. 20 planches dessinées et gravées par ROUARGUE frères, dont 2 en couleurs. Cartonnage toile marron, dos orné, trophée ou sur le premier plat ; armoiries or au centre du second ; tr. dorées. Rousseurs. *Magnifique cartonnage de toute fraicheur signé :* A. SOUZE.

6162 **MARMONTEL.** — CHOIX DES PLUS JOLIS CONTES MORAUX, anciens et nouveaux. *Paris, Saintin, 1817,* 2 vol. in-16, basane mouchetée, dos ornés, dentelle sur les plats, dent. int., tr. dorées. *(Rel. de l'époque).*   **200 fr.**

8 jolies gravures de Delignon, d'après Chacelat. Bel exemplaire d'une agréable édition de ces Contes célèbres.

6163 **MAZURE (A.).** — LE PORTEFEUILLE DU JEUNE AMATEUR DE LA NATURE, de l'Histoire et de l'Art... *Paris, Lehuby, 1838-1839,* 5 vol. in-12, cart. papier gris impr. *(Cart. de l'éditeur).*   **500 fr.**

Voir n°⁸ 4013 à 4015. Exemplaire complet de l'*édition originale,* d'une fraîcheur irréprochable dans l'intéressant cartonnage papier imprimé de l'éditeur.

6164 **MEEKE (Mrs).** — THE BIRTHDAY PRESENT or Pleasing Tales, of Amusement and Instruction. *London, Dean and Munday, n. d.* [circa 1830], or. printed wrappers, preserved in half-morocco case.   **650 fr.**

Illustrated with 16 splendid hand-coloured woodcuts· *Tuer. F. C. B. page 471.* Fine copy [very small stain on inner margin of five pages[.

6165 **MERITS REWARD** or the History of Master Goodchild. *London, J. Bysh, n. d.* [circa 1815], sq. 24mo. or. printed wrappers, preserved in half-morocco case.   **600 fr.**

Engraved title with vignette and 11 plates engraved on copper. Engraved text. *Fine copy.*

6166 **MILLS (Alfred).** — COSTUMES OF DIFFERENT NATIONS, in miniature. *London, Darlon, Harvey and Darlon, 1811,* 2 1/2 × 2 1/2 inches, or. printed boards.   **600 fr.**

Illustrated with many, finely engraved plates, showing costumes. *Fine copy.*

6167 **MILLS (Alfred).** — COSTUMES OF DIFFERENT NATIONS. Another copy, or. printed, boards. *(Slightly rubbed).*   **500 fr.**

Same plates.

6168 **MINIATURE BOOK.** — LANCASTER TOY BOOK. *Carter (U. S. A.), Andrews and Co, n. d.* [circa 1830], 2 × 2 1/4 inches, or. printed wrappers.   **20 fr.**

4 pages. Illustrated cover. *Unopened, fine copy.*

6169 **MITCHELL (Augustus).** — THE STUDY OF GEOGRAPHY (An easy introduction to), designed for the Instruction of Children in Schools and families. *Philadelphia, Thomas, Cowperthwait and Co, 1846,* sq. 12mo. or. printed, boards. **100 fr.**

Illustrated with 120 engravings and maps on wood. *Very fine copy.*

6170 **MUSSET (Paul de).** — VOYAGE PITTORES-QUE EN ITALIE, partie méridionale, et en Sicile. *Paris, Morizot,* 1856, in-8. *(Cartonnage toile spéciale de l'éditeur).* **800 fr.**

EXEMPLAIRE DE PREMIER TIRAGE. 23 planches dessinées et gravées par ROUARGUE frères, dont 5 en couleurs. Cartonnage toile bleue, dos orné. Sur le premier plat, large motif décoratif or, vert, bleu et blanc, le fronton surmonté de la tiare pontificale, en bas ; la louve allaitant Romulus et Rémus. Sur le second plat, clefs de saint Pierre et tiare ; tr. dorées. Légères rousseurs. Vicaire indique à tort la réédition de 1865, imprimée chez Bourdier comme la première édition illustrée de cet ouvrage. *Magnifique cartonnage de toute fraîcheur signé :* LIEBHERRE.

6171 **MY LITTLE PRIMER.** — THE CHILD'S ALPHABET, WITH PICTURES. EASY LESSONS FOR YOUNG READERS. 3 parts with separate titles in one vol. *Worcester, S. A. Howland, n. d.* [circa 1830], sq. 24mo. or. printed boards. **150 fr.**

ABC and numerous quaint woodcuts.
W. WHALE
The whale is the largest creature known. Its home is in the sea, from whence it is taken by the wonderful art of man, who pursues it for the sake of the oil it furnishes.

6172 **MY MOTHER.** — A Poem. *New York, Mahlon Day,* 1833, 12mo. or. printed wrappers. **125 fr.**

Illustrated with 12 quaint hand-coloured woodcuts. Small tear in one margin, otherwise fine copy.

6173 **MY UNCLE.** — A Token of Respect and Esteem. *London, Hodgson and Co,* 1823, small 8vo. or. wrappers. *(Front wrapper slightly stained),* preserved in half-morocco case. **3.000 fr.**

Engraved and illustrated title-page and 12 splendid hand-coloured plates engraved on copper, five of which are of Sporting interest. Engraved text.
Who taught me with a line and hook,
To fish for trout in yonder brook :
Would gaily on my pastime look.
MY UNCLE.
Of the greatest rarity. *Fine copy.*

6174 **NAIN JAUNE (LE).** Conte nouveau, tiré des fées. *Caen, chez P. Chalopin,* 1788, petit in-12, broché. **50 fr.**

1 fig. sur bois. 46 pages. Edition de colportage. Voir la *Bibliothèque bleue en Normandie,* par le Dr Hélot, n° 164.

6175 **NEW ENGLAND PRIMER (THE)** Improved or an Easy and pleasant guide to the Art of Reading. To which is added The Assembly's Catechism, adorned with cuts. *Exeter, Samuel T. Moses,* 1824, or. wrappers. **500 fr.**

Frontispiece and 6 woodcuts. Heartman No 275. *Very fine copy.*

6176 **NEW ENGLAND PRIMER (THE),** to which is added the Shorter Catechism. *Concord, N. H. Rufus Merrill,* 1849, 16mo. or. printed wrappers. **125 fr.**

Illustrated with 5 woodcuts. ABC, etc. Some pages stained.

6177 **NEW HISTORY OF BIRDS (A).** *London, John Marshall,* 1820, sq. 24mo. or. wrappers with coloured ticket, preserved in half-morocco case. **400 fr.**

Illustrated with 8 hand-coloured plates engraved on copper. Large type.

6178 **NEWMAN (W.).** — MOVEABLE SHADOWS. *London, Dean and Son, n. d.* [circa 1845], 8vo. or. printed boards. **300 fr.**

Amusing frontispiece and 8 plates with changeable scenes showing the shadows, engraved on stone.

6179 **NEW YEAR'S GIFT (THE)** and Juvenile Souvenir. *London, Longman, Rees, Orme, Brown, Green and Longman,* 1834, 12mo. or. red leather. **50 fr.**

Edited by Mrs ALARIC WATTS *(wife of the poet and editor).* Illustrated with 8 steel engravings from the paintings by E. Stone, F. C. Lewis, J. Colon, T. Unwins, J. Rogers, J. Beaume and J. Holling. The book contains several pieces by *Mary Howitt* and *Agnes Strickland* which appear here for the first time.

6180 **NIERITZ (Gustave).** — LE PETIT MUET DE FRIBOURG ou le Pèlerin et le Dragon, histoire de la découverte de la poudre à canon. Traduction revue par J.-B.-J. Champagnac. *Paris, Belin, Leprieur et Morizot, s. d.* [vers 1845], petit in-8, cartonn. toile bleue, décors dorés, tr. dorées. *(Cartonn. de l'édit.).* **150 fr.**

8 jolies lithos coloriées sur fond teinté, de Derancourt. Plats ornés de mascarons et rinceaux dorés. *Bel exempl., très frais.*

6181 **NORTON'S (Mrs).** — STORY BOOK compiled for the Amusement of her children, to which are added instructions for the proper application of the stories. *London, John Harris,* 1830, sm. 8vo. or. printed wrappers. *(Back wrapper stripped).* **40 fr.**

Illustrated with 4 steel engravings *(on 2 plates).*

6182 **OFFICE (L') DE LA SAINTE VIERGE,** avec les sept Psaumes, les Vêpres du Dimanche et les Litanies *A Coutances,* 1792 (70×89 mm.), couvert. muette. **150 fr.**

Titre orné d'une vignette. Exemplaire, en partie non coupé, d'une édition très rare, inconnue des bibliographes. L'Office et les psaumes sont composés en gros caractères largement interlignés. *Très rare.*

6183 **PANORAMA DU THÉATRE DE FRANCONI.** [*Harlem, impr. L. Van Leber, s. d.,* vers 1880], album obl., *cartonnage papier de l'éditeur,* les deux plats illustrés de chromolithographies. **175 fr.**

12 chromolithographies dépliantes (304×245 mm.), collées sur bristol, représentant les diverses attractions du cirque, clowns et animaux savants.

6184 **PARTERRE DES ENFANS (LE)** ou Abécédaire de Flore. *Paris, Aucelle, s. d.* [vers 1800], pet. in-8, cartonnage à la bradel. **150 fr.**

27 gravures au trait finement gravées (avant la lettre) dont un frontispice et le titre. A chaque lettre de l'alphabet correspond une fleur. *Très rare.*

6185 PAULINA AND HER PETS. *New York, Kiggins and Kellogg, n. d.* [circa 1840], 24mo. or. printed wrappers. *(Soiled).*   **20 fr.**

7 quaint woodcuts.

6186 PEAKEN AT HOME (THE) or The Swan's Bridal Day. *Ballimore, Wm. Raine, n. d.* [circa 1830], sm. 8vo. or. printed wrappers. *(Rebacked).*   **250 fr.**

With 8 hand-coloured woodcuts. Slightly foxed, and a few insignificant tears at edges.

6187 PERRAULT (Charles). — CONTES DES FÉES. *Paris, J. Langlumé el Pellier, s. d.* [vers 1830], petit in-12, cartonnage à la bradel de l'éditeur, conservé dans une boîte demi-maroquin.   **1.500 fr.**

Vignette de titre coloriée et 10 gravures (2 par planche) finement coloriées avec leurs serpentes rares. Exemplaire d'une fraîcheur absolue de cette édition justement recherchée. Pour un autre exemplaire, voir n° 4427 *bis.*

6188 PERRAULT (Charles). — CONTES DES FÉES. Nouvelle éd. ornée de 14 planches gravées. *Paris, Ancelle,* 1827, in-12, demi-maroq., couv. muette orig., avec dos conservés. *(Rel. mod.).*   **650 fr.**

Frontispice (portrait de Perrault), titre gravé avec vignette, 12 figures illustrant les douze contes de fées. Ces gravures sont très fines. Petite déchirure *(réparée)* marginale à l'une d'elles, petite mouillure claire à une autre.

6189 PETER PARLEY. — TALES ABOUT GREAT BRITAIN and Ireland. *London, Thomas Tegg,* 1839, sq. 16mo. or. cloth, gilt.   **45 fr.**

Profusely illustrated with woodcuts. 5 page book list at end. *Fine copy.*

6190 PETIT CHAPERON ROUGE (LE), féerie à grand spectacle en 7 actes et 49 tableaux. *Paris, Émile Guérin, s. d.* [vers 1900], 24×32 cm. **100 fr.**

Couverture illustrée en couleurs. Le haut du livre est arrondi et l'ensemble se présente comme une scène de théâtre, au rideau baissé, avec l'orchestre au premier plan. Le livre s'ouvre par le milieu et les volets rabattus de chaque côté montrent les loges d'avant-scène et les galeries. Chaque page s'ouvre également au milieu et représente les tableaux (en couleurs) de l'histoire du Chaperon rouge. Au bas de chaque tableau, légende versifiée de Marie de Grandmaison. Très frais.

6191 PICTORIAL PRIMER (THE NATIONAL). *New York, Geo. F. Cooledge and Brother,* post 8vo. or. printed, boards.   **175 fr.**

Profusely illustrated with well executed woodcuts. *Fine copy.*

6192 PICTURE ALPHABET (THE). *Derby, Thomas Richardson, n. d.* [circa 1818], sm. 16mo. or. printed wrappers.   **75 fr.**

Illustrated with and amusing Alphabet.
V *Was a Vintner*
That loved his bottle
Went seldom to bed
Without his fair pottle
V VIEW'D IT.
Fine copy.

6193 PICTURES AND STORIES for Children. *Boston, Weeks, Jordan and Co,* 1839, 12mo. or. cloth. *(Back broken and loose).*   **300 fr.**

12 parts in one vol. each with separate title and pagination. A most interesting work illustrated with many quaint woodcuts. Part X has the story of George Washington and his hatchet and throughout the volume are woodcuts of Street Cries. A few child's pencil scribblings passim.

6194 PINEL (Honoré). — A B C DU SPORTSMAN. *Paris, Ducrocq,* 1869, in-8, cartonnage toile de l'éditeur.   **800 fr.**

Robes et marques. — Conformations, tares, vices rédhibitoires. — Les Races. Trois parties cartonnées ensemble et illustrées de 72 lithographies coloriées, tirées chez *Lemercier.* Exemplaire de première fraîcheur. De toute rareté.

6195 PIOUS NEGRO (THE) An authentic narrative. *Newburyport (U. S. A.), W. and J. Gilman, n. d.* [circa 1810], or. printed wrappers.   **30 fr.**

Penny chapbook. Woodcut on front cover. 12 pages.

6196 POETICAL PRESENT (THE) for Young Ladies and Gentlemen ; consisting partly of Original Pieces, for the Instruction and Amusement of the Infant Mind. *London, T. Hughes, n. d.* (1823), sm. 12mo. or. printed wrappers.   **50 fr.**

Charming hand-coloured frontispiece engraved on copper.

6197 LE PRINCE DE BEAUMONT (Mme). — THE YOUNG MISSES MAGAZINE ; containing Dialogues between A Governess and Several Young Ladies of Quality, her Scholars..., etc., etc. Translated from the French... *Edinburgh, William Anderson,* 1791, 2 vols. in small 12mo. contemp. calf.   **500 fr.**

Engraved frontispiece to each volume. The Young Misses 'Magazine « consists of 'Dialogues of a wise Governess with her Pupils', and was almost certainly inspired by Miss Fielding's *Governess.* The studies of Madame de Beaumont's pupils, under the names of *Ladi Sensée, Ladi Spirituelle, Ladi Tempête, etc,* although they represent types, are made from life ». The story of Beauty and the Beast first appeared in this interesting work.

6198 POLYORAMA PANOPTIQUE. Deux boîtes carton, l'une pour l'appareil, l'autre pour les vues. [Vers 1840].   **1.250 fr.**

L'appareil, en bois recouvert de papier vert et or, étiquette originale, oculaire encadré d'acajou, mesure 16×15×12,5 cm. Instruction pour le maniement du Polyorama, en anglais et en français, lithographiée sur un côté de la boîte.
La seconde boîte contient trente lithos coloriées de 14,5×9,5 cm., tendues sur cadres de bois pour être placées dans l'appareil. Elles représentent les quais de Paris, Saint-Pierre de Rome, des vues de Londres, la place du Châtelet, le Louvre, les Tuileries, la Bastille, les Bains de Dieppe, palais impérial de Saint-Pétersbourg, etc. Trois sont en double. Toutes portent le timbre de Lemaire, opticien fabricant, passage du Saumon. Elles offrent des aspects différents, selon l'éclairage qu'on leur distribue à l'aide de l'appareil. Très belle pièce, d'une fraîcheur parfaite.

6199 RACKHAM (A.). — A CHRISTMAS CAROL by Charles Dickens. *London, William Heinemann, n. d.* (1915), demy-quarto or. vellum, gilt, t. e. g. **650 fr.**

11 plates in colour and many drawings in black and white by Arthur Rackham. ONE OF 500 COPIES ON LARGE PAPER SIGNED BY THE ARTIST. Fine copy.

6200 RACKHAM (A.). — ENGLISH FAIRY TALES retold by Flora Annie Steel. *London, Macmillan and Co*, 1918, demy-quarto, or. vellum, t. e. g. **850 fr.**

Frontispiece and 15 plates in colour, and 42 drawings in black and white. ONE OF 500 COPIES ON LARGE PAPER SIGNED BY THE ARTIST. Fine copy.

6201 RACKHAM (A.). — GULLIVER'S TRAVELS into several remote nations of the world. Jonathan Swift. *London, Dent*, 1909, demy-quarto, or. cloth, gilt, t. e. g. **650 fr.**

Frontispiece and 12 plates in colour, and many black and white vignettes by Arthur Rackham. ONE OF 750 COPIES ON LARGE PAPER SIGNED BY THE ARTIST. Fine copy.

6202 RACKHAM (A.). — IRISH FAIRY TALES by JAMES STEPHENS. *London, Macmillan and Co*, 1920, demy-quarto, or. half-vellum, gilt, t. e. g. **750 fr.**

Frontispiece and 15 plates in colour, and several headings etc in black and white by Arthur Rackham. ONE OF 520 COPIES ON LARGE PAPER SIGNED BY THE ARTIST. Fine copy.

6203 RACKHAM (A.). — THE ROMANCE OF KING ARTHUR and his Knights of the Round Table. *London, Macmillan and Co*, 1917, demy-quarto, or. vellum, gilt, t. e. g. **800 fr.**

Frontispiece and 15 plates in colour, 7 in black and white and numerous headings and initials by Arthur Rackham. ONE OF 500 COPIES ON LARGE PAPER SIGNED BY THE ARTIST. Fine copy.

6204 RACKHAM (A.). — TALES FROM SHAKESPEARE by CHARLES and MARY LAMB. *London, J. M. Dent*, 1909, demy-quarto, or. cloth, gilt, t. e. g. **750 fr.**

Frontispiece and 12 plates in colour and many drawings in black and white by Arthur Rackham. ONE OF 750 COPIES ON LARGE PAPER SIGNED BY THE ARTIST. Fine copy.

6205 RACKHAM (A.). — UNDINE by De la Motte Fouqué. *London, Heinemann*, 1909, demi-quarto, or. parchment, gilt, t. e. g. **500 fr.**

Frontispiece and 14 plates in colour and vignettes in black and white by Arthur Rackham. ONE OF 1000 COPIES ON LARGE PAPER SIGNED BY THE ARTIST. Fine copy.

6206 RACKHAM (A.). [L'ŒUVRE DE]. Ouvrage illustré de 44 planches en couleurs. *Paris, Hachette et Cie, s. d.*, toile spéc. de l'éditeur. **250 fr.**

UN DES 460 EXEMPLAIRES NUMÉROTÉS ET SIGNÉ PAR L'ARTISTE. Etat de neuf.

6207 RATIONAL EXHIBITION (THE). *London, Harvey and Darlon*, 1824, 12mo. or. printed wrappers, preserved in half-morocco case. **650 fr.**

Engraved title with charming vignette, and 20 spirited copper engravings in text. Tuer reproduces the edition of 1800, with different engravings. This is probably the first impression of this edition. *Fine copy.*

6208 READ (W.). — PATIENCE AND CONTENTMENT in humble life ; exemplified in a Brief Memoir of Thomas Hogg. *London, Simkin Marshall* 1823, sm. 12mo. or. printed wrappers. **15 fr.**

6209 RENNEVILLE (Mme de). — PARAFARAGARAMUS ou Croquignole et sa famille. Folie dédiée aux écoliers. *Paris, P.-J. Gayet*, 1827, in-16, broché, couv. muette. **250 fr.**

Frontispice et trois gravures coloriées. Exemplaire très frais. Voir le no 4373.

6210 RIDDLE-BOOK (A New and Entertaining), containing A Choice collection of Enigmas, Riddles, Charades, etc. *London, J. and C. Evans, n. d.* [circa 1820], 12mo. or. printed wrappers. **40 fr.**

Illustrated with 16 woodcuts. Threepenny chapbook.

6211 ROBINSONADE. — CALENDER auf das Jahr nach Jesu Christi unsers Heilandes Geburt 1799. *Augsburg, Johann Peter Ebner, s. d.* (1798), 46×73 mm., bas. recouverte d'une couche argentée, avec ornements à reflets métalliques or, vert et rose, tr. dorées. *(Etui de l'époque).* **1.000 fr.**

Faux titre, frontispice et 12 planches finement gravées. En dehors du calendrier, poésies relatives à Robinson qu'illustrent les dessins de *Thelott* et notices astrologiques sur chaque mois de l'année.

6212 ROBINSONADE. — CALENDER auf das Jahr nach Jesu Christi unsers Heilandes Geburt 1801. *Augsburg, Johann Peter Ebner, s. d.* (1800), 46×73 mm., bas. recouverte d'une couche argentée, motifs décoratifs en relief sur les plats, tr. dorées. *(Etui de l'époque).* **1.000 fr.**

Faux titre, frontispice et 12 planches finement gravées. En dehors du calendrier, poésies relatives à Robinson qu'illustrent les dessins de *Thelott* et notices astrologiques sur chaque mois de l'année.

6213 ROMANCE OF INDIAN HISTORY! thrilling incidents in the early settlement of America. *New York, Kiggins and Kellogg, n. d.* [circa 1850], 12mo. or. printed wrappers. **45 fr.**

8 woodcuts of Indian life.

6214 ROUE DE LA FORTUNE (LA). Jeu nouveau à l'imitation de la Loterie Royale de France. *S. l. n. d.* [vers 1750]. **300 fr.**

52,5×39,5 centimètres. Pièces intéressante en ce qu'elle rappelle les combinaisons de l'ancienne loterie royale. Légères déchirures et trou de ver insignifiants.

6215 SCHOOL PRIMER [The United States] or the First Book for Children... and pretty stories which will please the Children amazingly. *New York, George F. Cooledge and Brother, n. d.* [circa 1830], post 8vo. or. printed wrappers. **150 fr.**

Illustrated with a quantity of quaint and well executed woodcuts. *Fine copy.*

6216 **SENECA.** — DE REMEDIIS FORTUITO-
RUM, manuscrit italien du xvᵉ siècle, 7 ff. parchemin, les 2 derniers simplement réglés (160×218
mm.), reliure du xviiᵉ siècle, maroq. bleu, dos
orné, dentelle extérieure, fleurons aux angles.
3.000 fr.

Très beau manuscrit, les trois pages formant la première partie contenant un curieux TRAITÉ DE PONC-
TUATION PAR GASPARINUS PERGAMENSIS. La
seconde partie, commençant au verso du folio 2, débute
par une belle et large lettre ornée et enluminée (bleu, jaune
et rouge). Dans le texte de cette seconde partie, le dialogue
est indiqué en rouge ; il en est de même du colophon :
Annei Lucii Senece de remediis fortuitorum liber explicit.
Traité de Sénèque très rare en manuscrit, portant au verso
du premier plat l'ex-libris de Henricus Alani.

6217 **SINBAD THE SAILOR.** *London, Orlando
Hodgson, n. d.* [circa 1825], 16mo. or. printed
wrappers. *(Discoloured).* **80 fr.**

Illustrated with 8 hand-coloured woodcuts. Small tear
in margin of two leaves.

6218 **SINDBAD THE SAILOR** (The Seven Voyages
of). *London, Dean and Munday, n. d.* [circa 1830],
sm. 12mo. or. printed wrappers. **135 fr.**

Folding frontispiece with 3 hand-coloured plates engraved on copper *(small tear in fold).* Fine copy.

6219 **SIX AGES DE LÉONTINE (LES).** *Paris,
Marcilly, s. d.* [vers 1825], 6 vol. petit in-12, *cartonnages papier et boîte de l'éditeur* (légèrement
fatiguée). **1.250 fr.**

Voir nᵒ 5380. 6 planches dessinées par Dubouloz, gravées
par Nargeot et finement coloriées à la main et rehaussées
d'or. Cartonnage crème, estampé à froid, au centre,
vignette coloriée. Boîte à 2 compartiments, sur les côtés,
rinceaux or, en relief, couvercle : cadre or, rocailles aux
angles, vignette coloriée ; Léontine menant boire un mouton.

6220 **SIX AGES DE LÉONTINE (LES).** *Paris,
Marcilly, s. d.* [vers 1825], 6 vol. petit in-12.
(Cartonnages papier et boîte de l'éditeur). **800 fr.**

Même ouvrage et même édition que le précédent. Les
gravures en noir. Le cartonnage vert clair estampé à froid
ne porte pas de vignette. Larges rinceaux d'or sur les
côtés de la boîte ; couvercle : cadre or et rocailles d'angles,
la vignette en noir sur papier vert clair.

6221 **SMITH (Albert).** — A POTTLE OF STRAW-
BERRIES, to Beguile A Short Journey or A
Long Half Hour. *London, D. Bogue,* 1848, 12mo.
or. printed wrappers. **35 fr.**

FIRST EDITION. Illustrated with many illustrations
by Gilbert and Henning. 16 page book catalogue at end.

6222 **SOUVENIR.** *Paris, Lefuel, s. d.* [vers 1822],
in-16, dos cuivre doré, ornementations en relief,
cadre et fleurons d'angles de même sur les plats
en nacre gravée, gardes satin blanc, ressort à
boudin guilloché formant fermoir, crayon. **325 fr.**

Carnet de poche où chacune des pages blanches réservées aux mois de l'année est surmontée d'une figure gravée
au pointillé. 4 pages de carton traité chimiquement pour
y prendre des notes. Calendrier pour l'année 1822. *Fente
au premier plat.*

6223 **STEERWELL (J.).** — THE LITTLE TRA-
VELLER or A Sketch of Various Nations of the
World, representing the Costumes and describing
the Manners and Peculiarities of the Inhabitants.
London, A. K. Newman and Co, n. d. [circa 1820],
12mo. or. printed wrappers, preserved in half-
morocco case. **500 fr.**

Frontispiece and 14 hand-coloured woodcuts showing
scenes and costumes, Greeks, Chinese, American, Indians,
Otaheiteans, etc., etc. *Fine copy* in spite of a few yellow
stains.

6224 **SUMMARY VIEW (A)** of the Evidences of
Divine Revelation : exhibited in the form of a
Catechism. *Boston, Marsh, Capen and Lyon,* 1830,
12mo. or. printed wrappers. **35 fr.**

Designed for the use of Sabbath Schools. *Fine copy.*

6225 **[SWIFT].** — GULLIVER'S VOYAGE TO
LILLIPUT. *Edinburgh, Printed for the Booksellers,* 1816, sm. 12mo. or. printed wrappers, preserved in half-morocco case. **275 fr.**

Illustrated with 3 hand-coloured copper plates. *Very rare.*

6226 **TALES OF CHILDHOOD.** *London, Dean and
Munday, n. d.* [circa 1830], sq. 16mo. or. printed
wrappers, preserved in half-morocco case. **500 fr.**

Frontispiece and 2 vignettes on title, and 7 charming
woodcuts, all hand-coloured. Large type. *Tuer. F. C. B.
Page 474. Fine copy.*

6227 **TEXIER (Edmond).** — VOYAGE PITTO-
RESQUE SUR LES BORDS DU RHIN. *Paris,
Morizot,* 1858, in-8. *(Cartonnage toile spéciale de
l'éditeur).* **1.250 fr.**

24 planches dessinées et gravées par ROUARGUE
frères, dont 2 en couleurs. Cartonnage toile rose et noir.
Dos orné représentant Charlemagne en pied. Sur le premier
plat, décor à la cathédrale, or, rose, vert et bleu, flanqué
de deux chevaliers teutoniques ; sur le second plat, médaillon, rinceaux or, croix rouge et or au centre. Tr. dorées.
Magnifique cartonnage de toute fraîcheur signé: DAMOTE.

6228 **THREE TRAVELLING COCKS (THE).** *London, Dean and Munday, n. d.* [circa 1825], sm.
16mo. or. printind wrappers. **30 fr.**

10 quaint woodcuts. Penny chapbook.

6229 **TOMMY AND HARRY** (The History of).
Edinburgh, Oliver and Boyd, n. d. [circa 1820],
16mo. or. printed wrappers. **50 fr.**

Illustrated with 24 quaint woodcuts. *Twopenny chapbook.*

6230 **TRIUMPH OF GOODNATURE (THE)** exhibited in the History of Master Harry Fairborn
and Master Trueworth. Interspersed with Tales
and Fables. *London, J. Harris, Successor to E.
Newbery, n. d.* [circa 1805], sm. 16mo. or. boards,
preserved in half-morocco case. **900 fr.**

Illustrated with a frontispiece and 12 woodcuts by
Bewick. 10 page book list at end. *Fine copy.*

6231 **TRUTHS AND FABLES.** *Boston, J. Reynolds,*
1848, 12mo. or. printed wrappers. **50 fr.**

Illustrated with 28 woodcuts. *Fine copy.*

6232 **UPTON.** — MY CHILDHOOD. A Poem. *Philadelphia, Wm. Charles, 1816*, sq. 16mo. or. printed wrappers *(lower wrapper torn)*, preserved in half-morocco case. **2.000 fr.**

Illustrated with 6 hand-coloured engravings. Engraved text. *Fine copy.*

6233 **VALENTINE AND ORSON** (The History of). *n. p., Printed for the Company of Walking Stationers, n. d.* [circa 1780], 12mo. sewn as issued, preserved in half-cloth case. **300 fr.**

Illustrated with a quaint woodcut on title. Very rare chapbook, uncut and unopened. *Fine copy.*

6234 **VINE (THE).** *London, J. Davis, n. d.* [circa 1830], or. printed wrappers. **25 fr.**

8 quaint woodcuts. Penny chapbook.

6235 **WATTS (Isaac).** — HYMNS AND SPIRITUAL SONGS, in three Books. I. Collected from the Scriptures. II. Composed on Divine Subjects. III. Prepared for the Lord's Supper. *Edinburgh, Churnside and Wilson, 1776*, 12mo. half-calf. *(Modern binding).* **250 fr.**

Fine copy.

6236 **WATTS (Isaac).** — DIVINE SONGS, attempted in Easy Language for the Use of Children. *Boston, Samuel T. Armstrong, 1819*, sm. 12mo. or. wrappers. **125 fr.**

Woodcut frontispiece and 8 woodcuts in text. Not in Wilbur M. Stone.

6237 **WATTS (Isaac).** — DIVINE SONGS, in Easy Language, for the Use of Children. *London, J. Arliss, n. d.* [circa 1820], 16mo. or. printed wrappers. **75 fr.**

Frontispiece and 23 quaint woodcuts. *Fine copy.*

6238 **WELL-SPENT HOUR (THE).** No 1. *Boston, Wait, Greene and Co, n. d.* [circa 1825], or. printed wrappers. **45 fr.**

Two charming woodcuts on covers and vignette on title. *Fine copy.*

6239 **WIG (THE)** and Shoulder of Mutton or the Folly of Juvenile Fears. *London, A. K. Newman and Co, n. d.* [circa 1825], or. printed wrappers. **50 fr.**

Illustrated with 15 quaint woodcuts.

6240 **WORLD TURNED UPSIDE-DOWN (THE).** *London, A. K. Newman and Co, n. d.* [circa 1825], sm. 12mo. or. printed wrappers. **60 fr.**

Illustrated with 15 woodcuts. Tear across one page with no loss. Twopenny chapbook.

6241 **WYSS.** — LE ROBINSON SUISSE ou Histoire d'une famille suisse jetée par un naufrage dans une île déserte, avec la suite donnée par l'auteur lui-même. Traduit de l'allemand par Mme E. VOIART. *Paris, Didier, 1839*, 2 vol., demi-chagr. tête de nègre, dos ornés, sans nerfs. *(Reliure de l'époque).* **150 fr.**

8 figures finement gravées et carte de l'île.

6242 **YOUNG SAILOR (THE)** or the Sealife of Tom Bowline. *New York, Kiggins and Kellogg, n. d.* [circa 1830], sm. 16mo. or. printed wrappers. **30 fr.**

Illustrated with 6 quaint woodcuts.

6243 **YOUTH'S MISCELLANY** or A Father's Gift to his Children ; consisting of Original Essays, moral and literary... By the Author of the Juvenile Olio, etc., etc. *London, E. Newbery, 1798*, 12mo. half-morocco. *(Modern binding).* **250 fr.**

Engraved frontispiece (foxed). 2 page book list at end. Unknown to Welsh.

6244 **CIVILITÉ HONNÊTE (LA),** en laquelle est mise la manière d'apprendre à bien lire, prononcer et écrire, et mise en meilleur ordre qu'auparavant. *A Rouen, chez François Behourt, rue Ecuyère, à l'Imprimerie du Levant, s. d.* [vers 1740], in-16 de 48 pp. (les pp. 47-48 manquent), couv. papier moderne. **250 fr.**

Rare édition, dont le Dr Hélot (*la Bibliothèque bleue en Normandie*, nº 57) signale un exempl. à la Bibliothèque de Rouen. Petit livre entièrement imprimé en caractères de civilité, et illustré, p. 2, d'un bois à pleine page représentant un cardinal ; sur le titre, d'une très belle lettre ornée dans le style des magnifiques initiales gravées sur bois de Vérard ; dans le texte 18 lettres, de même style, gravées sur bois, ornées de personnages, oiseaux, chiens... Titre bruni, avec petite déchirure à un angle.

6245 **CIVILITÉ PUÉRILE ET HONNÊTE (LA)** pour l'instruction des Enfans, enseignant la manière d'apprendre facilement à bien lire et écrire ; ensemble de beaux préceptes pour apprendre la jeunesse *(sic)* à se bien conduire dans les compagnies. Et un Nouveau Traité pour orthographier les différents mots de prononciation semblable. *Nantes, Vatan, 1779*, petit in-8, couv. papier escargot. **400 fr.**

80 pages. Beaux caractères de civilité, largement interlignés. L'ouvrage contient les fameux quatrains de Pibrac, non cités au titre. A la fin, un traité d'arithmétique est en caractères romains (pp. 68-79). Le titre est bruni et les bords en sont fripés.

6246 **CIVILITÉ PUÉRILE ET HONNÊTE (LA)** pour l'instruction des Enfans..., dressée par un missionnaire. *Paris, Onfroy, 1785*, in-12, cartonn., dos vélin. *(Rel. anc.).* **300 fr.**

104 pages. Comme le précédent, mais en caractères de civilité plus petits ; sans le petit Traité d'Arithmétique. Bel exemplaire.

6247 **RÈGLES (LES)** de la Bienséance et de la Civilité chrétienne, divisées en deux parties, par J.-B. DE LA SALLE. *Paris, Montaudon, 1815*, pet. in-8, cartonn. recouvert de vélin. *(Cart. de l'époque).* **150 fr.**

VIII-100 pages. Imprimé en caractères de civilité sauf le titre, les six pages du petit traité d'orthographe et la table. Au début, alphabet des Lettres de civilité, très intéressant et utile pour le déchiffrement de ces volumes peu lisibles aujourd'hui. Cet ouvrage célèbre est du fondateur des Frères des écoles chrétiennes. Bel exempl. avec un portrait gravé de Jean-Baptiste de La Salle.

6248 CIVILITÉ PUÉRILE ET HONNÊTE (LA), pour l'instruction des Enfans... dressée par un Missionnaire. *Evreux, J.-J. Ancelle fils*, 1833, in-12, broché, couv. muette. **80 fr.**

La manière d'apprendre à bien lire, prononcer et écrire, corrigée de nouveau et augmentée à la fin d'un beau *(sic)* Traité pour bien apprendre l'orthographe... avec des préceptes et instructions pour apprendre à la jeunesse à se bien conduire dans les compagnies. 96 pages. Impression en caractères de civilité.

6249 JEU DE PATIENCE. Boîte de 45 de long, 32 de large, 9 cm. de hauteur. [Vers 1850]. **600 fr.**

7 cartes gravées et coloriées de 40 × 28 cm., publiées à Paris chez Dopter. Collées sur bois mince, découpées en très nombreux morceaux et placées dans des cadres de bois qui permettent de déplacer la carte sans en éparpiller les morceaux. *Mappemonde, Afrique méridionale, Amérique septentrionale, Amérique méridionale, Europe, Asie, France (Départements et Chemins de fer).* D'une fraîcheur irréprochable. Il manque deux ou trois petits morceaux insignifiants.

6250 LOTO-DAUPHIN. 53 cm. de long, 30 cm. de large, 28 cm. de hauteur. [Vers 1820]. **800 fr.**

Cette grande boîte en bois contient :

1° 12 tableaux de carton montés sur bois (26 × 28,5 cm.), chacun de ces tableaux, muni d'un tiroir à coulisse contenant des jetons, porte 90 numéros marqués sur des cercles blancs sur fond vert, perforés, sur lesquels s'adaptent des jetons en forme de piquets, d'autres circulaires et perforés, que traversent les piquets. Ces jetons sont en os et de couleurs diverses : verts, rouges, violets, olive, blancs, jaunes ;

2° Un sac de coton brodé, fermant à coulisse, contenant 90 jetons coniques, en bois, avec plaque en os où le n° est inscrit ;

3° Une palette en bois, à manche d'ivoire, où sont ménagés 15 trous pour recevoir les jetons coniques ;

4° Une boîte en bois de 13,5 × 9,5 × 8 cm. contenant 35 pièces du jeu de jonchets en ivoire, avec rehauts de couleur noire, rouge, verte ;

5° Une boîte en bois de 20 × 11 × 5 cm. contenant des jetons ordinaires en os, circulaires et rectangulaires.

Toutes ces pièces sont d'une exécution remarquablement soignée.

6251 BIBLE IN MINIATURE (THE) or a Concise History of the Old and New Testaments. *London, Printed for E. Newbery*, 1780, 1 1/4 × 1 1/3 inches or. calf, preserved in morocco case. **5.000 fr.**

Two engraved title pages and 12 copper plates. We doubt if Charles Welsh ever saw a copy as he gives the collation (256 pages) and prices (Price 1s in calf, or 2s in morocco) without mentioning the plates. His description is without doubt from an adversisement. One of the rarest Newbery books and perhaps the smallest he ever published. *Very fine copy in perfect state.*